간추린 헌법

A BRIEF CONSTITUTION

간추린 헌법

허완중 지음

솔과학

머리말

그동안 헌법소송법(박영사, 2019년), 헌법 으뜸편 – 기본권론(박영사, 2020년), 헌법 버금편 – 헌법총론과 국가조직론(박영사, 2022년) 세 권으로 헌법의 전반적인 내용을 체계적으로 서술하였다. 하지만 이 책들은 한 학기에 강의하기에는 내용이 자세하고 합쳐서 2,000쪽이 넘어 분량 자체가 많았다. 그래서 강의할 때는 이 책들의 모든 내용을 언급하지 못하고, 중요한 내용을 추려서 전달할 수밖에 없었다. 당연히 이 책들은 강의서는 물론 수험서로 적합하지 않았다. 따라서 이 책들은 많은 학생의 선택을 받지 못하였다.

본 책은 이러한 문제에 관한 고민의 산물이면서 지은이의 타협안이다. 즉 본 책은 기존 체계서의 내용에서 중요한 것을 뽑아서 한 학기에 강의할 수 있는 양으로 줄임으로써 변호사시험을 비롯한 각종 시험에 대비할 수 있게 한 것이다. 학설은 가능한 한 간결하면서도 명료하게 정리하고자 하였다. 중요한 헌법재판소 판례는 물론 헌법과 관련하여 중요한 대법원 판례도 2023년 12월 말에 나온 것까지 빠짐없이 실으려고 노력하였다. 이를 통하여 책 한 권으로 선택형과 사례형, 기록형의 세 유형 시험 문제를 푸는 데 필요한 내용을 학습할 수 있도록 하였다. 그렇다고 각종 시험에 나오지는 않지만, 내용을 이해하는 데 필수적인 내용을 빼지는 않았을 뿐 아니라 너무 축약하여 내용을 파악하기 어렵게 되지 않도록 주의하였다. 이러한 점 때문에 원래 구상보다 책의 분량이 꽤 늘었다. 하지만 이러한 부분은 처음 공부할 때만 읽고 본격적으로 시험공부를 할 때는 제외하면 되므로 실제 학습 분량은 상당 부분 줄일 수 있을 것이다. 헌법에 관한 자세한 내용과 참고문헌은 위에서 언급한 세 권의 체계서를 참조하기 바란다.

본 책은 학생들과 오랫동안 대화하고 토론한 결과물이다. 본 책이 학생들의 입맛에 맞는 실용적인 책으로 인정받길 소망한다. 그래서 헌법을 처음 접하고 각종 시험에 합격할 때까지 정겹고 따스한 동반자로 함께 하길 바란다. 앞으로도 학생들의 요구에 따라 본 책이 강의서나 수험서 역할을 충실히 할 수 있도록 앞으로 계속 다듬고 보충하려고 한다.

먼저 이러한 책을 쓰라고 강력하게 권고해 준 이순욱 교수에게 이제야 숙제를 마친다고 말하며 고마움을 전한다. 그리고 어려운 환경에서도 선뜻 조건 없이 출판을 맡아주신 솔과학 김재광 대표님의 신뢰와 격려에 감사드린다. 어느새 정년을 맞이하시는 김선택 선생님의 세월보다 깊은 학은(學恩)을 갚지 못하여 늘 죄송한 마음뿐이다.

언제나 사랑으로 감싸고 힘을 주시는 부모님과 재미없고 무뚝뚝한 남편을 늘 참아주는 아내 박수은 그리고 이제는 훌쩍 커버린 세 아들 진솔, 인우, 우진에게 변함없이 사랑한다고 말하고 싶다.

2024년 1월

떠도는 구름에 안긴 햇살의 따스함에 취해

두둥실 맴도는 빗방울의 영롱함에 감탄하는 어느 날에

허완중

목차

6장 헌법의 기본원리 • 145

7장 기본제도 • 221

1권
2편 기본권론

1장 기본권 일반이론 • 463

2장 개별기본권론 • 557

3장 기본의무론 • 791

1권

3편 헌법재판론

4장 헌법소송법의 일반이론 • 831

5장 직접적 기본권보호수단 • 873

6장 간접적 기본권보호수단 • 945

1편
국가조직론

1장 헌법의 기초

1절 헌법의 의의
2절 헌법의 특성
3절 헌법 해석

1절

헌법의 의의

Ⅰ. 헌법 개념의 다양성

1. 역사성에 따른 개념 변화

헌법은 본래 국가조직에 관한 법(국가조직법)을 가리켰다. 이러한 헌법을 '고유한 의미의 헌법'이라고 부른다. 공동체가 정치적 통일체로 존립하려면 일정한 권력체계(질서)가 있어야 한다. 그래서 모든 국가에는 고유한 의미의 헌법이 있다. "국가 있는 곳에 헌법이 있다."라고 할 때 헌법이 바로 이것이다. 그러나 시민혁명 이후 국민주권이 자리 잡고 민주주의가 발전하면서 국민의 기본권 보장이 헌법의 유일한 목적으로 인정되었다. 그리고 기본권을 보장하기 위해서 국가권력을 통제할 필요성이 인정되어 권력을 나누어 남용하지 않도록 할 필요성이 대두하였다. 그에 따라 기본권 보호와 권력분립에 관한 내용을 담은 헌법만을 헌법으로 보았다. 1789년 프랑스 '인간과 시민의 권리선언' 제16조는 "권리 보장이 확보되지 아니하고 권력분립이 규정되지 아니한 사회는 헌법이 있다고 할 수 없다."라고 하여 이를 명확하게 밝혔다. 이러한 헌법을 '근대적 의미의 헌법'이라고 한다. '현대적 의미의 헌법'은 근대적 의미의 헌법 기반 위에 국민의 자유와 권리를 실질적으로 보장하려고 사회복지제도와 사회적 시장경제질서, 헌법재판제도 등을 도입한 헌법이다. 따라서 현대적 의미의 헌법은 헌법의 규범적 효력을 강화하려는 데 그 취지가 있다. 즉 현대적 의미의 헌법은 근대적 의미의 헌법을 수정한 것에 불과하다.

2. 사실적 헌법과 법적 헌법

사실적(사회학적) 헌법은 헌법을 국가에 있는 사실적 권력관계로 파악한다. 이를 따르면 규범화한 법인 헌법전은 한낱 종잇조각에 지나지 않는다. 그와 비교하여 법적 헌법은 헌법을 규범으로 제정된 질서로 이해한다. 사실적 헌법은 법적 헌법으로 파악된 헌법이 사실적 권력상황을 지도하지 못할 때 주목받을 수 있다. 이러한 헌법, 정확히 말하자면 헌정은 원래 사실과학인 정치학의 연구대상이다. 법학의 연구대상인 헌법은 법적 헌법에서 출발하여야 한다.

3. 형식적 의미의 헌법과 실질적 의미의 헌법

담긴 내용과 무관하게 오로지 헌법 형식을 갖추었는지(존재형식)를 기준으로 헌법인지를 판단할 때, 이를 '형식적 의미의 헌법'이라고 한다. 형식적 의미의 헌법은 다른 모든 법규범보다 효력이 우위에 있는지를 결정하는 유일한 기준이다. 즉 형식적 의미의 헌법이 담은 내용만 헌법적 효력이 있다. 형식적 의미의 헌법은 일정한 절차로만 개정될 수 있다. 1987년 10월 29일 공포되고 1988년 2월 25일에 발효된 현행 대한민국 헌법이 형식적 의미의 헌법이다. 헌법이라는 이름이 붙어야 헌법인 것은 아니다. 헌법이 아닌 다른 이름이 붙어도 헌법 형식을 갖추면 형식적 의미의 헌법에 해당한다. 예를 들어 독일 헌법의 이름은 기본법(Grundgesetz)이다.

어떤 형식을 갖추었는지와 상관없이 오로지 담고 있는 내용만을 기준으로 헌법인지를 판단할 때, 이를 '실질적 의미의 헌법'이라고 한다. 보통 국가 최고기관의 구성방식, 그들 서로 간의 관계, 개인의 국가권력에 대한 원칙적인 지위를 헌법으로 규율할 사항이라고 한다. 실질적 의미의 헌법에는 다양한 규범적 효력이 있을 수 있다. 그래서 실질적 의미의 헌법이라는 것이 헌법적 효력이 있다는 것을 뜻하지 않는다.

형식적 의미의 헌법에 규정된 내용 대부분은 실질적 의미의 헌법에 해당하는 것이 보통이다. 하지만 때에 따라서는 그렇지 않을 수도 있다. 그 내용상 헌법적 성격이 없는 사항이 형식적 헌법전에 규정될 때도 있다(예를 들어 현행 헌법 제21조 제4항). 이렇게 실질적 의미의 헌법에 속하지 않는 사항을 형식적 의미의 헌법, 즉 헌법전에 규정하면, ① 국민이 그 사항의 중요성을 인정하여 헌법에 수용한 만큼 해당 사항에 헌법적 평가를 부여한다는 뜻이 있고, ② 형식적 의미의 헌법에 포함됨으로써 최고법으로서 헌법적 효력과 더불어 일반 입법자가 개정하기 어렵게 됨으로써 지속성이 있게 된다. 다른 한편, 형식적 의미의 헌법에 실질적 의미의 헌법이 모두 포함되는 것은 아니다. (실질적 의미의) 헌법적 성격이 있는 정부조직법, 국회법, 공직선거법 등과 같은 법률과 명령이 이에 해당한다. 이는 입법기술상 모든 실질적 의미의 헌법을 모두 성문화할 수 없을 뿐 아니라 때에 따라 잦은 개정이 필요할 수도 있기 때문이다.

Ⅱ. 헌법의 개념과 종류 그리고 지위

1. 헌법의 개념

헌법(憲法)은 중국 고대 문헌에서 사용하던 용어인데, 일본에서 명치유신 이후 외국의 사상과 제도를 도입하면서 1870년대부터 Constitution(영어), Verfassung(독일어)의 번역어로 사용하였다. 이후 한국과 중국에서도 이 용어가 정착되었다. 한국 실정법 중에서는 1919년 9월 11일에 공포된 '대한민국 임시헌법'이 가장 먼저 헌법이라는 용어를 사용하였다. 헌법은 국가 안에서 최고법이다. 국가 안에는 헌법을 비롯하여 법률, 명령, 규칙, 조례 등 다양한 법규범이 있다. 이러한 국내법 중에서 헌법은 모든 법의 기초로서 어느 법규범보다 효력에서 우위에 있다. 그래서 헌법에 어긋나는 법규범은 효력을 잃는다. 헌법이 최고법인 이유는 주권자인 국민이 합의하여 최고법의 지위를 부여하였기 때문이다. 헌법의 유일한 목적은 기본권 보장에 있고, 기본권을 보장하는 수단이 국가이며, 헌법은 국가법질서의 기초로서 국가가 나아가야 할 방향을 제시하여야 한다. 따라서 헌법은 ① 국민의 기본권(국가 안에서 국민의 기본적인 법적 지위) 보장과 이를 보장하기 위한 ② 국가의 기본이념과 ③ 국가조직에 관한(실질적 · 내용적 징표) 국민의 합의를(정당성 징표) 규범화한 국가의 최고법이다(규범적 징표). 헌법은 모든 법질서의 기초로서 사실관계를 법적 관계로 바꾸는 시발점이 된다. 이러한 점에서 헌법은 사실과 규범의 접점에 위치한다. 그래서 헌법에서 정치와 법은 밀접한 관련성이 있어서 서로 구별하기 어렵다. 그리고 헌법은 국가권력을 창설하고 정당화한다. 특히 국가는 선존하는 것이 아니라 헌법을 통해서 비로소 만들어진다.

2. 헌법의 종류

(1) 성문헌법과 불문헌법

헌법전이라는 문서 형식으로 만든 헌법이 성문헌법이다. 1987년 10월 29일 제정되고 1988년 2월 25일 발효된 현행 대한민국 헌법이 이에 해당한다. 문서 형식으로 있지 않은 헌법은 불문헌법이라고 한다. 그러나 헌법재판소는 헌법적 효력이 있는 불문법을 불문헌법이나 관습헌법으로 본다(헌재 2004. 10. 21. 2004헌마554등: "우리나라는 성문헌법을 가진 나라로서 기본적으로 우리 헌법전(憲法典)이 헌법의 법원(法源)이 된다. 그러나 성문헌법이라고 하여도 그 속에 모든 헌법사항을 빠짐없이 완전히 규율하는 것은 불가능하고 또한 헌법은 국가의 기본법으로서 간결성과 함축성을 추구하기 때문에 형식적 헌법전에는 기재되지 아니한 사항이라도 이를 불문헌법(不文憲法) 내지 관습헌법으로 인정할 소지가 있다. 특히 헌법 제정 당시 자명(自明)하거나 전제(前提)된 사항 및 보편적 헌법원리와 같은 것은 반드시 명문의 규정을 두지 아니하는 때도 있다. 그렇다고 해서 헌법사항에 관하여 형성되는 관행 내지 관례가 전부 관습헌법이 되는 것은 아니고 강제력이 있는 헌법규범으로서 인정되려면 엄격한 요건들이 충족되어야만 하며, 이러한 요건이 충족된 관습만이 관습헌법으로서 성문의 헌법과 동일한 법적 효력을 가지는 것이다."). 헌관습법('헌관습법' 대신 헌법재판소 판례를 비롯하여 많은 문헌에서 '관습헌법'이라는 용어를 자주 사용한다. 그러나 관습법 중 헌법사항을 규율하는 것을 가리키는 용어는 헌관습법이고, 이러한 용어 사용이 법학의 일반적 관행이다.)이나 헌법판례법이 이에 해당한다. 헌관습법은 헌법사항을 담은 관습법이다. 관습법은 일반적으로 그리고 계속 반복된 사실적 관행이 법적 확신을 얻음으로써 성립하는 불문법이다. 따라서 헌관습법이 성립하려면 ① 성문헌법이 규율하지 않은 헌법사항에 관한 사실적 관행이 있고(보충성), ② 이러한 관행이 국민이 그 존재를 인식하고 사라지지 않을 관행이라고 인정할 만큼 충분한 기간에 반복되거나 계속되어야 한다(반복 · 계속성). 그리고 ③ 관행은 지속성이 있어야 하므로 그 중간에 반대되는 관행이나 입법이 이루어져서는 아니 되고(항상성), ④ 관행은 여러 가지 해석이 가능할 정도로 모호한 것이 아니라 명확한 내용을 가져야 한다(명료성). ⑤ 이러한 관행이 법으로서 국민의 승인이나 확신 혹은 폭넓은 공감대를 얻어 국민이 강제력이 있다고 믿어야 한다(법적 확신)(헌재 2004. 10. 21. 2004헌마554). 이러한 헌관습법의 성립요건은 지속해서 반복되는 관행 존재(객관적 요건)와 국민의 법적 확신(주관적 요건)이라는 두 가지로 요약될 수 있다. 헌관습법은 실질적 헌법으로서 원칙적으로 법률과 비슷한 효력이 있다. 특히 헌관습법은 성문헌법이나 개별 법률과 맺는 관계에서 보충적 효력이 있을 뿐이다. 다만, 지방자치단체의 주민에 의해서 성립되고, 적용 범위가 지방자치단체 관할영역에 국한되는 지역적 관습법은 조례와 비슷한 효력이 있다. 따라서 관습헌법이 성문헌법과 같은 법적 효력이 있다는 헌법재판소 판례(헌재 2004. 10. 21. 2004헌마554)는 수긍하기 어렵다.

영국은 대표적인 불문헌법국가로 볼 수 있다. 그러나 실질적으로 헌법적 기능을 하는 성문의 법률(왕위계승법, 의회법, 국적법, 인권법 등)이 헌정 운영에 중요한 의미가 있음을 잊지 말아야 한다. 성문헌법전이 없는 국가에서는 법형식상 법률과 구별되는 상위법규범을 인정할 수 없어서 위헌법률심판은 논의될 수 없다.

(2) 경성헌법과 연성헌법

경성헌법은 개정할 때 일반 법률보다 가중된 정족수라든지 혹은 국민투표까지 요구함으로써 개정을 어렵게 만든 헌법을 말한다. 오늘날 문명국가 대부분은 헌법의 항구성을 가능한 한 보전하려고 헌법의 개정 여부를 입법자의 일방적 결정에 맡기지 아니하고 국민의사에 따르도록 하거나(국민투표), 입법자가 결정하게 하더라도 일반 법률 개정보다 훨씬 어려운 정족수를 요구하는 것이 일반적이다. 헌법의 경성헌법적 성격은 ① 법질서의 기초를 이루는 헌법 안정을 통해서 전체 법질서 안정에 이바지하고, ② 헌법에 어긋나는 정치세력이 헌법을 공격할 때 국회 안 소수파(3분의 1 이상)만으로도 헌법을 방어할 수 있도록 하는 헌법수호적 기능을 하며, ③ 불가피하게 헌법을 개정할 때도 국민대표의 압도적 다수 지지(와 국민 과반수 지지)를 요구함으로써 개정헌법의 국민적 정당성을 담보하는 의의가 있다. 연성헌법은 일반 법률의 개정절차와 마찬가지 절차로 헌법을 개정할 수 있는 헌법이다. 연성 · 경성헌법의 구별이 성문헌법전을 전제하는 것으로서 불문헌법을 연성헌법의 예로 들 수 없다.

(3) 흠정헌법, 민정헌법, 협약헌법, 국약헌법

① 흠정헌법은 군주가 (일방적으로) 제정한 헌법(예를 들어 1899년 고종이 만든 대한국 국제), ② 민정헌법은 국민이나 국민대표인 제헌의회가 제정한 헌법(예를 들어 1919년 제정된 대한민국 임시정부 헌법과 1948년 제정된 대한민국 헌법), ③ 협약헌법(계약헌법)은 군주와 국민대표의 합의로 제정한 헌법(예를 들어 1898년 제3차 만민공동회를 통해서 고종에게 받아낸 국태민안 · 칙어), ④ 국약헌법(연방헌법)은 둘 이상의 국가가 국가연합을 구성할 때 국가 사이의 합의로 제정한 헌법이다.

(4) 규범적 헌법과 명목적 헌법 그리고 장식적 헌법

헌법규범이 실제 권력(과정) 현실과 일치하는지를 기준으로 규범적 헌법과 명목적 헌법 그리고 장식적 헌법으로 나눈다. ① 규범적 헌법은 헌법규범이 당위적으로만이 아니라 실제로도 권력(과정) 현실과 일치하는 헌법을 말한다. 헌법이 법적 의미에서만 효력이 있는 것이 아니라 동시에 정치적 현실과도 일치할 때, 이를 규범력이 있다는 의미에서 '규범적' 헌법이라고 명명하면서, '실제 입고 다니는 옷'과 같다고 비유하고 서구 선진제국의 헌법이 이에 해당한다고 한다. ② 명목적 헌법은 헌법은 있으나 현실적 여건 때문에 헌법규범이 권력(과정) 현실과 일치하지 않는 헌법을 말한다. 헌법이 실정법상 효력이 있으나 전혀 적용되지 못하거나 아직은 일부만이 적용될 때, 즉 형식적 효력과 현실적인 실효성 사이에 대립이 있을 때, 이를 유명무실하다는 의미에서 '명목적' 헌법이라고 명명하면서, 마치 더 자란 다음에 입을 요량으로 현재는 '입지 않고 옷장에 걸어둔 옷'과 같은 것이라고 한다. 제1차 · 제2차 세계대전을 전후하여 신생 각국이 자국 사정을 고려하여 실현할 수 있는지를 따져보지 않은 채 서구 헌법을 계수하여 이상적인 헌법을 채택한 신생입헌주의헌법이 이 유형에 속한다고 한다. ③ 장식적(어의적, 가식적) 헌법은 헌법이 옹글게(완벽하게) 적용되기는 하지만, 국가 집권자의 이익만을 위해서 현재의 정치적 권력 상태를 헌법적 용어로 미화한 것에 지나지 않는 것을 말한다. 마치 '입을(려고 만든) 옷이 아닌 변(장)복'이나 '벌거벗은 권력을 가리기 위한 얇은 커튼'에 불과하다고 한다. 권력이 독점되고 전단적으로 행사되도록 제도화한 헌법이 여기에 속할 것인데, 전체주의 체제 국가의 헌법이 이에 해당한다고 한다.

3. 헌법의 지위

헌법은 하나의 국가질서를 구성하는 국내공법이고, 국가법질서에서 최고 효력이 있는 최고법이다. ① 법질서는 국내법질서와 국제법질서로 나눈다. 헌법의 규범적 효력이 미치는 법질서는 한 국가(하나의 법공동체 단위)의 전체 법령 체계를 가리킨다. 따라서 헌법은 국내법질서에 속한다(국내법). ② 국내법은 공법과 사법으로 갈린다. 양자를 가르는 기준은 법의 규율 목적을 기준으로 하는 이익설(공익과 사익), 법적 관계 성질을 기준으로 하는 성질설[(불평등관계(수직관계)와 평등관계(수평관계)], 법적 관계 주체를 기준으로 하는 주체설(국가와 공공단체 서로 간의 관계 그리고 이들과 개인의 관계와 개인 서로 간의 관계), 권리 · 의무의 귀속주체를 기준으로 하는 신주체설(국가와 다른 공권력주체에 권리 · 의무를 귀속시킬 수 있는 법과 모든 권리주체에 권리 · 의무를 귀속시킬 수 있는 법) 등이 있다. 헌법은 어느 기준을 따르더라도 공법에 속한다는 점에 관해서 이론이 없다. 즉 헌법은 공익을 추구하고, 불평등관계를 규율하며, 국가와 공공단체 서로 간의 관계와 이들과 개인의 관계를 다루고, 행정주체에 권리 · 의무를 귀속시킬 수 있는 법이라는 점에서 공법에 해당한다. 그러나 헌법이 공법이라고 하여서 그 개별 규정이 예외 없이 언제나 공법규정인 것이 아니다. 예를 들어 헌법 제21조 제4항(언론 · 출판으로 말미암은 피해 배상)은 그 실질이 사법이다. 따라서 개별 규정의 실질에 따라서 공법규정인지 사법규정인지를 다르게 판단할 수 있다. ③ 한 국가의 법질서는 상위법에서 하위법으로 단계화한다. 하위법은 상위법을 근거로 성립되고, 상위법은 하위법에 대해서 우선적 효력이 있다. 그러므로 하위법은 상위법에 어긋나서는 안 된다. 이를 법단계설이라고 한다. 국내법질서는 헌법, 법률(과 긴급재정경제명령, 긴급명령, 국회 동의가 필요한 조약, 법률의 효력이 있는 일반적으로 승인된 국제법규), 명령(국회규칙, 대통령령, 대법원규칙, 헌법재판소규칙, 중앙선거관리위원회규칙, 총리령, 부령, 국회 동의가 필요하지 않은 조약, 명령이나 규칙의 효력이 있는 일반적으로 승인된 국제법규), 자치법규(조례와 규칙)로 단계화한다. 헌법은 법단계상 최상위에 있는 법으로서 최고의 효력이 있다.

2절
헌법의 특성

Ⅰ. 헌법의 최고규범성(법질서 안 서열적 특수성)

헌법은 국가법질서 안에서 최상위 법규범으로서 다른 법규범의 제정근거이자 효력근거이다(헌재 1989. 7. 21. 89헌마38). 모든 하위법규범은 헌법에 어긋날 수 없고, 헌법은 모든 하위법규범 해석의 기준이 된다. 현행 헌법은 미국 헌법(제6조 제2항), 일본 헌법(제98조 제1항), 독일 기본법(제20조 제3항)처럼 명시적으로 헌법이 최고법임을 명시하지 않는다. 그러나 대한민국은 민주공화국이고(헌법 제1조 제1항), 대한민국의 주권은 국민에게 있으며, 모든 권력은 국민에게서 나온다(헌법 제1조 제2항). 국민은 헌법을 제정함으로써 국가권력을 창설하고 권력담당기관을 조직한다. 따라서 모든 국가권력과 권력담당기관은 자신의 존립 · 지위 · 권한 근거인 헌법에 표현된 국민의사에 구속된다. 헌법 제10조 제2문은 "국가는 개인이 가지는 불가침의 기본적 인권을 확인하고 이를 보장할 의무를 진다."라고 함으로써 헌법이 모든 국가권력을 구속한다는 것을 확인한다. 헌법의 목적은 기본권 보호에 있기 때문이다(헌재 1996. 2. 29. 93헌마186). 이처럼 헌법이 모든 국가권력을 구속한다는 것은 실체법적으로 확정된다. 명령 · 규칙이나 처분이 헌법에 위반되는지가 재판의 전제가 되면 대법원이 이를 최종적으로 심사하고(헌법 제107조 제2항), 법관은 헌법에 따라 심판한다는(헌법 제103조) 점에서 집행권과 사법권은 헌법에 구속되고 이러한 구속성은 절차적으로 통제된다. 그리고 집행권과 사법권의 활동기준이 되는 법률도 그것이 헌법에 위반되는지가 재판의 전제가 되면 법원의 제청에 따라 헌법재판소가 이를 심판하므로(헌법 제107조 제1항, 제111조 제1항 제1호) 역시 헌법에 구속되고, 이러한 구속성은 규범통제를 통해서 절차적으로 보장된다. 또한, 헌법 개정은 법률 개정보다 더 까다로운 요건 아래에서만 가능하다(헌법 제128조~제130조). 따라서 헌법 우위는 실체법적으로는 물론 절차법적으로도 헌법에서 보장된다.

Ⅱ. 자기보장성(관철방법의 특수성)

현실 속에서 헌법에 어긋나게 침해하는 일은 언제든지 일어날 수 있다. 특히 헌법은 국가권력이 조직되고 작동하는 정치과정을 직접 규율하다 보니 오히려 헌법을 누구보다 잘 지켜야 할 정치인이나 국가권력 담당자가 헌법을 무시하거나 침해하기 쉽다. 그런데 민법은 민사소송법과 민사집행법이, 형법은 형사소송법과 행형법이 실효성을 보장하지만, 헌법보다 우위에 있는 법이나 권력이 없어서 헌법에 어긋나는 행위에서 헌법을 보호하는 방법이 헌법 밖에 없다. 즉 헌법은 그 효력을 보장할 외부적 수단이 없다. 이는 헌법의 최고규범성에서 비롯하는 당연한 결과이다. 따라서 헌법 스스로 그 효력을 보장하기 위한 여러 가지 장치(권력분립, 헌법재판제도 등)를 자체 안에 마련하고 규정한다.

Ⅲ. 개방성(추상성, 비완결성: 규정양식적 특수성)

헌법은 다원적 정치세력 사이의 합의라서 구체적이고 개별적인 사항까지 합의할 수 없다. 특히 최고법인 헌법이 너무 구체적이면 헌법이 경직된 법질서가 되어 버리고, 새로운 변화가 요구될 때마다 매번 헌법을 개정하여야 하는 어려움이 있다. 게다가 헌법을 개정하는 일이 쉽지 않다는 점을 고려하면 그렇게 경직된 헌법은 거꾸로 그 기능을 잘 발휘할 수도 없다. 따라서 헌법은 원칙적인 사항만 규정하고 입법자가 대화와 토론을 통해서 사후에 구체화하도록 맡긴다. 즉 헌법은 골격입법이나 대강입법에 그친다. 이것도 헌법이 최고규범이라서 나타나는 특성이다. 헌법에는 처음부터 무흠결성이나 체계적 완결성이 요구되지 않는다. 헌법은 중요하고 확정이 필요한 것만을 규정할 뿐이다. 나머지는 묵시적으로 전제하거나 하위법규범에 맡긴다. 그러나 모든 사항을 다 개방된 상태로 두지는 않는다. 최소한 두 가지는 개방된 상태로 둘 수 없다. 즉 ① 헌법의 토대를 형성하는 기본적 사항과 ② 개방된 다른 문제를 결정하기 위한 절차는 헌법이 확정하여야 한다. 헌법의 개방성은 헌법이 끊임없이 바뀌는 현실에 무리 없이 적응할 수 있게 한다.

Ⅳ. 정치성(성질적 특수성)

헌법은 국가 안에 있는 정치세력들의 투쟁과 타협의 산물이라는 점(따라서 헌법은 제정 당시의 정치적 현실을 반영한다는 점), 규율대상이 정치적이라는 점 그리고 정치를 규율하는 통제규범이라는 점에서 정치성이 있음을 부정할 수 없다. 그러나 헌법재판은 법을 적용하는 사법작용으로 이해되어야지 정치적 타협의 일종으로 오해되어서는 안 된다. 헌법재판의 심사기준이 정치성이 있는 헌법이고 정치가 심판대상이라서 헌법재판도 정치성을 띠는 것이기 때문이다. 헌법은 정치의 산물이고, 정치는 헌법이 깔아놓은 궤도 위를 달린다. 헌법의 정치적 성격이 헌법을 정치(편의)주의적으로 해석하여도 된다는 것을 뜻하는 것도 아니다.

Ⅴ. 이념성(내용적 특수성)

모든 헌법은 특유의 이념과 가치질서를 내용으로 한다. 예를 들어 근대 시민국가 헌법은 시민적 자유주의를, 현대 복지국가 헌법은 사회적 법치국가를, 사회주의국가 헌법은 사회주의를 특유의 이념이나 가치질서로 한다. 특히 헌법은 시대정신을 반영하므로 기술적인 법이라기보다는 국민이 추구하는 가치를 담은 법이라서 다른 법보다 강한 이념적 성향이 있다. 즉 헌법에는 국가의 이념적 방향을 설정하거나 시민사회에서 관철되어야 할 기본적 가치를 설정하는 이념성이 있다.

Ⅵ. 조직규범성, 권력제한규범성, 생활규범성, 역사성?

헌법이 다른 법과 다른 특성으로 조직 · 수권규범성과 권력제한규범성을 드는 견해가 있다. 헌법은 통치의 기본구조를 정하는 조직규범이며 조직규범이 권력을 구성하고 권한을 한정하므로 조직규범인 헌법은 동시에 권력제한규범의 성격이 있다고 한다. 그러나 헌법의 조직규범성과 제한규범성은 다른 법과 다른 헌법의 특성이라기보다는 헌법의 내용이나 기능의 범주로 묶어야 한다.

헌법이 다른 법과 다른 특성으로 생활규범성과 역사성을 드는 견해가 있다. 헌법이 관념의 세계에만 있는 규범이 아니고 국민 생활 속에 있으면서, 국민 일상 생활에 따라서 실현되고 발전하는 규범으로서 생활규범성이 있다고 하며, 헌법이 그 내용으로 하는 특유의 이념이나 가치질서는 그때그때의 역사적 조건과 지배상황에 따라서 제약을 받는 역사적 이념이며 가치라고 한다. 그러나 헌법의 생활규범성과 역사성은 다른 법규범과 다른 헌법만의 성격이 아니다. 다른 법규범도 공유하는 성격이므로 (일반 법률과 차별화하는 특징이라는 의미에서) 헌법의 특성이라고 보기 어렵다.

3절

헌법 해석

Ⅰ. 헌법 해석의 의의

해석은 뜻을 명확하게 밝히는 것이다. 헌법 해석은 헌법분쟁을 해결하기 위해서 헌법의 뜻을 명확하게 밝히는 것을 말한다. 따라서 헌법의 뜻이 명확하면 해석은 필요하지 않다.

Ⅱ. 전통적인 법해석방법

전통적인 법해석방법은 일반 법률의 해석방법을 가리킨다. 헌법과 법률의 규범구조가 같다고 보고 오랫동안 법률의 해석방법을 따라서 법률처럼 헌법을 해석해왔다. 일찍이 사비니는 법률의 해석방법으로 문법적, 논리적, 역사적 및 체계적 해석방법을 제시하면서, 이 네 가지 해석방법을 각기 고립시키지 말고 서로 협동하여 해석하여야 한다고 하였다.

1. 해석 목표: 주관론과 객관론

법해석 목표를 입법자의 주관적 의사를 밝히는 데 둘 것인지 아니면 법률에 나타난

법의 객관적 의사를 밝히는 데 둘 것인지에 따라 법해석의 주관론과 객관론으로 나뉜다. 주관론을 따르면 법해석 목표는 입법자의 의사를 확인하는 데 있다. 즉 해석은 입법자가 생각하였던 것을 다시 생각하고 그가 인식하였던 것을 다시 인식하며 입법과 관련된 모든 사항을 가능한 한 정확히 재생하고 확인하는 것이라고 한다. 이를 위해서는 입법자의 견해, 가치관, 입법 동기, 역사적 상황, 입법과정에서 나타난 의견 등을 해명하여야 한다고 한다. 객관론을 따르면 해석은 입법자의 (주관적) 의사가 아니라 법에 표현된 (객관적) 의사를 확인하는 것이다. 법이 일단 제정되면 입법자의 의사에서 벗어나 독자적 의사가 있는 존재가 된다고 한다. 따라서 문자화한 법에 내재하는 의미를 확인하는 것이 해석할 때 결정적으로 중요하며 입법자의 생각이나 기대 같은 것은 아무런 구속력이 없다는 것이다.

2. 해석의 수단 · 방법 · 요소

오늘날 널리 활용되는 해석방법은 전통적 법해석방법을 기초로 한다. 보통은 ① 법조문 문구의 의미를 밝히는 해석(문구해석), ② 법의 의미관계를 밝히는 해석(체계적 해석), ③ 입법자의 입법취지, 목적과 규범에 관한 생각을 밝히는 해석(역사적 해석), ④ 입법자가 그 법을 통해서 실현하고자 한 목적을 밝히는 해석(목적론적 해석)의 네 가지 해석방법이다. 그러나 ① 문법적 해석, ② 논리적 해석, ③ 체계적 해석, ④ 역사적 해석, ⑤ 발생사적 해석, ⑥ 비교법적 해석, ⑦ 목적론적 해석의 일곱 가지 해석방법을 적용할 수 있다고 한다. 헌법실무에서 해석방법 적용은 대개 문법적 해석에서 시작하여 목적론적 해석에 이르게 된다.

Ⅲ. 헌법해석방법론

헌법 해석은 헌법의 특성 때문에 다른 법규범 해석과 구별된다. 즉 헌법의 개방성, 간결성, 추상성, 광범성, 불완전성 그리고 불명확성 때문에 헌법제정자의 주관적 의사가 헌법에 내재한다고 전제하기 어렵다. 또한, 헌법제정자는 주로 개별적 · 구체적 의미내용을 특정 절차에서 확정하도록 입법자에게 위임하여서 헌법규정에 바뀌지 않는 확정된 의미가 있다는 것을 생각하기도 어렵다. 그러므로 구체적 규율대상을 고려하여 헌법규정의 의미내용을 확정하는 것이 필요하다. 이러한 점에서 헌법 해석은 일반적으로 주관적 의사는 물론 객관적 의사도 없다는 것에서 출발하여야 한다. 그래서 헌법 해석은 해석이 아니라 구체화라고 부른다. 즉 해석을 통해서 헌법 내용을 채워 넣어야 한다. 이러한 점에서 헌법과 관련하여 해석과 형성은 구별하기 어렵다. 입법목적에 따라 법률규정의 의미를 밝히는 법률 해석과 달리 헌법 해석은 헌법의 이념과 기본원리는 물론 다른 헌법규정과 맺는 관계 속에서 이루어져야 한다. 그리고 의미내용은 바뀌는 헌법현실에 맞추어 헌법 문언의 범위 안에서 다르게 이해될 수도 있다(헌재 1989. 9. 8. 88헌가6). 헌법규정은 헌법 변천처럼 심지어 기존 의미내용과 완벽하게 달리 해석될 수도 있다. 이러한 점에서 전통적 법해석방법은 헌법의 해석방법으로 불충분하여서 헌법을 해석할 때 부분적으로만 사용할 가치가 있을 뿐이다. 그러나 헌법 해석은 여전히 법해석이다. 그리고 헌법 해석의 객관성은 보장되어야 한다. 따라서 헌법 해석 중심에는 언제나 헌법규정이 위치하여야 한다. 즉 헌법 해석의 결과는 예외 없이 헌법규정에서 도출되어야 한다. 다만, 헌법규정이 규율하는 대상 영역의 현실을 충분히 고려하여 헌법규정의 의미내용을 확정하여야 한다.

Ⅳ. 헌법해석원칙

헌법해석방법론을 따르면 다양한 해석요소가 동시에 고려될 수밖에 없다. 이러한 해석방법이 서로 다른 해석결과를 낳을 수 있다. 따라서 다양한 해석요소 사이의 비중을 어떻게 고려할 것인지에 관한 판단기준이 개발되었다.

1. 헌법통일성의 원칙

헌법의 개별 요소는 서로 관련되고 의존하므로, 개별 헌법규범만을 따로따로 고찰하여서는 안 되고 언제나 그 규범이 놓인 전체적 관련을 함께 고찰하여야 한다. 예를 들어 기본권조항을 해석할 때도 헌법원리조항이나 국가조직조항을 문제 해결과 관련되는 한 조화롭게 고려하여 해석하여야 한다.

2. 실제적 조화의 원칙

실제적 조화의 원칙은 헌법통일성의 원칙과 밀접하게 관련되고, 헌법규범 사이의 상하관계를 부정한다. 이 원칙은 헌법이 보호하는 모든 법익이 문제를 해결할 때 모두 동시에 가장 잘 실현되도록 서로 정서되어야 한다는 것을 말한다. 법익 서로 간에 충돌이 생기면 성급한 법익형량이나 심지어 추상적 가치형량에 따라서 양자택일적으로 하나의 법익만을 실현하고 다른 하나의 법익을 희생시켜서는 안 된다. 오히려 헌법통일성의 원칙에 따라서 양 법익을 모두 최대한 실현하여야 한다는 과제가 제기된다. 그러므로 두 개의 법익이 모두 가장 잘 실현될 수 있는 경계를 그어야 한다. 이러한 경계는 구체적 사건에서 그때그때 비례적으로 정하여야 한다. 그리고 이 경계 획정은 양 법익의 조화를 이루는 데 필요한 한도를 넘어서는 안 된다.

3. 기능 배정 준수의 원칙

헌법은 국가조직규범으로서 국가기관을 창설하여 그 기능을 배정하고 기관 서로 간의 관계를 규정하는 법규범이다. 따라서 헌법을 해석하는 기관은 기능의 분배질서를 바꿔서는 안 된다.

4. 통합 촉진의 원칙

헌법의 중요한 기능 중 하나는 국민을 통합하는 기능이다. 따라서 헌법을 해석할 때 국민통합에 이바지하는 방향으로 해석하여야 한다. 다만, 헌법 해석의 한계를 넘는 통합 유지 수단을 사용하는 것은 곤란하다.

5. 헌법 규범력 제고의 원칙

헌법이 규범적 헌법으로서 정치현실을 실제로 통제할 수 있는 실효성이 있도록 하는 관점을 우선시켜야 한다. 즉 헌법문제를 해결할 때 그때그때의 여러 조건 아래 헌법이 최적으로 작용하도록 이바지하는 관점을 앞에 놓아야 한다.

V. 합헌적 법률 해석

1. 의의

(1) 개념

합헌적 법률 해석(헌법합치적 법률 해석, 법률의 합헌적 해석)은 법률 문언이 다의적이어서 위헌으로도 합헌으로도 해석될 수 있을 때, 합헌으로 해석될 여지가 있는 한, 이를 위헌으로 판단하여서는 아니 되고 헌법에 합치되는 쪽으로 해석하여야 한다는 '법률'의 해석원칙이다. 합헌적 법률 해석은 법률 해석의 방법이지만, 합헌적 법률 해석을 하려면 필연적으로 위헌 판단의 기준이 되는 헌법 해석이 전제된다는 점에서 헌법 해석과 밀접한 관련이 있다.

합헌적 법률 해석은 미국 연방대법원이 1827년의 오그덴 대 손더스(Ogden v. Saunders) 사건에서 법률의 합헌성을 추정하는 판결을 내린 이래 연방대법원 판례를 통해서 확립된 해석원칙이다. 독일 연방헌법재판소는 미국에서 확립된 법률의 합헌성 추정 원칙을 수용하여 법률을 헌법에 조화롭게 해석할 여지가 있는 한 그 법률을 무효로 선언할 수 없다는 합헌적 법률 해석 원칙으로 발전시켰다. 한국 헌법재판소(헌재 1989. 7. 21. 89헌마38)와 대법원(대법원 1992. 5. 8. 선고 91부8 판결)도 이러한 합헌적 법률해석 원칙을 수용하여 판결한다. 1948년 헌법에 따라서 설치된 헌법위원회도 1953년 계엄법 제13조에 관한 합헌결정에서 합헌적 법률 해석에 따른 판단을 한 것으로 볼 수 있다(헌법위원회 1953. 10. 8. 선고 4286헌위2 결정). 합헌적 법률 해석은 가능한 여러 해석결과 중에서 헌법과 합치될 수 없는 것을 배제하여야 한다는 것이다. 따라서 해석자는 법률 문언이 품을 수 있는 다양한 의미 중에서 법률을 이론 없이 합헌으로 볼 수 있는 의미만 선택할 수 있다. 합헌적 법률 해석으로 말미암아 법률에 처음 부여된 의미는 그 위헌성 때문에 법률의 형식적 폐지에 이르지는 않는다. 그러나 그 법률은 합헌적 법률 해석을 통해서 헌법합치적으로 (재)해석되는 결과에 이를 수 있다.

(2) 합헌적 해석과 헌법정향적 해석의 구별

헌법정향적 해석은 법규범을 해석하고 적용할 때 헌법의 기본결정을 존중하라고 요구하는 적극적 해석원칙이다. 즉 헌법정향적 해석은 가능한 한 헌법이 최적으로 효력을 발휘하도록 법규범을 해석하고 적용하라고 한다. 결국, 유효하게 인정된 법규범을 헌법에 비추어 구체적 사안에서 어떻게 해석하고 적용할 것인지가 헌법정향적 해석에서 문제 된다. 헌법정향적 해석도 합헌적 해석과 마찬가지로 최고법인 헌법의 권위에 의존한다. 바로 이러한 점 때문에 헌법정향적 해석과 합헌적 해석을 구별하기가 쉽지 않다. 그러나 법규범의 위헌성을 전제하는 합헌적 해석과 달리 위헌성 문제가 제기되지 않는 법규범에서도 헌법정향적 해석은 이루어질 수 있다. 하지만 법규범의 의미를 확정하려면 그러한 해석 가능성 중 하나를 선택하여야 한다. 이때 여러 해석 가능성 가운데 헌법의 효력을 최적화하는 해석 가능성을 선택하여 법규범 의미를 확정하는 것이 헌법정향적 해석이다. 헌법정향적 해석은 합헌적 해석처럼 법규범의 일부 해석 가능성을 헌법이라는 통제기준에 따라서 배척하라는 것이 아니라 해석 여지가 있는 법규범을 해석하고 적용하는 과정에서 헌법의 기본결정을 제대로 반영하라는 것이다. 즉 합헌적 해석에서 헌법은 (해석기준이면서) 통제기준이지만, 헌법정향적 해석에서 헌법은 해석기준이다.

2. 근거

학설과 판례(헌재 1989. 7. 14. 88헌가5등)에서 제시된 합헌적 법률 해석에 관한 근거는 ① 헌법의 최고규범에서 비롯하는 법질서의 통일성 유지, ② 권력분립원칙에 따른 입법권 존중, ③ 법률의 유효 추정(법률의 추정적 효력), ④ 규범유지의 원칙, ⑤ 국가 사이의 신뢰 보호, ⑥ 법적 안정성 유지로 정리할 수 있다. 이중 국가 사이의 신뢰 보호는 조약을 동의법률이라는 법률 형태로 규정하는 독일 기본법에 근거하여 독일에서 논의되는 근거이다. 그러나 조약을 법률과 구별되는 법규범으로 규정하는 한국 헌법에서는 합헌적 법률 해석의 근거가 될 수 없다. 그리고 법적 안정성 유지는 다른 근거와 최소한 부분적으로라도 관련이 있어서 독자적인 근거로 다루는 것은 적절하지 않다.

합헌적 법률해석은 헌법의 최고규범성과 법질서의 통일성을 기초로 한다. 하지만 합헌적 법률해석은 헌법의 최고규범성을 관철하고 법질서의 통일성을 유지하는 유일한 수단은 아니라서 헌법의 최고규범성과 법질서의 통일성에 직접 합헌적 법률해석이 요구되지는 않는다. 합헌적 법률해석의 직접 근거는 위헌법률의 선존성과 법률의 효력 그리고 법적 안정성을 위한 법률의 규범력 유지 원칙이다. 그러나 법률의 합헌성 추정 원칙 그리고 권력분립원리와 입법자 존중은 합헌적 법률해석을 근거 짓기 어렵다. 특히 법률의 합헌성 추정 원칙 그리고 권력분립원리와 입법자 존중이 위헌법률의 선존성과 법률의 효력 그리고 법적 안정성을 위한 법률의 규범력 유지 원칙이 빠뜨리거나 소홀히 한 내용을 합헌적 법률해석에 추가할 수 있는지는 의심스럽다.

3. 한계

(1) 합헌적 법률 해석의 전제 – 법률 문언의 다의성

합헌적 법률 해석은 법률 문언의 뜻이 분명치 아니하여 다의적으로 해석할 여지가 있을 때만 가능한 것이지, 법률 문언이 명백하여 한 가지 뜻으로밖에 달리 해석할 여지가 없는 때는 할 수 없다. 법률 내용의 의문, 다르게 말해서 법률 해석의 여러 가지 가능성이 합헌적 법률 해석의 전제이다. 법률 문언의 다의성은 위헌적 해석 가능성에서 합헌적 해석 가능성을 분리하는 근거이다. 반대로 문언은 동시에 합헌적 법률 해석의 한계를 형성한다.

(2) 합헌적 법률 해석의 한계

문언의 다의적 해석이 가능하더라도 합헌적 해석은 ① 해당 법조문의 문구 의미가 변질하지 아니하도록 하는 범위 안에서만 가능하고[문언적(문의적) 한계](헌재 1989. 7. 14. 88헌가5등), ② 입법목적과 아주 다른 새로운 목적 · 내용을 가지게 하는 해석이 되어서는 아니 되며(법목적적 한계 – 헌법 취지에 맞추려고 법률이 본래 달성하려던 목적을 일탈한 해석은 목적론적 해석의 한계를 넘으므로 허용되지 않는다), ③ 법률의 효력 유지를 위해서 역으로 (헌법규범의 내용을 과도하게 해석하여) 헌법을 법률에 합치시키는 식으로 해석이 이루어지는, 즉 법률합치적 헌법 해석은 금지되고(헌법수용적 한계), ④ 헌법재판소와 입법자, 헌법재판소와 대법원 등 국가기관은 헌법이 배분 · 부여한 고유한 기능을 서로 존중하여야 하므로, 합헌적 법률 해석을 한다는 명분으로 이러한 기능적 배분을 벗어나는 방향으로 법률 해석을 하여서는 안 된다(기능적 한계). 헌법재판소가 입법권을 존중한다는 명목 아래 무리하게 법률을 합헌적인 것으로 해석하여 그 효력을 유지한다면 결과적으로 입법자의 법률 개선 기회를 박탈하여 입법권을 몰래 빼앗는 것일 수도 있음을 주의하여야 한다.

4. 합헌적 법률 해석을 적용한 헌법재판소 결정유형

헌법재판소가 합헌적 법률 해석의 원칙을 적용하여 내리는 전형적인 결정유형은 한정합헌결정과 한정위헌결정과 같은 이른바 질적 일부위헌결정이다. 즉 법률의 위헌 여부가 심판 대상이 될 때, 헌법재판소는 법률의 문언 · 의미 · 목적 등을 살펴서 한편으로 보면 합헌으로, 다른 한편으로 보면 위헌으로 판단될 수 있는 다의적인 해석 가능성이 있을 때, 일반적인 해석작용이 용인되는 범위 안에서 종국적으로 어느 쪽이 가장 헌법에 합치되는지를 가려, 한정축소적 해석을 통해서 합헌적인 일정한 범위 안의 의미내용을 확정하여 이것이 그 법률의 본래 의미이며 그 의미 범위 안에서는 합헌이라고 결정할 수도 있고(한정합헌결정), 이러한 합헌적인 한정축소적 해석의 영역 밖에까지 법률의 적용범위를 넓히는 것은 위헌이라는 취지로 법률의 문언 자체는 그대로 둔 채 위헌 범위를 정하여 한정위헌결정을 선고할 수도 있다(헌재 1997. 12. 24. 96헌마172등). 반면에 법률의 다양한 해석 가능성을 전제로 하는 것이 아니라 어떠한 합헌적 해석 가능성도 발견할 수 없어 위헌으로 판단하였지만 여러 가지 사정으로 위헌결정의 효력만을 유보하는 헌법불합치결정은 합헌적 법률 해석을 적용하는 헌법재판소 결정유형이라고 할 수 없다.

2장 헌법의 제정 · 변천 · 개정

1절 헌법 제정
2절 헌법 변천
3절 헌법 개정

1절

헌법 제정

Ⅰ. 헌법 제정의 의의

헌법 제정은 국가의 법적 기본질서를 마련하는 법창조행위로서, 국가의 기본이념 · 기본권(국가 안에서 국민의 기본적인 법적 지위) · 국가조직의 기본사항에 관한 국민적 합의를 최고법규범으로 정립하는 것을 말한다. 사실적 공동체는 법적 공동체를 형성하여야 정당성을 부여받고 규범적으로 활동할 수 있다. 따라서 사실적 공동체에 규범력을 부여하여 법적 공동체로 전환하는 행위가 필요한데, 이것이 헌법 제정이다. 헌법 제정은 국가의 법적 기본질서를 마련하는 법창조행위일 뿐 아니라 국가권력을 구성하여 사회학적 의미의 정치공동체를 법적 의미의 국가로 승화하는 행위이다.

Ⅱ. 헌법제정권력의 주체

1. 헌법제정권력의 의의

헌법제정권력은 헌법제정주체가 헌법을 시원적으로 창조하는 힘이다(만드는 권력, 형성적 권력). 헌법제정권력이 헌법을 만든다는 점에서 헌법제정권력은 헌법 이전의 권력이다. 그리고 헌법이 제정되어야 비로소 법질서가 만들어지므로 헌법제정권력은 법적 권력이 아니라 정치적 권력이다. 따라서 헌법제정권력은 사실상 힘이라는 권력적 측면과 헌법에 정당성을 부여하는 권위라는 이중적 측면이 있다.

2. 헌법제정권력의 주체

누가 헌법제정권력자인지나 헌법제정권력자이어야 하는지는 역사적으로 변천이 있었다. 중세의 헌법제정권력은 신이 군주에게 준다고 여겼다. 프랑스 혁명기에는 정치적 자의식을 지니게 된 시민 계급이 헌법제정권력을 차지하였다. 그 후 왕정복고기에는 다시금 군주에게 헌법제정권력이 있다고 여겨졌다. 그러나 오늘날 민주국가에서 헌법제정권력자는 국민이다. 프랑스 혁명시기 시예스는 국민(제3신분)이 헌법제정권력의 주체라고 하였다. 그러나 슈미트는 이론적으로 개인, 소수인, 국민이 헌법제정권력의 주체가 될 수 있다고 하면서도 현실적으로는 정치적 실존의 종류와 형식에 관해서 근본결단을 내릴 수 있는 사람, 즉 비상사태를 결단하는 주권자로 본다. 그러나 오늘날 민주국가에서는 국민만 헌법제정권력의 주체가 될 수 있다. 헌법은 제1조 제2항에서 "대한민국의 주권은 국민에게 있"다고 규정함으로써 국민이 헌법제정권력자임을 분명히 밝힌다.

Ⅲ. 헌법제정권력의 행사방식

헌법 제정은 공동체가 이른바 자연상태에서 시민상태로, 즉 법질서로 전환하는 계기이다. 사실적 정치공동체가 법적 공동체로 전환하는 한계선 위에 있어서, 헌법 제정 이전에 미리 규정된 절차가 있을 수 없다. 따라서 헌법제정권력이 있는 주체가 스스로 선택하는 절차를 따라서 헌법을 제정할 수 있다. 다만, 헌법사를 돌아보면 몇 가지 대표적인 유형을 발견할 수 있다. 먼저 ① 한국의 1948년 헌법처럼 민주적으로 선출된 제헌의회가 헌법을 의결하는 방식이다. 다음으로 ② 1958년 프랑스 제5공화국 헌법과 같이 제헌의회에서는 헌법안만을 기초하고 헌법안에 관한 결정은 국민투표를 통해서 확정하는 방식이다. 그리고 ③ 1946년 프랑스 제4공화국 헌법과 같이 제헌의회 의결과 국민투표를 함께 시행하는 방식도 있다. 끝으로 ④ 연방국가에서 연방의회 의결과 별도로 연방을 구성하는 주의회 (승인)의결을 거치는 방식이 있다.

Ⅳ. 헌법제정권력과 헌법 제정의 정당성

헌법제정권력과 그가 제정한 헌법의 정당성은 어디에 근거하는가? 즉 헌법제정권력자가 제정한 법규범이 헌법으로서 정당성을 부여받는 것은 무엇 때문인가? 그러한 헌법을 제정하는 권력은 무엇 때문에 정당한 헌법제정권력으로 인정받는가? 시예스는 헌법제정권력은 스스로 정당화한다고 하고, 슈미트는 헌법제정권력은 주권자의 의지가 정당화한다고 한다. 이들은 모두 헌법제정권력의 시원성에서 그 정당성의 근거를 찾는다. 그런데 시원성이 왜 정당성의 근거가 되는지에 관해서는 설명이 없다. 이에 대해서 헌법제정권력과 헌법의 정당성 문제는 법적인 질의 문제가 아니라 이념적 질의 문제이므로, 헌법 제정이 구법질서에 들어맞는지에 따라서 그 정당성이 인정될 수 없고, 헌법제정권력과 헌법이 그 시대의 일반적인 (또는 지배적인) 정치적 이념과 들어맞으면 정당성이 있다는 견해가 있다. 다른 한편, 헌법제정권력과 헌법의 정당성 문제를 법적인 질의 문제가 아니라 이념적 질의 문제로 구별하는 것은 불분명하다고 하면서 헌법에 규정된 기본질서에 관한 국민 합의에서 정당성을 찾아야 한다는 견해도 있다. 오늘날 국민이 제정한 법질서가 헌법으로서 정당성을 인정받으려면 주관적 · 객관적 정당화 요소를 충족시켜야 한다. 먼저 ① 주관적 정당화 요소로서 국민적 합의가 필요하다. 다음으로 ② 객관적 정당화 요소로서 근대 이후 헌법이 핵심사항으로 인정하는 인권 보장이라든지 권력분립과 같은 내용이 포함되어야 한다.

Ⅴ. 헌법 제정(권력)의 한계

헌법제정권력을 시원적 권력으로 보는 시예스의 견해에서 헌법제정권력 행사에 어떠한 한계도 있을 수 없다. 슈미트에게도 헌법제정권력은 근본결단을 내릴 수 있는 실력과 권위가 있는 의사로서 역시 시원적 권력이고, 시예스와 마찬가지로 헌법제정권력의 혁명적 성격을 인정하므로 헌법제정권력 행사에 한계를 인정하지 않는다. 헌법은 국가공동체를 형성하는 최초의 법이라서 이미 있는 법을 전제로 하는 실정법적 한계는 인정될 여지가 없다. 다만, 어떤 국가질서가 헌법으로 인정받으려면 일정한 정당화 요소를 갖추어야 하므로 그 한도 안에서 한계가 있다.

1. 초실정법적 시대사상(이념)의 한계

헌법제정권력이 그 시대를 지배하는 초실정법적 시대사상을 초월하여 헌법을 제정할 수는 없고, 민주주의 헌법이든 사회주의 헌법이든 모두 그들의 정치적 이념에 기초하여 그 테두리 안에서 제정되었음을 확인할 수 있다는 견해가 있다. 이와 관련하여 이러한 이념적 질의 한계가 분명하지 못하다고 하면서 '국민의 가치관과 법관념'을 그 한계로 보는 견해와 불변의 근본가치를 그 한계로 보는 견해가 있다. 그러나 이러한 한계가 일정한 사회와 국가 속에서 성장한 개인이 넘을 수 없는 이념을 가리키는 것이라면 당연한 것을 표현한 것에 지나지 않고, 그러한 이념은 시대에 따라서 변동하는 것이므로 한계로서 윤곽을 설정할 수 없다는 점이 문제이다.

2. 기초적인 법원리의 한계

헌법제정권력 행사는 곧 법창조를 뜻하며 법질서가 결합하는 법공동체 형성을 뜻하므로, 법적 이성, 정의, 법적 안정성 등과 같은 법내재적 기본원리에 구속되지 않을 수 없고, 헌법제정권력 행사는 헌정 전통에서 성립된 특별한 법문화에 구속되지 않을 수 없다는 견해가 있다. 전자는 구체적으로 형성될 법이 비로소 보장하여야 할 내용이고, 후자는 기존 법질서에 구속되지 않는 헌법 제정의 본질에 들어맞지 않는다. 다만, 헌법제정주체인 국민을 사실상 지배하는 문화의 영향을 가리키는 것이라면 당연한 것을 말한 것에 지나지 않는다.

3. 초국가적 자연법 · 인권의 한계

헌법제정권력 행사는 초실정법적인 자연법에 구속된다. 다만, 무엇이 자연법의 내용인지에 관해서 분명한 대답을 하기 어렵다는 문제가 있다. 이와 관련하여 전국가적인 인권을 자연법의 내용으로 보고 헌법제정권력은 이를 존중하여야 한다는 견해가 한다. '역사적 경험 속에서 증명된 정의의 최소한'을 헌법 제정의 한계선으로 보아야 한다면, 그 내용은 초국가적 자연법과 인권이라고 보지 않을 수 없다. 따라서 이 한계 안에서만 헌법 제정의 법적 한계를 논할 수 있다.

4. 국제법적 한계

헌법제정권력은 예외적으로 국제법적 제약을 받을 수 있다. 그리고 식민지가 독립하면서 구 보호국의 영향을 받아 헌법을 제정하는 때도 마찬가지이다. 다만, 이때는 사실적인 정치적 영향을 뜻하거나 국내법으로 바꿀 수 없는 국제법적 환경을 가리키는 데 지나지 않는다는 점(이것은 엄격한 법적 의미에서 헌법제정권력의 한계로 볼 수 없다)을 주의하여야 한다.

2절

헌법 변천

Ⅰ. 의의

1. 개념

헌법 변천은 헌법개정절차에 따라서 헌법조문이 바뀌지 않은 채 존속하면서 해당 헌법조문의 의미내용이 실질적으로 바뀌는 것을 말한다. 헌법 변천은 무의식적으로나 의도적으로 이루어져야 하는 것은 아니다(묵시성 불필요). 그리고 헌법이 시행되고 나서 바로 헌법 변천이 일어날 수도 있으므로 헌법 시행일부터 일정한 시간이 지난 후에만 헌법 변천이 발생하는 것은 아니다.

2. 구별개념

헌법 변천은 조문의 의미내용 변화가 헌법 해석 한계를 넘는다는 점에서 헌법 해석과 구별된다. 헌법 변천은 문언의 내용을 해석 한계를 넘어 구체화한다는 점에서 헌법 형성이다. 헌법 형성은 헌법 문언의 한계를 벗어난 구체화로서 헌법 문언 안에서 이루어지는 헌법 해석과 구별된다. 그리고 헌법 변천은 명시적인 헌법조문 변경이 없다는 점에서 헌법조문 자체를 변경하는 헌법 개정과 구별된다. 헌법 변천은 헌법 문언의 한계를 벗어나므로 헌법 형성이지만, 헌법 문언을 기초로 헌법을 구체화하는 과정에서 발생하므로 해석 문제로 볼 수도 있다. 따라서 헌법조문의 의미 있는 이해 가능성이 끝나는 곳에 그 한계가 있고, 그때 헌법 개정이 문제 되는 것은 사실이다. 다만, 헌법 변천은 해석 문제일 뿐 아니라 규범외재적으로 발생하는 현실 문제이기도 하고 규범외재적인 현실 변화를 어떻게 수용하느냐의 문제이므로, 헌법 개정이 포기되는 곳에서 헌법 변천 문제가 시작된다고 볼 수도 있다. 이러한 견해 대립은 헌법 변천 문제를 바라보는 방향이 다른 데서 연유한 것이라고 할 수 있다. 다만, 헌법은 국가(적) 통합의 기본질서이고 질서 안정을 하나의 과제로 하므로 헌법 변천이 정상적인 해석원칙으로까지 되어서는 아니 된다. 그렇게 되면 헌법의 규범력이 공동화할 우려가 있기 때문이다.

3. 유형

헌법 변천 개념을 '헌법상황 변경이나 헌법규범과 헌법현실의 불일치 문제'로 넓게 이해한다면 헌법 변천 유형은 광범위한 영역에서 다양하게 나타난다. 이러한 (넓은 뜻의) 헌법 변천은 헌법규범과 헌법현실이 일치하지 않으면 언제나 일어날 수 있다. 구체적으로 ① 규범에 없는 현실이 있는 때(형식적으로 헌법규범에 어긋나지 않는 관행), ② 규범은 있으나 현실이 없는 때(국가의 부작위로 말미암아 헌법상 특정한 권리 행사 불가능), ③ 현실이 규범에 모순되는 때(헌법에 어긋나는 관행), ④ 현실이 규범 해석에 변화를 가져오는 때(해석을 통한 변경) (넓은 뜻의) 헌법 변천이 일어난다.

그러나 헌법 변천은 오늘날과 같이 헌법 개정과 대립하는 좁은 개념으로 이해하면 이에 해당하는 유형은 그리 많지 않다. 헌법 변천 개념을 '헌법규범 내용 변경'에 한정하고 '헌법상황 변경'을 개념요소에서 제외하기 때문이다. 따라서 헌법규범 내용 변화를 수반하지 않는 ① 규범에 없는 현실이 없는 때, ② 규범은 있으나 현실이 없는 때, ③ 현실이 규범에 모순되는 때는 (좁은 뜻의) 헌법 변천에 해당하지 않는다.

Ⅱ. 원인

헌법 변천은 헌법규범과 헌법 해석의 갈등에서 생긴다. 헌법 변천은 규범 해석 문제일 뿐 아니라 규범외재적으로 발생하는 현실 문제이기도 하다. 따라서 규범외재적인 현실 변화를 어떻게 규범 안으로 끌어들이느냐, 즉 헌법이 수용하느냐가 관건이다. 헌법은 기본적인 합의에 관한 대강을 규정할 뿐이므로 추상적 · 개방적이고, 그 결과 헌법 해석의 넓은 여지가 있더라도 헌법 해석에는 한계가 있다. 정치적 · 경제적 상황 변화, 국가비상사태 발생, 기술의 비약적 진보 등으로 말미암아 헌법의 규율 대상 영역이나 국민의 가치관이 바뀌면 헌법규범은 더는 사회적 현실에 맞지 않게 된다. 그래서 헌법규범이 규율 대상 영역을 더는 규율할 수 없는데도 (즉 헌법 해석 한계를 넘었는데도) 헌법 개정을 할 수 없는 상황에서 헌법 변천이 일어난다.

Ⅲ. 허용 여부

긍정론은 헌법규범에 어긋나는 국가행위가 반복됨으로써 이것이 관행이 되고, 이 관행에 관해서 국민이 명시적 또는 묵시적으로 법적 확신을 하게 되면, 해당 헌법조항은 그 의미내용이 바뀌고 새로운 사회적 현실에 대해서 규범력이 부여되는 것은 헌법규범과 사회적 현실의 긴장 · 갈등을 없애고 헌법의 규범력을 고양하는 데 필요하다고 평가한다. 법실증주의적 견해에서는 헌법과 모순되는 국가행위는 그것이 아무리 반복되더라도 단순한 사실 축적일 뿐이고 규범이 되는 것은 아니며, 헌법의 합법적 변경은 그 개정절차를 통해서만 가능하므로 헌법 변천은 수용될 수 없다고 한다. 헌법 변천을 일률적으로 긍정하거나 부정하기보다는 그 동기와 내용에 따라서 평가하여야 한다. 예를 들어 헌법의 기본이념에 충실한 해석이나 헌법 흠결을 보충하려는 헌법 변천은 긍정할 수 있다. 그러나 정치적 필요에 따른 헌법 변천만은 원칙적으로 부정하되 일정한 한계 안에서만 허용되어야 한다.

3절

헌법 개정

Ⅰ. 헌법 개정의 의의

1. 헌법 개정의 개념

헌법 개정은 사정 변화에 맞추어 헌법의 규범력을 유지하기 위해서 헌법이 정한 개정권자가 헌법이 정한 개정절차를 따라 헌법의 기본적 동일성을 파괴하지 않고 헌법조항을 수정 · 삭제 · 추가하는 것을 말한다. 불문헌법 개정은 헌법관행 변화를 뜻하므로 헌법 개정 개념에서 제외되고, (형식적 의미의 헌법 개정을 제외한) 실질적 의미의 헌법 개정은 하위법규범 개정 문제이므로 헌법 개정 개념에 포함되지 아니한다. 따라서 헌법 개정은 성문헌법에서만 문제 된다. 그리고 연성헌법도 성문헌법에 속하므로 연성헌법 개정도 헌법 개정임을 부정할 수 없다. 새로운 헌법으로 옛 헌법을 교체하는 결과를 낳는, 헌법 내용 전체의 변경, 즉 헌법의 전면개정도 유효한 헌법 안에서 이루어지는 변경이라서 형식적 측면에서 헌법 제정이 아니라 헌법 개정이다. 그러나 이러한 전면개정이 기존 헌법의 기본적 동일성을 파괴한다면 이는 헌법 개정이 아니다.

2. 구별개념

(1) 헌법 파괴

헌법 파괴는 기존 헌법전을 폐기할 뿐 아니라 그 헌법의 기초가 되는 헌법제정권력까지도 배제하는 것을 말한다. 헌법 파괴는 보통 혁명의 방법으로 일어나며, 이때 기존 헌법과 새로운 헌법의 동일성은 파괴된다.

(2) 헌법 폐제

헌법 폐제는 기존 헌법전을 배제하기는 하지만, 그 헌법의 기초가 되는 헌법제정권력은 유지하는 것을 말한다. 헌법 폐제는 보통 정변이나 쿠데타로 말미암아 정권담당자가 교체될 때 일어나며, 기존 헌법과 새로운 헌법의 동일성은 파괴되지 않는다. 헌법전만을 배제한다는 의미에서 헌법 교체라고도 한다.

(3) 헌법 침해

헌법 침해는 헌법 위반이라는 사실을 인식하면서도 (예외적으로) 특정한 헌법규정에 어긋나는 공권력을 행사하는 것을 말한다. 그로 말미암아 헌법조문의 효력은 일시적으로 중단되거나 폐지되지 않고 계속 유지된다. 이러한 공권력 행사는 위헌이므로 해당 기관은 책임을 면할 수 없다.

(4) 헌법 정지

헌법 정지는 특정 헌법조항의 효력을 일시적으로 정지시키는 것을 말한다. 헌법 정지에는 헌법의 명시적 규정에 따라서 특정조항의 효력을 정지시키는 헌법존중적 헌법 정지와 헌법 근거 없이 특정 조항의 효력을 정지시키는 헌법무시적 헌법 정지가 있다.

3. 헌법개정권력

(1) 헌법제정권력과 헌법개정권력

시예스가 정립한 헌법제정권력 이론을 따르면 헌법제정권력은 시원성이 있는 '창설하는 권력(만드는 권력, 형성적 권력)'이고, 헌법개정권력은 헌법제정권력이 만든 헌법에 그 효력 근거가 있는 '창설된 권력(만든 권력, 형성된 권력)'이다.

(2) 헌법상 헌법개정권력

헌법은 전문에서 "…… 우리 국민은 …… 헌법을 이제 국회의 결의를 거쳐 국민투표에 의하여 개정한다."라고 규정하고, 제1조 제2항에서 "…… 모든 권력은 국민으로부터 나온다."라고 규정하며, 제10장에서 국민의 대표기관이 국회 의결과 국민투표를 거쳐서 헌법 개정이 확정되도록 하는 점에서 헌법개정권력의 주체가 국민임을 분명히 밝힌다.

4. 헌법 개정의 당위성과 한계의 상관관계

헌법은 부단한 역사적 변천 속에서 공동체의 '연속성 유지' 이상의 것을 추구할 수도 실현할 수도 없다(법의 역사성). 이러한 '연속성 유지'라는 과제에 봉사하는 것으로서, (1) 해석을 통해서 시대 변천에 적응할 수 있도록 하는 헌법의 개방성(헌법규정의 광범성 · 불완전성 · 구조적 개방성)과 (2) 그러한 개방성으로 역사적인 변천상황에 더는 적응할 수 없을 때를 위한 헌법개정규정이 있고, (3) 그 개정 형식을 덧입은 '연속성 배제'를 금지하려고 두는 '헌법의 동일성'에 입각한 개정한계가 있다. 즉 헌법은 시대정신 변화에 적응하면서 규범력을 계속 유지하기 위해서 (헌법의 동일성이라는 한계 안에서) 유동성 요청 앞에서 있다. 따라서 헌법 개정 요청과 그 한계의 관계는 '헌법의 계속성 · 동일성에 입각한 헌법의 유동성 요청과 안정성 요청의 조화'라는 과제를 제기한다. 이러한 시대적응적 필요성 이외에 헌법 개정은 헌법제정권력에서 혁명적 · 의지적 성격을 벗겨 내고 진화적 · 법적으로 헌법질서를 형성하려고 헌법에 규정된다.

Ⅱ. 헌법개정절차

1. 헌법개정절차의 의의

헌법개정절차는 부득이한 때 이외에는 개정을 금지함으로써 헌법의 불가침성에 대한 신뢰를 유지하고 헌법의 규범력을 강화하려고 일반 법률의 개정절차보다 어려운 여러 단계를 거치게 하는 것이 보통이다(경성헌법). 특히 가중된 개정절차는 헌법 개정을 실제로 어렵게 함으로써(예를 들어 미국은 각주의 3/4 이상 동의를 요구하는데, 이 요건을 충족하기는 매우 어렵다), 헌법의 권위를 높이는 역할을 한다. 그러나 안정성 요청 이외에도 계속 바뀌는 시대적 과제를 수행하여야 하는 헌법의 성격상 그 유동성 요청을 개정절차의 지나친 가중으로 저해하여서는 아니 된다. 헌법개정절차는 각국의 구조(연방국가, 단일국가), 정부형태(대통령제, 의원내각제), 역사적 경험(권력자의 자의적 개정이 있었는지)에 따라 그 실정에 맞게 달리 정한다.

2. 헌법개정절차

(1) 제안

헌법은 국회와 대통령에게 헌법 개정 제안권을 부여한다. 국회는 재적 과반수로 헌법개정안을 제안하고(헌법 제128조 제1항), 대통령은 국무회의 심의를 거쳐 헌법개정안을 제안한다(헌법 제89조 제3호).

(2) 공고

제안된 헌법개정안은 대통령이 20일 이상 공고하여야 한다(헌법 제129조). 국민 합의를 만들어내려고 공고절차를 둔다. 공고기간에는 개헌안에 관한 찬반토론과 의사 표현이 자유롭게 보장되어야 한다.

(3) 국회 의결

헌법개정안이 공고된 날부터 60일 이내에 국회는 의결하여야 한다(헌법 제130조 제1

항). 국회 의결에는 재적의원 3분의 2 이상 찬성을 얻어야 한다. 이때 역사적 책임을 분명히 밝히려고 기명투표로 한다(국회법 제112조 제4항). 수정의결은 공고절차 취지에 어긋나므로 허용되지 않는다.

(4) 국민투표

국회 의결 후 30일 이내에 국민투표에 부쳐 국회의원선거권자 과반수 투표와 투표자 과반수 찬성을 얻으면 헌법 개정이 확정된다(헌법 제130조 제2항과 제3항).

(5) 공포

대통령은 확정된 헌법개정안을 즉시 공포하여야 한다(헌법 제130조 제3항). 공포는 관보에 게재함으로써 한다('법령 등 공포에 관한 법률' 제11조 제1항). 헌법 개정 공포문에는 전문을 붙여야 하고('법령 등 공포에 관한 법률' 제2조), 동 전문에는 헌법개정안이 국회 재적의원 과반수나 대통령 발의로 제안되어 국회에서 재적의원 3분의 2 이상 찬성을 얻고 국민투표에서 국회의원선거권자 과반수 투표와 투표자 과반수 찬성을 얻은 뜻을 기재하고, 대통령이 서명하고 나서 국새와 대통령인을 찍고, 그 일자를 명기하여 국무총리와 각 국무위원이 부서한다('법령 등 공포에 관한 법률' 제4조).

(6) 시행(발효)

헌법의 시행일자(발효일자)는 헌법에서 부칙 등에 직접 정하는 것이 보통이다. 현행 헌법은 부칙 제1조에서 "이 헌법은 1988년 2월 25일부터 시행한다."라고 규정하여 같은 날 0시부터 효력을 발하도록 하였다.

Ⅲ. 헌법 개정의 내용상 한계

1. 헌법수호 문제인 헌법 개정 한계 문제

헌법 개정에 한계를 인정하여야 하는 이유는 합법성의 가면을 쓴 혁명을 방지함으로써 기존 헌법의 기본원리 폐지를 막고 역사적 발전과정에서 헌법의 연속성과 동일성을 유지하려는 것이다. 그러므로 헌법 개정 한계 문제는 헌법이론상 헌법의 존립 보장을 임무로 하는 헌법수호 문제로 다루어야 한다. 즉 헌법 개정 한계는 '헌법의 기본원리를 중심으로 하는 자유민주적 기본질서'를 보호법익으로 하는 헌법수호의 수단이다.

2. 헌법개정한계 유무에 관한 학설

(1) 법실증주의에서 주장되는 개정무한계설

개정무한계설은 헌법에 규정된 개정절차를 밟기만 하면 어떠한 조항도 어떠한 사항(내용)도 개정할 수 있다고 함으로써 헌법 개정에는 이론상 한계가 없다고 한다. 법실증주의적인 견해에서는 ① 헌법제정권력과 헌법개정권력의 주체가 모두 국민으로서 구별할 수 없다는 점, ② 헌법규정의 효력은 모두 같아서 상하서열이 있을 수 없다는 점, ③ 헌법 개정 한계를 위반하면 무효로 선언할 기관이 없다는 점, ④ 헌법 개정 한계에 해당하는 구체적 내용 선정은 선정자의 주관적 표준에 따른 것일 뿐이지 객관성이 없다는 점, ⑤ 만약 실정법에 개정한계조항이 있더라도 이 조항부터 먼저 개정하는 2중 개정 방식으로 얼마든지 이른바 개정 한계에 해당하는 내용규정을 개정할 수 있다는 점을 들어 헌법 개정에 한계가 있음을 부정한다.

(2) 결단주의에서 주장하는 개정한계설

① 헌법을 구성하는 헌법 이전의 권력인 헌법제정권력과 헌법이 구성하는 헌법 안의 권력인 헌법개정권력은 개념상 구별되는 점, ② 가치법규라는 헌법의 성질상 헌법규정은 핵심적인 가치규정과 그것을 구체화한 그 밖의 규정으로 이루어졌다는 점, ③ 절차법적으로 무효선언기관이 없다는 것과 실체법적으로 위헌인지를 판단하는 것은 별개 문제라는 점, ④ 평가학문인 법학에서 요구되는 객관성은 자연과학적인 객관성과는 다른 성질의 것일 수밖에 없다는 점, ⑤ 헌법제정권력이 설정한 실정헌법적 개정한계를, 헌법제정권력이 설정한 헌법개정권력이 개정하는 것은 자기모순이라는 점에서 헌법 개정 한계를 긍정한다. 이는 오늘날 대다수의 견해이다. 다만, 슈미트의 결단주의에서는 헌법제정권력의 의지적 결단을 헌법의 정당성 근거로 보므로 국민투표에 따른 헌법 개정에서도

그 한계를 인정하고 그것을 설명하는 데 어려움이 있다. 나아가 독일처럼 입법자가 헌법개정법률 형식으로 헌법을 개정한다면 모르거니와 한국처럼 국회 의결과 국민투표가 필수적으로 요구되고 헌법개정안 형식으로 헌법이 개정되는 헌법에서는 헌법과 헌법률의 개념 구별부터가 이미 의문시된다.

(3) 헌법개정한계의 내용

① 헌법초월적 한계

이 한계는 헌법 바깥에 놓인 (헌법초월적인) 요소를 말하는 것인데, 이는 원래 헌법의 대상이 될 수 없으므로 오히려 국가의 한계 문제가 되지 본래 의미의 헌법 개정 한계는 아니다. 순수하게 헌법초월적인 요소로서 (ⅰ) 현재의 경제적 · 기술적 조건, (ⅱ) 국가의 (영역이 아니라) 지역적 상황도 헌법과 헌법생활에 대단히 결정적인 영향력이 있지만, 헌법 개정 범위 너머에 있다. 마지막으로 (ⅲ) 국제법 일반원칙이 있는데 헌법은 이를 국내법으로 변형할 수는 있으나 그것을 개정할 수는 없다.

헌법초월적인 것이긴 하나 동시에 헌법내재적인 것으로 보이는 요소로서 (ⅰ) 정치적 통일체가 국민의 헌법제정권력 실행을 통해서 자기조직을 갖추면 국민의 헌법제정권력 원칙과 진정한 연방국가에서 각주의 정치적 독립, (ⅱ) 보통 헌법제정자가 규정한 정치적 공동체의 포기할 수 없는 일정한 사명과 목표, (ⅲ) 인격적 · 정치적 자유를 보장하는 기본권과 교회 · 혼인 및 가족의 권리는 실제로 인간이 처한 역사적 상황에 의존하는 특정한 질서 아래에서만 비로소 가능한 것이어서 그 질서를 가치상대주의적인 도구로 보아서는 안 되므로 이것이 헌법초월적인 헌법 개정의 한계요소로 작용할 수 있다고 한다.

② 실정헌법규정에 따른 한계

이 한계는 헌법개정권을 제한하는 명시적인 헌법규정이 있을 때의 한계인데, 한계무한계설을 주장하는 법실증주의자에게는 창설적 의의가 있다. 그러나 헌법내재적 한계 대상이 되는 요소를 실정헌법에 규정해 놓으면 (이 한계는 명시적 규정 없이도 인정되는 것이므로) 선언적 강조에 지나지 않는다. 반면에 헌법내재적 한계 이외의 한계를 실정헌법에 규정하면 실정헌법규정을 따라 존립하는 헌법 개정 한계가 된다.

③ 헌법내재적 한계(헌법 개정의 본래 한계)

헌법 개정의 본래 한계는 헌법내재적인 것으로서 헌법의 실질적인 맥락 속에 근거가 있다. 헌법개정권력은 개정할 권한만이 있을 뿐이지 헌법을 폐지할 권한은 없다. 따라서 여기서는 실질적 헌법 · 전체 헌법을 어떻게 이해할 것인지가 중요한 과제가 된다. 엠케는 헌법의 주된 기능을 (i) 권력을 제한하고 합리화하는 헌법, (ii) 자유로운 정치적 생활과정을 보장하는 헌법으로 나누고 전자에서 ⓐ 개인의 기본권, ⓑ 집단을 보호하는 기능이 있는 기본권, ⓒ 정치적 의사 형성과 정치적 균형(복수정당제와 의회제도), ⓓ 국가기능 분리와 권력분립을 헌법 개정 한계로 본다. 후자에서 ⓐ 현대의 자유로운 정치적 생활 보장(공동체의 분열을 일으키는 헌법 개정, 헌법 개정에 필요한 다수의 개정 한계로서 원칙적으로 의회 안 반대파의 협력 없는 헌법 개정), ⓑ 다음 세대의 자유로운 정치적 생활 보장(예산법을 폐지하거나 예상할 수 없는 기간의 지출을 승인하는 헌법, 국가채무에서 다음 세대 부담의 한계)을 헌법 개정 한계로 본다.

3장 헌법사

1절

헌법 전사와 대한민국 임시정부

Ⅰ. 한국 헌법사의 출발점

한국 헌법사는 1948년 헌법 제정으로 시작된다. 그러나 1948년 헌법 제정에 직접적 영향을 준 것이 명확할 뿐 아니라 현행 헌법이 전문에서 그 법통을 계승한다고 명시한 대한민국 임시정부 헌법을 한국 헌법사에서 빼놓을 수 없다. 더욱이 대한민국 임시정부 헌법은 1919년에 처음 제정될 때부터 기본권 보장과 권력분립이라는 근대적 의미의 헌법이 담아야 할 필수 내용을 빠짐없이 갖췄다. 하지만 아무런 바탕 없이 옹근(완벽한) 근대적 의미의 헌법이 제정될 수는 없다. 충분한 이론의 축적과 실질적 체화 그리고 다양한 경험이 있어야 근대적 의미의 헌법을 제정할 수 있다. 서양과 비교하여 터무니없이 짧은 시간 안에 진행된 한국의 압축적 근대화는 특정 시점의 극적인 변화를 확인하기 어렵고, 점진적으로 바뀌는 과정을 확인할 수 있을 뿐이다. 따라서 매우 급하게 그리고 과정으로 점철되는 한국 헌법사는 근대 헌법의 요소를 중심으로 맥락 속에서 바라보아야 제대로 이해할 수 있다.

신민이 인민으로 성장하고 있다는 점이 확인되고 신분 해방이 시작되었다는 점에서 영·정조 시대를 헌법사의 출발점으로 볼 여지가 있다. 그러나 영·정조의 헌정적 맹아는 세도정치로 짓밟혀 맥이 끊어졌다는 점에서 헌법사의 시작으로 보기 어렵다. 따라서 인민의 온전한 힘으로 이루어진 것은 아니지만 인민이 세도정치 붕괴에 적지 않은 이바지를 하였고, 인민의 요구가 일부 수용될 정도의 존재감이 확인된, 특히 양반 특권 폐지로 신분 해방의 문이 열리기 시작한 1864년 고종 즉위에 따른 흥선대원군 집권을 헌법사의 출발점으로 볼 수 있다. 흥선대원군 집권은 개화파가 등장할 터전을 마련함으로써 이후 갑신정변과 갑오개혁 그리고 독립협회 등장의 인적 토양을 만들었을 뿐 아니라 자신의 요구를 일부나마 관철할 정도로 신민이 인민으로 각성하였음을 확인할 수 있기 때문이다. 게다가 왕권 강화를 목표로 한 흥선대원군의 복고적 개혁은 이후 개혁 방향을 군주제 제한으로 설정하게 되는 계기가 되었다. 즉 흥선대원군 집권은 인민 탄생이라는 주체적 측면, 세도정치 붕괴라는 구체제 타파 측면, 신분 해방 시작이라는 기본권 보장적 측면, 군주권 제한 필요성의 실마리 제공이라는 권력분립적 측면 그리고 개혁 시작이라는 시원적 측면을 고려할 때 헌법사의 출발점으로 삼기에 부족함이 없다.

Ⅱ. 헌법 전사

조선 후기에 신민은 경제적 성장을 바탕으로 독자적 문화를 누릴 정도로 성장하면서 영 · 정조 시대 국왕이 민국 이념을 내세워 이들을 신권에 대항하는 주체로 인정하는 수준까지 이른다. 이것은 신민이 인민으로 성장하고 있음을 가리킨다. 그러나 신민이 인민으로 옹글게(완벽하게) 성장하기 전에 조선 정치가 세도정치로 타락하면서 민중은 지배층의 극심한 수탈에 시달렸다. 이에 민중은 지배층에 민란 등으로 저항하면서 개혁을 요구하였다. 구체제인 세도정치는 지속적인 민란의 영향으로 1864년 고종 즉위와 함께 무너졌다. 1862년 전국적인 임술민란이 안동김씨 세도정권 붕괴의 중요 원인이라는 점에서 조선 후기에 성장을 거듭하여 신민에서 인민으로 성장해 가던 민중이 정권을 좌우할 정도로 성장해 갔음을 알 수 있다. 이것은 고종 즉위와 함께 정권을 잡은 흥선대원군이 왕권 강화를 목적으로 복고적 개혁을 할 때 양반사대부를 억누르면서 인민의 요구를 일부 수용하는 모습에서도 드러난다. 지배층에 저항하고 자신의 요구를 관철해 나가면서 민중은 인민으로 옹글게(완벽하게) 각성하였다.

하향적 개혁인 1884년 갑신정변과 상향적 개혁인 1894년 동학농민혁명이 실패하고 나서 급진개화파로서 갑신정변에 참여하였던 서재필은 이러한 점을 반성하고 인민과 연대하여 개혁을 추진하였다. 즉 서재필이 주도한 독립협회와 만민공동회는 인민 참여를 인정하고 널리 독려하였다. 동학농민혁명 때 인민은 군중에게 요구사항을 전하고 실행해 줄 것을 기다리던 소극적인 태도에서 벗어나 집강소를 통하여 직접 요구사항을 실천하면서 정치적 의사 결정에 실제로 참여하였다. 이어서 1896년에 설립된 독립협회와 1898년에 세 차례에 걸쳐 열린 만민공동회에서 능동적 인민은 시민이 되었다. 즉 독립협회와 만민공동회를 통해서 인민은 사회와 관련한 교양이 있으면서 참여하는 사람, 즉 자신이 나라의 주권자임을 자각하고 주권자로서 행동하고 책임을 지는 사람, 즉 시민이 되었다. 이후 시민은 권력을 나눌 생각이 없던 고종의 반동에 입헌군주제에 대한 기대를 버리고 1907년 신민회부터 본격적으로 공화국을 꿈꾸기 시작하였다. 1907년 고종의 강제퇴위와 일제의 군대 강제해산에 맞서 일어난 정미의병은 이전 의병과 달리 일제와 본격적인 전쟁을 시작하였다. 특히 정미의병은 1908년 서울 진공 작전을 전개할 때 서울에 있는 각국 영사관에 의병전쟁은 고종의 칙령에 따른 독립전쟁임을 강조하면서 의병부대는 국제법상 교전단체이므로 전쟁에 관한 모든 법규가 적용되어야 한다는 격문을 보냈다. 이후 일제 탄압으로 의병들은 만주, 간도, 연해주 등으로 밀려났다. 이러한 의병 계열이 주도하여 1910년 블라디보스토크(해삼위)에서 13도의군을 편성하여 고종에게 망명정부를 세울 것을 상소하였고, 1914년 (복벽주의에 기초한) 최초의 망명정부인 대한광복군정부를 세우면서 공화주의는 복벽주의에 압도당하였다. 하지만 1917년 러시아 혁명이 발생하고 근왕주의자 중심인물들(유인석과 이상설)이 사망하면서 공화주의자들은 1917년 대동단결선언을 통해서 보황주의와 절연하고 국민주권을 명시적으로 주장하면서 임시정부 수립의 이론적 토대를 세웠다. 이를 바탕으로 1919년 3 · 1 독립선언을 통한 3 · 1 혁명으로 대한민국이 세워지고 대한민국 임시의정원에서 근대적 의미의 헌법을 만들었다. 이와 함께 대한인민은 옹글지는(완벽하지는) 않지만, 국민이 되었다.

영 · 정조 때 시작된 신분 해방은 흥선대원군이 1871년 호포제를 실시하여 양반 특권을 폐지하고, 1884년 갑신정변 때 급진개화파의 주장과 1894년 동학농민혁명 때 농민의 요구를 거쳐 1894년 갑오개혁을 통해서 법제상으로 옹글게(완벽하게) 이루어졌다. 이로 말미암아 인민은 평등은 물론 개화파가 소개한 서양 인권사상을 토대로 일반화한 자유도 누리게 되었다. 이는 독립협회와 만민공동회 활동에서 명확하게 확인된다. 이것은 이후 인민이 시민으로 진화하여 개혁을 직접 요구하고 의병전쟁과 독립전쟁의 주체로 나서게 되면서 1917년 대동단결선언으로 국민주권을 선언하여 1919년 대한민국 임시정부 수립의 주역이 되는 바탕이 되었다. 그리고 1884년 갑신정변 때부터 시도된 입헌군주제를 전제로 한 군주권 제한은 1894년 동학농민혁명과 갑오개혁 그리고 독립협회와 만민공동회를 통해서도 계속 시도되었다. 고종은 1898년 11월 26일 만민공동회 요구를 받아들여 군신 상하가 신과 의를 지키고, 어질고 능한 이를 전국에서 구하며, 아름다운 말을 꼴 베고 나무하는 백성에게도 캐어 쓴다는 국태민안 · 칙어를 발표하여 대한인민과 사회계약을 맺었다. 그러나 고종은 1년도 지나지 않아(1899년 8월 17일) 대한국이 제국이고, 자신은 무한한 군권(君權)을 누린다는 대한국 국제를 공포하는 반동을 일으켰다. 이를 통해서 고종이 권력을 제한받거나 나눌 의사가 없다는 것이 명확하게 확인되면서 전제군주제에서 입헌군주제를 뛰어넘어 공화제로 나아가게 되었다. 1907년 신민회에서 처음 명시적으로 주장된 공화제는 1917년 대동단결선언에서 국민주권을 선언하면서 확립되어 1919년 3 · 1 독립선언에 따라 수립된 대한민국 임시정부에서 대한민국 임시헌장 제1조로 헌법적으로 확정되었다.

헌법 전사는 흥선대원군의 복고적 개혁으로 시작된 헌정적 근대화가 위로부터의 갑신정변, 아래로부터의 동학농민혁명 그리고 상하합작의 개혁인 독립협회와 만민공동회를 거쳐 인민주권 확립에 따른 대한민국 임시정부 수립으로 시민혁명이 완성된 것으로 간략하게 정리할 수 있다.

Ⅲ. 대한민국 임시정부 시대

1919년 3 · 1 독립선언으로 표출된 한민족 혹은 대한인민의 의사에 기반을 두고 건립된 대한민국 임시정부에서는 근대적 헌법을 제정하였다. 대한민국 임시정부 헌법은 한국 역사상 처음으로 민주공화제 정부형태를 채택하였고, 기본권 보장과 권력분립을 규정하였다는 점에서 근대적 · 입헌주의적 의미의 헌법 계보에 속한다. 대한민국 임시정부 헌법 제정은 개화기 이후 서구 헌법사상을 수용한 선각자들이 끊임없이 주장하고 시도하였던 입헌주의국가 건설이 대한민국 임시정부에 이르러 마침내 그 결실을 이룬 것이다. 그리고 서구 헌법사상을 우리식으로 변용 · 발전시킨 조소앙의 삼균주의가 대한민국 임시정부 헌법의 이념적 배경이 되었다. 여기서 단순한 서구 헌법사상 수용을 넘어

선 독자적인 헌법사상 발전을 엿볼 수도 있다. 다만, 영토와 국민 대부분이 일제 강점 아래에 있는 현실에서 기본권 규정은 유명무실한 것이었고, 사법권 독립과 같은 규정도 사문화하는 것 등 정규 헌법이 아니었던 데서 발생하는 많은 문제점이 있었다. 게다가 대한민국 임시정부 자체가 국제적으로 많은 나라에서 승인을 얻지도 못하였다. 그런데도 대한민국 임시정부 헌법은 개화기 이후 한민족 혹은 대한인민이 국가질서에 관하여 자발적으로 이룩한 커다란 성과이다. 그리고 그 정통성은 이후 대한민국 헌법 제정으로 이어지는 초석이 되었다.

대한민국 임시정부 헌법은 5차에 걸쳐 개정되었는데, 그 명칭이 임시헌장(1919년 4월 11일) - 임시헌법[제1차 개헌(1919년 9월 11일)] - 임시헌장[제2차 개헌(1925년 4월 7일)] - 임시약헌[제3차 개헌(1927년 3월 5일), 제4차 개헌(1940년 10월 9일)] - 임시헌장[제5차 개헌(1944년 4월 22일)]으로 계속 바뀌었다. 그리고 1941년 11월 28일 해방 이후의 헌법질서에 관한 기본원칙을 규정한 헌법문서인 건국강령이 대한민국 임시정부 국무회의에서 통과되어 공포되었다. 정부형태도 국무총리제(1919년 4월 11일)에서 시작하여 대통령제(1919년 9월 11일) - 국무령제(1925년 4월 7일) - 국무위원제(1927년 3월 5일) - 주석제(1940년 10월 9일) - 주석 · 부주석제(1944년 4월 22일)로 달라졌다.

'대한민국'이라는 국호에서 '대한'은 '대한'제국에서 비롯한 것이고, '민국'은 대한제국의 정치적 목표였다는 점에서 드러나듯이 대한민국 임시정부는 국호를 통해서 대한제국을 계승하려는 의사를 명백하게 드러냈다. 특히 1919년 4월 11일 제정된 대한민국 임시헌장 제8조는 "대한민국은 구황실을 우대함"이라고 규정함으로써 이를 명시하였다. 그리고 영토를 대한제국의 영토로 규정하였고(1919년 9월 11일 제정된 대한민국 임시헌장 제3조, 1944년 4월 22일 제정된 대한민국 임시헌장 제2조), 그 국민을 대한제국 국민으로 한정하고(1919년 9월 11일 제정된 대한민국 임시헌장 제1조, 1944년 4월 22일 제정된 대한민국 임시헌장 제3조), 대한제국 국기인 태극기를 국기로 정하였다. 따라서 대한민국 임시정부는 대한제국의 연장선 안에 있다.

대한민국 임시정부는 일제의 영토 강점으로 대한제국 정부가 중국 상해로 옮긴 것이 아니라는 점에서 전통적인 망명정부(전쟁이나 내란으로 말미암아 일시적으로 본국을 떠날 수밖에 없어서 본국에서는 주권을 행사하지 못하지만, 그 망명지의 국가와 그 밖의 관련 있는 여러 국가의 승인 · 동의 · 협력을 얻어 정통정부로 인정되고 일정 한도의 정부 기능을 행사하는 정부)는 아니다. 그리고 외국에 있던 사람들이나 한반도에서 탈출한 사람들이 모여 만든 정부라는 점에서 임시정부(국권을 상실하거나 본국이 점령당할 때 국외로 피신이나 망명한 일단의 사람들이 독립과 해방을 목표로 혹은 점령국을 축출하여 국권을 옹글게(완벽하게) 회복하기 위해서 자발적으로 수립한 정부)로 볼 수도 있다. 그러나 대한제국이 1910년 일제 강점으로 사라진 것이 아니라 1907년부터 시작된 대일전쟁이 1945년까지 계속되었고, 대한민국 임시정부가 대한제국 마지막 주권자인 고종과 밀접한 관련성 속에서 만들어졌으므로 대한민국 임시정부는 망명정부로 볼 수 있다. 구체적으로 고종은 13도의군의 망명 요청에 긍정적 의사를 표현하여 대한광복군정부 설립에 정당성을 부여하였고, 신한혁명당의 망명 계획에 적극적으로 동조하였으며, (고종의 사망으로 실패하기는 하였지만) 1918년 이회영이 오세창, 한용운, 이상재 등과 만나 밀의한 북경 망명 계획에 승낙하였다는 점에서 대한민국 임시정부는 일제가 제거한 대한제국 정부 대신 주권자인 고종의 명으로 만든 망명정부(대한광복군정부)를 계승하거나 고종이 직접 정당성을 부여한 정부라는 점에서 망명정부임을 부정하기 어렵다. 고종의 아들인 의친왕(이강)이 1921년 상해로 망명하여 대한민국 임시정부에 참여하려다 실패한 사건은 황실이 대한민국 임시정부를 승인하였음을 명확하게 보여준다. 특히 의친왕은 "나는 차라리 자유 한국의 한 백성이 될지언정 일본 정부의 한 친왕(親王)이 되기를 원치 않는다는 것을 우리 한인들에게 표시하고, 아울러 한국 임시정부에 참가하여 독립운동에 몸바치기를 원하다."라고 하였다.

2절
대한민국 헌정사

Ⅰ. 문민독재헌정 시기

1. 1948년 헌법 제정

일제 강점을 종식하려고 끊임없이 노력하던 한국은 제2차 세계대전에서 일본이 패망하면서 1945년 8월 15일 광복을 맞았다. 광복 이후 한반도에 진주한 미군과 소련군은 38선을 경계로 각각 군정을 실시하였다. 1945년 해방부터 1948년 정부 수립까지는 정부수립준비기(이른바 미군정기)이다. 1945년 12월 6일 열강은 모스크바 3상회의를 열어 미 · 소공동위원회를 통해서 통일임시정부 수립 이전에 미국 · 소련 · 영국 · 중국이 공동관리하는 이른바 신탁통치안을 확정하였다. 그러나 미 · 소공동위원회는 처음부터 난항을 거듭하면서 제 역할을 하지 못하였다. 1946년 5월 6일 제1차 미 · 소공동위원회가 무기 휴회되자 미국 군정 당국은 김규식과 여운형 등 온건한 중도파 지도자들의 좌우합작운동을 적극적으로 지원하면서 이들을 중심으로 과도입법의원을 구성하였다. 1946년 10월 21일부터 31일에 걸쳐 민선의원 45명을 간접선거로 선출하고 관선의원 45명은 주한미군 사령관 하지가 임명하여 1946년 12월 12일 남조선과도입법의원이 설립되었다. 이로써 한국 최초의 대의정치기관이 탄생하였다. 그러나 모스크바3상회의 결정에 따른 통일임시정부가 수립될 때까지 정치적 · 경제적 · 사회적 개혁의 기초로 사용될 법령 초안을 작성하는 임무가 있는 남조선과도입법의원이 제정한 법령은 군정장관 동의를 얻어야 효력이 발생하였다. 남조선과도입법의원은 '조선임시약헌'이라는 임시헌법을 1947년 8월 6일 의결하였으나, 미국 군정이 인준을 보류하여 최종적으로 시행되지 못하였다. 7장 58조로 이루어진 조선임시약헌은 '조선'을 국호로 삼았고, 조선은 민주공화체라고 선언하였다(제1조). 그리고 제2장 국민의 권리의무에서 국민의 생활균등권(제4조), 문화 및 후생의 균등권(제5조), 각종 자유권(제6조)과 요구권(제7조), 참정권(제8조), 의무(제9조)를 규정하였다. 정부형태는 대통령제를 취하여 입법권은 보통 · 균등 · 직접 · 무기명 투표의 방법으로 공선되는 임기 3년의 입법의원에(제3장), 행정권은 국민이 선거로 뽑는 임기 4년의 정부주석과 부주석(단 본법 시행 최초의 정부주석과 부주석은 입법의원에서 선거한다)에(제4장), 사법권은 법관으로 조직되는 법원에(제5장) 부여하였다.

한반도 문제에 관한 미 · 소 양국의 이해 대립으로 [1948년 2월 27일 국제연합(UN) 소총회 결정을 따라] 국제연합 감시 아래 선거가 가능하였던 남한에서만 1948년 5월 10일 국회의원 총선거를 하게 되었다. 제헌국회는 5 · 10 총선거를 통해서 선출된 198명의 의원으로 구성되었다. 제헌국회는 최대과제인 헌법을 제정하려고 국회조직을 정비하자마자 헌법기초위원회를 구성하였다. 헌법기초위원회는 유진오안을 원안으로, 권승렬안을 참고안으로 삼아 초안을 작성하였다. 양 초안은 모두 양원제국회와 의원내각제 정부형태를 기본틀로 국가를 조직하고 법률의 위헌심사권을 대법원에 부여하는 것을 내용으로 하였다. 이렇게 1948년 헌법 제정 때 모든 정치세력의 양해 아래 완성단계에 있었던 의원내각제헌법 초안은 당시 동 헌법 아래에서 초대 대통령으로 내정되다시피 하였던 국회의장 이승만의 강요로 일조일석에 대통령제 권력구조로 바뀌었다. 헌법기초위원회가 작성한 헌법안은 1948년 6월 23일 국회 본회의에 상정되었고, 1948년 7월 12일 국회를 통과하였다. 동 헌법은 1948년 7월 17일 공포 · 시행되었다. 1948년 7월 20일에는 국회에서 대통령(이승만)과 부통령(이시영)이 선출되었고 1948년 8월 15일에 대한민국 정부 수립 선포식이 치러졌다.

1948년 헌법은 35년간의 일제 강점과 미국 군정 지배에 종지부를 찍었을 뿐 아니라 한반도에서 (대한민국 임시정부 헌법과 비교할 때) 정식 국가에 실제 효력이 있는 최초의 국민주권적 헌법국가를 탄생시켰다는 역사적 의의가 있다. 국민의 자유와 평등을 보장하기 위해서 국가권력이 조직되고 행사되는 입헌국가가 비로소 이 땅에도 실현된 것이다.

1948년 헌법은 전문과 10개장 103개조로 구성되었다. 제1장 총강과 제2장 국민의 권리의무에 이어 제3장부터 제5장까지 국가조직에 관한 규정(국회, 정부, 법원)을 두었고, 제6장에 경제, 제7장에 재정, 제8장에 지방자치, 제9장에 헌법 개정 그리고 제10장에 부칙을 두었다. 전문에서는 헌법 제정의 유래와 헌법의 기본이념을 규정하였고, 제1장 총강에서는 국호와 국가권력, 국민, 영토 그리고 국제법 존중 등을 규정하였다. 제2장 '국민의 권리의무'에서는 자유권은 물론 노동3권, 사기업에서 근로자의 이익분배균점권 등 사회권과 공무원파면청원권을 포함한 기본권을 보장하였다. 제28조에서는 헌법에 열거되지 않은 자유와 권리도 보장된다고 규정하였다. 그리고 기본권에 개별적 법률유보를 두었다. 제3장 국회에서는 임기 4년의 국회의원으로 구성되는 단원제국회의 구성과 권한을 규정하였고, 국회의장에게 가부동수일 때 결정권을 부여하였다. 국회에 입법권을 비롯하여 예산안심의 · 결정권 · 국정감사권 등 권한을 부여하였고, 대통령과 법률이 정하는 공무원의 탄핵소추권을 부여하여 국정 운영에서 실질적 기능을 담당하도록 하였다. 제4장 정부에서는 국회에서 간선되는 대통령을 수반으로 하는 행정부의 조직과 권한을 규정하였다. 대통령은 4년 임기에 1차에 한하여 중임을 허용하였다. 부통령제를 두었고, 대통령과 부통령이 국무총리나 국회의원을 겸직하지 못하도록 하였으며, 대통령에게는 계엄선포권과 긴급명령권 및 긴급재정처분권을 부여하였다. 그리고 대통령과 국무총리 그 밖의 국무위원으로 조직되는 합의체로서 대통령 권한에 속한 중요 국책을 의결하는 국무원을 두었다. 제5장 법원에서는 법원과 헌법위원회의 조직과 구성 등을 규정하였다. 사법권 독립이 인정되었고, 법관은 임기 10년으로 연임할 수 있었다. 대법원에는 명령 · 규칙 · 처분에 대한 위헌 · 위법 심사권이 부여되었고, 헌법위원회와 탄핵재판소의 구성에 참여하도록 규정하였다. 제6장 경제에서는 사회정의 실현과 균형 있는 국민경제 발전을 목표로 하는 경제질서에 관한 규정을 두었다. 통제경제를 중심으로 한 자연자원의 원칙적인 국유화와 공공성을 띤 기업의 원칙적인 국 · 공영제, 공공필요에 의한 사기업의 국 · 공유화와 경자유전원칙에 입각한 농지개혁을 규정하였다. 제7장 재정에서는 조세와 예산 · 결산에 관한 규정을 두었고 가예산제도를 채택하였다. 제8장 지방자치에서는 지방자치단체의 사무범위와 지방자치단체의 조직과 운영을 규정하였다. 제9장 헌법 개정에서는 대통령이나 국회 재적의원 3분의 1 이상 찬성으로 헌법 개정을 제안할 수 있게 하고, 그 의결은 국회에서 재적의원 3분의 2 이상 찬성으로 하게 하였다. 그리고 위헌법률심사권을 헌법위원회에, 탄핵심판권을 탄핵재판소에 부여하였다. 제10장 부칙에서는 반민족행위자를 처벌하는 특별법 제정 근거를 두었다.

2. 1948년 헌법의 제1차 개정
(통칭 제1차 헌법 개정, 속칭 발췌개헌)

6 · 25 전쟁을 겪으면서 북한이라는 현실적인 위협에서 국가안보를 수호하려고 (가뜩이나 경험이 짧은) 민주주의가 제한되고 국민의 자유와 권리가 제한되어야 한다는 인식이 팽배해졌다. 이런 가운데 집권세력의 장기집권 의도와 이를 저지하려는 야당의 갈등으로 현실정치는 파행적으로 흘러갔다.

1950년 야당은 의원내각제를 도입하여 대통령 독재를 막으려는 헌법 개정을 시도하였으나 국회에서 부결되었다. 그 후 1950년 5월 30일 제2대 국회의원선거에서 야당과 무소속 의원이 국회 다수의석을 차지하게 되었고, 이승만이 국회에서 간선으로 재선될 가능성이 희박해졌다. 그래서 이승만은 1951년 11월 30일 양원제와 대통령직선제를 골자로 하는 개헌안을 국회에 제출하였으나 부결되었다. 야당은 유리해진 국회의원 수를 이용해 의원내각제개헌을 하고자 1952년 4월 17일 개헌안을 또다시 국회에 제출하였고, 정부 · 여당도 앞서 부결된 개헌안과 야당의 개헌안을 발췌한 개헌안을 제안하였다. 정부 · 여당은 대통령직선제 개헌을 관철하려고 폭력과 온갖 불법수단을 동원하여 국회의원들을 폭력으로 위협하고 연금하면서 공포 분위기를 조성하였다. 결국, 국회에서는 폭력이 난무하는 공포 분위기 가운데 정부개헌안의 대통령직선제에 야당개헌안의 국무원불신임제가 가미된 이른바 발췌개헌안이 1952년 7월 4일 밤 기립투표 방식으로 통과되었다.

1948년 헌법의 제1차 개정의 중요내용은 ① 대통령 · 부통령의 직선제, ② 국회양원제(민의원과 참의원), ③ 국무원의 연대책임제, ④ 국회의 국무원불신임제, ⑤ 국무위원 임명에 대한 국무총리의 제청권 등이었다. 동 개헌은 ① 1948년 헌법 제98조에 규정된 30일 이상의 공고기간을 지키지 않은 점, ② 표결도 독회절차와 자유토론이 생략된 채 공포 분위기 속에서 강압적으로 진행된 점, ③ 1951년 11월 30일의 정부개헌안과 다시 제출된 정부개헌안은 내용상 별 차이가 없으므로, 동일회기에 동일내용의 두 개의 안을 제출하여 일사부재의원칙에 어긋난다는 점에서 위헌적인 헌법 개정이다.

3. 1948년 헌법의 제2차 개정
(통칭 제2차 헌법 개정, 속칭 사사오입개헌)

위헌적인 발췌개헌으로 1952년 8월 재선에 성공한 이승만은 국무총리 임명에 대한 국회의 승인제를 무시하는 것 등 국무원을 무력화함으로써 권력의 견제 · 균형을 막고 권력을 인격에 예속시켰다. 독재체제를 고착화하려고 초대 대통령만 삼선 제한을 배제하는 헌법 개정을 시도하였으나 국회 표결에서 좌절되었다. 헌법개정안은 재적 203명의 국회의원 중 136명 발의로 1954년 가을 국회에 제출되어 1954년 11월 27일 국회에서 표결되었다. 그 결과 찬성 135명, 반대 60명, 기권 7명으로 재적 203명의 3분의 2인 136명에서 1표가 부족하여 부결이 선언되었다. 그러나 이틀 후 여당(자유당)의원만 참석한 가운데 203명의 3분의 2는 반올림원칙(사사오입원칙)을 따라 135표라는 억지 주장을 펴서 이미 부결로 선언된 개헌안을 다시금 번복하여 가결로 선포하는 만행을 저질렀다. 같은 날 대통령은 개정된 헌법을 공포하여 효력을 발생시켰다. 이로써 원천적으로 정족수마저 충족하지 못하여 처음부터 성립될 수도 없었던 헌법 개정이 시행되는 불법이 자행되었다.

이른바 1948년 헌법의 제2차 개정의 중요내용으로는 ① 초대 대통령만 삼선 제한을 배제하고, ② 주권 제약이나 영토 변경에는 국민투표를 시행하며, ③ 국무총리제를 폐지하고 국무위원에 관한 개별적 불신임제를 도입하였다(국무위원의 연대책임제 폐지), ④ 대통령이 궐위하면 부통령이 그 직위를 승계하도록 하였고, ⑤ 특별법원(군법회의)의 헌법적 근거를 마련하였으며, ⑥ 경제체제를 자유시장경제체제로 전환한다고 규정하였다. 그리고 ⑦ 참의원의 대법관 기타 고급공무원에 대한 인준권을 규정하였고, ⑧ 헌법개정안에 대한 국민발안, ⑨ 헌법 개정 한계에 관한 명문 규정을 두었다.

동 개헌은 의결정족수를 충족하지 못한 개헌안을 가결로 선포하여 커다란 형식적 흠결이 있었다. 헌법개정안의 국회 의결은 국회 재적의원 3분의 2 이상을 요구하고, 국회 재적의원 203명의 3분의 2 '이상'이면 136명부터 정족수를 충족하게 되기 때문이다. 엄격하게 말하면 이 개헌안은 국회에서 부결되었고 그 하자는 치유될 수 없다. 사사오입개헌에서 개헌된 내용은 처음부터 성립하지 않았고 효력도 없다. 그런데도 개정내용이 관철된 것을 법리적으로 정당화할 수 없고, 사실상 힘으로 강제된 데 불과한 것으로 볼 수밖에 없다. 즉 사사오입개헌은 개헌이라고 부를 수 없다.

Ⅱ. 일시적 문민민주헌정 시기

1. 1960년 헌법(4월혁명 헌법) 제정(통칭 제3차 헌법 개정)

불법적으로 강제된 이른바 제2차 헌법 개정의 내용을 따라서 이승만은 야당후보(신익희)가 급서한 1956년 5월 15일 제3대 정·부통령선거에서 3선에 성공하였다. 하지만 부통령에는 야당후보(장면)가 당선되었다. 여·야가 첨예하게 대립하는 정치상황에서 자유당 정권의 독재는 점차 심해졌다. 1958년 보안법파동, 1959년 야당지인 경향신문폐간사건, 진보당사건 등을 예로 들 수 있다. 1960년 3월 15일 제4대 정·부통령선거에서도 제한 없이 출마할 수 있었던 이승만은 야당후보(조병옥) 급서로 단독 입후보하여 4선에 성공하였다. 부통령에도 여당후보(이기붕)가 당선된 것으로 공표되었다. 그러나 동 선거는 철저한 부정선거였다. 이 부정선거에 대한 국민 봉기는 정권 탄압 속에서 전국적으로 확산·격화하였고, 4·19 혁명으로 이어져 결국 이승만 정권은 붕괴하였다.

4·19 혁명은 이미 군주제에 가깝게 바뀌어 버린 대통령제 정부의 1인독재권력을 붕괴시켰고 입헌적 정부를 재건할 계기를 마련해 주었다. 국회는 1960년 4월 26일 헌법을 개정하고 총선거를 함으로써 시국을 수습하기로 하였고, 5월 2일에는 당시 수석국무위원이었던 허정 외무장관을 대통령 직무 대행으로 삼아 과도내각이 출범하였다. 1960년 6월 11일 국회는 의원내각제를 골격으로 하는 개헌안을 제출하였고, 1960년 6월 15일 국회 본회의에서 압도적인 다수로 의결·공포하였다.

1960년 헌법은 비록 부분개정 형식을 취하였으나, 헌법 전반에 걸쳐 대폭 변화가 이루어져 성격상 개헌이라기보다는 제헌으로 볼 수 있다. 먼저 ① 기본권 보장을 강화하였다. 자유권에 대한 유보조항을 삭제하고 언론·출판의 자유에 대한 사전허가제나 검열제 폐지를 명문화하였으며, 기본권의 본질내용에 대한 침해 금지를 규정하였다. 다음으로 ② 정부형태가 대통령제에서 의원내각제로 바뀌었다. 대통령은 양원합동회의에서 선거하고, 실질적 집행권이 내각(국무원)에 부여되었으며, 국무총리는 민의원 동의를 얻어 임명되며 국무총리를 비롯한 국무위원 반수 이상이 국회의원 중에서 임명되어야 하였다. 국회가 내각을 불신임할 수 있었고(제71조 제3항, 제4항), 역으로 내각도 국회를 해산할 수 있도록 하여(제71조 제1항, 제2항) 전형적인 의원내각제 정부형태가 도입되었다. 그리고 ③ 대법원장과 대법관은 법관의 자격이 있는 사람으로 조직되는 선거인단이 이를 선거하고 대통령이 확인하였고, ④ 헌법위원회와 탄핵재판소를 폐지하는 대신 헌법재판소를 신설하였으며, ⑤ 중앙선거관리위원회를 헌법기관으로 하였다. 또한, ⑥ 공무원의 정치적 중립을 명시하였고, ⑦ 지방자치단체장 직선을 헌법에 규정하였다. 그 밖에 ⑧ 정당조항을 신설하였고, ⑨ 선거 연령을 하향하였으며(만 20세), ⑩ 긴급명령권을 폐지하였다.

1960년 헌법의 문제점으로는 ① 국회를 먼저 해산하고 헌법을 제정하여야 하는데도 혁명 전 국회에서 1960년 헌법을 제정한 점과 ② 국민의 의사 수렴 과정을 거치지 않았고 국회표결행위가 억압적 분위기에서 이루어져 자유롭지 못하였다는 점을 지적할 수 있다.

2. 1960년 헌법 제1차 개정(통칭 제4차 헌법 개정)

3 · 15 부정선거의 주모자와 부정선거에 항의하는 군중을 살상한 관련자들을 처벌하라는 국민 압력이 거세진 상황에서 처벌법규 부재로 3 · 15 부정선거 관련자 등에 대해서 무거운 처벌을 할 수 없다는 법원 판결이 내려지자, 정부와 국회는 1960년 10월 17일 이들을 처벌하려고 소급입법의 헌법적 근거를 마련하려는 개헌안을 제안하였고, 민의원과 참의원에서 통과되었다.

1960년 헌법 제1차 개정(1960년 11월 29일 제4차 헌법 개정)의 내용은 ① 3 · 15 부정선거 관련 부정행위자와 그 부정에 항의하는 국민에 대해서 살상 기타 불법행위를 한 자를 처벌하기 위한 특별법 제정 근거, ② 1960년 4월 26일 이전에 특정 지위를 이용하여 반민주행위를 한 사람의 공민권 제한을 위한 특별법 제정 근거, ③ 1960년 4월 26일 이전에 지위나 권력을 이용하여 부정축재한 사람의 행정상 또는 형사상 처리를 위한 특별법 제정 근거, ④ 이러한 형사사건 처리를 위한 특별재판소와 특별검찰부 설치 근거를 마련하는 것 등이었다.

1960년 헌법 제1차 개정의 문제점으로 ① 헌법 개정 내용이 모두 소급입법으로 처벌하거나 참정권과 재산권을 제한하는 것이므로 위헌 논란이 있지만, 헌법 개정으로 소급입법 근거를 규정하였으므로 위헌이라고 할 수는 없다. 그러나 ② 부정선거책임자 처벌 등을 요구하면서 4 · 19 혁명 부상자들이 국회에 난입하는 것 등 헌법 개정이 강제된 측면이 있음을 부정할 수 없다.

Ⅲ. 군사독재헌정 시기(제1기) - 박정희 군사독재

1. 박정희 군사독재 전기

(1) 1962년 헌법(5월쿠데타 헌법, 박정희 제1차 헌법) 제정 (통칭 제5차 헌법 개정)

박정희를 중심으로 한 일부 군인이 1961년 5월 16일 군사쿠데타를 일으켰다. 군부대를 동원해 서울의 주요기관을 장악하고 나서 군사혁명위원회를 만들어 6개 항의 혁명공약을 선언하고 비상계엄을 선포하였다. 군사혁명위원회는 국회와 지방의회를 해산하고 장면 내각을 강제로 총사퇴하게 하였다. 그 후 1961년 5월 19일 군사혁명위원회를 국가재건최고회의로 이름을 바꾸어 임시내각을 조직하였고, 1961년 6월 6일에는 국가재건최고회의에서 국가재건비상조치법을 제정 · 공포하였다. 동법에 따라서 국가재건최고회의는 3권을 통합하여 행사하는 최고통치기관이 되었고, 1960년 헌법은 동 비상조치법에 어긋나지 않는 범위 안에서만 효력이 있다고 규정하면서 기존 헌법질서를 파괴하였다. 헌법을 개정하는 데 필요한 국회가 없었던 쿠데타정부는 1962년 11월 5일 헌법심의위원회가 마련한 헌법안을 국가재건최고회의에서 의결 · 공고하였다. 그리고 새로 제정한 국민투표법에 따라서 1962년 12월 17일 국민투표로 확정하여 12월 26일 공포하였다. 시행일은 부칙 제1조 제1항에 따라서 국회가 처음 집회한 1963년 12월 17일이었다. 이 헌법을 공포일에 맞추어 1962년 헌법으로 부른다. 1962년 헌법부터 전문의 헌법 제 · 개정 연월일을 서기로 표기하기 시작하였다.

1962년 헌법의 중요한 내용으로는 ① 헌법 전문을 개정하여 4 · 19정신과 5 · 16정신을 명시함으로써 쿠데타를 정당화하였다. ② 대통령과 국회의원의 입후보에 소속 정당 추천을 요구하였고, 국회의원이 당적을 이탈 · 변경한 때 또는 정당 해산 때는 의원직을 상실하게 함으로써 정당국가를 지향하였다. ③ 근로자의 이익분배균점권과 공무원파면청원권을 삭제하고, 인간의 존엄과 가치, 직업 선택의 자유, 인간다운 생활을 할 권리, 교육을 받게 할 의무 등을 신설하였다. ④ 정부형태를 의원내각제에서 대통령제로 환원하였다. 대통령직선제를 규정하였고, 부통령제를 폐지하였다. 이러한 환원은 종래 의원내각제적 요소의 헌법적 의의에 변화를 가져왔다. 국무총리 임명에 국회 동의를 더는 필요하지 않게 하고(제84조 제1항), 종래 의결기관이었던 국무회의를 심의기관으로 명시하는 것(제83조) 등 헌법 명문 규정에서 알 수 있듯이 비록 헌정 실제에서 제 기능을 다하지는 못하였지만 적어도 헌법적으로는 집행부 내부 통제수단으로 대통령의 전단적 권력행사에 대한 견제기능을 맡아줄 것이 기대되었던 의원내각제적 요소가 이때부터 대통령의 국정수행을 보좌하는 기능 측면을 강하게 갖게 되었다. ⑤ 국회를 단원제로 바꾸었고, 국무위원에 대한 해임건의제도를 신설하였다. ⑥ 헌법재판소를 폐지하고 법원에 위헌법률심사권을 부여하였으며, 탄핵심판위원회를 두었고, 법관을 임명할 때 법관추천회의를 거치게 하였으며, 비상계엄 아래 군사재판을 일정한 때에 단심으로 할 수 있다는 것을 최초로 명문화하였다. ⑦ 헌법 개정에 대해서 국민투표를 도입하였다.

1962년 헌법을 헌법 개정으로 본다고 하더라도 1960년 헌법에 규정된 헌법 개정절차를 따르지 않고 국가재건비상조치법에 따라서 개정하였다는 점에서 명백히 위헌적 헌법 개정이다. 1960년 헌법은 국가재건비상조치법에 저촉되지 않는 범위 안에서만 효력이 있다고 함으로써(국가재건비상조치법 제24조) 1960년 헌법의 개정절차가 무시되었기 때문이다.

(2) 1962년 헌법의 제1차 개정 (통칭 제6차 헌법 개정, 속칭 3선개헌)

1967년 5월 3일 시행된 제6대 대통령선거에서 재선된 박정희는 2년 후인 1969년 장기집권을 위해 3선개헌 작업에 착수하였다. 여 · 야는 3선개헌을 둘러싸고 원내에서 치열하게 대립하였고, 집권당인 민주공화당 내부에서조차 찬반으로 나뉘어 갈등이 심화하였다. 소속 의원에 대한 설득과 야당의원에 대한 포섭작업에 성공한 민주공화당은 3선개헌안을 집권당에 대한 신임으로 간주하여 개헌안을 발의하였다. 이를 위해서 임시국회를 소집하였고, 국회의장은 개헌안에 대한 본회의 보고를 생략하고 정부에 직송하여 개헌안을 공고하게 하였으며, 여당은 1969년 9월 14일 새벽 국회 제3별관에서 공화당 개헌 찬성자 122명이 참석한 가운데 표결을 강행하여 기습적으로 개헌안을 통과시켰다. 이 개헌안은 그해 10월 17일 시행된 국민투표에서 통과되어(65.1% 찬성) 대통령 박정희의 3선 가능성을 열어 놓았다.

1962년 헌법 제1차 개정의 중요한 내용은 ① 대통령의 3선을 허용하고, ② 대통령에 대한 탄핵소추의 발의와 의결정족수를 가중하였고, ③ 국회의원 정수 상한을 250명으로 늘렸으며, ④ 국회의원은 각료를 겸임할 수 있도록 법률에 위임하였다는 것이다.

동 개헌도 집권 연장을 위한 헌법 개정이었다. 박정희 당시 대통령이 말한 것처럼 개헌안에 대한 국민투표를 대통령에 대한 신임투표로 규정할 수 있는지가 논란이 되었고, 개헌안이 국회개의시간이 아닌 시간(새벽 2시)에 본회의장이 아닌 국회 제3별관에서 기습적으로 통과되었다는 점에서 다수결원칙에 어긋나는 위헌적인 헌법 개정으로 볼 수 있다.

2. 박정희 군사독재 후기 - 1972년 헌법 (박정희 제2차 헌법 제정, 통칭 제7차 헌법 개정, 속칭 유신헌법) 제정

3선개헌 이후 시행된 1971년 대통령선거에서 재차 당선되었지만, 장기집권으로 말미암은 민심 이반을 경험한 박정희는 1972년 10월 17일 전국에 비상계엄을 선포하고, 약 2개월간 헌법 일부 조항의 효력을 중지시키는 비상조치를 선포하였다. 이러한 초헌법적 비상권은 헌법을 일부 정지하는 것으로 1962년 헌법 질서 안에서는 법적으로 불가능한 조치였다. 비상조치로 헌정이 중단된 상태에서 임시기구인 비상국무회의에서 1972년 10월 23일 비상국무회의법이 통과되었고 1972년 10월 26일 비상국무회의에서 헌법개정안에 관한 심의를 마친 다음 날 헌법개정안을 의결하고 공고하였다. 이어서 1972년 11월 21일 국민투표가 시행되었는데 그 결과 91.9%의 투표율과 91.5%의 찬성률로 개정안이 확정되었고, 1972년 12월 27일 새 헌법이 공포 · 시행되었다.

1972년 헌법의 중요한 내용은 다음과 같다. ① 기본권 보장을 의도적으로 약화하였다. 일반적 법률유보 외에도 거의 모든 기본권에 개별적 법률유보를 두었을 뿐 아니라

1960년 헌법에서 도입되었던 기본권의 본질적 내용에 대한 침해금지조항을 삭제하였다. ② 대통령 권한을 극단적으로 강화하였다. 대통령은 긴급조치권, 의회해산권, 국회의원정수의 3분의 1 추천권(실제로는 임명권), 국민투표부의권, 법관임명권 등 전통적인 대통령제에서는 인정될 수 없는 강력한 (견제와 균형을 전제하는 권력분립의 틀 안에서는 설명될 수 없는) 권한을 보유하였다. ③ 통일주체국민회의를 설치하였고, 이 기관을 통해서 대통령이 간선되도록 하였다. 그리고 통일주체국민회의는 국회에서 제안된 헌법개정안에 대한 확정권을 보유하였다. ④ 국회 권한은 상대적으로 많이 약화하였다(국정감사권 폐지, 총회기제 신설, 대통령의 임시회소집요구권 신설, 각료의 대리출석제 도입). 이와 더불어 1962년 헌법이 도입하였던 정당의 의원 등에 대한 구속력을 완화하여 정당 추천을 받지 않은 무소속 출마자의 입후보가 인정되었다. ⑤ 사법권 독립이 약화하였을 뿐 아니라(대통령의 법관 임명, 보직제 창설, 징계처분에 따른 법관 파면 인정) 대법원의 위헌법률심판권이 박탈되었고, 헌법위원회를 구성하여 위헌법률심판, 위헌정당해산심판, 탄핵심판을 담당하게 되었다. ⑥ 부칙으로 조국의 평화적 통일이 이루어질 때까지 지방의회 구성을 연기함으로써 지방자치 시행을 공식적으로 포기하였고, ⑦ 헌법개정절차를 2원화하여 대통령이 제안한 헌법개정안은 국민투표로 확정하도록 하였고, 국회 재적의원 과반수가 제안한 헌법 개정은 국회 의결을 거쳐서 통일주체국민회의에서 확정하도록 하였다.

1972년 헌법도 헌법 개정이라고 본다면 1962년 헌법에 따른 정상적인 헌법개정절차를 밟지 않았을 뿐 아니라 10 · 17 비상조치라는 초헌법적 비상권을 행사하여 헌정을 중단하고 정당성이 없는 비상국무회의가 헌법개정안을 의결하도록 하였다는 점에서 명백히 위헌적인 헌법 개정이었다. 그리고 입헌주의헌법은 국민의 자유와 권리를 보장하려고 국가권력을 조직 · 행사하도록 하는 헌법인데 1972년 헌법은 권력분립이 이루어지지 않았고 대통령에 권력이 집중되었으며 대통령의 종신집권이 제도적으로 보장되어서 헌법성 자체에 의문이 있다.

Ⅳ. 군사독재헌정 시기(제2기) – 전두환 군사독재

1. 1980년 헌법(통칭 제8차 헌법 개정) 제정

1979년 10월 26일 대통령 박정희가 당시 중앙정보부장 김재규에게 피살당하여 유신체제가 붕괴함으로써 발생한 권력공백기에 12 · 12 군사반란을 일으켜 군부와 정보기관을 장악한 전두환을 중심으로 한 신군부세력은 헌법 제정작업을 진행하였다. 10 · 26 사태를 계기로 국회 등 각종 단체가 개헌작업을 진행하였다. 하지만 1980년 전국으로 비상계엄을 확대하고 신군부가 정국을 주도하게 된 5 · 17 내란으로 말미암아 모든 정치활동이 금지되었다. 결국, 정부만이 개헌작업을 진행하였다. 정부에 설치되었던 헌법개정심의위원회는 1980년 9월 9일 개헌안을 확정하고, 이 개헌안은 국무회의 의결을 거쳐서 1980년 9월 29일 공고되었고 1980년 10월 22일에 국민투표가 시행되었다. 이 국민투표에는 유권자 중 95.5%가 투표하였고, 투표자 중 91.6%가 찬성하여 헌법개정안이 확정되었고, 정부는 1980년 10월 27일 공포하여 그날부터 시행되었다.

1980년 헌법의 중요한 내용은 다음과 같다. 먼저 ① 1972년 헌법의 기본권에 대한 개별유보 규정을 많이 삭제하였고, 행복추구권, 사생활의 비밀과 자유, 환경권 등을 비롯한 새로운 기본권을 다수 도입함으로써 기본권 보장을 확대하였다. 그리고 ② 통일주체국민회의를 폐지하였다. 다음으로 ③ 대통령선거방식을 선거인단에 의한 간선제로 변경하였고, ④ 대통령 임기를 7년 단임제로 하며, 임기 연장이나 중임 변경을 위한 헌법개정은 그 헌법 개정 제안 당시의 대통령에 대해서는 적용할 수 없게 하였다. 또한, ⑤ 1972년 헌법 당시에 가장 많이 남용되었던 제도의 하나인 대통령의 긴급조치권을 비상조치권으로 대체하였고, 그 발동요건과 통제에 관한 규정을 강화하였으며, ⑥ 헌법개정절차를 일원화하였다. 그 밖에 ⑦ 재외국민보호조항과 문화국가조항을 신설하였고, ⑧ 국정자문회의와 평화통일자문회를 새롭게 두었다.

1980년 헌법은 신군부의 5 · 17 내란으로 말미암아 국회의 개헌활동과 그 밖의 단체들의 개헌활동을 중지시킨 상태에서 정부 단독으로 개헌안을 확정하였다는 것에 문제가 있었다. 물론 당시 헌법상 헌법개정절차(제124조)를 따라서 (동 헌법상 헌법개정절차의 문제점은 차치하고라도) 대통령이 헌법개정안을 제안하면 국민투표만으로 확정되게 되어 있기는 하였다. 그렇지만 국회의원의 헌법개정안 발의 자체를 불가능하게 만들었다는 것 자체부터 문제 된다.

V. 1987년 헌법(6월항쟁 헌법, 통칭 제9차 헌법 개정) 아래의 헌정 - 과도적 군사정부 시기를 거쳐 문민민주헌정 시기로

대통령단임제와 평화적 정권교체 성사를 지상목표로 설정한 전두환 정권이 말기에 이르자, 새로운 대통령선거를 앞두고 국민은 정부선택권을 돌려받으려는 투쟁에 돌입하였고 대통령직선제로 헌법 개정을 요구하였다. 이때 정통성 없는 군사정권과 국민적 지지기반 없이 인위적으로 형성된 여당이 대통령직선제 아래에서 정권을 계속 유지할 수 있을 것인지에 관해서 자신이 없었는지 갑자기 종래 야당의 전유물과 같았던 의원내각제개헌을 들고 나오기도 하였다. 국민은 이러한 정부 제안을 용납하지 않았고, 1987년 6 · 10 시민항쟁을 통해서 집권당 대통령후보의 6 · 29 선언과 대통령의 7 · 1 담화라는 집권세력 굴복을 끌어내는 데 성공하였다. 그를 바탕으로 여 · 야가 협상한 끝에 옹근(완벽한) 합의에 도달하였고 헌법에 규정된 개정절차를 지켜서 대통령직선제헌법이 제정 · 공포되었고 1988년 2월 25일 발효되었다.

1987년 6월의 시민항쟁에서 표출된 국민 요구를 따라서 대통령직선제를 도입하였고, 기본권 보장을 강화하였으며 국가권력 행사의 절차적 정당성을 많이 보완하였다. 전문에 '불의에 항거한 4 · 19민주이념계승', '조국의 민주개혁'을 강조하였고 평화통일조항(제4조), 국군의 정치적 중립성(제5조 제2항)도 강조하였다. 기본권규정의 중요 내용으로 ① 적법절차조항을 명시하였고, 체포 · 구속할 때의 고지와 가족에 대한 통지의무를 명문화하였으며, ② 언론 · 출판 · 집회 · 결사에 대한 허가와 검열을 금지하였다. ③ 재산권 수용에 대한 정당보상제도를 도입하였고, ④ 형사보상청구권을 확대하여서 형사피의자와 불기소처분자의 보상청구권도 보장하였다. ⑤ 형사피해자의 재판절차상 진술권과 범죄피해구조청구권을 신설하였고, ⑥ 최저임금제 시행을 명문화하였다. ⑦ 근로자의 단체행동권 제한 사업체 범위를 축소하였고, ⑧ 여자 · 모성 · 노인 · 청소년 · 생활무능력자의 권익 보호를 강조하였다. 국가조직규정의 중요내용으로 ① 대통령직선제를 도입하면서 대통령 임기를 5년으로 단축하였다. ② 대통령의 비상조치권과 국회해산권을 폐지함으로써 대통령 권한을 상대적으로 약화하였다. ③ 국정감사권을 부활시키는 것 등 국회 권한을 강화하면서도 ④ 국무총리 · 국무위원에 대한 국회의 해임의결권은 해임건의권으로 약화하였다. ⑤ 대법원판사제를 폐지하고 대법관제를 부활시켰으며, ⑥ 그동안 휴면제도화한 헌법재판제도를 활성화하려고 헌법재판소를 신설하였다.

4장 대한민국의 국가성

1절

국가의 이해 - 국가란 무엇인가?

국가는 여러 가지 요소로 구성된다. 따라서 하나의 요소만으로 이해하거나 특정 요소를 강조하는 것으로는 국가를 제대로 이해할 수 없다. 즉 국가는 외적 성립요소와 내적 구성요소를 함께 지니므로 형식과 실질을 통합하여 이해하여야 한다. 이러한 점에서 보면 국가는 형식적으로는 국민, 국가영역, 국가권력으로 구성되는 독자적 주체로서 나타나지만(국가 개념의 외연, 국가의 외적 성립요소, 국가3요소), 실질적으로는 정치적 통일의 상태이자 의사결정 및 행동의 주체로서 나타난다(국가 개념의 내포, 국가의 내적 구성요소). 따라서 ① 국가는 자신의 영역 안에서 독립적이고 배타적인 국가권력(즉 주권, 최소한도는 대내적 주권)이 있어야 한다. ② 국가는 국민 자격이 있는 구성원으로 조직된 단체이고, 지역을 기초로 한 사단이다. ③ 국가는 (공)법인으로서 구성원인 국민과 구별되는 독자적인 권리와 의무의 주체이다. ④ 국가는 정태적인 조직체일 뿐 아니라 계속 활동하고 변화하는 정치적 작용통일체이다. ⑤ 국가는 일정한 근본적 가치에 대한 국민적 합의를 바탕으로 하여 국가기관(입법 · 집행 · 사법기능 행사)과 국민(기본권 행사)이 만들어가는 수많은 의사 결정과 행동 속에서 그 실질이 드러난다.

2절

대한민국의 국가성

Ⅰ. 국호: 대한민국

1. 국호의 구성요소와 의미

국호(국가명칭 혹은 국명)는 나라를 다른 것과 구별하여 특징지어 부르는 말이다. 즉 국호는 나라에 대한 하나의 고유한 호칭이다. 국호는 ① 지리적 명칭이나 민족(혹은 주민)의 명칭과 ② 국가의 기본성격에 관한 근본결단의 두 가지 뜻을 담는다. 그리고 국호는 법인인 국가의 이름이라는 의미도 있다. 그래서 국가가 소송주체가 되면 국호로서 당사자를 특정하고, 국가가 다른 국제법주체[국가, 국제기구, 비정부기구(NGO) 등]와 조약을 맺을 때도 국호로서 체결주체를 표시한다. 국가는 국호와 관련하여 명칭권이 있어서, 다른 나라에 대해서 이름을 바르게 표기해 달라고 요구할 수 있다. 또한, 국호는 나라의 동질성을 확인하는 기본적인 징표이다. 따라서 국가의 정체성은 국호를 통해서 전달된다. 국호는 다양한 허구의 결합체인 국가를 하나의 호칭으로 단순화하여 국가가 실재하는 것으로 인식할 수 있게 한다. 이러한 점에서 국호는 국가상징 중 하나이다.

2. 우리나라 국호: '대한민국'

우리나라 국호는 1948년 헌법 이래로 '대한민국(大韓民國)'이다. '대한'이라는 국호는

1897년 10월 13일 대한제국을 선포하면서 처음 사용하였다. '대한민국'이라는 국호는 1919년 대한민국 임시정부에서 사용하였던 것에서 비롯한다. 그리고 1948년에 헌법을 만들 때 격렬한 논쟁 끝에 '대한민국'이 국호로 확정되었다.

'대한'의 '한(韓)'은 한이지만, 옛날처럼 작은 한이 아니라 커다란 한이라는 뜻이다. 즉 '대한'은 한강 이남의 좁은 나라가 아니라 삼한, 즉 옛 삼국(즉 고구려, 백제, 신라)의 영토를 아우르는 큰 나라라는 뜻이다. 따라서 '대(大)'자는 높이는 의미가 아니라 분열된 한을 대통합하여 이룬 '큰' 한이나 '전'한(全韓)이나 '모든' 한을 뜻한다. 결국, '대한'은 '대통합이 된 한국'을 뜻한다. 즉 '대한'은 한민족 모두를 아우르는 국가라는 뜻이다. '민국'이라는 용어는 영·정조 시대에 '백성은 나라의 근본'이라는 서경(書經)의 민유방본(民惟邦本)에 기초하여 만들어져 조정에서 일반적으로 사용되었다. 그리고 고종 시대에 들어서는 정부 안팎에서 관민공용어로 널리 대중화하였고, 대한제국 14년 동안에는 모든 일간신문에서 일상어로 정착하였다. '민국'은 백성에 속한 나라, 즉 백성의 나라(국민의 국가)로서 신분제국가(양반국가)에 대비되는 민국일체의[백성(국민)과 국가가 하나인] 평등한 탈신분제적 국민국가(평민국가)를 뜻한다. 따라서 민족사적 전통 속 '민국'은 공화국도 민주국도 아니었다. '민국'을 '대한'과 함께 해석하면, 즉 '대한민국'은 '한민족을 중심으로 구성된 국민 모두를 위한 국가'이다.

3. 약칭

우리나라 정식국호는 '대한민국(大韓民國)'이나 편의상 '대한(大韓)'이나 '한국(韓國)'이라고 약칭을 쓸 수 있다. 다만, 북한 정권과 확연히 구별 짓기 위해서 '조선(朝鮮)'은 사용하지 못한다['국호 및 일부 지방명과 지도색 사용에 관한 건'(국무원고시 제7호)].

Ⅱ. 국가권력

1. '국가권력'의 (국가에서) 의의

국가권력은 국가영역과 그곳에 사는 사람들을 지배하는 국가의 힘이다. 따라서 국가권력은 지배력을 전제한다. 국가권력은 특별한 수권 없이 독자적인 권위에 근거하여 인정된다. 여기서 권력은 자신의 의지에 근거한 명령을 관철할 가능성을 말한다. 국가는 자신의 법질서를 법적으로 주장할 수 있을 뿐 아니라 강제적으로 관철할 수 있어야 한다. 이러한 지배력은 어떤 공동체가 국가로 인정받기 위한 필수요소이다. 특히 국가는 권력을 독점한다. 그러나 국제기구가 증가하고 발달하여 국가가 담당하는 일을 일부 담당하기 시작하였고, 경제와 노동, 범죄 등의 문제가 국경을 넘어 연결되어 특정 국가 스스로 그러한 문제를 해결하기 곤란해지면서 국가권력의 의미도 바뀔 수밖에 없는 상황이 도래하였다.

국가권력은 정당성이 있는 권력이라는 점에서 폭력과 구별된다. 정당성이 없는 권력은 폭력에 지나지 않는다. 국가권력의 정당화 주체는 국가가 역사적으로 발전함에 따라서 달라졌다. 중세 유럽에서 국가권력은 신의 권위가, 절대왕정 시대에는 군주가, 시민혁명 이후 입헌국가에서는 국민이 정당화하였다.

2. 국가권력의 역사적 발전과 의미내용

국가권력의 역사적 발전은 주권이론과 맥락을 같이한다. 주권이론은 15~16세기 절대군주국가 탄생과 더불어 성립하였다. 교황과 황제의 권위에 기초하였던 중세 봉건질서가 무너지고 절대군주국가가 탄생하면서 교황과 황제의 권위를 왕권 절대화로 대체할 필요가 생겼다. 대외적으로는 교황권과 황제권에서 독립적이고, 대내적으로는 봉건제후의 영주권에 대해서 최고성이 있는 절대군주 권력의 특수성을 표현하려고 군주주권론이 고안되었다. 이러한 주권이론은 왕에게 절대적 권위를 부여함으로써 새로운 질서를 안정적으로 형성하는 데 강력한 이론적 뒷받침을 제공하였다. 장 보댕과 토마스 홉스가 군주주권을 주장한 대표적인 사람이다.

근대적 주권국가는 왕권을 절대화하여 국가질서와 평화를 유지하려고 성립되었다. 하지만 군주의 자의적인 권력 행사로 말미암아 군주주권이 오히려 국가질서와 평화를 위협하는 요소로 작용하기도 하였다. 왕권에 대항하는 사회세력이 늘면서 이러한 문제점은 점차 표면화하였고 이를 해결하려고 본래 주권개념을 유지하면서 그 성격과 주체에 대한 이해를 달리하는 주권이론(국민주권론, 의회주권론, 국가주권론)이 새롭게 대두하였다.

고대 그리스의 아리스토텔레스까지 거슬러 올라가는 국민주권론은 근대에 이르러서 사회계약론과 결합하여 주장되었다. 시민의 생명, 자유와 재산을 보장하기 위해서 군주의 절대권은 제한되어야 하고, 결국 주권자는 군주가 아니라 국민이라고 선언하기에 이르렀다. 국민주권론을 주장한 대표자인 장 자크 루소를 따르면 주권자는 사회계약 당사자인 국민이므로 국민 일반의사의 표현인 법률에 (사회계약이 권력을 위임한) 군주도 복종하여야 한다.

그 밖에 전제군주, 귀족, 시민세력 사이에 이루어진 현실적인 타협의 산물로서 당시 정치현실을 반영한 의회주권론, 국가주권론 등이 주장되었다. 즉 영국에서는 군주세력이 약화하고 귀족세력과 시민세력이 의회를 장악하면서 의회제정법 우위를 주장하는 의회주권론이 인정되었다. 그리고 독일에서는 국가를 하나의 독립된 법인격으로 보면서 국가 그 자체가 주권을 가지며 군주, 의회나 국민은 국가의 한 기관에 불과하다고 보는 국가주권론이 주장되기도 하였다.

이러한 점에 비추어 주권의 개념과 그 보유자에 관한 주권이론은 시대적 · 장소적 상황에 따라 변화를 거듭하였음을 확인할 수 있다. 이렇게 특정한 역사적 상황을 배경으로 정치세력 사이의 갈등 속에서 형성된 투쟁적 · 이념적 개념으로 발전한 주권이론은 오늘날 국민주권 관철로 귀결되었다. 오늘날 주권은 대외적 독립성 · 대내적 최고성을 본질적 특성으로 하면서, 시원성 · 자율성 · 단일불가분성 · 불가양성 · 항구성 · 초실정법성과 같은 속성을 지닌 권력으로 이해된다. 국민주권은 국가의사를 전반적 · 최종적으로 결정할 수 있는 최고의 권력을 국민이 보유하므로 모든 국가권력의 정당성 원천을 국민에게서 찾아야 한다는 것을 뜻한다.

3. 국가권력의 주권성과 합법성, 정당성

국가권력의 본질적인 특성은 국가권력이 시원적이어서, 스스로 조직할 가능성(자주조직권)이 있다는 것이다. 국가 안에서 국가 이외의 어떤 단체도 이러한 권력을 행사할 수 없다(국가의 권력 독점). 국민은 이러한 국가권력의 보유자이며(헌법 제2조 제1항) 국가권력의 정당화 주체이다(국민주권).

국가권력의 합법성은 국가권력이 합법적 방법으로 형성될 때 존재한다. 국가권력은 합법적(인 방법)으로 창출되는 것이 보통이다. 하지만 합법적인 국가권력 창출이 국가권력의 필수적인 개념표지는 아니다. (기존 헌법질서를 기준으로 판단하면) 불법적(인 방법)으로 기존질서를 파괴하고 새로운 질서를 형성하는 혁명의 방법으로 새로운 국가권력을 창출할 수도 있기 때문이다.

국가권력의 정당성은 국민에게서 동의를 받을 때 생긴다. 그러나 정당성은 국가권력의 본질적 요소는 아니다. 국민의 동의를 받지 못하더라도 새로운 세력이 국가 안에서 유일하게 실효적 지배력이 있으면 이를 국가권력으로 부르지 않을 수 없기 때문이다.

그렇다면 획득과정에서 합법성과 정당성이 없어도 자신의 의지를 사실상 관철할 가능성만 있으면 국가권력을 인정할 수밖에 없다. 이러한 결론에 의문이 없을 수 없다. 불법 · 부당하게 권력을 찬탈한 새로운 권력이 국민 지지라는 정당성을 얻지 아니하고도 얼마나 유지될 수 있을까? 그들의 의지 관철은 매우 불안하고 잠정적인데 불과한 것은 아닐까? 이때 사실적 관철 가능성이 아직 확보되지 못한 것으로 볼 수도 있다. 설사 국가권력으로 보더라도 잠정적인 것이다. 이는 독재가 기간의 길고 짧음은 있지만, 결국 붕괴하였던 역사가 증명한다.

4. 이른바 '주권'과 '통치권'의 구별

국가권력은 주권과 통치권으로 나뉜다. 주권은 역사적 개념으로서 다양한 내용으로 이해된다. 하지만 주권은 일반적으로는 시원적 지배력으로서 국가의사를 최종적으로 결정하는 최고권력을 뜻한다. 이러한 국가의사는 국민이 헌법 제정을 통해서 반영하므로 주권은 헌법제정권력으로 이해되기도 한다. 주권은 대내적 주권과 대외적 주권으로 나뉜다. 대내적 주권은 국내 최고의 권력으로서 국가의 자주적 조직권능을 말한다. 대내적 주권은 국가권력의 통일성과 밀접한 관련이 있다. 즉 대내적 주권에서 독립한 국가권력은 있을 수 없다. 대외적 주권은 국가가 다른 국제법주체와 맺는 관계에서 국가의 독점적인 법적 자기결정과 자기구속에 대한 가능성이고, 실질적으로는 국제법주체에 대한 국가의 법적 독립성을 가리킨다. 그러나 오늘날 모든 국가가 초국가적 국제조직의 구성원이 되고 수많은 국가가 조약을 통해서 결합하므로 실질적으로 어떤 나라도 옹글게(완벽하게) 독립적이지는 않다. 그런 의미에서 오늘날 대외적 주권은 국가권력의 본질적 요소가 아닌 것으로 본다. 주권의 주체는 국민이며 주권은 나눌 수도(단일불가분) 양도할 수도 없는(불가양) 속성을 지닌다. 다만, 주권은 국가가 다른 국제법주체와 맺는 조약에 따라서 제한될 수 있다(헌법 제60조 제1항).

이에 반해서 통치권은 구체적인 국가목적을 수행하려고 주권이 위임한 권력이다. 통치권은 주권에서 파생하며 주권이 조직한다. 통치권은 헌법에 근거하는 국가의사의 힘이므로 헌법이 구성하는 국가기관이 헌법이 정한 범위 안에서 행사할 수 있는 권력이며 주권과는 달리 분할될 수 있고, 양도될 수 있는 권력이다. 국민이 주권자이고 주권은 양도할 수 없다는 점에서 헌법 제1조 제2항 후단의 '권력'은 통치권이다. 통치권은 공권력이라고도 부르며 실질적 내용에 따라서 국가영역 안에 있는 모든 인적 · 물적 지배권을 의미하는 영토고권, 국가구성원에 대한 지배권을 의미하는 대인고권(영민고권), 국가조직을 스스로 결정하는 자주조직권으로 나눈다. 그리고 발동형태에 따라서 입법권(헌법 제40조), 집행권(헌법 제66조 제4항), 사법권(헌법 제101조 제1항)으로 나눈다.

Ⅲ. 국민

1. 국민의 의의

(1) 국민의 개념

국민은 국가에 소속한 일정한 범위의 자연인으로서, 그들은 전체로써 국민을 구성한다. 국민은 국가의 인적 요소이며 국가권력의 원천이다. 국민은 국가권력이 미치는 모든 자연인을 가리킨다. 헌법은 전문에서 헌법 제정 및 개정의 주체를 '대한국민'이라고 명시하면서, 제1조 제2항에서 국민이 주권자이며 모든 권력의 원천임을 규정하고, 제130조에서 국민이 헌법개정권력자임을 명시한다. 국민은 정치적 · 법적 개념이므로 혈연을 기초로 하는 인종학적 · 인류학적 개념인 '민족'과 구별된다. 그리고 국민은 국가적 질서를 전제로 한 국가 구성원을 뜻하므로 사회 구성원을 의미하는 사회적 개념인 '인민'과도 구별된다.

(2) 헌법상 국민 개념

헌법은 국민을 다양한 개념으로 사용한다. 헌법은 국민을 제1조에서는 주권자로, 제2조에서는 국적 보유자로, 제10조에서는 기본권 주체로 규정한다. 주권자인 국민과 국적 보유자인 국민은 자연인만을 대상으로 한다는 점에서 법인과 그 밖의 단체로 아우르는 기본권 주체인 국민보다 좁은 개념이다.

① 능동적 시민의 총체

능동적 시민의 총체로서 국민은 '법규범 정립에 어떠한 방식으로든지 참여하는 사람'이나 '법질서에 능동적으로 관여하는 사람'이다. 이는 국민을 유권자 총체나 주권행사자, 국가기관으로 부를 때의 국민이다. 국민주권론에서는 국가 구성원 총체인 국민(nation)을 주체로 하는 국민주권론과 유권적 시민의 총체인 국민, 즉 인민(peuple)을 주체로 하는 인민주권론을 나누기도 한다.

② 국가 구성원의 총체

국가 구성원의 총체인 국민은 연령 · 성별 · 출신성분이나 유권자인지와 관계없이 모든 국민을 아우른다. 이는 주권자나 주권의 주체로 부를 때의 국민이다. 비록 조직화하지는 않았지만, 헌법제정권력을 지니고 모든 국가권력의 정당성 원천이 된다는 점에서 이는 헌법이 조직한 (행동할 수 있는 크기로서) 능동적 시민의 총체인 국민과 구별된다. '국가 구성원의 총체인 국민'이 바로 국민주권에서 주권의 주체이다.

③ 개인

헌법에서 국민은 개인을 가리키기도 한다. 개인으로서 국민은 기본권의 주체이면서 기본의무의 주체이기도 한다. 즉 이는 권리와 의무의 주체로서 헌법 제10조에서 제39조까지의 국민이다.

(3) 국민 개념의 표지

누가 국민인지는 일반적으로 법률로 정한다. 헌법 제2조 제1항도 "대한민국의 국민이 되는 요건은 법률로 정한다."라고 하여 국적법정주의를 규정한다. 그에 따라서 국적법이 대한민국 국민이 되는 요건을 구체적으로 명시한다. 하지만 이것이 대한민국 국민이 되는 요건을 입법자가 자유롭게 정할 수 있음을 뜻하지 않는다. 국민이 국가 구성요소인 이상 국민이 확정되지 않으면 국가가 성립할 수 없기 때문이다. 따라서 국가 성립 근거인 헌법에서 누가 국민인지가 확정되어야 한다. 법률은 국민에 관한 헌법 내용을 구체화할 뿐이다.

국민은 다른 국가에 속하는 인적 집단과 구별되는 주민의 집단이 있다는 것을 전제한다. 이때 주민의 집단은 느슨한 결합으로 충분하지 않고, 운명공동체의 의미가 있는, 본질적으로 지속적인 결합 형태를 나타내야 한다. 그래서 국가는 국민에게 국가 존속에 필요한 재정 확보를 위한 납세의 의무(헌법 제38조)와 국가 존속을 보장하기 위한 국방의 의무(헌법 제39조)를 부과할 수 있다. 그리고 외국 국적을 자진하여 취득한 사람은 국적을 상실하게 되고(국적법 제15조 제1항), 특히 병역을 기피할 목적으로 국적을 상실하거나 이탈한 자는 국적을 재취득하지 못한다(국적법 제9조 제2항 제3호). 단일민족국가에서는 국민이 혈연공동체이면서 문화공동체이기도 하다. 하지만 다양한 언어와 문화가 있는 다민족국가에서 보듯 혈연공동체나 문화공동체는 국민의 표지로서 필수적인 것은 아니다.

2. 국민의 범위 - 국적

헌법과 법률이 정하는 일정한 요건을 갖추어 국가의 국민으로 인정되는 자격을 국적이라고 한다. 국민은 이러한 국적소유자의 합계를 말한다. 국적을 통해서 국민이 형성되고 주권자가 확정된다(헌법 제1조 제2항, 제2조 제1항). 국적은 국가의 국민임을 증명하므로 국적이 있는 사람을 국민이라고 하고 외국 국적이 있는 사람을 외국인이라고 한다. 그리고 무국적자는 어느 나라의 국적도 없는 사람을 뜻하는데, 이들은 외국인으로 취급된다.

국적 개념은 한 자연인이 특정국가에 소속되는 법적 관계를 말하고, 이러한 법적 관계에서 서로 간의 권리 · 의무관계가 발생한다. 사회적 집단에 불과한 일정한 인적 집단은 국적을 통해서 국가구성요소로서 특별한 법적 지위를 부여받음과 동시에 헌법원리인 민주주의의 주체가 된다. 국적은 민주적 절차와 참여권에 대한 연결점을 형성한다.

시민권은 시민으로서 모든 권리와 의무를 누릴 수 있는 자격을 가리키므로 국적과 차이가 있다. 영주권은 국가가 자국민이 아닌 외국인 중 특별한 요건과 사정을 갖춘 사람에게 자국 안에서 영구적으로 거주할 수 있도록 부여한 자격이므로 국적과 다르다. 영주권자는 본래 국적을 잃지 아니하고 체류국에 적법하게 영주할 수 있는 자격이 있다.

3. 국적을 부여하는 기준

어떠한 사람에게 국적을 주고 자국민으로 인정하는지는 원칙적으로 국가의 자유로서 각국이 독자적으로 결정할 수 있다. 따라서 국적 결정 문제는 일반적으로 국내문제이다. 그러나 개인의 국적이 국내법에 비추어 유효하더라도 그 국적이 국제법적으로도 실효적으로 기능하려면 국적에 관한 국내법이 국제조약 · 국제관습 및 국적에 관하여 일반적으로 인정되는 법의 일반원칙에 들어맞는 것으로서 다른 나라가 승인한 것이어야 한다. 여기서 일반적으로 인정되는 법의 일반원칙은 국적이 개인과 국가를 연결하는 기능을 하는 것이므로 합리적 연결점이 없는 국적 인정은 허용되지 않는다는 것을 말한다.

국적 부여에는 객관적인 영토고권과 관련한 연결점이 필요하다. 세대 교체 때문에 지속해서 요구되는 국민 갱신에 관하여 ① 국가영역에서 태어나면 부모 국적에 구애받음 없이 출생지 국적을 취득한다는 출생지주의(속지주의: jus soli)와 ② 국적 소지자 혈통이면 국적을 취득하는 혈통주의(속인주의: jus sanguinis)라는 두 가지 원칙이 있다. 그 밖에 ③ 출생지주의와 혈통주의를 결합한 절충주의가 있다. 출생지주의는 국적 취득 여부를 쉽게 확인할 수 있고 무국적자가 없게 된다는 장점이 있지만, 단기 거주자나 일시 방문자도 국적을 취득하는 단점이 있다. 이는 주로 복수민족국가가 채택하는 방식으로 미국,

남미제국 등이 채택한다. 혈통주의는 보통 단일민족국가나 소수민족국가에서 채택하는 방식이고, 독일, 스위스, 일본 등이 이에 따른다.

한민족이 헌법 제정 주체로서 만든 헌법에 따라서 창설된 대한민국은 한민족을 주된 인적 기반으로 형성되었다. 그리고 헌법은 동포애로써 민족 단결을 공고히 하는 것을 목적으로 하고(헌법 전문), 헌법 개정 주체인 국민은 한민족의 역사를 공유하며(헌법 전문), 국가는 민족문화를 창달할 의무가 있다(헌법 제9조, 제69조). 이러한 점에서 헌법이 창설한 대한민국의 국민은 한민족을 중심으로 확정될 수밖에 없다. 따라서 대한민국 국민을 확정할 때 민족은 주된 확정기준으로 기능하여야 한다. 이러한 점에서 국적 부여 기준을 선택할 때도 출생지주의(속지주의)는 선택할 수 없고, 혈통주의(속인주의)를 선택하여야 한다.

한국 국적법은 출생 당시 부모가 대한민국 국민인 사람은 대한민국 국적을 취득한다고 하면서(국적법 제2조 제1항 제1호: 혈통주의), 대한민국에서 출생한 사람으로서 부모가 모두 분명하지 아니한 때나 국적이 없어도 대한민국 국적을 취득한다고 하여(국적법 제2조 제1항 제3호: 출생주의) 혈통주의를 원칙으로 하는 절충주의를 취한다. 혈통주의를 원칙으로 하는 한국 국적법은 '최초 국민'(최초 한국인)이 있어야 그것을 기준으로 하여 이들의 자(子)에게 대한민국 국민의 자격을 부여할 수 있다. 그러나 한국 국적법에는 이와 관련한 규정이 없어서 '최초 국민'에 관한 조항이 신설되지 않는 한 헌법 해석을 통해서 이를 보충하여야 한다. '대한민국'이 '대한제국'의 국호와 영토를 이어받고, 대한제국을 계승하는 대한민국 임시정부의 법통을 계승하는 이상 '최초 국민'은 '거주지에 관계없이 1910년 일제가 대한제국을 강점할 당시 대한제국의 국민과 그 후손으로서 다른 나라 국적을 합법적으로 취득하지 않은 사람'으로 보아야 한다.

4. 복수국적과 무국적의 문제

(1) 복수국적 문제

복수국적자는 출생이나 그 밖에 국적법에 따라 대한민국 국적과 외국 국적을 함께 가지게 된 사람을 뜻한다(국적법 제11조의2 제1항). 국적법은 단일국적을 원칙으로 하고 복수국적을 허용하지 않는다. 대한민국 국적을 취득한 외국인으로서 외국 국적이 있는 사람은 대한민국 국적을 취득한 날부터 1년 안에 그 외국 국적을 포기하여야 한다(국적법 제10조 제1항). 다만, ① 귀화허가를 받은 때 (ⅰ) 배우자가 대한민국 국민인 외국인으로서 그 배우자와 혼인한 상태로 대한민국에 2년 이상 계속하여 주소가 있는 사람이거나 (ⅱ) 배우자가 대한민국 국민인 외국인으로서 그 배우자와 혼인하고 나서 3년이 지나고 혼인한 상태로 대한민국에 1년 이상 계속하여 주소가 있는 사람이거나 (ⅲ) 부 또는 모가 대한민국 국민인 외국인(양자로서 대한민국 민법상 성년이 되고 나서 입양된 사람 제외)으로서 대한민국에 주소가 있는 사람이거나 (ⅳ) 대한민국에 특별한 공로가 있는 외국인으로서 대한민국에 주소가 있는 사람, ② 국적회복허가를 받은 사람으로서 (ⅰ) 부 또는 모가 대한민국 국민인 외국인(양자로서 대한민국 민법상 성년이 되고 나서 입양된 사람 제외)으로서 대한민국에 주소가 있는 사람이거나 (ⅱ) 대한민국에 특별한 공로가 있는 외국인으로서 대한민국에 주소가 있는 사람이라고 법무부 장관이 인정하는 사람, ③ 대한민국의 민법상 성년이 되기 전에 외국인에게 입양되고 나서 외국 국적을 취득하고 외국에서 계속 거주하다가 국적회복허가를 받은 사람, ④ 외국에서 거주하다가 영주할 목적으로 만 65세 이후에 입국하여 국적회복허가를 받은 사람, ⑤ 본인의 뜻에도 (ⅰ) 외국의 법률과 제도로 말미암아 외국 국적 포기가 불가능하거나 그에 준하는 사정이 인정되는 사람이나 (ⅱ) 대한민국 국적을 취득하고 나서 3개월 이내에 외국 국적 포기절차를 개시하였으나 외국의 법률과 제도로 말미암아 대한민국 국적을 취득한 날부터 1년 안에 국적포기절차를 마치기 어려운 사정을 증명하는 서류를 법무부 장관에게 제출한 사람(국적법 시행령 제13조 제1항) 중 하나에 해당하는 사람은 대한민국 국적을 취득한 날부터 1년 안에 외국 국적을 포기하거나 법무부 장관이 정하는 바에 따라 대한민국에서 외국 국적을 행사하지 아니하겠다는 뜻을 법무부 장관에게 서약하여야 한다(국적법 제10조 제2항). 대한민국 국적을 취득한 날부터 1년 안에 외국 국적을 포기하거나 대한민국에서 외국 국적을 행사하지 아니하겠다는 뜻을 법무부 장관에게 서약하지 않으면 그 기간이 지난 때에 대한민국 국적을 상실한다(국적법 제10조 제3항). 그리고 대한민국 국민이 자진하여 외국 국적을 취득하면 외국 국적을 취득한 때에 대한민국 국적을 상실한다(국적법 제15조 제1항). 법무부 장관은 복수국적자로서 대한민국에서 외국 국적을 행사하지 아니하겠다는 뜻을 서약한 사람이 그 뜻에 현저히 반하는 행위를 하면 6개월 안에 하나의 국적을 선택할 것을 명할 수 있다(국적법 제14조의3 제2항).

대한민국 국민으로서 ① 외국인과 혼인으로 그 배우자의 국적을 취득하게 된 사람, ② 외국인에게 입양되어 그 양부나 양모의 국적을 취득하게 된 사람, ③ 외국인인 부나 모에게 인지되어 그 부나 모의 국적을 취득하게 된 사람, ④ 외국 국적을 취득하여 대한민국 국적을 상실하게 된 사람의 배우자나 미성년의 자(子)로서 그 외국의 법률에 따라 함께 그 외국 국적을 취득하게 된 사람 중 하나에 해당하는 사람은 그 외국 국적을 취득한 때부터 6개월 안에 법무부 장관에게 대한민국 국적을 보유할 의사가 있다는 뜻을 신고하지 아니하면 그 외국 국적을 취득한 때로 소급하여 대한민국 국적을 상실한 것으로 본다(국적법 제15조 제2항).

출생이나 그 밖에 국적법에 따라서 만 20세가 되기 전에 복수국적자(대한민국 국적과 외국 국적을 함께 가지게 된 사람)는 만 22세가 되기 전까지, 만 20세가 되고 나서 복수국적자가 된 사람은 그 때부터 2년 안에 국적 선택 · 이탈절차(국적법 제13조, 제14조)에 따라서 하나의 국적을 선택하여야 한다(국적법 제12조 제1항 본문). 다만, 법무부 장관에게 대한민국에서 외국 국적을 행사하지 아니하겠다는 뜻을 서약한 복수국적자는 제외한다(국적법 제12조 제1항 단서). 그러나 병역준비역에 편입된 사람은 편입된 때부터 3개월 이내에 하나의 국적을 선택하거나, 직계존속이 외국에서 영주할 목적 없이 체류한 상태에서 출생한 사람으로서 ① 현역 · 상근예비역이나 보충역으로 복무를 마치거나 마친 것으로 보게 되는 때, ② 전시근로역에 편입된 때, ③ 병역면제처분을 받은 때 중 어느 하나에 해당하는 때부터 2년 이내에 하나의 국적을 선택하여야 한다. 다만, 대한민국 국적을 선택하려는 때는 이러한 때에 해당하기 전에도 할 수 있다(국적법 제12조 제2항과 제3항). 헌법재판소는 병역준비역에 편입된 복수국적자가 국적선택기간 안에 국적이탈 신고를 하지 못한 것에 그에게 책임을 묻기 어려운 사정, 즉 정당한 사유가 있고, 병역의무 이행의 공평성 확보라는 입법목적을 훼손하지 않음이 객관적으로 인정되면 국적선택기간이 지났다고 하여 일률적으로 국적 이탈을 금지할 수 없다는 것을 주된 이유로 하여 국적법 제12조 제2항 본문과 국적법 제14조 제1항 단서 중에 제12조 제2항 본문에 관한 부분이 헌법에 합치되지 아니한다고 선언하였다(헌재 2020. 9. 24. 2016헌마889). 이에 따라서 병역준비역에 편입된 때부터 3개월 이내에 대한민국 국적 이탈한다는 뜻을 신고하지 못한 복수국적자라도 ① 외국에서 출생한 사람(직계존속이 외국에서 영주할 목적 없이 체류한 상태에서 출생한 사람은 제외)으로서 출생 이후 계속하여 외국에 주된 생활의 근거를 두고 있는 사람이거나 ② 6세 미만의 아동일 때 외국으로 이주한 이후 계속하여 외국에 주된 생활의 근거를 두고 있는 사람으로서 병역준비역에 편입된 때부터 3개월 이내에 국적 이탈을 신고하지 못한 정당한 사유가 있으면 법무부 장관에게 대한민국 국적 이탈 허가를 신청할 수 있게 되었다(국적법 제14조의2 제1항). 이때 법무부 장관은 ① 복수국적자의 출생지 및 복수국적 취득경위, ② 복수국적자의 주소지 및 주된 거주지가 외국인지, ③ 대한민국 입국 횟수 및 체류 목적 · 기간, ④ 대한민국 국민만이 누릴 수 있는 권리를 행사하였는지, ⑤ 복수국적으로 말미암아 외국에서 직업 선택에 상당한 제한이 있거나 이에 준하는 불이익이 있는지, ⑥ 병역의무 이행의 공평성과 조화되는지를 고려하여 허가 여부를 결정하여야 한다(국적법 제14조의2 제2항). 복수국적자가 국적선택기간 안에 국적을 선택하지 않으면 대한민국 국적을 바로 상실하지 않고, 법무부 장관이 국적을 선택하도록 명령하여야 하며, 그래도 국적을 선택하지 않으면 대한민국 국적을 상실한다(국적법 제14조의3).

복수국적자는 대한민국 법령 적용에서 대한민국 국민으로만 처우한다(국적법 제11조의2 제1항). 복수국적자가 관계 법령에 따라 외국 국적을 보유한 상태에서 직무를 수행할 수 없는 분야에 종사하려면 외국 국적을 포기하여야 한다(국적법 제11조의2 제2항). 중앙행정기관의 장이 복수국적자를 외국인과 같이 처우하는 내용으로 법령을 제정 또는 개정하려면 미리 법무부 장관과 협의하여야 한다(국적법 제11조의2 제3항).

(2) 무국적 문제

무국적자는 국적이 없는 사람을 가리킨다. 무국적 원인에는 자발적 국적 포기, 국적 박탈, 영토변경에 따른 국적 상실, 출생지주의국적법과 혈통주의국적법의 저촉 등이 있다. 체류국이 무국적자에게 외국인과 동등한 대우와 적절한 보호를 부여하도록 하고, 무국적자 발생을 최대한 감소시키려는 국제적 노력의 결과로 여러 조약이 채택되고 발효되었다.

5. 국적의 취득과 상실 · 회복

헌법은 제2조 제1항에서 "국민이 되는 요건은 법률로 정한다."라고 규정함으로써 국적법정원칙을 채택한다. 국적법은 부모양계혈통원칙, 가족(부자 · 부부) 동일국적원칙, (제한적) 복수국적원칙을 규정한다.

(1) 국적 취득

① 선천적 취득

선천적 취득은 출생과 더불어 국적을 취득하는 것을 말한다. 국적법은 부모양계혈통원칙에 기초한 속인주의를 원칙으로 하면서도 속지주의를 일부 가미한다. 즉 속인주의에 따라 출생 당시에 부나 모가 대한민국 국민인 사람과 출생하기 전에 부가 사망하면 그 사망 당시에 부가 대한민국 국민이었던 사람은 출생과 동시에 대한민국 국적을 취득한다(국적법 제2조 제1항 제1호와 제2호). 부모가 모두 분명하지 않거나 국적이 없을 때 대한민국에서 출생한 사람과 대한민국 영역에서 발견된 기아에 한하여 예외적으로 속지주의에 따라 대한민국 국적을 부여한다(국적법 제2조 제1항 제3호와 제4호).

② 후천적 취득

후천적 취득은 출생 이외의 사실 때문에 국적을 취득하는 때를 말한다. 후천적 취득에는 인지, 귀화, 수반취득, 국적 회복에 따른 취득이 있다.

(ⅰ) 인지

인지는 혼인 외의 출생자를 자기 자녀라고 인정하는 의사 표시를 말한다. 한국인인 부나 모가 인지한 외국인은 ⓐ 대한민국 민법에 따라서 미성년이고, ⓑ 출생 당시에 그 부 또는 모가 대한민국의 국민이었을 때만 법무부 장관에게 신고함으로써 국적을 취득할 수 있다. 인지된 사람은 법무부 장관에게 신고한 때에 대한민국 국적을 취득한다(국적법 제3조).

(ⅱ) 귀화

귀화는 일정한 요건을 갖춘 사람이 다른 국적을 가지려는 의사에 따라서 그 국가의 허가를 받아 국적을 취득하는 때를 말한다. 대한민국 국적을 취득한 사실이 없는 외국인은 법무부 장관의 귀화허가를 받아 대한민국 국적을 취득할 수 있다(국적법 제4조 제1항).

국적법상 귀화에는 일반귀화, 간이귀화 그리고 특별귀화가 있다.

ⓐ 일반귀화

일반귀화 요건은 (가) 5년 이상 계속하여 한국에 주소가 있을 것, (나) 대한민국에서 영주할 수 있는 체류자격이 있을 것, (다) 대한민국 민법상 성년일 것, (라) 법령을 준수하는 것 등 법무부령으로 정하는 품행 단정 요건을 갖출 것, (마) 자신의 자산이나 기능을 통해서나 생계를 같이하는 가족에 의존하여 생계를 유지할 능력이 있을 것, (바) 국어능력과 대한민국의 풍습에 관한 이해 등 대한민국 국민으로서 기본 소양(素養)을 갖출 것, (사) 귀화를 허가하는 것이 국가안전보장 · 질서유지 또는 공공복리를 해치지 아니한다고 법무부 장관이 인정할 것이다(국적법 제5조).

ⓑ 간이귀화

간이귀화에는 두 가지 유형이 있다.

첫째, 대한민국에 3년 이상 계속하여 주소가 있는 외국인으로서 (가) 부나 모가 대한민국 국민이었던 사람, (나) 대한민국에서 출생한 사람으로서 부나 모가 대한민국에서 출생한 사람, (다) 대한민국 국민의 양자로서 입양 당시 대한민국 민법상 성년이었던 사람 중 하나에 해당하면 대한민국에 5년 이상 계속하여 주소가 없다고 하더라도 귀화허가를 받을 수 있다(국적법 제6조 제1항).

둘째, 배우자가 대한민국 국민인 외국인으로서 (가) 그 배우자와 혼인한 상태로 대한민국에 2년 이상 계속하여 주소가 있는 사람, (나) 그 배우자와 혼인하고 나서 3년이 지나고 혼인한 상태로 대한민국에 1년 이상 계속하여 주소가 있는 사람, (다) (가)나 (나)의 기간을 충족하지 못하였으나, 그 배우자와 혼인한 상태로 대한민국에 주소를 두고 있던 중 그 배우자의 사망이나 실종 그 밖에 자신의 귀책사유 없이 정상적인 혼인생활을 할 수 없었던 사람으로서 (가)나 (나)의 잔여기간을 채웠고 법무부 장관이 상당하다고 인정하는 사람, (라) (가)나 (나)의 요건을 충족하지 못하였으나, 그 배우자와 혼인하여 출생한 미성년의 자를 양육하고 있거나 양육하여야 할 사람으로서 (가)나 (나)의 기간을 채웠고 법무부 장관이 상당하다고 인정하는 사람은 대한민국에 5년 이상 계속하여 주소가 없다고 하더라도 귀화허가를 받을 수 있다(국적법 제6조 제2항).

ⓒ 특별귀화

(가) 부나 모가 대한민국 국민인 사람(다만, 양자로서 대한민국의 민법상 성년이 되고 나서 입양된 사람 제외), (나) 대한민국에 특별한 공로가 있는 사람, (다) 과학 · 경제 · 문화 · 체육 등 특정 분야에서 매우 우수한 능력을 보유한 사람으로서 대한민국 국익에 이바지할 것으로 인정되는 사람 중 하나에 해당하는 외국인은 (가) 5년 이상 계속하여 한국에 주소가 있을 것, (나) 대한민국에서 영주할 수 있는 체류자격이 있을 것, (다) 대한민국 민법상 성년일 것, (라) 자신의 자산이나 기능을 통해서나 생계를 같이하는 가족에 의존하여 생계를 유지할 능력이 있을 것(국적법 제5조 제1호, 제1호의2, 제2호, 제4호)의 요건을 갖추지 아니하여도 귀화허가를 받을 수 있다(국적법 제7조).

(iii) 수반취득

수반취득은 일정한 관계에 놓여 있는 다른 사람이 국적을 취득함에 따라서 함께 국적을 얻는 것을 말한다. 외국인의 자로서 대한민국 민법상 미성년인 사람은 그 부나 모가 귀화허가를 신청할 때 함께 국적 취득을 신청할 수 있고, 부나 모가 대한민국 국적을 취득할 때 함께 국적을 취득한다(국적법 제8조).

(iv) 국적 회복에 따른 국적 취득

대한민국 국민이었던 외국인은 법무부 장관의 국적회복허가를 받아 국적을 취득할 수 있다(국적법 제9조 제1항). 국적회복허가를 받은 사람은 법무부 장관이 허가를 한 때에 대한민국 국적을 취득한다(국적법 제9조 제3항). 다만, ⓐ 국가나 사회에 위해를 끼친 사실이 있는 사람, ⓑ 품행이 단정하지 못한 사람, ⓒ 병역을 기피할 목적으로 대한민국 국적을 상실하였거나 이탈하였던 사람, ⓓ 국가안전보장 · 질서유지 또는 공공복리를 위하여 법무부 장관이 국적 회복을 허가함이 적당하지 아니하다고 인정되는 사람에 대해서는 법무부 장관이 국적 회복을 허가하지 아니한다(국적법 제9조 제2항).

(v) 국적 취득자의 외국 국적 포기 의무

대한민국 국적을 취득한 외국인으로서 외국 국적이 있는 사람은 대한민국 국적을 취득한 날부터 1년 안에 그 외국 국적을 포기하여야 한다(국적법 제10조 제1항). ⓐ 귀화허가를 받은 때 (가) 배우자가 대한민국 국민인 외국인으로서 그 배우자와 혼인한 상태로 대한민국에 2년 이상 계속하여 주소가 있는 사람이거나 (나) 배우자가 대한민국 국민인 외국인으로서 그 배우자와 혼인하고 나서 3년이 지나고 혼인한 상태로 대한민국에 1년 이상 계속하여 주소가 있는 사람이거나 (다) 부 또는 모가 대한민국 국민인 외국인(양자로서 대한민국 민법상 성년이 되고 나서 입양된 사람 제외)으로서 대한민국에 주소가 있는 사람이거나 (라) 대한민국에 특별한 공로가 있는 외국인으로서 대한민국에 주소가 있는 사람, ⓑ 국적회복허가를 받은 사람으로서 (가) 부 또는 모가 대한민국 국민인 외국인(양자로서 대한민국 민법상 성년이 되고 나서 입양된 사람 제외)으로서 대한민국에 주소가 있는 사람이거나 (나) 대한민국에 특별한 공로가 있는 외국인으로서 대한민국에 주소가 있는 사람이라고 법무부 장관이 인정하는 사람, ⓒ 대한민국의 민법상 성년이 되기 전에 외국인에게 입양되고 나서 외국 국적을 취득하고 외국에서 계속 거주하다가 국적회복허가를 받은 사람, ⓓ 외국에서 거주하다가 영주할 목적으로 만 65세 이후에 입국하여 국적회복허가를 받은 사람, ⓔ 본인의 뜻에도 (가) 외국의 법률과 제도로 말미암아 외국 국적 포기가 불가능하거나 그에 준하는 사정이 인정되는 사람이나 (나) 대한민국 국적을 취득하고 나서 3개월 이내에 외국 국적포기절차를 개시하였으나 외국의 법률과 제도로 말미암아 대한민국 국적을 취득한 날부터 1년 안에 국적포기절차를 마치기 어려운 사정을 증명하는 서류를 법무부 장관에게 제출한 사람(국적법 시행령 제13조 제1항) 중 하나에 해당하는 사람은 대한민국 국적을 취득한 날부터 1년 안에 외국 국적을 포기하거나 법무부 장관이 정하는 바에 따라 대한민국에서 외국 국적을 행사하지 아니하겠다는 뜻을 법무부 장관에게 서약하여야 한다(국적법 제10조 제2항). 대한민국 국적을 취득한 날부터 1년 안에 외국 국적을 포기하거나 대한민국에서 외국 국적을 행사하지 아니하겠다는 뜻을 법무부 장관에게 서약하지 않으면 그 기간이 지난 때에 대한민국 국적을 상실한다(국적법 제10조 제3항). 이렇게 대한민국 국적을 상실한 사람이 그 후 1년 안에 그 외국 국적을 포기하면 법무부 장관에게 신고함으로써 대한민국 국적을 재취득할 수 있다(국적법 제11조 제1항).

(2) 국적 상실

대한민국 국민으로서 자진하여 외국 국적을 취득한 사람은 그 국적을 취득하면 대한민국 국적을 상실한다(국적법 제15조 제1항). 그러나 대한민국 국민이 외국 영주권을 취득하여도 국적을 상실하지 않는다(대법원 1981. 10. 13. 선고 80다2435 판결). 그리고 대한민국 국민으로서 ① 외국인과 혼인하여 그 배우자의 국적을 취득하게 된 사람, ② 외국인에게 입양되어 그 양부나 양모의 국적을 취득하게 된 사람, ③ 외국인인 부나 모에게 인지되어 그 부나 모의 국적을 취득하게 된 사람, ④ 외국 국적을 취득하여 대한민국 국적을 상실하게 된 사람의 배우자나 미성년의 자로서 그 외국 법률에 따라 함께 외국 국적을 취득하게 된 사람 중 하나에 해당하는 사람은 그 외국 국적을 취득한 때부터 6개월 안에 법무부 장관에게 대한민국 국적을 보유할 의사가 있다는 뜻을 신고하지 아니하면 그 외국 국적을 취득한 때로 소급하여 대한민국 국적을 상실한 것으로 본다(국적법 제15조 제2항). 그러나 대한민국 남자와 결혼하여 대한민국 국적을 취득하였다가 이혼하여도 대한민국 국적을 상실하지 않는다(대법원 1976. 4. 23.자 73마1051 결정). 대한민국 국적을 상실한 사람(국적 이탈 신고를 한 사람은 제외)은 법무부 장관에게 국적 상실 신고를 하여야 한다(국적법 제16조 제1항). 대한민국 국적을 상실한 사람은 국적을 상실한 때부터 대한민국 국민만이 누릴 수 있는 권리를 누릴 수 없다(국적법 제18조 제1항). 그러한 권리 중 대한민국 국민이었을 때 취득한 것으로서 양도할 수 있는 것은, 그 권리와 관련된 법령에서 따로 정한 바가 없으면, 3년 안에 대한민국 국민에게 양도하여야 한다(국적법 제18조 제2항).

6. 재외국민을 보호할 국가의 의무

헌법 제2조 제2항은 "국가는 법률이 정하는 바에 의하여 재외국민을 보호할 의무를 진다."라고 함으로써 재외국민을 보호할 국가의 의무를 규정한다. 재외국민은 대한민국 국민으로서 외국에 장기체류하거나 외국 영주권을 취득한 사람으로서, 출생에 의하여 대한민국 국적을 보유하였던 사람(대한민국 정부 수립 전에 국외로 이주한 동포 포함)이나 그 직계비속으로서 대한민국 국적이 없는 사람인 외국국적동포와 구별된다(재외동포기본법 제2조 제1호, '재외동포의 출입국과 법적 지위에 관한 법률' 제2조). '재외동포의 출입국과 법적 지위에 관한 법률' 제2조를 따르면, 대한민국 국민으로서 외국의 영주권을 취득한 사람이나 영주할 목적으로 외국에 거주하는 사람(재외국민)과 대한민국 국적을 보유하였던 사람(대한민국정부 수립 전에 국외로 이주한 동포 포함)이나 그 직계비속으로서 외국국적을 취득한 사람 중 대통령령으로 정하는 사람(외국국적동포)을 재외동포라고 한다. '재외동포의 출입국과 법적 지위에 관한 법률 시행령' 제3조를 따르면 대한민국 국적을 보유하였던 사람(대한민국 정부 수립 이전에 국외로 이주한 동포 포함)으로서 외국 국적을 취득한 사람과 부모 일방이나 조부모 일방이 대한민국 국적을 보유하였던 사람으로서 외국 국적을 취득한 사람이 외국국적동포에 포함된다.

외국의 일정한 지역에 계속하여 90일 이상 거주나 체류할 의사를 가지고 체류하는 대한민국 국민은 재외국민등록법에 따라 등록하여야 한다(재외국민등록법 제2조). 해외공관이 재외국민을 보호할 1차적 의무를 진다. 이러한 의무는 청구가 없더라도 보호하여야 하는 적극적 의무이다. 국가는 영사조력을 통해 사건 · 사고에서 재외국민의 생명 · 신체 및 재산을 보호하려고 노력하여야 하며, 이를 위해서 필요한 재외국민보호정책을 수립 · 시행하여야 한다('재외국민보호를 위한 영사조력법' 제3조 제1항). ① 재외국민이 영사조력을 명백하게 거부하는 때, ② 재외국민이 폭행, 협박 등의 행위를 하여 해당 재외국민에 대한 영사조력 제공에 현저한 지장을 초래하는 때, ③ 재외국민이 허위로 영사조력을 요청한 사실이 밝혀진 때, ④ 재외국민이 영사조력을 남용 또는 악용하는 때는 재외공관의 장은 영사조력 제공을 거부하거나 중단할 수 있다. 다만, 재외국민의 생명 · 신체에 대한 위해가 중대하여 긴급히 보호할 필요가 있으면 그러하지 아니하다('재외국민보호를 위한 영사조력법' 제18조). 재외국민은 영사조력 과정에서 자신의 생명 · 신체 및 재산의 보호에 드는 비용을 부담하여야 한다. 다만, 재외국민을 긴급히 보호할 필요가 있는 때로서 사건 · 사고에 처한 재외국민이 본인의 무자력 등으로 말미암아 비용을 부담하기 어렵다고 판단되거나 해외위난상황에 처한 재외국민이 안전한 지역으로 대피할 수 있는 이동수단이 없어 국가가 이동수단을 투입하면 국가가 그 비용을 부담할 수 있다('재외국민보호를 위한 영사조력법' 제19조).

재외국민을 보호하여야 할 국가의 의무 범위는 재외국민이 체류국에 있는 동안, 조약 그 밖의 일반적으로 승인된 국제법규와 해당 체류국의 법령에 따라서 누릴 수 있는 모든 분야에서 정당한 대우를 받도록, 체류국과 맺는 관계에서 국가가 하는 외교적 보호뿐 아니라 국외거주 국민에 대하여 정치적인 고려에서 특별히 법률로써 정하여 베푸는 법률 · 문화 · 교육 기타 제반영역에서 하는 지원을 포함한다(헌재 1993. 12. 23. 89헌마189).

헌법재판소는 대한민국 국적이 있는 영유아 중에서 재외국민인 영유아를 보육료 · 양육수당 지원대상에서 제외함으로써 국내에 거주하면서 재외국민인 영유아를 양육하는 부모를 차별하는 보건복지부지침은 평등권을 침해하여 위헌이라고 한다(헌재 2018. 1. 25. 2015헌마1047). 그리고 헌법재판소는 주민등록이 되어 있지 않고 국내거소신고도 하지 않은 재외국민이라도 추상적 위험이나 선거기술상 이유로 국민투표권을 박탈할 수 없다고 하였다(헌재 2014. 7. 24. 2009헌마256등). 또한, 헌법재판소는 정부 수립 이후 이주동포와 달리 정부 수립 이전 이주동포를 재외동포법 적용대상에서 제외한 것은 합리적 이유 없이 정부 수립 이전 이주동포를 차별하는 자의적인 입법이어서 헌법 제11조의 평등원칙에 위배된다고 하였다(헌재 2001. 11. 29. 99헌마494).

Ⅳ. 국가영역

1. 국가영역의 의의

(1) 국가영역의 개념

국가영역은 구분되고 지배할 수 있으며 사람이 지속해서 살기에 알맞은 지구표면의 일정 부분이다. 국가영역은 헌법을 포함한 법규범이 미치는 장소적 효력 범위이다. 즉 국가영역은 법학적으로 국가의 권한 행사 범위이다. 국가영역 안에서 국제법은 해당 국가의 주권을 보장한다.

(2) 국가의 필수적 요소인 국가영역과 그에 대한 지배 가능성

영역 없는 국가는 없다. 국가권력이 유효하게 행사되려면 필수적으로 영역이 있어야 하기 때문이다. 따라서 국가영역은 국가의 기본적 구성요소이다. 그래서 현대국가는 필연적으로 지역공동체이다. 그리고 모든 영역 상실은 곧 국가 소멸을 뜻한다. 즉 영역은 국가가 그 권력을 행사하는 필수적 대상이라서 그 공간적 범위가 좁을 수는 있어도 없을 수는 없다. 여기서 모든 영역 상실은 실질적으로 이해하여야 하므로 그것은 회복 가능성이나 (현실 속에서 구체화할 수 있는) 회복하고자 하는 의지의 완벽한 소멸을 뜻한다. 망명정부는 그가 대표한다고 주장하는 국가영역을 실효적으로 지배할 수 없어서 '온전한' 국가로서 성립할 수 없다. 다만, 망명정부 활동이 결국 국가 회복이라는 결과로 이어진다면 망명정부는 본래 국가와 회복된 국가를 이어주는 매개체로서 제한된 의미로나마 국가로 인정받아서 국가 단절을 부정하고 국가 존속을 증명하는 결정적 증거가 될 수 있다.

국가가 존재하려면 (최소한) 국가 3요소 모두가 실현되어야 한다. 따라서 국가영역은 필연적으로 국가권력이 원칙적으로 행사될 수 있는 영역에 국한된다. 이는 영역에 대한 국가의 지배 가능성을 전제한다. 그러나 지배 가능성이 일시적으로 사라지거나 그에 대한 다툼이 있다고 하여 해당 지역이 국가영역에서 제외되는 것은 아니다. 일부 지역에 반란이 일어나 점거되었다고 하여도 그것이 국가영역이 아닌 것은 아니다. 그리고 다른 나라가 강제로 국가영역을 점령하여도 그것이 국가영역에서 제외되는 것도 아니다.

2. 영역고권

국가영역과 국가권력이 결합하여 국가는 국가영역 안에서 배타적 권력이 있다. 이러한 국가영역에 대한 국가권력을 영역고권이나 영토고권이라고 한다. 대인고권은 특별한 신뢰관계와 보호관계에 근거하여 고유한 국민에게 권리와 의무를 부과할 수 있는 권한이지만, 영역고권은 자기 영역에 있는 사람과 사물 그리고 일어날 수 있는 사건을 규율할 수 있는 국가의 권한이다. 영역고권과 대인고권은 규범의 지역적 그리고 인적 적용영역에서 서로 중첩되고 보완된다. 영역고권은 적극적으로는 국가의 지배력은 국가영역에 있는 모든 사람과 사물 그리고 일어날 수 있는 사건에 미친다. 국가는 자기 영역 자체를 자유로이 사용하고 수익할 권한이 있다. 소극적으로는 어떤 국가의 영역 안에서는 다른 국가의 어떠한 공권력도 행사될 수 없다.

3. 국가영역 범위

(1) 국가영역의 구성요소와 확정

① 국가영역의 구성요소

국가영역은 영토, 영해, 영공으로 구성된다. 즉 국가영역은 지표면에 국한되는 것이 아니라 지표면 위의 대기층과 영토를 감싸는 바다를 아우른다. 따라서 국가영역은 2차원이 아니라 3차원의 영역이다. 이러한 영역은 반드시 연결되어야 하는 것은 아니다. 국가영역은 자연적인 상태(바다를 통한 섬처럼)를 통해서 나누어질 수도 있고 다른 나라 영역을 통해서 차단될 수도 있어서 본국과 떨어져 다른 나라에 둘러싸인 영토나 자국 영내에 있는 다른 나라 영토가 있을 수 있다.

② 국가영역 확정

국가영역은 사실적으로 미리 확정되어서 이것에 법적 효과가 따르는 것이 아니라 국가영역 자체가 법규범을 통해서 비로소 명확하게 정해진다. '자연적인' 국가영역은 없다. 지리적 사정도 민족의 거주 공간도 (국가영역 범위 확정의 한 기준이 될 수는 있어도) 국가영역 범위를 결정할 수 없다. 국가영역 범위는 국경을 통해서 확정된다. 국경은 자연적 경계(해안, 하천, 산맥)를 중심으로 하여 역사적으로 그리고 국제법에 따라 정해지는 것이 보통이다. 즉 국가영역 범위는 역사적 발전과 국제법의 결과물이다. 영토를 중심으로 국가영역 경계가 확정되지만, 영해와 영공의 경계 확정에 관해서 많은 논란이 있다.

국가권력은 그 유효한 행사의 사실적 가능성을 통해서 작용하고 한계지어진다. 이는 국가영역의 법적 경계에서도 마찬가지이다. 정확하게 확정된 국가영역 경계가 유효하게 주장될 수 있는 장소에서 사실적 측면에서 정립될 수 있을 때 국가권력은 사실적으로 행사될 수 있다. 국가영역에 특정 지역이 귀속되는 최소한의 전제로서 이러한 사실적 지배 가능성은 특히 영해의 외부경계를 확정할 때 결정적인 역할을 한다. 그러나 국가지배권 관철 가능성이 어떤 공간의 국가영역에 대한 법적 편입을 위한 불가결의 요건일지라도 이는 국가영역이 다른 측면에서 언제나 지배할 수 있는 영역에 미친다는 것을 뜻하지는 않는다. 즉 국가가 지배할 수 없는 영역이라도 국가영역에 속할 가능성이 옹글게(완벽하게) 배제되는 것은 아니다.

(2) 영토

영토는 국가영역의 기초가 되는 일정한 범위의 토지를 말한다. 영토는 아니지만 통치권의 전부나 일부가 행사되는 지역이 있다. 예를 들어 군사점령지, 신탁통치지, 조차지, 보호국 등이다. 대륙은 해안에 이르기까지 영토에 포함된다. 이때 해안은 썰물 때 가장 낮은 수위가 측정되는 곳까지이다. 내륙수로는 이른바 고유수역으로서 국가영역에 속한다. 국경을 이루는 호수에서 국경은 달리 합의하거나 확정되지 않는 한 그 중앙이 국경이다. 하천은 항해할 수 있는 수역과 항해할 수 없는 수역이 구별된다. 항해할 수 있는 하천에서는 원칙적으로 가장 깊은 수로의 지점에, 항해할 수 없는 하천에서는 수로 사이의 중앙을 각각 경계로 한다. 지하는 형식논리적으로 말하면 지구중심점까지라고 하겠지만, 과학기술 한계로 말미암아 사실상 지배할 수 있는 범위까지 영토에 포함된다.

(3) 영해

영해는 영토에 접속한 일정한 범위의 해역으로서 국제법이 정한 조건에 따라 연안국이 영역고권을 행사하는 수역이다. 영해 범위는 18세기 이후 이른바 착탄거리설을 따라 영토에서 3해리까지로 보는 것이 원칙이었다. 하지만 바다의 경제적 효용가치가 높아지면서 이를 배타적으로 이용하려고 6해리 · 12해리 · 200해리 등으로 확대하자는 주장이 등장하였다. 제3차 국제연합해양법회의에서 참가국들은 영해 폭을 측정기선에서 12해리로 하는 데 합의하였다('1982년 해양법에 관한 국제연합 협약' 제3조). 영해에는 바다위(海上)뿐 아니라 바다바닥(海床)과 바다밑땅속(海底地下)도 포함된다. 영해 안이라고 하더라도 무해통항권이 인정되어 외국선박은 연안국의 안전, 공공질서와 재산상 이익을 해치지 않는 한도 안에서 자유롭게 지나다닐 수 있다. 영해와 접해 있는 수심 200m 이하의 완만한 해역인 대륙붕은 국제조약을 따라서 연안국에 탐사 및 자원개발권이 부여된다('1958년 대륙붕에 관한 조약').

(4) 영공

영공은 영토와 영해의 수직 상공을 말한다. 역사적으로 보면 일정한 고도 이상은 자유라는 자유설이 주장되기도 하였다. 그러나 20세기 초에 이르러 영공 역시 국가의 배타적 지배에 속하는 공간이라는 주권설이 받아들여졌다. 문제는 어느 정도 상공까지를 영공으로 인정할 것인지이었다. 이와 관련하여 영공무한설, 인공위성설, 인력설, 대기권설, 실효적 지배설 등이 주장되었다. 국제조약 형식으로 영공 범위가 입법되지 않은 상태이고, 다수설이 영공은 지배할 수 있는 상공에 한한다는 실효적 지배설에 동의하여서 영공 범위는 해당 국가 영역 위 상공 80~120km까지로 볼 수 있다. 이 높이 이상에서는 항공교통이 물리적으로 가능하지 않기 때문이다. 해당 국가 관할에 속하는 이러한 대기권 상공과는 달리 외기권(外氣圈) 공간은 보통 우주라고 부르며 어느 국가의 배타적 관할권에 속하지 않고 모든 국가의 자유이용에 맡겨지는 공간이다. 영공에 대한 고권은 외국 국가영역에 대한 영공통과비행을 가능하게 하려고 여러 국제법적 조약, 특히 1944년 국제민간항공협약(일명 시카고협약)에 근거하여 제한된다. 다른 한편 영공에 대한 국가고권에 근거하여 체결된 국제민간항공협약을 위반하여 외국항공이 영공을 침입하면 개별 국가에 대한 주권 침해로 간주한다. 영공에서는 무해통항권이 원칙적으로 인정되지 않는다. 국제법상으로 민간항공기에는 일정한 때에 무해통항이 인정되나, 국가항공기에는 원칙적으로 무해통항이 인정되지 않는다(국제민간항공협약 제3조).

4. 국가영역 변경

(1) 변경 원인

국가영역 변경은 국가영역이 늘어나거나 줄어드는 것을 말한다. 국가영역 변경에서 무주지역 선점과 첨부(자연적 영토 형성)처럼 다른 나라 영토를 승계하지 않는 것은 시원적 취득이고, (취득)시효, 할양, 정복처럼 다른 나라 영토를 승계하는 것은 파생적 취득이다. 그리고 국가영역 변경은 국제조약을 통해서 이루어질 수도 있고, 자연조건이나 사실행위에 따라서 이루어질 수도 있다. 현재 국가에 속하지 않는 영역이 발견되는 것은 극히 드물다. 따라서 일반적으로 국가영역 변경은 본질적 측면에서 완벽한, 국경조약이나 지속적이고 분쟁 없는 소유를 통하여 생기는 지구표면 분할에서 한편의 획득과 다른 편의 상실을 뜻한다. 국가영역이 바뀌어도 국가 동일성에는 변화가 없고 국가권력이 행사되는 인적 · 지역적 범위가 달라질 뿐이다.

① 국제조약에 따른 변경

국제조약에 따른 영토 변경에는 영토의 할양과 병합, 재정 등이 있다. ① 할양은 양도국과 양수국의 합의에 따른 영토 일부 이전을 말한다. 할양은 보통 매매, 교환, 증여 등의 방법으로 성립한다. 할양이 국제법상 유효하게 성립하려면 할양은 (ⅰ) '국가 사이'의 합의에 따른 것이어야 하므로 국가 이외의 조직이나 사인은 할양주체가 될 수 없다. (ⅱ) 합의(조약)에 따른 이전이어야 한다는 점에서 정복과 구별된다. (ⅲ) 개별 국가의 헌법에 따라서 국민투표를 요건으로 할 수도 있다(예를 들어 1954년 헌법 제7조의2, 프랑스 제4공화국 헌법 제17조). (iv) 할양이 제3국에 불이익을 주더라도 제3국 동의를 받아야 할 법적 의무를 지지 않는다. 다만, 제3국과 불할양 조약을 체결하면 제3국 동의가 필수적이다. ② 병합은 양도국과 양수국의 합의에 따른 전체 영역 이전을 말한다. 병합이 국제법상 유효하게 성립하려면 (i) '국가 사이'의 '합의'가 있어야 한다. (ii) 전체 영역 이전이 있어야 한다는 점에서 할양과 구별된다. ③ 재정은 중재판결을 통해서 영토를 다른 나라에 넘기는 것을 뜻한다.

② 자연조건이나 사실행위에 따른 변경

자연조건이나 사실행위에 따른 영토 변경으로는 무주지 선점, 첨부와 정복, (취득)시효 등을 들 수 있다. (i) 선점은 어느 국가에도 속하지 않는 지역 획득이다. 선점은 획득이 아닌 점거인 국제법적인 전쟁 점령 그리고 오랜 시간 계속되고 반대 없이 받아들여지며 획득의사로 이루어진 점유, 즉 점거하는 동안 아직 다른 국가의 국가영역에 속하였거나 그 소유에 다툼이 있었던 지역이 문제가 되는 취득시효와 구별되어야 한다. 새로 발견된 무주지는 국제법상 선점국 영토로 인정된다. 예를 들어 공해상에 새로운 섬이 만들어질 수 있다. 화산 폭발이나 영토의 침식이나 퇴적 등 자연적 조건에 따라서 영토가 변경될 수도 있다. (ii) 영토가 자연적으로 확대되면 해당 국가의 공식적인 선점행위 없이 확장된 영토는 해당 국가에 귀속된다(첨부). 국가의 영역고권이 새로 창설된 영토까지 자동 확장되는 것으로 추정되기 때문이다. 그러나 바다를 메우는 것처럼 인위적으로 영토를 확장할 때는 매립국가가 새로 창설된 영토에 대해서 실효적 점유를 통해서 국가적 권한을 표시하여야 한다. (iii) 정복은 국가가 무력으로 다른 나라의 전체 영역을 강제적으로 취득하는 것을 말한다. (iv) (취득)시효는 다른 나라 영토 일부를 시간 경과에 따라 취득하는 것을 말한다.

국가의 영유의사(나 주권자로서 행위하려는 의사)와 실효적 지배(통제)가 요구된다는 점에서 선점과 시효는 같다. 그러나 (i) 선점 대상은 무주지이지만, 시효점유 대상은 주인 국가가 있는 영토이고, (ii) 그래서 선점보다 시효가 실효적 지배(통제)가 더 엄격하게, 특히 '오랜 기간' 요구되는데, 다만 관습법상 확립된 시효완성기간은 없으며, (iii) 시효완성에는 금반언 효과가 있는 원소유국 묵인이 필요하다. (iv) 그러나 시효는 실효적 지배, 즉 점유 개시 전의 선의일 것이 요구되지 않아서 최초 점유에 기망이나 폭력이 섞여 있었더라도 이는 시효의 진행과 성립을 방해하지 않는다.

(2) 법적 효과

① 영토를 할양하면 양도국은 할양지를 상실하고 양수국이 이를 취득한다. 할양지 주민은 양수국 국적을 취득하는 것이 원칙이지만, 조약에 특별한 규정을 두는 것이 보통이다. 일반적으로 주민에게 일정한 기한을 주어 국적을 자유로이 선택하도록 한다. 할양 이후에도 양도국은 국가로서 존속하므로 양도국의 국제법상 권리의무가 양수국으로 승계되지 않는 것이 원칙이다. 다만, 양도국이 체결한 조약 중 할양지와 불가분의 관계에 있는 속지적 조약은 원칙적으로 양수국에 승계된다. ② 국가를 병합하면 병합국은 피병합국 전체 영역을 취득하고 피병합국은 소멸한다. 피병합국 국민은 종래 국적을 상실하고 병합국 국적을 취득한다. 피병합국의 모든 권리 · 의무가 포괄적으로 이전(국내법상 상속과 같이 포괄승계)된다. ③ 무주지 선점과 같은 자연적 조건에 따라서 영토가 변경되면 국가가 해당 지역을 원시취득한다. ④ 1928년 부전조약, 국제연합헌장 등은 원칙적으로 무력 행사를 금지하므로 이에 어긋난 전쟁을 통한 정복은 단순한 사실행위에 따른 영토 변경에 지나지 않고, 강화조약 체결을 통한 할양 · 병합의 형식으로 영토 변경을 정당화할 수는 없다.

영토 변경은 그 지역 법질서에 영향을 미칠 수 있다. 이때도 바뀌는 지역의 법은 국가조직에 관한 법질서를 제외하고는 당연히 효력을 상실하는 것이 아니라 신법에 따라서 변경될 때까지 계속 시행된다. 그리고 이때도 할양지의 종래 법은 구영유국의 법으로서 시행되는 것이 아니고 신영유국의 법으로서 인계 · 시행된다. 그러나 구 국가조직법은 지배권 상실과 함께 효력을 상실하여 구 국가조직법은 당연히 그 기능을 상실하고 신영유국이 제정한 국가조직법이 시행된다.

5. 영토조항인 헌법 제3조

(1) 영토조항을 둔 의의

헌법 제3조는 대한민국 영토는 한반도와 그 부속도서라고 규정한다. 대한민국 영토를 이렇게 명시한 이유는 먼저 ① 국가의 정체성을 확인하려면 영토를 확정할 필요가 있었기 때문이다. 1945년 광복 이후 헌법 제정을 통해서 정부를 수립할 때 대한제국과 대한민국 임시정부를 계승함을 밝혀 국가의 정통성을 바로 세우고 흩어진 인민을 모아 하나의 국가를 만들기 위해서 국가의 정체성을 명확하게 밝힐 필요가 있었다. 그것은 헌법에 국가 3요소를 명시하는 것으로 나타났다. 이러한 점에서 영토조항의 우선적 목적은 국가의 정체성을 확립하는 데 있다. 다음으로 ② 영토조항은 대한민국이 평화국가라는 것을 나타낸다. 즉 헌법 제3조는 대한민국 영토를 명시함으로써 대한민국이 다른 영토에 욕심이 없음을 밝힌다. 따라서 영토조항인 헌법 제3조는 헌법 제5조 제1항과 더불어 평화국가원리의 근거조항이 된다. 끝으로 ③ 영토조항은 헌법이 남한은 물론 북한에도 미친다는 것을 명확하게 밝힌다. 따라서 북한에도 헌법을 비롯한 모든 법규범의 효력이 미친다. 그리고 북한 지역이나 북한 주민과 관련한 사건을 남한 지역에서 다루게 되면 헌법을 포함한 남한 법규범이 재판규범이 된다. 예를 들어 타인의 저작물을 복제 · 배포 · 발행할 때 필요한 요건과 저작재산권의 존속기간을 규정한 저작권법 제36조 제1항, 제41조, 제42조, 제47조 제1항의 효력은 헌법 제3조를 따라서 북한 지역에도 미친다(대법원 1990. 9. 28. 선고 89누6396 판결). 나아가 ④ 헌법 제3조는 대한민국이 대한제국과 대한민국 임시정부의 영토를 계승한다는 것을 담는다. 이는 헌법 전문의 '유구한 역사와 전통'이라는 말과 대한민국 임시정부의 법통을 계승한다고 한 점에서도 확인할 수 있다. 따라서 군사분계선(휴전선) 이남 지역은 물론 이북 지역(즉 북한 지역)도 대한민국 영토에 포함된다. 그래서 북한 지역에는 대한민국이 아닌 국가가 성립할 수 없다. 특히 대한민국이 대한제국과 대한민국 임시정부의 영토를 계승한다는 것은 대한민국이 신생국가가 아니라는 것을 뜻한다. 즉 대한제국이 대한민국 임시정부를 거쳐 대한민국까지 이어졌다는 것이 헌법 제3조에서 드러난다.

(2) 영토조항인 제3조에서 기본권 도출 여부

영토조항인 제3조는 국가에 의무를 부과한다. 즉 영토조항으로 말미암아 국가는 국가영역에 대한 외부 침입을 막아 외적 안전을 지킬 의무가 있고 다른 나라가 점령한 국가영역을 찾아야 할 의무가 있다. 다만, 헌법 제5조 제1항은 침략적 전쟁을 부인하므로 무력전쟁을 통한 영역 변경은 금지된다. 그러나 대한민국 영역을 점령하려는 침략을 무력으로 퇴치하는 것은 방어적 전쟁으로서 허용된다. 헌법 제3조가 규정한 대한민국 고유 영토를 지키려는 것은 방어적 전쟁이고, 이러한 영토가 아닌 지역을 얻으려는 전쟁은 침략적 전쟁이다. 헌법 제5조 제2항은 국군은 국가의 안전보장과 국토방위의 신성한 의무를 수행함을 사명으로 한다고 하고, 제66조 제3항이 대통령에게 영토의 보전 책무를 부여함으로써 영토에 관한 국가의 의무를 명확하게 밝힌다. 그런데 영토조항이 국가에 의무를 부과하는 객관법을 넘어서 국민에게 기본권을 부여하는 주관적 권리 규정인지가 다투어진다. 헌법재판소는 대한민국과 일본국간의 어업에 관한 협정비준 등 위헌확인사건에서 영토권을 기본권으로 볼 가능성을 인정한 바 있다(헌재 2001. 3. 21. 99헌마139등). 헌법에는 영토에 관한 주관적 권리를 인정하는 규정이 없는데다가 영토는 영역고권 대상으로서 개인에게 그에 관한 직접적인 사익을 인정할 수 없어서 영토에 관한 기본권은 성립될 수 없을 뿐 아니라 영토권이 기본권으로 인정된다면 개인에게 그에 대한 처분을 인정한다는 것인데 이는 영토의 속성상 인정할 수 없다. 따라서 영토권(이나 영역고권)은 기본권으로 볼 수 없고 국가의 권력이나 권한으로 이해하는 것이 타당하다.

(3) 헌법 제3조상 '영토'의 의미

① 헌법 제3조의 영토가 품은 뜻

영해와 영공은 영토를 기준으로 결정되므로 헌법 제3조 영토는 좁은 뜻의 영토로 이해하는 것이 타당하다. 그리고 영토를 좁은 뜻과 넓은 뜻으로 나누어 넓은 뜻에 (국가)영역의 의미를 부여하면 영토라는 용어를 사용할 때 그 뜻이 모호해질 수 있다. 따라서 영토를 넓게 이해하여 (국가)영역과 영토를 혼용하기보다는 영토를 좁은 뜻에 국한함으로써 (국가)영역과 명확하게 구별하는 것이 바람직하다.

② 영해 범위

헌법 제3조의 영토를 좁은 뜻으로 이해하면, 한국 헌법은 영해와 영공을 직접 규정하지 않는다. 법률을 살펴보면 영해 및 접속수역법을 통해서 영해가 규율될 뿐이고 영토와 영공을 규율하는 법률은 찾을 수 없다.

(i) 대한민국 영해는 기선, 즉 썰물 때 바다와 육지의 경계선인 해안의 저조선에서 측정하여 그 바깥쪽 12해리의 선까지에 이르는 수역이다. 다만, 대통령령이 정하는 바에

따라 일정수역에서는 12해리 이내에서 영해 범위를 따로 정할 수 있다('영해 및 접속수역법' 제1조). 일본 영해와 중복되는 지역 문제로 말미암아 대한해협에서 영해의 바깥쪽 한계는 12해리 이내에서 별도로 정한다(영해및접속수역법시행령 제3조 참조).

(ii) 대한민국 영해에서도 외국선박은 대한민국의 평화 · 공공질서 또는 안전보장을 해치지 아니하는 한 무해통항할 수 있다. 다만, 외국의 군함이나 비상업용 정부선박이 영해를 통항하려면 대통령령이 정하는 바에 따라 관계 당국에 미리 알려야 한다('영해 및 접속수역법' 제5조 제1항). 대한민국의 안전보장을 위해서 필요하다고 인정되면 대통령령이 정하는 바에 따라 일정수역을 정하여 외국선박의 무해통항을 일시적으로 정지시킬 수 있다('영해 및 접속수역법' 제5조 제3항).

(iii) 접속수역은 해안의 저조선에서 측정하여 그 바깥쪽 24해리의 선까지에 이르는 수역에서 영해를 제외한 수역으로 한다. 다만, 대통령령이 정하는 바에 따라 일정 수역에서는 24해리 이내에서 접속수역 범위를 따로 정할 수 있다('영해 및 접속수역법' 제3조의2). 접속수역에서는 대한민국의 영토나 영해에서 관세 · 재정 · 출입국관리 또는 보건 · 위생에 관한 대한민국의 법규를 위반하는 행위 방지와 대한민국의 영토나 영해에서 관세 · 재정 · 출입국관리 또는 보건 · 위생에 관한 대한민국의 법규를 위반한 행위 제재의 목적에 필요한 범위에서 법령이 정하는 바에 따라 그 직무권한을 행사할 수 있다('영해 및 접속수역법' 제6조의2).

(iv) 배타적 경제수역(EEZ)은 협약에 따라 '영해 및 접속수역법' 제2조에 따른 기선에서 그 바깥쪽 200해리의 선까지에 이르는 수역 중 대한민국 영해를 제외한 수역으로 한다('배타적 경제수역법' 제2조). 배타적 경제수역에서 대한민국은 ⓐ 해저의 상부 수역, 해저 및 그 하층토에 있는 생물이나 무생물 등 천연자원의 탐사 · 개발 · 보존 및 관리를 목적으로 하는 주권적 권리와 해수, 해류 및 해풍을 이용한 에너지 생산 등 경제적 개발 및 탐사를 위한 그 밖의 활동에 관한 주권적 권리, ⓑ 인공섬 · 시설 및 구조물의 설치 · 사용, 해양과학 조사, 해양환경의 보호와 보전에 관한 관할권, ⓒ 해양법에 관한 국제연합 협약에 규정된 그 밖의 권리가 있다('배타적 경제수역법' 제3조).

5장 대한민국의 정통성과 남·북한관계 그리고 국제관계

1절

대한민국의 정통성

Ⅰ. 대한제국 존속 여부와 계속성

대한제국 시기 한 · 일 사이의 조약 체결은 조약체결권자에 대한 강박으로 이루어졌으므로, 오늘날 국제법이론에 따라서는 물론이고, 조약 체결 당시의 국제법이론에 따라서도 국제법상 무효에 해당한다. 특히 국권침탈늑약은 일제가 임명한 내각총리대신 이완용과 통감 데라우치 마사타게의 합의로 은밀히 서명되어 일방적으로 강제체결되었는데, 이것은 일제가 자신과 체결한 조약으로서 국제법상 무효이다. 게다가 을사늑약과 국권침탈늑약은 주권자인 황제의 직인이 찍히지 않아 조약의 형식적 요건도 갖추지 못하였다는 점에서 조약 성립 자체가 없는 것으로 볼 수 있고, 그렇지 않더라도 최소한 주권자인 황제의 의사에 어긋나는 것으로 볼 수 있다. 1965년 한일기본관계에 관한 조약 제2조에서도 "이미 무효임을 확인한다."라는 문구를 통해서 이를 확인한 바 있다. 대한제국 당시에 한 · 일 사이에 체결된 조약들은 강제된 조약(늑약)으로서 성립 때부터 원천무효라면 대한제국은 소멸하지 않고 존속한 것이다.

Ⅱ. 대한제국과 대한민국의 관계

국가의 동일성은 국가의 구성요소가 바뀌어도 그로 말미암아 국가가 소멸하지 않고 같은 국제법주체로 인정되는 것을 말한다. 국가의 동일성 문제는 국가의 구성요소, 특히 영토와 정부형태에 중대한 변경이 생길 때 제기된다. 국가의 동일성이 인정되면 국가의 국제법상 권리와 의무는 승계된다. '국가의 권리 및 의무에 관한 협약'(몬테비데오협약) 제1조를 따르면 영구적 주민, 명확한 영역, 정부와 외교능력이 국가의 요건이다. 이들 요건 중에서 외교능력은 일반적으로 독자적인 국가요건으로 보지 않는다. 합법적인 방법으로 정부나 국내법질서가 바뀌면 국가의 동일성에 아무런 영향이 없다. 혁명이나 쿠데타처럼 비합법적인 방법으로 정부나 국내법질서, 국호, 정부형태가 바뀌어도 국민과 영토에 큰 변화가 없으면 국가의 동일성은 인정된다. 전통적으로 전쟁 상태에 있는 국가 사이에서 이루어지는 점령을 군사점령이라고 한다. 군사점령으로 한 나라가 다른 나라 영토 전부를 장악하고 통제하더라도 전쟁의 최종적인 결과가 나오지 않으면 군사점령에 따른 영토 병합은 국제법적으로 인정되지 않는다. 따라서 영토 전체가 군사점령되어도 해당 국가는 소멸하지 않고, 당연히 국가의 동일성에 군사점령은 영향을 미치지 않는다.

1910년 일제의 대한제국 강점 이후에도 대한제국은 을사늑약과 국권침탈늑약의 원천무효로 소멸하지 아니하고 존속한다. 국가성이 유지되므로 국가로서 권리능력은 여전히 인정된다. 그러나 1907년 일제가 고종을 강제퇴위시키면서 대한제국 정부는 사실상 사라진다. 물론 이러한 강제퇴위는 법적 효력이 없어서 고종은 그 후에도 여전히 대한제국의 유일한 주권자이다. 특히 순종을 내세운 일제의 괴뢰정부도 국권침탈늑약 이후 순종이 황위에서 물러나면서 대한'제국'에 더는 제도화한 정부는 존속하지 않게 되었으므로, 행위능력은 없다고 볼 수밖에 없다. 다만, 고종의 승인 아래 1914년 세워진 대한광복군정부는 망명정부에 해당하고 이를 통해서 대한제국의 행위능력은 부분적으로 회복된 것으로 볼 수 있다. 무효인 조약에 따른 점령은 불법이고, 무효인 조약에 따른 내정간섭은 위법하며, 이러한 점령과 내정간섭은 침략일 뿐이다. 특히 일제의 대한제국 점령은 법적 병합이 아니라 사실상 점령에 불과하다. 이러한 침략에 대한 무력투쟁은 정당한 방어권의 행사이다.

1919년 3·1 독립선언 이후 1919년 4월 11일 중국 상해에 대한민국 임시정부가 수립됨으로써 대한제국은 대한민국으로 국호가 바뀌고 국가형태도 공화국으로 바뀌긴 하였으나, 국가의 실체는 똑같이 유지되었다. 다만, 정부가 수립됨으로써 상실하였던 행위능력이 부분적으로나마 회복되었다. 이것은 공립협회와 신민회를 통해서 시도된 시민혁명이 3 · 1 혁명으로 성공하여 국가가 유지된 채 정부가 교체된 것이다. 그러나 대한민국 임시정부는 영토 위에 자리 잡지 못한 망명정부에 불과하여서, 매우 제한된 범위 안의 유효한 국가행위를 할 수 있었을 뿐이므로 제한된 행위능력이 있었던 것으로 보아야 한다.

1945년 8월 15일 일본 패망(대연합국 무조건 항복)이 자동으로 한국의 독립정부로 연결되지 못하고, 북위 38도선을 경계로 남쪽에 미국 군정, 북쪽에 소련 군정이 각각 성립하였다. 이러한 미 · 소군의 한국 점령은 국제법적으로 '해방된 국가의 평화적 점령'으로서 순군사적 조치에 불과한 것이었고, 미 · 영 · 중 연합국은 1944년 12월 1일의 카이로 선언과 1945년 7월 26일의 포츠담 선언에 따라서 한국의 자유독립을 성취하게 할 (최소한 정치적인) 의무가 있었다.

미국 요구에 따라 개인 자격으로 환국하였지만, 대한민국 임시정부는 중국에서는 물론 국내에 들어와서도 해체를 선언한 적이 없을 뿐 아니라 국내에서 계속 활동하였다. 대한민국 임시정부는 주석 김구의 숙소인 경교장에 모여 국무회의를 개최하면서 내무부 산하에 행정연구위원회와 정치공작대를 만들어 독립국가 건설을 준비하고 조직을 확대하면서 국내 인사들과 과도정권 수립을 추진하였다. 1945년 10월 군정장관 아치볼드 빈센트 아널드가 38선 이남에는 오직 미국 군정이 있을 뿐이고 그 외에 다른 정부가 있을 수 없다고 하면서 어떠한 정부도 인정하지 않는다고 선언한 적이 있는데도, 대한민국 임시정부는 '국자(國字)'라는 이름으로 포고문을 작성 · 게시하여 정부로서 역할을 하겠다고 공식적으로 선언하였다. 또한, 1946년 2월 1일에는 과도정권을 수립하기 위한 의회인 비상국민회의가 결성되었는데, 이는 임시의정원을 계승한 것으로 의장과 부의장은 임시의정원 의장과 부의장인 홍진과 최동오가 그대로 선출되었다. 비상국민회의는 최고정무위원회를 조직하여 과도정권을 수립하고자 하였으나, 미국 군정이 개입하여 이를 대한국민대표민주의원으로 이름을 바꿔 자문기구로 변질하였다. 또한, 1947년 1월 24일 비상국민회의는 우익진영 정당 및 사회단체와 함께 반탁독립투쟁위원회를 구성하여 반탁운동을 전개하면서 1947년 2월 17일 과도정권 수립을 위한 기구로 국민의회를 설립하였다. 국민의회는 1947년 3월 3일 결원이 된 국무위원을 보선하여 대한민국 임시정부를 확대 · 강화하는 방식으로 과도정권을 수립하였다. 하지만 미국 군정이 이를 저지하였고, 주석으로 선출된 이승만이 동조하지 않아서 수립된 과도정권을 공포하지는 못하였다. 하지만 과도정권은 활동을 전개하여 중국에 있는 주화대표단에 미국 · 영국 · 중국 · 프랑스 · 소련 5개국에 '즉시 독립을 부여할 것', '신탁통치안을 폐지할 것', '미소양군을 철수할 것' 등을 요구하라고 명령을 내렸고, 김구는 조완구, 이시영, 유림과 함께 미국 군정장관 프레더릭 브라운 소장을 찾아가 통치권을 대한민국 임시정부에 이양하도록 요구하였다.

대한민국 정부는 '대한민국'이라는 국호를 그대로 사용하였고, 제헌국회는 자신이 수립하는 정부는 대한민국 임시정부를 부활하는 것이라고 공포하였으며, 대한민국 임시정부에서 사용하던 '대한민국'이라는 연호를 그대로 사용하였고, 그 기점을 1919년이라고 밝혔다. 그리고 1948년 헌법 전문은 대한민국 임시정부를 계승 · 재건하였다는 사실을 명확하게 확인하였고, 대통령을 포함한 초대 대한민국 정부 구성원 15명 중 대통령 이승만, 부통령 이시영, 국무총리 이범석, 무임소장관 이청천 4명이 대한민국 임시정부에서 활동하였고, 국회의장 신익희도 대한민국 임시정부 내무부장이었으며, 국회라는 명칭도 1919년 4월 11일 제정된 대한민국 임시헌장 제10조에서 비롯한 것이었다. 더하여 대한민국 임시정부 내무부장 신익희가 주관하여 조직한 행정연구위원회는 유진오와 함께 헌법 기초 작업을 하여 1948년 헌법 초안을 만들었다. 이러한 점에서 1948년 8월 15일에 수립된 대한민국 정부는 대한민국 임시정부를 이은 것으로 볼 수 있다.

1948년 7월 17일 헌법이 제정 · 시행되고, 그에 따라 1948년 7월 24일 초대 대통령 이승만이 취임하여 독립정부가 구성됨으로써, 한국은 비로소 옹근(완벽한) 행위능력을 회복하였다. 1948년 8월 15일에 정식으로 정부수립선포식을 거행하였으나, 이미 1948년 7월 24일부터 정부가 구성되어 활동을 개시하였으므로 엄격히 말하여 그때부터 대한민국은 국가로서 권리능력과 더불어 행위능력이 있게 된다. 그리고 대한민국은 헌법 전문에서 '3 · 1운동으로 건립된 대한민국 임시정부의 법통을 계승'한다고 명시하고, 대한민국 임시정부는 대한제국의 상실된 행위능력의 부분적 회복이었으므로 대한제국 정부-대한민국 임시정부-대한민국 정부로 그 정통성이 승계된 것으로 볼 수 있다. 따라서 대한민국은 대한제국과 같은 실체라는 점을 인정할 수 있다. 즉 대한제국과 대한민국 사이에 동일성은 인정될 수 있다. 특히 대한민국은 대한제국의 영토를 상당 부분 회복하였고, 주민에서도 큰 차이가 없었다.

2절
남북(한)관계에 관한 헌법의 태도

Ⅰ. 정부 수립의 역사적 배경과 대한민국의 한반도 전체대표성

1. 대한민국 정부 수립의 역사적 배경

1943년 12월 1일 미 · 영 · 중 3국 대표가 카이로에서 한국 독립에 관한 내용을 포함하는 카이로 선언을 발표하였다. 1945년 7월 26일 미 · 영 · 중 3국 대표는 다시 포츠담에서 카이로 선언 이행을 촉구하고 일본 영토를 한정하는 (한반도를 일본 영토에서 배제하는) 내용의 포츠담 선언을 발표하였다. 소련의 대일전쟁 참가를 계기로 일본은 포츠담 선언에 담긴 연합국 요구를 수용하였다. 일본의 포츠담 선언 수용은 한국 독립을 인정한다는 것을 뜻하였다.

제2차 세계대전에서 일본이 패망함으로써 1945년 8월 15일 한국이 일본의 무력에서 벗어나게 되었다. 소련군이 대일전에 참가하여 한반도 북부에 이미 진입한 상태에서 일본이 예상보다 조기에 항복하였다. 따라서 미국은 소련의 한반도 단독점령을 막으려고 38도선 분할점령안을 제안하였고, 이를 소련이 수용함으로써 남북분단의 실마리가 되었다. 미군은 일본군의 무장해제를 위한 일시적 점령을 내용으로 하는 맥아더의 일반명령 제1호를 근거로 한반도에 진주하여 군정을 시행하였다. 그 후 한반도에서 국가 수립과 점령 해제를 위해서 1945년 12월 28일 모스크바에서 미 · 영 · 소 3국의 외무부 장관 회담이 열렸고, 이 회담에서 ① 한국을 일본 지배에서 해방시켜 민주주의에 따라서 독립국가로 발전시킬 것, ② 이를 달성하는 방법으로 미소공동위원회를 설치하고 임시정부 수립을 도모할 것, ③ 한국이 완전히 독립하기까지의 임시조치로 (임시정부와 협의하여) 미 · 소 · 영 · 중의 4개국 공동관리를 최장 5년 이내로 시행할 것을 결정하였다.

이른바 모스크바 3국장관회의 결정 중 한반도의 신탁통치 문제가 한국 안에서 크게 두드러져 지지(찬탁)와 반대(반탁)운동이 전개되는 가운데, 임시정부 수립에 관한 문제로 미소공동위원회가 두 번 개최되었으나 미 · 소간 이해관계 대립으로 결렬되었다. 미국은 모스크바협정 위반이라고 소련이 반대하는데도 한반도 문제를 국제연합 총회에 상정하여 1947년 11월 14일 '국제연합 감시 아래의 인구비례에 따른 남 · 북한 총선거' 결의안을 통과시켰다. 이 결의에 따라 국제연합 감시 아래 총선거를 시행하려 하였다. 그러나 (총선거 감시를 위한) 국제연합 한국임시위원단 입북을 소련 군정이 허락하지 않아서(정확하게는 북한지역 활동에 대한 안전보장을 거부하여) 북한 지역에서 선거를 시행하는 것이 사실상 불가능하게 되었다. 이에 1948년 2월 27일 국제연합 소총회는 (선거가) 가능한 지역 안에서 선거를 시행하여 정부를 수립할 것을 결정하였다. 이 결정에 따라서 미국 군정 아래의 남한에서는 1948년 5월 10일 국회의원총선거가 국제연합 한국임시위원단 감시 아래 시행되었다. 그리고 1948년 5월 31일 국회가 구성되어 1948년 7월 17일 대한민국헌법을 제정 · 시행하였다. 이 헌법에 따라서 국회에서 선출된 이승만이 1948년 7월 24일 대통령에 취임함으로써 정부가 활동을 개시하였고, 1948년 8월 15일 대한민국 정부 수립이 정식으로 선포되었다.

2. 대한민국의 한반도 전체 대표성

한편, 북한에서도 1948년 9월 9일 독자적으로 조선민주주의인민공화국이라는 분단정권이 수립되었다. 이로써 남북분단이 고착화하였다. 여기서 한반도에 국가로서 볼 수 있는 것이 대한민국뿐인지 아니면 조선민주주인민공화국도 그러한지 하는 의미에서 한국이라는 국가의 대표성 문제가 불거지게 되었다.

(1) 제3차 국제연합총회에서 채택된 결의 제195(Ⅲ)호: 국제연합은 1948년 12월 12일 "임시위원단이 감시와 협의를 할 수 있었고 한국 국민 절대다수가 거주하는 한국지

역에 대한 유효한 지배권과 관할권이 있는 합법정부(대한민국 정부)가 수립되었다는 것과 동 정부는 동 지역 선거인들 자유의사의 정당한 표현이고 임시위원단이 감시한 선거에 기초를 둔 것이라는 것과 대한민국 정부는 한국 안의 유일한 정부임을 선언하며…"라고 하여 대한민국이 당시 한반도 안에서 유일한 합법정부라고 결의를 하였고, 이 결의가 그동안 대한민국이 한국 전체에 대한 단독대표권이 있다는 주장의 유력한 근거가 되었다.

(2) 북한정권에 대한 대한민국 정부의 정통성은 1950년 한국전쟁이 발발할 때 국제연합 안전보장이사회가 채택한 일련의 결의를 통해서도 확인되었다. 안전보장이사회 결의는 북한을 '교전단체'로 보고 북한에 대해서는 '북한'이나 '북한당국'이라고 표현하면서 대한민국에 대해서는 국제연합 총회가 대한민국을 한반도의 유일합법정부로서 승인하였다는 사실에 관해서 회원국들의 주의를 환기시켰다.

이처럼 대한민국은 국제사회가 한반도의 유일합법정부로 승인하였고, 특히 국제사회는 대한제국이 체결한 다자조약과 관련하여 다수의 관행으로 대한민국이 대한제국의 동일성과 계속성이 있는 국가임을 인정하였다.

(3) 그러나 이러한 국제연합 결의들은, 1991년 9월 17일 남 · 북한이 각각 별개의 회원국으로서 국제연합에 동시 가입하여 적어도 국제연합과 맺는 관계에서 양측 모두가(특히 북한이) 국가성을 인정받는 결과가 발생하였으므로, 더는 대한민국의 한반도 안 전체대표성을 주장할 근거로서 원용하기 어렵게 되었다.

Ⅱ. 북한에 대한 헌법의 태도

1. 영토조항(헌법 제3조)에 관한 종래의 확립된 해석(판례)

영토조항에 관한 종래의 확립된 해석(판례)은 대한민국 국가권력이 군사분계선 이남 지역에만 미치는 현실에도 한반도에서 유일한 합법정부는 대한민국 정부이고, 북한지역은 이른바 반국가단체인 북한정권이 불법적으로 점령 중인 미수복지역에 불과하다는 것이다. 대법원을 따르면 "헌법 제3조의 법리상 한반도와 그 부속도서 내에서는 대한민국의 주권과 부딪치는 어떠한 국가단체도 인정할 수 없으므로 북한은 대한민국의 영토고권을 침해하는 반국가단체이다.”(대법원 1990. 9. 25. 선고 90도1451 판결)(이러한 법리를 따르면 대한민국법률은 시행될 때부터 당연히 북한지역에도 효력을 발생하는 것으로 볼 수밖에 없다)

2. 통일조항에 관한 해석

① 헌법상 통일에 관한 조항

헌법은 통일(정책)조항(제4조) 이외에도 평화적 통일(전문), 대통령의 평화통일을 위한 의무조항(제66조 제3항), 대통령의 취임선서내용인 평화통일(제69조), 대통령의 중요정책 국민투표부의권에서 중요정책의 한 내용인 통일(제72조), 민주평화통일회의의 자문 내용인 평화통일(제92조)을 규정한다.

특히 통일조항(제4조)은 (ⅰ) 국가기관에 통일을 지향하도록 의무를 부과하는 국가목표규정으로 이해할 수 있다. 국가기관은 입법, 집행, 사법의 모든 과정에서 자유민주적 기본질서에 입각한 평화적 통일을 지향하도록 기능을 행사할 것이 요청된다. 헌법은 국가기관이 단순히 통일을 지향하도록 하는 데 그치는 것이 아니라 그 (ⅱ) 통일정책의 내용은 자유민주적 기본질서를 기초로 하여야 하고 (ⅲ) 통일의 수단은 평화적이어야 한다는 것을 밝힌다.

② 통일의 개념

헌법학적 측면에서 통일은 본래 하나였던 국가가 둘 이상으로 나누어진 것을 전제로 나뉜 것을 합쳐서 다시 하나의 국가로 만드는 것을 말한다. 이러한 점에서 통일은 분단국을 전제한다. 분단국은 일정 지역의 주민이 ‘하나의 국가’로 인식하여도, 그 지역이 여러 부분으로 분리되어 별개의 정치단체가 실효적으로 지배하는 지역을 말한다. 따라서 해당 부분지역 서로 간에는 국가성을 부인하고, 통일을 당연한 사명으로 인정할 것을 전제한다. 통일은 나뉘어 있는 현재 상태가 비정상이라는 기본인식에 기초한다. 통일은 단일한 영토와 불가분의 국민을 전제로 이러한 영토와 국민을 다스리기 위한 단일한 국가권력을 창설할 것을 목표로 한다. 요컨대 통일은 별개 정치단체의 실효적 지배상태에 놓인 서로 분리된 국토를 ‘하나의 국가권력’ 지배 아래에 가져오는 것(과 그 과정)을 말한다. 따라서 최소한 지역 전체를 대표하는 공동체에 대해서 국가구성요소인 주권 · 국민 · 영토 · 정부의 일치성이 필요하다. 헌법학적 측면에서 결국 통일은 (새로운 헌법을 제정하거나 일방의 헌법을 개정하여) 하나의 헌법을 만들어 분단국가에 적용함으로써 일단 완성된다. 통일은 하나의 국가 성립으로 형식적으로 완성된다. 하지만 국민이 하나로 합쳐지지 않으면 통일은 실질적으로 완성된 것으로 볼 수 없다. 따라서 통일은 통합을 수반하여야 한다. 통합은 주체가 국가이든 분단국 안의 정치단체이든 불문하고, 복수의 주체 안에 있는 주민의 사실적인 일체화(와 그 과정)나 주권국가들이 하나의 공동체로 결합하는 것(과 그 과정)을 뜻한다.

③ 통일의 가치적 · 내용적 한계: 자유민주적 기본질서

자유민주적 기본질서는 대한민국이 지향하는 통일의 이념적 기초이자 모든 통일정책의 헌법적 한계이다. 따라서 어떠한 국가기관이라도 이러한 한계를 넘어서는 내용의 통일을 추진하는 것은 헌법에 어긋나므로 허용되지 않는다. 그래서 통일은 자유민주적 기본질서를 부인하는 전체주의에 따라서 이루어질 수 없다. 통일은 반드시 자유민주적 기본질서에 기반을 두고 이루어져야 한다(헌재 1990. 4. 2. 89헌가113). 따라서 헌법 제4조로 말미암아 통일헌법은 현행 헌법을 개정하여 만들든 새로운 헌법을 제정하든 상관없이 반드시 자유민주적 기본질서를 바탕으로 하여야 한다.

④ 통일의 방법적 한계: 평화통일

(ⅰ) 헌법 제5조 1항과 대비한 헌법 제4조 평화통일의 독자성

먼저 헌법 제4조와 제5조 제1항은 적용영역이 다르다. 즉 헌법 제4조는 남한과 북한의 관계라는 특수한 국내문제를 규율하지만, 헌법 제5조 제1항은 국제문제를 다룬다. 그리고 평화국가원리(국제평화주의)는 두 차례 세계대전에 대한 반성에 따른 각종 국제조약과 국제기구로 말미암아 국제법의 기본원칙으로 자리 잡았다. 그러나 국내문제에서 무력을 동원하여 공권력을 부정하는 행위에 대해서는 경찰과 군대를 통해서 진압하는 것이 불가피하고 통상적인 방법이다. 경찰과 군대의 강제력은 헌법의 규범력을 관철하는 기본적인 수단이기 때문이다. 그런데 경찰과 군대가 사용하는 공권력의 본질은 (정당성이 인정되는) 폭력이다. 이러한 점에서 헌법 제4조는 헌법 제3조로 말미암아 국가공권력에 저항하는 반국가단체일 수밖에 없는 북한이라는 정치적 실체를 통상적인 공권력

행사로 맞서지 말라고 명령한다. 따라서 헌법 제4조는 헌법 제5조 제1항에 대해서 독자성이 있다.

(ii) 평화통일의 구체적 내용

평화적 방식은 정규적인 군사력을 포함한 어떠한 무력수단도 사용할 수 없다는 것을 뜻한다. 따라서 평화통일은 무력이나 강압을 통한 통일을 배격한다는 뜻이 있다. 즉 평화통일은 전쟁을 통한 통일만 배제하는 것이 아니라 북한의 의사 형성에 강제력을 미치거나 미칠 수 있는 모든 형식의 제재나 조치를 통일의 수단과 방법에서 제외한다는 것을 뜻한다. 그러나 이것이 북한에 대한 비판과 문제 제기가 모두 금지된다는 것은 아니다. 필요하다면 정당한 범위에서 남한도 북한에 대해서 비판하거나 문제를 제기할 수 있다. 그리고 헌법 제5조 제1항에서 방어적 전쟁이 인정되는 것처럼 북한이 대한민국을 상대로 전쟁을 개시하거나 무력적이거나 강압적 수단을 쓰면, 남한이 이에 대응하여 반격하거나 북한의 무력적이거나 강압적 수단을 무력화하는 대응수단을 사용하는 것은 평화통일원칙에 어긋나지 않는다. 여기서 북한의 남침에 대한 방어적 무력 대응이 평화통일원칙으로 말미암아 언제나 휴전선을 지키는 것에 국한되는 것은 아니다. 북한의 무력도발 가능성이 여전히 크고 직접적이라면 그 위험성을 종국적으로 제거하려고 때에 따라서는 휴전선을 넘어 북한지역에 진군하는 것도 허용될 수 있다. 그리고 북한 붕괴에 따른 중국이나 러시아의 군사적 개입에 대응하는 무력 행사도 허용될 수 있다. 이는 헌법 제3조에 따른 영토보존행위로서 국가의 당연한 의무이기도 하다. 또한, 현재 다른 나라의 실효적 지배 아래에 있는 대한민국의 고유한 영토를 회복하려는 무력 사용도 금지된다. 물론 현재 남한과 북한의 실효적 지배 아래에 있는 고유한 영토를 지키려는 방어적 무력 사용은 허용된다. 그러나 평화통일원칙이 구체적 통일방안으로서 일방이 상대방의 체제 안에 들어가는 흡수통일을 완벽하게 배제하는 것은 아니다. 헌법 제4조가 배제하는 흡수통일은 (북한지배층 의사만 아니라) 북한주민의 의사를 무시하고 남한주민이 자기 의사를 관철하는 것에 국한된다.

3. 영토조항(헌법 제3조)과 통일조항(헌법 제4조)의 관계

(1) 판례

① 대법원

대법원은 "우리헌법이 전문과 제4조, 제5조에서 천명한 국제평화주의와 평화통일의 원칙은 자유민주적 기본질서라는 우리헌법의 대전제를 해치지 않는 것을 전제로 하는 것이므로, 아직도 북한이 막강한 군사력으로 우리와 대치하면서 우리 사회의 자유민주적 기본질서를 전복할 것을 포기하였다는 명백한 징후는 보이지 않고 있어 우리의 자유민주적 기본질서에 대한 위협이 되고 있음이 분명한 상황에서 국가의 안전을 위태롭게 하는 반국가활동을 규제함으로써 국가의 안전과 국민의 생존 및 자유를 확보함을 목적으로 하는 국가보안법이 헌법에 위배되는 법률이라고 할 수 없"(대법원 1997. 5. 16. 선고 96도2696 판결)다고 하여 제3조와 제4조가 모순된다는 전통적 견해를 따른다.

② 헌법재판소

"북한이 남 · 북한의 유엔동시가입, 소위 남북합의서의 채택 · 발효 및 남북교류협력에관한법률 등의 시행 후에도 적화통일의 목표를 버리지 않고 각종 도발을 자행하고 있으며 남 · 북한의 정치, 군사적 대결이나 긴장관계가 조금도 해소되고 있지 않음이 현실인 이상, 국가의 존립 · 안전과 국민의 생존 및 자유를 수호하기 위하여 신 · 구 국가보안법의 해석 · 적용상 북한을 반국가단체로 보고 이에 동조하는 반국가활동을 규제하는 것 자체가 헌법이 규정하는 국제평화주의나 평화통일의 원칙에 위반된다고 할 수 없다."(헌재 1997. 1. 16. 92헌바6)라고 하여 대법원과 원칙적으로 같은 견해를 취한다. 그러나 헌법재판소는 북한은 조국의 평화적 통일을 위한 대화와 협력의 동반자임과 동시에 대남적화노선을 고수하면서 우리자유민주체제의 전복을 획책하는 반국가단체라는 성격도 함께 있음이 엄연한 현실인 점에 비추어, 헌법 제4조가 천명하는 자유민주적 기본질서에 입각한 평화적 통일정책을 수립하고 이를 추진하는 한편 국가의 안전을 위태롭게 하는 반국가활동을 규제하려는 법적 장치로서, 남북교류협력에관한법률은 전자에 대처하고 국가보안법은 후자에 대처하고 있는 것이라고 하여(헌재 1993. 7. 29. 92헌바48), 헌법 제3조와 제4조의 동시규정이 남북관계의 이중성을 드러냄을 전제로 한다.

(2) 소결

헌법 제4조가 현행 헌법에 들어옴으로써 헌법 제3조는 통일 중심 조항의 지위를 잃었다. 헌법 제3조에는 통일 관련 내용이 내포된 것에 불과하여 해석을 통해서 비로소 그 내용이 도출되지만, 헌법 제4조는 통일 관련 내용을 명시적으로 직접 규정하기 때문이다. 그리고 헌법 제3조와 제4조를 충돌하는 것으로 보는 것은 헌법전에서 상반구조적 규범구조가 드물지 않고, 헌법 해석은 양자가 충돌하지 않도록 하면서 양자의 규범적 의미를 밝히는 것을 목적으로 한다는 점에서 적절하다고 보기 어렵다. 따라서 헌법 제4조 도입으로 말미암아 헌법 제3조의 의미에 변화가 있는 것으로 볼 수 있다. 이러한 점에서 헌법 제3조와 제4조가 조화를 이루면서 양자 모두 충분한 규범적 의미가 있도록 하는 것이 헌법 해석의 본질에 들어맞는다.

요컨대 헌법 제3조와 제4조는 충돌하거나 대립하는 것이 아니라 통일과 관련하여 각자 역할을 하면서 서로 보완적으로 기능한다고 이해하는 것이 합리적이다. 다만, 이때 헌법 제4조가 통일과 관련한 주된 조항으로 통일문제를 1차적으로 해결하고, 헌법 제3조는 관련되는 부분에서 통일에 관여하는 부차적인 조항으로 볼 수 있다. 물론 남 · 북한 관계가 통일을 위한 협력관계가 아니라 서로 적대적인 대립관계에 있으면 제4조보다는 제3조가 남북관계를 주로 규율한다. 이러한 점에 주목하여 헌법 제4조 신설 이후에도 여전히 헌법 제3조가 통일의 중심조항이라고 볼 수도 있다. 그러나 이러한 상황은 통일을 달성하려면 반드시 극복되어야 하는 것으로서 통일문제 중심에 있다고 보기는 어렵다.

Ⅲ. 남 · 북한 관계의 기본적인 법질서

1. 국제연합 동시 가입과 북한의 국가 승인 문제

(1) 국제법상 국가 승인의 특성

① 상대성

어떤 정치적 조직체든 국제사회의 기존 국가들이 국가로 승인하여야 비로소 국제법상 국가로 인정된다. 그런데 국제법상 국가 승인 효과는 승인하는 국가와 승인받는 국가

사이에서만 발생하여 상대적이다. 이를 국가승인의 '상대적 효력'이라고 한다.

② 가변성

가변성은 시간 변화에 따라 국가 승인의 효력이 바뀔 수 있음을 가리킨다. 예를 들어 오늘날 대한민국 견해에서 보아 북한은 국가가 아니지만 이제부터는 북한을 국가로 승인할 수도 있다.

(2) 남 · 북한 국제연합 동시 가입의 법적 해석

① 대한민국(남한)과 국제연합의 관계 및 북한과 국제연합의 관계

1948년 12월 12일 국제연합 총회는 대한민국(남한) 정부가 한반도 안의 유일한 합법정부임을 승인하는 결의를 채택하였다. 따라서 당시 국제연합은 대한민국(남한)만을 한반도 전 영역을 영토로 하는 국가로 본 것이고, 북한은 국가가 아닌 것으로 보았다. 그러나 1991년 9월 17일 대한민국(남한)과 조선민주주의인민공화국(북한)이 모두 국제연합에 가입하였고 국제연합헌장 제4조에는 국가만이 국제연합에 가입할 수 있도록 규정되어서 대한민국(남한)과 조선민주주의인민공화국(북한)은 각각 국제연합과 맺는 관계에서는 국가로 승인된 것으로 보아야 한다. 이제 더는 대한민국(남한)만이 '국제연합과 맺는 관계에서' 한반도 안의 정통성을 갖춘 유일한 합법정부라고 주장할 수는 없게 되었다.

② 남한과 북한의 관계

남 · 북한의 국제연합 동시 가입은 대한민국(남한)과 국제연합, 북한과 국제연합의 관계에서만 법적인 의미가 있을 뿐이지, 국제법상 국가 승인의 특성인 상대성을 따르면 대한민국이 북한을 국가로 승인한 것도 북한이 대한민국을 국가로 승인한 것도 아니다(헌재 1997. 1. 16. 92헌바6등). 물론 국제연합과 맺는 관계에서 북한의 국가성을 인정하여서, 국제연합은 (그리고 국제사회에서는) 한반도 안의 2국가체제를 국제법적으로는 인정할 수밖에 없게 되었다. 그러나 이러한 사실이 국내법적으로도 같게 볼 것을 논리필연적으로 요구하는 것은 아니다. 따라서 한국민 대다수가 참여하여 시행된 자유선거에 따라서 수립된 대한민국 정부는 대한제국의 현대적 실존체이고, 대한제국은 대한민국을 통해서 그 존재가 계속되며 대한제국과 대한민국은 국제법상 같은 법인격체라고 파악해 온 종

전 견해에 근본적인 수정이 반드시 요구되는 것은 아니다.

2. 남북기본합의서의 법적 성격

(1) 남북기본합의서의 의의

남북기본합의서('남북사이의 화해와 불가침 및 교류 · 협력에 관한 합의서')는 분단 반세기 만에 1991년 12월 13일 제5차 남북 고위급회담에서 채택되어 1992년 2월 19일 발효된 민족화해와 협력을 약속한 문서이다. 남 · 북한이 평화체제를 공고히 하고 통일을 대비하려고 평화공존을 위한 원칙, 남 · 북한 관계 개선, 군사적 긴장 완화, 경제교류 · 협력을 능동적 · 주체적으로 합의하였다는 데 큰 의미가 있다. 특히 남북관계를 '특수관계'로 재설정하고 현 정전상태에서 평화상태로 전환하는 규정을 두어 남 · 북한 평화공존을 위한 중요한 합의를 이끌어 냈다.

(2) 남북기본합의서의 법적 성격

헌법재판소는 남북합의서는 남북관계를 "나라와 나라 사이의 관계가 아닌 통일을 지향하는 과정에서 잠정적으로 형성되는 특수관계"(동합의서 전문 참조)임을 전제로 하여 이루어진 합의문서이고 이는 한민족공동체 내부의 특수관계를 바탕으로 한 당국 사이의 합의로서 남북당국의 성의 있는 이행을 상호 약속하는 일종의 공동성명이나 신사협정에 준하는 성격이 있음에 불과하다고 한다(헌재 1997. 1. 16. 92헌바6등).

헌법에서 규정하는 조약을 국가 사이의 합의로 국한하여야 할 근거는 찾을 수 없다. 오히려 국제관계가 국가 사이의 관계에 국한되지 않는다는 점에서 국제법에서와 마찬가지로 헌법에서도 조약을 국제법주체 사이에 권리와 의무를 창설 · 변경 · 소멸시키려고 체결된 합의문서로 보는 것이 타당하다. 즉 조약이라는 개념이 국가 사이의 합의에서 비롯하였지만, 조약을 국가 사이의 합의에 국한하여야 하는 것은 아니다. 조약을 이러한 의미로 이해하면, 북한을 반국가단체(대법원 1990. 9. 25. 선고 90도1451 판결)로 보더라도 통일과 관련하여 북한과 합의하여 법규범을 만들 필요성이 인정되면 북한을 조약을 체결할 권한이 있는 국제법주체로 보지 못할 이유는 없다. 특히 남 · 북한 사이의 관계는 국제법관계가 아니라 국제법관계와 비슷한 점이 많은 특수관계이어서 국제법상 일반적인 조약체결 주체성에 엄격하게 구속될 필요성도 없다. 따라서 북한을 (반국가단체로 보더라도) 국제법주체로 인정하고, 남한과 북한 사이의 합의를 조약으로 보는 데 법규범적 장애는 없다. 그러나 남북기본합의서에 관해서 남한은 물론 북한도 조약체결절차를 거치지 않았다. 따라서 남북기본합의서를 조약으로 보아야 한다는 당위성과 상관없이 절차적 측면에서 남북기본합의서에 조약의 효력을 인정할 수 없다. 참고로 '남북관계 발전에 관한 법률' 제21조 제3항에 따라 국회는 국가나 국민에게 중대한 재정적 부담을 지우는 남북합의서 또는 입법사항에 관한 남북합의서의 체결 · 비준에 대한 동의권이 있다.

3. 북한 주민의 국적 문제

국적법은 혈통주의를 취하면서도(제2조) '최초의 한국민'에 관한 명문 규정을 두지 않아서 국적법이 제정된 1948년 12월 20일 이전 주민을 국민화하는 선행조치를 할 근거 규정을 두지 않은 법적 흠결이 있다. 남조선과도정부가 제정한 1948년 5월 1일 국적에 관한 임시조례는 국가적 공백기간에 해당하여서 국적법 제2조의 흠결을 메울 수 없는 것이 아닌지 하는 의문이 있을 수 있다. 그러나 1910년 국권침탈늑약은 법률상 무효이므로 국가로서 대한제국은 존속하였다고 보아야 한다. 따라서 1910년 이후 1948년(대한민국 정부 수립) 이전에 출생한 사람이라도 출생 당시 부가 한국 국민이면 그도 (일본 국적이 아니라) 한국 국적을 취득한다고 보아야 할 것이다. 남조선과도정부법률 제11호 국적에 관한 임시조례 제2조 제1호는 "조선인을 부친으로 하여 출생한 자는 조선의 국적을 가진다."라고 규정하고, 1948년 헌법 제3조에서 "대한민국의 국민이 되는 요건을 법률로 정한다."라고 규정하면서 제100조에서 "현행법령은 이 헌법에 저촉되지 아니하는 한 효력을 가진다."라고 규정하므로 임시조례에 따라서 국적을 취득한 사람은 1948년 7월 17일 헌법 공포와 동시에 대한민국 국적을 취득한다고 보는 것이 타당하다(대법원 1996. 11. 12. 선고 96누1221 판결). 1997년 1월 13일 제정한 '북한이탈주민의 보호 및 정착지원에 관한 법률' 제2조 제1항에서는 '북한이탈주민'을 북한에 주소 · 직계가족 · 배우자 · 직장 등을 둔 사람으로서 북한을 벗어나고 나서 외국 국적을 취득하지 아니한 사람으로 정의함으로써 북한 주민이 대한민국 국민임을 간접적으로 표명한다.

3절

국제법질서에 관한 헌법의 태도

Ⅰ. 평화국가원리(국제평화주의)와 침략전쟁 금지

1. 국제평화주의의 전개와 법제화

평화국가는 국제법을 존중하여 국제적 차원에서 평화를 달성하려는 국가이다. 따라서 평화국가원리(국제평화주의)는 국가가 국제법을 존중함으로써 국제적 차원에서 평화를 달성하려는 원리이다. 국제질서를 확립하여 국제평화를 이루려는 노력은 세계국가의 사상적 기초를 모든 인간에게 도덕적 · 법적 규범인 '로고스(logos)'를 동등하게 부과하는 데 두었던 고대 그리스의 스토아학파에서 그 근원을 찾을 수 있다. 근대에 이르러 국제평화와 국제질서 확립을 위한 노력을 후고 그로티우스 등 국제법학자들과 임마누엘 칸트 등 사상가들이 전개하였다. 이들의 노력은 평화국가원리(국제평화주의)를 성립시키는 이론적 기초가 되었다.

평화를 국제사회에 정착시키려는 노력은 조약상 의무 이행을 강제하기 위한 수단으로서 전쟁을 금지하였던 1907년 헤이그평화회의에서도 찾아볼 수 있었다. 하지만 제1차 세계대전 이후 창설된 국제연맹이 구체적으로 평화를 실현하기 시작하였다. 제1차 세계대전 이후 체결된 국제연맹규약(1919년)에서는 국가 사이에 분쟁이 일어났을 때 일정한 조건 아래 전쟁에 호소하지 않을 것을 동의한다고 규정하여 분쟁의 평화적 해결을 의무화함으로써 간접적으로 전쟁을 금지하였고, 군비 축소 필요를 인정하였으며, 서로 간에 독립과 영토 보전을 옹호할 것을 약속하였다. 그리고 1928년에는 국제연맹의 결함을 보완하고자 전쟁 포기를 선언하고 분쟁 때 평화적 해결 이외의 방법에 따르지 않을 것을 약속하는 부전조약(不戰條約)이 체결되었다. 그러나 이러한 노력도 조약위반국에 대한 제재 미비로 실효성이 없어서 제2차 세계대전 발발을 막을 수 없었다. 제2차 세계대전 이후 창설된 국제연합은 국제연합헌장(1945년)에서 침략전쟁과 무력 행사나 무력을 통한 위협을 금지하고, 분쟁 해결 수단으로서 전쟁이나 무력에 호소하는 행위까지 금지하며, 국제연맹 실패를 교훈 삼아 헌장 위반에 대한 제재까지 마련함으로써 국제평화를 실효적으로 보장하는 방안을 마련하였다. 국제적으로 평화를 보장하려는 노력은 각국 실정헌법에도 반영되어 제2차 세계대전 이후 각국 헌법은 평화국가원리(국제평화주의)를 다양한 내용으로 수용한다.

2. 헌법 태도

현행 헌법은 전문에 "항구적인 세계평화와 인류공영에 이바지함으로써"라고 하고 제5조 제1항은 "대한민국은 국제평화의 유지에 노력하고 침략적 전쟁을 부인한다."라고 하여 평화국가원리(국제평화주의)를 구체화한다. 영토조항인 헌법 제3조도 대한민국 영토를 명시하여 대한민국이 다른 나라 영토에 욕심이 없음을 밝힌다는 점에서 평화국가원리(국제평화주의)를 표현한다.

(1) 국제평화 유지에 노력할 국가의 의무

평화국가원리(국제평화주의)가 국가목표규정으로 명시됨으로써 모든 국가기관은 평화국가원리(국제평화주의)에 어긋나는 활동을 하지 않을 의무를 진다.

(2) 침략전쟁 금지

침략전쟁은 다른 나라 영역을 아무런 합법적 근거 없이 무력으로 공격하는 것을 말한다. 헌법은 '침략'전쟁을 금지하지 '모든' 전쟁을 금지하지 아니한다. 부당한 공격에 대항하여 자신을 지킬 권리라는 의미에서 자위권은 개인이든 집단이든 누구나 자연법적으로 누리는 권리일 뿐 아니라, 국제연합헌장 제51조에서도 이를 명문으로 인정한다. 헌법 제

5조 제2항 전단도 국가의 안전보장과 국토방위를 국군의 신성한 의무로 명시함으로써 이를 확인한다. 따라서 정당방위 차원의 자위권 발동인 자위전쟁은 개별 국가 단독으로 하는 것이든 군사동맹국 사이의 공조 아래 집단적으로 이루어지는 것이든 허용된다. 적국 공격을 받고 나서 그에 대응한 방어전쟁은 당연히 허용된다. 그러나 선제공격은 적국 공격이 임박하였음이 증거를 통해서 명백한 때 등 자위전쟁 범위 안에 포섭되는 한도 안에서만 제한적으로 허용된다.

Ⅱ. 국제법존중주의

1. 국제법의 의의

헌법 제6조 제1항은 "헌법에 의하여 체결 · 공포된 조약과 일반적으로 승인된 국제법규는 국내법과 동등한 효력을 갖는다."라고 규정한다. 국제법의 효력을 어느 정도로 인정할 것인지는 국가마다 달리 정한다. 프랑스 제5공화국 헌법처럼 조약의 효력이 법률보다 상위에 있음을 규정하거나 해석으로 인정하는 나라도 있다. 그러나 미국을 비롯한 대다수 국가는 조약에 대해서 법률과 동등한 효력을 인정한다. 국제법의 법원(法源)으로는 일반적으로 ① 국제조약법, ② 국제관습법, ③ 법의 일반원칙을 들 수 있다(국제사법재판소규정 제38조 제1항).

(1) 헌법에 의하여 체결 · 공포된 조약

① 의의

조약은 국제법주체[국가 · 국제기구 · 비정부기구(NGO) 등] 사이에 권리 · 의무를 창설 · 변경 · 소멸시키려고 체결한 합의문서를 말한다(헌재 2019. 12. 27. 2016헌마253). 명시적으로 조약이라는 명칭이 붙은 것만이 아니라 협정, 협약, 약정, 규약, 헌장, 의정서, 선언, 메모 등 그 명칭과 상관없이 모든 국제법주체 사이의 문서를 통한 합의를 말한다. 헌법에 의하여 체결 · 공포된 조약은 한국이 당사자로서 헌법이 정한 절차에 따라서 성립시킨 조약을 말한다.

② 체결절차

조약 체결권은 대통령 권한에 속하고(헌법 제73조), 대통령은 조약을 체결 · 비준함에 앞서 국무회의 심의를 거쳐야 하며(헌법 제89조 제3호), 특히 헌법이 정하는 중요한 사항에 관한 조약의 체결 · 비준에는 사전에 국회 동의를 얻어야 한다(헌법 제60조 제1항). 이 때 교섭당사국에 대한 신뢰 문제 때문에 국회는 수정동의를 할 수 없다. 그 밖의 조약, 즉 국가 사이의 단순한 행정협조적 또는 기술적 사항에 관한 조약(통칭하여 행정협정이라고 한다)의 체결 · 비준에는 국회 동의를 필요로 하지 않는다.

(2) 일반적으로 승인된 국제법규

① 의의

일반적으로 승인된 국제법규는 국제법의 법원(法源) 중에서 세계의 의미 있는 다수국가가 승인한 국제법규를 말한다. 여기서 '승인된'이란 말은 대한민국 승인과 상관없이 일반적으로 승인된 때를 말한다.

② 내용

일반적으로 승인된 국제법규에는 주로 국제관습법과 문명국이 인정한 법의 일반원칙이 해당한다. 대법원은 본국에서 정치범죄를 범하고 소추를 면하려고 다른 국가로 피난해오면 이른바 정치범 불인도의 원칙에 따라 보호를 받을 수 있는데, 이를 국제법상 확립된 원칙이라고 하였고(대법원 1984. 5. 22. 선고 84도39 판결), 국제관습법을 따르면 국가의 주권적 행위는 다른 국가의 재판권에서 면제되는 것이 원칙이라고 하였다(대법원 1998. 12. 17. 선고 97다39216 전원합의체 판결).

③ 판단

일반적으로 승인된 국제법규인지 아닌지를 구체적으로 누가 확인할 것인지에 관해서 헌법은 아무런 규정도 두지 않는다. 따라서 사건이 계속된 법원이 당사자의 주장이 있을 때나 직권으로 '국제법규 존재'와 '일반적으로 승인된 것인지'를 검토하여 적용 여부를 결정할 수밖에 없고, 다툼이 있으면 최종 판단은 대법원에서 한다.

2. 국제법과 국내법의 관계

(1) 이원설

국제법과 국내법은 별개의 각기 독립된 법질서로서 제정 및 효력 근거, 규율대상 영역, 법원(法源)과 규범의 수범자가 다르다고 한다. 국제법의 타당 근거는 국가 사이의 의사 합치에 있고, 국내법의 타당 근거는 한 국가의 단독의사에 있다는 것이다.

(2) 일원설

일원설은 국내법과 국제법이 하나의 통일적인 법질서를 이룬다고 한다. 일원설을 따르면 하나의 법질서 안에서 어느 법이 우위에 서는지가 문제 되므로, 다시 국제법 우위의 일원설과 국내법 우위의 일원설로 나뉜다.

① 국제법 우위의 일원설

국제법 우위의 일원설을 따르면 국내법은 단지 국제법에서 도출되거나 위임된다고 한다. 급진적 국제법 우위론자를 따르면 국제법에 어긋나는 모든 국내법은 무효라고 하고, 온건한 국제법 우위론자를 따르면 국제법에 어긋나는 국내법은 단지 국내에서만 잠정적으로 구속력이 있을 뿐이라고 한다.

② 국내법 우위의 일원설

국내법 우위의 일원설을 따르면 국제법은 단지 국내법에서 도출되거나 위임되는 대외적 법규에 지나지 않는다고 한다. 즉 조약 체결권한이 직접 국내 헌법에서 유래한다든지, 국제법은 국내 헌법에 따라서 승인되어야 비로소 국내적으로도 효력이 있게 된다는 것을 근거로 국내법이 국제법보다 우위에 선다는 것이다.

(3) 소결

헌법 제6조 제1항을 따르면 그 제정과 효력에서 일단 두 법질서 사이의 이원성을 전제로 한 것으로 보인다. 그러나 오늘날 이원설과 일원설의 대립은 완화하는 경향에 있고 효력에 관한 다툼에서도 거의 비슷한 결론에 이른다. 즉 효력 문제는 국가기관이 국제법을 특별한 절차 없이 국내에서도 적용할 수 있는지와 개별적일 때 국제법과 국내법의 충돌을 어떻게 해결할 것인지에 관한 것이다. 그런데 오늘날 주장되는 일원설이나 이원설 모두, 국제법과 저촉하는 국내법은 국제법이 국내규정에 따라서 수용되고 국제법 위반의 국내법이 국내절차 규정에 따라서 배제될 때까지는 잠정적으로 유효하다고 하는 절충적 견해에서 일치한다. 그리고 국제법을 국내적으로 강제할 법적 방법이 아직은 없다. 따라서 일원설과 이원설의 대립은 실무상으로는 큰 의미가 없고 이론적인 성격만 있는 것으로 보인다.

3. 국제법의 국내적 적용방식(국제법의 국내법적 효력)

(1) 국제법의 국내 적용이 문제 되는 전제

국제법(예를 들어 조약)상 의무를 이행하려고 국내 입법절차가 별도로 필요한 때라면 그렇게 제정된 국내법을 적용하면 된다. 따라서 여기서 문제가 되는 국제법규는, 국내적 효력이 인정될 때 그 자체로서 권리 · 의무의 발생 · 변경 · 소멸 등 법률효과를 발생시킬 수 있다는 의미에서 자기집행력(self-executing)이 있는 것이어야 한다.

(2) 국제법의 국내 적용을 위한 입법례 유형

① 국제법의 국내 적용을 위해 별도의 국내법을 제정하는 방식

국제법규를 그 자체로서 그대로 국내에 적용하는 것을 거부하고 국내 적용을 위해서 해당 국제법과 같은 내용이 있는 별도의 국내법을 제정하는 방식이다. 그러나 이를 따르면 새로 제정된 국내법만이 효력이 있고 국제법 자체의 국내 적용은 더는 문제가 되지 않게 된다. 이러한 방식은 국제법질서에 대한 불신을 드러내는 것으로 보인다. 따라서 국제법질서에 대한 비우호적인 태도로 평가된다.

② 국제법을 국내에 도입하는 방식

국제법규의 국내 적용을 위해서 국제법 자체를 국내에 도입하는 방식이다. 대다수 국가가 이러한 방식을 택하고, 이에는 국제법을 그대로 국내에 도입하는 방식과 국제법을 국내법으로 변형시켜 도입하는 방식이 있다. 양 방식의 차이는 법규의 발효 · 효력 · 해

석 · 종료에서 국제법을 기준으로 할 것인지 또는 국내법을 기준으로 할 것인지에 있다.

③ 헌법 태도

헌법 제6조 제1항은 국제법 자체를 국내에 도입하는 방식을 취하는 것으로 보인다. 따라서 아래에서는 국제법규의 국내적 도입방식 유형을 살펴보고 나서 헌법 태도를 검토하기로 한다.

(3) 국제법을 국제법으로 국내에서 적용하는 방식

① 편입이론(수용이론)

편입이론을 따르면 국제법규범이 국내적으로 유효하기 위해서 매개하는, 국가의 (집행)행위가 요구되지 않는다. 국제법규범은 직접 국내에서 유효하고 행정기관이나 법원이 직접 적용하는데, 그렇다고 해서 국제법이 국내법으로 변형되는 것이 아니고 국제법의 성격을 잃지 않는다. 편입이론은 국제법 · 국내법 일원설과 연관된다. 이러한 편입이론은 영미법계 국가에서 채택하는데, 미국 헌법 제6조 제2항은 "미국의 헌법, 법률 및 조약은 국가의 최고법"이라고 규정한다. 미국에서 조약이 그 내용에서 국내 적용에 적당하면(자기집행력이 있으면) 별도의 절차 없이 미국 안에서 준수된다.

② 집행이론

국제법규범이 국내적으로 집행되려면 국제법을 그 자체로 국내에 적용하라는 국가기관의 집행명령이 필요하다는 이론이다. 그러나 집행명령에 따라서 국내 법적용기관에 단지 국내법질서 안에서 국제법규범을 적용할 수 있는 권한이 부여되고, 이러한 국내적 집행을 통해서 국제법규범은 국내법으로 변형되지 않고 본래의 법적 성격을 보유한다. 따라서 이 설은 편입이론과 같이 국내에서 적용되는 국제법규범의 발효, 효력, 해석, 종료 등에서 국제법을 기준으로 한다.

(4) 국제법을 국내법으로 변형하여 국내법으로서 국내에서 적용하는 방식 – 변형이론

변형이론은 국제법 · 국내법 이원설을 전제로 하는 것으로서 국제법은 그대로 (즉 국제법규의 성질을 유지한 채로) 국내에서 적용될 수 없고, 국내적으로 적용되려면 국내법으로 그 성질을 바꾸는 변형이 있어야 한다고 한다. 따라서 국내입법자는 국제법규범을 같은 내용의 국내법으로 탈바꿈시키는(성질을 바꾸는) 국내적인 특별(입법)절차를 거쳐야 한다. 이렇게 성립된 국내법은 그 효력의 근거와 범위가 본래 국제법과 다르게 된다. 국제법규범이 국제법법원에 근거를 두지만, 변형 · 성립된 국내법규범은 국내법에 그 효력의 근거가 있다. 그 결과 국내법으로 변형된 조약은 그 발효, 효력, 해석, 종료 등에서 국내법을 기준으로 판단되어야 한다.

(5) 소결 – 헌법 태도: 헌법 제6조 제1항 해석

① 헌법 제6조 제1항의 규정 내용

헌법 제6조 제1항은 "헌법에 의하여 체결 · 공포된 조약과 일반적으로 승인된 국제법규는 국내법과 같은 효력을 가진다."라고 규정하여 편입이론, 집행이론, 변형이론의 어느 쪽으로도 해석할 여지가 있다. 그러나 편입이론으로 보려면 헌법의 명문 규정이 있어야 하는데 외국 입법례(국제법규는 '미국법의 일부로서' 인정된다)에 비추어 "국내법과 같은 효력을 가진다."라는 문구는 편입을 명시한 것으로 보기에는 불충분하다. 따라서 헌법이 편입이론을 택한 것으로 보기는 어렵다. 그리고 헌법 제6조 제1항의 '국내법과 같은 효력'이라는 문구에 비추어 볼 때 그리고 헌법 제60조 제1항의 국회 동의절차만으로 독일의 동의법률과 같은 변형이 이루어진다고 보기도 불충분하다. 그러므로 헌법이 변형이론을 택한 것으로 보기도 어렵다. 결국, 집행이론에 따르는 것이 적절하다.

② 헌법에 의하여 체결 · 공포된 조약

합헌적 절차를 따라서 성립된 조약 중 헌법 제60조 제1항에 해당하는 조약은 국회 동의가 필요하다. 이때의 국회 동의는 개개 조약이 국내법적 효력이 있고 국내에서 적용될 수 있게 하는 개별적 조치이다. 그러므로 그 법적 성격을 '개별적' 집행명령으로 볼 수 있다. 국회 동의가 필요 없는 조약은 위 조약의 구체적 집행을 위한 것이면 위 조약의 개별적 집행명령의 효력 아래 있는 것으로 볼 수 있다.

③ 일반적으로 승인된 국제법규

일반적으로 승인된 국제법규는 헌법 제6조 제1항을 따라서 곧바로 국내법과 같은 효력이 있고 국내법원에서 재판규범으로 원용될 수 있다. 따라서 문제가 된 국제법규가 일반적으로 승인된 국제법규에 해당하는지가 확인되기만 하면, 별도의 개별적 조치 없이도 헌법 제6조 제1항 자체에 따라서 국내법적 효력이 있고 국내에서 적용될 수 있어서, 헌법 제6조 제1항의 법적 성격을 일반적으로 승인된 국제법규에 대한 '일반적' 집행명령으로 볼 수 있다.

4. 국제법규를 국내에 적용할 때 국내법규와 맺는 관계에서 나타나는 효력서열

국제법규를 국내에 적용할 수 있더라도, 즉 법원(法源)으로서 이를 재판에 원용할 수 있더라도, 국내법원이 이를 구체적 사건에 적용하려면 (특히 국제법규와 충돌하는 국내법규가 있을 때 그) 관련 국내법규와 맺는 (효력서열)관계를 먼저 살펴보아야 한다.

(1) 헌법에 의하여 체결 · 공포된 조약

① 조약과 헌법의 관계

(i) 헌법의 수권으로 성립한 조약이 헌법보다 우위에 있다는 것은 법이론적으로 모순된다는 점, (ii) 모든 국가기관은 헌법준수의무를 지므로 조약의 체결 · 비준 등의 과정에서 위헌적인 조약을 체결할 수 없다는 점, (iii) 헌법의 최고규범성의 관점, 특히 (iv) 헌법 부칙 제5조는 헌법입법자가 명시적으로 헌법의 조약에 대한 우위를 인정한 실정법적 근거로서 볼 수 있다는 점에 비추어 헌법우위설이 타당하다. 따라서 조약은 일단 헌법보다 하위인 점이 인정된다. 다만, 법률이나 명령과 맺는 관계에서 상 · 하위관계가 다시 문제 된다.

② 국회 동의가 필요한 조약

국회 동의가 필요한 조약은 내용이 법률로 제정되어야 할 사항이고 절차가 입법절차와 거의 같다는 점에서 그 효력도 법률과 같다. 따라서 국회 동의가 필요한 조약은 법률과 동위의 효력이 있다.

③ 국회 동의가 필요 없는 조약의 효력서열

국회 동의가 필요 없는 조약은 헌법 제6조 제1항에 따라서 국내법과 같은 효력이 있을 뿐이고, 국내법률의 제정절차와 무관하게 대통령이 체결 · 공포하여 효력이 있게 되므로, 일단 대통령령과 동위의 효력이 있다.

(2) 일반적으로 승인된 국제법규

일반적으로 승인된 국제법규는 내용상 개별적으로 그 효력의 차이가 있을 수 있으므로 획일적으로 판단할 수 없다. 일반적으로 승인된 국제법규 중에는 심지어 헌법 제정 한계로서 효력이 있는 것도 있고 헌법 개정 한계가 되는 것과 헌법률과 동위의 효력을 인정할 수 있는 국제법규도 있다. 그리고 개별적 내용에 따라 법률이나 명령과 같은 효력을 인정할 수 있는 국제법규도 있을 수 있다.

(3) 법원이 국제법규를 적용하는 구체적인 방식

① 헌법에 의하여 체결 · 공포된 조약

(ⅰ) 법원은 먼저 조약이 합헌적인 절차를 따라서 성립되었는지를 검토하여 국내법적 효력 유무를 결정하여야 한다(헌재 2019. 12. 27. 2016헌마253).

(ⅱ) 국회 동의가 필요한 조약은 법률과 같은 효력이 있으므로 이보다 하위의 국내법에 우선하여 적용되고, 국내의 다른 법률과 저촉하면 규범 충돌의 일반원칙인 신법 우선의 원칙과 특별법 우선의 원칙을 따라 적용법규를 결정하여야 한다.

(ⅲ) 국회 동의가 필요 없는 조약은 대통령령과 같은 효력이 있으므로 이보다 하위의 국내법에 우선하여 적용되고, 국내의 다른 (법규)명령과 저촉하면 규범 충돌의 일반원칙인 신법 우선의 원칙과 특별법 우선의 원칙을 따라 적용법규를 결정하여야 한다.

(ⅳ) 조약이 헌법에 위반하는 의심이 있으면 적용하기 전에 별도의 절차를 거쳐야 한다.

② 일반적으로 승인된 국제법규

(ⅰ) 법원은 재판에 원용할 ⓐ 국제법규 자체의 존재 여부와 ⓑ 그것이 일반적으로 승

인된 것인지를 검토하여 국내 적용 여부를 결정하여야 한다.

(ii) 개별적으로 그 내용을 검토하여 헌법, 법률, 명령 중 어느 것과 같은 단계의 효력이 있는지를 확정하여야 한다.

(iii) 같은 사안을 규율하는 국내법조항보다 우위의 효력을 인정할 수 있다면 국내법조항 적용을 배제하여야 하고, 동위의 효력이 있다면 규범 충돌의 일반원칙인 신법 우선의 원칙과 특별법 우선의 원칙을 따라 적용법규를 결정하여야 한다.

(iv) 이 일반적으로 승인된 국제법규가 헌법에 위반하는 의심이 있으면 적용하기 전에 별도의 절차를 거쳐야 한다.

5. 국제법규에 위헌 의심이 있을 때 사법심사

(1) 헌법에 의하여 체결 · 공포된 조약

조약의 체결, 비준 등의 외교행위 자체는 국가이익을 먼저 고려하여야 하는 고도의 정치성을 띤 정치적 문제(이른바 통치행위)로서 사법심사 대상으로 삼기에는 적절하지 않은 면이 있는 것이 사실이다. 그러나 일단 성립되어 국내법질서 안에서 적용되어야 하는 조약의 내용에 위헌 의심이 있으면 그에 관해서 사법부가 심사할 수 있는지에 관해서는 견해가 대립한다. 헌법재판소는 위헌법률심판 대상에는 형식적 의미의 법률과 같은 효력이 있는 조약이 포함된다고 판시한 바 있다(헌재 1995. 12. 28. 95헌바3). 그리고 헌법재판소는 대한민국과아메리카합중국간의상호방위조약제4조에의한시설과구역및대한민국에서의합중국군대의지위에관한협정 제2조 제1의(나)항 위헌제청사건에서 대한민국과아메리카합중국간의상호방위조약제4조에의한시설과구역및대한민국에서의합중국군대의지위에관한협정은 그 명칭이 '협정'으로 되어 있어 국회 관여 없이 체결되는 행정협정처럼 보이기도 하나 한국의 견해에서 보면 외국군대 지위에 관한 것이고, 국가에 재정적 부담을 지우는 내용과 근로자의 지위, 미군에 대한 형사재판권, 민사청구권 등 입법사항을 포함하므로, 국회 동의가 필요한 조약으로 취급되어야 한다고 하면서 이에 대해서 심판한 바 있다(헌재 1999. 4. 29. 97헌가14).

헌법은 조약에 대해서 우월적 효력이 있으므로, 조약이 헌법에 합치하는지가 의심스러우면 사법심사 대상이 된다고 보아야 한다. 다만, 위헌법률심판은 국내법질서 안에서 규범통제절차인 것이므로, 위헌으로 결정되어 국내법적 효력이 일반적으로 상실되어 더는 국내에서 적용되지 못하더라도, 국제법규로서 국제법질서 안에서 가지는 효력에 관해서는 영향을 미치지 않는다는 점을 주의하여야 한다. 즉 조약상 의무 이행 곤란으로 국가 사이의 신뢰문제를 일으킬 수 있으므로, 사법심사 때 조약의 헌법합치적 해석이나 사법자제가 요청된다.

② 국회 동의가 필요한 조약

법원은 재판에서 원용된 국제법규가 헌법에 위반된다는 의심이 있고 재판의 전제성을 갖추면 헌법재판소에 위헌법률심판을 제청하여 헌법재판소 결정에 따라 재판하여야 한다(헌법 제107조 제1항).

③ 국회 동의가 필요 없는 조약

대통령령과 같은 효력이 있는 조약은, 명령 · 규칙의 위헌 · 위법 여부가 재판의 전제가 되면 대법원이 최종적 심사권이 있으므로(헌법 제107조 제2항), 각급 법원이 판단할 수 있다. 따라서 법원은 재판에서 원용된 국제법규가 헌법에 합치하지 않는다고 판단되면 해당 사건에서 그 적용을 거부하여야 한다.

(2) 일반적으로 승인된 국제법규

① 헌법 제정이나 개정 한계에 해당하는 것

이는 헌법적 효력이 있는 규범 사이의 충돌이므로 실체법적 판단과는 상관없이 현행 헌법 아래에서는 사법심사가 어렵다.

② 법률과 동위의 효력이 있는 것

법률과 동위의 효력이 있는 국제법규라면 헌법재판소에 위헌법률심판을 제청하여 그 결정에 따라서 재판하여야 한다.

③ 명령과 동위의 효력이 있는 것

명령과 동위의 효력이 있는 국제법규라면 각급 법원이 위헌 여부를 판단하며 대법원이 최종적으로 판단한다. 위헌으로 판단하면 법원은 해당 국제법규의 해당 사건에 대한 적용을 거부하여야 한다.

Ⅲ. 외국인의 법적 지위

1. 외국인의 개념

헌법 제2조의 국적조항은 국민이 되는 요건을 국적법에 위임한다. 따라서 외국인과 대한민국 국민의 경계는 헌법 제2조가 위임한 국적법이 정한다. 국적법을 따르면 외국인은 대한민국 국민이 아닌 사람을 뜻한다(국적법 제3조 제1항). 무국적자도 대한민국 국적이 없는 사람이므로 외국인이다. 출생이나 그 밖에 국적법에 따라 대한민국 국적과 외국 국적을 함께 있는 사람으로서 ① 외국국적불행사서약을 한 사람이거나 ② 대한민국 국민으로서 외국 국적을 취득하게 된 후 6개월 안에 법무부 장관에게 대한민국 국적의 보유 의사를 신고한 사람이나 ③ 법무부 장관에게 외국국적불행사서약을 하고 대한민국 국적을 재취득하거나 외국 국적을 재취득한 후 외국국적불행사서약을 한 사람(복수국적자)은 대한민국 법령 적용에서 대한민국 국민으로만 처우한다(국적법 제11조의2 제1항). 그리고 복수국적자는 대한민국 법을 본국법으로 한다(국제사법 제3조 제1항). 그 밖에 복수국적자를 대한민국 국민으로 볼 것인지에 관해서 법령에 별도 규정을 두지 않으면 개별법의 입법취지 등에 비추어 해석하여 판단할 수밖에 없다.

외국인은 특별한 보호를 받는지를 기준으로 국가원수, 외교사절, 영사 등 특별한 보호를 받는 외국인과 일반외국인으로, 생활의 터전을 외국에 두는지를 기준으로 통과외국인과 정착외국인으로 분류할 수 있다.

2. 외국인의 일반적 지위

(1) 2중적 국가권력(체류국의 영역고권과 자국의 대인고권)에 복종할 지위

국가의 대인고권은 자기 영토 밖에 있는 자기 국적의 자연인 · 법인 등에게 효력이 미친다. 외국인은 체류국의 영역고권에 복종하여야 할 지위에 있는 동시에 자국의 대인고권에도 복종하여야 할 지위에 있다. 즉 2중적 국가권력(체류국의 영역고권과 자국의 대인고권)에 복종하여야 할 지위에 있다.

(2) 차별대우를 받지 않을 지위: 상호주의와 평등주의

외국인 보호를 위한 입법례에는 상호주의와 평등주의가 있다. 상호주의는 외국이 자국인에 대해서 인정하는 것과 같은 정도로 해당 외국인의 권리 · 의무를 인정하는 외국인 보호에 대한 입법정책을 뜻하고, 평등주의는 외국인에 대해서 내국인과 동등한 권리를 누리게 하는 입법정책을 의미한다. 다수 학설은 헌법 제6조 제2항("외국인은 국제법과 조약이 정하는 바에 의하여 그 지위가 보장된다.") 규정을 외국인의 법적 지위에 대한 상호주의를 규정한 것이라고 한다. 오늘날 외국인 보호에 관해서 국제법적으로 확립된 관례는 상호주의이므로, 헌법도 상호주의를 존중하겠다는 뜻을 분명히 밝힌 것이라고 볼 수 있다는 것이다. 물론 자국 이익 보호와 외국인의 법적 지위에 관한 국제법적 관례에 따라서 외국인 보호를 위한 입법례의 한 형태로서 상호주의를 취할 수는 있다. 그러나 상호주의는 외국인의 법적 지위를 정하는 입법을 할 때 고려될 수 있는 하나의 원칙일 뿐이고, 헌법 제6조 제2항에 따라서 강제되는 것은 아니라는 점을 유의하여야 한다.

(3) (체류)국가의 외국인보호의무

① 국제법상 (체류)국가의 외국인보호의무: 국제법상 외국인법 두 원칙의 대립

(체류)국가의 외국인보호의무에 대한 원칙에는 국가가 외국인에게 단지 상대적인 보호만을 부여하는, 즉 국내법질서가 내국인(자국민)에게 부여하는 정도의 보호만을 할 수 있을 뿐이라는 내국인취급원칙(국내적 표준주의)과 내국인이 어떻게 취급되는지와 상관없이 최소한의 인권기준에 따라 절대적 보호를 부여하는 인권최소수준보호원칙(국제적 표준주의: 일반문명국가 국민과 같은 정도)이 대립한다.

② 인권최소수준 적용 전제와 (보호하여야 할) 인권최소수준 내용

국가는 외국인 보호에 관한 입법정책에 관해서 상호주의나 평등주의 중 어떤 견해를 취하든지 간에 일단 입국과 체류를 허용한 외국인에게는 국제적인 최소한의 인권기준을

따라서 보호하여야 한다. 국가는 외국인을 자국 영토로 받아들여야 할 의무는 없지만(외국인에게는 입국과 체류의 권리가 없지만) 일단 외국인을 그의 영토 안에 받아들인 이상(인권 최소수준 적용 전제) 최소한의 문명화한 양식으로 그를 대우하여야 한다는 것이다. 외국인에 대한 처우가 이러한 최소한의 국제기준에 들어맞지 못하면 피해자의 국적국은 외교적 보호권을 행사할 수 있다. 이러한 외교적 보호권 행사의 전제로서 외국인 처우에 관한 기준으로 제시된 최소한의 국제기준으로는 다음과 같은 일곱 가지를 들 수 있다.

(i) 외국인은 누구든지 권리주체이다. (ii) 외국인은 원칙적으로 사권을 취득할 수 있다. (iii) 합법적으로 취득한 외국인의 사권은 원칙적으로 존중되어야 한다. (iv) 국내법적 사법구제절차는 외국인에게도 개방된다. (v) 체포는(신체구속은) 가벌적 행위의 진지한 의심이 있는 때만 허용된다. (vi) 체류국가는 외국인의 생명, 자유, 재산, 명예에 대한 공격에서 그를 보호할 의무가 있다. (vii) 외국인은 정치적 권리를 주장할 수 없고, 일정한 직업에 대해서도 권리를 주장할 수 없다.

3. 망명권과 망명권 부여 의무

난민(망명자)은 정치적 망명자를 지칭하며 정치적 사상 · 인종 · 종교 · 국적 등을 이유로 국적국에서 박해를 받거나 박해를 받을 현저한 우려가 있어 외국에 거주하며 국적국으로 송환되는 것을 희망하지 않고 외국 비호를 구하는 사람을 말한다. 난민법 제2조 제1호를 따르면 난민은 인종, 종교, 국적, 특정 사회집단의 구성원인 신분 또는 정치적 견해를 이유로 박해를 받을 수 있다고 인정할 충분한 근거가 있는 공포로 말미암아 국적국 보호를 받을 수 없거나 보호받기를 원하지 아니하는 외국인 또는 그러한 공포로 말미암아 대한민국에 입국하기 전에 거주한 국가로 돌아갈 수 없거나 돌아가기를 원하지 아니하는 무국적자인 외국인을 말한다. 이렇게 난민(망명자)이 외국에 대해서 국적국의 박해 등에서 도피할 수 있도록 비호받고 국적국으로 송환 당하지 않을 권리를 망명권이라고 한다.

망명권과 그에 상응하는 해당 국가의 망명권 부여 의무는 아직 관철되지 않았으므로 망명권 부여 여부는 해당 국가의 권한에 속한다. 망명권을 인정하는 헌법상 명문 규정이 없는 한국은 1992년 12월 3일 '난민의 지위에 관한 협약'(1993년 3월 3일 발효)과 '난민의 지위에 관한 의정서'(1992년 12월 3일 발효)에 가입하였고, 2012년 2월 10일 난민법(2013. 7. 1. 시행)을 제정하여 난민의 지위와 처우 등에 관한 사항을 규정한다.

4. 외국인의 입 · 출국과 체류

외국인의 입 · 출국과 체류는 출입국관리법에 따른다. 입국금지사유(제11조)에 해당하지 않는 외국인이 유효한 여권과 법무부 장관이 발급한 사증(査證, 한국 정부의 입국 허가)이 있으면 입국할 수 있다(제7조). 외국인은 체류자격별 체류기간 한도 안에서(제10조, 제17조) 체류할 수 있고, 사증기간과 별도로 법무부 장관에게 허락을 받아야 체류기간을 연장받을 수 있다(제25조). 체류외국인의 정치활동은 금지되고(제17조 제2항), 체류자격에 해당하는 활동과 함께 다른 체류자격에 해당하는 활동을 하려면 미리 법무부 장관의 허가를 받아야 한다(제20조). 외국인은 입국한 날부터 90일을 초과하여 체류하려면, 입국한 날부터 90일 이내에 체류지 관할 지방출입국 · 외국인관서의 장에게 외국인등록을 하여야 한다(제31조). 이 등록을 한 17세 이상의 외국인에게는 외국인등록증이 발급된다(제33조).

5. 외국인 추방과 외국인 인도의 문제

(1) 외국인 추방

외국인이 일단 합법적으로 입국 · 체재하기 시작하면 체류국가가 일방적으로 배제할 수 없는 일정한 법적 지위를 획득한다. 체류국가는 정당한 근거 없이 외국인 출국을 금지할 수 없고 외국인의 자발적 출국을 보장하여야 한다. 그러나 추방의 정당한 근거가 있으면 체류국가는 헌법적 · 국제법적 한계 안에서 외국인에게 일정 기간을 정하여 자유로이 출국하게 명하거나 강제처분으로 출국시킬 수 있다. 이를 추방권이나 강제퇴거권이라고 한다. 체류국가에는 외국인을 추방할 재량이 있고 외국인은 체류목적과 관계없이 추방 대상이 될 수 있다.

(2) 외국인 범죄인 인도

범죄인 인도는 체류국가 이외의 다른 국가 이익을 위해서 체류외국인을 형사소추하거나 형을 집행할 인도요청국에 외국인을 인도함으로써(추방) 하는 국가 사이의 사법공조조치이다.

체류국가의 외국인 범죄인 인도의무는 국제법상 확립되어 있지 않다. 다른 국가와 개별적으로 조약을 체결하거나 국내법을 제정하여 범죄인 인도를 규정하는 것이 보통이다. 한국도 1990년 9월 5일 호주와 범죄인인도조약을 체결한 이후 2018년 11월 14일 키르기스스탄까지 총 78개국과 범죄인인도조약을 체결하였다. 그리고 '범죄인 인도법'을 제정하여 범죄인 인도를 규율한다. 인도조약이 체결되지 아니한 때도 범죄인 인도를 청구하는 국가가 같은 종류 또는 유사한 인도범죄에 대한 대한민국의 범죄인 인도청구에 응한다는 보증이 있으면 '범죄인 인도법'이 적용된다(제4조). 대한민국과 청구국의 법률에 따라서 인도범죄가 사형, 무기징역, 무기금고, 장기 1년 이상의 징역 또는 금고에 해당하는 때만 범죄인을 인도할 수 있다(제6조). 그 밖에 절대적 · 임의적 범죄인인도거절사유를 두고 있고, 특히 정치범, 정치적 박해 대상자에 대해서는 범죄인 인도를 거절하는 규정을 둔다.

6장 헌법의 기본원리

1절

헌법의 기본원리의 의의

Ⅰ. 헌법의 기본원리의 개념

헌법의 기본원리는 ① 헌법의 이념을 실현하는 헌법적 과제를 수행하기 위한 것으로서 ② 전체 헌법질서를 형성 · 유지하는 데 기준이 될 만큼 비중이 있는 ③ 헌법의 (지도적인) 원리를 말한다. 헌법의 기본원리는 1차적으로 국가와 국가조직의 형태를 결정하는 원리를 중심으로 논의되었으므로 국가(를)구성(하는)원리라고도 부른다. 헌법의 기본원리는 헌법 제정이라는 시원적 행위를 통하지 않고는 포기할 수 없는 규범적 내용으로서 헌법이 창설하는 국가의 본질을 형성하는 내용이다.

Ⅱ. 헌법 기본원리의 규범적 의의

헌법의 기본원리는 헌법규정을 비롯한 모든 법령을 해석하고 적용하는 기준이 된다는 데 규범적 의의가 있다. 따라서 먼저 ① 법적으로 의심스러운 문제를 해결할 때 해석상 보조수단이 되고, ② 법규정의 흠결이 있을 때 그를 메울 수 있는 포괄적 구성요건이 된다. 그리고 헌법의 기본원리는 ③ 국가기관과 국민이 존중하고 준수하여야 할 최고의 가치규범으로서 ④ 입법권 행사의 범위와 한계를 확정하고 국가정책결정의 방향을 제시하는 기준이 될 뿐 아니라 헌법재판을 포함한 모든 재판의 심사기준이며, ⑤ 그 핵심 부분은 헌법 개정의 내재적 한계가 된다(헌재 1996. 4. 25. 92헌바47).

2절

헌법 전문

Ⅰ. 헌법전 일부로서 헌법 전문

헌법 전문은 헌법 본문 앞에 있는 문장이다. ① 헌법 제정의 역사적 의미와 제정연혁, ② 헌법이 지향하는 기본적 가치가 여기에 주로 기술된다. 일반 법령과 달리 공포문 이외에 헌법 본문 앞에 헌법 전문을 붙여서 공포된다. 그리고 헌법 전문은 가볍게 보기 어려운 내용을 포함한다. 이러한 점에서 헌법 전문이 헌법 본문처럼 헌법규범으로서 효력이 있는지, 효력이 있다면 그 정도는 어떠한지, 즉 법실무상 헌법 전문에서 어떠한 구체적인 법적 효력을 도출할 수 있는지가 문제 된다.

Ⅱ. 법적 효력 인정 여부

19세기 독일의 일부 공법학자와 미국 연방대법원이 취하는 효력부정설은 헌법 전문은 헌법의 유래와 목적을 선언하는 데 지나지 않아서 법적 규범력이 없다고 한다. 그러나 효력긍정설은 헌법 전문은 국민적 합의에 기초하여 결정된 헌법의 기본적인 내용을 담으므로 헌법 본문처럼 법적 규범력이 있다고 한다. 헌법재판소도 헌법 전문의 재판규범성을 인정하여 법률이 헌법 전문에 어긋나면 위헌임을 인정한다(헌재 1990. 4. 2. 89헌가113). 공포문과 달리 헌법 전문은 헌법전 일부이고 헌법의 유래와 목적을 선언하는 데 그치지 않으므로 헌법으로서 효력이 있다. 따라서 헌법재판소와 법원도 이를 재판규범으로 원용하여 재판을 하여야 한다.

Ⅲ. 법적 효력 정도

헌법 전문이 헌법규범인지와 헌법 전문에 어떠한 법적 효력이 있는지는 별개의 문제이다. 따라서 헌법 전문이 헌법 본문과 더불어 헌법전을 구성하여 헌법으로서 효력이 있고 재판규범으로 재판에 원용되더라도, 구체적으로 어떠한 수준의 어떠한 내용이 도출될 수 있는지는 다시 검토되어야 한다. 헌법 전문의 규정목적이나 내용은 주로 헌법 제정의 역사적 배경이나 헌법을 통해서 형성하려는 국가의 기본이념이나 기본성격을 밝힌다. 이러한 점에 비추어 ① 헌법 전문 내용은 헌법과 그 밖의 모든 법령의 해석기준이 되고, ② 거기서 국가목표규정 등 객관법적 내용이 도출될 수 있다. 그리고 ③ 헌법 전문의 핵심내용은 헌법 개정의 내재적 한계로 작용한다. 그러나 헌법 전문의 입법취지나 내용에 비추어 헌법 전문에서 국민 개인의 구체적인 주관적 권리를 직접 끌어내기는 어렵다 (헌재 2001. 3. 21. 99헌마139등). 다만, 헌법 전문이 헌법 본문의 다른 구체적 규정과 결합하여 구체적인 주관적 권리의 근거가 될 수는 있다.

Ⅳ. 대한민국 헌법 전문의 내용

1. 헌법개정권력의 소재

"… 우리 대한국민은 … 1948년 7월 12일에 제정되고 8차에 걸쳐 개정된 헌법을 이제 국회의 의결을 거쳐 국민투표에 의하여 개정한다."라고 함으로써 '국민'이 헌법 개정의 주체임을 밝힌다.

2. 대한민국 법통 확인

"유구한 역사와 전통에 빛나는 우리 대한국민은 3 · 1운동으로 건립된 대한민국임시정부의 법통과 불의에 항거한 4 · 19 민주이념을 계승하고, … 1948년 7월 12일에 제정되고 8차에 걸쳐 개정된 헌법을 …개정한다."라고 하여 대한민국이 대한민국 임시정부의 법통을 계승한 한반도 안 유일한 합법정부가 있는 국가로서 정통성이 있음을 밝힌다. 여기서 법통을 계승한다는 의미는 '법적 주체성의 동일화'를 뜻한다. 동 규정에 따라 대한민국 정부가 대한민국 임시정부의 법적 주체성을 계승하므로, 대한민국 임시정부의 권리와 의무를 승계하는 법적 효과가 발생한다.

3. 4 · 19 민주이념 계승

"불의에 항거한 4 · 19 민주이념을 계승하고"라는 문구는 1987년 개헌 협상 과정에서 저항권에 관한 규정을 명시하는 것 대신에 헌법 전문에 추가되었다. 당시 개정안작성자들이 동 문구를 저항권에 관한 완곡한 표현으로 추가하였다는 점을 근거로 동 문구를 저항권의 근거 규정으로 해석할 수도 있다는 견해도 있다. 하지만 개인의 주관적 권리인 저항권을 여기서 도출할 수 있다고 보기는 어렵다.

4. 조국의 민주개혁

"조국의 민주개혁 …의 사명에 입각하여"라고 함으로써 과거 독재정권에서 이루어진 비민주적인 질서를 배격하고 (참된) 민주주의를 구현하여야 한다는 과제, 즉 민주주의적 국가 구성을 국가목표의 하나로 인정한다.

5. 평화적 통일의 사명

"조국의 … 평화적 통일의 사명에 입각하여"라고 함으로써 조국의 분단된 현실을 인정하고, 민족의 과제인 통일을 평화적으로 달성할 것, 즉 평화통일원칙을 국가목표의 하나로 인정한다.

6. 정의 · 인도와 동포애로써 민족의 단결 - 국민의식

"정의 · 인도와 동포애로써 민족의 단결을 공고히 하고"라고 함으로써 민족을 중심으로 정의 · 인도와 동포애를 기반으로 한 국민의식 함양을 선언한다. 대한민국이 정의 · 인도와 동포애로써 민족이 단결하는 민족주의를 기본정신으로 한다는 것을 알 수 있다. 이는 민족 단결을 기피하고 계급적 분열을 기도하는 공산주의에 반대하여 당파심, 이기심, 특권의식, 계급적 적개심, 지방적 편견, 다른 민족 배척 등의 편향된 의식을 버리고 정의 · 인도와 동포애에 기초하는 민족국가 지향을 뜻한다.

7. 모든 사회적 폐습과 불의를 타파하며 … 능력을 최고도로 발휘하게 하며

"모든 사회적 폐습과 불의를 타파하며, 자율과 조화를 바탕으로 자유민주적 기본질서를 더욱 확고히 하여 정치 · 경제 · 사회 · 문화의 모든 영역에 있어서 각인의 기회를 균등히 하고, 능력을 최고도로 발휘하게 하며"라고 함으로써 자유와 평등을 기초로 한 민주주의를 규정한다. 대한민국의 민주적 성격을 표시함과 동시에 민주주의를 실현하는 여러 제도를 수립하기 위해서 전통이라는 이름으로 전래하였던 봉건적 · 비민주적 또는 식민지적인 모든 폐습을 타파하라고 요청하는 규정이다.

8. 자유와 권리에 따르는 책임과 의무 - 책임윤리, 공동체내재적 인간상

"자유와 권리에 따르는 책임과 의무를 완수하게 하여"라고 함으로써, 국민의 자유와 권리뿐 아니라 그와 동시에 책임윤리를 강조한다. 이로써 개인과 국가의 관계를 기준으로 헌법의 인간상을 파악하면, 헌법이 지향하는 인간상은 국가와 무관한 이기적인 인간이 아니라 국가공동체에 공동으로 책임을 지는 인간상(공동체내재적 인간상)을 채택하였음을 알 수 있다. 헌법재판소는 헌법의 인간상으로서 "자기결정권을 지닌 창의적이고 성숙한 개체", "스스로 선택한 인생관 · 사회관을 바탕으로 사회공동체 안에서 각자의 생활을 자신의 책임하에서 스스로 결정하고 형성하는 성숙한 민주시민"이라고 규정한다(헌재 1998. 5. 28. 96헌가5).

9. 안으로는 국민생활의 균등한 향상 - 민주주의 실질화, 사회국가

"안으로는 국민생활의 균등한 향상을 기하고"라고 함으로써 민주주의를 형식적으로만이 아니라 실질적으로 보장하려는 국가목표, 즉 사회국가를 실현하자는 내용을 담았다.

10. 밖으로는 항구적인 세계평화와 인류공영 - 평화국가원리(국제평화주의)

"밖으로는 항구적인 세계평화와 인류공영에 이바지함으로써"라고 함으로써 평화국가원리(국제평화주의)를 선언한다.

11. 우리들과 우리들의 자손의 안전과 자유와 행복 - 국가목적 집약

"우리들과 우리들의 자손의 안전과 자유와 행복을 영원히 확보할 것을 다짐하면서"라고 함으로써 대한민국이 실현하여야 할 국가목적을 셋으로, 즉 ① 안전, ② 자유, ③ 행복 = 복지로 집약한다.

3절

국가형태

Ⅰ. 자유민주적 기본질서

1. 헌법규정

헌법 전문("자유민주적 기본질서를 더욱 확고히 하여")과 제4조("… 자유민주적 기본질서에 입각한 평화적 통일정책을 수립하고 이를 추진한다.")에는 '자유민주적 기본질서'를 규정하고, 헌법 제8조 제4항("정당의 목적이나 활동이 민주적 기본질서에 위배될 때에는 … 해산된다.")은 '민주적 기본질서'라고 규정한다.

2. 자유민주적 기본질서의 의의

자유민주적 기본질서라는 개념은 독일 기본법상 '자유롭고 민주적인 기본질서'에서 비롯한다. 자유민주적 기본질서는 자유로운 기본질서와 민주적인 기본질서의 결합으로 이해되어야 한다. 여기서 자유로운 기본질서란 자유가 보장되는, 즉 기본적 인권이 보장되는 기본질서를 말한다. 이때의 기본질서는 헌법질서를 가리킨다. 따라서 자유민주적 기본질서란 기본적 인권이 보장되는 민주주의 헌법질서를 뜻한다. 이러한 점에서 자유민주적 기본질서는 사회민주주의가 아니라 국민의 기본적 인권을 보장하지 아니하고, 민주적 정당성도 확보되지 아니하는 전체주의(특히 파시즘과 나치즘, 인민민주주의)와 대립한다. 요컨대 기본적 인권 보장이 법치국가원리의 핵심내용인 점에 비추어 자유민주적 기본질서는 민주주의와 법치국가의 결합, 즉 법치국가적 민주주의를 가리킨다. 이러한 내용은 헌법의 핵심사항이므로, 자유민주적 기본질서를 '요약한 헌법'이라고 부를 수도 있다. 따라서 자유민주적 기본질서는 헌법개정의 한계에 해당한다.

자유민주적 기본질서를 법치국가적 민주주의로 이해하면, 법치국가의 주요 내용인 자유와 평등의 보장에서 평등은 실질적으로 이해된다. 이러한 실질적 평등으로 말미암아 헌법 해석상 '자유민주적 기본질서'의 개념에는 사회국가원리의 핵심내용도 포함된다. 이러한 점을 고려하면, 민주적 기본질서에 사회민주적 기본질서가 포함되는지를 다투는 것은 무의미할 뿐 아니라 유해하기까지 하다. 그리고 헌법 제8조 제4항의 주된 목적은 정당의 특별한 보호라는 점을 고려하면, 정당해산요건인 '민주적 기본질서'는 가능한 한 좁게 이해할 수밖에 없다. 특히 정당해산제도가 가치구속주의의 산물이라는 점에서 '민주적 기본질서'는 절대 포기할 수 없는 헌법의 핵심이어야 한다. 이러한 점에 비추어 헌법 제8조 제4항의 '민주적 기본질서'는 '자유민주적 기본질서'로 이해할 수밖에 없다.

자유민주적 기본질서는 자유민주주의와 구별하여야 한다. 자유민주주의는 다양한 민주주의의 구체적 형태 중 하나이지만, 자유민주적 기본질서는 민주주의가 기능할 수 있게 하는 기초에 해당한다. 따라서 자유민주주의나 사회민주주의와 같은 민주주의의 구체적 형태는 자유민주적 기본질서와 직접적 관련성이 없다. 자유민주적 기본질서는 자유민주주의와 사회민주주의를 비롯한 모든 민주주의 형태의 토대가 될 뿐이다. 더욱이 자유민주주의 개념에 관해서는 다양한 견해가 있고, 구체적으로 자유민주주의의 내용이 무엇인지는 명확하지 않다. 따라서 자유민주주의는 핵심적 가치가 지녀야 할 명확성을 갖추지 못하였다. 나아가 가치상대주의를 강조하는 자유민주주의가 가치절대주의에 기반한 자유민주적 기본질서와 직접적 관련성이 있다고 보는 것은 타당하지 않다. 따라서 자유민주주의가 자유민주적 기본질서에 토대를 둠은 당연하지만, 자유민주적 기본질서를 자유민주주의와 동일시하거나 자유민주적 기본질서와 자유민주주의의 직접적 관련성을 강조하는 것은 적절하지 않다.

3. 자유민주적 기본질서의 구성요소

헌법재판소는 "자유민주적 기본질서에 위해를 준다 함은 모든 폭력적 지배와 자의적 지배 즉 반국가단체의 일인독재 내지 일당독재를 배제하고 다수의사에 의한 국민의 자치, 자유·평등의 기본원칙에 의한 법치주의적 통치질서의 유지를 어렵게 만드는 것이고, 이를 보다 구체적으로 말하면 기본적 인권의 존중, 권력분립, 의회제도, 복수정당제도, 선거제도, 사유재산과 시장경제를 골간으로 한 경제질서 및 사법권의 독립 등 우리의 내부체제를 파괴·변혁시키려는 것으로 풀이할 수 있을 것이다."(헌재 1990. 4. 2. 89헌가113)라고 판시하여 자유민주적 기본질서의 적극적 내용을 독일 연방헌법재판소와는 다소 다르게 구성하였다. 특히 사유재산과 시장경제를 골간으로 한 경제질서를 포함한 점이 특이하다. 자유민주적 기본질서는 정치질서를 가리킬 뿐 아니라 경제질서는 양 극단 사이에서 다양한 형태가 있어서 그 자체로 불명확한 개념이라는 점에서 자유민주적 기본질서에 경제질서를 포함하는 것은 타당하지 않다. 헌법재판소도 헌재 2004. 5. 14. 2004헌나1 결정에서 "구체적으로, 탄핵심판절차를 통하여 궁극적으로 보장하고자 하는 헌법질서, 즉 '자유민주적 기본질서'의 본질적 내용은 법치국가원리의 기본요소인 '기본적 인권의 존중, 권력분립, 사법권의 독립'과 민주주의원리의 기본요소인 '의회제도, 복수정당제도, 선거제도' 등으로 구성되어 있다는 점에서(헌재 1990. 4. 2. 89헌가113, 판례집 2, 49, 64),"(헌재 2004. 5. 14. 2004헌나1)라고 하여 자유민주적 기본질서를 법치국가원리의 기본요소와 민주주의원리의 기본요소로 나누어 이전 선례에서 언급한 요소들을 모두 그대로 반복하면서도, 두 기본요소 어디에도 포함하기 곤란한 '사유재산과 시장경제질서를 골간으로 하는 경제질서'만 빼버렸다. 헌재 2014. 12. 19. 2013헌다1 결정에서는 "입헌적 민주주의의 원리, 민주 사회에 있어서의 정당의 기능, 정당해산심판제도의 의의 등을 종합해 볼 때, 우리 헌법 제8조 제4항이 의미하는 민주적 기본질서는, 개인의 자율적 이성을 신뢰하고 모든 정치적 견해들이 각각 상대적 진리성과 합리성을 지닌다고 전제하는 다원적 세계관에 입각한 것으로서, 모든 폭력적·자의적 지배를 배제하고, 다수를 존중하면서도 소수를 배려하는 민주적 의사결정과 자유·평등을 기본원리로 하여 구성되고 운영되는 정치적 질서를 말하며, 구체적으로는 국민주권의 원리, 기본적 인권의 존중, 권력분립제도, 복수정당제도 등이 현행 헌법상 주요한 요소라고 볼 수 있다."라고 하여

(헌재 2014. 12. 19. 2013헌다1) 국민주권의 원리를 추가하면서 '사유재산과 시장경제질서를 골간으로 하는 경제질서'뿐 아니라 의회제도와 선거제도까지 제외하였다.

민주(국가)원리(민주주의)에서 나오는 국민주권, 다원주의와 그것을 집단적 측면에서 반영하는 복수정당제, 헌법상 야당을 결성하고 활동할 권리를 포함하는 정당에 대한 기회균등과 법치국가원리에서 도출되는 기본적 인권의 존중과 권력분립 그리고 국가권력의 법기속성을 자유민주적 기본질서의 구성요소로 볼 수 있다. 그러나 이러한 요소들의 내용이 모두 자유민주적 기본질서의 내용을 구성한다고 볼 수는 없다. 즉 이러한 요소들도 핵심영역이 보장되어 본질이 훼손되지 않으면, 그 구체적 내용이 달라져도 자유민주적 기본질서에 어긋난다고 볼 수 없다. 예를 들어 기본적 인권 보장 자체를 부정할 수는 없으나 기본적 인권 목록을 조정하는 것은 가능하고, 권력분립만 이루어진다면 3권분립이든 4권분립이든 5권분립이든 그 실현방식에 구애되지 않는다. 그리고 자유민주적 기본질서 위배 여부는 구성요소별로 단편적으로 심사되어서는 아니 되고, 종합적으로 검토되어 판단되어야 한다. 자유민주적 기본질서의 개별요소 하나의 탈락만으로 자유민주적 기본질서가 바로 무너진다고 볼 수는 없기 때문이다.

Ⅱ. 공화국원리

1. 공화국의 개념

공화국은 고대 로마 공화정에서 시작되어 발전한 역사가 오랜 개념이다. 공화국은 라틴어 res publica에서 비롯한다. res publica는 '공공의 것'이나 '공공의 재산'을 뜻한다. 따라서 공화국은 국가를 공적인 것으로 여긴다. 즉 공화국은 국가를 사적인 것으로 보지 않는다. 따라서 공화국은 국가를 사적으로 소유하거나 운영하는 것을 반대한다. 이러한 점에서 어떤 나라를 공화국이라고 부르면 그 나라가 한 명이나 소수의 권력자에게 속하는 것이 아니라 모든 구성원에게 속한다는 것을 가리킨다. 황제나 군주라는 한 명의 주권자가 어떤 나라를 소유하면 그 나라는 공화국이 아닌 군주국이다. 그리고 공화국에 따라서 국가가 공공의 것, 즉 구성원 모두의 것이라면 국가 활동은 구성원 모두의 이익, 즉 공동의 이익을 위한 것이어야 한다. 또한, 국가의 권력은 누구의 것이 아니라 모두의 것이므로 공동으로 행사되어야 한다. 따라서 공화국은 공동의 이익을 위해서 공동으로 운영되는 국가이다.

공화국은 공동의 이익을 위해서 공동으로 운영되는 국가이고, 어떠한 대내 · 외적 지배가 없는 국가이며, 모든 구성원이 주권자로서 주인인 나라이다. 즉 공화국은 대내 · 외적 지배 없이 주권자인 모든 구성원이 공동의 이익을 위해서 공동으로 운영하는 국가를 말한다. 부산지방법원은 공화국을 구성원이 함께 어울려 살아가는 정치공동체, 즉 구성원 중 누구도 특정인의 자의적 의지에 예속되지 않고 공공선에 기반을 둔 법에 따라 구성원의 행동과 삶이 규율되는 정치공동체라고 한다(부산지법 2017. 1. 20. 선고 2016고단3264 판결).

2. 공화국규정 해석

(1) 역사적 배경

구한말까지 전제군주제적 국가형태에서 벗어나지 못하였던 한국은 1910년 일제 강점 이후 독립운동가들이 중심이 되어 설립한 대한민국 임시정부에서 1919년 4월 11일 제정한 대한민국 임시헌장 제1조 "대한민국은 민주공화제로 함"에서 처음으로 오랜 군주제 전통과 결별하고 적극적으로 공화제적 국가형태로 결단하였다. 실제로 한국에서 공화제적 국가형태의 입헌국가가 성립한 것은 자신의 영토와 국민 그리고 국가권력을 회복한 후인 1948년 헌법을 제정하면서이다. 1948년 헌법 제1조에 "대한민국은 민주공화국이다."라고 규정함으로써 대한민국의 국가형태는 공화제로 결정되었다.

(2) 헌법 제1조 제1항에 관한 기존 해석

헌법 제1조 제1항의 민주공화국이 대한민국의 국가형태를 지칭하는 것임에는 이론(異論)이 없다. 그러나 '민주'와 '공화국'이 국가형태의 분류기준과 관련하여 어떤 의미가 있는지에 관해서는 ① 헌법 제1조 제1항의 민주공화국이라는 규정에서 민주는 정체를, 공화국은 국체를 뜻하고, 제1조 제2항의 국민주권에 관한 규정은 제1항을 부연한 것이라는 설, ② 헌법 제1조 제1항의 민주공화국이라는 규정에서 민주는 민주정체를, 공화국은 공화정체를 뜻하므로, 제1조 제1항은 오로지 정체에 관한 규정이고 제1조 제2항의 국민주권에 관한 규정이 국체를 규정한 것이라는 설, ③ 국체와 정체의 구별을 부인하면서 헌법 제1조 제1항에서 민주공화국은 국가형태를 공화국으로 규정한 것이고, 민주라는 말은 공화국의 정치적 내용을 민주주의적으로 형성하라고 요구하는 공화국의 내용에 관한 규정이라는 설이 있다. 부산지방법원은 민주국을 주권자인 국민이 동의한 법에 따라 국민의 행동과 삶이 규율되는 정치공동체이고, 공화국은 구성원이 함께 어울려 살아가는 정치공동체라고 하면서, 이 세상에서 가장 민주적인 절차에 따른 법일지라도 사회의 한 부분에게 다른 부분의 의사를 강요하고 의사를 강요당한 구성원의 자율성을 박탈하는 자의적인 법이 될 수 있어서 대한민국 헌법 제1조 제1항은 대한민국이 지향하는 공동체가 민주국임과 동시에 공화국이어야 함을 규정한다고 한다(부산지법 2017. 1. 20. 선고 2016고단3264 판결).

①과 ②의 견해는 국체와 정체를 구별하는 것을 전제로 하는데, 보통 국체는 주권자가 누구인지에 따른 국가형태 분류이고, 정체는 주권을 어떻게 행사하는지에 따른 분류를 말한다. 그러나 오늘날의 실제는 주권은 국민에게 있으면서 군주제도가 있는 영국, 네덜란드, 일본 등을 공화국이라고 하지 않고 군주국[이나 왕관을 쓴 공화국(Crowned Republic)]이라고 부른다. 그리고 권력 행사가 민주적인지 독재적인지의 문제는 권력의 사실적 행사에 관한 평가를 통해서 분류할 문제이지 권력을 행사하는 방법에 관한 규정으로 분류하기는 어렵다. 더욱이 국민주권 확립으로 말미암아 국체와 정체의 구별이 더는 실익이 없게 되었다. 따라서 국체 · 정체구별론은 따를 수 없다. ③의 견해도 공화국만을 국가형태규정으로 본다는 점에서 국가형태에 관한 군주국 · 공화국 2분론을 고수한 것으로 현대적인 문제 중심 변동에 부응하지 못하는 해석으로 수용할 수 없다.

(3) 헌법 제1조 제1항의 실질적 의미

공화국의 기본적 의미는 군주제 부정이다. 이것은 먼저 군주제도 자체를 부정한다. 공화국은 일단 군주제가 없는 국가를 뜻하므로, 의례적 권한만 있더라도 군주가 있는 입헌군주국은 공화국이 아니다. 부정되는 군주는 세습된 군주뿐 아니라 선출된 군주도 포함한다. 군주국에서 정부형태는 의원내각제일 수밖에 없다. 따라서 군주제 배척은 의원내각제가 아닌 정부형태, 예를 들어 대통령제나 이원정부제, 의회정부제 등을 선택할 가능성을 제공한다. 군주제도는 전제적 권력이 있는 군주가 위에서 일방적으로 지배하는 제도를 가리킨다. 이것은 왕권신수설처럼 지배의 정당성을 초월적이거나 선험적이거나 형이상적인 근거에서 찾는다. 그러나 공화국에서는 오로지 인민 혹은 국민만이 지배를 정당화한다.

하지만 공화국은 군주제 부정을 넘어 군주 지배 배척, 즉 군주제 지배 속성이 있는 지배 배척을 뜻한다. 따라서 공화국은 형식적 군주는 물론 실질적 군주도 부정한다. 즉 공화국은 군주가 아니라 군주적 지배 부정이다. 군주적 지배는 위에서 아래로 일방적으로 지배하는 구조라는 특색이 있다. 아래에서가 아니라, 즉 국민에 의해서가 아니라 어떤 초월적인 · 선험적인 · 형이상학적인 근거에서 정당성을 획득함으로써 이러한 지배구조가 가능하게 된다. 세습왕조의 혈통, 신의 은총, 이념 등이 스스로 절대성이 있는 근거이다. 오늘날 공화국은 세속적 · 경험적 차원의 정당화(인민 혹은 국민 선출)로만 지배가 가능한 국가이다. 따라서 공화국은 종교적 · 이념적 차원에서 이미 고차원적 권한이 있고, 이러한 고유한 권한을 통해서 자신의 지배권력을 정당화하는 모든 정치체제를 반대한다. 이러한 의미에서 전제정의 반대명제인 공화국이 독재, 전체주의, 인민공화국의 반대명제로 확대된다. 그리고 공화국원리는 국가 안에서 나타나는 군주나 군주유사적 존재를 부정하는 것을 넘어 국가 밖에서 영향을 미치는 군주나 군주유사적 존재도 부정한다. 즉 외국이나 국제기구를 비롯한 국제법주체 지배도 공화국은 허용하지 않는다. 이는 공화국이 처음 소개된 구한말에 외세 배격이 일반적인 국민의 요구였다는 점, 3 · 1 혁명을 비롯한 대일항쟁기(이른바 일본강점기) 독립전쟁 목표가 일제 강점체제를 무너뜨리는 것이었다는 점, 8 · 15 광복 이후 불길처럼 타올랐던 신탁통치 반대 등에서 헌법사적으로 확인된다. 그러나 헌법 제60조 제1항에서 국회 동의가 필요한 조약 중에 '주권의 제약에 관한 조약'이 있다는 점에서 국제법주체가 한국의 주권을 제약할 가능성은 헌법적으로 인정된다. 다만, 이는 공화국규정에 비추어 헌법적으로 정당성을 인정받을 수 있는 불가피한 근거가 있을 때 국민 동의를 전제로 최소한의 범위 안에서만 허용된다. 나아가 2004년 새로이 선출된 대통령을 임기 만료 직전의 국회에서 탄핵소추하고, 이러한 소추에 대해서 헌법재판소가 파면 여부의 최종 결정을 담당하게 되자, 자기 손으로 선출한 대통령을 지키겠다고 국민이 촛불을 들고 거리에 나오는 일이 벌어졌다. 그리고 2008년 4월 대통령이 미국산 쇠고기의 전면수입개방을 결정하자 다시 촛불을 들고 거리로 나오는 일이 벌어졌다. 또한, 2016년 9월 박근혜 대통령의 비선 실세인 최순실이 국정에 개입하였다는 의혹으로 불거진 이른바 박근혜 · 최순실 게이트를 계기로 시작된, 박근혜 대통령의 퇴진을 요구하는 촛불집회는 결국 2017년 3월 10일 헌법재판소의 박근혜 대통령 탄핵결정으로 마무리되었다(촛불혁명). 이는 국민이 민주주의의 '형식'만이 아니라 국민이 주권자임을 실질적으로 존중하라고 요구하면서 국가의사 결정 과정에 직접 참여하려는 것으로 볼 수 있다. 즉 국가의사 결정을 자기 책임으로 인식하고 자기 참여와 토론을 통해서 관철하고자 하는 의지와 요구가 있는 국민이 목격된다. 이는 갑자기 나타난 것이 아니라 1898년에 세 차례에 걸친 만민공동회부터 대일항쟁기(이른바 일본강점기)의 1919년 3 · 1 혁명, 1926년 6 · 10 만세운동, 1929년 광주학생운동을 거쳐 8 · 15 광복 이후 1945년 신탁통치반대운동, 1960년 4 · 19 혁명, 1979년 부마민주항쟁, 1980년 5 · 18 광주민주화운동, 1987년 6월 시민항쟁, 2000년 총선시민연대의 낙천낙선운동, 2002년 미선과 효순 두 여중생을 추모하는 촛불집회, 2004년 노무현 대통령 탄핵 반대 촛불집회, 2008년 미국산 소고기 수입 반대 촛불집회, 2016년 박근혜 대통령의 탄핵결정을 끌어낸 촛불혁명까지 국민이 보호되지 않거나 국민의 의사가 무시되면 국민 스스로 자기 의사를 표현하고 관철하려고 하였던 전통의 연장선에 있다. 이러한 점에서 공화국은 단순히 국가의사를 결정하는 대표자를 선출하는 것을 넘어 대표자를 통제하고 국가의사 결정 과정에 직접 참여하는 것까지 포함하는 내용으로 발전하였거나 적어도 발전하는 중이라고 보아야 한다. 이러한 참여의 극단에는 시민불복종은 물론 저항권도 있다.

3. 공화국원리의 의의

헌법은 제1조 제1항은 공화국원리를 국가구성원리로 하는 결단을 내렸다. 따라서 민주공화국은 대한민국의 국가적 성격을 규정함으로써 (국가형태를 단순한 형식이 아니라 실질적 기준으로 이해하면) 국가형태를 결단한 것이다. 국민이 헌법 제1조를 반복하여 외치는 것은 먼저 대한민국이 아직 민주공화국이 아니라는 것이다. 다음으로 대한민국이 민주공화국이어야 하고, 그것을 국민 스스로 달성하겠다는 것이다. 끝으로 대한민국이 민주공화국이라는 것이 헌법의 핵심이고 기본원리라는 것이다.

공화국은 구성원 모두가 소유하는 국가이다. 그래서 공화국 활동은 구성원 모두의 이익, 즉 공공의 이익을 위한 것이어야 한다. 공공의 이익을 달성하려면 특정 개인이나 집단, 계급이 아니라 구성원 모두가 공동으로 국가의사를 결정하고 실현하여야 한다. 이를 위해서는 구성원이 서로 지배하지도 지배받지도 않으면서 동등한 지위에 있어야 한다. 이러한 점에서 헌법원리로서 공화국원리는 국가 구성원인 국민이 공동으로 공공의 이익을 추구함으로써 어떠한 지배도 하거나 받지 않도록 하라는 것이다. 여기서 공공의 이익은 다수의 이익이 아니라 국민 모두의 이익이다. 공공의 이익을 추구한다는 것이 개인의 이익을 무시하라거나 무시할 수 있다는 것이 아니다. 좋은 공동체를 만드는 것이 개인의 이익을 누리는 데 '도구적 의미'에서 절실하다는 것이다. 그리고 공화국원리는 결과보다는 과정과 그 조건에 초점을 맞춘다. 공화국원리는 특정한 국가를 가리키는 것이 아니라 특정한 국가를 만들기 위한 조건이다. 이러한 점에 비추어 공화국원리는 어떠한 지배도 받지 않는 국민이 공공의 이익을 공동으로 추구하기 위한 기본조건이다. 헌법재판소는 공화주의 이념은 특정인이나 특정세력에 의한 전제적 지배를 배제하고 공동체 전체의 동등한 구성원의 통치를 이상으로 한다고 하면서, 공민으로서 시민의 지위를 강조하고 이들에 의해서 자율적으로 이루어지는 공적 의사결정을 중시하고 시민의 정치적 동등성, 국민주권, 정치적 참여 등의 관념을 내포한다고 한다(헌재 2014. 12. 19. 2013헌다1).

국가형태는 과거에 군주국인지 공화국인지와 관련한 국가의 외형적인 형태를 가리켰다. 그러나 오늘날에 국가형태는 국가의 기본적인 성격이나 질서를 지칭한다. 따라서 민주국가(민주주의), 법치국가, 사회국가, 문화국가 등을 고려하여 국가형태의 의미를 파악하여야 한다. 예를 들어 민주(국가)원리(민주주의)를 해치지 않으면서 상징적 존재로서 군주제를 도입하는 것은 고전적 의미의 국가형태 변경일 뿐이고, 국가의 본질에 변화가 없으므로 헌법 개정 한계인 국가형태 변경이라고 할 수는 없다. 그러나 ① 대한민국 국민이 공화제를 채택하여 70년이 넘도록(1919년 대한민국 임시정부에서 공화국을 채택한 이래로는 100년이 넘도록) 특별한 이의 제기가 없었고, ② 촛불혁명에서 명확하게 드러났듯이 국민 스스로 공화국을 헌법에서 제일 중요한 내용으로 이해할 뿐 아니라 ③ 공화국원리를 1954년 헌법에서 실정헌법적 개정한계로 규정한 적도 있었다. 따라서 이제 공화국원리는 국민의 기본적 합의사항으로서 헌법의 동일성을 결정하는 핵심적 사항이 되었다. 그러므로 이를 헌법 개정의 한계사항으로 보아야 하고, 헌법개정절차에 따르더라도 (입헌)군주제로 이행하는 것은 허용되지 아니한다.

4. 공화국원리의 내용

(1) 지배 배제

공화국원리는 모든 대내 · 외적 지배를 부정한다. 공화국원리는 모든 국민이 지배받지 않는 것은 물론 지배하는 것도 인정하지 않는다. 하지만 주관적 지배, 즉 자의적 지배만이 부정될 뿐이고, 객관적 지배, 즉 법을 통한 지배인 법치는 허용된다. 지배받지도 지배하지도 못하는 사람들은 서로 평등하다. 따라서 공화국원리는 실질적 평등을 중시한다. 평등한 사람들이 주권자인 공화국은 국민주권원칙에 기초한다.

(2) 비지배적 자유

공화국원리는 인간의 자유를 정치공동체 속에서 이루어지는 자기실현으로 파악하고, 그것을 정치공동체에 대한 자율적이고 적극적인 참여와 동일시한다. 연대성을 중시하는 공화국의 핵심은 공화국 구성원 사이의 자격 대등성에 있다. 이것은 누군가가 시혜적으로 주는 자유나 누군가를 지배하는 자유가 아닌 진정한 자유로서 '지배자가 없는 자유'를 보장한다. 모든 형태의 지배를 부정하는 공화국에서는 자유도 비지배에 이바지하여야 하기 때문이다. 주종적 지배(예속) 부재를 가리키는 비지배적 자유는 공동체 속의 자유이고, 관계 속에서 누리는 자유이며, 다른 사람과 관계를 맺지만 구속되지 않을 자유이다.

(3) 공공복리

개념적 측면에서 공화국의 본질은 공공복리 추구이다. 국가가 국민의 것이라서 국가가 국민을 위해서 존재한다는 공화국에서는 누군가의 이익이 아니라 모두의 이익을 추구할 수밖에 없다. 공공복리에서 '공공'은 모든 국민과 두루 관련이 있거나 모든 국민에게 영향을 미치는 성질을 뜻한다. '복리'는 서로서로 배려하는 가운데 구성원 모두의 최소한의 행복과 이익을 보장하여 행복과 이익을 공유함을 가리킨다. 따라서 복리는 단순한 사적 이익의 총합이 아니다. 그리고 공공복리에서 공익은 다수의 이익이 아니라 정당한 이익이다.

(4) 시민적 덕성

공화국에서 정치의 목적은 덕성을 보존하고 타락을 방지하는 것이다. 하지만 공화국은 국민이 현재 선호하는 것이 무엇인지를 고려하지 않고, 그것을 충족하려고도 않는다. 이러한 점에서 공화국원리는 국민의 이익이 아니라 국민의 정체성에 주목한다. 그리고 국가는 시민적 덕성을 함양할 수 있을 뿐이지 국민에게 시민적 덕성을 강요할 수 없다. 시민적 덕성은 시민이 정치공동체에 자율적이고 적극적으로 참여할 수 있게 하는 조건으로서 비지배적 자유와 공공복리를 판단하고 그 실현에 책임이 있는 자율적 주체로서 갖추어야 할 최소한의 지적 · 윤리적 토대를 말한다.

(5) 공직에 맞는 품격

공공복리의 추상성 · 가변성으로 말미암아 공무를 직접 수행하는 '공직자'라는 매개체가 필요하다. 비지배적 조건이 달성되려면 국가권력은 인격화하여서는 아니 되고, 공공복리 달성을 위해서 제도화하여 행사되어야 한다. 따라서 공직자의 인격에 따른 권력 행사는 허용되지 않고 공공복리를 지향하도록 제정된 법에 따른 공직 수행만이 정당성을 인정받는다. 그래서 공직자는 자의적 권한 행사가 아니라 공공복리 구체화를 위해서 구조화한 '합의된 법에 따른 권한 행사'만 할 수 있다. 이에 따라 권한을 부여받은 공직자는 공직에 맞는 품격[공직에토스(Ethos)]을 갖추도록 요구받는다. 공무를 수행하는 공직자에게 헌신 자세를 요구하는 것이 공직에 맞는 품격이고, 역으로 주권자인 국민 모두에게 적용되는 것이 시민적 덕성이다. 공직에 맞는 품격은 공공복리를 추구하기 위해서 공직기능 수행 이외에 요구되는 공직자 특유의 공동체에 대한 헌신이다.

4절

민주(국가)원리(민주주의)

Ⅰ. 민주(국가)원리(민주주의)의 개념

민주(국가)원리(민주주의)는 국가질서를 형성하고 유지하는 데 중추적 역할을 하는 헌법원리이며 국민의 자기지배를 이상으로 한다. 민주(국가)원리(민주주의)는 국민의 지배를 뜻한다. 이는 국민이 국가권력 보유자임을 가리킨다. 여기서 권력의 핵심은 자원 배분에 관한 통제력이다. 국민이 자원 배분을 결정하지 못하면 국민 대다수의 생존과 안전을 위협받기 때문이다. 인간은 스스로 결정하고 그 결정에 따라서 행동할 때 비로소 자유로우므로 (국가)공동체생활에서도 자기지배 이상을 관철할 필요가 있다. 다만, 현대국가에서 국민 개개인이 스스로 국가권력을 담당하고 행사할 수는 없다. 따라서 자기지배의 이상은 선거를 통해서 국가권력을 담당하고 행사할 대표(기관)를 정당화하는 데 초점이 모인다. 그러나 루소의 지적처럼 선거기간에만 국민이 자유로울 수 있는 것이 대의제 민주주의의 숙명이라면, 이는 '국민의 자기지배'를 이상으로 하는 민주(국가)원리(민주주의)에서는 받아들일 수 없다. 물론 국민의 자기지배라는 이상이 국민의 직접 지배로 실현되지 못하고, 지배를 담당하는 대의기관을 국민이 정당화하는 체제가 오늘날의 (대의제) 민주주의 현실임을 부인할 수 없다. 하지만 이러한 정당화절차인 선거를 일정 시점의 1회적인 행위로만 보아 선거가 속해있는 국민의 전체적 정치 참여 과정의 맥락을 도외시한다거나 선거로 표출된 국민의사의 영향력을 대표자 선출에만 국한하여 너무 좁게 이해하여서도 안 된다. 오히려 선거를 국정 운영에 관한 국민 참여의 하나로 파악하여 국민주권 실현을 위한 국민참정권

행사의 전체 과정의 맥락에서 그 의미를 이해할 것이 요청된다. 이렇게 보면 민주(국가)원리(민주주의)는 국민이 정당화하는 기관을 통해서 국가의 지배가 제도적으로 조직화하여 행사되고, 모든 국민이 평등에 기초하여 대부분 다수결로 내려지는 결정에 참여하는 국가형태이다. 간단히 민주(국가)원리(민주주의)는 국민의 자기지배를 구현하는 국가의사 결정체계라고 정의할 수 있다.

Ⅱ. 한국 헌법상 민주주의 유형

1. 고전적 · 서구민주주의

한국 헌법상 민주주의는 (국민의사의) 다원성과 자유주의에 기초한 고전적인 서구민주주의 계보에 속한다. 국민주권을 기초로 하고 대의제를 이상으로 하는 서구식 자유민주주의와 달리 이른바 동구식 인민민주주의는 인민주권론을 따라서 주권자가 직접 주권을 행사하는 것을 이상으로 하여 대표(평의원)가 '인민의 의사'에 따를 것을 요청하였다(이른바 평의원민주주의). 그러나 실제로는 공산당이 절대적인 지위를 확보한 일당독재체제에 불과하였고, 이러한 왜곡된 (장식적인데 불과하였던) 정치체제는 동부 유럽에 자유화 바람이 불면서 붕괴하여 그 기반을 상실하였다. 물론 아직도 분단체제를 사는 한국으로서는 인민민주주의 명목 아래 봉건왕조 형태를 취하는 북한체제와 대립하는 현실을 잊어서는 아니 된다.

2. 간접민주주의를 원칙으로 하고 직접민주제 가미

한국 헌법상 민주주의는 간접민주주의(대의제 민주주의)를 원칙으로 하면서 직접민주제를 가미한 형태이다. 국민은 선거를 통해서 국가기관(국회의원, 대통령)에 국민을 대표하여 국가권력을 행사할 수 있도록 민주적 정당성을 부여한다(헌법 제24조, 제41조, 제67조). 하지만 국민투표를 통해서 헌법개정권력을 행사하고(헌법 130조), 대통령이 부의한 중요정책에 대해서 직접 자신의 의사를 표명하기도 한다(헌법 제72조).

원칙인 간접민주주의가 직접민주제 도입을 막지는 않는다. 민주주의 실현에 이바지하는 범위에서는 직접민주제 도입은 허용되어야 한다. 헌법이 비록 제72조와 제130조에서 국민투표를 규정하는 데 그치지만 이것이 명시적 예외를 제외하고는 대의제만으로 민주주의를 실현하여야 함을 뜻하는 것은 아니다. 오히려 헌법이 명시한 내용 이외에는 민주주의 실현방법에 관해서 개방되었다고 해석하여야 한다. 따라서 대의제에 관한 조항을 비롯한 헌법조항에 어긋나지 않는다면 원칙인 간접민주주의를 무너뜨리지 않는 범위에서 직접민주제를 도입할 수 있다(헌재 2009. 3. 26. 2007헌마843). 이미 법률로써 주민투표(지방자치법 제18조)와 주민소환(지방자치법 제25조와 '주민소환에 관한 법률')이라는 직접민주제도를 도입하였다.

3. 정당제 민주주의

한국 헌법상 민주주의는 정당이 국민의사를 예비적으로 먼저 형성하고 그러한 의사를 국정 운영에 매개하는 역할을 하는 정당제 민주주의이다. 대의제 민주주의는 오늘날 정당제 민주주의로 발전하였다. 정당제 민주주의에서는 선거가 시행될 때만 간헐적으로 투표에 참가하였던 주권적 국민이 정당이라는 중개체를 통해서 실질적이고 현실적인 행동통일체가 되는 경향, 권력분립을 특징으로 유지되었던 국가권력(입법부와 집행부)이 집권당을 중심으로 통합되는 경향, 전 국민의 대표로서 독립성을 유지하였던 의원이 정당에 예속됨으로써 의원의 무기속원칙이 명목적으로 바뀌는 경향이 나타난다.

4. 방어적 · 가치구속적 민주주의

한국 헌법상 민주주의는 방어적 · 가치구속적 민주주의이다. 국민 다수 의사에 따라서 나치 집권과 바이마르 공화국 붕괴를 경험하였던 독일에서 그에 대한 반성으로 '민주주의의 적'에게서 민주주의를 보호하려고 방어적 · 가치구속적 민주주의가 주장되었다. 이러한 민주주의를 구체화하는 제도적 수단으로 독일 기본법에 기본권실효제도와 위헌정당해산제도가 도입되었다. 한국 헌법도 위헌정당해산제도를 도입함으로써 민주주의의 가치중립성에 한계를 그었다(제8조 제4항). 다만, 헌법이 방어적 · 가치구속적 민주주의를 도입하더라도 여러 정치세력이 정당으로 조직화하여 집권경쟁을 벌이는 것이 민주국가의 전제조건인 만큼, 정당의 강제해산을 정당화할 정도의 실질적 기준은 이론(異論)의 여지 없이 국가의 존립기반에 해당하는 국민의 기본적 가치 합의에 국한되어야 한다. 이는 헌법의 핵심내용으로서 헌법 개정의 내재적 한계에 해당하는 (헌법전문과 제4조, 제8조 제4항에 규정된) '(자유)민주적 기본질서'이다.

Ⅲ. 민주(국가)원리(민주주의)의 기본조건(골간)

1. 국민주권: 국가권력의 주체 문제

인민(국민)의 지배라는 민주주의의 어원에서 알 수 있듯이 국민주권은 민주주의의 출발점이다. 모든 국가권력은 국민에서 출발하여 국민에게로 귀속된다. 국민이 국가권력의 주체이므로 국가권력의 형성 · 유지 · 행사에서 국민의사가 중심이 된다. 다만, 공화국원리에서는 국민주권이 국가의 주인이 누구인지에 관한 관점에서 궁극적으로 누구의 이익을 추구하여야 하는지를 결정하는 기준이라는 점에 초점이 있지만, 민주주의에서 국민주권은 누가 국가의사를 결정하는지에 주목한다.

2. 국가권력과 그 행사의 민주적 정당성(대의제 민주주의)

전체 국민이 언제나 국가권력 행사에 개별적 · 구체적 · 직접적으로 정당성을 부여할 수는 없다. 따라서 국민의사는 일반적으로 국가권력에 민주적 정당성을 부여하는 방식으로 반영된다. 현대국가의 정치적 조건 아래에서 국민은 국가권력 보유자이지만, 제한된 범위에서만 스스로 국가권력을 행사할 수 있다. 따라서 주기적으로 되돌아오는 선거를 통해서 국민은 권력을 행사할 대표(기관)에 직접적으로 (인적인) 민주적 정당성을 부여한다(헌재 2009. 3. 26. 2007헌마843). 국가권력에 민주적 정당성을 부여하는 국민의사는 국민의 개별적인 의사도 아니고 개별 국민의사의 총합도 아니고 추정적인 국민의사이다.

3. 국가권력 행사에 관한 국민 참여의 법적 보장

국민주권을 실현하고 대의제 민주주의를 형해화하지 않으려면 국가권력 행사에 관한 국민 참여가 지속해서 이루어지고, 이에 대한 법적 보장이 마련되어야 한다. 국민의사에 관한 지속적인 확인과 반영이 이루어지지 않는다면, 국민의사와 (이미 정당화한) 국가권력 행사가 유리되고 틈새가 벌어져 결국 국민이 (국가권력에 대해서) 주권자의 지위를 실현할 수 없기 때문이다.

4. 형식적 · 제도적 요소와 실질적 요소의 결합

민주주의는 형식적 · 제도적 요소만으로 충족되지 아니하고, 일정한 실질적 내용과 결합하여 일체를 이룬다. 대의제도, 정당제도, 선거제도, 다수결에 따른 의사 결정 방식 등 형식적 · 제도적 요소가 민주주의를 가능하게 하는 요소이다. 하지만 이를 구체화할 때(일정한 형태를 갖추도록 형성되고 실제로 적용됨) 민주주의가 달성하고자 하는 이념적 지표인 자유와 평등을 비롯하여 인간의 존엄과 가치를 바탕으로 한 기본적 인권 보장(법치국가적 내용)과 조화를 이루는 범위에서만 정당성이 인정된다.

Ⅳ. 민주(국가)원리(민주주의)의 출발점인 국민주권

1. 의의

주권이론은 중세 말의 혼란과 무질서에서 벗어나 안정된 새로운 질서를 형성하기 위해서 탄생하였다. 중세를 지탱하였던 (교황과 황제의) 낡은 권위로 더는 내전 등 혼란상황을 종식하기 어려워지자 왕권이라는 새로운 권위를 절대화함으로써 안정된 질서를 수립하고자 하였다. 대외적으로 (교황과 황제에게서) 독립되고 대내적으로는 (봉건영주 등 내부 귀족 · 승려세력에 대해서) 최고 권력을 의미하는 주권이 군주에게 귀속되었다. 그러나 국가와 군주라는 인격이 동일시되는 상황에서 군주가 멋대로 주권을 행사하자 질서와 평화를 유지하여야 할 '주권'이 본래 목적을 상실하고 오히려 질서와 평화를 교란하게 되었다. 이러한 군주주권론의 문제점을 해결하려고 여러 가지 주권이론이 주장되었다. 하지만 근대 시민혁명 이후 헌법국가에서는 주권이 국민에게 있다는 국민주권론이 확립되었다. 국민주권은 국가의사를 전반적 · 최종적으로 결정할 수 있는 원동력 · 근원이 국민에게 있고, 국가권력의 민주적 정당성 원천이 국민에게 있다는 것을 뜻한다(헌법 제1조 제2항)(헌재 1989. 9. 8. 88헌가6).

민주주의의 핵심요소로 인정되는 국민주권은 군주주권에 대항하는 항의적 · 투쟁적 이념으로 출발하였고, 이제는 대부분 국가질서의 중심이념으로 인정되기에 이르렀다는 점에서 역사적 임무를 끝냈다는 평가를 받기도 한다. 하지만 국민주권은 오늘날에도 국가질서의 정당성에 대한 기준으로 작용하고 정당성을 부여받은 국가권력이 국민이 명목상으로만이 아니라 실제로도 주권자로서 유지될 수 있도록 행사되라고 요청한다는 측면에서 여전히 규범적인 의미가 있다.

2. 현행 헌법상 국민주권 구현

한국 헌법을 따르면 국민주권은 간접민주주의(대의제 민주주의)를 원칙으로 하면서도 직접민주주의를 가미하는 방식으로 실현된다. 국민은 주기적으로 돌아오는 선거를 통해서 대표를 선출하고 그가 국민을 대표하여 권력을 행사할 수 있도록 민주적 정당성을 부여한다. 그리고 중요정책에 대한 국민투표(제72조)와 헌법 개정에 대한 국민투표(제130조)를 도입함으로써 국민이 직접적으로 국가의사를 형성할 수 있는 직접민주제를 가미한다. 다만, 국민발안제와 국민소환제 같은 직접민주제는 채택되지 않았다. 그리고 헌법은 개인에게 정치적 기본권을 보장하고 의회제도, 선거제도, 복수정당제도, 지방자치제도, 직업공무원제도 등을 보장함으로써 국민주권을 실질화하는 민주주의를 지향한다.

V. 민주(국가)원리(민주주의)의 형식적 · 제도적 (구체화)요소

민주(국가)원리(민주주의)의 기본조건을 실현하기 위한 형식적 견지에서 구체적인 제도는 ① 국민주권의 행사방법 제도화, ② 민주주의의 대의제적 형성, ③ 다수결원칙, ④ 국민(구성원)의 정치적 참여에서 법적 평등 보장, ⑤ (국가에서) 자유롭고 개방적인 국민여론 형성, ⑥ 다원주의와 그에 따른 복수정당제로 나누어 살펴볼 수 있다.

1. 국민주권의 행사방법 제도화: 민주적 정당성과 국민 참여 보장

국민은 대의제와 국민투표의 형식으로 국가권력에 민주적 정당성을 부여하고 국가권력에 참여함으로써 국민주권을 실현하므로 그 행사방법을 제도화할 것이 요청된다. 이처럼 국민주권의 행사방법을 제도화하기 위해서 ① 국민대표기관을 선거하는 데 필요한 선거제도와 ② 국민이 헌법개정권력을 직접 행사하거나 대통령이 부의한 중요정책에 대한 (찬반)의사를 분명히 밝히기 위한 국민투표제도를 마련하여야 한다.

2. 민주주의의 대의제적 형성(대의제 민주주의, 간접민주주의)

한국 헌법상 민주주의는 대의제를 중심으로 형성된다. 대의제 아래에서 국민이 대의기관의 국가권력 행사를 정당화하려면 별도의 위임절차가 있어야 한다. 국민은 자신의 정치적 기본권을 행사하는 선거라는 제도를 통해서 그들 자신 중 일부에게 대의기관을 구성하여 국가권력 행사 임무를 맡도록 정당화한다(선출된 국민대표기관 존재). 이러한 정당화는 민주공화국의 특성상 한시적일 수밖에 없다. 따라서 정해진 기간마다 주기적으로 되풀이된다(한시적 정당성 부여, 대의기관의 규칙적인 기간마다 재정당화). 이러한 점에서 민주(국가)원리(민주주의)는 한시적 지배를 가리킨다.

선거는 국민의사에 따른 대의기관 구성을 목표로 하므로 국민의사를 있는 그대로 정확하게 반영하도록 조직되어야 한다는 요청 아래에 놓이게 된다(국민의사가 정확히 반영되도록 선거제도 조직). 동시에 선거를 통해서 '대의기관이 구성'되고, 그렇게 구성된 대의기관은 국정을 운영할 임무를 부여받게 된다. 만약 주어진 임무를 원활하게 수행할 수 있도록 대의기관이 구성되지 않으면 국정이 마비될 수도 있으므로, 임무를 수행할 수 있는 능력을 갖춘 대의기관이 구성되도록 선거를 제도화하여야 한다는 요청이 있게 된다(국정수행능력을 갖춘 대의기관 구성을 위한 선거제도 조직). 그렇게 구성된 대의기관은 멋대로 자신에게 위임된 임무를 제3자에게 양도할 수 없으므로, 스스로 국정을 실질적으로 운영하여야 한다(대의기관의 실질적 국정 운영).

3. 다수결원칙

(1) 민주(국가)원리(민주주의)와 다수결원칙

① 다수결의 개념

다수결원칙은 수적 우열관계에 기초한 공동체의 의사결정방식이다. 다수결원칙은 단지 '다수의' 결정이기만 하면 된다는 양적 개념으로 이미 충분한 것이 아니라(즉 결과의 원리만이 아니라), 의사 형성 과정에서 소수파가 토론에 참가하여 다수파의 견해를 비판하고 반대의견을 밝힐 기회를 보장하여 다수파와 소수파가 공개적이고 합리적인 토론을 거칠 것을 전제조건으로 그 가운데 다수와 소수가 변경될 가능성이 있어야 한다는 의미에서 과정의 원리이다(질적 의미의 다수결원칙). 따라서 입법과정에서 소수파에게 출석할 기회조차 주지 않고 토론과정을 거치지 아니한 채 다수파만으로 단독 처리하는 것은 다수결의 원리에 의한 의사결정이라고 볼 수 없다(헌재 2010. 12. 28. 2008헌라7등).

② 민주주의에서 의사 결정 방법

민주주의는 가치상대주의에 입각하므로, 서로 대립하는 가치관 사이에 모종의 절대적이고 고정적인 우열관계를 인정할 수 없다. 따라서 다수결방식은 민주적 공동체 안의 구성원이 상호 대등한 지위에 있음을 전제로 일정한 조건 아래에서 형성되는 다수 의사를 공동체 의사로 간주하는 의사 결정 방법이다.

③ 헌법적 근거: 헌법 제49조

헌법 제49조의 의결정족수규정은 의회민주주의의 기본원리인 다수결원칙을 선언한다. 헌법 제49조는 단순히 재적의원 과반수 출석과 출석의원 과반수 찬성을 형식적으로 요구하는 것에 그치지 않는다. 예를 들어 통지할 수 있는 국회의원 모두에게 회의에 출석할 기회가 부여된 바탕 위에서 재적의원 과반수 출석과 출석의원 과반수 찬성으로 국회 의결이 이루어져야 한다는 식으로 실질적인 면을 함께 고려하여야 한다. 이는 헌법을 개정할 때 가중정족수를 요구하는 헌법 제130조 제2항도 마찬가지이다.

(2) 다수결의 정당화 근거

민주적 의사결정이 곧 다수결을 뜻하면서 다수결은 민주적 질서의 정당성을 확보하는 데 큰 역할을 한다. 모든 국가권력이 다수의 이름으로 행사된다. 그렇다면 왜 소수는 다수의 결정에 복종하여야 하는가? 다수결원칙의 정당화 근거와 관련하여 ① 다수의 (수적 우세에 기초한 사실적) 힘이 다수결원칙의 정당성 근거가 된다는 견해, ② 다수결에 따른 결정이 올바른 결정이 내려질 개연성이 크다는 것을 다수결의 정당성 근거로 제시하는 견해, ③ 가능한 한 많은 사람이 자신의 의사에 따르게 된다는 측면에서, 즉 자유의 원리를 근거로 다수결의 정당성을 주장하는 견해, ④ 다수결은 동등한 자격이 있는 사람이 결정에 참여할 기회 보장이 가장 잘 실현되는 의사 결정 방식이라는 점에서 평등의 원리를 근거로 다수결의 정당성을 주장하는 견해가 제시될 수 있다.

이러한 견해는 각각의 관점에서 다수결원칙의 정당화 근거를 설명한다. 그러나 ① 사실적 힘이 결정에 규범적 정당성을 부여할 수 없고, ② 다수가 내린 결정이 소수의 전문가가 내린 결정보다 언제나 합리적일 수 있는 것은 아니고 사안에 따라서는 그 반대일 수도 있다. 민주주의는 자유와 평등의 이념에 기초하여 국민의 자기지배를 최대화하라고 요청하므로 다수결의 정당화 근거는 민주주의 기본이념인 자유와 평등에서 찾아야 한다.

(3) 다수결의 전제조건

① 결정참여자 사이의 평등이 보장될 것

결정참여자 사이에 다수결원칙의 정당화 근거인 평등이 보장되어야 한다. 모든 사람이 동등한 자격으로 의사 결정에 참여할 수 있어야 한다. 특히 국민이 대표기관을 선출하거나 자신이 직접 대표기관이 되는 데 자기 의사를 반영할 기회를 왜곡시키지 않도록 선거권 · 피선거권 · 선거운동 기회 등을 균등하게 부여할 것이 요청된다(국민의 정치적 평등). 그리고 국민대표기관에서 의사결정을 할 때 구성원 사이의 법적 지위를 평등하게 보장할 것이 요청된다.

② 다수 형성과 다수의 결정과정이 자유롭고 공정할 것

결정참여자가 대화와 토론의 과정을 거쳐서 자유롭고 공정하게 의사를 표명하는 과정에서 다수(의사)가 형성되어야 한다. 자유롭고 공정한 결정 과정을 위해서 의사 형성 과정 자체가 자유롭고 개방적 · 공개적일 것이 요청된다. 여기에는 이성과 토론에 입각한 합리적인 절차와 공개성 보장이 포함된다.

③ 다수와 소수 사이에 실질적인 기회 균등 보장(소수파 보호)

결정참여자가 자유롭고 공정한 의사 소통 과정을 거쳐서 다수(의사)를 형성하였더라도 다수결이 다수의 횡포로 전락하지 않으려면 다수와 소수 사이에 실질적인 기회 균등이 보장되어야 한다. 소수자 보호는 '공동체에서 중요한 가치'를 다수라고 하여도 일방적으로 바꿀 수 없도록 하는 방식으로 이루어질 수도 있다. 하지만 소수자에 대한 억압으로 다수의 자유와 평등을 보장하는 것이 아니라 모든 국민의 자유와 평등을 실현하려면 다수와 소수 사이에 실질적 기회균등이 이루어져야 한다.

④ 다수와 소수 관계의 변경 가능성

다수의 결정에 따라야 하는 소수가 다수의 결정에 승복하려면 다수(의사) 형성이 그때그때 바뀔 수 있어야 한다. 다수와 소수 관계의 실질적 변경 가능성을 확보하려면 다수와 소수 사이의 실질적인 기회 균등을 보장할 뿐 아니라 다수(의사) 형성과 의사 결정 과정에서 절차적 공정성 · 투명성이 확보되어야 한다.

(4) 다수결원칙 적용의 한계

① 결정대상의 적격성

결정대상이 다수에 의한 결정을 하기에 적절하지 않은 때는 대안의 다원성이 없을 때이다. 즉 자연현상으로서 누구나 확인할 수 있는 객관적 진리가 있으면 다수의 결정은 의미가 없다. 그리고 결정참여자 범위가 제한되는 것이 합리적일 때도 다수에 의한 결정을 할 사항이 아니다. 예를 들어 고도의 전문지식이 필요한 사안은 전문가집단에 맡겨야 한다.

② 정치적 공동체의 기초에 해당하는 국민의 기본적 합의사항

다수결에 따른 처분 가능성에 맡기지 아니한 국가공동체의 기초에 해당하는 국민의 기본적인 합의사항은 다수에 의해서 결정되지 않는다. 예를 들어 헌법 개정의 내재적 한계에 속하는 사항인 자유민주적 기본질서를 다수의 처분에 맡길 수는 없다.

③ 소수자의 지위를 존중하고 보호하는 데 관련된 사항

마찬가지로 소수자의 지위를 존중하고 보호하는 데 관련된 사항도 다수의 처분에 맡길 수 없다. 다수결이 다수의 횡포가 되지 않으려면 소수자의 지위를 보호하는 사항은 다수라고 하더라도 일방적으로 바꿀 수 없도록 하여야 한다.

4. 국민(구성원)의 정치적 참여에서 법적 평등 보장

(1) 선거권과 투표권의 평등

국민 구성원이 정치적 참여를 할 때 법적 평등이 보장되어야 한다. 특히 평등원칙을 구체화한 헌법상 선거원칙으로는 선거권 · 피선거권의 자격요건에 중점이 있는 보통선거원칙과 투표가치의 평등에 중점이 있는 평등선거원칙이 있다. 오늘날 선거원칙 중에서 가장 중요한 문제는 평등선거원칙이다. 평등선거원칙은 투표권의 수적 평등, 즉 모든 선거인에게 1인 1표가 인정되어야 하고, 나아가 투표의 성과가치 평등, 즉 1표의 투표가치가 대표자 선정이라는 선거 결과에 대해서 이바지하는 정도에서도 평등하여야 함을 뜻할 뿐 아니라(헌재 1995. 12. 17. 95헌마224등) 일정한 집단 의사가 정치과정에서 반영될 수 없도록 선거구를 획정하는 자의적 선거구 획정[이른바 게리맨더링(Gerrymandering)]에 대한 부정을 의미하기도 한다(헌재 1998. 11. 26. 96헌마54등). 투표의 성과가치 평등은 다수대표제에서는 선거구 사이의 인구 불균형, 비례대표제에서는 의석 배분 방식 문제로 나타난다. 투표가치 평등에 어긋나는 선거구 획정은 원칙적으로 헌법 제11조의 평등원칙에 위반된다. 그러나 전 선거구의 투표가치를 평등하게 하는 것은 현실적으로 어렵기도 하고, 자의적 선거구 획정[이른바 게리맨더링(Gerrymandering)]의 위험을 가져올 수도 있다. 결국, 이 문제는 어떠한 사유가 투표가치 차이를 정당화하는지(선거구 획정 기준) 그리고 어느 정도의 차이를 정당화할 수 있는지(허용되는 인구편차 한계)의 문제가 된다.

(2) 공무 담임(기회)의 평등

각종 선거에 입후보하여 당선될 수 있는 피선거권과 공직에 임명될 수 있는 공직취임권을 포괄하는 공무 담임(기회)의 평등도 보장되어야 한다. 국민은 법률이 정하는 바에 따라서 선거에서 당선되거나 임명에 필요한 자격을 갖추거나 선발시험 등에 합격하고 나서 (일정 기간의 직무연수 과정을 거쳐서) 공무를 담임할 수 있다. 따라서 이러한 선거나 자격 및 선발시험이 공정하게 치러질 것도 공무담임권의 내용에 포함된다. 그래서 직업공무원에서 이러한 공직 취임 조건이 되는 자격 및 선발시험은 임용희망자의 능력, 전문성, 적성, 품성을 기준으로 하는 이른바 능력주의나 성과주의를 바탕으로 하여야 한다. 공직자 선발에 관해서 능력주의에 바탕을 둔 선발기준을 마련하지 아니하고 해당 공직이 요구하는 직무수행능력과 무관한 요소, 예를 들어 성별, 종교, 사회적 신분, 출신 지역 등을 기준으로 삼는 것은 국민의 공직취임권을 침해한다.

5. (국가에서) 자유롭고 개방적인 국민 여론 형성

(1) 국가기관을 통한 국가의사 형성(체계)

국가의사는 국가기관을 통해서 형성되고 집행된다. 국가기관이 국민의사를 반영하더라도 공익을 위해서 최종적으로 구속력 있는 의사결정을 내리는 주체는 국가기관이기 때문이다. 국민에게서 직접 민주적 정당성을 부여받은 국가기관과 그 국가기관을 매개로 간접적으로 민주적 정당성을 부여받은 국가기관이 국가의사 결정 구조의 틀 안에서 국민의사에 기속되지 않고 독립적으로 국가의사를 형성하고 집행한다.

(2) 비국가적인 영역에서 국민의사 형성(체계)

비국가적인 영역(시민사회 영역)에서 국민이 그에게 공통되고 중요한 문제에 관해서 표명하는 국민의사 형성은 국가에서 자유로워야 한다(헌재 1995. 7. 21. 92헌마177등). 국가기관이 국민의사 형성을 주도하려는 활동을 하여서는 안 될 뿐 아니라 국민의사 형성에 영향을 미치려는 어떠한 개입도 금지된다. 특히 표현의 자유는 인격 발현의 전제가 되는 인격적 기본권인 동시에 자유민주주의 정치체제 아래에서 여론형성과 권력 통제의 기능을 하는 정치적 기본권으로서 기본권질서의 핵심으로 평가받았고, 현대 정보화사회에서 그 중요성이 더욱 강조된다.

(3) 두 의사 형성 체계의 되먹임과정(매개체: 대중언론, 사회단체, 정당)

국가의사 형성 체계와 국민의사 형성 체계는 각각 별도의 영역에서 작동하지만, 양자가 서로 아무런 영향을 주고받지 않는 것이 아니라 다양하게 펼쳐진 공론의 장 영역에서 역동적으로 상호 관련을 맺으며 영향을 주고받는다. 대중언론, 사회단체, 정당 등이 매개가 되어 (다양한 국민의사가 조정되어 합의에 이르는 동시에) 국가의사와 국민의사가 공론의 장에서 상호 영향을 끼치며 합의과정[되먹임(feedback)과정]에 이른다. 공론의 장 영역에서 이루어지는 국가의사와 국민의사 사이의 합의 과정에서 어떤 한 요소가 다른 요소를 흡수하거나 무시하여서는 안 된다는 점을 주의하여야 한다.

(4) 국민 여론의 두 측면

국민 여론은 공론의 장 영역에서 국가의사 형성에 영향을 끼침으로써 국가권력 행사의 공공성을 보장하는 역할을 할 수 있을 뿐이고, 국가의사를 결정하는 대표기관을 법적으로 구속할 수는 없다. 국가의사를 형성할 때 대표기관을 여론에서 독립시킬 것이 요청된다.

6. 다원주의와 그에 따른 복수정당제

(1) 민주적 의사 형성과 다원주의

민주적 의사 형성은 국민 개개인의 다양한 이해관계의 경합을 인정하는 다원성을 기초로 한다. 개개인의 서로 다른 이해는 집단활동을 중심으로 상호 대립하여 갈등을 일으키며 합의 · 조정의 과정에서 각종 대안을 요청한다. 집단적 이해관계의 극한 대립은 국가의 공동이익(공동선)을 무시하고 대립하는 사익만을 중요하게 생각하여 국가의 공적 기능을 약화한다는 비판을 받기도 한다. 그렇지만 다원주의에 반작용으로 나타난 전체주의가 (절대적 가치에 기초하여) 자신의 이념에 반대하는 다른 모든 이념을 배격하고 이를 위해서 사회를 전체적으로 통제함으로써 결국 국민의 자유와 권리를 억압하는 결과를 가져오자 다원주의에서도 다양한 이해관계가 전체 사회를 분열시키는 극단적인 결과에 이르지 않도록 공동의 가치와 이익의 중요성이 재인식되고 대화와 타협의 정치를 강조하게 되었다. 오늘날 다원주의는 많은 약점이 있는데도 국민의 자유와 평등을 실현하는 민주주의 이념을 가장 잘 실현하는 체제로 이해된다(헌재 2014. 12. 19. 2013헌다1).

(2) 다원적 국민의사 반영과 복수정당제 요청

현대의 정당국가적 현실 아래에서 집단적으로 나타나는 다원적인 국민의사를 가장 잘 반영하기 위해서 복수정당제가 요청된다. 개인은 자신의 다양한 이해관계를 반영할 정당을 선택하여 지지함으로써 자신의 의사를 국가의사에 반영하도록 한다.

국민의 다양한 이해관계를 수용하고 조정하여 국가의사에 반영하려면 (다양한 이해관계를 반영해 줄) 다수의 인물그룹과 다수의 정치적 견해 사이에서 자유로운 선택 가능성이 보장되어야 한다. 이를 위해서는 반대되는 대안이 있고, 정당 사이의 경쟁이 있어야 하며, 너무 길지 않은 기간마다 지배자 교체 가능성이 있어야 한다.

5절

법치국가원리

Ⅰ. 법치국가원리의 의의

1. 개념

법치국가는 '힘'이 아니라 '법'이 지배하는 국가이다. 권력자의 주관적인 자의(恣意)에 따른 지배가 아닌 법이라는 객관적인 제도를 통해서 지배되는 국가가 법치국가이다. 따라서 법치국가는 권력국가, 절대국가, 덕치국가, 인치국가, 독재국가를 부정한다. 헌법원리로서 법치국가원리는 국가권력이 법에 따라서 조직되고 (그렇게 조직된) 권력 행사도 법에 따르도록 함으로써 권력자의 자의적 권력 행사를 막고(국가권력의 분립 · 통제) 이를 통해서 국민의 자유와 권리를 보장하려는 것이다(기본권 보장). 여기서 법치국가원리가 단순히 법이라는 '형식'에 따른 지배에 만족하는 것이어서는 안 된다. 법에 따른 지배가 '법이라는 형식'을 수단으로 하는 자의적 지배로 전락하지 않으려면 '법의 내용'이 정의로워야 한다(실질적 법치국가원리). 따라서 법치국가는 법의 내용을 따지지 않는 합법국가 이상의 의미가 있다. 결국, 법치국가원리는 정의로운 법이 모든 국가작용 · 국가생활에 기준과 형식을 부여하는 헌법원리이다.

2. 현대적 법치국가원리의 개념

형식적 법치국가와 실질적 법치국가, 자유주의적 법치국가와 사회적 법치국가는 서로 대립하는 명제(반명제)가 아니라 오히려 결합(종합)하는 명제(합명제)이다. 법치국가에 관한 이해가 바뀌었지만 법치국가원리의 형식적 요소가 무시되어서는 아니 된다. 실질적 법치국가 아래에서도 법치국가원리의 형식적 요소(권력분립, 행정의 법률적합성, 사법적 권리 보장 등)는 여전히 중요하다. 법치국가원리의 형식적 요소는 내용상으로 정당한 법으로써 그 (형식의) 내용을 채움으로써 기본권을 보장하는 수단으로서 이바지한다. 법치국가의 실질적 내용인, 내용상으로 정당한 법은 국민의 자유와 권리를 실질적으로 보장할 수 있도록 제정되어야 한다. 이러한 의미에서 오늘날 법치국가는 '헌법 및 형식상 · 실질상 합헌적으로 성립한 법률에 따라서만 그리고 인간의 존엄과 가치, 자유, 정의, 법적 안정성 보장이라는 목표 아래에서만 국가권력 행사가 허용되는 국가'로 이해할 수 있다. 따라서 현대적 법치국가는 형식적 요소와 내용적 요소, 절차적 요소와 내용적 요소가 결합한 모습으로 나타난다.

4. 헌법 규정

한국 헌법에서 '법치국가'라는 용어는 찾을 수 없다. 그러나 한국 헌법은 법치국가의 중요한 내용을 담고 있다. 즉 법치국가의 목적인 기본권 보장에 관한 내용을 제2장 국민의 권리와 의무(제10조~제37조, 특히 헌법 제10조와 제37조 제2항)에서 규정하고, 권력분립을 3권분립으로 구체화하여 명시한다(헌법 제40조, 제66조 제4항, 제101조 제1항, 제111조 제1항). 이러한 점에 비추어 한국 헌법이 법치국가원리를 수용한다는 점은 의심할 수 없다.

Ⅱ. 헌법상 법치국가원리의 구성요소

1. 헌법국가성(헌법의 최고규범성)

(실질적) 법치국가원리는 최고규범인 헌법이 있다고 전제한다. 그래야 전체 법질서의 기초로서 헌법이 지배할 수 있기 때문이다. 헌법의 지배를 위해서 (국가권력 행사의 법적 근거를 마련하고 통제하기 위해서) 먼저 국가의 기본법전이 제정되어야 한다. 즉 헌법사항을 법전 형식으로 실정화한 성문헌법이 요청된다(법적 기본질서이며 최고규범인 헌법의 존재). 이 헌법은 한 국가의 최고규범으로서 실정법질서의 정점에 있어 국민의 자유와 권리를 보장하고 국가권력을 조직 · 행사하는 최고기준이 된다. 법의 우위는 더는 입법자 우위(법률 우위)가 아니라 헌법 우위를 뜻하게 되었다. 법률에 따른 집행과 사법만이 문제 되는 것이 아니라 법률 자체의 합헌성까지 문제가 된 것이다. (입법자를 포함한) 모든 국가권력은 인간의 존엄과 가치 및 이를 구체화하는 개별 기본권 보장을 이념으로 하는 최고규범인 헌법에 구속된다. 모든 국가기관은 (헌)법의 (내용적 · 형식적) 기준에 따라서 권력을 행사하여야 하고, 권력을 남용하여 국민의 자유와 권리를 공동화하여서는 안 된다. 헌법재판은 헌법을 기준으로 국가권력이 국민의 기본권을 침해하였는지를 심사함으로써 국가권력에 대한 헌법 우위를 보장한다. 헌법 우위는 헌법이 다른 어떠한 기준보다 우위에 있음을 뜻한다. 그리고 지배자와 피지배자, 다수자와 소수자를 가리지 않고 모두가 헌법에 구속되며 헌법에 근거하지 않은 권력 행사는 부정된다. 헌법 우위는 모든 국민과 국가의 행위가 헌법을 벗어나지 못하게 함으로써 정치적 통일을 가능하게 한다.

2. 기본권 보장

법치국가원리는 국민의 기본권 보장을 목적으로 한다. 기본권이야말로 실질적 법치국가의 내용을 이루는 중요한 헌법적 가치이다. 합법성에 기초한 형식적 법치국가에서도 국가권력의 자의적인 침해에서 국민의 자유와 권리를 어느 정도 보장할 수 있다. 그러나 형식적 합법성이 인정되는 법이라도 정의 요청에 어긋나는 것이 명백하다면 법치국가원리의 목적이자 헌법상 중요한 가치인 기본권을 기준으로 통제되어야 한다.

시민적 · 형식적 법치국가에서 기본권은 국가권력의 (개인의 자유 영역에 대한) 간섭에 대한 주관적 방어권으로 이해되었다. 그리고 법치국가원리의 목적은 이미 존재하는 국가권력을 제한하고 통제함으로써 개인의 자유 영역을 보장하는 것이었다. 정치 영역에서 입법자가 제정한 법률에 다른 국가권력이 구속됨으로써 국민의 자유와 권리가 보장될 뿐이고, 모든 국가권력이 기본권에 구속된다는 관념은 없었다. 그러나 오늘날 실질적 법치국가에서는 기본권이 적극적으로 국가를 창설하고 구성하는 원동력이 되고 입법자를 포함한 모든 국가권력을 구속하는 것으로 이해되면서, 법치국가원리의 목적도 전체 국가질서 안에서 실질적인 자유와 평등을 실현하는 것으로 바뀌었다.

3. 권력분립(국가권력 · 국가기능의 분리와 상호통제)

권력분립은 국가권력을 그 성질에 따라 둘 이상으로 나누고 이들을 해당 기능에 맞게 구성된 다른 기관(입법부, 집행부, 사법부)에 배정하여 이들 서로 간에 견제와 균형을 이룰 수 있도록 하는 '기능 분리와 기능 사이의 상호통제 체계'이다. 권력분립을 통해서 국가권력 행사를 예측할 수 있고, 통제할 수 있으며, 책임을 질 수 있게 된다. 권력 분리는 원칙적으로 기능상 · 조직상 · 인적으로 이루어져야 한다.

4. 국가권력의 법기속성 - 국가권력 행사의 근거와 한계인 법

(1) 법이념과 법률의 합법성 및 정당성

실질적 법치국가원리는, 집행(권)과 사법(권)을 법률에 기속시킴으로써 형식적 합법률성만 강조하는 것이 아니라 입법(권)을 헌법에 기속시킴으로써 실질적으로도 정의로운 법규범이 창설 · 유지될 수 있도록 국가질서를 형성한다. 인간의 존엄과 가치 및 이를 구체화하는 개별 기본권을 보장하는 헌법에 입법권을 기속시킴으로써 국가권력 행사의 근거와 한계가 되는 법 자체를 정당화한다. 대한민국 임시정부에서도 모든 활동은 의정원의 법령을 근거로 이루어졌다. 의정원은 모두 5회에 걸쳐 헌법을 개정하고, 법령 제정을 위해서 39회의 회의를 열었다.

(2) 법치행정(행정의 법률적합성)

① 법치행정원칙

법치행정(행정의 법률적합성)은 행정작용이 합헌적인 법률에 따라서 수행되어야 한다는 것으로, 일반적으로 법률 우위, 법률의 법규창조력, 법률유보를 그 내용으로 한다. 이때 법률은 국민에게 법적 안정성을 확보해 주고, 국가권력 행사에 대한 민주적 정당성을 창출한다. 법률 우위는 법률에 대한 구속성으로서 법률의 집행 여부가 집행부의 임의에 맡긴 것이 아니라 의무로서 집행부에 부과되고, 집행부가 법률에 위반한 활동을 하지 못하도록 하는 것을 뜻한다. 그리고 법률의 법규창조력은 국민의 권리의무관계에 구속력이 있는 법규범, 즉 법규를 창조할 권한은 국민의 대표기관인 의회의 전속적 권한이므로 의회에서 제정한 법률만이 법규로서 구속력이 있다는 것을 뜻한다. 헌법 제107조 제2항은 명령, 규칙, 처분에 대한 위헌 · 위법심사를 규정하여 법치국가원리의 한 내용으로서 법치행정원칙을 인정한다.

② 법률 우위

(ⅰ) 의의

법률 우위는 법률 형식으로 표현된 국가의사는 헌법을 제외한 다른 모든 국가의사에 대해서 법적으로 앞선다는 것이다. 법률 우위에 따라 법률은 적극적으로는 모든 하위법규범을 구속하고, 소극적으로는 법률에 어긋나는 모든 하위법규범의 효력을 제거할 수 있다. 법률이 헌법을 제외한 다른 모든 국가행위보다 효력적 우위에 있는 것은 법률이 직접적인 민주적 정당성에 기초하여 정치적 의사 형성의 민주적 형식을 통해서 성립되고, 법률 우위가 법률을 합리화하고 국민의 자유와 권리를 보장하는 작용의 전제이기 때문이다. 입법자는 법률을 제정할 수 있고, 집행권과 사법권은 법률에 구속되므로, 법률 우위는 동시에 입법자 우위를 뜻한다. 한국 헌법에서 법률 우위는 헌법 우위를 통해서 보충된다. 헌법 우위는 입법자에 대한 광범위한 통제권이 있는 헌법재판소 설치를 통해서 관철된다(헌법 제107조 제1항, 헌법 제6장). 이러한 점에서 헌법 우위는 법률 열위와 헌법제정자뿐 아니라 헌법을 최종적으로 해석하는 기관에 대한 입법자 열위를 가리킨다. 그러나 법률 우위는 헌법 우위 때문에 폐지되는 것이 아니라 오히려 더 중요해진다. 헌법 우위는 헌법을 구체화한 법률 우위를 통해서 구체화가 이루어지고 실현될 수 있기 때문이다.

(ⅱ) 내용

법률 우위는 집행권과 사법권은 물론 입법권에 대한 적용 명령과 위반 금지를 포함한다. 즉 모든 국가기관은 법률이 규정한 대로 하여야 하고(적용 명령 - 적극적 작위의무), 국가기관은 법률이 규율하지 않는 행위를 할 때도 법률을 위반할 수 없다(위반 금지 - 소극적 부작위의무). 적용 명령과 위반 금지는 법률 우위를 구체화할 때 서로 필수적으로 보완한다. 즉 구속받는 국가기관이 제정된 법규범을 적용할 필요가 없다면 적용 금지는 의미가 없고, 의무를 지는 기관이 고유한 재량에 따라 법률 규정에서 벗어날 수 있다면 적용 명령은 가치가 없다.

ⓐ 적용 명령

법률 우위는 집행권과 사법권은 물론 입법권을 포함한 모든 국가기관이 법률을 적용하여야 한다는 강제적 명령이다. 사안이 법률 요건에 포섭되자마자 국가기관은 이러한 법률의 법적 효과를 적용할 의무가 있다. 어떤 국가기관도 실효된 이전 법률을 적용할 수 없고, 현재 유효한 법률을 적용하여야 한다. 나아가 국가기관은 법률과 일치하지 않는 관행을 지속하거나 법률을 위반하는 규정을 근거로 삼을 수 없다. 법률의 효력이 발생하면, 구속되는 국가기관은 자기 행위를 법률에 근거 지울 의무를 진다. 따라서 법률 집행은 행정의 처분 아래에 있지 않다. 오히려 국가기관은 법률 집행을 구체적으로 이행하여야 할 의무가 있다. 행정기관은 입법자의 의사를 실현하기 위한 모든 것을 하여야 한다. 이것은 개별 결정을 하고 실제 처분을 내리는 것뿐 아니라 명령, 규칙이나 조례와 같은 행정법규범을 제정하는 것도 포함한다. 법률의 위헌성은 헌법재판소의 위헌결정에 따라서 비로소 확인되므로, 행정기관은 원칙적으로 헌법재판소가 위헌결정을 내릴 때까지는 위헌으로 의심하는 법률도 적용할 의무가 있다.

법원도 재판할 때 법률에 강제적으로 구속된다. 사법권의 독립은 법관의 법구속을 넘어설 수 없고, 나아가 그것을 해체할 수 없으며, 법관이 (헌법과) 법률에 구속됨으로써(헌법 제103조, 헌법재판소법 제4조) 비로소 실현될 수 있다. 법률과 재판 사이에 어떤 종류의 기관이나 지침도 없다. 법원은 개별 사건과 관련된 분쟁을 해결할 때 일반적으로 법이 명령한 것을 인식하는 데 옹글게(완벽하게) 집중함으로써 사법권의 독립은 성공할 수 있다. 사법권의 독립은 추상적 법규범과 구체적 판결 사이에서 그렇게 중계된다. 법률이 헌법에 위반될 때 법원은 헌법재판소에 위헌여부심판을 제청하거나 제청요건이 갖춰지지 않으면 이러한 법률을 적용하는 두 가지 가능성만 있을 뿐이다. 어떤 법원도 헌법재판소가 법률을 위헌으로 선언하지 않는 한 법률의 적용이나 그에 대한 복종을 거부할 권한이 없다. 따라서 어떤 법원도 헌법재판소가 법률을 위헌으로 선언하지 않으면 그 법률을 무시하거나 그것에서 벗어날 수 없다. 적용의무는 법률의 효력 발생과 더불어 시작되고, 법률이 실효하는 시점에 사라진다.

ⓑ 위반 금지

집행권과 사법권은 물론 입법권도 법률을 위반할 수 없다. 오히려 그들은 자기 행위가 내용상으로 법률 규정과 일치하도록 하여야 한다. 나아가 행정기관과 법원은 법률이 미리 규정한 법적 효과가 단지 예정된 사안에서 나타나도록 할 수 있다. 행정기관과 법원은 법률을 적용할 의무를 질 뿐 아니라 그것을 옳게 적용할 의무도 진다. 집행에서 법률은 위임과 수권의 근거일 뿐 아니라 한계이다. 법률의 한계 기능은 특히 이른바 법에서 자유로운 행정에서 중요한 의미가 있다. 집행이 스스로 설정한 목적에 따라, 즉 특별한 형식적인 법률위임 없이, 공익을 실현하는 곳에서 행정은 법률을 집행하지는 않지만, 한계를 설정하는 법률을 존중하여야 한다. 법률구속적 행정 영역에서 해당 면제 규정이 특별히 미리 규정되었을 때만 위반 문제가 발생하지 않는다. 위반 금지에서 위반은 명백한 법률 위반인 법률 무시는 물론 해석 과정에서 나타나는 법률 경시도 포함한다. 법률은 늘 해석이 필요하므로, 집행이 의식적으로든 무의식적으로든 관련 해석을 통해서 법률 의사를 소홀히 할 위험성이 있다. 이러한 위험은 규범의 명확성원칙을 법률 우위의 요소로 포함하여도 옹글게(완벽하게) 제거되지 않는다. 사고 내용을 해석이 불필요한 언어로 표현할 수 없기 때문이다. 그래서 위반 금지는 법적 안정성과 법률적 안정성의 주제가 된다. 그것은 최종해석권이 있는 해석기관을 포함한 결정체계를 통해서만 보장될 수 있다. 이러한 권한은 헌법에 대해서는 헌법재판소에 귀속되고(헌법 제111조 제1항), 법률에 대해서는 법원에 부여된다(헌법 제101조 제1항). 그러나 법률에 대한 구속과 그와 결부된 위반 금지는 최상급법원의 해석결과에 대한 구속과 같은 뜻은 아니다. 헌법재판소 결정(헌법재판소법 제47조 제1항, 제67조 제1항, 제75조 제6항)을 제외한 사법재판은 원칙적으로 개별 법분쟁의 당사자만을 구속한다(당사자 사이의 구속력). 법규범을 자기 책임귀속 안에서 해석하고 적용하는 행정기관은 기판력과 기속력(헌법재판소법 제47조 제1항과 제75조 제6항, 행정소송법 제30조)에 구속되지 않는 한 최상급판결과 관련하여 존중의무과 고려의무를 질 뿐이다.

③ 법률유보

(i) 개념

법률유보는 행정작용은 법률에 근거가 있을 때만 그에 근거하여서만 발동할 수 있다는 원칙으로서, 행정작용에 대해서 적극적으로 법률적 근거가 있을 것을 요구한다. 법률유보는 의회가 제정한 형식적 법률과 관련된다. 따라서 법률유보는 내용상으로 실질적 의미의 법률유보로서 이해되는 법규유보와 구별된다. 법규유보는 형식적 법률보다 하위인 법규범의 규율, 예를 들어 법규명령이나 조례의 규율도 허용하지만, 형식적 법률도 법규이므로 법규유보는 법률유보도 포함한다. 따라서 법규유보는 법률유보보다 넓은 개념이다. 법률유보는 법률에 근거한 규율을 허용하고, 의회유보는 법률에 따른 규율을 요구하지만, 법규유보는 법률이 아닌 법규에 근거한 규율도 허용한다.

(ii) 형식유보와 사항유보

법률유보는 역사적으로 군주의 자의적인 행정권 행사에서 시민사회를 보호하는 기능을 수행하였다. 군주가 사라지고 국민주권에 바탕을 둔 민주주의가 보편화한 이후 법률유보는 행정권이 기본권을 제한할 때 법률의 수권을 요구함으로써 기본권 침해를 예방하는 역할을 담당하였다. 그러나 이때 법률의 수권은 구체적인 방법이 아닌 수권 여부만을 요구하였고, 입법부가 무분별하게 행정입법에 기본권 제한을 위임하여 기본권이 행정권 침해에서 효과적으로 방어될 수 없었다. 이에 따라 기본권 행사에 관한 모든 본질적인 결정은 입법부가 집행부에 위임하지 말고 스스로 하여야 한다는 '본질성이론'이 확립되었다. 그러나 본질성이론이 기본권 보장을 강화하려는 것이라고 하여 기본권을 직접 제한하는 내용이 아닌 것은 집행부에 맡길 수 있다고 이해되어서는 안 된다. 오히려 기본권 제한뿐 아니라 국가의 조직 · 절차 · 급부 · 이행에 관한 모든 분야에 걸쳐 본질적인 기본 방침은 입법부가 형성하여야 한다는 것으로 이해되어야 한다. 이제 법률유보는 기본권 제한과 직접 관련이 없는 사항이라도 국가의 본질적 법규범에 속하는 사항은 의회가 스스로 결정하여야 한다는 '의회유보'로 발전하였다. 헌법재판소도 "오늘날 법률유보원칙은 단순히 행정작용이 법률에 근거를 두기만 하면 충분한 것이 아니라, 국가공동체와 그 구성원에게 기본적이고도 중요한 의미를 갖는 영역, 특히 국민의 기본권실현에 관련된 영역에 있어서는 행정에 맡길 것이 아니라 국민의 대표자인 입법자 스스로 그 본질적 사항에 대하여 결정하여야 한다는 요구까지를 내포하는 것으로 이해하여야 한다(이른바 의회유보원칙)."라고 하여 법률유보를 의회유보로 이해한다(헌재 1999. 5. 27. 98헌바70). 따라서 법률유보는 단순히 행정행위가 법률에 근거하여야 한다는 형식유보(Formvorbehalt)로 이해될 수 없다. 의회유보 안에 있는 영역에서는 사항유보(Sachvorbehalt)가 문제 된다. 즉 행정작용이 그 본질적 사항에 관한 한 국회가 제정하는 법률에 근거를 두는 것만으로 충분한 것이 아니라 국회가 직접 결정함으로써 실질에서도 법률에 의한 규율이 되도록 하여야 한다(헌재 1999. 5. 27. 98헌바70). 이러한 점에서 헌법 제40조의 의미는 적어도 국민의 권리와 의무에 관한 사항을 비롯한 국가의 조직과 작용에 관한 기본적이고 본질적인 사항은 반드시 국회가 정하여야 한다는 것이다(헌재 1998. 5. 28. 96헌가1). 요컨대 법률유보는 사항유보와 형식유보를 포함한다. 사항유보는 규율대상과, 형식유보는 규율형식과 각각 관련이 있다.

(iii) 위임 금지가 강화한 법률유보와 강화한 규율밀도 명령

의회유보 때문에 공동체에 대한 기본적인 의미가 있는 결정은 의회 동의 없이 결정될 수 없다. 물론 권력분립원칙은 의회유보에 한계를 설정한다. 즉 집행부와 사법부의 본질적 권한은 남아있어야 한다. 의회유보 대상은 위임할 수 없다. 따라서 의회유보에서는 위임 금지가 강화한 법률유보가 문제 된다. 종래 법률유보 논의에서는 집행부 스스로 고유한 권력을 통해서 무엇을 할 수 있는지와 무엇에 법률 형식의 수권이 필요한지가 문제되었다. 그에 반해서 새로운 논의에서는 의회 스스로 어떤 규율을 하여야 하는지와 그로 말미암아 어떤 규율이 집행부에 위임될 수 없는지가 문제 된다. 이에 따라 절대적 의회권한, 위임할 수 있는 의회 권한, 본래의 행정 권한으로 서로 구별될 수 있다. 법치국가적 법률유보는 절대적 의회 권한과 위임할 수 있는 의회 권한을 포함하지만, 민주주의적 법률유보는 단지 절대적 의회 권한만을 포함한다. 의회유보에서 입법자는 규율에 대한 의무를 진다. 그래서 입법자는 자신의 입법 권한을 넘기거나 위임할 수 없다. 의회유보는 법률에 근거한 규율이 아닌 법률에 따른 규율을 요구한다.

강화한 규율밀도 명령도 의회유보의 핵심을 이룬다. 의회유보는 입법자가 명백한 위임뿐 아니라 일반규정과 불분명한 법개념의 형식 속에 은폐한 위임을 통해서 그에 부여

된 입법과제에서 벗어날 수 있는 출구를 봉쇄하는 결과를 낳는다. 그래서 입법자는 단순히 규율의무를 지는 것이 아니라 규율대상에 적합하도록 정확하고 엄밀하게 규율하여야 한다. 즉 의회유보는 법률에 충분한 규율밀도를 요구하고 불명확한 법개념과 재량 규정 사용을 제한한다. 이러한 점에서 법률의 명확성원칙은 의회유보의 중요한 요소이다.

결론적으로 의회유보는 어떤 사항을 반드시 의회가 규율하여야 하는지와 그 사항을 어떠한 밀도로 규율하여야 하는지라는 두 가지 심사를 요구한다. 이에 대한 심사기준은 일반적으로 제시될 수 없고, 헌법규정(특히 추상적 기준은 헌법 제37조 제2항, 제75조, 제95조)의 해석을 통해서 확정될 수밖에 없다.

(iv) 법계속형성의 한계인 법률유보

헌법재판소를 포함한 법원도 법률에 구속되고(헌법 제103조, 헌법재판소법 제4조), 법원은 권력분립원칙에 따른 입법자의 권한을 존중하여야 한다(헌법 제40조). 따라서 법률유보는 법원에도 미친다. 그러나 법률유보는 사법에 집행과 같은 의미로 적용될 수는 없다. 즉 법률에 근거가 없으면 행위를 할 수 없다는, 집행에서 발전한 법률유보 개념은 법원에 그대로 적용될 수는 없다. 법률에 빈틈이 있으면 재판을 거부할 수 없는 법원은 법을 계속 형성하여 이러한 빈틈을 메워야 할 뿐 아니라 메우는 것이 강제되기 때문이다. 헌법 제103조의 '양심'이나 민법 제1조의 '조리' 등은 법원이 법을 계속 형성하는 것을 인정하거나 허용하는 것으로 볼 수 있다. 그러나 법원의 법계속형성은 법률유보 때문에 한계에 부딪힌다. 즉 법원의 행위는 입법자의 평가와 결정을 보충하고 체계내적으로 계속 발전시키고 헌법적 지침을 개별법적으로 전환하는 것에 국한된다. 따라서 법에 빈틈이 있을 때 법원이 법을 계속 형성할 수 있다는 것은 법원에 창조적 자유재량을 허용하거나 법률유보에서 도출되는 한계를 벗어날 권한을 부여하지는 않는다. 법원은 오로지 헌법을 중심으로 한 유효한 법체계 안에서만 법률의 빈틈을 메울 수 있다. 법원이 법률의 빈틈을 메울 때, 오직 이미 있는 유효한 법질서, 즉 헌법 질서의 구성요소인 평가 수용만이 문제된다. 모든 규범적 확정, 즉 헌법에서 벗어난 법의 계속형성은 있을 수 없다. 특히 법관은 고유한 법정치적 평가를 할 수 없다. 그리고 법원은 재판의 기능적 한계 때문에 경제적 · 사회적 · 기술적 평가와 같은 사실적 평가를 할 수 없고, 법적 구성의 계속 발전이 문제되었을 때 이것을 고려할 수 있을 뿐이다. 이러한 점을 고려하면 법률유보 때문에 법원은 순수한 기본권 제약이 생기는 법계속형성을 할 수 없다(헌법 제37조 제2항 참조). 그 밖에 법계속형성의 제한은 엄격하게 도출되지 않는다. 그러나 기본권 제약이 문제 되지 않을 때(본질성이론 범위에 국한하지 않는다)도 입법자가 광범위한 입법형성의 자유가 있으면 법원은 법을 계속 형성할 수 없다. 입법자가 의도적으로 어떤 사항에 대한 법률적 규율을 배제하고 이에 관한 규율을 법원에 넘길 때도 법원의 법계속형성은 법률유보의 한계에서 벗어날 수 없다. 권력분립원칙에 따른 권한 배분은 처분될 수 없기 때문이다. 따라서 입법권은 포기되거나 위임될 수 없다. 입법권 행사는 의무이다. 이러한 의무 불이행은 헌법소원심판에 따른 헌법재판소의 위헌결정을 통해서 강제될 수 있을 뿐이고 법원이 입법자 대신 이러한 의무를 이행할 수는 없다. 그래서 헌법재판소는 법률의 빈틈(진정입법부작위)이나 잘못(부진정입법부작위)이 위헌임을 확인할 수 있을 뿐이고, 법률의 제 · 개정은 입법자에게 맡겨야 한다. 다만, 입법자가 법률을 제정할 수 없거나 제정하려고 하지 않으면 필요한 때만 헌법재판소는 긴급입법자로서 임시규율을 제정할 수 있다. 이러한 임시규율은 법률의 빈틈이 있을 때 법관에게 인정되는 긴급권 행사에 불과한 것으로서 법률의 빈틈을 메우기 위해서 법률이 제 · 개정될 때까지만 임시로 적용될 뿐이다.

(3) 위임입법 제한(포괄적 위임입법 금지원칙)

① 위임입법의 불가피성과 그 한계

현대에 들어와 행정국가화 · 사회국가화 경향에 따라서 행정이 관여하여야 할 영역이 대폭 넓어지면서 모든 행정을 국회법률에 따라서 규율할 수 없게 되었다. 이에 따라서 일정 사항을 행정입법에 위임하는 입법기술이 요청되었다. 그러나 이때도 권력분립원칙과 국회입법의 원칙적 요청을 근거로 포괄적 위임입법은 금지되는데 헌법 제75조에서 이를 규정한다.

② 위임입법의 한계인 포괄적 위임입법 금지

(i) 헌법규정

헌법 제75조는 "대통령은 법률에서 구체적 범위를 정하여 위임받은 사항 … 에 관하여 대통령령을 발할 수 있다."라고 규정함으로써 위임입법의 근거를 마련함과 동시에 위임은 '구체적으로 범위를 정하여' 하도록 함으로써 그 한계를 설정한다. 헌법 제95조는 "국무총리 또는 행정 각부의 장은 소관 사무에 관하여 법률이나 대통령령의 위임 또는 직권으로 총리령 또는 부령을 발할 수 있다."라고 규정한다. 이는 법률에 미리 대통령령으로 규정될 내용과 범위의 기본사항을 구체적으로 규정함으로써 행정권의 자의적인 법률의 해석과 집행을 방지하고 의회입법원칙과 법치국가원리를 달성하기 위한 규정이다. 특히 집행부에 입법을 위임하는 수권법률의 명확성원칙, 즉 합리적인 법률 해석을 통해서 수권법률에 포함된 입법자의 객관화한 의사, 즉 위임의 내용, 목적과 정도가 밝혀질 수 있다면 위임입법의 한계를 일탈한 것은 아니라는 법률의 명확성원칙을 행정입법에 관해서 구체화한 특별규정으로 볼 수 있다(헌재 2011. 12. 29. 2010헌바385등 참조).

(ii) '법률에서 구체적 범위를 정하여'의 의미

이처럼 입법을 위임할 때는 법률에 미리 대통령령 등으로 규정될 내용과 범위에 관한 기본사항을 구체적으로 규정하여 집행권이 자의적인 법률의 해석과 집행을 할 수 없도록 한다. 여기서 '구체적으로 범위를 정하여'는 의회입법원칙과 법치국가원리를 달성하고자 하는 헌법 제75조의 입법취지에 비추어 보면, 법률에 대통령령 등 하위법규에 규정될 내용과 범위의 기본사항이 가능한 한 구체적이고도 명확하게 규정되어서 누구라도 해당 법률에서 대통령령 등에 규정될 내용의 대강을 예측할 수 있어야 함을 뜻한다(헌재 1991. 7. 8. 91헌가4).

(iii) 예측 가능성의 판단기준

ⓐ 예측 가능성 유무는 해당 특정조항만으로 판단할 것이 아니라 관련 법률조항 전체를 유기적 · 체계적으로 종합 · 판단하여야 하고, 각 대상 법률의 성질에 따라 구체적 · 개별적으로 검토하여야 한다(헌재 1994. 7. 29. 93헌가12). ⓑ 그리고 이러한 위임의 구체성 · 명확성의 요구 정도는 그 규율대상의 종류와 성격에 따라서 달라질 것이지만, 특히 처벌법규나 조세법규와 같이 국민의 기본권을 직접적으로 제한하거나 침해할 소지가 있는 법규에서는 구체성 · 명확성의 요구를 강화하여 그 위임과 요건의 범위가 일반적인 급부행정보다 더 엄격하게 제한적으로 규정되어야 한다. 하지만 규율대상이 지극히 다양하거나 수시로 변화하는 성질의 것이면 위임의 구체성 · 명확성의 요건을 완화하여야 할 것이다(헌재 1991. 2. 11. 90헌가27). ⓒ 또한, 위임조항 자체에서 위임의 구체적 범위를 명백히 규정하지 않더라도 해당 법률의 전반적 체계와 관련 규정에 비추어 위임조항의 내재적인 위임의 범위나 한계를 분명히 확정할 수 있다면 이를 포괄적인 백지위임에 해당하는 것으로 볼 수 없다(헌재 1997. 12. 24. 95헌마390).

(4) 행정조직 법정원칙

법률유보를 따라서 행정조직은 입법부가 제정한 법률에 근거하여 구성된다. 헌법 제96조도 "행정각부의 설치 · 조직과 직무범위는 법률로 정한다."라고 하여 법률에 근거한 행정조직을 규정한다.

(5) 행정심판절차 법정원칙(헌법 제107조 제3항 제2문)

헌법 제107조 제3항은 "재판의 전심절차로서 행정심판을 할 수 있다. 행정심판의 절차는 법률로 정하되, 사법절차가 준용되어야 한다."라고 하여 행정소송의 전심절차로서 법률에 근거한 행정심판절차를 규정한다.

5. 법률에 대한 법치국가적 요청

(1) 처분적 법률과 입법권의 한계

① 처분적 법률의 의의와 유형

처분적 법률은 일반적 · 추상적 법률과는 달리 개별적 · 구체적 사항을 규율하는 법률, 즉 입법자가 구체적인 사안과 관련하여 특정한 구체적인 목적을 실현하려고 제정한 법률을 말한다. 처분적 법률을 행정적 집행이나 사법적 재판을 매개로 하지 아니하고 직접 국민에게 권리나 의무를 발생하게 하는 법률, 즉 자동집행력이 있는 법률이라고 하는 견해가 있다(헌재 1989. 12. 18. 89헌마32등). 그러나 처분적 법률의 본질은 일반적 법률이 보편적 정의 추구라는 목적이 있는 것과 비교하여 구체적인 목적(정치적 · 경제적 · 사회적 · 문화적 목적)에 대한 수단이라는 점에 있으므로 반드시 자동집행력을 가져야 하는 것은 아니다.

처분적 법률에는 (i) 일정 범위의 국민만을 대상으로 하는 '개별인(규율)법률', (ii) 개별적 · 구체적인 상황이나 사건을 대상으로 하는 '개별사건(규율)법률', (iii) 시행기간이 한정된 '한시법'의 세 유형이 있다. '개별인(규율)법률'로는 부정선거관련자처벌법, 정치활동정화법, 부정축재처리법 등이 있다. '개별사건(규율)법률'로는 긴급금융조치법, 긴급통화조치법 등이 있다. '한시법'으로는 재외국민취적 · 호적정정및호적정리에관한임시특별법 등이 있다.

② 처분적 법률의 필요성과 문제점

현대 국가에서 일반적 법률만으로는 전쟁 등 국가위기 때의 비상상황을 적절하게 대처하거나 사회적 정의 요청에 따른 권리 보장을 충분히 하기 곤란하다. 개별 사안에서 구체적 타당성을 기하기 위해서 처분적 법률을 제정할 필요가 있다. 다만, 처분적 법률이 권력분립원칙이나 평등원칙에 위반되는지가 문제 된다. 처분적 법률은 일반적 · 추상적 법규범 정립을 본질로 하는 입법 형식으로 개별적 처분과 같은 효과가 발생한다. 따라서 처분적 법률은 입법의 한계를 일탈하여 집행권을 행사하는 것으로 권력분립원칙에 어긋나는지가 문제 된다. 하지만 그것이 극단적인 내용으로서 집행기능의 핵심영역을 침해하는 것이 아닌 한 권력분립원칙을 어긋난다고 할 수 없다. 처분적 법률은 일정한 범위 안의 대상인물이나 대상사항에 관련하여서만 규정을 두는 것이다. 그러므로 처분적 법률은 그와 유사한 다른 인물이나 사항과 비교하여 특별한 취급을 하는 것으로 되어 평등원칙에 어긋나는 것이 아닌지가 문제 된다. 하지만 입법자가 국가위기의 비상상황을 적절히 대처하기 위해서 또는 사회적 정의를 실현하기 위해서 구체적 타당성이 있는 처분적 법률을 제정하여 특정한 범위의 인적 · 사항적 대상에 법적 효과를 부여하더라도 입법의 합리적 근거가 있는 한 '실질적' 평등원칙에 어긋난다고 할 수 없다(헌재 1996. 2. 16. 96헌가2등).

③ 처분적 법률 논의에 대한 비판

헌법 제40조는 "입법권은 국회에 속한다."라고 규정한다. 법률의 개념을 2중적으로 나누어 형식적 법률 개념 이외에 일반 · 추상적 법규범 정립이라는 실질적 법률 개념을 인정한다면 처분적 법률 문제가 발생한다. 그러나 헌법 제40조 법률의 개념은 국회가 헌법이 규정하는 절차에 따라서 심의 · 의결하고 대통령이 서명 · 공포함으로써 효력을 발생하는 형식적 의미의 법률로 이해할 수 있다(헌재 1991. 2. 11. 90헌가27). 이러한 절차적인 법률 개념을 따르면, 그것이 규율하는 내용과 범위에 상관없이 헌법이 규정한 절차를 거쳐서 성립하면 법률로 인정되므로 법률이 '처분적' 성격을 띤다고 하여서 별도로 문제가 될 것은 없고, 다른 일반 법률과 똑같은 기준으로 위헌성 여부를 심사하면 된다. 그리고 모든 법률은 일정한 목적을 추구하므로 법률의 목적이 개념적인 분류의 명확한 기준이 될 수 없다. 게다가 처분적 법률이 다른 법률과 비교해서 엄격한 심사대상이 되어야 하지만, 그것은 단지 정도의 차이에 지나지 않는다. 또한, 이른바 처분적 법률로 부르는 것도 사실상 대부분 규율범위가 개별적인 법률에 지나지 않으므로, 이들에 대한 새로운 용어는 불필요한 것으로 보인다. 따라서 처분적 법률이라는 법률유형을 별도로 설정하여 논할 실익은 거의 없다.

(2) 법률의 명확성 요청

① 의의

법률의 명확성원칙은 행정부가 법률에 근거하여 국민의 자유와 권리를 제한할 때, 법률이 수권 범위를 명확하게 확정하여야 하고, 법원이 공권력 행사의 합법성 여부를 심사할 때는 법률이 그 심사기준으로서 충분히 명확하여야 한다는 것을 뜻한다.

② 명확성의 요청 정도

법률의 명확성원칙은 입법자가 법률을 제정할 때 일반조항이나 불확정개념을 사용하는 것을 금지하는 것은 아니다. 수권법률의 명확성에 대한 요구는 규율대상의 특수성 그리고 수권법률이 당사자에게 미치는 기본권 제한 효과에 따라 다르다. 즉 다양한 형태의 사실관계를 규율하거나 규율대상이 상황에 따라서 자주 변화하리라고 예상된다면 규율대상인 사실관계의 특성을 고려하여 엄격하게 명확성 요구를 할 수 없으며, 다른 한편 기본권 제한 효과가 진지하면 할수록 수권법률의 명확성에 대해서 더욱 엄격한 요구를 하여야 한다(헌재 1992. 2. 25. 89헌가104). 법문언이 법관의 보충적인 가치판단을 통해서 그 의미내용을 확인할 수 있고, 그러한 보충적 해석이 해석자의 주관에 따라서 좌우될 가능성이 없다면 명확성원칙에 어긋난다고 할 수 없지만(헌재 1998. 4. 30. 95헌가16), 일반적으로 법률 해석을 통해서도 행정청과 법원의 자의적인 법적용을 배제하는 기준을 얻는 것이 불가능하다면 그 수권법률은 명확성원칙에 어긋난다고 보아야 한다(헌재 2002. 6. 27. 99헌마480).

③ 처벌법규의 명확성원칙[죄형법정원칙(죄형법정주의)]

죄형법정원칙(죄형법정주의)은 처벌하고자 하는 행위가 무엇이며 그에 대한 형벌이 어떠한 것인지를 누구나 예견할 수 있고, 그에 따라서 자기 행위를 결정할 수 있게끔 구성요건을 명확하게 규정하라고 요구한다. 그러나 처벌법규의 구성요건이 다소 광범위하여 어떤 범위에서는 법관의 보충적인 해석이 필요할지라도 그 점만으로는 헌법이 요구하는 처벌법규의 명확성에 배치되는 것은 아니다. 처벌법규의 명확성이 어느 정도 명확하여야 하는지는 일률적으로 정할 수 없고, 각 구성요건의 특수성과 그러한 법적 규제의 원인이 된 여건이나 처벌의 정도 등을 고려하여 종합적으로 판단하여야 한다(헌재 1999. 2. 25. 97헌바3).

(3) 소급입법과 신뢰보호 문제

① 신뢰보호원칙의 의의

법치국가의 중요한 구성부분인 법적 안정성의 객관적 요소는 법질서의 신뢰성, 항구성, 법적 투명성과 법적 평화이다. 법적 안정성의 주관적 측면을 이루는 신뢰보호원칙은 이와 내적인 상호연관관계에 있다(헌재 1996. 2. 16. 96헌가2등). 신뢰보호원칙은 국가공권력 행사에 대한 개인의 보호가치 있는 신뢰가 있으면 이를 보호하여야 한다는 원칙이다. 신뢰보호원칙은 법치국가원리의 요소인 법적 안정성에서 도출되므로 신뢰보호원칙은 모든 공권력 영역에 적용된다. 이에 따라 입법부에서는 법률에 대한 신뢰 보호로, 집행부에서는 행정행위에 대한 신뢰 보호로 그리고 사법부에서는 기판력 문제로 각각 구체화한다. 헌법재판소도 "신뢰보호원칙은 법률이나 그 하위법규 뿐만 아니라 국가관리의 입시제도와 같이 국 · 공립대학의 입시전형을 구속하여 국민의 권리에 직접 영향을 미치는 제도운영지침의 개폐에도 적용되는 것이다."(헌재 1997. 7. 16. 97헌마38)라고 하여 신뢰보호원칙이 입법에 국한되는 원칙이 아님을 밝힌다. 법적 안정성과 신뢰보호원칙에서 특히 중요한 것은 시간적인 요소이다. 일정 법률의 효력 아래에서 발생한 법률관계는 또한 이 법에 따라서 파악되고 판단되어야 하며, 개인은 과거의 사실관계가 사후적으로 새로운 기준에 따라서 평가되지 않으리라고 신뢰할 수 있어야 한다. 그러므로 법치국가적 요청으로서 신뢰보호원칙과 법적 안정성은 무엇보다도 바로 소급효가 있는 법률에 민감하게 저촉된다.

② 소급입법의 종류와 금지범위

소급입법에는 진정소급입법과 부진정소급입법이 있다. 진정소급입법은 과거에 이미 완성된 사실관계나 법관계를 규율하는 입법형식이고, 부진정소급입법은 이미 과거에 시작되었으나 아직 완성되지 아니한 사실관계나 법관계를 규율하는 입법형식이다.

새로운 입법을 이미 종료된 사실관계나 법관계에 적용하게 하는 진정소급입법은 헌법 제13조 제2항이 금지하는 소급입법으로서 헌법적으로 허용되지 않는 것이 원칙이며 특별한 사정이 있을 때만 예외적으로 허용될 수 있다. 하지만 현재 진행 중인 사실관계나 법관계에 적용하도록 하는 부진정소급입법은 원칙적으로 허용되지만, 소급효를 요구하는 공익적 사유와 신뢰 보호 요청 사이의 교량과정에서 신뢰 보호 관점이 입법자의 형성권에 제한을 가하게 된다(헌재 1998. 11. 26. 97헌바58).

일반적으로 (가) 국민이 소급입법을 예상할 수 있었거나 (나) 법적 상태가 불확실하고 혼란스러웠거나 하여 보호할 만한 신뢰 이익이 적은 때와 (다) 소급입법에 따른 당사자의 손실이 없거나 아주 가벼울 때 그리고 (라) 신뢰 보호 요청에 우선하는 심히 중대한 공익적 사유가 소급입법을 정당화할 때는 예외적으로 진정소급입법이 허용된다(헌재 1996. 2. 16. 96헌가2등).

헌법 제13조 제1항에서 가벌성을 결정하는 범죄구성요건과 형벌의 영역(이에 관한 한 절대적 금지)을 제외하고는 부진정소급입법은 원칙적으로 허용된다. 다만, 법치국가원리의 중요한 요소인 법적 안정성에 따른 제한을 받을 뿐이다. 헌법재판소 판례도 형벌규정에 관한 법률 이외의 법률은 부진정소급효가 원칙적으로 허용되고, 단지 소급효를 구하는 공익상 사유와 신뢰 보호의 요청 사이의 교량과정에서 신뢰 보호 관점이 입법자의 형성권에 제한을 가할 뿐이라고 한다(헌재 1995. 10. 26. 94헌바12).

(4) 경과규정에서 경과적 정의

과거에 발생한 (그러나 아직 완성되지 아니한) 법적 관계에 신법이 적용될 때, 즉 부진정소급효 문제는 소급효 문제가 아닌, 신법을 기존 법적 관계에 적용하는 문제, 구법에서 신법으로 이행하는 문제, 결국 경과규정 문제이다. 신뢰보호의 구체적 실현수단으로 사용하는 경과규정에는 ① 기존 법률이 적용되던 사람들에게 신법 대신 구법을 적용하도록 하는 방식과 ② 적응보조규정을 두는 방식 등이 있다. 법치국가적 신뢰 보호는 기본권 범주에서도 고유한 의미가 있으므로, 새로운 규정을 과거에 발생한 사실관계에 확대하여 적용하는 것이 허용되는지의 관점에서 독자적인 기준으로 판단되어야 한다. 구체적으로 ① 보호가치 있는 신뢰가 있는지(이때 신뢰 가치를 결정하는 중요한 척도는 법규범에 내재된 국가행위의 예견 가능성이다), ② 공익이 이러한 새로운 규정의 확대 적용을 요구하는지, ③ 법률존속이익과 공익적 법률개정이익 중 구체적으로 어떠한 법익이 우위를 차지하는지(신뢰구성요건 존재는 국가가 곧 국민의 신뢰를 존중하여야 한다는 것을 뜻하지 않는다. 기본권이 공익을 이유로 일정 한도 안에서 제한될 수 있듯이 개인이 신뢰 보호를 요구할 수 있는 주관적 권리도 공공복리의 유보 아래에 있다. 이때 중요한 기준은 개인의 처분적 행위가 국가가 일정 방향으로 유인한 신뢰 행사인지, 아니면 단지 법률이 부여한 기회를 활용한, 원칙적으로 사적 위험부담에 속하는지이다)가 심사되어야 한다.

개인의 보호가치 있는 신뢰가 인정되는데도 신뢰 보호의 사회적 기속성 관점에서 신뢰 보호가 국가의 법률개정이익에 양보하여야 한다면, 개인의 신뢰는 적어도 적절한 경과규정을 통해서 고려되어야 한다(헌재 1999. 4. 29. 94헌바37). 입법자는 경과규정에서 광범위한 형성의 자유가 부여되므로 헌법재판소는 단지 헌법적으로 경과규정이 요구되는지, 입법자가 선택한 경과규정이 충분하고 적당한지만을 심사하게 된다.

(5) 입법(자의)구상에서 요구되는 체계정당성

입법자는 다양한 생활영역을 규율하는 많은 법률의 체계적 해석을 고려하여 상호 모순이 발생하지 않도록 법률을 제정하여야 한다. 한 법률에서 확인될 수 있는 입법(자가 의도하는)목적이 다른 법률의 입법목적과 서로 충돌하면, 이러한 법률은 입법자의 구상에서 체계정당성을 확보하지 못한 법률이다. 이는 다양한 헌법적 가치를 통일적으로 조화롭게 해석하여 법률을 제정하여야 할 입법자의 의무를 게을리한 것으로 볼 수 있다.

체계정당성의 원리라는 것은 동일 규범 내에서 또는 상이한 규범간에 (수평적 관계이건 수직적 관계이건) 그 규범의 구조나 내용 또는 규범의 근거가 되는 원칙면에서 상호 배치되거나 모순되어서는 안된다는 하나의 헌법적 요청이다. 즉 이는 규범 상호간의 구조와 내용 등이 모순됨이 없이 체계와 균형을 유지하도록 입법자를 기속하는 헌법적 원리이다. 이처럼 규범 상호간의 체계정당성을 요구하는 이유는 입법자의 자의를 금지하여 규범의 명확성, 예측가능성 및 규범에 대한 신뢰와 법적 안정성을 확보하기 위한 것이고, 이는 국가공권력에 대한 통제와 이를 통한 국민의 자유와 권리의 보장을 이념으로 하는 법치국가원리에서 도출된다. 그러나 일반적으로 일정한 공권력작용이 체계정당성에 위반한다고 해서 곧 위헌이 되는 것은 아니다. 즉 체계정당성 위반 자체가 바로 위헌이 되는 것은 아니고 이는 비례의 원칙이나 평등원칙위반 내지 입법의 자의금지 위반 등의 위헌성을 시사하는 하나의 징후일 뿐이다. 그러므로 체계정당성 위반은 비례의 원칙이나 평등원칙 위반이나 입법자의 자의금지 위반 등 일정한 위헌성을 시사하기는 하지만 아직 위헌은 아니고, 그것이 위헌이 되기 위해서는 결과적으로 비례의 원칙이나 평등의 원칙 등 일정한 헌법의 규정이나 원칙을 위반하여야 한다. 그리고 입법의 체계정당성 위반과 관련하여 그러한 위반을 허용할 공익적인 사유가 있다면 그 위반을 정당화할 수 있어서, 입법상 자의금지원칙을 위반한 것이라고 볼 수 없다. 나아가 체계정당성 위반을 정당화할 합리적인 사유의 존재에 관하여는 입법의 재량이 인정되어야 한다. 다양한 입법의 수단 가운데서 어느 것을 선택할 것인지는은 원래 입법의 재량에 속하기 때문이다. 그러므로 이러한 점에 관한 입법의 재량이 현저히 한계를 일탈한 것이 아닌 한 위헌 문제는 생기지 않는다(헌재 2005. 6. 30. 2004헌바40등).

6. 사법적 권리구제 보장

법치국가적 이념에 따라 국가권력은 법에 기속되지만 국가권력이 위법하게 개인의 자유와 권리를 침해할 때 사법절차적 기본권 실현을 통한 사법적 권리구제방안이 마련되어야 한다.

7. 공법적 손해전보체계: 국가기관의 책임체계 - 2가지 기본모델

국가권력 행사로 말미암아 개인의 기본권(특히 신체의 자유)이 제약될 때 사법절차적 기본권을 보장하고 사법적 권리구제방안을 마련함으로써 그러한 국가적 제약을 제거할 수 있다. 그런데도 여전히 남아 있는 손해까지 구제하여야 온전한 법치국가가 실현된다. 이를 위해서 손해전보 형식으로 국가가 책임을 진다. 국가기관의 책임체계로서 공법적 손해전보체계는 2가지 기본모델로 구성된다. 위법한 국가권력 행사로 말미암아 발생한 손해를 배상하는 국가배상제도와 적법한 국가권력 행사로 말미암아 발생한 손실을 보상하는 손실보상제도가 있다.

8. 비례성원칙

(1) 의의

법치국가원리의 구성요소인 비례성원칙은 수단과 목적 사이의 관계를 나타낸다. 수단과 실현하려는 공익(보호이익)의 관계, 수단과 제약되는 사익(제약이익)의 관계, 수단으로 실현하려는 공익과 제약되는 사익의 관계를 나타낸다. 국가기관이 선택한 수단은 추구하는 공익을 실현하는 데 적합하여야 하고(적합성), 사익 제약이 필요한 정도에 그쳐야 하며, 즉 공익을 같은 정도로 실현하면서 사익을 덜 제약하는 다른 수단이 없어야 하며(필요성 · 최소제약성 · 침해의 최소성), 수단으로 실현하려는 공익이 수단으로 제약되는 사익보다 우월할 것이 요청된다(협의의 비례성 · 상당성).

(2) 적용 영역

비례성원칙은 19세기 자유주의국가에서 경찰권을 구속하여 수단을 제한하는 원칙이었다. 국민의 자유를 제한하는 집행부의 처분은 법률에 근거하여야 할 뿐 아니라 달성하려는 목적과 맺는 관계가 비례적인 수단만을 허용한다는 것이다. 경찰법 영역에서 자유와 재산권에 대한 제한의 한계원리로 출발한 이 원칙은 점차 입법을 포함한 모든 국가권력을 모든 법영역에서 구속하는 원칙으로 발전하였다. 국가가 국민의 자유와 재산권을 제한할 때뿐 아니라 국민에게 급부를 제공하거나 국가기관 서로 간의 권한을 규율하는 때 등 모든 국가활동에 비례성원칙이 적용된다. 국가권력 행사는 추구되는 목적을 달성하는 데 적합하고, 그 목적이 어떤 다른 수단을 통해서 마찬가지 정도로 달성되면서도 개인에게 덜 부담이 되는 그런 수단이 없어야 하며, 개인에 대한 부담 정도가 공익과 합리적인 비례관계에 있어야 한다는 것이다.

(3) 하위원칙

① 목적의 정당성?

국가권력 행사의 목적을 확인하고 헌법에 들어맞아서 정당한 것인지에 관한 검토가 비례성원칙 심사에 선행되어야 한다. 목적의 정당성을 비례성원칙의 하위원칙으로 보는 견해도 있지만, 비례성은 목적과 수단 사이의 관계를 전제로 하므로 관계의 개념을 전제로 하지 않는 목적의 정당성은 비례성심사 이전에 판단되어야 하지 비례성원칙의 부분원칙이 될 수는 없다.

② 수단(방법)의 적합성(적정성)

적합성원칙은 수단이 목적 달성에 적합하라고 요청한다. 적합성은 수단이 목적 실현에 이바지하는 영향을 주는지의 심사척도이므로 수단이 목적 달성에 적합할 것 이상을, 즉 수단이 목적 달성에 '효과적'일 것까지 요구할 수는 없다. 따라서 적합성원칙은 수단이 목적 달성을 촉진할 수 있는지, 전적으로 부적합한 것은 아닌지를 통제하는 것으로 충분하다.

③ 필요성(최소제약성, 피해의 최소성)

필요성원칙은 가능한 최소한의 불이익을 가져오는 수단을 요청한다. 같은 효과를 내면서 덜 제한적인 다른 수단이 없어야 한다. 적합성원칙이 수단과 실현하려는 공익의 관계에 관한 원칙이라면, 필요성원칙은 수단과 제약되는 사익의 관계에 관한 원칙이다. 다만, 수단으로 실현하려는 공익의 정도가 같을 것을 조건으로 한다. 필요성원칙은 사익을 덜 제한하는 다른 수단이 없어야 한다고 요청하지만, 사익을 덜 제한하는 수단이 있더라도 공익 실현에 같은 효과를 내는 수단이 아니면(공익실현 정도가 더 크면) 필요성 심사에서 위헌판단을 할 수 없기 때문이다.

④ 협의의 비례성원칙(법익의 균형성, 상당성)

협의의 비례성원칙은 수단으로 실현하려는 공익이 수단으로 제약되는 사익보다 우월하여야 한다고 요청한다. 총체적으로 보아 이익이 불이익을 넘어야 한다는 것이다. 적합성원칙과 필요성원칙이 수단과 공익, 수단과 사익 사이의 관계를 나타내는 것이라면 협의의 비례성원칙은 수단으로 실현하려는 공익과 제약되는 사익 사이의 관계를 나타낸다.

6절

사회국가원리와 문화국가원리

Ⅰ. 사회국가원리

1. 사상사적 배경

사회국가 사상 연원은 정의로운 이상사회 건설을 주장하였던 생시몽, 뿌리에, 쁘루동 등 프랑스 초기 사회주의자에서 찾을 수 있다. 사회적 행정 차원에서 사회국가를 실현하고자 하였던 로렌츠 폰 슈타인 등 강단사회주의자가 사회국가모델을 어느 정도 구체적으로 제시하였다. 슈타인은 국가가 사회적 행정을 통해서 자본가와 노동자의 갈등으로 발생하는 사회적 문제를 해결하려고 노력할 때 군주의 지위도 공고해질 수 있다고 주장하면서 군주에게 사회국가 실현을 기대하였다. 그리고 강단사회주의자 중에는 사회국가 실현에 대한 기대를 선거제도 개혁 등 민주주의 발전에 두기도 하였다. 노동자가 선거권과 피선거권을 획득할 때 노동자의 의사가 반영된 의회입법을 통해서 사회국가가 실현될 수 있다는 것이다.

2. 헌법 규정(헌법상 사회국가 구현)

한국 헌법은 '사회국가'라는 용어 자체를 사용하지는 않는다. 그러나 한국 헌법은 사회국가를 구현하려는 내용을 광범하게 규정한다(헌재 2002. 12. 18. 2002헌마52). 헌법 전문에서 "안으로는 국민생활의 균등한 향상을 기하고"라고 규정하고, 제10조의 "모든 국민은 인간으로서의 존엄과 가치를 가지며, 행복을 추구할 권리를 가진다."라는 규정을 이어받아 헌법 제34조 제1항에서 "모든 국민은 인간다운 생활을 할 권리를 가진다."라고 규정하고 나서, 같은 조 제2항에서 "국가는 사회보장 · 사회복지의 증진에 노력할 의무를 진다."라고 규정함으로써 '국가의 사회적 의무'를 명시한다.

사회국가 구현을 위한 구체적 규정으로 제23조 제2항은 "재산권의 행사는 공공복리에 적합하도록 하여야 한다."라고 함으로써 재산권의 사회적 구속성을 언급하고, 무엇보다도 제31조부터 제36조에 걸쳐서 사회권을 목록화한다. 그리고 제119조는 한국 헌법이 경제모델로서 사회적 시장경제질서를 채택함을 밝히면서 균형 있는 국민경제의 성장 · 안정 · 적정한 소득분배 · 시장지배 및 경제력 남용 방지 · 경제에 관한 규제와 조정을 규정한다. 제120조부터 제127조에 걸쳐서 천연자원 국유화, 농지 소작 금지, 농지 · 산지 이용 제한, 사영기업의 국 · 공유화 가능성 등 사회적 시장경제질서를 구체화하는 내용을 규정한다.

3. 목표와 내용

(1) 목표

사회국가는 모든 국민이 자주적 책임 아래 자기 인격을 발전시켜 나갈 수 있도록 국가가 모든 국민에게 기초적 생활조건을 조성하여 주고, 사회적 약자를 그들이 처한 위기상황에서 보호 · 배려하며 나아가 모든 국민의 복지를 가능한 한 균등하게 촉진함으로써 사회정의를 실현하는 국가를 말한다. 헌법재판소는 사회국가란 한마디로, 사회정의 이념을 헌법에 수용한 국가, 사회현상에 대하여 방관적인 국가가 아니라 경제 · 사회 · 문화 모든 영역에서 정의로운 사회질서의 형성을 위하여 사회현상에 관여하고 간섭하고 분배하고 조정하는 국가이며, 궁극적으로는 국민 각자가 실제로 자유를 행사할 수 있는 그 실질적 조건을 마련해 줄 의무가 있는 국가라고 한다(헌재 2002. 12. 18. 2002헌마52). 따라서 사회국가원리는 자본주의 발달에 따른 부의 편재(偏在) 문제를 해결하여 자유와 평등을 더 실질화하려는 헌법원리이다. 이를 통해서 자유와 평등은 새롭게 이해될 뿐 아니라 프랑스 대혁명 3대 구호 중 거의 잊힌 연대가 부분적이기는 하지만 수용된다. 즉 사회국가는 사회의 긴장과 갈등, 대립을 해소하고 극복하여 사회적 통합을 이루는 국가이다.

사회국가는 가능하면 국민이 자주적 책임 아래 스스로 생활을 설계하도록 하고 국민의 자율적 생활 영역에 개입하여 개인의 안전과 복지를 보장하는 것은 보충적이라는 점에서, 국가의 국민에 대한 전면적 부양을 의미하는 북유럽형의 복지국가와 구별된다. 그리고 사회국가의 보호법익은 국민 생존과 밀접하게 관련된 이익이고 이를 실현하기 위해서 국가의 적극적 개입을 요청하지만, 자유주의적 · 시민적 법치국가의 보호법익은 '국가에서 국민의 자유와 재산'을 보장하는 데 있고, 이를 실현하기 위해서 국가 개입을 방어하는 데 중점을 둔다는 것에 차이가 있다.

(2) 내용

① 기초적인 생활조건 조성(기초생활 보장)

사회국가원리는 국가에 국민의 기초적인 생활조건을 조성할 의무를 부과한다. 국가는 재정능력을 고려하여 국민의 기초생활을 보장하여야 한다. 국민생활에 필요한 최저한의 생존조건을 보장하여야 하고 그 밖에 생존 배려를 위한 방안을 마련하여야 한다. 생활에 필요한 최저한의 생계비를 지원하여야 할 뿐 아니라 국민이 기초생활을 할 수 있도록 주택시설, 교육시설, 부양시설, 교통시설 등 생활하는 데 필요한 기본적인 수요를 충족시키는 조치를 취하여야 한다.

② 사회적 보장(사회적 안전 창출, 생존 배려)

사회국가원리는 국가에 개인적인 조건이나 사회적인 상황으로 말미암아 자신의 인격적 · 사회적 발전에서 장애를 받는 개인이나 집단을 배려하라고 요청한다. 국가는 모든 국민을 질병 · 노령 · 생활무능력 · 실업 등 위기상황에서 보호하는 데 필요한 제도를 마련하고 유지하여야 할 의무를 진다. 이를 국가의 사회적 보장(사회적 안전 창출, 생존 배려)의무라고 한다. 국가는 광범한 사회적 급부체계를 마련함으로써 사회적 보장의무를 이행한다. 특히 의료, 사고, 실업 및 연금보험 그리고 조세 부담 조정 등과 같은 사회입법은 일상 생활에서 발생할 수 있는 (사회적) 위험에서 사회적 생존을 보호한다.

③ 사회적 정의(사회적 평등 구현)

사회국가 이념인 사회적 정의는 사회적 평등을 구현함으로써 비로소 실현될 수 있으므로 사회국가원리는 평등원칙과 결합한다. 따라서 사회국가원리는 국가에 모든 국민의 복지를 가능한 한 균등하게 촉진하도록 요청한다. 국민을 구성하는 모든 계층에 대해서 '그들의 몫'을 주는 배분을 요청한다. 이는 개인 능력에 따라서 사회적 급부와 사회적 부담을 차등화하여야 한다는 것을 뜻한다. 특히 사회적 약자 보호를 고려하면서 조세 부담 등 사회적 조정과 급부를 통해서 사회적 불평등을 없애고 사회적 재분배를 실현하도록 하여야 한다. 그리고 사회국가원리는 소득 분배와 더불어 적정 수준의 경제적 · 문화적 생활 수준을 보장하라고 요청한다. 다만, 구체적으로 어느 수준까지 보장할 수 있는지는 국가의 재정능력을 고려하여서 결정할 수밖에 없다. 마지막으로 사회국가원리는 경제성장까지도 요청하기에 이른다. 복지 수준을 계속 향상하려면 꾸준한 경제 성장을 통한 재정능력 확충이 전제되어야 하므로, 사회국가원리는 국가에 대해서 경제 성장을 위하여 노력할 의무를 부과하기에 이른다.

(3) 실제적 의의

사회국가원리는 객관적인 헌법원리이므로 여기서 구체적인 권리가 도출되지는 않는다. 하지만 사회국가원리는 단순한 정치적 선언에 지나지 않는 백지개념이 아니라, 모든 국가권력에 의무를 부과하는 헌법규범으로서 사회국가 과제를 준수하고 실행하도록 명령하는 법규범이다. 사회국가는 객관적인 국가목표규정의 성격이 있다. 이러한 사회국가 과제를 구체화할 의무는 1차적으로 입법자에게 있다. 국민의 (집단적) 대표로서 민주적 정당성을 갖고 주도적으로 국가의사를 형성하여야 할 입법자에게 사회국가원리의 헌법적 요청에 따라서 사회정의를 구현하여야 할 1차적 책임이 있다. 입법자는 사회 변화에 맞는 '사회정의' 실현을 위한 정책을 입법 형성의 자유 범위 안에서 입법하여야 할 의무를 부담한다.

그리고 사회국가원리는 집행과 사법에 대해서도 구속력 있는 해석기준으로 기능한다. 사회국가원리는 헌법원리로서 입법을 포함한 모든 국가권력을 직접 구속하는 법규범이다. 집행부와 사법부는 집행작용과 사법작용을 할 때 사회적 정의의 사회국가적 요청을 고려하여서 법을 해석 · 적용하여야 할 것이다.

4. 구체화

(1) 사회적 보장

헌법은 제34조 제2항~제6항에 걸쳐서 국가의 사회보장의무를 규정한다. 국민 일반에 대한 사회보장 · 사회복지 증진에 노력할 국가의 의무를 규정하면서, 특히 여자, 노인, 청소년, 신체장애인, 생활능력이 없는 국민 등 사회적 약자에 대한 복지와 보호, 재해 예방과 그 위험에서 국민을 보호하여야 할 국가의 의무를 규정한다. 입법자는 이러한 국가의 사회보장의무를 입법 형식으로 구체화하여서 국민에게 사회보장(수급)권을 부여한다. 이에 따라서 "모든 국민은 사회보장에 관한 관계법령이 정하는 바에 의하여 사회보장의 급여를 받을 권리(사회보장수급권)를 가진다."(사회보장기본법 제9조). 구체적으로 국민은 사회보험법률에 따른 사회보험청구권, 공공부조법률에 따른 공공부조청구권, 사회복지서비스법률에 따른 사회복지조치청구권을 행사할 수 있다.

(2) 사회적 정의

사회국가원리는 사회적 보장 범위를 넘어서 사회적 정의를 실현하는 다른 수단을 요청한다. 사회국가원리는 예를 들어 독과점과 경제력 집중을 규제하는 방식 등으로 경제를 사회국가적으로 형성하는 것이라든지, 중산층 형성을 위한 입법, 의무교육 확대 시행, 교육시설 확충 등 교육정책 등에도 영향을 미친다.

(3) 기타

그 밖에 사회국가원리는 주택임대차보호법을 규율하는 사법(私法) 분야, 법률구조를 규율하는 절차법 분야, 행형제도 개선을 규율하는 형사법, 경제 성장을 위한 국가정책(경제에 관한 규제와 조정)을 규율하는 법, 환경보호를 규율하는 법의 제정 · 해석 · 적용에 영향을 미친다.

5. 한계

(1) 개념본질적 한계

사회국가는 사회주의와 다르다. 사회국가는 산업사회에서 나타난 계급 갈등을 사회

혁명이 아니라 사회개량으로 해소하려는 국가이다. 따라서 사회국가 개념에 비추어 사회국가 목표를 실현할 때 사회개량적 · 사회개혁적 방법에 국한되어야 하며 혁명적 방법이어서는 안 된다.

(2) 법치국가원리에 따른 한계와 기본권의 본질적 내용 침해 금지

사회국가원리를 실현할 1차적 책임은 입법자가 진다. 입법자는 넓은 입법 형성의 자유를 갖고 사회국가원리를 실현하는 입법을 할 수 있다. 하지만 이때도 입법자는 법치국가의 요청인 형식과 내용의 한계를 지켜야 한다. 사회국가원리를 실현하기 위해서 꼭 필요한 범위 안에서 자유와 권리를 제한하더라도 그 본질적 내용을 침해하여서는 안 된다. 집행과 사법에서 사회국가원리를 실현하는 법률을 해석 · 적용할 때도 법치국가적 한계를 당연히 지켜야 한다.

(3) 국가의 재정능력에 따른 한계

사회국가를 실현하려면 재원이 필요하고 이는 국가의 재정능력에 의존할 수밖에 없다. 국가는 재정을 충당하려고 조세를 징수할 수 있다(이를 조세고권이라고 부른다). 하지만 과도한 조세 부과는 오히려 경제 성장을 방해하여 사회국가 실현을 어렵게 할 수 있다. 따라서 국가는 경제 성장에 따라서 적절한 조세를 부과함으로써 사회국가 실현을 위한 재원을 마련하여야 한다.

(4) 보충성에 따른 한계

사회국가는 가능하면 국민이 자주적 책임 아래 스스로 생활을 설계 · 운영하도록 하고, 보충적으로만 국민의 자율적 생활 영역에 개입하여 개인의 안전과 복지를 보장한다. 자율적 능력을 상실하는 기간에만 보충적으로 지원하는 데 그쳐야 한다(헌재 2011. 3. 31. 2009헌마617등). 사회국가는 국민의 자유와 평등을 보장하는 민주적 법치국가를 전제로 사회적 정의 실현을 요청하는 원리이기 때문이다. 사회국가원리는 민주주의와 법치국가원리를 보충 · 보완하는 원리로서 민주적 법치국가의 구체적 형성 방향을 사회적 정의 요청에 맞게 정하는 원리이다.

(5) 민주(국가)원리(민주주의)와 맺는 관계에 따른 한계

민주(국가)원리(민주주의)는 민주적 의사 결정을 통한 국가질서 형성을 요청한다. 사회국가원리도 국민적 합의를 거쳐서 헌법에 반영된 것이고 구체적으로 사회국가원리가 실현되는 과정에서도 민주적 정당성이 있는 입법자를 통해서 민주적 의사 결정 과정을 거쳐야 한다. 따라서 사회국가원리는 민주(국가)원리(민주주의)와 결합할 때만 실현될 수 있다. 사회국가적 요청에 대한 민주적 합의가 없으면 (입법에 난항을 겪게 될 것이므로) 사회국가를 실현하기 어렵다.

Ⅱ. 문화국가원리

1. 문화와 국가의 관계

문화는 사람들이 만들고 공유하는 모든 것을 말한다. 언어, 문자, 노래, 음악, 춤, 예술, 전통, 관습, 법, 윤리나 도덕, 종교 등과 같이 사람이 만들고 어떤 범위에서든 공유하면 그것이 뭐든 문화로 볼 수 있다. 모방도 창조의 출발점이 될 수 있다는 점에서 독창성은 문화의 필수요소는 아니다. 국가와 문화의 관계는 국가가 문화에 개입하는 목적과 정도에 따라서 크게 '문화가 국가에 종속하였던 시기', '국가에서 문화적 자율성을 확보하였던 시기', '문화조성국가로 발전하는 시기'의 세 단계로 나눌 수 있다.

근대 이전에는 문화가 국가에 종속하였다. 문화의 자율성과 독자성은 없고 문화는 오로지 지배체제의 목적에 봉사하는 수단에 불과하였다. 학문 · 예술 · 교육 · 종교 등은 모두 지배체제의 잣대에 따라서 생산되고 평가되었다. 그러나 시민계급이 성장하여 시민사회를 형성하면서 국가에서 문화적 자율성이 확보되기 시작하였다. 문화는 더는 국가적 지배 수단으로 이해되지 않았고 '문화 자체를 위한 문화활동'이 가능하였다. 특히 시민혁명을 계기로 개인의 자유와 평등을 보장하는 입헌국가가 성립하면서 개인은 더는 국가 간섭을 받지 않고 독자적 · 자율적으로 문화를 창조하였다. 국가는 경제영역에서 자유방임을 원칙으로 하였듯이 문화영역에서도 가능한 한 개입하지 않고 개인의 자유를 최대한 보장하였다. 문화적 자율성에 대한 헌법적 보장이 이루어진 것이다.

문화활동이 시장 논리를 따르면서 문화의 경제 종속성, 전통문화 상실과 외래문화에 대한 종속성, 문화적 불평등 같은 병폐가 대두하였다. 경제 영역에서 자유방임정책이 시장 실패를 가져왔듯이 문화 영역에서도 자유방임정책은 문화 실패를 가져왔다. 시장 수요를 충족하지 못하는 문화활동이 점차 위축되고 상업성 있는 대중문화만 확대재생산되었다. 그러자 시장 수요를 충족하지 못하는 전통문화가 점차 사라지고 상업성 있는 대중(외래)문화가 확산하였다. 문화적 균형이 파괴된 것이다. 그리고 부의 편중은 문화를 누릴 기회 자체를 유산계층으로 한정하였고, 대다수 무산계층은 최소한의 문화생활에 참여하기도 어려워졌다.

이러한 문화적 균형 파괴, 문화적 불평등 문제를 해결하고 건전한 문화를 육성 · 진흥하려고 국가는 자율적인 문화 영역에 개입하기 시작하였다. 문화적 자율성을 존중하면서도 문화적 방임주의가 가져온 현대국가의 문화적 과제를 해결하려는 적극적으로 문화를 형성 · 보호하는 문화조성국가로 발전한 것이다. 오늘날 국가가 어떤 문화현상도 선호하거나 우대하는 경향을 보이지 않는 불편부당원칙이 가장 바람직한 정책이다. 그리고 문화국가에서 문화정책은 그 초점이 문화 그 자체에 있는 것이 아니라 문화가 생겨날 수 있는 문화풍토를 조성하는 데 두어야 한다(헌재 2004. 5. 27. 2003헌가1등).

2. 헌법 규정

헌법은 '문화국가' 자체를 명시적으로 규정하지는 않지만, 문화국가 구현을 위한 중요한 규정을 담았다. 헌법재판소도 문화국가원리를 헌법의 기본원리로 인정한다(헌재 2004. 5. 27. 2003헌가1등). 헌법 전문에서 '정치 · 경제 · 사회 · 문화의 모든 영역에 있어서 각인의 기회를 균등히 하고…'라고 규정함으로써 문화 영역에서 평등 실현을 확인한다. 특히 헌법 제9조를 문화국가조항이라고 부르는데, "국가는 전통문화의 계승발전과 민족문화의 창달에 노력하여야 한다."라고 규정한다(1980년 헌법 제8조 최초 신설). 헌법 제10조는 "모든 국민은 인간으로서의 존엄과 가치를 가지며, 행복을 추구할 권리를 가진다."라고 규정하고 헌법 제34조 제1항은 인간다운 생활을 할 권리를 규정하는바, 인간의 존엄성은 인간의 개인으로서 물질적 생존뿐 아니라 최소한의 사회적 관련성을 유지하는 생존을 요청하므로 최저한의 물질적 보장 외에 최소한의 사회생활적 수요가 충족될 것이 요청된다. 여기에 최소한의 문화적 생활 수준을 누릴 권리가 포함되는지는 생각해 볼 문제이다. 그리고 문화적 기본권을 규정함으로써 문화국가 실현을 도모한다. 좁은 뜻의 문화 영역에 해당하는 문화기본권에는 학문의 자유(제22조), 예술의 자유(제22조), 종교의 자유(제20조), 교육을 받을 권리(제31조)가 있다(헌재 2004. 5. 27. 2003헌가1등). 그 밖에 대통령은 취임에 즈음하여 '민족문화의 창달에 노력'할 의무를 선서하도록 함으로써 대통령의 민족문화창달의무를 규정한다(제69조).

3. 문화국가원리의 의의

(1) 문화국가의 개념

문화국가는 문화의 자율성을 최대한 보장하면서 문화 영역에서 건전한 문화를 육성하고 문화향유권을 실질적으로 실현하는 국가이다. 여기서 문화는 헌법의 가치와 내용에 들어맞는 문화이다. 문화국가는 국가와 문화의 옹근(완벽한) 분리를 추구하지 않는다. 즉 문화가 국가에 종속되어서도 아니 되지만, 국가가 문화를 자유방임상태에 두거나 문화자유시장에 맡겨서도 아니 된다. 따라서 문화국가는 일정한 한계 안에서 문화에 대한 국가의 개입, 즉 국가의 문화 보호, 부양, 조정, 촉진 등을 허용한다. 그러나 국가가 문화를 전체적으로 계획하고 조직하고 규제하는 문화적 독재는 문화국가에서 인정될 수 있다.

(2) 헌법 제9조 문화국가조항의 의의

헌법 제9조(문화국가조항)는 "국가는 전통문화의 계승발전과 민족문화의 창달에 노력하여야 한다."라고 규정한다. 동 조항은 문화국가원리의 근거 규정인데, 국가목표규정으로 이해된다. 문화국가적 과제를 구체화할 의무는 1차적으로 입법자에게 있다. 국민의 (집단적) 대표로서 민주적 정당성이 있고 주도적으로 국가의사를 형성하여야 할 입법자에게 문화국가원리의 헌법적 요청에 따라서 문화적 자율성을 존중하면서도 문화적 불평등을 없애야 할 1차적 책임이 있다. 입법자는 사회 변화에 걸맞은 문화 조성을 위한 정책을 입법형성의 자유 범위 안에서 입법하여야 할 의무를 부담한다. 그리고 문화국가원리는 입법을 포함한 모든 국가권력을 직접 구속하는 법규범이므로 집행과 사법에 대해서도 구속력 있는 해석기준으로 기능한다. 집행부와 사법부는 집행작용과 사법작용을 할 때 적극적으로 문화를 보호하고 형성하여야 할 문화국가적 요청을 고려하여 법을 해석 · 적용하여야 한다.

헌법 제9조는 문언만으로 보면 다양한 문화 중에서 전통문화에 치우친 인상을 줄 수 있다. 그렇지만 헌법 제9조를 '민족문화' 창달과 '전통문화' 계승 · 발전을 강조하는 형태로 규정한 것은 외래문화 영향으로 말미암은 한국문화의 동질성 파괴에 관한 위기의식에서 민족의 동질성을 느낄 수 있는 전통문화를 북돋우고 그 문화를 앞날에 이어주기 위함이요, 한민족 통일에 대비하여 통일문화 형성에 관한 국가적 과제, 즉 문화적 동질성을 회복하기 위한 통일문화를 지향하여야 한다는 것에 의미가 있을 뿐이다. 특히 헌법 제9조는 대일항쟁기를 지나 해방 이후의 분단 상황과 정부수립준비기를 거치는 근현대사에서 고유한 전통문화와 민족문화가 왜곡되었던 점을 고려하여 향후 국가생활에서 그 점을 특별히 강조하고자 한 것으로 볼 수 있다. 즉 헌법 제9조는 민족적 동질성을 형성하고 유지하려는 것이다. 그리고 이러한 민족적 동질성은 국가의 정체성을 확립하고 유지하는 기초가 된다. 또한, 범람하는 외래문화 속에서 고유한 전통문화와 민족문화를 보호하고 유지 · 발전시켜 후세에 계승하는 것은 문화의 고유성과 다양성이라는 관점에서 세계문화 발전에 이바지할 수 있다. 헌법 제9조가 '민족문화' 창달과 '전통문화' 계승 · 발전을 강조하였다고 하여서 민족우월적인 국수주의를 지향하는 것이 아님은 명백하다. 그러므로 국가는 모든 사람에게 (평등한) 문화 창달 기회를 부여하여야 한다는 의미에서 민족문화 · 대중문화 · 엘리트문화를 포함한 모든 문화를 대상으로 편중됨 없이 육성하여야 한다. 다문화사회는 한국 문화를 포기하고 모든 문화를 똑같이 대우하라는 것이 아니라 한국 문화를 제대로 정립하면서 다른 문화를 포용하는 사회를 건설하라는 것이다. 다른 문화를 존중하여야 한다면 당연히 한국 문화도 존중하여야 한다. 그것은 한국 문화를 포기하거나 무시하는 것이 아니다. 한국 문화를 포기하지 않는 한 다른 문화보다 한국 문화를 절대화할 수는 없지만 우선할 수는 있다. 이러한 점에서 다문화사회와 민족이나 민족문화가 충돌하는 것은 아니다.

(3) 문화 배려의 국가적 의무

문화국가원리에 따라서 국가는 문화(영역을)배려(할)의무를 진다. 문화 창조, 문화 보호 · 관리, 문화적 산물 향유, 문화의 (미래세대로) 전승에 이르는 문화의 전체 순환과 관련하여 국가의 특별한 배려를 요청한다. 문화배려의무는 국가에 적극적으로 문화를 보호하고 형성하여야 할 문화국가적 요청을 고려하여 국가작용을 하도록 의무를 지우는 것을 말한다. 문화 일부 영역이 아니라 문화의 전체 순환을 고르게 고려하라고 요청한다. 문화를 창조하거나 문화를 보호 · 관리하거나 문화적 산물 향유에 이바지하거나 문화를 전승하는 것 등의 모든 작업에 국가가 지원하는 형식으로 개입할 수 있다. 입법자는 헌법상 다른 이익을 고려하면서 문화의 전체 순환을 배려하는 입법을 하여야 할 의무를 부담한다. 집행부와 사법부도 집행작용과 사법작용을 할 때 적극적으로 문화를 보호하고 형성하여야 할 문화국가적 요청을 고려하여서 법을 해석 · 적용하여야 한다.

4. 문화국가원리의 구체화

(1) 문화의 자율성 보장(문화의 국가에 대한 자유)

문화는 개인의 자율과 창의를 바탕으로 창조되므로 문화적 자율성 보장은 문화국가의 출발점이다. 여기서 문화적 자율성은 자유로운 문화활동 보장으로서 다양한 형태와 내용의 문화활동이 보장됨을 뜻한다. 문화에 국가에서 벗어날 자유가 보장되어야 비로소 개인은 개별 문화 영역에서 창조적 문화활동을 할 수 있다. 개성과 다원성 속에서 누리는 개인의 문화적 자율성을 침해하지 않으려면 국가는 최대한 '문화정책적 중립성'과 '관용'을 지켜야 한다. 즉 국가는 특정 문화를 우대하거나 선호하거나 억제하거나 무시하여서는 아니 된다.

그러나 문화적 자율성 보장이 국가가 문화에 관해서 옹글게(완벽하게) 자유방임함을 뜻하지는 않는다. 자유주의적 시장경제질서에서 독점기업이 노동자를 착취하고 시장경제를 어지럽히듯이 문화의 공급과 수요를 사회집단이 관여하면서 자기 이익을 위해서 문화를 지배하는 현상을 어렵지 않게 발견할 수 있다. 국가는 이러한 현상에서 문화적 자율성을 보호하려면 일정한 책임을 져야 한다. 그러나 이러한 때도 꼭 필요한 최소한도의 개입에 그침으로써 문화적 자율성이 위협받지 않도록 유의하여야 한다.

(2) 국가의 적극적인 문화 진흥(문화 참여의 국가적 보장)

국가는 적극적인 문화진흥의무를 진다. 이는 국민의 문화참여권을 국가재정능력의 한계 안에서 최대한 보장하는 것을 가리킨다. 구체적으로 문화진흥의무에는 전통문화와 민족문화의 계승과 수호, 자유로운 문화 형성과 저해 요소 제거, 강제적이고 인위적인 문화 형성 방지, 외래문화에 대한 무의미하거나 일방적인 종속이나 고유문화 퇴조와 소멸 방지, 문화의 경제와 자본에 대한 일방적 종속 방지, 문화적 불평 해소 등이 있다. 그러나 문화 진흥은 문화를 박제화하거나 문화의 자립성을 말소하는 데 이르러서는 아니 된다. 문화 진흥은 건전하고 다양한 문화가 독자적으로 형성되고 발전할 수 있는 문화적 기반을 다지는 것이어야 한다(헌재 2004. 5. 27. 2003헌가1등). 이러한 점에서 사회국가원리에서 국가 개입은 조성적이지만, 문화국가에서 국가 개입은 조정적이다. 즉 문화국가에서 국가는 보호 · 조성 · 육성 · 계승 · 발전 · 지원 차원에서 개입하여야 하고, 직접적 규제는 최소한으로 이루어져야 한다. '문화산업진흥 기본법', 문화예술진흥법, '박물관 및 미술관 진흥법', 방송문화진흥회법, 영상진흥기본법, '영화 및 비디오물의 진흥에 관한 법률', 지방문화원진흥법 등의 법률을 통해서 문화 진흥이 실현된다. 국가의 적극적인 문화 육성과 진흥은 문화의 자율성 보장을 전제로 이루어지는 것이므로 간섭이 아닌 지원 형식으로 이루어져야 한다. 지원 내용은 문화 창작에 대한 지원, 문화 보호 · 관리에 대한 지원, 문화적 산물 향유를 위한 지원, 문화 전승에 대한 지원 등 다양하다. 그러나 국가 재정능력에는 한계가 있다. 따라서 지원의 우선순위를 정하지 않을 수 없다. 지원에 순서를 둠으로써 차별이 발생할 때 지원방식과 관련하여 합리적인 근거와 기준이 제시되어야 한다. 다양한 문화의 고른 진흥은 문화향유권을 누리기 위한 전제이다.

(3) 문화적 평등권 보장

국가는 모든 국민이 문화를 누릴 기회를 평등하고 충분하게 얻도록 보장하여야 한다. 그리고 모든 국민이 문화활동에 참여할 균등한 기회를 얻어야 한다. 자유권 형태로 규정된 개별 문화적 기본권에 근거를 두는 문화향유권은 평등권과 결합한다. 그러나 부의 편중현상으로 말미암아 무산계층은 최소한의 문화생활에 참여하기도 어려워서, 문화활동에 참여할 균등한 기회를 부여하는 것은 형식적 평등을 확보하는 데 그쳤을 뿐이고 실질적 평등에 이르지는 못하였다. 국민 문화향유권의 실질적 평등을 보장하려면 국가가 적극적인 문화적 지원활동을 통해서 문화향유권의 계층 사이와 지역 사이의 차별을 제거하고 모든 국민이 최소한의 문화적 생활을 할 수 있는 여건을 조성하여야 한다.

7절

경제헌법

Ⅰ. 국가와 경제의 관계(경제질서모델)와 사회적 시장경제질서

1. 개요

(1) 국가와 경제의 관계(경제질서모델) 변화

경제질서는 민주(국가)원리(민주주의)에 따른 결정 대상이다. 경제질서는 국가와 경제의 관계, 특히 자본의 소유형태와 운영관계에 따라서 크게 자본주의적 시장경제질서와 사회주의적 계획경제질서 그리고 양자를 혼합한 혼합경제질서로 분류할 수 있다. 그러나 이러한 분류는 경제질서를 유형화하려는 기준에 그치고 순수한 형태로 현실에 나타나지 않는다는 점을 주의하여야 한다. 따라서 이는 고찰의 편의를 제공할 뿐이지 여기서 규범적 기초를 도출할 수 없다. 경제질서에 관한 규범적 기초는 헌법규정에서 끄집어내야 한다.

(2) 헌법상 경제질서규정: 1919년 바이마르 헌법 경제질서에 관한 장

사회적 시장경제질서를 헌법 차원에서 최초로 도입한 것은 1919년 독일 바이마르 헌법으로 알려졌다. 바이마르 헌법 제151조(경제상 자유 보장)에서는 "경제생활질서는 모든 사람에게 인간의 존엄에 합치하는 생활을 보장하는 것을 목적으로 하는 정의의 원칙에 들어맞아야 한다. 각인의 경제상 자유는 이 한도 안에서 보장된다."(제1항)라고 규정하였다. 그리고 계약자유의 원칙(제152조), 소유권 보장과 공용수용(제153조), 상속권 보장(제154조)을 규정함으로써 경제활동의 자유와 사유재산제도를 보장하면서도, 토지의 분배와 이용에 관한 국가의 감독(제155조), 기업의 공유화와 공공경제의 원칙(제156조), 노동력 보호(제157조), 정신적 노작 · 저작자 · 발명자와 미술가 보호(제158조), 노동조건의 유지 개선 · 결사의 자유 보장(제159조), 노동자의 공민권 행사 보호(제160조), 보험제도 설치(제161), 국제법상 노동계급의 사회적 권리 보장(제162조), 인신의 자유와 사회적 보장(제163조), 중산계층 보호(제164조), 노사의 동등권 · 노동자회의 · 경제회의(제165조)를 규정함으로써 사회정의를 위해서 국가가 경제적 약자인 노동자를 보호하고 개인과 기업의 경제활동에 개입할 근거를 마련하였다.

(3) 사회적 시장경제질서의 특징

사회적 시장경제질서는 ① 사유재산제와 (자유경쟁을 원칙으로 하는) ② 시장경제를 기본으로 하되 ③ 사회적 정의에 따른 보완을 한다. 먼저 ① 사유재산제는 자본주의적 시장경제질서의 바탕을 이룬다. 사유재산 없이는 어떠한 경제적 자유도 누릴 수 없게 되고 시장을 형성할 수도 없다. 다음으로 ② 자본주의경제는 시장을 중심으로 한 경제질서이다. 시장경제는 자유경쟁원칙에 따른 생산 · 고용 · 분배가 이루어지는 경제구조이다. 자유경쟁을 통해서 화폐를 매개로 시장에서 결정되는 가격체제는 경제활동을 촉진하는 기능을 한다. ③ 경제 영역에서 사회적 정의는 사유재산제와 시장경제질서에서 발생하는 자본주의 모순을 극복하려고 보충적으로 실현된다. 재화를 공정하게 배분하고 경제적 불평등요인을 제거함으로써 구조적으로 경제주체 사이의 빈부 격차 악순환을 막고, 경제적으로 우월적 지위에 있는 경제주체가 자신의 우월적 지위를 남용하지 못하도록 하며, 경제적 약자를 위해서 국가가 적극적으로 배려하는 정책을 통해서 사회적 정의를 실현한다.

2. 경제헌법사 - 헌법상 경제조항(경제헌법) 변천

(1) 1948년 헌법 - 통제경제체제

1948년 헌법은 사회정의 실현과 균형 있는 국민경제 발전을 위해서 국유화와 사회화를 폭넓게 규정하고 경제활동에 대한 광범한 국가통제를 규정하여 사회주의적 (균등)경제원리를 상당한 비중으로 도입함으로써 국가통제경제체제를 채택한 것으로 이해된다. 시장경제 경험이 없고 국민이 전반적으로 빈곤하였던 당시 상황에서 국민생활의 균등한 향상과 부의 균등한 분배가 경제질서의 기본목표로 강조되었음은 이해할 수 있다. 그러나 과도한 통제경제를 시행함으로써 기업의 창의적인 의욕을 저해하였을 뿐 아니라 시장을 위축시켜 외자 도입에 상당한 어려움을 가져옴으로써 경제 발전에 장애요인이 되기도 하였다.

(2) 1954년 헌법

그리하여 1954년 헌법에서는 경제질서를 자본주의적 시장경제체제로 전환하였다. 국유화와 사회화 규정을 삭제하거나 개정하였고, 통제경제적 요소를 상당 부분 완화하였다.

(3) 1962년 헌법

1962년 헌법은 국가경제질서의 바탕을 시장경제로 하면서도 사회정의 실현과 균형 있는 국민경제 발전을 위해서 국가가 경제에 관해서 규제와 조정을 할 수 있음을 규정하였다.

(4) 1972년 헌법

1972년 헌법은 국가의 경제에 대한 규제와 조정 범위를 더욱 확대하였다. 1962년 헌법 제115조에 규정되었던 협동조합의 정치적 중립성 규정을 삭제하였고, 국토와 자원의 개발과 이용에 관한 계획 수립 규정을 추가하였다(제117조 제2항). 1972년 헌법의 경제질서는 정부가 직접 경제에 개입하여 지원 · 보호 · 육성하는 관주도형 경제정책을 특징으로 하였다.

(5) 1980년 헌법 – 민간주도경제체제로 전환

1980년 헌법에서 수정 · 보완된 경제조항은 그동안의 경제 성장에 수반되었던 시장경제의 부정적인 요소를 제거하고, 새로운 경제상황에 맞는 경제질서를 수립하려는 것이었다. 1970년대 경제 성장정책에 힘입어 성장한 대기업과 독과점기업의 폐해가 커졌을 뿐 아니라 고도 성장의 그늘에서 억압적 노동정책으로 혹사당하였던 노동자 복지에 관한 목소리가 커졌기 때문이었다. 경제 규모가 확대되면서 정부 지원에 의존하던 기업활동도 한계에 이르러 민간주도형 경제체제로 전환하지 않을 수 없었다. 이러한 시대적 요청에 부응하여 1980년 헌법은 독과점규제조항(제120조 3항), 중소기업보호육성조항(제124조 제2항), 소비자운동보장조항(제125조)을 신설하고 농지의 임차권과 위탁경영을 예외적으로 인정하였으며(제122조) 국가표준제도를 확립하였다(제128조 제2항).

(6) 현행 헌법상 경제조항

1987년 헌법은 경제조항에 부분적인 수정만을 하였다. 당시 6월 시민항쟁을 계기로 전국적 규모로 발생한 노사분규는 심각한 사회문제를 일으켰고, 자주적인 조합활동 보장, 근로조건 개선, 생계비 수준에 맞는 적정임금 지불, 근로자의 경영 참가를 통한 경제 민주화 실현 등이 핵심적 쟁점이었다. 이러한 문제를 해결하려고 경제 민주화, 국민생활 안정, 경제 성장 혜택의 균등한 배분 등에 역점을 두어 경제정책을 수립하였다. 경제 영역에서 사회정의 실현과 경제민주화를 위해서 재산권에 대한 규제와 조정을 확인하고, 경제활동에 대한 공적 규제를 강화하는 정책을 펼쳤다.

① 신설조항

국가의 농 · 어촌종합개발계획 수립 · 시행(제123조 제1항), 지역경제육성의무(제123조 제2항), 농수산물의 수급 균형과 유통구조개선의무(제123조 제4항)를 신설함으로써 경제활동에 대한 국가적 통제와 계획을 확대하였다.

② 경제헌법조항

현행 헌법에서 경제질서와 관련되는 규정은 헌법 전문, 직업 선택의 자유를 규정한 제15조, 재산권 보장 규정인 제23조 제1항, 지적 재산권을 보장한 제22조 제2항, 경제에 관한 제9장을 들 수 있다. 그리고 대통령의 긴급재정 · 경제처분권 및 긴급재정 · 경제명령권을 규정한 제76조 제1항도 경제헌법 관련 조항으로 볼 수 있다.

Ⅱ. 현행 헌법상 경제질서의 원칙

1. 사유재산제의 제도적 보장

헌법은 재산권 보장에 관한 일반적인 원칙(제23조 제1항)을 규정하는 동시에 소급입법에 따른 재산권 박탈 금지(제13조 제2항)를 규정함으로써 사유재산제도를 보장한다.

2. 시장경제원칙 선언

헌법은 개인과 기업의 경제상 자유와 창의를 존중하는 경제질서(제119조 제1항)를 규정함과 동시에 (직업 선택과 직업 행사의 자유를 내용으로 하는) 직업의 자유(제15조)를 보장함으로써 헌법의 경제질서가 자유경쟁의 원리를 전제로 경제활동에 관한 사적 자치 원칙을 보장하는 시장경제질서를 바탕으로 함을 명백히 밝힌다.

3. 자본주의적 시장경제질서

그리하여 헌법은 사유재산제도와 경제활동에 대한 사적 자치 원칙을 기초로 하는 자본주의적 시장경제질서를 기본으로 함을 선언한다(헌재 1989. 12. 22. 88헌가13). 이는 국민 개개인에게 자유로운 경제활동을 통해서 생활의 기본적 수요를 스스로 충족시킬 수 있도록 하고 사유재산과 그 처분 및 상속을 보장하여 주는 것이 인간의 자유와 창의를 보장하는 지름길이고 궁극에는 인간의 존엄과 가치를 증대시키는 제일 나은 방법이라는 이상을 배경으로 한다.

4. 현행 헌법상 사회적 시장경제질서

(1) 헌법상 경제질서

헌법은 경제질서의 기본원리로서 자유시장경제를 채택(제119조 제1항, 제15조, 제14조)하고, 사유재산제를 보장(제23조)하며, 예외적으로 경제에 대한 국가 개입(규제와 조정)을 인정한다(제119조 제2항, 제120조, 제126조)(헌재 1996. 4. 25. 92헌바47). 따라서 한국 경제 질서는 사유재산제를 바탕으로 하면서 사회정의를 실현하기 위해서 법치국가원리에 입각한 재산권의 사회성과 공공성을 강조하는 사회적 시장경제질서라고 할 수 있다.

(2) 사유재산제의 부분적 제한

헌법은 재산권의 사회적 구속성(제23조 제2항), 국토의 이용 · 개발, 토지소유권의 공공성(제122조), 자연자원의 부분적 사회화(제120조 제1항), 기업의 국유화와 공유화(제126조) 등을 규정하여 사유재산제에 부분적 제한을 가한다.

(3) 시장경제보완적 제한

① 경제계획

헌법은 시장경제의 폐해를 막고 보완하기 위해서 시장경제를 제한하는 경제계획을 규정한다. "… 경제에 관한 규제와 조정을 할 수 있다."(제119조 제2항)라고 하여 경제에 대해 국가가 개입할 수 있음을 규정하면서, "국토와 자원은 국가의 보호를 받으며, 국가는 그 균형 있는 개발과 이용을 위하여 필요한 계획을 수립한다."(제120조 제2항), "국가는 농업 및 어업을 보호 · 육성하기 위하여 농 · 어촌종합개발과 그 지원 등 필요한 계획을 수립 · 시행하여야 한다."(제123조 제1항)라고 하여 특히 국토와 자원, 농업 및 어업에 관한 경제계획을 규정한다. 이러한 국가의 경제계획을 국토기본법, '국토의 계획 및 이용에 관한 법률', 농지법, '한국농어촌공사 및 농지관리기금법'이 구체화한다.

② 독과점적 시장 지배와 경제력 남용 방지

헌법은 "… 시장의 지배와 경제력의 남용을 방지하며 …"(제119조 제2항)라고 규정하여 시장경제의 커다란 단점인 독점 및 독과점적 시장 지배와 경제력 남용을 규제한다. 독과점 폐해를 방지하려는 법률로는 '독점규제 및 공정거래에 관한 법률'이 있다.

③ 대외무역의 규제 · 조정

헌법은 "국가는 대외무역을 육성하며, 이를 규제 · 조정할 수 있다."(제125조)라고 하여 대외무역을 규율한다. 국가는 대외무역의 경쟁력을 강화하는 데 필요한 조치를 취할 수 있고 무역활동에 관한 규제뿐 아니라 일정한 계획에 따른 조정도 할 수 있다. 대외무역에 관한 규제와 조정을 대외무역법이 구체화한다.

④ 소비자보호운동 보장

헌법 제124조는 "국가는 건전한 소비행위를 계도하고 생산품의 품질향상을 촉구하기 위한 소비자보호운동을 법률이 정하는 바에 의하여 보장한다."라고 규정하여 소비자보호운동을 보장한다. 이는 현대 자유시장경제질서 아래에서 생산물품이나 용역의 가격이나 품질 결정, 그 유통구조 등의 결정 과정이 지나치게 사업자 중심으로 왜곡되어 소비자들이 사회적 약자의 지위에 처하게 되는 결과 구조적 피해를 입을 수 있음을 인식하고, 미약한 소비자들의 역량을 사회적으로 결집시키기 위해서 소비자보호운동을 최대한 보장 · 촉진하도록 국가에 요구함으로써, 소비자 권익을 옹호하고 나아가 시장 지배와 경제력 남용을 방지하며 경제주체 사이의 조화를 통해서 균형 있는 국민경제 성장을 도모할 수 있도록 소비자 권익에 관한 헌법적 보호를 창설한 것이다(헌재 2011. 12. 29. 2010헌바54등). 헌법 제124조에 따라 소비자의 권리를 마련하고 구체적으로 보장하려고 제정된 법률로는 소비자기본법, '제조물 책임법', '전기용품 및 생활용품 안전관리법', '부정경쟁방지 및 영업비밀보호에 관한 법률', 식품위생법 등이 있다.

현행 헌법이 보장하는 소비자보호운동은 '공정한 가격으로 양질의 상품 또는 용역을 적절한 유통구조를 통해 적절한 시기에 안전하게 구입하거나 사용할 소비자의 제반 권익을 증진할 목적으로 이루어지는 구체적 활동'을 뜻한다. 단체를 조직하고 이를 통해서 활동하는 형태, 즉 근로자의 단결권이나 단체행동권과 비슷한 활동뿐 아니라, 하나 또는 그 이상의 소비자가 같은 목표로 함께 의사를 합치하여 벌이는 운동이면 모두 이에 포함된다. 이 소비자보호운동이 보장됨으로써 비로소 소비자는 단순한 상품이나 정보의 구매자로서가 아니라 상품 의 구매와 소비 과정에서 발생하는 생산자나 공급자에게서 부당한 지배와 횡포를 배제하고 소비자 이익을 수호하는 소비주체가 될 수 있다(헌재 2011. 12. 29. 2010헌바54등).

5. 그 밖의 경제조항

헌법은 경제질서와 관련하여 그 밖에도 다양한 경제원칙과 경제정책을 규정한다. 경자유전 원칙 · 소작제 금지와 농지임대차 · 위탁경영 허용(제121조), 지역경제의 균형발전 원칙과 국가의 지역경제육성의무(제123조 제2항), 국가의 중소기업 보호 · 육성의무(제123조 제3항), 농 · 어민 보호(제123조 제1항, 제4항, 제5항), 과학기술 혁신과 정보 · 인력 개발(제127조 제1항), 국가표준제도 확립(제127조 제2항), 과학기술 혁신과 정보 · 인력개발을 위한 자문기구 설치(제127조 제3항) 등을 규정한다.

6. 경제민주화의 의미

헌법 제119조 제2항은 "경제주체간의 조화를 통한 경제의 민주화를 위하여 경제에 관한 규제와 조정을 할 수 있다."라고 규정한다. 여기서 '경제주체간의 조화를 통한 경제의 민주화'는 경제영역에서 의사결정권 집중을 완화한다는 의미이다. 헌법재판소는 "헌법 제119조 제2항에 규정된 '경제주체간의 조화를 통한 경제민주화'의 이념도 경제영역에서 정의로운 사회질서를 형성하기 위하여 추구할 수 있는 국가목표로서 개인의 기본권을 제한하는 국가행위를 정당화하는 헌법규범"이라고 한다(헌재 2004. 10. 28. 99헌바91).

7. 사회적 시장경제질서에서 국가 개입(간섭)의 한계

(1) 보충성(원칙): 사유재산제와 사적 자치가 존중되는 범위 안에서 허용

헌법상 경제질서는 사회적 '시장경제'질서이므로 국가의 경제에 대한 규제와 조정에는 일정한 한계가 있다. 먼저 시장경제질서는 경제주체의 경제상 자유를 최대한 보장하라고 요청하므로, 국가의 경제에 대한 규제와 조정도 보충성원칙에 입각하여, 시장경제질서의 기초인 사유재산제도와 경제행위에 대한 사적 자치 원칙이 존중되는 범위 안에서만 허용된다(헌재 1989. 12. 22. 88헌가13).

(2) 전면적 사회화 · 계획화 불허용

헌법상 경제질서에서 사유재산의 사회화와 경제계획은 자본주의의 기본틀 안에서 국민경제의 균형 있는 발전을 위해서 허용될 수 있을 뿐이다. 사회주의적 계획경제와 같이 전면적으로 사유재산을 사회화한다든지 국가경제를 계획하는 것은 인정되지 않는다.

(3) 법치국가원리의 한계

국가가 시장경제질서의 바탕을 이루는 사유재산제와 사적 자치가 존중되는 범위 안에서 사유재산과 경제활동의 자유에 관해서 규제와 조정을 할 때도 법치국가원리에 따라야 한다. 국가는 적법절차에 따라서 규제 · 조정행위를 하여야 하고, 수권 범위 안에서 정당한 목적에 비례적인 수단으로만 경제에 관한 규제와 조정을 할 수 있다.

(4) 사유재산권의 본질적 내용 침해금지/재산권을 제한 · 수용할 때의 보상

특히 국가가 개인의 사유재산권을 제한할 때, 재산권을 제한하여서 얻는 이익과 침해되는 재산권 사이에 실제적 조화가 이루어져야 하고, 제한에 관해서는 정당한 보상을 하여야 한다(헌법 제23조 제3항). 그러나 사유재산권의 본질적 내용을 침해하는 것은 허용될 수 없다.

7장 기본제도

1절 정당제도
2절 선거제도
3절 공무원제도
4절 지방자치제도

1절

정당제도

Ⅰ. 헌법과 정당

정당에 대한 국가 태도는 ① 적대시단계, ② 무시단계, ③ 승인과 합법화단계, ④ 헌법에 편입하는 단계로 발전하였다. 1948년 헌법은 정당에 관한 규정을 두지 않고 묵인하였다. 1960년 헌법은 제13조 제2항에서 정당 보호를 규정하고 위헌정당 해산은 헌법재판소 판결을 따르도록 규정하여 정당을 헌법에 수용하였다. 그리고 1962년 헌법은 정당국가를 지향하여 대통령이나 국회의원 후보자는 정당 추천을 받아야 입후보할 수 있고, 정당이 해산하거나 정당을 탈당하면 의원직을 상실하도록 하였다. 그러나 1972년 헌법은 국회의원의 무소속 입후보를 허용하고 통일주체국민회의 대의원선거에는 당원의 입후보를 금지함으로써 정당국가적 경향을 약화하였다. 1980년 헌법은 정당에 대한 국고보조조항을 신설하고(제7조 제3항) 정당 추천을 받은 대통령이나 국회의원 후보자는 무소속 후보자와 차별하여 우대하는 규정을 두었다(제39조 제2항; 대통령선거법 제110조 제2항, 제100조 제2항; 국회의원선거법 제27조 제2항, 제33조, 제34조 등 참조). 현행 헌법은 제8조 제2항에서 정당의 조직과 활동뿐 아니라 그 목적도 민주적이어야 한다고 규정한다.

Ⅱ. 정당의 개념과 의의 · 기능

정당법을 따르면 정당은 형식상으로는 정당법 제17조(법정시 · 도당수)와 제18조(시 · 도당의 법정당원수)의 요건을 갖추어 중앙선거관리위원회에 등록한 결사체를 일컫는다(정당법 제4조). 헌법재판소도 정당 개념을 이렇게 정의한다(헌재 1991. 3. 11. 91헌마21). 그러나 헌법 자체에는 정당의 개념 정의가 없다. 하지만 헌법 우위로 말미암아 정당법의 정당 개념이 헌법에 합치하는지가 심사되어야 한다. 따라서 정당 개념은 헌법을 해석하여 정의되어야 한다. 헌법 제8조의 정당은 지속해서 또는 비교적 장기간 대한민국 영역 안에서 국민의 정치적 의사 형성에 영향을 미치고 대의기관에 관여하려는 목적이 있으며, 그 사실적 상태, 특히 조직의 범위와 공고성, 구성원의 수, 대중 앞에 출현하는 빈도, 국민의 인지도 등을 종합하면, 자신의 정치적 목적에 대한 진지성을 충분히 보증할 수 있는 국민의 자발적인 정치적 결사를 말한다. 정당법은 정당법에 따라서 등록된 정당만 '정당'이라는 명칭을 사용할 수 있다고 규정한다(제41조 제1항). 그러나 정당이라는 명칭을 사용하는지는 어떤 조직이 정당인지를 가리는 기준이 될 수 없다. 그리고 어떤 조직의 이름 자체도 그 조직이 정당인지를 판명하는 기준이 될 수 없다. 정당의 등록 여부도 정당 개념의 표지가 아니다. 현행 정당법이 등록을 정당의 성립요건으로 규정하나(제4조), 이는 헌법에 어긋난다. 정당의 지위, 특히 헌법 제8조 제4항의 특권은 헌법이 요구하는 정당 표지를 충족함으로써 자동으로 발생하는 것이지, 법률상 제도인 등록 여부에 따라서 좌우되는 것이 아니기 때문이다. 정당이 여타의 견지에서 사실상 헌법적 질서에 어긋나지 않는다는 것도 정당의 개념 표지는 아니다. 어떤 조직이 설사 자유민주적 기본질서를 침해하더라도, 그것은 헌법적 의미의 정당이다. 헌법재판소는 헌법과 정당법상 정당의 개념적 징표로서 ① 국가와 자유민주주의나 헌법질서를 긍정할 것, ② 공익 실현에 노력할 것, ③ 선거에 참여할 것, ④ 정강이나 정책이 있을 것, ⑤ 국민의 정치적 의사 형성에 참여할 것, ⑥ 계속적이고 공고한 조직을 구비할 것, ⑦ 구성원들이 당원이 될 수 있는 자격을 구비할 것 등을 든다(헌재 2006. 3. 30. 2004헌마246).

정당은 ① 국민의 의사를 수렴하여 국가의사에 반영될 수 있도록 교량 역할을 하는 중개적 기능, ② 적극적으로 국민의 정치적 의사 형성 과정에 관여하여 이를 올바른 방향으로 유도하는 계도적 기능, ③ 공직선거 후보자 추천 등을 통해서 앞날의 새로운 정치지도자를 발굴 · 지원하는 정치지도자 양성기능, ④ 여당과 야당 사이의 견제와 균형을 통한 권력분립적 기능 등을 수행한다. 헌법재판소는 "정당은 자발적 조직이기는 하지만 다른 집단과는 달리 그 자유로운 지도력을 통하여 무정형적(無定型的)이고 무질서적인 개개인의 정치적 의사를 집약하여 정리하고 구체적인 진로와 방향을 제시하며 국정을 책임지는 공권력으로까지 매개하는 중요한 공적 기능을 수행"한다고 한다(헌재 1991. 3. 11. 91헌마21).

Ⅲ. 정당의 헌법상 지위와 정당의 법적 존재형식

1. 정당의 헌법상 지위

(1) 공공의 지위

정당의 헌법상 지위와 관련하여, ① 정당이 국정 운영에서 수행하는 기능에 비추어 국가기관 중의 하나로 보는 국가기관설, ② 정당은 국가기관처럼 법이 정하는 권한 범위 안에서 법이 정하는 절차에 따라서만 활동하는 것이 아니라 사회적 영역에서 자유롭게 활동하는 것을 본질로 한다는 사적 결사설 등이 있다. 그러나 ③ 정당이 정치적 의사 형성이라는 공적 기능을 수행하는 점에서 보면, 국가와 국민(사회)을 매개하는 중간자로 보는 중개체설이 타당하다. 헌법재판소도 중개체설을 따르는 것으로 보인다(헌재 2003. 10. 30. 2002헌라1). 그렇지만 국가활동에 관해서 광범한 영향력을 행사할 수 있고 국가기관과 밀접하게 결합한다는 점에서 정당은 '국가'기관적 성질도 있다. 그러나 정당은 국가조직 일부는 아니다. 여기서 정당의 헌법상 지위가 독특한 공적 지위라는 것이 표현된다.

(2) 자유의 지위

정당은 헌법상 자유의 지위가 있다. 정당의 자유의 지위는 대외적 자유와 대내적 자유를 포함한다. ① 정당의 대외적 자유는 국가의 침해와 영향에서 벗어날 자유를 뜻한다. 즉 정당의 설립, 가입, 탈퇴는 자유이고(헌재 2006. 3. 30. 2004헌마246) 국가권력은 이에 간섭하거나 영향력을 행사할 수 없다(헌법 제8조 제1항과 제2항). 따라서 정당조직의 국가화 · 관제화는 금지되므로 공무원은 정당활동을 할 수 없고(정당법 제22조 제1항 제1호), 누구든지 정당의 가입이나 탈당을 강요당하지 않으며(정당법 제42조), 복수정당제는 보장된다(헌법 제8조 제1항). 그리고 정당은 그 목적이나 활동이 민주적 기본질서에 위배될 때만 해산될 수 있고, 그러한 때도 헌법재판소 해산결정을 통해서만 해산될 수 있다(헌법 제8조 제4항). 또한, 정당활동의 자유도 보장된다(정당법 제37조). 정당에 대한 국가 간섭을 배제하고 정당을 자유로운 조직체로 유지할 때만 정당은 국민의 정치적 의사 형성 담당자로서 그리고 중개자로서 부여받는 임무를 수행할 수 있다. 따라서 정당에 대한 국가권력의 간섭과 영향을 방지하기 위한 법적 보장이 필요하다. 오늘날 선진민주국가에서 정당의 대외적 자유와 관련하여 크게 문제가 되는 것은 국가 영향에서 벗어나는 정당의 자유를 유지하는 것보다 거대해진 노동조합과 같은 비국가적 단체의 영향에서 벗어나는 정당의 자유를 보호하는 것이다. ② 정당의 대내적 자유는 정당 안에서 자유로운 정치적 의사 형성이 가능하여야 한다는 것을 뜻한다(헌법 제8조 제2항). 자유롭게 정치적 의사를 형성하려면 당내민주주의가 확립되어야 한다. 오늘날 정당은 정치적 의사 형성의 담당자이고 중개자로서 민주주의의 불가결한 핵심적 요소이다. 따라서 정당의 민주화 없이 민주주의가 실현될 수 없다는 것은 단순한 논리적 추론이 아니라 실제적 명제이다. 그래서 정당의 대내적 자유는 결국 당내민주주의를 가리킨다.

(3) 평등의 지위

정당에 부여된 국민의 정치적 의사 형성이라는 헌법적 과제 수행은 헌법상 자유의 지위를 전제하듯이, 기회균등원리 실현은 정당의 평등 지위를 전제로 한다(헌재 1991. 3. 11. 91헌마21). 여기서 먼저 정당의 평등 지위는 정당에 자유의 지위가 보장될 때 함께 보장된다. 정당의 평등은 원칙적으로 도식적 평등을 뜻한다. 즉 대정당과 소정당이나 여당과 야당을 법적으로 차별하는 것은 원칙적으로 허용되지 않는다. 그러나 이러한 평등이 예외 없이 실현될 수는 없고 그 변형이 허용될 수밖에 없다. 이러한 평등원칙 변형이 정치권력을 장악할 때 기득권으로 작용하거나 기존 정당구도를 고정하는 작용을 하더라도 그 변형은 허용된다. 이러한 변형 기준이 구체적으로 어디에 있는지를 확정하기는 쉽지 않다. 예를 들어 선거법이나 국회법을 형성할 때 평등 기준과 정당에 대한 국고보조나 전파매체를 통한 선거운동에서 평등 기준은 같을 수는 없다.

2. 정당의 법적 존재형식(법적 지위)

정당은 기본적으로 사회 영역에 그 뿌리를 내리는 국민의 자발적 조직체로서 그 법적 지위는 민법상 권리능력 없는 사단이다(헌재 1993. 7. 26. 92헌마262). 따라서 정당에는 헌법, 정당법, 민법, 당헌과 당규 순으로 적용된다. 그리고 정당과 관련된 법적 분쟁은 민사소송으로 다룬다.

Ⅳ. 정당의 성립과 소멸

1. 정당의 성립

정당법 제4조를 따르면 정당은 5 이상의 시 · 도당을 가지고(정당법 제17조), 시 · 도당은 1천명 이상의 당원이 있을 때(정당법 제18조) 중앙당이 중앙선거관리위원회에 등록함으로써 성립한다. 선거관리위원회는 정당법에 규정된 정당 등록 요건을 구비하여 등록을 신청하면 이를 수리하여야 하고, 정당의 설립 목적, 조직과 활동, 정치적 성격 등을 이유로 정당 등록을 거부할 수 없다(대법원 2021. 8. 19. 선고 2020수5325 판결). 따라서 특정정당의 위성정당이라는 것은 정당 등록 거부 사유가 아니다. 다만, 형식적 요건을 갖추지 못하면 상당한 기간을 정하여 그 보완을 명하고, 2회 이상 보완을 명하여도 응하지 아니하면 그 신청을 각하할 수 있다(정당법 제15조). 그러나 정당 등록은 헌법상 정당의 성립요건이 아니므로 정당은 헌법상 개념 표지를 충족할 때 등록 여부와 관계없이 성립한다.

16세 이상의 국민만 당원이 될 수 있다. 다만, ① 국가공무원 제2조나 지방공무원법 제2조에 규정된 공무원(다만, 대통령, 국무총리, 국무위원, 국회의원, 지방의회의원, 선거로 취임하는 지방자치단체의 장, 국회 부의장의 수석비서관 · 비서관 · 비서 · 행정보조요원, 국회 상임위원회 · 예산결산특별위원회 · 윤리특별위원회 위원장의 행정보조요원, 국회의원의 보좌관 · 비서관 · 비서, 국회 교섭단체대표의원의 행정비서관, 국회 교섭단체의 정책연구위원 · 행정보조요원과 고등교육법 제14조 제1항 · 제2항에 따른 교원은 제외), ② 사립의 초 · 중 · 고등학교의 교장, 교감, 교사, ③ 법령 규정에 따라서 공무원 신분이 있는 사람, ④ 선거권이 없는 사람은 당원이 될 수 없다(정당법 제22조). 그리고 18세 미만인 사람이 정당에 가입할 때는 법정대리인의 동의가 필요하다(정당법 제23조 제1항 제2문).

2. 정당의 소멸

(1) 자진해산

정당은 국민의 자발적인 결사이므로 당원의 자발적 해산 결의에 따라서 자유롭게 해산될 수 있다. 정당 설립이 자유인 것처럼 해산도 자유라는 것은 당연하다. 정당은 그 대의기관 결의로써 자유롭게 해산할 수 있고, 정당이 자진해산하면 그 대표자는 즉시 그 뜻을 관할 선거관리위원회에 신고하여야 한다(정당법 제45조). 자진해산 신고가 있으면 해당 선거관리위원회는 그 정당의 등록을 말소하고 즉시 그 뜻을 공고하여야 한다(정당법 제47조).

(2) 강제해산

① 정당

정당은 오늘날과 같은 민주주의에서 불가결한 요소이지만, 동시에 민주주의의 잠재적 파괴자이다. 정당의 강제해산을 규정한 이 조항은 정당의 의무와 정당활동의 자유의 한계를 명시함으로써 정당 형식으로 조직된 자유민주주의의 적에게서 자유민주주의를 수호함과 동시에, 정당 해산에 엄격한 요건과 절차를 요구함으로써 정당에 다른 일반 결사보다 강력한 존속을 가능하게 하는 이른바 존립특권을 보장한다. 따라서 헌법 제8조 제4항의 위헌정당 해산은 헌법수호 수단으로서 방어적 민주주의(이나 전투적 민주주의)를 선언한 것으로 이해된다.

해산 대상은 헌법적 의미의 정당이다. 정당법 제4조에서 요구하는 등록을 마친 기성정당은 물론이고 헌법상 정당의 개념 표지를 충족하는 모든 정치적 결사도 정당해산심판의 대상이다. 정당 등록은 국고보조금이나 기탁금 분배 등에서는 창설적 효력이 있지만, 정당 성립과 관련하여서는 확인적 성격만 있기 때문이다. 정당의 방계조직, 위장조직, 대체정당 등은 정당 개념에서 제외된다. 이들은 일반 결사에 해당하므로 헌법 제21조가 적용된다.

창당준비위원회는 발기인이 구성되어 중앙선거관리위원회에 신고한 때부터 창당 등록을 마칠 때까지 창당을 목적으로 하는 정치결사를 뜻하고, 결성 단계에 있는 정당이다. 창당준비위원회의 법적 성격과 관련하여 창당준비위원회는 (ⅰ) 정당법상 등록을 하지 못하였고, (ⅱ) 정당법상 활동 범위가 창당 목적 범위 안이며(정당법 제8조 제1항) 활동기간도 6월로 한정되고(정당법 제8조 제2항), 그 기간 안에 등록 신청을 하지 아니하면 소멸한다는 것(정당법 제8조 제3항)을 근거로 정치적 목적이 있는 일반 결사로서 법인격 없는 사단의 성격이 있는 것이라는 일반결사설과 (ⅰ) 창당준비위원회는 정당 활동과 연속성이 있고, (ⅱ) 창당준비위원회를 아직 정당의 성격을 취득하지 못한 일반 정치결사로 보면 집권여당과 정부가 반대당 성립을 사전에 봉쇄할 수 있다는 점을 근거로 창당준비위원회를 정당에 준하는 것으로 보아야 한다는 준정당설이 대립한다. 반대당 결성에 대한 사전방해를 방지하고 정당설립의 자유를 실질적으로 보장하기 위해서 정당의 실질을 갖추거나 갖추어 나가는 '결성 중의 정당'도 헌법상 정당으로 보아야 한다.

② 목적과 활동

헌법재판소는 정당의 목적이나 활동 중 어느 하나라도 민주적 기본질서에 어긋나면 정당해산의 사유가 될 수 있다고 한다(헌재 2014. 12. 19. 2013헌다1). 그러나 목적이 민주적 기본질서에 어긋나도 그를 위한 구체적 활동이 없으면 구체적 위험이 있다고 볼 수 없고, 민주적 기본질서를 침해할 목적 없이 이루어진 개별 활동이 결과적으로 민주적 기본질서에 어긋났다면 이러한 개별 활동에 개별적 책임을 지우는 것은 몰라도 그 정당 자체를 해산하는 것은 정당 보호를 1차적 목적으로 하는 위헌정당해산제도의 취지에 들어맞지 않는다. 따라서 목적과 활동은 서로 분리할 수 없고 함께 고려하여 민주적 기본질서 위반 여부를 판단하여야 한다.

정당의 목적은 어떤 정당이 추구하는 정치적 방향이나 지향점 혹은 현실 속에서 구현하고자 하는 정치적 계획 등을 통칭한다(헌재 2014. 12. 19. 2013헌다1). 정당의 목적은 정당의 공식적인 강령, 기본적인 정책과 당헌 · 당규, 당수와 당간부의 연설, 당기관지, 당의 출판물, 선전자료, 그 밖의 당원 태도 등을 종합하여 판단할 수 있다. 만약 정당의 진정한 목적이 숨겨진 상태라면 공식 강령은 이른바 허울이나 장식에 불과할 것이다. 이러한 때는 강령 이외의 자료를 통해서 진정한 목적을 파악하여야 한다(헌재 2014. 12. 19.

2013헌다1).

정당의 활동은 정당 기관의 행위나 주요 정당관계자, 당원 등의 행위로서 그 정당에게 귀속시킬 수 있는 활동 일반을 뜻한다(헌재 2014. 12. 19. 2013헌다1). 정당의 활동에는 당수와 당간부의 활동뿐 아니라 당의 막후 실세, 나아가 평당원의 활동도 포함된다. 다만, 평당원의 활동은 개인적인 동기에 따른 활동이 아니라 당명에 따른 활동과 같이 정당의 활동으로 간주할 수 있는 범위 안의 것만 검토대상이 될 수 있다. 정당의 활동은 당원뿐 아니라 대외적으로 명백하게 그 정당을 지지하고 옹호하는 추종자를 통해서도 추정될 수 있다. 다만, 추종자임을 자처하는 사람의 소행이라는 이유로 당연히 검토 대상이 되는 것은 아니고 그의 행위가 정당이나 정당원의 목적 및 활동과 일정한 관련이 인정되는 때로 제한할 필요가 있다(헌재 2014. 12. 19. 2013헌다1).

③ 민주적 기본질서 위배

헌법이 규정하는 '민주적 기본질서에 위배'라는 정당해산사유는 엄격하게 해석하여야 한다. 그렇지 않으면 위헌정당해산제도가 야당탄압 수단으로 악용될 위험이 있고, 민주주의를 지키기 위한 제도가 오히려 민주주의를 파괴하는 제도로 역기능할 수 있기 때문이다. 정당해산 사유가 엄격하게 제한되는 것은 국민의 정치적 의사 형성에 참여하는 것을 목적으로 하는 정당의 특수한 성격에 비추어 정당을 일반 결사와는 달리 그 존립을 헌법적으로 보호하려는 것이다. 여기서 위배는 헌법질서를 자유민주적이게 하는 헌법의 기초적 원리를 정당이 폐지하려는 의도를 가지고 배척함을 말한다. 그러나 정당의 목적이나 활동이 민주적 기본질서에 위배된다는 것을 정당 스스로 인식하여야 하는 것은 아니다. 정당에 대한 해산결정은 민주국가원리와 정당의 존립과 활동에 대한 중대한 제약이다. 따라서 정당의 목적과 활동에 관련된 모든 사소한 위헌성까지도 문제 삼아 정당을 해산하는 것은 적절하지 않다. 이러한 점에서 위배 정도는 적어도 민주적 기본질서의 전부나 일부를 제거할 수도 있는 구체적 위험이 있어야 한다. 그러나 그러한 위험은 구체적 위험이 임박한 것으로 충분하고, 민주적 기본질서의 전부나 일부를 제거할 명백한 가능성이 있어야 하는 것은 아니다(헌재 2014. 12. 19. 2013헌다1).

④ 헌법 제37조 제2항의 보충적 적용 가능성

헌법재판소는 정당해산심판제도에서는 헌법재판소 정당해산결정이 정당의 자유를 침해할 수 있는 국가권력에 해당하므로 헌법재판소가 정당해산결정을 내리려면 그 해산결정이 비례성원칙에 부합하는지를 고려하여야 한다고 한다. 이때 비례성원칙 준수 여부는 그것이 통상적으로 기능하는 위헌심사 척도가 아니라 헌법재판소 정당해산결정이 충족하여야 할 일종의 헌법적 요건 혹은 헌법적 정당화 사유에 해당한다고 한다. 따라서 헌법 제8조 제4항의 명문 규정상 요건이 구비되어도 해당 정당의 위헌적 문제성을 해결할 수 있는 다른 대안적 수단이 없고, 정당해산결정을 통해서 얻을 사회적 이익이 정당해산결정으로 초래되는 정당의 정당활동 자유 제한으로 말미암은 불이익과 민주주의 사회에 대한 중대한 제약이라는 사회적 불이익을 초과할 정도로 큰 때에 한하여 정당해산결정을 헌법적으로 정당화할 수 있다고 한다(헌재 2014. 12. 19. 2013헌다1).

⑤ 위헌정당 해산의 절차(적 요건) - 정부 제소

정부는 정당의 목적이나 활동이 민주적 기본질서에 위배되면 국무회의 심의를 거쳐 헌법재판소에 그 해산을 제소할 수 있다(헌법 제8조 제4항, 헌법재판소법 제55조). 현행 헌법은 제소권자를 정부로 규정한다. 여기서 정부는 대한민국이라는 국가가 아니라, 입법부 · 사법부와 대등한 지위에 있는 정부를 뜻한다. 정당해산 제소는 국무회의의 필요적 심의사항인데, 국무회의는 심의기관에 불과하므로 여기서 정부는 실질적 측면에서 대통령으로 보아야 한다.

정부의 정당해산 제소는 국무회의의 필수적 심의사항이라서(헌법 제89조 제14호), 국무회의의 심의를 거치지 않은 정당해산심판 청구는 부적법하다. 다만, 대통령이 사고로 직무를 수행할 수 없으면 국무총리가 그 직무를 대행하므로, 대통령이 해외순방 중인 때와 같이 일시적으로 직무를 수행할 수 없으면(직무대리규정 제2조 제4호 참조), 국무총리가 주재한 국무회의에서 한 정당해산심판청구서 제출안 의결도 적법하다(헌재 2014. 12. 19. 2013헌다1).

정부에 위헌정당해산 제소권을 부여한 결과, 특정정당에 대한 위헌 여부의 1차적 판단은 정부의 권한이고 의무라는 견해가 있으나, (i) 헌법 제8조 제4항이 제소'할 수 있다'고 규정하고, (ii) 강제해산보다는 민주적인 공개경쟁을 통해서 해당 정당의 지지층이나 사회적 기반을 붕괴시키는 것이 민주주의 보호에 더 효과적일 것이며, (iii) 정당해산 제도는 민주적 기본질서를 지키는 다양한 수단 중 하나에 불과하고, (iv) 헌법적대적 정당의 강제해산이 헌법 보호를 오히려 더 어렵게 할 수도 있으며, (v) 위헌정당해산 이익과 그 정당의 계속적 존재 이익 등을 형량하여 해산심판 청구 여부를 결정할 여지가 있으므로 정부는 해산 제소 여부에 관한 정치적 재량이 있다.

⑥ 헌법재판소 결정과 그 효력인 정당 해산

헌법재판소는 9명의 재판관 중 6명 이상 찬성으로 정당의 해산결정을 할 수 있다(헌법재판소법 제23조 제2항 제1호). 헌법재판소가 정당 해산을 명하는 결정을 선고하면 그 정당은 해산된다(헌법재판소법 제59조). 따라서 해산결정 선고를 받은 정당은 선고와 동시에 불법결사가 된다. 헌법재판소가 일단 위헌이 아니라고 결정하면, 정부는 동일정당에 대해서 같은 사유로 제소할 수 없다(일사부재리원칙: 헌법재판소법 제39조). 이때 동일성은 정당 명칭과 같은 외관이 아니라 구성원이나 추진하는 정강정책 등의 실질에 변경이 있는지를 기준으로 판단하여야 한다. 그러한 변경이 인정되면 다시 적법하게 제소할 수 있다.

⑦ 해산결정 집행과 정당 해산 효과

(i) 헌법재판소가 정당 해산을 명하는 결정을 내리면 그 결정서 등본을 해당 정당의 대표자 이외에 국회 · 정부와 중앙선거관리위원회에 송달하여야 한다(헌법재판소법 제58조 제2항). 해산결정 통지를 받은 중앙선거관리위원회는 그 정당 등록을 말소하고 그 뜻을 즉시 공고하여야 한다(정당법 제47조). 헌법재판소의 정당해산결정은 창설적 효력이 있고, 중앙선거관리위원회 해산 공고는 선언적 · 확인적 효력이 있는 것에 불과하다.

(ii) 헌법재판소의 해산결정에 따라서 해산된 정당의 잔여재산은 국고에 귀속한다(잔여재산 국고 귀속: 정당법 제48조 제2항).

(iii) 정당이 헌법재판소 결정으로 해산되면 그 정당의 대표자와 간부는 해산된 정당의 강령(기본정책)과 같거나 비슷한 것으로 정당을 창설하지 못한다(대체정당 금지: 정당법 제40조). 대체정당의 판단기준은 강령(이나 기본정책), 대표자 · 간부 등 인적 조직과 명칭의 동일 · 유사성을 종합적으로 검토하여 판단하여야 한다. 대체정당에는 정당특권이 인정되지 않으므로 행정처분으로 대체정당을 해산할 수 있다.

(iv) 헌법재판소 결정에 따라서 해산된 정당의 명칭과 같은 명칭은 정당의 명칭으로 다시 사용하지 못한다(동일명칭 사용금지: 정당법 제41조 제2항).

(v) 헌법재판소 결정에 따라서 해산된 정당의 목적을 달성하기 위한 집회나 시위는 누구도 주최할 수 없다('집회 및 시위에 관한 법률' 제5조 제1항 제1호).

(vi) 헌법재판소는 정당해산이 이루어지는 상황에서는 국회의원의 국민대표성이 부득이 희생될 수밖에 없고, 헌법재판소 해산결정으로 해산되는 정당 소속 국회의원의 의원직 상실은 정당해산심판제도의 본질에서 인정되는 기본적 효력이므로, 지역구에서 당선된 국회의원이든 비례대표로 당선된 국회의원이든 모두 명문 규정 없이도 의원직을 상실시킬 수 있다고 하였다(헌재 2014. 12. 19. 2013헌다1). 이 결정에 대해서 위헌정당을 해산한다고 선언하면서 해당 정당 소속 국회의원의 의원직을 상실시키는 결정은 소속 국회의원은 정당해산심판에서 청구인도 피청구인도 아니라서 당사자가 아니므로 그에게 효력이 없고, 정당해산결정은 형성판결이라서 그에 관한 법률 규정이 필요한데 정당해산결정에 관한 규정에는 위헌정당 소속 국회의원의 의원직 상실에 관한 내용이 없어서 헌법재판소가 내릴 수 없다는 비판이 있다. 대법원은 정당해산심판제도는 민주적 기본질서를 수호하려고 위헌적인 정당을 국민의 정치적 의사형성과정에서 미리 배제하는 것을 본질로 하고, 특히 국회의원은 정당이 민주적 기본질서와 직결된 국민의 정치적 의사 형성에 참여하는 데 핵심적인 역할을 담당하므로, 정당해산심판 결정의 효과로 그 정당의 추천 등으로 당선되거나 임명된 공무원 등의 지위를 상실시킬지는 헌법이나 법률로 명확하게 규정하는 것이 더 바람직하나, 그러한 명문 규정이 없더라도 위헌정당 해산결정에 따른 효과로 위헌정당 소속 국회의원 그 국회의원 직을 상실한다고 하였다(대법원 2021. 4. 29. 선고 2016두39856 판결). 중앙선거관리위원회는 공직선거법 제192조 제4항의 해산은 자진해산을 뜻하므로 헌법재판소 정당해산결정으로 해산된 정당 소속 비례대표 지방의회의원은 해산결정이 선고된 때부터 그 직에서 퇴직한다고 결정하였다. 그러나 대법원은 지방의회의원은 국회의원과 그 역할, 헌법 · 법률상 지위 등에서 본질적인 차이가 있고, 비례대표 지방의회의원의 의원직 상실이 헌법재판소의 정당해산결정 취지에서 곧바로 도출된다고 할 수 없는 점, '해산'의 문언적 의미, 정당 해산에 관한 정당법과 공직선거법의 규정 체계, 공직선거법 제192조 제4항의 입법 연혁 등에 비추어, 공직선거법 제192조 제4항은 소속 정당이 헌법재판소의 위헌정당 해산결정에 따라 해

산될 때 비례대표 지방의회의원의 퇴직을 규정하는 조항이라고 할 수 없다고 하였다(대법원 2021. 4. 29. 선고 2016두39825 판결).

3. 정당의 등록 취소

① 정당 성립의 형식적 요건(정당법 제17조와 제18조)을 구비하지 못하게 된 때(다만, 요건 흠결이 공직선거의 선거일 전 3월 이내에 생기면 선거일 후 3월까지, 그 밖에는 요건 흠결 시부터 3월까지 그 취소를 유예한다), ② 최근 4년간 임기 만료에 따른 국회의원선거 또는 임기 만료에 따른 지방자치단체의 장선거나 시 · 도의회의원선거에 참여하지 아니한 때, ③ 임기 만료에 따른 국회의원선거에 참여하여 의석을 얻지 못하고 유효투표 총수의 100분의 2 이상을 득표하지 못한 때에는 정당은 등록이 취소된다(정당법 제44조 제1항). 이는 정당이 국민의 정치적 의사 형성에 참여하는 데 필요한 조직을 갖추도록 하고(헌법 제8조 제2항 후문), 정당제 민주주의의 기능을 유지하기 위해서 인정된다. 그러나 선거 참여 거부가 정당의 정치적 의사 표현일 수 있으므로, 선거에 대한 참여를 정당의 존립 요건으로 하는 것은 타당하지 않다. 그리고 헌법재판소는 임기 만료에 따른 국회의원선거에 참여하여 의석을 얻지 못하고 유효투표 총수의 100분의 2 이상을 득표하지 못할 때 정당 등록을 취소한다고 규정한 정당법 제44조 제1항 제3호는 과잉금지원칙에 위반되어 청구인의 정당설립의 자유를 침해한다고 하면서 위헌이라고 선언하였다(헌재 2014. 1. 28. 2012헌마431등). 등록이 취소된 정당의 명칭과 같은 명칭은 등록 취소된 날부터 최초로 실시하는 임기만료에 따른 국회의원선거의 선거일까지는 정당 명칭으로 사용할 수 없다(정당법 제41조 제4항).

V. 정당의 내부질서 - 당내 민주주의

오늘날 민주주의는 고전적 · 대의제적 민주주의에서 대중민주주의 나아가 정당국가적 민주주의로 변천되었다고 한다. 국가의사를 국민이 직접 결정하지 아니하고 국민이 대표자로 선출한 대의기관이 결정하는 것이 대의제 민주주의 체제였다면, 이러한 대의

기관의 의사결정행위가 정당으로 이행하여 실질적으로는 정당내부적으로 결정이 내려지고 대의기관은 그와 같이 이미 결정된 의사를 통과시키기만 하는 장소로 변질하였다고 보는 것이 정당국가적 민주주의 체제이다. 나아가 대중이 정치에 참여하는 오늘날 대중의 정치적 의사는 다종다양하기 그지없어서 이것이 통일된 국민의사 형태로 정리되려면 정당의 예비적 의사 형성이 불가피하다고 한다. 그렇게 본다면 정당 내부의 의사 형성 및 결정 과정이 민주적으로 이루어지지 않으면, 즉 당수나 그 주변 인물이 정당의 의사를 멋대로 결정하면, 국민의사의 예비적 형성, 국가의사 결정 모두가 왜곡될 가능성이 매우 크다. 이때 정당을 매개로 하는 국민의 지배(정당민주주의)가 아니라 유력 정치인 개인이나 과두적 소수가 정당을 이용하여 하는 인적 지배(독재정, 과두정)로 변질할 가능성이 크다. 따라서 당내 민주주의는 정당민주주의가 민주주의로서 정당성을 부여받기 위한 기본전제라고 할 수 있다. 이처럼 중요한 의의가 있는 당내 민주주의를 보장하려고 헌법은 정당의 목적 · 조직과 활동이 민주적이어야 한다고 규정하고(헌법 제8조 제2항), 나아가 만약 정당의 목적이나 활동이 민주적 기본질서에 위배되면 정부 제소와 헌법재판소 결정으로 해산시키는 것까지도 가능하도록 한다(헌법 제8조 제4항). 당내 민주주의를 보장하는 규정은 정당법이 구체화한다.

Ⅵ. 정당의 재정과 정치자금

민주주의가 진정으로 금권정치로 전락하지 않으려면 합리적인 정치자금 조달방법이 확립되어야 한다. 그런데 문제는 어떻게 원활한 정치자금 조달을 확보하면서 동시에 이를 통제할 수 있는 지이다. 당비, 후원금, 기탁금, 보조금, 당헌 · 당규 등에서 정한 부대수입, 정치활동을 위해서 정당(중앙당창당준비위원회 포함), 공직선거법에 따른 후보자가 되려는 사람, 후보자 또는 당선된 사람, 후원회 · 정당의 간부 또는 유급사무직원, 그 밖에 정치활동을 하는 사람에게 제공되는 금전이나 유가증권 또는 그 밖의 물건과 그러한 사람의 정치활동에 소요되는 비용을 정치자금이라고 한다(정치자금법 제3조 제1호). 정치자금조달 유형에는 당비, 후원금, 기탁금, 국고보조금, 정당의 당헌 · 당규 등에서 정한 부대수입이 있다. 정치자금법이 정하지 아니한 방법으로 정치자금을 기부하거나 기부 받은 자는 처벌된다(정치자금법 제45조). ① '당비'는 명목여하에 불구하고 정당의 당헌 · 당규 등에 따라서 정당 당원이 부담하는 금전이나 유가증권 그 밖의 물건이다(정치자금법 제3조 제3호). 정당이 국민의 정치적 의사 형성에 참여하기 위한 자발적 조직이라고 한다면 정당은 당원의 당비에 따라서 운영되는 것이 원칙이다. 그러나 정당의 막대한 경비를 당비만으로 충당하기는 (정당에 따라서 차이는 있지만) 어려운 것이 현실이다. ② 정당이 정치자금을 조달할 때 현실적으로 중요한 제도의 하나가 후원금제도이다. 그러나 이 제도가 제대로 기능하려면 야당의 후원회에 자유로이 참여할 수 있는 정치풍토가 전제되어야 한다. 후원회는 정치자금에 규정에 따라서 정치자금 기부를 목적으로 설립 · 운영되는 단체로서 관할 선거관리위원회에 등록된 단체를 말한다(정치자금법 제3조 제7호). '후원금'은 후원회에 기부하는 금전이나 유가증권 그 밖의 물건을 말한다(정치자금법 제3조 제4호). 누구든지 자유의사로 하나 또는 둘 이상의 후원회 회원이 될 수 있다. 그러나 외국인, 국내 · 외의 법인이나 단체와 같이 기부할 수 없는 사람(정치자금법 제31조)과 정당의 당원이 될 수 없는 사람(정당법 제22조)은 후원회 회원이 될 수 없다(정치자금법 제8조 제1항). 후원인이 후원회에 기부할 수 있는 후원금은 연간 2천만원을 초과할 수 없다(정치자금법 제11조 제1항). 후원인은 대통령후보자등 · 대통령선거경선후보자의 후원회에는 각각 1천만원(후원회지정권자가 동일인인 대통령후보자등후원회에는 합하여 1천만원), 그 밖의 후원회(중앙당창당준비위원회후원회가 중앙당후원회로 존속하는 때와 후원회지정권자가 동일인인 국회의원후보자등후원회와 국회의원후원회는 각각 합하여 500만원)에는 연간 500만원을 초과하여 기부할 수 없다(정치자금법 제11조 제2항). 후원인은 1회 10만원 이하, 연간 120만원 이하의 후원금을 익명으로 기부할 수 있고(정치자금법 제11조 제3항) 후원회 회원은 연간 1만원 또는 그에 상당하는 가액 이상의 금품을 내야 한다(정치자금법 제11조 제5항). ③ '기탁금'은 정치자금을 정당에 기부하고자 하는 개인이 선거관리위원회에 기탁한 금전이나 유가증권 그 밖의 물건을 말한다(정치자금법 제3조 제5호). 정당에 정치자금을 기탁하고자 하는 사람은 기명으로 선거관리위원회에 기탁하여야 한다(정치자금법 제22조). 개인이 기탁할 수 있는 기탁금은 1회 1만원이나 그에 상당하는 가액 이상이고, 연간 기탁할 수 있는 한도액은 1억원이나 전년도소득의 100분의 5 중 다액이다(정치자금법 제22조 제2항). 중앙선거관리위원회는 기탁된 정치자금을 기탁 당시 국고보조금비율에 따라서 배분 · 지급한다(정치자금법 제23조 제1항). ④ '(국고)보조금'은 정당의 보호 · 육성을 위해서 국가가 정당에 지급하는 금전이나 유가증권이다(정치자금법 제3조 제6호). 국고보조금은 정당의 대외적 자유를 침해할 수 있다. 정당은 자유롭고 비국가적인 조직체의 성격을 유지하여야 그 임무를 수행할 수 있는데 국가권력의 간섭과 영향을 받게 될 위험이 있다. 그리고 정치적 세력관계 변화를 가져올 수 있다. 반대로 기성정당의 세력 판도를 고착할 수도 있다. 그 밖에도 분배에서 기회 균등을 기하기 어렵다는 문제점이 있다. 국고보조금은 '보조금'이므로 정당 재정 일부를 보조하는 데 그쳐야 하고, 국고보조금이 정당 운영의 주된 자금이 되어서는 아니 된다. 다만, 선거의 공공성을 고려하면 선거자금 지원은 국고보조금 범주에서 제외할 수 있다. 그리고 국고보조금이 정치적 경쟁관계에서 달성된 정당의 업적을 왜곡하여서는 아니 되고, 거기에 보조를 맞추어야 한다. 정당의 성취결과를 무시하거나 왜곡하는 국가의 재정 지원은 헌법에 어긋난다(헌재 2015. 12. 23. 2013헌바168). ⑤ 정당은 선거에 관한 경비를 원칙적으로 부담하지 않는다(선거공영제: 헌법 제116조 제2항). 그리고 정당이 받는 정치자금에 대해서는 조세특례제한법에 따라서 면세혜택을 받는다(정치자금법 제59조).

Ⅶ. 정당의 법적 지위의 사법적 구제

정당은 법인이 아닌 사단이므로 대표자 이름으로 민사소송 당사자가 될 수 있다(민사소송법 제52조). 그리고 정당은 기본권 주체가 될 수 있으므로 헌법소원심판의 당사자능력이 있다(헌재 1991. 3. 11. 91헌마21). 그러나 정당은 국가기관이나 국가조직이 아니므로 권한쟁의심판의 당사자능력은 없다(헌재 2020. 5. 27. 2019헌바6등).

2절

선거제도

Ⅰ. 대의제 민주주의에서 선거의 의의와 기능

민주주의는 현실적으로는 국민의 직접 지배가 아니라 국민의 대표자를 통한 지배, 즉 대의(대표)제 민주주의로 현실화한다. 대의제 민주주의는 국정운영능력이 있는 대표기관을 구성하고 국민의사를 정확하게 반영(대표의 정확성)할 수 있는 선거제도 구성을 요청한다. 선거는 주권자인 국민이 투표로 대의기관을 구성할 인물을 선택하는 행위이다. 오늘날과 같이 주권자인 국민이 국가의사나 국가정책을 직접 결정하지 않고 대표자를 선출하여 그가 국민을 대신하여 국가의사나 국가정책 등을 결정하게 하는 대의제 민주주의에서 선거는 주권자인 국민이 그를 대신해서 국정을 담당할 대표자를 선출하는(대표기관을 선임하는) 집합적 합성행위로서 국민이 정치에 참여하는 본질적 수단이고 민주주의를 실현하기 위한 기본적 전제이다. 선거는 창설적 행위로서 그 본질은 국정을 담당하는 국가기관 구성이다. 선거를 통해서 형성되는 선거인과 대표기관 사이의 대표관계는 자유위임관계이다. 따라서 이러한 관계는 정치적 대표관계이지, 법적 대표관계는 아니다.

선거는 형식적으로는 대표자를 선출하여 대표기관을 구성하는 기능을 수행한다. 선거에는 정당에 대한 신임투표적 성격이 어느 정도 있다. 그러나 이는 어디까지나 보충적 의미이고, 선거는 기본적으로 대표자, 즉 공직자를 선출하는 기능이 있다(헌재 2001. 7. 19. 2000헌마91등). 선거를 통해서 나타난 국회 세력 분포는 헌법적 존속력이 없다(헌재 1998. 10. 29. 96헌마186). 그래서 이러한 세력 분포에 변화를 가져오는 국회의원 당적 변경에 정치적 비난을 할 수는 있어도, 이때 국회의원 신분을 박탈하는 것은 헌법적으로 허용되지 않는다. 따라서 국민의 직접선거로 국회의 정당 사이의 의석 분포, 즉 국회 구도를 결정하는 권리인 국회구성권은 헌법상 인정되지 않는다(헌재 1998. 10. 29. 96헌마186).

선거는 실질적으로는 먼저 주권의 실질적 행사를 보장한다. 그리고 선거를 계기로 국민은 적극적으로 정치적 의견을 형성하고 특정 후보자를 지지하며, 다른 정치적 의견을 접하는 의사소통을 통해서 자기 의견을 개선할 수 있다. 따라서 선거에서 투표행위 자체뿐 아니라 투표라는 의사 결정에 이르는 전 단계인 의사 형성 과정을 보호하여야 한다. 이러한 의사 형성 과정에서 선거는 국민이 일체감을 형성할 수 있도록 함으로써 객관적으로 국민통합 기능을 수행할 수 있다(헌재 1995. 7. 21. 92헌마177등 참조). 또한, 모든 국가권력의 근원인 국민이 질서 있고 공정한 선거를 통해서 국가권력 담당자를 선출하면 국가권력의 정당성을 확보될 수 있다. 그리고 임기 이후 선거를 통해서 새로운 대표자를 선출함으로써 국가권력에 대한 간접적 민주적 통제를 한다. 게다가 정치적 의견의 형성과 표현 및 전달은 그 자체로 국정에 대한 비판적 통제의 효과가 있다. 이처럼 선거는 표현의 자유를 활성화하는 중요한 계기이다. 그 밖에 선거는 국정 비판 욕구를 분출시키는 통로로서 민주사회질서를 유지하는 제도이므로 평화유지기능도 수행한다(헌재 1989. 9. 8. 88헌가6). 더하여 선거는 소수자가 다수자가 될 수 있는 기회 균등을 보장하여 주는 제도이며 동시에 소수자를 보호하는 제도이다.

공정한 개표절차를 통해서 정확한 선거결과로 나타나야 국민의 의사는 선거를 통해서 왜곡없이 반영된다. 따라서 개표절차의 공정성 확보도 선거제도의 중요한 요소이다. 이를 위해서 선거행위부터 선거결과 확정까지 선거의 모든 본질적 단계(과정)는 공개적으로 검증할 수 있어야 한다. 이때 검증은 전문가가 아닌 일반인이 할 수 있어야 한다. 이러한 점에서 조작 가능성을 배제할 수 없는 전자개표기 사용은 (수개표를 검증하는 수단으로 사용하는 것이 아니라면) 위헌 소지가 있다.

Ⅱ. 헌법상 선거원칙

민주적 선거가 되려면 선거와 관련되는 모든 사항, 즉 선거 준비에서 당선이 확정되기까지 전체 과정에서 모든 구체적 사항이 민주선거원칙에 들어맞아야 한다. 다시 말하자면 선거제도, 선거구, 선거의 절차와 운영(후보자 공천, 선거운동, 투 · 개표, 당선 확정) 등 모든 것이 민주선거원칙에 들어맞아야 한다. 대법원은 정당의 당내경선에도 헌법상 선거원칙이 적용된다고 한다(대법원 2013. 11. 28. 선고 2013도5117 판결). 민주선거원칙으로는 보통 · 평등 · 직접 · 비밀 · 자유선거의 원칙을 들 수 있는데, 헌법은 자유선거원칙을 명시적으로 규정하지 않지만, 이는 전제된 것으로 볼 수 있다(헌법 제41조 제1항, 제67조 제1항)(헌재 1989. 9. 8. 88헌가6).

1. 보통선거원칙

보통선거는 제한선거에 대응하는 것으로서 원칙적으로 모든 국민에게 선거권이 인정되는 선거를 뜻한다. 따라서 보통선거원칙에 따라서 모든 국민은 재산, 사회적 신분, 인종, 성별, 교육 정도 등에 상관없이 일정한 연령에 달하면 선거권과 피선거권이 있다(헌재 1997. 6. 26. 96헌마89). 이는 헌법 제11조 제1항 제1문 일반적 평등원칙이 선거에 적용된 것으로서 보통선거원칙에 어긋나면 헌법 제11조 제1항 제1문도 어긋난다. 보통선거원칙과 비밀선거원칙이 충돌하면 비밀선거 자체는 목적이 아니라서 보통선거원칙이 우월하다(헌재 2007. 6. 28. 2005헌마772).

보통선거는 오늘날 일정한 연령에 도달한 모든 국민에게 원칙적으로 선거권을 인정하는 제도이고, 재력이나 납세액 또는 그 밖의 사회적 신분 · 인종 · 신앙 · 성별 · 교육 등을 이유로 한 선거권 제한은 인정되지 않는다. 불가피한 근거, 즉 인정할 만한 가치가 있는 중요한 근거가 있으면 보통선거원칙은 제한될 수 있다. 그러나 헌법 제11조 제2문의 사유나 경제적 사유 또는 교육 정도의 사유를 근거로 보통선거원칙을 제한할 수는 없다. 다만, 선거권을 행사하려면 국내 정치상황에 관한 이해가 필요하다는 점에서 거주나 체류를 선거권 행사 요건으로 삼을 수 있다. 헌법재판소는 재외국민의 선거권 행사를 전면적으로 부정하는 공직선거법이 보통선거원칙에 어긋난다고 하였다(헌재 2007. 6. 28. 2004헌마644등).

18세 이상 국민은 대통령과 국회의원의 선거권이 있고(공직선거법 제15조 제1항), 18세 이상 국민으로서 선거인명부작성기준일 현재 해당 지방자치단체의 관할 구역 안에 주민등록이 되어 있는 사람은 그 구역에서 선거하는 지방자치단체 의회의원과 장의 선거권이 있다(공직선거법 제15조 제2항 제1호). 선거일 현재 5년 이상 국내에 거주하는 40세 이상 국민은 대통령의 피선거권이 있고(헌법 제67조 제4항, 공직선거법 제16조 제1항), 18세 이상 국민은 국회의원의 피선거권이 있으며(공직선거법 제16조 제2항), 선거일 현재 계속하여 60일 이상 해당 지방자치단체 관할 구역 안에 주민등록이 되어 있는 주민으로서 18세 이상 국민은 그 지방의회의원과 지방자치단체장의 피선거권이 있다(공직선거법 제16조 제3항). 국회의원입후보자와는 달리 지방선거입후보자에게 거주기간을 요건으로 하는 것은 지방의회의원이나 지방자치단체의 장이 주민자치원리에 따라서 행정사무를 처리할 때 지방자치 차원에서 민주성과 능률성을 도모하는 데 필요하다(헌재 1996. 6. 26. 96헌마200). 국회의원 피선거권을 25세 이상 국민으로 정한 구 공직선거법 제16조 제2항에 대해서 헌법재판소는 위헌이 아니라고 하였다(헌재 2005. 4. 28. 2004헌마219). 최근에 공직선거법이 개정되어 국회의원 선거와 지방선거의 피선거권 제한 연령이 18세로 낮아졌다. 선거권과 피선거권은 국민의 권리이므로 외국인에게는 원칙적으로 인정되지 않는다(공직선거법 제15조 제1항, 제16조 제1항 참조). 다만, 부분적으로 외국인에게 선거권이 인정된다. 즉 출입국관리법상 영주의 체류자격을 취득하고 나서 3년이 지난 18세 이상의 외국인으로서 선거인명부작성기준일 현재 출입국관리법 규정에 따라 해당 지방자치단체의 외국인등록대장에 올라 있는 사람은 지방선거에서 선거권이 있다(공직선거법 제15조 제2항 제2호).

공직선거법을 따르면, ① 금치산선고를 받은 사람, ② 1년 이상 징역이나 금고의 형 선고를 받고 그 집행이 종료되지 아니하거나 그 집행을 받지 아니하기로 확정되지 아니한 사람(다만, 그 형의 집행유예를 선고받고 유예기간 중에 있는 사람은 제외)[집행유예자와 수형자에 대해서 전면적 · 획일적으로 선거권을 제한하는 것에 대해서 헌법재판소는 위헌 및 헌법불합치결정을 내린 바 있다(헌재 2014. 1. 28. 2012헌마409등)], ③ 선거범, 정치자금법 제45조(정치자금부정수수죄)와 제49조(선거비용 관련 위반행위에 관한 벌칙)에 규정된 죄를 범한 사람 또는 대통령 · 국회의원 · 지방의회의원 · 지방자치단체의 장으로서 그 재임 중의 직무와 관련하여 형법(특정범죄가중처벌 등에 관한 법률 제2조에 의하여 가중처벌되는 때 포함) 제129조(수뢰, 사전수뢰) 내지 제132조(알선수뢰) · 특정범죄가중처벌 등에 관한 법률 제3조(알선수재)에 규정된 죄를 범한 사람으로서, 100만원 이상의 벌금형 선고를 받고 그 형이 확정되고 나서 5년 또는 형의 집행유예 선고를 받고 그 형이 확정되고 나서 10년을 지나지 아니하거나 징역형 선고를 받고 그 집행을 받지 아니하기로 확정되고 나서 또는 그 형 집행이 종료되거나 면제되고 나서 10년을 지나지 아니한 사람(형이 실효된 자도 포함), ④ 법원의 판결이나 다른 법률에 따라서 선거권이 정지 또는 상실된 사람은 선거권이 없다(제18조 제1항). 그리고 ① 금치산선고를 받은 사람, ② 선거범, 정치자금법 제45조(정치자금부정수수죄)와 제49조(선거비용 관련 위반행위에 관한 벌칙)에 규정된 죄를 범한 자 또는 대통령 · 국회의원 · 지방의회의원 · 지방자치단체의 장으로서 그 재임 중의 직무와 관련하여 형법(특정범죄가중처벌 등에 관한 법률 제2조에 의하여 가중처벌되는 때를 포함한다) 제129조(수뢰, 사전수뢰) 내지 제132조(알선수뢰) · 특정범죄가중처벌 등에 관한 법률 제3조(알선수재)에 규정된 죄를 범한 사람으로서, 100만원 이상의 벌금형 선고를 받고 그 형이 확정되고 나서 5년 또는 형의 집행유예 선고를 받고 그 형이 확정되고 나서 10년을 지나지 아니하거나 징역형 선고를 받고 그 집행을 받지 아니하기로 확정되고 나서 또는 그 형 집행이 종료되거나 면제되고 나서 10년을 지나지 아니한 사람(형이 실효된 자도 포함), ③ 법원의 판결이나 다른 법률에 따라서 선거권이 정지 또는 상실된 사람, ④ 금고 이상의 형 선고를 받고 그 형이 실효되지 아니한 사람, ⑤ 법원의 판결이나 다른 법률에 따라서 피선거권이 정지되거나 실효된 사람, ⑥ 국회법 제166조(국회 회의 방해죄)의 죄를 범한 사람으로서 (ⅰ) 500만원 이상의 벌금형 선고를 받고 그 형이 확정되고 나서 5년이 지나지 아니한 사람, (ⅱ) 형의 집행유예 선고를 받고 그 형이 확정된 후 10년이 지나지 아니한 사람, (ⅲ) 징역형 선고를 받고 그 집행을 받지 아니하기로 확정된 후 또는 그 형의 집행이 종료되거나 면제된 후 10년이 지나지 아니한 사람 중 하나에 해당하는 사람(형이 실효된 사람 포함)은 피선거권이 없다(제19조).

헌법재판소는 지나친 고액의 기탁금이 입후보자의 평등권, 피선거권과 유권자의 후보자선택의 자유를 침해하여 위헌이라는 견해를 취하고(헌재 2001. 7. 19. 2000헌마91등), 재외국민에 대해서 선거권을 인정하지 아니한 것과 국외거주자에게 부재자투표제도를 인정하지 아니하는 것에 대해서는 위헌이라고 결정하였다(헌재 2007. 6. 28. 2004헌마644등). 피선자격을 정할 때 지나치게 많은 추천자 서명을 요구하는 것이나 지나치게 높은 기탁금국고귀속비율은 위헌이다. 헌법재판소는 유효투표 총수의 3분의 1을 얻지 못할 때 기탁금 국고 귀속(헌재 1989. 9. 8. 88헌가6)과 유효투표 총수의 100분의 20을 얻지 못할 때 기탁금 국고 귀속(헌재 2001. 7. 19. 2000헌마91등)은 위헌이라고 하였고, 유효투표 총수의

100분의 15를 얻지 못할 때 기탁금 국고귀속(헌재 2003. 8. 21. 2001헌마687등)은 합헌이라고 하였다. 그리고 입후보할 기회를 제한하거나 방해하는 것도 보통선거원칙에 어긋난다. 헌법재판소는 지방자치단체장이 임기 중 대통령과 국회의원의 선거 등에 입후보할 수 없도록 하는 것(헌재 1999. 5. 27. 98헌마214)과 지방자치단체장이 해당 지방자치단체 관할 구역과 같거나 겹치는 선거구역에서 실시되는 지역구 국회의원선거에 입후보하고자 할 때 선거일 전 180일까지 그 직을 사퇴하도록 한 것(헌재 2003. 9. 25. 2003헌마106)은 위헌이라고 하였다.

선거권이 제한되는 때를 제외하고는 국가는 모든 유권자가 실제 투표권을 행사할 수 있도록 시설을 갖추고, 편의를 제공하여야 한다. 예를 들어 장애인이 투표장에 사실상 접근할 수 없다는 이유로 투표권을 행사할 수 없는 사태를 사전에 방지하여야 한다. 국가와 지방자치단체는 장애인이 선거권을 행사하는 데 불편함이 없도록 편의시설 · 설비를 설치하고, 선거권 행사에 관하여 홍보하며, 선거용 보조기구를 개발 · 보급하는 것 등 필요한 조치를 강구하여야 한다(장애인복지법 제26조).

2. 평등선거원칙

평등선거는 차등선거나 불평등선거에 대응하는 개념으로, 모든 선거권자가 행사하는 한 표 한 표가 동등한 비중, 동등한 계산가치가 있고, 나아가 원칙적으로 동등한 결과가치가 있는 것, 결국 선거결과에서 어느 표나 동등한 영향을 미치는 선거를 말한다(헌재 1995. 12. 27. 95헌마224등). 이는 헌법 제11조 제1항 제1문의 일반적 평등원칙이 선거에 적용된 것이지만, 절대적 평등을 지향한다. 따라서 평등선거원칙을 위반하는 것은 헌법 제11조 제1항 제1문도 위반한다. 이러한 점에서 평등선거원칙은 그 자체로서 기본권성도 있다. 평등선거는 입후보에서 투표, 개표, 의석 배분에 이르는 선거의 모든 과정에서 요청된다. 보통선거원칙도 평등원칙을 구체화한 것이나, 선거권 · 피선거권의 자격요건에 중점이 있다는 점에서 투표가치의 평등에 중점이 있는 평등선거원칙과 차이가 있다.

정치적 의사결정능력이 있는 모든 국민은 동등한 투표가치가 있다. 모든 국민은 정치적 의사의 가치에서 평등하기 때문이다. 이는 제도적으로는 1인 1표제로 실현된다. 그러나 투표가치의 평등은 이러한 표면가치(산술적 계산가치)뿐 아니라 결과가치(성과가치)의 평등도 요구한다. 결과가치의 평등은 모든 투표자가 행사한 하나하나의 표가 선거결과에 미치는 비중까지도 실질적으로 평등하여야 한다는 것이다(헌재 1995. 12. 17. 95헌마224등).

국회의원선거구는 기존 행정구역을 기준으로 확정되므로 행정구역의 동질성을 훼손하면서 인구 비례에 엄격하게 맞추어 선거구를 획정하는 것은 현실적으로 불가능하다. 따라서 인구 불균형이 어느 정도까지 헌법적으로 허용되는지가 문제 된다. 초기 헌법재판소는 국회의원 지역선거구와 관련하여 인구편차가 4:1까지는 허용된다고 보았으나(헌재 1995. 12. 27. 95헌마224등), 이후 편차가 3:1을 넘으면 평등선거원칙에 위반된다고 보았다가(헌재 2001. 10. 25. 2000헌마92등), 인구편차 상하 $33\frac{1}{3}$%, 인구비례 2:1을 넘어서지 않는 것으로 변경하였다(헌재 2014. 10. 30. 2012헌마192등). 헌법재판소는 지방의회의원선거구의 인구편차 허용기준은 평균 인구수 기준 상하 50%(인구비례 3:1)로 설정한다(시 · 도의회의원지역선거구와 관련하여서는 헌재 2018. 6. 28. 2014헌마189, 자치구 · 시 · 군의회의원선거구와 관련하여서는 헌재 2018. 6. 28. 2014헌마166).

자의적인 선거구 획정[이른바 게리맨더링(Gerrymandering)]으로 말미암아 특정 지역의 선거인이 정치과정에 참여할 기회를 잃게 되었거나 그가 지지하는 후보가 당선될 가능성을 의도적으로 박탈하는 것이 명확하면 해당 지역의 선거인을 차별하는 것으로서 성과가치의 평등에 위반된다(헌재 1998. 11. 26. 96헌마54). 선거구 획정은 사회적 · 지리적 · 역사적 · 경제적 · 행정적 연관성과 생활권 등을 고려하여 특별히 불가피한 사정이 없는 한 인접지역이 1개의 선거구를 구성하여야 한다. 따라서 인접지역이 아닌 지역을 1개의 선거구로 구성하면 특별한 사정이 없는 한 입법재량 범위를 일탈한 자의적인 선거구 획정으로서 헌법에 어긋난다(헌재 1995. 12. 27. 95헌마224등).

평등선거원칙은 입후보자와 정당을 중심으로 보면 기회균등원칙과 선거운동평등원칙으로 나타난다(헌재 1996. 8. 29. 96헌마99). 정당 소속 입후보자와 무소속 입후보자 사이에 선거운동 기회에서 차별하거나 기탁금 액수를 차등화하는 것 등은 모두 평등선거원칙에 위반된다(헌재 1989. 9. 8. 88헌가6). 헌법은 경제적 능력 차이가 선거운동 불평등을 낳고, 그 결과 경제적 불평등이 대표 선출에 그대로 반영되는 것을 방지하려고 선거공영제를 원칙으로 한다. 즉 선거에 관한 경비는 법률이 정하는 때를 제외하고는 정당이나 후보자에게 부담시킬 수 없다(헌법 제116조 제2항). 다만, 법률이 정하는 바에 따라서 선거경비를 부분적으로 정당이나 입후보자에게 부담시킬 수 있다.

선거운동에서 기회균등원칙이 예외 없이 모든 입후보자를 동등하게 취급하라고 요청하는 것은 아니다. 특히 정당 사이의 경쟁에서 국가의 엄격한 중립성원칙은 불가피한 근거에 따른 차별화로 수정되어야 한다. 즉 도식적 · 산술적 평등에서 비례적 평등으로 바뀐다. 이때 정당의 중요성, 규모 등이 고려된다. 예를 들어 최소한의 당선 가능성, 선거권자의 관심도를 기준으로 그리고 주요 정당 추천으로 일부 후보자만을 방송토론회나 언론사의 대담 · 토론회에 선정 혹은 초청하는 것이 헌법에 어긋나지는 않는다(헌재 1998. 8. 27. 97헌마372등).

저지조항(봉쇄조항: Sperrklausel)은 비례대표제에서 일정 비율 이상 득표한 정당만 의석을 배분받을 수 있는 제도로서 군소정당 난립을 방지하여 정국을 안정화하려는 것이다. 공직선거법은 지역구에서 5석 이상 의석을 차지하였거나 유효투표의 3% 이상을 차지한 정당만 비례대표의석 배분에 참여시킴으로써 저지조항을 둔다. 이러한 저지조항은 형식적 · 기계적인 평등 취급을 내용으로 하는 평등선거원칙을 제한한다. 따라서 이를 특별히 정당화할 만한 사유가 있어야 한다.

3. 직접선거원칙

간접선거와 반대되는 직접선거는 선출되는 대표자가 결정적으로 선거인에 의해서, 즉 투표로 그리고 투표할 때 확정되는 것이 보장되는 선거를 말한다. 어떤 기관이 사후적으로 개입하여 그 기관 재량에 따라서 의원을 선출하는 것은 직접선거가 아니다. 직접선거원칙은 선거결과를 확정할 때 투표자 의사를 직접 반영하여야 한다는 원칙이다. 정당 그 밖의 선거 관련 조직의 법적 영향력이 투표 개시 전이나 투표 개시와 동시에 종결될 때만 선거인은 직접선거의 의미에서 최종적 결정권이 있다. 직접선거원칙은 국가 차원은 물론 지방 차원에서도 권력담당자를 선출하고 국가기관을 구성하기 위한 일반적 법원리로서, 민주주의라는 헌법상 근본결단의 구체적 표현이다. 헌법적으로 요구되는 민주적 정당성은 국민에서 국가기관이나 기관담당자에 이르는 끊어지지 않는 정당성 사슬을 요청하기 때문이다. (모사전송 시스템을 이용하여 선상에서 투표를 하는) 선상투표는 선거권자가 직접 의사 결정을 하고 단지 그 송부만 모사전송 시스템을 통해서 이루어지므로 직접선거원칙에 어긋나지 않는다(헌재 2007. 6. 28. 2005헌마772). 비례대표제 아래에서 선거결과 결정에는 정당 의석 배분이 필수적 요소이다. 따라서 비례대표제를 채택하는 한 직접선거원칙은 의원 선출뿐 아니라 정당의 비례적인 의석 확보도 선거권자의 투표를 통해서 직접 결정될 것을 요구한다(헌재 2001. 7. 19. 2000헌마91등).

개정 전 선거법에서는 지역선거구 입후보자에 대한 투표를 해당 입후보자가 소속한 정당에 대한 지지로 의제하여 비례대표의석 배분에 반영하였다. 이때는 비례대표의원을 선출할 때 정당의 명부작성행위가 최종적이고 결정적인 의미가 있다. 그러나 이는 직접선거원칙에 어긋나고, 실제 헌법재판소는 이러한 규정을 위헌으로 결정한 바 있다(헌재 2001. 7. 19. 2000헌마91등). 현행 공직선거법은 유권자가 두 표를 행사하도록 하여, 한 표는 인물 선택 기능을 그리고 다른 한 표는 정당 선택 기능을 수행하도록 한다.

현행 공직선거법상 정당명부 작성방식인 고정명부제가 직접선거원칙에 어긋나는지가 문제 된다. 고정명부제에서는 정당에 대한 지지에 기초하여 정당이 작성한 명부에 따라서 국회의원을 선출하고, 선거권자가 직접 비례대표의원 후보자를 선택하지는 않는다. 그러나 비례대표제가 시행되는 한 이러한 의원선출절차는 제도필연적이다. 그리고 적극적으로 보면 고정명부제에서 비례대표후보자명단과 그 순위 그리고 의석 배분 방식은 이미 선거 시점에 확정되고, 투표 이후 정당이 후보자명부 순위를 변경하는 것 등의 사후 개입은 허용되지 않는다(공직선거법 제50조). 따라서 고정명부제에서도 선거행위로 표출된 선거권자 의사가 직접적인 영향을 미치므로, 고정명부제 자체가 직접선거원칙에 어긋나는 것은 아니다(헌재 2001. 7. 19. 2000헌마91등).

4. 비밀선거원칙

공개선거를 배척하는 비밀선거는 선거인이 누구에게 투표하였는지를 제3자가 알 수 없도록 하는 것이다. 이때 비밀은 선거인에게 자신의 선거에 관한 결정을 밝히지 않을 권리가 있다는 것을 말한다. 비밀선거원칙은 투표과정뿐 아니라 선거 준비 과정에도 적용된다. 비밀선거원칙은 선거의 자유(자유선거)에서 가장 중요한 제도적 보장으로서, 선거인의 결정에 영향을 미칠 수 있는 직접 · 간접의 강제나 압력에서 선거권자인 국민의 자유로운 결정을 보장하고자 하는 것이다(헌재 2020. 5. 27. 2017헌마867). 이를 통해서 선거권자는 다른 사람의 간섭을 받지 않고 선거권자의 독자적인 판단에 따라서 선거를 할 수 있도록 보호받는다. 이러한 비밀 유지는 국가가 (조직상) 보장하여야 한다. 이에 따라서 용지비밀투표제, 투표용지관급제, 투표내용에 관한 진술거부권 보장 등이 비밀선거원칙을 구체화한다. 선거인도 선거할 때 비밀리에 선거하여야만 하고, 선거 비밀 포기는 허용되지 않는다. 공직선거법 제167조는 비밀선거원칙을 구체적으로 보장한다. 따라서 선거인은 투표한 후보자의 성명이나 정당명을 진술할 의무가 없고, 누구든지 선거일의 투표 마감 시각까지 이를 질문하거나 진술을 요구할 수 없다. 다만, 언론기관이 선거결과를 예상하기 위한 목적으로 선거일에 투표소에서 100미터 밖에서 질문할 수는 있다. 이때 언론기관은 투표의 비밀을 침해하지 않는 방법으로 질문하여야 하고, 그 결과를 투표 마감 시각까지 공표할 수 없다. 그리고 선거인은 자신이 기표한 투표지를 공개할 수 없고, 공개된 투표지는 무효이다. 공직선거법 제146조 제2항과 제158조의2는 거소에서 우편으로 투표하는 방법을 허용한다. 우편투표는 선거의 비밀을 지키기가 쉽지 않고 제3자의 감시나 부당한 영향력 행사를 배제하기 어렵지만, 모든 선거원칙을 옹글게(완벽하게) 순수한 형태로 지키는 것이 언제나 가능한 것은 아니므로, 필요한 안전장치를 충분히 갖춘다면 허용될 수 있다. 선거용 보조기구를 이용하여 기표할 수 없는 정도의 신체 장애로 말미암아 자신이 기표할 수 없는 선거인이 투표보조인이 가족이 아니면 반드시 본인이 지명한 2명을 동반하여 투표를 보조하게 하는 것은 장애인의 선거권을 실질적으로 보장하고 투표보조인이 장애인 선거권 행사에 부당한 영향력을 미치는 것을 방지하여 선거의 공정성을 확보하려는 것으로서 비밀선거원칙의 예외이기는 하지만 필요하고 예외적인 때에 한하므로 과잉금지원칙에 어긋나 장애인의 선거권을 침해하지 않는다(헌재 2020. 5. 27. 2017헌마867).

5. 자유선거원칙

자유선거는 강제선거 금지를 뜻한다. 즉 선거인의 결정의 자유를 침해할 수 있는 직접적 또는 간접적 강제나 압력이 없는 선거를 말한다. 물론 선거 선전을 통해서 영향을 미치려는 시도는 이에 어긋나지 않는다. 여기서 자유의 의미는 각 선거인은 자기 선거권을 자유롭게, 즉 강제 그 밖의 허용되지 않는 외부 영향 없이 행사할 수 있다는 것을 뜻한다. 자유선거는 선거의 비밀이 엄격하게 지켜진다는 것을 전제로 한다. 따라서 한국 헌법은 자유선거원칙을 명시하지 않지만, 비밀선거 규정으로 보아 전제된 것으로 볼 수 있다

(헌재 1994. 4. 20. 92헌바29). 헌법재판소는 선거자유의 원칙은 민주국가의 선거제도에 내재하는 법원리로서 국민주권의 원리, 대의민주주의의 원리 및 참정권에 관한 헌법규정들(제1조, 제24조, 제25조, 제41조 제1항, 제67조 제1항 등)을 근거로 한다고 한다(헌재 2006. 7. 27. 2004헌마215).

자유선거원칙은 선거의 모든 과정에 요구되는 선거권자의 의사형성 자유와 의사실현 자유를 말하고, 구체적으로는 투표의 자유, 입후보의 자유 나아가 선거운동의 자유를 뜻한다(헌재 1994. 4. 20. 92헌바29). 여기서 자유는 선거권 행사 그 자체가 자유로워야 한다는 것이다. 따라서 선거행위 자체를 부자유하게 만들지 않는 한 영향력 행사는 허용된다. 예를 들어 사회단체나 교회에서 선거에 대해서 영향력을 행사하려고 성명을 발표하는 것은 자유선거원칙에 어긋나지 않는다. 그러나 공직선거후보자추천권을 정당에 독점시키는 것은 선거권을 정당이 천거한 후보자들 사이에서만 인정되는 선택권으로 법적으로 강제 축소하는 것이다. 이는 어느 당에도 소속되지 않은 국민을 무력화하는 것으로 자유선거원칙에 어긋난다. 공직선거법 제6조 제4항은 "선거권자는 성실하게 선거에 참여하여 선거권을 행사하여야 한다."라고 규정하여 선거권 행사를 법적 의무를 규정하나, 이에 관한 제재조항은 없다. 다만, 공직선거법 제6조 제2항 제1문은 "각급선거관리위원회(읍 · 면 · 동선거관리위원회는 제외한다)는 선거인의 투표참여를 촉진하기 위하여 교통이 불편한 지역에 거주하는 선거인 또는 노약자 · 장애인 등 거동이 불편한 선거인에게 교통편의를 제공하거나, 투표를 마친 선거인에게 국공립 유료시설의 이용요금을 면제 · 할인하는 등의 필요한 대책을 수립 · 시행할 수 있다."라고 규정한다. 헌법재판소는 최소투표율제도를 도입하면 최소투표율에 도달하도록 선거인의 투표를 강제할 수 있어 자유선거원칙을 위반할 우려가 있으므로 최소투표율제를 채택하지 않더라도 국민주권원칙에 어긋나지 않는다고 한다(헌재 2003. 11. 27. 2003헌마259등).

자유선거원칙은 소극적으로는 선거권자가 외부에서 간섭을 받지 않고 자유롭게 후보자를 선택할 수 있어야 한다는 내용을 품는다(헌재 1994. 7. 29. 93헌가4등). 여기에는 선거에 참여하지 않을 자유가 포함된다. 따라서 선거 참여가 국민의 정치적 의무일 수는 있지만, 법적 의무라고는 할 수 없다. 선거권자의 자유로운 선택권이 실제 실현될 수 있도록 후보자가 입후보할 때 장애가 있어서는 안 된다. 따라서 기탁금이 고액이어서 경제적인 이유로 입후보 기회가 차단되면 그만큼 유권자의 후보선택권이 좁아지므로 자유선거원칙에 어긋난다(헌재 2001. 7. 19. 2000헌마91등).

정치적 주의 · 주장의 설득력과 같은 선거 내적 요소보다는 정치적 · 경제적 및 사회적 세력구도 등 선거 외적 요소가 선거에 그대로 반영되거나 적어도 과다대표될 가능성을 방지하여 기회균등원칙을 실현할 때 선거의 자유가 효율적으로 보장된다. 선거의 자유와 기회균등원칙은 규범적으로는 상호 대립하는 관계가 아니라 같은 목적을 위해서 상호 보완하는 관계에 있다. 그러나 현상적으로 보면 두 원칙은 상호 충돌하는 원칙이기도 하다. 따라서 실제에서는 입법자가 이들 원칙 사이에 조화점을 찾아야 한다. 선거 제한, 특정 공직자의 피선거권 제한, 입후보자에 요구되는 기탁금제도 자체 혹은 그 액수 규율, 선거운동주체 문제 등이 모두 선거의 자유와 공정성이 대립하는 문제 영역이다. 현행 공직선거법은 자유선거원칙이 독자적인 가치가 있고, 기회균등원칙과 조화하여야 한다는 사실을 적극적으로 반영하지는 못한다. 먼저 ① 선거자유원칙과 공정성원칙을 대립적인 것으로 보고 후자에 정책적 비중을 둔다. 다음으로 ② 국민의 정치적 의사소통과 그 결과 나타나는 국민의 정치적 의사를 정확히 확인하는 기능보다는 입후보와 선거운동 제한을 통해서 안정적인 선거질서를 형성하는 것에 좀 더 중점을 둔다. 여론조사결과의 공표 금지가 좋은 예이다. 그러나 이 문제에 관해서 헌법재판소는 합헌결정을 한 바 있다(헌재 1995. 7. 21. 92헌마177).

선거의 자유에는 입후보의 자유가 포함되는바, 입후보의 자유는 공직선거의 입후보에 관한 사항은 개인의 주관적인 판단에 기초하여 자유로이 결정하여야 할 사항으로서 직접적 내지 간접적인 법적 강제가 개입되어서는 아니 된다는 뜻이 있다. 입후보의 자유는 선거의 전과정에서 입후보와 관련한 의사형성 및 의사실현의 자유를 가리키는 것인바, 이에는 공직선거에 입후보할 자유뿐 아니라 입후보하였던 자가 참여하였던 선거 과정에서 이탈할 자유도 포함된다(헌재 2009. 12. 29. 2007헌마1412).

Ⅲ. 선거권 · 피선거권

선거권은 선거에 참여할 수 있는 권리이다(헌법 제24조). 현행 공직선거법을 따르면 원칙적으로 국적, 연령(공직선거법 제15조 제1항을 따라서 만 18세 이상), 주소 등의 요건을 갖춘 모든 국민에게 선거권이 인정된다. 다만, 일정한 결격사유(금치산자, 수형자 등)에 해당하면 선거권이 제한된다(공직선거법 제18조). 그러나 이와 관련하여 선거권 부여 기준연령으로 현행법상 18세가 적당한지에 관한 논란이 있다. 선거는 국민의 가장 중요하고 기본적인 주권 행사이므로, 선거권 부여 기준연령을 될 수 있으면 하향조정하여 더욱 많은 국민이 선거에 참여할 수 있도록 하는 것이 선거의 민주화를 위해서도 필요하다. 그리고 수형자 등에 대한 선거권 제한에 관해서도 (선거사범을 제외하면) 형사책임과 주권자로서 가지는 권리는 별개라는 점을 강조하면 위헌 소지가 있다.

피선거권은 선거를 통해서 대표기관(국가기관 · 지방자치단체기관) 구성원으로 선출될 수 있는 자격을 말한다. 피선거권도 선거권과 마찬가지로 성별 · 종교 · 재산 · 사회적 신분 등에 따른 차별 없이 모든 국민에게 평등하게 인정되어야 한다. 그러나 피선거권은 국민의 대표자로서 공무를 수행할 수 있는 능력과 결부되므로 선거권보다 엄격한 요건을 요구하는 것이 일반적이다. 현행 공직선거법도 연령 제한, 결격사유 등에서 더 엄격한 기준을 정하고 (공직선거법 제16조, 제19조), 일정 금액의 기탁금 납부를 입후보 요건으로 정한다(공직선거법 제56조, 제57조). 그리고 헌법상 겸직 금지도 피선거권 제한으로 작용한다(헌법 제43조, 제83조).

Ⅳ. 대표제와 선거구제

1. 대표제

대표제는 대표를 결정하는 방식을 말한다. 대표제는 다수자의 의사에 따라서 대표를 결정하는 방식인 다수대표제와 다수대표제의 결함인 소수파를 무시하는 결점을 보완하여 소수파에도 그 수에 따라서 대표자를 선출할 수 있도록 하는 제도인 소수대표제, 각 정당의 득표에 비례하여 의석을 배분하는 방식인 비례대표제, 일정득표율 이상을 획득한 정당에 대해서 득표수와 관계없이 일정 의석을 증감할 수 있도록 하는 할증제, 선거인단을 직능별로 분할하고 직능을 단위로 대표를 선출하는 제도인 직능대표제 등으로 나뉜다. 다수대표제에는 유효투표 중 가장 많은 표를 얻은 후보자를 당선자로 결정하는 상대다수대표제(비교다수대표제)와 유효투표의 과반수를 얻은 최다득표자를 당선자로 정하는 절대다수대표제가 있다. 소수대표제 방식으로는 대선거구 연기투표제의 변형으로 3명 이상 정수가 있는 대선거구를 전제로 각 선거인이 연기할 수 있는 후보자의 수를 의원정수보다 적게 하는 제도인 제한연기투표제(유한투표제), 연기다수대표제와 같이 선거인은 그 선거구 안의 의원정수와 동수의 후보자에게 연기투표할 수 있으나 반드시 다른 후보자명을 연기할 필요가 없고, 그 표의 전부나 일부를 동일후보자에게 누적시킬 수 있는 제도인 누적투표제, 대선거구를 전제로 각 선거인에게는 단기투표(1인 1표)만을 허용하여 비교다수득표수를 얻은 후보자를 의원정수까지 당선시키는 방법인 단기투표제(비이양식), 소선거구제에서 잔여표를 이용할 수 있도록 소선거구제를 수정한 제도로, 후보자는 수 개의 선거구에서 입후보하는 것이 허용되고 그 후보자가 입후보한 각 선거구에서 득표한 득표수의 합계가 일정한 당선최저한수에 달하면 그 후보자가 입후보한 어느 선거구에서도 다수를 차지하지 못할 때도 당선자가 되는 제도인 당선최저한제 등이 있다. 비례대표제는 명부 형태에 따라서 정당이 당선 순위를 정한 후보자의 명부를 작성 · 등록하고 투표자는 정당의 명부에 투표하는 고정명부식(구속명부식), 정당이 후보자 명부를 작성하되 투표자가 후보자 순위에 구애받음이 없이 순위를 변경하여 투표하는 가변명부식, 유권자가 각 정당이 작성한 후보자 명부에 구애됨이 없이 정당의 경계를 넘어 후보자를 선택하여 결정하는 자유명부식(개방명부식)이 있다.

대통령선거는 상대다수대표제를 채택하여 유효투표의 다수를 얻은 사람을 당선인으로 결정한다. 다만, 후보자가 1명이면 그 득표수가 선거권자 총수의 3분의 1 이상에 달해야 당선인으로 결정된다(헌법 제67조 제3항, 공직선거법 제187조 제1항). 최다득표자가 2명 이상이면 국회 재적의원 과반수가 출석한 공개회의에서 다수표를 얻은 사람이 당선자가 된다(헌법 제67조 제2항, 공직선거법 제187조 제2항). 그러나 이 규정은 대통령제에서 체계모순적이다.

국회의원선거 중 지역구 국회의원선거에서는 상대다수대표제를 채택하여 해당 국회의원지역구에서 유효투표의 다수를 얻은 사람이 당선인으로 결정된다. 다만, 최다득표자가 2명 이상이면 연장자를 당선인으로 결정한다(공직선거법 제188조 제1항). 비례대표 국회의원선거에서는 유효투표 총수의 100분의 3 이상을 득표하였거나 지역구 국회의원 총선거에서 5석 이상의 의석을 차지한 각 정당에 대해서 해당 의석할당정당이 비례대표 국회의원선거에서 얻은 득표비율에 따라서 비례대표 국회의원의석을 배분한다(공직선거법 제189조 제1항). 정당은 비례대표 국회의원 후보자명부에 후보자를 추가하거나 그 순위를 변경할 수 없으므로 고정명부식을 채택한다(공직선거법 제50조 제1항 본문 후단).

지역구 시 · 도의원 및 지역구 자치구 · 시 · 군의원의 선거에서는 상대다수대표제를 채택하여 유효투표의 다수를 얻은 사람을 당선인으로 결정한다. 다만, 최다득표자가 2명 이상이면 연장자 순으로 당선인을 결정한다(공직선거법 제190조 제1항). 비례대표 지방의원선거에서는 유효투표 총수의 100분의 5 이상을 득표한 각 정당에 대해서 해당 선거에서 얻은 득표비율에 비례대표 지방의회 의원정수를 곱하여 산출된 수의 정수의 의석을 그 정당에 먼저 배분하고 잔여의석은 단수가 큰 순으로 각 의석 할당 정당에 1석씩 배분하되 같은 단수가 있으면 그 득표수가 많은 정당에 배분하고 그 득표수가 같으면 정당 사이의 추첨에 의한다. 이때 득표비율은 각 의석할당 정당의 득표수를 모든 의석 할당 정당의 득표수 합계로 나누고 소수점 이하 제5위를 반올림하여 산출한다(공직선거법 제190조의2 제1항). 정당은 비례대표 국회의원 후보자명부에 후보자를 추가하거나 그 순위를 변경할 수 없으므로 고정명부식을 채택한다(공직선거법 제50조 제1항 본문 후단).

2. 선거구제

선거구제는 선거인단을 지역 단위로 분할하는 방식을 뜻한다. 선거구제의 유형에는 1선거구에서 1명의 대표를 선출하는 방식인 소선거구제, 1선거구에서 2~4명을 선출하는 방식인 중선거구제, 선거구제에서 5명 이상을 선출하는 방식인 대선거구제가 있다. 일반적으로 1개 선거구에서 1명을 선출하는 소선거구제는 다수대표제에 적합하고, 2~4명을 선출하는 중선거구제와 5명 이상을 선출하는 대선거구제는 소수대표제와 결합한다.

대통령과 비례대표 국회의원은 전국을 단위로 하여 선거한다. 비례대표 시 · 도의원은 해당 시 · 도를 단위로 선거하고, 비례대표 자치구 · 시 · 군의원은 해당 자치구 · 시 · 군을 단위로 선거한다. 지역구 국회의원과 지역구 지방의회의원은 해당 의원의 선거구를 단위로 선거한다. 지방자치단체의 장은 지방자치단체의 관할 구역을 단위로 선거한다(공직선거법 제20조). 지역구 국회의원은 소선구제를 채택하여 하나의 국회의원 지역선거구에서 1명의 국회의원을 선출한다(공직선거법 제21조 제2항). 시 · 도의회의원선거는 소선구제를 채택하여 하나의 시 · 도의원지역구에서 선출할 지역구 시 · 도의원정수는 1명으로 한다(공직선거법 제26조 제1항). 자치구 · 시 · 군의원선거는 중선거구제를 채택하여 하나의 자치구 · 시 · 군의원지역구에서 선출할 지역구 자치구 · 시 · 군의원정수는 2명 이상 4명 이하로 한다(공직선거법 제26조 제2항).

V. 선거일, 입후보, 선거운동

1. 선거일 · 선거기간 · 선거 연기

임기 만료에 따른 선거의 선거일은 대통령선거는 그 임기만료일 전 70일 이후 첫 번째 수요일, 국회의원선거는 그 임기만료일 전 50일 이후 첫 번째 수요일, 지방의회의원과 지방자치단체의 장 선거는 그 임기만료일 전 30일 이후 첫 번째 수요일이다. 각각의 선거일이 국민생활과 밀접한 관련이 있는 민속절이나 공휴일인 때와 선거일 전일이나 그 다음 날이 공휴일인 때는 그 다음 주의 수요일로 한다(공직선거법 제34조). 대통령 궐위로 말미암은 선거 또는 재선거(선거의 일부무효로 말미암은 재선거 제외)는 그 선거의 실시사유가 확정된 때부터 60일 이내에 실시한다(공직선거법 제35조 제1항). 지역구 국회의원 · 지방의회의원 및 지방자치단체의 장 보궐선거 · 재선거, 지방의회의원의 증원선거는 4월 중 첫 번째 수요일에 실시하고, 이때 선거일이 국민생활과 밀접한 관련이 있는 민속절이나 공휴인인 때와 선거일 전일이나 그 다음 날이 공휴일인 때는 그 다음 주의 수요일로 하고, 선거일 전 30일 후에 실시사유가 확정된 선거는 그 다음 보궐선거 등의 선거일에 실시한다(공직선거법 제35조 제2항 제1호). 여기서 '실시사유가 확정된 때'는 지역구 국회의원의 보궐선거는 중앙선거관리위원회가, 지방의회의원과 지방자치단체장의 보궐선거는 관할 선거구선거관리위원회가 그 사유 통지를 받은 날을 가리킨다(공직선거법 제35조 제5항 제2호). 임기 만료에 따른 국회의원선거나 지방의회의원과 지방자치단체장의 선거가 실시되는 연도에 보궐선거는 위 선거일(4월 중 첫 번째 수요일)에 실시하지 아니하고 임기 만료에 따른 선거의 선거일에 동시 실시하며, 대통령선거가 실시되는 연도에는 선거일 전 30일 후부터 대통령선거의 선거일 전 30일까지 실시사유가 확정될 때 치러지는 보궐선거는 대통령선거의 선거일에 동시 실시한다(공직선거법 제203조 제3항과 제4항). 국회의원, 지방자치단체장, 지방의회의원의 보궐선거는 그 선거일부터 잔여임기가 1년 미만이거나 지방의회의원 정수의 4분의 1 이상이 궐원되지 않으면 실시하지 않을 수 있다(공직선거법 제201조 제1항 본문).

지방자치단체의 설치 · 폐지 · 분할 또는 합병에 따른 지방자차단체의 장 선거는 그 선거의 시행사유가 확정된 때부터 60일 이내의 기간 중 관할 선거구선거관리위원회 위원장이 해당 지방자치단체의 장(직무대행자 포함)과 협의하여 정하는 날에 실시한다(공직선거법 제35조 제2항 제2호). 선거의 일부무효로 말미암은 재선거는 확정판결이나 결정의 통지를 받은 날부터 30일 이내에 실시한다(공직선거법 제35조 제3항).

선거운동은 선거기간개시일부터 선거일 전일까지만 할 수 있다. 다만, 예비후보자 등의 선거운동, 문자메세지를 전송하는 방법으로 선거운동[이때 자동 동보통신의 방법(동시수신대상자가 20명을 초과하거나 그 대상자가 20명 이하인 경우에도 프로그램을 이용하여 수신자를 자동으로 선택하여 전송하는 방식)으로 전송할 수 있는 사람은 후보자와 예비후보자에 한하되, 그 횟수는 8회(후보자는 예비후보자로서 전송한 횟수 포함)를 넘을 수 없으며, 중앙선거관리위원회규칙에 따라 신고한 1개의 전화번호만을 사용하여야 한다], 인터넷 홈페이지 또는 그 게시판 · 대화방 등에 글이나 동영상 등을 게시하거나 전파우편(컴퓨터 이용자끼리 네트워크를 통하여 문자 · 음성 · 화상 또는 동영상 등의 정보를 주고받는 통신시스템)을 전송하는 방법으로 하는 선거운동(이때 전자우편 전송대행업체에 위탁하여 전자우편을 전송할 수 있는 사람은 후보자와 예비후보자에 한한다), 선거일이 아닌 때에 전화(송 · 수화자 간 직접 통화하는 방식에 한정하며, 컴퓨터를 이용한 자동 송신장치를 설치한 전화는 제외)를 이용하거나 말(확성장치를 사용하거나 옥외집회에서 다중을 대상으로 하는 때 제외)로 하는 선거운동, 후보자가 되려는 사람이 선거일 전 180일(대통령선거는 선거일 전 240일)부터 해당 선거의 예비후보자등록신청 전까지 자신의 성명 · 사진 · 전화번호 · 학력(정규학력과 이에 준하는 외국의 교육과정을 이수한 학력) · 경력, 그 밖에 홍보에 필요한 사항을 게재한 길이 9센티미터 너비 5센티미터 이내의 명함을 직접 주거나 지지를 호소하는 행위[선박 · 정기여객자동차 · 열차 · 전동차 · 항공기의 안과 그 터미널 · 역 · 공항의 개찰구 안, 병원 · 종교시설 · 극장의 옥내(대관 등으로 해당 시설이 본래의 용도 외의 용도로 이용되는 때는 제외)에서 주거나 지지를 호소하는 행위 포함)로 자신의 명함을 직접 주는 선거운동은 그러하지 아니하다(공직선거법 제59

조). 헌법재판소는 구 공직선거법 제59조 중 선거운동기간 전에 개별적으로 대면하여 말로 하는 선거운동에 관한 부분 및 공직선거법 제254조 제2항 중 '그 밖의 방법'에 관한 부분 가운데 개별적으로 대면하여 말로 하는 선거운동을 한 자에 관한 부분이 과잉금지원칙에 반하여 선거운동 등 정치적 표현의 자유를 침해한다고 하였다(헌재 2022. 2. 24. 2018헌바146). 선거기간은 대통령선거는 후보자등록마감일의 다음 날부터 선거일까지를, 국회의원선거와 지방자치단체의 의회의원 및 장의 선거는 후보자등록마감일 후 6일부터 선거일까지를 말한다(공직선거법 제33조 제3항). 선거기간은 대통령선거는 23일, 국회의원선거와 지방자치단체의 의회의원 및 장의 선거는 14일이다(공직선거법 제33조 제1항).

천재 · 지변 기타 부득이한 사유로 말미암아 선거를 시행할 수 없거나 시행하지 못한 때는 대통령선거와 국회의원선거에서는 대통령이, 지방의회의원과 지방자치단체의 장 선거에서는 관할 선거구선거관리위원회 위원장이 해당 지방자치단체의 장(직무대행자 포함)과 협의하여 선거를 연기하여야 한다(공직선거법 제196조 제1항). 선거를 연기한 때는 처음부터 선거절차를 다시 진행하여야 하고, 선거일만을 다시 정한 때는 이미 진행된 선거절차에 이어 계속하여야 한다(공직선거법 제196조 제2항). 선거를 연기하는 때는 대통령이나 관할 선거구선거관리위원회 위원장은 연기할 선거명과 연기사유 등을 공고하고, 즉시 대통령은 관할 선거구선거관리위원회 위원장에게, 관할 선거구선거관리위원회 위원장은 해당 지방자치단체의 장에게 각각 통보하여야 한다(공직선거법 제196조 제3항).

2. 입후보

정당은 선거에서 선거구별로 선거할 정수 범위 안에서 그 소속 당원을 후보자로 추천할 수 있다. 다만, 비례대표 자치구 · 시 · 군의원은 그 정수 범위를 초과하여 추천할 수 있다(공직선거법 제47조 제1항). 기초자치단체의원선거에서 정당 공천 금지는 2005년 8월 4일 폐지되었고, 과거 후보자의 정당 표방 금지에 관해서는 헌법재판소가 위헌결정을 내렸다(헌재 2003. 1. 30. 2001헌가4). 정당이 후보자를 추천하는 때는 민주적 절차에 따라야 한다(공직선거법 제47조 제2항). 정당이 비례대표 국회의원선거와 비례대표 지방의회의원선거에 후보자를 추천하는 때는 그 후보자 중 100분의 50 이상을 여성으로 추천하되, 그 후보자명부의 순위 매 홀수에는 여성을 추천하여야 한다(공직선거법 제47조 제3항). 정당이 임기 만료에 따른 지역구 국회의원선거 및 지역구 지방의회의원선거에 후보자를 추천하는 때는 각각 전국 지역구 총수의 100분의 30 이상을 여성으로 추천하도록 노력하여야 한다(공직선거법 제47조 제4항). 정당이 지역구 선거와 비례대표 선거에 동시에 참여할 의무는 없다(대법원 2021. 8. 19. 선고 2020수5325 판결). 따라서 정당은 지역구 선거와 비례대표 선거 중 하나만 골라서 참여할 수 있다.

관할 선거구 안에 주민등록이 된 선거권자는 각 선거(비례대표 국회의원선거와 비례대표 지방의회의원선거 제외)별로 정당 당원이 아닌 사람을 해당 선거구의 후보자로 추천할 수 있다(공직선거법 제48조 제1항). 무소속후보자가 되고자 하는 사람은 대통령선거에서는 5 이상의 시 · 도에 나누어 하나의 시 · 도에 주민등록이 되어 있는 선거권자의 수를 500명 이상으로 한 3천500명 이상 6천명 이하, 지역구 국회의원선거와 자치구 · 시 · 군의 장 선거에서는 300명 이상 500명 이하, 지역구 시 · 도의원선거에서는 100명 이상 200명 이하, 시 · 도지사선거에서는 해당 시 · 도 안의 3분의 1 이상의 자치구 · 시 · 군에 나누어 하나의 자치구 · 시 · 군에 주민등록이 되어 있는 선거권자의 수를 50명 이상으로 한 1천명 이상 2천명 이하, 지역구 자치구 · 시 · 군의원선거에서는 50명 이상 100명 이하(다만, 인구 1천명 미만의 선거구에서는 30명 이상 50명 이하)의 추천을 받아야 한다(공직선거법 제48조 제2항).

후보자 등록은 대통령선거에서는 선거일 전 24일, 국회의원선거와 지방자치단체의 의회의원 및 장의 선거에서는 선거일 전 20일부터 2일간 관할 선거구선거관리위원회에 서면으로 신청하여야 한다(공직선거법 제49조 제1항). 대통령선거에서 정당추천후보자가 후보자 등록 기간에 또는 후보자등록기간이 지나고 나서 사망하면 후보자등록마감일 후 5일까지 후보자 등록을 신청할 수 있다(공직선거법 제51조). 정당법에 규정된 요건을 갖추어 정당 등록을 마친 정당이 후보자 등록에 필요한 서류를 갖추어 등록을 신청하면 정당의 설립, 조직과 활동 또는 후보자 추천의 목적 등을 이유로 선거관리위원회는 후보자 등록 수리를 거부할 수 없다(대법원 2021. 8. 19. 선고 2020수5325 판결).

후보자 등록을 신청하는 사람은 공직자윤리법 제10조의2 제1항의 규정에 따른 등록대상재산에 관한 신고서와 '공직자 등의 병역사항 신고 및 공개에 관한 법률' 제9조 제1항의 규정에 따른 병역사항에 관한 신고서를 관할 선거구선거관리위원회에 제출하여야 한다(공직선거법 제49조 제4항 제2호, 제3호).

후보자 등록을 신청하는 사람은 등록 신청할 때 후보자 1명마다 기탁금을 관할 선거구

선거관리위원회에 내야 한다. 기탁금은 대통령선거는 3억원, 국회의원선거는 1천500만원, 시 · 도의회의원선거는 300만원, 시 · 도지사선거는 5천만원, 자치구 · 시 · 군의 장선거는 1천만원, 자치구 · 시 · 군의원선거는 200만원이다(공직선거법 제56조 제1항). 선거구관리위원회는 대통령선거, 지역구 국회의원선거, 지역구 지방의회의원선거와 지방자치단체의 장선거에서 후보자가 당선되거나 사망한 때와 유효투표 총수의 100분의 15 이상을 득표하면 기탁금 전액, 후보자가 유효투표 총수의 100분의 10 이상 100분의 15 미만을 득표하면 기탁금의 100분의 50에 해당하는 금액, 예비후보자가 사망하거나 후보자로 등록될 수 없으면 납부한 기탁금 전액 그리고 비례대표 국회의원선거와 비례대표 지방의회선거에서 해당 후보자명부에 올라 있는 후보자 중 당선인이 있으면 기탁금 전액 중에서 기탁금에서 부담하는 비용을 뺀 나머지 금액(당선인 결정 전에 사퇴하거나 등록이 무효된 후보자의 기탁금은 제외)을 선거일 후 30일 이내에 기탁자에게 반환한다(공직선거법 제57조 제1항). 헌법재판소는 지역구 국회의원선거 예비후보자의 기탁금 반환 사유로 예비후보자가 당의 공천심사에서 탈락하고 후보자 등록을 하지 않았을 때를 규정하지 않은 공직선거법 제57조 제1항 제1호 다목 중 지역구 국회의원선거와 관련된 부분이 청구인의 재산권을 침해하여 헌법에 합치되지 아니한다고 선언하였다(헌재 2018. 1. 25. 2016헌마541). 반환하지 아니하는 기탁금은 국가 또는 해당 지방자치단체에 귀속한다(공직선거법 제57조 제1항 2문).

기탁금제도는 헌법 제25조와 제37조 제2항에 근거한다. 기탁금제도는 선거를 효과적으로 공정하게 운영하고 입후보 난립과 과열을 방지하며 당선자에게 다수표를 획득하도록 제도적으로 보완함으로써 선거의 신뢰성과 정치적 안정성을 확보하기 위한 것이므로 그 자체는 일단 합헌이다. 그러나 과도한 고액의 기탁금은 무자력계층의 공직 진출을 봉쇄하여 경제력에 따른 실질적 차등선거를 일으킨다. 따라서 기탁금은 필요한 최소한도의 공영비용부담금에 성실성 담보와 과열 방지를 위한 약간의 금액이 가산된 범위 안에서만 헌법상 그 정당성이 인정될 수 있다(헌재 1996. 8. 29. 95헌마108). 기탁금의 구체적 확정은 입법재량권 범위에 속한다.

3. 선거운동

선거운동은 당선되거나 되게 하거나 되지 못하게 하려는 행위이다. 헌법재판소는 공직선거법상 선거운동을 특정 후보자의 당선이나 이를 위한 득표에 필요한 모든 행위 또는 특정 후보자의 낙선에 필요한 모든 행위 중 당선이나 낙선을 위한 것이라는 목적의사가 객관적으로 인정될 수 있는 능동적 · 계획적 행위로 풀이할 수 있다고 하면서, 단순한 의견 개진 등과 구별되는 가벌적 행위로서 선거운동의 표지로 당선이나 득표(반대후보자의 낙선)에 대한 목적성, 그 목적성의 객관적 인식 가능성, 능동성과 계획성이 요구된다고 한다(헌재 1994. 7. 29. 93헌가4등). 그러나 선거에 관한 단순한 의견 개진과 의사 표시, 입후보와 선거운동을 위한 준비행위, 정당의 후보자 추천에 관한 단순한 지지 · 반대의 의견 개진과 의사 표시 그리고 통상적인 정당활동과 설날 · 추석 등 명절 및 석가탄신일 · 기독탄신일 등에 하는 의례적인 인사말을 문자메시지로 전송하는 행위는 선거운동에서 제외된다(공직선거법 제58조 제1항). 그리고 공직선거법이나 다른 법률 규정에 따라서 금지 또는 제한되지 않는 이상 누구든지 자유롭게 선거운동을 할 수 있다(공직선거법 제58조 제2항).

선거는 입후보자를 위해서 있는 것이 아니고 국민을 위해서 있는 것이다. 따라서 선거운동도 국민 관점에서 평가하여야 한다. 자유로운 선거 보장은 동시에 자유로운 선거운동 보장을 전제로 한다. 국민이 선거에 참여하는 정당과 후보자에 대한 폭넓은 정보를 얻으려면 자유로운 선거운동 보장도 필요하다. 그러나 선거는 무엇보다도 공정하게 치러져야만 그 정당성을 확보할 수 있다. 따라서 선거 관련 법규는 한편으로는 선거운동의 자유를 최대한 보장하면서, 다른 한편으로는 선거의 공정성을 확보하여야 하는 미묘한 긴장관계에 놓인다. 선거운동은 각급 선거관리위원회 관리 아래 법률이 정하는 범위 안에서 하되, 균등한 기회가 보장되어야 한다(헌법 제116조 제1항). 선거에 관한 경비는 법률이 정하는 때를 제외하고는 정당이나 후보자에게 부담시킬 수 없다(선거공영제: 헌법 제116조 제2항).

Ⅵ. 선거쟁송

1. 이의신청

선거권자는 누구든지 선거인명부에 누락 또는 오기가 있거나 자격이 없는 선거인이 올라 있다고 인정되면 열람기간 안에 구술이나 서면으로 해당 구 · 시 · 군의 장에게 이의를 신청할 수 있다. 이러한 신청이 있으면 구 · 시 · 군의 장은 그 신청이 있는 날의 다음 날까지 심사 · 결정하여야 한다. 이때 그 신청이 이유가 있다고 결정하면 즉시 선거인명부를 정정하고 신청인 · 관계인과 관할 구 · 시 · 군선거관리위원회에 통지하여야 한다. 이유 없다고 결정하면 그 뜻을 신청인과 관할 구 · 시 · 군선거관리위원회에 통지하여야 한다(공직선거법 제41조). 이러한 결정에 관해서 불복이 있는 이의신청인이나 관계인은 그 통지를 받은 날의 다음 날까지 관할 구 · 시 · 군선거관리위원회에 서면으로 불복을 신청할 수 있다. 이러한 신청이 있으면 관할 구 · 시 · 군선거관리위원회는 그 신청이 있는 날의 다음 날까지 심사 · 결정하여야 한다. 이때 그 신청이 이유가 있다고 결정하면 즉시 관계 구 · 시 · 군의 장에게 통지하여 선거인명부를 정정하게 하고 신청인과 관계인에게 통지하여야 한다. 이유가 없다고 결정하면 그 뜻을 신청인과 관계 구 · 시 · 군의 장에게 통지하여야 한다(공직선거법 제42조).

2. 선거소청

선거소청은 선거에 관한 다툼을 해결하는 절차로서 법원에 선거소송이나 당선소송을 제기하기 전의 전심절차이다. 즉 선거소청은 선거소송에 선행하는 전치적 구제절차이다. 이러한 선거소청은 지방의회의원과 지방자치단체장 그리고 교육감의 선거에서 선거와 당선의 효력에 이의가 있는 때 허용된다. 선거소청에는 선거절차의 흠을 이유로 그 선거 전부나 일부의 효력을 다투는 선거무효소청(공직선거법 제219조 제1항)과 선거 그 자체는 유효하게 시행되었음을 전제로 선거관리위원회의 당선인 결정행위를 위법이라고 하여 그 효력을 다투는 당선무효소청(공직선거법 제219조 제2항)이 있다.

지방의회의원과 지방자치단체의 장의 선거에서 선거의 효력에 관하여 이의가 있는 선거인 · 정당(후보자를 추천한 정당에 한한다)이나 후보자는 해당 선거구선거관리위원회위원장을 피소청인으로 하여 지역구 시 · 도의원선거(지역구 세종특별자치시의회의원선거는 제외), 자치구 · 시 · 군의원선거와 자치구 · 시 · 군의 장 선거에서는 시 · 도선거관리위원회에, 비례대표 시 · 도의원선거, 지역구 세종특별자치시의회의원선거와 시 · 도지사선거에서는 중앙선거관리위원회에 소청할 수 있다(공직선거법 제219조 제1항).

지방의회의원과 지방자치단체의 장의 선거에서 당선의 효력에 관하여 이의가 있는 정당이나 후보자는 제52조 제1항부터 제3항까지 또는 제192조 제1항부터 제3항까지의 사유에 해당함을 이유로 하면 당선인을, 제190조(지역구 지방의회의원당선인의 결정 · 공고 · 통지) 내지 제191조(지방자치단체의 장의 당선인의 결정 · 공고 · 통지)의 규정에 따른 결정의 위법을 이유로 하면 해당 선거구 선거관리위원회 위원장을 각각 피소청인으로 하여 지역구 시 · 도의원선거(지역구 세종특별자치시의회의원선거는 제외), 자치구 · 시 · 군의원선거와 자치구 · 시 · 군의 장 선거에서는 시 · 도선거관리위원회에, 비례대표 시 · 도의원선거, 지역구 세종특별자치시의회의원선거와 시 · 도지사선거에서는 중앙선거관리위원회에 소청할 수 있다(공직선거법 제219조 제2항).

선거소청은 선거일(선거무효소청)이나 당선인결정일(당선무효소청)부터 14일 이내에 제기되어야 하고, ① 소청인의 성명과 주소, ② 피소청인의 성명과 주소, ③ 소청의 취지와 이유, ④ 소청 대상이 되는 처분의 내용, ⑤ 대리인이나 선정대표자가 있으면 그 성명과 주소를 각기 기재하고 기명하고 날인한 서면으로 하여야 한다(공직선거법 제219조). 소청을 접수한 중앙선거관리위원회나 시 · 도선거관리위원회는 소청을 접수한 날부터 60일 이내에 그 소청에 관한 결정을 하여야 하고(공직선거법 제220조), 선거소청 절차에 관해서는 행정심판법 규정이 많이 준용된다(공직선거법 제221조).

3. 선거소송

선거소송은 선거나 당선의 효력을 다투는 재판절차를 말한다. 즉 선거소송은 선거절차와 당선인 결정의 위법을 이유로 그 효력을 다투는 소송을 모두 아우른다. 여기서 선거는 국민이 국가권력을 행사할 대표자를 선출하는 절차로서 국가기관을 구성하는 행위이다. 그리고 당선은 선거 결과로서 대표자를 확정하는 것을 가리킨다. 선거소송에는 선거무효소송과 당선무효소송이 있다.

(1) 선거무효소송

선거무효소송은 선거절차의 흠을 이유로 그 선거 전부나 일부의 효력을 다투는 소송이다. ① 대통령선거와 국회의원선거에서 선거의 효력에 관해서 이의가 있는 선거인 ·

정당(후보자를 추천한 정당에 한한다)이나 후보자는 선거일부터 30일 이내에 해당 선거구 선거관리위원회 위원장을 피고로 하여 대법원에 소를 제기할 수 있다(공직선거법 제222조 제1항). ② 지방의회의원과 지방자치단체의 장 선거에서는 선거의 효력에 관한 소청에 대한 결정에 불복이 있는 소청인(당선인을 포함)은 해당 소청에 대하여 기각 또는 각하 결정이 있으면(제220조 제1항의 기간 안에 결정하지 아니한 때 포함) 해당 선거구선거관리위원회 위원장을, 인용결정이 있으면 그 인용결정을 한 선거관리위원회 위원장을 피고로 하여 그 결정서를 받은 날(제220조 제1항의 기간 안에 결정하지 아니하면 그 기간이 종료된 날)부터 10일 이내에 비례대표 시 · 도의원선거와 시 · 도지사선거에서는 대법원에, 지역구 시 · 도의원선거, 자치구 · 시 · 군의원선거와 자치구 · 시 · 군의 장 선거에서는 그 선거구를 관할하는 고등법원에 소를 제기할 수 있다(공직선거법 제222조 제2항). 선거무효소송에서 피고로 될 위원장이 궐위되면 해당 선거구 선거관리위원회위원 전원을 피고로 한다(공직선거법 제222조 제3항).

(2) 당선무효소송

당선무효소송은 선거 그 자체는 유효하게 시행되었음을 전제로 선거관리위원회의 당선인 결정행위를 위법이라고 주장하여 그 효력을 다투는 소송이다. ① 대통령선거와 국회의원선거에서 당선의 효력에 이의가 있는 정당(후보자를 추천한 정당에 한한다)이나 후보자는 당선인결정일부터 30일 이내에 공직선거법 제52조 제1항 · 제3항 또는 제192조 제1항부터 제3항까지의 사유에 해당함을 이유로 하면 당선인을, 제187조(대통령당선인의 결정 · 공고 · 통지) 제1항 · 제2항, 제188조(지역구 국회의원당선인의 결정 · 공고 · 통지) 제1항 내지 제4항, 제189조(비례대표 국회의원의석의 배분과 당선인의 결정 · 공고 · 통지) 또는 제194조(당선인의 재결정과 비례대표 국회의원의석 및 비례대표 지방의회의원의석의 재배분) 제4항의 규정에 따른 결정의 위법을 이유로 하면 대통령선거에서는 그 당선인을 결정한 중앙선거관리위원회 위원장이나 국회의장을, 국회의원선거에서는 해당 선거구 선거관리위원회 위원장을 각각 피고로 하여 대법원에 소를 제기할 수 있다. ② 지방의회의원과 지방자치단체의 장의 선거에서 당선의 효력에 관한 소청에 대한 결정에 불복이 있는 소청인이나 당선인인 피소청인(제219조 제2항 후단에 따라 선거구 선거관리위원회 위원장이 피소청인이면 당선인 포함)은 해당 소청에 대하여 기각 또는 각하 결정이 있으면(제220

조 제1항의 기간 안에 결정하지 아니한 때 포함) 당선인(제219조 제2항 후단을 이유로 하면 관할 선거구선거관리위원회 위원장을 말한다)을, 인용결정이 있으면 그 인용결정을 한 선거관리위원회 위원장을 피고로 하여 그 결정서를 받은 날(제220조 제1항의 기간 안에 결정하지 아니하면 그 기간이 종료된 날)부터 10일 이내에 비례대표 시 · 도의원선거와 시 · 도지사선거에서는 대법원에, 지역구 시 · 도의원선거, 자치구 · 시 · 군의원선거와 자치구 · 시 · 군의장 선거에서는 그 선거구를 관할하는 고등법원에 소를 제기할 수 있다(공직선거법 제223조 제2항). 당선무효소송에서 피고로 될 위원장이 궐위되면 해당 선거구 선거관리위원회 위원 전원을, 국회의장이 궐위되면 부의장 중 1인을 피고로 한다(공직선거법법 제223조 제3항). 당선무효소송에서 피고로 될 당선인이 사퇴 · 사망하거나 피선거권의 상실 등의 사유로 당선의 효력이 상실되거나 당선이 무효가 되면 대통령선거에서는 법무부 장관을, 국회의원선거 · 지방의회의원과 지방자치단체의 장 선거에서는 관할 고등검찰청 검사장을 피고로 한다(공직선거법 제223조 제4항).

4. 선거쟁송에서 하는 사정판결

소청이나 소장을 접수한 선거관리위원회 또는 대법원이나 고등법원은 선거쟁송에서 선거에 관한 규정에 위반된 사실이 있는 때라도 선거의 결과에 영향을 미쳤다고 인정되는 때만 선거 전부나 일부의 무효 또는 당선의 무효를 결정하거나 판결한다(공직선거법 제224조).

5. 선거쟁송의 신속처리

선거에 관한 소청이나 소송은 다른 쟁송에 우선하여 신속히 결정하거나 재판하여야 한다. 소송에서 수소법원은 소가 제기된 날부터 180일 이내에 처리하여야 한다(공직선거법 제225조).

3절

공무원제도

Ⅰ. 공무원

넓은 뜻의 공무원은 국가나 지방자치단체의 공무를 수행하는 모든 사람을 말한다. 헌법재판소는 공무원은 직접 또는 간접적으로 국민에 의하여 선출 또는 임용되어 국가나 공공단체와 공법상 근무관계를 맺고 공공적 업무를 담당하는 사람들을 가리킨다고 한다(헌재 1992. 4. 28. 90헌바27). 좁은 뜻의 공무원은 국가나 지방자치단체와 공법적 근무관계에 있는 모든 사람을 말한다(공무원법의 공무원). 공무원은 공무원법에서 국가와 직접 공법적 근무관계에 있는 국가공무원과 지방자치단체와 공법적 근무관계를 맺는 지방공무원으로 나뉜다. 그리고 국가공무원법 제2조와 지방공무원법 제2조에 따라서 공무원은 경력직과 특수경력직으로 구별된다. 경력직공무원은 실적과 자격에 의해서 임용되고 그 신분이 보장되며 평생 동안(근무기간을 정하여 임용되는 공무원은 그 기간 동안) 공무원으로 근무할 것이 예정되는 공무원을 말한다(국가공무원법 제2조 제2항, 지방공무원법 제2조 제2항). 특수경력직공무원은 경력직공무원 이외의 공무원을 말한다(국가공무원법 제2조 제3항, 지방공무원법 제2조 제3항).

Ⅱ. 제도보장인 (직업)공무원제도의 일반론

직업공무원제도는 일관성 있는 공무 수행의 독자성을 유지하고, 정권 교체에 따른 국가작용의 중단과 혼란을 예방하기 위해서 헌법과 법률에 따라 공무원의 신분이 보장되는 공직구조에 관한 제도이다(헌재 1989. 12. 18. 89헌마32등). ① 기능유보는 일정한 기능을 직업공무원이 전담하도록 하는 것이다. 그것은 (신분적 안정성과 독립성이 있는) 직업공무원이 국가작용, 특히 집행작용 수행을 담당하도록 하면 행정의 합법률성과 정치적 중립성이 가장 잘 보장될 수 있어서 매우 큰 현실적 의미가 있다. 직업공무원에 유보되는 행정작용의 구체적 범위는 국가작용의 객관성과 공정성 확보라는 측면에서 모든 국가작용을 직업공무원에게 맡기는 것이 바람직하다. 그러나 현실적으로 정치적 지도작용(이나 통치작용)이 해결하여야 할 국가과제도 있어서, 정치적 지도작용을 제외한 행정작용 영역에서 직업공무원제원칙이 적용되어야 한다. ② 구조적 보장은 국가와 공무원의 특별한 관계를 설정하고 이를 유지하는 것, 즉 국가와 공무원이 주고받는 보장과 부담의 상응관계이다. 즉 공무원은 국가에 대한 성실한 근무와 충성을 제공하고, 이에 대한 반대급부로서 국가는 공무원에 대한 법적 · 경제적 안정을 제공한다. 먼저 공무원이 국가에 대해서 제공하는 공법적 근무 및 충성관계의 내용으로는 (ⅰ) 국가와 헌법에 대한 충성의무, (ⅱ) 공직 수행의 효율성[실적(능력 · 성적)주의], (ⅲ) 정치적 중립성, (ⅳ) 파업 기타 집단행동 금지, (ⅴ) 품위 유지 등이 기본적으로 인정된다. 이에 대응하여 국가가 공무원에게 제공하는 공무원의 법적 · 경제적 안정의 내용으로는 (ⅰ) 종신제나 정년 보장의 원칙, (ⅱ) 신분 보장과 징계절차의 엄격성, (ⅲ) 생계 보장, (ⅳ) 적정한 직위 표시, (ⅴ) 공무원의 직무에 관한 불법행위에 대한 국가(배상)책임 등이 인정된다. 직업공무원제도를 유지하기 위해서 공무원에게 보수청구권이 인정되지만, 공무담당자의 지위, 공무의 특수성, 국가재정적 상황 등 공무원법관계의 특성으로 말미암아 그 보수청구권의 구체적 내용을 형성할 때는 입법자에게 폭넓은 재량이 헌법상 허용된다. 이러한 공무원의 보수청구권은 법률과 법률의 위임을 받은 하위법령에서 보수의 구체적 수준이 형성되면 직업공무원제도의 한 내용으로서 재산권적 성격이 인정되는 공법상 권리가 된다(헌재 2008. 12. 26. 2007헌마444).

Ⅲ. 현행(헌)법의 공무원제도

1. 국민 전체에 대한 봉사자인 공무원(헌법 제7조 제1항)

헌법 제7조 제1항의 공무원은 넓은 뜻의 공무원으로서 국가나 공공단체와 공법적 근무관계에 있는 모든 사람이다. 국가공무원법과 지방공무원법의 공무원뿐 아니라 공무원의 신분은 없지만, 공무를 위탁받아 수행하는 사인(공무수탁사인)도 해당 공무를 수행하는 순간 공무원에 포함된다. 공무원은 국민 전체에 대한 봉사자이므로, 특정 개인 · 당파 · 계급 · 종교 · 지역 등 부분이익에 봉사하여서는 안 된다. 즉 공무원은 자신이 소속한 정당, 자신을 선출한 유권자 그리고 부분사회 이익에서 독립하여 국민 전체를 위해서 공정하고 균형 있게 업무를 수행하여야 한다. 이때 국민과 공무원의 관계는 정치적 대표관계이다. 공무원은 국민에 대해서 책임을 진다. 정치적 · 윤리적 책임이 원칙이고 예외적으로 법적 책임을 진다.

2. 직업공무원제(도) 보장(헌법 제7조 제2항)

직업공무원제도는 공무원이 집권세력이 벌이는 논공행상의 제물이 되는 엽관제도를 지양하고 정권교체에 따른 국가작용의 중단과 혼란을 예방하고 일관성 있는 공무 수행의 독자성을 유지하려고 헌법과 법률이 공무원의 신분을 보장하는 공직구조에 관한 제도이다(헌재 1989. 12. 18. 89헌마32등). 직업공무원제도에서 말하는 공무원은 국가나 공공단체와 근로관계를 맺고 이른바 특별권력관계나 특별행정법관계 아래에서 공무를 담당하는 것을 직업으로 하는 좁은 뜻의 공무원을 말한다(헌재 1989. 12. 18. 89헌마32등). 공무를 수탁받아 수행하는 사인은 신분 보장을 논의할 여지가 없다. 그리고 정치적 공무원은 정치적 이념과 주장에 기초하여 업무를 수행하는 특성이 있어서, 정치적 중립성은 그 속성이 될 수 없다. 직업공무원제는 ① 직무와 책임의 정도에 상응한 합리적 직위분류제, ② 정치적 중립성 보장, ③ 신분 보장, ④ 능력 본위의 실적주의에 입각한 인사의 합리적 운영 등을 내용으로 하고, 그중에서도 신분 보장과 정치적 중립성 보장이 그 중추적 요소이다(헌재 1989. 12. 18. 89헌마32등).

공무원의 신분 보장은 정권 교체 때나 같은 정권 아래에서 정당한 이유 없이 자기 의사에 어긋나게 퇴직, 휴직 · 강임이나 면직 등 불리한 조치를 받지 않는 것을 말한다. 공무원의 신분은 무제한 보장되는 것이 아니고 그 지위와 공무의 특수성을 고려하여 헌법이 정한 신분보장원칙에 따라 법률로 그 내용을 정할 수 있다(헌재 1990. 6. 25. 89헌마220). 따라서 국가공무원법이나 지방공무원법 개정으로 신분 보장 내용이 바뀔 수 있다(헌재 1992. 11. 12. 91헌가2). 특정 분야 공무원(법관 · 검사 · 군인 · 교육공무원 등)은 헌법이나 특별법의 해당 규정에 따라서 일반 공무원보다 그 신분을 더 두텁게 보장받을 수 있다(헌재 1992. 11. 12. 91헌가2).

공무원의 신분 보장은 공무원의 정치적 중립성과 기능적 상관관계에 있다. 정치적으로 중립적인 관점에서 직무를 수행하기 위해서는 그러한 판단이 정치적 관점과 충돌하더라도 이를 이유로 신분상 불이익을 받지 말아야 하기 때문이다. 따라서 공무원은 형의 선고 · 징계처분이나 법에 정한 사유에 해당하지 않는 한 의사에 반하여 휴직 · 강임이나 면직을 당하지 않고(국가공무원법 제68조, 지방공무원법 제60조), 정년까지 근무할 권리가 있다(헌재 1994. 4. 28. 91헌바15등).

직제와 정원 개폐나 예산 감소 등으로 폐직이나 과원이 되면 공무원은 직권으로 면직될 수 있다(국가공무원법 제70조 제1항 제3호, 지방공무원법 제62조 제1항 제3호). 이러한 사정이 없는데도 국가보위입법회의법 부칙 제4항에서 임명권자가 후임자를 임명함으로써 공무원은 자동으로 공무원직을 상실하도록 한 것은 헌법에 위반된다(헌재 1989. 12. 18. 89헌마32등). 다만, 이때 면직기준을 정하여야 하고, 면직기준을 정하거나 면직대상자를 결정할 때 심사위원회를 구성하여 심의 · 의결을 거쳐야 한다. 그리고 직권면직처분에 관해서는 소청과 행정소송의 권리구제절차를 마련하여야 한다(국가공무원법 제70조 제3항, 제4항 그리고 제5항). 구체적인 정년연령은 입법적으로 형성된다(헌재 1994. 4. 28. 91헌바15등). 그리고 공무원임용연령에 제한을 두는 것도 입법정책 문제이고 그 자체를 위헌이라고 할 수는 없다.

공무원의 정치적 중립은 정치활동 금지, 구체적으로 집권당의 영향에서 벗어난 독립과 정당에 대한 불간섭 · 불가담을 의미하는 소극적 중립을 말한다. 따라서 공무원은 정당 기타 정치단체 결성에 관여하거나 이에 가입할 수 없고(국가공무원법 제65조 제1항, 지방공무원법 제57조 제1항, 정당법 제1항 제1호), 선거에서 특정정당이나 특정인의 지지나 반대를 할 수 없다(국가공무원법 제65조 제2항, 지방공무원법 제57조 제2항, 국가공무원복무규정 제27조, 법원공무원규칙 제90조). 헌법재판소는 공무원의 정당 가입을 금지하는 것이 정당가입의 자유를 침해하지 않고 평등원칙에 반하지 않는다고 하였다(헌재 2014. 3. 27. 2011헌바42). 공무원의 정치적 중립성을 규정하는 헌법 제7조가 있는데도 헌법 제5조 제2항이 국군의 정치적 중립성을 다시 한 번 명시적으로 강조한 것은 우리 헌정사에서 다시는 군의 정치 개입을 되풀이하지 않겠다는 의지를 표현한 것이다(헌재 2016. 2. 25. 2013헌바111).

Ⅳ. 공무원관계에서 기본권의 효력
(공무원에 대한 기본권 제한의 특수성)

정치적 기본권이 제한되는 공무원은 전문지식에 기초하여 임용되고 업무를 집행하는 직업공무원에 한한다. 국가공무원법 제65조와 지방공무원법 제57조 그리고 정당법 제22조는 직업공무원에게 정당 기타 정치단체의 결성에 관여하거나 이에 가입할 수 없게 하고 선거운동을 금지한다. 선거운동은 가장 밀도 높은 정치활동이고, 정치적 중립을 저해하는 가장 대표적인 활동이다. 따라서 공무원의 선거운동 금지는 공무원의 특수신분이 정당화할 수 있다. 공무원 기타 정치적 중립을 지켜야 하는 사람(기관 · 단체 포함)은 선거에 부당한 영향력을 행사하거나 기타 선거결과에 영향을 미치는 행위를 하여서는 안 된다(공직선거법 제9조 제1항). 이러한 선거중립의무가 있는 공무원에 직업공무원이 포함되는 것은 물론이고 각부 장관 등 정치적 공무원도 집행업무를 수행하는 지위에 있으므로 선거중립의무가 있다. 그러나 대통령이 선거중립의무가 있는지는 의문이다. 헌법재판소는 이를 긍정한 바 있다(헌재 2004. 5. 14. 2004헌나1). 공무원의 정당 가입 금지에 관해서는 다른 평가가 필요하다. 공무원의 정당 가입은 정치적 활동을 할 잠재성을 징표 하는 사실이다. 그러나 아직 정치활동이 실재하는 것은 아니므로, 선거운동과는 그 성격이 다르다. 그런데 현행법은 이를 정치활동에 근접한 사실로 보고 금지한다.

공무원의 근로3권에 관한 헌법규정으로는 근로자의 근로3권을 보장하는 근거조문인 헌법 제33조 제1항과 공무원에 대한 제한의 특칙인 헌법 제33조 제2항 그리고 일반적인 기본권 제한의 근거조문인 헌법 제37조 제2항이 있다. 법률조항으로는 '노동조합 및 노동관계조정법' 제5조, 국가공무원법 제66조, 지방공무원법 제58조 등이다. 이를 따르면 사실상 노무에 종사하는 공무원만 근로3권을 보장받는다. 사실상 노무에 종사하는 공무원은 과학기술정보통신부 소속 현업기관의 작업 현장에서 노무에 종사하는 우정직공무원(우정직공무원의 정원을 대체하여 임용된 일반임기제공무원 및 시간선택제일반임기제공무원 포함)으로서 ① 서무 · 인사와 기밀 업무에 종사하는 공무원, ② 경리와 물품출납 사무에 종사하는 공무원, ③ 노무자 감독 사무에 종사하는 공무원, ④ 보안업무규정에 따른 국가보안시설의 경비 업무에 종사하는 공무원, ⑤ 승용자동차와 구급차의 운전에 종사하는 공무원 중 하나에 해당하지 아니하는 공무원('국가공무원 복무규정' 제28조), 법원일반직공무원 중 고용직공무원으로서 ① 서무 · 인사와 기밀업무에 종사하는 사람, ② 경리와 물품 출납사무에 종사하는 사람, ③ 노무자의 감독사무에 종사하는 사람, ④ 보안업무규정에 의한 보안목표시설의 경비업무에 종사하는 사람, ⑤ 승용자동차의 운전에 종사하는 사람 중 하나에 해당되지 아니하는 사람(법원공무원규칙 제91조)이다.

헌법 제33조 제2항의 성격과 관련하여 개별적 헌법유보로 보아 공무원인 근로자의 근로3권을 헌법이 직접 제한하는 것으로 보는 개별적 헌법유보설과 헌법 제33조 제2항을 기본권 제한의 개별적 법률유보로 보고, 일반적 법률유보조항인 제37조 제2항과는 일반-특별의 관계에 놓이나, 헌법 제37조 제2항을 배제하면 헌법의 기본권을 입법자에게 백지위임을 하는 것이 되므로, 헌법 제37조 제2항 기본권 제한의 한계 일탈 여부도 필요한 범위 안에서 검토하여야 한다는 개별적 법률유보설, 헌법 제33조 제2항을 공무원 신분이 있다는 이유만으로 근로3권을 박탈하는 위헌적인 헌법조항으로 보아 이 조항 적용을 배제하고 일반적 법률유보조항인 제37조 제2항만으로 공무원의 노동기본권을 제한하는 것이 옳다는 위헌적 헌법조항설이 대립한다. 헌법 제33조 제2항을 개별적 헌법유보로 보는 견해는 ① 동 조항의 표현형식이 구 헌법의 표현형식과는 달리 공무원에 관해서도 근로3권을 인정하는 긍정형식을 취하는 점, ② 근로자인 공무원의 노동기본권이 헌법적 차원에서 보장되지 아니하고 법률적 권리로만 인정될 우려가 있는 점, ③ 헌법이 직접 기본권을 제한하는 것으로 보면 기본권의 보장범위가 좁아진다는 점, ④ 무엇보다도 헌법제정자가 공무원인 근로자의 근로3권 인정범위를 입법자에게 백지위임하는 것으로 해석될 우려가 있다는 점에서 타당하지 못하다. 그리고 위헌적 헌법조항설은 입법론으로서는 몰라도 현행 헌법 해석론으로서는 실용성을 결여하므로, 다른 해석 가능성이 없고 그 위헌성이 명백한 때를 제외하고는 채택하기 곤란하다. 따라서 현재로서는 헌법 제33조 제2항을 공무원인 근로자에 관해서 근로3권을 인정하되 '법률이 정하는 자'를 제외한 공무원의 근로3권을 제한할 수 있다는 취지로 해석하여 개별적 법률유보로 보고, 이 조항을 근거로 규정된 법률조항의 합헌성을 심사할 때 헌법 제37조 제2항의 기본권 제한 요건을 적용하는 것이 타당하다. 헌법재판소는 "헌법 제33조 제2항이 공무원의 근로3권을 제한하면서 근로3권이 보장되는 주체의 범위를 법률로 정하도록 위임한 것… 위 법률조항(국가공무원법 제66조 제1항)이 근로3권이 보장되는 공무원의 범위를 사실상의 노무에 종사하는 공무원에 한정하고 있는 것은 근로3권의 향유주체가 되는 공무원의 범위를 정함에 있어서 공무원이 일반적으로 담당하는 직무의 성질에 따른 공공성의 정도와 현실의 국가·사회적 사정 등을 아울러 고려하여 사실상 노무에 종사하는 자와 그렇지 아니한 자를 기준으로 삼아 그 범위를 정한 것… 헌법 제33조 제2항이 입법권자에게 부여하고 있는 형성적 재량권의 범위를 벗어난 것이 아니"라고 하여 합헌결정을 내렸다(헌재 1992. 4. 28. 90헌바27등).

'공무원의 노동조합 설립 및 운영 등에 관한 법률'은 공무원의 단결권과 단체교섭권을 부분적으로 보장한다. 이 법에 따라서 ① 다른 공무원에 대하여 지휘·감독권을 행사하거나 다른 공무원의 업무를 총괄하는 업무에 종사하는 공무원, ② 인사·보수에 관한 업무를 수행하는 공무원 등 노동조합과 맺는 관계에서 행정기관 입장에서 업무를 수행하는 공무원, ③ 교정·수사 또는 그 밖에 이와 유사한 업무에 종사하는 공무원, ④ 업무의 주된 내용이 노동관계의 조정·감독 등 노동조합의 조합원 지위를 가지고 수행하기에 적절하지 아니하다고 인정되는 업무에 종사하는 공무원이 아닌 (ⅰ) 6급 이하의 일반직공무원과 이에 상당하는 일반직공무원, (ⅱ) 특정직공무원 중 6급 이하의 일반직공무원에 상당하는 외무행정·외교정보관리직 공무원, (ⅲ) 6급 이하의 일반직공무원에 상당하는 별정직공무원은 노동조합을 설립하고 이에 가입하거나 탈퇴할 수 있다(제3조, 제6조). 공무원은 노동조합을 국회·법원·헌법재판소·선거관리위원회·행정부·특별시·광역시·특별자치시·도·특별자치도·시·군·구(자치구를 말한다)와 특별시·광역시·특별자치시·도·특별자치도의 교육청을 최소단위로 설립할 수 있다(제5조 제1항). 노동조합의 대표자는 그 노동조합에 관한 사항 또는 조합원의 보수·복지, 그 밖의 근무조건에 관해서 국회 사무총장·법원행정처장·헌법재판소 사무처장·중앙선거관리위원회 사무총장 · 인사혁신처장(행정부를 대표한다) · 특별시장 · 광역시장 · 특별자치시장 · 도지사 · 특별자치도지사 · 시장 · 군수 · 구청장(자치구의 구청장을 말한다) 또는 특별시 · 광역시 · 특별자치시 · 도 · 특별자치도의 교육감 중 어느 하나에 해당하는 사람과 각각 교섭하고 단체협약을 체결할 권한이 있다. 다만, 법령 등에 따라 국가나 지방자치단체가 그 권한으로 하는 정책결정에 관한 사항, 임용권 행사 등 그 기관의 관리 · 운영에 관한 사항으로서 근무조건과 직접 관련되지 아니하는 사항은 교섭 대상이 될 수 없다(제8조 제1항). 단체협약 내용 중 법령 · 조례 또는 예산에 따라서 규정되는 내용과 법령이나 조례에 따라서 위임을 받아 규정되는 내용은 단체협약으로서 효력이 없다. 다만, 정부교섭대표는 단체협약의 효력이 없는 내용에 관해서는 그 내용이 이행될 수 있도록 성실하게 노력하여야 한다(제10조). 공무원노동조합과 그 조합원은 정치활동을 할 수 없고(제4조), 파업 · 태업이나 그 밖에 업무의 정상적인 운영을 방해하는 모든 행위를 하여서는 아니 된다(제11조).

교원인 공무원에게는 '공무원의 노동조합 설립 및 운영 등에 관한 법률'이 적용되지 않는다('공무원의 노동조합 설립 및 운영 등에 관한 법률' 제2조). '교원의 노동조합 설립 및 운영 등에 관한 법률'은 공무원인 교원이든 사립학교 교원이든, 유아교육법, 초 · 중등교육법과 고등교육법상 교원(강사 제외)인지와 상관없이 적용된다('교원의 노동조합 설립 및 운영 등에 관한 법률' 제1조와 제2조). 교원과 교원으로 임용되어 근무하였던 사람으로서 노동조합 규약으로 정하는 사람은 교원 노동조합에 가입할 수 있다('교원의 노동조합 설립 및 운영 등에 관한 법률' 제4조의2). 교원 노동조합은 정치활동을 할 수 없다('교원의 노동조합 설립 및 운영 등에 관한 법률' 제3조). 유치원과 초 · 중등학교 교원은 특별시 · 광역시 · 특별자치시 · 도 · 특별자치도 단위나 전국 단위로만 노동조합을 설립할 수 있고, 대학교 교원(강사 제외)은 개별학교 단위, 시 · 도 단위나 전국 단위로 노동조합을 설립할 수 있다('교원의 노동조합 설립 및 운영 등에 관한 법률' 제4조 제1항과 제2항). 노동조합을 설립하려는 사람은 고용노동부 장관에게 설립신고서를 제출하여야 한다('교원의 노동조합 설립 및 운영 등에 관한 법률' 제4조 제3항). 교원은 임용권자 허가가 있으면 노동조합 업무에만 종사할 수 있다('교원의 노동조합 설립 및 운영 등에 관한 법률' 제5조 제1항).

'공무원직장협의회'는 그 목적이 공무원의 근무환경 개선, 업무능률 향상과 고충처리 등을 위해서 설치하는 단체('공무원직장협의회의 설립 · 운영에 관한 법률' 제1조)로 규정되어서 근로조건의 유지 · 개선을 통한 근로자들(공무원)의 지위 향상을 도모함을 주된 목적으로 하지 않는다. 그뿐 아니라 공무원직장협의회와 기관장 사이의 협의('공무원직장협의회의 설립 · 운영에 관한 법률' 제6조)와 관련하여 그 협의를 기관장이 정당한 이유 없이 거부할 때 이에 대한 구제제도가 마련되지도 않았고, 합의된 사항에 관해서도 단체협약과 같이 규범적 효력이 부여되지 않는다. 따라서 공무원직장협의회는 노동조합과 성격이 다른 것이고, '공무원직장협의회의 설립 · 운영에 관한 법률'은 일종의 노사협의법이라고 할 수밖에 없다.

4절
지방자치제도

Ⅰ. 지방자치(행정) 일반론

지방자치제도는 일정 지역을 기초로 하는 단체나 일정 지역의 주민이 지방적 사무를 국가기관 간섭 없이 자기 책임 아래 자신이 선출한 독자적인 기관을 통해서 처리하는 제도이다. 지방자치는 민주주의의 요체이고, 현대의 복잡한 사회가 요구하는 정치적 다원주의를 실현하려는 제도적 장치로서, 지방의 공동 관심사를 자율적으로 처리함과 동시에 주민의 자치역량을 배양하여 국민주권원칙과 민주주의의 이념 구현에 이바지함을 목적으로 하는 제도이다. 이러한 지방자치의 헌법적 보장은 국민주권원칙에서 출발하여 주권의 지역적 주체인 주민의 자기 지배를 실현하려는 것이다(헌재 2009. 3. 26. 2007헌마843). 지방자치의 3요소는 인적 요건으로서 주민과 자치를 위한 권능으로서 '자치사무 처리, 재산 관리, 자치입법에서 지방자치단체가 국가의 지시나 감독을 받지 않고 법이 정하는 바에 따라 독자적인 책임 아래 처리할 수 있는 권한'인 자치권한 그리고 '지방자치단체가 자치권한을 행사할 수 있는 장소적 범위'인 관할 구역이다(헌재 2006. 8. 31. 2004헌라2). 지방자치단체의 관할 구역은 적극적으로는 그 구역 안에 주소가 있는 주민을 구성원으로 하여 이를 지방자치단체 권한에 복종하게 하고, 소극적으로는 자치권한이 일반적으로 미치는 범위를 장소로 한정하는 효과가 있다(헌재 2006. 8. 31. 2004헌라2).

지방자치(행정)는 간접적인 국가행정이라는 견해(자치권위임설)는 지방자치행정도 궁극적으로는 국가행정에서 나오는 것이고 국가의 지배권력에서 빌려 온 것이라고 한다.

국가 이외의 권리능력 있는 주체가 처리하는 행정이라는 점에서 직접적인 국가행정과 차이가 있다고 한다. 지방자치(행정)는 직접 · 간접 국가행정 이외의 제3의 행정형식이라는 견해(자치고유권설)는 지방자치행정은 국가에서 도출되는 것이 아니라 시원적인 것이라고 한다. 헌법이 지방자치제도를 보장할 때 지방주민의 자치권을 최대한으로 보장하여야 하므로, 특히 주민의 참정권은 기본권이므로 최대한 보장하여야 하므로 실정헌법 해석상 자연권이라는 신고유권설도 있다. 지방자치는 헌법과 법률의 범위 안에서 이루어지고, 국가와 절연된 지방자치를 생각할 수 없다. 따라서 자치권위임설이 타당하다.

지방자치는 국가 차원에서 제공되지 않는 구체적인 정치적 참여 가능성을 지역주민에게 부여한다. 정치적 공동체의 의사 형성 단위가 분화하면 구성원의 민주적 참여와 정치적 영향력을 향상하고, 지역주민은 지역행정의 고유한 상황과 지역공직자에 대한 직접적인 평가를 할 수 있다. 이에 따라 지방자치는 민주시민 양성과 풀뿌리 민주주의 실현에 큰 역할을 한다. 그리고 지방자치는 주민 복지를 실현하고, 지역주민의 결속과 연대를 통한 주민의 조정과 통합이라는 공동사회적 기능도 수행한다(헌재 2019. 8. 29. 2018헌마129).

Ⅱ. 지방자치(행정)의 헌법적 보장

헌법은 제8장에서 독립적으로 지방자치를 규정한다. 제117조에서 지방자치단체의 기능범위와 지방자치단체의 종류에 관한 법정주의를 그리고 제118조에서 지방의회를 규율한다. 이를 통해서 주민자치와 지방분권 그리고 주민 참여를 통한 지방행정은 헌법적으로 보장된다. 지방자치의 헌법적 보장이 갖는 성격과 관련하여 기본권보장설과 제도적 보장설이 대립한다. 독일에서 지방자치는 사회 영역에 뿌리내리는 반국가적 제도에서 시작하여 헌법의 국가조직 부분에 편입되어서 국가 안의 조직이 되었다. 따라서 국가에 대항하는 기본권이 아니다. 지방자치를 제도적 보장으로 보면, ① 지방자치단체라는 제도의 제도적 주체 보장, ② 지방자치제의 객관적인 제도 보장, ③ 지방자치단체의 권리구제를 위한 지방자치단체의 주관적 지위 보장이라는 3차원적으로 이해하여야 한다. 지방자치단체를 제도적 보장으로만 보면 지방자치단체는 개별적으로가 아니라 오로지 제도적으로만 보장된다. 따라서 이러한 조직형태는 존속하여야 하지만, 개개의 지방자치단체가 해산에서 보호되어야 하는 것은 아니라는 점을 주의하여야 한다(헌재 1995. 3. 23. 94헌마175). 즉 헌법은 지방분권과 주민자치 그리고 주민참여를 제도적으로 보장하므로, 지방자치를 시행하지 않거나 지방자치를 폐지하는 것은 허용되지 않는다. 그러나 기존의 구체적인 지방자치 존속을 헌법이 보장하는 것은 아니다. 예를 들어 법률이 정하는 절차에 따라서 지방자치단체를 폐지하거나 설치하거나 나누거나 합칠 수 있다.

① 지방자치단체는 지방적 공공사무에 관한 포괄적인 자치권이 있다. 구체적으로 지방자치단체는 관할 구역 안에서 고권(공권력)을 행사할 권능(지역고권), 지방자치단체공무원의 임면을 할 권능(인사고권 · 자주적 인사권), 법정 예산 범위 안에서 인정되는 자주적 수입 · 지출권(재무고권 · 자주재정권), 자기 기관의 창설 및 내부기관 형성 권능(조직고권 · 자주조직권), 자치법규제정권(입법고권 · 자치입법권)이 있다. 이러한 포괄적인 자치권에서 헌법이나 법률이 다른 기관에 준 것이 아니라면 그 지역 안의 모든 자치사무는 지방자치단체가 담당한다는 것이 추정된다. 이러한 추정은 자치사무에 국한하는 것이고, 국가의 위임사무에는 미치지 않는다. ② 지방자치는 자신의 사무를 자기책임으로 수행하는 것이다. 따라서 지방자치단체는 국가의 지시나 후견 없이 법에 따라 합목적적으로 보이는 대로 자기 사무를 처리한다. 이러한 자기책임성은 지방자치단체가 결정에서 자유로움을 뜻한다. 자기책임성은 법령 범위 안에서 인정된다. 이는 자치사무에 대한 국가 감독이 적법성 감독에 한정됨을 뜻한다(지방자치법 제188조 제5항 참조). 자기책임성은 민주적 정당성이 있는 지방자치단체의 정치적 형성 영역에도 인정된다. ③ 지방자치행정의 기능영역과 제도영역은 헌법, 법률, 법규명령이나 관습법에 따라서 제한될 수 있다(헌재 2010. 10. 28. 2007헌라4). 이러한 법령유보는 법령이 제거하지 못하는 침해에서 지방자치행정을 보호한다. 그리고 법률의 합헌성 요청, 공공복리목적 요청, 비례성원칙, 신뢰보호원칙 등은 위헌적인 법률적 침해에서 지방자치행정을 보호한다.

본질내용은 제도의 구조와 유형을 바꾸지 않고는 제도에서 분리할 수 없는 제도의 주요 내용을 말한다. 지방자치행정의 본질내용은 (우연적-잠정적이지 않은) 본질적 · 실체적으로 지방자치행정의 성격을 규정하는 유형결정적 구성부분, 지방자치행정의 전형적인 현상태이다. 지방자치의 본질내용 침해는, 그것이 지방자치행정의 역사적으로 생성된 실체를, 지방자치행정이 침해된 사항 영역에서 그 유형결정적 구성부분을 상실한 정도로 침해하였는지를 심사되어야 한다. 헌법재판소는 지방자치의 본질적 내용을 "국민주권의 기본원리에서 출발하여 주권의 지역적 주체로서의 주민에 의한 자기통치 실현"으로 본다(헌재 1998. 4. 30. 96헌바62). 즉 헌법재판소는 헌법 제117조과 제118조가 보장하는 본질적인 내용은 자치단체의 존재 보장, 자치기능 보장 및 자치사무 보장으로 어디까지나 지방자치단체의 자치권이라고 한다(헌재 1994. 12. 29. 94헌마201). 자치단체 존재 보장은 자치단체 그 자체의 보장을, 자치기능 보장은 자치단체가 국가의 감독을 받지 않고 독립하여 독자적인 책임 아래 자기 업무를 수행함을, 자치사무 보장은 자치단체의 고유한 업무처리를 자치단체가 스스로 할 수 있도록 하는 것을 말한다. 헌법상 제도적으로 보장된 자치권 가운데에는 자치사무 수행에서 다른 행정주체(특히 중앙행정기관)에게서 합목적성에 관하여 명령 · 지시를 받지 않는 권한도 포함된다.

Ⅲ. 현행법이 구체화한 지방자치(지방자치법)

1. 연혁

1948년 헌법 제정 당시부터 지방자치 시행을 규정하였다[제8장 지방자치(제96조, 제97조)]. 이에 따라서 1949년 7월 4일 법률 제32호로 지방자치법이 제정되었다. 하지만 6 · 25 전쟁 반발로 최초의 지방의회는 1952년에 비로소 구성되었다. 그 후 1948년 헌법 아래에서 4차에 걸친 지방자치법 개정이 있었다. 1960년 헌법에서는 지방자치 확대를 위해서 제97조 제2항을 신설하여 "지방자치단체의 장의 선임방법은 법률로써 정하되 적어도 시, 읍, 면의 장은 그 주민이 직접 이를 선거한다."라고 규정하였다. 그러나 민주주의와 지방자치에 관한 경험과 인식 부족으로 말미암아 지방자치의 민주적 기능보다 역기능 측면이 더욱 두드러졌다. 그 결과 5 · 16 군사쿠데타 이후 지방자치의 사실적 폐지에 명분을 제공하였다. 5 · 16 군사쿠데타 이후 군정을 거쳐 만들어진 1962년 헌법은 지방자치에 관해서 시 · 읍 · 면장의 주민직접선거제를 법률로 정하도록 국회에 위임하였고(제109조, 제110조), 지방의회의 구성시기는 법률로 정한다고 부칙 제7조 제3항에 추가로 규정하였다. 그런데 국회에 위임된 지방의회 구성은 여당이 다수인 국회에서 법률을 제정하지 않음으로써 무산되었고, 결국 지방자치는 실현되지 않았다. 그리고 1972년 헌법에서는 지방의회 구성을 아예 조국의 평화적 통일이 있을 때까지 미루어 버렸다(부칙 제10조). 이로써 헌법상 지방자치에 관한 규정은 사문화하였고, 1980년 헌법은 부칙 제10조에서 지방의회 구성은 재정자립도를 고려하여 차례대로 하되 그 시기는 법률로 정한다고 규정하였으나, 역시 법률이 제정되지 않음으로써 그 실현을 보지 못하였다. 결국, 현행 헌법에 따라서 지방자치법이 새로이 제정됨으로써 비로소 지방자치가 30여 년 만에 부활하였다. 1991년에 지방의회가 구성되고 1995년에는 지방의회의원선거와 지방자치단체의 장 선거가 동시에 치러짐으로써 지방자치에 관한 헌법규정은 현실이 되었다.

2. 지방자치단체

지방자치단체는 국가 아래 있는 지역단체로서, 국가영토 일부를 그 지역으로 하고 그 지역 안에 있는 모든 국민(주민)을 국법이 인정하는 범위 안에서 지배할 권능(자치권)이 있고 지방사무를 수행하는 공법적 법인이다(지방자치법 제3조 제1항). 지방자치단체의 종류는 법률로 정한다(헌법 제117조 제1항). 지방자치법은 지방자치단체의 종류를 일반지방자치단체와 특별지방자치단체로 나눈다. 일반지방자치단체로 특별시, 광역시, 특별자치시, 도, 특별자치도(광역지방자치단체) 그리고 시, 군, 구(기초지방자치단체)를 설치한다(지방자치법 제2조 제1항). 특별지방자치단체는 특정한 목적을 수행하기 위해서 설치 · 운영한다(지방자치단체법 제2조 제3항). 2개 이상 지방자치단체가 공동으로 특정한 목적을 위하여 광역적으로 사무를 처리할 필요가 있으면 특별지방자치단체를 설치할 수 있다(지방자치 제99조 제1항) '지방교육자치에 관한 법률'을 따라서 시 · 도 단위에 교육감을 설치한다('지방교육자치에 관한 법률' 제18조 제1항). 지방교육지방자치단체는 지역적 자치와 영역적 자치를 결합하여 실현하기 위한 조직이다(헌재 2002. 3. 28. 2000헌마283등). 그 밖에 2개 이상의 지방자치단체가 하나 또는 둘 이상의 사무를 공동으로 처리할 필요가 있을 때 설치하는 지방자치단체조합이 있는데(지방자치법 제176조), 현재는 수도권매립지운영관리조합 하나만 있다. 지방자치단체의 명칭과 구역은 종전과 같이 하고, 명칭과 구역을 바꾸거나 지방자치단체를 폐지하거나 설치하거나 나누거나 합칠 때는 법률로 정한다. 다만, 지방자치단체의 관할 구역 경계 변경과 한자 명칭 변경은 대통령령으로 정한다(지방자치법 제5조 제2항). 지방자치의 의결기관은 지방의회이고, 집행기관은 지방자치단체의 장이다. 그 밖에도 광역자치단체에는 시 · 도의 교육 · 학예에 관한 사무의 집행기관으로 교육감이 있다.

3. 지방의회(헌법 제118조)

지방의회는 주민의 보통 · 평등 · 직접 · 비밀선거로 선출되는 임기 4년의 지방의회의원으로 구성한다(지방자치법 제38조, 제39조). 지방의회와 지방자치단체장의 선거에서는 일정한 주거요건을 갖춘 외국인도 선거권이 있다(공직선거법 제15조 제2항 제3호). 지방의회는 전체 국가기구에서 보면 행정기관의 성격이 있다. 따라서 지방의회를 구성하는 지방의회의원은 국회의원과는 달리 불체포특권과 면책특권이 없다. 개정 전 지방자치법은 지방의회의원을 무보수 · 명예직 공무원으로 하였다. 하지만 2003년 개정으로 이 규정은 삭제되었다. 지방의회의원에게는 ① 의정 자료를 수집하고 연구하거나 이를 위한 보조 활동에 사용되는 비용을 보전(補塡)하기 위하여 매월 지급하는 의정활동비, ② 본회의 의결, 위원회 의결 또는 의장의 명에 따라 공무로 여행할 때 지급하는 여비, ③ 지방의회의원의 직무활동에 대하여 지급하는 월정수당이 지급된다(지방자치법 제40조). 지방의회는 조례의 제정과 개폐 등의 자치입법권, 예산의 심의 · 확정과 결산승인 등 자치재정권(지방자치법 제47조), 지방자치단체사무의 행정감사 및 조사권(지방자치법 제49조) 등이 있다.

4. 지방자치단체의 장

특별시에 특별시장, 광역시에 광역시장, 특별자치시에 특별자치시장, 도와 특별자치도에 도지사를 두고, 시에 시장, 군에 군수, 자치구에 구청장을 둔다(지방자치법 제106조). 지방자치단체의 장은 주민의 보통 · 평등 · 직접 · 비밀선거로 선출(지방자치법 제107조)되는 지방자치단체의 대표기관이다. 지방자치단체의 장 임기는 4년이고, 계속 재임은 3기에 한한다(지방자치법 제108조). 지방자치단체의 장은 해당 지방자치단체를 대표하고, 그 사무를 총괄하며(지방자치법 제114조) 그 지방자치단체의 사무와 법령에 따라 그 지방자치단체의 장에 위임된 사무를 관리하고 집행한다(지방자치법 제116조). 그리고 지방자치단체의 장은 소속 직원을 지휘 · 감독하고 법령과 조례 · 규칙으로 정하는 바에 따라 그 임면 · 교육훈련 · 복무 · 징계 등에 관한 사항을 처리한다(지방자치법 제118조). 또한, 지방자치단체의 장은 주민에게 과도한 부담을 주거나 중대한 영향을 미치는 지방자치단체의 주요 결정사항 등에 대해서 주민투표에 부칠 수 있다(지방자치법 제18조). 지방자치단체의 장이 기관위임사무를 처리할 때는 국가하급행정기관의 지위에 있다.

지방자치단체의 부단체장은 주민이 선거하지 않고 임명한다. 즉 특별시 · 광역시 및 특별자치시의 부시장, 도와 특별자치도의 부지사는 정무직이나 일반직 국가공무원으로 보하며, 해당 시 · 도지사의 제청으로 행정안전부 장관을 거쳐 대통령이 임명하도록 하되 제청된 사람에게 법적 결격사유가 없는 한 30일 이내에 그 임명절차를 마치도록 하였다(지방자치법 제123조 제2항과 제3항). 다만, 특별시의 부시장은 3명, 광역시 · 특별자치시의 부시장과 도 및 특별자치도의 부지사는 2명[인구 800만 이상이면(경기도) 3명]을 둘 수도 있는데(지방자치법 제123조 제1항 제1호와 제2호, 지방자치법 시행령 제73조 제1항), 이때 1명은 정무직 · 일반직이나 별정직 지방공무원으로 보하되 그 자격기준은 해당 지방자치단체의 조례로 정한다(지방자치법 제123조 제2항 단서). 그러나 시의 부시장과 군의 부군수 및 자치구의 부구청장은 일반직 지방공무원으로 보하되 그 직급은 대통령령으로 정하며 해당 지방자치단체의 장이 임명한다(지방자치법 제123조 제4항). 이처럼 지방자치단체의 장을 보좌하는 부단체장의 임명방법을 이원화시켜 놓은 것은 일관성이 없는 태도일 뿐 아니라 부단체장을 중앙행정기관이 임명하는 것은 지방자치단체의 지방자치적 본질, 특히 지방자치기능 보장과 조화되기 어렵다.

5. 지방교육자치단체

지방자치단체의 교육 · 과학 · 기술 · 체육 그 밖의 학예에 관한 사무는 특별시 · 광역시와 도의 사무로 한다('지방교육자치에 관한 법률' 제2조). 시 · 도의 교육 · 학예에 관한 사무의 집행기관으로 시 · 도에 교육감을 둔다('지방교육자치에 관한 법률' 제18조 제1항). 교육감은 교육 · 과학 · 기술 · 체육 그 밖의 학예에 관한 소관 사무로 말미암은 소송이나 재산의 등기 등에 관해서 해당 시 · 도를 대표한다('지방교육자치에 관한 법률' 제18조 제2항). 교육감 임기는 4년이고, 교육감 계속 재임은 3기에 한한다('지방교육자치에 관한 법률' 제21

조). 교육감은 주민의 보통 · 평등 · 직접 · 비밀선거로 선출한다('지방교육자치에 관한 법률' 제43조). 교육감 소속 아래 국가공무원으로 보하는 부교육감 1명(인구 800만명 이상이고 학생 170만명 이상인 시 · 도는 2명)을 두되, 대통령령이 정하는 바에 따라 국가공무원법 제2조의2에 따른 고위공무원단에 속하는 일반직공무원 또는 장학관으로 보한다('지방교육자치에 관한 법률' 제30조 제1항). 부교육감은 해당 시 · 도의 교육감이 추천한 사람을 교육부장관 제청으로 국무총리를 거쳐 대통령이 임명한다('지방교육자치에 관한 법률' 제30조 제2항). 부교육감은 교육감을 보좌하여 사무를 처리한다('지방교육자치에 관한 법률' 제30조 제3항). 시 · 도의 교육 · 학예에 관한 사무를 분장하려고 1개 또는 2개 이상의 시 · 군 및 자치구를 관할 구역으로 하는 하급교육행정기관으로서 교육지원청을 둔다('지방교육자치에 관한 법률' 제34조 제1항). 교육지원청에 교육장을 두되 장학관으로 보한다('지방교육자치에 관한 법률' 제34조 제3항).

Ⅳ. 지방자치단체의 권능

1. 자치입법권

지방자치단체의 자치입법권은 지방자치단체가 법령 범위 안에서 지방자치에 관하여 일반 · 추상적인 규정을 제정하는 권한을 말한다. 헌법 제117조 제1항 후단은 "지방자치단체는 … 법령의 범위안에서 자치에 관한 규정을 제정할 수 있다."라고 규정하여 자치입법권을 명시한다. 그리고 지방자치법 제3장은 '자치에 관한 규정'을 조례와 규칙으로 구체화한다. 지방자치단체에 자치입법권을 부여함으로써 지방공동체의 능력을 활성화하고, 자기 자신과 관련이 있고 조망할 수 있는 범위에서 가장 잘 판단할 수 있는 지방사무 규율을 해당 지방자치단체의 책임 아래 맡기고 그를 통해서 입법자와 수범자 사이의 거리를 줄일 뿐 아니라 상위입법자는 자신에게 종종 어렵게 인식되는, 사항적 · 장소적 다양성을 고려하여야 하고 그 변화에 재빠르게 반응하여야 할 부담을 줄일 수 있다.

(1) 조례제정권(지방자치법 제28조)

조례는 지방의회가 헌법과 법률이 정한 절차에 따라 제정하는 지방자치단체의 자치법규이다. 조례는 지방자치단체가 국가 입법을 대신하는 것이 아니라 자기 입법을 자기의사에 따라 스스로 한다는 점에서 자율적 법규범이다. 조례 제정을 통해서 지방자치단체는 지역 상황에 적합하고 그 대의기관이 수렴한 의사에 들어맞는 지역사회의 법규범을 만들 수 있다. 그리고 조례는 입법자와 수범자 사이의 거리를 좁히는 것은 물론 입법권을 나누어 국회의 입법 부담을 덜어준다. 자치조례는 지방의회가 법령 범위 안에서 법령의 직접적이고 개별적인 위임 없이 자기 판단에 따라 제정하는 조례이다. 위임조례는 지방의회가 법령의 개별적 위임에 따라 제정하는 조례이다. 이때 법령은 법률과 대통령령, 총리령, 부령을 아우르는 법규명령을 가리킨다. 하지만 법령의 직접적인 위임에 따라 수임행정기관이 그 법령을 시행하는 데 필요한 구체적 사항을 정하면, 그 제정형식은 비록 법규명령이 아닌 고시, 훈령, 예규 등과 같은 행정규칙이더라도, 그것이 상위법령의 위임한계를 벗어나지 아니하는 한, 상위법령과 결합하여 대외적인 구속력이 있는 법규명령으로 기능한다(헌재 1992. 6. 26. 91헌마25). 따라서 법규명령으로 기능하는 행정규칙도 위임조례의 근거가 될 수 있다(헌재 2002. 10. 31. 2001헌라1).

지방자치법 제28조 전단은 "지방자치단체는 법령의 범위에서 그 사무에 관하여 조례를 제정할 수 있다."라고 규정하고, 지방자치법 제13조 제1항은 "지방자치단체는 관할 구역의 자치사무와 법령에 따라 지방자치단체에 속하는 사무를 처리한다."라고 규정하므로 결국 조례로 제정할 수 있는 사무는 고유사무인 자치사무와 개별 법령이 지방자치단체에 위임한 단체위임사무에 한정된다. 따라서 국가사무로서 지방자치단체의 장에 위임된 기관위임사무에 관해서는 조례 제정이 원칙적으로 허용되지 않는다(대법원 2001. 11. 27. 선고 2001추57 판결). 그러나 개별 법령에서 조례로 정하도록 위임하면 기관위임사무에 대해서도 조례를 제정할 수 있다(위임조례)(대법원 2000. 5. 30. 선고 99추85 판결). 자치사무와 기관위임사무의 구별이 명확하지 않으면, 그에 관한 법령의 규정형식과 취지를 먼저 고려하되, 사무의 성질상 전국적으로 통일적 처리가 요구되는 것인지와 경비 부담이나 최종적인 책임귀속의 주체는 누구인지 등도 아울러 고려하여 판단하여야 한다(대법원 2001. 11. 27. 선고 2001추57 판결). 법률이 명확히 국가사무로 유보하지 아니하여도 국가 전체를 통해서 획일적으로 규율하여야 할 사항과 그 영향이 미치는 범위가 특정

지역을 넘어 국토 전반이나 국민 전체에 걸친다고 생각되는 사항은 성질상 조례 제정이 허용되지 않는다(지방자치법 제15조 참조).

조례의 법적 성질과 관련하여 행정입법설은 지방자치단체의 자치입법권은 입법권과 행정권 가운데서 행정권에 속한다고 하지만, 준법률설은 조례는 법규의 성질이 있는 자주권으로서 국회입법원칙의 예외로, 법률과 구별되는 독자적 법영역을 형성한다고 한다. 조례는 헌법적 근거(헌법 제117조 제1항)가 있고 조례는 주민의 대표기관인 지방의회가 자치사무에 관해서 법규범을 제정하는 것인 이상, 국회입법원칙에 어긋나지 않고 헌법이 인정하는 것으로 보아야 한다.

헌법 제117조 제1항은 지방자치단체가 법령의 범위 안에서 자치에 관한 규정을 제정할 수 있다고 규정한다. 이를 구체화한 지방자치법 제28조를 따르면 지방자치단체는 법령의 범위 안에서 그 사무에 관해서 조례를 제정할 수 있지만, 주민의 권리 제한이나 의무 부과에 관한 사항이나 벌칙을 정할 때는 법률의 위임이 있어야 한다. 따라서 지방자치단체는 그 내용이 주민의 권리 제한이나 의무 부과에 관한 사항이거나 벌칙에 관한 사항이 아니면 국가의 사무와 성질에 비추어 전국적으로 통일되어야 할 사항을 제외한 모든 사무에 관해서 법률의 위임이 없더라도 조례를 제정할 수 있다(대법원 1992. 6. 23. 선고 92추17 판결).

조례는 헌법 · 법률 · 법규명령보다 하위의 효력이 있다(법단계설). 그러나 조례는 규칙보다 상위의 법적 효력이 있다(대법원 1995. 7. 11. 선고 94누4615 전원합의체판결). 그리고 해당 지방자치단체 안에서만 유효하다. 따라서 지방자치단체별로 다른 내용의 조례를 시행하더라도 평등권 침해 문제는 발생하지 않는다. 조례는 특별한 규정이 없으면 공포한 날부터 20일이 지나면 효력이 발생한다(지방자치법 제32조 제8항).

조례안이 지방의회에서 의결되면 의장은 의결된 날부터 5일 이내에 그 지방자치단체의 장에게 이를 이송하여야 한다(지방자치법 제32조 제1항). 지방자치단체의 장은 조례안을 이송받으면 20일 이내에 공포하여야 한다(지방자치법 제32조 제2항). 지방자치단체의 장은 이송받은 조례안에 대해서 이의가 있으면 20일 이내에 이유를 붙여 지방의회로 환부하고, 재의를 요구할 수 있다. 이때 지방자치단체의 장은 조례안 일부에 대해서 또는 조례안을 수정하여 재의를 요구할 수 없다(지방자치법 제32조 제3항). 재의 요구를 받은 지방의회가 재의에 부쳐 재적의원 과반수 출석과 출석의원 3분의 2 이상 찬성으로 전과 같은 의결을 하면 그 조례안은 조례로서 확정된다(지방자치법 제32조 제4항). 지방자치단체의 장이 20일 이내에 공포하지 아니하거나 재의 요구를 하지 아니할 때도 그 조례안은 조례로서 확정된다(지방자치법 제32조 제5항). 지방자치단체의 장은 확정된 조례를 즉시 공포하여야 한다. 20일 이내에 공포하지 아니하거나 재의 요구를 하지 아니하여 조례가 확정되고 나서 또는 재의결로 확정된 조례가 지방자치단체의 장에게 이송되고 나서 5일 이내에 지방자치단체의 장이 공포하지 아니하면 지방의회 의장이 이를 공포한다(지방자치법 제32조 제6항). 지방자치단체의 장이 조례를 공포하면 즉시 해당 지방의회 의장에게 통지하여야 하고, 지방의회 의장이 조례를 공포하면 이를 즉시 해당 지방자치단체의 장에게 통지하여야 한다(지방자치법 제32조 제7항).

조례제정권도 제한 없는 권한이 아니라 일정한 한계가 있다. 먼저 조례 제정은 법령의 범위 안에서만 허용된다. 여기서 법령은 형식적 법률과 대통령령, 총리령, 부령을 아우르는 법규명령뿐 아니라 법규명령으로 기능하는 행정규칙까지 포함한다(헌재 2002. 10. 31. 2001헌라1). 이는 성문법 서로 간의 위계질서에서 도출되는 것으로 법령에 이러한 내용이 규정되었는지와 상관없이 인정된다. 따라서 지방자치단체는 상위법규범인 헌법 · 법률 · 법규명령에 어긋나는 조례를 제정할 수는 없다(상위법령 우위). 이를 통해서 헌법을 토대로 형성된 국가법질서는 통일성을 확보한다. 다만, 조례가 지방자치권 인정의 결과물이라는 점에서 조례는 지방별로 다른 규율 가능성을 인정한다. 조례가 규율하려는 사항을 규율하는 법령이 있고 조례 내용이 그와 다르다는 사실만으로 바로 조례의 법령 위반을 확정할 수는 없다. 조례가 법령에 어긋나는지는 법령과 조례 각각의 규정 취지, 규정의 목적과 내용, 효과 등을 비교하여 둘 사이에 모순 · 저촉이 있는지에 따라서 개별적 · 구체적으로 결정하여야 한다(대법원 2004. 4. 23. 선고 2002추16 판결). 해당 사항을 규율하는 상위법령이 없는 옹근(완벽한) 법규범 공백 상태일 때 조례는 그 사항을 규율할 수 있다. 조례가 규율하는 특정 사항에 관해서 그것을 규율하는 국가 법령이 이미 있어도 조례가 법령과 별도의 목적으로 규율하려는 것으로서 그 적용을 통해서 법령 규정이 의도하는 목적과 효과를 전혀 저해하는 바가 없는 때나 양자가 같은 목적에서 출발한 것이라고 할지라도 국가 법령이 반드시 그 규정에 따라서 전국에 걸쳐 일률적으로 같은 내용을 규율하려는 취지가 아니고 각 지방자치단체가 그 지방 실정에 맞게 별도로 규율하는 것을 용인하는 취지라고 해석되는 때에는 그 조례가 국가 법령에 위반되는 것은 아니다(대법원 1997. 4. 25. 선고 96추244 판결). 그러나 ① 법령이 정한 기준보다 더 높은 기준을 설정하는 조례와 ② 법령이 규율하는 사항을 법령과 같은 목적으로 더 엄격하게 규율하는 조례 그리고 ③ 법령의 위임 범위를 넘어 규율하는 조례는 허용되지 않는다. 시 · 군과 자치구의 조례는 시 · 도의 조례를 위반할 수 없다(지방자치법 제30조). 그러나 이는 양자가 상하관계가 아니라 대등관계라는 점에서 위헌 의심이 있다. 특히 지방자치법 제14조 제3항은 시 · 도와 시 · 군 및 자치구 사무가 서로 경합하면 시 · 군 및 자치구에서 먼저 처리한다고 하여 기초자치단체 우선의 원칙을 분명히 밝힌다. 이러한 점에서 사무 처리에 관한 규정(조례와 규칙)도 기초자치단체 규정이 우선하여야 한다. 이러한 점에서 지방자치법 제30조는 중앙정부나 광역자치단체에서 위임한 사무에만 적용하고, 자치사무에는 적용되지 않는 것으로 새겨야 한다. 지방자치단체가 그 자치사무에 관하여 조례로 제정할 수 있더라도 특별한 규정이 없는 한 조례로 지방자치법이 규정하는 지방자치단체의 집행기관과 지방의회 고유권한을 침해할 수 없고, 나아가 지방의회가 지방자치단체장의 고유권한이 아닌 사항도 그 사무집행에 관한 집행권을 본질적으로 침해하는 것은 지방자치법 관련 규정에 어긋나서 허용되지 않는다(대법원 2001. 11. 27. 선고 2001추57 판결).

대법원은 "지방자치단체는 법령의 범위 안에서 그 사무에 관하여 조례를 제정할 수 있되 주민의 권리제한 또는 의무의 부과에 관한 사항이나, 벌칙을 정할 때에는 법률의 위임이 있어야 한다고 규정하므로 지방자치단체는 그 내용이 주민의 권리의 제한 또는 의무의 부과에 관한 사항이거나 벌칙에 관한 사항이 아닌 한 법률의 위임이 없더라도 조례를 제정할 수 있다."라고 하거나(대법원 1992. 6. 23. 선고 92추17 판결) "지방자치법 제15조가 원칙적으로 헌법 제117조 제1항의 규정과 같이 지방자치단체의 자치입법권을 보장하면서, 국민의 권리 제한 · 의무 부과에 관한 사항을 규정하는 조례의 중대성에 비추어 입법정책적 고려에서 법률의 위임을 요구한다고 규정하고 있는 바, 이는 기본권 제한에 대하여 법률유보원칙을 선언한 헌법 제37조 제2항의 취지에 부합한다고 할 것이므로 조례제정에 있어서 위와 같은 경우에 법률의 위임근거를 요구하는 것이 위헌성이 있다고 할 수는 없"다고 하여(대법원 1995. 5. 12. 선고 94추28 판결) 기본권을 제한하는 조례에만 법률의 위임이 필요하다는 견해이다. 헌법재판소도 헌법 제117조 제1항과 지방자치법 제28조 단서를 그대로 적용하여, 주민의 권리 · 의무에 관한 사항을 규율하는 조례를 지방자치단체가 제정할 때 법률의 위임이 필요하다고 한다(헌재 1995. 4. 20. 92헌마264 등). 헌법 제37조 제2항이 말하는 법률은 엄연히 국회가 제정한 형식적 법률을 상정하는 것이지 조례까지 포함하는 것이라고 할 수 없다. 그리고 국민의 전체의사인 법률과 지역 주민의 의사인 조례의 차이를 인정하지 않을 수 없다. 지방자치단체의 모든 고유사무에 관한 조례를 제정할 때 법률의 위임이 필요하다는 견해는 헌법적 제도보장으로 규정되는 지방자치제를 형해화할 우려가 있다는 점에서 문제가 있다. 국가입법 미비를 이유로 조례 제정을 막아서는 곤란하기 때문이다. 따라서 기본권을 제한하는 조례를 제정할 때만 법률의 위임이 필요하다는 견해가 헌법 제10조, 제37조 제2항, 제117조 제1항의 조화로운 해석을 기할 수 있다는 점에서 타당하다. 따라서 조례를 통해서 형벌을 부과하는 것은 지방자치법 제28조 단서와 제34조뿐 아니라 헌법 제12조에도 어긋난다(대법원 1995. 6. 30. 선고 93추83 판결).

헌법재판소는 ① 조례의 제정권자인 지방의회는 선거를 통해서 그 지역적인 민주적 정당성이 있는 주민의 대표기관이고, ② 헌법이 지방자치단체에 포괄적인 자치권을 보장하는 취지로 볼 때 조례제정권에 대한 법률의 위임은 법규명령에 대한 법률의 위임과 같이 반드시 구체적으로 범위를 정하여야 할 필요가 없으며 포괄적인 것으로 충분하다고 한다(헌재 1995. 4. 20. 92헌마264등). 지방자치단체의 전권능성에 비추어 보면 일반적인 조례 제정에는 법률의 위임이 필요하지 않다. 그러나 포괄적인 자치권에 비추어 지방자치법 제28조 단서에 해당하면 일반적 · 포괄적 위임으로 충분하지만, 벌칙 규정에는 죄형법정원칙(주의)에 비추어 개별적 · 구체적 위임이 필요하다.

(2) 규칙제정권

규칙은 지방자치단체의 장이 헌법과 법률이 정한 절차에 따라 제정하는 지방자치단체의 자치법규이다. 지방자치단체의 장은 법령이나 조례의 범위에서 그 권한에 속하는 사무에 관하여 규칙을 제정할 수 있다(지방자치법 제29조). 기초자치단체의 규칙은 광역자치단체의 규칙을 위반하여서는 안 된다(지방자치법 제30조). 하지만 이것도 조례와 마찬가지로 위헌의 의심이 있다. 규칙은 특별한 규정이 없으면 공포한 날부터 20일이 지나면 효력이 발생한다(지방자치법 제32조 제8항). 규칙을 제정하거나 개정하거나 폐지할 때 규칙은 공포예정 15일 전에 시 · 도지사는 행정안전부 장관에게, 시장 · 군수와 자치구의 구청장은 시 · 도지사에게 그 전문을 첨부하여 각각 보고하여야 하며, 보고를 받은 행정안전부 장관은 이를 관계 중앙행정기관의 장에게 통보하여야 한다(지방자치법 제35조). 조례와 규칙이 같은 사항을 병립하여 규율하면 내용상 서로 모순되지 않으면 모두 유효하나, 서로 충돌하면 조례가 우선한다.

지방자치단체의 장은 법령이나 조례의 범위에서 그 권한 범위에 속하는 사무에 관하여 규칙을 제정할 수 있다. 여기서 사무는 자치사무와 위임사무를 아우른다. 기관위임사무는 조례로 정하도록 하는 별도의 규정이 없으면 조례가 아니라 규칙의 제정대상이다(대법원 2014. 2. 27. 선고 2012추145 판결). 기관위임사무는 조례로 재위임할 수 없고, 정부조직법 제6조 제1항과 이에 기한 '행정권한의 위임 및 위탁에 관한 규정' 제4조에 따라서 위임기관 장의 승인을 얻고 나서 지방자치단체의 장이 제정한 규칙이 정하는 바에 따라 재위임할 수 있을 뿐이다(대법원 1995. 11. 14. 선고 94누13572 판결). 규칙으로 새로운 사항을 규율하려면 별도의 위임이 있어야 한다. 이때 위임은 법령이나 조례의 개별적 · 구체적 위임이어야 한다. 규칙은 지방자치단체의 장이 법령이나 조례가 위임한 범위 안에서 그 권한에 속하는 사무에 관하여 발하는 위임규칙과 법령이나 조례 시행을 위한 직권규칙으로 나눌 수 있다.

(3) 교육규칙제정권

교육감은 법령 또는 조례의 범위 안에서 그 권한에 속하는 사무에 관하여 교육규칙을 제정할 수 있다('지방교육자치에 관한 법률' 제25조 제1항). 교육감은 시 · 도의 공보 또는 일간신문에 게재하거나 시 · 도 교육청의 게시판에 게시함과 동시에 해당 교육청의 인터넷 홈페이지에 게시하는 방법으로 교육규칙을 공포하여야 한다('지방교육자치에 관한 법률' 제25조 제2항 전단, '지방교육자치에 관한 법률 시행령' 제3조 제4항). 교육규칙의 공포일은 교육규칙을 게재한 공보 또는 일간신문이 발행된 날이나 게시판에 게시된 날로 한다('지방교육자치에 관한 법률 시행령' 제3조 제5항). 교육규칙은 특별한 규정이 없는 한 공포한 날부터 20일이 지나면 효력이 발생한다('지방교육자치에 관한 법률' 제25조 제2항 후단).

2. 자치행정권 - 지방자치단체의 사무

지방자치단체의 사무에는 자치사무와 위임사무가 있다. 자치사무는 지방자치단체가 주민의 복리를 위해서 처리하는 사무이고, 위임사무는 지방자치단체가 위임받아 처리하는 국가사무이다. ① 지방자치단체는 관할 구역의 자치사무(지방자치법 제13조 제1항), 즉 고유의 지역적 공공사무를 처리한다. 자치사무는 법령 범위 안에서 그 처리 여부와 방법을 자기책임 아래 지방자치단체가 결정할 수 있다. 이에 관해서 국가는 소극적 감독만 할 수 있다. 소요경비는 지방자치단체 스스로 부담한다. 자치사무는 지방자치권의 최소한의 본질적 사항이므로 지방자치단체의 자치권을 보장한다고 한다면 최소한 이러한 자치사무의 자율성만은 침해해서는 아니 된다(헌재 2009. 5. 28. 2006헌라6). 그래서 지방자치단체의 자치사무에 대한 감사권은 사전적 · 일반적인 포괄감사권이 아니라 그 대상과 범위가 한정적인 제한된 감사권이다(헌재 2009. 5. 28. 2006헌라6). 따라서 지방자치단체 자치사무에 대한 감사에 착수하려면 자치사무에 관하여 특정한 법령위반행위가 확인되었거나 위법행위가 있었으리라는 합리적 의심이 가능한 때이어야 하고, 그 감사대상을 특정하여야 한다(헌재 2009. 5. 28. 2006헌라6). 그래서 행정안전부 장관이나 시 · 도지사가 지방자치단체의 자치사무를 감사를 하기 전에 해당 사무 처리가 법령에 위반되는지를 확인하여야 한다(지방자치법 제190조 제2항). ② 단체위임사무는 법령에 따라서 지방자치단체에 속하는 사무를 말한다(지방자치법 제13조 제1항). 이는 고유사무가 아닌 것으로서 법령에 따라서 국가나 상급지방자치단체에서 위임된 사무이다. 이에 관해서 국가는 소극적 감독과 합목적성의 감독만 할 수 있다. 소요경비는 국가나 지방자치단체가 부담한다(지방자치법 제158조 단서). ③ 기관위임사무는 전국적 이해관계가 있는 사무로서 국가나 광역지방자치단체에서 지방자치단체의 집행기관에 위임된 사무이다. 이때 지방자치단체의 집행기관은 국가의 하급행정기관의 지위가 있다. 이에 관해서 국가는 적극적 감독을 할 수 있다. 소요경비는 국가(광역지방자치단체)가 부담한다(지방자치법 제158조 단서).

3. 자치재정권

자치재정권은 지방자치단체가 법령의 범위 안에서 수입과 지출을 자신의 책임 아래

운영할 수 있는 권한으로서, 지방자치단체가 법령의 범위 안에서 국가의 지시를 받지 않고 자기책임 아래 재정에 관한 사무를 스스로 관장할 수 있는 권한을 말한다(헌재 2014. 3. 27. 2012헌라4). 지방자치단체는 행정목적을 달성하기 위한 때나 공익에 비추어 필요한 때는 재산을 보유하거나 특정한 자금 운용을 위한 기금을 설치할 수 있고(지방자치법 제159조), 주민의 복지를 증진하기 위해서 공공시설을 설치할 수 있으며(지방자치법 제161조), 주민의 복지 증진과 사업의 효율적 수행을 위해서 지방공기업을 설치 · 운영할 수 있다(지방자치법 제163조). 그리고 지방자치단체는 법률이 정하는 바에 따라 지방세를 부과 · 징수할 수 있고(지방자치법 제152조), 공공시설 이용이나 재산 사용에 대한 사용료(지방자치법 제153조)와 특정인을 위한 사무에 대한 수수료(지방자치법 제154조) 그리고 그 재산이나 공공시설 설치로 주민 일부가 특히 이익을 받으면 이익을 얻은 사람에게서 그 이익 범위에서 분담금(지방자치법 제155조)을 징수할 수 있다.

V. 지방자치단체에 대한 국가적 통제

1. 사법적 통제

사법통제는 직접통제인 기관소송(행정소송법 제3조 제4호)과 헌법소원심판 그리고 간접통제인 항고소송(행정소송법 제3조 제4조)이 있다. 기관소송에서 대법원이 조례가 위법하다고 결정하면 조례는 무효가 된다. 항고소송에서 위법한 조례에 근거하여 내려진 행정처분이 개인의 권리를 침해하면 위법한 조례는 해당 사건에서 적용이 배제되기는 하지만, 무효가 되지는 않는다. 조례는 지방자치단체가 그 자치입법권에 근거하여 자주적으로 지방의회 의결을 거쳐 제정한 법규이므로 조례 제정은 공권력 행사에 해당하고, 조례 자체의 효력을 다툴 수 있는 구제절차가 별도로 없어서 조례가 기본권을 직접 · 현재 침해하면 조례에 대한 헌법소원심판 청구가 허용된다(헌재 1994. 12. 29. 92헌마216). 헌법재판소가 이러한 헌법소원심판을 인용하면 조례는 효력을 상실한다.

① 지방자치단체의 장은 지방의회 의결이 월권이거나 법령에 위반되거나 공익을 현저히 해친다고 인정되면 그 의결사항을 이송받은 날부터 20일 이내에 이유를 붙여 재의

를 요구할 수 있다(지방자치법 제120조 제1항). 이러한 요구에 대해서 재의한 결과 재적의원 과반수 출석과 출석의원 3분의 2 이상 찬성으로 전과 같은 의결을 하면 그 의결사항은 확정된다(지방자치법 제120조 제2항). 지방자치단체의 장은 재의결된 사항이 법령에 위반된다고 인정되면 대법원에 소를 제기할 수 있다. 이때 필요하다고 인정되면 그 의결 집행을 정지하게 하는 집행정지결정을 신청할 수 있다(지방자치법 제120조 제3항).

② 지방자치단체의 장은 지방의회 의결이 예산에 비추어 집행할 수 없는 경비를 포함한다고 인정되면 그 의결사항을 이송받은 날부터 20일 이내에 이유를 붙여 재의를 요구할 수 있다(지방자치법 제121조 제1항). 지방의회가 법령에 따라 지방자치단체에서 의무적으로 부담하여야 할 경비나 비상재해로 말미암은 시설을 응급 복구하는 데 필요한 경비를 줄이는 의결을 할 때도 지방자치단체의 장은 그 의결사항을 이송받은 날부터 20일 이내에 이유를 붙여 재의를 요구할 수 있다(지방자치법 제121조 제2항). 이러한 요구에 대해서 재의한 결과 재적의원 과반수 출석과 출석의원 3분의 2 이상 찬성으로 전과 같은 의결을 하면 그 의결사항은 확정된다(지방자치법 제121조 제3항).

③ 지방의회 의결이 법령에 위반되거나 공익을 현저히 해친다고 판단되면 시 · 도에 대해서는 주무부 장관이, 시 · 군과 자치구에 대해서는 시 · 도지사가 재의를 요구하게 할 수 있고, 재의 요구를 받은 지방자치단체의 장은 의결사항을 이송받은 날부터 20일 이내에 지방의회에 이유를 붙여 재의를 요구하여야 한다(지방자치법 제192조 제1항). 시 · 군 및 자치구의회 의결이 법령에 위반된다고 판단되는데도 시 · 도지사가 재의를 요구하게 하지 아니하면 주무부 장관이 직접 시장 · 군수와 자치구의 구청장에게 재의를 요구하게 할 수 있고, 재의 요구 지시를 받은 시장 · 군수와 자치구의 구청장은 의결사항을 이송받은 날부터 20일 이내에 지방의회에 이유를 붙여 재의를 요구하여야 한다(지방자치법 제192조 제2항). 이러한 요구에 대해서 재의한 결과 재적의원 과반수 출석과 출석의원 3분의 2 이상 찬성으로 전과 같은 의결을 하면 그 의결사항은 확정된다(지방자치법 제192조 제3항). 지방자치단체의 장은 재의결된 사항이 법령에 위반된다고 판단되면 재의결된 날부터 20일 이내에 대법원에 소를 제기할 수 있다. 이때 필요하다고 인정되면 그 의결 집행을 정지하게 하는 집행정지결정을 신청할 수 있다(지방자치법 제192조 제4항). 주무부 장관이나 시 · 도지사는 재의결된 사항이 법령에 위반된다고 판단되는데도 해당 지방자치단체의 장이 소를 제기하지 아니하면 그 지방자치단체의 장에게 제소를 지시하거나

직접 제소와 집행정지결정을 신청할 수 있다(지방자치법 제192조 제5항). 제소 지시는 재의결된 날부터 20일이 지난 날부터 7일 이내에 하고, 해당 지방자치단체의 장은 제소 지시를 받은 날부터 7일 이내에 제소하여야 한다(지방자치법 제192조 제6항). 주무부 장관이나 시 · 도지사는 이러한 기간이 지난 날부터 7일 이내에 직접 제소할 수 있다(지방자치법 제192조 제7항). 지방의회 의결이 법령에 위반된다고 판단되어 주무부 장관이나 시 · 도지사에게서 재의 요구 지시를 받은 지방자치단체의 장이 재의를 요구하지 아니하면(법령에 위반되는 지방의회의 의결사항이 조례안인 때로서 재의 요구 지시를 받기 전에 그 조례안을 공포한 때 포함) 주무부 장관이나 시 · 도지사는 이송받은 날부터 20일이 지난 날부터 7일 이내에 대법원에 직접 제소 및 집행정지결정을 신청할 수 있다(지방자치법 제192조 제8항). 지방의회가 의결하거나 재의결한 사항이 둘 이상의 부처와 관련되거나 주무부 장관이 불분명하면 행정안전부 장관이 재의 요구 또는 제소를 지시하거나 직접 제소 및 집행정지결정을 신청할 수 있다(지방자치법 제192조 제9항).

2. 주민 통제

(1) 조례의 제정과 개정 · 개폐 청구

주민은 지방자치단체의 조례를 제정하거나 개정하거나 폐지할 것을 청구할 수 있다(지방자치법 제19조 제1항). 조례 제정 · 개정 또는 폐지 청구의 청구권자 · 청구대상 · 청구요건 및 절차 등에 관한 사항은 따로 법률로 정한다(지방자치법 제19조 제2항). 이에 따라 '주민조례발안에 관한 법률'이 제정되었다.

(2) 규칙의 제정과 개정 · 폐지 의견 제출

주민은 규칙(권리 · 의무와 직접 관련되는 사항으로 한정)의 제정, 개정 또는 폐지와 관련된 의견을 해당 지방자치단체의 장에게 제출할 수 있다(지방자치법 제20조 제1항). 법령이나 조례를 위반하거나 법령이나 조례에서 위임한 범위를 벗어나는 사항은 의견 제출 대상에서 제외한다(지방자치법 제20조 제2항). 지방자치단체장은 제출된 의견에 관해서 의견이 제출된 날부터 30일 이내에 검토 결과를 그 의견을 제출한 주민에게 통보하여야 한다(지방자치법 제20조 제3항). 의견 제출, 의견 검토와 결과 통보의 방법 및 절차는 해당 지방자치단체의 조례로 정한다(지방자치법 제20조 제3항).

(3) 주민의 감사 청구

지방자치단체의 18세 이상 주민으로서 해당 지방자치단체 관할 구역에 주민등록이 있는 사람이나 영주할 수 있는 체류자격 취득일 후 3년이 지난 외국인으로서 해당 지방자치단체의 외국인등록대장에 올라 있는 사람(선거권이 없는 사람은 제외)은 시 · 도는 300명, 인구 50만 이상 대도시는 200명, 그 밖의 시 · 군과 자치구는 150명을 넘지 아니하는 범위에서 그 지방자치단체의 조례로 정하는 18세 이상 주민 수 이상의 연서로, 시 · 도에서는 주무부 장관에게, 시 · 군과 자치구에서는 시 · 도지사에게 그 지방자치단체와 그 장의 권한에 속하는 사무 처리가 법령에 위반되거나 공익을 현저히 해친다고 인정되면 감사를 청구할 수 있다(지방자치법 제21조 제1항). 다만, 수사나 재판에 관여하게 되는 사항, 개인의 사생활을 침해할 우려가 있는 사항, 다른 기관에서 감사하였거나 감사 중인 사항(다른 기관에서 감사한 사항이라도 새로운 사항이 발견되거나 중요 사항이 감사에서 빠진 때와 주민소송 대상이 되는 때 제외), 같은 사항에 관해서 주민소송이 진행 중이거나 그 판결이 확정된 사항은 감사 청구 대상에서 제외한다(지방자치법 제21조 제2항). 이러한 청구는 사무처리가 있었던 날이나 끝난 날부터 3년이 지나면 제기할 수 없다(지방자치법 제21조 제3항). 지방자치단체의 18세 이상의 주민이 감사를 청구하려면 청구인의 대표자를 선정하여 청구인명부에 적어야 하며, 청구인의 대표자는 감사청구서를 작성하여 주무부 장관이나 시 · 도지사에게 제출하여야 한다(지방자치법 제21조 제4항).

(4) 주민소송

공금 지출에 관한 사항, 재산의 취득 · 관리 · 처분에 관한 사항, 해당 지방자치단체를 당사자로 하는 매매 · 임차 · 도급 계약이나 그 밖의 계약 체결 · 이행에 관한 사항 또는 지방세 · 사용료 · 수수료 · 과태료 등 공금의 부과 · 징수를 게을리한 사항을 감사 청구한 주민은 ① 주무부 장관이나 시 · 도지사가 감사 청구를 수리한 날부터 60일(감사기간이 연장되면 연장된 기간이 끝난 날)이 지나도 감사를 끝내지 아니한 때, ② 감사 결과나 조치 요구에 불복하는 때, ③ 주무부 장관이나 시 · 도지사의 조치 요구를 지방자치단체장이 이행하지 아니한 때, ④ 지방자치단체장의 이행 조치에 불복하는 때 중 어느 하나에 해당하면 그 감사 청구한 사항과 관련이 있는 위법한 행위나 업무를 게을리한 사실에 대하여 해당 지방자치단체장(해당 사항의 사무처리에 관한 권한을 소속 기관의 장에게 위임하면 그 소속 기관의 장)을 상대방으로 하여 소송을 제기할 수 있다(지방자치법 제22조 제1항).

(5) 주민투표

지방자치단체의 장은 주민에게 과도한 부담을 주거나 중대한 영향을 미치는 지방자치단체의 주요 결정사항 등에 관해서 주민투표에 부칠 수 있다(지방자치법 제18조 제1항). 주민투표는 주민에게 직접 지방자치단체의 의사결정권을 보장하는 제도이다. 이를 통해서 주민의 지방자치단체에 대한 책임을 강화한다.

(6) 주민소환

주민은 그 지방자치단체의 장과 지방의회의원(비례대표 지방의회의원 제외)을 소환할 권리가 있다(지방자치법 제25조 제1항). 주민소환은 선거를 통해서 선출된 대표자를 유권자의 해임투표에 따라서 임기 중에 해임할 수 있는 제도이다. 주민소환제도야말로 주권재민원칙의 상징이고, 주민직접참정제도의 핵심 중 하나이다. 주민소환제도가 필요한 이유는, 선출직 공직자는 일단 선출이 되면 그 임기 중에는 유권자의 의사와 이익에 어긋나는 의사결정을 하더라도 자리를 유지할 수 있는 문제점 때문이다. 그래서 선출직 공직자의 부패, 독단, 전횡을 억제하려고 도입한 제도가 주민소환제도이다.

Ⅵ. 위법한 조례에 대한 권리구제

① 주민은 위법한 조례에 관해서 지방자치단체의 장에게 개정하거나 폐지하라고 청구할 수 있다(지방자치법 제19조). ② 조례에 근거하여 내려진 처분에 대해서 취소나 무효를 주장하여 간접적으로 조례의 적법성을 다툴 수 있다. 대법원은 예외적으로 두밀분교 조례의 처분성을 인정하여 시 · 도 교육감을 피고로 무효확인소송이 가능하다고 하였다(대법원 1996. 9. 20. 선고 95누8003 판결). ③ 헌법재판소법 제68조 제1항에서 말하는 '공권

력'에는 입법작용이 포함되고, 입법작용에는 형식적 의미의 법률을 제정하는 행위뿐 아니라 법규명령 · 규칙을 제정하는 행위도 포함된다. 지방자치단체에서 제정하는 조례도 불특정 다수인에 대해서 구속력이 있는 법규이므로 조례제정작용도 입법작용의 일종이다. 따라서 조례도 헌법소원심판 대상이 될 수 있다(헌재 1994. 12. 29. 92헌마216).

8장 헌법수호

1절

헌법수호의 개념과 보호법익

헌법수호는 헌법적대적 행위(상황)에서 (성문 · 불문)헌법이 정한 일정한 가치질서를 보호하는 것을 말한다. 이와 비교해서 국가수호는 주로 외부의 적에게서 '국가 존립' 그 자체를 보호하는 것을 말한다. 양자의 개념이 비슷하지만, 헌법수호는 헌법이 정한 가치에 중점을 두지만, 국가수호는 가치가 아니라 국가 존립 그 자체에 중점을 둔다. 좁은 뜻의 헌법수호는 헌법의 기본가치인 '자유민주적 기본질서'를 보호법익으로 한다. 외부 또는 내부 헌법적대적 세력의 직접적 침해를 사후적으로 제거하거나 사전적으로 예방하는 방식으로 자유민주적 기본질서를 보호한다. 넓은 뜻의 헌법수호는 '최고법인 헌법의 규범력'을 보호법익으로 한다. 헌법적대적 세력의 직접적 침해에서 자유민주적 기본질서를 수호하는 헌법수호수단뿐 아니라 헌법의 규범력 강화에 이바지하는 모든 조직적 · 절차적 수단으로도 '최고법인 헌법의 규범력'이 확보될 수 있다.

2절

헌법수호 주체 - 모든 국가기관과 국민 전체

헌법수호 주체에 관한 논란은 오늘날 이미 일단락된 것으로 보인다. 더는 어느 하나의 국가기관만을 헌법의 수호자로 보려고 하지 않고, 모든 국가기관, 나아가 국민 전체가 헌법의 수호자로 파악된다. 평상시와 비상시를 나누어 특정 국가기관의 역할이 강조될 수는 있으나, 헌법의 수호자 자체를 시기별로 나누어 생각할 수는 없으며, 시기를 막론하고 모든 국가기관과 국민 전체가 헌법의 규범력을 존중하려는 '헌법준수의지(헌법에 대한 의지)'를 갖는 것이 중요하다고 보는 데 견해가 일치한다.

3절
헌법수호수단

Ⅰ. 넓은 뜻의 헌법수호수단과 좁은 뜻의 헌법수호수단

넓은 뜻의 헌법수호를 위한 수단으로는 '헌법의 규범력을 확보하기 위한' 다양한 헌법상 제도를 들 수 있다. 그중에서도 '헌법의 기본가치를 직접 침해하는 것에 대한' 수호수단을 좁은 뜻의 헌법수호를 위한 수단이라고 한다. 넓은 뜻의 헌법수호수단에는 헌법규정의 원칙적인 직접적인 법적 구속력, 헌법준수의지(헌법에 대한 의지), 헌법 개정 한계, 헌법재판제도, 권력분립적 국가조직, 국가기관의 합의제적 구성, 직업공무원제도, 국가긴급권, 공개(성)원칙, 국가기관의 위헌행위에 대항할 수 있는 국민의 권리 등이 있다. 좁은 뜻의 헌법수호수단에는 방어적 민주주의가 있다.

자유의 명목 아래 자유 자체가, 민주주의의 명목 아래 민주주의 자체가 파괴되지 않도록 민주주의의 다원적 개방성에 일정한 한계를 그으려는 시도가 있다. 이는 민주주의의 이름으로 민주주의의 기본가치를 공격하거나 파괴하려는 헌법질서의 적에게서 민주주의의 기본가치를 방어하고자 하는 것으로서 '투쟁적 민주주의'나 '방어적 민주주의'라고 부른다. 방어적 민주주의는 가치중립적 민주주의에 대한 반성에서 비롯하였다. 민주주의 실현을 위해서 침해되어서는 안 될 '자유민주적 기본질서'를 수호하려고 독일 기본법은 기본권실효제도와 위헌정당해산제도를 도입하였다. ① 기본권실효제도는 특정인이나 특정단체가 헌법적 가치질서를 파괴하려는 목적으로 정치적 기본권을 행사하는 구체적인 상황에서 헌법소송절차에 따라서 헌법이 보장한 일정한 기본권을 그들만 실효시킴으로써 헌법질서의 적에게서 헌법을 수호하려는 제도를 말한다. ② 위헌정당해산제도는 헌법적 가치질서를 파괴하려고 조직되거나 활동하는 헌법적대적 정당을 일정한 헌법소송절차에 따라서 강제해산시킴으로써 정당 형식으로 조직된 헌법질서의 적에게서 헌법을 수호하기 위한 제도를 말한다. 한국 헌법은 제8조 제4항에서 "정당의 목적이나 활동이 민주적 기본질서에 위배될 때에는 정부는 헌법재판소에 그 해산을 제소할 수 있고, 정당은 헌법재판소의 심판에 의하여 해산된다."라고 하여 위헌정당해산제도를 규정한다. 이에 따라 2014년 통합진보당이 위헌정당으로 해산되었다(헌재 2014. 12. 19. 2013헌다1). 일련의 국가보안법 위반사건에서 헌법재판소와 대법원은 자유민주적 기본질서를 수호할 것을 강조하는바, 이에 비추어 헌법재판소와 대법원이 방어적 민주주의를 수용함을 알 수 있다. 방어적 민주주의는 다원적 · 민주적 의사결정을 원칙으로 하되 옹글게(완벽하게) 개방적인 것으로 내버려 두지 않고 헌법적 결단을 통해서 '자유민주적 기본질서'라고 표현되는 가치에 이를 구속한다. 따라서 방어적 민주주의 이름 아래 민주주의의 본질인 다원성 · 개방성을 적극적으로 침해하여서는 안 된다는 것을 한계로 들 수 있다. 자유민주적 기본질서는 민주주의가 실현하여야 할 가치를 전체적으로 그리고 적극적으로 규정하는 것이 아니라 오히려 민주주의 실현을 위해서 침해되어서는 안 될 최소한의 핵심요소를 소극적으로 규정하는 것이기 때문이다.

Ⅱ. 현행 헌법과 헌법수호수단

평상시의 헌법수호제도로는 사전예방적 헌법수호제도와 사후교정적 헌법수호제도의 두 가지 유형이 있다. 사전예방적 헌법수호제도는 헌법이 현실적으로 침해되기 전에 헌법에 대한 위협이나 침해를 예방함으로써 헌법의 최고규범성과 규범력을 확보하려는 제도를 말한다. 현행 헌법에 명문으로 규정된 또는 해석으로 인정될 수 있는 사전예방적 헌법수호제도로는 ① 대통령의 헌법준수의무 선서, ② 권력분립, ③ 경성헌법(헌법 개정의 절차적 한계), ④ 공무원 · 군의 정치적 중립성을 들 수 있다. 사후교정적 헌법수호제도는 이미 헌법이 침해될 때 그 침해행위를 배제하거나 효력을 부인함으로써 헌법의 최고규범성과 규범력을 회복하려는 제도를 말한다. 현행 헌법에 명문으로 규정된 사후교정적 헌법수호제도로는 ① 위헌법령심사제도, ② 탄핵제도, ③ 위헌정당해산제도, ④ 헌법소원제도, ⑤ 국무총리 · 국무위원 해임건의권, ⑥ 국회의 긴급명령 등의 승인권, ⑦ 국회의 계엄해제 요구권, ⑧ 국회의 국정감사 · 조사권, ⑨ 공무원의 책임제도(국가배상청구권)를 들 수 있다. 비상시 헌법수호제도는 국가가 비상사태에 처한 때와 같이 평상시의 통상적 헌법수호제도로는 헌법수호가 불가능할 때 이용되는 특수한 헌법수호제도를 말한다. 헌법상 비상시 헌법수호제도로는 ① 긴급재정 · 경제처분권, ② 긴급재정 · 경제명령권, ③ 긴급명령권, ④ 계엄선포권 같은 국가긴급권제도와 ⑤ 저항권을 들 수 있다.

평상시와 비상시 헌법수호수단 같은 헌법에 규정되었거나 해석으로 인정되는 헌법적 헌법수호수단 외에 헌법외적 헌법수호수단으로는 형사법적 헌법수호수단과 행정법적 헌법수호수단을 들 수 있다. ① 형사법적 헌법수호는 형사법이 정하는 형벌을 수단으로 하여, 헌법침해행위에서 헌법을 수호하는 것을 말한다. 형법상 내란죄(제87조)와 외환죄(제92조)처럼 일반 형사법에서 헌법침해범죄를 규정하는 때도 있고, 국가보안법처럼 특별형법에서 별도로 법률을 제정하여 규율하기도 한다. ② 행정법적 헌법수호는 경찰권 등의 행정권을 발동하여 헌법침해행위에서 헌법을 보호하는 것을 말한다. 공무원임용 때의 신원조회제도, 사회단체의 설립 · 변경 · 해산 신고제도를 시행하는 것도 행정작용을 통해서 헌법질서를 수호하는 측면이 있다.

4절

비상시 헌법수호수단인 국가긴급권

Ⅰ. 의의와 유형

전쟁 · 내란 또는 경제공황과 같이 정상적인 헌법적 규율로 극복하기 어려운 비상사태가 발생하면 국가는 평시를 전제로 한 권력(배분)행사방식과는 달리 특정 국가기관에 권한을 집중시켜 국가적 위기를 극복할 필요가 있다. 이렇게 위기를 극복하기 위한 정부체제를 '위기정부'라고 하고, 위기정부에 부여되는 비상수단을 발동할 수 있는 권한을 '국가긴급권'이나 비상적 권한이라고 한다. 국가긴급권은 전쟁 · 내란 · 경제공황 등과 같이 국가의 존립과 안전을 위태롭게 한 비상사태가 발생하여 정상적인 헌법수호수단으로 수습할 수 없을 때 국가원수가 국가의 존립과 안전을 확보하는 데 필요한 긴급조치를 마련할 수 있는 비상적 권한이라고 정의할 수 있다(헌재 2015. 3. 26. 2014헌가5).

국가긴급권은 국가비상사태, 즉 그 본질상 정상적인 헌법수호수단으로 수습할 수 없는 국가 존립이나 헌법질서에 대한 외부 위협이나 비정상상태에서만 행사될 수 있다. 따라서 헌법장애상태, 즉 헌법기관이 자신의 헌법상 기능을 수행할 수 없지만, 헌법이 정하는 정상적인 방법으로 없앨 수 있는 상태를 수습할 목적으로 국가긴급권을 행사할 수는 없다. 이러한 국가긴급권을 헌법적으로 정당화하는 이유는 먼저 ① 효율적으로 국가위기상황을 극복하기 위함이다. 평상시의 복잡한 법치국가적 국가조직으로는 국가적 비상사태를 효율적으로 대처하기 어렵기 때문이다. 다음으로 ② 헌법의 규범력을 유지하려면 비상사태를 극복할 수 있는 비상수단을 헌법에 규정해 놓을 것이 요구된다. 헌법이 비상사태를 극복하기 위해서 아무런 배려도 하지 않다면, 그러한 상황을 극복하여야 할 책임 있는 국가기관으로서는 초헌법적 수단을 행사하는 방법 외에 다른 길이 없게 되기 때문이다. 끝으로 ③ 집행부에 특별한 권한을 부여할 때 헌법적 근거, 요건과 한계를 명시함으로써 국가긴급권 남용을 막는 데 있다. 국가긴급권을 행사할 때 정상적인 법치국가원리 (구성요소) 일부가 배제될 수 있다고 해서 국가긴급권을 법치국가의 예외로 인정하여서는 안 된다는 점에 유의하여야 한다. 국가긴급권도 기본적인 법치국가적 요청이 지켜지는 가운데 헌법의 수권 범위 안에서 이루어지는 것이기 때문이다.

① 합헌적 국가긴급권은 헌법 자체가 국가비상사태를 미리 예상하여 일정한 비상사태가 발생할 때 특정 국가기관에 일정한 조건 아래에서 특별한 권력 행사를 인정하는 국가긴급권을 말한다. 헌법상 국가긴급권(계엄선포권, 긴급명령권, 긴급재정 · 경제명령/처분권)이 이에 해당한다. 국가긴급권을 법치국가원리의 예외로 볼 수 없는 한 입헌주의를 벗어나지 않는 헌법의 수권 범위 안에 있는 것으로 이해하여야 한다(헌재 1994. 6. 30. 92헌가18). ② 초헌법적 국가긴급권은 국가긴급권이 헌법에 규정되어 있는지와 상관없이 극도의 국가적 비상사태 아래에서 헌법적 제한을 넘어서 독재적 조치를 하는 국가긴급권을 말한다. 국가긴급권은 국가 존립과 전체 법질서를 수호하기 위해서 비상적 조치를 통하여 정상적인 법질서를 회복하려는 것으로 인정된다. 그러나 정상적인 법치질서에 모순되는 수단을 쓴다는 점에서 헌법에 근거를 두지 아니한 국가긴급권은 헌법 파괴를 뜻하는 것이므로, 최소한 '헌법적으로는' 정당성을 인정받기 어렵다(헌재 1994. 6. 30. 92헌가18).

Ⅱ. 한국 헌법상 국가긴급권

1. 한국 헌법상 국가긴급권제도 변천

(1) 1948년 헌법

1948년 헌법은 대통령의 계엄선포권(제64조)과 긴급명령권 및 긴급재정처분권(제57조)을 규정하였다. 내우 · 외환 · 천재 · 지변 또는 중대한 재정 · 경제상 위기에 처하여 공공의 안녕질서를 유지하기 위해서 긴급한 조치를 할 필요가 있으면 대통령은 국회 집회를 기다릴 여유가 없는 때에 한하여 법률의 효력이 있는 명령을 발하거나 재정상 필요한 처분을 하게 하였다. 그러나 이 명령이나 처분은 즉시 국회에 보고하여 승인을 받아야 하였고, 만일 국회 승인을 받지 못하면 그때부터 효력을 상실하였으며, 대통령은 바로 이를 공포하도록 하였다(제57조). 그리고 대통령은 법률이 정하는 바에 의해서 계엄을 선포할 수 있게 하였다(제64조). 국가긴급권이 처음으로 행사된 때는 계엄법이 제정되기도 전인 1948년 10월 17일 제주 4 · 3 사건과 1948년 10월 21일 여수 · 순천 반란 사건에 대해서 발동한 것이었다. 1950년 한국전쟁 발발로 선포되었던 비상계엄은 효력을 계속 인정하여 남용되기도 하였다.

(2) 1960년 헌법

1960년 헌법은 긴급명령권을 규정하지 않고 대통령의 계엄선포권(제64조)과 대통령의 긴급재정처분권 및 국무총리의 긴급재정경제명령권(제57조)만을 규정하였다. 계엄선포권과 긴급재정처분권 및 긴급재정명령권 모두 대통령이 국무회의 의결을 통해서 발동하도록 하였다. 특히 계엄에 대해서 "대통령은 … 계엄의 선포가 부당하다고 인정될 때에는 국무회의의 의결에도 그 선포를 거부할 수 있다.…"라고 하여 대통령에게 계엄선포 거부권을 인정하였다.

(3) 1962년 헌법

1962년 헌법은 대통령의 긴급재정경제처분권과 긴급재정명령권(제73조 제1항)을 더욱 상세히 규정하였으며 긴급명령권(제73조 제2항)을 부활시켰다. 특히 종래 계엄법에 규정되었던 내용을 헌법규범화하여 계엄선포권의 요건과 효과를 상세하게 규정하였다. 박정희는 1964년 6 · 3 사태 당시 비상계엄령을 선포한 바 있고, 찬탈한 정권의 장기독점을 위해서 1971년 12 · 6 국가비상사태선언, 1972년 10 · 17 비상조치선언, 이른바 10월 유신 같은 초헌법적(헌법파괴적인) 비상권한을 행사하였다. 1971년 12월 6일 당시 박정희 대통령은 국가비상사태를 선언하였다. 그러나 비상사태의 법적 근거가 없어 1971년 12월 27일에는 야당의 격렬한 반대 속에 '국가보위에 관한 특별조치법'을 변칙적으로 국회에 통과시켰다. 그 후속조치로 1972년 10월 17일 전국에 비상계엄을 선포하고 약 2개월간 헌법 조항 일부의 효력을 정지시키는 비상조치를 선포하였다. 이는 헌법을 일부 정지시키는 것으로 당시 헌법상 근거가 없는 초헌법적(헌법파괴적인) 비상권한에 해당한다. 이 비상조치에 따라서 비상계엄이 선포되고 비상국무회의가 열렸고, 1972년 10월 23일 비상국무회의법이 통과되어 비상국무회의가 국회 기능을 대행하게 되었다. 비상국무회의는 국회에 제출된 법률안까지 처리하여 270여 건의 법률안을 통과시켰다.

(4) 1972년 헌법

1972년 헌법은 대통령에게 계엄선포권(제54조)뿐 아니라 긴급조치권(제53조)이라는 유례가 없는 신종 비상권한을 부여하였다. 긴급조치권은 국가비상사태선언을 사후법인 '국가보위에 관한 특별조치법'으로 법적 근거와 효력을 만들어 놓은 것을 헌법상 대통령의 비상대권으로 명문화한 것이다. 긴급조치권은 ① 대통령이 사후교정적 비상조치뿐 아니라 사전예방적 비상조치까지 단행할 수 있고, ② 헌법에 규정된 국민의 자유와 권리를 잠정적으로 정지할 수 있을 뿐 아니라 정부나 법원의 권한에 관해서도 조치를 할 수 있으며, ③ 긴급조치를 할 때 대통령은 즉시 국회에 통고하는 것으로 충분하고 국회 승인을 구할 필요가 없을 뿐 아니라 국회는 그 해제를 건의할 수 있을 뿐이지 해제를 요구할 수가 없고, ④ 사법적 심사 대상도 되지 아니한다는 점에서 국가위기 때 국가의 존립과 안전을 유지하기 위한 최소한의 통제장치가 아니라 긴급조치권이 아니면 유지될 수 없었던 유신체제에서 체제유지수단으로 사용된 반입헌주의적인 권위주의적 비상대권이라고 볼 수 있다. 이러한 비상식적인 긴급조치가 유신정권 동안 무려 9차례나 발동되었다. 1979년 10월 26일 박정희 대통령이 살해되자 제주도를 제외한 전국에 계엄령이 선포되었고 헌법에 따라서 최규하 국무총리가 대통령의 권한을 대행하게 되었다. 그 후 1979년 12월 12일 전두환 보안사령관을 중심으로 한 일부 정치성향 군인들이 군의 주도권을 장악하고 정권을 획득할 목적으로 군사반란을 일으키고 나서 최규하 대통령을 압박하여 1980년 5월 17일 비상계엄을 전국으로 확대하였다.

(5) 1980년 헌법

1980년 헌법은 그 본질에서 이른바 유신체제를 계승한 것으로서 1972년 헌법과 마찬가지로 대통령에게 계엄선포권(제52조)과 긴급조치권을 대체한 비상조치권(제51조)을 부여하였다. 비상조치권은 긴급조치권보다 그 발동요건과 통제에 관한 규정이 강화되었을 뿐이고 본질에서 1972년 헌법의 긴급조치권이 이름을 바꾸어 존속한 것에 불과하다. 12 · 12 군사쿠데타로 실권을 잡은 전두환 보안사령관이 1980년 5월 17일 지역계엄을 전국계엄으로 확대하면서 국가보위비상대책위원회를 설치하였다. 중앙정보부장과 국군보안사령관을 전두환이 겸직하였고, 비상대책위원회 위원 임명직 10명이 모두 현역군인이었으므로 실질적으로 국가보위비상대책위원회는 보통 군사쿠데타 이후에 설치되는 군사독재위원회(junta)로서 당시 정치는 군이 일방적으로 주도하였다. 이 위원회는 국가보위입법회의로 명칭을 바꾸어 1980년 헌법에 따라서 국회 권한을 대행하는 비상입법기구의 역할을 하였는데(1980년 헌법 부칙 제1항), 약 154일간 189건의 법률안을 통과시켰다.

(6) 1987년 헌법

현행 헌법은 계엄선포권(제77조)과 긴급명령권, 긴급재정 · 경제명령권 및 긴급재정 · 경제처분권(제76조)을 규정한다. 1993년 8월 13일 당시 김영삼 대통령이 긴급재정 · 경제명령권으로 '금융실명거래및비밀보장에관한긴급재정경제명령'을 발동한 예가 있다.

2. 긴급재정 · 경제처분권과 긴급재정 · 경제명령권

긴급재정 · 경제처분권과 긴급재정 · 경제명령권은 재정과 경제사항만을 내용으로 한다는 점에서 대상 범위가 한정되지 않은 긴급명령권과 다르다. 긴급재정 · 경제처분권과 긴급재정 · 경제명령권을 행사하려면 ① 내우 · 외환 · 천재 · 지변 또는 중대한 재정 · 경제상 위기에서 ② 국가의 안전보장 또는 공공의 안녕질서를 유지하기 위해서 긴급한 조치가 필요하고 ③ 국회의 집회를 기다릴 여유가 없을 것이라는 발동요건이 충족되어야 한다. 긴급재정경제처분권과 긴급재정 · 경제명령권은 국회와 법원 · 헌법재판소가 통제한다. 동 처분권과 명령권은 ① 즉시 국회에 보고하여 그 승인을 얻어야 한다(헌법 제76조 제3항). 만일 이러한 승인을 얻지 못하면 그 처분 또는 명령의 효력이 상실되고, 이때 그 명령으로 개정 또는 폐지되었던 법률은 그 명령이 승인을 얻지 못한 때부터 당연히 효력을 회복한다(헌법 제76조 제4항). 그리고 대통령은 국회에 대한 보고와 승인 여부에 대한 사항을 즉시 공포하여야 한다(헌법 제76조 제5항). ② 법원은 긴급명령이 헌법에 위반되는지가 재판의 전제가 되면 헌법재판소에 위헌법률심판을 제청할 수 있다(헌법 제107조 제1항). ③ 헌법재판소도 위헌법률심판이나 헌법소원심판을 통해서(헌법 제111조 제1항 제1호, 제5호) 긴급명령을 통제할 수 있다.

3. 긴급명령권

긴급명령권을 행사하려면 ① 국가의 안위에 관계되는 중대한 교전상태가 발생하여야 하고, ② 국가를 보위하기 위해서 긴급한 조치가 필요하여야 한다. 그리고 ③ 국회의 집회가 불가능하여야 한다고 한정함으로써 긴급재정 · 경제처분권과 긴급재정 · 경제명령권보다 발동요건을 강화한다. 긴급명령권도 긴급재정 · 경제명령과 마찬가지로 법률의 효력을 인정하지만, 재정 · 경제상 사항에 한정되지 않는다는 점에서 더 포괄적인 권한으로 볼 수 있다. 긴급명령권도 긴급재정 · 경제처분권과 긴급재정 · 경제명령권과 마찬가지로 ① 즉시 국회에 보고하여 그 승인을 얻어야 하고, 만일 이러한 승인을 얻지 못하면 명령의 효력이 상실된다. 이때 그 명령으로 개정 또는 폐지되었던 법률은 그 명령이 승인을 얻지 못한 때부터 당연히 효력을 회복한다(헌법 제76조 제3항과 제4항). 그리고 대통령은 국회에 대한 보고와 승인 여부에 관한 사항을 즉시 공포하여야 한다(헌법 제76조 제5항).

4. 계엄선포권

계엄을 선포하려면 ① 전시 · 사변 또는 이에 준하는 국가비상사태가 이미 발생한 때에 ② 병력으로써 군사상 필요에 응하거나 공공의 안녕질서를 유지할 필요가 있어야 한다. 계엄은 비상계엄과 경비계엄으로 유형이 나뉜다(제77조 제2항). 비상계엄은 "대통령이 전시 · 사변 또는 이에 준하는 국가비상사태에 있어서 적과 교전상태에 있거나 사회질서가 극도로 교란되어 행정 및 사법기능의 수행이 현저히 곤란한 때에 군사상의 필요에 응하거나 공공의 안녕질서를 유지하기 위하여 선포"(계엄법 제2조 제2항)하고, 경비계엄은 "대통령이 전시 · 사변 또는 이에 준하는 국가비상사태에 있어서 사회질서가 교란

되어 일반행정기관만으로는 치안을 확보할 수 없는 경우에 공공의 안녕질서를 유지하기 위하여 선포"(계엄법 제2조 제3항)하도록 규정한다.

경비계엄이 선포되면 해당 지역 안의 군사에 관한 행정사무와 사법사무를 담당하는 기관은 계엄사령관의 지휘 · 감독을 받는다(계엄법 제7조 제2항). 경비계엄으로는 헌법과 법률에 근거한 정상적인 조치가 아니고서는 국민의 자유와 권리를 제한할 수 없다. 비상계엄이 선포되면 ① 법률이 정하는 바에 의하여 … 정부나 법원의 권한에 관하여 특별한 조치를 할 수 있다(헌법 제77조 제3항). 즉 행정사무와 사법사무를 군대 관할 아래에 두는 것 등의 특별한 조치를 할 수 있다. 비상계엄 선포와 동시에 계엄지역 안의 행정기관과 사법기관은 즉시 계엄사령관의 지휘 · 감독을 받게 된다. 그리고 ② 법률이 정하는 바에 의하여 영장제도, 언론 · 출판 · 집회 · 결사의 자유 …에 관하여 특별한 조치를 할 수 있다(헌법 제77조 제3항). 다만, 계엄법에서는 비상계엄지역 안에서 계엄사령관은 군사상 필요하면 체포 · 구금 · 압수 · 수색, 거주 · 이전, 언론 · 출판 · 집회 · 결사 또는 단체행동에 대해서 특별한 조치를 할 수 있다고(제9조 제1항 제1문) 규정함으로써 헌법 제77조 제3항에 명시되지 않은 제한을 규정한다.

비상사태가 평상사태로 회복되면 대통령은 계엄을 해제하고 이를 공고하여야 한다(헌법 제77조 제5항). 그리고 국회가 재적의원 과반수 찬성으로 계엄 해제를 요구하면, 대통령은 국무회의 심의를 거쳐 계엄을 해제하여야 한다(헌법 제77조 제5항). 국회는 재적의원 과반수 찬성으로 계엄 해제를 요구하거나, 입법 등의 형식으로 계엄을 통제할 수 있다. 그리고 법원은 대통령의 계엄에 대해서도 국민의 기본권 침해와 직접 관련이 있으면 사법심사 대상으로 삼을 수 있다. 계엄선포권 행사에 관한 사법심사와 관련하여 대법원은 과거에는 "대통령의 계엄선포행위는 고도의 정치적, 군사적 성격을 띠는 행위라고 할 것이어서, 그 선포의 당, 부당을 판단할 권한은 헌법상 계엄의 해제요구권이 있는 국회만이 가지고 있다 할 것이고 그 선포가 당연무효의 경우라면 모르되, 사법기관인 법원이 계엄선포의 요건 구비여부나, 선포의 당, 부당을 심사하는 것은 사법권의 내재적인 본질적 한계를 넘어서는 것이 되어 적절한 바가 못된다."(대법원 1979. 12. 7. 선고 79초70 판결)라고 한데서 알 수 있듯이 소극적 태도를 취하였다. 그러나 헌법재판소가 이른바 통치행위라고 하여도 국민의 기본권 침해와 직접 관련되면 사법심사 대상이 될 수 있다고 보는 이상(헌재 1996. 2. 29. 93헌마186) 대법원의 종래 판례는 유지되기 어렵다. 최근에 대법원은 "대통령의 비상계엄의 선포나 확대 행위는 고도의 정치적 · 군사적 성격을 지니고 있는 행위라 할 것이므로, 그것이 누구에게도 일견하여 헌법이나 법률에 위반되는 것으로서 명백하게 인정될 수 있는 등 특별한 사정이 있는 경우라면 몰라도, 그러하지 아니한 이상 그 계엄선포의 요건 구비 여부나 선포의 당 · 부당을 판단할 권한이 사법부에는 없다고 할 것이나, 비상계엄의 선포나 확대가 국헌문란의 목적을 달성하기 위하여 행하여진 경우에는 법원은 그 자체가 범죄행위에 해당하는지의 여부에 관하여 심사할 수 있다."(대법원 1997. 4. 17. 선고 96도3376 전원합의체 판결)라고 하여 통치행위에 관한 사법심사 가능성을 한정적으로 인정한다.

5절

초실정법적 헌법수호수단 - 저항권

Ⅰ. 의의

저항권은 국가권력이 헌법의 기본원리를 중대하게 침해하고 그 침해가 헌법의 존재 자체를 부인하는 것으로서 다른 합법적인 구제수단으로는 목적을 달성할 수 없으면, 국민이 자신의 자유와 권리를 지키기 위해서 실력으로 저항할 수 있는 권리를 말한다(헌재 1997. 9. 25. 97헌가4). 저항권은 주로 국가권력 담당자에 대한 것이지만(위에서 국가찬탈), 아래에서 국가찬탈에 대한 것이기도 하다. 저항권은 개인의 기본권이면서 헌법수호수단이다. 시민불복종은 양심상 부정의하다고 확신하는 법이나 정책을 개선할 목적으로 기존 법을 위반하여 비폭력적 방법으로 하는 공적이고 정치적인 집단적 항의행위이다. 하지만 이는 어디까지나 전체 법질서의 정당성을 승인하면서 개별 법규정에 대해서만 불복종을 하는 것이다. 체제내적이고 체제옹호적이라는 점에서 시민불복종은 기존 체제를 전복시키고 새로운 체제를 창설하는 혁명권과는 성격을 달리한다. 그리고 시민불복종에서는 폭력적 수단을 사용하는 것이 인정되지 않는다는 점, 개별 법규정이 양심상 부정의하다고 확인되는 순간 다른 합법적인 구제수단이 있는지를 묻지 않고 불복종할 수 있다는 점에서, 수단의 한계가 미리 정해져 있지 않은 저항권과 구별된다. 저항권을 행사할 때는 폭력적 수단을 동원할 수 있고, 다른 합법적인 구제수단으로 목적을 달성할 수 없는 예외적인 때만 보충적으로 행사할 수 있다. 저항권과 혁명권 모두 폭력적 수단을 동원하는 것이 통례이지만, 혁명은 기존 (헌)법질서를 전복시키고 새로운 헌법질서를 창설하고자 한다는 점에서 기존 법질서를 유지하고 회복하려는 성격이 있는 저항권과 구별된다. 국가긴급권은 국가의 존립과 안전을 위협받는 국가적 위기상황에서 발동되는 국가의 조치이지만, 저항권은 자유민주적 기본질서의 위기가 발생할 때 국민이 행사하는 국민의 권리라는 점에서 다르다.

Ⅱ. 헌법상 저항권 인정 여부

헌법상 저항권을 인정할 수 있는지와 관련하여 헌법 전문상 "불의에 항거한 4 · 19 민주이념을 계승하고"라는 문구를 근거로 또는 헌법 제37조 제1항의 열거되지 않은 권리를 근거로 인정할 수 있는지가 문제 된다. 대법원은 현행 헌법에 관한 것은 아니지만, 세칭 10 · 26사건 판결에서 유사한 문구에 관해서 "헌법 및 법률에 저항권에 관하여 아무런 규정도 없는(소론 헌법전문 중 「4.19의거운동」은 저항권규정으로 볼 수 없다) 우리나라의 현단계에서는 … 이 저항권이론을 재판의 준거규범으로 채용하기를 주저 아니할 수 없다."(대법원 1980. 5. 20. 선고 80도306 판결)라고 하여 실정헌법상 저항권을 부인하였다. "불의에 항거한 4 · 19 민주이념을 계승하고"라는 문구의 객관적 의미는 주관적인 '권리'를 규정한 것으로 보기보다는 객관적인 질서관념인 '이념'을 규정한 것이다. 그리고 제정연혁적으로 보면 저항권을 실정헌법상 인정하려고 하였다기보다는 오히려 저항권의 명문 규정화를 회피한 것이다. 나아가 이론적으로 보더라도 헌법 전문에서 주관적 권리까지 도출할 수는 없으므로 이를 저항권의 실정헌법상 근거로 볼 수는 없다. 헌법 제37조 제1항의 열거되지 않은 권리규정은 헌법전에 명시되지 않은 자유와 권리를 헌법 제10조(인간의 존엄과 가치 또는 행복추구권)에 비추어 실정헌법적 권리로 인정할 것을 염두에 둔 규정이다. 따라서 저항권이 열거되지 않은 권리로서 인정될 수 있으려면 그것을 실정헌법적 권리로 인정하여야 할 실익이 있어야 한다. 그런데 저항권은 본질상 자연법적 권리로서 인정되고 실정법에 명문으로 규정되더라도 이는 초실정법적 권리의 주의적 · 선언적 확인규정에 불과하다. 따라서 실정헌법에 명문 규정이 있다면 모르지만, 저항권의 성격상 굳이 실정헌법상 근거를 찾을 실익이 없으므로 열거되지 않은 권리로 보든 보지 않든 큰 의미는 없다.

헌법상 저항권을 인정할 수 없다면 초실정법적인 권리인 저항권을 인정할 수 있는지와 관련하여 대법원은 ① 저항권의 개념이나 요건이 막연하고 모호하다는 점, ② 실정법적 근거 없이 자연법에 따라서만 주장된다는 점을 근거로 저항권을 재판규범으로 원용할 수 없는 것으로 본다. 즉 대법원은 "소위 저항권에 의한 행위이므로 위법성이 조각된다고 하는 주장은 그 저항권자체의 개념이 막연할 뿐 아니라 … 실존하는 헌법적 질서를 무시하고 초법규적인 권리개념으로써 현행 실정법에 위배된 행위의 정당화를 주장하는 것은 이를 받아들일 수 없는 것"(대법원 1975. 4. 8. 선고 74도3323 판결)이라거나 "현대 입헌 자유민주주의 국가의 헌법이론상 자연법에서 우러나온 자연권으로서의 소위 저항권이 헌법 기타 실정법에 규정되어 있든 없든 간에 엄존하는 권리로 인정되어야 한다는 논지가 시인된다 하더라도 그 저항권이 실정법에 근거를 두지 못하고 오직 자연법에만 근거하고 있는 한 법관은 이를 재판규범으로 원용할 수 없다고 할 것인 바, 헌법 및 법률에 저항권에 관하여 아무런 규정이 없는 우리나라의 현 단계에서는 저항권이론을 재판의 근거규범으로 채용, 적용할 수 없다."(대법원 1980. 5. 20. 선고 80도306 판결)라고 판시하였다. 헌법재판소는 "저항권이 헌법이나 실정법에 규정이 있는지 여부를 가려볼 필요도 없이 제청법원이 주장하는 국회법 소정의 협의없는 개의시간의 변경과 회의일시를 통지하지 아니한 입법과정의 하자는 저항권행사의 대상이 되지 아니한다. 왜냐하면 저항권은 국가권력에 의하여 헌법의 기본원리에 대한 중대한 침해가 행하여지고 그 침해가 헌법의 존재 자체를 부인하는 것으로서 다른 합법적인 구제수단으로는 목적을 달성할 수 없을 때에 국민이 자기의 권리 · 자유를 지키기 위하여 실력으로 저항하는 권리이기 때문이다."라고 판시한 바 있다(헌재 1997. 9. 25. 97헌가4). 저항권은 그 본질이 인간에 고유한 인권, 즉 자연법적 권리로서 인정될 수 있고 저항권이 실정법에 명문으로 규정되더라도 이는 초실정법적 권리 확인에 불과하다. 따라서 초실정법적 권리로서 저항권은 인정될 수 있다. 다만, 저항권 행사 요건을 갖추었는지는 별도로 검토하여야 한다.

Ⅲ. 행사 요건

1. 주체와 객체

저항권 행사 주체는 궁극적으로 주권자인 국민이다. 주권자가 아닌 외국인은 동조자나 협조자가 될 수 있을 뿐이다. 따라서 국가기관은 저항권 행사 주체가 될 수 없다. 이때의 국민은 개개인으로서 국민이고 단체, 정당 등은 포함되지 않는다. 물론 저항권이 개인의 권리라는 사정이 이 권리를 다른 사람과 연대하여 공동으로 행사하는 것을 막는 것은 아니다. 공무원도 사인 자격으로 저항권을 행사할 수 있지만, 국가긴급권이 있는 상황에서 국가권력에 저항권의 주체성을 인정하기는 어렵다. 저항권 행사 객체는 위헌적인 공권력 행사를 통해서 민주적 기본질서를 파괴하거나 위협하는 모든 공권력 담당자는 물론 민주적 기본질서를 파괴하거나 위협하는 개인이나 단체도 포함된다.

2. 상황

(1) 민주적 기본질서를 전면적으로 부인하는 때일 것

저항권 행사는 공권력에 대한 저항이므로 질서교란 위험을 수반한다. 따라서 저항권 행사는 개별 헌법조항에 대한 단순한 위반이 아니라 자유민주적 기본질서나 기본권 보장 체계가 중대하게 침해되어서 그 질서나 체계가 전면적으로 부인되는 때이어야만 하고, 그러한 점에서 시민불복종과 구별된다. 다만, 민주적 기본질서 전부가 침해되어야 하는 것은 아니고 그 일부가 침해되는 것만으로 충분하다.

(2) 불법의 객관적 명백성

공권력 행사가 민주적 기본질서를 침해함이 객관적으로 명백할 때 저항권을 행사할 수 있다. 구체적 상황에서 명백성이 결여되면 개인의 자의적 판단에 따른 저항이 있게 되고, 이로 말미암은 사회적 혼란과 무질서를 가져올 우려가 있기 때문이다. 이때 헌법에 적대적인 사람들이 헌법을 파괴하려는 주관적 동기가 있어야 하는 것은 아니다.

(3) 최후수단성 – 보충성

저항권은 다른 법적 수단을 전부 행사하더라도 공권력의 헌법 침해를 막을 길이 없는 때만 보충적으로 행사되어야 한다. 이는 다른 모든 합법적인 수단을 실제로 다 행사하고 나서야 저항권 행사가 가능하다는 것은 아니다. 헌법이나 법률이 규정하는 다른 법적 수단이 있더라도 그러한 합법적 수단이 이미 그 기능을 발휘할 수 없는 지경에 이르러 그 행사의 의미가 없게 되었을 때, 즉 저항권 행사만이 최후의 (의미 있는) 헌법수호수단으로 남았을 때 저항권 행사가 인정된다.

(4) 성공 가능성?

저항권은 성공 가능성 요건이 충족되어야 행사될 수 있다고 하여 성공 가능성을 저항권 행사 요건으로 드는 견해가 있다. 헌법질서에 대한 명백한 침해행위를 제거할 가능성이 없다면 행사될 수 없다는 것이다. 그러나 권리 행사 정당화 문제(로서 권리 행사 요건 문제)와 사실상 관철 가능성 문제는 구별되어야 한다. 저항권의 성공 가능성은 사실상 관철 가능성 문제이고 저항권 행사의 정당화 문제가 아니므로 저항권 행사 요건으로 볼 수 없다.

3. 목적

저항권 행사의 목적은 혁명권과는 달리 자유민주적 기본질서에 바탕한 입헌주의적 헌법체제를 수호하려는 것이고, 기존 체제를 부정하고 새로운 체제를 지향하는 저항은 인정되지 않는다. 저항권 행사는 소극적 · 보전적 의미의 헌법수호수단으로서만 인정된다.

4. 방법

저항권 행사 방법은 미리 규정할 수 없다. 다만, 평화적인 방법으로는 민주적 기본질서를 회복할 수 없다고 판단될 때만 필요한 실력 행사를 할 수 있고 이때 비례성원칙을 존중하여야 한다.

9장 국가조직원칙

1절

국민주권원칙

Ⅰ. 국민주권의 의의

국민주권은 국가의사를 전반적 · 최종적으로 결정할 수 있는 원동력 · 근원이 국민에게 있고, 국가권력의 민주적 정당성 원천이 국민에게 있다는 것을 뜻한다(헌법 제1조 제2항). 즉 모든 국가권력은 국민으로 소급되고, 국민은 국가권력의 주체이다. 따라서 국민은 국가 안에서 권력의 (세속적) 최후 원천이다. 그래서 국가권력과 국가공동체는 절대 선존하는 것이 아니라 국민적 정당성이라는 기반 위에서 형성되고 유지된다. 민주(국가)원리(민주주의)의 핵심요소로서 인정되는 국민주권은 군주주권에 대항하는 항의적 · 투쟁적 이념으로 출발하였고, 이제는 국가질서 대부분의 중심이념으로 인정되기에 이르렀다는 점에서 역사적 임무를 끝냈다는 평가를 받기도 한다. 하지만 오늘날에도 국가질서의 정당성에 관한 기준으로 작용하며 정당성을 부여받은 국가권력이 국민이 명목상으로만이 아니라 실제로도 주권자로서 유지될 수 있도록 행사될 것을 요청한다는 측면에서 국민주권은 여전히 규범적인 의미가 있다.

Ⅱ. 국민주권 행사와 대표(제)

1. 국민주권과 국민의 2중적 지위

국민은 헌법을 제정하는 권력이면서 헌법에 복종하는 권력이기도 한다. 즉 하나의 국민이 헌법제정권력으로서 헌법외적 존재인 동시에 헌법이 구성한 권력이다. 따라서 국민의사의 무제한성은 더는 없고 국민도 일단 제정된 헌법에 구속된다. 국민은 헌법제정권력의 주체로서 행동할 때만 실제 주권자로 행동한다.

2. 국민의 형태화

국민은 헌법제정자로서는 (아직) 헌법적으로 형태화한 단위가 아니지만, 국가권력 행사자로서는 (이미) 헌법(률)적으로 '형태화'한다. 국민이 헌법(률)적으로 형태화하면, (그러한) 국민은 국가권력 행사에서도 일정한 행위에 국한될 수 있다(예를 들어 선거와 국민투표). 그리고 모든 국가권력은 조직된 실체가 특정절차를 통해서 행사하여야 한다. 이러한 원칙은 헌법제정권력이나 헌법개정권력에도 적용된다. 이러한 점에서 여론이나 관습법 등의 형성주체인 자연적 의미의 국민은 헌법제 · 개정권력자이거나 국가기관구성권자인 정치적 의미의 국민과 다르다.

3. 국민에서 유래하는 국가권력

국민주권은 직접 국민이 국가권력을 행사한다는 것까지 뜻하진 않는다. 다만, 국민주권은 국가권력이 국민에게서 비롯한다는 것을 가리킬 뿐이다. 헌법 제1조 제2항 후단 "모든 권력은 국민으로부터 나온다."라는 규정은 이러한 취지이다. 이때 국가권력이 국민에게서 비롯한다는 것은 국민이 국가권력을 구성하고 그에 정당성을 부여한다는 뜻이다.

4. 정당성 사슬

헌법적으로 필요한(헌법이 요구하는) 민주적 정당성은 국민부터 국가적 과제를 담당하는 기관과 공직담당자까지 끊어지지 않고 이어진 정당성 사슬을 요구한다. 즉 모든 국가권력 행사는 궁극적으로 국민의 의사에 따라서 정당성을 부여받아야 한다. 그러나 정당성이 언제나 국민의 직접선거로 주어져야 하는 것은 아니다. 보통은 간접적으로 국가권력의 주체인 국민에게 소급될 수 있는 것으로 충분하다. 하지만 중요한 국가의사결정이나 국가권력 행사에는 더 높은 수준의 정당성이 부여되는 것이 바람직하다.

5. 국민의 자기지배 실현

국민이 국가권력을 행사하기 위해서 통일적인, 그 자체로 (내적으로) 동질적인 국민의사가 헌법적으로 의제되지 않는다. '국민의 자기지배'는 칼 슈미트의 동일성이나 동질성 개념에 따라 이루어지지 않는다. 오히려 국민주권 실현은 다원적이고 갈등이 가득한 사회라는 현실적 조건에 적합한 '대표제(대의제)'에 따라 이루어진다.

Ⅲ. 현행 헌법의 국민주권 구현

헌법은 먼저 국민에게 주권이 있고, 모든 권력이 국민에게서 나옴을 명시적으로 확인한다(제1조 제2항). 주권자인 국민은 주기적으로 돌아오는 선거를 통해서 대표(국회의원과 대통령)를 선출하고 그가 국민을 대표하여 권력을 행사할 수 있도록 민주적 정당성을 부여한다(제41조 제1항, 제67조 제1항). 그리고 국민은 헌법을 제정하고 개정하였고(헌법 전문), 국민투표를 통해서 헌법 개정을 확정할 수 있으며(제130조 제3항 전단). 중요정책에 대한 국민투표제도도 도입되었다(제72조). 이러한 점에서 한국 헌법을 따를 때 국민주권은 간접민주주의(대의제 민주주의)를 원칙으로 하면서도 국민이 직접적으로 국가의사를 형성할 수 있는 직접민주제를 가미하는 방식으로 실현된다. 또한, 헌법은 개인에게 정치적 기본권을 보장하고 의회제도, 선거제도, 복수정당제도, 지방자치제도, 직업공무원제도 등을 보장함으로써 국민주권을 실질화하는 민주주의를 지향한다.

2절
대의제원칙

Ⅰ. 정당화근거

모든 국민이 의사 결정을 위한 올바른 사고력과 판단력이 있는지에 관한 깊은 회의가 있고, 현대 사회가 고도로 발전함에 따라 국민이 사회의 모든 것을 올바르게 인식하고 이해하는 것이 어려워졌다는 문제가 있다. 그리고 지리적 조건과 기술적인 조건 때문에 국민이 직접 의사를 결정할 수 없다. 대의제는 국민주권을 존중하면서도 현대 사회가 지닌 이러한 장애요인들을 합리적으로 극복하려고 창안한 제도이다.

Ⅱ. 개념과 본질

대의제원칙은 주권자인 국민이 국가의사나 국가정책을 직접 결정하지 아니하고 대표자를 선출하여 그들이 국민을 대신하여 국가의사나 국가정책을 결정하도록 하는 국가조직원칙을 말한다. 대의제 민주주의 아래에서 국민이 선출한 대표자는 이념적 통일체인 전체 국민을 정치적 · 이념적으로 대표한다는 점에 비추어 정치적 대표설이 타당하다. 따라서 대표자의 정책결정에 대해서 국민은 법적 책임이 아닌 정치적 책임만 물을 수 있다.

Ⅲ. 대표의 본질적 징표(구성요소)

1. 치자와 피치자의 구별(2원성)

치자인 대표기관과 피치자인 주권적 국민이 구별된다. 대의제에서 국민이 선출한 국민의 대표자인 치자와 이를 선출하는 국민인 주권자가 국가질서 안에서 구별된다. 치자에게는 정책결정권과 책임이, 피치자에게는 기관구성권과 통제가 주어진다.

2. 국가기관구성권과 국가정책결정권의 구별

국가기관구성권과 국가정책결정권이 분리된다. 대의제에서 주권자인 국민은 치자를 선출하는 국가기관구성권만을 보유하고, 국가의사와 국가정책은 국민이 선출한 대표자가 결정한다. 따라서 국민은 직접 정책 결정에 참여하지 않고, 그 대표를 통해서 간접적으로만 정책 결정에 참여한다.

3. 선거를 통한 대표자 선출

대표자는 선거로 선출된다(헌법 제41조 제1항, 제67조 제1항). 대의제에서 국가기관을 구성하는 방법은 민주적 정당성 때문에 국민이 직접 대표자를 선출하는 직접선거제이어야 한다(헌재 2001. 10. 25. 2000헌마92). 선거제가 민주적 정당성을 부여하는 과정으로 이해된다는 점에서 선거참여율이 저조해지는 현상은 간과할 수 없다. 이러한 맥락에서 선거참여의무제 도입 문제가 논의될 필요가 있다.

4. 국민 전체의 대표자

선출된 대표자는 국민 전체의 대표자이다. 대의제에서 통치자는 자신을 선출한 선거구민만의 대표가 아니라 전체 국민을 대표한다.

5. 명령적 위임 배제(자유위임)

국민이 대표자에게 위임하는 것은 국민 전체의 의사를 형성할 '권한'이다. 따라서 대표자가 형성하는 의사의 실질적인 '내용'이 위임관계에 포함되지 않는다. 그래서 대의제에서는 명령적(기속적) 위임이 배제되고 자유위임의 원리가 지배한다. 대의제에서 대표자는 직무를 수행할 때 자신을 선출한 주권적 국민의 지시나 명령에 구속되지 아니하고 오로지 양심에 따라 독립하여 행동한다.

6. 전체이익 우선

부분이익보다 전체이익을 우선하여야 한다(헌법 제46조 제2항, 제7조 제1항). 대의제에서는 전체이익이 부분이익이나 개별의사에 우선하여야 한다.

7. 국민에 대한 책임

대표자는 국민에 대해서 책임을 진다(헌법 제7조 제1항, 제46조 제1항과 제3항). 다만, 대표자가 국민에 대해서 지는 책임은 정치적 책임이고, 이 책임은 차기선거에서 평가받게 된다. 그러나 주기적으로 실시되는 선거를 통해서 대표자의 책임을 묻는 것은 한계가 있을 수밖에 없다. 따라서 수시로 대표자의 책임을 물을 수 있는 국민소환제가 대안으로 제시된다. 그리고 조직적으로 대표자의 책임을 묻는 방법으로 낙선운동이 있다.

Ⅳ. 대표의 구체화와 요청

1. 형식적 대표

정당성과 귀속 그리고 의무(부여)의 근거는 대표기관이 국민을 대표하기 때문에 창설된다. 국민을 대표하는 대표기관은 책임과 신임에 기초한 시한부 권력 행사를 통해서 국가를 운영한다. 이때 대표기관은 선거를 통한 계속적인 정당화(정당성 부여)가 필요하고 공개되어야 한다. 그리고 대표하는 자의 행동은 그에 의해서 대표되는 자(예를 들어 국민, 민족, 국가)에게 정치적으로 법적으로 귀속된다.

2. 실질적 대표

대표기관은 전체 국민의 지배를 실현하여야 한다. 전체 국민의 일구성원으로서 대표자는 통일된 국민의사를 형태화할 수 있고, 그러한 국민의사를 국민이 자기 의사 표현으로 느끼고 지지하도록 형태화할 수 있다. 이는 대표자에게 지도력과 지도의사가 있을 것을 요구한다. 그러나 이는 동시에 통합지향적 과제로서 국민과 계속되는 되먹임(feed-back)을 필요로 한다. 따라서 실질적(내용적) 대표는 대표기관과 대표되는 자의 연결을 요구한다. 대표기관의 공개성과 위임의 한시성은 이를 실현하기 위한 중요한 수단이다.

V. (국민)대표기관인 국가기관(의 범위)

좁은 뜻의 대표기관은 개인적 대표 유형인 대통령과 집단적 대표 유형인 국회이다. 그러나 넓은 뜻의 대표기관은 모든 국가기관이다. 국민이 국회를 직접 선출하여 구성한다는 점과 국회 자체의 구성도 국민의사의 다원적 수렴과 통일적 국민의사의 집약에 적합하다는 점에서 국회가 국민대표기관임은 의심의 여지가 없다. 국회와 더불어 국민이 직접 선출하여 직접적인 민주적 정당성을 확보하는 대통령도 고도의 정당성 표현으로 볼 수 있는 대표의 담당기관으로 볼 수 있다. 물론 대통령은 개인적 대표유형으로서 국민의사의 수렴 · 집약이라는 측면에서 약점이 있음을 주의하여야 한다. 대표와 정당성의 개념을 동일시하지 않는 한 더는 대표기관의 범위를 넓게 보지 않는 것이 좋다.

Ⅵ. 대표와 자유위임(무기속위임)(의 결합)

대표자는 국민 전체의 대표자이다. 그리고 대표자는 자기의 위임자나 선거인의 의사를 전달하는 사자가 아니다. 대표는 위임과 지시에 구속되지 않는다. 그는 유권자와 소속 정당 그리고 사회의 부분이익에서 벗어나 자유롭게 결정하여야 한다. 그는 대리인이 아니라, 자신의 권위와 자기 직책의 힘으로 공공복리를 창출하는 자이다. 따라서 대표와 명령위임(기속위임)은 서로 배척관계에 있다. 대표와 자유위임의 결합은 국회의원의 지위와 대의제의 기본조건이다. 헌법 제46조 제2항은 "국회의원은 국가이익을 우선하여 양심에 따라 직무를 행한다."라고 규정한다. 국회의원은 다른 사람의 위임이나 지시에서 독립해 있으므로 위임은 자유이다. 양심에 대한 구속이 위임을 부자유로 만들지 않는다. 양심 형성은 타율이 아니기 때문이다. 이 조항과 헌법 제1조 제2항의 국민주권조항, 제7조 제1항의 공무원의 국민전체봉사자조항, 제44조와 제45조의 국회의원의 불체포특권과 면책특권 조항을 근거로 국회와 관련하여 자유위임원칙을 인정할 수 있다. 자유위임원칙은 소극적으로는 대의기관(구성원)이 자신을 선출해 준 선거인에게서 독립하여 국민의 개별적 · 구체적 의사에 구속받지 않는다는 것을 보장하는 원칙이고, 적극적으로는 대의기관(구성원)이 국가의 이익과 국민 전체의 이익을 위해서 직무를 수행하여야 한다는 것을 내용으로 하는 원칙이다. 대의기관이 누리는 결정의 자유는 대의기관 지위에서 핵심적인 요소이다. 따라서 국민의 대의기관에 대한 영향력은 대의기관을 선출하는 것에 그치고, 그 이상으로는 미치지 않는다. 그리고 국회의원은 직무와 관련하여 한 발언과 표결에 대해서 면책특권을 인정받는다(헌법 제45조). 그러나 이러한 자유위임원칙은 법적인 면에서 구속받지 않는다는 의미가 있을 뿐이고, 정치적 · 사실적인 면에서 대의기관(구성원)이 선거인에게서 영향을 받는 것은 별개 문제이다.

Ⅶ. 대표와 정당국가 현실
(자유위임의 원리와 정당국가적 현실의 갈등)

대표(기관)는 어떤 지시 · 명령에 무기속이며, 전체 국민에게서나 개개 선거인 혹은 선거인집단, 선거구에서는 물론 소속 정당, 교섭단체에게서도 독립하여 자유롭게 결정한다. 그러나 자유주의적-의회주의적-대표제적 민주주의에서 정당국가적 민주주의로 바뀌면서 선거의 의미와 기능, 의회의 기능 그리고 의원의 지위에 변화가 초래되었다. 이에 따라 대표기관이 국민의 대표라는 지위 이외에 정당의 대표라는 지위가 강조되기 시작하였다. 이와 함께 정당강제와 정당기율의 문제가 등장하였다. 여기서 대의제 민주주의를 규정하는 헌법과 정당국가적 현실이 충돌한다. 현행 헌법의 국가조직원리에 관한 규정과 국회의원 지위에 관한 규정 그리고 정당에 관한 규정을 서로 비교하면, 한국 헌법에서 국가조직체제는 여전히 대의제원칙에 기초함을 알 수 있다. 정당조항은 복수정당제와 정당 존속을 보호하는 것에 초점이 있다. 따라서 정치현실과는 무관하게 일단은 대의제의 핵심원리인 자유위임원칙을 중심으로 국회의원의 지위를 판단하여야 한다. 따라서 국회의원은 먼저 전체 국민의 대표자이고, 정당의 대표자적 성격은 국민대표자적 지위와 조화되는 한도 안에서만 추구될 수 있다. 그리고 국회의원에 대한 정당기속도 그러한 한도 안에서만 가능하므로, 정당의 의사에 복종하는 동안만 국회의원 지위를 유지할 수 있다는 식으로 오로지 당론에서 복종을 강요하는 '정당강제'를 인정할 수 없다(헌재 2003. 10. 30. 2002헌라1). 이러한 점에서 비례대표 국회의원이나 비례대표 지방의회의원이 소속 정당의 합당 · 해산이나 제명 외의 사유로 당적을 이탈 · 변경하거나 2 이상의 당적을 가졌을 때 의원직을 상실하도록 한 것(공직선거법 제192조 제3항 제3호, 제4항)은 헌법과 합치하지 않는다.

Ⅷ. 현행 헌법의 대의제 민주주의 실현형태

헌법 제40조과 제41조(입법권을 행사하는 국회 구성), 제66조 제4항과 제67조(행정권을 행사하는 대통령 선거) 등에서 의회주의를 핵심으로 하는 간접민주제적 대의제도를 국가조직의 기본으로 규정한다. 그리고 제46조 제2항은 국회의원의 자유위임관계를 직접 규정하고, 헌법 제43조(의원의 겸직 제한), 제45조(국회의원의 면책특권), 제46조 제1항(국회의원의 청렴의무)과 제3항(국회의원의 지위 남용 금지), 제64조(국회의 자율권) 등은 자유위임적인 의원활동을 뒷받침한다. 또한, 국회의사공개원칙(헌법 제50조)과 국회의 국정감사 · 조사권(헌법 제61조) 그리고 국무위원 등의 국회출석 · 답변의무(헌법 제62조) 등은 대의제에 필요한 공개정치를 실현하기 위한 것이고, 국무총리 · 국무위원 등에 대한 국회의 해임건의권(헌법 제63조)과 국회의 탄핵소추의결권(헌법 제65조)은 신임에 바탕을 둔 책임정치를 확립하기 위한 것이다. 따라서 한국 헌법에서 국민은 그들이 대표자로 선출한 국회 · 대통령 등을 통해서 주권자로서 의사를 간접적으로 실현하는 것을 원칙으로 한다. 대의제를 위해서 국민에게는 선거권(헌법 제24조)과 공무담임권(헌법 제25조)이 보장된다. 헌법재판소는 "오늘날 입헌민주국가에서는 대의제도에 의한 통치가 불가피한 것으로 선거야말로 국민의 의사를 체계적으로 결집하고 수렴하고 구체화하는 방법으로 국민의 정치적 의사를 형성하는 가장 합리적인 절차이며,… 통치권의 정통성과 정당성을 담보하는 핵심이며 생명"이라고 하였다(헌재 1991. 3. 11. 91헌마21). 그러나 한국 헌법은 정당조항(제8조)을 비롯한 여러 정당 관련 규정(제89조 제14호, 제41조 제3항, 제111조 제1항 제3호, 제114조 제1항, 제116조 제2항)을 통해서 정당국가적 현실을 수용하고, 중요정책에 관한 임의적인 국민투표제도(제72조)와 헌법개정안에 대한 필수적 국민투표제도(제130조 제2항)를 두어 직접민주제적 요소를 도입한다. 지방자치법도 주민투표(지방자치법 제18조)와 주민소환(지방자치법 제25조와 '주민소환에 관한 법률')이라는 직접민주제도를 수용한다. 대의제원칙은 헌법 개정 한계로서 직접민주제 요소의 도입과 확장은 대의제원칙을 상대화하거나 공동화하지 않는 범위에서만 가능하다.

3절

권력분립원칙

Ⅰ. 의의

권력분립은 국가권력을 그 성질에 따라 둘 이상으로 나누고 이들을 해당 기능에 맞게 구성된 다른 기관에 배정하여 서로 견제와 균형을 이룰 수 있도록 '기능을 분리하여 기능이 서로 통제할 수 있게 하는 체계'이다. 따라서 특정한 국가기관을 구성할 때 입법부, 집행부, 사법부가 그 권한을 나누어 가지거나 기능적인 분담을 하는 것은 권력분립원칙에 어긋나는 것이 아니라 권력분립원칙을 실현하는 것이다(헌재 2008. 1. 10. 2007헌마1468). 권력분립으로 말미암아 국가권력 행사를 예측할 수 있고, 통제할 수 있으며, 책임을 질 수 있게 한다. 권력 분리는 원칙적으로 기능상 · 조직상 · 인적으로 이루어져야 한다. 기본권 보장이 법치국가원리의 실질적 요소라면, 권력분립은 법치국가원리의 형식적 · 조직적 요소이다. 절대권력은 반드시 자의적이 된다. 그러므로 개인의 자유와 권리를 보장하려면 국가권력에 재갈을 물려 권력의 절대화와 그 결과인 자의성을 방지하여야 한다. 이를 위해서 국가권력이 서로 견제하고 균형을 이룰 수 있도록 국가조직을 형성하여야 한다(헌재 2021. 1. 28. 2020헌마264등). 즉 국가기능을 분리하고, 기능별로 담당기관을 구성하여 권한을 배정하며, 그 권한을 행사하는 방법과 절차를 규정함으로써 상호견제와 균형을 확보하여야 한다. 이를 통해서 국가권력은 예측하고 통제할 수 있게 되고 책임 있게 행사될 수 있다. 나아가 국가기관이 각각 최대한의 능력을 발휘할 수 있게 국가권력을 행사하게 됨으로써 국가기능이 최적으로 실현될 수 있다. 이렇게 일정한 형태로 국가를 조직함으로써 개인의 자유와 권리를 보장하는 원리가 권력분립원칙이다. 3권분립은 권력분립원칙을 현실에서 실현한 구체적 형태로서 권력분립원칙이 3권분립에 한정되는 것은 아니다. 그러나 국가기능을 수행하는 과정에서 능률성이 요청된다. 이를 위해서 권력 집중과 분업을 통한 능률적 국정 수행이 요청된다. 따라서 이러한 요청은 국가권력 남용 가능성에서 국민의 자유와 권리를 보호하려고 요청되는 권력 분산 요청과 조화를 이루어야 한다.

1. 본질

(1) 자유보장원리인 권력분립원칙

국가는 국민의 자유와 권리를 보장하기 위해서 권력을 조직하고 행사하여야 한다. 하지만 권력의 속성 때문에 권력은 남용되어 국민의 자유와 권리를 침해하기 쉽다. 그래서 권력자의 자의적인 권력 행사에서 국민의 자유와 권리를 보호하는 방안이 헌법원리로서 모색되었다. 먼저 국가권력을 법에 따라서 행사할 것을 요청한다. 권력자의 권력 행사를 국민 의사가 반영된 법에 구속시키면 자의적인 권력 행사에서 국민의 기본권을 보장할 수 있다는 것이다. 그러나 권력을 법적 절차에 따라서 행사하는 것만으로 권력자의 자의적인 권력 행사를 막기에 충분하지 않다. 권력 집중은 권력의 부패와 타락을 낳는다는 사실은 역사적 경험을 통해서 충분히 입증되었다. 따라서 권력을 분립시켜 각기 다른 기관에 배분하여야 한다는 권력분립원칙은 역사적 원리로서 법치국가원리의 내용을 이룬다. 법치국가원리의 이념적 구성요소로서 권력분립원칙은 자기목적적 원칙이 아니라 개인의 자유 보장을 목적으로 하는 원칙이다.

(2) 국가조직원리인 권력분립원칙

오늘날 권력분립원칙은 국민의 자유 보장을 위해서 '이미 존재하는 국가권력'을 분립시키고 견제와 균형을 이루게 하는 것으로만 이해되지는 않는다. 현대 민주국가에서는 이미 존재하는(선재된) 국가권력은 (최소한 이론적으로) 인정될 수 없다. 국가권력도 국민이 창설한다. 여기서 국민이 어떠한 조직원리에 기초하여 국가를 건설할 것인지가 문제된다. 권력분립원칙은 국민이 다양한 국가과제를 수행하는 서로 다른 권력으로 국가를 조직하는 원리로서도 기능한다. 국가기능을 둘 이상으로 나누고 각각의 기능을 해당 기능에 맞게 구성된 다른 국가기관에 배정하여 국민의 자유와 권리를 보장하는 국가과제를 수행하도록 한다. 이들 기관은 국가적 과제를 수행하기 위해서 상호협력과 권력균형을 이룸으로써 국가권력을 합리적이고 안정적으로 행사하는 역할을 한다.

Ⅱ. 내용

1. 국가권력의 통일성과 권력분립

모든 (국가)권력은 국민에게서 나온다(헌법 제1조 제2항 후단). 따라서 국민에게 소급될 수 없는, 즉 민주적으로 정당화할 수 없는 국가권력이 있어서는 안 된다. 국가권력은 국가영역 안의 시원적이고 거역할 수 없는 지배권력으로 기능한다. 국가권력은 국가적 속성인 주권을 포괄하는 개념으로 발전하여 국민, 국가영역과 더불어 국가의 본질적 표지이다. 국가권력은 고권((Hoheitsrechte) 개념을 대체한다. 절대국가에서 국가권력은 원칙적으로 무제한이다. 그러나 헌법국가에서 국가권력은 (헌법적으로) 구성된, 즉 '법적으로 조직된 정치적 권력'이나 '국가적 권능과 과제의 총체'를 말한다. 국가는 국가영역 안의 다른 세력과 국가권력을 나눌 수 없다. 국가권력은 오로지 '국가의' 권력일 뿐이다. 이러한 성격을 국가권력의 통일성이라고 한다. 국가는 외국에 대해서 대외적 활동을 할 때도 통일되어야 한다. 대내적으로는 국가권력이 기능별로 그리고 기능담당자별로 짜인다. 이를 통해서 (통일적) 국가권력은 수평적으로 그리고 수직적으로 분해된다. 그러나 각 기관의 기능 수행이 국가에 귀속됨으로써 국가권력은 다시금 통일된다. 하나의 통일적인 지붕 밑에 조직적 · 기능적 · 권한적 다양성이 있다. 국가권력 그 자체가 아니라 오로지 그 행사가 개개 기관을 통한 개별 기능 관점에서 나누어진다.

2. 헌법상 권력분립원칙의 의미

권력분립은 원칙으로서 헌법에 수용된다. 권력분립은 자연법적-시대초월적 효력이 있는 법리가 아니라 역사적인 원칙이다. 한국 헌법의 권력분립원칙도 변형된 것이고, 나름대로의 독특한 특징이 있다.

3. 기능 분립 - 기능의 분리와 기관에 대한 배정

통일적인 국가권력이 특정한, 특히 상호 관련이 있는 여러 기능으로 분할되고 규범적으로 정서된다. 따라서 기능이 분리되고 분리된 기능이 다른 기관에 배정된다. 이러한 점에서 권력분립원칙은 기능질서의 원리, 조직의 원리, 권한 배정의 원리로서 기능한다.

한국 헌법은 3가지 실질적 기능을 규정한다. 즉 헌법 제40조는 입법, 헌법 제66조 제4항은 행정, 헌법 제101조 제1항과 제111조 제1항은 사법을 각각 규정한다. 이는 국가적 활동영역으로서, 즉 조직된 작용통일체로서 국가가 그 목적을 달성하려고 수행하여야 할 과제(임무)로서 기능을 구성(조직)한 것이다. 이러한 3가지 기능은 각 기능의 담당자인 특별한 기관에 행사를 맡겨야 한다. 이때 이 기관도 3분되어야 한다. 실질적 3분에 형식적(기관관련적, 주체관련적) 3분이 상응한다. 즉 기관과 담당자(인)가 분리되어야 한다. 기능수행기관의 수는 3개의 주요기관에 한정할 것을 요구하지는 않는다. 개개의 기관은 다시 기능을 각각 수행하는 3개의 기관그룹으로 집약되기만 하면 된다. 원칙적으로 그 기능을 위해서 특별히 설치된 기능담당자(기관과 기관그룹)가 개개의 실질적 기능에 각각 상응하여야 한다. 이러한 기능 배정은 합리적이고 합목적적이다. 일정한 기관은 자기의 구조나 구성에 따라서 특별히 자기에게 배정되는 임무를 (수행하기) 위해서 설치된다. 즉 입법작용은 국회가, 정치적 지도(통치)와 행정 그리고 그 밖의 집행행위는 정부와 그 이하 관청 그리고 선거관리위원회가, 사법작용은 법원과 헌법재판소가 각각 담당한다. 국회가 행정결정을 하거나 법적 분쟁에 판결을 내려야 한다면 기능 불일치가 극명하게 드러날 것이다. 기능과 기관의 구조는 서로 맞아야 하지 모순되어서는 아니 된다. 기능 분리와 기관 분리는 합리적으로 결합한다. 이러한 상응(관계)은 원칙적으로 인적 차원에서도 이루어져야 한다. 기관담당자는 각기 단 하나의 기능주체(담당자)에만 귀속할 수 있다. 이 원칙은 겸직금지규정으로 실현된다(헌법 제43조, 국회법 제29조).

4. 핵심영역 보호로 축소된 권력분립원칙

헌법의 (국가)조직과 권한 배정은 경직되고(고정적이고) 도식적인 질서에 기초하지 않는다. 권력분립은 오로지 원칙적인 효력(관철)을 요구할 뿐이고, (예외가) 원칙의 본질내용을 침해하지 않으면 예외를 허용한다. 헌법에 따른 권력분립원칙은, '각 기능의 핵심영역을 다른 기능이 침해하는 것에서 지켜주는 원칙'으로 이해된다. 기능의 절대적 분리란 없고, 각 기능주체에 각각의 실질적 기능에 해당하는 활동과 권한의 중점 및 실체를 맡기면 된다. 각 실질적 기능에는 그것이 '본래 자신의 생명적 요소가 되는' (그 실질적 기능이 있을 수 있도록 하는) 하나의 '주담당자(주체)'가 있어야 한다. 해당 기능의 정체성을 형성하는, 해당 기능의 본질 측면에서 전형적인 영역은 해당 기능의 주담당자에 남아 있어야 한다. 기능적 핵심영역 명제는 각각의 기능주체에서 그의 주과제 영역을 공동화하지 않으면서 국가현실에 필요한 정도의 상호교차를 허용한다. 그러나 기능의 핵심영역은 절대적으로 보호되어서 불가침이다. 따라서 기능의 핵심영역이 침해되면 권력분립원칙도 침해된다. 따라서 기능의 핵심영역은 권력분립원칙 침해 여부를 판단하는 중요한 기준이 된다(헌재 1996. 1. 25. 95헌가5). 헌법 개정에 대해서도 그러하다.

어떤 기능의 핵심영역에 무엇이 속하는지를 결정하는 것은 매우 어려운 일이다(제도적 보장과 기본권의 본질내용 보장과 비슷하다). 어쨌든 몇 가지 해석기준은 세워 볼 수 있다. (1) 어떠한 기능도 헌법 스스로가 규정하지 않은 '과도한 비중'을 가질 수 없다. 각 기능은 자기권한 영역 안에 머물러 있어야 한다. 따라서 하나의 기능주체로 권력이 집중되는 것은 (그것이 그에게 '포괄적인' 우위를 부여하는 한) 위헌이다. (2) 핵심영역 보호는 특히 국회와 집행권의 관계에서 의미가 있다. 이 두 권력의 관계가 각 국가의 (정부형태) 특징을 형성한다. 양자 사이의 비중 변동은 양자 사이의 역학관계에서 체계내적으로 정치현실적으로 빈번하게 일어나는데, 극단적일 때 의회절대주의나 대통령권위주의화할 우려가 있다. (3) 사법에 대해서도 효과가 미친다. 헌법 제101조 제1항을 따르면 사법권은 법관(으로 구성된 법원)에만 속하므로, 어떠한 활동이 실질적으로 사법으로 밝혀지면 그를 위해서 특별히 설치된 재판기관에 맡겨야 한다. 그 예외가 허용되어서는 안 된다. 기능 분리가 사법 영역에서는 엄격히 준수되어야 한다.

10 장

정부형태론

Ⅰ. 일반론

정부는 넓은 뜻으로는 국가 그 자체나 국가권력을 행사하는 모든 국가기관의 총칭이고(Government), 좁은 뜻으로는 입법부와 사법부에 대립되는 집행부를 가리킨다(Executive). 그리고 의원내각제에서 정부는 국가원수(군주 혹은 대통령)를 제외한 내각을 의미한다(Cabinet). 또한, 정부는 경제주체인 국가, 즉 국고를 가리키기도 한다(Fiskus). 정부형태는 국가의 권력구조, 즉 권력분립원칙의 조직적 · 구조적 실현형태를 뜻한다. 넓은 뜻의 정부형태는 입법부, 집행부, 사법부를 포괄하는 모든 국가권력(기관)의 관계를 말하고, 좁은 뜻의 정부형태는 집행부의 구성과 조직을 가리킨다. 그러나 일반적 의미의 정부형태는 입법부와 집행부의 관계를 가리킨다. 사법부는 기본적으로 소극적 · 수동적 권력이기 때문이다. 전통적으로 정부형태는 입법부와 집행부의 관계를 중심으로 분류한다. 양자 관계가 절대적 · 경성적 분립관계를 형성하면 대통령제 정부형태로, 상대적 · 연성적 분립관계를 이루면 의원내각제 정부형태로, 융합적 · 위계적 분립관계로 나타나면 의회정부제(회의제)로 분류한다.

Ⅱ. 대통령제 정부형태의 기본형

대통령제는 의회에서 독립하고 의회에 대해서 정치적 책임을 지지 않는 대통령이 국정을 이끌어가고, 대통령에 대해서만 정치적 책임을 지는 국무위원이 구체적인 집행업무를 담당하는 정부형태이다. 입법부와 집행부의 관계가 '상호독립적'이라는 것이 중요한 특징이다. 대통령제에서는 의회가 대통령을 선출하지 않고 대통령을 중심으로 한 집행부 구성원이 의회에 대해서 정치적 책임을 지지 않는 대신, 의회의 조직과 활동도 집행부와 옹글게(완벽하게) 독립해서 독자적으로 이루어지고 대통령에게 의회해산권이 부여되지 않는다. 특히 국민이 직접 선거로 의회뿐 아니라 대통령도 선출한다(2원적 정통성). 따라서 민주적 정당성에 바탕을 두고 조직된 서로 독립한 두 기관이 입법기능과 집행기능을 수행하고 주기적인 선거를 통하여 국민에 대해서만 정치적 책임을 지는 것이 대통령제의 제도본질적 징표이다.

① 집행부 구성원(국무위원)이 의원직을 겸직하는 것은 금지된다.

② 대통령의 의회해산권과 의회의 집행부불신임권이 인정되지 않는다.

③ 집행부에 법률안제출권이 없고, 집행부 구성원은 의회 요구가 없는 한 의회출석 · 발언권이 없다.

다만, 대통령의 법률안거부권은 법률안제출권도 없고 법안 심의 과정 중의 의회출석 · 발언권이 없는 집행부의 의회입법활동 견제권으로 이해할 수 있다.

Ⅲ. 의원내각제 정부형태의 기본형

의원내각제는 의회에서 선출되고 의회에 대해서 정치적 책임을 지는 내각이 국정을 이끌어가는 정부형태로서 입법부(의회)와 집행부(내각)의 관계가 '상호의존적'이라는 것이 중요한 특징이다. 의원내각제에서는 집행부의 장인 수상이 의회에서 선출되고 수상이 인선하는 각료들이 수상의 정책노선에 따라 구체적인 집행업무를 담당하지만, 수상과 함께 내각 전체가 언제나 의회에 대해서 정치적 책임을 지는 것이 제도본질적 징표이다.

① 의회의 내각불신임권(과 내각의 의회해산권)

② 의원직과 각료직의 겸직 허용

③ 내각의 법률안제출권과 각료의 자유로운 의회출석 · 발언권

④ 내각 안에서 수상의 우월적 지위(→ 내각책임제: 영국 - 이른바 '수상정부제')

⑤ 잠재적 여당으로서 소수 보호

Ⅳ. 한국 헌정사에 나타난 정부형태 평가

1. 1948년 헌법(대통령제-신대통령제): 대통령제를 선택하고 간선제에서 출발하여 직선제로 개정하였다. 대통령의 독재 가능성을 잘 보여주었다.

2. 1960년 헌법(의원내각제): 의원내각제를 실험해 본 유일한 기간으로서 의원내각제의 여러 가지 문제점을 드러냈다. 그러나 그 실험기간이 매우 짧고 국내 여건이 여러 가지로 성숙하지 못하였다는 점을 간과할 수 없다.

3. 5 · 16 군사쿠데타 이후의 혁명위원회/국가재건최고회의 - 의회정부(Junta)

4. 1962년 헌법(대통령제-신대통령제): 대통령제를 기본으로 직선제를 실시하였다.

5. 1972년 헌법(신대통령제-전체주의): 대통령 권한을 지나치게 강화한 신대통령제가 출현하였다.

6. 1980년 헌법(신대통령제): 대통령제를 기본으로 하지만 간선제와 단임제를 특징으로 한다.

7. 1987년 헌법(대통령제): 현행 정부의 정부형태

V. 현행 헌법의 정부형태

입법부와 집행부의 관계에 비추어 한국 헌법의 정부형태는 대통령제로 분류하여야 한다. 다만, 대통령제의 기본형(미국)과 다른 특이점은 다시 설명하여야 하는 것일 뿐이다. '한국형'이라는 수식어는 대통령제가 각국의 전통과 상황에 따라 다를 수밖에 없다는 점에서 불필요하다. 그리고 '변형된' 대통령제이나 대통령'중심'제라는 표현은 대통령제와 구별되는 정부형태라는 오해를 유발할 수 있어서 문제가 있고, '절충형'이라는 수식어는 유형을 규정한 것이라기보다는 설명하는 것에 불과하다.

11장 국가기능론

1절 입법
2절 집행
3절 사법

1절
입법

Ⅰ. 입법과 법률

전통적으로 '입법'이라는 용어는 법학에서 '일반적이고 추상적인 법규범 정립'이라는 뜻으로 새겨졌다. 그러나 헌법 제40조의 '입법'은 이러한 개념으로 파악할 수 없다. 행정입법과 사법입법 그리고 자치입법 심지어 헌법의 제·개정까지 국회의 권한에 포함되는 것으로 볼 수 없기 때문이다. 헌법은 법률로써 규율되어야 하는 사항을 규정하는 때(예를 들어 제2조, 제7조 제2항, 제8조 제3항, 제37조 제2항 등)가 있지만, 법률을 규정짓는 사항이나 대상을 규정하지 않는다. 오직 법률을 제정하는 주체와 법률제정절차를 규정할 뿐이다(헌법 제40조, 제52조, 제53조). 따라서 입법자인 국회는 입법 형성의 자유가 있다. 입법 형성의 자유는 국회가 어떤 규율대상을 언제 어떤 내용으로 규율할 것인지를 스스로 결정할 수 있다는 것을 뜻한다. 결국 (형식적) 법률은 국회가 헌법과 법률이 정한 입법절차에 따라 법률 형식으로 제정한 모든 법규범을 말한다(헌법 제40조, 제52조, 제53조). 그리고 입법은 '국가기관이 헌법을 구체화하려고 헌법과 법률이 정한 절차에 따라 성문법규범을 정립하는 작용'으로 볼 수 있다. 이를 따르면 헌법의 제·개정은 입법 개념에서 제외되지만, 행정입법과 사법입법 그리고 자치입법은 입법에 포함된다.

Ⅱ. 국회입법

헌법 제40조의 입법권은 '국가기관이 헌법을 구체화하려고 헌법과 법률이 정한 절차에 따라 성문법규범을 정립할 수 있는 권한'이다. 헌법 제40조는 두 가지 의미로 이해되어야 한다. 먼저 헌법에 다른 규정이 없는 한 원칙적으로 입법권은 국회 권한에 속한다(국회중심입법의 원칙). 따라서 국회는 헌법과 법률에 다른 규정이 있으면 해당 입법권을 행사하지 못할 수도 있고 입법권이 제한될 수도 있다. 그리고 (형식적) 법률은 반드시 국회가 단독으로 의결하여야 한다(국회법률단독의결의 원칙). 따라서 법률 제정에서 본질적이고 핵심적인 과정인 심의와 의결은 국회가 단독으로 행사하여야 한다.

2. 국회입법권의 범위

헌법 제40조를 따르면 헌법에 어긋나지 않는 범위에서 모든 법적 규율사항이 국회의 입법대상이 된다. 그러나 헌법은 입법권을 국회에 독점시키지 않는다. 즉 헌법은 행정입법은 대통령 · 국무총리 · 행정 각부의 장에(헌법 제75조, 제95조), 사법입법은 대법원과 헌법재판소에(헌법 제108조, 제113조 제2항), 선거관리 등에 관한 입법은 중앙선거관리위원회에(헌법 제114조 제6항), 자치입법은 지방자치단체에(헌법 제117조 제1항), 조약체결권 · 긴급명령제정권 · 긴급재정경제명령제정권은 대통령에(헌법 제73조, 제76조) 부여한다.

Ⅲ. 행정입법

1. 의의

행정입법은 입법부가 아닌 행정기관의 입법작용을 가리킨다. ① 전문적 · 기술적 사항에 관한 입법이 증가하였고, ② 사정 변화에 즉응하여 기민하게 적응할 필요가 있으며, ③ 법률의 일반적 규정으로는 지방적 사정과 같은 특수사정을 규율하기가 곤란하고, ④ 객관적 공정성이 요구될 때 국회가 그것을 일괄적으로 처리하는 것이 반드시 적절하지 못한 분야가 있기 때문에 오늘날 행정입법이 요구된다. 행정입법권은 국회 입법권에서 파생되는 입법권이다. 국회 입법권이 1차적인 주된 입법권이고, 행정입법권은 2차적인 부차적 입법권이라서 행정입법권은 국회 입법권에 종속된다.

2. 종류

(1) 본래 행정입법과 자치입법

본래의 행정입법은 대통령 · 국무총리 · 행정 각부의 장 등 중앙행정기관이 제정하는 법규명령을 말한다. 자치입법은 헌법 제117조 제1항에 따라 지방자치단체가 법령 범위 안에서 정립하는 자치에 관한 법규범을 말한다. 자치입법에는 지방자치단체의 의회가 제정하는 조례와 그 장이 제정하는 규칙 그리고 교육감이 법령이나 조례의 범위 안에서 제정하는 교육규칙이 있다.

(2) 대통령령 · 총리령 · 부령

본래 행정입법은 그 제정권자가 누구인지에 따라 대통령령 · 총리령 · 부령으로 나눌 수 있다. 대통령은 헌법 제75조가, 총리령과 부령은 헌법 제95조가 각각 규정한다. 이때의 대통령령 · 총리령 · 부령은 법규명령이지만 법규명령은 다시 위임명령과 집행명령으로 나눈다. 대통령은 총리령과 부령보다 상위에 있으나, 총리령과 부령 사이에는 그런 위계관계가 없다.

(3) 법규명령과 행정규칙

① 법규명령

법규명령은 행정기관이 헌법에 근거하여 국민의 권리 · 의무에 관한 사항을 규정하는 명령을 말한다. 법규는 그 내용이 일반적 · 추상적 규정이어서 일반적 구속력이 있다는 의미이다. 집행부의 법규명령 제정도 실질적으로 입법작용이다. 헌법은 법규명령으로서 대통령령(제75조), 총리령과 부령(제95조)뿐 아니라 국회규칙(제64조 제1항), 대법원규칙(제108조), 헌법재판소규칙(제113조 제2항), 중앙선거관리위원회규칙(제114조 제6항)을 규정한다. 법규명령은 그 내용을 기준으로 하여 위임명령과 집행명령으로 분류되고, 발령

기관을 기준으로 하여 대통령령 · 총리령 · 부령(· 국회규칙 · 대법원규칙 · 헌법재판소규칙 · 중앙선거관리위원회규칙)으로 나눌 수 있다. 법규명령은 일반 국민의 권리 · 의무와 관련이 있는 사항까지 그 대상으로 할 수 있고, 계속적 효력이 있는 추상적 규범이므로 일정한 형식을 구비하여야 한다. 법규명령은 조문 형식을 갖추고, 일자를 명기하고 서명 · 날인하며, 번호를 부여한다('법령 등 공포에 관한 법률' 제7조~제10조). 법규명령은 공포됨으로써 유효하게 성립한다. 법규명령 공포는 관보에 게재함으로써 한다('법령 등 공포에 관한 법률' 제11조, 제12조).

② 행정규칙(행정명령)

행정규칙은 행정기관이 자신의 고유권한으로 헌법적 근거 없이 제정하는, 국민의 권리 · 의무와 직접적인 관계가 없는 비법규사항을 규정한 것으로서, 행정조직 내부에서만 효력이 있을 뿐이고 대외적 구속력이 없다. 법령 위임이 없는데도 법령에 규정된 처분요건에 해당하는 사항을 부령에서 변경하여 규정하면 그 부령 규정은 행정청 내부의 사무처리 기준 등을 정한 것으로서 행정조직 안에서 적용되는 행정규칙의 성격을 지닐 뿐이지 국민에 대한 대외적 구속력은 없다(대법원 2013. 9. 12. 선고 2011두10584 판결). 행정규칙은 행정명령 혹은 행정내규라고도 하며, 그 내용에 따라 조직규칙 · 근무규칙 · 영조물규칙 등이 있고, 그 형식에 따라 훈령 · 예규 · 통첩 · 예시 · 고시 · 일일명령 등이 있다. 행정규칙은 대통령 · 국무총리 · 행정 각부의 장 외에 감사원 · 각원 · 처 · 청의 장 등 일반 행정관청은 물론 국립대학의 총 · 학장 등도 이를 제정할 수 있다. 행정규칙이 구비하여야 할 형식과 절차에 관한 일반규정은 따로 없다. 행정규칙은 일반적 구속력이 없으므로 원칙적으로 공포를 요하지 아니하나, 실무관행은 행정규칙도 공포절차를 거친다.

③ 법규명령과 행정규칙의 비교

법규명령과 행정규칙은 행정기관이 제정하는 명령이라는 점에서 공통성이 있지만, 여러 가지 점에서 구별된다. ⓐ 법규명령은 반드시 헌법에 근거가 있어야 하나, 행정규칙은 헌법적 근거를 필요하지 아니하고 행정기관이 내부적 규범으로 당연히 발할 수 있다. ⓑ 법규명령은 국민의 권리 · 의무와 관계가 있는 사항도 그 대상으로 할 수 있지만, 행정규칙은 국민의 권리 · 의무와 직접 관계가 없는 사항을 그 대상으로 한다. ⓒ 법규명령은 대국민적 구속력이 있는 법규의 성질이 있지만, 행정규칙은 행정기관 내부에서만 효력이 있는 행정내규의 성질이 있다(헌재 1990. 9. 3. 90헌마13; 대법원 1987. 9. 29. 선고 86누484 판결).

(4) 위임명령과 집행명령

① 위임명령

위임명령은 헌법에 근거하고 법률의 위임에 따라 발하는 명령을 말한다. 법률 위임은 일정한 사항에 관하여 법률이 스스로 규정하지 아니하고 명령으로 규정하도록 수권하는 것을 말한다. 헌법 제75조 전단은 "대통령은 법률에서 구체적으로 범위를 정하여 위임받은 사항에 관하여 대통령령을 발할 수 있다."라고 하여, 대통령의 위임명령제정권을 규정한다. 법률 위임에 따르지 아니하고 직접 헌법 수권에 따른 위임명령은 인정되지 아니한다. 위임명령은 법률 위임에 따른 명령이므로, 위임한 법률에 종속한다(법률에 대한 종속성). 위임명령은 법률이 위임한 범위 안에서 법률이 직접 규정하지 아니한 새로운 입법사항도 규정할 수 있으므로, 이 점에서 집행명령과 다르다. 위임명령이 위임받은 사항에 관해서 대강만을 규정하고, 특정 사항을 범위를 정하여 하위명령에 다시 위임하는 것은 무방하다. 그러나 법률에서 위임받은 사항을 전혀 규정하지 아니하고, 그대로 재위임하는 것은 복위임금지의 법리를 인용할 것도 없이, 실질적으로 수권법 내용을 변경하는 결과를 가져오므로 허용되지 않는다(헌재 1996. 2. 29. 94헌마213). 일반적 · 포괄적 위임은 사실적으로 입법권의 백지위임과 다를 것이 없고, 국회입법의 원칙을 부인하는 것이 될 뿐 아니라, 집행부의 독재와 기본권의 무제한적 침해를 초래할 위험이 있으므로, 민주적 법치국가에서는 허용되지 아니한다(포괄위임금지원칙). 헌법도 제75조 전단에서 "대통령은 법률에서 구체적으로 범위를 정하여 위임받은 사항에 관하여 대통령령을 발할 수 있다."라고 하여, 개별적 · 구체적 위임의 형식만을 인정한다. 위임입법이 필요한 분야라고 하더라도 입법권 위임은 법치국가원리와 의회민주주의 · 권력분립원칙에 비추어 구체적으로 범위를 정하여 하는 때만 허용된다. 따라서 헌법도 위임의 범위와 한계에 관해서 '구체적으로' '범위를 정하여'라고 한정한다(제75조).

② 집행명령

집행명령은 헌법에 근거하여 법률을 집행하는 데 필요한 세칙을 정하는 명령을 말한다. 법률을 집행한다는 것은 법률을 구체적인 경우에 적용하여 법을 완성시키는 것을 말한다. 집행명령은 법률 위임 없이도 법률의 실제 집행과 관련하여 필요한 사항을 규율하려고 제정될 수 있지만, 그 내용도 법률에 종속된다. 그리고 법률에서 정하지 않는 입법사항을 집행명령에서 새로이 정할 수 없다(대법원 1990. 9. 28. 선고 89누2493 판결).

2절

집행

Ⅰ. 집행의 의의

집행은 좁은 뜻의 행정과 정치적 지도(통치)를 아우르는 개념이고, 집행권은 좁은 뜻의 행정권과 정치적 지도권(통치권)을 하나로 묶는 개념이다. 집행은 '능동적인 직접적 국가활동'을 가리키는데, 입법은 원칙적으로 정립한 법규범 집행이 필요하고, 사법은 소극적 작용이라는 점에서 구별된다. 집행권에는 '법률의 단순한 집행'에 관한 권한 이외에 고도의 정치적 성격이 있는 '국가적 결단과 정치적 지도'에 관한 권한이 포함된다. 전자를 좁은 뜻의 행정작용이라고 하고, 후자를 정치적 지도작용(통치작용)이라고 한다. 헌법 제66조 제4항의 행정권은 엄밀한 의미에서 좁은 뜻의 행정작용과 정치적 지도작용(통치작용)을 포괄하는 넓은 뜻의 행정권, 즉 집행권을 규정한 것이다.

Ⅱ. 정치적 지도

1. 정치적 지도작용과 통치행위

통치(Regierung)라는 개념은 절대군주가 행사하는 모든 고권을 아우르는 의미로 사용되었다. 이러한 통치는 모든 통제에서 벗어난, 통제받지 않는 군주의 절대적 권위를 상징하였다. 그러나 오늘날 통치는 집행부의 특정한 행위를 가리키는 의미로 새롭게 사용된다. 하지만 군주와 절대권 혹은 절대적 권위라는 군주제의 흔적이 남은 통치라는 용어를 절대적 군주가 더는 자리잡을 수 없는 헌법국가에서 사용하는 것은 적절하지 않으므로 통치 대신 정치적 지도라는 용어를 사용하고자 한다. 정치적 지도는 긴 안목으로 앞날을 예측하고 방향을 설정하고 지휘하며 형성하는 정치적 결단과 관련된 활동이다. 정치적 지도는 국정의 기본방향을 결정하는 국가지도로서 혹은 대내 · 외정책 전체의 책임 있는 지도로서 이해된다.

2. 정치적 지도작용과 통치행위

통치행위는 단순한 법집행적 작용이 아니라 국정의 기본방향을 제시하거나 국가적 이해를 직접 그 대상으로 하는 고도의 정치성을 띤 것으로, 법적 구속 여부와 사법심사 가능성이 명백하지 않은 국가최고기관의 행위를 말한다(헌재 1996. 2. 29. 93헌마186). 통치행위에 대한 사법심사 가능성과 관련하여 부정설에는 ① 통치행위는 정치문제이고 정치문제는 재량행위이므로 사법심사에서 제외된다는 재량행위설, ② 통치행위는 성질에 비추어 헌법상 입법기관이나 행정기관에 맡겨진 사항이므로 권력분립원칙상 사법권의 관여가 허용되지 않는다는 권력분립설, ③ 통치행위가 사법심사 대상에서 제외되는 것은 법원이 다른 국가기관의 고도의 정치성 있는 행위에 관여하는 것을 스스로 자제하기 때문이라는 사법부자제설 등이 있다. 긍정설은 행정소송개괄주의 때문에 행정처분에 대해서 법원이 제한 없이 심사할 수 있고(헌법 제107조 제2항), 국민의 재판청구권이 보장되며(헌법 제27조 제1항), 헌법소원심판을 통해서 모든 공권력이 헌법재판소 심판 대상이 될 수 있으므로(헌법 제111조 제1항 제5호) 통치행위를 인정할 수 없다고 한다. 대법원은 통치행위에 대한 사법심사 가능성을 한정적으로 인정한다(대법원 1997. 4. 17. 선고 96도3376 판결). 헌법재판소는 금융실명제와 관련한 대통령의 긴급재정경제명령에 대한 헌법소원사건에서 고도의 정치적 결단에 따라서 하는 국가작용이라도 그것이 국민의 기본권 침해와 직접 관련이 있으면 헌법재판소 심판 대상이 된다고 하여 적극적인 견해를 취한다(헌재 1996. 2. 29. 93헌마186). 헌법은 법원과 헌법재판소에 사법심사를 할 권한뿐 아니라 사법심사를 하여야 할 의무도 부여한다. 따라서 법원과 헌법재판소는 헌법이 사법심사 대상으로 인정하는 것에 대한 사법심사를 거부할 수 없다. 그래서 헌법에서 어떤 행위에 대한 사법심사를 가능하게 하는 심사기준이 도출된다면 그 행위는 통치행위로 인정될 수 없지만, 그렇지 않다면 통치행위로 인정되어야 할 것이다.

정치적 지도작용은 집행작용 일부로서 국정을 기본방향을 정하는 국가지도작용이지만, 통치행위는 국가행위 가운데 고도의 정치성을 띤 행위로서 사법부가 그 합헌성이나 합법성을 심사하기에 부적합한 행위를 말한다. 정치적 지도작용 중 고도의 정치성을 띤 것은 통치행위에 속할 수 있다. 그러나 통치행위에는 이뿐 아니라 의회의 행위를 비롯한 그 밖의 국가행위도 포함한다. 따라서 정치적 지도작용이라고 당연히 사법심사 대상에서 제외되는 것은 아니다.

Ⅲ. 행정

연혁적인 차원에서 본다면, 입헌주의가 확립되기까지는 절대군주의 통합적 권한 중에서 그때그때의 정치적 요청에 따라 먼저 사법이 분리되고, 그에 이어 입법이 분리된 다음 마지막까지 군주의 수중에 남겨진 작용을 행정이라고 불렀다. 그러나 입헌주의가 확립되고 나서 헌법에 권력분립을 규정할 때, 국가작용의 실질적 성질을 기준으로 국가작용을 입법 · 행정 · 사법작용으로 구분하고, 성질을 달리하는 이들 국가작용을 각기 분리 · 독립된 기관에 담당하게 한다. 그러므로 행정을 입법 · 사법을 제외한 잡다한 국가작용으로 보아서는 안 된다.

행정을 형식적 의미로 이해하여 행정기관이 담당하는 작용을 행정이라고 한다면, ① 그것은 순환논법이 되어 "행정권은 정부에 속한다."라는 헌법 제66조 제4항의 규정은 "행정부의 권한에 속하는 것이 행정부에 속한다."라는 공허한 내용이 되고 만다. 그리고 ② 이러한 인식은 집행부의 관할 사항을 무제한으로 확대함으로써 집행권의 비대화 방지와 집행권에 대한 민주적 통제라는 입헌주의적 정신을 구현할 수 없게 한다. 따라서 행정의 개념은 행정작용의 본질적 특성에 따라 이를 적극적으로 개념규정할 필요가 있다. 행정은 법 아래에서 법의 규제를 받으면서 공공복리나 공익 실현을 목적으로 개별 사안에 대해서 구체적 조치를 취하여 사회관계를 새로이 형성하는 적극적이고 미래지향적인 국가작용이다.

3절

사법

Ⅰ. 사법의 개념

법원의 관장사항을 기준으로 법원이 관장하는 사항이면 그 실질적 성질이나 내용을 불문하고 모두 사법작용으로 보는 형식설은 법원의 개념은 사법의 개념을 통해서만 이해될 수 있다는 점에서 순환논법의 함정에 빠진다. 따라서 형식설을 따를 수 없다. 사법은 입법 및 사법과 맺는 관계 속에서 이해되어야 하므로, 법적인 분쟁해결작용이라는 성질을 중심으로 기관의 독립성도 아울러 고려할 필요가 있다. 따라서 사법은 구체적인 법적 분쟁이 발생하면 당사자가 쟁송을 제기하는 것을 기다려 독립적 지위가 있는 기관이 특별히 규정된 절차에 따라 무엇이 법인지를 판단하고 선언함으로써 법질서를 유지하기 위한 작용으로 보아야 한다. 헌법재판소는 사법의 본질은 법이나 권리에 관한 다툼이 있거나 법이 침해되면 독립적인 법원이 원칙적으로 직접 조사한 증거를 통한 객관적 사실인정을 바탕으로 법을 해석 · 적용하여 유권적인 판단을 내리는 작용이라서 법원이 사법권을 행사하여 분쟁을 해결하는 절차가 가장 대표적인 사법절차이고, 사법절차를 특징지우는 요소로는 판단기관의 독립성 · 공정성, 대심적 심리구조, 당사자의 절차적 권리보장 등을 들 수 있다고 한다(헌재 2001. 3. 15. 2001헌가1등).

헌법 제101조 제1항은 헌법에 다른 규정이 없는 한 법원이 사법권을 독점하는 것이 아니라, 법원이 사법작용에서 중심적인 역할을 하고, 핵심적인 사법권만은 반드시 법원이 행사하여야 한다는 뜻으로 새겨야 할 것이다(법원사법의 원칙). 이때 법원이 반드시 행사하여야 하는 핵심적인 사법권은 헌법 제107조 제2항이 '처분'을 언급하여 행정재판권을 별도로 규정하는 것으로 보아 민사재판권과 형사재판권에 국한하는 것으로 보아야 한다. 결론적으로 헌법 제101조 제1항은 민사재판권과 형사재판권은 반드시 법관으로 구성된 법원이 행사하여야 하는 것으로 해석할 수 있다. 따라서 민사재판권과 형사재판권 이외의 사법권은 헌법에 다른 규정이 없는 한 법률에 따라서 다른 국가기관이 행사할 수도 있다.

Ⅱ. 현행 헌법에 따른 법원사법권의 한계

1. 실정법적 한계

헌법이 다른 국가기관의 권한으로 규정하거나 사법심사 대상에서 제외하는 사항에 대해서는 법원의 사법권이 미치지 아니한다.

2. 권력분립적 한계

(1) 통치행위

통치행위는 단순한 법집행적 작용이 아니라 국정의 기본방향을 제시하거나 국가적 이해를 직접 그 대상으로 하는 고도의 정치성을 띤 것으로, 법적 구속 여부와 사법심사 가능성이 명백하지 않은 국가최고기관의 행위를 말한다. 따라서 통치행위로 인정되는 행위는 사법심사 대상에서 제외된다.

(2) 국회자율: 내부적 규율, 의결정족수, 투표 계산 등

국회의 내부적 규율과 의원의 자격심사 및 징계, 의결정족수와 투표 계산 등 국회의 자율에 속하는 사항은 사법심사 대상이 되지 아니한다(대법원 1972. 1. 18. 선고 71도1845 판결). 헌법도 의원의 자격심사와 징계 및 제명처분에 관해서는 법원에 제소할 수 없도록 한다(헌법 제64조 제1항).

(3) 행정청의 자유재량행위?

'법의 의미가 무엇인지'를 판단하는 합법성 판단에 관한 재량인 기속재량에서 재량 위반은 위법이므로, 당연히 사법심사 대상이 된다. 그리고 재량권을 벗어났는지 남용한 것인지는 심리 결과 비로소 판단될 수 있는 것이므로, '무엇이 합목적적인지'를 판단하는 합목적성 판단에 관한 자유재량행위도 사법심사 대상이 된다(대법원 2000. 3. 23. 선고 98두2768 판결).

(4) 특별공법관계(이른바 특별권력관계) 안에서 내려지는 처분?

특별공법관계(이른바 특별권력관계)에서도 국가는 기본권에 구속된다. 특별공법관계(이른바 특별권력관계)에서 기본권 제한은 ① 특별공법관계(이른바 특별권력관계)의 기초가 헌법 자체에 포함되어 있거나 헌법이 인식할 수 있고 증명할 수 있는 것으로 전제하고, ② 특별공법관계(이른바 특별권력관계)의 특성이 기본권 제한을 필요로 하면, 비례성원칙의 범위 안에서만 정당성이 인정된다. 이러한 점에서 특별공법관계(이른바 특별권력관계) 문제는 기본권 제한의 예외적 허용 여부 문제가 아니라 제한 정도(에 대한 엄격성)의 문제로 보아야 한다. 대법원(대법원 1982. 7. 27. 선고 80누86 판결)과 헌법재판소(헌재 1995. 12. 28. 91헌마80)도 특별공법관계(이른바 특별권력관계)에 기본권 제한의 한계가 적용된다고 한다.

3. 사법본질적 한계

(1) 구체적 사건성

사법권 발동 대상이 되려면 구체적이고 현실적인 권리 · 의무관계에 관한 분쟁, 즉 법적 분쟁이 있어야 한다. 법적 분쟁이 없는 곳에 사법부가 개입할 수 없다. 법질서 유지와 국민 권리 보호가 재판의 본질적 기능이기 때문이다. 따라서 단순한 법적 의문이나 법적 논쟁과 같은 사건성이 없는 때의 추상적 규범 해석은 재판 대상이 되지 아니한다.

(2) 당사자적격

재판을 청구할 수 있는 사람은 공권력으로 말미암아 자신의 권리나 이익을 침해당한 사람이거나 그 쟁송사건에 관하여 법적 이해관계가 있는 사람, 즉 당사자적격을 구비한 자라야 한다. 따라서 제3자의 소 제기는 원칙적으로 배제된다. 그러나 환경소송 · 소비자 권리소송 등 집단적 분쟁에서는 분쟁 당사자가 수천에 이르는 때마저 있을 수 있다. 이러한 때는 당사자적격을 완화할 필요가 있다.

(3) 소의 이익

"이익이 없으면 소권도 없다."라는 법언과 같이 당사자가 그 청구에 관하여 소송을 수행할 실질적 이익이 없으면, 그 사건은 재판 대상이 되지 아니한다. 그러나 소의 이익을 지나치게 엄격하게 해석하면, 그것은 실질적으로 재판 거부와 같은 부작용을 초래할 수 있다. 따라서 헌법소송이나 환경권소송 등에서는 소의 이익을 지나치게 엄격하게 해석하여서는 안 된다.

(4) 사건의 성숙성

소송의 전 과정을 통하여 소송당사자 사이에 현재 쟁송이 있어야 한다. 즉 사법권은 현재의 사건만을 심사할 수 있고 앞날 문제를 심사할 수 없는 것이 원칙이다. 아직 구체적인 사건으로 성숙되지 아니한 앞날 문제는 사법권 발동 대상이 되지 아니한다. 그러나 앞날의 불명확 · 불안정을 제거하는 이익도 제소요건이 되는 때가 있으므로, 이점은 법원의 본안심리에서 고려되어야 한다.

Ⅲ. 사법권 독립

1. 의의

사법권 독립은 형식적 의미에서는 권력분립 차원에서 사법부를 입법부와 집행부에서 조직상 그리고 운영상 분리 · 독립시킨다는 것을 뜻한다. 하지만 실질적 의미에서는 사법권을 행사하는 법관이 구체적 사건을 재판할 때, 누구의 지시나 명령에도 구속당하지 아니하고 독자적으로 심판한다는 원리를 말한다. 사법권 독립은 궁극적으로 재판독립원칙이나 판결의 자유를 목표로 하는 것이고, 재판(심판)독립원칙이나 판결의 자유는 입법부나 집행부에서 법원의 독립, 법원의 자율성, 구체적 재판에서 내외적 간섭을 받지 아니하는 법관의 재판상 독립과 신분상 독립을 통해서 실현된다. 사법권 독립은 그 자체가 목적이 아니라 공정하고 정당한 재판을 통해서 인권 보장과 법질서 유지 및 헌법 수호라는 목적을 달성하려는 수단적 헌법원리이다.

2. 법원의 독립

사법권 독립에서 법원의 독립은 권력분립을 규정하는 헌법이면 당연한 것으로 간주된다. 법원의 독립은 권력분립원칙에 따라 공정한 재판을 사명으로 하는 법원이 그 조직 · 운영과 기능 측면에서 입법부와 집행부 등에서 독립하여야 한다는 것을 뜻한다. 헌법 제101조 제1항이 권력분립 측면에서 "사법권은 법관으로 구성된 법원에 속한다."라고 하는 것도 법원의 조직 · 운영 및 기능 측면에서 독립을 강조한 것이다. 법원의 독립은 권력분립원칙에 따라 법원이 국회와 정부에서 독립하여 상호 견제와 균형을 이룰 것을 내용으로 한다.

3. 법관의 독립

법관의 독립은 직무상 독립과 신분상 독립으로 이루어진다. 법관의 신분상 독립은 법관의 직무상 독립을 보장하려는 수단적 의미가 있다(헌재 1992. 11. 12. 91헌가2). 법관이 재판에 관한 직무를 수행할 때 오로지 헌법과 법률 그리고 자신의 양심을 따를 뿐이지, 국회나 집행부는 물론 사법부 안에서도 상급법원이나 소속 법원장의 지시 또는 명령을 받지 않고, 소송당사자나 그 밖의 사회적 · 정치적 세력에서도 영향을 받지 않아야 한다. 이를 법관의 재판상 독립이나 직무상 독립이라고 한다. 헌법은 제103조에서 "법관은 헌법과 법률에 의하여 그 양심에 따라 독립하여 심판한다."라고 하여, 법관의 직무상(재판상) 독립을 보장한다. 1919년 9월 11일 제정된 대한민국 임시헌법 제45조와 1944년 4월 22일 제정된 대한민국 임시헌장 제51조도 법관의 독립에 관해서 규정하였다. 법관의 직무상 독립은 ① 헌법과 법률 및 양심에 따른 심판과 ② 내 · 외부작용에서 독립한 심판을 내용으로 한다. 법관의 신분상 독립은 재판의 독립을 확보하기 위해서 법관의 인사 독립과 법관의 자격과 임기를 법률로 규정함으로써 법관의 신분을 보장한다는 것을 뜻한다. 재판의 독립은 결국 재판을 담당하는 법관의 독립을 본질로 하고, 법관의 독립은 법관의 신분이 보장될 때만 가능하기 때문이다.

12장 국가기관론

1절

국가와 국가기관

국가기관은 국가작용을 담당하는 기관으로서 국가의사를 결정하고 표시하여 집행한다. 국가기관은 (공)법인으로서 구성원인 국민과 별개의 독자적인 권리와 의무의 주체이다. 현대 국가(의 조직)는 수많은 기관이 있고, 그들이 함께 작용함으로써 생명력을 유지한다. 기관은 특정 법적 주체(귀속주체)를 위해서 활동하는데 기관의 행위는 그 주체에 귀속된다. 따라서 국가기관의 행위는 국가에 귀속된다. 국민은 국민주권원칙(헌법 제1조 제2항)에 따라 주권을 보유하지만, 국민은 추상적 통일체이므로 국민의 의사를 현실적으로 실현하려면 제도적 장치가 필요하다. 이러한 제도적 장치가 국가기관이다.

2절
국민

국민은 국가의 구성요소이며, 주권자 · 기본권 주체 · 피치자의 지위가 있다. 그리고 이념적 통일체인 국민이 최고의 독립성을 가지고 국가의사를 불가분적으로 결정하여야 한다는 주장은 하나의 의제이며 허구에 지나지 않는다. 오늘날 국민주권은 과거와는 다른 의미, 곧 자주적 국가질서의 기본적인 전제를 형성하는 것으로 이해되므로, 국민주권은 국가질서의 정당성에 대한 근거나 기준으로 작용하며 국가질서가 지향하여야 할 바를 제시한다. 따라서 국민주권원칙은 소극적으로는 어떠한 형태의 군주국도, 전체주의적 또는 독재적 국가행태도 부정되어야 함을 뜻하고, 적극적으로는 대한민국의 국가질서가 자유국가적 · 국민국가적 질서라야 한다는 것을 뜻할 뿐 아니라 국가권력의 정당성이 국민에게만 있고, 모든 국가권력 행사를 최종적으로 국민의 의사에 귀착시킬 수 있다는 뜻이지, 국민이 직접 국가권력을 행사한다거나 직접 국가작용을 담당한다는 뜻이 아니다. 따라서 국민은 국가기관을 구성할 수는 있어도 국가기관 자체일 수는 없다.

3절

헌법상 국가기관

Ⅰ. 국회와 (그 구성원인) 국회의원

1. 의회주의

의회주의는 의회가 국민의 대표기관으로서 국가의사를 결정하고 국정 운영의 중심이 되어야 한다는 지배의 원리를 말한다. 의원내각제는 의회주의와 대의의 이념에 입각해서 의회 중심의 책임정치를 일상적으로 실현하려는 권력분립원칙의 실현형태인 정부형태의 하나이고, 의회민주주의는 보통 의원내각제를 가리키므로 의회주의와 구별된다. 의회주의는 ① 다양한 국민의사의 통합 · 조정과 국가정책 결정 과정에 그 의사를 반영하는 기능, ② 의회의 의사 결정 과정 공개를 통한 정치교육기능, ③ 주권자인 국민을 대표하여 집행부의 활동을 감시하는 기능을 수행한다. 국민을 대표하는 의원이 국정에 관해서 자유로이 의견을 개진하고 토론과 반론의 과정을 거치면서 국정의 방향과 내용을 결정하는 것이 의회주의의 본질이다. 그에 따라 ① 국민대표의 원리, ② 공개성과 이성적 토론, ③ 다수결원칙이 그 핵심원리로 자리 잡는다.

2. 의회 구성

의회를 구성할 때 하나의 합의체로 할 것이지 아니면 두 개의 합의체로 할 것인지에 따라 의회의 구성형태는 단원제와 양원제로 나뉜다. ① 양원제는 의회를 두 개의 합의체로 구성하고 각각 독립적으로 활동하게 하는 제도이다. 의회 안에서 권력분립을 실현하여 의회 독재를 막을 수 있고, 대표성 기반을 넓힘으로써 민주(국가)원리(민주주의)에 충실할 수 있으며, 신중한 의안 처리가 가능하게 하여 다수자의 자의에 따른 경솔한 입법을 시정할 수 있고, 상원이 하원과 정부 사이에서 완충역할을 할 수 있으며, 상원이 특수이익을 대변할 수 있고, 연방국가적 구조를 반영할 수 있다는 점 등이 양원제의 장점이다. ② 단원제는 의회가 하나의 합의체로 구성되는 의회제도이다. 이는 민주(국가)원리(민주주의)에 충실한 것이다. 신속하고 능률적으로 의안을 심의할 수 있고, 정부에 대한 의회의 지위를 강화할 수 있으며, 의회의 책임 소재를 명확하게 밝히고, 국비를 절감할 수 있다는 점 등이 단원제의 장점이다.

1948년 헌법은 의회 구성방식으로 단원제를 채택하였다. 1952년 헌법에서 양원제를 채택하였는데도 4 · 19 혁명 때까지 참의원선거를 치르지 않고 단원제로 운영되었다. 따라서 양원이 구성된 것은 1960년 헌법 아래에서였다. 1962년 헌법에서는 다시 단원제로 환원되었고, 1972년 헌법과 1980년 헌법 그리고 1987년 헌법도 단원제를 채택하였다.

3. 국회

(1) 헌법적 지위

① 국회는 대의기관으로서, 국민의사를 토론과 표결을 통해서 결정하는 합의체의사결정기관의 지위가 있다(국민대표기관). ② 국회의 입법권은 국회의 전통적이고 대표적인 기능이다. 따라서 국회의 입법기관이라는 지위는 국회의 가장 본질적이고 고유한 지위이다. 그리고 ③ 오늘날 국회의 실질적인 중요 기능은 국정에 대한 통제이다(국정통제기관).

(2) 구성과 조직 그리고 운영 · 의사절차

① 구성

국회는 국민이 직접 선출한 임기 4년의 국회의원으로 구성된다(헌법 제41조 제1항, 제42조). 국회의원 수는 법률로 정한다. 헌법은 국회의원 수의 하한을 200명으로 정한다

(헌법 제41조 제2항). 헌법은 국회의원 선출방법으로 지역선거구의 다수대표제와 전국구의 비례대표제를 혼합하는 방법을 제시한다(헌법 제41조 제3항). 현재 국회의원의 정수는 300명이다(공직선거법 제21조 제1항). 현재 국회의원 지역선거구는 253개이다(공직선거법 별표 1). 공직선거법은 지역구에서 1명의 국회의원을 선출하는 소선거구제를 채택한다. 전국을 단위로 선출되는 비례대표 의원의 정수는 47명이다.

정당이 비례대표 의석 배분에 참여하려면 임기만료에 따른 비례대표국회의원선거에서 전국 유효투표총수의 100분의 3 이상을 득표하거나 임기만료에 따른 지역구국회의원선거에서 5 이상의 의석을 차지하여야 한다(공직선거법 제189조 제1항). 비례대표의석은 지역선거구에서 유권자가 정당에 투표하는 득표비율에 따라 배분한다. 득표비율은 각 의석할당정당 득표수를 모든 의석할당정당이 얻은 득표수 합계로 나누어 산출한다(공직선거법 제189조 제3항). 비례대표 국회의원에 궐원이 생기면 궐원된 의원이 선거 당시에 소속한 정당의 비례대표 국회의원 후보자명부에 기재된 순위에 따라 국회의원 의석을 승계한다(공직선거법 제200조 제2항). 다만, 의석을 승계할 후보자를 추천한 정당이 해산되거나 임기만료일 전 120일 이내에 궐원이 생긴 때에는 의석을 승계할 사람을 정하지 아니한다(공직선거법 제200조 제3항). 헌법재판소는 임기만료일 전 180일 이내에 비례대표 국회의원에 궐원이 생긴 때를 비례대표 국회의원 의석승계 제한사유로 하는 것은 선거권자의 의사를 무시하고 왜곡하는 결과를 낳을 수 있고, 의회의 정상적인 기능 수행에 장애가 될 수 있다는 점에서 헌법의 기본원리인 대의제 민주주의 원리에 부합되지 않는다고 하였다(헌재 2009. 6. 25. 2008헌마413). 구 공직선거법 제200조 제2항 단서는 당선인의 선거범죄로 말미암은 당선무효인 때에도 의석 승계를 제한하였으나, 헌법재판소가 비례대표 지방의회의원 당선인이 선거범죄로 의원직을 상실하여 결원이 생긴 때 후보자명부에 기재된 순위에 따른 승계를 인정하지 않는 것은 대의제 민주주의원리에 위배된다고 하여(헌재 2009. 6. 25. 2007헌마40) 이러한 내용이 삭제되었다.

지역선거구에 후보자가 없는 때, 당선인이 없는 때, 선거의 전부무효 판결이나 결정이 있는 때, 당선인이 임기 개시 전에 사퇴하거나 사망한 때, 당선인이 임기 개시 전에 공직선거법 제192조 피선거권 상실로 말미암아 당선의 효력이 상실되거나 당선이 무효로 된 때, 공직선거법 제263조(선기비용 초과지출), 제264조(당선인의 선거범죄), 제265조(선거사무장 등의 선거범죄)에 따라 당선이 무효로 된 때는 재선거를 실시한다(공직선거법 제195

조). 지역구 국회의원에 궐원이나 궐위가 생기면 보궐선거를 실시한다(공직선거법 제200조 제1항). 다만, 보궐선거는 보궐선거일부터 임기만료일까지의 기간이 1년 미만일 때에는 실시하지 않을 수 있다(공직선거법 제201조 제1항).

② 조직

(ⅰ) 국회의장과 부의장

국회에는 국회를 대표하는 1명의 국회의장과 2명의 부의장을 둔다(헌법 제48조). 이들의 임기는 2년이다. 다만, 국회의원 총선거 후 처음 선출된 의장과 부의장의 임기는 그 선출된 날부터 개시하여 의원 임기 개시 후 2년이 되는 날까지로 한다(국회법 제9조 제1항). 의장과 부의장은 국회에서 무기명투표로 선출한다. 당선을 위해서는 재적의원 과반수 득표를 얻어야 한다(국회법 제15조 제1항). 재적의원 과반수 득표자가 없으면 2차투표를 하고, 2차투표에서도 당선자가 없으면 최고득표자와 차점자에 대해서 결선투표를 하여 다수득표자를 당선자로 한다(국회법 제15조 제3항). 의장이나 부의장이 궐위되거나 의장과 부의장이 모두 궐위되면 즉시 보궐선거를 실시한다(국회법 제16조). 보궐선거를 통해서 당선된 의장과 부의장의 임기는 전임자의 잔임기간이다(국회법 제9조 제2항).

의장이 사고가 있으면 의장이 지정하는 부의장이 그 직무를 대리하고(국회법 제12조 제1항), 의장이 심신상실 등 부득이한 사유로 의사를 표시할 수 없게 되어 직무대리자를 지정할 수 없으면 소속 의원 수가 많은 교섭단체 소속인 부의장의 순으로 의장 직무를 대행한다(국회법 제12조 제2항). 의장과 부의장이 모두 사고가 있으면 임시의장을 선출하여 의장 직무를 대행하게 한다(국회법 제13조). 총선 후 최초의 임시회 집회(의원 임기 개시 후 7일에 집회)는 국회 사무총장이 공고한다(국회법 제14조). ⓐ 국회의원 총선거 후 최초 집회에서 의장과 부의장을 선거할 때, ⓑ 처음 선출된 의장이나 부의장의 임기가 만료되는 때 그 임기만료일 전 5일에 의장과 부의장의 선거를 실시하지 못하여 그 임기 만료 후 의장과 부의장을 선거할 때, ⓒ 의장과 부의장이 모두 궐위되어 그 보궐선거를 할 때, ⓓ 의장이나 부의장의 보궐선거에서 의장과 부의장이 모두 사고가 있을 때, ⓔ 의장과 부의장이 모두 사고가 있어 임시의장을 선거할 때는 출석의원 중 최다선의원이, 최다선의원이 2명 이상이면 그중 연장자가 의장 직무를 대행한다(국회법 제18조). 다만, 국회의원 총선거 후 의장이나 부의장이 선출될 때까지는 사무총장이 임시회 집회 공고에 관해서 의장 직무를 대행한다. 처음 선출된 의장과 부의장의 임기만료일까지 부득이한 사유로 의장이나 부의장을 선출하지 못한 때와 폐회 중에 의장과 부의장이 모두 궐위된 때도 마찬가지이다(국회법 제14조).

국회의 초당파적 운영을 위해서 국회의장은 당선된 다음 날부터 당적을 보유할 수 없다. 이는 의장이 당파성 없이 중립적인 의사 정리를 수행할 수 있도록 하기 위함이다. 다만, 국회의원총선거에 출마하려고 정당 추천을 받고자 할 때는 의원 임기만료일 전 90일부터 당적을 가질 수 있다(국회법 제20조의2 제1항). 비례대표 의원이 의장으로 당선되면 당적을 이탈하더라도 의원직은 유지된다(공직선거법 제192조 제4항 단서). 의장 임기가 만료되면 당적 이탈 당시 소속 정당으로 복귀한다(국회법 제20조의2 제2항).

국회의장은 국회를 대표하고 의사를 정리하며, 질서를 유지하고 사무를 감독한다(국회법 제10조). 그에 따라 의장에게는 임시회집회공고권(국회법 제5조), 의사일정작성 · 변경권(국회법 제76조 이하), 국회에서 의결된 의안의 정부이송권(국회법 제98조 제1항), 대통령이 확정법률을 공포하지 않을 때의 법률공포권(헌법 제53조 제6항, 국회법 제98조 제2항), 의원에 대한 청가수리권(국회법 제32조 제1항), 폐회 중의 의원사직허가권(국회법 제135조 제1항 단서), 원내 및 회의의 질서유지에 관한 권한(국회법 제145조), 방청허가권(국회법 제152조) 등의 권한이 주어진다.

의장과 부의장의 사임에는 국회 동의가 필요하다(국회법 제19조). 그리고 의장과 부의장은 특별히 법률이 정한 때를 제외하고는 의원 외의 직을 겸할 수 없다(국회법 제20조 제1항). 따라서 의장과 부의장은 일반 의원과는 달리 국무위원직을 겸할 수 없다. 다른 직을 겸한 의원이 의장이나 부의장으로 당선되면 당선된 날에 그 직에서 해직된 것으로 본다(국회법 제20조 제2항).

(ii) 국회사무처, 국회도서관, 국회예산정책처, 국회입법조사처

ⓐ 국회에 입법 · 예산결산심의 등의 활동을 지원하고 행정사무를 처리하려고 사무처를 둔다(국회법 제21조). 그리고 ⓑ 국회의 도서와 입법자료에 관한 사무를 처리하려고 국회도서관을 둔다(국회법 제22조). ⓒ 국회의 가장 중요한 기능인 예산심의 확정과 그 밖의 재정통제를 보조하려고 국회예산정책처를 둔다(국회법 제22조의2). 국회예산정책처는 국가의 예산결산 · 기금 및 재정운용과 관련된 사항에 관해서 연구분석 · 평가하고 의정활동을 지원한다. ⓓ 국회의 입법 및 정책과 관련된 사항을 조사 · 연구하고 관련 정보와

자료를 제공하는 것 등 입법정보서비스와 관련된 의정활동을 지원하려고 국회입법조사처를 둔다(국회법 제22조의3).

③ 운영과 의사절차의 원칙

(ⅰ) 교섭단체와 위원회

ⓐ 교섭단체

국회에 20명 이상 소속 의원이 있는 정당은 하나의 교섭단체를 구성한다. 그러나 동일정당 소속 의원이 아니라도 20명 이상으로 교섭단체를 구성할 수 있다(국회법 제33조 제1항). 교섭단체는 원내발언 순서나 상임위원회 위원 배정 등의 권한이 있다. 교섭단체에는 의원총회와 대표의원(원내총무나 원내대표)을 둔다. 각 교섭단체 대표의원은 국회운영위원회 위원이 된다(국회법 제39조 제2항). 교섭단체 대표의원은 그 단체의 소속 의원이 연서·날인한 명부를 의장에게 제출하여야 하고, 그 소속 의원에 이동(異動)이 있거나 소속 정당 변경이 있으면 그 사실을 즉시 의장에게 보고하여야 한다. 다만, 특별한 사유가 있으면 해당 의원이 관계 서류를 첨부하여 이를 보고할 수 있다(국회법 제33조 제2항). 어느 교섭단체에도 속하지 아니하는 의원이 당적을 취득하거나 소속 정당을 변경하면 그 사실을 즉시 의장에게 보고하여야 한다(국회법 제33조 제3항).

ⓑ 위원회

위원회는 예비적 심사기관으로서 회부된 안건을 심사하고 그 결과를 본회의에 보고하는, 소수 국회의원으로 구성된 국회 내부기관이다. 국회 심의사항이 양적으로 증가하고 질적으로 전문성을 띠게 됨에 따라 심의 효율성을 높이려고 국회는 위원회 중심으로 운영된다(위원회 중심주의: 헌재 2003. 10. 30. 2002헌라1). 국회가 위원회 중심으로 운영되는 이유는 ㉠ 모든 사항을 의원 전원이 참여한 가운데 숙의하기에는 구성원이 너무 많고, ㉡ 입법사무가 양적으로 방대하고 안건이 산적한 오늘날 의회에서 모든 문제를 본회의에서 심의한다는 것은 현실적으로 불가능하며, ㉢ 선출된 의원은 특수문제의 전문가로서 선출된 것이 아니기 때문이다. 위원회는 본회의 의사 진행을 원활하게 할 목적으로 구성된 소수 의원의 합의체기관을 말한다. 위원회는 상임위원회와 특별위원회 두 종류가 있다(국회법 제35조).

상임위원회는 일정한 의안을 심의하려고 소관 사항별로 설치된 상시의 위원회를 말한다. 상임위원회는 국회운영위원회에 집행부의 부처 분류에 상응하여 설치한 16개 위원회를 합쳐 총 17개가 설치된다. 의장은 어느 상임위원회에도 속하지 아니하는 사항은 국회운영위원회와 협의하여 소관 상임위원회를 정한다(국회법 제37조 제2항). 상임위원회 위원정수는 국회규칙으로 정하지만, 정보위원회 위원정수는 12명으로 한다(국회법 제38조).

상임위원은 교섭단체 소속 위원수의 비율에 따라서 각 교섭단체 대표의원 요청으로 의장이 선임 및 개선한다(국회법 제48조 제1항). 헌법재판소는 국회의원 의사에 어긋나게 기존 상임위원회 위원을 사임시키는 행위는 정당 내부의 사실적 강제로서 국회의원의 권한을 침해하지 않는다고 한다(헌재 2003. 10. 30. 2002헌라1). 교섭단체에 속하지 않은 의원의 상임위원 선임은 의장이 한다(국회법 제48조 제2항). 상임위원 임기는 2년이다. 다만, 국회의원 총선거 후 처음 선임된 위원 임기는 선임된 날부터 개시하여 의원의 임기 개시 후 2년이 되는 날까지로 한다(국회법 제40조 제1항). 보임되거나 개선된 상임위원 임기는 전임자 임기의 남은 기간으로 한다(국회법 제40조 제2항). 의원은 둘 이상의 상임위원회 위원이 될 수 있다(국회법 제39조 제1항). 국회의장은 상임위원이 될 수 없다(국회법 제39조 제3항). 다만, 국무총리나 국무위원의 직을 겸한 의원은 상임위원을 사임할 수 있다(국회법 제39조 제4항). 각 교섭단체 대표의원은 국회운영위원회와 정보위원회의 위원이 된다(국회법 제39조 제2항, 제48조 제3항). 의장과 교섭단체 대표의원은 의원을 상임위원회 위원으로 선임하는 것이 공정을 기할 수 없는 뚜렷한 사유가 있다고 인정하면 해당 상임위원회 위원으로 선임하거나 선임을 요청해서는 아니 된다(국회법 제48조 제7항). 상임위원회 위원장은 해당 상임위원 중에서 임시의장의 예에 준하여 국회 본회의에서 선출한다(국회법 제17조, 제41조 제2항). 상임위원회에는 각 교섭단체별로 간사 1명을 두고, 간사는 위원회에서 호선한다(국회법 제50조). 국회의장은 상임위원회 구성원이 될 수 없고, 위원회에서 출석 · 발언할 수 있으나 표결권은 없다(국회법 제11조).

상임위원회는 매월 2회 이상 개회한다(정례회의). 다만, 해당 위원회의 국정감사나 국정조사 실시기간과 그 밖에 회의를 개회하기 어렵다고 의장이 인정하는 기간에는 그러하지 아니하다(국회법 제49조의2 제2항). 그러나 국회운영위원회, 정보위원회, 여성가족위원회, 특별위원회 및 예산결산특별위원회에서는 위원장이 개회 횟수를 달리 정할 수 있다(국회법 제49조의2 제3항). 위원회는 본회의 의결이 있거나 의장이 필요하다고 인정하여 각 교섭단체 대표의원과 협의한 때를 제외하고는 본회의 중에는 개회할 수 없다. 다만, 국회운영위원회는 그러하지 아니하다(국회법 제56조). 위원회는 재적위원 5분의 1 이상 출석으로 개회하고, 재적위원 과반수 출석과 출석위원 과반수 찬성으로 의결한다(국회법 제54조).

국회는 수개의 상임위원회 소관과 관련되거나 특히 필요하다고 인정한 안건을 효율적으로 심사하려고 본회의 의결로 특별위원회를 둘 수 있다(국회법 제44조 제1항). 특별위원회를 구성할 때는 그 활동기한을 정하여야 한다. 다만, 본회의 의결로 그 기간을 연장할 수 있다(국회법 제44조 제2항). 특별위원회는 활동기한 종료 시까지 존속한다. 다만, 활동기한 종료 시까지 법제사법위원회에 체계 · 자구 심사를 의뢰하였거나 심사보고서를 제출하면 해당 안건이 본회의에서 의결될 때까지 존속하는 것으로 본다(국회법 제44조 제3항). 이러한 특별위원회가 일반특별위원회이다. 일반특별위원회 외에 임기 1년에 50명으로 구성되는 예산결산특별위원회(국회법 제45조)와 윤리특별위원회(국회법 제46조), 윤리심사자문위원회(국회법 제46조의2)가 있다. 그 밖에 처음부터 활동기간을 정하고 그 활동기한 종료 시까지만 존속하는 한시적인 비상설특별위원회로 인사청문특별위원회(국회법 제46조의3)가 있다. 특별위원회 위원도 상임위원회 위원과 마찬가지로 교섭단체 소속 의원 수의 비율에 따라 국회의장이 선임하고(국회법 제48조 제4항), 특별위원회에 위원장은 1명을 두되, 위원회에서 호선하고 본회의에 보고한다(국회법 제47조 제1항). 다만, 예산결산특별위원회 위원장은 예산결산특별위원회 위원 가운데서 임시의장 선거의 예에 준해서 본회의에서 선거한다(국회법 제45조 제4항). 특별위원회 위원장이 선임될 때까지는 위원 중 연장자가 직무를 대행한다(국회법 제47조 제2항). 특별위원회 위원장은 그 특별위원회 동의를 받아 그 직을 사임할 수 있다. 다만, 폐회 중에는 의장 허가를 받아 사임할 수 있다(국회법 제47조 제3항).

소위원회는 상임위원회나 특별위원회에서 파생된 일종의 소특별위원회적인 성격이 있다. 소위원회제도는 상임위원회나 특별위원회의 급증하는 업무 부담을 효과적으로 수행하기 위한 하나의 방편으로 생겨났다. 소위원회에는 특정한 안건 심사를 위해서 각 위원회가 둘 수 있는 소위원회인 비상설소위원회와 상임위원회가 그 소관사항을 분담 · 심사하려고 항시 설치 · 가동하는 소위원회인 상설소위원회가 있다(국회법 제57조 제1항). 정보위원회를 제외한 각 상임위원회는 소관 법률안 심사를 분담하는 둘 이상의 소위원회를 둘 수 있다(국회법 제57조 제2항). 소위원회 위원장은 위원회에서 소위원회 위원 중에서 선출하고 이를 본회의에 보고하며, 소위원회 위원장이 사고가 있으면 소위원회 위원장이 소위원회 위원 중에서 지정하는 위원이 그 직무를 대리한다(국회법 제57조 제3항). 소위원회 활동은 위원회가 의결로 정하는 범위에 한정한다(국회법 제57조 제4항). 소위원회 회의는 공개한다. 다만, 소위원회 의결로 공개하지 아니할 수 있다(국회법 제57조 제5항). 소위원회는 폐회 중에도 활동할 수 있고, 법률안을 심사하는 소위원회는 매월 3회 이상 개회한다. 다만, 국회운영위원회, 정보위원회 및 여성가족위원회의 법률안을 심사하는 소위원회는 소위원장이 개회 횟수를 달리 정할 수 있다(국회법 제57조 제6항). 소위원회에 관해서는 국회법에서 다르게 정하거나 성질에 반하지 아니하는 한 위원회에 관한 규정을 적용한다. 다만, 소위원회는 축조심사(逐條審査)를 생략하여서는 아니 된다(국회법 제57조 제8항). 예산결산특별위원회는 소위원회 외에 심사를 위해서 필요하면 이를 여러 개의 분과위원회로 나눌 수 있다(국회법 제57조 제9항).

전원위원회는 국회의원 전원으로 구성되는 위원회이다. 전원위원회는 위원회 심사를 거치거나 위원회가 제안한 의안 중 정부조직에 관한 법률안, 조세 또는 국민에게 부담을 두는 법률안 등 주요 의안을 심사한다. 국회는 주요 의안 본회의 상정 전이나 본회의 상정 후에 재적의원 4분의 1 이상 요구가 있을 때 전원위원회를 개회할 수 있다. 다만, 의장은 주요 의안 심의 등 필요하다고 인정하면 각 교섭단체 대표의원 동의를 받아 전원위원회를 개회하지 아니할 수 있다(국회법 제63조의2 제1항). 전원위원회는 의안에 대한 수정안을 제출할 수 있는데, 이때 해당 수정안은 전원위원장이 제안자가 된다(국회법 제63조의2 제2항). 전원위원회에 위원장을 1명 두되, 의장이 지명하는 부의장으로 한다(국회법 제63조의2 제3항). 전원위원회는 재적위원 5분의 1 이상 출석으로 개회하고, 재적위원 4분의 1 이상 출석과 출석위원 과반수 찬성으로 의결한다(국회법 제63조의2 제4항).

둘 이상의 위원회가 연석하여 개최하는 연석회의는 일종의 의견조정장치이므로, 독립위원회가 아니다. 따라서 토론은 할 수 있으나 표결은 할 수 없다(국회법 제63조 제1항). 연석회의를 열려는 위원회는 위원장이 부의할 안건명과 이유를 서면에 적어 다른 위원회의 위원장에게 요구하여야 한다(국회법 제63조 제2항). 연석회의는 안건의 소관 위원회 회의로 한다(국회법 제63조 제3항). 세입예산안과 관련 있는 법안을 회부받은 위원회는 예산결산특별위원회 위원장 요청이 있으면 연석회의를 열어야 한다(국회법 제63조 제4항).

소관 상임위원회가 기획재정부 소관에 속하는 재정 관련 법률안을 예산결산특별위원회와 협의하여 심사할 때 예산결산특별위원장 요청이 있으면 연석회의를 열어야 한다(국회법 제83조의2 제3항).

위원회는 본회의 의결이 있거나 의장이나 위원장이 필요하다고 인정할 때, 재적위원 4분의 1 이상 요구가 있을 때 개회한다(국회법 제52조). 위원회는 본회의 의결이 있거나 의장이 필요하다고 인정하여 각 교섭단체 대표의원과 협의한 때를 제외하고는 본회의 중에는 개회할 수 없다. 다만, 국회운영위원회는 그러하지 아니하다(국회법 제56조). 상임위원회는 폐회 중에도 최소한 월 2회(정보위원회는 월 1회), 상임위원회(소위원회 포함)는 3월 · 5월(폐회 중에 한정)의 세 번째 월요일부터 한 주간 정례적으로 개회(정례회의)한다. 다만, 국회운영위원회는 그렇지 아니하고, 정보위원회는 3월 · 5월에 월 1회 이상 개회한다(국회법 제53조 제1항). 위원회는 재적위원 5분의 1 이상 출석으로 개의하고, 재적위원 과반수 출석과 출석위원 과반수 찬성으로 의결한다(국회법 제54조).

(ⅱ) 국회의 회의

ⓐ 입법기와 회기

입법기는 국회의원 총선거로 구성된 국회의원의 임기개시일부터 해당 국회의원 임기가 종료될 때까지 또는 국회가 해산되기까지의 기간을 말한다. 이와 비교해서 회기는 같은 입법기에서 회의가 개회되어 폐회될 때까지의 기간을 말한다. 국회는 회기 중이라도 의결로 일정한 기간을 정하여 활동을 중지할 수 있다(휴회). 그러나 휴회 중이라도 대통령 요구가 있거나 의장이 긴급한 필요가 있다고 인정하거나 재적의원 4분의 1 이상 요구가 있으면 회의를 재개한다(국회법 제8조 제2항). 회기가 끝나면 국회는 폐회하고, 다음 회기까지 그 활동을 중지한다.

ⓑ 정기회와 임시회

정기회는 매년 1회 정기적으로 소집되는 회의를 말한다. 정기회는 매년 1회(헌법 제47조 제1항) 9월 1일(그 날이 공휴일이면 그 다음 날)에 집회한다(국회법 제4조). 정기회의 집회시기를 법정화한 것은 국회의 자율권을 보장하려는 것이다. 정기회 회기는 100일을 초과할 수 없다(헌법 제47조 제2항).

임시회는 국회가 필요에 따라 수시로 집회하거나 2, 3, 4, 5월 및 6월 1일과 8월 16일에 집회하는(국회의원 총선거가 있으면 임시회를 집회하지 아니하고, 집회일이 공휴일이면 그 다음 날에 집회한다) 회의를 말한다(국회법 제5조의2 제2항 제1호). 임시회는 대통령이나 국회 재적의원 4분의 1 이상 요구로 집회한다(헌법 제47조 제1항). 정례회의 회기는 해당 월의 말일까지로 하는데, 30일을 초과하면 30일로 한다(국회법 제5조의2 제2항 제2호). 현행 헌법은 정기회와 임시회의 총 개회일수를 제한하지 않는다. 대통령이 임시회 집회를 요구할 때는 기간과 집회 요구 이유를 명시하여야 한다(헌법 제47조 제3항). 임시회를 집회할 때 국회의장은 이를 집회기일 3일 전에 공고하여야 한다. 이때 둘 이상이 집회 요구가 있으면 집회일이 빠른 것을 공고하되, 집회일이 같으면 그 요구서가 먼저 제출된 것을 공고한다(국회법 제5조 제1항). 내우외환 · 천재지변이나 중대한 재정 · 경제상 위기가 발생한 때나 국가 안위에 관계되는 중대한 교전상태나 전시 · 사변 또는 이에 준하는 국가비상사태일 때는 집회기일 1일 전에 공고할 수 있다(국회법 제5조 제2항). 국회의원 총선거 후 첫 임시회는 의원 임기 개시 후 7일에 집회한다(국회법 제5조 제3항). 국회 회기는 의결로 이를 정하되, 의결로 연장할 수 있다. 국회 회기는 집회 후 즉시 정하여야 한다(국회법 제7조). 국회는 언제든지 임시회를 열 수 있다는 점에 비추어 대통령이 요구한 임시회에서도 정부가 제출한 의안 외의 안건도 처리할 수 있다.

국회는 연중 상시 운영하며, 이를 위해서 의장은 각 교섭단체 대표의원과 협의를 거쳐 매년 12월 31일까지 다음 연도의 국회 운영 기본일정(국정감사 포함)을 정하여야 한다. 다만, 국회의원 총선거 후 처음 구성되는 국회의 해당 연도 국회 운영 기본일정은 6월 30일까지 정하여야 한다. 국회 운영 기본일정은 2월 · 3월 · 4월 · 5월 및 6월 1일과 8월 16일에 임시회를 집회하되(다만, 국회의원 총선거가 있으면 임시회를 집회하지 아니하고, 집회일이 공휴일이면 그 다음 날에 집회한다), 2월, 4월 및 6월에 집회하는 임시회 회기 중 한 주는 정부에 대해서 질문을 하도록 작성한다(국회법 제5조의2 제1항, 제2항 제1호와 제3호).

ⓒ심의와 의결

(가) 개회와 심의

본회의는 오후 2시(토요일은 오전 10시)에 개의한다. 다만, 의장은 각 교섭단체 대표의원과 협의하여 그 개의시를 변경할 수 있다(국회법 제72조). 회의를 개최하려면 재적의원

5분의 1 이상이 출석하여야 한다[국회법 제73조 제1항(본회의), 제54조(위원회)]. 의안 발의는 국회의원 10명 이상 찬성으로 한다(국회법 제79조 제1항). 의안에 대한 수정동의는 국회의원 30명 이상 찬성으로 한다. 예산안에 대한 수정동의는 국회의원 50명 이상 찬성이 있어야 한다(국회법 제95조 제1항). 이러한 수정동의는 원안이나 위원회에서 심사보고(위원회에서 제안하는 경우 포함)한 안의 취지 및 내용과 직접 관련이 있어야 한다. 다만, 의장이 각 교섭단체 대표의원과 합의하면 그러하지 아니하다(국회법 제95조 제5항). 위원회 심사를 거쳐 본회의에 부의된 법률안의 취지 및 내용과 직접 관련이 있는지는 '원안에서 개정하고자 하는 조문에 관한 추가, 삭제 또는 변경으로서, 원안에 대한 위원회의 심사절차에서 수정안의 내용까지 심사할 수 있었는지'를 기준으로 판단하는 것이 타당하다(헌재 2020. 5. 27. 2019헌라6등). 위원회에서 심사보고한 수정안은 찬성 없이 의제가 된다(국회법 제95조 제2항). 위원회는 소관 사항 외의 안건에 관해서는 수정안을 제출할 수 없다(국회법 제95조 제3항). 의안에 대한 대안은 위원회에서 그 원안을 심사하는 동안에 제출하여야 하며, 의장은 그 대안을 그 위원회에 회부한다(국회법 제95조 제4항).

의안이 발의되고 부결되면 해당 안건은 같은 회기 중에 다시 발의 또는 제출될 수 없다(일사부재의원칙: 국회법 제92조). 이때 부결에는 폐기도 포함된다. 여기서 폐기는 국회법 제87조 제2항에 따른 위원회 폐기(이른바 보류함)를 가리킨다. 가결된 의안에 대해서 그 의결을 무효화하고 전과 다른 내용으로 번복하여 의결하는 것을 번안이라고 하는데, 번안은 가결된 의안을 대상으로 한다는 점에서 부결된 안건에 대해 발의나 제출을 금지하는 일사부재의원칙과 관련이 없다. 일사부재의원칙은 소수파의 의사 방해를 배제하고, 의사 능률을 도모하는 가장 실효성 있는 수단으로 기능한다. 일사부재의원칙은 헌법에 규정되지 않아서, 헌법상 원칙이 아니라 국회법상 원칙에 불과하다. 일사부재의원칙은 절대적인 것이 아니다. 따라서 ㉠ 일단 의제로 채택되었으나 철회되어 의결에 이르지 아니한 때, ㉡ 동일의안이라도 전회기에 의결한 것을 다음 회기에 다시 심의하는 때(일사부재의원칙은 동일회기에 한하여 적용된다), ㉢ 동일 안건에 관해서 새로운 사유 발생을 이유로 다시 심의하는 때, ㉣ 위원회 의결을 본회의에서 다시 심의하는 때는 일사부재의원칙이 적용되지 않는다. 국회에 제출한 법률안 등을 비롯한 의안은 해당 회기에 의결되지 못하면 다음 회기에서 다루어지고, 회기가 종료되었다는 이유로 자동적으로 폐기되지는 않는다(회기계속원칙). 다만, 여기에는 예외가 있어서 국회의원 임기가 만료되면, 즉 해당 입법기가 종료하면 해당 의안은 폐기된다(헌법 제51조). 회기계속원칙이 인정되는 이유는 국회를 매회기마다 독립된 별개의 국회가 아니라 입법기 중에는 일체성과 동일성이 있는 의회로 보기 때문이다. 동일 안건인지는 안건의 종류나 안건명보다는 안건 내용으로 판단하여야 한다. 따라서 ㉠ 특정 조항에 대한 반대 때문에 어떤 의안이 부결될 때 그 밖의 조항을 포함한 별개 의안은 심의가 허용되고, ㉡ 같은 목적이라도 이유를 달리하면 동일 안건으로 볼 수 없다. 그러나 ㉠ 명칭이 다르지만 취지와 목적이 거의 같은 내용의 의안, ㉡ 명칭, 취지, 목적이 다르지만 규정내용이 먼저 부결된 것과 실질적으로 같으면 동일 안건으로 보아야 한다.

의안이 이미 본회의에 상정되어 투표 종결 후 출석의원이 재적의원 과반수에 미달한 것이 드러나면, 이를 미결, 즉 표결이 없었던 것으로 보고 재투표하여야 하는지, 아니면 부결로 보고 일사부재의원칙을 적용하여 같은 의안에 관해서 같은 회기에 더는 표결할 수 없는지가 다투어진다. 헌법재판소는 ㉠ 국회의원이 특정 의안에 반대하면 회의장에 출석하여 반대투표하는 방법뿐 아니라 회의에 불출석하는 방법으로도 반대 의사를 표시할 수 있어서 '재적의원 과반수 출석'과 '출석의원 과반수 찬성'의 요건이 국회 의결에 관해서 가지는 의미나 효력이 다르지 않으므로, 전자투표를 통한 표결에서 국회의장 투표종료선언으로 투표 결과가 집계됨으로써 안건에 대한 표결 절차는 실질적으로 종료되므로, 투표 집계 결과 출석의원 과반수 찬성에 미달한 때는 물론 재적의원 과반수 출석에 미달한 때도 국회 의사는 부결로 확정되었다고 볼 수밖에 없어서 해당 안건에 대한 재표결은 일사부재의원칙에 어긋난다는 5인 의견과 ㉡ '재적의원 과반수 출석'이라는 의결정족수는 국회 의결을 유효하게 성립시키기 위한 전제요건인 의결능력에 관한 규정으로서, '출석의원 과반수 찬성'이라는 다수결 원칙을 선언한 의결방법에 관한 규정과는 그 법적 성격이 구분되므로, 의결정족수에 미달한 국회 의결은 유효하게 성립한 의결로 취급할 수 없어서 해당 안건에 대한 재표결은 일사부재의원칙에 어긋나지 않는다는 4인 의견으로 갈린다(헌재 2009. 10. 29. 2009헌라8등). 이미 투표 종결이 선언되면 투표는 끝난 것이고, 표결에 참석하지 않은 것도 반대 의사를 표시한 것으로 볼 수 있으므로 이때는 일사부재의원칙이 적용된다고 보아야 한다.

(나) 발언과 표결

㉠ 발언

국회의원이 발언할 때는 의장에게 통지하여 허가를 받아야 한다(국회법 제99조 제1항). 의원은 의제 외의 발언을 하여서는 안 되고, 허가받은 발언의 성질에 어긋나서는 안 된다(국회법 제102조). 의원은 동일 의제에 관하여 2회만 발언할 수 있다(국회법 제103조). 정부에 대한 질문 외에는 발언시간은 15분을 초과하지 않도록 의장이 정한다. 다만, 의사진행발언, 신상발언 및 보충발언은 5분을, 다른 의원의 발언에 대한 반론발언은 3분을 초과할 수 없다. 교섭단체 대표는 40분까지 발언할 수 있다. 의장은 교섭단체 대표의원과 협의하여 동일 의제에 관해서 교섭단체별로 소속 의원 수 비율에 따라 발언시간을 할당한다(국회법 제104조). 의장은 본회의에서 개회 시부터 1시간 범위 안에서 의원에게 심의 중인 의안과 청원, 그 밖의 중요한 관심 사안에 대해서 5분 이내의 발언을 허가할 수 있다(5분자유발언: 국회법 제105조). 국회의장이 토론에 참가할 때는 의장석에서 물러나야 하며, 그 안건에 대한 표결이 끝날 때까지 의장석으로 돌아갈 수 없다(국회법 제107조).

㉡ 표결

의장이 표결을 선포하고 나서는 누구든지 그 안건에 관하여 발언할 수 없다(국회법 제110조 제2항). 표결을 할 때 회의장에 있지 아니한 의원은 표결에 참가할 수 없다. 다만, 기명투표나 무기명투표로 표결할 때는 투표함이 폐쇄될 때까지 표결에 참가할 수 있다(국회법 제111조 제1항). 의원은 표결에 대하여 표시한 의사를 변경할 수 없다(국회법 제111조 제2항). 같은 의제에 대하여 여러 건의 수정안이 제출되면 (ㄱ) 가장 늦게 제출된 수정안부터 먼저 표결하고, (ㄴ) 의원 수정안은 위원회 수정안보다 먼저 표결하며, (ㄷ) 의원 수정안이 여러 건 있으면 원안과 차이가 많은 것부터 먼저 표결한다(국회법 제96조 제1항). 수정안이 전부 부결되면 원안을 표결한다(국회법 제96조 제2항). 국회에서는 전자투표를 통한 기록표결을 원칙으로 한다. 다만, 투표기기 고장 등 특별한 사정이 있으면 기립표결로 가부를 결정할 수 있다(국회법 제112조 제1항). 그러나 (ㄱ) 중요한 안건으로서 의장 제의나 국회의원 동의로 본회의 의결이 있거나 재적의원 5분의 1 이상 요구가 있으면 기명투표 · 호명투표나 무기명투표로 표결할 수 있다(국회법 제112조 제2항). (ㄴ) 헌법개정안은 기명투표로 한다(국회법 제112조 제4항). (ㄷ) 대통령에게서 환부된 법률안과 그 밖에 인사에 관한 안건은 무기명투표로 표결한다. 다만, 겸직으로 말미암은 의원 사직과 위원장 사임에 관해서 의장이 각 교섭단체 대표의원과 협의한 때는 그러하지 아니하다(국회법 제112조 제5항). (ㄹ) 국회에서 실시하는 각종 선거는 법률에 특별한 규정이 없으면 무기명투표로 한다(국회법 제112조 제6항). (ㅁ) 국무총리나 국무위원의 해임건의안이 발의되었을 때는 의장이 그 해임건의안이 발의되고 나서 처음 개의하는 본회의에 그 사실을 보고하고, 본회의에 보고된 때부터 24시간 이후 72시간 이내에 무기명투표로 표결한다(국회법 제112조 제7항). (ㅂ) 위원회에서는 거수로도 표결할 수 있다(국회법 제71조). 국회법은 헌법 제46조 제2항의 자유위임원칙을 국회의원 표결에서 중요한 지침으로 다시 한 번 선언한다. 즉 국회의원은 국민의 대표자로서 소속 정당 의사에 기속되지 않고 양심에 따라 투표한다(국회법 제114조의2).

ⓒ 정족수의 원칙

정족수는 회의를 진행하고 의사를 진행하는 데 필요한 출석자수를 말한다. 정족수는 다수결원칙에 따라서 운영되는 국회에서 자율성을 보장하고 소수를 보호하며 정치적 평화를 보장함으로써, 궁극적으로는 국회 의사결정에 민주적 정당성과 절차적 정당성을 부여한다. 정족수에는 의사정족수와 의결정족수가 있다. 의사정족수는 국회 회의가 성립하기 위한 최소한의 출석자수를 말한다. 국회는 재적의원 5분의 1 이상 출석으로 개의하며, 회의 중 이에 미달되면 회의 중지나 산회를 선포한다(국회법 제73조). 위원회 의사정족수도 같다(국회법 제54조). 의결정족수란 국회 의결이 유효하기 위한 최소한의 참석의원수를 말한다. 의결정족수는 일반의결정족수와 특별의결정족수로 나누어진다.

헌법이나 법률에 특별한 다른 규정이 없는 한 재적의원 과반수 출석과 출석의원 과반수 찬성으로 의결한다. 가부동수이면 부결된 것으로 본다(헌법 제49조, 국회법 제109조). 위원회 의결정족수도 같다(국회법 제54조). 헌법은 특히 신중을 요하는 의결에 관해서는 이러한 일반의결정족수에 대한 가중적 예외를 규정한다. 이에는 재적의원 4분의 1 이상 찬성[국회임시회 소집 요구(헌법 제47조 제1항)], 재적의원 과반수 출석과 출석의원 3분의 2 이상 찬성[법률안 재의결(헌법 제53조 제4항)], 재적의원 3분의 1 이상 찬성[국무총리 · 국무위원 해임 건의 발의(헌법 제63조 제2항), 대통령이 아닌 자 탄핵소추 발의(헌법 제65조 제2항 본문)], 재적의원 과반수 이상 찬성[제77조 제5항의 계엄 해제 요구(헌법 제77조 제5항), 헌법개정안 발의(헌법 제128조 제1항), 국무총리 · 국무위원 해임 건의(헌법 제63조 제2항), 대통령 탄핵소추 발의(헌법 제65조 제2항 단서), 대통령이 아닌 자 탄핵소추 의결(헌법

제65조 제2항 본문)], 재적의원 3분의 2 이상 찬성[헌법개정안 의결(헌법 제130조 제1항), 의원제명(헌법 제64조 제3항), 대통령 탄핵소추 의결(헌법 제65조 제2항 단서)] 등이 있다.

㉣ 의사공개원칙

국회 회의는 공개한다. 다만, 출석의원 과반수 찬성이 있거나 의장이 국가의 안전보장을 위해서 필요하다고 인정할 때는 공개하지 아니할 수 있다(헌법 제50조). 이는 방청과 보도의 자유와 회의록 공표를 그 내용으로 한다. 의사공개원칙은 국회는 민의의 전당이므로 그 회의를 주권자인 국민이 비판하고 감시할 수 있도록 함으로써 책임정치를 구현하려는 것이다. 공개 대상이 되는 것은 단순한 행정적 회의를 제외하고 헌법의 기능과 관련된 국회의 모든 회의이다(헌재 2000. 6. 29. 98헌마443등). 따라서 국회 본회의는 물론이고 위원회(헌재 2000. 6. 29. 98헌마443등) 및 각종 청문회, 소위원회(헌재 2009. 9. 24. 2007헌바17)도 공개한다(국회법 제75조, 제71조, 제65조 제4항, 제57조 제5항). 이는 국회가 위원회를 중심으로 운영될 뿐 아니라 정보위원회 회의에 관해서만 비공개를 규정(국회법 제54조의2 제1항)하기 때문이다. 위원회에서 위원이 아닌 사람은 위원장의 허가를 얻어 방청할 수 있다(국회법 제55조 제1항). 그러나 이 조항은 국회의 의사공개원칙을 전제한 규정이다. 정보위원회 회의는 공개하지 아니한다. 다만, 공청회나 인사청문회를 실시할 때는 위원회 의결로 이를 공개할 수 있다(국회법 제54조의2). 그러나 헌법재판소는 정보위원회 회의를 공개하지 아니한다고 규정한 국회법 제54조의2 제1항 본문이 정보위원회 회의 일체를 비공개하도록 정함으로써 정보위원회 활동에 대한 국민의 감시와 견제를 사실상 불가능하게 하고, 헌법 제50조 제1항 단서에서 정하는 비공개사유는 각 회의마다 충족되어야 하는 요건으로서 입법과정에서 재적의원 과반수 출석과 출석의원 과반수 찬성으로 의결되었다는 사실만으로 헌법 제50조 제1항 단서의 '출석위원 과반수의 찬성'이라는 요건이 충족되었다고 볼 수도 없으므로, 헌법 제50조 제1항에 위배되어 알 권리를 침해한다고 하였다(헌재 2022. 1. 27. 2018헌마1162등). 소위원회 회의도 공개를 원칙으로 하나, 소위원회 의결로 공개하지 아니할 수 있다(국회법 제57조 제5항). 청문회도 공개하지만, 위원회 의결로 청문회의 전부나 일부를 공개하지 아니할 수 있다(국회법 제65조 제4항). 징계에 관한 회의는 공개하지 아니하나, 본회의나 위원회 의결이 있으면 그러하지 아니하다(국회법 제158조). 위원장은 의원이 비공개회의록이나 그 밖의 비밀참고자료의 열람을 요구하면 심사 · 감사 또는 조사에 지장이 없으면 이를 허용하여야 한다. 다만, 국회 밖으로는 대출할 수 없다(국회법 제62조).

국회의 의사공개원칙은 국회 운영을 공개하여 투명화하고. 이로써 국민의 참여와 감시 및 비판을 가능하게 하며, 국민의 알 권리를 실현하는 데 이바지한다. 다만, 출석의원 과반수 찬성이 있거나 의장이 국가의 안전보장을 위해서 필요하다고 인정하면 공개하지 않을 수 있다(헌법 제50조, 국회법 제75조). 비공개를 발의하는 데는 의원 10명 이상의 연서에 의한 동의가 필요하다(국회법 제75조 제1항). 비공개회의 내용 공개 여부에 관해서 헌법은 법률에 위임하였고(헌법 제50조 제2항), 법률은 본회의 의결이나 의장 결정으로 비밀유지 등 필요가 없으면 이를 공표할 수 있게 한다(국회법 제118조 제4항).

(다) 무제한 토론

의원이 본회의에 부의된 안건에 관하여 시간 제한을 받지 아니하는 토론(무제한토론)을 하려면 재적의원 3분의 1 이상이 서명한 요구서를 의장에게 제출하여야 한다. 이때 의장은 해당 안건에 관해서 무제한토론을 실시하여야 한다(국회법 제106조의2 제1항). 이러한 요구서는 요구 대상 안건별로 제출하되, 그 안건이 의사일정에 기재된 본회의가 개의되기 전까지 제출하여야 한다. 다만, 본회의 개의 중 당일 의사일정에 안건이 추가되면 해당 안건의 토론 종결 선포 전까지 요구서를 제출할 수 있다(국회법 제106조의2 제1항). 의원은 요구서가 제출되면 해당 안건에 관해서 무제한토론을 할 수 있다. 이때 의원 1명당 한 차례만 토론할 수 있다(국회법 제106조의2 제3항). 무제한토론을 실시하는 본회의는 무제한토론 종결 선포 전까지 산회하지 아니하고 회의를 계속한다. 이때 회의 중 재적의원 5분의 1 이상이 출석하지 아니하였을 때도 회의를 계속한다(국회법 제106조의2 제4항). 의원은 무제한토론을 실시하는 안건에 관해서 재적의원 3분의 1 이상 서명으로 무제한토론 종결동의를 의장에게 제출할 수 있다(국회법 제106조의2 제5항). 무제한토론 종결동의는 동의가 제출된 때부터 24시간이 지난 후에 무기명투표로 표결하되 재적의원 5분의 3 이상 찬성으로 의결한다. 이때 무제한토론 종결동의에 관해서는 토론을 하지 아니하고 표결한다(국회법 제106조의2 제6항). 무제한토론을 실시하는 안건에 관해서 무제한토론을 할 의원이 더는 없거나 무제한토론 종결동의가 가결되면 의장은 무제한토론 종결을 선포하고 나서 해당 안건을 즉시 표결하여야 한다(국회법 제106조의2 제7항). 무제한토론을 실시하는 중에 해당 회기가 끝나면 무제한토론 종결이 선포된 것으로 본다. 이때 해당 안건은 바로 다음 회기에서 즉시 표결하여야 한다(국회법 제106조의2 제8항). 무제한토론 종결이 선포되었거나 선포된 것으로 보는 안건에 관해서는 무제한토론을 요구할 수 없다(국회법 제106조의2 제9항). 예산안, 기금운용계획안, 임대형 민자사업 한도액안과 세입예산안 부수 법률안에 관해서는 무제한토론을 매년 12월 1일까지 적용하고, 실시 중인 무제한토론, 계속 중인 본회의, 제출된 무제한토론 종결동의에 대한 심의절차 등은 12월 1일 밤 12시에 종료한다(국회법 제106조의2 제10항).

(3) 권한

① 입법에 관한 권한

(ⅰ) 헌법 개정에 관한 권한

헌법 개정은 국회 재적의원 과반수나 대통령의 발의로 제안된다(헌법 제128조 제1항). 제안된 헌법개정안은 대통령이 20일 이상 이를 공고하여야 한다(헌법 제129조). 국회는 헌법개정안이 공고된 날부터 60일 이내에 의결하여야 하고, 국회 의결은 재적의원 3분의 2 이상 찬성을 얻어야 한다(헌법 제130조 제1항). 수정의결은 공고제도에 어긋나므로 헌법개정안은 수정통과시킬 수 없다. 헌법개정안은 역사적 책임소재를 분명히 밝히려고 기명투표를 한다(국회법 제112조 제4항). 헌법개정안은 국회가 의결하고 나서 30일 이내에 국민투표에 부쳐 국회의원선거권자 과반수 투표와 투표자 과반수 찬성을 얻어야 한다(헌법 제130조 제2항). 헌법개정안이 이러한 찬성을 얻으면 헌법 개정은 확정되고, 대통령은 즉시 이를 공포하여야 한다(헌법 제130조 제3항).

(ⅱ) 법률제정권

법률은 국민의사 형성이면서 헌법의 1차적 해석과 구체화이므로, 직접 민주적으로 정당성을 부여받은 국가기관인 국회가 민주적으로 정당화한 입법절차를 통해서 법률을 제정한다. 법률은 형식적으로만 정의될 수 있어서 이러한 입법절차를 거쳐야만 성립될 수 있고, 이러한 절차는 법규범이 법률로 인정받을 수 있는 유일한 근거이다. 법률 제정은 국회와 정부(대통령)의 협동작용으로 이루어지지만, 국회가 주체가 되고 정부(대통령)는 이에 참여하는 것에 그친다. 그래서 국회는 정부가 제출한 법률안을 수정할 수 있고(국회법 제95조), 대통령은 법률안 일부에 대해서 또는 법률안을 수정하여 재의를 요구할 수 없으며(헌법 제53조 제3조), 대통령의 거부권 행사가 있어도 재의결을 통해서 법률안을 법률로서 확정할 수 있다(헌법 제53조 제4조). 따라서 정부(대통령) 의사에 어긋나는 법률은 제정될 수 있지만, 국회 의사에 어긋나는 법률은 제정될 수 없다.

ⓐ 법률안 제출

국회의원과 정부는 법률안을 제출할 수 있다(헌법 제52조). 국회의원은 10명 이상 찬성으로 법률안을 발의할 수 있고(국회법 제79조 제1항), 정부가 제출하는 법률안은 국무회의 심의를 거쳐야 하며(헌법 제89조 제3호), 국무총리와 관계 국무위원이 부서하여야 한다(헌법 제82조). 위원회도 법률안을 제출할 수 있는데, 이때 제안자는 위원장이 되며, 10명 이상 찬성 요건은 필요 없다(국회법 제51조). 법률안을 발의하는 의원은 그 안을 갖추고 이유를 붙여 소정의 찬성자와 연서하여 이를 국회의장에게 제출하여야 하고(국회법 제79조 제2항), 예산상 또는 기금상 조치를 수반하는 법률안을 발의할 때는 그 법률안 시행에 수반될 것으로 예상되는 비용에 관한 국회예산정책처의 추계서나 국회예산정책처에 대한 추계요구서를 함께 제출하여야 한다. 다만, 국회예산정책처에 대한 비용추계요구서를 제출한 때는 위원회 심사 전에 국회예산정책처의 비용추계서를 제출하여야 한다(국회법 제79조의2 제1항). 법률이 국민의사 형성이라는 점에서 국회 이외에 국민이 직접 민주적 정당성을 부여한 대통령이 수반으로 있는 정부도 법률안을 제출할 수 있게 하였다. 그러나 국회가 법률 제정 주체라는 점에서 국회는 정부의 법률안에 구속되지 않는다. 따라서 국회가 정부의 법률안을 개정하거나 폐기하는 데 아무런 제한이 없다. 그리고 정부의 법률안제출권은 권력분립원칙에 비추어 보면 정부가 국회 권한을 통제하는 의미도 있다.

ⓑ 국회의 심의 · 의결

국회의장은 법률안이 발의 또는 제출되면 이를 인쇄하거나 전산망에 입력하는 방법으로 국회의원에게 배부하고 본회의에 보고하며, 소관 상임위원회에 회부하여 그 심사가 끝나고 나서 본회의에 부의한다. 다만, 폐회 또는 휴회 등으로 본회의에 보고할 수 없으면 이를 생략하고 회부할 수 있다(국회법 제81조 제1항). 의장은 ① 천재지변, ② 전시 · 사변이나 이에 준하는 국가비상사태, ③ 의장이 각 교섭단체 대표의원과 합의하는 때에 심사기간을 지정하여 법률안을 위원회에 회부할 수 있고, 위원회가 이유 없이 지정된 심사기간 안에 심사를 마치지 아니하면 의장은 중간보고를 듣고 나서 다른 위원회에 회부하거나 바로 본회의에 부의할 수 있다(국회법 제85조). 국회의원은 토론 시간 제한을 받지 아니하는 무제한토론으로 합법적으로 의사 진행 방해를 할 수 있다(국회법 제106조의2).

위원회에 회부된 안건(체계 · 자구 심사를 위해서 법제사법위원회에 회부된 안건 포함)을 신속처리대상안건으로 지정하려면 의원은 재적의원 과반수가 서명한 신속처리대상안건 지정요구 동의를 의장에게 제출하고, 안건의 소관 위원회 소속 위원은 소관 위원회 재적위원 과반수가 서명한 신속처리안건 지정동의를 소관 위원회 위원장에게 제출하여야 한다. 이때 의장이나 안건의 소관 위원회 위원장은 지체 없이 신속처리안건 지정동의를 무기명투표로 표결하되, 재적의원 5분의 3 이상 또는 안건의 소관 위원회 재적위원 5분의 3 이상 찬성으로 의결한다(국회법 제85조의2 제1항). 의장은 신속처리안건 지정동의가 가결되면 그 안건을 그 지정일부터 180일 이내에 심사를 마쳐야 하는(법제사법위원회는 신속처리대상안건에 대한 체계 · 자구 심사를 그 지정일, 회부 간주되면 회부된 것으로 보는 날이나 위원회에서 법률안 심사를 마치거나 입안을 하여 회부하면 회부된 날부터 90일 이내에 마쳐야 하는) 안건으로 지정하여야 한다. 지정된 안건에 대한 대안을 입안하면 그 대안을 신속처리대상안건으로 본다(국회법 제85조의2 제2항과 제3항). 위원회(법제사법위원회는 제외)가 신속처리대상안건에 대해서 180일 안에 심사를 마치지 아니하면 그 기간이 끝난 다음 날에 소관 위원회에서 심사를 마치고 체계 · 자구 심사를 위해서 법제사법위원회로 회부된 것으로 본다. 다만, 법률안과 국회규칙안이 아닌 안건은 바로 본회의에 부의된 것으로 본다(국회법 제85조의2 제4항). 법제사법위원회가 신속처리대상안건에 관해서 90일 안에 심사를 마치지 아니하면 그 기간이 끝난 다음 날에 법제사법위원회에서 심사를 마치고 바로 본회의에 부의된 것으로 본다(국회법 제85조의2 제5항). 본회의에 부의된 신속처리대상안건은 본회의에 부의된 것으로 보는 날부터 60일 이내에 본회의에 상정되어야 한다(국회법 제85조의2 제6항). 이러한 신속처리대상안건이 60일 이내에 본회의에 상정되지 아니하면 그 기간이 지난 후 처음으로 개의되는 본회의에 상정된다(국회법 제85조의2 제7항). 의장이 각 교섭단체 대표의원과 합의하면 신속처리대상안건에 관해서 국회법 제85조의2 제2항부터 제7항까지의 규정을 적용하지 아니한다(국회법 제85조의2 제8항).

법률안을 회부받은 소관 상임위원회 위원장은 간사와 협의하여 회부된 법률안(체계 · 자구 심사를 위해서 법제사법위원회에 회부된 법률안은 제외)의 입법 취지와 주요 내용 등을 국회공보나 국회 인터넷 홈페이지 등에 게재하는 방법 등으로 입법예고하여야 한다. 다만, 긴급히 입법을 하여야 하는 때이거나 입법 내용의 성질이나 그 밖의 사유로 입법예고가 필요 없거나 곤란하다고 판단되는 때이면 위원장이 간사와 협의하여 입법예고를 하지 아니할 수 있다(국회법 제82조의2 제1항). 입법예고기간은 10일 이상으로 한다. 다만, 특별한 사정이 있으면 단축할 수 있다(국회법 제82조의2 제2항). 법률안에 대한 실질적인 심의는 소관 상임위원회에서 이루어진다. 위원회에서 법률안 심사를 마치거나 입안을 하였을 때는 본회의에 부의하기에 앞서 법제사법위원회에 회부하여 체계와 자구에 대한 심사를 거쳐야 한다. 이때 법제사법위원회 위원장은 간사와 협의하여 심사에서 제안자의 취지 설명과 토론을 생략할 수 있다(국회법 제86조 제1항). 법제사법위원회는 사항전문적 논의가 이루어지는 위원회가 아니라서 실질적인 내용과 관련된 수정이 이곳에서 이루어질 수는 없다. 위원회에서 본회의에 부의할 필요가 없다고 결정된 의안은 본회의에 부의하지 아니한다(국회법 제87조 제1항 본문: 이른바 보류함). 그러나 위원회 결정이 본회의에 보고된 날부터 폐회나 휴회 중의 기간을 제외한 7일 이내에 의원 30명 이상 요구가 있으면 그 의안을 본회의에 부의하여야 한다(국회법 제87조 제1항 단서: 위원회 해임). 이러한 요구가 없으면 그 법률안은 폐기된다(국회법 제87조 제2항). 법률안에 대한 수정동의는 그 안을 갖추고 이유를 붙여 의원 30명 이상 찬성 의원과 연서하여 미리 의장에게 제출하여야 한다. 다만, 예산안에 대한 수정동의는 의원 50명 이상 찬성이 있어야 한다(국회법 제95조 제1항). 본회의는 안건을 심의할 때 그 안건을 심사한 위원장의 심사보고를 듣고 질의 · 토론을 거쳐 표결한다(국회법 제93조 본문). 국회법 제93조를 따르면 상임위원회 심사를 거치지 않은 안건에 관해서는 본회의에서 질의 · 토론을 생략할 수 없다. 그러나 헌법재판소는 질의와 토론 절차 모두 생략한 채 표결절차로 바로 나아간 국회의장 행위와 관련하여, 심의과정에서 서면으로든 구두로든 미리 질의 · 토론을 신청할 수 있는 기회가 충분하였는데도 신청이 없었다면 곧바로 표결절차로 진행하였더라도 위법하다고 볼 수 없다고 한다(헌재 2012. 2. 23. 2010헌라6등). 다만, 위원회 심사를 거치지 아니한 안건에 관해서는 제안자가 그 취지를 설명하여야 하고, 위원회 심사를 거친 안건에 관해서는 의결로 질의와 토론을 모두 생략하거나 그 중 하나를 생략할 수 있다(국회법 제93조 단서). 취지 설명 방식에는 제한이 없으므로 제안자가 발언석에서 구두설명을 하지 않더라도 서면이나 컴퓨터 단말기에 의한 설명 등으로 대체할 수 있다(헌재 2008. 4. 24. 2006헌라21). 국회의장이 적법한 반대토론 신청이 있었는데도 반대토론을 허가하지 않고 토론절차를 생략하기 위한 의결을 거치지도 않은 채 법률안에 관한 표결절차를 진행하면 국회의원의 법률안 심의 · 표결권을 침해한다(헌재 2008. 4. 24. 2006헌라2). 법률안은 재적의원 과반수 출석과 출석의원 과반수 찬성으로 의결한다(헌법 제49조, 국회법 제109조). 국회입법과 관련하여 일부 국회의원들의 권한이 침해되었더라도 그것이 다수결원칙(헌법 제49조)과 회의공개원칙(헌법 제50조)과 같은 입법절차에 관한 헌법 규정을 명백히 위반한 흠에 해당하는 것이 아니라면 그 법률안의 가결 선포행위를 곧바로 무효로 볼 것은 아니다(헌재 2011. 8. 30. 2009헌라7).

국회의원의 법률안 심의 · 표결권은 국민이 선출한 국가기관으로서 국회의원이 그 본질적인 임무인 입법에 관한 직무를 수행하기 위해서 보유하는 권한이라서 국회의원의 개별적인 의사에 따라 이를 포기할 수 없다(헌재 2009. 10. 29. 2009헌라8등).

ⓒ 국회의장의 법률안 정리

국회법 제97조는 "본회의는 의안의 의결이 있은 후 서로 저촉되는 조항 · 자구 · 숫자 기타의 정리를 필요로 할 때에는 이를 의장 또는 위원회에 위임할 수 있다."라고 규정하여, 본회의에서 의결된 법률안 가운데 조문이나 자구 · 숫자, 법률안의 체계나 형식 등의 정비가 필요하면 의결된 내용이나 취지를 변경하지 않는 범위 안에서 국회의장이나 위원회에 위임하여 정리하도록 하였다. 그런데 입법절차 등을 규정한 헌법 제40조, 제49조와 제53조를 따르면, 법률안 정리를 위임하는 것은 자구 · 숫자의 수정 또는 법률안의 체계나 형식의 정비 등 단순한 사항에 국한되는 것이고, 그 범위를 넘어 국회의장이나 위원회에 폭 넓은 수정의 재량 여지를 주는 것은 아니며, 법률안 정리가 필요하면 해당 법률안을 의결하고 나서 즉시 국회의장이나 위원회에 이를 위임하여야 한다(헌재 2009. 6. 25. 2007헌마451). 그러나 국회의장이 본회의 위임 없이 법률안을 정리하더라도 그러한 정리가 본회의에서 의결된 법률안의 실질적 내용에 변경을 초래하는 것이 아닌 한 헌법이나 국회법상의 입법절차에 위반된다고 볼 수는 없다(헌재 2009. 6. 25. 2007헌마451).

ⓓ 정부이송 · 공포 · 재의 요구 및 재의결

국회에서 의결된 법률안은 국회의장이 이를 정부에 이송한다(국회법 제98조 제1항). 정부는 이송된 법률안을 15일 이내에 대통령이 공포한다(헌법 제53조). 정부는 대통령이 법률안을 공포하면 이를 즉시 국회에 통지하여야 한다(국회법 제98조 제2항).

법률안에 이의가 있을 때 대통령은 15일 이내에 이의서를 붙여 국회로 환부하고, 그 재의를 요구할 수 있다. 국회 폐회 중에도 같다(헌법 제53조 제2항). 다만, 대통령은 법률안 일부에 대해서 혹은 법률안을 수정하여 재의를 요구할 수 없다(헌법 제53조 제3항). 이러한 수정재의는 법률안 제출과 같기 때문이다. 국회 폐회 중이어도 이러한 요건을 갖추어 법률안에 대한 거부권을 행사하여야 한다. 재의 요구가 있을 때 국회는 재의에 부치고, 재적의원 과반수 출석과 출석의원 3분의 2 이상 찬성으로 전과 같은 의결을 하면 그 법률안은 법률로서 확정된다(헌법 제53조 제4항). 헌법은 대통령이 국회 폐회 시까지 법률안을 공포하지도 않고, 명시적으로 재의 요구도 하지 않는 방법을 통해서 거부권을 행사할 가능성을 부인한다. 즉 대통령이 15일 이내에 공포나 재의의 요구를 하지 아니한 때도 그 법률안은 법률로 확정된다(헌법 제53조 제5항). 대통령은 확정된 법률을 즉시 공포하여야 한다. 15일이 지나 법률이 확정된 후 또는 재의결로 확정된 법률이 정부에 이송된 후 5일 이내에 대통령이 공포하지 아니하면 그 공포기일이 지난 날부터 5일 이내에 국회의장이 이를 공포한다. 이때 대통령에게 통지하여야 한다(헌법 제53조 제6항, 국회법 제98조 제3항). 법률 공포는 관보에 게재하여 이를 한다('법령 등 공포에 관한 법률' 제11조 제1항). 국회의장이 법률을 공포하고자 할 때는 서울특별시에서 발행되는 일간신문 둘 이상에 게재함으로써 한다('법령 등 공포에 관한 법률' 제11조 제2항). 법률 공포문 전문에는 국회 의결을 얻은 뜻을 기재하고, 대통령이 서명하고 나서 대통령인을 찍고 그 공포일을 명기하여 국무총리와 관계 국무위원이 부서한다. 국회의장이 공포하는 법률 공포문 전문에는 국회 의결을 받은 사실과 헌법 제53조 제6항의 규정에 따라서 공포한다는 뜻을 적고, 국회의장이 서명하고 나서 국회의장인을 찍고 그 공포일을 명기하여야 한다('법령 등 공포에 관한 법률' 제5조). 법률을 게재한 관보나 신문이 발행된 날이 공포일이다('법령 등 공포에 관한 법률' 제12조). 여기서 '발행된 날'은 그 관보에 관보의 발행일자로 인쇄되어 있는 날을 의미하는 것이 아니라 실제로 그 관보가 인쇄되어 나온 날을 뜻한다(대법원 1968. 12. 6. 선고 68다1753 판결). 따라서 공포한 날부터 시행하기로 한 법률의 시행일은 그 법령이 수록된 관보의 발행일자가 아니고 그 관보가 정부간행물 판매처에 비치되거나 관보취급소에 발송된 날이다(최초구독가능시설: 대법원 1970. 7. 21. 선고 70누76 판결).

ⓔ 효력 발생

법률은 특별한 규정이 없는 한 공포한 날부터 20일이 지나면 효력이 발생한다(헌법 제53조 제7항). 그러나 법률 자체가 법률의 효력발생시기에 관해서 특별한 규정을 두면 이에 따른다. 효력발생시기에 관한 규정은 공포일부터 기간을 정하여 법률의 효력이 발생하는 시점을 결정하는 방법과 특정 시점을 지정하여 해당 시점부터 법률이 효력을 발생하도록 하는 방법이 있다. 국민의 권리 제한 · 의무 부과와 직접 관련되는 법률은 긴급히 시행하여야 할 특별한 사유가 있는 때를 제외하고는 공포일부터 적어도 30일이 지난 날부터 시행되도록 하여야 한다('법령 등 공포에 관한 법률' 제13조의2). 공포는 법률의 효력발생요건이므로 법률은 공포되어야 효력이 발생한다(대법원 1954. 10. 5. 선고 4287형상18 판결). 따라서 시행일이 정해져 있더라도 공포가 시행일이 지나 공포되면 그 시행일은 효력을 잃고 공포일 후 20일이 지나 법률의 효력이 발생한다(대법원 1955. 6. 21. 선고 4288형상95 판결).

관보에 법률이 잘못 기재되면 원칙적으로 잘못 기재된 법률이 아닌 옳은 법률이 효력을 발생한다고 보아야 한다. 이때 대통령은 확인 즉시 다시 이러한 사실을 관보에 다시 게재하여야 한다. 다만, 잘못 공포된 법률을 정당하게 신뢰한 국민은 이로 말미암아 불이익을 받지 않아야 한다. 즉 잘못 공포된 법률을 신뢰한 국민에게는 이러한 신뢰가 정당하면 원칙적으로 잘못된 공포된 법률 내용이 적용되어야 한다. 그러나 옳은 법률이 국민에게 유리하면 옳은 법률이 적용되어야 한다. 다만, 법률이 잘못 공포되었음을 국민이 알 수 있거나 중대한 과실로 말미암아 알지 못하여 신뢰의 정당성이 인정되지 않으면 옳은 법률이 적용되어야 할 것이다.

법률 제정이나 법률 개정 과정에서 오류가 있었음이 명백하면 법원은 법해석을 통해서 이를 바로 잡아 적용할 수 있다(대법원 2006. 2. 23. 선고 2005다60949 판결). 오류의 명백성은 잘못된 계산이나 기재, 그 밖에 이와 비슷한 잘못이 있음이 명백한 때를 뜻하는 것으로 법률 자체나 다른 법률과 맺는 관계 속에서 또는 명확한 입법자료를 통해서 이러한 오류가 확인될 수 있어야 한다. 법원이 법해석을 통해서 바로잡을 수 있는 것은 명백한 형식적 오류에 국한하고, 법률 내용을 실질적으로 바꿀 수는 없다. 법률 내용이 실질적으로 바뀐다면 이는 법해석이 아니라 법창조, 즉 법률 개정이기 때문이다.

(iii) 조약의 체결 · 비준에 대한 동의권

헌법상 대통령은 외국에 대해서 국가를 대표하며(헌법 제66조 제1항), 이러한 지위에서 대통령은 조약의 체결권이 있다(헌법 제73조). 대통령은 조약을 체결 · 비준하기 전에 국무회의 심의를 거쳐야 하고(헌법 제89조 제3호), 국무총리와 관계 국무위원의 부서가 있어야 한다(헌법 제82조). 특히 헌법이 정하는 중요한 사항에 관한 조약의 체결 · 비준에는 사전에 국회 동의를 얻어야 한다(헌법 제60조 제1항).

(iv) 국회규칙제정권

국회규칙은 헌법과 법률에 어긋나지 아니하는 범위 안에서 의사와 내부규율에 관하여 국회가 제정하는 법규범이다(헌법 제64조 제1항, 국회법 제166조 제1항). 국회규칙은 국회가 국민의 대표기관인 입법기관으로서 제정하는 것이 아니라 독립한 국가기관으로서 제정하는 것이라는 점에서 법률과 구별된다. 따라서 법률제정절차와 달리 집행부 개입이 허용되지 않고, '법률에 어긋나지 아니하는 범위 안'에서만 제정할 수 있다. 국회가 대통령과 대등한 헌법적 지위가 있다는 점에 비추어 국회규칙은 대통령령과 같은 법적 성격이 있다.

국회규칙의 제정 · 개폐는 국회운영위원회 소관 사항이다(국회법 제37조 제1항 제1호). 국회규칙안을 국회운영위원회에서 심사하면 법제사법위원회의 체계 · 자구 심사를 거쳐(국회법 제37조 제1항 제2호) 본회의 의결로 확정된다. 다만, 임기 초에 상임위원회가 구성되지 아니하면 위원회 심사를 거칠 수 없으므로, 국회상임위원회위원정수에관한규칙을 의장 제의로 본회의에서 바로 의결한 선례가 있다. 본회의 의결은 재적의원 과반수 출석과 출석의원 과반수 찬성으로 한다(헌법 제49조, 국회법 제109조). 국회사무처법 제14조, 국회도서관법 제12조, 국회예산정책처법 제11조는 국가공무원법에서 국회규칙으로 정하도록 위임된 사항과 국회사무처법, 국회도서관법, 국회예산정책처법에서 규칙으로 정하도록 위임된 사항에 관해서 의장이 국회운영위원회 동의를 얻어 정하도록 한다.

② 재정에 관한 권한

재정은 공권력 주체가 공공 수요를 충족시키려고 필요한 재원을 조달하고 재산을 관리 · 사용 · 처분하는 모든 행위를 말한다.

(ⅰ) 조세법률원칙

헌법은 제38조에서 "모든 국민은 법률이 정하는 바에 의하여 납세의 의무를 진다."라고 규정하고, 제59조에서 "조세의 종목과 세율은 법률로 정한다."라고 규정하여 조세법률원칙(조세법률주의)을 선언한다. 조세법률원칙은 조세평등원칙과 더불어 조세법제의 기본원칙으로서, 법률에 근거가 없으면 국가는 조세를 부과 · 징수할 수 없고, 국민도 법률에 근거가 없으면 조세납부를 요구받지 아니한다는 원칙을 말한다. 조세법률원칙의 이념은 결국 과세요건을 국회가 제정한 법률로 명확하게 규정함으로써 국민의 재산권을 보장함과 동시에 국민의 경제생활에서 법적 안정성과 예측가능성을 보장하려는 것이다(헌재 2020. 2. 27. 2017헌바159).

조세는 국가나 지방자치단체 등 공권력 주체가 재원조달 목적으로 과세권을 발동하여 반대급부 없이 일반 국민에게 강제적으로 부과하여 징수하는 공과금을 말한다. 헌법재판소는 조세를 국가 또는 지방자치단체가 재정수요를 충족시키거나 경제적 · 사회적 특수정책의 실현을 위하여 국민 또는 주민에 대하여 아무런 특별한 반대급부없이 강제적으로 부과징수하는 과징금이라고 한다(헌재 1990. 9. 3. 89헌가95). 조세법률원칙은 과세요건 법정원칙(과세요건 법정주의)과 과세요건명확원칙(과세요건명확주의)을 그 핵심적 내용으로 한다(헌재 1989. 7. 21. 89헌마38). 조세법률원칙은 조세의 부과 · 징수에 관한 규정뿐 아니라 조세감면규정에도 적용된다(헌재 2020. 8. 28. 2017헌바389). 과세요건 법정원칙은 납세의무를 성립시키는 납세의무자, 과세물건, 과세표준, 과세기간, 세율 등의 모든 과세요건과 부과 · 징수절차는 모두 국민의 대표기관인 국회가 제정한 법률로 규정하여야 한다는 것을 말한다(헌재 1992. 2. 25. 90헌가69등). 대법원은 조세를 대통령령에 위임할 수 있고, 과세대상을 대통령령에 위임한 것도 합헌이라고 한다(대법원 1974. 12. 24. 선고 70누92 판결). 그리고 과세요건명확원칙은 과세요건을 법률로 규정하였더라도 그 규정내용이 지나치게 추상적이고 불명확하면 이에 관한 과세관청의 자의적인 해석과 집행을 초래할 염려가 있으므로 그 규정 내용이 명확하고 일의적이어야 한다는 것을 말한다(헌재 2020. 8. 28. 2017헌바389). 또한, 오늘날 법치국가원리는 국민의 권리 · 의무에 관한 사항은 법률로써 정하여야 한다는 형식적 법치국가원리에 그치는 것이 아니라 그 법률의 목적과 내용도 기본권 보장의 헌법이념에 부합되어야 한다는 실질적 법치국가원리를 뜻한다. 헌법 제38조와 제59조가 선언하는 조세법률원칙도 이러한 실질적 법치국가원리를 뜻하는 것이므로, 비록 과세요건이 법률로 명확히 정해진 것일지라도 그것만으로는 충분한 것이 아니고 조세법의 목적이나 내용이 기본권 보장의 헌법이념과 이를 뒷받침하는 헌법의 모든 원칙에 합치되지 않으면 안 된다(헌재 1992. 2. 25. 90헌가69등). 조세법을 해석할 때 유추나 확장해석은 허용되지 아니한다(헌재 2012. 5. 31. 2009헌바123등). 따라서 조세법을 해석할 때 '유효한' 법률조항의 불명확한 의미를 논리적 · 체계적 해석을 통해 합리적으로 보충하는 것에서 더 나아가, 해석을 통하여 전혀 새로운 법률상 근거를 만들어 내거나, 기존에는 있었으나 실효되어 더는 있다고 볼 수 없는 법률조항을 여전히 '유효한' 것으로 해석할 수 없다(헌재 2012. 5. 31. 2009헌바123등).

조세에는 일년세원칙(일년세주의)과 영구세원칙(영구세주의)이 있다. 일년세원칙은 조세를 매년 의회 의결을 거쳐 부과하는 것을 말하고, 영구세원칙은 조세를 한 번 법률 형식으로 의회 의결로 정하면 매년 계속해서 과세할 수 있게 하는 것을 말한다. 헌법은 조세의 종목과 세율은 법률로 정하게 하였고, 법률의 효력은 별도의 규정이 없는 한 영구적이며, 헌법에 일년세원칙을 규정하지 않은 것으로 보아 헌법은 영구세원칙을 채택한다.

조세법률원칙에는 예외가 인정된다. 현대의 복잡한 경제현실 때문에 조세의 종목과 세율은 모두 법률로 정하기 곤란할 뿐 아니라 그것을 모두 법률로 정하면 과세대상의 적정한 결정이 어려워 공평과세에 따른 국민의 재산권 보호에 미흡할 수 있기 때문이다. 조세법률원칙에 대한 예외의 대표적인 것으로는 조례에 따른 지방세의 세목 규정, 행정협정에 따른 관세율, 긴급재정경제명령을 들 수 있다.

(ii) 조세평등원칙

조세평등원칙(조세평등주의)은 헌법 제11조 제1항 평등원칙의 조세법적 표현으로서, 조세의 부과와 징수는 납세자의 담세능력에 상응하여 공정하고 평등하게 이루어져야 하고, 합리적 이유 없이 납세의무자를 차별하여서는 아니 된다는 원칙이다(헌재 1997. 10. 30. 96헌바14). 오늘날 세원(稅源)이 극히 다양하고 납세의무자인 국민의 담세능력에도 차이가 있을 뿐 아니라 조세도 국가재원 확보라는 고전적 목적 이외에 다양한 정책적 목적으로 부과되므로, 조세법 영역에서는 입법자에게 광범위한 형성권이 부여된다. 다만, 이러한 결정을 할 때도 입법자는 재정정책적 · 국민경제적 · 사회정책적 · 조세기술적 제반 요소에 관한 교량을 통해서 그 조세관계에 맞는 합리적인 조치를 하여야만 평등원칙에 부합할 수 있고, 입법형성권 행사가 비합리적이고 불공정한 조치라고 인정되면 조세평등원칙에 어긋나 위헌이 된다(헌재 2020. 3. 26. 2017헌바363등). 조세평등원칙은 응능과세원칙과 실질과세원칙을 내용으로 한다.

응능과세원칙은 납세자의 조세 부담을 납세자의 담세능력에 따라 정하여야 한다는 것을 말한다. 담세능력을 무시한 획일적인 세율은 형평주의의 한계를 벗어난다. 담세능력에 따른 과세원칙(응능부담)은 동일한 소득은 원칙적으로 동일하게 과세하고(수평적 정의), 소득이 다른 사람 사이에서는 공평한 조세 부과(수직적 정의)를 요청한다(헌재 1999. 11. 25. 98헌마55). 세법 내용을 어떻게 정할 것인지는 입법자의 광범위한 형성의 자유 아래 있고, 더욱이 오늘날 조세입법자는 조세 부과를 통하여 재정수입 확보라는 목적 이외에도 국민경제적 · 재정정책적 · 사회정책적 목적 달성을 위하여 여러 가지 관점을 고려할 수 있으므로, 응능과세원칙을 예외 없이 절대적으로 관철할 수 없고, 합리적 이유가 있으면 납세자 사이의 차별 취급도 예외적으로 허용된다(헌재 1999. 11. 25. 98헌마55). 소득에 단순 비례하여 과세할 것인지 아니면 누진적으로 과세할 것인지는 입법자의 정책에 맡겨진다. 수직적 정의는 담세능력이 큰 사람은 담세능력이 작은 사람과 비교하여 더 많은 세금을 낼 것과 최저생계를 위해서 필요한 경비는 과세에서 제외하여야 한다는 최저생계를 위한 공제를 요청할 뿐이지 소득세법에서 반드시 누진세율을 도입할 것까지 요구하는 것은 아니다(헌재 1999. 11. 25. 98헌마55).

실질과세원칙은 조세는 그 실질에 부합되게 부과되어야 한다는 것으로, 법률적 형식과 경제적 실질이 서로 다르면 경제적 실질에 과세함으로써 조세정의를 실현하려는 원칙이다(헌재 1989. 7. 21. 89헌마38). 실질과세는 외관과 명목보다는 실질에 따라 과세한다는 것인데, 실질에만 치중하는 것이 오히려 조세정의에 부합하지 않으면 예외가 허용된다(헌재 1989. 7. 21. 89헌마38). 다만, 조세회피행위를 부인하여 조세 공평을 꾀하려는 실질주의를 지나치게 강조하면 조세법률원칙의 권리보장적 기능과 법적 안정성을 해칠 수 있다.

(iii) 예산심의 · 확정권

예산은 국회 의결로 성립하는, 1회계연도에 적용되는 국가의 세입 · 세출에 관한 계획이다. 즉 예산은 한 회계연도에서 정부가 할 수 있는 세출의 준칙과 이에 충당할 재원인 세입에 대해서 국회가 정부에 재정권을 부여하는 국법의 한 형식을 뜻한다. 예산은 정부의 1년간 시정계획을 위한 재정적 기초가 되므로, 예산에 대한 국회 승인은 정부 시정계획에 대한 국회 동의를 가리킨다. ⓐ 실직적 의미의 예산은 한 회계연도에서 국가의 세입 · 세출의 예정준칙을 뜻하고, ⓑ 형식적 의미의 예산은 일정한 형식으로 정부가 작성하고 국회의 심의 · 의결로써 성립하는 국법의 한 형식을 말한다. 국가의 세입, 세출의 예정계획인 실질적 의미의 예산이 국회 승인을 얻게 되면 형식적 의미의 예산이 된다. 예산은 국가의 기본적인 중요사항으로서 국회가 민주적 절차에 따라 예산을 확정한다. 그리고 세출에 관해서는 시기, 목적, 금액 등을 한정하므로 법규범의 일종이라고 할 수 있다. 또한, 재정민주주의에 비추어 볼 때 정부에 대한 구속력을 강화하고 국회 의결을 필수적으로 요구하는 법규범설이 타당하다. 다만, 예산은 일반 국민의 행위를 규율하는 것이 아니라 국가기관의 재정행위를 1회계연도에 한하여 규율한다는 점에서 일반 법규범과 구별될 뿐이다.

예산과 법률은 국회 의결로 확정될 뿐 아니라 예산도 법규범의 일종이라는 점에서 공통점이 있다. 그러나 예산과 법률은 다음의 점에서 구별되고 예산에는 법률과 같은 효력이 귀속되지 않으므로 예산은 형식적 법률은 물론 실질적 법률도 아니다: ⓐ 예산은 '예산' 형식으로, 법률은 '법률' 형식으로 존재한다(존재 형식의 차이). ⓑ 성립절차와 관련하여 법률안과 달리, 예산제출권은 정부에만 있고 국회는 예산제출권이 없다. 그리고 ⓒ 국회는 정부가 제출한 예산안 범위 안에서 삭감할 수 있으나, 정부 동의 없이는 지출예산 각 항의 금액을 증가하거나 신비목을 설치할 수 없다(헌법 제57조). 그러나 법률안에 대해서는 국회가 수정 · 증보할 수 있다. 또한, ⓓ 법률은 공포를 효력발생요건으로 하나, 예산은 의결로써 효력이 발생하고, 국회는 법률안과 달리 예산심의를 전면 거부할 수 없으며, 대통령도 국회에서 통과된 예산안에 대해서는 거부권을 행사할 수 없다. ⓔ 효력과 관련하여서 예산은 1회계연도에 한해서 효력이 있으나, 법률은 원칙적으로 영속적 효력이 있다. 예산도 일종의 법규범이기는 하지만 법률과는 달리 국민 일반을 구속하는 것이 아니라 관계 국가기관의 1회계연도 안의 재정행위만을 규율한다. ⓕ 예산과 법률은 성질, 성립요건과 절차, 효력 등이 서로 다르므로 예산으로써 법률을, 법률로써 예산을 변경할 수는 없다. 그리고 예산에 대한 국회 의결은 정부의 재정행위를 구속하지만, 정부의 수입 · 지출의 권한과 의무는 예산 자체에 따르는 것이 아니고 별도의 법률로 정해진다.

예산과 법률은 성질, 성립요건 및 절차, 효력 등이 서로 달라서 예산으로 법률을, 법률로 예산을 바꿀 수는 없다. 예산에 대한 국회 의결은 정부의 재정행위를 구속하지만, 정부의 수입 · 지출 권한과 의무는 예산 자체에 따르는 것이 아니고 별도의 법률로 정해진다. 따라서 ⓐ 세입예산에 계정되더라도 별도로 법률에 근거가 없으면 세입은 징수할 수 없고, 지출 측면에서도 예산에 계상되더라도 그 경비 지출 근거가 되는 법률이 없으면 지출행위를 할 수 없다. ⓑ 법률에 따라서 경비 지출이 인정되더라도 그 지출 실행에 필요한 예산이 없으면, 실제 지출행위를 할 수 없다. 그러나 조세법률원칙에 따라 법률에 근거가 있는 한 세입예산을 초과하거나 예산에 계상되지 않은 항목 수납도 가능하다. ⓒ 국회가 예산을 필요로 하는 법률을 의결하면 국회의 예산심의권은 이로 말미암은 제약을 받는다.

예산에서 인정된 지출사항에 대해서 그 예산 집행을 명하는 법률이 성립되지 않으면 예산 실행이 불가능하고, 어떤 경비 지출을 명하거나 지출을 가능하게 하는 법률이 성립되었으나 예산이 성립되지 않으면 법률 집행이 불가능하다. 이러한 양자의 불일치는 그 성립요건, 시기, 절차 등이 달라서 발생한다. 예산과 법률의 불일치가 발생하지 않도록 하려면 사전적으로, 정부는 예산안과 법률안을 제출할 때 모든 세출을 가능한 한 예산안에 반영하고 근거법령과 예산안을 동시에 제출하도록 하는 것 등의 노력을 하여야 한다. 국회법은 '예산상 또는 기금상의 조치를 수반하는 법률안'에 대해서 그 의안 시행에 수반될 것으로 예상되는 비용에 관한 국회예산정책처의 추계서 제출을 의무화한다(국회법 제79조의2 제2항). 예산과 법률이 불일치하면 추가경정예산이나 예비비제도 등으로 조정하거나 법률의 시행기일을 연기하거나 법률 시행을 일시유예하거나 즉시 필요한 법률을 제정함으로써 그 불일치를 조정하여야 한다.

예산안은 1년예산원칙(1년예산주의), 회계연도독립 원칙, 예산총계원칙(예산총계주의), 예산단일원칙(예산단일주의), 예산구분원칙(예산구분주의)을 기본원리로 하여 정부에서 편성된다. 예산안은 각 부처 예산 요구를(5월 31일 한) 취합하여(국가재정법 제31조 제1항) 기획재정부에서 작성하고 국무회의 심의를 거치고 나서(헌법 제89조 제4호) 대통령 승인을 얻어 회계연도개시 90일 전까지 국회에 제출하여야 한다(헌법 제54조 제2항, 국가재정법 제32조와 제33조). 정부는 제출한 예산안을 본회의나 위원회의 동의를 얻어 수정하거나 철회할 수 있다(국회법 제90조 제2항). 정부는 예산안을 국회에 제출하고 나서 부득이한 사유로 말미암아 그 내용 일부를 수정하고자 하면 국무회의 심의를 거쳐 대통령 승인을 얻은 수정예산안을 국회에 제출할 수 있다(국가재정법 제35조).

예산안은 정부 시정연설을 청취하고 나서 상임위원회 예비심사와 예산결산특별위원회 종합심사를 거쳐 회계연도 30일 전까지 국회 본회의에서 의결 · 확정되어야 한다(헌법 제54조 제2항). 위원회는 예산안, 기금운용계획안, 임대형 민자사업 한도액안과 세입예산안 부수 법률안 심사를 매년 11월 30일까지 마쳐야 한다(국회법 제85조의3 제1항). 심사를 마치지 못하면 그 다음 날에 위원회에서 심사를 마치고 바로 본회의에 회부된 것으로 본다. 다만, 의장이 각 교섭단체 대표의원과 합의하면 그러하지 아니하다(국회법 제85조의3 제2항).

국회 본회의에서 의결 · 확정된 예산은 정부로 이송되어 대통령이 서명하고 국무총리와 관계 국무위원이 부서하고 나서 전문을 관보에 게재하여 공고한다('법률 등 공포에 관한 법률' 제8조와 제11조 참조).

ⓐ 예산안 발안권은 정부에만 있고, 국회에는 발안권이 없다. 국회에는 폐지 · 삭제 · 감액권(소극적 수정권)만 인정된다. 다만, 정부 동의가 있으면 증액하거나 새 비목을 설치할 수 있다(헌법 제57조). ⓑ 조약이나 법률로써 확정된 금액(법률비)과 채무부담행위(의무비)로서 전년도에 이미 국회 의결을 얻은 금액은 삭감할 수 없다. ⓒ 예산이 수반되는 국가적 사업을 규정한 법률이 있고, 정부가 이를 위한 예산안을 제출하면 국회 예산심의권은 이에 구속된다.

예산은 예산총칙 · 세입세출예산 · 계속비 · 명시이월비와 국고채무부담행위로 구성된다(국가재정법 제19조). ⓐ 예산총칙에는 세입세출예산 · 계속비 · 명시이월비와 국고채무부담행위에 관한 총괄적 규정을 둔다. 그 밖에 국채나 차입금의 한도액(중앙관서의 장이 관리하는 기금의 기금운용계획안에 계상된 국채발행과 차입금의 한도액을 포함), 재정증권 발행과 일시차입금의 최고액, 그 밖에 예산집행에 관해서 필요한 사항을 규정한다(국가재정법 제20조). ⓑ 세입세출예산은 한 회계연도의 모든 수입과 지출을 말한다. 세입세출예산에는 예비비가 포함된다. 예비비는 예측할 수 없는 예산 외의 지출이나 예산초과지출에 충당하려고 세입세출예산에 계상되는 예산이다. 예산은 일정 기간에 계상한 세입 · 세출에 대한 예정액이므로 아무리 정확하게 계산하더라도 실제 집행에서는 다소 과부족현상이 불가피하다. 따라서 예비비는 예산운용의 탄력성 확보와 국가사업의 효율적인 추진을 위해서 일반 예산과는 달리 총액만 계정하고 그 용도에 관해서는 집행부 재량에 맡긴다(헌법 제55조 제2항). 예비비는 총액으로 결정된 용도 미정의 재원이어서 사실상 예산심의나 회계대상이 되지 아니한다. 헌법 제55조에서 예비비는 총액으로 국회 의결을 얻어야 하고, 지출에 관해서는 차기 국회 승인만 얻으면 되는 것으로 한다. 그리고 예산회계법에서는 일반회계 예산총액의 100분의 1 이내의 금액을 계상할 수 있도록 하고, 그 용도에 관한 규정은 없다. 다만, 예산총칙에 미리 사용목적을 지정해 놓은 예비비에 관해서는 이러한 상한에 관한 제한이 적용되지 않는다. 공무원의 보수 인상을 위한 인건비 충당을 위해서는 예비비의 사용목적을 지정할 수 없다(국가재정법 제22조). 또한, 예비비의 관리와 사용에 관해서는 정부의 각 중앙관서에 분속시키지 않고 일괄적으로 기획재정부 장관이 전담하도록 하여(국가재정법 제51조) 의회의 회계검사도 사실상 어렵게 한다. 예비비 지출에 관해서 국회 승인을 얻지 못하면 지출행위의 효력에는 영향이 없으나, 정부는 정치적 책임을 져야 한다. ⓒ 계속비는 예산1년원칙에 대한 예외적인 예산제도로서 완성에 수년도를 필요로 하는 공사나 제조 및 연구개발사업은 경비의 총액과 연부액을 정하여 미리 국회 의결을 얻은 범위 안에서 수년도에 걸쳐서 지출할 수 있는 예산을 말한다. 계속비로서 지출할 수 있는 연한은 회계연도부터 5년 이내이다. 다만, 사업규모 및 국가재원 여건상 필요하면 예외적으로 10년 이내로 할 수 있다. 기획재정부 장관은 필요하다고 인정하면 국회 의결을 거쳐 이러한 연한을 연장할 수 있다(헌법 제55조 제1항, 국가재정법 제23조). ⓓ 명시이월비는 세출예산 중 성질상 연도 안에 지출을 끝내지 못할 것이 예측되면, 그 취지를 세입세출예산에 명시하여 미리 국회 승인을 얻어 다음 연도에 이월하여 사용할 수 있는 예산을 말한다(국가재정법 제24조). ⓔ 국고채무부담행위는 법률에 따른 것과 세출예산 금액이나 계속비 총액 범위 안의 것 외에 채무를 부담하는 행위로서 미리 예산으로써 국회 의결을 얻어야 한다. 그 밖에 재해복구를 위해서 필요하면 회계연도마다 국회 의결을 얻은 범위 안에서 채무를 부담하는 행위를 할 수 있다(국가재정법 제25조).

예산의 종류에는 본예산과 추가경정예산, 확정예산과 임시예산, 일반회계예산(총예산)과 특별회계예산 등이 있다. ⓐ 예산은 회계연도 개시 90일 전까지 국회에서 의결되어야 한다(헌법 제30조). 그러나 새로운 회계연도가 개시될 때까지 예산이 의결되지 못하면 헌법이나 법률이 설치한 기관 또는 시설의 유지 · 운영, 법률상 지출의무 이행, 이미 승인된 사업 계속에 관해서는 전년도 예산에 준하여 집행할 수 있다(헌법 제55조). 이를 임시예산(준예산, 잠정예산)이라고 한다. ⓑ 천재 · 지변이나 국내외 정치 · 경제 · 사회의 격심한 변동이 예기치 않게 발생하여 당초에 작성된 예산으로서는 감당하기 어려운 지경이 되었을 때, 집행부는 이에 대응하기 위한 예산 변경을 하지 않을 수 없다. 이처럼 국회에서 성립되어 집행부가 집행하는 예산을 변경할 필요가 있어서 이를 변경하는 예산이 추가경정예산이다. 추가경정예산은 원래 추가예산과 경정예산으로 이루어진다. 추가예산은 본예산을 증액한 팽창예산으로서 대개 예산 성립 후에 생긴 사유 때문에 필요한 경비, 국고채무부담행위, 법률상 혹은 계약상 국가의 의무에 속하는 경비에 부족이 발생할 때 대처하려는 것이다. 예산 부족은 대개 예비비로 충당함이 원칙이나 그 액수가 크면 불가피하게 추가예산을 편성하지 않을 수 없다. 경정예산은 본예산 내용을 바꾸는 예산이다. 그러나 본예산에다 부족분을 추가시키는 증액은 반드시 전체적인 관점에서는 내용도 변경하므로 사실상 추가와 경정이 동시에 이루어지므로 일반적으로 추가경정예산이라고 일컫는다. ㉠ 전쟁이나 대규모 자연재해가 발생한 때, ㉡ 경기침체, 대량실업, 남북관계 변화, 경제협력과 같은 대내 · 외 여건에 중대한 변화가 발생하였거나 발생할 우려가 있는 때, ㉢ 법령에 따라 국가가 지급하여야 하는 지출이 발생하거나 증가하는 때에 해당되어 이미 확정된 예산에 변경을 가할 필요가 있으면 추가경정예산안을 편성할 수 있다(헌법 제56조, 국가재정법 제89조). 추가경정예산안의 제출시기와 심의기간에 관해서는 헌법에 규정이 없지만 본예산안에 준한다.

(iv) 결산심사권

감사원은 세입 · 세출의 결산을 매년 검사하여 대통령과 차년도 국회에 그 결과를 보고하여야 한다(헌법 제99조, 국가재정법 제60조와 제61조). 따라서 국회는 예산 집행 적부에 관한 사후심사권을 행사한다. 결산절차에 관해서는 국가재정법에서 자세하게 규정한다. 그 절차는 각 중앙관서의 장 결산보고서 제출과 국회 사무총장, 법원행정처장, 헌법재판소 사무처장과 중앙선거관리위원회 사무총장의 예비금사용명세서 제출(다음 연도 2월 말일까지) → 기획재정부 장관 국가결산보고서 작성 → 국무회의 심의 → 대통령 승인 → 감사원에 제출(다음 연도 4월 10일까지)(국가재정법 제58조, 제59조) → 감사원 검사 후 보고서 작성 · 보고서 기획재정부 장관에 송부(다음 연도 5월 20일까지) → 다음 회계연도 5월 31일까지 정부는 국회에 국가결산보고서 제출(국가재정법 제60조, 제61조) → 소관 상임위원회, 예산결산위원회, 본회의 순으로 각각 부의하여 의결 순서로 이루어진다. 국회는 결산을 심사한 결과 그 집행이 부당 · 위법하다고 인정하면 정부에 정치적 책임은 물론 탄핵소추 등 법적 책임을 물을 수 있다.

(v) 그 밖의 재정 관련 권한

헌법 제58조는 "국채를 모집하거나 예산 외에 국가의 부담이 될 계약을 체결하려 할 때에는 정부는 미리 국회의 의결을 얻어야 한다."라고 하여 국채모집 등에 관한 국회의 동의권을 규정한다. 국채는 공채 일종으로서 국가가 국고의 세입 부족을 보충하려고 부담하는 재정상 채무를 가리킨다. 국채모집 등에 관한 의결권은 정부의 재정행위에 대한 국회의 통제권을 뜻한다. 국채 모집에 대한 국회 동의는 기채를 할 때마다 얻을 수도 있고, 개괄적인 예정총액에 대해서 일시에 얻을 수도 있다. 예산 외에 국가 부담이 될 계약의 예로는 외국차관의 정부지불보증행위, 외국인고용계약, 임차계약 등을 들 수 있다. 헌법 제58조의 계약은 사법상 계약이다. 그 밖에 국회는 긴급재정경제처분 · 명령에 대한 승인권(헌법 제76조 제3항), 예비비 지출에 대한 동의권(헌법 제55조 제2항 제2문), 재정적 부담을 지우는 조약의 체결 · 비준에 대한 동의권(헌법 제60조 제1항)이 있고, 기금에 대해서 통제권이 있다. 기금은 특정한 사업을 계속적이고 탄력적으로 수행하기 위해서 국가재정법에 따라 세입세출예산 외에 운영할 수 있도록 조성된 자금을 말한다. 기금의 관리 · 운영을 위해서 국가재정법이 제정되어 있다.

③ 헌법기관구성관여권

(i) 대통령결선투표권

대통령선거에서 최고득표자가 2명 이상이면 국회 재적의원 과반수가 출석한 공개회의에서 다수표를 얻은 사람을 당선자로 한다(헌법 제67조 제2항, 국회법 제112조 제6항).

(ii) 일부선출권

국회는 헌법재판소 재판관 3명(헌법 제111조 제3항)과 중앙선거관리위원회 위원 3명(헌법 제114조 제2항)을 선출한다.

(iii) 임명동의권

국회는 국무총리 임명(헌법 제86조 제1항), 대법원장과 대법관 임명(헌법 제104조 제1항과 제2항), 헌법재판소장 임명(헌법 제111조 제4항), 감사원장 임명(헌법 제98조 제2항)에 관해서 동의권이 있다.

(iv) 인사청문회

국회는 국회법(제65조의2)과 인사청문회법에 따라 일정한 고위 공직자후보에 대한 인사청문회를 연다. 인사청문회 대상은 국회가 그 임명에 동의권이 있거나 직접 선출권이 있는 때[ⓐ 헌법에 따라 그 임명에 국회의 동의가 필요한 대법원장 · 헌법재판소장 · 국무총리 · 감사원장과 대법관, ⓑ 헌법에 따라 국회에서 선출하는 헌법재판소 재판관과 중앙선거관리위원회 위원(국회법 제46조의3 제1항)]와 국회가 그 임명에 동의권이 있거나 직접 선출권이 없지만, 해당 법률과 인사청문회법에 따라 청문 대상이 되는 때[ⓐ 대통령이 임명하는 헌법재판소 재판관, 중앙선거관리위원회 위원, 국무위원, 방송통신위원회 위원장, 국가정보원장, 공정거래위원회 위원장, 금융위원회 위원장, 국가인권위원회 위원장, 국세청장, 검찰총장, 경찰청장, 합동참모의장, 한국은행 총재, 특별감찰관, 한국방송공사 사장, ⓑ 대통령 당선인이 지명하는 국무위원 후보자, ⓒ 대법원장이 지명하는 헌법재판소 재판관과 중앙선거관리위원회 위원(국회법 제65조의2 제2항)]로 나뉜다. 전자는 인사청문특별위원회가(국회법 제46조의3), 후자는 소관 상임위원회가(국회법 제65조의2) 인사청문회를 실시한다.

④ 국정통제에 관한 권한

(i) 탄핵소추권

탄핵제도는 일반 형사사법절차에 따라 책임을 추궁하거나 행정상 징계절차에 따라 징계하기 곤란한 고위직 공직자나 헌법상 독립된 기관의 신분이 보장된 공직자가 직무집행에서 헌법과 법률을 위반할 때 의회가 이들을 소추하여 법적인 책임추궁을 하는 제도이다. 현행 헌법상 탄핵제도는 탄핵소추와 탄핵심판의 두 절차로 구성되어, 전자는 국회 권한이고(헌법 제65조), 후자는 헌법재판소 권한이다(헌법 제111조 제1항 제2호).

(ⅱ) 국정감사권과 국정조사권

국정조사권은 의회가 그 입법에 관한 권한, 재정에 관한 권한, 국정통제에 관한 권한 등을 유효·적절하게 행사하기 위해서 국정 일반이나 특정한 국정사안에 관해서 조사할 수 있는 권한이다. 그러나 헌법 제61조는 국정조사와 국정감사를 구별하여 사용한다. 일반적으로 국정조사는 부정기적 특정 국정조사를 말하고, 국정감사는 정례적 일반 국정조사를 말한다. 국정감사·조사는 대의제 국가에서 의회가 입법·국정통제·예산심의 등 자신의 주된 기능을 실효성 있게 수행하기 위해서 필요한 제도로 인정된다.

1948년 헌법부터 국정감사에 관한 규정을 두었다. 그러나 1972년 헌법에서 국정감사권이 삭제되었다가 1975년 6월 개정된 국회법(제121조, 제122조)에서 국정조사에 관한 법률적 근거를 마련하고, 1980년 헌법에서 특정 사항에 대한 국정조사권을 규정하였다. 현행 헌법은 국정감사권을 부활하여 국정조사권과 함께 규정한다.

국정감사권과 국정조사권의 본질과 관련하여서 국정감사·조사권을 입법권, 국정통제권, 예산심의권과 더불어 국회의 4대 권한의 하나로 보는 독립적 권한설(고전적 이론)과 국정감사·조사권을 국회의 독자적인 기능을 수행하기 위한 권한이 아니라 국회 권한을 유효하게 수행하는 데 필요한 보조적 권한으로 보는 보조적 권한설(기능적 이론)이 대립한다. 국정감사권과 국정조사권은 독립적 권한으로도 보조적 권한으로도 사용될 수도 있고 국민에게 국정에 관한 정보를 제공하는 기능도 하는데 상황에 따라 특정 기능이 강조되거나 두드러질 수 있다.

헌법 제61조는 국회가 "국정을 감사하거나 특정한 국정사안에 대하여 조사할 수 있다."라고만 규정한다. 그러나 국회법 제127조와 '국정감사 및 조사에 관한 법률' 제2조와 제3조에 따라 본회의와 상임위원회 모두 국정감사·조사권의 주체가 된다. 그리고 국정조사를 위한 특별위원회도 구성될 수 있다('국정감사 및 조사에 관한 법률' 제3조).

국정감사는 '국정감사 및 조사에 관한 법률'에 따라 국정 전반에 관해서 소관 상임위원회별로 매년 정기회 집회일 이전에 국정감사 시작일부터 30일 이내의 기간을 정하여 한다. 다만, 본회의 의결로 정기회 기간 중에 감사를 실시할 수 있다('국정감사 및 조사에 관한 법률' 제2조 제1항). 국정감사는 상임위원장이 국회운영위원회와 협의하여 작성한 감사계획서(감사반 편성·감사일정·감사 요령 등 사항 기재)에 따라서 한다. 국회운영위원회는 상임위원회 사이에 감사대상기관이나 감사일정 중복 등 특별한 사정이 있으면 이를 조

정할 수 있다('국정감사 및 조사에 관한 법률' 제2조 제2항)

국정조사는 국회 재적의원 4분의 1 이상이 조사요구서(조사 목적, 조사할 사안의 범위, 조사를 할 위원회 등을 기재하여 연서한 서면)를 국회의장에게 제출 → 본회의 보고 → 특별위원회 구성 또는 해당 상임위원회에 회부하여 조사위원회 확정 → 조사위원회는 조사목적, 조사할 사안의 범위와 조사방법, 필요한 기간과 소요경비 등을 기록한 조사계획서 본회의에 제출 → 본회의에서 의결(반려나 승인, 기간 연장이나 단축)의 절차에 따라 필요가 있을 때마다 한다('국정감사 및 조사에 관한 법률' 제3조).

국정감사 대상기관은 '국정감사 및 조사에 관한 법률' 제7조가 규정하고, 이는 위원회 선정 대상기관과 본회의 승인 대상기관으로 나눌 수 있다. 위원회 선정 대상기관으로는 정부조직법과 그 밖의 법률에 따라 설치된 국가기관, 지방자치단체 중 특별시 · 광역시 · 도(위임사무), 정부투자기관, 한국은행, 농업협동조합중앙회 · 수사업협동조합중앙회가 있고, 본회의 승인 대상기관으로는 위원회 선정 대상기관 외의 지방행정기관, 지방자치단체, 감사원법에 따른 감사원의 감사대상기관이 있다. 특별시 · 광역시 · 도에 대한 감사범위는 국가위임사무와 국가가 보조금 등 예산을 지원하는 사업으로 하며('국정감사 및 조사에 관한 법률' 제7조 제2호 단서), 시 · 군 · 구는 고유 · 위임사무 모두에 대해서 감사할 수 있다('국정감사 및 조사에 관한 법률' 제7조 제4호). 국정조사의 대상기관은 조사계획서에 따라서 정한다.

국정감사는 국정감사의 한계를 지키는 한 널리 국정 일반에 관해서 할 수 있으므로 그 범위에 제한이 없다. 그에 반해서 국정조사 범위는 조사계획서에 기재된 사안에 국한된다(헌법 제61조, '국정감사 및 조사에 관한 법률' 제3조).

국정감사와 국정조사는 공개한다. 다만, 위원회 의결로 달리 정할 수 있다('국정감사 및 조사에 관한 법률' 제12조). 국회는 국정을 감사하거나 조사하는 데 필요한 서류 제출 또는 증인 출석과 증언이나 의견 진술을 요구할 수 있다(헌법 제61조 제1항). 이러한 요구를 받은 자 또는 기관은 '국회에서의 증언 · 감정 등에 관한 법률'에서 특별히 규정한 때를 제외하고는 누구든지 이에 따라야 하고, 위원회 검증이나 그 밖의 활동에 협조하여야 한다('국정감사 및 조사에 관한 법률' 제10조 제1항과 제4항). 정당한 이유 없이 그러한 요구에 응하지 않거나 증인과 감정인의 출석과 감정을 방해하면 징역형이나 벌금형에 처한다('국회에서의 증언 · 감정 등에 관한 법률' 제12조). 국정감사와 국정조사의 결과는 감사 또는 조사의 경과와 결과 및 처리의견을 기재하고 그 중요 근거서류를 첨부한 감사 또는 조사 보고서로 작성되어 의장에게 제출되고, 의장이 본회의에 보고한다('국정감사 및 조사에 관한 법률' 제15조).

국정감사 · 조사 대상이 될 수 없는 사항은 절대적 한계사항과 상대적 한계사항으로 구분된다. 절대적 한계사항은 국가작용과 본질적으로 무관한 순수한 사적(私的) 사항, 사법부나 집행부의 순수한 재판작용이나 집행작용으로서 성질상 일반적으로 국정감사 · 조사가 금지되는 사항을 말한다. 상대적 한계사항은 이론상 국정감사 · 조사 대상이 되지만 사법권 독립, 인권 보장, 국가의 중대한 이익 등 공익에 대한 사항으로서 의회가 국정감사 · 조사권 행사를 자제하는 것이 바람직하다고 생각되는 사항을 말한다. ⓐ 권력분립적 한계: 국회가 집행부에 대해서 감사 · 조사를 할 때 국회는 시정을 명할 수 있을 뿐이지, 국회가 스스로 구체적인 행정처분을 하거나 행정처분 취소를 명하는 것은 물론이고 집행부에 정치적 압력을 가하는 것과 같은 감사 · 조사는 할 수 없다('국정감사 및 조사에 관한 법률' 제16조). 특히 국회는 사법권에 대해서도, 사법입법과 사법행정에 관해서는 감사 · 조사할 수 있으나, 사법권 독립의 원칙에 비추어 사법부의 고유한 영역인 재판작용에 관해서는 일정한 한계가 있다. ⓑ 기본권보장적 한계: 국회는 국정감사 · 조사를 진행하는 과정에서 개개 국민의 기본권을 침해하여서는 안 된다. 국정감사 · 조사는 국정과 관계없는 순수한 개인의 사생활을 조사 대상으로 삼을 수 없다('국정감사 및 조사에 관한 법률' 제8조 전단)(그러나 사생활에 관한 사항일지라도 국가작용과 관련이 있는 사항, 예를 들어 정치자금의 출처와 용도, 선거에 관한 사회적 조직과 활동 등은 그 대상으로 할 수 있다). 국정사항을 조사하는 과정에서 증인으로 출석한 사람의 사생활과 관련된 사항에 관해서 진술이나 답변을 요구할 때 증인이 이를 거부할 수 있는지가 문제 되는바, 사익과 공익을 비교형량하여 사안에 따라 판단하여야 한다. 증인이나 참고인에게 불리한 진술을 강요할 수 없다. ⓒ 국가이익적 한계: 국가의 안전보장 기타 국가의 중대한 이익은 사적 사항이나 일반 행정사항과는 달리 의회와 집행부가 함께 이를 보호할 의무를 진다. 군사 · 외교 · 대북 관계의 국가기밀에 관한 사항으로서 그 발표가 국가안위에 중대한 영향을 미친다는 주무부 장관(대통령과 국무총리 소속 기관에서는 해당 관서의 장)의 소명이, 증언 등의 요구를 받은 날부터 5일 이내에 있으면 이를 거부할 수 있다. 그러나 국회가 주무부 장관의 소명을 수락하지 아니하면 본회의 의결로, 폐회 중에는 해당 위원회 의결로 국회가 요구한 증언이나 서류 등의 제출이 국가의 중대한 이익을 해친다는 취지의 국무총리 성명을 요구할 수 있다. 국무총리가 성명 요구를 받은 날부터 7일 이내에 성명을 발표하지 아니하면 증언이나 서류 제출을 거부할 수 없다('국회에서의 증언 · 감정 등에 관한 법률' 제4조). ⓓ 조사방법적 한계: ㉠ 조사에 참여하는 의원은 조사과정에서 조사사항과 합리적 관련성이 없거나 정당한 권한 행사로 볼 수 없는 부적절한 질문이나 서류 제출 요구를 할 수 없고, 이때 증인이나 피조사기관은 그것을 이유로 이를 거부할 수 있다(적절성의 원칙). ㉡ 피조사자나 기관이 국회에 대한 출석 · 증언 · 서류 제출 요구에 불응하면 의회가 강제수단을 사용하여 집행할 수 있는지가 문제 될 수 있으나, 헌법정신에 비추어 불가능하다고 본다(조사강제의 한계). ㉢ 국회의 국정감사 · 조사에는 한계가 있어도 구체적 적용에서는 궁극적으로 국회 자신의 재량에 맡길 수밖에 없는 영역이 넓다. 따라서 국회가 합리적인 내부규율을 정립함으로써 자율적으로 해결하려는 노력이 뒤따라야 한다. 국회의 자율적인 통제는 국정감사 · 조사상 주의의무 형태로 나타나고, 국회법은 조사상 주의의무 위반을 징계사유로 규정한다('국정감사 및 조사에 관한 법률' 제14조, 제17조, 국회법 제155조 제14호).

법원이 공정한 재판을 통해서 국민의 자유와 권리를 보장하고 법치국가원리를 실현하도록 하려면 사법권의 독립이 보장되지 않으면 안 된다. 사법권의 독립은 법관이 가능한 한 최대한도의 독립을 누리며 법관 내심에서 법적 확신이 자유롭게 형성되는 것을 담보할 때만 유지될 수 있다. 국정감사 · 조사에서도 사법권의 독립, 특히 법관의 물적 독립이 보장되어야 하고, 헌법 제103조 규정에 비추어 법관이 독립하여 재판하는 것에 사실상 중대한 영향을 미칠 가능성이 있는 조사는 사법권의 독립에 비추어 배제되어야 한다.

(iii) 대통령의 긴급명령, 긴급재정경제처분 · 명령에 대한 승인권

대통령이 긴급재정경제처분이나 긴급재정경제명령이나 긴급명령을 발하면 국회에 보고하여 그 승인을 얻어야 한다(헌법 제76조 제3항).

(iv) 계엄해제 요구권

계엄을 선포하면 대통령은 즉시 국회에 통고하여야 한다(헌법 제77조 제4항). 국회가 재적의원 과반수 찬성으로 계엄 해제를 요구하면 대통령은 이를 해제하여야 한다(헌법

제77조 제5항).

(v) 국방 및 외교정책에 대한 동의권

국회는 상호원조 또는 안전보장에 관한 조약, 중요한 국제조직에 관한 조약, 우호통상항해조약, 주권의 제약에 관한 조약, 강화조약, 국가나 국민에게 중대한 재정적 부담을 지우는 조약 또는 입법사항에 관한 조약의 체결 · 비준에 대한 동의권이 있다(헌법 제60조 제1항). 그리고 국회는 선전포고, 국군의 외국에 대한 파견 또는 외국군대가 대한민국 영역 안에서 주류하는 것에 대한 동의권이 있다(헌법 제60조 제2항).

(vi) 일반사면에 대한 동의권

대통령이 일반사면을 명하려면 국회 동의를 얻어야 한다(헌법 제79조 제2항).

(vii) 국무총리 · 국무위원 해임건의권

국회는 재적의원 3분의 1 이상 발의와 재적의원 과반수 찬성으로 국무총리나 국무위원 해임을 대통령에게 건의할 수 있다(헌법 제63조). 행정 각부의 장은 국무위원 중에서 임명되므로(헌법 제94조), 국무위원 해임 건의는 곧 특정 장관에 대한 해임 건의를 뜻한다. 따라서 이 제도는 대통령의 국무총리 및 국무위원임명권에 대한 국회의 통제장치로서 현행 헌법상 정부형태가 변형된 대통령제임을 보여주는 하나의 징표이다.

해임 건의를 할 수 있는 사유에 관해서는 헌법에 아무런 규정이 없으나, 일반적으로 헌법 제65조 탄핵소추 사유보다 훨씬 광범위한 포괄적 사유라고 본다. 즉 탄핵사유가 되는 위법행위뿐 아니라 해당 행위가 부당한 경우까지도 해임 건의 사유가 될 수 있다. 따라서 위법행위에 대해서 국회가 탄핵소추할 것인지 해임건의할 것인지에 관해서 선택할 재량이 있다. 구체적으로 ⓐ 직무집행에서 헌법이나 법률 위반이 있는 때, ⓑ 정책의 수립과 집행에서 중대한 과오를 범한 때, ⓒ 부하직원의 과오와 범법행위에 관해서 정치적 책임을 추궁하는 때, ⓓ 국무회의 구성원으로서 대통령을 잘못 보좌한 때, ⓔ 직무집행에서 나타난 능력 부족 등의 사유를 해임 건의 사유로 볼 수 있다.

헌법은 해임 건의 대상으로 국무총리와 국무위원을 명시한다. 국무위원이 아닌 사람에 대한 해임 건의 가능성과 관련하여 국회의 국정통제기능에 근거하여 헌법에 명문 규정이 없어도 고위 공무원에 대한 해임 건의는 가능하므로 해임건의제도는 법적 제도로서는 무의미하다는 견해는 헌법 규정의 규범력을 무시한 해석이다. 해임건의제도는 그 의결정족수를 가중하여 규정한 점, 탄핵소추보다 사유가 광범위하다는 점, 대통령제 정부형태 아래에서 이례적인 제도를 굳이 헌법에 규정하였다는 점 등을 고려하면 헌법의 규범적 효력을 고려하여 명문으로 규정된 대상에 한정하여 적용하여야 한다.

해임 건의는 국무총리나 국무위원에 대해서 개별적으로 또는 일괄적으로 할 수 있다. 해임 건의는 국회 재적의원 3분의 1 이상 발의와 국회 재적의원 과반수 찬성으로써 한다(헌법 제63조 제2항). 해임건의안이 발의되면 그것이 본회의에 보고된 때부터 24시간 이후 72시간 이내에 무기명 투표로 표결한다. 이 기간 안에 표결하지 아니하면 해임건의안은 폐기된 것으로 본다(국회법 제112조 제7항). 해임건의안 정족수를 가중한 것은 해임 건의의 중대성에 비추어 신중을 기하고 빈번한 해임 건의 발의로 말미암은 정국혼란을 방지하기 위한 것이다. 해임건의권 행사에는 횟수 제한이 없다.

(라) 해임 건의의 효력 - 해임 건의의 법적 구속력

집행부를 구성하는 최고의 권한은 국민이 직접 대통령에게 부여하고, 정부의 구성과 유지가 국회 의사에 구속받는 것은 현행 정부형태상 구조적 모순으로 판단되므로 해임 건의의 법적 구속력은 인정할 수 없다. 헌법재판소도 해임건의권의 법적 구속력을 인정하지 않는다(헌재 2004. 5. 14. 2004헌나1). 그러나 대통령이 이 건의에 구속되는 것은 아니지만 국회의 공식적인 건의를 무시할 수는 없다. 대통령은 특별한 사유가 없는 한 해당 각료를 해임하는 것이 타당하고, 해임하지 않을 때는 국회와 국민을 이해시키기 위한 조치가 있어야 한다. 이러한 한도에서 해임 여부의 최종적 결정권은 대통령에게 있으나 해임 건의는 단순한 정치적 의미만 있는 것이 아니라 법적인 의미가 있다.

(viii) 국무총리 · 국무위원 등의 국회출석 요구 및 질문권

국무총리 · 국무위원 등의 국회출석 요구 및 질문권은 대통령제국가에서는 이례적인 제도이다. 국회 요구로 출석하여 답변하여야 하는 사람은 국무총리, 국무위원, 정부위원이다. 정부위원은 국무조정실의 실장 및 차장, 부 · 처 · 청의 처장 · 차관 · 청장 · 차장 · 실장 · 국장 및 차관보와 과학기술정보통신부 · 행정안전부 및 산업통상자원부에 두는

본부장을 말한다(정부조직법 제10조). 그리고 본회의나 위원회는 특정한 사안에 관하여 질문하려고 대법원장 · 헌법재판소장 · 중앙선거관리위원회 위원장 · 감사원장 또는 그 대리인의 출석을 요구할 수 있다(국회법 제121조 제4항). 그러나 대통령은 국회에 출석 · 발언할 권한만 있고 의무는 없다(헌법 제81조).

국회 질문에는 정부에 대한 서면질문, 대정부질문, 긴급현안질문의 세 종류가 있고, 각각 그 절차가 다르다. ⓐ 의원은 정부에 대해서 서면으로 질문할 수 있다(정부에 대한 서면질문). 의장은 질문서를 정부에 이송하고, 정부는 질문서를 받은 날부터 10일 이내에 서면으로 답변하여야 한다. 그 기간 안에 답변하지 못할 때는 그 이유와 답변할 수 있는 기한을 국회에 통지하여야 한다(국회법 제122조). ⓑ 국회 본회의는 회기 중 기간을 정하여 국정 전반 또는 국정의 특정 분야를 정하여 질문을 할 수 있다. 이를 대정부질문이라고 한다. 대정부질문은 일문일답 방식으로 하되, 의원 질문은 20분을 초과할 수 없다. 이때 질문시간에는 답변시간이 포함되지 아니한다(국회법 제122조의2 제2항). 대정부질문을 하고자 하는 의원은 미리 질문 요지를 기재한 질문요지서를 구체적으로 작성하여 의장에게 제출하여야 하며, 의장은 늦어도 질문시간 48시간 전까지 질문요지서가 정부에 도달되도록 송부하여야 한다(국회법 제122조의2 제7항). ⓒ 긴급현안질문은 국회 회기 중 대정부질문 시에 제기되지 아니한 사안으로서 긴급히 발생한 현안이 되는 중요한 사항에 대해서 의원 20명 이상 찬성으로 대정부질문을 요청할 수 있는 제도이다. 긴급현안질문을 요구하는 의원은 질문요구서를 본회의 개의 24시간 전까지 의장에게 제출하여야 한다. 긴급현안질문시간은 총 120분이고, 의장은 각 교섭단체 대표의원과 협의하여 시간을 연장할 수 있다. 긴급현안질문을 할 때 의원의 질문은 10분을, 보충질문은 5분을 초과할 수 없다(국회법 122조의3).

국회에 출석 · 답변 요구를 받은 각료는 그 요구를 거부할 수 없다. 다만, 대리출석하게는 할 수 있다. 그러나 국회에 출석 · 답변하기를 거부한 때에 관해서는 규정이 없으므로 그 제재는 정치적 통제에 맡겨질 수밖에 없다. 극단적인 때는 해임 건의나 탄핵소추의 사유가 될 것이다.

⑤ 국회자율권

국회자율권은 의회가 그 밖의 다른 국가기관의 간섭을 받지 아니하고 헌법과 법률 그리고 국회규칙에 따라 의사와 내부사항을 독자적으로 결정할 수 있는 권한을 말한다. 이는 (ⅰ) 의회 내부사항에 관해서는 다른 국가기관의 개입이나 간섭이 허용될 수 없다는 권력분립 요청과 (ⅱ) 의회가 기능을 적절히 수행하게 하려면 의사와 내부사항에 관한 의회의 자주적 결정을 존중하여야 한다는 기능독립의 원칙 그리고 (ⅲ) 원내 다수파의 횡포에서 소수파를 보호하기 위해서는 의회의 자율적인 의사규칙이 있어야 한다는 기능자치 요청에 근거한다. 국회자율권도 헌법이나 법률을 위반하지 않는 범위 안에서만 허용된다. 따라서 국회의 의사절차 · 입법절차에 헌법이나 법률의 규정을 명백하게 위반한 흠이 있으면 그것을 자율권 문제라고 할 수 없다.

의원이 다른 의원 자격에 관해서 이의가 있으면 30명 이상 연서로 자격심사를 의장에게 청구할 수 있다(국회법 제138조). 의원 자격이란 의원이 헌법상 의원으로서 지위를 보유하는 것에 필요한 자격을 말한다. 의원의 자격심사는 윤리특별위원회 예심을 거쳐(국회법 제140조), 본회의에서 재적의원 3분의 2 이상 찬성으로 의결한다(국회법 제142조 제3항). 자격심사 결과에 관해서는 법원에 제소할 수 없다(헌법 제64조 제4항).

ⓐ 헌법 제46조 제1항이나 제3항을 위반하는 행위를 하였을 때, ⓑ 국회법 제29조의 겸직 금지 규정을 위반하였을 때, ⓒ 국회법 제29조의2의 영리업무 종사 금지 규정을 위반하였을 때, ⓓ 국회법 제54조의2 제2항을 위반하였을 때, ⓔ 국회법 제102조를 위반하여 의제와 관계없거나 허가받은 발언의 성질과 다른 발언을 하거나 국회법에서 정한 발언시간 제한 규정을 위반하여 의사진행을 현저히 방해하였을 때, ⓕ 국회법 제118조 제3항을 위반하여 게재되지 아니한 부분을 다른 사람에게 열람하게 하거나 전재 또는 복사하게 하였을 때, ⓖ 국회법 제118조 제4항을 위반하여 공표 금지 내용을 공표하였을 때, ⓗ 국회법 제145조 제1항에 해당되는 회의장 질서를 어지럽히는 행위를 하거나 이에 대한 의장 또는 위원장의 조치에 따르지 아니하였을 때, ⓘ 국회법 제146조를 위반하여 본회의나 위원회에서 다른 사람을 모욕하거나 다른 사람의 사생활에 대한 발언을 하였을 때, ⓙ 국회법 제148조의2를 위반하여 의장석 또는 위원장석을 점거하고 점거 해제를 위한 국회법 제145조에 따른 의장 또는 위원장 조치에 따르지 아니하였을 때, ⓚ 국회법 제148조의3을 위반하여 의원의 본회의장 또는 위원회 회의장 출입을 방해하였을 때, ⓛ 정당한 이유 없이 국회 집회일부터 7일 이내에 본회의 또는 위원회에 출석하지 아니하거나 의장 또는 위원장의 출석요구서를 받은 후 5일 이내에 출석하지 아니하였을

때, ⓜ 탄핵소추사건을 조사할 때 '국정감사 및 조사에 관한 법률'에 따른 주의의무를 위반하는 행위를 하였을 때, ⓝ '국정감사 및 조사에 관한 법률' 제17조에 따른 징계사유에 해당할 때, ⓞ 공직자윤리법 제22조에 따른 징계사유에 해당할 때, ⓟ 국회의원윤리강령이나 국회의원윤리실천규범을 위반하였을 때 국회는 윤리특별위원회 심사를 거쳐 그 의결로써 의원을 징계할 수 있다. ⓙ에 해당하는 행위를 하였을 때는 윤리특별위원회 심사를 거치지 아니하고 그 의결로써 징계할 수 있다(헌법 제64조 제2항, 국회법 제155조). 징계요구권자는 의장, 위원장, 의원 20명 이상, 모욕당한 의원 등이고, 징계 요구 시한은 3일이다(국회법 제156조, 제157조). 징계사건은 윤리특별위원회가 심사하고 본회의에서 의결하며(국회법 제162조), 징계 의결은 의장이 공개회의에서 선포한다(국회법 제163조 제5항). 징계의 종류에는 공개회의에서 경고, 공개회의에서 사과, 30일 이내의 출석 정지(이때 출석정지기간에 해당하는 수당 · 입법활동비 및 특별활동비는 2분의 1을 감액한다), 제명이 있다(헌법 제64조 제3항, 국회법 제163조 제1항). 제명을 결정하려면 국회 재적의원 3분의 2 이상 찬성이 있어야 한다(헌법 제64조 제3항). 징계처분에 관해서는 법원에 제소할 수 없다(헌법 제64조 제4항).

국회는 국회 질서유지에 관해서 국회법에 따라 내부경찰권과 의원가택권이 있다. ⓐ 내부경찰권은 국회 안의 질서유지를 위해서 의원 · 방청객은 물론 원내에 있는 모든 사람에 대해서 일정한 사항을 명하거나 실력으로써 명령을 강제할 수 있는 권한을 말한다. 국회의 내부경찰권은 국회의장에게 속하고, 의장은 경위와 파견경찰관의 협력을 받아 이를 관장한다. ⓑ 의원가택권은 국회가 그 의사에 어긋나게 다른 사람이 국회 안에 침입함을 금지하고 국회 안에 들어오는 모든 사람을 국회 질서에 따르게 할 수 있는 권한을 말한다. 의장가택권도 의장이 관장한다.

4. 국회의원

(1) 헌법적 지위

① 국회 구성원

헌법 제41조 제1항은 "국회는 … 국회의원으로 구성한다."라고 규정하므로, 국회의원은 헌법기관인 국회의 구성원이다. 이러한 지위에서 국회의원은 헌법과 법률이 정한 직무상 여러 권한과 신분상 권리 · 의무를 부여받는다. 예를 들어 국회의원은 국회의 입법 활동과 관련하여 의안 발의(국회법 제79조) · 발언(국회법 제109조) · 표결권(국회법 제109조)을 행사할 수 있고, 이러한 헌법과 법률이 정한 권한을 침해당하였음을 이유로 권한쟁의심판을 청구할 당사자능력이 있다(헌재 1997. 7. 16. 96헌라2). 그러나 국회의원은 국가기관이 아니다. 국가'기관'이려면 그 행위가 '국가'에 귀속되어야 하는데, 국회의원의 행위가 곧바로 국가의 행위로 귀속될 수는 없기 때문이다.

② 국민대표

대의제 민주주의에 비추어 국회의원은 국민을 대표하는 국민대표자의 지위가 있다. 국회가 국민의 대표자라는 것은 국회의원이 국민의 대표기관인 국회 구성원이면서 동시에 국회의원직 하나하나가 국민의 대표기관인 국회와 별개의 독립한 국민의 대표기관이라는 것이다. 정확히 말하면 국회의원(직) 하나하나가 국민의 대표기관이므로 국민의 대표기관인 국회의원으로 구성되는 국회도 국민의 대표기관이라고 하는 것이 논리적이다. 대의제 민주주의는 국가기관 선출을 위한 '선거제도'와 정책 결정에서 국민의 개별적 동의 없이 국가의사를 결정하고 처리할 수 있는 '자유위임원칙'을 주요내용으로 한다.

헌법 제1조 제2항 국민주권조항, 제7조 제1항 공무원의 국민전체봉사자조항, 제44조와 제45조 국회의원의 불체포특권과 면책특권 조항, 특히 제46조 제2항 국회의원의 국가이익우선의무조항을 근거로 자유위임원칙을 인정할 수 있다. 헌법 제46조 제2항의 '양심'은 헌법 제19조가 기본권으로 보장하는 양심이 아니라 직무상 판단과 활동을 독립적으로 할 수 있는 근거이다. 자유위임원칙은 소극적으로는 대의기관(구성원)이 자신을 선출해 준 선거인에게서 독립하여 국민의 개별적 · 구체적 의사에 구속받지 않는다는 것을 보장하는 원칙이고, 적극적으로는 대의기관(구성원)이 국가의 이익과 국민 전체의 이익을 위해서 직무를 수행하여야 한다는 것을 내용으로 한다. 대의기관의 결정의 자유는 대의기관의 지위에서 핵심적인 요소이므로, 국민의 대의기관에 대한 영향력은 대의기관을 선출하는 것에 그치고 그 이상으로 미치지 않는다. 그리고 국회의원은 직무상 한 발언과 표결에 대해서 면책특권을 인정받는다(헌법 제45조). 그러나 이러한 자유위임원칙은 법률적인 면에서 구속받지 않는다는 의미가 있을 뿐이지, 정치적 · 사실적인 면에서 대의기관(구성원)이 선거인에게서 영향을 받는 것은 별개의 문제이다.

③ 국민대표자성과 정당대표자성의 충돌(자유위임원칙과 정당기속성의 충돌)

현행 헌법의 국가조직원리에 관한 규정 및 국회의원의 지위에 관한 규정과 정당에 관한 규정을 상호 비교해 보면, 헌법 아래의 국가조직체제는 여전히 대의제원칙에 기초함을 알 수 있고, 정당조항은 복수정당제와 정당 존속을 보호하는 데 초점이 있어서, 정치현실과는 무관하게 일단은 대의제의 핵심원리인 자유위임원칙을 중심으로 국회의원의 지위를 판단하여야 한다. 따라서 국회의원은 먼저 전체 국민의 대표자이고, 정당의 대표자의 성격은 국민대표자의 지위와 조화되는 한도 안에서만 추구될 수 있다고 하겠다. 그리고 국회의원에 대한 정당기속도 그러한 한도 안에서만 가능하다고 보아야 할 것이므로 정당의 의사에 복종하는 동안만 국회의원의 지위를 유지할 수 있다는 식으로 오로지 당론에서 복종을 강요하는 '정당강제'를 인정할 수 없다.

(2) 국회의원의 자격

① 의원 자격 발생

의원 자격의 발생시기와 관련하여 당선이 결정되었다고 국회의원으로 활동할 수 없고, 국회의원 선거에 나선다는 것 자체가 국회의원 취임을 승낙한 것이므로 헌법과 법률이 정한 임기 개시와 동시에 의원 자격이 발생한다는 임기개시설이 타당하다. 국회의원 임기는 4년이다(헌법 제42조). 국회의원 임기는 전임의원의 임기만료일의 다음 날부터 개시된다. 다만, 국회의원 임기가 개시되고 나서 실시하는 선거에 따른 의원 임기는 당선이 결정된 때부터 개시된다(공직선거법 제14조 제2항).

② 의원 자격 소멸

(ⅰ) 국회의원 임기가 만료하거나(헌법 제42조) 국회의원 자신이 사망하면 의원 자격이 소멸한다.

(ⅱ) 국회의원은 자신의 의사에 따라 사직할 수 있다. 국회의원 회기 중 사직은 국회 의결을 얻어야 하고, 폐회 중에는 국회의장 허가가 있어야 한다(국회법 제135조 제1항). 의원이 사직하려면 본인이 서명 · 날인한 사직서를 의장에게 제출하여야 한다(국회법 제135조 제2항). 사직 허가 여부는 토론을 하지 아니하고 표결한다(국회법 제135조 제3항). 표결은 무기명투표로 한다(국회법 제112조 제5항).

(iii) 선거소송 결과 선거무효나 당선무효의 유죄판결이 확정되면 의원 자격이 소멸한다. 구체적으로 ⓐ 당선인이 임기 개시 전에 피선거권이 없게 된 때(공직선거법 제192조 제2항), ⓑ 후보자의 선거사무장이나 선거사무소 회계책임자가 공고된 선기비용제한액의 200분의 1 이상을 초과지출한 이유로 징역형이나 300만원 이상의 벌금형을 선고받은 때(다른 사람의 유도나 도발로 해당 후보자 당선이 무효가 되도록 하려고 지출한 때는 제외)(공직선거법 제263조 제1항), ⓒ 당선인이 해당 선거에서 공직선거법에 규정된 죄나 정치자금법 제49조를 범하여 징역형이나 100만원 이상의 벌금형을 선고받은 때(공직선거법 제264조), ⓓ 당선인의 선거사무장 · 선거사무소 회계책임자(선거사무소 회계책임자로 선임 · 신고되지 아니한 사람으로서 후보자와 통모하여 해당 후보자의 선거비용으로 지출한 금액이 선거비용제한액의 3분의 1 이상에 해당되는 사람 포함)이나 후보자(후보자가 되려는 사람 포함)의 직계존비속과 배우자가 해당 선거에서 공직선거법 제230조부터 제234조까지, 제257조 제1항 중 기부행위를 한 죄나 정치자금법 제45조 제1항의 정치자금 부정수수죄를 범하여 징역형이나 300만원 이상의 벌금형 선고를 받은 때(비례대표 국회의원 후보자 제외), ⓔ 그 밖의 사유로 대법원에서 선거무효나 당선무효를 선고받은 때에 의원 자격이 소멸한다.

(iv) ⓐ 의원이 겸직할 수 없는 직(국회법 제29조 제1항과 제2항)에 취임한 때, ⓑ 임기개시일 이후에 해직된 직의 권한을 행사한 때, ⓒ 사직원을 제출하여 공직선거후보자로 등록한 때(국회법 제136조 제1항), ⓓ 의원이 법률에 규정된 피선거권이 없게 된 때(국회법 제136조 제2항)에 국회의원직에서 퇴직한다.

(v) 국회는 국회의원이 청렴의무조항 등에 위반되는 행위를 하거나(헌법 제46조 제1항) 국회법의 징계사유에 해당하는 행위를 하면(국회법 제155조) 국회의원을 제명할 수 있다. 제명은 의원이 자기 의사에 어긋나게 자격이 박탈되는 것으로 재적의원 3분의 2 이상 찬성이 필요하다(헌법 제64조 제3항). 제명된 의원은 그로 말미암아 결원된 보궐선거에 입후보할 수 없다(국회법 제164조). 제명이 의결되지 아니하면 다른 징계의 종류를 의결할 수 있다(국회법 제163조 제4항). 국회의 제명에 대해서 법원에 제소할 수 없다(헌법 제64조 제4항).

(vi) 국회는 국회의원 자격을 심사할 수 있다(헌법 제64조 제2항). 재적의원 3분의 2 이상 찬성을 얻어 무자격으로 결정되면 의원직을 상실한다(국회법 제142조 제3항). 여기서 결정은 제명과 달리 '피선거자격 유무'만을 판단하는 확인행위에 불과하다. 결정은 앞날

을 향하여 효력이 있다. 의원에 대한 무자격결정에 대해서 법원에 제소할 수 없다(헌법 제64조 제4항).

(vii) 비례대표 국회의원은 소속 정당의 합당 · 해산이나 제명 외의 사유로 당적을 이탈 · 변경하거나 2 이상의 당적이 있으면 퇴직된다. 다만, 비례대표 국회의원이 국회의장으로 당선되어 당적을 이탈하면 그러하지 아니하다(공직선거법 제192조 제4항).

(viii) 국회 결정에 따라 국회가 자진해산하면 의원 자격도 소멸한다.

③ 비례대표 국회의원의 당적 변동 시 의원직 박탈의 위헌성

헌법재판소는 자유위임원칙 아래에서 국회의원의 지위는 그 의원직을 얻은 방법, 즉 전국구로 얻었는지 지역구로 얻었는지에 따라서 차이가 있는 것은 아니고, 전국구 국회의원도 그를 공천한 정당을 탈당하여도 별도의 법률규정이 있는 때는 별론으로 하고 당연히 국회의원직을 상실하지는 않는다고 하였다(헌재 1994. 4. 28. 92헌마153). 현행 헌법상 국회의원에 대한 정당기속은 대의제 민주주의 및 자유위임원칙과 조화되는 한도 안에서만 인정된다. 따라서 국회의원이 전체 국민 이익에 부합한다고 믿어 당론에 어긋나는 발언과 표결을 하고, 나아가 소속 정당을 탈당하는 것은 자유위임원칙상 당연히 인정되는 것이므로 이로 말미암아 국회의원직을 상실시킬 수는 없다. 그러므로 공직선거법 제192조 제4항은 대의제 민주주의(자유위임원칙)에 어긋난다. 그리고 공직선거법 제192조 제4항은 비례대표 국회의원의 기본권 중 공직에 대한 진입(취임)뿐 아니라 공직에 계속 있을 권리와 공직에서 벗어날 수 있는 권리도 포함하는 비례대표 국회의원의 공무담임권(헌법 제25조)과 정당설립의 자유뿐 아니라 탈당의 자유도 포함하는 정당의 자유(헌법 제8조 제1항)를 침해하고, 지역구 국회의원과 비례대표 국회의원을 합리적 근거 없이 차별하여 헌법 제11조 제1항의 평등원칙에 어긋나는 위헌적인 조항이다.

④ 겸직 금지

국회의원은 국무총리나 국무위원 직 외의 다른 직을 겸할 수 없다. 다만, (i) 공익 목적의 명예직, (ii) 다른 법률에서 의원이 임명 · 위촉되도록 정한 직, (iii) 정당법에 따른 정당의 직은 국회의원이 겸할 수 있다(국회법 제29조 제1항). 국회의원이 당선 전부터 겸직이 허용되는 직 외의 직을 가진 때는 임기개시일 전까지(재선거 · 보궐선거 등에서는 당

선이 결정된 날의 다음 날까지) 그 직을 휴직하거나 사직하여야 한다. 다만, (ⅰ) '공공기관의 운영에 관한 법률' 제4조에 따른 공공기관(한국은행 포함)의 임직원, (ⅱ) 농업협동조합법 · 수산업협동조합에 따른 조합, 중앙회와 그 자회사(손자회사 포함)의 임직원, (ⅲ) 정당법 제22조 제1항에 따라 정당 당원이 될 수 있는 교원은 임기개시일 전까지 그 직을 사직하여야 한다(국회법 제29조 제2항). 의원이 당선 전부터 공익 목적의 명예직, 다른 법률에서 의원이 임명 · 위촉되도록 정한 직을 가지고 있으면 임기 개시 후 1개월 이내에, 임기 중에 이러한 직을 가지면 즉시 이를 의장에게 서면으로 신고하여야 한다(국회법 제29조 제3항). 의장은 신고한 직(본회의 의결이나 의장의 추천 · 지명 등에 따라 임명 · 위촉된 때 제외)이 겸직이 허용되는 직에 해당하는지를 윤리심사자문위원회 의견을 들어 결정하고 그 결과를 해당 의원에게 통보한다. 이때 의장은 윤리심사자문위원회 의견을 존중하여야 한다(국회법 제29조 제4항). 윤리심사자문위원회는 의장에게서 의견 제출을 요구받은 날부터 1개월 이내에 그 의견을 의장에게 제출하여야 한다. 다만, 필요하면 1개월 범위에서 한 차례만 의견 제출 기간을 연장할 수 있다(국회법 제29조 제5항). 의원은 의장에게서 겸하는 직이 겸직이 허용되는 직에 해당하지 아니한다는 통보를 받으면 통보를 받은 날부터 3개월 이내에 그 직을 휴직하거나 사직하여야 한다(국회법 제29조 제6항). 의장은 의원에게 통보한 날부터 15일 이내(본회 의결이나 의장의 추천 · 지명 등에 따라 임명 · 위촉된 때는 해당 의원이 신고한 날부터 15일 이내)에 겸직 내용을 국회공보나 국회 인터넷 홈페이지 등에 게재하는 방법으로 공개하여야 한다(국회법 제29조 제7항). 의원이 겸직할 때는 그에 따른 보수를 받을 수 없다. 다만, 실비 변상은 받을 수 있다(국회법 제29조 제8항).

(3) 국회의원의 특권

① 면책특권

헌법 제45조는 "국회의원은 국회에서 직무상 행한 발언과 표결에 관하여 국회 외에서 책임을 지지 아니한다."라고 하여 국회의원의 발언 · 표결에 관한 면책특권을 규정한다. 국회의원에게 이러한 면책특권을 인정하는 제도적 의의는 (ⅰ) 권력분립원칙에 따라서 국회의 독립과 자율을 제도적으로 보장하고, (ⅱ) 집행부가 자신에 대한 비판 · 통제의 기관인 국회의원들에게 가할지도 모르는 부당한 탄압을 배제하며, (ⅲ) 전체 국민의 대표자로서 국회의원이 선거민이나 그 밖의 세력의 간섭을 받지 않고 오로지 자신의 양심에 따라 활동할 수 있게 하려는 데 있다(대법원 1992. 9. 22. 선고 91도3317 판결). 국회의원 면책특권의 법적 성질에 관해서 다수 견해는 국민의 대표기관으로서 국회의 기능을 보장하려고 인정한 '국회 자체의 특권'이라고 한다. 그러나 실질적으로 그러한 특권을 누리는 것은 국회의원이라는 점에서 이는 '국회 자체의 특권인 동시에 국회의원 개인의 특권'으로 보아야 한다. 따라서 면책특권은 포기할 수 없다. 그리고 면책특권은 국회 의결로도 그 효력을 제한할 수 없다는 점에서 불체포특권과 구별된다. 국회의원 면책특권을 형사법적 측면에서는 '인적 처벌조각사유'로 보는 것에는 이론이 없다. 일반적으로는 헌법 제45조의 "책임을 지지 아니한다."라는 책임면제규정은 형사법상으로는 국회의원의 국회안 발언이나 표결행위가 형법상 범죄구성요건에 해당되고 위법성도 갖추고 유책할 때 일단 범죄는 성립하여도 정책상 이유로 처벌을 하지 않는 것에 불과하다.

국회의원만 면책특권이 있다. 따라서 국회의원이 아닌 사람, 즉 국무총리, 국무위원, 증인, 참고인 등은 국회에서 발언하더라도 면책되지 않는다. 지방의회의원에게도 면책특권이 인정되지 않는다. 국무위원직을 겸한 국회의원에게도 면책특권을 인정할 것인지와 관련하여 국무위원이 되어도 여전히 국회의원직을 유지하고 국무위원으로서 한 행위와 국회의원으로서 한 행위는 구별할 수 있으므로, 국무위원직을 겸한 국회의원이 어떠한 지위에서 하는 발언인지를 개별적으로 판단하여 국회의원 지위에서 하는 발언이라면 면책특권을 인정하여야 한다.

국회에서 한 행위가 면책 대상이다. 여기서 '국회'는 국회의사당 안만을 가리키는 것이 아니라 국회의 본회의나 위원회는 물론 국회가 활동하는 모든 장소(예를 들어 지방공청회 등)를 포함한다. 특정장소나 특정건물과 같은 물리적 공간이 아니라 국회의 실질적 기능을 중심으로 판단하여야 한다. 이러한 점에서 국회 구성단위인 원내교섭단체에서 한 소속 국회의원의 발언과 표결에도 면책특권이 미친다. 직무상 행위만 면책된다. 이때 직무상 행위는 직무집행행위 자체만이 아니라 직무집행과 관련된 부수적 행위도 포함한다. 그러나 발언 내용 자체에 의하더라도 직무와는 아무런 관련이 없음이 분명하거나 명백히 허위임을 알면서도 허위의 사실을 적시하여 다른 사람의 명예를 훼손하는 때 등까지 면책특권의 대상이 될 수는 없다. 하지만 발언 내용이 허위라는 점을 인식하지 못하였다면 비록 발언 내용에 다소 근거가 부족하거나 진위 여부를 확인하려는 조사를 제대로 하지 않았더라도 그것이 직무 수행 일환으로 이루어진 것인 이상 이는 면책특권 대상이 된다(대법원 2007. 1. 12. 선고 2005다57752 판결).

직무부수행위를 어떤 범위에서, 즉 어느 정도의 직무관련성 아래에서 인정할 수 있는지가 문제 된다. 대법원은 국회의 직무 수행에 필수적인 국회의원의 국회 안에서 한 직무상 발언과 표결이라는 의사 표현행위 자체에만 국한되지 않고, 이에 통상적으로 부수하여 하는 행위까지 포함되고, 그러한 부수행위인지는 결국 구체적인 행위의 목적, 장소, 태양 등을 종합하여 개별적으로 판단할 수밖에 없다고 하면서, 국회의원이 국회 본회의에서 질문할 원고를 사전에 원내 기자실에서 배포한 행위는 그에 해당한다고 보았고(대법원 1992. 9. 22. 선고 91도3317 판결), 나아가 국회의원의 대정부질문이나 자료 제출 요구도 면책특권 대상이 된다고 판단하였다(대법원 1996. 11. 8. 선고 96도1742 판결). 그러나 대법원은 인터넷에 게시물을 게재하면 누구나 언제 어디서든 손쉽게 접근할 수 있어 공간적으로 국회 안에서 하였다고 보기 어렵고, 면책특권은 국회의원이 국회 안에서 자유롭게 발언하고 표결할 수 있도록 보장하려는 것인데, 보도자료의 인터넷 게재행위는 국회 안의 자유로운 발언과 별다른 관련이 있다고 보이지 않으며, 국회 발언 전에 기자들에게 보도자료를 배포하는 행위는 대상이 한정되고 보도자료를 받은 각 언론사가 이를 여과 없이 그대로 언론에 게재하는 것이 아니라 각자 책임 아래 선별하여 게재하지만, 인터넷 홈페이지에 게재하는 행위는 전파 가능성이 매우 크면서도 일반인에게 여과 없이 전달되므로 두 행위를 같이 평가할 수 없다는 점을 고려하면 인터넷 홈페이지에 보도자료를 게재한 행위는 면책특권 범위 안에서 한 행위로 볼 수 없다고 하였다(대법원 2013. 2. 14. 선고 2011도15315 판결). 그러나 '직무상' 행위이므로 직무와 관련이 없는 사담(사적인 대화), 험담, 야유, 난투, 성희롱 등에는 면책특권이 미치지 않는다.

현행 헌법 문언이 '국회에서 직무상 행한 발언과 표결'로 되어 있는 것은 1948년 헌법 제50조에 "국회내에서 발표한 의견과 표결"보다는 면책특권 범위를 넓힌 것으로 볼 수 있다. 국회 안에서 언론의 자유를 확보한다는 면책특권의 제도적 취지에 비추어 '발언'이라는 문언은 가능한 한 넓게 해석하여야 한다. 국회의원이 국회 안에서 자신의 의사를 표현하는 행위로서 직무관련성만 인정되면, 그 형태와 상관없이 발언으로 보아야 한다. 구두로 하든 서면으로 하든 가리지 않으며, 나아가 의사를 추론할 수 있는 행위도 '발언'으로 볼 수 있다. 예를 들어 일어나야 하는 의례에서 항의 의사를 표현하려고 그대로 앉아 있는 것도 의사 표시로 볼 수 있다. 엄격히 보면 '표결'도 '발언'으로 볼 수 있다. 표결 시 퇴장하는 행위는 '발언'으로 보든 표결거부의사 표시로서 '표결'로 보든 면책특권이 미친다. 표결은 국회 안에서 발의된 의제에 관해서 찬반 의사를 표시하는 것이다. 사리상 '발언'과 '표결'에는 물리적인 힘을 행사하는 데 불과한 순전한 행동(폭력, 난투 등)은 포함되지 않는다. 의정활동은 물리적 투쟁이 아니라 정신적 토론을 통해서 하는 것인데 유형력 행사는 정신적 토론으로 볼 수 없기 때문이다.

헌법 제45조는 "국회에서 직무상 행한 발언과 표결"이라는 (면책특권의) 적극적 성립요건 표지만을 둘 뿐이지 어떠한 행위가 소극적으로 면책특권 대상에서 배제되는지에 관한 아무런 단서(실마리)도 규정하지 않는다. 그런데 국회법은 제146조에서 "의원은 본회의나 위원회에서 다른 사람을 모욕하거나 다른 사람의 사생활에 대한 발언을 하여서는 아니 된다."라고 규정하고 이 규정에 위반하면 해당 발언을 한 의원을 징계할 수 있다(국회법 제155조 제9호).

ⓐ 의원의 발언과 표결에 관한 면책특권은 국회 외에서 민 · 형사상 책임을 지우지 않는 것이므로 국회 안에서는 책임을 물을 수 있다. 따라서 의원의 행위가 국회법상 징계사유에 해당하면 국회 안에서 징계하는 데 면책특권이 장애사유가 되지는 아니한다. ⓑ 면책이란 일반 국민이라면 당연히 부담하여야 할 민 · 형사상 책임을 지지 않는다는 것을 뜻한다. 다만, 여기서 책임이란 법적 책임만을 의미하므로 선거민에 대한 정치적 책임이나 소속 정당의 징계처분까지 면제되는 것은 아니다. 국회의원의 면책특권에 속하는 행위에 대해서는 공소를 제기할 수 없다. 이에 반하여 공소가 제기된 것은 결국 공소권이 없는데도 공소가 제기된 것이 되어 형사소송법 제327조 제2호의 "공소제기의 절차가 법률의 규정에 위반하여 무효인 때"에 해당되므로 공소를 기각하여야 한다(대법원 1992. 9. 22. 선고 91도3317 판결). ⓒ 면책되는 기간은 재임 중에 국한되지 않으므로 임기만료 이후에도 적용된다.

의원이 국회 안에서 한 발언과 표결일지라도 그것을 다시 국회 외에서 발표하거나 출판하면 면책되지 아니한다. 다만, 의사공개의 원칙에 따라 공개회의의 회의록을 그대로 공개하거나 반포하면 보도의 자유 일환으로 면책된다. 그러나 비밀을 결의한 때나 국가안보상 삭제한 때 혹은 비공개회의로 결정한 때에 이를 위반하여 외부에 발표하면 면책되지 아니한다(헌법 제50조 제2항, 국회법 제118조).

② 불체포특권

헌법은 제44조에서 "① 국회의원은 현행범인인 경우를 제외하고는 회기중 국회의 동의없이 체포 또는 구금되지 아니한다. ② 국회의원이 회기 전에 체포 또는 구금된 때에는 현행범인이 아닌 한 국회의 요구가 있으면 회기중 석방된다."라고 규정하여 국회의원에게 불체포특권을 보장한다. 불체포특권은 의회의 자주적 활동과 의원의 자유로운 의정활동을 보장함으로써 직무 수행을 원활하게 하고 집행부의 불법 · 부당한 탄압을 방지하여 의원의 자유로운 기능 수행을 보장하려는 것이다. 불체포특권은 회기 중 국회의원의 의정활동을 보장하기 위한 체포의 일시적 유예에 불과하다. 범죄행위 자체에 대한 형사책임 면제가 아닐 뿐 아니라 대통령의 형사불소추특권과는 달리 소추장애사유가 되는 것도 아니다. 그리고 확정된 자유형을 집행하는 것은 불체포특권으로 말미암아 방해받지 아니한다. 이처럼 불체포특권은 회기 중에만 체포를 일시적으로 유예받는 특권에 지나지 않는다는 점에서 민 · 형사상 책임이 영구히 면제되는 면책특권과 구별된다.

(i) 회기 중에는 의원을 체포 · 구금할 수 없다. 회기 중은 집회일부터 폐회일까지의 기간(휴회기간 포함)을 말하고, 체포 · 구금은 일정기간 신체의 자유를 박탈하여 일정한 장소에 유치하는 강제처분이다. (ii) 국회의원의 의원활동에 미치는 효과는 다르지 않으므로, 체포나 구금 등의 형사소송법상 조치뿐 아니라 행정벌도 포함한, 국회의원의 신체의 부자유를 수반하는 공법상 모든 제재에 대해서 불체포특권이 미친다. (iii) 의원을 불구속으로 수사 · 소추하는 것은 허용된다. (iv) 확정된 판결 집행으로서 신병을 구금하는 때는 구류와 금고 이상을 나누어 보아야 한다. 후자는 의원직이 상실되므로 더는 의원의 불체포특권 문제로 볼 수 없다. (v) 계엄선포 아래에서 국회의원은 현행범인이 아닌 한 회기 전 또는 회기 중을 가리지 아니하고 체포 · 구금되지 아니한다(계엄법 제13조).

회기 전에 의원을 체포 · 구금하여도 국회 요구가 있으면 석방하여야 한다. 그러나 회기 전에 '현행범'으로 체포된 사람에 대해서는 석방 요구를 할 수 없다(헌법 제44조 제2항). 국회의 석방 요구에 따른 석방은 회기 중에 한하고, 회기가 끝난 후 다시 구금할 수 있다. 정부는 체포 또는 구금된 의원이 있으면 즉시 의장에게 영장 사본을 첨부하여 이를 통지하여야 한다. 구속기간이 연장되었을 때도 마찬가지이다(국회법 제27조). 의원이 체포 또는 구금된 의원의 석방 요구를 발의할 때는 재적의원 4분의 1 이상 연서로 그 이유를 첨부한 요구서를 의장에게 제출하여야 한다(국회법 제28조).

(ⅰ) 현행범은 범죄 실행 중에 있거나 실행 직후인 사람을 말한다(형사소송법 제211조 제1항). 준현행범(형사소송법 제211조 제2항)도 현행범에 포함된다. 국회 안의 현행범을 체포 · 구금할 때 국회 자율권을 존중하기 위해서 의장 지시가 있어야 하고 회의장 안에 있는 의원인 현행범은 의장 명령 없이 체포할 수 없다(국회법 제150조). (ⅱ) 국회 동의가 있으면 회기 중에도 의원을 체포 · 구금할 수 있다. 의원을 체포나 구금하기 위해서 국회 동의를 얻으려고 할 때는 관할법원 판사는 영장을 발부하기 전에 체포동의요구서를 정부에 제출하여야 하고, 정부는 이를 수리하고 나서 즉시 그 요구서 사본을 첨부하여 국회에 이를 요청하여야 한다(국회법 제26조 제1항). 의장은 체포 동의를 요청받고 나서 처음 개의하는 본회의에 이를 보고하고, 본회의에 보고된 때부터 24시간 이후 72시간 이내에 표결한다. 다만, 체포동의안이 72시간 이내에 표결되지 아니하면 그 이후에 최초로 개의하는 본회의에 상정하여 표결한다(국회법 제26조 제2항). 그 의결은 헌법 제49조(일반의결정족수)에 따라 재적의원 과반수 출석과 출석의원 과반수 찬성으로 한다(국회법 제109조). 의회와 의원의 자유로운 기능 수행을 보장하려는 것이 불체포특권제도의 취지임에 비추어 범죄 혐의가 농후하더라도 국회 운영에 지장이 있다고 판단하면 국회가 반드시 동의할 필요는 없다. 체포 · 구금의 이유가 있다고 하여 국회가 동의하는 이상 어떠한 조건이나 기한도 붙일 수 없다. 전회기에 국회 동의가 있었더라도 현회기에서는 석방을 요구할 수 있다.

Ⅱ. 정부

1. 대통령

(1) 헌법적 지위

헌법 제66조는 전체로서 대통령의 지위를 근거 짓는 규정으로서 제1항 · 제2항 · 제3항은 대통령의 국가원수적 지위, 제4항은 대통령의 행정수반적 지위를 규정한다. 따라서 행정수반적 지위가 아닌 것은 모두 국가원수적 지위로 분류하여야 한다.

① 국민대표기관

대의제 민주주의에서 대통령은 의회와 더불어 국민을 대표하는 기관으로 간주된다. 국민이 직접 대통령을 선출한다는 점(헌법 제67조)에서 대통령은 국회와 더불어 대내적인 국민대표를 뜻한다. 다만, 국회가 다원적 집단이익의 대표를 뜻한다면, 대통령은 통일적 국가이익의 대표를 가리킨다.

② 국가원수

국가원수는 대내 · 외적으로 국가의 정치적 통일을 대표하는 지위와 권한이 있는 국가기관으로 정의할 수 있다. 국가원수의 정의 안에 이미 대통령의 국민대표성은 전제되거나 포함된다. 국가원수로서 대통령의 지위는 대외적으로 국가를 대표하는 지위(헌법 제66조 제1항 후단, 제73조), 국가와 헌법의 수호자 지위(헌법 제66조 제2항, 제69조, 제76조, 제77조, 제8조 제4항, 제91조 제2항), 국정의 조정 · 통합자 지위(헌법 제128조 제1항, 제72조, 제47조 제1항, 제81조, 제52조, 제79조, 그 밖에 제66조, 제92조, 제93조도 관련), 헌법기관구성자 지위(헌법 제98조 제2항, 제104조 제1항과 제2항, 제111조 제2항과 제4항, 제114조 제2항)로 분류할 수 있다.

③ 집행부 수반

행정수반으로서 대통령의 지위는 집행의 최고지휘권자 · 최고책임자 지위, 집행부조직자의 지위, 국무회의 의장의 지위를 포함한다. 대통령은 행정의 최고지휘권자 · 최고책임자로서 법률안거부권(헌법 제53조 제2항)과 행정입법권(헌법 제75조)을, 집행부조직자로서 행정부구성권(헌법 제86조 제1항, 제87조 제1항, 제94조)과 공무원임면권(헌법 제78조)이 있다. 그리고 대통령은 정부의 권한에 속하는 중요정책에 대한 심의기관인 국무회의 의장의 지위와 그에 따른 권한(헌법 제88조)이 있다.

(2) 구성

대통령선거는 직선제를 원칙으로 한다. 곧 대통령은 국민의 보통 · 평등 · 직접 · 비밀선거로 선출된다(헌법 제67조 제1항). 그러나 이 선거에서 최고득표자가 2명 이상이면 국회 재적의원 과반수가 출석한 공개회의에서 다수표를 얻은 사람을 당선자로 한다(헌법

第67조 제2항). 그리고 대통령후보자가 1명이면 그 득표수가 선거권자 총수의 3분의 1 이상이 아니면 대통령으로 당선될 수 없다(헌법 제67조 제3항). 대통령선거에 관한 사항은 법률로 정하며(헌법 제67조 제5항), 그에 따라 공직선거법이 제정되어 있다.

대통령선거권자는 만 18세 이상 국민으로서(공직선거법 제15조 제1항) 결격사유가 없어야 한다. 결격사유는 공직선거법 제18조에 자세하게 규정되어 있다. 그리고 선거를 하려면 선거인명부에 올라있어야 한다(공직선거법 제37조).

대통령에 피선될 수 있는 사람은 선거일 현재 5년 이상 국내에 거주하고 있는(공직선거법 제16조 제1항) 40세에 달한 사람(헌법 제67조 제4항, 공직선거법 제16조 제1항 제1문)으로서 결격사유(공직선거법 제19조)가 없어야 한다. 공무로 외국에 파견된 기간과 국내에 주소를 두고 일정 기간 외국에 체류한 기간은 국내거주기간으로 본다(공직선거법 제16조 제1항 제2문). 현재 5년 이상 국내에 거주하여야 한다는 것은 대한민국 사정과 민심을 충분히 알고 이해하려면 적어도 선거일부터 5년 전부터는 국내에 거주하여야 한다는 뜻이다.

대통령선거는 정당 추천을 받거나 무소속으로 입후보할 수 있다. 대통령후보자는 대통령선거일전 24일부터 2일간 중앙선거관리위원회에 등록을 신청하여야 한다. 대통령후보 등록 시에 정당이 추천하면 1명의 후보자에 대해서 정당 추천서와 본인 승낙서를 첨부하여야 하고(공직선거법 제47조, 제49조), 무소속후보자는 5개 이상의 시 · 도에 나누어 하나의 시 · 도에 주민등록이 되어 있는 선거권자의 수를 700명 이상으로 한 3천500명 이상 6천명 이하의 추천장을 첨부하여야 한다(공직선거법 제48조 제2항 제1호). 그리고 후보등록 시에는 대통령후보자는 3억원을 기탁하여야 하고, 후보자가 당선되거나 사망한 때와 유효투표총수의 100분의 15 이상을 득표하면 기탁금 전액, 후보자가 유효투표총수의 100분의 10 이상 100분의 15 미만을 득표하면 기탁금의 100분의 50에 해당하는 금액, 예비후보자가 사망하거나 경선후보자로서 해당 정당의 후보자로 선출되지 아니하여 후보자로 등록될 수 없으면 납부한, 대통령선거 기탁금의 100분의 20에 해당하는 금액 전액을 선거일 후 30일 이내에 기탁자에게 반환한다. 이때 반환하지 아니하는 기탁금은 국가에 귀속한다(공직선거법 제56조, 제57조).

정당은 후보자 등록 후에는 후보자 추천을 취소하거나 변경할 수 없다. 다만, 후보자가 등록기간 중 사퇴 · 사망하거나 소속 정당의 제명이나 중앙당의 시 · 도당 창당 승인 취소 외의 사유로 등록이 무효가 되면 그러하지 아니하다(공직선거법 제50조 제1항). 그리고 선거권자도 후보자에 대한 추천을 취소 또는 변경할 수 없다(공직선거법 제50조 제2항).

대통령선거는 임기가 만료되면 임기만료일 70일 내지 40일 전에 선거하며(헌법 제68조 제1항), 선거일은 선거일전 30일까지 대통령이 공고한다(임기만료일 전 70일 이후 첫 번째 수요일)(공직선거법 제34조 제1항 제1호). 궐위 때는 60일 이내에 선거를 실시하며(헌법 제68조 제2항), 선거일은 늦어도 선거일 전 50일까지 대통령이나 대통령권한대행자가 공고하여야 한다(공직선거법 제35조 제1항).

대통령선거에 대한 소송에는 선거소송과 당선소송이 있다. 선거소송은 선거의 효력에 관해서 이의가 있는 선거인 · 정당(후보자를 추천한 정당에 한)이나 후보자가 선거일부터 30일 이내에 중앙선거관리위원회 위원장을 피고로 대법원에 제기하고(공직선거법 제222조 제1항), 당선소송은 당선의 효력에 이의가 있는 정당(후보자를 추천한 정당에 한)이나 후보자가 당선결정일부터 30일 이내에 당선인 혹은 당선인을 결정한 중앙선거관리위원회 위원장이나 국회의장을 피고로 대법원에 제기한다. 후보자 등록 무효나 피선거권 상실로 말미암은 등록무효 등에 관한 당선소송에서는 당선인을, 대통령당선인 결정에 관한 대통령당선소송에서는 중앙선거관리위원회 위원장이나 국회의장을, 당선소송 중 당선인이 사퇴 · 사망하거나 임기 개신 전에 피선거권이 없게 되어 당선 효력이 상실되거나 당선이 무효로 되면 법무부 장관을 각각 피고로 한다(공직선거법 제223조 제1항과 제4항). 선거에 관한 소송은 다른 소송에 우선하여 신속히 재판하여야 하며, 180일 이내에 처리하여야 한다(공직선거법 제225조).

(3) 대통령의 신분상 지위와 형사상 특권

대통령 당선자는 대통령직에 취임함으로써 대통령 신분을 취득하고 그 직무를 수행할 수 있다. 대통령은 취임에 즈음하여 "나는 헌법을 준수하고 국가를 보위하며 조국의 평화적 통일과 국민의 자유와 복리의 증진 및 민족문화의 창달에 노력하여 대통령으로서의 직책을 성실히 수행할 것을 국민 앞에 엄숙하게 선서합니다."라고 선서를 한다(헌법 제69조).

대통령 임기는 5년으로 하며, 중임할 수 없다(헌법 제70조). 임기 연장이나 중임 변경을 위해서 헌법을 개정할 수는 있다. 그러나 그 개정은 그 헌법 개정 제안 당시의 대통령에 대해서는 효력이 없다(헌법 제128조 제2항).

대통령은 내란이나 외환의 죄를 범한 때를 제외하고는 재직 중 형사상 소추를 받지 아니한다(헌법 제84조). 형사소추란 원래 공소 제기를 뜻하나, 여기의 소추에는 소추를 전제로 하는 체포나 구속도 포함된다. 그러나 소추를 목적으로 하는 수사나 소추 여부를 결정하기 위한 수사는 할 수 있다. 이를 위해서 필요하면 압수 · 수색도 할 수 있다. 내란이나 외환의 죄에 해당하는지를 판단하거나 대통령 퇴직 후 소추하기 위한 자료를 수집하려면 재직 중이라도 수사를 하거나 수사를 통한 증거 수집이 필요하기 때문이다. 대통령 재직 중에는 내란이나 외환의 범죄를 제외하고는 공소시효가 정지된다(헌재 1995. 1. 20. 94헌마246). 그러나 내란이나 외환의 범죄도 '헌정질서 파괴범죄의 공소시효 등에 관한 특례법'에 따라 공소시효가 배제된다. 대통령의 형사상 특권은 재직 중 국가원수의 권위를 유지하려는 것이므로 퇴직한 뒤에는 형사상 소추될 수 있고, 재직 중이라도 민사상 책임은 면제되지 아니한다.

(4) 권한 대행

대통령이 궐위되거나 사고로 말미암아 직무를 수행할 수 없으면 국무총리, 법률이 정하는 국무위원의 순서로 그 권한을 대행한다(헌법 제71조, 정부조직법 제22조). 그러나 헌법상 지위와 민주적 정당성에 비추어 국회의장, 대법원장, 헌법재판소장, 중앙선거관리위원회 위원장, 국무총리 순으로 대통령 권한 대행을 하는 것이 바람직하다. 헌법 제68조 제2항의 규정상 대통령 궐위 시 권한 대행은 60일 이내에서만 가능하다. 궐위는 대통령이 재직하지 아니한 때로서 사망, 헌법재판소 탄핵결정에 따른 파면, 대통령 취임 후 선거무효나 당선무효로 말미암은 자격 상실, 사임 등을 포함한다. 헌법 제68조 제2항에 비추어 본래 의미를 벗어나 대통령 당선자가 사망하거나 판결 그 밖의 사유로 자격을 상실한 때도 궐위에 포함된다. 사고는 대통령이 재직하면서도 직무 수행이 불가능한 때로서 재임 중 실종, 질병, 요양, 의식불명, 탄핵소추로 권한 행사가 정지된 때 등을 포함한다. 대통령이 외국에 장기간 거주하더라도 권한 행사는 가능하므로 장기간의 해외순방이나 해외여행은 사고에 해당하지 않는다.

탄핵소추가 의결된 때처럼 명백한 때를 제외하고는 권한 대행의 필요성과 그 기간은 제1차적으로는 대통령이 결정한다. 의식불명 등으로 말미암아 대통령이 이를 결정할 수 없으면 누가 이를 결정할 것인지에 관해서 미리 법으로 규정하여 둘 필요가 있다. 현행 헌법 아래에서 이러한 때에 그 사유의 존부와 대행기간은 헌법재판소가 정하는 것이 바람직하다는 견해와 헌법 제88조나 제89조 제1호, 제5호, 제7호, 제17호를 근거로 국무회의 심의를 거쳐 그 사유의 존부와 권한대행기간을 정할 수밖에 없다는 견해가 대립한다. 대통령은 국민이 직선하되, 예외적인 경우에는 국민의 대표기관인 국회에서 선출하도록 한다. 따라서 이때도 국회에서 그 권한대행사유가 있는지와 그 권한대행기간을 정하여야 한다.

대통령의 궐위와 사고 시 권한대행자의 직무범위가 현상 유지인지에 관해서 궐위와 사고 가리지 않고 현상 유지와 궐위되면 현상 변경 · 사고이면 현상 유지, 궐위되면 현상 유지 · 사고이면 현상 변경으로 견해가 나뉜다. 1979년 박정희 대통령이 서거하였을 때(궐위) 최규하 권한 대행은 전국에 비상계엄을 선포한 바 있고, 2004년 노무현 대통령이 탄핵소추되었을 때(사고) 고건 권한 대행은 사면법 및 '거창사건 등 관련자 명예회복특별조치법'에 대해서 법률안거부권을 행사하였다. 여기서 중요한 것은 비록 단기간이라도 국민이 선출하지 않은, 곧 민주적 정당성을 결여한 국무총리나 국무위원이 그 권한을 대행한다는 점이다. 따라서 대통령 권한대행자는 잠정적인 관리자에 불과하고, 그러한 한에서 그 직무범위는 현상유지적인 것에 한정되어야 한다. 절대 대통령이 될 수 없는 대통령 권한대행자가 대통령의 모든 권한을 옹글게(완벽하게) 행사할 수는 없기 때문이다. 다만, 상황에 따라 긴급한 사안이나 권한 대행 상황이 끝나기를 기다려 결정하기 어려운 사안에 관해서는 현상 유지를 넘어선 권한을 행사할 수도 있다.

(5) 권한

① 국가긴급권

(ⅰ) 긴급재정경제처분 · 명령권

긴급재정경제처분은 정상적인 재정경제처분만으로는 대처하기 곤란한 내우 · 외환 · 천재 · 지변 또는 중대한 재정 · 경제상 위기가 발생하고 국회 집회를 기다릴 시간적 여유가 없을 때 대통령이 국가의 안전보장이나 공공의 안녕질서를 유지하려고 내리는 긴급처분을 말한다. 긴급재정경제명령은 내우 · 외환 · 천재 · 지변 또는 중대한 재정 · 경제상 위기가 발생하고, 국회의 집회를 기다릴 시간적 여유가 없을 때만 대통령이 국가의 안전보장이나 공공의 안녕질서를 유지하기 위하여 발하는 긴급행정입법이다.

(ⅱ) 긴급명령권

헌법 제76조 제2항에서 규정하는 긴급명령은 통상적인 입법절차를 통해서 대처할 수 없는 국가안위에 관계되는 비상사태가 발생하고 국회 집회가 불가능할 때 사후에 국회 승인을 얻기로 하고 대통령이 비상사태를 극복하려고 발하는 긴급행정입법으로서 법률의 효력이 있는 명령이다.

(ⅲ) 계엄선포권

대통령은 전시 · 사변 또는 이에 준하는 국가비상사태에 병력으로써 군사상 필요에 응하거나 공공의 안녕질서를 유지할 필요가 있으면 법률이 정하는 바에 따라서 계엄을 선포할 수 있다(헌법 제77조 제1항).

② 국민투표부의권

헌법 제72조는 "대통령은 필요하다고 인정할 때에는 외교 · 국방 · 통일 기타 국가안위에 관한 중요정책을 국민투표에 붙일 수 있다."라고 하여 대통령의 국민투표부의권을 규정한다. 국민투표제도는 대의제를 대체하는 수단이 아니라 대의제를 보완하는 수단이다.

국가안위에 관한 중요정책을 국민투표에 부의할 수 있는 국가기관은 대통령이다. 대통령의 국민투표 부의는 대통령이 자신의 권한 영역 안의 사항에 관해서 국민의사를 확인하기 위한 것에 불과한 것으로 보아야 하므로, 입법권 · 헌법개정권을 침해하여서는 아니 된다. 그리고 무엇이 국가안위에 관한 중요정책에 해당하는지도 해석을 통해서 제한되어야 한다. 즉 국가 독립 · 영토 보전 · 헌법질서 교란 등과 같이 구체적으로 국가안위에 관한 것임이 명백한 자기 권한 안의 사항에 관해서만 국민투표에 부의할 수 있다. 사안에 대한 결정이라는 국민투표의 본질상 대표자에 대한 신임은 국민투표 부의대상이 아니다(헌재 2004. 5. 14. 2004헌나1).

대통령은 필요하다고 인정하면 국가안위에 관한 중요정책을 국민투표에 부칠 수 있다(헌법 제72조). 그러나 대통령의 국민투표부의권 행사 요건과 관련하여 헌법은 국민투표안에 관해서 국무회의 심의를 거치도록 한다(헌법 제89조 제3호). 대통령이 특정정책과 자신의 신임을 결부시켜 국민투표에 부치는 것도 가능하다. 헌법재판소는 국민투표를 통한 재신임 국민투표제안을 부정한다(헌재 2004. 5. 14. 2004헌나1). 헌법 제10장의 규정에 비추어 헌법 개정도 국민투표에 부의하는 사항에서 제외되어야 한다.

헌법재판소는 별다른 설명 없이 방론에서 국민투표를 통한 국민입법을 긍정한 바 있다(헌재 2004. 5. 14. 2004헌나1). 그러나 국민투표를 통해 국가의 중요정책이 확정되는 것이 아니라 국민투표는 단지 국민의사를 확인하려는 것에 불과하다고 보는 이상, 이를 통해서 확인된 국민의사를 법률로 제정하려면 별도의 입법 절차가 필요하다. 따라서 국민투표를 통해서 곧바로 법률안을 법률로 확정하는 식의 국민입법은 불가능하다. 그리고 국민투표를 통한 법률 제정을 허용하면 국회의 입법권과 충돌하게 되고, 권력분립원칙에 어긋나게 된다. 헌법 자체에 명시적인 예외규정이 없는 한 법률에 관해서는 국회에 입법권이 있기 때문이다. 또한, 국민입법은 대의제원칙에 모순될 뿐 아니라 기술적으로도 그 시행에 많은 어려움이 있다. 이러한 의미에서 부정설이 타당하다.

대통령이 일단 어떤 사항을 국민투표에 부친 이상 국민의 다수결로 나타나는 결과는 국민과 모든 국가기관을 구속한다고 보아야 한다는 견해가 있다. 이 견해를 따르면 국민투표 후에 대통령은 국민의사에 어긋나는 정책 결정은 할 수 없다고 한다. 그러나 중요정책에 관한 국민투표는 단지 강화한 공적 여론조사에 불과하다고 보는 이상 대통령은 국민투표결과에 구속된다고 보기 어렵다. 다만, 대통령이 중요정책을 국민투표에 부친 이상 그 결과에 어긋나는 결정을 하기는 어렵지만, 이는 법적 구속력이 아닌 정치적 책임에서 기인하는 것으로 보아야 한다.

헌법에 다른 규정이 없는 한 원칙대로 중요한 국가정책에 관한 국민투표는 국회의원 선거권자 과반수 투표와 투표자 과반수 찬성을 얻어야 한다. 국민투표 방법에 관한 구체적인 사항은 국민투표법이 규정한다.

③ 헌법기관구성권

(ⅰ) 대법원

대통령은 국가원수로서 국회 동의를 얻어 대법원장을 임명하고, 대법원장 제청으로 국회 동의를 얻어 대법관을 임명한다(헌법 제104조 제1항과 제2항).

(ⅱ) 헌법재판소

대통령은 헌법재판소 재판관을 임명하고, 헌법재판소의 장을 국회 동의를 얻어 재판관 중에서 임명한다. 다만, 재판관 중 3명은 국회가 선출한 사람을, 3명은 대법원장이 지명한 사람을 형식적으로 임명하고, 3명만을 대통령이 직접(실질적으로) 임명한다(헌법 제111조 제2항, 제3항, 제4항).

(iii) 중앙선거관리위원회

대통령은 중앙선거관리위원회 9명의 위원 중 3명을 임명함으로써 중앙선거관리위원회 구성에 참여한다. 나머지 위원 중 3명은 국회가 선출하고, 다른 3명은 대법원장이 지명한다. 위원장은 위원 중에서 호선한다(헌법 제114조 제2항).

(iv) 감사원

대통령은 국회 동의를 얻어 감사원장을 임명하고, 감사원장 제청으로 감사위원을 임명한다(헌법 제98조 제2항과 제3항).

④ 집행에 관한 권한

(i) 집행에 관한 최고결정권 · 최고지휘권

대통령은 집행부 수반으로서 집행에 관한 최고결정권과 최고지휘권이 있다. 대통령은 오로지 그 권한과 책임 아래 집행에 관한 최종적인 결정을 내리고, 집행부의 모든 구성원에 대해서 최고의 지휘 · 감독권을 행사한다.

(ii) 법률집행권

대통령은 국회가 제정한 법률을 공포하고 집행한다. 대통령은 집행부 수반으로서 법률 집행을 그 제1차적 임무로 한다. 대통령은 법률을 집행할 때 필요하면 위임명령과 집행명령을 발할 수 있다(헌법 제75조).

(iii) 국가의 대표 및 외교에 관한 권한

대통령은 국가의 대표로서 조약을 체결 · 비준하고, 외교사절을 신임 · 접수 또는 파견하며, 선전포고와 강화를 할 수 있을 뿐 아니라(헌법 제73조) 국군을 외국에 파견하거나 외국군대가 대한민국 영역 안에서 주류하도록 할 수 있는 권한이 있다(헌법 제60조 제2

항). 더 나아가서 헌법에 명문 규정은 없지만 대통령은 국가대표자인 지위에서 국제법적 의미의 국가 승인 · 정부 승인 · 교전단체 승인 등을 할 수도 있다. 외교에 관한 권한은 어느 나라이건 할 것 없이 국가원수에게 공통적으로 주어지는 권한이다. 그러나 대통령이 외교에 관한 권한을 행사하려면 국무회의 심의를 거쳐(헌법 제89조 제2호~제6호) 국무총리와 관계 국무위원이 부서한 문서로써 하여야 한다(헌법 제82조). 그리고 대통령이 중요한 조약을 체결 · 비준하거나(헌법 제60조 제1항) 외국군대를 한국에 주둔시키려면 국회 동의를 받아야 한다(헌법 제60조 제2항).

(iv) 집행부구성권 · 공무원임면권

대통령은 집행부조직권자로서 헌법과 법률이 정하는 바에 따라서 공무원을 임면한다(헌법 제78조). 임면에는 단순한 임명과 면직은 물론 보직 · 전직 · 휴직 · 징계처분 등이 포함된다. 그러나 현행 국가공무원법을 따르면 행정기관 소속 5급 이상 공무원과 고위공무원단에 속하는 일반직공무원은 소속 장관 제청으로 인사혁신처장과 협의를 거치고 나서 국무총리를 거쳐 대통령이 임면하되, 고위공무원단에 속하는 일반직공무원은 소속 장관이 해당 기관에 소속되지 아니한 공무원에 대해서도 임용제청할 수 있다. 이때 국세청장은 국회 인사청문을 거쳐 대통령이 임명한다(국가공무원법 제32조 제1항). 대통령은 대통령령으로 정하는 바에 따라 이러한 임용권 일부를 소속 장관에게 위임할 수 있다(국가공무원법 제32조 제3항 전단). 그 밖의 공무원은 소속 장관에게 모든 임용권이 있다(국가공무원법 제32조 제2항). 소속 장관은 대통령령으로 정하는 바에 따라 이러한 임용권 일부와 대통령에게서 위임받은 임용권 일부를 그 보조기관이나 소속 기관의 장에게 위임하거나 재위임할 수 있다(국가공무원법 제32조 제3항 후단).

대통령의 공무원임명권은 권력분립원칙과 공직제도의 기본원리 및 헌법과 법률의 규정에 따라서 제한된다. 임명에 법정된 자격을 필요로 하는 때, 임명에 다른 기관 제청을 필요로 하는 때(국무위원 · 행정 각부의 장 · 감사위원 등), 임명에 다른 기관의 선거나 지명을 필요로 하는 때, 임명에 국회 동의를 필요로 하는 때(국무총리 · 감사원장 등), 임명에 국무회의 심의를 필요로 하는 때(헌법 제89조 제16호에 규정된 공무원)가 그 예이다. 그리고 대통령의 공무원면직권은 공직자에 대한 헌법상 신분 보장과 직업공무원제도상 신분 보장에 따라서 제한된다.

(ⅴ) 국군통수권

헌법은 대통령은 헌법과 법률이 정하는 바에 따라서 국군을 통수한다고 규정하여(제74조) 군정통합주의를 채택한다. 국군 최고사령관으로서 국군을 지휘 · 통솔하는 국군통수권은 대통령의 국가원수적 지위, 그것도 국가와 헌법의 수호자적 지위에서 가지는 권한이다. 역사적으로 언제나 국군통수권은 국가원수에게 속하였고, 국군통수권을 상실한 국가원수는 국가원수로서 기능할 수 없었기 때문이다.

대통령의 국군통수권 행사는 군사에 관한 중요사항이면 국가안전보장회의 자문과 국무회의 심의를 거쳐 국무총리와 관계 국무위원이 부서한 문서로서 하여야 한다(헌법 제91조, 제89조 제6호, 제82조). 그리고 선전포고를 하거나 국군을 외국에 파견하기 위해서는 국회의 사전 동의가 있어야 한다(헌법 제60조 제2항). 또한, 대통령은 침략적 전쟁의 목적으로 국군통수권을 행사하여서도 안 된다(헌법 제5조, 제69조)

(ⅵ) 재정에 관한 권한(예산에 관한 권한, 기타 권한)

대통령의 재정에 관한 권한에는 재정수요에 따라 예산을 편성하고 그에 기초하여 국가의 재정적 수입을 확보하는 권한과 편성된 예산에 따라 재정을 지출하면서 집행활동을 전개하는 권한이 있다. 대통령의 재정에 관한 권한은 국민의 재정적 부담을 전제로 하므로 국민의 대표기관인 국회 통제를 받게 된다. 대통령의 제정에 관한 권한에는 예산안의 편성 및 제출권(헌법 제54조 제2항), 추가경정예산안의 편성 및 제출권(헌법 제56조), 준예산 집행권(헌법 제54조 제3항), 예비비의 지출권(헌법 제55조 제2항), 국채모집권(헌법 제58조), 국가나 국민에게 중대한 재정적 부담을 지우는 계약의 체결권(헌법 제60조 제1항), 긴급재정경제처분 · 명령권(헌법 제76조 제1항) 등이 있다.

(ⅶ) 영전수여권

대통령은 국가의 대표로서 법률이 정하는 바에 따라서 훈장 기타의 영전을 수여한다(헌법 제80조). 영전수여권도 전통적으로 대표적인 국가원수의 권한에 속한다. 그러나 대통령이 영전수여권을 행사하려면 국무회의 심의를 거쳐(헌법 제89조 제8호) 국무총리와 관계 국무위원이 부서한 문서로써 하여야 한다(헌법 제82조). 그리고 대통령은 이 권한을 행사할 때 영전일대의 원칙과 특권불인정원칙(헌법 제11조 제3항)을 지켜야 한다. 현재 영전수여에 관한 법률로는 상훈법이 있다.

⑤ 국회와 입법에 관한 권한

(i) 국회에 관한 권한

ⓐ 임시회소집요구권

대통령은 국회임시회 집회를 요구할 수 있다(헌법 제47조 제1항). 대통령이 국회임시회 집회를 요구할 때는 국무회의 심의를 거쳐야 하고, 기간과 집회 요구의 이유를 명시하여야 한다(헌법 제47조 제3항, 제89조 제7호). 특히 대통령이 긴급명령 등을 발하거나 계엄을 선포할 때 국회가 휴·폐회 중이면, 이를 즉시 보고 또는 통보하기 위해서 국회 임시회 집회를 요구하여야 한다.

ⓑ 국회출석·발언권

대통령은 국회에 출석하여 발언을 하거나 서한으로 의견을 표시할 수 있다(헌법 제81조). 대통령은 국회에서 국정에 관한 연설을 하거나 연두교서 등을 전달함으로써 입법이나 일반정책에 관해서 국회의 이해와 협조를 구할 수 있다. 국회출석·발언권은 대통령의 권한이므로 국회 측에서 대통령의 출석을 요구하거나 서한에 의한 의견표시를 요구할 수 없다.

(ii) 헌법 개정에 관한 권한

대통령은 헌법개정안을 제안할 권한이 있다(헌법 제128조 제1항). 헌법개정안이 제안되면 대통령은 20일 이상의 기간 이를 공고하여야 한다(헌법 제129조). 헌법개정안 공고는 대통령의 권한인 동시에 의무이다. 헌법개정안이 국민투표로써 확정되면, 대통령은 확정된 개정헌법을 즉시 공포하여야 한다(헌법 제130조). 확정된 개정헌법을 공포하는 것도 대통령의 권한인 동시에 의무이다.

(iii) 법률 제정에 관한 권한

ⓐ 법률안제안권

대통령은 국무회의 심의를 거쳐 국회에 법률안을 제출할 수 있다(헌법 제52조, 헌법 제

89조 제3호). 대통령제에서 법률안제출권은 의회의원의 전속적 권한이고 집행부에는 법률안제출권을 인정하지 않는 것이 일반적이다. 정부는 부득이한 때를 제외하고는 매년 1월 31일까지 해당 연도에 제출할 법률안에 관한 계획을 국회에 통지하여야 한다. 그 계획을 변경하였을 때는 분기별로 주요 사항을 국회에 통지하여야 한다(국회법 제5조의3).

ⓑ 법률안거부권

법률안거부권은 국회가 의결하여 정부에 이송한 법률안에 대해서 대통령이 이의가 있을 때 법률안 확정을 저지하기 위해서 그 법률안을 국회 재의에 부칠 수 있는 권한을 말한다. 이를 법률안재의요구권이라고도 한다. 예산은 법률과 다른 법형식이므로 예산에 대해서는 거부권을 행사할 수 없다. 국회의 각종 승인이나 동의에 관한 의결에 대해서도 다시 재의를 요구할 수 없다. 대통령 거부 후에 국회가 재적의원 과반수 출석과 출석의원 3분의 2 이상 찬성으로 전과 같은 의결을 하면 그 법률안은 법률로서 확정되고(헌법 제53조 제4항), 재의결되지 아니하면 폐기된다.

대통령제 정부형태에서 법률안거부권이 인정되는 이유는, 법률 제정은 국회 권한이고 법률 집행은 입법과정에 참여하지 못하는 집행부 책임이므로, 집행부가 법률안에 이의가 있을 수 있기 때문이다. 대통령의 법률안거부권의 이론적 근거는 (가) 국회의 부당한 입법이나 헌법 위반을 견제할 필요성과 (나) 의회가 입법권을 남용하여 집행부 권한을 침해하는 데 대항하여 권력적 균형을 유지하고 집행부를 안정시키기 위한 필요성이다.

법률안거부권이 법률 완성에 관해서 어떠한 성격이 있는지와 관련하여 정지조건설과 해제조건설이 대립한다. 대통령의 법률안거부권은 국회가 재의결하기까지는 그 법률안에 대해서 법률로서 확정되는 것을 정지시키는 소극적인 조건부정지권의 성격이 있는 것이라고 보아야 한다. 따라서 대통령은 법률안을 재의에 붙였더라도 의회가 의결하기 전에는 언제든지 이를 철회할 수 있고, 국회도 이를 번복할 수 있다.

환부거부란 국회가 의결하여 정부에 이송한 법률안을 지정된 기일 안에 대통령이 이의서를 첨부하여 국회에 환부하고 재의를 요구하는 것을 말한다. 헌법 제53조 제2항은 환부거부를 규정한다. 일부거부는 법률안의 유기적 관련성을 파괴하고 수정거부는 거부권의 소극적 성질에 어긋날 뿐 아니라 정부가 법률안제출권까지 있는 현행 헌법에서는 이를 인정할 이유가 없으므로, 양자 모두 허용되지 않는다. 헌법 제53조 제3항도 이를 금지한다.

보류거부는 국회의 폐회나 해산으로 말미암아 대통령이 지정된 기일 안에 법률안을 국회에 환부할 수 없을 때, 대통령이 그 법률안을 거부하려고 법률안을 공포하지 아니한 채 가지고 있으면 법률안이 자동적으로 폐기되는 것을 말한다. 현행 헌법에서 보류거부가 인정되는지에 관해서는 학설이 갈린다. 부분긍정설은 원칙적으로 보류거부는 인정되지 않지만, 국회가 의결한 법률안이 정부에 이송된 후 15일 이내에 그 법률안을 의결한 의원 임기가 만료하여 국회가 종국적으로 폐회하면 환부할 국회가 없어서 그 법률안은 당연히 폐기될 수밖에 없으므로 이러한 때는 예외적으로 보류거부가 인정된다고 한다. 그러나 이러한 때는 헌법이 보류거부를 인정하는 것이 아니라, 임기 만료에 따른 법률안 폐기로서 사실상 보류거부와 비슷한 효과를 발생시키는 것에 불과하다는 점에서 전면부정설이 타당하다.

대통령이 법률안거부권을 행사하려면 법률안에 이의가 있어야 한다. 헌법은 어떤 때에 어떤 사유로 법률안거부권을 행사할 수 있는지에 관해서 규정하지 않는다. 하지만 법률안거부권 행사는 정당한 이유가 있고 객관적으로 납득할 수 있는 때라야 한다. 객관적 타당성이 있는 정당한 때로는 (가) 그 법률안이 헌법에 위반된다고 판단되는 때, (나) 그 법률안 집행이 불가능한 때, (다) 그 법률안이 국가적 이익에 어긋나는 것을 내용으로 하는 때, (라) 외국과 외교적 충돌이 일어날 가능성이 클 때, (마) 그 법률안이 (국회 다수세력의) 집행부에 대한 부당한 정치적 공세만을 이유로 하는 때 등을 들 수 있다. 정당한 이유가 없는 법률안거부권 남용은 탄핵소추 사유가 된다.

대통령이 법률안거부권을 행사하는 절차는 (가) 법률안이 정부로 이송되어 온 날부터 15일 이내에, (나) 국무회의 심의를 거치고 나서, (다) 법률안에 이의서를 첨부하여, (라) 국회로 환부하여 재의를 요구하는 것이다. 이때 국회가 폐회 중이어도 환부거부할 수 있다(헌법 제53조 제2항 제2문).

ⓒ 법률공포권

국회에서 의결된 법률안은 정부에 이송되어 15일 이내에 대통령이 공포한다(헌법 제53조 제1항). 대통령이 거부권 행사로 국회가 재의결하여 확정된 법률은 대통령이 즉시 공포하여야 한다(헌법 제53조 제6항 제1문). 정부는 법률안을 공포하면 이를 즉시 국회에 통지하여야 한다(국회법 제98조 제2항). 정부는 법률이 정부에 이송되고 나서 5일 이내에 대통령이 공포하지 아니하면 국회의장이 공포한다(헌법 제53조 제6항 제2문). 법률은 특별한 규정이 없는 한 공포일부터 20일이 지나면 효력이 발생한다(헌법 제53조 제7항). 그러나 국민의 권리 제한이나 의무 부과와 직접 관련 있는 법률은 긴급히 시행할 특별한 사유가 있는 때를 제외하고는 공포일부터 적어도 30일이 지난 날부터 시행한다('법령 등 공포에 관한 법률' 제13조의2).

(iv) 행정입법권

대통령은 법률에서 구체적으로 범위를 정하여 위임받은 사항과 법률을 집행하는 데 필요한 사항에 관해서 대통령령을 발할 수 있다(헌법 제75조).

⑥ 사법에 관한 권한

(i) 위헌정당해산제소권

대통령은 국가와 헌법의 수호자 지위에서 위헌정당해산권이 있다. 즉 정당의 목적이나 활동이 민주적 기본질서에 위배될 때 정부는 헌법재판소에 그 해산을 제소할 수 있다(헌법 제8조 제4항).

(ii) 사면권

넓은 뜻의 사면은 법원의 형 선고 및 그 부수적 효과와 행정기관의 징계처분 효과 전부나 일부를 면제시키는 행위로서 좁은 뜻의 사면과 감형 및 복권을 포함한다. 좁은 뜻의 사면은 형사소송법이나 그 밖의 형사법규에 정한 절차를 따르지 아니하고 형의 선고 효과나 공소권을 소멸시키거나 형 집행을 면제시키는 행위를 말한다(헌법 제79조, 사면법 제2조). 감형은 형의 선고를 받은 사람에 대해서 선고받은 형을 경감하거나 형 집행을 감경하는 행위를 말한다. 복권은 죄를 범하여 형 선고를 받은 사람이 그 형 선고의 부수적 효력으로서 다른 법령에 따라서 자격이 상실 또는 정지될 때 그 상실 또는 정지된 자격을 회복시켜주는 행위를 말한다. 넓은 뜻의 사면은 좁은 뜻의 사면 이외에 법원의 형 선고 및 그 부수적 효과와 행정기관 징계처분 효과의 전부나 일부를 면제하는 행위를 뜻한다(사면법 제1조, 제4조). 헌법재판소는 사면은 형의 선고의 효력 또는 공소권을 상실시키거나, 형의 집행을 면제시키는 국가원수의 고유한 권한을 뜻하며, 사법부 판단을 변경하는 제도로서 권력분립원칙에 대한 예외가 된다고 한다(헌재 2000. 6. 1. 97헌바74).

사면은 군주시대의 유물로서 그것이 남용되면 법치국가적 형사사법절차의 의미가 손상될 가능성이 있고, 권력분립원칙 및 평등원칙과 같은 헌법원칙 등과 충돌하게 된다는 점에서 그에 대한 비판이 제기된다. 그런데도 사면은 오판시정제도나 부정기형제도로서 정당성을 인정받을 수 있다.

좁은 뜻의 사면에는 일반사면(대사)과 특별사면(특사)이 있다. 일반사면이란 특정범죄를 지정하여 이에 해당하는 모든 범죄인에 대해서 형의 선고 효과를 전부나 일부 소멸시키거나 형 선고를 받지 아니한 사람에 대해서 공소권을 소멸시키는 것을 말한다. 일반사면은 대통령령으로 하되 국무회의 심의를 거치고 국회 동의를 얻어야 한다(헌법 제89조 제9호, 제79조 제2항). 일반사면은 대통령령으로 하는데, 죄의 종류를 정하여야 한다(사면법 제8조). 특별한 규정이 없는 한 일반사면으로 형 선고는 그 효력을 상실하고, 형 선고를 받지 아니한 사람에 대해서는 그 공소권이 상실된다(사면법 제5조 제1항 제1호). 그러나 형 선고에 따른 기성 효과는 변경되지 아니한다(사면법 제5조 제2항). 이에 반해서 특별사면은 이미 형 선고를 받은 특정인에 대해서 형 집행을 면제하는 것이다. 특별사면은 검찰총장이 상신 신청하고 법무부 장관이 상신하면 국무회의 심의를 거쳐 대통령이 한다(헌법 제89조 제9호, 사면법 제9조, 제10조, 제11조). 법무부 장관이 특별사면을 상신할 때는 사면심사위원회 심사를 거쳐야 한다(사면법 제10조 제2항). 법무부 장관 소속의 사면심사위원회는 위원장 1명을 포함한 9명의 위원으로 구성하는데(사면법 제10조의2 제1항과 제2항), 법무부 장관이 위원장이 되고, 위원은 법무부 장관이 임명하거나 위촉하되, 공무원이 아닌 위원을 4명 이상 위촉하여야 한다(사면법 제10조의2 제3항). 공무원이 아닌 위원의 임기는 2년으로 하며, 한 차례만 연임할 수 있다(사면법 제10조의2 제4항). 검찰총장은 직권으로 또는 형 집행을 지휘한 검찰청 검사의 보고 또는 수형자가 수감되어 있는 교정시설 장의 보고에 따라서 법무부 장관에게 특별사면을 상신할 것을 신청할 수 있다(사면법 제11조). 특별사면은 형의 집행을 면제하는 효과를 가져온다. 다만, 특별한 사정이 있으면 형 선고 효력을 상실하게 할 수 있다. 그러나 형 선고에 따른 효과는 변경되지 아니한다(사면법 제5조 제1항 제2호, 제2항).

감형에는 일반감형과 특별감형이 있다. 죄 또는 형의 종류를 정하여 일반적으로 하는 일반감형은 국무회의 심의를 거쳐 대통령령으로 하며, 특정인에 대한 특별감형은 법무부 장관 상신으로 국무회의 심의를 거쳐 대통령이 한다(헌법 제89조 제9호, 사면법 제5조 제1항 제3호와 제4호, 제8조, 제9조). 법무부 장관이 감형을 상신할 때는 사면심사위원회 심사를 거쳐야 한다(사면법 제10조 제2항). 검찰총장은 직권으로 또는 형 집행을 지휘한 검찰청 검사의 보고 또는 수형자가 수감되어 있는 교정시설 장의 보고에 따라서 법무부 장관에게 특정한 자에 대한 감형을 상신할 것을 신청할 수 있다(사면법 제11조). 죄 또는 형의 종류를 정하여 하는 감형은 대통령령으로 한다(사면법 제8조). 감형도 그 종류를 불문하고 형의 선고에 따른 기성 효과는 변경되지 아니한다(사면법 제5조 제2항).

복권은 자격이 상실 또는 정지된 사람 중에서 형 집행이 종료되거나 집행을 면제받은 사람에 대해서만 한다(사면법 제6조). 복권에는 일반복권과 특별복권이 있다. 죄 또는 형의 종류를 정하여 일반적으로 하는 일반복권은 대통령령으로 하고(사면법 제8조 제1항), 특정한 사람에 대해서 하는 특별복권은 법무부 장관 상신에 따라 대통령이 한다(사면법 제9조). 법무부 장관이 복권을 상신할 때는 사면심사위원회 심사를 거쳐야 한다(사면법 제10조 제2항). 복권은 종류를 불문하고 국무회의 심의를 거쳐야 하며(헌법 제89조 제9호), 그 효과는 앞날에 향해서만 발생한다(사면법 제5조 제2항). 일반에 대한 복권은 대통령령으로 한다(사면법 제8조).

(5) 대통령의 권한행사방법

① 문서주의

대통령의 국법상 행위는 문서로써 한다(헌법 제82조). 국법상 행위란 헌법과 법령이 대통령의 권한으로 하는 모든 행위를 말한다. 여기서 문서를 종이문서에 국한할 이유는 없다. 대통령의 국법상 행위를 문서로써 하도록 한 것은 국민에게 예측 가능성과 법적 안정성을 보장하고, 그에 관한 증거를 남기며, 권한 행사에 신중을 기하도록 하려는 것이다. 대통령이 국법상 행위를 문서로 하지 않으면 무효가 된다.

② 부서

부서는 대통령의 권한 행사를 위한 문서에 대통령 서명에 이어 국무총리와 관계 국무위원이 서명하는 것을 말한다. 대통령의 권한 행사 방법으로서 대통령의 국법상 행위는 문서로 하여야 하는데(문서주의), 이 문서에는 국무총리와 관계 국무위원의 부서가 있어야 한다. 부서제도는 (ⅰ) 대통령의 전제를 방지하고, (ⅱ) 국무총리와 관계 국무위원의 책임 소재를 명백하게 밝히려는 취지가 있다. 헌법상 부서제도가 규정된 이상 대통령의 국법상 행위에는 부서가 있어야 하고, 부서가 없으면 그 행위는 적법한 행위가 될 수 없다. 이러한 점에서 부서제도는 대통령의 권한 행사에 대한 일종의 제약이 된다. 국무총리가 대통령의 모든 국정행위문서에 부서하는 것은 대통령의 국정행위에 대한 포괄적 보좌기관으로서 책임을 지겠다는 의미와 대통령의 국정행위가 절차적으로 정당하게 이루어질 수 있도록 기관내통제권을 행사한다는 의미가 함께 있는 복합적 성질의 행위로 볼 수 있다.

부서권은 재량이 인정되는 권한이므로, 국무총리와 관계 국무위원이 대통령의 일정한 국법상 행위에 동의하지 않으면 당연히 부서를 거부할 수 있다. 따라서 대통령이 국무회의에서 심의 · 의결되지 않은 사항을 집행하거나 국무회의 의결내용과 다르게 권한을 행사한다면, 국무총리와 관계 국무위원은 부서를 거부할 수 있다. 그러나 대통령은 국무총리나 국무위원에 대한 임면권이 있으므로, 국무총리나 관계 국무위원이 부서를 거부하면, 그를 해임하고 신임 국무총리나 관계 국무위원이 부서를 하도록 할 수 있다. 국무총리나 관계 국무위원의 부서 결여는 헌법이 요구하는 요건을 결여한 것으로, 헌법이 부서제도를 마련한 취지를 고려할 때, 부서를 결한 대통령의 국법상 행위는 무효로 보아야 한다.

③ 국무회의 심의

대통령이 헌법 제89조에 열거된 사항에 관한 권한을 행사할 때는 사전에 국무회의의 심의를 거쳐야 한다. 집행부 권한에 속하는 중요사항을 국무회의에서 심의하게 하는 것은 국정의 통일성과 원활을 기하려는 것이다. 사전에 국무회의 심의를 거쳐야 할 사항은 헌법 제89조가 열거하지만, 동조 제17호에서 '기타 대통령 · 국무위원이 제출한 사항'이라고 규정하므로, 대통령과 집행부의 권한에 속하는 중요사항은 사실상 거의 모두 포함된다.

④ 자문기관의 자문

국가안전보장에 관련되는 대외정책 · 군사정책 · 국내정책 등을 수립할 때, 대통령은 국무회의 심의에 앞서 국가안전보장회의 자문을 거친다(헌법 제91조 제1항). 그러나 그 자문 결과에 구속되지는 아니하고, 심지어 그 자문을 거치지 아니하고 국무회의 심의에 부쳐도 위헌은 아니다. 그리고 헌법은 대통령의 자문기관으로서 국가원로자문회의, 민주평화통일자문회의, 국민경제자문회의, 국가과학기술자문회의를 규정하지만, 이들 기구는 임의적 자문기관이므로, 국무회의 심의에 앞서 자문을 거칠 것인지는 대통령의 재량에 속한다.

⑤ 국회의 동의 · 승인

대통령이 그 권한을 행사할 때 국회의 동의나 승인을 얻어야 하는 때가 있다. 이는 권력분립원칙이 지향하는 견제와 균형을 위한 것이다. 대통령이 그 권한을 행사할 때 (ⅰ) 국회의 사전 동의나 의결이 필요한 사항으로는 헌법 제60조 제1항이 규정한 조약의 체결 · 비준, 선전포고, 국군의 외국파견, 외국 군대의 대한민국 영역 안 주류, 예산안, 계속비 · 예비비 설치, 국채 모집과 예산 외에 국가의 부담이 될 계약 체결, 일반사면, 국무총리와 감사원장 임명, 대법원장 · 대법관 및 헌법재판소장 임명 등이 있고, (ⅱ) 국회 승인이 필요한 사항으로는 긴급재정경제처분 · 명령과 긴급명령 그리고 예비비 지출에 대한 차기국회 승인 등이 있다. 이러한 국회의 동의나 승인을 규정한 헌법규정에 위배되면 그 법적 효력이 문제 될 뿐 아니라 책임 추궁을 당할 수도 있다.

(6) 대통령의 의무

대통령에게는 직무상 의무와 겸직금지의 의무가 있다. 즉 대통령은 헌법을 준수하고 국가를 보위하며 조국의 평화적 통일과 국민의 자유와 복리 증진 및 민족문화 창달에 노력하여 대통령직을 성실히 수행할 직무상 의무(헌법 제69조)와 그를 위해 법률이 정하는 공 · 사의 직을 겸직하지 않을 의무(헌법 제83조)가 있다. 그 밖에도 대통령은 선거에서 중립을 지켜야 할 의무가 있다(공직선거법 제60조 제4호)(헌재 2004. 5. 14. 2004헌나1). 헌법재판소는 정치적 중립 의무 위반을 탄핵사유로 보았다(헌재 2000. 6. 1. 97헌바74). 이는 정부 수반인 대통령의 선거운동이 행정부 공무원에게 직 · 간접적으로 영향을 미쳐 선거의 중립성을 해치거나 관권선거 우려를 낳기 때문이나, 정당민주주의에서 정치적 지도자인 대통령의 지위와 역할에 비추어 보면, 국회의원과 달리 유독 대통령에게 자신의 정파에 대한 지지 호소와 같은 낮은 수준의 정치적 견해 표명을 포함하여 선거에 관한 모든 정치적 표현을 금지하는 것으로 해석하는 것은 타당하지 않다.

(7) 전직대통령의 예우

전직대통령은 '전직대통령 예우에 관한 법률'이 정하는 바에 따라 예우를 받고(헌법 제85조), 직전대통령은 헌법상 임의기관인 국가원로자문회의가 구성되면 국가원로자문회의 의장이 되며 그 밖의 대통령은 위원이 된다(헌법 제90조). 그러나 ① 재직 중 탄핵결정을 받아 퇴임한 때, ② 금고 이상의 형이 확정된 때, ③ 형사처분을 회피할 목적으로 외국정부에 도피처 또는 보호를 요청한 때, ④ 대한민국 국적을 상실한 때는 필요한 기간의 경호와 경비를 제외하고는 전직대통령으로서 예우를 하지 않는다('전직대통령 예우에 관한 법률' 제7조 제2항). 그리고 전직대통령에게 국민의 알 권리를 충족시키기 위해서 증언 등의 진술을 요구하는 것은 예우에 어긋난다고 볼 수 없다.

2. 행정부

(1) 국무총리

① 헌법적 지위

국무총리의 헌법적 지위는 '대통령의 첫째가는 보좌기관'이란 한마디로 요약할 수 있다(헌재 1994. 4. 28. 89헌마221). 국무총리는 대통령의 첫째가는 보좌기관으로서 대통령의 국법행위에 부서한다(헌법 제82조). 국무총리는 대통령의 첫째가는 보좌기관으로서 구체적으로는 대통령 권한 대행 제1순위자의 지위, 행정부 제2인자의 지위, 국무회의 부의장의 지위, 대통령 다음가는 상급행정기관의 지위가 있다. (i) 국무총리는 대통령의 첫째가는 보좌기관으로서(헌법 제86조 제2항, 제87조 제1항) 대통령이 궐위되거나 사고로 말미암아 직무를 수행할 수 없으면 제1순위로 대통령 권한을 대행한다(헌법 제71조). (ii) 국무총리의 행정부 제2인자 지위는 행정 각부의 장보다 상위에 있는 지위이다. 이 지위의 소지자인 국무총리는 행정 각부의 장 임명을 대통령에게 제청하고(헌법 제94조) 행정 각부의 장에 대한 해임건의권이 있으며(헌법 제87조 제3항), 행정 각부의 장을 지휘 · 감독하고 그 장의 명령이나 처분이 위법 또는 부당하다고 인정되면 대통령 승인을 얻어 이를 중지하거나 취소할 수 있다(정부조직법 제18조 제2항). (iii) 국무총리는 국무회의 구성원으로서 국무회의 심의에서는 대통령 및 국무위원들과 법상 대등한 지위가 있지만(헌법 제88조 제2항), 국무회의 운영에서는 부의장으로서(헌법 제88조 제3항) 국무위원 임명을 대통령에게 제청하며, 국무위원 해임을 대통령에게 건의하는 것 등 국무위원보다 우월한 지위에 있다(헌법 제87조 제1항과 제3항). 국무총리는 이러한 지위에서 국회에 출석 · 답변할 의무를 지고(헌법 제62조), 국회에 대해서 책임을 진다(헌법 제63조). (iv) 국무총리는 대통령 다음가는 상급행정기관(차상급 중앙행정관청)의 지위가 있다(헌법 제86조 제2항). 따라서 국무총리는 대통령 다음가는 상급행정기관으로서 소관 사무, 즉 행정 각부의 사무 조정(정부조직법 제7조 제4항 및 제20조 제1항)과 행정 각부에 공통적으로 해당되어 성질상 어느 한 부처에 귀속시키는 것이 적절하지 않은 행정사무를 스스로 관장 · 처리한다. 그리고 이러한 소관 사무에 대해서 법률이나 대통령령의 위임 또는 직권으로 총리령을 발할 권한이 있다(헌법 제95조). 대통령 다음가는 상급행정기관인 국무총리 직무를 보좌하기 위해서 국무총리 밑에 국무조정실과 국무총리비서실을 두고, 그 소속기관으로서 인사혁신처와 법제처, 식품의약품안전처를 둔다(정부조직법 제20조 내지 제25조). 헌법은 대통령의 명을 받은 국무총리가 행정 각부를 통할하도록 규정하나(제86조 제2항), 대통령과 행정부, 국무총리에 관한 헌법 규정의 해석상 국무총리는 행정에 관하여 독자적인 권한이 없고 대통령의 명을 받아 행정 각부를 통할하는 기관이라서 행정권 행사에 관한 최후의 결정권자는 대통령이다. 따라서 국무총리 통할을 받는 '행정 각부'에 모든 행정기관이 포함된다고 볼 수 없다(헌재 1994. 4. 28. 89헌마221). 다시 말해 정부 구성단위로서 그 권한에 속하는 사항을 집행하는 중앙행정기관을 반드시 국무총리 통할을 받는 '행정 각부'의 형태로 설치하거나 '행정 각부'에 속하는 기관으로 두어야 하는 것이 헌법상 강제되는 것은 아니므로, 법률로써 '행정 각부'에 속하지 않는 독립된 형태의 행정기관을 설치하는 것이 헌법상 금지되지 않는다(헌재 2021. 1. 28. 2020헌마264등).

③ 국무총리직

국무총리는 국회 동의를 얻어 대통령이 임명하고(헌법 제86조 제1항), 현역군인이 아니어야 한다(헌법 제86조 제3항). 국무총리 임명에 대한 국회 동의는 재적의원 과반수 출석과 출석의원 과반수 찬성으로 의결한다(헌법 제49조). 따라서 국회 동의 없는 국무총리 임명은 무효이다. 문민주의는 군국주의화를 방지하려는 것이다.

헌법상 국무총리제도 자체를 문제 삼아 이 제도 자체가 대통령제와는 부합하지 않는 것이고, 종래 '국무총리서리'는 이런 모순에서 생겨난 헌법 관례이므로 대통령이 국회 동의를 얻지 않고 '국무총리서리'를 임명하여도 합헌이라는 합헌론은 (i) 위헌적인 사실상 행위가 반복된다고 해서 그 합헌성이 자동적으로 인정되는 것은 아니므로 이때 헌법 관례가 인정될 수 없다는 점과 (ii) 법문의 표현상 국회의 사전 동의를 얻도록 한 것이 명백한데도 이를 무시하는 것은 헌법 해석상 용인되지 않는 것이라는 점에서 타당하지 못하다. 그리고 통상의 경우에는 위헌론처럼 '국무총리서리' 임명을 위헌이라고 보나, 대통령이 국무총리를 임명하기 위해서 국회 동의를 얻으려고 국회에 동의를 요청하였는데도 국회가 열리지 못하거나 열려 있어도 처리하지 못하면 예외적으로 국무총리로 지명된 사람은 '국무총리서리'로서 국무총리 권한을 유효하게 행사할 수 있다는 예외적 합헌론이 드는 예외적 상황은 국회의 동의안 처리가 절대적으로 불가능한 절대적 불능의 상태가 아니고, 합법적이고 정상적인 수단으로 문제를 해결할 수 있는 상황이다. 그리고 기존 국무총리 유고 시에는 정부조직법 제22조에 따라 국무총리의 직무대행자가 국무총리 직무를 대행하도록 되어 있으므로 예외적 합헌론은 타당하지 않다. 따라서 헌법 제86조 제1항의 문리해석상 달리 해석할 여지없이 위헌론이 타당하다. 다만, 별개문제로서 여소야대 상황에서 국회가 대통령의 국무총리 임명동의안을 오로지 정치공세를 목적으로 수차례에 걸쳐 부결시키거나 처리를 해태하여 국정 공백의 지나친 장기화가 초래되면, 이러한 헌법장애상태를 '위법적으로라도' 관리하기 위한 '정치적 필요' 때문에 국무총리서리를 임명하여 잠정적으로 국무총리 직무를 담당하게 하는 것을 '사실상' 수인하지 않을 수 없는 예외적 상황도 옹글게(완벽하게) 배제하기 어렵다. 이러한 '정치적 교착'이나 '막다른 골목'의 상황은 그 위헌 · 위법성이 명백하더라도 사법부가 개입 · 판단하기에 적절하지만은 않은 '정치문제'로 이해되어 예외적이긴 하지만 사법자제가 기대될 여지가 있다. 이때도 그 '위헌성' 자체에는 변함이 없음은 물론이다.

헌법과 법률(국회법 제29조 제1항)에 국무총리의 국회의원 겸직을 금지하는 규정이 없다. 따라서 국무총리는 국회의원직을 겸할 수 있다. 국무총리의 국회의원 겸직도 대통령제 헌법에서는 이례적이나, 이는 국정을 의원내각제적으로 운영할 수 있도록 한 것으로 이해된다.

대통령이 해임하거나 국회가 재적의원 3분의 1 이상 발의 · 재적의원 과반수 찬성으로 대통령에게 해임을 건의할 수 있다(헌법 제63조). 국회의 국무총리 해임건의권은 대통령의 독주를 견제하려는 것이다.

국무총리가 사고로 직무를 수행할 수 없으면 기획재정부 장관이 겸임하는 부총리, 교육부 장관이 겸임하는 부총리의 순으로 직무를 대행하고, 국무총리와 부총리가 모두 사고로 직무를 수행할 수 없으면 대통령의 지명이 있으면 그 지명을 받은 국무위원이, 지명이 없으면 정부조직법 제26조 제1항에 규정된 순서에 따른 국무위원이 그 직무를 대행한다(정부조직법 제22조).

국무총리 제청 없이 대통령이 단독으로 한 임명행위는 무효이다. 특히 국무총리의 행정 각부 장 임명 제청과 국무위원 해임 건의가 대통령을 구속하는지와 관련하여 다툼이 있다. 국무총리는 헌법상 대통령을 보좌하는 기관에 불과하므로 그의 행정 각부 장 임명 제청과 국무위원 해임 건의는 대통령을 구속하지 않는다. 국무총리 제청에 대통령이 구속되지 않으므로, 국무총리가 사임하거나 해임되어도 그가 제청한 다른 국무위원들도 사임하여야 하는 것은 아니다.

(2) 국무위원

국무위원제도는 미국식 대통령제에서는 이질적인 요소이다. 국무위원은 성격상으로는 의원내각제 각료와 대통령제 각부 장관의 중간에 위치한다. 현역군인을 국무위원으로 임명할 수 없도록 한 것(헌법 제87조 제4항)은 군국주의를 사전에 예방하려는 것이다.

국무위원은 헌법상 국무회의 구성원이자 대통령 보좌기관의 지위가 있다. 먼저 국무위원은 국무회의 구성원으로서 국무회의에 의안을 제출할 수 있고, 그 심의에 참가한다(헌법 제87조 제2항, 제89조 제17호). 국무회의 구성원의 지위가 대통령이나 국무총리의 지위와 같은지에 관해서는 견해가 나뉜다. 헌법상 국무회의는 의결기관이 아니라 심의기관에 지나지 않으므로(헌법 제88조 제1항), 국무위원이 대통령과 같은 지위에 있다고 보기는 어렵다. 그러나 국무위원은 국무회의 심의에서는 국무총리와 동등한 지위에 있는 것으로 볼 수 있다. 그리고 국무위원은 대통령의 보좌기관으로서 국정에 관해서 대통령을 보좌할 권한과 책임이 있다(헌법 제87조 제2항). 국무위원의 대통령에 대한 보좌는 주로 정책보좌를 뜻하므로 행정 각부의 장은 국무위원 중에서 임명된다. 따라서 일반적으로 국무위원은 동시에 행정 각부의 장으로서 자신이 담당한 업무와 관련하여 대통령을 보좌한다. 국무위원은 대통령의 국법상 행위에 부서한다(헌법 제82조).

국무위원은 국무총리 제청으로 대통령이 임명하고(헌법 제87조 제1항), 군인이면 현역을 면하여야 한다(헌법 제87조 제4항). 국무총리 임명 제청은 단순히 대통령을 보좌하는 기능뿐 아니라 대통령의 권한 행사에 대한 견제적 기능도 있어서, 정부 기관내적 통제장치의 하나라고 볼 수 있다. 따라서 헌법이 명시적으로 규정하는 권력통제수단인 국무총리의 제청절차를 무시한 자의적인 권한 행사는 헌법이 요구하는 중요한 절차에 대한 명백한 위반으로서 그 효력이 부정되어야 한다. 국무위원의 수는 15명 이상 30명 이하이다(헌법 제88조 제2항). 국무위원 해임은 대통령의 자유이다. 국무총리는 국무위원 해임을 건의할 수 있고(헌법 제87조 제3항), 국회도 해임을 건의할 수 있다(헌법 제63조). 그러나 어느 경우에도 대통령은 구속받지 않는다.

국무위원은 대통령권한대행권(헌법 제71조), 국무회의 소집요구권(정부조직법 제12조 제3항), 의장을 통해서 국무회의에 의안을 제출할 수 있는 권한(헌법 제89조 제17호), 국무회의에서 출석 · 발언 · 심의권(헌법 제87조 제2항), 부서권(헌법 제82조), 국회출석 · 발언권(헌법 제62조 제1항) 등이 있다.

국무위원은 대통령과 국회 및 국무총리에 대해서는 정치적 · 법적 책임을 진다. 즉 대통령은 언제나 국무위원을 해임할 수 있다. 국무위원은 국회에 대해서는 국회 요구에 따라 언제든지 국회에 출석 · 답변하여야 하고(헌법 제62조 제2항), 국회가 정치적 책임을 물어 해임 건의를 하고 대통령이 그를 받아들이면 물러나야 하며(헌법 제63조), 국회가 탄핵을 하면 그에 따른 책임을 진다(헌법 제65조). 그리고 국무위원은 그를 임명 제청한 국무총리에 대해서도 정치적 책임을 지고, 이는 국무총리의 해임 건의 형태로 나타난다(헌법 제87조 제3항). 그러나 국무총리가 사임하거나 해임되어도 그 제청에 따라 임명된 국무위원이 사임하거나 해임되어야 하는 것은 아니다.

(3) 국무회의

국무회의의 명칭은 1948년 헌법에서는 국무원, 제2차 개정헌법부터 제4차 개정헌법까지는 내각으로 부르다가 제5차 개정헌법부터 국무회의로 변경되어 현행 헌법에서도 그대로 사용된다. 한국 헌법사에서 국무회의는 1948년 헌법과 1960년 헌법에서는 의결기관이었으나 1962년 헌법 이후에는 의결기관도 자문기관도 아닌 심의기관이다.

헌법 제88조 제1항은 "국무회의는 정부의 권한에 속하는 중요한 정책을 심의한다."라고 하여 대통령제 정부형태에서는 이례적인 국무총리제와 함께 국무회의제도를 채택한다. 국무회의는 의장인 대통령과 부의장인 국무총리 그리고 국무총리 제청으로 대통령이 임명하는 15명 이상 30명 이하의 국무위원으로 구성된다(헌법 제88조). 의장이 사고로 직무를 수행할 수 없으면 부의장인 국무총리가 그 직무를 대행하고, 의장과 부의장이 모두 사고로 직무를 수행할 수 없으면 기획재정부 장관이 겸임하는 부총리, 교육부 장관이 겸임하는 부총리 및 정부조직법 제26조 제1항에 규정된 순서에 따라 국무위원이 그 직무를 대행한다(정부조직법 제12조 제2항).

국무회의는 대통령이 스스로 또는 국무위원 요구에 따라서 소집하고, 합의제기관이므로 의결 형식을 취한다. 국무회의는 구성원 과반수 출석으로 개의하고 출석구성원 3분의 2 이상 찬성으로 의결한다('국무회의 규정' 제6조). 국무회의에는 국무회의 구성원이 아닌 국무조정실장 · 인사혁신처장 · 법제처장 · 식품의약품안전처장 그 밖에 법률로 정하는 공무원도 필요하면 출석하여 발언할 수 있다(정부조직법 제13조 제1항). 그러나 이들은 국무회의 구성원이 아니므로 의결에는 참여할 수 없다.

국무회의 심의사항은 헌법 제89조에 자세하게 규정되어 있고, 그 내용은 국정 전반에 걸친다. 헌법 제89조에 규정된 사항은 그것이 어느 기관 관할에 속하는 것이든 반드시 국무회의 심의를 거쳐야 한다.

국무회의 심의는 단순히 대통령의 정책 수립을 보좌하는 기능뿐 아니라 대통령의 권한 행사에 대한 견제적 기능도 있어서, 정부의 기관내적 통제장치의 하나라고 볼 수 있다. 따라서 대통령이 국무회의 심의를 거치지 않고 한 국법상 행위는 헌법이 요구하는 중요한 절차에 대한 명백한 위반으로서 그 효력이 부정되어야 한다.

문리적으로 해석할 때 굳이 '의결'이라는 용어를 사용하지 않고 '심의'라는 용어를 사용한 헌법규정상 대통령은 '법적으로는' 국무회의 심의 결과에 구속되지 않는다고 볼 수밖에 없다. 그러나 '정치적으로는' 대통령의 행위에 대한 부서 거부 등으로 어느 정도는 국무회의 의결에 따르도록 강제할 수 있을 것이기에 일단 견제는 가능하다.

(4) 행정 각부

행정 각부란 대통령을 수반으로 하는 행정부의 구성단위로서, 국무회의 심의를 거쳐 대통령이 결정한 정책과 그 밖의 행정부 권한에 속하는 사항을 집행하는 중앙행정기관을 말한다. 따라서 행정 각부는 대통령이나 국무총리의 단순한 보조기관이 아니라 그들의 하위에 있는 행정관청이다.

행정 각부의 설치 · 조직과 직무범위는 법률로 정하고(헌법 제96조), 그에 대한 법률로 정부조직법이 있다. 정부조직법 제26조 제1항을 따르면 현재 기획재정부, 교육부, 과학기술정보통신부, 외교부, 통일부, 법무부, 국방부, 행정안전부, 국가보훈부, 문화체육관광부, 농림축산식품부, 산업통상자원부, 보건복지부, 환경부, 고용노동부, 여성가족부, 국토교통부, 해양수산부, 중소벤처기업부의 19부가 있다. 행정 각부에 장관 1명과 차관 1명을 두되, 장관은 국무위원으로 보하고, 차관은 정무직으로 한다. 다만, 기획재정부 · 과학기술정보통신부 · 외교부 · 문화체육관광부 · 산업통상자원부 · 보건복지부 · 국토교통부에는 차관 2명을 둔다(정부조직법 제26조 제2항).

행정 각부의 장은 국무위원 중에서 국무총리 제청으로 대통령이 임명한다(헌법 제94조). 따라서 국무위원이 아닌 사람은 행정 각부의 장이 될 수 없고, 현역군인은 행정 각부의 장이 될 수 없다. 이렇게 국무위원 중에서 행정 각부의 장을 임명하는 것은 정책기획과 정책심의 및 정책집행을 유기적으로 통일시키려는 것이다.

행정 각부의 장은 독임제행정관청으로 소관 사무를 통할하고 소속 공무원을 지휘 · 감독하며(정부조직법 제7조 제1항), 소관 사무에 관해서 지방행정의 장을 지휘 · 감독하는 권한인(정부조직법 제26조 제3항) 소관사무집행권과 부령발포권(헌법 제95조)이 있다. 즉 19부의 장관은 법규명령인 위임명령, 집행명령(직권명령), 비법규명령인 행정규칙(행정명령)을 발할 수 있다. 부령은 관계 행정 각부의 장이 서명하고 관보에 공포하며, 특별한 규정이 없는 한 공포한 날부터 20일이 지나면 효력이 발생한다('법령 등 공포에 관한 법률' 제9조 제2항, 제11조, 제13조). 그리고 행정 각부의 장은 소속공무원 임용제청권(5급 이상 공무원) · 임용권(6급 이하 공무원)이 있다.

(5) 대통령의 자문기관

대통령직을 수행하는 데 필요한 자문을 하기 위해서 여러 가지 자문기관을 둔다. 대통령의 자문기관에는 헌법상 필수적 자문기관인 국가안전보장회의와 임의적 자문기관인 국가원로자문회의, 민주평화통일자문회의, 국민경제자문회의가 있고, 헌법기관이 아닌 법률상 자문기관으로 국가과학기술자문회의가 있다.

3. 감사원

(1) 헌법적 지위

감사원은 대통령 소속 아래의 헌법상 필수적 합의제독립기관이다(헌법 제97조). 즉 감사원은 조직상으로는 대통령에 소속되나, 기능상 · 직무상으로는 대통령에서 독립한 기관이다(감사원법 제2조 제1항). 1948년 헌법에서는 (헌법상 명문 규정 없이 정부조직법에 근거를 둔) 직무감찰권이 있는 감찰위원회와 (헌법 제95조에 규정된) 회계검사권이 있는 심계원이 분리되어 있었는데, 1962년 헌법부터 양자를 통합하여 감사원을 두었다. 감사원은 감사위원회의를 통해서 권한을 행사한다. 감사원을 합의제관청으로 한 이유는 감사원의 독립성을 보장함과 동시에 그 직무를 신중하고 공정하게 처리하도록 하려는 것이다.

(2) 구성

감사원은 원장을 포함한 5명 이상 11명 이하의 감사위원으로 구성하고(헌법 제98조 제1항), 감사원의 조직 · 직무범위 · 감사위원의 자격 · 감사대상공무원의 범위 기타 필요한 사항은 법률로 정한다. 감사원법 제3조는 감사원은 원장을 포함하여 7명의 감사위원으로 구성된다고 규정한다. 감사원장은 국회 동의를 얻어 대통령이 임명하고, 그 임기는 4년으로 하며, 1차에 한하여 중임할 수 있다(헌법 제98조 제2항). 감사위원은 감사원장 제청으로 대통령이 임명하고, 그 임기는 4년으로 하며, 1차에 한하여 중임할 수 있다(헌법 제98조 제3항). 감사원장은 국회 인사청문특별위원회 인사청문을 거쳐 임명되지만, 감사위원은 국회 인사청문을 거치지 않고 임명된다(국회법 제46조의3 제1항 제1호). 감사원장이 사고로 말미암아 직무를 수행할 수 없으면 감사위원으로 최장기간 재직한 감사위원이 그 직무를 대행한다. 다만, 재직기간이 같은 감사위원이 2명 이상이면 연장자가 그 직무를 대행한다(감사원법 제4조 제3항). 감사원장과 감사위원의 다른 임명절차에 비추어 보면, 감사원장과 감사위원이 동등한 법적 지위에 있다고 보기 어렵다. 따라서 감사원은 순수한 합의체가 아니라 감사원장 우위의 합의체이다.

(3) 신분 보장과 의무

감사위원 정년은 65세이다. 다만, 원장인 감사위원의 정년은 70세로 한다(감사원법 제6조 제2항). 감사위원은 탄핵결정이나 금고 이상의 형 선고를 받았을 때나 장기의 심신쇠약으로 직무를 수행할 수 없게 된 때가 아니면 그 의사에 반하여 면직되지 아니한다. 감사위원이 탄핵결정이나 금고 이상의 형 선고를 받았을 때는 당연히 퇴직되고, 장기의 심신쇠약으로 직무를 수행할 수 없을 때는 감사위원회 의결을 거쳐 감사원장 제청으로 대통령이 퇴직을 명한다(감사원법 제8조).

감사위원은 국회 또는 지방의회 의원의 직, 행정부서 공무원의 직, 감사원법에 따라 감사 대상이 되는 단체 임직원의 직, 그 밖에 보수를 받는 직을 겸할 수 없다(감사원법 제9조). 그리고 감사위원은 정당에 가입하거나 정치운동을 할 수 없다(감사원법 제10조).

(4) 권한

① 결산 및 회계검사권과 그 보고권

감사원은 세입 · 세출의 결산을 매년 검사하여 대통령과 차년도국회에 보고할 권한과 의무가 있다(헌법 제97조, 제99조). 감사원의 회계검사대상에는 필요적 검사사항과 선택적 검사사항이 있다. 필요적 검사사항은 국가와 지방자치단체의 회계, 한국은행과 국가 또는 지방자치단체가 자본금의 2분의 1 이상을 출자한 법인의 회계, 다른 법률에 따라 감사원의 회계검사를 받도록 규정된 단체 등의 회계이고(감사원법 제22조), 선택적 검사사항은 감사원이 필요하다고 인정한 사항과 국무총리 요청이 있는 사항이다(감사원법 제23조).

② 직무감찰권

감사원은 행정기관과 공무원 직무에 대해서 소극적인 비위감찰권과 적극적인 행정감찰권(근무평정, 행정관리의 적부 심사분석과 그 개선 등)이 있다(감사원법 제33조, 제34조). 감사원은 (ⅰ) 정부조직법과 그 밖의 법률에 따라 설치된 행정기관의 사무와 그에 소속한 공무원의 직무[여기의 행정기관에는 군기관과 교육기관을 포함한다. 다만, 군기관에는 소장급 이하의 장교가 지휘하는 전투를 주된 임무로 하는 부대와 중령급 이하의 장교가 지위하는 부대는 제외한다(감사원법 제24조 제2항)], (ii) 지방자치단체의 사무와 그에 소속한 지방공무원의 직무, (iii) 한국은행과 국가 또는 지방자치단체가 자본금의 2분의 1 이상을 출자한 법인 및 민법 또는 상법 외의 다른 법률에 따라 설립되고 그 임원의 전부 또는 일부나 대표자가 국가 또는 지방자치단체에 의하여 임명되거나 임명 승인되는 단체의 사무와 그에 소속한 임원 및 감사원의 감사대상이 되는 회계사무와 직접 또는 간접으로 관련이 있는 직원의 직무, (iv) 법령에 따라 국가 또는 지방자치단체가 위탁하거나 대행하게 한 사무와 그 밖의 법령에 따라 공무원의 신분을 가지거나 공무원에 준하는 자의 직무를 감찰한다(감사원법 제24조 제1항). 그러나 국회 · 법원 및 헌법재판소 공무원은 감찰대상에서 제외된다(감사원법 제24조 제3항). 그리고 국무총리가 국가기밀에 속한다고 소명한 사항, 국방부 장관이 군기밀 또는 작전상 지장이 있다고 소명한 사항은 감찰할 수 없다(감사원법 제24조 제4항).

③ 감사결과에 따라 행사할 권한

감사원은 감사결과와 관련 변상책임 유무의 판정권(감사원법 제31조), 징계처분과 문책의 요구 · 권고권(감사원법 제32조), 시정 · 주의 등의 요구 · 권고권(감사원법 제33조), 법령 · 제도 · 행정의 개선요구 · 권고권(감사원법 제34조와 제34조의2), 수사기관에 대한 고발권(감사원법 제35조), 재심의 청구처리권(감사원법 제36조~제40조)이 있다.

④ 감사원규칙제정권

감사원은 감사에 관한 절차, 감사원의 내부규율과 감사사무 처리에 관한 규칙을 제정할 수 있다(감사원법 제52조). 감사원규칙은 헌법적 근거가 없으므로, 법규명령이 아니라 행정규칙에 불과하다. 따라서 국민의 권리 · 의무에 관한 사항을 규정할 필요가 있으면 대통령령으로써 하여야 한다. 만일에 감사원규칙이 국민의 권리 · 의무에 관한 법규사항을 규정한다면 그것은 헌법 위반임을 면할 수 없다.

(5) 감사 청구

19세 이상의 국민은 공공기관의 사무처리가 법령 위반이나 부패행위로 말미암아 공익을 현저히 해하면 대통령령으로 정하는 일정한 수 이상 국민의 연서로 감사원에 감사를 청구할 수 있다. 다만, 국회 · 법원 · 헌법재판소 · 선거관리위원회 또는 감사원의 사무에 대해서는 국회의장 · 대법원장 · 헌법재판소장 · 중앙선거관리위원회 위원장 또는 감사원장에게 감사를 청구하여야 한다('부패방지 및 국민권익위원회의 설치와 운영에 관한 법률' 제72조 제1항). 그러나 ① 국가의 기밀과 안전보장에 관한 사항, ② 수사 · 재판과 형 집행(보안처분 · 보안관찰처분 · 보호처분 · 보호관찰처분 · 보호감호처분 · 치료감호처분 · 사회봉사명령을 포함)에 관한 사항, ③ 사적인 권리관계 또는 개인의 사생활에 관한 사항, ④ 다른 기관에서 감사하였거나 감사 중인 사항(다만, 다른 기관에서 감사한 사항이라도 새로운 사항이 발견되거나 중요사항이 감사에서 누락된 때는 제외), ⑤ 그 밖에 감사를 실시하는 것이 적절하지 아니한 정당한 사유가 있는 경우로서 대통령령이 정하는 사항에 해당하면 감사청구 대상에서 제외한다('부패방지 및 국민권익위원회의 설치와 운영에 관한 법률' 제72조 제2항).

Ⅲ. 선거관리위원회

1. 선거관리의 개념

선거관리는 국민이 국가의사를 직접 결정하거나 국민이 국가권력을 행사할 대표자를 선출하는 절차의 전반적인 관리를 뜻한다. 이는 선거관리위원회가 선거와 국민투표의 공정한 관리 및 정당에 관한 사무를 처리한다는 점(헌법 제114조 제1항)에서 확인된다. 다만, 여기서 선거관리에 관한 법률 제정과 선거쟁송의 최종적 판단은 각각 국회와 사법부의 권한이므로 선거관리에서 배제된다. 그리고 헌법 제114조 제6항이 선거관리를 국민투표관리 및 정당사무와 구별한다는 점에서 좁은 뜻의 선거관리는 국민이 국가권력을 행사할 대표자를 선출하는 절차의 직접 관리를 가리킨다.

2. 제도적 의의

한국 헌법사에서 중앙선거관리위원회를 헌법상 국가기관으로 격상시킨 것은 1960년 헌법이고, 각급 선거관리위원회를 헌법에 처음으로 규정한 것은 1962년 헌법부터이다. 이렇게 헌법이 선거관리위원회를 헌법에 규정하는 이유는 선거와 국민투표 그리고 정당사무를 공정하게 처리함으로써 대의제 민주주의 기반을 확립하려는 것이다.

3. 헌법적 지위

선거관리위원회는 선거와 국민투표의 공정한 관리 및 정당에 관한 사무를 처리하는 헌법상 필수적 합의제독립기관이다. 선거관리위원회 업무는 그 성질상 행정작용에 해당된다. 하지만 선거와 정당의 중요한 정치적 기능과 선거관리에 요구되는 정치적 중립성으로 말미암아 선거관리위원회는 그 조직과 기능 측면에서는 입법부 · 집행부 · 사법부에서 옹글게(완벽하게) 독립한 기관의 지위가 있다. 그리고 선거관리위원회는 9명이나 7명의 선거관리위원으로 구성되는 합의제기관이고, 헌법상 반드시 설치하여야 하는 필수적 국가기관이다.

선거관리위원회가 헌법상 독립기관임을 부정할 수 없고, 국가기관을 통한 추정적 국민의사 결정과 관련되는 일반 행정작용과는 달리 선거관리는 국민의사를 직접 확인하는 것과 관련되는 특수 행정작용에 해당한다. 하지만 양자가 결국 국민이 국가의사를 확정하는 것이라는 점에서 그것이 선거관리를 일반 행정작용과 질적으로 구별하는 데까지 이르지 않는다. 따라서 선거관리위원회는 특별한 행정기관일 뿐이다. 이러한 점에서 선거관리위원회를 헌법상 독립기관으로 구성한 것은 그에 부여한 기능의 독자성 때문이 아니라 헌법사적 경험에 따른 헌법상 결단으로 이해하여야 한다.

4. 구성

(1) 선거관리위원회의 종류와 직무

선거관리위원회는 중앙선거관리위원회 밑에 특별시 · 광역시 · 도선거관리위원회(9명), 구 · 시 · 군선거관리위원회(9명), 읍 · 면 · 동선거관리위원회(7명)가 있다(선거관리위원회법 제2조 제1항). 선거관리위원회는 법령이 정하는 바에 따라서 ① 국가와 지방자치단체의 선거에 관한 사무, ② 국민투표에 관한 사무, ③ 정당에 관한 사무, ④ '공공단체등 위탁선거에 관한 법률'에 따른 위탁선거에 관한 사무, ⑤ 기타 법령으로 정하는 사무를 담당한다(선거관리위원회법 제3조 제1항).

(2) 중앙선거관리위원회

중앙선거관리위원회는 대통령이 임명하는 3명, 국회에서 선출하는 3명과 대법원장이 지명하는 3명의 위원으로 구성된다. 위원장은 위원 중에서 호선한다(헌법 제114조 제2항). 그러나 대법원장이 지명하는 대법관인 위원이 위원장을 맡는 것이 헌법관습이다(1963년부터 현재까지). 따라서 사실상 대법원장이 위원장을 임명한다. 하지만 헌법이 선거관리를 전통적인 입법, 집행, 사법과 구별되는 독립적인 기능으로 이해하여 독립한 기관에 부여할 뿐 아니라 선거소송을 대법원이 담당한다는 점에서 현직 법관이 위원을 겸직하는 것은 중앙선거관리위원회를 독립한 기관으로 설치한 헌법 취지는 물론 권력분립원칙에 어긋나므로 개선되어야 한다(이러한 점은 모든 각급 선거관리위원회에서도 마찬가지이다). 위원 임기는 6년으로 연임 제한이 없다(헌법 제114조 제3항). 위원은 정당에 가입하거나 정치에 관여할 수 없고(헌법 제114조 제4항), 탄핵이나 금고 이상의 형의 선고에 의하지 아니하고는 파면되지 아니한다(헌법 제114조 제5항). 법관과 법원공무원 및 교육공무원 이외의 공무원은 각급 선거관리위원회 위원이 될 수 없다(선거관리위원회법 제4조 제6항).

중앙선거관리위원회 구성방법은 선거관리가 정치과정 그 자체이므로 정치세력의 수용성을 제고하려고 국회, 대통령, 대법원장에 공동으로 기관구성권을 부여하는 의미가 있다. 그러나 국회는 다원적인 정치세력의 집합체이므로 적극적으로 중립성을 보호할 수 있지만, 대통령과 대법원이 중앙선거관리위원회 구성에 관여하는 것은 문제가 있다. 대통령이 중앙선거관리위원회 구성에 관여함으로써 국회가 담보하는 정치적 다원성과 정치적 중립성이 다시 균형을 상실할 위험이 있기 때문이다. 대법원 관여는 전문성 확보 측면에서 장점이 있을 수 있으나, 이는 법률에 위원의 자격규정을 둠으로써 담보할 수 있다. 따라서 대법원 관여는 헌법적 필연성이 없다. 이러한 점에서 중앙선거관리위원회의 독립성을 충분히 확보하려면 위원 전부를 국회에서 가중다수결로 선출하여야 할 것이다.

중앙선거관리위원회는 법령 범위 안에서 선거관리 · 국민투표관리 또는 정당사무에 관한 규칙을 제정할 수 있고, 법률에 저촉되지 아니하는 범위 안에서 내부규율에 관한 규칙을 제정할 수 있다(헌법 제114조 제6항). 중앙선거관리위원회의 규칙제정권은 선거관리위원회의 활동을 효율적으로 전개하기 위한 중요한 조건의 하나이고, 선거관리위원회의 자율성을 확보하기 위한 전제이기도 하다. 중앙선거관리위원회는 대통령과 대등한 헌법적 지위가 있다는 점에 비추어 중앙선거관리위원회규칙은 대통령령과 같은 법적 지위가 있다고 보아야 한다. 따라서 중앙선거관리위원회규칙은 '규칙'이라는 용어가 붙어도 법규명령에 해당한다.

(3) 상임위원과 비상임위원의 구별

중앙선거관리위원회와 시 · 도선거관리위원회에만 1명의 상임위원을 두어 위원장을 보좌하고 그 명을 받아 소속 사무처를 감독하는 업무를 부여한다. 위원장과 다른 위원들은 비상임의 명예직이다(선거관리위원회법 제6조 제1항, 제12조 제1항). 이는 선거관리위원회를 상설기관으로 둔 취지에 어긋나고, 합의제기관인 선거관리위원회에서 합의를 어렵게 하며, 겸직하는 비상임위원들이 선거관리위원회 업무에 집중하기 어렵고, 비상임인 위원장과 상임위원, 사무총장의 관계 정립이 모호하며, 위원들의 책임 있는 업무 수행과 선거관리위원회의 대외적 독립성에도 부정적 영향을 미치므로, 위원 모두를 상임으로 구성하도록 하여야 할 것이다.

5. 권한과 의무

(1) 권한

중앙선거관리위원회는 선거와 국민투표의 관리권, 정당사무관리권과 정치자금분배권(정치자금의 기탁, 기탁된 정치자금과 국고보조금을 각 정당에 분배하는 사무) 및 규칙제정권이 있다(헌법 제114조 제1항과 제6항). 선거관리위원회법 제3조 제1항은 ① 국가와 지방자치단체의 선거에 관한 사무, ② 국민투표에 관한 사무, ③ 정당에 관한 사무, ④ '공공단체등 위탁선거에 관한 법률'에 따른 위탁선거에 관한 사무, ⑤ 기타 법령으로 정하는 사무로 구체화한다. 각급 선거관리위원회는 선거인명부 작성 등 선거사무와 국민투표사무에 관해서 관계 행정기관에 필요한 지시를 할 수 있고, 각급 선거관리위원회는 선거사무를 위해서 인원 · 장비 지원 등이 필요하면 행정기관에는 지시나 협조 요구를, 공공단체와 은행(개표사무종사원을 위촉하는 때에 한한다)에는 협조 요구를 할 수 있다. 그러한 지시를 받거나 협조 요구를 받은 해당 행정기관 · 공공단체 등은 먼저 그에 응하여야 한다(헌법 제115조, 선거관리위원회법 제16조).

(2) 의무

각급 선거관리위원회는 선거권자의 주권의식을 높이기 위해서 계몽을 실시하여야 한다. 특히 선거나 국민투표가 실시되면 그 주관 아래 여러 가지 방법으로 투표방법 · 기권방지 기타 선거나 국민투표에 필요한 계도를 실시하여야 한다(선거관리위원회법 제14조).

6. 선거관리위원회의 의사 결정

각급 선거관리위원회는 위원 과반수 출석으로 개의하고, 출석위원 과반수 찬성으로 의결한다. 위원장은 표결권이 있고, 가부동수이면 결정권이 있다(선거관리위원회법 제10조).

Ⅳ. 법원

1. 헌법상 지위

(1) 사법기관

법원의 헌법상 지위는 헌법을 근거로 확정되어야 한다. 법원의 지위를 확정할 때 가장 핵심적인 조항은 "사법권은 법관으로 구성된 법원에 속한다."라고 규정한 헌법 제101조 제1항이다. 곧 법원의 기본적 지위는 사법기관이다. 헌법 제101조 제1항에 따라서 사법에 관한 권한은 원칙적으로 법원이 행사한다. 그러나 이에는 헌법에 다음과 같은 예외가 있다. ① 헌법재판 중 위헌법률심판, 탄핵심판, 위헌정당해산심판, 권한쟁의심판, 헌법소원심판은 헌법재판소의 관할이다(헌법 제111조 제1항). ② 국회의원의 자격심사나 징계처분은 국회 자율에 맡긴다(헌법 제64조 제2항). ③ 행정쟁송과 관련하여 행정심판은 행정기관이 다룰 수 있다(헌법 제107조 제3항). ④ 사면 · 복권 · 감형은 대통령의 권한사항으로 한다(헌법 제79조).

(2) 중립적 권력

사법작용은 '분쟁당사자 중 일방당사자 청구에 따라 독립된 지위가 있는 기관이 제3자적 입장에서 법을 유지하는 작용'이다. 곧 국회가 법률을 형성하거나 정립하고 정부가 법률을 집행하고 정책 형성을 하는 것 등 적극적인 국가작용을 하지만, 법원은 법을 인식하고 판단하고 유지하는 소극적인 작용을 담당한다. 객관적인 법을 인식하고 판단하고 유지하기 위해서 법원은 정치적으로 중립적일 수밖에 없다. 법원의 중립성은 한편으로는 사법작용의 본질에서 오는 개념필연적 사항이기도 하지만, 다른 한편으로는 사법부에 대한 요청이기도 하다.

(3) 헌법의 수호자

헌법상 헌법수호의 기능은 대통령과 헌법재판소 그리고 법원에 분산된다. 그러나 대통령의 헌법수호자 지위는 비상사태에 기능하는 측면이 강하지만, 법원과 헌법재판소의 헌법수호자 지위는 전적으로 평상시에 작용하는 점에서 차이가 있다. 그리고 평상시 헌법수호 기능은 대부분 그리고 중요한 부분에서 헌법재판소가 담당한다(헌법 제111조 제1항). 따라서 법원의 헌법수호자 기능은 부차적인 것이라고 할 수밖에 없다.

(4) 기본권보장자

역사적으로 군주와 벌인 투쟁에서 법원은 의회와 함께 기본권보장자로서 기능하였다. 현행 헌법 아래에서도 법원은 국민의 자유와 권리를 보호하는 기능을 담당한다. 즉 헌법 제27조 제1항에 따라 "모든 국민은 헌법과 법률이 정한 법관에 의하여 법률에 의한 재판을 받을 권리를 가지며", 그 결과 법원은 기본권보장자의 지위가 있다. 특히 법원의 기본권보장적 역할은 집행부의 명령 · 규칙 · 처분에 대한 위헌 · 위법심사에서 두드러진다. 그러나 공권력의 기본권 침해에 대한 최종수단인 헌법소원에 대한 심판권이 헌법재판소에 있어서(헌법 제111조 제1항 제5호), 최종적인 기본권보장적 지위는 헌법재판소에 있다고 보아야 한다.

2. 조직과 관할

(1) 헌법규정

법원은 최고법원인 대법원과 각급 법원으로 조직되고(헌법 제101조 제2항), 그 조직은 법률로 정한다(헌법 제102조 제3항). 이러한 법률이 법원조직법이다. 법원조직법을 따르면 법원에는 대법원, 고등법원, 특허법원, 지방법원, 가정법원, 행정법원, 회생법원의 7종류가 있다(제3조 제1항). 그리고 지방법원과 가정법원 사무의 일부를 처리하게 하려고 그 관할구역 안에 지원, 시 · 군법원, 등기소를 둘 수 있다(법원조직법 제31조, 제39조, 제33조, 제34조, 제36조).

(2) 대법원의 조직과 관할

대법원은 대법원장과 대법관으로 구성되고(헌법 제102조 제2항, 제104조 제1항), 대법관의 수는 대법원장을 포함하여 14명이다(법원조직법 제4조 제2항). 그리고 대법원에는 법률이 정하는 바에 의하여 대법관이 아닌 법관을 둘 수 있다(헌법 제102조 제2항 단서). 재판연구관을 대법관이 아닌 법관으로 보는 견해가 있다. 이에 대해서 판사가 아닌 사람도 재판관으로 임명할 수 있어서 재판연구관은 법관 자격을 전제로 하는 대법관이 아닌 법관이 아니라는 견해가 있다. 재판이 법관의 본질적 임무임에 비추어 대법관이 아닌 법관은 재판에 참여하는 법관으로 이해하여야 하므로 재판을 보조하는 데 불과한 재판연구관은 대법관이 아닌 법관으로 볼 수 없다.

대법원장은 만 45세 이상, 20년 이상의 법조경력이 있는 사람 중에서(법원조직법 제42조 제1항) 국회 동의를 얻어 대통령이 임명한다(헌법 제104조 제1항). 대법원장 임기는 6년으로 중임할 수 없고(헌법 제105조 제1항), 정년은 70세이다(법원조직법 제45조 제4항).

대법원장은 법원을 대표하는 법원의 수장으로서 대법원의 일반사무를 관장하고, 대법원의 직급과 각급 법원 및 그 소속기관의 사법행정사무에 관해서 직원을 지휘 · 감독한다(법원조직법 제13조 제2항). 따라서 대법원장은 법원을 대표할 권한, 대법관임명제청권, 헌법재판소 재판관 3명 지명권, 중앙선거관리위원회 위원 3명 지명권, 일반 법관의 임명권과 보직권, 법원공무원임명 · 지휘 · 감독권, 법원업무에 관련된 법률 제 · 개정에 관해서 국회에 서면의견을 제출할 수 있는 권한이 있다. 다만, 대법원장이 한 처분에 대한 행정소송의 피고는 법원행정처장으로 한다(법원조직법 제70조). 대법원장이 궐위되거나 부득이한 사유로 직무를 수행할 수 없으면 선임대법관이 그 권한을 대행한다(법원조직법 제13조 제3항).

대법관은 만 45세 이상, 20년 이상의 법조경력이 있는 사람 중에서(법원조직법 제42조 제1항) 대법원장 제청으로 국회 동의를 얻어 대통령이 임명한다(헌법 제104조 제2항). 대법관 임기는 6년으로 연임할 수 있고(헌법 제105조 제2항), 정년은 70세이다(법원조직법 제45조 제4항). 대법관은 최고법원인 대법원 구성원으로서 사법권을 행사하고, 대법관회의 구성원으로서 소관 사항에 관해서 의결권이 있다(법원조직법 제16조).

대법원장이 제청할 대법관 후보자 추천을 위해서 대법원에 대법관후보추천위원회를 둔다(법원조직법 제41조의2 제1항). 대법관후보추천위원회는 대법원장이 대법관 후보자를 제청할 때마다 위원장 1명을 포함한 10명의 위원으로 구성한다(법원조직법 제41조의2 제2항). 위원은 선임대법관, 법원행정처장, 법무부 장관, 대한변호사협회장, 사단법인 한국법학교수회 회장, 사단법인 법학전문대학원협의회 이사장, 학식과 덕망이 있고 각계 전문 분야에서 경험이 풍부한 사람으로서 변호사 자격을 가지지 아니한 사람 3명(이때 1명 이상은 여성이어야 한다)을 대법원장이 임명하거나 위촉한다(법원조직법 제41조의2 제3항). 위원장은 위원 중에서 대법원장이 임명하거나 위촉한다(법원조직법 제41조의2 제4항). 대법관후보추천위원회는 대법원장이나 위원 3분의 1 이상이 요청하거나 위원장이 필요하다고 인정하면 위원장이 소집하고, 재적위원 과반수 찬성으로 의결한다(법원조직법 제41조의2 제5항). 대법관후보추천위원회는 제청할 대법관(제청할 대법관이 2명 이상이면 각각의 대법관)의 3배수 이상을 대법관 후보자로 추천하여야 한다(법원조직법 제41조의2 제6항). 대법원장은 대법관 후보자를 제청하는 경우에는 대법관후보추천위원회의 추천 내용을 존중한다(법원조직법 제41조의2 제7항).

대법원에는 대법관 전원의 3분의 2 이상으로 구성되고 대법원장이 재판장이 되는 대법관전원합의체를 둘 수 있다(법원조직법 제7조 제1항).

대법원에 부를 둘 수 있고(헌법 제102조 제1항), 부는 대법관 3명 이상으로 구성한다(법원조직법 제107조 제1항 단서). 부에는 일반부와 특정부가 있다. 일반부에는 민사부와 형사부가 있고, 특정부에는 행정부, 조세부, 노동부, 군사부와 특허부가 있다(법원조직법 제7조 제2항). 일반부는 재판의 효율성을 높이려는 것이고, 특정부는 재판의 전문성을 발휘하도록 하려는 것이다.

대법관회의는 대법관으로 구성되며, 대법원장이 그 의장이 된다(법원조직법 제16조 제1항). 대법관회의는 대법관 전원의 3분의 2 이상 출석과 출석인원 과반수 찬성으로 결정하고, 가부동수이면 의장이 결정권을 갖는다(법원조직법 제16조 제2항과 제3항).

대법관회의는 (가) 판사 임명과 연임에 대한 동의(법관의 보직권은 대법원장이 단독으로 행사), (나) 대법원규칙의 제정과 개정 등에 관한 사항, (다) 판례의 수집 · 간행에 관한 사항, (라) 예산 요구, 예비금 지출과 결산에 관한 사항, (마) 다른 법령에 따라 대법관회의의 권한에 속하는 사항, (바) 특히 중요하다고 인정되는 사항으로서 대법원장이 부친 사항을 의결한다(법원조직법 제17조).

대법원의 부속기관으로 법원행정처(법원조직법 제19조), 사법연수원(법원조직법 제20조)과 사법정책연구원(법원조직법 제20조의2), 법원공무원교육원(법원조직법 제21조), 법원도서관(법원조직법 제22조), 대법원장비서실(법원조직법 제23조), 재판연구관(법원조직법 제24조), 법관인사위원회(법원조직법 제25조의2), 양형위원회(법원조직법 제81조의2)(이상 필수기관), 사법정책자문위원회(법원조직법 제25조)(임의기관)가 있다.

대법원은 상고심, 명령 · 규칙의 위헌 · 위법 여부의 최종심사, 위헌법률심판 제청, 선거소송을 관할한다. 그리고 대법원은 규칙제정권이 있다(헌법 제108조).

대법원규칙은 대법원이 법률에 저촉되지 아니하는 범위 안에서 소송에 관한 절차나 법원의 내부규율이나 사무처리에 관해서 제정하는 법규범이다. 헌법은 ① 법원의 자주성과 독립성을 확보할 수 있고, ② 소송에 관한 절차와 법원의 내부규율 그리고 사무처리에 관한 사항은 전문적 · 기술적 사항이므로, 재판 실정에 정통한 최고법원인 대법원이 실정에 적합한 규칙을 제정할 수 있으며, ③ 사법부 안에서 대법원의 통제권과 감독권을 강화하고 그 실효성을 확보할 수 있다는 점 때문에 대법원에 규칙제정권을 부여하였다. 대법원이 대통령과 대등한 헌법적 지위가 있다는 점에 비추어 대법원규칙은 대통령령과 같은 법적 지위가 있다고 보아야 한다. 따라서 대법원규칙은 '규칙'이라는 용어에도 법규명령에 해당한다.

대법원이 제정하는 규칙은 소송에 관한 절차, 법원의 내부규율과 사무처리에 관한 사항을 그 대상으로 한다(헌법 제108조). 소송에 관한 절차에 관한 사항은 단순히 사법부 내부 사항에 그치는 것이 아니라 법원 소속 공무원과 소송관계인까지도 구속하므로 이에 관한 사항은 기술적 · 세부적 사항에 한정되어야 한다. 법원의 내부규율에 관한 사항은 사법행정적 감독을 내용으로 하는 사항을 말하고, 사무처리에 관한 사항은 재판사무 자체가 아니라 그 처리방법에 관한 사항을 뜻한다. 대법원에 규칙제정권을 부여하는 헌법 취지에 비추어 대법원은 자신의 권한 범위 안에 속하는 그 밖의 사항도 헌법과 법률에 위반되지 않는 범위 안에서 규율할 수 있다. 대법원규칙에 위임할 때도 수권법률은 포괄위임금지원칙을 준수하여야 한다. 다만, 대법원규칙으로 규율될 내용은 소송에 관한 절차와 같이 법원의 전문적이고 기술적인 사무에 관한 것이 대부분이므로, 법원의 축적된 지식과 실제적 경험 활용, 규칙의 현실적 적응성과 적시성 확보라는 측면에서 수권법률에서 위임의 구체성 · 명확성 정도는 다른 규율 영역과 비교하여 완화할 수 있다(헌재 2016. 6. 30. 2014헌바456등).

대법원규칙의 제정과 개정은 대법관회의의 의결사항이다(법원조직법 제17조 제2호). 대법관회의에서 의결된 규칙은 의결 후 15일 이내에 법원행정처장이 공포절차를 밟는다(대법원규칙의공포에관한규칙 제4조 제1항). 대법원규칙 공포는 관보에 게재함으로써 한다(대법원규칙의공포에관한규칙 제4조 제2항). 대법원규칙 공포일은 그 규칙을 게재한 관보가 발행된 날로 한다(대법원규칙의공포에관한규칙 제5조). 대법원규칙은 특별한 규정이 없는 한 공포한 날부터 20일이 지나면 효력이 발생한다(대법원규칙의공포에관한규칙 제6조).

대법원규칙에 대한 위헌 · 위법심사권은 법원에 있다. 이에 대한 최종심사권은 대법원에 있다(헌법 제107조 제2항). 그러나 헌법소원심판의 청구요건이 갖추어지면 헌법재판소도 대법원규칙에 대한 위헌심사를 할 수 있다(헌재 1990. 10. 15. 89헌마178).

(3) 특별법원

특별법원이 무엇인지에 관해서는 법관 자격이 있는 사람이 재판을 담당하고 대법원에 상고가 인정되더라도 그 관할이나 대상이 한정된 사건만을 담당하는 법원을 특별법원으로 이해하는 특수법원설과 법관이 아닌 사람이 재판을 담당하거나 대법원을 최종심으로 하지 아니하거나 일반 법원의 독립성에 관계되는 규정들이 적용되지 아니하는 법원을 말한다는 예외법원설이 대립한다. 헌법재판소는 예외법원설을 취한다(헌재 1996. 10. 31. 93헌바25). 관할이나 존속기간이 특수한 범위에 한정되는 것은 일반 법원의 한 형태로서 관할 배분 문제일 뿐이고, 특별법원 개념은 예외법원으로 보는 것이 타당하다.

헌법 제110조는 예외법원으로서 군사법원에 관해서 규정한다. 이를 군사법원법이 구체화한다. 1954년 헌법(제2차 헌법 개정)에서 군사재판제도를 신설하여 군법회의를 설치하고, 현행 헌법에서 군사법원으로 이름을 바꾸었다. 군사법원은 헌법상 유일한 특별법원이지만, 임의적 헌법기관이다(헌법 제110조 제1항 참조).

3. 권한

(1) 쟁송재판권

① 민사재판권

민사재판권은 법원이 민사소송을 처리할 때 필요한 권한을 말한다. 민사소송이란 사인 사이의 생활관계에 관한 분쟁이나 이해 충돌을 국가가 재판권을 행사하여 법률로써 강제적으로 해결 · 조정하기 위한 절차를 말한다.

② 형사재판권

형사재판권은 법원이 형사소송을 처리할 때 필요한 권한을 말한다. 형사소송이란 범죄를 인정하고 형벌을 과하는 절차를 말한다.

③ 행정재판권

행정재판권은 법원이 행정법규 적용에 관련된 분쟁이나 공법적 법률관계에 관한 분쟁을 해결하기 위한 권한을 말한다. 행정소송제도는 행정법규의 적정한 적용과 국민의 권리구제라는 2중적 기능을 수행한다.

④ 선거쟁송재판권

선거쟁송재판권은 법원이 선거쟁송을 처리할 때 필요한 권한을 말한다. 선거쟁송이란 선거의 효력에 관한 소송을 총칭하는 것으로 선거소송과 당선소송을 포함한다.

(2) 명령 · 규칙심사권

명령 · 규칙이 헌법이나 법률에 위반되는지가 재판의 전제가 되면 대법원은 이를 최종적으로 심사할 권한이 있다(헌법 제107조 제2항). 법원의 명령 · 규칙심사권이란 법원이 재판 대상이 되는 구체적 사건에 적용할 명령 · 규칙의 효력을 심사하여 효력이 없다고 판단하는 명령 · 규칙의 그 사안에 대한 적용을 거부하는 권한을 말한다. 이는 명령 · 규칙의 합헌성과 합법성을 보장함으로써 위헌이거나 위법한 명령 · 규칙이 국민의 기본권을 침해하는 것을 막으려는 것이다.

심사 주체는 각급 법원으로 이에는 군사법원도 포함된다. 대법원이 최고법원이므로(헌법 제101조 제2항) 최종적인 심사권이 있다(헌법 제107조 제2항). 대법원이 최종적인 심사권을 갖는 것은 법령해석의 통일성을 확보하려는 것이다. 하지만 각급 법원도 심사권이 있으므로 종래 대법원 판단에 어긋나는 하급심 심사내용이 당사자가 상소하지 않아서 확정되면 법령해석 통일성이 깨질 수 있다.

① 법원이 명령과 규칙을 심사하려면 명령과 규칙이 헌법이나 법률에 위반되는지가 재판의 전제가 되어야 한다(헌법 제107조 제2항). 따라서 추상적 규범통제는 인정되지 않고 구체적 규범통제만 인정된다. ② 명령과 규칙을 심사할 때 기준은 헌법과 법률이다. ③ 심사대상은 명령과 규칙이다. 명령에는 위임명령인지 집행명령인지 가리지 않고 모든 법규명령이 포함된다. 규칙에는 국회규칙, 대법원규칙, 헌법재판소규칙, 중앙선거관리위원회규칙 등이 모두 포함된다. 조약도 법률의 효력이 있는 것이 아닌 한 모두 심사대상이 된다. 행정규칙도 대외적 구속력이 있는 한 규칙에 포함된다. ④ 심사는 명령과 규칙의 내용이나 형식이 헌법과 법률에 합치하는지를 법원이 해석하고 결정하는 것이다. 따라서 법원의 심사권에는 명령과 규칙이 적법한 절차로 성립한 것인지에 관한 형식적 심사는 물론 해당 명령과 규칙이 상위법규범에 내용상 위반되는지에 대한 실질적 심사도 포함된다. 다만, 명령과 규칙의 합목적성에 관해서는 법원이 심사할 수 없다. ⑤ 대법원은 대법관 전원의 3분의 2 이상이 출석하고 대법원장이 재판장이 되는 전원합의체에서 과반수 찬성으로 명령이나 규칙의 위헌이나 위법임을 결정하고 명령이나 규칙이 합헌이나 합법이면 대법관 3명 이상으로 구성되는 부에서 심판한다(법원조직법 제7조 제1항). ⑥ 명령과 규칙이 위헌 · 위법하면 법원은 해당 사건에서 그 적용을 거부할 수 있을 뿐이고 그 명령과 규칙 자체의 무효를 선언할 수 없다. ⑦ 행정소송에 대한 대법원 판결을 통해서 명령 · 규칙이 헌법이나 법률에 위반된다는 것이 확정되면 대법원은 즉시 그 사유를 행정안전부 장관에게 통보하여야 한다(행정소송법 제6조 제1항). 이러한 통보를 받

은 행정자치부 장관은 즉시 이를 관보에 게재하여야 한다(행정소송법 제6조 제2항).

(3) 위헌법률심판제청권

법률이 헌법에 위반되는지가 재판의 전제가 되면 법원은 헌법재판소에 제청하여 그 심판에 따라서 심판한다(헌법 제107조 제1항).

(4) 법정질서유지권(법정경찰권)

법정질서 유지는 법원의 심리와 판결이 공개되어야 할 때 특히 중요한 의미가 있다. 법정질서가 유지되지 않으면 실체적 진실발견 과정인 법원 심리가 제대로 이루어질 수 없고, 실체적 진실발견 과정에 흠이 있으면 그 결과인 판결도 실체적 진실발견 결과 그 자체를 뜻한다고 볼 수 없다. 재판공개원칙이 공정한 재판의 전제로서 작용한다면, 법정질서 유지는 재판공개원칙이 본래 목적대로 기능하기 위한 전제가 된다. 따라서 재판공개원칙을 채택하는 나라에서는 예외 없이 법정질서를 유지하기 위한 장치를 마련한다.

법정질서유지권의 주체는 원래 법원이다. 그러나 그것이 신속 · 적정하고 수시로 행사되어야 하는 특수성 때문에 법정을 대표하는 재판장이 행사하도록 한다(법원조직법 제58조 제1항). 법원조직법상 재판장은 법정의 존엄과 질서를 해할 우려가 있는 사람의 입정 금지나 퇴정을 명령할 수 있고, 그 밖의 법정질서 유지에 필요한 명령을 할 수 있다(법원조직법 제58조 제2항). 누구든지 법정 안에서는 재판장 허가 없이 녹화 · 촬영 · 중계방송 등의 행위를 하지 못한다(법원조직법 제59조). 그리고 재판장은 법정질서를 유지하는 데 필요하다고 판단하면 개정 전후를 불문하고 언제든지 관할 경찰서장에게 경찰관 파견을 요구할 수 있고 파견된 경찰관을 지휘하여 법정 안팎의 질서를 유지한다(법원조직법 제60조). 더 나아가 재판장은 법정질서를 유지하기 위한 재판장 명령을 어기거나 녹화 등의 금지에 위배하거나 폭언 · 소란 등의 행위로 법원 심리를 방해하거나 재판의 위신을 현저히 훼손한 사람에게 감치처분, 곧 20일 이내의 기간 그 신체의 자유를 구속하거나 100만원 이하의 과태료에 처하거나 이를 병과할 수 있다(법원조직법 제61조).

법정질서유지권은 시간적 · 장소적 · 대인적 한계가 있다. 곧 법정질서유지권은 ① 시간적으로는 개정 중이거나 이에 근접한 전 · 후시간이 아니면 행사할 수 없다. ② 장소적으로는 법정과 법관이 직무를 수행하는 장소에서만 할 수 있다. ③ 대인적으로는 소송관계인과 법정에 있는 사람(검사, 법원 직원, 피고인, 증인, 방청인 등)에게만 행사할 수 있다. 재판장은 이러한 한계 안에서 법정질서유지권을 행사할 때 질서유지명령 · 처분이 재판공개원칙을 지키려는 수단에 지나지 않음을 주의하여야 한다. 따라서 재판공개원칙을 채택한 결과 있을 수 있는 다소의 법정소란행위라든지 보도기관 보도활동에 대해서까지 질서유지명령이나 처분을 발한다면, 그것은 오히려 비례성원칙을 어기는 것이 된다.

4. 사법절차

사법절차를 특징짓는 요소로는 판단기관의 독립성 · 공정성, 대심적 심리구조, 당사자의 절차적 권리 보장 등을 들 수 있다(헌재 2000. 6. 1. 98헌바8).

(1) 심급제

① 심급제의 의의

법률적 분쟁이 생기면 그에 관한 판단은 1회에 그치지 않고 여러 종류의 법원이 반복 심판할 때 그 종류가 다른 법원 사이의 심판 순서를 심급이라고 한다. 헌법은 여러 규정에서 간접적으로 심급제를 규정한다. 법원조직법은 법원의 심판권과 관련하여 3심제를 규정한다. 이렇게 헌법과 법원조직법이 심급제를 채택하는 것은 법관의 사실 판단과 법률 적용에서 있을 수 있는 잘못을 사법절차를 통해서 시정함으로써 재판의 공정성을 기하고 그럼으로써 국민의 자유와 권리 보호에 만전을 기하려는 것이다.

② 3심제 원칙

헌법은 심급제를 규정할 뿐이지 반드시 3심제를 요구하지는 않는다. 3심제 원칙은 법원조직법에서 항소, 상고제도와 항고, 재항고제도를 규정함으로써(제14조, 제28조, 제28조의4, 제32조, 제40조, 제40조의4) 법률 차원에서 인정한다. 따라서 심급제도 자체는 헌법상 필수적이지만, 반드시 모든 재판이 3심제이어야만 하는 것은 아니다.

3심제 원칙은 민사재판과 형사재판 그리고 행정재판에 적용된다. 따라서 민사사건과 형사사건에 관한 소송 중 합의부 관할사건은 지방(가정)법원(지원)합의부 → 고등법원 → 대법원 순으로 진행되고, 지방(가정)법원단독판사 관할사건은 지방(가정)법원(지원)단독부

→ 지방(가정)법원본원합의부(항소부) → 대법원의 순으로 진행된다. 행정사건도 행정(지방)법원(지원)합의부 → 고등법원 → 대법원의 순으로 진행된다. 군사재판도 헌법 제110조 제4항의 예외를 제외하고는 군사법원 → 서울고등법원 → 대법원 순으로 진행된다.

그러나 3심제 원칙은 '상고심절차에 관한 특례법'이 민사소송 · 가사소송 · 행정소송 · 특허소송의 상고사건에서 (i) 원심판결이 헌법에 위반되거나 헌법을 부당하게 해석한 때, (ii) 원심판결이 명령 · 규칙이나 처분의 법률 위반 여부에 대하여 부당하게 판단한 때, (iii) 원심판결이 법률 · 명령 · 규칙이나 처분에 대하여 대법원 판례와 상반되게 해석한 때, (iv) 법률 · 명령 · 규칙이나 처분에 대한 해석에 관하여 대법원 판례가 없거나 대법원 판례를 변경할 필요가 있는 때, (v) 그 밖에 중대한 법령 위반에 관한 사항이 있는 때, (vi) 민사소송법 제424조 제1항 제1호부터 제5호까지에 규정된 사유(절대적 상고이유)가 있는 때를 제외하고는 더는 심리를 속행하지 아니하고 판결로 상고를 기각할 수 있도록 하는 심리불속행제도(제4조 제1항)를 채택함으로써 부분적으로 제한된다.

③ 3심제의 예외

(i) 대통령과 국회의원의 선거에 관한 소송(공직선거법 제222조 제1항, 제223조 제1항), (ii) 시 · 도지사와 비례대표시 · 도의회의 선거에 관한 소송(공직선거법 제222조 제2항, 제223조 제2항), (iii) 지방자치법상 기관소송(지방자치법 제5조 제9항, 제120조 제3항, 제188조 제6항, 제189조 제6항, 제192조 제4항과 제8항), (iv) 교육감선거에 관한 소송(지방교육자치에 관한 법률 제49조 제1항), (v) 군사법원의 비상계엄 아래 일정한 재판(헌법 제110조 제4항: 군인 · 군무원의 범죄나 군사에 관한 간첩죄와 초병 · 초소 · 유독음식물공급 · 포로에 관한 죄 중 법률이 정한 때. 그러나 사형이 선고되면 대법원의 최종심이 보장된다)은 단심으로 진행된다. 그리고 (i) 시 · 도의회지역구의 선거에 관한 소송(공직선거법 제222조 제2항, 제223조 제2항), (ii) 시 · 군 · 자치구의 단체장과 의회의원의 선거에 관한 소송(공직선거법 제222조 제2항, 제223조 제2항), (iii) 특허소송(법원조직법 제14조 제1호, 제28조의4 제1호)은 2심으로 진행된다.

(2) 재판공개제

① 의의

재판공개제는 재판의 심리와 판결이 일반인 방청이 허용된 공개법정에서 하여야 한다는 것, 즉 재판비밀주의를 배척함을 뜻한다. 재판공개제는 재판의 심리와 판결을 공개함으로써 여론 감시 아래 재판의 공정성을 확보하고 소송당사자의 인권을 보장하며, 나아가 재판에 대한 국민의 신뢰를 확보하는 것에 그 의의가 있다. 헌법 제109조는 재판의 공개제를 규정한다.

② 재판공개제의 내용

재판공개제는 재판공개원칙, 즉 재판의 심리와 판결을 공개하여야 한다는 것(헌법 제109조 본문)을 내용으로 한다. 여기서 심리는 법관 앞에서 원고와 피고가 심문을 받고 변론을 한다는 것을 말하고, 판결은 그 사건 실체에 관한 법원 판단을 말한다. 따라서 공개가 필요한 것은 민사소송에서 구술변론절차와 형사소송에서 공판절차, 민사소송에 준하는 행정소송과 특허소송에서 구술변론절차 및 사건 실체에 관한 법원의 판단고지이다. 판결만 공개대상이므로 결정과 명령은 공개대상이 아니다. 재판 공개는 심급에 상관없이 이루어져야 한다. 그러나 심리에 해당하지 않는 공판준비절차나 심판의 합의과정, 판결이 아닌 비송사건절차나 소송법상 결정, 명령은 공개할 필요가 없다. 비송사건 절차 등의 공개 여부에 관해서는 심리와 판결을 민사와 형사의 소송절차에 한정하는 비포함설, 심리와 판결을 법원의 재판사건 전반에 관한 심리와 판결을 뜻한다는 포함설, 소송사건과 비송사건의 엄격한 구별이 불가능하다는 전제 아래 옹근(완벽한) 재판형식성을 갖춘 소송절차에서는 합리적인 예외가 인정된다는 절충설로 견해가 나뉜다. 헌법 제109조의 심리와 판결은 민사 · 형사 및 행정사건과 특허사건의 소송절차를 말하므로, 그 밖의 절차, 예를 들어 비송사건절차나 가사비송절차는 헌법 제109조에서 말하는 재판에 포함되지 않는다.

공개는 소송당사자와 이해관계인은 물론 일반인에게도 방청을 허용함을 뜻하고, 보도의 자유도 여기에 속한다. 그러나 재판공개원칙이 원하는 모든 사람에게 방청을 허용한다는 뜻은 아니므로, 법정의 수용능력을 이유로 한 방청인수 제한은 허용된다(대법원 1990. 6. 8. 선고 90도646 판결). 즉 모든 사람에게 방청 가능성이 인정되면 재판공개원칙은 준수된다.

헌법은 "심리는 국가의 안전보장 또는 안녕질서를 방해하거나 선량한 풍속을 해할 염려가 있을 때에는 법원의 결정으로 이를 공개하지 아니할 수 있다."(제109조 단서)라고 하여 공익목적을 위한 심리 비공개만을 규정한다. 그러나 재판은 소송당사자 이익을 위해서 심리를 비공개할 수도 있다. 그에 따라 소년보호사건절차는 공개하지 않고, 소년사건과 가사사건은 그 보도가 제한된다(소년법 제68조, 가사소송법 제10조). 그러나 재판 공개 정지를 결정하면 법원은 그 이유를 제시하여 선언하여야 한다(법원조직법 제57조 제2항). 공개 정지는 절대적인 비공개와 상대적인 비공개로 나눌 수 있고, 후자는 재판장이 적당하다고 인정하는 사람만 법정에 남을 수 있도록 허가하는 때이다(법원조직법 제57조 제3항). 심리를 비공개로 할 때도 판결은 반드시 공개하여야 한다.

③ 법적 효과

공개 규정을 위반하면 그 재판은 헌법 위반으로 상고이유가 된다. 형사소송법은 항소사유로 규정하고(제361조의5 제9호), 민사소송법은 절대적 상고이유로 명시한다(제424조 제5호). 그리고 공개 규정에 위반하여 한 재판에 대해서는 재판에 대한 헌법소원을 인정하지 않는 헌법재판소법 제68조 제1항이 있어도 헌법소원을 허용하여야 한다는 견해가 있다. 그러나 비공개 결정 자체도 법원의 재판임을 부정할 수 없으므로 헌법재판소법 제68조 제1항에 따라 이에 대한 헌법소원은 허용되지 않는다.

(3) 국민의 재판참여제 - 배심제와 참심제

① 배심제

배심제란 법률전문가가 아닌 국민 중에서 선출된 일정수의 배심원으로 구성되는 배심이 심판을 하거나 기소하는 제도를 말한다. 배심은 그 임무에 따라 심리배심과 기소배심, 의무적인 것인지에 따라 법정배심과 청구배심으로 나눈다. 심리배심은 공판배심, 심판배심, '소배심'이라고도 하고, 심판이나 심리를 한다. 그에 반해서 기소배심은 '대배심'이라고도 하고, 기소 여부를 결정한다. 법정배심은 배심이 의무적으로 결정된 때의 배심을 말하고, 청구배심은 일정한 자의 청구에 따라 하는 배심을 말한다.

배심제는 (i) 국민 참여를 통해서 관료적 사법에 대한 국민 불신을 막을 수 있고, (ii) 일반적인 법규를 구체적 사건에 적용할 때 일정한 조정을 통해서 융통성을 불어넣어 주며, (iii) 일반 국민을 교육하는 효과가 있어 법과 질서를 존중하는 사회적 분위기를 진작시킬 뿐 아니라 (iv) 배심 평결은 여러 계층의 정서와 관점에 기초하므로 더 나은 판단방법이 될 수 있는 것 등 긍정적으로 기능하기도 한다. 반면에 (i) 배심원에게 사실 인정의 판단능력이 결여되어서 그 평결이 흔히 타협에 의하는 때가 많고, (ii) 배심원 선정에 공정성을 기하기가 어려운 점 등은 배심제에 대한 부정적 평가를 내리는 원인이 된다. 헌법은 배심제를 채택하지 않는다.

② 참심제

참심제란 선거나 추첨을 통해서 국민 중에서 선출된 사람, 곧 참심원이 직업적인 법관과 함께 합의체를 구성하고, 이 합의체가 사실문제와 법률문제를 판단하고 유죄 여부와 형량을 결정하는 제도를 말한다. 배심제는 배심원이 법관에게서 독립하여 사실문제에 관해서 판정을 내리지만, 참심제는 참심원이 법관과 더불어 합의체를 구성하여 재판한다는 점에서 양자는 구별된다. 한국에서는 해양안전심판원에서 참심제를 규정한다('해양사고의 조사 및 심판에 관한 법률' 제14조).

③ 국민사법참여제

한국에서는 일반 국민이 형사재판과정에 참여하는 국민사법참여제가 2008년부터 시행되고 있다. 이는 '국민의 형사재판 참여에 관한 법률'에 따라서 일반 국민이 배심원으로서 형사재판에 참여하는 것이다. 국민은 국민참여재판을 받을 권리가 있고, 국민참여재판에 참여할 권리와 의무가 있다('국민의 형사재판 참여에 관한 법률' 제3조). 국민참여재판 대상사건은 (i) 법원조직법 제32조 제1항(제2호와 제5호는 제외)에 따른 합의부 관할 사건, (ii) (i)에 해당하는 사건의 미수죄 · 교사죄 · 방조죄 · 예비죄 · 음모죄에 해당하는 사건, (iii) (i)이나 (ii)에 해당하는 사건과 형사소송법 제11조에 따른 관련 사건으로서 병합하여 심리하는 사건이다. 그러나 피고인이 국민참여재판을 원하지 아니하거나 배제결정이 있으면 국민참여재판을 하지 아니한다('국민의 형사재판 참여에 관한 법률' 제5조). 배심원은 사실 인정, 법령 적용과 형 양정에 관한 의견을 법관에게 제시한다('국민의 형사재판 참여에 관한 법률' 제12조). 법정형이 사형 · 무기징역 또는 무기금고에 해당하는 대상사건에 대한 국민참여재판에는 9명의 배심원이 참여하고, 그 외의 대상사건에 대한 국민참여재판에는 7명의 배심원이 참여한다. 다만, 법원은 피고인이나 변호인이 공판준비절차에서 공소사실의 주요 내용을 인정하면 5명의 배심원이 참여하게 할 수 있다('국민의 형사재판 참여에 관한 법률' 제13조 제1항). 그러나 법원은 사건 내용에 비추어 특별한 사정이 있다고 인정되고 검사 · 피고인 또는 변호인의 동의가 있을 때만 결정으로 배심원의 수를 7명과 9명 중에서 달리 정할 수 있다('국민의 형사재판 참여에 관한 법률' 제13조 제2항). 배심원은 전원일치 또는 법관 의견을 듣고 나서 다수결로 유 · 무죄를 평결하고, 유죄이면 양형 의견을 개진하나, 법관은 배심원의 평결과 의견에 기속되지 않는다('국민의 형사재판 참여에 관한 법률' 제46조). 배심원의 평결과 의견에 기속력을 부여하면 법관이 아닌 사람에 의한 사법권 행사로서 헌법 제101조 제1항에 어긋날 수 있고, 법관에 의한 재판을 받을 것을 내용으로 하는 재판청구권(헌법 제27조 제1항)을 침해할 수 있기 때문이다.

2편
기본권론

1장 기본권 일반이론

1절 기본권의 개념
2절 기본권의 역사
3절 기본권의 기능
4절 기본권 주체
5절 기본권의 효력(기본권의무자)
6절 기본권의 보호영역과 제약
7절 기본권 제한
8절 기본권 제한의 한계

1절

기본권의 개념

Ⅰ. 기본권과 기본권관계

인간은 다양한 관계를 맺으면서 살아간다. 인간이 우주라는 시공간 속에서 어떤 방식으로든 서로 영향을 주고받는다면 모두 관계라고 부를 수 있다. 인간이 맺는 다양한 관계 중에서 법을 매개로 형성되는 관계가 법관계이다. 법관계 중에서 가장 중요한 것은 법단계의 최상위에 있는 헌법을 중심으로 형성되는 헌법관계이고, 그중에서도 헌법의 존립목적인 기본권과 관련하여 나타나는 기본권관계이다. 기본권은 개인이 국가 안에서 가지는 지위를 규율하는 모든 헌법규범을 말한다. 지위는 관계 속에서만 발생하고 기본권은 국가를 전제로 하는 실정법적 개념이다. 그러므로 기본권은 개인과 국가의 관계를 전제한다. 헌법 제10조 제2문은 "국가는 개인이 가지는 불가침의 기본적 인권을 확인하고 이를 보장할 의무를 진다."라고 하여 기본권과 관련된 권리의무관계를 규정한다. 즉 개인은 기본(적 인)권이라는 권리가 있고, 국가는 이러한 권리를 확인하고 보장할 의무를 진다.

Ⅱ. 인권과 기본권의 개념적 구분

인권과 기본권은 일반적으로 그 존재의 인정근거와 그 효력근거가 실정법인지 아닌지(혹은 자연법인지)에 따라 구분된다. 인권은 말 그대로 인간의 권리, 곧 모든 인간이 그가 인간이기만 하면 단지 인간이라는 이유만으로 당연히 누리는 권리이다. 인권은 국가 이전에 천부적으로 이미 있는, 전국가적인 권리이고, 국가입법을 통해서 규정될 필요도 국가권력이 그 효력을 담보할 필요도 없는 초실정적으로 효력이 있는 권리이다. 즉 인권은 자연권이다. 이에 반해서 기본권은 국가의 기본법인 헌법이 실정법적으로 보장하는 실정적 효력이 있는 권리를 말한다. 다시 말해서 기본권은 국가라는 공동체를 전제로 하여 국내적으로 작용하는, 즉 헌법에 규정되어 국가공권력이 효력을 보장하는 국민의 기본적 권리를 가리킨다. 기본권은 그 존재와 효력 모두 실정법질서가 보장한다는 점에 특색이 있다.

Ⅲ. 인간의 권리와 국민의 권리의 구별

헌법이 규정하여 보장하는 권리를 인간의 권리와 국민의 권리로 분류하는 것은 주로 그 주체 범위와 관련된다. 즉 헌법적 권리가 자기 국민에게만 부여되는 것인지 아니면 외국인에게도 부여되는지에 따라 주체 범위를 표시하려고 헌법적 권리를 인간의 권리와 국민의 권리로 나눈다. 인간의 권리는 모든 인간에게 귀속되는 권리(모든 사람의 권리)를 말하고, 국민의 권리는 해당 국가 국적이 있는 사람만 누리는 권리(한국인의 권리)를 가리킨다.

Ⅳ. 국가의 의무를 통해서 변형된 인권인 기본권

관철 가능성을 전제하지 않는 인권을 보장하려고 국가를 창설하면, 인권은 국가와 관련하여 보장을 문제 삼게 된다. 이러한 보장에서 국가의 의무가 나타난다. 따라서 인권은 국가에 보장의무를 부여한다. 이러한 보장의무는 헌법에 규정되어 확정된다. 이러한 점에서 국가의 인권보장의무는 헌법을 통해서 부여된다. 이러한 국가의 인권보장의무 중 구체적 의무에서 개인이 행사할 수 있는 주관적 권리가 발생한다. 이 권리가 곧 주관적 권리로서 기본권이다. 이러한 과정을 거쳐 인권이 헌법을 매개로 국가법질서 안에서 기본권이라는 이름으로 정착하여 보장된다. 그러므로 국가에 의무를 부과하는 인권과 국가의 의무에서 도출되는 기본권은 국가의 의무를 매개로 연결된다.

V. 자유와 권리 그리고 기본적 인권의 의미

1. 헌법전에서 사용하는 용어

1948년 헌법을 제정할 때 '기본권'이라는 용어를 헌법전에 수용하지 않고, '국민의 권리와 의무'라는 표제 아래 '자유'나 '권리'라는 용어를 사용하였다. 이러한 전통은 현행 헌법에도 이어져 '국민의 권리(와 의무)'(제2장 표제), '국민의 자유와 권리'(제37조)라는 용어가 사용된다. 한국 헌법은 '기본권'에 가까운 용어로서 1962년 이래로 (1962년 헌법 제8조, 1980년 헌법 제9조, 1987년 헌법 제10조 제2문) 제2장 국민의 권리와 의무 첫머리에 단 한 차례 '(불가침의) 기본적 인권'을 쓴다. 법률 차원에서는 1988년 8월 5일 제정된 헌법재판소법에서 '기본권'이라는 용어를 직접 사용한다[제68조 제1항 제1문에서 '헌법상 보장된 기본권', 제75조 제2항에서 '(침해된) 기본권', 같은 조 제3항에서 '기본권(침해)의']. 국가인권위원회법 제2조 제1호에서는 '인권'을 "헌법 및 법률에서 보장하거나 대한민국이 가입 · 비준한 국제인권조약 및 국제관습법에서 인정하는 인간으로서의 존엄과 가치 및 자유와 권리"로 정의한다. 헌법에 의하여 체결 · 공포된 조약과 일반적으로 승인된 국제법규가 국내법과 같은 효력이 있다는 점(헌법 제6조 제1항)에서 (비록 국제관습법이 포함되기는 하지만, 이는 일반적으로 승인된 국제법규에 포함될 수 있으므로) 이러한 인권 개념은 실정성을 강조한다. 따라서 이러한 인권 개념은 일반적으로 논의되는 초실정적 인권 개념과는 다르다. 인권을 제도적으로 보장하려는 목적을 고려한 타협으로 볼 수 있다. 그리고 이러한 인권 개념은 헌법을 통한 보장에만 국한하지 않고 법률을 통한 보장도 포함한다는 점에서 '기본권'보다도 더 넓은 개념이다.

2. 자유와 권리의 의미

헌법전에서는 헌법이 보장하는 모든 헌법적 권리를 총칭하는 용어로 '(넓은 뜻의) 권리'를 사용한다. 이 '(넓은 뜻의) 권리'는 '자유'와 '(좁은 뜻의) 권리'로 구성된다. '자유'는 '인권에서 직접 유래하는 헌법적 권리'를 총칭한다. 따라서 자유는 국가에 선재하는 개인의 헌법적 권리로 파악된다. 여기에는 자유권과 평등권이 포함된다. '(좁은 뜻의) 권리'는 '인권에서 직접 유래하지 않는 헌법적 권리'를 총칭한다. 따라서 '(좁은 뜻의) 권리'는 국가를 전제로 인정되는, 즉 국가가 있어야 비로소 보장되는 헌법적 권리들을 포괄한다. 그래서 이러한 권리들은 원칙적으로 국가의 구성원인 개인에게 귀속되고 국가에 선재하지 않는다. 여기에는 참정권, 청구권적 기본권, 사회권이 포함된다.

3. 기본적 인권의 의미

기본적 인권은 헌법이 보장하는 모든 권리, 즉 헌법이 열거한 권리들(제10조~제36조)은 물론 헌법이 열거하지 않은 권리들(제37조 제1항)을 포함한다. 헌법이 열거하지 않은 권리도 헌법이 열거한 헌법적 권리에 버금가는 헌법적 중요성을 인정받고 보장 필요성이 인정되면 헌법 제37조 제1항을 통해서 보장받을 수 있다. 헌법재판소는 "헌법에 열거되지 아니한 기본권을 새롭게 인정하려면, 그 필요성이 특별히 인정되고, 그 권리내용(보호영역)이 비교적 명확하여 구체적 기본권으로서의 실체 즉, 권리내용을 규범 상대방에게 요구할 힘이 있고 그 실현이 방해되는 경우 재판에 의하여 그 실현을 보장받을 수 있는 구체적 권리로서의 실질에 부합하여야 할 것이다."이라고 한다(헌재 2009. 5. 28. 2007헌마369).

4. 기본적 인권의 준말인 기본권

헌법전에서 사용하는 자유와 권리 그리고 기본적 인권의 관계를 정리해 보면, 기본적 인권=(넓은 뜻의) 권리=자유(자유권+평등권)+(좁은 뜻의) 권리(자유권과 평등권 이외의 모든 헌법적 권리: 참정권+청구권적 기본권+사회권)라는 등식이 성립한다. 따라서 기본권은 기본적 인권의 준말이다.

2절
기본권의 역사

I. 헌법전사

1. 구한말 미국의 천부인권론 소개

1884년 3월 8일 한성순보 제14호의 미국지략속고(美國誌略續稿)에서 미국 독립선언문을 소개한 논고부터 서양의 인권론이 도입되었다. 박영효는 1888년 무자상소에서 인민의 평등을 주장하면서 사람은 변할 수 없는 권리[통의(通義)]가 있다고 하였다. 이때 권리는 자기 생명을 보존하고 자유를 구하며 행복을 추구하는 것이라고 하였다. 그리고 정부는 백성이 인권을 보전하려고 만들었으므로 정부가 이러한 뜻에 어긋나면 이를 변혁하고 새 정부를 세울 수 있다고 하여 저항권사상을 표현하였다. 유길준은 서유견문 제4편 인민의 권리에서 인간의 권리를 설명하였다. 그는 천부인권론을 주장하면서도 인민주권과 저항권에 관한 부분만은 언급을 회피하고 구체적인 인권도 법률 범위 안에서만 보장된다고 하여 법률에 따른 제한을 인정하였다. 미국에서 정상적인 대학공부를 마친 서재필은 미국의 인권론을 직수입하여 소개하였다. 그는 1896년 4월부터 1898년 5월까지 2년여 동안 독립신문 논설을 집필하였다. 그는 국가는 국민을 위해서 존재한다는 것을 강조하고 인권론에서 추상적으로만 설명하지 아니하고 인권을 보장할 수 있는 재판기구 설립을 강조하고 사법부개혁을 주장하였다.

2. 대한국 국제

1899년 8월 17일에 나온 대한국 국제는 최초의 성문헌법이다. 그러나 근대적 의미의 헌법이라기보다는 고유한 의미의 헌법으로서 군주주의를 확립하여 황제권을 강화하는 것에 중점을 두었다. 따라서 여기에는 기본권조항 없이 신민의 도리만 강조하였다.

Ⅱ. 대한민국 임시정부 헌법

서구의 인권사상이 헌법적 형태로 등장한 것은 1919년 대한민국 임시정부 헌법을 통해서 시작되었다. 1919년 3 · 1 혁명 결과로 1919년 4월 11일 탄생한 대한민국 임시정부 임시의정원은 대한민국 임시정부 수립과 동시에 대한민국 임시헌장을 제정하였다. 대한민국 임시헌장은 대한민국의 인민은 남녀 · 귀천과 빈부의 계급이 없고 일체 평등하고(제3조), 신교 · 언론 · 저작 · 출판 · 결사 · 집회 · 신서 · 주소 · 이전 · 신체와 소유의 자유를 향유하며(제4조), 대한민국의 인민으로 공민 자격이 있는 자는 선거권과 피선거권이 있다고(제5조) 규정하고, 1919년 9월 11일 대한민국 임시헌법(제1차 개헌)은 제2장 인민의 권리와 의무에서 대한민국의 인민은 신교의 자유, 재산의 보유와 영농의 자유, 언론 · 저작 · 출판 · 집회 · 결사의 자유, 서신비밀의 자유, 거주이전의 자유라는 자유를 법률 범위 내에서 향유하고(제8조), 법률에 의(依)치 아니하면 체포 · 사찰 · 신문 · 처벌을 수(受)치 아니하는 권, 법률에 의치 아니하면 가택의 침입 또는 수색을 수치 아니하는 권, 선거권과 피선거권, 입법부에 청원하는 권, 법원에 소송하여 그 재판을 수하는 권, 행정관서에 소원하는 권, 문무관에 임명되는 권 또는 공무에 취(就)하는 권이라는 권리가 법률에 의하여 있다(제9조)고 규정하였다. 1925년 4월 7일 대한민국 임시헌법(제2차 개헌)에서는 기본권조항이 사라졌다가, 1927년 3월 5일 대한민국 임시약헌(제3차 개헌) 제3조에 "대한민국의 인민은 법률상 평등이며 일체의 자유와 권리를 가진다."라고 규정하고, 1940년 10월 9일 대한민국 임시약헌(제4차 개헌)도 제2조에 "대한민국의 인민은 일체 평등하며, 또한 법률의 범위 내에서 자유 및 권리를 가진다."라고 규정하여 기본권조항을 추상적으로 두었다. 그리고 1944년 4월 22일 대한민국 임시헌장(제5차 개헌)은 제2장 인민의 권리 의무에서 대한민국의 인민은 언론 · 출판 · 집회 · 결사 · 파업과 신앙의 자유, 거주 · 여행과 통신 · 비밀의 자유, 법률에 의하여 취학 · 취직과 부양을 요구하는 권리, 선거와 피선거의 권리, 공소 · 사소(私訴)와 청원을 제출하는 권리, 법률에 의(依)치 않으면 신체의 수색 · 체포 · 감금 · 심문 또는 처벌을 받지 않는 권리, 법률에 의치 않으면 가택의 침입 · 수색 · 출입제한 또는 봉폐를 받지 않는 권리, 법률에 의치 않으면 재산의 몰수 · 추세를 받지 않는 권리라는 자유와 권리를 향유한다고 하고, 제7조는 인민의 자유와 권리를 제한 또는 박탈하는 법률은 국가의 안전을 보위하거나 사회의 질서를 유지하거나 공공이익을 보장하는 데 필요한 것이 아니면 제정하지 못한다고 하였다.

Ⅲ. 정부수립준비기(이른바 미군정기)의 기본권

1945년 8월 15일 일본의 무조건 항복으로 한국은 해방되었다. 그리고 1945년 9월 8일 미군이 38도선 이남 지역에 진주하여 1945년 9월 12일에 미군정청을 조직하여 한국인의 기본권을 보장하기 시작하였다. 1945년 10월 9일 미군정법령 제11호는 대일항쟁기(이른바 일본강점기)의 각종 악법을 폐지하고 차별을 금지하고 죄형법정원칙(죄형법정주의)과 적법절차원칙을 도입하였다. 1946년 2월 16일에는 합법적 재판 없는 처벌을 금지하고, 1946년 11월 7일에는 주 48시간 근로를 규정하고 초과근로 시에는 초과수당을 주되 주 60시간을 넘지 못하게 하였다. 1948년 3월 20일에 제정된 법령 제176호는 형사소송법을 개정하여 불법구속에 대한 인민의 자유권을 보장하였다. 여기서는 구속영장제도와 구속이유 통지, 변호사선임권, 피의자와 변호인의 접견교통권 보장, 국선변호인제도, 구속 적부 심사제도, 보석에 관한 권리 보장 등을 규정하여 미국식 적법절차를 도입하였다. 나아가 1948년 4월 7일에는 하지 중장이 '조선인민의 권리에 관한 포고'를 발표하였다.

Ⅳ. 대한민국 헌법 시대의 기본권

1. 1948년 헌법

1948년 헌법은 기본권을 최초로 헌법에서 보장한 점에 의의가 있다. 그러나 이 기본권규정은 기본권을 천부인권으로 보지 아니하고 실정헌법의 권리로 보았고, 각 기본권에는 법률유보조항을 두어 법률에 따라서 기본권을 제한할 수 있는 체제를 갖추었으며, 사회권목록을 두었다. 자유권으로는 평등권, 신체의 자유, 거주 · 이전의 자유, 통신의 자유, 신앙과 양심의 자유, 언론출판집회결사의 자유, 학문과 예술의 자유, 재산권, 근로자의 단결권, 단체교섭과 단체행동의 자유를, 수익권으로는 교육을 받을 권리, 근로의 권리, 근로자의 이익분배균점권, 노령, 질병 기타 근로능력 상실로 인하여 생활유지 능력이 없는 자가 국가의 보호를 받을 권리, 혼인의 순결과 가족의 건강을 보호받을 권리, 청원권, 재판청구권, 무죄된 형사피고인의 보상청구권, 공무원파면청구권, 국가 또는 공공단체에 대한 손해배상청구권을, 참정권으로는 공무원선거권, 공무담임권을, 법률유보 없는 기본권으로는 신앙과 양심의 자유, 학문과 예술의 자유를 각각 규정하였다. 그리고 제28조에서 "국민의 모든 자유와 권리는 헌법에 열거되지 않은 이유로써 경시되지 아니한다. 국민의 자유와 권리를 제한하는 법률의 제정은 질서유지와 공공복리를 위하여 필요한 경우에 한한다."라고 규정하여 기본권제한입법의 한계를 명시하였다. 재산권을 제한할 때는 상당보상을 하도록 하였다.

2. 1960년 헌법

4 · 19 혁명 이후에 제정한 1960년 헌법은 개별적 법률유보조항을 삭제하고 기본권의 본질적 내용 훼손을 금지하였으며 자유권의 천부인권성을 강조하였다. 그리고 언론출판집회결사에 대한 허가와 검열을 금지하고 정당의 자유로운 활동과 보호를 규정하여 기본권을 더 강하게 보장하였다.

3. 1962년 헌법

5 · 16 군사쿠데타 이후에 제정한 1962년 헌법은 기본권규정을 정리하고 생존권 보장, 인간의 존엄과 가치 보장에 관한 원칙규정이 신설되었다. 옛 헌법에 규정되었던 근로자의 이익분배균점권과 불법행위를 한 공무원의 파면청구권은 삭제되었고, 신체의 자유와 관련하여 고문 금지와 자백의 증거능력제한규정이 추가되었고 직업 선택의 자유와 인간다운 생활을 할 권리가 새로 규정되었다. 재산권을 제한할 때 정당보상을 하도록 하였다.

4. 1972년 헌법

1972년 헌법은 일반적 법률유보조항 이외에 거의 모든 기본권에 별도의 개별적 기본권법률유보조항을 두고 기본권의 본질내용침해금지조항을 삭제하여 기본권을 실정권으로 전락시켰다. 그리고 신체의 자유에 관한 규정을 개정하여 강제노역과 보안처분은 법률에 의하지 아니하고는 할 수 없도록 하고 긴급구속 범위를 확대하였으며 구속 적부 심사청구권과 사인에 의한 구속에서 구제청구권을 삭제하고 자백의 증거능력제한규정을 삭제하여 신체의 자유를 약화하였다. 그리고 재산권의 공용수용 · 사용 · 제한에 따른 보상은 법률에 의한 보상으로 변경하였고, 국가배상 청구와 관련하여 군인 · 군속 · 경찰공무원 등에게는 이중배상을 금지하였으며, 근로3권 보장을 법률로써 제한할 수 있도록 하였다. 언론 · 출판의 자유의 검열제 · 허가제 금지조항을 삭제하고 국가안전보장을 위하여 필요한 때도 기본권을 제한할 수 있도록 하였다. 재산권을 제한할 때 보상을 법률에 유보하였다.

5. 1980년 헌법

1980년 헌법의 기본권규정은 1962년 헌법의 기본권규정 수준으로 복귀하는 바탕 위에 새로운 기본권을 추가하였다. 즉 개별적 기본권법률유보조항을 삭제하였고 기본권의 본질적 내용의 침해금지조항을 부활시켰다. 그리고 행복추구권, 사생활의 비밀과 자유, 평생교육에 관한 권리, 환경권 등을 신설하였고 연좌제 금지와 구속적부심을 부활시켰으며 무죄추정원칙 등을 규정하여 신체의 자유를 강화하였다. 재산권을 제한할 때 보상은 이익을 정당하게 형량하여 법률로 정하도록 하였다.

6. 현행 헌법

현행 헌법은 1980년 헌법의 기본권규정에 몇 개의 새로운 기본권을 추가하고 개별적 법률유보를 줄임으로써 기본권을 더 충실히 보장한다. 새로운 기본권으로는 형사피의자의 형사보상청구권, 형사피해자의 국가구조청구권, 노인 · 여자 · 청소년의 복지권, 쾌적한 주거생활권 등이 있고, 적법절차조항 채택, 체포 · 구속 시 이유 고지제와 변호인의 도움을 받을 권리 고지제, 구속 적부 심사 청구범위 확대 등으로 신체의 권리가 확대되었다. 그리고 근로자의 최저임금제, 사회보장 확충 등으로 사회권도 강화하였다. 재산권을 제한할 때 보상은 정당한 보상을 하도록 하였다.

3절

기본권의 기능

Ⅰ. 기본권의 양면성

기본권에 관한 헌법규정은 프로그램규정, 국가목표규정, 헌법위임규정이나 입법위임규정, 제도보장규정, 주관적 권리규정의 여러 가지 유형으로 나뉜다. 한국 헌법은 특히 그 기본권목록 가운데 주관적 권리 성격이 부여되기 어려운 (기본권적) 규정을 포함한다. 따라서 어떠한 기본권규정이 어떠한 성격, 특히 주관적 권리성을 포함하는지는 일반적으로 대답할 문제가 아니고 개별 기본권규정마다 별개로 따져보아야 할 문제이다.

기본권규정에서 주관적 권리와 더불어 다른 어떤 내용이 도출될 수 있는지가 독일 헌법학계에서는 '기본권의 양면성' · '기본권의 2중성'이라는 이름 아래 꾸준히 논의되었고, 현재는 학설과 판례에서 정착 단계에 있다. 기본권규정도 헌법규정으로서 객관적 법규범임을 부인할 수 없다. 그런데 기본권규정 내용이 어떤 개인에게 주관적 권리를 부여하는 것으로만 소진되어야 할 필연적인 이유는 없다. 그리고 모든 기본권규정에서 같은 성격의 내용만 도출된다고 보아야 하는 것도 아니다. 기본권규정 자체도 다양한 형식을 띤다. 따라서 개별 기본권규정을 각각 구체적으로 검토하여 각각의 규정에서 도출될 수 있는 내용이 무엇인지를 살펴보아야 한다. 예를 들어 헌법재판소는 기본권규정에서 제도보장(헌재 1999. 4. 29. 96헌바55)이나 기본권보호의무(헌재 1997. 1. 16. 90헌마110등)를 도출한다.

Ⅱ. 헌법규범으로서 기본권

기본권(규범)은 법학적 관점에서 법규범이다. 법규범 그 자체로서 기본권(규범)은 다른 모든 법규범처럼 수범자에게 지키라고 요구한다. 기본권(규범)이 명령하는 법적 효과는 수범자에게 원칙적이고 규범적이며 엄격한 구속력을 담는다. 이때 수범자에는 개인과 국가 모두 포함된다. 여기서 국가는 집행부와 사법부는 물론 입법부와 지방자치단체를 아우르는 모든 국가기관을 포함한다. 따라서 모든 국가권력은 기본권(규범)에 구속된다. 오늘날 기본권 보호가 헌법의 목적이라는 점에는 의문이 없다. 기본권을 존중하고 보호하는 것은 헌법이 조직한 국가기관의 본질적인 의무이다(헌재 1996. 2. 29. 93헌마186). 이러한 점에서 기본권(규범)은 단순한 강령(프로그램 규정)이 아니라 강제적인 법이다. 그리고 기본권(규범)은 헌법의 존립목적이라는 점에서 헌법의 핵심적 내용이다. 따라서 기본권(규범)은 실질적 헌법의 본질적 내용이다. 또한, 한국 헌법전이 이를 수용하여 보장한다는 점에서 기본권(규범)은 형식적 헌법의 일부이다. 그러므로 기본권(규범)은 성문헌법 일부로서 모든 법규범과 국가행위에 우선하는 효력적 우위가 있다. 즉 기본권(규범)은 헌법규범이다.

Ⅲ. 기본권규정의 주관적 내용
(주관적 권리로서 기본권)

주관적 권리로서 기본권은 국가가 스스로 기본권이라는 법규범에 구속된다는 점에 바탕을 둔다. 즉 객관적인 법규범은 법적 의무와 그에 상응하는 주관적 권리의 근거가 된다. 따라서 누군가 주관적 권리가 있으면 늘 이 권리를 보장하는 기본권(규정)이 효력을 갖는다. 기본권이 헌법규범으로서 그 수범자(국가)를 구속할 때, 개인은 이를 통해서 법적 지위를 가지게 된다. 즉 기본권이 국민을 위해서 국가를 구속함으로써 개인에게 이익이 발생하고, 이를 개인 자신에게 귀속시키기 위해서 권리가 요구된다. 따라서 기본권은 개인에게 자기 이익을 관철하기 위한 권리로 나타난다. 즉 기본권(규정)에서 도출되는 주관적 권리는 '기본권주체가 기본권(규정)이 보호하는 자기 이익을 위해서 국가에 일정한 행위, 즉 작위, 부작위, 수인, 급부 등을 요구할 수 있는 기본권(규정)이 인정한 힘'이라고 정의할 수 있다. 헌법재판소는 헌법상 보장된 기본권을 '헌법이 직접 국민에게 부여한 주관적 권리, 즉 국민의 국가에 대한 헌법적 권리'라고 한다(헌재 2001. 3. 21. 99헌마139 등). 이러한 주관적 권리를 인정하는 의의는 ① 개인(국민)과 국가의 대등관계 형성, ② 기본권의 사법(司法)적 관철, ③ 기본권 제한에 대한 헌법적 근거 요구이다. 그리고 주관적 권리는 보호규범이론을 따르면 ① 당사자를 객관적으로 보호하는 기본권규정이 있어야 하고, ② 객관법적 기본권규정이 기본권주체를 보호하려는 목적이 있어야 하며, ③ 보호받는 자는 자신의 보호를 객관법적 기본권규정을 근거로 사법적으로 관철할 수 있어야 인정된다.

기본권(규정)에서 도출되는 주관적 권리는 법적 구조에 따라 방어권, 급부청구권, 결정참가권, 법적 지위의 4가지로 나눌 수 있다. 방어권은 개인의 소극적 지위로서 국가에서 벗어나는 자유를 가리킨다. 급부청구권은 개인의 적극적 지위로서 국가를 통한 자유를 말하는데, 여기서는 어떠한 조건에서 기본권이 국가에 행위의무를 지우는지가 문제된다. 개인이 기본권을 근거로 국가의 (새로운) 보호를 요구할 수 있을 때 기본권에서 급부청구권이 생긴다. 결정참가권은 개인의 능동적 지위로서 국가 안에서 자유이면서 국가를 위한 자유이다. 주의할 것은 어떤 기본권(규정)에서 단순히 이 중 하나만 도출되는 것은 아니라는 점이다. 즉 하나의 기본권(규정)에서 4가지 주관적 권리가 모두 도출될 수도 있고, 그중 몇 가지만 도출될 수도 있다. 따라서 이를 기준으로 기본권을 분류할 수는 없다. 다만, 기본권의 주된 주관적 권리가 무엇인지를 기준으로 하여 각각의 기본권을 특징지을 수는 있다.

Ⅳ. 기본권규정의 객관적 내용

1. 의의와 내용

기본권규정은 기본권의무자를 구속하는 객관적 법규범이다. 기본권규정은 객관적 법규범 중에서도 가장 우위에 있는 헌법규범이므로 헌법을 중심으로 형성되는 국가질서를 지배한다. 따라서 기본권규정은 행정법과 형법 같은 공법 영역은 물론 민법과 상법을 비롯한 사법 영역에도 효력을 미친다. 기본권규정의 객관적 내용은 개방성과 불확정성을 특징으로 한다. 이러한 기본권규정의 객관적 내용은 다양한 규범적 내용을 수용할 수 있을 정도로 높은 탄력성이 있고, 기본권적 자유의 환경 변화에 동태적으로 적응할 수 있게 한다. 기본권규정의 객관적 내용을 발견함으로써 기본권의 내용을 질적으로 보강하고, 그 인적 범위를 확장하며, 새로운 기본권의 내용을 실현하기 위한 절차, 조직 혹은 제도적 장치를 기본권이 보장하는 것 등의 헌법적 효과가 발생한다. 기본권규정의 객관적 내용은 국가의 행위나 결정 여지를 제한하는 법규범(소극적 권한규범)과 법을 해석하고 형성하며 보충하는 기준으로서 작용한다. 기본권규정의 객관적 내용에는 제도보장과 기본권(규정)의 객관법적 내용이 있다.

2. 제도보장

(1) 의의

제도보장이란 역사적 · 전통적으로 확립된 기존 제도 자체의 본질적 내용을 입법권의 침해에서 헌법(률)적으로 보장하는 것을 말한다. 제도보장에서는 역사적으로 형성되어 역사적 · 전통적인 것으로 인정된 실정헌법의 요소가 문제 된다. 그러나 헌법과 기본권의 역사가 짧은 한국에서는 헌법이 보장하는 제도를 한국 헌법사만을 기준으로 역사적 · 전통적으로 확립된 것으로 인정하기가 쉽지 않다. 따라서 한국 헌법상 제도보장은 한국 헌법사를 기준으로 인정할 수 있는 것뿐 아니라 헌법보편사적 관점에서 역사적 · 전통적으로 확립된 제도 중 헌법원리와 조화로울 수 있는 것도 포함하여야 한다.

(2) 한국 헌법이 규정한 제도보장의 종류

헌법재판소가 제도보장을 명시적으로 인정한 예로는 제23조에 따른 사유재산제도보장(헌재 1999. 4. 29. 96헌바55)과 제31조에 따른 의무교육제도(헌재 1991. 2. 11. 90헌가27)가 있고, 제7조 제2항과 관련하여 직업공무원제(헌재 1997. 4. 24. 95헌바48), 제21조에 관련하여 언론(헌재 1991. 9. 16. 89헌마165), 제31조 제4항과 관련하여 교육의 자주성, 전문성, 정치적 중립성(헌재 1995 9. 28. 92헌마23), 제36조 제1항과 관련하여 혼인과 가족

(헌재 2002. 8. 29. 2001헌바82), 제117조 제1항과 관련하여 지방자치제도(헌재 1995. 3. 23. 94헌마175)에 관해서 제도보장에 관한 표현이 발견된다.

(3) 법적 성격

제도보장은 객관적 제도를 헌법에 규정하여 해당 제도의 본질을 유지하려는 것이다. 따라서 그 목적은 헌법제정권자가 특히 중요하면서도 가치가 있다고 인정하여 헌법적으로도 보장하고 싶은 국가제도를 헌법에 규정함으로써 앞날의 법발전, 법형성의 방침과 범주를 미리 규율하려는 것이다(헌재 1997. 4. 24. 95헌바48). 즉 제도보장은 객관적 제도를 입법자의 자유로운 처분에서 보호하려고 이를 헌법률적으로 특별히 보장한 것이다.

(4) 내용

제도의 구체적 내용은 헌법이 허용하는 범위 안에서 입법자가 구체화한다. 하지만 헌법적 제도보장으로서 보장되는 핵심부분은 입법자가 침해할 수 없다. 즉 보호되는 영역과 보호되지 아니하는 영역이 구분된다. 이러한 점에서 제도보장은 가변적 보장이다. 이때 헌법적으로 보장되는 부분은 제도의 본질적 내용이다. 제도의 본질적 내용은 역사적으로 형성된 제도의 전형적이고 특징적인 것으로 볼 수 있는 본질적인 구성부분을 말한다.

제도보장은 1차적으로 입법권, 특히 법률 제정을 통한 침해에서 제도를 보장한다. 즉 입법자가 법률로써 제도를 폐지하거나 그 핵심적 내용을 침해할 수 없게 하는 것에 제도보장의 본질이 있다. 따라서 헌법개정권자는 제도보장을 배제할 수 있다. 그리고 제도보장은 입법권뿐 아니라 집행권과 사법권에 대해서도 보호된다. 즉 집행권과 사법권은 헌법과 법률이 형성한 제도보장에 구속되어 이를 침해할 수 없다.

제도보장은 단순한 강령(프로그램)이 아니라 객관적 법규범이므로(헌재 1997. 4. 24. 95헌바48) 직접 재판규범으로 적용될 수 있다. 따라서 제도보장은 법관을 구속한다. 그러나 제도보장은 주관적 권리가 아닌 객관적 법규범이므로 이를 직접근거로 개인이 사법기관에 소를 제기할 수는 없다.

(5) 기본권 보장과 제도보장의 전통적 구별

	기본권 보장	제도 보장
보장 대상	주관적 권리	객관적 제도
보장 성격	선국가적 권리 보장	국가내적 제도 창설
보장 정도	최대한 보장	최소한 보장 (헌재 1997. 4. 24. 95헌바48)
재판규범성	인정	인정
헌법소원심판 청구 근거	인정	부정
헌법개정권 기속	인정(자유권의 본질적 내용에 한함)	부정

(6) 제도보장에서 도출되는 주관적 권리와 제도보장의 관계

기본권적 제도보장에서 제도가 침해되면 동시에 보장되는 기본권을 주장하여 헌법소송을 제기할 수 있다. 비기본권적 제도보장에서도 주관적 권리가 도출될 때가 있다. 이 주관적 권리는 제도보장을 위해서 있는 것으로 제도보장에 예속된다. 이 주관적 권리는 기본권규정에서 도출되는 권리가 아니므로 헌법상 기본권이 아니라고 본다면 이 주관적 권리가 침해될 때는 헌법소송이 아닌 행정소송을 제기하여 구제받아야 한다. 반면 이 주관적 권리는 법률상 권리가 아니고 헌법규정에서 도출되는 권리이므로 기본권(유사)적 권리로 본다면 이 주관적 권리가 침해되면 헌법소송을 제기할 수 있다.

3. 기본권(규정)의 객관법적 내용

(1) 법의 해석과 적용에 관한 기준(기본권의 방사효)

방사효는 기본권규정이 모든 법영역에 대한 명령의 의미로 작용하여야 한다는 영향력을 가리킨다. 여기서 기본권은 헌법적 기본결정으로 이해된다. 그러한 측면에서 기본권은 모든 법영역에 방사된다. 공권력을 행사하는 기관이 법의 해석과 적용에 관한 재량이 있다면 그 범위에서 전체 법질서에 방사되는 기본권이 적용되어야 한다. 만약 기본권을 주관적 권리로만 본다면 기본권은 국가의 객관적 의사라고 볼 수 있는 입법행위의 산물인 법의 적용과 해석에 영향을 미칠 수 없고, 개인과 국가의 관계가 아닌 개인과 개인의 법관계에도 영향을 미칠 수 없다. 즉 기본권의 방사효는 행정법 및 형법과 같은 공법 영역뿐 아니라 사법 영역에도 미친다. 특히 일반규정과 그 밖의 가치개방적 규정을 기본권지향적으로, 즉 기본권을 침해하는 결과가 나타나지 않도록 해석하여야 한다. 기본권의 방사효는 때에 따라 강도와 범위가 달라지므로 이에 관한 기준을 설정하는 것이 문제된다.

(2) (기본권적 법익에 대한) 국가의 보호의무(기본권보호의무)

① 의의

전통적으로 국가가 기본권을 침해하였다. 국가가 기본권 침해의 중요한 주체임에는 지금도 변함없다. 하지만 국가만 기본권을 침해하는 것은 아니다. 사인도 기본권을 침해할 수 있다. 기본권을 침해받는 기본권주체에게는 누가 기본권을 침해하는지는 중요하지 않다. 그리고 일방의 기본권 행사가 상대방의 기본권에 대한 침해나 침해위험이 될 수도 있다. 이러한 침해나 침해위험에 대해서도 기본권주체의 기본권은 보호되어야 한다. 이러한 범위에서 (기본권의 침해나 침해위험을 일으키는) 기본권 행사는 한계에 부딪힌다. 따라서 기본권은 국가의 침해를 금지하는 전통적 기능뿐 아니라 국가에 대한 보호명령이라는 기능도 아울러 있다(헌재 1997. 1. 16. 90헌마110등). 여기서 방어권 이외에 기본권보호의무가 문제 된다.

기본권보호의무란 기본권적 법익에 대한 국가의 보호의무로서 기본권이 보호하는 법익을 기본권주체인 제3자의 위법한 제약에서 보호할, 즉 그 제약을 예방하거나 그로 말미암은 피해 발생을 방지할 국가의 의무를 말한다. 기본권보호의무는 동등한 기본권주체의 기본권 영역을 서로 확정하고, 그렇게 확정된 영역에서 다른 기본권주체의 행위나 영역에서 나오는 기본권적 법익에 대한 위험을 억제하여 각 기본권주체가 자기 기본권을 원만히 행사할 수 있도록 법질서를 형성 · 유지할 국가의 의무를 뜻한다. 기본권보호의무 때문에 국가는 기본권을 침해하는 위치에만 있는 것이 아니라 기본권주체인 제3자에게서 개인의 기본권을 보호할 적극적 보호자의 위치에도 서게 된다.

② (기본권적) 방어권과 기본권보호의무의 비교

(ⅰ) 인정근거

방어권은 개인의 주관적 권리이지만, 기본권보호의무는 개인의 주관적 권리를 도출하는 근거로 작용하는 객관법적 국가과제이다. 즉 방어권은 기본권의 주관적 측면에서 문제가 되지만, 기본권보호의무는 기본권의 객관적 측면에서 문제가 된다. 물론 기본권보호의무에서도 보호청구권이라는 주관적 권리가 도출된다. 하지만 기본권보호의무에서 문제 삼는 것은 먼저 국가가 국민을 위해서 무엇을 하여야 한다는 의무적인 측면이다. 방어권도 국가의 침해금지의무에 상응하는 권리인데도 그 의무적인 측면을 잘 거론하지 않는 것은 방어권 논의의 중점이 주관적 권리이기 때문이다.

(ⅱ) 기본권관계의 구조

방어권과 기본권보호의무는 기본권적 법익을 보호한다는 점에서는 마찬가지이다. 그러나 방어권은 사인과 국가의 관계에서 개인의 자유를 문제 삼지만, 기본권보호의무는 사인 서로 간의 관계에서 개인의 안전을 문제 삼는다. 즉 방어권은 국가의 침해에 대해서 자유, 즉 개인의 소극적 지위를 보장하여 국가 활동을 억제하지만, 기본권보호의무는 국가 활동을 억제하는 것이 아니라 오히려 국가에 적극적 지위를 매개해 준다. 방어권에서 보호법익은 국가가 일정한 요건을 충족하지 않으면 제약할 수 없는 소극적 의미로 이해되지만, 기본권보호의무에서 보호법익은 국가가 제3자의 제약에서 온전하게 보전하여야 하는 적극적 의미로 이해된다.

(ⅲ) 국가의 지위

방어권과 기본권보호의무 양자의 수범자는 국가이다. 그러나 방어권은 기본권(규정)이 부여하는 권리이지만, 기본권보호의무는 기본권(규정)이 부과하는 의무이다. 그리고 방어권에서는 국가가 위험원이지만, 기본권보호의무에서 위험원은 제3자이고 국가는 제3자가 유발하는 기본권적 법익에 대한 위법한 제약을 막아야 하는 보증인적 지위에 있다. 헌법재판소는 "국민의 기본권에 대한 국가의 적극적 보호의무는 궁극적으로 입법자의 입법행위를 통하여 비로소 실현될 수 있는 것이기 때문에, 입법자의 입법행위를 매개로 하지 아니하고 단순히 기본권이 존재한다는 것만으로 헌법상 광범위한 방어적 기능을 갖게 되는 기본권의 소극적 방어권으로서의 측면과 근본적인 차이가 있다. 즉 기본권에 대한 보호의무자로서의 국가는 국민의 기본권에 대한 침해자로서의 지위에 서는 것이 아니라 국민과 동반자로서의 지위에 서는 점에서 서로 다르다."라고 한다(헌재 1997. 1. 16. 90헌마110등).

(iv) 내용과 실현

방어권은 일정한 요건을 갖춘 때를 제외하고는 기본권적 자유에 대한 국가의 모든 제약을 금지하는 것을 내용으로 하지만, 기본권보호의무는 기본권적 법익을 보호하기 위해서 효과적인 모든 수단을 투입하라고 요구하는 것은 아니다. 즉 기본권보호의무는 어떠한 수단을 선택할 것인지에 관해서 입법자에게 폭넓은 재량을 부여한다. 그리고 방어권은 개인과 국가의 단선적 관계를 형성하지만, 기본권보호의무는 사인(피해자)-국가-제3자(가해자)의 3각관계를 형성한다. 특히 사인의 기본권을 제약함으로써 국가의 보호의무가 이행될 때 대립하는 사인의 기본권이 국가에 서로 충돌하는 기능 수행을 요구한다. 즉 피해자의 기본권은 국가에 적극적 행위를 요구하지만, 가해자의 기본권은 국가의 활동에 대해서 방어적 작용을 한다. 이러한 특성 때문에 방어권에서는 헌법이 직접 효력을 미치지만, 기본권보호의무는 일반적으로 법률을 매개로 실현된다.

③ 인정근거

헌법재판소의 법정의견은 헌법 제10조 제2문을 기본권보호의무의 근거로 들고(헌재 1997. 1. 16. 90헌마110등), 소수의견은 헌법 전문, 헌법 제10조, 제30조, 제37조 제1항을 기본권보호의무의 근거로 든다(헌재 1997. 1. 16. 90헌마110등 재판관 김진우, 재판관 이재화, 재판관 조승형의 위헌의견). 기본권보호의무는 헌법 제10조 제2문의 기본권보장의무, 국가의 내적 안전 보장, 국가의 권력 독점, 헌법 제30조와 더불어 개별기본권의 객관적 측면을 근거로 한다.

④ 발생요건

기본권보호의무가 발생하려면 (i) 기본권이 보호하는 법익에 대해서 (ii) 사인인 제3자가 (iii) 위법하게 (iv) 위해를 가하였거나 위해를 가할 객관적인 위험이 있어야 한다.

(ⅰ) 기본권이 보호하는 법익

기본권보호의무는 자유권이 보호할 수 있는 모든 법익과 관련하여 발생할 수 있다. 즉 기본권보호의무는 모든 자유권에 공통된 기능이다. 사회권은 생활에 필요한 재화의 정의로운 분배를 통한 자유 보장을 목표로 하여 동태적 성격을 띠지만, 기본권보호의무는 기존 법적 지위를 사인의 위해에서 보존하는 것이라서 보수적 · 정태적 성격을 띤다. 따라서 사회권의 내용이 되는 사회적 급부는 기본권보호의무의 적용대상 밖에 있다. 기본권이 보호하는 자유는 국가와 관계되는 영역에서 문제 되고, 사인 서로 간에는 현실적 불평등이 그대로 투영되는 결과를 동반하는 사적 자치가 지배한다. 따라서 인간의 존엄과 관련된 평등 같은 인격의 핵심적 영역을 제외하면 원칙적으로 평등권은 기본권보호의무의 적용대상이 되지 못한다. 헌법재판소는 주로 사인인 제3자에 의한 개인의 생명이나 신체 훼손에서 문제 된다고 한다(헌재 2009. 2. 26. 2005헌마764등).

기본권보호의무는 객관적 보호 형식을 취하므로 기본권적 법익 중 개인의 주관적 법익이 아닌 객관적 법익을 보호한다. 즉 기본권보호의무는 구성요건 차원에서 기본권주체인 개인에게서 추상화한다. 따라서 개인의 기본권(향유)능력, 기본권행사능력, 법적 관련성의 문제는 기본권보호의무 판단에서 무의미하다. 즉 주체가 불분명하거나 확정되지 않거나 없을 때도 국가는 기본권보호의무를 지고 이를 이행하려고 다른 사람의 기본권을 제한할 수 있다.

(ⅱ) 사인인 제3자

기본권보호의무는 기본권적 법익을 보호하므로 사인인 제3자는 기본권주체이어야 한다. 헌법재판소도 기본권보호의무는 기본권적 법익을 기본권주체인 사인에 의한 위법한 침해나 침해위험에서 보호하여야 할 국가의 의무라고 한다(헌재 2009. 2. 26. 2005헌마764등). 헌법재판소는 재일한국인 피징용부상자의 일본국에 대한 보상청구권에 관한 헌법소원에서 국가의 구체적 작위의무를 부정하였다(헌재 2000. 3. 30. 98헌마206). 자연력이 기본권적 법익을 침해할 때도 국가가 각종 방재대책을 마련할 의무를 진다. 하지만 이때 국가는 재해를 방지하기 위한 조직적 · 기술적 · 사실적 힘을 보유하는 주체의 지위에서 의무를 진다. 따라서 사인 사이의 기본권 영역에 대한 조정자로서 활동하는, 기본권보호의무에서 문제가 되는 국가의 지위와는 구별하여야 한다. 그리고 외국 공권력이 기본권적 법익을 침해할 수 있다. 그러나 외국 공권력은 헌법의 기본권이 구속하는 대상이 아니라는 점에서 헌법의 기본권이 구속하는 국가권력에 대해서 기본권을 주장할 수 있는 기본권보호의무와 문제 상황이 다르다. 기본권주체 스스로 일으키는 자초위해도 기본권보호의무의 문제로 보려는 견해가 있다. 하지만 이때는 3각관계가 아닌 국가와 행위자 사이의 양극관계를 형성하고, 궁극적으로 기본권의 방어권적 측면에서 파악된다는 점에서 근본적으로 다르다.

(iii) 위법한 제약

기본권보호의무가 발생하려면 사인이 기본권적 법익을 이미 침해하였거나 침해할 위험이 있어야 한다. 여기서 침해는 기본권적 법익에 대한 위법한 제약을 말하고, 이때 제약이란 기본권적 보호법익에 대한 불리한 작용을 뜻한다. 기본권적 법익에 대한 제약이 있다고 해서 바로 기본권보호의무가 발생하는 것은 아니고, 그것이 위법하여야 한다. 제약행위의 위법성에 관한 판단기준은 법률이 아닌 헌법이 제공한다. 기본권보호의무는 사인의 고의나 과실이 없어도 위법성만 있다면 문제가 될 수 있다. 즉 사인이 고의나 과실 없이 목적하지 않은 제약이 발생하여도 그 제약이 위법한 것이라면 기본권보호의무가 발생한다. 기본권보호의무는 침해가 실제로 발생할 때는 물론 기본권을 효과적으로 보호하기 위해서 그러한 침해가 합리적으로 예상될 때, 즉 가해의 객관적 위험이 있을 때도 발생할 수 있다. 위험원인 사인이 가해를 의도하였는지나 주관적으로 인식하였는지는 중요하지 않다. 그러나 그러한 침해나 침해위험은 사인에게 귀속될 수 있어야 한다. 위험 정도는 법적 효과와 관련될 뿐이므로 기본권보호의무 발생과는 관련이 없다.

⑤ 내용

(ⅰ) 수범자

국가의 모든 기관(입법 · 집행 · 사법 · 지방자치단체)이 수범자가 된다. 다만, '1차적으로는' 입법자를 구속하므로 입법자에 기본권보호의무를 이행할 우선적 책임이 있다. 따라서 헌법의 기본권보호의무는 원칙적으로 행정기관이나 법원이 보호조치를 취할 권한의 직접근거가 되지 못한다. 국가가 기본권적 법익 보호를 위해서 취할 수단 선택과 관련하여 입법자에게 재량이 주어진다. 하지만 ⓐ 기본권보호법률이 없으면 적합하고 충분한 법률제정의무가 부과되고, ⓑ 기존 기본권보호법률이 기본권보호의무를 충족시키지 못하면 대체법률을 만들거나 해당 법률을 개선할 의무가 있다. 행정기관과 사법기관은 입법자가 제정한 법률을 집행하고 적용할 때 기본권규정에서 나오는 보호기능을 존중하여야 한다(기본권규정의 방사효).

(ii) 보호 정도-과소보호금지원칙

기본권보호의무 목적은 기본권적 법익의 효과적인 보호이다. 기본권보호의무는 국가의 행위의무를 포함한다. 하지만 기본권보호의무는 국가의 보호조치가 있어야 한다는 것만을 결정한다. 기본권보호의무 목적은 다양한 수단을 통해서 달성될 수 있다. 따라서 국가는 기본권보호의무를 어떻게 이행할 것인지에 관해서 형성 재량이 있다. 그러나 국가의 형성 재량도 한계가 있다. 국가가 적절한 보호조치를 하였는지는 과소보호금지원칙을 통해서 심사된다. 과소보호금지원칙은 국가가 기본권이 보호하는 법익을 보호할 때 헌법이 요구하는 최소수준 이상의 보호를 제공하여야 한다는 헌법원칙이다. 헌법재판소도 과소보호금지원칙을 기본권보호의무 이행과 관련하여 심사기준으로 채택하였다(헌재 1997. 1. 16. 90헌마110등). 헌법이 요구하는 최저한의 보호수준을 일반적 · 일률적으로 확정할 수는 없다. 이는 개별 사례에서 ① 관련 법익의 규범서열과 종류, ② 그 법익에 대한 침해나 침해위험의 종류, 근접도, 크기, ③ 자율적 자기보호 가능성 등을 비교형량하여 구체적으로 확정하여야 한다. 헌법재판소는 국가가 국민의 기본권적 법익을 보호하기 위해서 전혀 아무런 보호조치를 취하지 않거나(진정입법부작위), 국가가 취한 보호조치가 기본권적 법익을 보호하기에 명백하게 전적으로 부적합하거나 불충분할 때(불충분입법, 부진정입법부작위)만, 즉 입법자의 기본권보호의무에 대한 명백한 위반이 있을 때만 국가의 기본권보호의무 위반을 확인할 수 있다고 하였다(헌재 1997. 1. 16. 90헌마110등).

⑥ 보호청구권

(i) 인정근거

ⓐ 기본권 보장의 목적은 인간의 존엄성 보장, 즉 개인의 자율성 보장이고, ⓑ 기본권이 보장하고자 하는 인간의 자율성과 자기목적성은 국가의 보호의무에 상응하는 주관적 권리를 인정할 때 더욱더 효과적으로 관철될 수 있다. 방어권은 침해자를 보호하는 기능

을 수행하고 보호청구권은 피해자를 보호하는 기능을 수행한다. 따라서 만약 보호청구권이 부정되면 방어권적 기능만을 수행하는 기본권은 사인 사이에 기본권을 침해할 특권이 될 것이다. 그에 따라 국가에서 국민과 사회세력이 자유 공간을 확대하면 할수록 그리고 헌법적인 국가의 자유 제한성이 축소되면 될수록 사적 침해 위험이 증대할 것이다. 따라서 기본권보호의무가 기본권과 연결되면, 이러한 기본권보호의무를 관철할 주관적 · 법적 지위를 보장하기 위해서 보호가 필요한 개인에게 보호청구권을 부여하여야 한다. 이때 보호청구권의 내용은 최소한의 보호수준이 될 것이다.

(ii) 관철방법(헌법소원심판)

보호청구권은 법률상 권리가 아니라 헌법규정에서 도출되는 기본권(유사)적 권리이다. 이러한 보호청구권이 주어져야 비로소 사인은 국가의 기본권보호의무 위반을 사법적(司法的) 수단을 통해서 직접 다툴 수 있다. 특히 헌법소원심판은 기본권 침해를 요건으로 하는 점에서 이러한 보호청구권은 국가의 기본권보호의무를 직접근거로 하여 헌법소원을 제기할 때 필수적이다.

(3) 국가조직과 절차 형성의 기준

기본권은 (기본권의 내용과 그에 관한 법적 효과를 규율하는) 실체적 권리이므로 기본권규정과 기술적인 헌법상 조직편이나 행정법상 조직 및 절차규정은 직접적인 관계는 없다고 종래 생각하였다. 그러나 한국 헌법상 몇몇 기본권은 명백히 절차적 기본권이어서(예를 들어 헌법 제27조의 재판청구권) 조직법 및 절차법과 관련된다. 그리고 조직법과 절차법이 기본권을 실현하는 데 이바지하지만, 기본권 자신도 기본권의 실현과 보장에 이바지하는 조직법과 절차법에 영향을 미친다. 실체적 권리를 규정한 기본권은 기존 기본권 실현을 위한 조직법과 절차법의 형성도 국가의 과제로 지운다. 따라서 기본권은 실체적 권리로서 형성되어야 할 뿐 아니라 조직적 · 절차적인 보호도 요구한다. 이러한 점에서 기본권은 그 실현을 위한 조직법과 절차법의 적용뿐 아니라 그것을 넘어서 조직과 절차의 형성에도 영향을 미친다. 조직과 절차는 실체법을 보조하는 기능뿐 아니라 자유를 보호하는 기능도 있다. 조직과 절차에 관한 기본권규정의 효과는 먼저 관계되는 법규정과 관련하여 방사효의 변종으로서 설명된다. 개인의 기본권에 대한 침해를 방지하는 조직적인 그리고 절차합치적인 보호 대책이 완비되어야 비로소 기본권적 법익을 반복적이고 효과적으로 보장할 수 있다는 인식에 기인한다. 국가조직과 절차 형성의 기준으로서 기본권은 불확정적이거나 동적인 성격이 있는 목표에 봉사한다는 점에서 역사적 · 전통적으로 형성된 정적인 제도 보장을 내용으로 하는 제도보장과 다르다. 그리고 국가조직과 절차 형성의 기준으로서 기본권은 확정적인 내용을 담은 것이 아니라 기본권을 충실히 실현하려고 합리적 범위 안에서 형성할 윤곽질서형성의무를 국가에 부여하는 것이므로 여기서 바로 주관적 권리를 도출하기는 어렵다.

V. 주관적 내용과 객관적 내용의 관계

기본권을 주관적 내용과 객관적 내용으로 나누어 이해할 때 객관적 내용은 주관적 내용을 강화하거나 보완한다. 기본권의 객관적 내용은 개인의 지위를 확정하고 한정하며 보장함으로써, 즉 개인을 공동체에 편입시킴으로써 공동체의 법질서를 형성한다. 이러한 범위 안에서 기본권의 객관적 내용과 주관적 내용은 서로 보완하고 강화한다. 이러한 점에서 주관적 내용과 객관적 내용은 별개의 내용이 아니라 서로 밀접한 관련이 있다.

4절

기본권주체

Ⅰ. 자연인

1. 기본권(향유)능력

자연인인 국민은 누구나 기본권 향유의 주체가 된다. 국민이란 대한민국 국적이 있는 모든 사람을 가리킨다. 이때의 국민에는 미성년자나 심신상실자, 행위무능력자, 수형자 등을 모두 포함한다. 기본권(향유)능력(기본권보유능력, 기본권주체능력)은 기본권 향유의 주체가 될 수 있는 능력을 뜻한다. 기본권(향유)능력은 형법의 자격정지를 통해서도 박탈할 수 없다. 다만, 근로3권(헌법 제33조)처럼 기본권의 성질에 비추어 기본권(향유)능력이 제한될 때가 있다.

기본권(향유)능력은 민법의 권리능력에 대응할 수 있다. 그러나 기본권(향유)능력이 민법의 권리능력과 반드시 일치하는 것은 아니다. 즉 민법에서는 사망한 사람의 권리능력은 전적으로 부정되고, 태아도 출생을 전제로 인정될 때를 제외하고는 권리능력이 원칙적으로 부정되지만, 헌법에서는 사망한 사람도 명예권 등에서는 기본권주체가 될 수 있고, 태아도 원칙적으로 생명권 등의 주체가 된다. 그리고 정당과 같이 민법의 권리능력 없는 사단이 특정 기본권을 누릴 수 있는 능력을 갖추는 때도 있다. 자연인인 국민의 기본권(향유)능력은 원칙적으로 제한이 없다.

2. 기본권행사능력

(1) 개념과 제한

기본권행사능력은 기본권주체가 독립적으로 자기 책임 아래 기본권을 행사할 수 있는 능력을 말한다. 기본권(향유)능력이 있는 사람은 모두 기본권의 주체가 되지만, 기본권주체 모두가 기본권의 행사능력이 있는 것은 아니다. 기본권행사능력은 기본권(향유)능력을 전제로 이를 실제로 행사할 조건을 갖추었는지를 판단하여, 그 조건이 충족되었을 때 인정된다. 기본권행사능력은 모든 기본권에서 문제가 되는 것이 아니라 인간의 행위 가능성을 보호하는 (그래서 별도의 행사가 필요한) 기본권(예를 들어 언론 · 출판의 자유, 직업의 자유, 결사의 자유, 재판청구권, 선거권 등)에서 문제가 되고, 특정 법익이나 상태를 보호하는 (그래서 별도의 행사가 필요하지 않은) 기본권(예를 들어 생명권, 사생활의 보호, 명예권 등)에서는 문제 되지 않는다. 기본권행사능력에서는 특별한 능력이나 자격이 요구되는지가 아니라 일반적 능력에 미달하는 사람의 기본권 행사를 어떻게 다룰 것인지를 문제 삼는다.

기본권행사능력은 민법의 행위능력에 대응할 수 있다. 그러나 민법상 행위능력이 제한되는 미성년자도 기본권의 행사능력은 널리 인정된다. 이러한 점에서 양자는 반드시 일치하는 것은 아니다. 기본권행사능력은 ① 기본권의 성격상 제한될 때(예를 들어 미성년자가 일정한 기본권을 행사할 수 없을 때)와 ② 실정법에서 기본권행사능력 자체를 제한할 때[예를 들어 거주 · 이전의 자유 제한(민법 제914조)]에 제한된다. 나이에 따른 피선거권 제한(예를 들어 헌법 제67조 제4항, 공직선거법 제16조 제1항)은 피선거권을 행사하는 데 일반적인 판단능력 이외에 다른 능력이 요구된다고 보기 어려우므로 전속적인 능력 문제라고 보기 어렵다. 따라서 이를 일반적으로 기본권행사능력 문제로 보고 있으나, 기본권 제한 문제로 보아야 한다.

(2) 미성년자

미성년자는 만 19세 미만의 사람을 말한다(민법 제4조). 결혼하면 미성년자가 성년으로 의제되는 것은 사법관계에 한하므로(민법 제826조의2) 기본권과 무관하다. 미성년자는 정신적 · 육체적으로 미성숙하므로 기본권행사능력을 옹글게(완벽하게) 갖출 수 없다. 미성숙한 미성년자 본인의 판단을 따르면 미성년자 본인의 이익에 어긋날 수 있기 때문이다. 미성년자의 기본권행사능력 보유 여부는 해당 기본권에 포섭되는 행동이 법률행위를 구성하는지 아니면 자연적인지에 따라 판단되어야 한다. ① 법률행위적 행동이라면 사법규정에 따라 판단하여야 한다. 즉 기본권 보호영역이 법률행위능력과 관련이 있으면, 예를 들어 재산권과 직업의 자유는 사법규정에 따라 기본권행사능력 보유 여부를 판단하여야 한다. 그러나 ② 그 외의 자연적 행동은 사실상 정신적 · 육체적 성숙도에 따라 당사자마다 개별적으로 기본권행사능력 보유 여부를 판단하여야 한다.

Ⅱ. 태아와 사자의 기본권주체성 - 기본권주체성의 시기와 종기

1. 인간의 기본권적 보호기간

사람은 살아있는 동안에 권리의 주체가 된다. 이는 기본권도 마찬가지이다. 즉 사람은 출생하여 사망할 때까지 기본권을 누릴 수 있다. 하지만 오늘날에는 완성된 사람이라고 볼 수 없는 상태, 즉 출생 이전의 상태(태아)나 사망 이후의 상태에서도 기본권주체가 될 수 있는지가 문제 된다.

2. 인간(생명)이 시작되는 시점

수정되고 나서 14일까지는 초기배아, 수정되고 나서 15일부터 56일 사이를 배아, 그 이후 출생하기 전까지는 태아라고 한다. 초기배아, 배아, 태아는 신체활동이 불가능하고 독자적인 정신활동도 할 수 없으므로 기본권주체가 되는 것은 불가능하다. 그러나 예외적으로 태아에게도 기본권을 인정할 필요가 있을 수 있다. 예를 들어 인간과 연속선상에 있는 초기배아, 배아, 태아의 생명과 신체, 건강을 보호하지 않으면 결국 인간의 생명과 신체, 건강은 보호받지 못하므로 초기배아, 배아, 태아의 생명과 신체, 건강은 보호받아야 한다. 생명권은 다른 기본권의 전제가 된다는 점에서 인간이 시작되는 시점은 생명이 시작되는 시점으로 볼 수 있다. 생명의 시기는 각 기본권에 따라 달리 결정될 수 있다[예를 들어 민법(전부노출설)이나 형법(진통설)]. 대법원은 인간의 생명은 잉태된 때부터 시작되는 것이고 회임이 된 태아는 새로운 존재와 인격의 근원으로서 존엄과 가치를 지닌다고 하여 잉태된 때, 즉 자궁에 착상한 때를 생명의 시기라고 본다(대법원 1985. 6. 11. 선고 84도1958 판결). 헌법재판소는 모든 인간은 헌법상 생명의 주체가 되며, 형성 중의 생명인 태아에게도 생명에 대한 권리가 인정되어야 하므로 태아도 헌법상 생명권의 주체가 된다고 한다(헌재 2008. 7. 31. 2004헌바81). 그러나 헌법재판소는 초기배아는 기본권주체성을 인정하기 어렵다고 한다(헌재 2010. 5. 27. 2005헌마346).

3. 인간(생명)이 종료되는 시점

인간이 종료되는 시점, 즉 생명이 종료되는 시점은 전통적으로 심장사를 기준으로 삼았다. 그러나 ① 의학 발달로 심폐기능을 인위적으로 연장할 수 있게 되면서 심장사라는 기준이 애매해졌고, ② 뇌사 판정을 받은 사람은 다시 소생할 수 없고 일정 시간이 지나면 틀림없이 심장사에 이르므로 뇌사가 확실한 사망기준이며, ③ 장기이식을 하려면 심장사 기준은 문제가 있다는 점에서 뇌사가 새로운 사망기준으로 제시된다. 하지만 뇌사를 사망기준으로 인정하기에는 ① 뇌사 개념 자체가 아직 확실하게 정립되지 않았고, ② 장기이식과 관련하여 뇌사 인정이 악용될 수 있으며, ③ 형법상 생명에 대한 피해자 승낙이 인정되지 않고(형법 제252조), ④ 뇌사가 죽음에 관한 한국 정서와 맞지 않으며, ⑤ 생명권의 절대 보호에 어긋난다는 문제점이 있다.

사자는 이미 사망하여 모든 신체적 · 정신적 활동이 없는 상태이다. 따라서 생명권을 비롯한 각종 기본권의 주체로 인정하기 어렵다. 그러나 인격권은 사후에도 침해될 수 있다. 이때 사자의 기본권을 인정하면 사자 자신은 그러한 기본권을 행사할 수 없다는 점에서 어떻게 보호할 것인지가 문제 된다. 사자의 기본권 보호는 입법으로 구체화하여야 한다. 그리고 사자의 유족은 침해자를 상대로 민사소송을 제기할 수 있다. 사자도 기본권이 인정되는 범위에서 헌법소원심판을 청구할 수 있다. 이때 실제 헌법소원심판 청구는 사자의 대리인이 행사한다. 사자의 기본권 침해와 밀접한 이해관계가 있는 사람도 헌법소원심판을 청구할 수 있다.

Ⅲ. 외국인의 기본권주체성

1. 외국인의 개념

외국인은 대한민국 국적이 없는 사람을 뜻한다. 헌법 제2조는 국민이 되는 요건을 법률에 위임하고, 국적법은 대한민국 국민이 아닌 사람을 외국인이라고 한다(제3조 제1항). 외국인에는 외국국적자, 무국적자 그리고 개별 법령에 따라 외국인으로 취급될 수 있는 복수국적자가 포함된다. 재외동포라도 외국국적이 있는 사람은 외국인이다(헌재 2000. 8. 31. 97헌가12).

2. 기본권주체성 인정 여부

한국 헌법에서 기본권은 자연법적 연원이 있고, 그것이 헌법에 실정화하였다고 하여 본래 성격이 바뀌지 않는다(이른바 자연법적 권리설). 따라서 성질상 자연법적 · 인권적 성격의 기본권에 관한 한 원칙적으로 외국인에게도 기본권주체성이 인정되어야 한다. 그리고 헌법 제6조 제2항의 "외국인은 국제법과 조약이 정하는 바에 의하여 그 지위가 보장된다."라고 하여 법적 지위에 관한 상호주의원칙을 규정하므로 성질상 국민의 권리에 해당하는 기본권도 상호주의원칙에 따라 외국인의 기본권주체성이 인정될 수 있다. 특히 헌법 제10조 제2문은 기본적 인권의 주체를 국민이 아닌 개인으로 규정하는데, 개인은 국민뿐 아니라 외국인도 아우른다. 헌법재판소는 국민과 유사한 지위에 있는 외국인도 기본권의 주체가 될 수 있다고 하면서(헌재 1994. 12. 29. 93헌마120), 단순히 '국민의 권리'가 아니라 '인간의 권리'로 볼 수 있는 기본권에 대해서는 외국인도 기본권의 주체라고 한다(헌재 2007. 8. 30. 2004헌마670).

3. 외국인에게 인정되는 기본권의 범위

(1) 일반적 기준

어떤 기본권이 외국인에게도 인정되는지에 관한 기준은 해당 기본권의 성질과 상호주의이다. 기본권의 성질에 따라 판단하면, ① 성질상 인간의 권리라고 할 수 있는 기본권(주로 자유권과 평등권)과 ② 사법절차적 기본권(재판청구권 등)에서는 외국인도 주체가 될 수 있다. 상호주의에 따라 판단하면 예를 들어 사회권, 청구권적 기본권 등이 인정될 수 있다(다만, 이때는 기본권으로 보장되는 것이 아님을 주의하여야 한다). 헌법재판소는 "인간의 존엄과 가치, 행복추구권은 대체로 '인간의 권리'로서 외국인도 주체가 될 수 있다고 보아야 하고, 평등권도 인간의 권리로서 참정권 등에 대한 성질상의 제한 및 상호주의에 따른 제한이 있을 수 있을 뿐"이라고 한다(헌재 2001. 11. 29. 99헌마494).

(2) 정치적 망명권

한국 헌법에는 망명권에 관한 규정이 없어서 이를 헌법상 권리로 보기 어렵다. 그리고 정치적 망명권이 세계인권선언 제14조에 규정되고 이에 관한 국제조약이 있기는 하지만, '시민적 및 정치적 권리에 관한 국제조약'에 정치적 망명권이 규정되지 않은 것에서도 알 수 있듯이 국제적 인권의 최소기준에 포함되지 않고 개별 국가가 정할 수 있는 권리이다. 한국은 1992년 12월 3월 '난민의 지위에 관한 1951년 협약'과 '난민의 지위에 관한 1967년 의정서'에 동시 가입하였다. 그리고 '난민의 지위에 관한 1951년 협약'과 '난민의 지위에 관한 1967년 의정서' 등에 따라 난민의 지위와 처우 등에 관한 사항을 정하려고 난민법을 제정하였다. 또한, '범죄인 인도법'(제8조)은 정치적 성격이 있는 범죄이거나 그와 관련된 범죄인이면 범죄인을 인도하여서는 아니 된다고 규정하고, 출입국관리법 제16조의2는 지방출입국 · 외국인 관서의 장은 선박 등에 타고 있는 외국인이 난민법 제2조 제1호에 규정된 이유나 그 밖에 이에 준하는 이유로 그 생명 · 신체 또는 신체의 자유를 침해받을 공포가 있는 영역에서 도피하여 곧바로 대한민국에 비호를 신청하면 그 외국인을 상륙시킬만한 상당한 이유가 있다고 인정되면 법무부 장관 승인을 얻어 90일 범위 안에서 난민임시상륙허가를 할 수 있다고 규정한다. 따라서 정치적 망명권은 법률상 권리로 볼 수 있다. 대법원은 "본국에서 정치범죄를 범하고 소추를 면하기 위하여 다른 국가로 피난해오는 경우에는 이른바 정치범불인도의 원칙에 의하여 보호를 받을 수 있으며 이는 국제법상 확립된 원칙이라 할 것이다."(대법원 1984. 5. 22. 선고 84도39 판결)라고 하여 정치범불인도의 원칙에 국제관습법 지위를 인정한다.

(3) 참정권

외국인에게 지방선거권을 법률로 부여할 수 있다. 공직선거법 제15조 제2항 제3호를 따르면 18세 이상으로서 선거인명부작성기준일 현재 영주의 체류자격 취득일 후 3년이 지난 외국인으로서 해당 지방자치단체의 외국인등록대장에 올라 있는 사람에게 그 구역에서 선거하는 지방자치단체 의회의원과 장의 선거권을 부여한다. 그러나 외국인에게 지방피선거권을 법률로 부여할 수 없다.

(4) 청구권적 기본권

청구권적 기본권은 실체적 기본권을 보장하려는 기본권이므로 외국인의 실체적 기본권을 보호하는 데 필요하면 국민과 동등하게 인정된다. 다만, 재산권적 성격이 아울러 있는 국가배상청구권은 상호주의원칙에 따라 인정되고(국가배상법 제7조), 형사보상청구권도 상호보증이 있는 때만 인정된다(범죄피해자구조법 제10조). 그리고 국내에서 재산권을 누리는 외국인은 해당 재산이 수용 · 사용 · 제한되면 손실보상청구권이 인정된다.

(5) 사회권

사회권은 국가의 재정력을 바탕으로 한 급부를 내용으로 하므로 자국민에게 부여되는 것이 원칙이다. 하지만 예외적으로 법률이 정하면 외국인도 주체가 될 수 있다(사회보장기본법 제8조 참조). 그러나 인간다운 생활을 할 권리의 최소한 내용과 같은 개별 사회권의 보장내용 가운데 인권적 성격이 있는 부분에 한해서는 외국인에게도 인정되어야 한다.

4. 재외동포

재외동포는 재외국민과 외국국적동포로 나뉜다. 재외국민은 대한민국 국민으로서 외국의 영주권을 취득한 사람이나 영주할 목적으로 외국에 거주하는 사람이다('재외동포의 출입국과 법적 지위에 관한 법률' 제2조 제1호). 재외국민은 일반 국민에 준하여 일정한 혜택을 받는다. 재외국민은 출입국할 때 국민에 준하여 입국하고, 국내금융기관 이용, 부동산 매각대금 송금, 의료보험 혜택 등을 받을 수 있다('재외동포의 출입국과 법적 지위에 관한 법률' 제10조, 제12조, 제13조, 제14조). 외국국적동포는 대한민국 국적을 보유하였던 사람이나 그 직계비속으로서 외국 국적을 취득한 사람 중 대통령령이 정하는 사람이다('재외동포의 출입국과 법적 지위에 관한 법률' 제2조 제2호). 외국국적동포도 일정한 조건에서 국민으로서 받는 혜택을 누릴 수 있다. 외국국적동포는 재외동포체류자격으로 최장 3년까지 체류할 수 있고, 그 기간 연장도 가능하며, 재입국허가 없이 자유롭게 출입국할 수 있다. 그리고 자유롭게 취업 기타 경제활동을 할 수 있고 토지의 취득, 이용, 보유와 처분이 가능하다('재외동포의 출입국과 법적 지위에 관한 법률' 제10조, 제11조).

5. 북한 주민

헌법 제3조 영토조항의 규범력을 전적으로 부인할 수 없고 남북관계는 민족적 특수관계로 이해하여야 하므로 북한 주민은 대한민국 영토 안에 거주하는 국민으로 보아야 한다. 설사 북한법 규정에 따라 북한 국적을 취득하였더라도 조선인을 부친으로 하여 출생하였다면 그러한 사람도 1948년 헌법 공포와 동시에 대한민국 국적을 취득한 것으로 보아야 한다(대법원 1996. 11. 12. 선고 96누1221 판결). 따라서 북한 주민도 한국 헌법상 대한민국 국민으로서 기본권주체가 된다. 다만, 북한 지역에 헌법의 규범력이 사실상 미치지 못한다는 점을 고려하여 기본권은 법률에 따라서 특별한 제한을 받을 수 있다.

Ⅳ. 법인과 그 밖의 단체의 기본권주체성

1. 법인과 그 밖의 단체의 의의

법인은 법률이 권리능력을 인정한 단체나 재산을 말한다. 법인은 사적 자치 원칙이 적용되는지에 따라 사법인과 공법인으로 나뉘고, 그 소재지에 따라 국내법인과 외국법인으로 구별한다. 그 밖의 단체는 권리능력이 없는 단체나 재산을 아우른다. 그 밖의 단체도 법인과 마찬가지로 그 밖의 공법단체와 그 밖의 사법단체 그리고 그 밖의 국내단체와 그 밖의 외국단체로 분류된다.

공법인과 사법인의 구별기준으로 ① 준거법, ② 설립방법, ③ 향유권리의 성질, ④ 목적, ⑤ 국가적 사무나 통치작용 여부 등이 주로 논의된다. 종래 지배적 견해는 법인의 설립이나 관리에 국가의 공권력이 관여하면 공법인이고, 그 밖의 법인은 사법인이라고 한다. 그러나 공법인과 사법인을 획일적으로 구별하는 학설은 '중간적 영역의 법인'이 등장하면서 난관에 봉착하므로, 획일적인 기준에 따르기보다는 구체적인 문제와 관련하여 적절한 기준을 종합적으로 고려하여 공법인과 사법인을 구별하여야 한다. 헌법재판소는 축산업협동조합중앙회와 축산업협동조합(지역별 · 업종별 축산업협동조합)의 특성을 따르면, 이들은 공법인적 성격과 사법인적 성격을 함께 갖춘 중간적 성격의 단체인 것은 분명하나, 먼저 지역별 축산업협동조합은 그 존립목적과 설립형식의 자주성에 비추어 보면, 오로지 국가의 목적을 위해서 존재하고 국가가 설립하는 공법인이라기보다는 사법인에 가깝다고 할 수 있고(헌재 1991. 3. 11. 90헌마28), 축산업협동조합중앙회는 지역별 축산업협동조합과 비교하면, 회원의 임의탈퇴나 임의해산이 불가능한 점 등 그 공법인성이 상대적으로 크지만, 이로써 축산업협동조합중앙회를 공법인이라고 단정할 수는 없고, 이 역시 그 존립목적과 설립형식의 자주적 성격에 비추어 사법인적 성격을 부인할 수 없다고 한다(헌재 2000. 6. 1. 99헌마553).

2. 기본권주체성 인정 여부

법인을 설립하여 법인 형태로 하는 활동도 결국 인간의 활동양식 가운데 한 가지이고 오늘날 법인은 자연인보다 더 큰 활동과 역할을 수행한다. 그리고 법인은 일종의 결사체로서 궁극적으로는 자연인의 이익에 봉사한다. 따라서 자연인이 개인적으로 영위하는 활동양식과 마찬가지로 때에 따라서 기본권을 보호할 필요성이 있어서, 기본권의 성질이 허용하기만 한다면 법인에도 해당 기본권의 주체성을 인정하여야 한다. 특히 자연인에게 고유한 특성인 정신적 · 신체적 속성을 전제로 하는 (이른바 인신전속적인) 기본권 외에는 널리 법인에도 기본권주체성이 인정된다. 즉 자연인에게 고유한 정신적 · 신체적 속성을 전제로 하는 기본권인 인간의 존엄과 가치, 생명권, 신체를 훼손당하지 아니할 권리, 인신의 권리, 양심의 자유 등은 법인에 인정될 수 없으나(헌재 2012. 8. 23. 2009헌가27), 평등권, 종교의 자유, 학문의 자유, 언론 · 출판의 자유, 집회 · 결사의 자유, 직업의 자유, 재산권과 사법절차적 기본권 등은 법인에도 인정된다. 재단법인도 해당 법인이 목적재산에 대한 출연자의 의사영속성을 보장하여 자연인의 기본권 행사를 쉽게 하고 촉진하므로 기본권주체성이 인정된다.

헌법재판소는 법인격 유무와 상관없이 단체로서 실체가 있는 한 독자적인 기본권주체성을 인정한다. 즉 헌법재판소는 사죄광고결정에서 법인도 인격권의 주체라고 인정한 바 있고(헌재 1991. 4. 1. 89헌마160), 민법상 비영리사단법인인 한국영화인협회에 기본권주체성을 인정한 적이 있다는(헌재 1991. 6. 3. 90헌마56) 점에 비추어 법인의 기본권주체성을 긍정하는 견해에 서 있다. 다만, 영화인협회 내부의 한 분과위원회인 감독위원회에 대해서는 단체로서 실체가 없다고 하여 기본권주체성을 부인한 바 있다(헌재 1991. 6. 3. 90헌마56).

3. 공법인의 기본권주체성

공법인은 국가목적을 달성하려고 국가가 설립한 공법상 법인이다(헌재 1996. 4. 25. 92헌바47). 공법상 사단법인인지는 ① 목적(구성원의 이익 도모 여부), ② 설립 · 해산의 자유(자주성, 자발성 여부), ③ 구성원의 지위(가입 · 탈퇴의 자유), ④ 재원조달방법, ⑤ 인사의 자율성(대표자 선출 등)을 기준으로 판단한다.

기본권은 공권력에 대한 개별 국민의 관계에 관한 것이다. 그래서 국가는 기본권의 수범자일 뿐이고, 국가 자신이 기본권의 관여자가 되거나 수익자가 될 수는 없으며, 더 나아가서 국가는 기본권주체도 될 수 없다(이른바 동일성논거나 혼동논거). 헌법재판소도 "국가나 국가기관 또는 국가조직 일부나 공법인은 기본권의 '수범자(Adressat)'이지 기본권의 주체로서 그 '소지자(Träger)'가 아니고 오히려 국민의 기본권을 보호 내지 실현해야 할 '책임'과 '의무'를 지니고 있는 지위에 있을 뿐이다."(헌재 1994. 12. 29. 93헌마120)라고 하여 공법인의 기본권주체성을 부정한다. 그러나 개인의 지위를 겸하는 국가기관과 관련하여 법조항이나 공권력 작용이 넓은 뜻의 조직 영역 안에서 공적 과제를 수행하는 주체의 권한이나 직무 영역을 제약하는 성격이 강하면 그 기본권주체성이 부정되지만, 그것이 일반 국민으로서 국가에 대해서 가지는 헌법상 기본권을 제약하는 성격이 강하면 그 기본권주체성을 인정할 수 있다. 문제 되는 기본권의 성격, 국가기관으로서 수행하는 직무와 제한되는 기본권의 밀접성과 관련성, 직무상 행위와 사적인 행위의 구별 가능성 등을 종합적으로 고려하여 개인의 지위를 겸하는 국가기관의 기본권주체성을 판단하여야 한다(헌재 2008. 1. 17. 2007헌마700).

공법인도 스스로 '기본권적 이익'을 누리면 '기본권적 가치'를 실현하여야 하는 의무와 조화로울 수 있는 범위 안에서 기본권주체가 될 수 있다. 공법인이 국가에 대해서 광범한 독자성과 조직법상 독자성이 있으면서 기본권적 보호영역이 공법인에 직접 귀속되면 공법인도 기본권의 주체가 될 수 있다. 예를 들어 국·공영 언론기관이 방송의 공정성을 확보할 필요성이 있는 때이다. 그리고 사법절차적 기본권을 행사하여야 할 필요가 있는 때도 기본권주체가 될 수 있다. 헌법재판소는 "다만 공법인이나 이에 준하는 지위를 가진 자라 하더라도 공무를 수행하거나 고권적 행위를 하는 경우가 아닌 사경제 주체로서 활동하는 경우나 조직법상 국가로부터 독립한 고유 업무를 수행하는 경우, 그리고 다른 공권력 주체와의 관계에서 지배복종관계가 성립되어 일반 사인처럼 그 지배하에 있는 경우 등에는 기본권 주체가 될 수 있다. 이러한 경우에는 이들이 기본권을 보호해야 하는 국가적 기능을 담당하고 있다고 볼 수 없기 때문이다."라고 한다(헌재 2013. 9. 26. 2012헌마271).

4. 그 밖의 단체의 기본권주체성

법인의 기본권주체성을 결정하는 표준으로서 사법상 권리능력 유무는 문제가 되지 않는다. 따라서 사단법인과 재단법인뿐 아니라 법인격 없는 사단과 재단도 성질상 법인이 누릴 수 있는 기본권의 주체가 될 수 있다. 따라서 법인격 없는 사단과 재단도 대표자의 정함이 있고 독립된 사회적 조직체로서 활동한다면 기본권주체성이 인정된다(헌재 1991. 6. 3. 90헌마56).

(1) 정당

정당은 구성원과 독립하여 그 자체로서 기본권주체가 될 수 있다(헌재 2008. 12. 26. 2008헌마419등). 정당은 먼저 정당활동의 자유를 포함한 정당의 자유를 누린다(헌재 2004. 12. 16. 2004헌마456). 그리고 정당의 법적 성격이 민법상 권리능력 없는 사단이므로 기본권의 성질이 허용하는 한 정당은 기본권의 주체가 될 수 있다. 그러나 정당에 포함된 공적 성격 때문에 일반적인 권리능력 없는 사단보다는 더 많은 제한을 받을 수 있다. 헌법재판소는 정당이 선거에서 기회균등권의 주체가 된다는 것을 인정하고(헌재 1991. 3. 11. 91헌마21), 정당의 재산권 주체성도 인정한다(헌재 1993. 7. 29. 92헌마262).

(2) 대학교

법인인 서울대학교와 인천대학교를 제외하고 국립대학교는 정부조직법 제4조 부속기관의 일종인 교육훈련기관으로서 종래 행정법이론상 영조물이다. 그리고 사립대학교는 대학교를 운영하는 법인의 산하기관으로 본다. 그러나 대학교는 법인격 없는 사단으로서 기본권주체가 될 수 있다. 헌법재판소는 (법인이 되기 전에 서울대학교 설치령에 따라 설치된) 서울대학교를 영조물로 보고도 기본권의 성질상 학문의 자유와 대학의 자치를 인정할 수 있다고 하여 대학의 사단적 성격을 특별히 검토하지 않았다(헌재 1992. 10. 1. 92헌마68등).

5절

기본권의 효력(기본권의무자)

Ⅰ. 기본권의 효력의 의의

기본권의 효력은 기본권규정의 구속력이 미치는 적용범위를 말한다. 적용범위에는 시간적 범위와 장소적 범위 그리고 인적 · 물적 범위가 있다. 기본권의 시간적 범위와 장소적 범위는 일반적인 헌법의 효력(적용범위)과 같아서 특별히 문제 되지 않는다. 그러나 인적 · 물적 범위에는 많은 논란이 있고, 더욱이 헌법현실 변화로 중요한 문제로 떠오른다. 따라서 기본권의 효력이라고 하면 일반적으로 기본권의 인적 · 물적 범위를 가리킨다. 이러한 기본권의 효력은 그 대상에 따라 대국가적 효력과 대사인적 효력으로 나뉜다. 기본권의무자는 자기 행위에서 기본권 구속을 당하는 자를 말하는 것으로서 원칙적으로는 모든 공권력 주체를 말한다.

Ⅱ. 기본권의 대국가적 효력

기본권의 대국가적 효력(수직적 효력, 공권력 주체의 기본권적 구속)은 기본권이 개인과 국가의 관계에서 작용하는 구속력을 말한다. 기본권은 먼저 국가권력에 대해서 효력이 있다. 즉 기본권은 국가권력을 구속한다. 헌법 제10조 제2문은 "국가는 개인이 가지는 불가침의 기본적 인권을 확인하고 이를 보장할 의무를 진다."라고 규정하여 국가권력이 기본권에 구속됨을 표현한다.

Ⅲ. 기본권의 국고적 효력

1. 국가가 (활동)형식을 선택할 자유

국가가 공적 과제를 수행할 수단은 여러 가지가 있다. 오늘날에는 국가 과제가 더욱 더 다양해지면서 이를 위한 수단도 다각적으로 모색된다. 국가에는 공적 과제를 줄 뿐이고 그것을 수행하기 위한 수단은 강제되지 않는다. 그러므로 국가는 다양한 수단 중에서 가장 적합한 수단을 선택하여 공적 과제를 수행할 수 있다. 이러한 수단은 주로 공법적 형식을 취하지만, 때때로 사법적 형식을 취할 수도 있다.

2. 행정의 사법관계에 기본권의 구속력이 미치는가?

① 공법형식을 취함으로써 받는 기본권 제한을 회피하려고 행정주체가 '사법으로 도피할' 위험성이 있고, ② 국가의 사법적 활동도 사인의 사법적 활동과는 달리 공적 과제를 수행하려는 수단이며, ③ 비록 국가의 일정한 임무 수행을 위해서 사법형식을 이용하더라도 그것이 필요한 것일 수는 있으나 기본권에서 벗어나는 자유를 뜻하지는 않는다. 그리고 ④ 국가나 공법인은 행정의 사법관계 영역에서도 일반 국민의 대리인이고, ⑤ 헌법이 구성한 국가기관이 헌법 밖에 있을 수 없으며, 어떠한 때라도 사인처럼 마음대로 할 권리는 없다. 또한, ⑥ 행정과제를 적절하게 수행하기 위해서 자유권 구속에서 벗어날 수 있는 국고적 과제는 없다. 즉 행정에 필요한 유연성과 능률성은 국고행정이 기본권에 구속될 때도 충분히 충족할 수 있다.

따라서 ① 행정사법 영역에서 사법적 수단을 이용하기는 하지만, '공적 목적 달성을 위한 것이 분명하므로' 기본권의 구속력을 인정하여야 한다. (순수한) 국고관계 중 ② 조달행정작용은 공적 목적과 관련되므로 기본권의 구속력이 미친다고 보아야 한다. 그러나 ③ 영리작용은 국가가 기업의 의사 결정을 지배하거나 실질적으로 영향을 미칠 정도로 기업활동에 참가할 때만 기본권의 구속력이 미친다고 보아야 한다. 국가가 주주 지위에는 있으나 기업의 의사 결정에 영향을 미칠 수 없을 때까지 기본권의 구속력이 미친다고 볼 수는 없다.

3. 행정의 사법관계에 대한 기본권 구속력의 성질

행정의 사법관계에서는 행정법상 처분으로 인정할 수 없고 공법관계가 아니므로, 그 구제는 민사소송 형식을 취할 수밖에 없다. 따라서 민사법원 법관이 행정의 사법관계에 대한 위법성을 판단할 때 기본권을 근거로 할 수 있는지가 문제 된다. 주로 문제가 되는 것은 국가의 수의계약에 따른 평등권 침해 여부이다. 이때 국가에 사인과 같은 지위를 인정한다면, 일반적으로 사인 사이의 계약에서 나타나듯 계약의 자유 중 상대방결정의 자유에 따라서 누구를 계약상대방으로 결정하여도 평등권 침해 문제가 발생하지 않아야 한다. 하지만 현실적으로 이러한 때에 평등권 침해를 인정할 수 있다. 국가는 헌법국가가 형성된 이후로 사적 자치에 따라 활동하는 개인의 통일체가 아니라 이미 주어진 목적과 가치가 정당화하는 법적으로 구성된 공동체이기 때문이다. 헌법이 조직한 국가는 사인처럼 임의적인 자유가 없다. 국가는 활동의 기본적인 동기를 사적 효용성이 아니라 공익에서 찾고, 단지 그러한 근거에서만 대부분 고권적 수단으로 획득한 재정력을 사경제활동에 사용하는 것을 정당화한다. 따라서 국가는 어떠한 때도 옹근(완벽한) 사인이 될 수 없다. 그리고 이때 국가는 기본권의무자로서 기본권관계에서 당사자의 지위에 있는 것이지, 기본권주체의 지위에 있는 것이 아니다. 즉 이때도 국가에 대한 개인의 관계가 문제 된다. 게다가 기본권의 대국가적 효력도 기본권의 대사인적 효력과 마찬가지로 직접 적용할 수 있을 뿐 아니라 간접 적용할 수도 있다. 결국, 국고적 효력에서 기본권이 국가를 구속하는 것은 기본권의 대사인적 효력이 아니라 기본권의 대국가적 효력 때문이다.

Ⅳ. 기본권의 대사인적 효력

1. 기본권의 대사인적 효력 문제 배경

과거에는 군주로 대표되는 국가권력이 주로 개인의 자유를 침해하였다. 따라서 이에 대한 방어로서 기본권의 대국가적 효력이 주로 문제 되었다. 20세기에 들어서면서 사회적 세력이 국가에 버금가는 기본권에 대한 위협 요소로 등장하였다. 즉 사회적 세력의 기본권 침해가 빈번하고 치명적인 것으로 나타났다. 이에 따라 기본권 보장을 요구하는 전형적인 기본권 침해 상황이 사인과 국가의 관계 이외에 사인 서로 간의 관계에서도 나타났다. 침해당하는 당사자 처지에서는 국가 침해이건 사회적 세력 침해이건 차이가 없다. 따라서 국가의 침해에 대해서 방어할 필요가 있는 것과 마찬가지로 사인, 법인과 그 밖의 단체가 기본권을 침해하는 것에 대해서도 방어하여야 비로소 기본권이 충실하게 보장될 수 있다. 이러한 이유로 종래 대국가적 효력과 더불어 기본권의 대사인적 효력을 인정할 필요성이 생겼다.

2. 기본권의 대사인적 효력 개념

개인의 개인에 대한 기본권관계에서 기본권의 효력을 문제 삼는 것이 기본권의 제3자적 효력이다. 기본권의 제3자적 효력은 기본권이 사인 서로 간의 관계에서 작용하는 구속력을 말한다. 즉 사인과 사인의 관계에 기본권을 적용할 수 있는지, 적용할 수 있다면 어떠한 형식으로 적용하는지를 논의하는 것이 기본권의 제3자적 효력 문제이다. 이때 제3자는 개인(기본권주체)과 국가 이외의 사인(기본권주체)을 뜻한다. 그리고 개인의 개인에 대한 기본권관계에서 문제가 되는 기본권의 효력을 기본권의 대국가적 효력과 대비하여 기본권의 대사인적 효력이라는 이름으로 부른다. 또한, 기본권의 대국가적 효력이 상위에 있는 국가(공권력)와 하위에 있는 국민(개인) 사이에 미치는 것으로 수직적인 것이지만, 기본권의 제3자적 효력은 대등한 관계인 국민(개인)과 국민(개인) 서로 간의 관계에 기본권이 효력을 미치는지를 묻는 것이므로 기본권의 수평적 효력이라고 부르기도 한다.

3. 기본권의 대사인적 효력 문제구조

기본권의 대국가적 효력은 기본권관계 중 국가에 대한 개인의 관계에 해당한다. 이와 비교해서 기본권의 대사인적 효력은 개인에 대한 개인의 관계이다. 따라서 기본권의 대국가적 효력에서 국가는 기본권의무자로서 기본권관계의 직접적인 당사자로 나타난다. 하지만 기본권의 대사인적 효력에서는 국가가 개인과 개인 사이의 관계를 조정하고 해결하는 보호자의 지위에 있다. 즉 기본권의 대국가적 효력 문제에서는 기본권관계가 국민과 국가라는 양극 구조로 나타나지만, 기본권의 대사인적 효력에서는 사인과 사인의 양극 외에 국가까지 3각관계가 된다.

기본권의 대국가적 효력이 문제가 될 때는 기본권(규정)의 수범자인 국가와 기본권주체인 개인이 대립하는 구조이므로 기본권의 최대보장이라는 헌법 정신에 따라 국민의 기본권을 가능한 범위에서 넓게 보장해주는 방향으로 결정한다. 즉 국가는 국민에 대한 관계에서 기본권적 보호를 받을 수 없다. 이에 반해서 기본권의 대사인적 효력에서는 기본권을 조정하는 지위에 있는 국가 아래 두 기본권주체가 대립하는 형국이므로 어느 일방의 기본권을 절대적으로 우선하거나 상대방의 기본권을 옹글게(완벽하게) 배제할 수 없다. 기본권주체 사이의 관계에서 기본권이 일방에게 유리하게 작용하면, 상대방에게는 부담되게 작용한다. 따라서 두 기본권주체의 기본권이 부딪히는 상황에서 어느 일방의 기본권을 처음부터 간과하는 판단은 받아들일 수 없다. 그러므로 양 당사자의 기본권을 최적으로 조화롭게 실현하는 접점을 찾아야 한다. 즉 어느 한 기본권의 최대보장이 아니라 (충돌하는) 두 기본권의 최적보장이 문제 된다. 이러한 이유로 기본권의 대사인적 효력 문제에서는 기본권의 대국가적 효력 문제와 달리 신중하게 접근할 필요가 있다.

그리고 기본권이 사인 서로 간의 관계에 직접 적용된다면 기본권주체를 기본권의 의무주체로 만들게 될 것이라는 점을 명심하여야 한다. 이는 기본권을 날 것 그대로 사법관계에 적용할 수 없고, 최대한 순화하여서 사적 자치와 조화를 이룰 수 있도록 하여야 한다는 것을 뜻한다. 따라서 기본권의 대사인적 효력 문제를 해결할 때도 이점을 무시할 수 없다.

4. 학설과 판례

(1) 효력부정설

독일의 전통적 이론은 기본권의 대사인적 효력을 원칙적으로 인정하지 않았다. 즉 사인 서로 간의 법률관계에는 기본권의 효력이 원칙적으로 미치지 않는다고 보았다. 그 근거는 다음과 같다. ① 기본권의 대사인적 효력은 기본권의 일반적 전통과 개념에 어긋난다. 본질적으로 대국가적 방어권인 기본권은 국가권력만을 구속한다. ② 기본권의 대사인적 효력을 인정하더라도 독일 기본법 제9조 제3항과 같은 명문 규정이 있어야 한다. ③ 헌법제정자는 사인 간의 법률관계에 대한 규율권이 없다. ④ 헌법제정자는 명시적으로 기본권의 대사인적 효력을 인정하지 않았다. ⑤ 독일 기본법 제19조 제4항은 단지 공권력의 권리 침해만을 말한다. ⑥ 독일 기본법 제1조 제3항은 입법권, 집행권과 사법권을 구속한다고 명시적으로 규정할 뿐이지 사인을 구속한다고 규정하지 않았다. ⑦ 기본권을 사법관계에 적용하면 사법이 붕괴한다.

(2) 직접적용설

기본권은 공권력에 대한 주관적 공권뿐 아니라 사인에 대한 주관적 사권도 함께 부여하므로 구태여 사법상 원칙조항과 같은 매개물을 통할 필요 없이 직접 사인 서로 간의 법률관계에도 적용된다는 견해이다. 이 설은 전체 법질서의 통일성을 강조한다. 즉 헌법은 최고법이므로 모든 법은 헌법의 기초 위에서만 그리고 헌법의 테두리 안에서만 타당하고, 사법도 여기서 예외일 수 없다고 한다. 기본권이 사인 서로 간에 직접 적용된다고 하여 모든 기본권이 사법질서에서 효력이 있는 것이 아니라 헌법의 명문 규정상이나 기본권의 성질상 사인 서로 간에 직접 적용될 수 있는 기본권만이 직접 효력이 있다고 한다.

(3) 간접적용설

사인 간의 사적인 법률관계를 규율하는 것은 우선은 사법이고, 사법 영역에서는 강행규정이 지배하는 공법 영역과는 달리 사인 간의 자유로운 의사 합치를 먼저 존중하는 사적 자치의 원칙이 지배하므로, 공법인 헌법상 기본권규정을 사법관계에 직접 적용하면 사법의 고유성이나 사법의 독자성이 상실될 우려가 있다고 보고, 기본권은 사법의 일반조항을 매개로 일반조항 해석기준으로 작용함으로써만 간접적으로 사인 서로 간에도 적용될 수 있다는 견해이다. 이 학설을 따르면 기본권은 1차적으로는 국가권력에 대한 국민의 방어적 권리로서 주관적 공권이지만, 그와 더불어 공동생활의 기초가 되는 원칙규범이나 객관적인 질서의 요소도 된다. 이러한 원칙규범적 성격이나 객관적 질서의 요소로서 지니는 성격 때문에 공 · 사를 불문하고 모든 생활영역에 효과를 미치는 이른바 방사효과(放射效果: Ausstrahlungeffekt)가 있다. 기본권의 방사효과 때문에 신의성실원칙, 권리남용금지원칙, 선량한 풍속 유지, 불법행위 금지 등을 규정한 사법상 일반조항을 해석할 때 그 내용이 기본권적 가치로 채워져서 사인 서로 간의 법률관계에 적용되어야 한다는 것이다.

(4) 미국의 국가행위의제이론

미국에서는 사정부이론 관점에서 사인의 특정한 행위를 국가행위로 간주하여 헌법규정(수정 제14조의 평등보호조항)을 사법관계에 직접 적용하는 이론구성을 한다. 이를 국가유사이론이나 국가행위의제이론(state action doctrine)이라고 한다.

(5) 판례

대법원은 영업의 자유를 제한하는 약정의 효력에 관한 판시에서 "…… 본건 공약이라 함은 피고가 사단법인 대한환경위생협회 서울지부 미용분과위원회에서 협정한 요금 및 공휴일을 준수함과 동시에 종업원의 유인고용을 하지 않을 것을 약정하고, 위 사항을 위반할 때에는 위약금 10000원을 원고에게 지급한다는 내용으로 그 약정내용이 피고의 영업상 자유의 제한에 관한 약정을 무기한 허용함은 피고의 법률상 지위에 중대한 제한을 부과하는 것으로서 이와 같은 약정은 제한을 받는 자가 언제든지 일방적으로 해약할 수 있다고 해석함이 타당하다."라고 해서 헌법상 직업 선택의 자유와 관련해서 약정(계약)의 내용을 수정하는 해석을 한 바 있다(대법원 1964. 5. 19. 선고 63다915 판결). 그리고 대법원은 "헌법상의 기본권은 제1차적으로 개인의 자유로운 영역을 공권력의 침해로부터 보호하기 위한 방어적 권리이지만 다른 한편으로 헌법의 기본적인 결단인 객관적인 가치질서를 구체화한 것으로서, 사법(사법)을 포함한 모든 법영역에 그 영향을 미치는 것이므로 사인간의 사적인 법률관계도 헌법상의 기본권 규정에 적합하게 규율되어야 한다. 다만 기본권규정은 그 성질상 사법관계에 직접 적용될 수 있는 예외적인 것을 제외하고는 사법상의 일반원칙을 규정한 민법 제2조, 제103조, 제750조, 제751조 등의 내용을 형성하고 그 해석기준이 되어 간접적으로 사법관계에 효력을 미치게 된다. 종교의 자유라는 기본권의 침해와 관련한 불법행위의 성립 여부도 위와 같은 일반규정을 통하여 사법상으로 보호되는 종교에 관한 인격적 법익침해 등의 형태로 구체화되어 논하여져야 한다."라고 하였다(대법원 2010. 4. 22. 선고 2008다38288 전원합의체 판결).

5. 기본권의 대사인적 효력 작용방식

(1) 직접 적용되는 기본권

① 인간의 존엄(헌법 제10조 제1문 전단)

인간의 존엄에 대해서는 어떠한 차별도 인정할 수 없다. 그리고 인간의 존엄은 포기할 수 없으므로 개인이 국가나 사인에 대해서 자기의 존엄을 침해하도록 허용할 수 없다. 따라서 사법관계에서도 인간의 존엄을 침해하는 행위는 모두 헌법 위반이 된다. 이러한 까닭에 인간의 존엄은 사법관계에 직접 적용할 수 있는 기본권이다.

② 행복추구권(헌법 제10조 제1문 전단)?

행복추구권은 다른 자유권과 마찬가지로, 성질에 비추어 직접 적용할 수 있는 기본권이라고 볼 수 없다.

③ 근로3권(단결권, 단체교섭권, 단체행동권: 헌법 제33조)

근로3권은 근로자가 노동조합을 조직하여 단체행동이라는 실력을 배경으로 사용자와 단체교섭을 할 수 있는 권리를 규정한 것이므로 원칙적으로 국가가 아닌 사용자에 대한 근로자의 권리를 인정한 것이다. 따라서 근로3권은 성질에 비추어 사법관계에 직접 적용된다.

④ 언론 · 출판의 자유(헌법 제21조 제4항)?

헌법 제21조 제4항은 "언론 · 출판은 타인의 명예나 권리 또는 공중도덕이나 사회윤리를 침해하여서는 아니된다. 언론 · 출판이 타인의 명예나 권리를 침해한 때에는 피해자는 이에 대한 피해의 배상을 청구할 수 있다."라고 규정한다. 이 제2문의 규정내용에 착안하여, 언론 · 출판의 자유라는 기본권에 대해서만 특별히 직접적인 대사인적 효력을 헌법 스스로 인정한 것으로 보는 견해가 있다. 그러나 헌법 제21조 제4항의 손해배상청구권규정은 기본권 침해에 대한 구체적 구제방법을 법률에 유보하는 현행 헌법의 기본권제한체계에 비추어 민법의 불법행위책임규정을 염두에 두고 규정한 것이다. 따라서 이 조항은 언론 · 출판의 자유의 대사인적 효력을 인정한 조항이라고 볼 수는 없다.

⑤ 환경권(헌법 제35조)?

국민에게 환경보전의무가 있다고 하여 바로 환경권이 직접적인 대사인적 효력이 있다고 결론짓기는 어렵다. 그리고 환경권이 사법관계에서 중요한 의미와 기능이 있다는 것은 사실이지만 사권성이 한 층 더 강한 재산권이나 가족과 혼인에 관한 권리 등을 직접 적용할 수 있다고 하지 않는 점에서 사권성을 환경권이 직접 적용될 수 있는 근거로 삼기 어렵다.

(2) 성질상 사인 사이에 적용될 수 없는 기본권의 종류

기본권의 성질에 비추어 국가만을 수범자로 하면 제3자는 기본권에 관여할 수 없다. 이러한 기본권은 사인에 대한 관계에서는 적용할 수 없으므로 기본권의 대사인적 효력을 인정할 수 없다. 국가를 상대방으로 하여서만 주장할 수 있는 기본권에는 사법절차적 기본권[헌법 제12조의 고문을 받지 아니할 권리와 불리한 진술거부권(제2항), 영장제시요구권(제3항), 체포 · 구속이유를 알 권리(제5항), 변호인의 도움을 받을 권리(제4항과 제5항), 구속 적부 심사청구권(제6항)과 헌법 제27조의 재판청구권, 형사피해자의 재판절차진술권과 헌법 제28조의 형사보상청구권 등], 청구권적 기본권[청원권(헌법 제26조), 형사보상청구권(헌법 제28조), 국가배상청구권(헌법 제29조), 범죄피해자의 구조청구권(헌법 제30조) 등], 참정권[선거권(헌법 제24조), 공무담임권(헌법 제25조), 국민투표권(헌법 제72조, 제130조 제2항)], 소급입법의 참정권 제한과 재산권 박탈 금지(헌법 제13조 제2항) 등을 들 수 있다.

6절

기본권의 보호영역과 제약

Ⅰ. 기본권의 보호영역(보호내용, 보호범위)

1. 개념

(1) 기본권의 보호영역

개별 기본권에 특유한 사항적 · 내용적 범위를 기본권의 보호영역(보호범위)이나 기본권의 구성요건이라고 한다. 기본권의 보호영역은 기본권규정이 보호하는 생활영역, 즉 기본권규정이 삶의 현실 가운데서 보호대상으로 잘라내는 단면을 가리킨다. 보호영역은 제약의 대상으로서 제한을 통하여 축소될 수 있으므로 잠정적으로 보호되는 개별 기본권의 최대영역이다.

(2) 기본권 행사

기본권 행사는 기본권의 보호영역 안에서 하는 행동(태도)을 말한다. 기본권 행사는 작위(적극적 태도)뿐 아니라 부작위(소극적 태도)도 포함한다. 그리고 단순히 처한 상태를 뜻하기도 한다. 이처럼 기본권 행사는 가능한 한 넓게 이해되어야 한다.

(3) 기본권 보장

기본권은 그 보호영역 안에서 주관적 권리와 객관법적 효과(제도보장과 객관법적 내용

등)를 보장한다. 기본권 보장은 기본권이 법적으로 구성한 보호작용(효과)을 뜻한다. 기본권 보장은 기본권의 보호영역과는 구별된다. 예를 들어 평등권은 기본권으로서 보장되지만 대상자에 대한 차별만을 문제 삼으므로 보호영역은 문제 되지 아니한다.

2. 보호영역 확정

기본권 문제 해결은 보호영역 확정과 동시에 시작된다. 개인이 어떠한 기본권을 원용(주장)할 수 있는지는 그의 태도가 어떠한 기본권의 보호영역 안에 속하는지에 의존하기 때문이다. 기본권의 보호영역은 개별 기본권에 따라 별도로 확정되어야 한다. 서로 다른 행동을 하나로 묶어주는 공간적인 것으로 이해하지 말고, 기능 · 역할 · 주제를 중심으로 보호영역을 파악하여야 한다.

기본권의 보호영역은 개별 기본권규정 해석을 통해서 정해진다. 개별 기본권규정에서 보호영역은 객관적이고 예견할 수 있게 확정되어야 한다. 기본권의 보호영역은 문제되는 기본권 하나만을 고립시켜 보지 말고, 다른 기본권은 물론 그 밖의 헌법규정과 함께 체계적으로 종합고찰하여 일반적으로 확정하여야 한다. 보호영역의 일반적 확정은 다른 기본권이나 그 밖의 헌법규정을 체계적으로 함께 고려할 때 밝혀진다. 따라서 충돌하는 다른 기본권이나 그 밖의 헌법적 법익이 그 보호영역에 대한 제약을 정당화하는 것과 구별하여야 한다.

보호영역과 제한은 상호 관련되므로 보호영역에 대한 제한을 살펴보아야 비로소 보호영역을 확정할 수 있을 때도 있다. 즉 기본권이 무엇을 보호하는지를 물어야 할 때도 있다. 보호영역 범위와 제한 범위는 비례관계에 있다. 즉 보호영역이 넓게 설정될수록 제한의 폭은 넓어지고, 보호영역이 좁게 설정될수록 제한의 폭도 좁아진다. 다만, 보호영역이 좁게 설정되면 법익형량이 보호영역 확정단계에서 이루어져서 보호영역이 상대화하여 어떤 행위가 보호영역에 속하는지를 명확하게 판단하기 어려워진다. 그리고 비례성원칙이 적용되는 기본권 제약의 정당성 심사에서 보호영역 확정보다 더 엄격한 통제가 이루어진다는 점에서 기본권을 충실하게 보장하려면 보호영역을 되도록 넓게 확정하여야 한다. 구체적으로 보호영역에 포섭되지 못한다는 것은 (다른 보호영역에 포섭되지 않는다면) 헌법상 기본권적 보호를 받지 못한다는 것인데, 이는 헌법 제37조 제2항을 비롯한 일반적인 기본권 제한의 법리뿐 아니라 개별 기본권에 특유한 제한 법리가 적용할 수 없다는 것을 뜻한다. 그로 말미암아 기본권 위헌심사는 보호영역 해당 여부로 단순화하고 심사강도는 약해져 심사의 투명성과 명확성, 일관성, 엄격성 등을 확보하기 어려워진다. 이는 필연적으로 기본권 보호 약화로 이어질 수밖에 없다.

Ⅱ. 기본권 제약

1. 개념

(1) 기본권 제약

기본권 제약은 기본권의 보호영역에 속하는 개인의 행동(태도)을 전부나 일부 저지하는 것을 말한다. 기본권 제약은 개별적으로(행정처분, 판결 등)나 일반적으로(법률, 법규명령, 자치법규 등) 가능하다.

(2) 기본권 구체화

기본권 구체화는 선존하는, 즉 이미 존재하는 보호영역에 아무런 영향을 미치지 않을 때로서, 국가가 보호영역에 포함되는 개인의 행동(태도)을 저지하려고 하지 아니하고, 오히려 개인이 기본권을 실현하고 행사할 수 있도록 그러한 행동(태도)을 가능하게 해주는 것을 가리킨다. 기본권 구체화는 기본권실현적 구체화와 기본권 형성을 아우른다. 기본권실현적 구체화는 입법자가 기본권 내용을 행사할 수 있도록 법률을 만드는 것을 말한다. 기본권 형성은 입법자가 기본권 내용을 법률로 확정하는 것을 가리킨다. 기본권실현적 구체화는 참정권과 청구권적 기본권에서, 기본권 형성은 재산권과 사회권에서 주로 이루어진다. 입법자가 기본권을 구체화하고 형성할 수 있다는 것이 그가 기본권을 처분할 수 있다는 것은 아니다.

(3) 기본권 제한과 기본권 침해의 구별

기본권 제약이 정당성을 부여받으면 기본권 제한이고, 법적 한계를 넘으면 기본권 침해라고 한다. 즉 합법인 기본권 제약이 기본권 제한이고, 위법인 기본권 제약이 기본권 침해이다.

2. 제약 확정

(1) 고전적 제약 개념의 4기준

먼저 ① (기본권)제약(행위)은 목적적이어야 한다. 그래서 제약은 국가작용의 목적적 · 의도적 결과이어야 한다. 다른 목표를 지향한 국가적 행위의 의도되지 않은 결과는 제약이 아니다. 다음으로 ② 제약은 직접적이어야 한다. 즉 제약은 직접적인 국가작용의 결과이어야 한다. 국가적 행위의 의도는 있었으나 간접적인 결과는 제약이 아니다. 그리고 ③ 제약은 법적 효력 있는 법적 작용이어야 한다. 따라서 단순한 사실적 효력이 있는 작용은 제약이 아니다. 끝으로 ④ 제약은 명령 · 강제로 지시되고 관철되는 것이어야 한다. 따라서 일방적인 명령과 강제로써 지시되거나 관철되지 않으면 제약이 아니다.

(2) 현대적 제약 개념(제약 개념 확장)

고전적 제약에 해당하는 국가적 행위는 당연히 제약에 해당한다. 그러나 개인에게는 국가기관이 어떠한 목적을 위해서 어떠한 형태로 기본권에 영향을 미치는지는 중요하지 않다. 그리고 헌법의 궁극적 목적이 기본권 보장인 점에 비추어 기본권 제약 범위를 이렇게 좁게 보는 것은 문제가 있다. 현대적 의미의 제약은 기본권의 보호영역에 속하는 행동(태도)을 개인이 할 수 없게 만드는 모든 국가적 행위를 말한다. 제약은 기본권의 보호영역에 속하는 행동(태도)을 개인에게 불가능하게 만드는 모든 국가적 행위로서, 그것이 목적적이든 의도되지 않은 결과이든, 직접적이든 간접적이든, 법적이든 사실적이든, 명령 · 강제로써 이루어지든 불문한다. 다만, 제약은 공권력의 귀책적 행위에서 나온 것이어야 한다.

7절

기본권 제한

Ⅰ. 기본권 제한의 의의

1. 기본권 제한의 개념

기본권 제한이란 기본권 제약이 있을 때 이를 일정한 한계(제한의 한계) 안에서 헌법이 정당화하는 것을 말한다.

2. 기본권 제한의 과제(법적 정서 필요성)

한 개인의 기본권, 다른 개인의 기본권, 국가적 과제 모두 헌법이 보호가치를 인정하여 보호한다. 따라서 기본권과 기본권 사이나 기본권과 공익 사이에서 발생하는 갈등은 이미 헌법내재적이다. 이러한 갈등을 해결하려고 헌법은 직접적으로나 간접적으로 법률에 위임하여 기본권과 기본권을 제약하는 다른 법익을 실제적 조화의 관점에서 정서함으로써 양 법익 모두가 주어진 상황에서 최대한의 유효성이 있을 수 있는 질서를 형성 · 유지하고자 한다.

3. 기본권 제한 대상

자유란 성질상 한계가 없어서 자유권만 기본권 제한 대상이 된다는 견해가 있다. 그러나 자유권을 포함하여 모든 기본권을 헌법이 보장하고, 그 헌법적 보장은 공익과 충돌할 때 제한될 수 있음을 전제하므로(기본권의 상대성) 모든 기본권은 제한 대상이 된다. 헌법 제37조 제2항도 기본권 제한 대상을 "국민의 모든 자유와 권리"라고 규정한다. 다만, 자유권 가운데도 성질상 제한이 불가능한 자유권(예를 들어 인간의 존엄과 가치, 내면적 · 정신적 자유)은 제한 대상이 될 수 없다.

Ⅱ. 기본권의 내재적 한계

기본권규정에서 보호대상으로 규정한 영역(구성요건) 자체에 한계를 그어서, 일정한 활동을 그 대상에서 배제하여 버리는 것이 기본권의 내재적 한계이다. 한국 헌법에서도 기본권내재적 한계를 인정하는 견해가 있다. 헌법재판소도 "개인의 성적 자기결정권도 국가적 · 사회적 공동생활의 테두리 안에서 타인의 권리 · 공중도덕 · 사회윤리 · 공공복리 등의 존중에 의한 내재적 한계가 있는 것"이라고 하여 내재적 한계를 인정한 적이 있다(헌재 1990. 9. 10. 89헌마82). 그러나 한국 헌법은 일반적 법률유보를 둠으로써 법률유보가 없다는 의미의 절대적 기본권을 인정할 수 없다. 즉 국민의 모든 자유와 권리는 법률로써 제한할 수 있다(헌법 제37조 제2항). 따라서 독일에서 절대적 기본권 제한을 위해서 구성된 기본권의 내재적 한계이론을 도입할 실익이 없다.

Ⅲ. 헌법유보(헌법직접적 기본권 제한)

1. 개념과 유형

헌법유보는 헌법 스스로 개별 기본권에 제한을 명시하는 것을 말한다. 이를 달리 헌법(자체)에 의한 기본권 제한, 헌법직접적 기본권 제한, 헌법적 한계 등으로 부르기도 한다. 헌법유보에는 일반적 헌법유보와 개별적 헌법유보가 있다. 일반적 헌법유보는 헌법이 직접 기본권 일반에 대해서 제한을 규정한 것을 말한다. 개별적 헌법유보는 헌법이 특정 기본권에 대해서 제한을 규정한 것을 말한다. 한국 헌법에는 일반적 헌법유보에 해당하는 규정은 없다.

2. 특성

헌법유보에는 ① 독자적 제한근거를 설정할 때와 ② 법률유보를 통한 기본권 제한을 완화하여 더 강한 법률상 제한을 가능하게 할 때가 있다. 따라서 헌법유보에 근거한 제한법률은 법률을 통한 헌법유보 확인이지 새로운 기본권 제한을 창설하는 것이 아니다. 헌법유보는 기본권 제한의 한계가 아니라 기본권 제한의 헌법적 근거이다. 따라서 헌법유보는 기본권 제한을 더 쉽게 하고, 그에 따라 그에 대한 합헌성도 법률유보보다 완화하여 심사하여야 한다.

헌법 제37조 제2항은 모든 기본권 제한에 대해서 법률을 요구하고, 헌법유보에서는 헌법이 제한 요건을 구체적으로 규정하지 않아서 기본권이 과도하게 제약될 위험성이 있으며, 헌법유보에도 법치국가적 예견 가능성은 보장되어야 하므로 헌법유보에도 법률을 통한 구체화가 필요하다. 헌법 제37조 제2항은 기본권을 제한하는 모든 법률에 적용되어야 하므로 이는 헌법유보를 법률로 구체화할 때도 적용되어야 한다.

3. 헌법상 예

독자적 제한근거를 설정하는 것으로는 정당의 자유에 대한 헌법직접적 제한인 헌법 제8조 제4항이다. 헌법 제21조 제4항을 언론 · 출판에 대한 헌법직접적 제한이라는 견해도 있다. 헌법재판소는 헌법 제21조 제4항은 표현의 자유에 따르는 책임과 의무를 강조하는 동시에 표현의 자유에 대한 제한 요건을 명시한 규정이고, 헌법상 표현의 자유의 보호영역 한계를 설정한 것으로 볼 수 없다고 한다(헌재 2012. 11. 29. 2011헌바137). 그러나 헌법 제21조 제4항은 내재적 한계라거나 개별적 헌법유보로 보아 보호영역을 확정하는 기준으로 이해할 수는 없고, 이는 헌법 제37조 제2항의 일반적 법률유보에 대해서 특별가중요건을 규정한 것으로 이해하여야 한다. 헌법 제23조 제2항을 재산권의 헌법직접적 제한으로 보는 견해도 있다. 그러나 제23조 제2항은 재산권에 대한 입법적 제약의 헌법적 근거를 마련함으로써 재산권을 상대화한다. 이는 재산권의 제한규정이라기보다는 내용한계형성규정과 결합함으로써 기본권제한적 법률유보가 아니라 의무유보의 일종으로 보아야 한다.

가중적으로 기본권을 제한하는 것으로는 국가배상청구권 주체의 헌법직접적 제한인 헌법 제29조 제2항이 있다. 헌법 제33조 제2항을 근로3권 주체의 헌법직접적 제한으로 보는 견해도 있다. 그러나 헌법 제33조 제2항을 공무원인 근로자에 대해서 근로3권을 인정하되 '법률이 정하는 자'를 제외한 공무원의 근로3권을 제한할 수 있다는 취지로 해석하여 개별적 법률유보로 보아야 하고, 이 조항을 근거로 규정된 법률조항의 합헌성을 심사할 때는 헌법 제37조 제2항의 기본권제한요건을 적용하여야 한다.

Ⅳ. 법률유보(헌법간접적 기본권 제한)

1. 개념과 종류

법률유보는 입법권자가 제정하는 법률에 따라서나 법률에 근거하여 기본권을 제한할 수 있는 헌법적 근거를 말한다. 법률유보는 헌법간접적 기본권 제한, 헌법의 위임을 받은 법률에 의한 제한이라고도 부른다. 법률유보는 개별 기본권조항에 법률유보조항을 두는지 혹은 모든 기본권에 적용할 수 있는 법률유보가 일반적으로 규정되는지에 따라 개별적 법률유보와 일반적 법률유보로 나뉜다. 법률유보는 일정한 제약요건 부가 여부에 따라 다시 '단순법률유보'와 '가중법률유보'로 분류한다. 단순법률유보는 입법자가 일정한 요건의 제약 없이 개별 기본권을 제한할 수 있을 때를 말한다. 그에 반해서 가중법률유보는 헌법이 명시한 일정한 요건에 따라서만 기본권을 제한할 수 있을 때를 말한다. 가중법률유보에서 헌법제정자는 입법자가 법률로 제한할 특별한 요건이나 목적을 규범화하지만, 헌법유보는 헌법제정자 스스로 기본권으로 보장되는 한계를 규정하므로 양자는 구별된다.

2. 기능

법률유보는 역사적으로 군주의 자의적인 집행권 행사에서 시민사회를 보호하는 기능을 수행하였다. 군주가 사라지고 국민주권에 바탕을 둔 민주주의가 보편화하고 나서 법률유보는 집행권이 기본권을 제한할 때 법률의 수권을 요구함으로써 기본권 침해를 예방하는 역할을 담당하였다. 그러나 이때 법률의 수권은 구체적인 방법이 아닌 수권 여부만을 요구하였고, 입법부가 무분별하게 행정입법에 기본권 제한을 위임하여 기본권이 집행권 침해에서 효과적으로 방어될 수 없었다. 이에 따라 기본권 행사에 관한 모든 본질적인 결정은 입법부가 집행부에 위임하지 말고 스스로 하여야 한다는 본질성이론이 확립되었다. 그러나 본질성이론이 기본권 보장을 강화하려는 것이라고 하여 비본질적 제한을 집행부에 맡길 수 있다고 이해되어서는 안 된다. 오히려 기본권 제한뿐 아니라 국가의 조직 · 절차 · 급부 · 이행에 관한 모든 분야에 걸쳐 본질적인 기본방침은 입법부가 하여야 하는 것으로 이해되어야 한다. 이제 법률유보는 기본권 제한과 직접 관련이 없는 사항이라도 국가의 본질적 규범에 속하는 사항은 의회가 스스로 결정하여야 한다는 의회유보로 발전하였다. 헌법재판소도 "오늘날 법률유보원칙은 단순히 행정작용이 법률에 근거를 두기만 하면 충분한 것이 아니라, 국가공동체와 그 구성원에게 기본적이고도 중요한 의미가 있는 영역, 특히 국민의 기본권실현에 관련된 영역에 있어서는 행정에 맡길 것이 아니라 국민의 대표자인 입법자 스스로 그 본질적 사항에 대하여 결정하여야 한다는 요구까지를 내포하는 것으로 이해하여야 한다(이른바 의회유보원칙)."(헌재 1999. 5. 27. 98헌바70)라고 하여 법률유보를 의회유보로 이해한다. 그런데 헌법재판소는 법률유보원칙 준수는 기본권과 관련하여 국가 행정권의 기본권 침해가 문제 되는 때에 요청되는 것이지 기본권규범과 관련 없는 때까지 적용되어야 하는 것은 아니라고 한다(헌재 2010. 2. 25. 2008헌바160).

3. 헌법사적 고찰

대한민국 임시헌장(1944년 4월 22일 대한민국 임시정부 헌법 제5차 개헌) 제7조에서 "인민의 자유와 권리를 제한 혹 박탈하는 법률은 국가의 안전을 보위하거나 사회의 질서를 유지하거나 공공이익을 보장하는 데 필요한 것이 아니면 제정하지 못함"이라고 하여 법률유보조항을 두었다. 1948년 헌법에서는 개별적 법률유보를 두고, 제28조 제2항에서 "국민의 자유와 권리를 제한하는 법률의 제정은 질서유지와 공공복리를 위하여 필요한 경우에 한한다."라고 하여 기본권제한입법의 한계를 명시하였다. 1960년 헌법은 일반적 법률유보를 두었고, 1972년 헌법은 개별적 헌법유보와 일반적 법률유보를 아울러 두었으며, 1980년 헌법은 일반적 법률유보를 두었다. 현행 헌법은 제37조 제2항에 일반적 법률유보를 규정하고 몇 개의 개별적 법률유보규정도 있다.

4. 일반적 법률유보(헌법 제37조 제2항)

일반적 법률유보란 모든 기본권을 적용대상으로 하는 법률유보를 말한다. 헌법 제37조 제2항은 모든 기본권을 제한할 근거조항으로서 일반적 법률유보에 해당한다. 그리고 이 조항은 기본권을 제한하는 법률이 지켜야 되는 목적적 한계, 형식적 한계, 내용적 한계 그리고 방법적 한계를 밝히므로 기본권제한입법의 한계규정도 된다. 헌법재판소도 헌법 제37조 제2항은 기본권제한입법의 수권규정인 동시에 기본권제한입법의 한계규정이라고 한다(헌재 1990. 9. 3. 89헌가95). 그러나 엄격하게 말하면 헌법 제37조 제2항은 일정한 조건 아래에서만 기본권제한입법을 허용해 주는 '제한적 수권'규정이라고 보아야 한다.

5. 개별적 법률유보

(1) 개념

개별적 법률유보란 특정한 기본권을 적용대상으로 하는 법률유보를 말한다. 이는 다시 단순법률유보와 가중법률유보로 나뉜다. 단순법률유보는 직접 법률에 의하거나 법률에 근거하여 기본권을 제한하는 방식이고, 가중법률유보는 이렇게 제한하는 법률에 일정한 목적과 방법 등의 요건을 부가하는 방식이다.

(2) 존재 여부

① 헌법 제12조 제1항 제2문은 법률로 신체의 자유를 제한할 수 있다고 규정할 뿐 아니라 적법절차를 부기하므로 신체의 자유에 대한 개별적 법률유보에 해당한다. ② (i) 헌법 제23조 제1항 제2문은 내용과 한계를 함께 규정하는데, 굳이 제한 대신 한계라는 용어를 쓴 것은 이 조항이 기본권제한규정이 아닌 내용형성규정임을 명확히 밝힌 것으로 볼 수 있다. 특히 독일 기본법과 달리 일반적 법률유보인 헌법 제37조 제2항이 있는 한국 헌법에서는 헌법 제23조 제1항에서 제한의 근거를 찾을 이유도 없다. 따라서 헌법 제23조 제1항 제2문은 재산권에 대한 형성적 법률유보로 보아야 한다. (ii) 헌법 제23조 제3항은 보상을 전제로 재산권을 법률로써 제한하도록 함으로써 헌법 제37조 제2항보다 엄격한 조건 아래에서 재산권을 제한하도록 하므로 개별적 법률유보에 해당한다. 다만, '공공필요'라는 요건 아래에서 재산권을 제한할 수 있도록 함으로써 그 해석 여부에 따라 실체적 요건을 강화하거나 완화하는 면도 있다. ③ 헌법 제33조 제3항은 주요방위산업체의 특성에 비추어 여기에 종사하는 근로자의 단체행동권을 법률로써 제한하거나 인정하지 않을 수 있다는 것이다. 따라서 헌법 제33조 제3항은 개별적 법률유보로 보아야 한다.

6. 개별적 법률유보와 일반적 법률유보의 관계

개별적 법률유보는 헌법 제37조 제2항의 일반적 법률유보 때문에 실익이 크지 않다. 헌법 제37조 제2항이 규정하는 국가안전보장, 질서유지와 공공복리라는 개념은 매우 포괄적이어서 여기에 포섭될 수 없는 때는 거의 있을 수 없기 때문이다. 그러나 ① 개별적 법률유보를 살펴보면 헌법 제12조 제1항 제2문처럼 새로운 요건을 부과하여 기본권 제한을 엄격하게 하려는 때도 있고, ② 헌법 제33조 제3항과 같이 특정 범위에서 기본권 제한을 쉽게 하려는 때도 있다. 전자는 일반적 법률유보 적용을 제한하는 의미가 있고, 후자는 일반적 법률유보 적용을 완화하는 의미가 있다. 그리고 ③ (공공필요를 공공복리보다 넓다고 해석할 때) 실체적 조건을 완화하면서도 보상을 전제로 함으로써 제한을 엄격하게 하도록 하는 헌법 제23조 제3항처럼 한쪽에서는 기본권 제한을 완화하면서 다른 쪽에서는 기본권 제한을 엄격하게 하는 때도 있다.

7. 기본권제한적 법률유보와 구별되는 다른 유형의 법률유보 – 기본권구체화적 법률유보

법률유보는 헌법제정자가 기도한 목적에 따라 기본권제한적 법률유보와 기본권구체화적 법률유보로 구별할 수 있다. 기본권제한적 법률유보는 입법자에게 기본권을 제한하는 권한을 부여하는 것이고, 기본권구체화적 법률유보는 입법자에게 기본권의 보호영역을 형성하거나 확정하는 권한을 부여하는 것이다. 기본권구체화적 법률유보에는 기본권형성적 법률유보와 기본권실현적 법률유보가 있다. 기본권(내용)형성적 법률유보는 입법자에게 기본권의 내용을 확정하도록 수권하는 것을 말한다. 기본권형성적 법률유보는 재산권과 환경권 그리고 대부분의 사회권에서 볼 수 있다. 기본권실현적 법률유보는 입법자에게 기본권 내용을 행사할 수 있게 하는 법률을 제정하도록 하는 것을 말한다. 참정권과 청구권적 기본권의 법률유보가 기본권실현적 법률유보에 해당한다.

V. 기본권 제한의 특별한 유형

1. '특별공법관계(이른바 특별권력관계)'를 근거로 한 기본권 제한

특별공법관계(이른바 특별권력관계)는 특별한 공법적 목적을 달성하는 데 필요한 범위에서 포괄적으로 일방이 상대방을 지배하고 상대방은 복종하는 관계이다. 과거에 국민과 국가의 관계를 권력관계로 보아서 일반 국민과 국가의 관계를 일반권력관계로, 일반 국민보다 국가와 긴밀한 관계가 있어 국가와 특별한 관계에 놓이는 국민과 국가의 관계를 특별권력관계로 각각 불렀다. 이러한 특별권력관계이론은 19세기 후반 독일 입헌주의 아래에서 의회가 군주의 권력을 제한하는 반대급부로서 군주가 의회와 의회 의사인 법률을 통한 통제에서 자유로운 행정 영역을 보장해 주려고 탄생하였다. 오토 마이어를 따르면 행정의 일정 영역에는 기본권이 효력을 미치지 못하고(기본권 배제), 국가 침해를 다툴 수 없으며(사법심사 배제), 법이 규율하는 것이 아니라(행정의 법률적합성 배제) 행정규칙의 합목적성이 규율하는데, 이렇게 강화한 종속관계를 특별권력관계라고 불렀다. 오늘날 국민과 국가의 관계를 권력관계, 즉 일방적 지배복종관계로만 보는 데는 무리가 있으므로 특별공법관계라고 부르는 것이 타당하다.

특별공법관계(이른바 특별권력관계)는 법률규정에 따라서 성립하기도 하고, 상대방 동의를 통해서 성립하기도 한다. 전자는 병역의무자의 군입대, 법정전염병환자의 강제입원, 수용자의 교도소 수감 등이 있다. 후자에는 공무원복무관계, 국공립학교재학관계, 국립도서관 이용 등과 같은 임의적 동의와 학령아동의 초등학교 취학 등의 의무적 동의가 있다. 특별공법관계(이른바 특별권력관계)는 목적 달성(국공립학교 졸업 등), 관계 탈퇴(공무원 사임 등), 권력주체의 일방적 행위(퇴학처분 등)로 소멸한다.

특별공법관계(이른바 특별권력관계)에는 국가나 지방자치단체에 대한 포괄적 근무관계인 공법적 근무관계, 공법적 영조물을 이용하는 관계인 공법적 영조물 이용관계(예를 들어 국공립학교, 국공립도서관, 국공립병원의 이용관계, 교도소재소관계), 공공조합과 그 조합원의 관계인 공법적 사단관계, 공공조합, 특허기업자나 국가에서 행정사무 수행을 위임받은 이른바 공무수탁인이 국가의 특별한 감독을 받는 관계인 공법적 특별감독관계가 속한다.

국가의 목적 달성을 위해서 일정한 관계가 유지되고 기능하여야 한다. 그리고 그러한 특정목적을 달성하기 위해서 특별한 의무가 부과되거나 권리가 제한될 필요성이 요구되었다. 그래서 특별공법관계(이른바 특별권력관계)의 필요성이 인정되었다. 헌법 제7조와 제29조 제2항, 제33조 제2항, 제78조는 공무원복무관계, 제31조는 학교재학관계, 제12조와 제13조, 제27조, 제28조는 교도소재소관계, 제27조 제2항과 제39조, 제110조는 군인복무관계를 각각 규정한다.

현대 민주적 · 법치국가적 국가에서 법률유보, 기본권, 사법심사가 부정되는 특별공법관계(이른바 특별권력관계)를 인정할 수는 없다. 그러나 국가에서 공무원제도, 학교제도, 군대제도, 행형제도 등의 특별한 제도는 필요하다. 이러한 제도를 유지하거나 이러한 제도의 목적을 달성하기 위해서 특별한 제도마다 개별적인 고유한 질서가 요청된다. 그래서 특별공법관계(이른바 특별권력관계)의 전면 부정은 불가능하다. 따라서 특별공법관계(이른바 특별권력관계)에도 법치국가원리를 적용하여 기본권 제한의 한계를 적용하되 한계 일탈 여부 심사에서, 특히 비례성심사에서 완화한 기준을 적용할 것이 요구된다. 이러한 점에서 특별공법관계(이른바 특별권력관계) 문제는 기본권 제한의 예외적 허용 여부 문제가 아니라 제한 정도(에 대한 엄격성) 문제로 보아야 한다. 대법원(대법원 1982. 7. 27. 선고 80누86 판결)과 헌법재판소(헌재 1995. 12. 28. 91헌마80)도 특별공법관계(이른바 특별권력관계)에 기본권 제한의 한계가 적용된다고 한다.

2. 국가긴급권 규정에 따른 기본권 제한

(1) 국가긴급권 행사에 따른 기본권 제한

헌법이 규정한 정상적인 절차와 수단으로 제거할 수 없는 국가 존립이나 공공 안녕질서에 대한 심각한 위험에 직면하는 이른바 국가긴급사태를 해결하려고 국가긴급권을 인정하는 것은 불가피하다. 이러한 까닭에 국가긴급권 행사에 따른 기본권 제한은 헌법 자체를 수호하려는 것이다. 기본권은 헌법 핵심을 이루므로 이러한 국가긴급권 행사에 따른 기본권 제한은 궁극적으로는 기본권보호수단이기도 하다. 국가긴급권은 헌법 보호를 위해서만 행사되어야 하고 국가긴급권이 발동되어야 할 국가비상사태는 일시적인 헌법장애상태와 다르다. 그러므로 헌법에 국가긴급권의 발동기준과 내용 그리고 한계를 상세히 규정하여 국가긴급권 남용이나 악용 소지를 제거할 필요가 있다. 국가긴급권 행사가 오·남용되면, 곧 국가긴급권이 헌법질서를 수호하려는 목적이 아닌 다른 목적을 위해서 사용되면 저항권을 행사할 수 있다. 국가긴급권이 본래 목적에 따라 행사되어도 그것이 비례성원칙에 어긋나게 행사되어 국민에게 수인할 수 없는 손해를 발생시켰다면 사후에 정당한 보상이 이루어져야 한다. 국가긴급권 행사에 따른 기본권 제한은 법률이 아닌 법률의 효력이 있는 대통령의 명령으로 기본권을 제한하므로 기본권 제한의 형식적 요건을 배제한다. 이러한 점에서 국가긴급권 행사에 따른 기본권 제한은 기본권 제한의 예외적 유형에 해당한다.

(2) 긴급재정경제명령이나 긴급명령에 따른 기본권 제한

긴급재정경제명령과 긴급명령은 법률의 효력이 있으므로 헌법 제37조 제2항의 요건 아래에서 기본권을 제한할 수 있다. 긴급재정경제명령권은 "최소한으로 필요한 재정 · 경제상의 처분을 하거나 법률의 효력을 가지는 명령을 발할 수 있"는 권한이므로 그에 맞추어 재산권, 근로3권, 직업의 자유 등과 같은 경제적 기본권과 그에 관련되는 기본권만을 제한할 수 있다. 그와 비교해서 긴급명령에 따라서 제한될 수 있는 기본권은 그러한 제한이 없다.

긴급재정경제명령권이나 긴급명령권을 행사하여 기본권을 침해하였는지는 (i) 이러한 국가긴급권 행사가 헌법 제76조의 요건에 따라 발동되었는지, (ii) 헌법 제37조 제2항이 요구하는 기본권 제한의 한계를 준수하였는지라는 두 가지 방향에서 검토되어야 하고, 양자 모두 합헌적인 것으로 평가될 때만 정당한 제한으로서 인정된다. 그러나 헌법재판소는 "긴급재정경제명령이 아래에서 보는 바와 같은 헌법 제76조 소정의 요건과 한계에 부합하는 것이라면 그 자체로 목적의 정당성, 수단의 적정성, 피해의 최소성, 법익의 균형성이라는 기본권제한의 한계로서의 과잉금지원칙을 준수하는 것이 되는 것"이라고 판시하여 국가긴급권이 적법하게 행사되면 다시 과잉금지원칙을 검토할 필요가 없다는 견해를 취한다(헌재 1996. 2. 29. 93헌마186).

(3) 계엄에 의한 기본권 제한

① 계엄법 제9조 제1항의 문제점

헌법 제77조 제3항은 '비상계엄이 선포된 때에는 법률이 정하는 바에 의하여 영장제도, 언론 · 출판 · 집회 · 결사의 자유에 관하여 특별한 조치를 할 수 있다.'라고 규정하고, 계엄법 제9조는 이에 더하여 헌법에 규정되지 않은 거주 · 이전의 자유 또는 단체행동권 제한도 함께 규정한다. 헌법 제77조 제3항을 예시적 조항으로 보아 명시적으로 규정하지 않은 기본권에 대해서도 특별한 조치를 할 수 있으므로 계엄법 제9조는 합헌이라는 예시설과 헌법 제77조 제3항을 한정적 열거조항으로 보고 헌법에 비상계엄 선포 시 제한할 수 있는 것으로 특별히 규정하지 아니한 기본권에 대해서 계엄법이 그 제한 가능성을 확장하는 것은 기본권 보장 측면에서 위헌이라는 한정적 열거설이 대립한다. 예외규정은 엄격히 해석하여야 한다는 법원칙에 따라 헌법 제77조 제3항을 한정적 열거규정으로 보는 것이 타당하다. 다만, 헌법 제77조 제3항을 열거조항으로 보더라도 계엄법 제9조가 바로 위헌이 되는 것으로는 볼 수 없고, 일반적인 기본권 제한 법률유보 규정인 헌법 제37조 제2항에 따른 기본권 제한으로서 정당화할 수 있는지를 별도로 검토하여야 한다. 비상계엄이 선포되었을 때 비상계엄이 선포될 정도의 상황에서는 특히 거주 · 이전의 자유나 단체행동에 관해서 제한이 필요할 수 있다는 점을 고려하면, 헌법 제37조 제2항의 제한 한계와 관련하여 큰 문제는 없다. 따라서 계엄법 제9조를 근거로 제77조 제3항에서 규정한 것 이외의 기본권을 제한할 때도 헌법 제37조 제2항의 한계를 일탈하지 않는 한 헌법에 합치한다. 결론적으로 계엄법 제9조는 헌법에 합치한다.

② 계엄법 제12조 제2항의 문제점

계엄이 해제되면 해제된 날부터 모든 행정사무와 사법사무는 평상상태로 복귀하고(계엄법 제12조 제1항), 비상계엄 시행 중에 군사법원에 계속 중이던 재판사건 관할은 비상계엄 해제와 동시에 일반 법원에 이관함이 원칙이다. 그러나 대통령이 필요하다고 인정하면 군사법원의 재판권을 1개월 이내에 한하여 연기할 수 있다(계엄법 제12조 제2항). 대법원 다수의견은 헌법 제77조 제3항이 "비상계엄이 선포된 때에는 법률이 정하는 바에 의하여 … 법원의 권한에 관하여 특별한 조치를 할 수 있다."라고 규정한 점에 비추어 비상계엄 해제의 효력발생시기에 관한 사항도 법률에 위임한 것으로 보고, 계엄법 제12조 제2항 단서가 비상계엄 해제의 효력을 단계적으로 발생하도록 하여 일반 법원 재판권 복귀의 효력을 일시 연기한 것은 헌법 위임에 따른 것으로 합헌이라고 한다(대법원 1985. 5. 28. 선고 81도1045 판결). 그러나 이러한 해석은 헌법조항을 지나치게 확장 해석하여 국민의 기본권을 침해하는 것으로 따를 수 없다. 국가긴급권에 관한 엄격해석 원칙에 비추어 보면, 헌법 제77조 제3항의 취지는 '비상계엄이 선포된 때에', 즉 비상계엄이 선포되어 그 효력이 존속하는 동안만 법률로써 미리 정한 특별한 조치를 할 수 있다는 뜻이라고 해석된다. 그러므로 비상계엄 선포의 효력이 상실되고 나서 이러한 특별한 조치를 하거나 이미 한 조치를 연장한다는 것은 헌법 제77조 제3항에 저촉된다. 따라서 계엄법 제12조 제2항 단서는 헌법 제77조 제3항의 규정에 어긋난다. 그리고 계엄법 제12조 제2항 단서는 과잉금지원칙에 어긋나서 군사법원의 재판을 받지 아니할 권리도 침해한다.

③ 국가긴급권 행사와 사법심사 가능성

국가긴급권에 의한 기본권 제한에 대한 사법심사 가능성과 관련하여 (i) 정치문제는 정치에 관계되는 문제이고 이러한 문제는 재량행위이므로 사법심사에서 제외된다는 재량행위설, (ii) 정치문제는 성질상 헌법상 입법기관이나 집행기관에 맡긴 사항이므로 권력분립원칙에 비추어 사법권 관여가 허용되지 않는다고 하는 권력분립설, (iii) 정치문제가 사법심사 대상에서 제외되는 것은 법원이 다른 국가기관의 고도의 정치성 있는 행위에 관여하는 것을 스스로 자제하기 때문이라는 사법부자제설 등을 근거로 부정하는 견해가 있다. 대법원은 과거에는 "대통령이 제반의 객관적 상황에 비추어 그 재량으로 비상계엄을 선포함이 상당하다는 판단하에 이를 선포하였을 경우, 그 행위는 고도의 정치적, 군사적 성격을 띠는 행위라고 할 것이어서 …… 그 선포가 당연무효의 것이라면 모르되 사법기관인 법원이 계엄선포의 요건의 구비 여부나 선포의 당 · 부당을 심사하는 것은 사법권의 내재적인 본질적 한계를 넘어서는 것이다."(대법원 1981. 2. 10. 선고 80도3147 판결)라고 한데서 알 수 있듯이 소극적 태도를 보였다. 그러나 최근에는 "대통령의 비상계엄의 선포나 확대 행위는 고도의 정치적 · 군사적 성격을 지니고 있는 행위라 할 것이므로, 그것이 누구에게도 일견하여 헌법이나 법률에 위반되는 것으로서 명백하게 인정될 수 있는 등 특별한 사정이 있는 경우라면 몰라도, 그러하지 아니한 이상 그 계엄선포의 요건 구비 여부나 선포의 당 · 부당을 판단할 권한이 사법부에는 없다고 할 것이나, 비상계엄의 선포나 확대가 국헌문란의 목적을 달성하기 위하여 행하여진 경우에는 법원은 그 자체가 범죄행위에 해당하는지의 여부에 관하여 심사할 수 있다."(대법원 1997. 4. 17. 선고 96도3376 판결)라고 하여 통치행위에 대한 사법심사 가능성을 한정적으로 인정한다. 헌법재판소는 금융실명제와 관련한 대통령의 긴급재정경제명령에 대한 헌법소원사건에서 고도의 정치적 결단에 따라서 하는 국가작용이라고 할지라도 그것이 국민의 기본권 침해와 직접 관련이 있으면 헌법재판소 심판 대상이 된다고 하여 적극적인 견해를 취한다(헌재 1996. 2. 29. 93헌마186). 국가긴급권이 다른 국가작용과 비교해서 강한 정치적 성격이 있다는 점은 인정되지만, 모든 국가작용은 국민의 기본권을 존중하여야 한다는 점을 고려하면, 국가긴급권 행사가 국민의 기본권 침해와 직접 관련이 있으면 이에 대한 사법심사를 긍정하여야 한다.

8절

기본권 제한의 한계

Ⅰ. 기본권 제한의 한계

1. 형식적 한계

기본권은 정당한 절차에 따라 성립한 '법률로써' 제한할 수 있다. '법률로써'는 '법률에 의하여'와 '법률에 근거하여'를 포괄한다. 따라서 기본권 제한은 직접 법률에 의하거나 법률에 근거를 둔 법규명령이나 조례에 따라서만 가능하다.

(1) 법률에 의한 기본권 제한

'법률에 의하여'란 법률이 직접 기본권을 제한하는 것을 말한다. 여기서 법률은 형식적 의미의 법률, 즉 국회가 헌법과 법률이 정한 절차를 따라 법률 형식으로 제정한 법규범을 뜻한다. 그리고 법률에는 법률과 같은 효력이 있는 법규범, 즉 법률대위명령(긴급재정경제명령과 긴급명령: 헌법 제76조) 국회 동의가 필요한 조약(헌법 제6조 제1항과 제60조 제1항), 법률의 효력이 있는 일반적으로 승인된 국제법규(헌법 제6조 제1항)도 포함된다. 그러나 법률유사적 효력만 있는 관습법은 법률에 속하지 않는다.

(2) 법률에 근거한 기본권 제한

① 의의

'법률에 근거하여'는 법률이 법규명령이나 조례에 기본권 제한을 위임하는 것을 뜻한다. 권력분립원칙이나 법치국가원리를 따르면 국민의 기본권에 관한 사항은 법률 형식으로 규율하는 것이 원칙이다. 그러나 이 원칙을 예외 없이 관철하는 것은 사회현상이 갈수록 복잡하고 다양해지는 현대국가 실정에 비추어 사실상 불가능할 뿐 아니라 실제에 적합하지도 않다. 따라서 기본권 제한에 관한 사항을 법규명령이나 조례에 위임하는 것은 불가피하다(헌재 1996. 2. 29. 94헌마13).

② 위임 한계

법규명령은 행정기관이 헌법에 근거하여 국민의 권리 · 의무에 관한 사항을 규정한 것으로, 대국민적 구속력이 있는 법률하위의 일반적 · 추상적 규범이다. 법규명령은 (ⅰ) 수권(위임입법)근거가 형식적 법률에 있고, (ⅱ) 수권법률에 구체적 범위가 정해질 때 제정될 수 있다. 어떤 법규명령이 위임 근거가 없어서 위헌이었더라도 나중에 법률이 개정되어 위임 근거가 부여되면 그 때부터는 그 법규명령은 합헌이 된다. 그리고 법률 위임에 따른 합헌인 법규명령이 법률 개정으로 위임 근거가 없어지게 되면 그 때부터 그 법규명령은 헌법에 어긋나게 된다. 따라서 법령의 위임 근거 유무에 따른 유효 여부를 심사하려면 법률 개정 전 · 후에 걸쳐 모두 심사하여야만 그 법규명령의 시기에 따른 위헌 여부를 판단할 수 있다(대법원 1995. 6. 30. 선고 93추83 판결). 만약 수권이 불확정적이어서 그것이 어떤 때 어떤 의도로 행사될 지, 위임입법에 어떤 내용이 있을지 예측할 수 없으면 위임 한계를 일탈한 것이다. 법률에서 명시적으로 규정된 제재보다 더 가벼운 것을 하위 규칙에서 규정하더라도 만일 그것이 기본권 제한적 효과를 지니게 된다면, 이는 행정법적 법률유보원칙 위배 여부에도 불구하고 헌법 제37조 제2항에 따라 엄격한 법률적 근거를 지녀야 한다(헌재 2007. 11. 29. 2004헌마290).

(ⅰ) 포괄적 위임 금지: 포괄적 위임은 입법권 자체의 포기를 뜻한다. 따라서 포괄적 위임은 할 수 없고 구체적 범위를 특정하여 위임하여야 한다. (ⅱ) 국회의 전속적 입법사항 위임 금지: 헌법이 법률로만 규율하도록 한 사항은 집행부에 위임할 수 없다. 이러한 사항에는 국적 취득 요건(헌법 제2조), 죄형법정원칙(죄형법정주의: 헌법 제12조 제1항), 조세의 종목과 세율에 관한 사항[조세법률원칙(조세법률주의): 헌법 제59조] 등이 있다. 그러나 이러한 사항의 위임 금지 요구는 개별적인 때에 따라 그 정도를 달리 보아야 한다.

(iii) 처벌규정 위임 문제: 구성요건 측면에서 구체적 · 객관적으로 행위유형을 법률로 명시적으로 규정하여 놓고, 이를 좀 더 세부적으로 구체화하기 위한 내용 위임만 허용된다. 최고 한도에 관해서 법률이 명시하고, 그 한도 안에서 위임하면 처벌 한도도 위임할 수 있다. 헌법재판소는 "처벌법규의 위임은 특히 긴급한 필요가 있거나 미리 법률로써 자세히 정할 수 없는 부득이한 사정이 있는 경우에 한정되어야 하고 이러한 경우일지라도 법률에서 범죄의 구성요건은 처벌대상인 행위가 어떠한 것일 것이라고 이를 예측할 수 있을 정도로 구체적으로 정하고 형벌의 종류 및 그 상한과 폭을 명백히 규정하여야 한다."(헌재 1991. 7. 8. 91헌가4)라고 한다. (iv) 재위임 문제: 전면적인 내용의 재위임은 수권법 내용을 변경하여 권한을 주는 법률 취지에 모순되므로 허용되지 않는다. 그러나 해당 명령에서 대강적인 내용을 규정하여 모법에서 위임한 사항을 구체화하고, 다시 더 세부적 사항을 하위법령에 재위임하는 것은 가능하다(헌재 1996. 2. 29. 94헌마13). (v) 본질적 사항 위임 금지: 법률은 본질성이론을 따라 의회입법을 통해서 반드시 스스로 규율하여야 할 모든 본질적 사항에 관해서는 위임할 수 없다. 이러한 사항은 국민의 기본권 실현과 밀접한 관련이 있어서 법규명령보다는 법률을 통한 보장이 필요하기 때문이다.

③ 위임입법의 헌법적 근거

헌법 제75조는 "대통령은 법률에서 구체적으로 범위를 정하여 위임받은 사항과 법률을 집행하기 위하여 필요한 사항에 관하여 대통령령을 발할 수 있다."라고 하여 대통령이 위임명령과 집행명령을 제정할 수 있음을 규정한다. 그리고 헌법 제95조는 "국무총리 또는 행정각부의 장은 소관사무에 관하여 법률이나 대통령령의 위임 또는 직권으로 총리령 또는 부령을 발할 수 있다."라고 하여 총리령이나 부령의 근거를 제시한다. 이때 헌법 제95조에도 제75조의 '구체적으로 범위를 정하여'란 제한은 마찬가지로 적용된다. 위임입법이 국회규칙, 대법원규칙(헌재 2014. 10. 30. 2013헌바368), 헌법재판소규칙, 중앙선거관리위원회규칙일 때도 마찬가지이다. 이러한 규정은 위임입법 근거를 마련함과 동시에 그 한계를 제시하고, 법률의 명확성원칙을 행정입법에 관해서 구체화한 특별규정이다. 위임입법은 법률이나 상위명령에서 구체적으로 범위를 정하여 위임받은 사항에 관해서 법규의 성질이 있는 일반적 · 추상적 규범을 정립하는 것을 뜻하는 것으로서, 형식적 의미의 법률(국회입법)에는 속하지 않지만 실질적으로는 행정의 입법으로서 법률과 같은 성질이 있는 법규정립이라서 권력분립원칙이나 법치국가원리에 비추어 반드시 구체적이며 명확한 법률 위임이 필요하다(헌재 1993. 5. 13. 92헌마80). 그런데 포괄위임금지는 법규적 효력이 있는 행정입법 제정을 주된 대상으로 하고, 이는 자의적인 제정으로 입법부의 권한이나 의무를 침해하고 국민의 자유와 권리를 침해할 가능성을 방지하고자 엄격한 헌법적 기속을 받게 하려는 것이므로, 법률이 행정부가 아니거나 행정부에 속하지 않는 공법적 기관 정관에 특정 사항을 정할 수 있다고 위임하면 권력분립원칙을 훼손할 여지가 없어서 자치입법에 해당되는 영역으로 보아 자치적으로 정하도록 하는 것이 바람직하다. 따라서 법률이 정관에 자치법적 사항을 위임하면 헌법 제75조와 제95조의 포괄위임금지원칙이 원칙적으로 적용되지 않는다(헌재 2001. 4. 26. 2000헌마122).

④ 위임 형식

법률에서 하위법령에 위임할 때는 대통령령이나 총리령 · 부령 형식으로 하는 것이 원칙이다. 의회의 입법독점주의에서 입법중심주의로 전환하여 일정한 범위 안에서 행정입법을 허용하게 된 동기는 사회적 변화에 대응한 입법수요 급증과 종래 형식적 권력분립원칙으로는 현대사회에 대응할 수 없다는 기능적 권력분립론에 있다. 이러한 점을 고려하여 헌법 제40조와 헌법 제75조, 제95조의 의미를 살펴보면, 헌법이 인정하는 위임입법 형식은 예시적인 것으로 볼 수 있다. 그것은 법률이 행정규칙에 위임하더라도 그 행정규칙은 위임된 사항만을 규율할 수 있으므로, 국회입법원칙과 상치되지도 않는다. 다만, 형식 선택에서 규율 밀도와 규율 영역 특성이 개별적으로 고찰되어야 한다. 입법자가 상세하게 규율할 수 없는 영역이라면 집행부에 필요한 보충을 할 책임이 인정되고, 극히 전문적인 식견에 좌우되는 영역에서는 행정기관의 구체화 우위가 불가피할 수 있다. 그런데 법규명령에 대해 행정절차법은 입법예고, 예고된 입법안에 대한 의견제출 기회, 공청회 개최 등의 제도를 두나, 고시나 훈령 등 행정규칙의 제정 · 개정 · 폐지에 관해서는 아무런 규정을 두지 않는다. 그리고 법규명령은 법제처 심사를 거치고(대통령령은 국무회의에 상정되어 심의된다) 반드시 공포하여야 효력이 발생되지만, 행정규칙은 법제처 심사를 거칠 필요도 없고 공포 없이도 효력을 발생한다. 이러한 차이점으로 말미암아 법률이 입법위임을 할 때는 대통령령 · 총리령 · 부령 등 법규명령에 위임함이 바람직하고, 고시와 같은 형식으로 입법위임을 할 때는 적어도 행정규제기본법 제4조 제2항 단서에서 정한 바와 같이 법령이 전문적 · 기술적 사항이나 경미한 사항으로서 업무 성질상 위임이 불가피한 사항에 한정되고, 그러한 사항이라도 포괄위임금지원칙상 법률 위임은 반드시 구체적 · 개별적으로 한정된 사항에 대하여 하여야 한다(헌재 2004. 10. 28. 99헌바91).

⑤ 위임입법 한계로서 작용하는 "구체적으로 범위를 정하여"

헌법 제75조는 법률에 미리 대통령령으로 규정될 내용과 범위의 기본사항을 구체적으로 규정함으로써 집행권의 자의적인 법률의 해석과 집행을 방지하고 의회입법원칙과 법치국가원리를 실현하려는 것이다. "구체적으로 범위를 정하여"는 법률에 대통령령 등 하위법규범에 규정될 내용과 범위의 기본사항이 가능한 한 구체적이고도 명확하게 규정되어서 누구라도 해당 법률 자체에서 대통령령 등에 규정될 내용의 대강을 예측할 수 있어야 한다는 것을 말한다(헌재 1991. 7. 8. 91헌가4).

⑥ 예측 가능성 유무를 판단하는 기준

(ⅰ) 예측 가능성 유무는 해당 특정조항 하나만으로 판단할 것은 아니고 관련 법조항 전체를 유기적 · 체계적으로 종합 판단하여야 하고, (ⅱ) 각 대상법률을 성질에 따라 구체적 · 개별적으로 검토하여야 한다. 따라서 법률조항과 법률의 입법취지를 종합적으로 고찰할 때 합리적으로 그 대강을 예측할 수 없으면 위임입법 한계를 일탈하였다고 보아야 한다(헌재 1994. 7. 29. 93헌가12).

⑦ 위임의 구체성과 명확성 요구 정도 그리고 위임 필요성

위임의 구체성과 명확성 요구 정도는 그 규율대상의 종류와 성격에 따라 달라진다. (ⅰ) 특히 처벌법규나 조세법규와 같이 국민의 기본권을 직접 제한하거나 침해할 소지가 있는 법규에서는 구체성과 명확성의 요구를 강화하여 그 위임의 요건과 범위가 일반적인 급부행정법규보다 더 엄격하게 제한적으로 규정되어야 한다. 하지만 (ⅱ) 규율대상이 지극히 다양하거나 수시로 변화하는 성질의 것이면 위임의 구체성과 명확성 요건을 완화한다(헌재 1991. 2. 11. 90헌가27). 위임조항에서 위임의 구체적 범위를 명확히 규정하지 않더라도 해당 법률의 전반적 체계와 관련 규정에 비추어 위임조항의 내재적인 위임

의 범위나 한계를 객관적으로 분명히 확정할 수 있다면 이를 일반적이고 포괄적인 백지 위임에 해당한다고 볼 수는 없다(헌재 1997. 12. 24. 95헌마390). 그리고 법률이 일정한 사항에 관해서 직접 규정하지 않고 하위법령에 위임하려면 예측 가능성과 함께 위임 필요성이 인정되어야 한다. 전문적이고 기술적인 사항을 규율하는 때와 변화하는 상황에 즉각적인 대응이나 탄력적인 규율이 필요한 때는 위임 필요성이 커진다(헌재 2016. 7. 28. 2014헌바158등).

⑧ 조례에 대한 위임 정도

지방자치단체의 전권능성에 비추어 보면, 일반적인 조례 제정에서 법률 위임은 필요하지 않다(헌법 제117조 제1항, 지방자치법 제28조 본문). 그러나 헌법 제37조 제2항이 말하는 법률은 엄연히 국회가 제정한 형식적 법률을 상정하는 것이지 조례까지 포함하는 것으로 볼 수 없다. 따라서 기본권을 제한하는 조례는 법률 위임이 있어야 한다(지방자치법 제28조 단서). 그러나 (ⅰ) 조례 제정자인 지방의회는 선거를 통해서 그 지역적 민주적 정당성이 있는 주민의 대표기관이고, (ⅱ) 헌법이 지방자치단체에 포괄적인 자치권을 보장하는 취지로 볼 때, 기본권을 제한하는 조례에 대한 법률 위임은 일반적 · 포괄적 위임으로 충분하다(헌재 1995. 4. 20. 92헌마264등). 다만, 벌칙규정인 조례에는 죄형법정원칙(죄형법정주의)상 개별적 · 구체적 위임이 필요하다.

⑨ 위임한계 유월 여부 판단

법률이 특정 사안과 관련하여 하위법령에 위임하면 그 하위법령이 위임 한계를 준수하는지를 판단할 때는 해당 법률규정의 입법 목적과 규정 내용, 규정 체계, 다른 규정과 맺는 관계 등을 종합적으로 살펴야 한다(대법원 2012. 12. 20. 선고 2011두30878 전원합의체 판결). 특히 하위법령에 규정된 내용이 위임한 범위 안에 있는지를 판단할 때는 해당 특정 법령조항 하나만 가지고 판단할 것이 아니라 관련 법령조항 전체를 유기적 · 체계적으로 고려하여 종합적으로 판단하여야 한다. 수권법령조항 자체가 위임하는 사항과 그 범위를 명확히 규정하지 않더라도 관련 법규의 전반적 체계와 관련 규정에 비추어 위임받은 내용과 범위의 한계를 객관적으로 확인할 수 있다면, 그 범위 안에서 규정된 하위법령조항은 위임입법 한계를 벗어난 것이 아니다(헌재 2018. 5. 31. 2015헌마853). 법률의 위임규정 자체가 그 의미 내용을 정확하게 알 수 있는 용어를 사용하여 위임 한계를 분명히 밝히는데도 하위법령이 그 문언적 의미의 한계를 벗어났다든지, 위임규정에서 사용하는 용어의 의미를 넘어 그 범위를 확장하거나 축소함으로써 위임 내용을 구체화하는 단계를 벗어나 새로운 입법으로 평가할 수 있다면, 이는 위임 한계를 일탈한 것으로 허용되지 않는다(대법원 2012. 12. 20. 선고 2011두30878 전원합의체 판결).

⑩ 포괄위임금지원칙과 명확성원칙의 관계

일반적으로 법률에서 일부 내용을 하위법령에 위임할 때 위임을 둘러싼 법률규정 자체에 관한 명확성 문제는, 그 위임규정이 하위법령에 위임하는 내용과는 무관하게 법률 자체에서 해당 부분을 완결적으로 정하는지에 따라 달라진다. 즉 법률에서 사용된 추상적 용어가 하위법령에 규정될 내용과는 별도로 독자적인 규율 내용을 정하려는 것이면 별도로 명확성원칙이 문제 될 수 있다. 그러나 그 추상적 용어가 하위법령에 규정될 내용의 범위를 구체적으로 정하면 명확성 문제는 결국 포괄위임금지원칙 위반 문제로 포섭될 것이다(헌재 2011. 12. 29. 2010헌바385등).

(3) 법률에 대한 법치국가적 요청

① 일반적 법률일 것(일반성)

법률이 일반적이어야 한다는 것은 법률이 특정의 사람이나 사항에 적용되는 것이 아니라 불특정의 사람이나 사항을 일반적으로 규율하여야 한다는 것을 뜻한다. 이에 따라 개별법률이나 처분적 법률은 금지된다. 이러한 개별법률이나 처분적 법률의 금지는 법 앞의 평등에서 도출된다(헌재 1996. 2. 16. 96헌가2등). 개별법률은 전적으로 구체적인 때나 특정의 수범자만을 대상으로 하는 법률이다. 이와 비교해서 일반적 법률은 특정의 법적 효과와 결합한 구성요건을 일반적으로 규정하고, 추상적인 효력이 있는 표현에 따라 불확정다수에게 효력을 미친다. 하나의 규정이 고찰 대상인 사안의 특성상 그 이후의 사건을 포착하는 데 적합하다면 그것만으로 개별법률이라고 볼 수 없다. 하나의 구체적 사안에 관한 법률이더라도 다른 관점에서는, 즉 수많은 신뢰자를 고려하여 일반적인 효력이 있는 때도 있다.

헌법재판소는 처분적 법률을 행정적 집행이나 사법적 재판을 매개로 하지 아니하고 직접 국민에게 권리나 의무를 발생하게 하는 법률, 즉 자동집행력이 있는 법률이라고 정의한다(헌재 1989. 12. 18. 89헌마32등). 그러나 처분적 법률의 본질은 일반적 법률이 보편적 정의 추구라는 목적이 있는 것과 비교하여 구체적인 목적(정치적 · 경제적 · 사회적 · 문화적 목적)에 관한 수단이라는 점에 있다. 따라서 처분적 법률은 반드시 자동집행력이 있어야 하는 것은 아니다. 결국, 처분적 법률은 일반적 · 추상적 법률과는 달리 개별적 · 구체적 사항을 규율하는 법률, 즉 입법자가 구체적인 사안과 관련하여 특정의 구체적인 목적을 실현하려고 제정한 법률을 말한다. 처분적 법률에는 (i) 일정 범위의 국민만을 대상으로 하는 개별인법률, (ii) 개별적 · 구체적인 상황이나 사건을 대상으로 하는 개별사건법률, (iii) 시행기간이 한정된 한시적 법률의 세 가지 유형이 있다. 고전적 권력분립이 현대적 · 기능적 권력분립으로 바뀌고, 평등원칙에서 평등은 상대적 평등을 뜻하는 것으로 합리적 근거가 있는 차별을 허용하므로, 처분적 법률은 권력분립원칙 및 평등원칙과 모순되지 않는다. 헌법재판소도 "비록 특정법률 또는 법률조항이 단지 하나의 사건만을 규율하려고 한다 하더라도 이러한 차별적 규율이 합리적인 이유로 정당화될 수 있는 경우에는 합헌적일 수 있다. 따라서 개별사건법률의 위헌여부는 그 형식만으로 가려지는 것이 아니라, 나아가 평등의 원칙이 추구하는 실질적 내용이 정당한지 아닌지를 따져야 비로소 가려진다."라고 하여 합리적인 이유가 있으면 처분적 법률은 허용된다고 한다(헌재 1996. 2. 16. 96헌가2등).

② 명확성원칙

명확성원칙은 집행부가 법률에 근거하여 국민의 자유와 재산을 제약할 때 법률이 수권 범위를 명확하게 확정하여야 하고, 법원이 공권력 행사를 심사할 때는 법률이 그 심사기준으로서 충분히 명확하여야 한다는 것을 말한다. 명확성이 없는 법률은 일정한 법률목적 달성에 필요한 범위를 벗어나서 과도하게 기본권을 제약하므로 위헌이 된다. 명확성원칙은 법적 안정성을 요소로 하는 법치국가원리의 한 표현으로서 기본적으로 모든 기본권제한입법에 요구된다. 규범의 의미내용에서 무엇이 금지되는 행위이고 무엇이 허용되는 행위인지를 수범자가 알 수 없다면 법적 안정성과 예측 가능성은 확보될 수 없게 되고, 법집행 당국의 자의적 집행을 가능하게 하기 때문이다(헌재 1990. 4. 2. 89헌가113).

법률이 명확한지는 그 법률이 수범자에게 그 의미내용을 알 수 있도록 공정한 고지를 하여 예측 가능성을 주는지와 그 법률이 충분한 의미내용을 담고 있어서 그것을 해석 · 집행하는 기관의 자의적인 법해석이나 법집행이 배제되는지, 다시 말하면 예측 가능성과 자의적 법집행 배제가 확보되는지에 따라 이를 판단할 수 있다. 그런데 법률의 의미내용은 그 문언뿐 아니라 입법목적이나 입법취지, 입법연혁 그리고 법규범의 체계적 구조 등을 종합적으로 고려하는 해석방법을 통해서 구체화한다. 그러므로 결국 법률이 명확성원칙에 어긋나는지는 이러한 해석방법을 통해서 그 의미내용을 합리적으로 파악할 수 있는 해석기준을 얻을 수 있는지에 달려 있다(헌재 2018. 2. 22. 2016헌바401).

법률의 명확성원칙은 입법자가 법률을 제정할 때 일반조항이나 불확정개념을 사용하는 것을 금지하지 않는다. 수권법률의 명확성에 관한 요구는 규율대상의 특수성, 수권법률이 당사자에게 미치는 기본권 제한 효과에 따라 다르다. 즉 다양한 형태의 사실관계를 규율하거나 규율대상이 상황에 따라 자주 변화할 것으로 예상한다면 규율대상인 사실관계의 특성을 고려하여 명확성을 엄격하게 요구할 수 없다. 다른 한편, 기본권 제한 효과가 진지하면 할수록 수권법률의 명확성은 더욱 엄격하게 요구되어야 한다. 일반적으로 법률해석을 통해서도 행정청과 법원의 자의적인 법적용을 배제하는 기준을 얻을 수 없다면 그 수권법률은 명확성원칙에 어긋난다고 보아야 한다.

법적 명확성 요청이 구성요건과 법적 효과 등이 모두 서술적으로 규정되어야 함을 뜻하지 않는다. 그러나 먼저 (i) 법률을 적용하는 법관이 보충적인 가치판단을 통해서 그 의미내용을 확인할 수 있어야 한다. 그리고 그 결과 법을 해석 · 집행하는 기관의 자의적인 법해석이나 법집행을 배제할 수 있으면 어느 정도 추상적인 표현을 사용하였더라도 명확성원칙에 어긋나지 않는다. 다만, 해석자의 자의적인 판단에 따라 해석 내용이 좌우될 정도로 법문이 불명확하여서는 아니 된다. 이에 관한 판단에서는 법의 문언뿐 아니라 입법목적과 입법취지 그리고 법규범의 체계적 구조 등이 종합적으로 고려된다. 다음으로 (ii) 수범자인 국민 측에서 법문이 사회의 평균인이 그 뜻을 이해하고 위반에 대한 위험을 알 수 있어야 한다. 일정한 신분과 직업이나 지역에 거주하는 사람에게 한정하여 적용되는 법령은 그 사람들 중의 평균인을 기준으로 명확성 여부를 판단하여야 한다(헌재 2012. 2. 23. 2009헌바34).

죄형법정원칙(죄형법정주의)은 처벌하고자 하는 행위가 무엇이고, 그에 대한 형벌이 어떠한 것인지를 누구나 예견할 수 있으며, 그에 따라 자신의 행위를 결정할 수 있게끔 구성요건을 명확하게 규정하라고 요구한다. 그러나 처벌법규의 구성요건과 형벌을 단순한 의미의 서술적인 개념에 따라서 규정하여야 하는 것은 아니고, 처벌법규의 구성요건이 다소 광범위하여 어떤 범위에서는 법관이 보충적인 해석을 하더라도 그 점만으로는 헌법이 요구하는 처벌법규의 명확성에 배치되는 것은 아니다. 처벌법규의 명확성이 어느 정도 명확하여야 하는지는 일률적으로 정할 수 없고, 각 구성요건의 특수성과 그러한 법적 규제 원인이 된 여건이나 처벌 정도 등을 고려하여 종합적으로 판단하여야 한다(헌재 1994. 7. 29. 93헌가4등). 건전한 상식과 통상적인 법감정이 있는 사람이 그 적용대상자가 누구이고 구체적으로 어떠한 행위가 금지되는지를 충분히 알 수 있도록 규정된다면 죄형법정원칙(죄형법정주의)의 명확성원칙에 어긋나지 않는다. 그렇게 보지 않으면 처벌법규의 구성요건이 지나치게 구체적이고 정형적이 되어 부단히 변화하는 다양한 생활관계를 제대로 규율할 수 없기 때문이다(헌재 1998. 7. 16. 97헌바23). 따라서 처벌법규에서 어느 정도의 보편적이거나 일반적인 뜻을 지닌 용어를 사용하는 것은 부득이하다고 할 수밖에 없다. 그리고 해당 법률이 제정된 목적과 다른 법률의 연관성을 고려하여 합리적인 해석이 가능한지에 따라 명확성의 요건을 갖추었는지를 가릴 수밖에 없다(헌재 1996. 12. 26. 93헌바65).

③ 신뢰보호원칙

(ⅰ) 신뢰보호원칙의 의의

법치국가의 중요한 구성부분인 법적 안정성의 객관적 요소는 법질서의 신뢰성, 항구성, 법적 투명성과 법적 평화이다. 법적 안정성의 주관적 측면을 이루는 신뢰보호원칙은 이와 내적인 상호연관관계에 있다(헌재 1996. 2. 16. 96헌가2등). 신뢰보호원칙은 국가공권력 행사에 대한 개인의 보호가치 있는 신뢰가 있으면 이를 보호하여야 한다는 원칙을 뜻한다. 신뢰보호원칙은 법치국가원리의 파생원칙으로서 헌법의 보편적 원칙이므로 모든 공권력이 준수하여야 한다. 헌법재판소는 "신뢰보호의 원칙은 법치국가원리에 근거를 두는 헌법상의 원칙으로서 특정한 법률에 의하여 발생한 법률관계는 그 법에 따라 파악되고 판단되어야 하고, 과거의 사실관계가 그 뒤에 생긴 새로운 법률의 기준에 따라 판단되지 않는다는 국민의 신뢰를 보호하기 위한 것이나(헌재 1996. 2. 16. 96헌가2등 참조), 사회환경이나 경제여건의 변화에 따른 정책적인 필요에 의하여 공권력 행사의 내용은 신축적으로 바뀔 수밖에 없고, 그 바뀐 공권력 행사에 따라 발생한 새로운 법질서와 기존의 법질서와의 사이에는 어느 정도 이해관계의 상충이 불가피하므로 국민들의 국가의 공권력행사에 관하여 가지는 모든 기대 내지 신뢰가 절대적인 권리로서 보호되는 것은 아니라고 할 것이다(헌재 1993. 5. 13. 92헌가10등; 1994. 4. 28. 91헌바15등; 1995. 3. 23. 93헌바18등 참조)."(헌재 1997. 7. 16. 97헌마38)라고 한다.

신뢰보호원칙은 법치국가원리의 요소인 법적 안정성에서 도출되므로 신뢰보호원칙은 모든 공권력 영역에 적용된다. 이에 따라 입법부에서는 법률에 대한 신뢰 보호로, 집행부에서는 행정행위에 대한 신뢰 보호로 그리고 사법부에서는 기판력 문제로 각각 구체화한다. 헌법재판소도 "신뢰보호원칙은 법률이나 그 하위법규 뿐만 아니라 국가관리의 입시제도와 같이 국 · 공립대학의 입시전형을 구속하여 국민의 권리에 직접 영향을 미치는 제도운영지침의 개폐에도 적용되는 것이다."(헌재 1997. 7. 16. 97헌마38)라고 하여 신뢰보호원칙이 입법에 국한되는 원칙이 아님을 밝힌다.

(ii) 법률에 대한 신뢰 보호

신뢰보호원칙에서 특히 중요한 것은 시간적인 요소이다. 일정 법률의 효력 아래에서 발생한 법률관계는 그 법에 따라 파악되고 판단되어야 하며, 개인은 과거의 사실관계가 사후적으로 새로운 기준에 따라 평가되지 않을 것이라고 신뢰할 수 있어야 한다. 그러므로 법치국가적 요청으로 나타나는 신뢰보호원칙은 무엇보다도 소급효가 있는 법률과 밀접하게 관련된다. 구체적으로 어떤 법률이 이미 종료된 사실관계에 예상하지 못하였던 불리한 결과를 가져오는지 아니면 현재 진행 중이나 아직 종료되지 않은 사실관계에 작용하는 때인지에 따라 헌법적 의미가 달라진다(헌재 1996. 2. 16. 96헌가2등). 따라서 신뢰보호원칙을 국민과 입법자의 관계에 적용한 것이 바로 소급효 금지의 원리이다.

(iii) 법률에 대한 신뢰 보호의 헌법적 근거

법치국가원리는 한국 헌법에서도 이념적 기초가 됨과 동시에 헌법을 총체적으로 지배하는 지도원리로서 헌법의 기본원리이다. 법치국가원리는 헌법의 각 조항을 비롯한 모든 법령의 해석기준이 되고 입법권의 범위와 한계를 제시하는 것으로서 입법의 기준이 된다. 따라서 법치국가원리의 요소인 법적 안정성에서 도출되는 신뢰보호원칙은 헌법상 명문 규정 존재 여부와 관계없이 당연히 헌법상 인정된다. 그리고 한국 헌법은 제13조 제1항에서 신체의 자유에 관하여 소급제한을 금지하고, 같은 조 제2항에서 특히 참정권과 재산권의 소급박탈을 헌법적으로 금지한다. 나아가 헌법 제59조는 조세법률원칙(조세법률주의)을 채택하여 소급과세를 금지한다. 즉 헌법은 신뢰보호원칙의 입법영역 적용인 소급입법 금지 원칙을 신체의 자유, 재산권과 참정권 영역에 명시하여 인정한다. 헌법재판소는 대체로 법적 안정성설을 취하는 것으로 보인다(헌재 1995. 10. 26. 94헌바12). 그러나 소급입법에 따른 재산권 침해에 관해서는 기본권인 재산권에서 신뢰보호원칙을 도출하는 것으로 보인다(헌재 1995. 7. 21. 93헌가14).

(iv) 입법유형

법률의 시간적인 적용범위에 관해서 입법자는 일반적으로 세 가지 방법으로 입법대상을 규율할 수 있다. 먼저 ⓐ 좁은 뜻의 소급효가 있는 법률, 즉 과거에 대해서 효력이 있는 법률이고, 다음으로 ⓑ 앞날을 향해서 효력을 발생하지만, 이미 지난날에 발생한 법관계에도 작용하는 법률이며, 끝으로 ⓒ 전적으로 앞날에 발생하는 법관계에만 적용하는 법률이다. ⓐ가 진정소급효가 있는 법률에 해당되고, ⓑ는 부진정소급효가 인정되는 법률이며, ⓒ는 계획보장법률에서 문제가 된다.

(v) 법률에 대한 신뢰 보호의 적용영역

합헌적인 법률뿐 아니라 위헌법률 존속에도 신뢰 보호가 부정되지 않는다. 위헌으로 결정된 법률도 위헌결정이 내려지기 전까지는 합헌으로 취급되기 때문이다(헌재 2006. 3. 30. 2005헌마598). 다만, 신뢰 보호는 법률의 위헌 여부에 따라 차등된다. 즉 위헌법률에 대한 신뢰는 합헌법률에 대한 신뢰보다 보호 정도가 낮다.

법률에서 신뢰보호원칙이 문제 되는 때는 그 적용 당사자에게 불리한 때에 한한다. 당사자에게 유리하게 법률을 개정하면서 해당 개정법률을 당사자에게 소급 적용할 수 있게 하는 것은 신뢰보호원칙에 어긋나지 않는다. 그리고 입법자가 법률을 유리하게 개정하면서 이를 개정 전 행위나 사실에 소급 적용되도록 할 것인지는 입법자의 입법형성권에 속한다. 따라서 유리한 신법을 소급 적용하지 않아도 신뢰보호원칙에 어긋나지 않는다(헌재 1995. 12. 28. 95헌마196).

소급효가 있는 법률이 당사자의 신뢰를 침해하면 기본권 침해가 되는 것이 일반적이다. 그러나 한국 헌법은 개별 기본권을 구체적으로 규정하고 기본권은 아니지만, 제도보장 등에서 도출되는 주관적 권리도 보장한다. 그리고 신뢰보호원칙은 기본권의 보호영역 밖에도 적용된다. 따라서 헌법이 금지하는 소급효가 있는 법률인지를 판단할 때 반드시 기본권 침해를 요구하면 그 법률이 어떠한 기본권을 침해한 것인지를 불필요하게 검토하여야 할 수도 있고 신뢰보호원칙의 적용범위가 부당하게 축소될 수도 있다. 따라서 신뢰보호원칙을 적용할 때 기본권 침해를 요건으로 볼 필요는 없다. 헌법재판소도 소급효 금지 원칙을 적용할 때 기본권 침해를 별도로 요구하지 않는 것으로 보인다(헌재 1989. 12. 18. 89헌마32등).

조직규범이나 절차규범은 그 조직이나 절차 자체가 해당 규범에 따라 형성되므로 그 규범이 소급 적용될 여지가 없다. 그래서 일반적으로 조직규범이나 절차규범에서는 소급효가 있는 법률 문제가 발생하지 않는다. 공소시효를 사후에 연장하는 것과 같이 그 제도 자체가 절차법인지 실체법인지 자체가 불명확하고 그로 말미암아 이익이 박탈된다면 그 규정이 절차법이라고 하여 소급효 금지 원칙을 적용하지 않을 수는 없다. 이러한 때는 공소시효제도로 말미암아 당사자의 이익이 침해되므로 사후에 공소시효를 연장하는 법률을 적용할 때 소급효 금지 원칙이 해석기준이 되어야 한다.

(vi) (진정)소급효와 신뢰 보호

법률의 공포시행 이전에 그 효력을 발하거나 시행 이전의 사태를 대상으로 사후의 법을 적용 · 집행하는 것이 소급입법이다. 진정소급입법은 이미 지난날에 완성된 사실관계나 법관계를 규율하는 소급입법이다. 이러한 진정소급효가 있는 규범의 일반적 특징은, 제한 · 확정된 수범자의 범위에 대한 사후적인 제약을 규범 '목적'으로 한다는 것이다.

원래 국민은 현행법에 따라 어떤 행위를 하면서 원래 그 법률에서 정하는 법적 효과가 생길 것이라고 신뢰하는데, 만일 입법자가 사후적으로 소급입법을 제정하면 이러한 신뢰는 근본적으로 침해된다. 따라서 이러한 소급입법은 신뢰보호원칙에 따라서 원칙적으로 금지되는 것은 당연하다. 헌법재판소도 "기존의 법에 의하여 형성되어 이미 굳어진 개인의 법적 지위를 사후입법을 통하여 박탈하는 것 등을 내용으로 하는 진정소급입법은 개인의 신뢰보호와 법적 안정성을 내용을 하는 법치국가원리에 의하여 헌법적으로 허용되지 아니하는 것이 원칙"(헌재 1996. 2. 16. 96헌가2등)이라고 한다.

헌법재판소는 특단의 사정이 있으면, 즉 기존 법을 변경하여야 할 공익적 필요는 심히 중대하지만, 그 법적 지위에 대한 개인의 신뢰를 보호하여야 할 필요를 상대적으로 정당화할 수 없으면 진정소급입법이 예외적으로 허용될 수 있다고 하면서 ㉠ 국민이 소급입법을 예상할 수 있었던 때, ㉡ 법적 상태가 불확실하거나 혼란스러웠거나 하여 보호할 만한 신뢰 이익이 적은 때, ㉢ 소급입법에 따른 당사자의 손실이 없거나 아주 경미한 때, ㉣ 신뢰 보호 요청에 우선하는 심히 중대한 공익상 사유가 소급입법을 정당화하는 때를 그 예로 든다(헌재 1996. 2. 16. 96헌가2등). 대법원은 "납세자의 신뢰가 합리적 근거를 결여하여 이를 보호할 가치가 없는 경우, 그보다 중한 조세공평의 원칙을 실현하기 위하여 불가피할 경우 또는 공공복리를 위하여 절실한 필요가 있는 경우에 한하여 법률로써 그 예외를 설정할 수 있다."(대법원 1983. 4. 26. 선고 81누423 판결)라고 하여 소급입법 금지의 예외를 인정한다.

(vii) 부진정소급효와 신뢰 보호

부진정소급입법은 이미 지난날에 시작하였으나 아직 완성되지 아니하고 진행 과정에 있는 사실관계나 법관계를 규율대상으로 하는 소급입법을 말한다. 부진정소급입법은 원칙적으로 허용되지만 소급효를 요구하는 공익상 사유와 신뢰 보호 요청 사이의 교량과정에서 신뢰 보호 관점이 입법자의 형성권에 제한을 가한다.

법치국가적 신뢰 보호는 기본권 범주에서도 고유한 의미가 있다. 따라서 새로운 규정을 지난날에 발생한 사실관계에 확대하여 적용하는 것이 헌법적으로 허용되는지의 관점에서 신뢰 보호는 독자적인 기준으로 판단되어야 한다. 그러나 이러한 기준은 너무 추상적이어서 구체적 사안의 실제심사에서 아무런 기준을 제시해 주지 못하여 자의적 판단을 가져올 수 있다. 따라서 구체적으로 (가) 보호가치 있는 신뢰가 있는지, (나) 공익이 이러한 새로운 규정의 확대적용을 요구하는지, (다) 법률의 존속이익과 공익상 법률개정이익을 비교 형량하여 구체적일 때 어떠한 법익이 우위를 차지하는지를 순서대로 심사하여야 한다. 헌법재판소는 국가가 입법행위를 통해서 개인에게 신뢰 근거를 제공할 때 입법자가 자신의 종전 입법행위에 따라서 어느 정도로 구속을 받는지, 다시 말하면 법률존속에 대한 개인의 신뢰가 어느 정도로 보호되는지에 관한 주요 판단기준으로 법령 개정의 예측성과 유인된 신뢰 행사 여부를 제시한다. 먼저 법령 개정의 예측성과 관련하여 법적 상태 존속에 대한 개인의 신뢰는 그가 어느 정도로 법적 상태 변화를 예측할 수 있는지나 예측하였어야 하는지에 따라 상이한 강도가 있는데, 일반적으로 법률은 현실상황 변화나 입법정책 변경 등으로 언제라도 개정될 수 있으므로 원칙적으로 이에 관한 법률 개정은 예측할 수 있다고 보아야 한다고 한다. 다음으로 유인된 신뢰 행사 여부와 관련하여 개인의 신뢰이익에 대한 보호가치는 ① 법령에 따른 개인의 행위가 국가가 일정 방향으로 유인한 신뢰 행사인지, ② 아니면 단지 법률이 부여한 기회를 활용한 것으로서 원칙적으로 사적 위험부담의 범위에 속하는 것인지에 따라 달라지는데, 만일 법률에 따른 개인의 행위가 단지 법률이 반사적으로 부여하는 기회 활용을 넘어서 국가가 일정 방향으로 유인한 것이라면 특별히 보호가치가 있는 신뢰이익이 인정될 수 있고, 원칙적으로 개인의 신뢰보호가 국가의 법률개정이익에 우선된다고 볼 여지가 있다고 한다(헌재 2002. 11. 28. 2002헌바45).

④ 입법(자의)구상에서 체계정당성

체계정당성은 법규범 서로 간에는 규범구조나 규범내용에서 서로 상치되거나 모순되어서는 아니 된다는 것을 말한다(헌재 1995. 7. 21. 94헌마136). 입법자의 자의를 금지하여 규범의 명확성, 예측 가능성 및 규범에 대한 신뢰와 법적 안정성을 확보하기 위해서 체계정당성이 요구된다(헌재 2004. 11. 25. 2002헌바66). 체계정당성은 국가공권력에 대한 통제와 이를 통한 국민의 자유와 권리 보장을 이념으로 하는 법치국가원리에서 도출된다(헌재 2004. 11. 25. 2002헌바66). 체계정당성 요청은 같은 법률에서는 물론 다른 법률 사이에서도 존중되어야 하므로 규범통제는 불가피하다. 이때 다른 법률 사이의 관계는 수직적인 관계이든 수평적인 관계이든 상관없다. 따라서 상 · 하규범 사이의 통제와 동등규범 사이의 규범통제, 신 · 구규범 사이의 규범통제 등이 입법기능에서 반드시 선행되거나 병행되어야 한다. 체계정당성 위반은 그 자체로 헌법 위반으로 귀결되는 것이 아니라 비례성원칙이나 평등원칙 위반을 시사하는 징후에 불과하다(헌재 2004. 11. 25. 2002헌바66). 따라서 체계정당성을 위반한다고 하여 바로 위헌은 아니고, 비례성원칙이나 평등원칙과 같은 일정한 헌법규정이나 헌법원칙을 위반하여야 비로소 위헌이 된다(헌재 2004. 11. 25. 2002헌바66). 그래서 헌법의 규정이나 원칙 위반 여부를 판단하면 체계정당성 위반 여부는 별도로 판단하지 않는다(헌재 2020. 2. 27. 2015헌가4). 입법의 체계정당성 위반과 관련하여 그러한 위반을 허용할 공익적인 사유가 있다면 그 위반은 정당성이 인정될 수 있어서 입법상 자의금지원칙 위반이 아니다. 나아가 다양한 입법의 수단 가운데서 어느 것을 선택할 것인지는 원래 입법의 재량이라서 체계정당성 위반을 정당화하는 합리적인 사유 존재에 관해서는 입법의 재량이 인정된다. 결국, 이에 관해서 입법의 재량을 현저히 일탈한 것이 아니면 위헌 문제가 생기지 않는다(헌재 2004. 11. 25. 2002헌바66).

2. 목적적 한계

기본권의 법률유보에서 헌법제정권자가 달성하려는 궁극적인 목적은 기본권을 최대한 존중하면서도 헌법이 보호하는 그 밖의 법익, 기본원칙, 제도 등을 기본권적 가치와 조화롭게 할 수 있는 방법을 입법권자에게 모색시킴으로써 헌법적 가치를 전체적으로 그리고 통일적으로 실현하려는 것이다. 따라서 입법자는 기본권을 제한하는 법률을 제정할 때 헌법이 제시하는 목적을 존중하여야 한다. 국가안전보장이나 질서유지는 소극적인 개념이지만, 공공복리는 적극적인 개념이다.

(1) 국가안전보장

국가안전보장은 국가 독립, 영토 보존, 헌법과 법률의 규범력 유지, 헌법기관 유지를 뜻한다. 헌법재판소도 "헌법 제37조 제2항에서 기본권 제한의 근거로 제시하고 있는 국가의 안전보장의 개념은 국가의 존립 · 헌법의 기본질서의 유지 등을 포함하는 개념으로서 결국 국가의 독립, 영토의 보전, 헌법과 법률의 기능, 헌법에 따라 설치된 국가기관의 유지 등의 의미로 이해될 수 있"다고 한다(헌재 1992. 2. 25. 89헌가104). 국가안전보장은 외적 안전으로 이해될 수 있다. 외적 안전은 외부 위협을 제거하여 국가의 존립과 질서를 유지하는 것을 말한다. 한국 헌법은 1948년 헌법부터 1962년 헌법까지는 기본권 제한 요건으로서 질서유지와 공공복리만 규정하였고, 국가안전보장은 질서유지에 포함되는 것으로 이해하였다. 그러나 1972년 헌법에서 국가안전보장을 기본권 제한 요건으로 분리해 규정하여 현재까지 이어진다. 이러한 헌법사에 비추어 국가안전보장은 대내적 질서를 의미하는 질서유지와 구별되어 외부에서 국가질서를 지키는 것을 말한다.

(2) 질서유지

질서유지는 사회적 안녕질서를 말한다. 질서유지는 국가안전보장과 구별되어 국가 내부질서를 유지하는 것을 말한다. 여기에는 경찰법적 의미의 공공질서도 포함된다. 질서유지는 내적 안전으로 이해될 수 있다. 내적 안전은 국가 내부에서 공공질서를 형성하고 유지하여 내적 평화를 확보하는 것을 말한다. 내적 안전은 개인의 자유와 권리 행사를 위한 전제이다. 내적 안전의 핵심 과제는 자유와 권리 행사를 위협하고 침해하는 모든 형태의 제약행위에 대한 대응이기 때문이다. 내적 안전에는 물리적 안전과 법치국가적 안전이 포함된다.

(3) 공공복리

공공복리는 사회공동체의 상호이익, 즉 국민 공동 이익을 말하는 것으로 사회국가적 개념이다. 따라서 공공복리 내용은 사회적 정의 이념에 따라 결정되어야 한다. 추상적인 사회적 정의 원칙은 언제나 있지만, 그 구체적 내용은 언제나 같은 것으로 있는 것이 아니라 구체적 상황에 따라 바뀐다.

3. 방식적 한계 – 비례성원칙

헌법 제37조 제2항은 '필요한 경우'에 기본권을 제한할 수 있다고 규정한다. '필요한 경우'란 보호하려는 구체적 법익을 위해서 다른 방법으로는 달성할 수 없는 때를 말하고, 기본권을 제한할 때도 그 제한은 최소한도에 그쳐야 한다는 것을 말한다. 곧 '필요한 경우'란 기본권을 제한할 때 비례성원칙을 지켜야 한다는 것을 헌법에 명문으로 규정한 것이다. 비례성원칙은 경찰행정법에서 비롯하였다. 비례성원칙은 법치국가원리, 더 근본적으로는 공공의 이익을 보호하는 데 불가피한 한도 안에서만 공권력이 제한할 수 있다는 기본권의 본질 자체에서 도출된다. 헌법재판소는 과잉금지원칙을 비례성원칙과 같은 것으로 보면서 그 요소로서 목적의 정당성, 방법의 적정성, 피해의 최소성, 법익의 균형성을 든다(헌재 1990. 9. 3. 89헌가95). 헌법재판소가 (입법)목적의 정당성을 비례성원칙의 요소로 드는 것은 한국 헌법이 제37조 제2항에서 "국가안전보장 · 질서유지 또는 공공복리를 위해서"라는 명문 규정을 두기 때문일 것이다.

그러나 비례성원칙은 목적과 수단의 관계를 심사하는 모든 기준을 아우르는 것으로 이해하여 과잉금지원칙과 과소보호금지원칙, 나아가 자의금지원칙 등을 포함하는 상위 개념으로 이해하는 것이 비례성원칙의 기본개념에 대한 충실성과 개념 구별의 용이성이라는 측면에서 타당하다. 즉 목적과 수단 사이에 합리적 비례관계에 있어야 한다는 비례성원칙의 본뜻을 살려서 비례성원칙을 기본권 제한과 관련하여 목적과 수단의 관계를 심사하는 모든 기준을 아우르는 개념으로 이해하는 것이 바람직하다. 그리고 헌법 제37조 제2항의 '필요한 경우에 한하여'에서 오로지 과잉금지원칙만 도출된다고 볼 수 없다. 제한되는 기본권이 '자유권'에 국한되는 것이 아니라 '자유와 권리'이고, 기본권은 국가의 적극적 작위뿐 아니라 소극적 부작위를 통해서도 제한될 수 있기 때문이다. 또한, 비례성원칙은 목적과 수단의 관계를 전제로 한다는 점에서 과잉금지원칙에 목적의 정당성은 포섭될 수 없다. 결국, 목적의 정당성은 별도로 심사되어야 하고, 과잉금지원칙은 수단의 적합성, 최소제약성(필요성), 법익균형성(상당성)으로 이루어진다고 보아야 한다. 참고로 과잉금지원칙의 내용은 구체적으로 확정되거나 고정되지 않아서 개별 기본권의 본질과 기본권규정, 기본권관계의 유형 등에 맞게 채워 넣어야 하는 백지규범이다.

(1) 입법목적의 정당성

목적의 정당성은 국민의 기본권을 제한하는 입법은 그 목적이 헌법과 법률의 체계 안에서 정당성을 인정받으라고 요구한다. 이때 정당성은 그 자체의 목적이 정당하여야 할 뿐 아니라 헌법에 규정된 다른 헌법이념 · 헌법원리와도 배치되어서는 안 된다는 것을 뜻한다. 헌법 제37조 제2항은 이러한 기본권 제한 목적으로 국가안전보장, 질서유지, 공공복리를 든다.

(2) 수단의 비례성(과잉금지원칙)

과잉금지원칙은 수단의 적합성, 최소제약성, 법익균형성을 포함한다.

① 수단의 적합성

수단의 적합성(방법의 적절성)은 법률이 규정한 수단이 법률이 추구하는 목적을 달성하는 데 유효할 것을 요구한다. 수단의 적합성에서는 입법목적과 제약수단의 관계만 판단한다. 이때 입법자가 선택한 수단이 입법목적을 달성하는 데 이바지하는지(효과가 있는지)만 판단한다. 수단이 반드시 가장 효과적이거나 가장 적합하여야 하는 것은 아니다. 즉 입법목적을 옹글게(완벽하게) 달성하라고 요구하는 것이 아니고, 입법목적을 부분적으로 실현할 때도 적합성 요건은 충족될 수 있다. 사안이 너무 복잡하거나 전문적이어서 목적과 수단 사이의 관련성에 관한 판단이 어려우면 입법자의 판단을 존중하여야 한다. 즉 입법자의 판단이 잘못되었음을 증명하지 못하면 수단의 적합성은 부정되지 않는다. 따라서 일반적으로 사법통제는 수단이 입법목적을 달성하는 데 '명백하게 부적합한지'에 국한된다. 다시 말하면 의도된 목적 달성을 어렵게 하거나 목적 달성에 아무런 효과가 없을 때만 수단은 부적합하다. 이러한 점에서 적합성 요구는 최적화명령이 아니다.

입법자가 입법목적을 달성하려고 적합한 수단을 선택할 때 그러한 판단은 미래예측적 성격이 있다. 그래서 입법자는 법률효과를 판단할 때 재량이 인정되고, 그에 따라 이러한 판단에 대한 사법통제는 제한된다. 이러한 입법자의 재량은 법적 규율대상의 특성과 입법자의 정확한 판단 가능성, 관련 법익의 의미에 따라 달라진다. 선택된 수단이 입법목적을 달성하는 데 적합하여야 함은 당연하지만, 그 수단이 목적 달성을 위해서 유일무이한 것일 필요는 없다. 국가가 어떠한 목적을 달성하는 것이 하나의 수단만으로 가능할 수도 있지만, 여러 가지 수단을 병과하여야 할 때도 있기 때문이다. 물론 여러 가지 수단을 병과할 때 그 모두가 목적에 적합하고 필요한 한도 안의 것이어야 한다(헌재 1989. 12. 22. 88헌가13). 하지만 위헌 여부 판단에서는 원시적 위헌뿐 아니라 후발적 위헌도 문제가 된다는 점에서 위헌판단 시점은 법률 제정 시점이 아니라 법률 적용 시점이 기준이 되어야 한다.

② 최소제약성

최소제약성(필요성)은 기본권을 제약하는 수단을 선택할 때 최소한으로 제약하는 수단을 선택하라고 요구한다. 따라서 선택한 수단보다 기본권을 덜 제약하면서 같은 결과나 더 나은 결과를 얻을 수 있다면 최소제약성 요건은 충족되지 않는다. 즉 입법대안이 선택된 수단만큼 혹은 그 이상 효율적으로 입법목적을 달성하면서 기본권을 제약하지 않거나 선택된 수단보다 덜 기본권을 제약하면 최소제약성 요건에 어긋난다. 여기서는 최소제약성이라는 용어와 달리 제약이 최소한인지를 심사하지 않는다. 이러한 점에서 최소제약성 심사를 "목적을 달성하기 위하여 달리 덜 제약적인 수단이 없을 것인지 혹은 입법목적을 달성하기 위하여 필요한 최소한의 제한인지를 심사하기 보다는 '입법목적을 달성하기 위하여 필요한 범위 내의 것인지'를 심사하는 정도로 완화"하는 헌법재판소 판례(헌재 2005. 10. 27. 2003헌가3)는 문제가 있다. 헌법재판소가 침해의 최소성이라는 이름 아래 기본권을 필요 최소한도로 침해하는지를 판단하는 것은 이러한 용어에 관한 오해와 더불어 침해의 최소성과 법익의 균형성을 별도로 심사하지 않고 함께 심사하는 관행도 한몫하는 것으로 보인다.

비교대상이 되는 대안은 입법자가 본래 선택한 수단과 같은 정도의 효과, 즉 같은 정도의 입법목적 달성을 전제한다. 이는 단순히 기본권을 제약당하는 개인의 이익이 얼마나 적은지에만 초점을 두지 않는다는 것이다. 입법대안을 찾을 수 없으면 최소제약성은 충족된다. 최소제약성은 당연히 수단의 적합성을 전제한다. 입법대안은 같거나 더 효율적이어야 하므로, 더 많은 대가를 요구하여서는 아니 된다. 기본권을 최소한으로 제약하는 수단을 확정할 때 그 제약이 관련자에게 미치는 효과뿐 아니라 일반에 미치는 불이익도 함께 고려하여야 한다. 최소제약성에서는 제약의 임의성이나 필수성(헌재 2007. 5. 31. 2007헌바3), 원칙-예외 관계(헌재 1994. 7. 29. 93헌가4등), 인적 · 사항적 적용범위 제한 가능성(헌재 2007. 3. 29. 2005헌바33), 완화책 존재 여부(헌재 1998. 12. 24. 89헌마214등) 등을 주로 심사한다.

최소제약성을 충족하려면 선택된 수단 자체는 헌법에 합치되어야 한다. 최소제약성 요건을 충족하는 복수의 수단이 있을 수 있으므로, 최소제약성 요건 충족 여부를 판단할 때 입법자에게 평가 여지가 주어진다. 따라서 기본권을 최소한으로 제약하는 다른 수단이 명백하게 확인되면 그 법률적 규율이 최소제약성을 충족하지 않는다고 판단할 수 있다. 입법목적을 달성하기 위하여 가능한 여러 수단 중 무엇이 덜 제약적이라고 단정하기 어려운 상황에서 어떠한 수단을 선택할 것인지는 입법자의 형성권 안에 있다(헌재 2011. 2. 24. 2008헌바87). 기본권 제한은 기본권 행사 '방법'에 관해서 할 수도 있고, 기본권 행사 '여부'에 관해서 할 수도 있다. 최소제약성 관점에서 입법자는 기본권을 덜 제약하는 기본권 행사 '방법'을 규제하여 입법목적을 달성할 수 있는지를 먼저 시도하고, 이러한 방법으로 입법목적 달성이 어려우면 그다음 단계인 기본권 행사 '여부'를 규제하여야 한다(헌재 1998. 5. 28. 96헌가5). 수단의 적합성 정도가 같으면 제약 정도가 가장 적은 수단이 최소제약성을 충족하고, 제약 정도가 같으면 적합성 정도가 가장 큰 수단이 최소제약성을 충족한다.

③ 법익균형성

법익균형성(좁은 뜻의 비례성, 상당성)은 수단이 달성하려는 목적과 상당한 비례관계에 있을 것을 요구한다. 즉 일반을 위해서 달성하고자 하는 이익보다 제약되는 개인 희생이 더 커서는 안 된다. 법익균형성은 제약이 추구하는 목적과 관련이 있어야 한다는 것, 제약이 전체 평가에서 적절하고 (따라서) 관련자에게 수인을 기대할 수 있어야 한다는 것을 전제한다. 여기서 기본권 제약이 개인에게 초래하는 피해와 그 제약을 통해서 추구하는 목적이 올바르게 형량되고 양자가 균형을 이루어야 한다. 제약되는 기본권적 법익의 중요도, 기본권 제약 정도와 이것을 정당화하는 사유의 비중, 수단을 통해서 촉진되는 법익과 제약에 따르는 보상, 법익의 긴급성과 확실성, 대체 가능성 등을 종합적으로 형량하여 수인한도 안에 있어야 한다. 목적과 수단을 형량하는 가장 중요한 기준은 각 법익이 헌법에서 차지하는 비중이다. 기본권 제약이 중대할수록 기본권 제약을 통해서 달성하려는 목적도 그만큼 중요하여야 한다.

4. 내용적 한계 – 본질내용 보장

헌법 제37조 제2항 후단의 본질내용 보장은 독일 기본법 제19조 제2항에서 유래하였다. 이 규정은 1960년 헌법에 수용되어 계속되다가 1972년 헌법에서 삭제되었다. 그리고 1980년 헌법에서 부활하여 현행 헌법까지 이어진다. 최고법인 헌법이 규정하는 기본권을, 그것도 그 본질내용을 입법자가 법률로 제거할 수 없으므로, 즉 입법자가 법률로 헌법규정을 폐기할 수 없으므로, 본질내용 보장규정은 선언적 의의가 있거나 경고적 의의가 있을 뿐이라고 볼 수도 있다. 그러나 입법자는 기본권을 제한하여 기본권을 사실상 공동화할 수 있으므로, 이 규정은 공동화에 대한 방지규정으로서 의의가 있다. 본질내용 보장은 기본권을 제한하는 법률에서만 문제가 되는 것이 아니라 기본권 보호영역과 연관된 법률, 즉 기본권의 보호영역을 확정하거나 제한하는 법률은 언제나 본질적 내용 침해 여부의 심사대상이다. 그러나 본질내용 보장이 늘 절대적으로 보장되는 것은 아니다. 즉 헌법에 기본권의 본질내용도 제한할 수 있다는 특별규정(예를 들어 헌법 제126조)이 있으면, 헌법 제37조 제2항 적용이 배제될 수 있다.

본질내용 보장은 기본권 제한의 한계이므로, 제한될 수 있는 기본권에서 본질내용이 보장된다. 헌법 제37조 제2항에 따라 모든 기본권이 제한될 수 있으므로, 자유권에 국한되지 않고 모든 기본권에서 본질내용이 보장된다.

본질내용의 보장대상과 관련하여서는 기본권의 본질내용 보장의 판단 대상은 기본권이 개인에게 개별적으로 부여하는 주관적 권리내용이라고 보는 견해(주관설)과 기본권의 이중성을 전제로 어떤 기본권이 그 본질내용까지 침해되었다고 하려면 공동체에서 해당 기본권의 보장의의가 형해화하는 단계에 이르러야 한다는 견해(객관설)이 대립한다. 기본권 침해 여부는 해당 기본권을 원용하는 주체를 중심으로 개별적으로 판단하여야 하므로 주관설에 따라야 한다.

본질내용의 내용과 관련하여서는 모든 기본권은 절대적으로 침해할 수 없는 핵심영역이 있고 침해할 수 없는 한계가 있어 제한하고 나서도 남는 것이 있어야 한다는 견해(절대설)와 기본권의 본질내용이 구체적이면 서로 경합하는 이익과 가치의 형량을 통해서 확정되고 그 개념은 그때그때의 필요에 따라 더 넓게 혹은 더 좁게 이해할 수 있어서, 기본권 제한 정도는 충돌하는 이익에 달렸으며 국가적 이익을 고려하여 필요하면 기본권을 옹글게(완벽하게) 배제하는 데까지 제한할 수 있다는 견해(상대설) 그리고 기본권의 핵심을 절대적으로 보호하는 것은 긍정하지만, 예외적으로 공동체 존립을 위해서 필요한 범위에서는 공동체법익 보호를 위해서 개인 기본권의 핵심까지도 침해할 수 있다는 견해(절충설)가 대립한다. 헌법재판소는 "헌법에서 부여한 기본권을 법률로 그 범위를 제한할 수는 있으되, 제한하여야 할 현실적 필요성이 아무리 큰 것이고 또 강조될 것이라 하더라도 기본권을 근본적으로 잃게 하는 본질적 내용을 침해하는 기본권 제한 입법은 허용되지 아니함을 뜻한다."(헌재 1991. 7. 22. 89헌가106)라고 하여 절대설을 취하기도 하고, "사형이 비례의 원칙에 따라서 최소한 동등한 가치가 있는 다른 생명 또는 그에 못지아니한 공공의 이익을 보호하기 위한 불가피성이 충족되는 예외적인 경우에만 적용되는 한 그것이 비록 생명을 빼앗는 형벌이라 하더라도 헌법 제37조 제2항 단서에 위반되는 것으로 볼 수 없다."(헌재 1996. 11. 28. 95헌바1)라고 하여 상대설을 취하기도 하여 때에 따라 다른 견해를 취한다. 상대설은 그 내용이 실질적으로 비례성원칙과 같아서, 헌법 제37조 제2항에서 본질내용을 침해하여서는 안 된다고 별도로 규정한 취지가 무의미해진다. 그러므로 기본권 제한에서도 개별 기본권마다 침해할 수 없는 일정한 한계가 있다고 보는 절대설이 타당하다. 특히 1972년 헌법에서 본질적 내용 침해 금지를 삭제하여 기본권을 유린하였던 경험이 있는 한국 헌법에서는 본질내용의 보장내용을 비례성원칙과 실질적으로 같은 것으로 보는 것은 규정취지를 몰각한다.

헌법 제37조 제2항을 따르면 본질내용 보장은 기본권을 제한하는 입법자만을 수범자로 하는 것처럼 보인다. 하지만 본질내용 보장은 기본권을 제한할 권한이 있는 주체의 권한 행사 한계이다. 따라서 기본권을 제한할 수 있는 모든 국가권력을 수범자로 한다. 즉 입법자는 물론 집행부와 사법부도 본질내용 보장의 수범자이다. 그러나 공권력의 주체가 아닌 사인은 본질적 내용 보장의 수범자가 아니다.

Ⅱ. 기본권 제한의 특수사례

1. 기본권 경합

기본권 경합이란 한 기본권주체의 어떤 행위가 동시에 여러 기본권의 보호영역에 해당하는 것을 말한다. 이는 개인과 국가의 관계에서 발생하므로 기본권의 대국가적 효력 문제이다. 기본권 경합에는 ① 일반적 기본권과 특별 기본권의 경합, ② 제한 정도가 다른 기본권 사이의 경합, ③ 규범영역이 서로 다른 기본권 사이의 경합의 세 가지 유형이 있다.

외형상 기본권 경합처럼 보이지만 실제로는 기본권 경합이 발생하지 않을 때가 있다. ① 여러 기본권이 침해되더라도 실제로는 각기 독자적으로(대개는 차례로) 침해되어서, 각기 하나의 기본권만 문제 되면 기본권 경합은 성립되지 않는다. ② 기본권 경합을 주장하지만, 주장되는 기본권이 해당 기본권의 보호영역 밖에 있으면 기본권 경합이 성립하지 않는다.

① 경합하는 어떤 기본권이 다른 기본권과 비교해서 특별한 것이거나(예를 들어 개별적 자유권과 행복추구권의 관계), 사항적 · 기능적 관련성이 우선하면 그 기본권이 다른 기본권에 우선하고, 다른 기본권은 실익이 있을 때(예를 들어 독자적인 심사기준이 있거나 심사

강도가 더 강한 때)만 별도로 검토될 여지가 있을 뿐이다. ② 문제는 일반-특별의 관계도 성립하지 아니하고, 어떤 한 기본권의 사항적 · 기능적 관련성이 두드러지지도 않을 때의 해결방법이다. 이에 관해서는 (ⅰ) 사슬의 강하기는 그 가장 약한 부분에 따라서 결정된다고 하여 가장 약한 기본권의 효력만큼 보장된다고 보는 최약효력설, (ⅱ) 기본권존중사상에 바탕을 두어 효력이 더 강한 기본권이 기준이 되어야 한다는 최강효력설이 있다. 그러나 (ⅲ) 상호배척하는 관계에 놓이지 않는 한 기본권 다수를 원칙적으로 병렬적으로 적용하여 판단하여야 할 것이다. ③ 헌법재판소는 기본권이 경합하여 문제가 되면 기본권 침해를 주장하는 제청신청인과 제청법원의 의도 및 기본권을 제한하는 입법자의 객관적 동기 등을 참작하여 사안과 가장 밀접한 관계에 있고 침해 정도가 큰 주된 기본권을 중심으로 그 제한의 한계를 따져보아야 한다고 판시한 바 있다(헌재 1998. 4. 30. 95헌가16).

일반적으로 기본권이 경합하면 다수의 기본권 침해 여부를 심사하여야 하므로 기본권적 보호가 다중적으로 혹은 중첩적으로 된다. 따라서 기본권 경합은 기본권적 보호를 강화할 수 있다.

2. 기본권 충돌

(1) 기본권 충돌의 의의

기본권 충돌이란 기본권주체 둘 이상의 기본권적 법익이 맞부딪히는데, 국가가 그 법익 모두를 동시에 보호해 줄 수 없을 때를 말한다. 기본권 충돌의 개념요소는 ① 둘 이상의 기본권주체, ② 충돌하는 기본권적 법익, ③ 국가 개입 필요성이다. 여기서 둘 이상의 기본권주체는 꼭 구체적으로 특정되어야 하는 것은 아니고, 추상적으로 확정되는 것에 그치거나 존재가 예정되는 것만으로도 충분하다. 그리고 기본권적 법익은 주관적 측면에서 도출되든 객관적 측면에서 도출되든 상관없다. 즉 기본권 충돌은 반드시 주관적 권리 사이의 충돌이어야 하는 것은 아니고, 권리와 의무 혹은 가치 사이의 충돌도 기본권 충돌일 수 있다. 물론 여기서 의무나 가치는 기본권 관련성이 반드시 있어야 한다. 충돌하는 기본권주체의 기본권은 같을 수도 다를 수도 있다. 기본권 충돌에서는 한 기본권적 법익을 보호하려면 다른 기본권적 법익을 충분히 보호하지 못하거나 심지어 희생시킬 수밖에 없다는 점에 특징이 있다(헌재 2005. 11. 24. 2002헌바95등).

기본권 충돌을 복수의 기본권주체가 국가에 대해서 각기 기본권 적용을 주장하고 국가가 양자의 기본권을 동시에 보장해 줄 수 없을 때라고 정의하곤 한다(예를 들어 헌재 2005. 11. 24. 2002헌바95등). 그리고 기본권 충돌은 ① 헌법규정에서 여러 기본권주체의 주관적 권리가 도출되고, 이러한 주관적 권리가 구체적일 때 교차하여야 하고, ② 기본권이 구체화하는 객관적인 가치가 동시에 그 밖의 법질서에 '방사'됨으로써 같은 생활사태에 대해서 대립하는 평가에 이르러야 발생한다고 한다. 그러나 기본권(규범)이 주관적 측면뿐 아니라 객관적 측면이 있다는 점에서 주관적 측면끼리의 충돌뿐 아니라 객관적 측면끼리의 충돌이나 주관적 측면과 객관적 측면의 충돌도 있을 수 있다. 그리고 기본권주체 스스로 주장하지 않더라도 국가가 사전적으로, 예를 들어 법률을 제정하여 미리 기본권 충돌 해결을 도모할 수도 있다. 이러한 점에서 기본권 충돌을 주관적 권리끼리의 충돌에 국한할 이유는 없다.

① 기본권 경합은 한 사람의 기본권주체에 대해서 둘 이상의 기본권적 법익 보호가 문제 되는 때로 여기서는 전통적인 개인과 국가의 대립구조가 그대로 인정된다. 따라서 기본권 경합은 기본권3각관계에서 발생하는 기본권 충돌과 구별된다. ② 유사(사이비, 외견적)충돌이란 겉으로 보기에는 기본권 충돌처럼 보이나, 실제로는 문제가 된 행위가 어느 기본권주체의 기본권 보호영역에 속하지 않아서 충돌현상이 없는 때를 말한다. 예를 들어 출판업자의 종이 절도는 외견상 출판업자의 출판의 자유와 종이소유자의 재산권이 충돌하는 것처럼 보이지만 출판업자의 절도행위는 출판의 자유의 보호범위 밖에 있어서 기본권 충돌이 생기지 않는다. ③ 부진정한 충돌은 기본권과 기본권 사이의 충돌이 아닌 기본권과 그 밖의 헌법적 법익 사이의 충돌을 말한다. 예를 들어 청소년의 영화 관람 제한에서 청소년의 예술의 자유와 청소년 보호라는 헌법적 법익이 충돌한다.

(2) 해결책

기본권 충돌 문제를 해결하려면 충돌하는 기본권 서로 간에 이익형량이 이루어져야 한다. 헌법재판소(헌재 1999. 6. 24. 97헌마265)와 대법원(대법원 1988. 10. 11. 선고 85다카29 판결)도 기본권 충돌을 이 방법에 따라서 해결한 때가 있다. 기본권 충돌을 이익형량에 따라 해결하면 충돌하는 기본권 중 한쪽은 완벽하게 보호된다. 즉 한쪽 기본권은 제한 없이 보장되지만, 다른 쪽 기본권은 제한된다. 달리 말하면 다른 쪽 기본권은 한쪽 기본권을 제약하지 않는 범위에서만 보호된다(헌재 2004. 8. 26. 2003헌마457). 다만, 다른 쪽 기본권은 제한될 수 있을 뿐이지 보장받지 못하는 것은 아니다.

실제적 조화의 원칙(규범조화적 해석)은 어느 하나의 기본권을 다른 기본권에 우선하지 아니하고 헌법의 통일성을 유지하려고 충돌하는 기본권 모두가 최대한으로 그 기능과 효력을 나타낼 수 있도록 조화롭게 보장하는 방법을 찾으려는 것이다. 즉 실제적 조화의 원칙에 따른 해결은 충돌하는 기본권 중 한쪽만 제한 없이 일방적으로 보장하는 것이 아니라 충돌하는 기본권 모두를 적절하게 제한하는 것이다. 이익형량의 방법과 달리 기본권 안의 위계질서를 반드시 전제로 하지 않고 충돌하는 두 기본권의 효력을 함께 존중하는 방법을 찾으려고 노력하는 데 강점이 있다. 헌법재판소도 구 정기간행물의등록등에관한법률 제16조 제3항, 제19조 제3항의 위헌 여부에 관한 헌법소원 사건에서 피해자의 반론권과 보도기관의 언론의 자유가 충돌하는 때를 해결하기 위한 입법인 구 정기간행물의등록등에관한법률 제16조의 정정보도청구권제도는 기본권 충돌의 실제적 조화의 원칙에 따른 과잉금지원칙에 어긋나지 않는다는 취지의 판시를 하였다(헌재 1991. 9. 16. 89헌마165).

헌법의 통일성 유지 관점에서 실제적 조화의 방법이 타당하다. 그러나 이로써 모든 문제를 다 해결할 수 없으므로 두 방법을 모두 동원할 필요가 있다. 헌법재판소(헌재 2005. 11. 24. 2002헌바95등)와 대법원(대법원 2010. 4. 22. 선고 2008다38288 전원합의체 판결)도 두 가지 방법을 병용한다. 실제적 조화의 원칙에 따라 기본권 충돌을 해결하면 비례성심사를 하게 된다. 이때는 침해당하였다고 주장되는 기본권을 중심으로 검토하고, 목적의 정당성은 침해주체의 기본권이 정당화하므로 일반적인 비례성심사와 달리 별도로 심사할 필요는 없다. 기본권 충돌은 최종적으로 입법자가 입법을 통해서 해결한다. 이러한 입법이 있으면 기본권 충돌은 그 입법에 따라 해결된다. 다만, 이러한 입법의 합헌성이 문제 되면 다시 기본권 충돌의 법리가 문제 될 수 있다.

3. 기본권 포기

(1) 기본권 포기의 의의

기본권 포기는 기본권주체가 국가나 다른 기본권주체가 하는 구체적 기본권제약행위에 대해서 사전에 동의하는 것을 말한다. 기본권주체에게는 기본권 포기가 자기 결정에 따라 기본권적 보호법익을 처분한다는 점에서 기본권 행사이지만, 기본권이 제약되는 결과가 발생한다. 이러한 점에서 기본권 포기는 기본권 행사와 기본권 제약이라는 이중적 성격이 있다. 기본권 포기는 헌법이나 법률이 정당성을 직접 부여하지 않는 국가나 다른 기본권주체의 기본권제약행위에 헌법적 정당성을 부여하는 기본권주체의 동의를 뜻한다.

(2) 구별개념

① 기본권의 소극적 자유

기본권의 소극적 자유는 기본권 보호영역 안에 포섭되는 기본권의 내용이다. 기본권의 소극적 자유는 개별 기본권 자체의 산출물로서 기본권에서 (적극적) 행위권에 불행사의 (소극적) 자유가 대응될 때 인정된다. 그래서 기본권의 소극적 자유는 부작위를 통해서 실현되는 기본권 행사의 한 유형이다. 기본권의 소극적 자유에서 기본권주체는 기본권적 보호를 포기하지 않는다. 그에 반해서 기본권 포기는 적극적 작위를 통해서, 최소한 묵시적 행위를 통해서 이루어진다. 그리고 소극적 자유를 행사하는 사람은 언제나 적극적 자유를 행사할 수 있지만, 기본권을 포기한 사람은 포기를 철회하거나 철회할 가능성이 유보되지 않은 한 해당 포기에 구속된다.

② 기본권 불행사

기본권 불행사는 적극적 작위로 이루어진 기본권 내용을 행사하지 않는 것을 말한다. 이러한 점에서 부작위 자체가 기본권 내용인 소극적 자유와 기본권 불행사는 구별된다. 기본권 불행사는 의사 표시와 상관없이 발생하고, 법적 성질이 아니라 사실적 성질이 있을 뿐이다. 기본권 불행사로 말미암아 기본권주체의 행사 권한은 소멸하지 않으므로, 기본권주체는 일정한 기간 경과로 행사 권한이 소멸하지 않는 한 언제든지 기본권을 행사할 수 있다. 그리고 기본권 포기는 기본권제약행위에 헌법적 정당성을 부여하여 합헌화하지만, 기본권 불행사는 기본권제약행위의 위헌성을 제거하지 않는다. 따라서 기본권 불행사는 자유권 행사의 한 유형으로서 기본권 포기가 아니다.

③ 자초위해

자초위해는 기본권주체 스스로 기본권을 제약하거나 제약위험을 일으키는 것을 말한다. 자초위해에서는 기본권주체 자신의 행위가 기본권 제약이라는 결과를 일으킨다는 점에서 기본권주체 자신이 아닌 국가나 다른 기본권주체의 행위가 기본권을 제약하는 기본권 포기와 구별된다. 그리고 기본권 포기에서는 기본권주체의 포기의사가 반드시 필요하지만, 자초위해는 기본권주체의 고의뿐 아니라 과실로도 발생할 수 있다는 점에서 기본권주체의 의사가 필수적인 것은 아니다. 또한, 기본권 포기에서는 국가나 다른 기본권주체의 행위가 헌법적으로 정당성을 부여받는지가 주로 문제 되지만, 자초위해에서는 기본권주체의 행위를 제한할 수 있는지가 핵심문제이다.

(3) 기본권 포기의 허용 여부

주관적 권리 측면에서 기본권주체가 기본권적 이익과 지위를 자유롭게 처분하는 것은 권리의 구체적 내용으로 보장된다. 그에 반해서 객관법적 측면에서 기본권은 개별 기본권주체의 이익과 보호에서 벗어나 다양한 헌법적 보장과 의무를 요구한다. 따라서 기본권주체라도 자유롭게 기본권을 포기할 수 없다. 기본권적 법익이나 지위의 처분은 헌법 제10조 제1문 후단의 행복추구권에서 도출되는 일반적 행동자유권을 통해서 기본권적으로 보장된다. 따라서 기본권 포기를 일반적으로 금지하는 것은 헌법질서와 합치하지 않는다. 그러나 국가는 물론 기본권주체 자신도 헌법에 구속된다는 점에서 헌법질서에 어긋나거나 헌법이 보호하는 법익을 침해하는 기본권 포기는 허용될 수 없다. 그래서 다른 기본권 행사가 제한 없이 허용되는 것이 아닌 것처럼 기본권 포기도 제한 없이 허용될 수 없다.

(4) 기본권 포기의 인정요건

① 기본권주체가 기본권을 행사하므로, 기본권 포기는 원칙적으로 기본권주체만이

할 수 있다. 그러나 기본권주체도 기본권 보호영역 중에서 자신이 자유롭게 처분할 수 있는 영역에서만 기본권을 포기할 수 있다. 즉 기본권주체가 기본권을 포기하려면 기본권주체는 기본권의 향유자일 뿐 아니라 기본권의 처분권이 있어야 한다. ② 기본권 포기가 인정되려면 포기의사가 표시되어야 한다. 기본권 포기는 명시적인 의사 표시는 물론 묵시적인 의사 표시로도 가능하다. 행위로도 가능한데 이때는 행위에서 포기의사를 명확하게 확인할 수 있어야 한다. 그리고 기본권 포기는 쌍방적 의사 표시뿐 아니라 일방적 의사 표시로도 가능하다. 다만, 일방적 의사 표시이면 상대방이 이를 인식할 수 있어야 한다. 통신의 비밀과 같이 둘 이상의 기본권주체와 관련되는 기본권에서는 모든 기본권주체의 의사 표시가 있어야 한다. 포기의 의사 표시가 유효하려면 의사 표시 수신이 필요하다. 사적 자치의 취지에 비추어 당사자의 추정적 의사가 명확하게 확인될 수 있으면 다른 기본권주체에 대한 추정적 동의는 인정될 수 있다. 그러나 단지 제약만을 목적으로 한 국가행위는 동의가 실제 있어도 허용되지 않는다는 점에서, 사적 자치의 주체가 될 수 없는 국가에 대한 추정적 동의는 기본권주체의 가정적 의사에 합치한다는 것만으로 인정될 수 없다. ③ 포기는 자발적으로 이루어져야 한다. 즉 포기결정은 기본권주체의 자유로운 의사로 하여야 한다. 이러한 포기는 기본권주체가 포기 여부를 결정할 수 있음을 알고 자기 행위의 결과나 그 위험 그리고 포기의 사정거리와 의미를 명확하게 인식한다는 것을 전제한다. 그리고 자발적인 포기는 일정한 판단력을 바탕으로 한다.

(5) 기본권 포기의 효과

① 기본권 포기의 효과는 기본권 보호영역 일부에만 미친다. 따라서 기본권주체가 기본권을 포기하더라도 기본권은 소멸하지 않고, 단지 그 행사가 부분적으로 그리고 일시적으로 정지될 뿐이다. 이때 정지되는 기본권 행사는 기본권 제약에 대한 방어권 행사이다. ② 다른 기본권주체에 대한 기본권 포기가 인정되면, 다른 기본권주체의 기본권제약행위는 합헌적인 것으로 인정된다. 국가에 대한 기본권 포기는 국가에 새로운 권한을 부여하지 않는다. 국가는 자신의 권한 범위 안에서 활동할 수 있을 뿐이다. 기본권 포기는 국가가 자신의 권한을 행사할 때 부딪히는 장애를 일부 제거하는 기능만 할 뿐이다. ③ 기본권주체는 다른 약정이 없거나 헌법적 법익의 침해나 침해위험이 없는 한 원칙적으로 자유롭게 기본권 포기를 철회할 수 있다. 그러나 기본권제약행위 이전에만 기본권 포

기 철회가 가능하다. 따라서 기본권제약행위 이후에 기본권 포기가 철회되더라도 이미 한 기본권제약행위의 합헌성이나 정당성은 박탈되지 않는다.

(6) 기본권 포기의 한계

① 기본권 포기를 통하여 구체적 개별 사건에서 합헌적인 국가행위 범위는 확대된다. 다른 기본권주체에 대한 기본권 포기에서 다른 기본권주체는 유효한 포기 범위 안에서 자신의 사적 유용성에 따라 자유롭게 포기자의 기본권을 제약할 수 있다. 그러나 국가는 일반적인 기본권 제한처럼 기본권 포기에서도 국가안전보장 · 질서유지 또는 공공복리라는 목적을 위해서만 기본권을 제약할 수 있고, 여전히 비례성원칙에 따라 기본권을 제약하여야 한다. 다만, 이때 비례성원칙은 상당히 완화한 형태로 적용된다. ② 기본권 전체를 포기하는 것은 허용되지 않고 기본권의 개별 내용 중 일부만을 포기할 수 있을 뿐이다. 그리고 오직 특정된 사람이나 국가기관에만 기본권을 포기할 수 있다. 또한, 모든 시간에 대해서가 아니라 한정된 시간 안에서만 기본권 포기가 인정된다. ③ 헌법이나 법률에 명문의 금지규정이 있으면 기본권 포기는 허용되지 않는다. 그러나 기본권 제한에 따르는 법률유보(헌법 제37조 제2항 전단)는 기본권 포기에서 문제 되지 않는다.

2장 개별기본권론

1절

인간으로서의 존엄과 가치 · 행복추구권 · 평등권

Ⅰ. 인간으로서의 존엄과 가치

1. 인간으로서의 존엄과 가치의 법적 성격

(1) 인간의 존엄성의 의의

헌법 제10조 제1문 전단은 '모든 국민은 인간으로서의 존엄과 가치를 가지며'라고 규정하여 인간의 존엄성을 보장한다. 존엄만으로 충분한 본 규정에 가치를 명시한 것은, '가치'라는 말 자체에서는 아무런 적극적 표지를 발견할 수 없는 점에 비추어 '존엄'이 존재개념이 아니라 가치 개념임을 분명하게 밝히고, 헌법질서의 핵심규정에 명시함으로써 헌법의 가치질서적 성격을 뚜렷하게 하려는 것이다. 인간의 존엄성이란 모든 개개의 인간이 '단지 인간이라는 (종에 속한다는) 이유만으로' 인간으로 구성된 법공동체 안에서 인정받는 주체로서 가지는 기본적 지위, 즉 인격주체성을 말한다.

인격자 개념에는 가치 개념의 성격 이외에 평등 개념의 성격이 있다. 인격자는 역사적으로 주어진 특정한 법에 따라서 자기목적의 의의에서 인정되는 존재이고, 자기목적은 상하의 순위질서를 배척하기 때문이다. 이때의 평등은 합리적 차별이 가능한 상대적 평등 이전의 절대적 평등을 뜻한다. 인간의 존엄성은 상대적인 문화 관련이 있고 문화적 환경 속에 있으며, 동시에 경향적 · 보편적 특색이 있다. 즉 인간의 존엄성은 문화적 맥락 속에서 비로소 결정될 수 있다. 그리고 인간의 존엄성은 추상적으로나 상황에 무관하게 파악될 수 없어서 시간의 흐름 속에서 가변성이 있다.

(2) 인간의 존엄성의 특성

① 제한불가성

인간의 존엄성은 인간의 주체성을 국가(공권력) 또는 다른 개인이나 집단의 모든 침해에서 절대적으로 보호함으로써 비로소 그 인간이 독자적 존재로서 '있을 수 있게' 해 준다. 그러므로 그 '있음(존재)'에 바탕한 그들의 생활작용이 형성하는 헌법으로서는 그것을 제한할 수 없다. 따라서 헌법 제37조 제2항에 따른 기본권 제한 대상이 되지 않고, 헌법 자체의 제한도 자기부정으로 허용되지 않는다. 여기서 헌법 제37조에 따른 제한과 제76조 및 제77조에 따른 제한 그리고 특별공법관계(이른바 특별권력관계)에 따른 제한의 비대상성이 도출된다. 즉 인간의 존엄성은 절대적 가치가 있어서 이익형량 대상이 되지 않는다.

② 개정불가성

헌법의 목적은 인간의 존엄성 보호에 있다. 그러므로 헌법제정권력이든 헌법개정권력이든 인간의 존엄성을 침해할 수 없다. 따라서 헌법 개정 한계에 관한 명문 규정 유무와 관계없이 인간의 존엄성을 헌법으로 부인할 수 없다. 이러한 개정불가성은 문언이 아니라 실질적 실체와 규정의 의미와 관계된다. 따라서 형식상은 변경되지 않았더라도 사실상 인간의 존엄성을 침해하는 헌법 개정은 허용되지 않는다. 그리고 헌법 변천도 마찬가지이다. 나아가 헌법원리 차원에서 인간의 존엄성은 통제원리이므로 헌법 개정 한계가 된다.

③ 포기불가성

인간의 존엄성은 인간이 인간으로서 존재하는 데 필요한 절대적인 요소이다. 그러므로 인간의 존엄은 포기할 수 없다. 개인은 국가권력에 대해서 자신의 존엄 보호받기를 포기할 수 없다. 따라서 제약에 대한 승낙이나 동의는 법적으로 아무런 효력이 없고, 그것의 위법성을 조각할 수 없다. 즉 국가의 인간 존엄성 침해는 당사자의 승낙이나 동의 여부와 관계없이 언제나 위법하다.

④ 자연권성

헌법에서 인간의 존엄은 인간을 한계상황에서 구제하는 기능이 있다. 그리고 이러한 한계상황에 대처하여 자연법으로 소급하는 것이 교묘한 헌법이론적 근거 지움보다 더 효과적이다. 즉 인간 존엄의 비상제동적 기능은 자연법적으로 근거 지울 수 있고, 그렇게 하는 것이 그 기능에 더 적합하다. 또한, 헌법이론이 자신의 가능성을 과대평가해서는 안 된다는 것 그리고 헌법이론은 헌법의 작용능력 한계를 현실적으로 평가하여야만 한다는 것이 강조되어야 한다. 게다가 인간의 존엄성 보호가 국가 창설과 헌법 제정의 목적이므로 이를 국가나 헌법이 그 내용을 형성하거나 구체화한다는 것은 문제가 있다. 국가 창설이나 헌법 제정은 그 목적을 달성하고 수행하려는 수단에 불과하기 때문이다. 이러한 점에서 인간의 존엄성에 관한 한 예외적으로 자연법적 성격을 인정하여야 한다.

(3) 법적 성격

인간의 존엄성 규정은 한편으로 객관적 (헌법)원리의 성격이 있고, 다른 한편으로 주관적 권리의 성격이 있다. 객관적 (헌법)원리의 성격을 인정하는 데는 이견이 없다. 그러나 주관적 권리의 성격을 인정할 수 있는지를 둘러싸고 ① 인간의 존엄성 규정은 구체적인 주관적 공권을 보장한 것이 아니라 다른 모든 기본권의 이념적 출발점이나 모든 기본권의 가치적 전제가 되는 객관적 헌법원리를 규범화한 것이라고 하여 존엄성규정의 독자적 기본권성을 부정하고 (객관적) 헌법원리만을 규정한 것이라는 견해, ② 인간의 존엄성과 행복 추구가 불가분의 긴밀한 관계에 있다고 하여 인간의 존엄성 규정과 행복추구권 규정을 통합하여 통일적인 기본권으로 보는 견해[주기본권설(포괄적 권리설)], ③ 인간의 존엄성과 행복추구권 각각을 독자적인 보호영역이 있는 개별 기본권으로 파악하는 견해(개별기본권설)가 대립한다. 헌법재판소는 "우리 헌법은 제10조에서 "모든 국민은 인간으로서의 존엄과 가치를 가지며, 행복을 추구할 권리를 가진다. 국가는 개인이 가지는 불가침의 기본적 인권을 확인하고 이를 보장할 의무를 진다."고 규정하고 있는데, 이 때 인간의 존엄성은 최고의 헌법적 가치이자 국가목표규범으로서 모든 국가기관을 구속하며, 그리하여 국가는 인간존엄성을 실현해야 할 의무와 과제를 안게 됨을 의미한다. 따라서 인간의 존엄성은 '국가권력의 한계'로서 국가에 의한 침해로부터 보호받을 개인의 방어권일 뿐 아니라, '국가권력의 과제'로서 국민이 제3자에 의하여 인간존엄성을 위협받을 때 국가는 이를 보호할 의무를 부담한다."라고 하여 인간의 존엄성의 주관적 권리성을 인정한다(헌재 2011. 8. 30. 2008헌마648).

인간의 존엄성은 개개 인간이 인격체로서 법공동체의 주체임을 인정받는다는 것을 말한다. 이러한 인간이 인격주체성이 있다면 스스로 인격주체성을 주장할 주관적 권리도 있어야 하는 것이 논리적인 귀결이다. 인간의 존엄성 규정이 기본권의 성격이 있다고 하여 이 규정을 주기본권으로서 포괄적 권리로 보아야 하는 것은 아니다. 독일 기본법과는 달리 한국 헌법은 제10조 제1문 후단에서 행복추구권을 규정하고 제37조 제1항과 같은 포괄적 권리규정을 두기 때문이다. 개별 기본권으로서 인간의 존엄권으로 보호되는 내용으로서는 먼저 ① 인간의 '인간임'이 보호되어야 한다(인간의 인간성이나 인격성). 따라서 인간으로서 격을 부정하는, 즉 인간을 동물이나 물건처럼 취급하거나 물적 재화의 가치를 인간의 가치보다 높이 평가하는 것을 배제해 달라고 요구할 권리가 있다. 다음으로 ② 인간을 '주체'로, 즉 목적으로 보호하여야 한다(인간의 주체성). 따라서 인간을 국가적(사회적) 행위의 단순한 객체나 수단으로 전락시키는 것을 거부하거나 시정을 요구할 권리가 있다. 끝으로 ③ 특정 인간의 '자기 자신임'이 보호되어야 한다(인간의 고유성이나 정체성). 따라서 인간은 독립한 개체로서 고유한 가치가 있음이 인정되어야 한다. 따라서 인간은 그가 누구이든 누군가로 대체할 수 없고, 언제나 '누군가'로 특정될 수 있는 존재로 대접받아야 한다. 그에 따라 인간은 그의 정체성을 훼손하는 행위를 금지해 달라고 요구할 권리가 있다.

2. 객관적인 '최고의 헌법원리', '기본권의 이념적 출발점'으로서 인간으로서의 존엄과 가치

(1) 헌법의 최고구성원리적 성격

인간의 존엄성은 헌법국가의 최고구성원리이다. ① 인간의 존엄성은 모든 국가활동의 이념이나 목표를 지시하는 최고의 헌법원리이다. ② 인간의 존엄성은 모든 국가생활의 기준이 되는 지도원리로서, 특히 인간에게 유리한 출발을 추정하는 근거(in dubio pro persona)가 된다. 즉 국가가 인간을 위해서 존재하는 것이지, 인간이 국가를 위해서 존재하는 것은 아니라는 원칙을 확인해 준다(반전체주의적 원리). ③ 인간의 존엄성은 헌법조항을 비롯한 모든 법령 해석에 관한 다툼이 있을 때 궁극적인 해석기준이 되고(법의 해석기준), 법질서에 흠결이 있으면 그 보완 근거(법의 보충 근거)가 된다.

(2) 헌법의 한계원리적 성격

인간의 존엄성은 헌법의 한계원리로서 국가적(및 사회적) 활동에서 넘을 수 없는 한계가 된다. 인간의 존엄성은 그에 관한 명시적인 개정금지조항이 없더라도 헌법 개정 한계가 되고, 기본권 제한에서도 그 한계를 형성한다.

(3) 원칙규범적 성격

인간의 존엄과 가치도 다른 기본권규정과 마찬가지로 객관적 헌법규정으로서 ① 모든 법질서의 해석기준으로서, 특히 사법규정을 해석할 때도 기준이 되어 사법관계에도 적용되고, ② 국가의 '인간존엄성' 보호의무를 발생시키는 근거가 되며, ③ 국가조직법규와 절차법규를 제정할 때 기준이 된다.

(4) 헌법에 열거되지 아니한 권리의 인정표지적 성격

인간의 존엄성 규정은 헌법 제37조 제1항의 헌법에 열거되지 아니한 국민의 자유와 권리를 식별하는 내용적 표지 역할을 한다. 이때 헌법 제10조 제1문 전단과 제37조 제1항 사이에 '쌍방적 기본권창설관계'가 성립한다. 문제는 헌법 제37조 제1항에는 국민의 자유와 권리로서 헌법에 열거되지 않은 것은 그 이유로, 즉 열거되지 않았다는 이유로 경시되어서는 안 된다고 할 뿐이지 어떠한 것을 그러한 국민의 자유와 권리로서 인식할 수 있는지에 관한 내용적 표지가 결여되어 있다는 점이다. 이러한 표지로서 인간의 존엄성 규정을 드는 견해와 행복추구권 규정을 드는 견해가 있을 수 있다. 인간의 존엄성 규정은 보호영역이 정태적이고 범위도 협소하여 열거되지 아니한 권리의 내용을 포착하는 표지로서는 너무 제한적이므로 행복추구권 규정이 그 표지가 되어야 한다. 그러나 열거되지 아니한 권리의 성격에 따라서는 인간의 존엄성 규정과 행복추구권 규정이 함께 내용적 표지 역할을 하는 때도 있을 수 있다(예를 들어 생명권, 신체를 훼손당하지 아니할 권리 등).

3. (주관적) 기본권으로서 인간으로서의 존엄과 가치 (존엄권이나 인격권)

인간으로서의 존엄과 가치에서 도출되는 존엄권(이나 좁은 뜻의 인격권)은 법률적 제한이 배제되는 인간의 본질적인 기본권이다. 이와 비교해서 인간으로서의 존엄과 가치와 행복추구권이 결합하여 도출되는 (일반적) 인격권은 인격의 제한된 영역과 관련하여 인정되는 기본권으로서 법률적 제한이 허용된다.

(1) 주체

① 살아있는 사람

존엄권은 인간의 권리로서 외국인도 존엄권 주체가 된다. 여기서 인간은 영혼-정신-신체의 통일체로서 존재하는 자연인을 뜻하므로, 법인과 그 밖의 단체는 존엄권의 주체가 될 수 없다. 존엄권은 인간이기만 하면 인정되므로 미성년자, 피한정후견인, 피성년후견인, 범죄(행위)자, 수형자, 정신병자, 기형아, 식물인간 등도 모두 그 주체가 된다.

② 태아와 사자의 인간의 존엄

(ⅰ) 태아

넓은 뜻의 태아는 초기배아, 배아, 태아를 모두 포괄하는 개념으로 수정되고 나서 출생하기 전까지의 생명체를 가리킨다. 수정되고 나서 14일까지는 초기배아, 수정되고 나서 15일부터 56일 사이를 배아, 그 이후 출생하기 전까지는 좁은 뜻의 태아라고 한다. 넓은 뜻의 태아는 일정한 발육단계를 거쳐 인간으로 완성되는 생명체라는 점은 명백하다. 그런 의미에서 태아를 생성 중인 인간이라고 부른다. 태아에게는 인간의 존엄성을 인정하는 데 필수적인 전제가 되는 자아의식, 이성, 자율적 결정능력 등이 결여되어서 인간 존엄권의 주체성을 인정할 수 없다는 견해가 있을 수 있다. 그러나 이러한 견해는 중대한 심신상 장애로 말미암아 그러한 능력을 부분적으로 상실한 인간들, 예를 들어 식물인간 등에 대해서 인간의 존엄권을 부인하여야 한다는 결론에 이르게 되므로 받아들일 수 없다. 따라서 인간으로서 존재 자체가 부인되지 아니하는 한, 태아에게도 인간 존재에게 부여된 고유한 가치, 즉 존엄권의 주체성이 인정되어야 한다. 따라서 태아는 독자적인 인간생명체로 인정되는 순간부터 존엄권의 주체가 될 뿐 아니라, 국가의 인간존엄성 보호의무 대상이 된다. 이때 국가는 (설사 인간의 존엄과 가치에서 주관적 권리가 도출되지 아니하는 것으로 보거나 주관적 권리성을 인정하더라도 태아의 권리주체성이 부인된다고 할지라도 그와 상관없이) 태아의 인간으로서의 존엄과 가치에 대한 보호의무를 효과적으로 이행하여야 한다. 하지만 이들은 잠재적 존엄성의 획득 가능성만 있으므로 완성된 인간의 기본권과 충돌하거나 중대한 공익에 따라 제한되면 일반적인 보호와 같은 수준의 보호를 받을 수는 없다. 따라서 단계적인 보호가 불가피하다. 즉 수정란부터 시작하여 완성된 인간이 되기까지 그 성숙과정에 따라 존엄권의 보호수준을 옹근(완벽한) 인간 수준으로 근접하여 보호하여야 한다.

(ii) 사자

생명은 인간 존엄의 필요요건이지 충분조건은 아니다. 따라서 인간 존엄 보호와 생명 보호는 같지 않고, 생명 침해가 곧 인간 존엄 침해가 되지 않는다. 군인, 경찰관, 소방관의 생명 위험을 무릅쓸 의무와 정당방위 살해, 인질 구출을 위한 범인 조준살해는 당사자를 수단으로 다룬 것이 아니므로 인간 존엄 문제가 아니라 생명 침해 문제로 보아야 한다. 그러나 뇌사상태 임신부의 생명을 태아 출산을 위해서 인공적으로 유지하는 것은 임산부를 출산 도구로 이용한 것이므로 존엄권 침해로 볼 수 있다. 인간의 존엄과 행복추구권이 결합하여 도출하는 인격권에서는 사후에도 침해될 수 있으므로 사자도 인격권의 주체가 될 수 있다. 사체 해부는 일정한 근거가 있을 때만 가능한데, 사인 규명을 위한 해부는 존엄 침해가 아니다. 인간의 사체를 산업용으로 이용하는 것은 인간을 도구로 사용하는 것이므로 존엄 침해가 된다.

(2) 인간으로서의 존엄과 가치 제한

먼저 모든 기본권의 이념이며 목표인 인간의 존엄과 가치와 개별 기본권으로서 인간의 존엄과 가치는 구별되어야 한다. 전자는 객관적 원리로서 그 자체가 헌법 제37조 제2항의 규율대상이 되지 않는다. 따라서 이러한 구별을 전제로 제한 여부를 구별하는 것은 타당하지 않다. 그리고 인간의 존엄 규정 자체에서 도출되는 존엄권과 행복추구권이나 헌법 제37조 제1항과 연결되어 도출되는 기본권은 구별하여야 한다. 전자는 인간의 존엄과 가치를 보장하기 위한 최소한의 내용이 있는 기본권으로 절대적 보호를 받으므로, 헌법 제37조 제2항에 따라서 제한될 수 없다. 그러나 후자는 다른 개별 기본권과 차이가 없으므로 헌법 제37조 제2항에 따라서 제한될 수 있다.

Ⅱ. 행복추구권

1. 의의

행복이라는 관념은 다의적으로 이해될 수 있고 행복의 감정은 주관적이다. 그러므로 행복은 개개인의 인생관이나 가치관에 따라 다른 내용으로 이해될 수 있다. 그리고 개인도 각각의 상황에서 요구하는 행복의 요건이 달라서 행복은 상대적일 수밖에 없다. 즉 행복은 시간과 장소, 즉 생활환경이나 조건 그리고 특히 사람에 따라 달라질 수밖에 없다. 따라서 행복추구권은 개개인이 그때그때의 상황에 따라 만족스럽다고 생각하고 느끼는 것을 얻기 위해서 자유롭게 노력하고 행동할 권리라고 할 수 있다.

2. 법적 성격

행복추구권의 법적 성격과 관련하여 ① '행복'이라는 말은 법조문화할 성격의 개념이 아니라면서 기본권적 형식의 실정헌법규정을 무시한 채 구체적 규범성을 부인하는 법규범성 자체를 부정하는 견해, ② 행복추구권을 구체적인 기본권이라고 할 수는 없다고 보고, 그것은 오히려 모든 자유권적 기본권의 이념과 가치로서 의의가 있어서 모든 자유권은 이 행복추구권의 정신적 기초 위에서 해석 · 적용되는 것이라고 하면서 자유권(적 기본권)의 정신적 기초인 하나의 이념으로 보는 견해, ③ 행복추구권을 다른 모든 기본권을 포괄하는 권리, 즉 모든 다른 기본권이 거기서 도출되어 나올 수 있는 일종의 모권, 즉 포괄적 기본권으로 보는 견해, ④ 헌법 제10조 제1문 전단의 '인간의 존엄과 가치'와 후단의 '행복추구권'을 하나로 묶고, 이 묶음을 하나의 기본권으로 이해하는 견해, ⑤ 행복추구권의 헌법수용과정에서 행복추구권이 인간 존엄성 조항을 구체화할 필요성에서 규정된 것이라는 점과 행복추구권이 권리로서 규정된 점 때문에 행복추구권은 이념이 아니라 개별 기본권으로 보아야 한다는 견해가 있다.

헌법재판소는 행복추구권 침해를 인정하고 그를 이유로 헌법소원을 제기할 수 있음을 인정함으로써 행복추구권의 주관적 권리성을 인정한다(헌재 1989. 10. 27. 89헌마56). 그리고 행복추구권의 포괄적 성격을 인정하되, 자유권적 성격의 보장만을 내용으로 한다는 점을 분명히 밝힌다(헌재 1995. 7. 21. 93헌가14). 행복추구권 속에는 일반적 행동자유권과 개성의 자유로운 발현권이 함축되어 있다고 한다(헌재 1991. 6. 3. 89헌마204).

일반적 행동자유권에는 적극적으로 자유롭게 행동을 하는 것은 물론 소극적으로 행동을 하지 않을 자유, 즉 부작위의 자유도 포함되는 것으로 보았다(헌재 1991. 6. 3. 89헌마204). 이때 가치 있는 행동만 그 보호영역으로 하지 않는다고 한다(헌재 2003. 10. 30. 2002헌마518). 일반적 행동자유권의 구체적인 예로는 계약의 자유(헌재 1991. 6. 3. 89헌마204)를 들고, 그 밖에 일반적 행동자유권에 속하는 무정형적 행위로 소년이 당구를 통하여 자신의 소질과 취미를 살리는 것(헌재 1993. 5. 13. 92헌마80), 18세 미만자의 노래연습장 출입(헌재 1996. 2. 29. 94헌마13), 하기 싫은 일(음주 측정에 응하는 일)을 강요당하지 아니할 권리(헌재 1997. 3. 27. 96헌가11), 기부금품모집행위(헌재 1998. 5. 28. 96헌가5), 부동산을 양수한 자가 소유권이전등기를 할 것인지를 결정할 자유(헌재 1998. 5. 28. 96헌바83), 결혼식 하객에게 주류와 음식물을 대접하는 행위(헌재 1998. 10. 15. 98헌마168), 무상 또는 일회적 · 일시적으로 가르치는 행위(헌재 2000. 4. 27. 98헌가16등), 자신의 행복 추구를 위하여 내키지 아니하는 일(법위반사실 공표)을 하지 아니할 일반적 행동자유권(헌재 2002. 1. 31. 2001헌바43), 위험한 스포츠를 즐길 권리와 같은 위험한 생활방식으로 살아갈 권리(헌재 2003. 10. 30. 2002헌마518), 하기 싫은 일(소변을 받아 제출하는 일)을 하지 않을 자유와 자기 신체상태나 정보에 대하여 외부에 알리지 않을 자유(헌재 2006. 7. 27. 2005헌마277), 지역 방언을 자신의 언어로 선택하여 공적 또는 사적인 의사소통과 교육의 수단으로 사용하는 것(헌재 2009. 5. 28. 2006헌마618), 공원 탐방객이 자연공원지역을 자유롭게 출입할 자유(헌재 2012. 2. 23. 2010헌바99), 개인의 생활방식과 취미에 관한 사항(헌재 2003. 10. 30. 2002헌마518) 등을 든다.

개성의 자유로운 발현권은 일반적 행동자유권과 별개의 권리임을 이야기되지만(헌재 1991. 6. 3. 89헌마204) 별도로 언급되지 않고, 일반적 행동자유권과 별도로 이것이 어떤 내용의 권리인지 구체적으로 설시된 예는 없다. 헌법재판소는 소비자가 자신의 의사에 따라 자유롭게 상품을 선택하는 소비자의 자기결정권도 행복추구권이 보호한다고 한다(헌재 2002. 10. 31. 99헌바76등). 그 밖에 헌법재판소는 행복추구권에서 사적자치권(헌재 2001. 5. 31. 99헌가18등), 자신이 마실 물을 선택할 자유와 수돗물 대신 먹는샘물을 음용수로 이용할 자유(헌재 1998. 12. 24. 98헌가1), 휴식권(헌재 2001. 9. 27. 2000헌마159) 등을 도출한다.

대법원은 행복추구권의 독자적 주관적 권리성을 인정하고(대법원 1983. 3. 22. 선고 82도2151 판결), 그 내용으로 만나고 싶은 사람을 만날 권리(대법원 1992. 5. 8. 선고 91누7552 판결), 자신이 먹고 싶은 음식이나 마시고 싶은 음료수를 자유롭게 선택할 수 있는 권리(대법원 1994. 3. 8. 선고 92누1728 판결), 기부금품을 자유로이 모집할 수 있는 권리(대법원 1999. 7. 23. 선고 99두3690 판결: 이는 헌법이 보호하는 행복추구권에서 파생하는 일반적 행동자유권에 속한다고 한다) 등을 든다.

3. 주체

일반적 행동자유권은 다양한 범주가 있으므로 일률적으로 말할 수 없다. 행복추구권에서 도출되는 권리 유형에 따라 달리 판단되어야 한다. 보통 자연인이 주체가 되겠지만 법인도 예외적으로 기본권의 성질이 허용하면, 예를 들어 계약의 자유는 법인도 주체가 될 수 있다. 사자는 명예권의 주체가 될 수 있으므로 행복추구권의 주체가 될 수 있다. 그러나 헌법재판소는 헌법 제10조의 인간으로서의 존엄과 가치와 행복을 추구할 권리는 그 성질상 자연인에게 인정되는 기본권이어서 법인은 그 주체가 되지 못한다고 한다(헌재 2006. 12. 28. 2004헌바67). 태아도 제한적으로 기본권주체가 될 수 있으므로 그러한 범위에서 행복추구권의 주체가 될 수 있다.

4. 다른 기본권과 맺는 관계

일반적 행동자유권으로 나타나는 행복추구권은 개별 기본권과 보호영역이 중복되어 양자의 기본권적 보장이 경합될 수 있다. 이때 그 보호영역 보장의 헌법적 근거와 관련하여 행복추구권과 개별 기본권의 관계가 문제 된다. 헌법재판소는 행복추구권을 보충적 성격의 것으로 해석하는 때도 있으나(헌재 2000. 12. 14. 99헌마112등), 행복추구권조항과 개별 기본권조항을 병렬적으로 심사하는 때도 적지 않다(헌재 1999. 9. 16. 99헌마219). 행복추구권이 모든 자유권을 포괄할 수 있는 기본권이기는 하지만, 특별법우선 원칙에 따라 헌법에서 열거한 자유권은 그 각각의 자유권으로 그리고 헌법에 열거되지 않았으나 사항주제별 영역설정이 가능하고 정형적인 범주를 형성하는 자유권은 (헌법 제10조 1문 후단의 '행복추구'가 실질적 표지기능을 하는) 헌법 제37조 제1항의 헌법에 열거되지 않은 권리로 각각 보호하고, 그 밖의 무규정적이고 비정형적인 넓은 범위의 행동이 일반적 행동자유권으로 행복추구권이 보호한다. 따라서 행복추구권과 개별 기본권의 관계는 보충적 보장관계에 있다고 보아야 한다.

5. 제한

행복추구권도 헌법이 보장하는 기본권으로서 다른 기본권과 마찬가지로 본질내용을 침해하지 않는 한 헌법 제37조 제2항에 따라 국가안전보장 · 질서유지 또는 공공복리를 위해서 제한될 수 있다(헌재 1990. 9. 10. 89헌마82). 이때 행복추구권은 국가안전보장 · 질서유지 또는 공공복리에 어긋나지 않는 한 최대의 존중이 필요하다(헌재 1991. 6. 3. 89헌가204). 헌법재판소는 행복추구권도 무제한 · 절대적인 기본권이 아니고 공동체 이익이라는 유보 아래에서만 보장되는 내재적 한계가 있다고 한다(헌재 1995. 7. 21. 94헌마125). 그러나 헌법 제37조 제2항은 일반적 법률유보규정을 두어서 헌법에 열거되었는지와 상관없이 헌법적으로 보장되는 모든 국민의 자유와 권리를 법률로 제한할 수 있도록 한다. 따라서 이러한 내재적 한계 논의는 기본권제한법률유보의 정당화근거로서 논의되는 것은 별론으로 하고 독자적인 제한사유로서는 실익이 없다.

Ⅲ. 평등권

1. 평등의 개념과 법적 성격

단 하나의 대상은 같은 시간에 평등을 논의할 수 없다. 평등이라는 개념은 논리적으로 먼저 둘 이상의 대상을 전제한다. 평등은 대상들을 상호 관련시켜서 그것들을 비교하고 판단하는 것이다. 이때 서로 비교되는 대상들은 전체가 아니라 상당수의 특징적인 점을 고려한 몇 개의 관점에 국한된다. 어떤 사물도 모든 관점에서 같을 수 없으므로 어떤 관점에서 같다는 것을 제시하지 않으면 평등하다고 말할 수 없기 때문이다. 결론적으로 평등 개념은 '(비교)대상의 다양성'과 '비교의 관점' 그리고 '비교와 일치'라는 요소로 구성된다.

헌법 제11조 제1항은 "모든 국민은 법앞에 평등하다."라고 규정하여 평등원칙을 선언한다. 평등원칙은 법적용 대상이 되는 모든 인간을 원칙적으로 동등하게 다루어야 한다는 법원칙으로 한국 헌법에서 모든 보장의 당위적 상태를 규정한다. 그리고 평등원칙은 인간의 존엄과 관련하여 헌법의 최고이념인 인간의 존엄을 실현할 때 따라야 할 방법적 기준을 제시한다. 평등은 기본권 보장에 관한 헌법상 최고원리로서 국가가 입법을 하거나 법을 해석하고 집행할 때 준수하여야 할 기준이면서 합리적 이유 없이 불평등한 대우를 하지 말고 평등하게 대우하도록 국가에 요구할 수 있는 모든 국민의 권리이다(헌재 1989. 1. 25. 88헌가7). 그리고 "헌법이 보장하는 평등의 원칙은 개인의 기본권신장이나 제도의 개혁에서 법적 가치의 상향적 실현을 보편화하기 위한 것이지, 불균등의 제거만을 목적으로 한 나머지 하향적 균등까지 수용하고자 하는 것은 결코 아니다."(헌재 1990. 6. 25. 89헌마107) 헌법상 평등원칙은 국가가 언제 어디에서 어떤 계층을 대상으로 기본권에 관한 사항이나 제도 개선을 시작할 것인지를 선택하는 것을 방해하지 않는다. 즉 국가는 합리적인 기준에 따라 능력이 허용하는 범위 안에서 법적 가치의 상향적 구현을 위한 제도의 단계적인 개선을 추진할 길을 선택할 수 있다. 그렇지 않다면 모든 사항과 계층을 대상으로 하여 동시에 제도 개선을 추진하는 예외적인 때를 제외하고는 어떠한 제도 개선도 평등원칙 때문에 시행할 수 없는 결과에 이르게 되어 불합리할 뿐 아니라 평등원칙이 실현하고자 하는 가치에도 어긋나기 때문이다(헌재 2002. 12. 18. 2001헌마546).

2. 일반적 평등원칙

(1) 일반적 평등원칙과 개별적 평등원칙

헌법은 제11조 제1항에서 일반적 평등원칙을 규정하고, 그 밖의 몇몇 규정에서 개별적 평등원칙을 별도로 규정한다. 개별적 평등원칙이 평등 내용을 구체적으로 규정하는 영역에서는 그것이 일반적 평등원칙보다 먼저 적용된다. 이러한 개별적 평등원칙이 없을 때 비로소 일반적 평등원칙이 적용된다. 평등원칙은 원칙적으로 입법자에게 헌법적으로 아무런 구체적인 입법의무를 부과하지 않고, 다만 입법자가 평등원칙에 어긋나는 일정 내용의 입법을 하게 되면, 이로써 피해를 입게 된 자는 직접 해당 법률조항을 대상으로 하여 평등원칙 위반 여부를 다툴 수 있을 뿐이다(헌재 2003. 1. 30. 2002헌마358).

(2) 법 앞에

헌법 제11조 제1항 전문은 "모든 국민은 법앞에 평등하다."라고 규정한다. 여기서 '법'은 형식적 법률만을 뜻하는 것이 아니고 한 나라의 법체계를 형성하는 모든 법규범을 가리킨다. 모든 법규범을 뜻하므로 헌법 · 법률 · 명령 · 규칙 등의 성문법과 불문법을 가리지 않고, 국내법인지 국제법인지도 불문한다.

실정헌법조항이 '법 앞에'라는 문언을 사용함으로써 이미 제정된 법의 적용만을 문제 삼는 것으로 볼 여지가 있다. 이에 따라 '법 앞에 평등'을 법을 구체적으로 집행하고 적용하는 국가작용인 집행과 사법을 구속하는 원리로 이해하는 입법자비구속설(법적용평등설)과 '법 앞에 평등'을 법의 집행과 적용뿐 아니라 법의 제정까지도 포함한 모든 국가작용을 구속하는 원리로 이해하는 입법자구속설(법내용평등설)이 대립한다. 헌법 제10조 제2문 국가의 기본권보장규정과 한국 헌법상 실질적 법치국가원리에 비추어 법 앞의 평등에는 법적용상 평등뿐 아니라 법내용상 평등도 포함된다고 보아야 한다. 따라서 입법자도 평등조항에 구속된다. 헌법재판소도 "우리 헌법이 선언하고 있는 "인간의 존엄성"과 "법앞에 평등"(헌법 제10조, 제11조 제1항)이란 행정부나 사법부에 의한 법적용상의 평등을 뜻하는 것 외에도 입법권자에게 정의와 형평의 원칙에 합당하게 합헌적으로 법률을 제정하도록 하는 것을 명령하는 이른바 법내용상의 평등을 의미"한다고 하여 입법자구속설을 취한다(헌재 1992. 4. 28. 90헌바24). 평등원칙은 각각의 권한 있는 수범자의 권한범위 안에서만 구속한다. 따라서 지방자치 영역을 관할하는 지방자치단체 사이에서 법이나 그 적용을 달리하는 것은 원칙적으로 평등원칙 문제가 될 수 없다(헌재 1995. 4. 20. 92헌마264등).

(3) 평등

절대적 평등은 모든 것을 똑같이 대우한다는 의미의 평등을 말한다. 절대적 평등은 '다른 것도 같게' 취급하여 오히려 불평등한 결과를 초래할 수 있다. 따라서 정당한 이유 있는, 즉 합리적 근거가 있는 차별이나 불평등은 허용된다는 뜻에서 '상대적 평등'으로 파악하는 것이 타당하다. 헌법재판소도 "헌법 제11조 제1항은 모든 국민은 법 앞에 평등하다고 규정하여 평등권을 보장하고 있다. 그러나 이는 모든 차별적 대우를 부정하는 절대적 평등을 의미하는 것이 아니라 법을 입법하고 적용함에 있어서 합리적인 근거에 기한 차별을 인정하는 상대적 평등 즉 '같은 것은 같게, 다른 것은 다르게' 취급하는 실질적인 평등을 의미하는 것이므로 본질적으로 평등한 것을 자의적으로 불평등하게 취급하거나 본질적으로 불평등한 것을 자의적으로 평등하게 취급하는 것을 금지하고 있는 것이다." 라고 하여 상대적 평등설을 취한다(헌재 1998. 11. 26. 97헌바31).

(4) 평등권 침해 여부 – 2단계 심사

평등권은 자유권과 달리 보호할 특정한 생활영역, 즉 보호영역이 없다. 따라서 평등권은 특정한 보호영역을 보호하는 것이 아니라 '상대적' 또는 '관계적' 지위를 보호할 뿐이다. 그러므로 평등권을 침해한다는 것은 해당 법률(조항) 자체가 위헌이라는 것이 아니라 규율관계가 위헌이라는 것을 뜻한다. 그래서 자유권에서는 보호영역을 침해하는 특정 행위 자체가 금지되어 절대적 헌법 위반이 문제 되지만, 평등권에서는 상대적 헌법 위반이 문제 된다. 이러한 차이 때문에 평등권과 자유권은 심사구조가 다르게 나타난다. 자유권의 심사구조는 일정한 자유의 보호영역을 전제로 그 보호영역에 대한 국가적 제약과 그 제약의 정당화라는 3단계 심사(보호영역 확정-제약 확인-헌법적 정당화)에 기초한다. 하지만 실체적인 보호영역이 없는 평등권은 본질적으로 같이 다루어야 할 일정한 비교집단을 차별하는지를 확인하고, 그 정당성 여부를 심사하는 2단계 심사를 한다.

① 차별 취급 존재 여부

평등은 '같은 것은 같게, 다른 것은 다르게' 취급하는 것을 말한다. 따라서 본질에서 같은 것을 다르게 취급하는 것은 금지된다. 본질에서 다른 것을 자의적으로 같게 대우하는 것도 금지된다. 이때의 동등성은 동일성의 의미가 아니라 비교가 가능한 것이라는 것을 뜻한다. 비교될 수 있으려면 먼저 비교의 준거가 있어야 한다(헌재 1996. 12. 26. 96헌가18). 비교의 준거는 법적으로 다르게 다루어진 다른 사람, 인적 집단 또는 상황을 포괄하는 공통의 상위개념이다. 하나의 차별표지를 따를 때 다른 사람, 다른 인적 집단이나 다른 상황을 그 상위개념을 통해서 옹글게(완벽하게) 그리고 남김없이 파악할 수 있어야 한다. 평등 취급은 관계된 사례에 대해서 같은 법적 효과를 명령한다. 만일 같은 법적 효과가 나타나지 않으면 다른 취급이 있다.

② 차별 취급의 헌법적 정당성

헌법재판소는 "평등위반 여부를 심사함에 있어 엄격한 심사척도에 의할 것인지, 완화된 심사척도에 의할 것인지는 입법자에게 인정되는 입법형성권의 정도에 따라 달라지게 될 것이다. 먼저 헌법에서 특별히 평등을 요구하고 있는 경우 엄격한 심사척도가 적용될 것이다. 헌법이 스스로 차별의 근거로 삼아서는 아니되는 기준을 제시하거나 차별을 특히 금지하고 있는 영역을 제시하고 있다면 그러한 기준을 근거로 한 차별이나 그러한 영역에서의 차별에 대하여 엄격하게 심사하는 것이 정당화된다. 다음으로 차별적 취급으로 인하여 관련 기본권에 대한 중대한 제한을 초래하게 된다면 입법형성권은 축소되어 보다 엄격한 심사척도가 적용되어야 할 것이다."라고 하여 2중 심사기준을 제시한다. 그리고 "엄격한 심사를 한다는 것은 자의금지원칙에 따른 심사, 즉 합리적 이유의 유무를 심사하는 것에 그치지 아니하고 비례성원칙에 따른 심사, 즉 차별취급의 목적과 수단간에 엄격한 비례관계가 성립하는지를 기준으로 한 심사를 행함을 의미한다."라고 하여 각 심사기준의 구체적 내용을 밝혔다(헌재 1999. 12. 23. 98헌마363).

평등권심사에서 비교대상이 된 두 개의 집단이 일정한 비교 관점에서 본질에서 같은 요소가 있다고 판단되면, 그 다음에는 차별을 확인하고 나서 심사기준을 채택하여 그 기준에 따라 그 차별을 정당화할 수 있는지를 검토하여야 한다. 이때 비례성심사를 하여야 하는 사유에 해당하는지를 검토하고 나서 그 사유에 해당하지 않으면 자의금지심사를 한다.

헌법재판소는 제대군인가산점 결정에서 비례성원칙에 따른 심사를 하여야 할 첫째 기준으로 제시한 '헌법에서 특별히 평등을 요구할 때'는 헌법이 차별의 근거로 삼아서는 아니 되는 기준이나 차별을 금지하는 영역을 제시하는데도 그러한 기준을 근거로 한 차별이나 그러한 영역에서 차별하는 것을 말한다(헌재 2001. 2. 22. 2000헌마25). 헌법 제11조 제1항 후문은 구체적으로 차별을 정당화하는 이유로 고려될 수 없는 징표로써 성별 · 종교 또는 사회적 신분에 대한 차별을 언급한다. 그 밖에 헌법은 여러 생활영역에서 특별히 평등을 요구한다. 고용 · 임금 및 근로조건에서 성차별을 금지하고(제32조 제4항), 혼인과 가족생활에서 양성평등(제36조 제1항), 선거권의 평등(제24조 및 제41조 제1항, 제67조 제1항), 정당의 기회균등(제8조 제1항), 능력에 따라 균등하게 교육을 받을 권리(제31조 제1항)를 보장한다. 헌법이 이처럼 차별금지를 구체화하면 심사기준도 자의금지원칙이 아니라 비례성원칙이 적용되어야 한다. 그런데 '헌법에서 특별히 평등을 요구할 때'는 개념적으로 제대군인가산점 결정에서 제시한 사유인 차별금지사유와 차별금지영역만 있을 뿐 아니라 차별명령(우대명령)도 포함될 수 있다. 하지만 차별명령은 오히려 완화한 심사기준(자의금지원칙)을 적용하거나, 엄격한 심사기준(비례성원칙)을 적용하더라도 완화한 심사밀도를 적용하는 근거로 사용됨에 유의하여야 한다.

헌법재판소는 제대군인가산점 결정에서 비례성원칙에 따른 심사를 하여야 할 둘째 기준으로 차별적 취급으로 말미암아 관련 기본권에 대한 중대한 제한을 초래할 때를 든다. 그런데 헌법재판소는 이러한 판시의 의미에 대해서 차별적 취급으로 말미암아 기본권에 중대한 제한을 초래할수록 더 엄격한 심사척도가 적용되어야 한다는 취지이고, 기본권에 대한 제한이기는 하나 중대하지 않으면 엄격한 심사척도가 적용되지 않는다는 취지는 아니라고 보았다(헌재 2003. 9. 25. 2003헌마30).

자의금지심사에서 자의는 차별을 위한 합리적 사유 · 근거가 결여된 것을 말한다. 평등원칙의 파생인 자의금지원칙(헌재 1993. 7. 29. 89헌마31)은 본질에서 서로 같은 것을 자의적으로 불평등하게 또는 본질적으로 서로 다른 것을 자의적으로 평등하게 취급하는 것을 금지하는 원칙을 말한다. 자의금지심사에서 '자의적'이라는 개념은 주관적 책임 비난을 의미하는 것이 아니라, 객관적으로 명백한 근거가 없음을 뜻한다. 즉 법률규정과 입법자가 규율하려는 영역 사이에 아무런 내적 관련성이 없거나 그러한 내적 관련성이 있긴 하지만 옹글게(완벽하게) 불충분한 관계에 있음이 명백하면 차별의 자의성이 인정된다. 자의금지심사는 차별을 정당화하는 합리적 사유가 있는지를 심사하는 것이다. 차별을 정당화하는 합리적 사유는 (ⅰ) 비교대상 사이에 있는 사실상 차이(사물의 본성에서 나오는 합리적 이유), (ⅱ) 입법목적(차별목적: 공익) 관점에 따른 합리적인 고려가 있다. 헌법재판소는 자의금지원칙에 관한 심사요건으로 (ⅰ) 본질적으로 동일한 것을 다르게 취급하고 있는지와 관련된 차별취급 존재 여부와 (ⅱ) 이러한 차별취급이 있다면 이를 자의적인 것으로 볼 수 있는지라고 하면서, (ⅰ)의 요건에 관련하여 두 개의 비교집단이 본질적으로 동일한지의 판단은 일반적으로 해당 법규정의 의미와 목적에 달려 있고, (ⅱ)의 요건에 관련하여 차별취급의 자의성은 합리적인 이유가 결여된 것을 의미하므로, 차별대우를 정당화하는 객관적이고 합리적인 이유가 존재한다면 차별대우는 자의적인 것이 아니게 된다고 한다(헌재 2002. 11. 28. 2002헌바45). 입법자가 선택할 수 있는 수단 중에서 더 합리적이고 타당한 수단이 있다고 하여 해당 차별수단이 자의적으로 판단되는 것이 아니라 해당 공권력 행사나 불행사를 위한 합리적 근거를 전혀 발견할 수 없을 때, 어떠한 관점에서도 정당화할 수 없음이 명백한 때만 공권력 행사의 '자의성'이 인정된다.

자의금지심사는 차별을 정당화하는 합리적인 이유가 있는지만을 심사하므로 그에 해당하는 비교대상 사이의 사실적 차이나 입법목적(차별목적)의 발견 · 확인에 그치지만, 비례성심사는 단순히 합리적인 이유 존부 문제가 아니라 차별을 정당화하는 이유와 차별 사이의 상관관계에 대한 심사, 즉 비교대상 사이 사실적 차이의 성질과 비중 또는 차별목적의 비중과 차별 정도에 적정한 균형관계가 이루어져 있는지를 심사한다(헌재 2001. 2. 22. 2000헌마25). 평등권은 자유권과 달리 실체적인 보호영역이 없으므로 보호영역을 전제로 한 제한과 제한의 한계심사기준으로서 비례성원칙을 적용하려면 평등권 구조를 자유권 구조로 전환하는 작업이 선행되어야 한다. 즉 평등권의 보호영역을 '정의 기준에 부합하는 대우'로, '외견상 차별대우'를 평등권 제약으로 의제함으로써, 차별대우로 실현하려는 이익(입법목적)과 제약되는 이익 사이에 법익형량이 가능하게 된다. 이러한 관점에서 평등권과 자유권의 비례성심사 차이는 제약의 비례성이 아니라 차별대우의 비례성이라는 점에 있다. 자유권의 비례성심사의 부분원칙에 상응하여 평등권의 비례성심사에서는 차별목적의 정당성(차별이 추구하는 목적이 헌법적으로 정당한 것인지), 차별수단의 적합성(차별취급이 차별목적 달성에 적합한 것인지), 차별대우의 필요성(차별취급이 차별목적 달성에 불가피한 수단인지)(헌재 2006. 6. 29. 2005헌마44), 법익균형성(차별목적과 수단 사이에 비례성이 있는지)을 차례대로 검토하게 된다(헌재 1996. 8. 29. 93헌바57).

3. 일반적 평등원칙의 구체화

(1) 차별대우 금지

헌법 제11조 제1항 제2문은 "누구든지 성별 · 종교 또는 사회적 신분에 의하여 정치적 · 경제적 · 사회적 · 문화적 생활의 모든 영역에 있어서 차별을 받지 아니한다."라고 규정하여 차별대우를 금지한다. 헌법 제11조 제1항 제2문에 규정된 차별표지들이 예시적으로 규정된 것인지(예시설), 이를 한정적으로 열거된 것으로 파악할 것인지(한정설)가 문제 된다. 규정된 차별금지사유가 아닌 다른 기준에 따른 차별도 역시 평등 위반이 된다는 점에서 예시설이 타당하다. 다만, 헌법이 차별이 허용되지 아니하는 사유를 명시하였다는 점에 비추어 이러한 차별표지에 따른 차별을 더 엄격히 제한하려는 의도가 있다. 따라서 규정된 차별금지사유에 따른 차별의 정당화 여부는 엄격한 심사기준인 비례성원칙에 따라 심사되어야 한다.

간접차별은 직접적으로는 중립적이거나 다른 차별사유에 따른 차별로 보이지만, 주로 혹은 전형적으로 특정집단을 차별하는 것을 말한다. 은폐된 직접차별은 증명 문제에 불과하여 간접차별로 볼 수 없다. 간접차별포함설은 다른 표지를 통해서 차별하지만, 주로 또는 전형적으로 헌법 제11조 제1항 제2문의 차별금지표지가 있는 사람들을 차별하는 때도 헌법 제11조 제1항 제2문을 적용하자는 견해이다. 이에 대해서는 '간접'차별이라는 개념의 모호성 때문에 입법자를 비롯한 공권력의 형성여지를 지나치게 축소할 것이라는 비판이 있다. 그러나 일반적 평등원칙 위반 여부를 심사할 때 현실 속에서 나타나는 실질적 효과가 결정적 기준으로 작용한다. 간접차별에도 직접차별과 그 효과 측면에서는 다를 바가 없으므로 헌법 제11조 제1항 제2문 적용대상으로 인정하여야 한다. 다만, 직접적으로는 차별하는 것이 아니라는 점을 참작하여 정당화요건을 완화할 필요는 있다.

성별에 따른 차별 금지는 남녀평등을 뜻한다. 성별이라는 표지는 생물학적으로 주어진 바 또는 예외적인 경우 법적으로 승인된 성의 전환을 근거로 하여서 나오는 바와 같이, 남성이나 여성에 속함을 말한다. 공법 영역은 물론 사법 영역에서도 성에 관한 가치판단을 기초로 하는 차별대우는 허용되지 않는다. 그러나 성에 관한 가치판단이 아니라 남녀의 사실적(생래적) 차이에 근거한 차별이나 그 밖의 합리적 이유가 있는 차별은 허용된다.

헌법은 종교의 자유를 보장함으로써(제20조 제1항) 모든 종교에 대하여 균등한 기회를 부여하고 국교를 인정하지 않을 뿐 아니라 정교분리원칙(제20조 제2항)을 규정함으로써 국가에 모든 종교에 대한 중립의무를 부담시킨다. 이처럼 한국 헌법은 제도적으로 종교의 평등을 보장하고 이를 차별근거로 삼는 것을 배제한다. 헌법재판소는 일요일은 특별한 종교의 종교의식일이 아니라 일반적인 공휴일로서 사법시험을 치른다고 하여서 불합리한 차별을 한 것이 아니라고 하였다(헌재 2001. 9. 27. 2000헌마159).

사회적 신분의 의미가 무엇인지와 관련하여 출생과 더불어 획득한 지위만을 사회적 신분이라고 하는 선천적 신분설과 선천적 신분 이외에 사회생활상 획득한 지위도 사회적 신분이라고하는 후천적 신분설이 대립한다. 선천적 신분설을 따르면 사회적 신분이 가문이나 문벌과 다를 바 없어 그 개념이 너무 협소하고, 후천적 신분설을 따르면 신분을 지나치게 넓은 의미로 해석하는 것이 되어 사회적 신분이 아닌 것이 없다고 비판하면서 후천적 신분을 기본으로 하되 이를 좀 더 제한적으로 해석하는 것이 타당하다는 절충설도 있다. 헌법재판소는 "사회적 신분이란 사회에서 장기간 점하는 지위로서 일정한 사회적 평가를 수반하는 것을 의미한다."(헌재 1995. 2. 23. 93헌바43)라고 하면서 누범(헌재 1995. 2. 23. 93헌바43)과 상습범(헌재 1989. 9. 29. 89헌마53)에 대한 가중처벌의 합헌성을 인정하였다. '사회적 신분'에서 '사회적'이라는 말을 신분을 제한하는 말로 해석하여 '사회적 신분'의 의미를 '선천적이든 후천적이든 불문하고 상당 기간 이상 지속되면서 반복적으로 영향을 미치는 개인의 사회적 위치와 계급'으로 축소하는 것이 타당하다.

헌법 제11조 제1항 제2문은 차별이 허용되지 아니하는 영역으로 '정치적 · 경제적 · 사회적 · 문화적 생활의 모든 영역'이라고 규정한다. 그러나 평등원칙은 그 적용범위가 제한이 없는 일반적 법원칙이라는 점에서 이를 예시적이라고 보아야 한다. 따라서 차별이 허용되지 아니하는 영역은 인간의 모든 생활영역이다.

(2) 사회적 특수계급제도 금지

헌법 제11조 제2항은 사회적 특수계급제도를 금지한다. 사회적 특수계급제도란 조선시대의 반상제도나 귀족제도, 노예제도 등의 봉건적 유제를 가리킨다. 이러한 제도는 평등원칙에 어긋나서 인정될 수 없으므로 어떠한 형태로도 창설할 수 없다.

(3) 영전세습 금지

헌법 제11조 제3항은 영전일대원칙을 채택하여 영전 세습제를 부인한다. 그러나 영전 세습을 부인하는 것은 그로 말미암은 특권(그 자손의 특진 · 조세 감면 · 형벌 면제 등)을 부인하는 것이지 연금 지급이나 유족에 대한 보훈까지 금지하는 것은 아니다. 영전 세습을 부인하는 것은 특수계급 발생을 예방하려는 것이다(헌재 1997. 6. 26. 94헌마52).

4. 주체

헌법 제11조 제1항은 모든 '국민'이라고 규정하지만, 대한민국 국민뿐 아니라 외국인에게도 원칙적으로 평등원칙이 적용되므로 외국인도 평등권의 주체가 된다. 국가인권위원회법 제4조는 외국인의 평등권주체성을 명문으로 인정한다. 다만, 한국 국민이 아니고는 누릴 수 없는 정치적 기본권과 같은 공권 및 일정한 사법상 권리는 외국인에게 인정되지 않는다. 외국인에 적용되는 평등조항의 구체적 범위는 국제법과 상호주의원칙에 따라 결정된다. 평등권은 자연인만이 아니라 법인과 그 밖의 단체도 성질상 법인과 그 밖의 단체의 기본권주체성이 인정되는 기본권 영역에서는 주체가 될 수 있다.

5. 효력

입법구속설이 관철됨에 따라 평등권은 집행권, 사법권은 물론 입법권까지 포함한 모든 국가권력을 구속하는 기본권으로 인정된다. 대사인적 효력이 평등권에서 먼저 문제된 것에서 알 수 있듯이 평등권은 사법관계에서 가장 많이 문제 되는 기본권이다. 특히 사적 자치의 전제가 되는 사적 관계 당사자의 동등한 지위를 인정할 수 없을 때가 증가하는 현실 속에서 평등권은 헌법질서에 어긋나는 사법관계를 바로잡는 유용한 기준으로 작용한다. 따라서 평등권은 사법관계에도 적용되어야 하고, 그 적용방식은 사적 자치를 존중하기 위해서 간접적으로 적용되어야 한다. 이처럼 평등권은 대국가적 효력 이외에 대사인적 효력도 있다.

2절

인신의 자유와 사생활

Ⅰ. 생명권

1. 의의

생명권은 인간의 생명을 보호하는 기본권이다. 생명권이 보호하는 생명은 죽음에 대칭되는, 아직 생명이 아닌 것과 죽음에 반대되는 인간의 육체적 존재 형태, 즉 인간 생존('살아 있음') 그 자체를 뜻하는 순수한 자연적 개념이다. 생명에 관한 사회과학적 평가는 허용되지 않는다. 그러므로 사회적 기능을 수행할 수 있는지에 따라 생명을 차별할 수 없다. 즉 모든 생명은 동등한 법적 가치가 있다. 따라서 생명을 가치 있는 것과 그렇지 않은 것으로 구별할 수 없다. 즉 인간의 생명은 조건 없이 언제나 보호된다. 결국, 생명권을 통한 생명 보호는 어떠한 전제에 좌우되거나 특정 요건 충족을 요구하지 않는다. 생명 보호의 유일한 요건은 인간임(정확하게는 인간이라는 종에 속함)뿐이다.

한국 헌법은 생명권을 명시한 적이 없다. 현행 헌법에도 생명권에 관한 명문 규정이 없다. 헌법재판소는 헌법에 명문 규정이 없더라도 인간의 생존본능과 존재목적에 바탕을 둔 선험적이고 자연법적인 권리로서 헌법에 규정된 모든 기본권의 전제로서 기능하는 기본권 중의 기본권이라고 한다(헌재 1996. 11. 28. 95헌바1). 명문 규정 유무와 관계없이 인정된다는 견해는 생명권의 법적 성격과 그 중요성을 강조하는 것에 그칠 뿐이지 헌법적 근거를 밝히는 것은 아니다. 생명권은 일단 헌법의 기본권규정에서 명문으로 규정한 기본권은 아니다. 따라서 생명권은 헌법 제37조 제1항의 헌법에 열거되지 아니한 권리로 볼 수밖에 없다. 그러나 헌법 제37조 제1항은 국민의 자유와 권리로서 헌법에 열거되지 않은 것은 그 이유로, 즉 열거되지 않았다는 이유로 경시되어서는 아니 된다고 할 뿐이지 어떠한 것을 그러한 국민의 자유와 권리로서 인식할 수 있는지에 관한 내용적 표지가 빠져 있다. 이러한 표지로서 헌법 제10조의 인간으로서의 존엄과 가치(인간의 존엄성)나 행복추구권을 들 수 있다. 인간의 존엄성은 보호영역이 정태적이고 범위도 협소하여 열거되지 아니한 권리의 내용을 포착하는 표지로서는 너무 제한적이다. 그러므로 행복추구권이 그 표지가 되어야 한다. 그러나 열거되지 아니한 권리의 성격에 따라서는 인간의 존엄성과 행복추구권이 함께 내용적 표지 역할을 하는 때도 있다. 생명권에서 생명은 인격과 밀접 불가분하게 연결되어서 인간의 존엄성과 행복추구권 양자 모두를 실질적 근거로 보아야 한다. 더하여 헌법 제30조는 다른 사람의 범죄행위로 말미암아 생명 · 신체에 대한 피해를 받은 국민은 법률이 정하는 바에 의하여 국가에서 구조를 받을 수 있다고 규정한다. 이는 생명에 대한 피해 보상을 규정한 것으로 헌법이 생명을 보호대상으로 명시적으로 규정한 것이다. 따라서 헌법 제30조는 생명권의 간접적 근거로 삼을 수 있다. 결론적으로 생명권은 제10조 제1문 전단 인간으로서의 존엄과 가치와 후단 행복추구권, 제37조 제1항의 헌법에 열거되지 아니한 권리조항을 직접적 근거로 그리고 헌법 제30조를 간접적 근거로 볼 수 있다.

2. 주체

① 생명권의 주체는 모든 자연인이다(성질상 법인과 그 밖의 단체는 주체가 될 수 없음은 자명하다).

② 생명의 시기는 민법(예를 들어 전부노출설)이나 형법(예를 들어 진통설) 등 개별법 분야에 따라 그리고 그 구체적 보호대상에 따라 달리 확정될 수 있다. 대법원은 "인간의 생명은 잉태된 때부터 시작되는 것이고 회임된 태아는 새로운 존재와 인격의 근원으로서 존엄과 가치를 지니므로 그 자신이 이를 인식하고 있던지 또 스스로를 방어할 수 있는지에 관계없이 침해되지 않도록 보호되어야 한다."라고 한다(대법원 1985. 6. 11. 선고 84도1958 판결). 헌법재판소는 모든 인간은 헌법상 생명의 주체가 되며, 형성 중의 생명인 태

아에게도 생명에 대한 권리가 인정되어야 하므로 태아도 헌법상 생명권의 주체가 된다고 한다(헌재 2008. 7. 31. 2004헌바81). 그러나 헌법재판소는 출생 전 형성 중의 생명에 대해서 헌법적 보호 필요성이 크고 일정할 때 그 기본권주체성이 긍정된다고 하더라도, 어느 시점부터 기본권주체성이 인정되는지 그리고 어떤 기본권에 대해 기본권주체성이 인정되는지는 생명의 근원에 대한 생물학적 인식을 비롯한 자연과학 · 기술 발전의 성과와 그에 터 잡은 헌법 해석에서 도출되는 규범적 요청을 고려하여 판단하여야 할 것이라고 하면서, 아직 모체에 착상되거나 원시선이 나타나지 않은 이상 현재 자연과학적 인식 수준에서 독립된 인간과 배아 사이의 개체적 연속성을 확정하기 어렵다고 봄이 일반적인 점, 배아는 현재 과학기술 수준에 비추어 모태 속에서 수용될 때 비로소 독립적인 인간으로 성장 가능성을 기대할 수 있다는 점, 수정 후 착상 전의 배아가 인간으로 인식된다거나 그렇게 취급하여야 할 필요성이 있다는 사회적 승인이 있다고 보기 어려운 점 등을 종합적으로 고려할 때, 초기배아는 기본권주체성을 인정하기 어렵다고 한다(헌재 2010. 5. 27. 2005헌마346). 생명권은 다른 기본권 인정이 비로소 의미가 있을 수 있는 생존의 기초를 보장하므로 최대한으로 보장되어야 한다. 그리고 생명에 관해서는 가치판단 자체가 인정될 수 없다. 생명의 시기를 수정된 후의 일정 시점으로 정하면, 수정란마다 개별적으로 성장속도에 차이가 있을 수 있어서 명확한 기준이 될 수 없고, 근본적으로 수정란 이후의 발생과정은 연속선상에 있다는 점에서 문제가 있다. 따라서 생명의 시기를 수정과 동시에 시작되는 것으로 보지 않을 수 없다.

③ 생명의 종기와 관련하여 의학적으로 세포사설, 심장사설과 뇌사설이 있다. 세포사는 신체의 모든 세포가 옹글게(완벽하게) 죽은 것을 말하는데, 그 시기를 정확히 확인할 수 없어 지금까지는 심장사를 법적 죽음으로 보아 왔다. 그러나 심장사는 의학 발달로 심폐기능을 인위적으로 연장하는 것이 가능하게 됨에 따라 확실한 사망기준으로 인정하기 어렵게 되었다. 이에 따라 최근에는 장기이식과 관련하여 뇌사설이 대두한다. 이런 추세에 맞추어 1999년 2월 8일 '장기등 이식에 관한 법률'이 제정 · 공포되어 2000년 2월 9일부터 시행되었다. 이를 따르면 뇌사자는 생전에 본인이 동의한 때뿐 아니라 본인의 명시적인 반대의사가 없는 한 유족이 동의한 때도 장기이식이 가능하게 되었다. 이 법에서는 명시적으로 뇌사를 사망으로 정의하지는 않지만, 뇌사자와 사망한 자의 장기이식 요건을 같게 인정하여 결국 장기이식 분야에서는 뇌사를 사망으로 본다.

3. 내용

(1) 방어권적 내용

생명권은 살 권리 즉, 육체적 실존을 보호하는 기본권이다. 생명권이란 먼저 생명에 대한 모든 형태의 국가적 침해를 방어하는 권리를 그 내용으로 한다. 따라서 국가가 생명으로 인정할 수 있는지에 관한 결정을 내릴 수 없을 뿐 아니라 생명을 국가목적을 위한 수단으로 사용하는 것도 금지된다. 그래서 우생학적 단종시술이나 (특히 적극적) 안락사는 원칙적으로 금지된다.

(2) 생명의 처분권

생명권은 그 주체가 자기 생명을 자유로이 처분할 권능을 포함하지 않는다. 즉 생명권이 '자신을 살해할 권리'를 뜻할 수는 없다(자기모순). 따라서 생명권에는 소극적 자유가 인정되지 않는다. 이는 생명권이 특정 행위를 보호하는 것이 아니라 살아있는 상태를 보호하기 때문이다. 그래서 이른바 '죽을 권리(정확하게는 자살할 권리)'는 생명권이 아니라 행복추구권의 내용인 일반적 행동자유권으로서 논의될 여지가 있을 뿐이다. 더불어 자기 생명에 대한 처분권을 다른 사람에게 위임할 수도 없다[형법상 촉탁 · 승낙에 의한 살인 및 자살방조(형법 제252조)].

(3) 개인의 의사에 어긋난 생명 강제

개인 외부에 있는 공익과 상관없이 개인이 자신의 의사에 어긋나게 생명을 강제할 수 있는 법률적 제한을 합헌적 헌법질서 안에서 정당화할 수 있는지가 문제 된다. 국가가 관리하는 강제수용시설의 수용자(예를 들어 수형자)가 처우개선 등을 요구하는 수단으로 단식을 하여 생명을 잃을 지경까지 이르렀을 때 본인 의사를 확인할 수 없는 상태라면 생명 연장을 위한 조치, 예를 들어 영양공급행위를 할 수 있다. 이러한 생명 연장에 대한 반대의사를 명시적으로 표명하였다면 영양공급행위를 할 수 없을 것이다. 그러나 사전에 반대의사를 표명하였더라도 의식을 잃으면 국가로서는 국민의 생명 상실을 방치하기는 어렵다.

(4) 존엄사

인간의 존엄에 합치하는 죽음을 맞을 권리, 즉 존엄사의 권리는 생명의 보호와 유지에 관한 문제가 아니므로 생명권의 문제가 아니라 인간의 존엄과 가치 문제이다.

4. 국가의 생명보호의무

생명권은 생명에 대한 회복할 수 없는 기본권 침해 우려에 따른 국가의 보호의무를 그 내용으로 한다. 즉 생명권은 소극적으로 국가(권력)에 대항하는 방어만이 아니라 적극적으로 국가에 대하여 생명의 보호와 유지를 (위하여 행동하여 줄 것을) 요구할 수 있는 권리이다. 이때 보호의무는 구체적 · 법적 의무를 뜻하고 그 이행에 관하여 국가는 광범위한 활동의 여지가 있다. 생명권보호의무에 따른 국가의 의무에는 ① 국가 자신이 생명권을 침해하여서는 안 된다는 것, ② 제3자의 생명 침해에서 국민을 보호하여야 하는 것, ③ 각종 질병이나 사고 등에 따른 생명위협에서 국민의 생명을 보호하여야 하는 것의 세 가지가 있다.

5. 제한

(1) 제한 가능성

헌법 제37조 제2항은 "국민의 모든 자유와 권리는 … 제한할 수 있"다고 규정하여 생명권을 포함한 모든 기본권의 제한 가능성을 인정한다. 그러나 헌법 제37조 제2항에 따라 생명권을 제한하더라도 생명권 제한과 관련하여서는 법익형량은 이루어질 수 없다. 생명이라는 절대적 가치와 충돌하는 것이 같은 생명이거나 그에 버금가는 중대한 공공이익이라서 형량 자체를 할 수 없기 때문이다. 이때 충돌하는 생명이나 중대한 공공이익 중 하나를 선택하는 것이고, 이러한 선택에는 법적으로 부정적 평가를 할 수 없다(물론 선택과정 자체가 공정하지 못하거나 선택이 정당하지 못한 고려를 통해서 이루어졌음 등을 다툴 수 있음은 별론으로 한다). 어느 쪽도 포기할 수 없기 때문이다. 따라서 이러한 선택은 선택받은 생명이나 중대한 공공이익이 더 중요하거나 가치 있거나 선택받지 못한 생명이나 중대한 공공이익이 덜 중요하거나 가치 없다는 평가에 따른 결과가 아니다. 그래서 생명권

제한과 관련하여 본질적 내용 침해 문제는 발생하지 않는다. 생명권이 제한되는 때는 생명권을 제약하는 때가 아니라 생명권을 보호할 수 없는 때이기 때문이다. 제약은 제약하지 않을 가능성을 전제한다는 점을 잊지 말자. 이러한 점에서 생명권의 절대성은 생명권이 절대 제한될 수 없음을 뜻하는 것이 아니라 생명권은 법익형량 대상이 될 수 없다는 것을 뜻한다. 이러한 의미 설정을 통해서 생명이라는 절대적 가치를 법을 통해서 보호할 수 있게 된다. 그리고 이를 통해서 헌법 제37조 제2항을 생명권에 적용하면서도 다른 기본권과 구별되는 생명권의 제한상 특별함을 인정할 수 있다. 일반적으로 생명권 제한이 허용되는 예로 거론되는 정당방위, 긴급피난, 경찰의 범죄자 사살행위(특히 인질범에 대한 조준 · 저격살해행위), 전쟁에서 적을 사살하는 행위 등은 한쪽을 선택할 수밖에 없는 상황을 전제한다. 그러나 사형제도는 이러한 특수한 상황을 전제하지 않는다. 따라서 사형은 생명권을 제한할 수 있는 예외적인 때에 해당하지 않는다.

헌법재판소는 "인간의 생명은 고귀하고, 이 세상에서 무엇과도 바꿀 수 없는 존엄한 인간존재의 근원"이라고 하면서 "정당한 이유 없이 타인이 생명을 부정하거나 그에 못지 아니한 중대한 공공이익을 침해한 경우에 국법은 그 중에서 타인의 생명이나 공공의 이익을 우선하여 보호할 것인가의 규준을 제시하지 않을 수 없게" 된다고 한다(헌재 1996. 11. 28. 95헌바1). 그런데 이는 생명에 관한 가치평가나 법익형량을 허용하는 것으로 생명의 절대적 가치성에 어긋난다. 마찬가지로 대법원이 "생명은 한번 잃으면 영원히 회복할 수 없고 이 세상에서 무엇과도 바꿀 수 없는 절대적 존재이며 한사람의 생명은 전지구보다 무겁고 또 귀중하고도 엄숙한 것이며 존엄한 인간존재의 근원인 것이다."(대법원 1963. 2. 28. 선고 62도241 판결)라고 하면서 이를 특별한 근거 제시 없이 입법으로 제한할 수 있음을 인정하는 것도 이해하기 어렵다.

(2) 안락사

안락사는 의사가 고통 없는 방법으로 환자의 생명을 단축시키는 것을 말한다. 안락사는 생명권을 침해하고, 특히 아무리 엄격한 요건 아래에서 이를 허용하더라도 그 남용을 막기 어렵다는 것이 문제이다. 안락사에는 간접적 안락사와 소극적 안락사 그리고 적극적 안락사가 있다.

① 간접적 안락사

고통 완화를 위한 약물 투여 등과 같은 처치가 필수적으로 생명 단축의 부수적인 효과를 발생시키는 간접적 안락사는 환자에게 적게 고통을 받을 권리가 있고, 의사는 고통을 완화하여 줄 의무가 있으며, 이를 인정하지 않으면 모든 생명단축행위(예를 들어 담배 판매행위)는 허용되지 말아야 하므로, 일정한 요건이 구비되면 허용된다. 즉 (ⅰ) 환자가 현대의학의 지식과 기술로 보아 불치의 병에 걸렸고, 그 죽음이 목전에 임박하였을 것, (ⅱ) 환자의 고통이 격심하여 누구도 진실로 이를 보기에 참을 수 없을 정도일 것, (ⅲ) 오로지 환자의 고통을 완화할 목적일 것, (ⅳ) 환자 의식이 아직 명료하여 의사 표명이 가능하면 본인의 진지한 촉탁이나 승낙이 있을 것, (ⅴ) 의사의 손을 통하는 것을 원칙으로 하되 그럴 수 없으면 이를 수긍할 특별한 사정이 있을 것, (ⅵ) 그 방법이 윤리적으로 타당하여 인용될 수 있을 것의 요건을 갖춘 때만 간접적 안락사는 허용된다.

② 소극적 안락사

수동적 안락사 · 소극적 안락사(죽음을 돕는 행위), 즉 생명을 단축함 없이 죽음을 수월하게 해주거나, 환자의 의사에 따라 생명을 연장하는 처치를 하지 아니하거나 계속하는 것을 중단하는 것은 의사에게 환자의 의사에 어긋나게 그의 생명과 고통의 연장을 강제할 권리가 없으므로 간접적 안락사의 정당화요건(환자의 촉탁 · 승낙 제외)과 보호자 동의가 있으면 허용된다.

③ 적극적 안락사

능동적 안락사 · 적극적 안락사, 즉 치유불가능하고 고통이 심한 환자를 그의 의사에 따라 실체법적 · 절차법적으로 엄격한 요건 아래 생명 종결을 고려하는 것은 형법상 촉탁승낙에 의한 살인죄(형법 제252조 제1항)나 살인죄(형법 제250조 제1항)를 구성하므로 허용되지 않는다.

(3) 사형제도의 위헌성

위헌론은 ① 생명권은 절대적 기본권이므로 생명권 제한을 뜻하는 사형제도는 위헌이라거나 ② 사형제도는 생명권의 본질적 내용을 침해하는 것이므로 위헌이라고 한다.

그리고 ③ 사회계약으로 국가를 창설하는 인간은 스스로 생명을 처분할 권능이 없으므로 자기 생명을 처분할 권한을 국가에 위임할 수 없고, ④ 사형의 위하력은 전혀 검증되지 않았으며, ⑤ 단순히 사형이 위하력이 있다고 하여 이를 존속시키는 것은 현대 형법이 추구하는 교육형 사상과도 배치되는 것이고, ⑥ 오판일 때 원상회복이 불가능하며, ⑦ 사형수는 물론 사형선고인을 비롯한 사형집행인, 사형집행확인인 등의 존엄성을 침해하고 사형선고인의 양심의 자유를 침해하는 점 등을 들어 사형은 폐지되어야 한다고 한다.

합헌설은 ① 생명권은 상대적 기본권으로서 헌법 제37조 제2항에 따른 제한이 가능하고, ② 무엇보다도 한국 헌법이 사형제도를 전제하며(헌법 제110조 제4항 단서), ③ 다른 생명, 중요 공익을 보호하는 데 불가피하면 비례성원칙에 합치하므로 사형은 헌법에 위배되지 아니하는 제도라고 한다. 그리고 ④ 한국 실정이나 국민 법감정으로나 ⑤ 일방예방적인 범지억지력이 있는 사형의 위하력과 관련하여 질서유지 · 공공복리 및 사회방위라는 형사정책적 필요성으로나 ⑥ 사형이 부과되는 살인범죄 등에 대해서 사형 이외에 정의로운 대가관계에 있는 형벌을 찾을 수 없으며, ⑦ 살인범죄 유가족의 피해감정을 다른 방법으로는 가라앉게 할 길이 없으므로 사형제도를 폐지하는 것은 시기상조라고 본다.

대법원은 한국 실정, 국민감정, 실정법 등을 고려하여 국가의 형사정책으로서 질서유지와 공공복리를 위해서 형법, 군형법 등에 사형이라는 형벌을 규정하였어도 이를 헌법에 위반되는 조문이라고 할 수 없다고 하여(대법원 1963. 2. 28. 선고 62도241 판결) 사형을 제도적으로 인정하는 전제 위에서, "사형은 인간의 생명 그 자체를 영원히 박탈하는 냉엄한 극형으로서 그 생명을 존치시킬 수 없는 부득이한 경우에 한하여 적용되어야 할 궁극의 형벌이므로, 사형을 선택함에 있어서는 범행의 동기, 태양, 죄질, 범행의 수단, 잔악성, 결과의 중대성, 피해자의 수, 피해감정, 범인의 연령, 전과, 범행후의 정황, 범인의 환경, 교육 및 생육과정 등 여러 사정을 참작하여 죄책이 심히 중대하고 죄형의 균형이나 범죄의 일반예방적 견지에서도 극형이 불가피하다고 인정되는 경우에 한하여 허용될 수 있다"(대법원 1995. 1. 13. 선고 94도2662 판결)라고 하여 그 신중한 적용을 촉구한다.

헌법재판소는 ① 사형은 인간의 죽음에 대한 공포본능을 이용한 가장 냉엄한 궁극의 형벌로서 그 위하력이 강한 만큼 이를 통한 일반적 범죄예방효과도 더 클 것으로 추정되고 그렇게 기대하는 것이 논리적이고 법감정에 맞는다는 점, ② 사형은 현행 헌법 제110

조 제4항이 스스로 예상하는 형벌의 한 종류라는 점, ③ 사형이 한국의 문화수준이나 사회현실에 미루어 보아 지금 곧 이를 무효로 하는 것은 타당하지 않다는 점, ④ 생명권은 선험적이고 자연법적인 권리로서 헌법에 규정된 모든 기본권의 전제로서 기본권 중의 기본권이라고 할 것이나 현실적인 측면에서 보면 정당한 이유 없이 다른 사람의 생명을 부정하거나 그에 못지아니한 중대한 공공이익을 침해할 때, 비록 생명이 이념적으로 절대적 가치를 지니더라도 생명에 관한 법적 평가가 예외적으로 허용될 수 있다는 점을 근거로 하여 사형이 비례성원칙에 따라서 최소한 동등한 가치가 있는 생명이나 그에 못지아니한 공공을 보호하기 위한 불가피성이 충족되는 예외적인 때만 적용되는 한 헌법 제37조 제2항 단서에 위반되지 아니한다고 하여 사형제도에 대한 합헌결정을 내렸다(헌재 1996. 11. 28. 95헌바1).

다만, 헌법재판소도 사형이 무엇보다 고귀한 인간의 생명을 국가가 법의 이름으로 빼앗는 일종의 '제도살인'의 속성을 벗어날 수 없다는 점을 직시하고, ① 형사관계법령에 사형을 법정형으로 규정하는 법률조항들이 과연 행위와 불법 사이에 적정한 비례관계를 유지하는지를 개별적으로 따져야 할 것이고, ② 비록 법정형으로서 사형이 적정한 것이더라도 이를 선고할 때 특히 신중을 기하여야 하며, ③ 위헌 · 합헌의 논의를 떠나 사형을 형벌로서 계속 존치시키는 것이 필요하고 바람직한지에 관한 진지한 찬반 논의도 계속되어야 할 것이고, 한 나라의 문화가 고도로 발전하고 인지가 발달하여 평화롭고 안정된 사회가 실현되는 것 등 시대상황이 바뀌어 사형의 위하에 따른 범죄예방 필요성이 거의 없게 된다거나 국민의 법감정이 그렇다고 인식하는 시기에 이르게 되면 사형은 곧바로 폐지되어야 하며, 그런데도 형벌로서 사형이 그대로 남아 있다면 당연히 헌법에도 위반되는 것으로 보아야 한다는 단서를 붙인다(헌재 1996. 11. 28. 95헌바1).

(4) 인공임신중절(낙태)과 태아의 생명권 문제

인간은 수정과 동시에 생명권의 주체가 되므로 태아의 생명도 보호되어야 한다. 따라서 인공임신중절은 원칙적으로 금지된다. 형법도 제269조와 제270조에서 낙태죄를 처벌한다. 다만, 태아의 생명과 모성의 생명 중 어느 하나만 보호할 수 있으면 임산부의 생명과 무관하게 태아의 생명을 단독으로 유지할 수 없는 한도 안에서 임산부의 생명을 보호할 수밖에 없을 것이다. 태아를 모체 밖으로 배출시켜서 단독으로 생존할 수 있으면 생명과 생명의 충돌로 보아서 법적 판단을 유보할 수밖에 없다. 헌법재판소는 임신한 여성의 자기낙태를 처벌하는 형법 제269조 제1항과 의사가 임신한 여성의 촉탁 또는 승낙을 받아 낙태하게 한 경우를 처벌하는 같은 법 제270조 제1항 중 '의사'에 관한 부분이 각각 임신한 여성의 자기결정권을 침해한다고 하면서 계속 적용 헌법불합치결정을 내렸다(헌재 2019. 4. 11. 2017헌바127).

Ⅱ. 신체를 훼손당하지 아니할 권리

1. 의의

신체를 훼손당하지 아니할 권리(신체를 온전하게 보존할 권리)는 신체를 있는 그대로 보존하고 유지할 권리를 뜻한다. 여기서 신체는 육체적 및 정신적 모든 상태를 망라하므로 건강 개념보다 넓다. 즉 정신적 학대나 건강을 해치지 않는 신체 침해(예를 들어 모발 절단)까지도 포함한다.

한국 헌법은 신체를 훼손당하지 아니할 권리를 규정한 적이 없었고, 현행 헌법도 마찬가지이다. 헌법재판소는 신체의 자유를 신체의 안정성이 외부의 물리적 힘이나 정신적인 위험에서 침해당하지 아니할 자유와 신체활동을 임의적이고 자율적으로 할 수 있는 자유라고 하여 신체를 훼손당하지 아니할 권리를 신체의 자유의 내용으로 본다(헌재 1992. 12. 24. 92헌가8). 일단 신체를 훼손당하지 아니할 권리는 헌법에 명문 규정을 둔 열거된 권리에 속하지 않으므로 헌법 제37조 제1항의 헌법에 열거되지 아니한 권리로 보지 않을 수 없다. 헌법에 열거되지 아니한 권리를 인정하는 실질적 기준으로서 인간의 존엄과 가치나 행복추구권을 들 수 있다. 그러나 신체를 온전하게 보존할 권리는 신체의 온전성이라는 법익이 인격과 밀접 불가분하게 연결되므로 인간의 존엄과 가치와 행복추구권 양자가 모두 실질적 근거가 된다. 더하여 헌법 제30조는 다른 사람의 범죄행위로 말미암아 생명 · 신체에 대한 피해를 받은 국민은 법률이 정하는 바에 의하여 국가에서 구조를 받을 수 있다고 규정한다. 이는 신체에 대한 피해 보상을 규정한 것으로 헌법이 신체를 보호대상으로 명시적으로 규정한 것이다. 따라서 헌법 제30조를 신체를 훼손당하지 아니할 권리의 간접적 근거로 삼을 수 있다. 따라서 신체를 훼손당하지 아니할 권리는 헌법 제10조 제1문 전단의 인간의 존엄과 가치와 후단의 행복추구권과 제37조 제1항의 헌법에 열거되지 아니한 권리조항을 직접적 근거로 그리고 헌법 제30조를 간접적 근거로 한다.

2. 주체

신체를 훼손당하지 아니할 권리의 주체는 모든 자연인이다. 즉 내국인만이 아니라 외국인도 그 주체가 되는 인간의 권리이다. 성질상 법인과 그 밖의 단체는 주체가 될 수 없다. 태아는 생명권의 주체이고 신체는 생명을 담는 그릇이므로 생명이 깃든 대상이 있는 이상 신체를 훼손당하지 아니할 권리의 주체가 된다. 그러나 사자의 사체는 신체를 훼손당하지 아니할 권리의 보호대상이 아니다.

3. 내용

신체란 먼저 ① 신체 그 자체를 있는 그대로 보전한다는 의미에서 신체의 온전성[고통을 주지 않거나 질병상태를 일으키지 않더라도 인체를 침해하는 것 자체(예를 들어 건강회복을 목적으로 한 진단 및 치료행위로서 의료적 침습, 채혈, 모발절단 등)], ② 생물학적·생리학적 의미에서 신체의 건강[예를 들어 신체 일부 상실, 약물 등의 신체 안 투입], 나아가 ③ 신체에 불가분적으로 영향을 미친다는 의미에서 정신적·영적 (영역에서) 건강[신체적 관련성이 있는 평온상태: 신체 침해와 같은 효과를 나타내는 비신체적인 침해로서 심리적·정신적으로 병리현상을 일으키는 것과 고통을 주는 식으로 어떤 사람이 처한 상태를 변화시키는 것(예를 들어 불안정한 심리상태, 고도의 신경과민 초래)]을 포함한다. 건강에는 고통에서 벗어나는 자유가 포함되지만, 사회적 안락감이나 불쾌감에서 해방은 포함되지 않는다.

4. 침해

(1) (신)체형(벌)

형벌의 종류로서 태형, 화형 등은 응보형의 잔재로서 교육 · 개선이라는 형벌 목적에 배치되고 고통을 부과하는 것에 불과하므로 허용되지 않는다. 그리고 체벌은 징계권 행사로 인정되지 않는다(민법 제915조, 초 · 중등교육법 제18조, 고등교육법 제13조, '보호소년 등의 처우에 관한 법률' 제15조). 하지만 판례는 일정한 범위 안에서 학교장과 교사의 체벌권을 정당행위로 인정한다(대법원 1976. 4. 27. 선고 75도1125 판결). 그러나 '초 · 중등교육법 시행령' 제31조가 징계의 종류를 학교 내의 봉사, 사회봉사, 특별교육이수, 1회 10일 이내, 연간 30일 이내의 출석정지, 퇴학처분으로 한정하는 이상 징계의 하나로 체벌은 인정될 수 없다. 즉 별도의 법률규정이 없으면 징계로서 체벌을 정당화할 수 없다. 부모의 미성년 아동에 대한 징계수단으로서 체벌도 제한된다. 즉 다른 적절한 교육수단이 없거나 다른 수단으로 적절한 교육이 불가능한 때처럼 불가피한 때에 아동의 복리목적으로 한 체벌만 허용될 수 있다.

(2) 모발 절단과 전기충격

모발 절단과 전기쇼크는 당사자 동의가 없는 한 신체를 훼손하는 행위로서 원칙적으로 허용되지 않는다. 구 행형법 제23조는 "수형자의 두발과 수염은 짧게 깎는다."라고 하여 수형자 의사에 반하여 모발절단을 규정하였는데 수형자의 기본권 제한은 형벌 부과목적을 달성하는 범위에서 이루어져야 한다. 머리를 짧게 깎는 조치(단삭 조치)는 전근대적인 일제의 잔재로서 위생과 청결의 차원보다는 수형자를 일반인과 차별하여 수치심을 갖게 하고 획일적인 규율을 하려는 성격이 강하므로 위헌 소지가 있었다. 현행 '형의 집행 및 수용자의 처우에 관한 법률' 제32조 제2항은 "수용자는 위생을 위하여 두발 또는 수염을 단정하게 유지하여야 한다."라고 규정한다. 행형질서를 유지하는 데 장애가 없는 범위 안에서 수용자가 두발과 수염을 기를 수 있도록 허용하여야 한다.

(3) 형사소송법상 예정된 (수사목적의) 침해

형사소송법상 강제처분을 통한 강제수사는 형사소송법에 특별한 규정이 있으면 필요한 최소한도의 범위 안에서만 예외적으로 허용된다(형사소송법 제199조 제1항 단서). 혈액채취, 체액채취 등은 신체를 훼손하므로 영장원칙 준수와 수사의 비례성원칙 및 보충성 등의 요건을 갖출 때만 허용된다. 증인과 함께 이루어지는 대질(심문)을 위해서 머리나 수염을 변경하는 것은 범죄의 중대성과 혐의의 명백성을 고려하여 허용 여부를 결정하여야 한다.

(4) 의사의 치료행위(진단을 위한 침습도 포함), 불임시술

의사의 치료행위(진단을 위한 침습도 포함)는 주관적인 치료 목적과 객관적인 의술법칙에 들어맞는 한 정당성이 인정된다. 이때 정당화의 전제요건으로 원칙적으로 의사는 설명의무를 이행하여야 하고, 당사자의 승낙이 있어야 한다. 대법원은 업무로 말미암은 정당행위로서 정당하다고 하였다(대법원 1976. 6. 8. 선고 76도144 판결) 그러나 최근에는 피해자의 승낙에 따른 행위로서 정당하다고 한다(대법원 1993. 7. 27. 선고 92도2345 판결). 하지만 치료행위는 건강을 회복 · 증진시키기 위한 행위로 상해 고의가 없어 상해죄의 구성요건해당성이 없으므로 정당하다고 보아야 한다. 강제불임시술은 생식기능이 인간이라는 존재에 차지하는 의미를 고려하면 비상이라도 인정되지 않는다.

5. 제한

(1) 제한 가능성

신체를 온전하게 보존할 권리도 헌법이 보호하는 기본권이므로 헌법 제37조 제2항에 따라 제한될 수 있으나 제한하는 때도 그 본질적 내용은 침해할 수 없다.

(2) 기본권주체의 승낙

신체는 기본권주체가 처분할 수 있는 기본권이다. 따라서 피해자의 승낙이 있으면 신체에 대한 침해가 허용된다. 이때 침해를 정당화하기 위한 승낙은 ① 승낙의 의미를 이해할 능력이 있는 사람이 ② 자유로운 의사에 따른 ③ 의식적인 동의가 있어야 하며, ④ 피해자의 자기결정권을 존중하기 위해서 위험에 관한 상세한 설명이 있어야 한다. 다만, 상해행위가 사회상규에 어긋나지 않는 범위에서만 승낙은 유효하다.

Ⅲ. 신체의 자유

1. 의의

신체의 자유는 적극적으로는 신체의 각 부분을 움직이거나 어디든지 원하는 장소로 이동할 수 있고, 소극적으로는 신체의 각 부분을 움직이지 않거나 현재 있는 장소에 머무르거나 원하지 않는 장소로 이동하지 않을 수 있는 자유를 말한다. 즉 신체의 자유는 신체적 거동의 임의성이나 자율성을 뜻한다. 1948년 헌법 제9조에 신체의 자유를 규정한 이래로 한국 헌법은 줄곧 신체의 자유를 규정한다. 헌법 제12조 제1항 전단은 "모든 국민은 신체의 자유를 가진다."라고 규정하여 신체의 자유를 보장한다. 신체의 자유는 정신적 자유와 함께 헌법이념의 핵심인 인간의 존엄과 가치를 구현하는 가장 기본적인 자유로서 모든 기본권 보장의 전제조건이다(헌재 1992. 4. 14. 90헌마82). 즉 신체의 자유는 모든 사회적 · 경제적 · 정신적 자유의 뿌리가 된다.

2. 주체

헌법 제12조는 모든 '국민'이라고 규정하나, 국민뿐 아니라 외국인을 포함한 모든 인간이 신체의 자유의 주체가 된다. 미성년자는 신체의 자유의 주체가 되기는 하지만 판단 능력이 옹글지(완벽하지) 못하므로 친권자에 의해서 특별한 제한을 받는다(예를 들어 민법 제914조 거소지정권). 그러나 거동 가능성이 없는 태아는 신체의 자유의 주체가 될 수 없다. 그리고 신체가 없는 법인과 그 밖의 단체도 신체의 자유의 주체가 될 수 없다.

3. 내용

신체의 자유는 신체적 거동의 자유로서 현행 헌법질서 안에서 주어진 신체활동의 임의성을 보장한다. 신체의 자유는 ① 적극적으로는 어디든 임의적인, 가깝거나 멀리 있는 장소를 찾아갈 권리를 보장하고, ② 소극적으로는 어디든 임의적인 장소를 피할 권리, 즉 머무르고 싶지 않은 장소에 머물지 않을 자유와 현재 있는 장소에 머무를 자유를 보장한다. 신체의 자유는 물리적 강제에서 신체적 거동의 자유를 보장하는 것일 뿐이고 불안과 공포와 같은 심리적 상태에서는 보호하지 않는다. 헌법재판소는 신체의 안전성이 외부에서 오는 물리적인 힘이나 정신적인 위협에서 침해당하지 않을 자유와 신체활동을 임의적이고 자율적으로 할 자유라고 하여 신체의 자유에 신체를 온전하게 보존할 권리를 포함시킨다(헌재 1992. 12. 24. 92헌가8). 그러나 신체의 자유와 신체를 온전하게 보존할 권리는 보호대상이 다르므로 구별하여야 한다.

4. 제한

신체의 자유도 다른 기본권과 마찬가지로 헌법 제37조 제2항에 따라서 제한될 수 있다. 신체의 자유를 이유로 특정한 장소에 출석하거나 머물도록 하는 공권력의 정당한 명령을 거부할 수 없다. 따라서 증인으로 출석하는 것(형사소송법 제151조, 제152조 참조), 행정기관에 신고의무를 지는 것, 교통교양교육에 참여할 의무를 지는 것 등은 신체의 자유 침해가 아니다. 그리고 적법한 수사절차에 따른 체포 · 구속, 적법한 재판을 통한 자유형(단기, 장기, 무기) 부과도 신체의 자유 침해가 아니다. 무기형은 사면이 가능하다는 것만으로 헌법상 허용되는 것이 아니라 무기형 집행을 정지할 요건과 관련 절차가 법률에 규율될 때만 정당화할 수 있다. 또한, ③ 병역의무나 취학의무에 따른 신체의 자유 제한도 정당화한다. 그러나 ④ 학교에서 방과 후 보충학습을 강제하는 것은 문제가 있다. 학교에서 정규수업에 참여를 강요하는 것은 학교교육 목적을 달성하는 데 필수적이지만, 보충수업은 정규수업에서 부족한 부분이나 하지 못하는 내용을 보충하려는 데 목적이 있으므로, 학교교육 목적에 불가결한 부분이 아닐 뿐 아니라 학생의 필요와 선택에 따라 다양한 대안이 있기 때문이다. 다만, 보충수업이 정규수업을 보충하는 데 필수적이면서 다른 수단을 선택할 시간적 여유가 없으면 예외적으로 보충수업 강제가 허용될 수 있다. 그러나 특정 장소에서 언제까지 특정한 어떤 것을 하여야 할 의무를 부과하는 것은 당사자에게 그 의무를 언제 이행할 것인지에 관한 자유를 남겨두므로 신체의 자유 문제는 아니다.

5. 구체화규정

헌법 제12조 제1항은 제1문에서 "모든 국민은 신체의 자유를 가진다."라고 규정한다. 신체의 자유를 보장하는 헌법 제12조 제1항 제1문은 문언상 형사절차만을 염두에 둔 것이 아님이 분명하다. 그리고 신체의 자유는 그에 대한 제한이 형사절차에서 가해졌든 행정절차에서 가해졌든 간에 보장되어야 하는 자연권적 속성의 기본권이므로, 신체의 자유가 제한된 절차가 형사절차인지 아닌지는 신체의 자유 보장 범위와 방법을 정할 때 부차적인 요소에 불과하다. 헌법은 신체의 자유를 명문으로 규정하여 보장하는 헌법 제12조 제1항 제1문에 이어 제12조 제1항 제2문, 제2항 내지 제7항에서 신체의 자유가 제한될 우려가 있는 특별한 상황을 열거하면서, 각각의 상황별로 신체의 자유 보장 방법을 구체적으로 규정한다. 따라서 형사절차를 특히 염두에 둔 것이 아닌 헌법 제12조 제1항 제1문과 체계적 해석을 하면, 헌법 제12조 제1항 제2문, 제2항 내지 제7항은 해당 헌법조항의 문언상 혹은 해당 헌법조항에 규정된 구체적인 신체의 자유 보장 방법의 속성상 형사절차에만 적용됨이 분명한 때가 아니면 형사절차에 한정되지 않는다(헌재 2018. 5. 31. 2014헌마346).

① 헌법 제12조 제1항 제2문 전단은 "법률에 의하지 아니하고는"이라고 규정하나, 후단은 "법률과 적법한 절차에 의하지 아니하고는"이라고 규정한다. 이러한 문구 차이 때문에 전단에서 적법절차가 요구되는지가 다투어진다. 그러나 헌법 제12조 제3항에서는 체포 · 구속 · 압수 · 수색에 대해서 적법한 절차에 따른 영장 제시를 요구하므로, 체포 · 구속 · 압수 · 수색도 법률과 적법한 절차에 따라야 한다. 신체의 자유와 관련된 심문은 반드시 체포 · 구속과 함께 이루어지므로, 심문도 법률과 적법한 절차에 따라야 한다. 따라서 헌법 제12조 제1항 제2문의 전단과 후단은 표현상 차이는 없다. 결국, 신체를 제한하는 모든 공권력 조치는 법률과 적법절차에 따라서만 가능하다. ② 헌법 제12조 제1항은 법률에 의하지 아니하고는 체포나 구속을 하지 못하도록 한다. 이를 보장하려고 형법 제124조는 불법체포 · 감금죄를 규정한다. 체포는 사람의 신체에 직접적 · 현실적인 구속을 가하여서 그 신체활동의 자유를 박탈하는 것(직접 구속)을 말한다. 구속은 피의자의 신체의 자유를 박탈하여 일정한 장소에 일시적 또는 계속적으로 인치하는(강제로 끌어내는) 것으로, 구인과 구금을 모두 포괄한다(형사소송법 제69조). 구인은 사람을 법원, 그 밖

의 장소에 인치하는 강제처분을 말하고, 구금은 사람을 일정한 장소에 가두어 놓는 강제처분을 뜻한다. 헌법재판소는 병(兵)을 대상으로 한 영창처분은 신체의 자유를 제한하는 구금인데, 병에 대한 징계처분으로 일정 기간 부대나 함정(艦艇) 내의 영창, 그 밖의 구금장소에 감금하는 영창처분이 가능하도록 규정한 구 군인사법 제57조 제2항 중 '영창'에 관한 부분이 과잉금지원칙을 충족하지 못하여 헌법에 어긋난다고 하였다(헌재 2020. 9. 24. 2017헌바157). ③ 헌법 제12조 제1항은 법률에 의하지 아니하고는 압수와 수색을 하지 못하게 한다. 압수는 물건의 점유를 취득하는 강제처분을 말하고, 수색은 압수할 물건이나 체포할 사람을 발견할 목적으로 주거 · 물건 · 사람의 신체 또는 그 밖의 장소에 하는 강제처분을 뜻한다. 헌법 제12조는 신체의 자유를 규정한 조항이므로 여기서 압수와 수색은 직접 신체에 관한 것만을 말한다. 가택 수색은 헌법 제16조 주거의 자유 제한 문제이다. ④ 헌법 제12조 제1항은 법률에 의하지 아니하고는 심문을 받지 아니하도록 규정한다. 심문은 구두나 서면을 통한 사실 진술, 즉 답변을 강요하는 것을 말한다. 불법으로 심문당하지 아니할 자유는 침묵의 자유에 가까우나 심문을 받기 위해서 소환을 받고 출석하면 신체의 자유와 관련이 있다. ⑤ 헌법 제12조 제1항은 법률과 적법한 절차에 의하지 아니하고는 처벌을 받지 아니하도록 규정한다. 처벌은 본인에게 불이익이나 고통이 되는 모든 제재를 말하는 것으로서 형벌뿐 아니라 행정벌도 포함한다. ⑥ 헌법 제12조 제1항 제2문 후단은 법률과 적법한 절차에 의하지 아니하고는 보안처분을 받지 아니하도록 규정한다. 보안처분은 앞날에 범죄 위험이 있는 사람을 개선 · 보안조치함으로써 범죄를 사전에 예방하는 제재조치를 말한다. 보안처분에는 '치료감호 등에 관한 법률'상 치료감호처분, 소년법상 보호처분(19세 미만자), '보호관찰 등에 관한 법률'상 보호관찰처분, 보안관찰법상 보안관찰처분 등이 있다. 이중 소년법상 보호처분은 위법한 범죄행위를 전제로 법원의 판결로 결정되지만, 보안관찰법상 보안관찰처분 등을 비롯한 '마약류 관리에 관한 법률', '성매매알선 등 행위의 처벌에 관한 법률', 전염병예방법 등에서 보안처분은 범죄행위를 요건으로 하지 아니하고 행정기관이 행정처분 형식으로 결정된다. 후자에서 사실상 자유형과 같은 효과를 발생시키므로 신체의 자유를 중대하게 제약하는 보안처분에서 사법적 관여를 배제하는 것은 적법절차를 위반하여 위헌 의심이 있다. 헌법재판소는 성립절차상 중대한 하자로 효력을 인정할 수 없는 처벌규정을 근거로 한 범죄경력을 보안관찰 기초로 삼는다면 헌법 제12조 제1항 후단에서 말하는 법률과 적법한 절차에 의하여 이루어지는 보안처분이라고 할 수 없다고 하였다(헌재 2001. 4. 26. 98헌바79등). ⑦ 헌법 제12조 제1항 제2문 후단은 법률과 적법한 절차에 의하지 아니하고는 강제노역을 받지 않도록 규정한다. 강제노역은 본인 의사에 어긋나게 노역을 강요당하는 것을 말한다. 따라서 판결을 통한 징역형에 따른 정역복무나 벌금 · 미납 시 환형처분으로 부과되는 노역장 유치와 같이 범죄에 대한 처벌로서 정당하게 부과되는 때를 제외하고는 본인 의사에 어긋나는 노역을 과할 수 없다.

6. 인신 보호를 위한 헌법상 (구속적) 요청

(1) 죄형법정원칙(죄형법정주의)

헌법 제13조 제1항 전단은 죄형법정원칙(죄형법정주의)을 규정하고, 헌법 제12조 제1항 제2문은 특별히 신체의 자유와 관련하여 죄형법정원칙(죄형법정주의)을 규정한다. 형법 제1조 제1항은 행위시법원칙(행위시법주의)을 규정하여 이를 구체화한다. 죄형법정원칙(죄형법정주의)은 자유형 이외에도 사형 · 재산형 · 명예형에도 적용되므로 신체의 자유에 국한되지는 않는다. 하지만 자유형이 형벌 중에서 중요한 위치를 차지하고 통상적이므로 신체의 자유에 규정한다.

죄형법정원칙(죄형법정주의)은 행위 이전에 제정된 적정한 법률을 통해서만 그 행위가 범죄로 평가될 수 있고 처벌될 수 있다는 원칙이다. 이것은 무엇이 처벌되는 행위인지를 국민이 예측할 수 있는 형식으로 정하도록 하여 개인의 법적 안정성을 보호하고, 성문의 형벌법규에 따른 실정법질서를 확립하여 국가형벌권의 자의적 행사에서 개인의 자유와 권리를 보장하려는 법치국가 형법의 기본원칙이다(헌재 1991. 7. 8. 91헌가4).

죄형법정원칙(죄형법정주의)은 '법률이 없으면 범죄도 형벌도 없다'로 표현된다. 죄형법정원칙(죄형법정주의)은 법률의 정함이 없으면 범죄가 성립하지 않고, 법률의 정함이 없으면 형벌도 부과할 수 없다는 근대 형법의 기본원칙이다. 이는 범죄구성요건과 형벌규정 양자와 관련된다. '책임 없는 자에게 형벌을 부과할 수 없다'라는 형벌에 관한 책임원칙(책임주의)은 형사법의 기본원리로서, 헌법상 법치국가원리와 죄형법정원칙(죄형법정주의)에서 도출되는 원리이고, 법인도 자연인과 마찬가지로 책임원칙(책임주의)이 적용된다(헌재 2012. 10. 25. 2012헌가18). 죄형법정원칙(죄형법정주의)의 구현형태는 ① 관습법

금지, ② 유추 금지, ③ 명확성원칙, ④ 소급효 금지, ⑤ 적정성원칙이다.

① 관습법 금지: 이 원칙은 법관을 구속한다. 따라서 법관은 구성요건과 형벌을 확정할 때 오로지 성문법을 기준으로 하여야 한다. 죄형법정원칙(죄형법정주의)은 자유주의, 권력분립, 법치국가원리와 국민주권원칙에 입각한 것으로서 무엇이 범죄이고 그에 대한 형벌이 어떠한 것인지를 반드시 국민대표로 구성된 입법부가 제정한 법률로 정하여야 한다는 원칙이다. 죄형법정원칙(죄형법정주의)을 표명한 헌법 제12조 제1항 후단이나 제13조 제1항 전단에서 말하는 '법률'도 입법부가 제정한 형식적 의미의 법률을 뜻한다(헌재 1991. 7. 8. 91헌가4). 따라서 원칙적으로 명령이나 규칙으로 범죄와 형벌을 규정할 수 없다. 그리고 관습법으로 새로운 구성요건을 추가하거나 가중처벌하는 것도 금지된다. 위임입법에 관한 헌법 제75조는 처벌법규에도 적용된다. 하지만 법률에 따른 처벌법규 위임은, 헌법이 특히 기본권을 최대한으로 보장하기 위해서 죄형법정원칙(죄형법정주의)과 적법절차를 규정하고, (형식적 의미의) 법률에 따른 처벌을 특별히 강조하는 기본권 보장 우위사상에 비추어 바람직하지 못하다. 따라서 그 요건과 범위를 더 엄격하게 제한적으로 적용하여야 한다. 처벌법규 위임은 (i) 특히 긴급한 필요가 있거나 미리 법률로써 자세히 정할 수 없는 부득이한 사정이 있는 때에 한정되어야 하고, (ii) 이러한 때라도 법률에서 범죄의 구성요건은 처벌대상인 행위가 어떠한 것일 것이라고 예측할 수 있을 정도로 구체적으로 정하고 형벌의 종류 및 그 상한과 폭을 명백히 규정하여야 한다(헌재 1991. 7. 8. 91헌가4). 법률 위임이 있으면 지방자치단체는 조례 위반에 대한 제재로서 벌칙을 제정할 수 있다(지방자치법 제28조 단서). 대법원은 형벌을 규정한 지방의회 조례(경상북도의회에서의증언감정등에관한조례안 제12조 내지 제14조)를 구 지방자치법 제15조 단서(현 지방자치법 제28조 단서) 및 죄형법정원칙(죄형법정주의)을 선언한 헌법 제12조 제1항을 위반하였다고 하여 위헌선언하였다(대법원 1995. 6. 30. 선고 93추83 판결). 행정질서벌에 해당하는 과태료는 죄형법정원칙(죄형법정주의)의 규율대상이 아니다(헌재 1998. 5. 28. 96헌바83).

② 유추 금지: 형벌법규 해석은 엄격하게 하여야 하므로 명문 규정 의미를 피고인에게 불리한 방향으로 유추하는 것은 죄형법정원칙(죄형법정주의)에 어긋나서 허용되지 않

는다(대법원 1999. 7. 9. 선고 98도1719 판결). 유추란 법률에 규정이 없는 사항에 그것과 비슷한 성질이 있는 사항에 관한 법률이나 법률조항을 적용하는 것을 말한다. 유추를 허용하면 형벌법규의 명확성원칙이 무의미하게 되고 자의적인 입법을 허용하므로 유추는 금지된다. 즉 유추금지원칙은 법관을 구속하는 것으로 가벌성과 형벌을 규정한 법률을 당사자에게 불리하게 유추하는 것은 금지된다. 공소시효 정지는 비록 절차법인 형사소송법에 규정되어 있으나 그 실질은 국가형벌권 소멸이라는 점에서 형의 시효와 마찬가지로 실체법적 성격이 있다. 따라서 그 예외로서 시효가 정지되는 때는 특별히 명문의 법률규정을 둔 때에 한하여야 한다. 다른 조항을 유추하여 공소시효 정지를 인정하는 것은 죄형법정원칙(죄형법정주의)의 유추 금지에 위반된다(헌재 1993. 9. 27. 92헌마284).

③ 명확성원칙: 명확성원칙은 누구나 법률이 처벌하고자 하는 행위가 무엇이고, 그에 대한 형벌이 어떠한 것인지를 예견할 수 있으며, 그에 따라 자신의 행위를 결정지을 수 있도록 구성요건이 명확하여야 한다는 원칙을 뜻한다(헌재 2019. 6. 28. 2018헌바128). 여기서 구성요건이 명확하여야 한다는 것은 그 법률을 적용하는 단계에서 가치판단을 완벽하게 배제한 무색투명한 서술적 개념으로 규정되어야 한다는 것을 뜻하는 것이 아니다. 그것은 건전한 일반상식이 있는 사람이 입법자의 입법의도를 일의적으로 파악할 정도의 것을 뜻한다. 따라서 다소 광범위하고 어느 정도의 범위에서는 법관의 보충적인 해석을 필요로 하는 개념을 사용하여 규정하였더라도 그 적용단계에서 다의적으로 해석될 우려가 없는 이상 그 점만으로 헌법이 요구하는 명확성 요구에 배치된다고는 보기 어렵다. 그렇지 않으면 처벌법규의 구성요건이 지나치게 구체적이고 복잡하게 정형화하여 다양하게 변화하는 생활관계를 제대로 규율할 수 없게 될 것이기 때문이다(헌재 1989. 12. 22. 88헌가13). 처벌법규의 구성요건이 어느 정도 명확하여야 하는지는 일률적으로 정할 수 없다. 그것은 각 구성요건의 특수성과 그러한 법적 규제의 원인이 된 여건이나 처벌 정도 등을 고려하여 종합적으로 판단하여야 한다(헌재 1998. 3. 26. 96헌가20). 일반적 또는 불확정 개념의 용어가 사용되어도 같은 법률의 다른 규정을 원용하거나 다른 규정과 맺는 상호관계를 고려하거나 이미 확립된 판례를 근거로 하는 것 등 정당한 해석방법을 통해서 그 규정의 해석과 적용에 대한 신뢰성이 있는 원칙을 도출할 수 있어, 그 결과 개개인이 그 형사법규가 보호하려는 가치 및 금지되는 행위의 태양과 이러한 행위에 대

한 국가 대응책을 예견할 수 있고, 그 예측에 따라 자신의 행동에 대한 결의를 할 수 있는 정도(의 규정내용이)라면 그 범위 안에서 명확성원칙은 유지된다(헌재 1992. 2. 25. 89헌가104). 명확성원칙은 1차적으로 입법자를 구속하고 2차적으로는 법관을 구속한다. 명확성원칙은 해당 법규범이 수범자에게 법규의 의미내용을 알 수 있도록 공정한 고지를 하여 예측 가능성을 주는지와 해당 법규범이 법을 해석 · 집행하는 기관에 충분한 의미내용을 규율하여 자의적인 법해석이나 법집행이 배제되는지, 다시 말하면 예측 가능성과 자의적 법집행 배제가 확보되는지에 따라 명확성원칙에 어긋나는지를 판단할 수 있다(헌재 2005. 6. 30. 2002헌바83).

④ 소급효 금지: 형벌법규가 소급하여 효력이 있으면 국민의 법적 안정성과 신뢰보호원칙은 물론 법질서의 안정성 자체가 심각한 타격을 입는다. 따라서 입법자는 소급효가 있는 입법을 제정할 수 없고, 법관은 형법을 소급하여 적용할 수 없다. 소급적인 범죄구성요건 제정뿐 아니라 소급적인 형벌 가중도 금지된다. 형벌불소급원칙은 범죄행위 시의 법률에 따라서 범죄를 구성하지 않는 경우뿐 아니라, 범죄행위시의 법률보다 형의 상한이나 하한을 높인 때에도 적용되고, 주형을 가중한 때 외에도 부가형 · 병과형을 가중한 때에도 적용된다(헌재 2017. 10. 26. 2015헌바239등). 그러나 당사자에게 유리하면 소급적용이 인정된다(형법 제1조 제2항, 제3항 참조). 소급효 금지는 실체법에 대해서만 적용되고 절차법에는 적용되지 않는다. 형벌불소급원칙은 형사소추가 '언제부터 어떠한 조건 아래에서' 가능한지의 문제이고, '얼마동안' 가능한지의 문제는 아니다(헌재 1996. 2. 16. 96헌가2등). 따라서 공소시효를 연장하는 것은 새롭게 형벌을 과하거나 형벌을 강화하는 것이 아니므로 소급효 금지에 어긋나지 않는다(헌재 1996. 2. 16. 96헌가2등). 형을 종전보다 가볍게 형벌법규를 개정하면서 그 부칙으로 개정 전의 범죄에 대해서는 종래 형벌법규를 추급하여 적용하도록 규정한다고 하여 죄형법정원칙(죄형법정주의)에 어긋나거나 범죄 후 형 변경이 있는 때라고 할 수 없으므로 형법 제1조 제2항 소정의 신법우선원칙이 적용될 여지가 없다(대법원 1995. 1. 24. 선고 94도2787 판결).

보안처분은 형벌과 달리 행위자의 장래 재범위험성에 근거하는 것으로서, 행위 시가 아닌 재판 시의 재범위험성 여부에 관한 판단에 따라 보안처분 선고를 결정하므로 원칙적으로 재판 당시 현행법을 소급 적용할 수 있다. 그러나 보안처분의 범주가 넓고 그 모습이 다양한 이상, 보안처분에 속한다는 이유만으로 일률적으로 소급효금지원칙이 적용된다거나 그렇지 않다고 단정해서는 안 되고, 보안처분이라는 우회적인 방법으로 형벌불소급원칙을 유명무실하게 하는 것을 허용해서도 안 된다. 따라서 보안처분이라도 형벌적 성격이 강하여 신체의 자유를 박탈하거나 박탈에 준하는 정도로 신체의 자유를 제한하면 소급효금지원칙을 적용하는 것이 죄형법정원칙(죄형법정주의)에 들어맞는다(헌재 2012. 12. 27. 2010헌가82등). 벌금형과 과료형 집행과 관련하여 벌금 등을 완납할 때까지 노역장에 유치하여 작업에 복무하게 하는 환형처분인 노역장유치는 강제노동 자체를 내용으로 하는 형벌인 노역형과 구별되지만, 실질은 신체의 자유를 박탈하여 징역형과 유사한 형벌적 성격이 있으므로 형벌불소급원칙의 적용대상이 된다(헌재 2017. 10. 26. 2015헌바239등).

형사처벌 근거가 되는 것은 법률이지 판례가 아니고, 형법조항에 관한 판례 변경은 그 법률조항 내용을 확인하는 것에 지나지 아니하므로 법률조항 자체가 변경된 것이라고 볼 수 없다. 따라서 행위 당시 판례를 따르면 처벌대상이 되지 아니하는 것으로 해석되었던 행위를 판례 변경에 따라 확인된 형법 조항의 내용에 근거하여 처벌한다고 하여 그것이 형벌불소급원칙에 어긋난다고 할 수는 없다(헌재 2014. 5. 29. 2012헌바390등).

⑤ 적정성원칙: 죄형법정원칙(죄형법정주의)을 법치국가원리의 파생원리로 이해하면 죄형법정원칙(죄형법정주의)은 새로운 내용을 갖는다. 법치국가원리는 법적 안정성을 요구하는 형식적 법치국가에 머무는 것이 아니라 실질적 법치국가원리에 따라 그 내용이 실질적 정의에 합치되라고 요구하기 때문이다. '법률 없으면 범죄 없고 형벌 없다'로 표현되는 죄형법정원칙(죄형법정주의)은 실질적 법치국가원리 때문에 '법률만 있으면 범죄 있고 형벌 있다'는 뜻으로 이해될 수 없다. 즉 현대적 의미의 죄형법정원칙(죄형법정주의)은 '적정한 법률 없으면 범죄 없고 형벌 없다'를 뜻한다. 따라서 죄형법정원칙(죄형법정주의)은 적정성원칙도 내용으로 한다. 이러한 점에서 현대적 의미의 죄형법정원칙(죄형법정주의)은 법관의 자의에서 국민의 기본권을 보호할 뿐 아니라 입법자의 자의에서도 국민의 자유를 보호하는 기능도 있다. 헌법재판소도 "법률이 없으면 범죄도 없고 형벌도 없다."라는 말로 표현되는 죄형법정원칙(죄형법정주의)은 오로지 행위 이전에 제정된 '정의로운' 법률에 따라서만 그 행위가 범죄로 평가되어 처벌될 수 있다는 원칙이라고 하면서,

이는 무엇이 처벌되는 행위인지를 국민이 예측할 수 있는 형식으로 정하도록 하여 개인의 법적 안정성을 보호하고 성문의 형벌법규에 따른 실정법질서를 확립하여 국가형벌권의 자의적 행사에서 개인의 자유와 권리를 보장하려는 법치국가 형법의 기본원칙이라고 한다(헌재 1991. 7. 8. 91헌가4). 적정하다는 것은 "공정하고 합리적이며 상당성이 있어 정의관념에 합치한다"(대법원 1988. 11. 16. 선고 88초60 판결)라는 것을 말한다.

(2) 책임과 형벌 사이의 비례원칙

형사법상 책임원칙은 기본권의 최고이념인 인간의 존엄과 가치에 근거한 것으로, 형벌은 범행의 경중과 행위자의 책임, 즉 형벌 사이에 비례성을 갖추어야 하고, 특별한 이유로 형을 가중할 때도 형벌의 양은 행위자의 책임 정도를 초과해서는 안 된다는 것을 뜻한다(헌재 2004. 12. 16. 2003헌가12). 그리고 범죄행위 유형이 다양하면 그 다양한 행위 중에서 특히 죄질이 불량한 범죄를 무겁게 처벌하여야 한다는 것은 책임원칙상 당연히 요청되지만, 그 다양한 행위 유형을 하나의 구성요건으로 포섭하면서 법정형 하한을 무겁게 책정하여 죄질이 가벼운 행위까지를 모두 엄히 처벌하는 것은 책임원칙에 어긋난다(헌재 2021. 11. 25. 2019헌바446등).

법정형의 종류와 범위 선택 문제는 그 범죄의 죄질과 보호법익에 관한 고려뿐 아니라 우리의 역사와 문화, 입법 당시의 시대적 상황, 국민 일반의 가치관 내지 법감정 그리고 범죄예방을 위한 형사정책적 측면 등 여러 가지 요소를 종합적으로 고려하여 입법자가 결정할 사항으로서 입법 형성의 자유가 인정된다(헌재 1995. 4. 20. 91헌바11). 하지만 법정형을 정할 때 죄질과 그에 따른 행위자의 책임 사이에 적절한 비례관계가 지켜져야 한다는 것은 법치국가원리상 당연한 이치이다. 그러므로 입법 형성의 자유에도 일정한 한계가 따른다. 법률로 법정형을 정할 때도 인간의 존엄과 가치를 존중하고 보호하여야 함은 물론, 헌법 제37조 제2항이 규정하는 과잉입법금지 정신에 따라 형벌개별화 원칙이 적용될 수 있는 범위의 법정형을 설정하여야 하며, 형벌이 죄질과 책임에 상응하도록 적절한 비례성을 유지하여야 한다(헌재 2003. 11. 27. 2002헌바24). 다만, 이와 관련하여 광범위한 입법재량이나 형성의 자유가 인정되므로, 어느 범죄에 대한 법정형이 그 범죄의 죄질 및 이에 따른 행위자 책임과 비교해서 지나치게 가혹한 것이어서 현저히 형벌체계상 균형을 잃거나 그 범죄에 대한 형벌 본래의 목적과 기능을 달성하는 데 필요한 정도를 일탈하였다는 것 등 헌법의 평등원칙과 비례성원칙 등에 명백히 어긋나는 때가 아닌 한 쉽사리 헌법에 위반된다고 단정하여서는 안 된다(헌재 1995. 4. 20. 91헌바11). 그리고 죄질이 서로 다른 둘이나 그 이상의 범죄를 동일선상에 놓고 그 중 어느 한 범죄의 법정형을 기준으로 단순한 평면적 비교를 하여 다른 범죄의 법정형 과중 여부를 판정하여서는 아니 된다(헌재 1995. 4. 20. 91헌바11). 또한, 법정형은 법관이 구체적 사건의 정상에 따라 그에 알맞은 적정한 선고형을 끌어 낼 수 있도록 그 폭을 넓게 규정하는 것이 바람직하나, 입법자가 법정형 책정에 관한 여러 가지 요소의 종합적 고려에 따라 법률 그 자체로 법관의 양형재량 범위를 좁혀 놓았다고 하더라도, 그것이 해당 범죄의 보호법익과 죄질에 비추어 범죄와 형벌 사이의 비례원칙상 수긍할 수 있는 정도의 합리성이 있다면, 이러한 법률을 위헌이라고 할 수는 없다(헌재 2021. 2. 25. 2019헌바58).

(3) 연좌제 금지와 자기책임의 원리

헌법 제13조 제3항은 모든 국민은 자기 행위가 아닌 친족 행위로 말미암아 불이익한 처우를 받지 아니한다고 하여 연좌제 금지를 규정한다. 연좌제(連坐制)는 엄격하게 따져보면 연좌제(連坐制)와 연좌제(緣坐制)로 구별할 수 있다. 연좌제(連坐制)는 친족 이외에 특정인에게 연대책임을 지우는 것이고, 연좌제(緣坐制)는 일정 범위의 친족에게 연대책임을 지우는 것이다. 자기 자신의 행위가 아닌 친족의 행위로 말미암아 형사처벌을 포함한 불이익한 처우를 받는 것은 다른 사람의 행위를 자신의 행위로 확장해석하는 것으로 근대 형법의 자기책임원칙에 어긋난다. 대법원은 선거사무장 등의 선거범죄로 말미암은 당선무효를 규정하는 구 공직선거및선거부정방지법 제265조가 헌법상 연좌제금지에 반하지 아니한다고 하였다(대법원 1997. 4. 11. 선고 96도3451 판결).

자기책임의 원리는 개인의 존엄과 자율성을 인정하는 바탕 위에 서 있는 우리 헌법질서 아래에서는 자기의 행위가 아닌 다른 사람의 행위에 대해서 책임을 지지 않는다는 원칙이다(헌재 2010. 3. 25. 2009헌마170). 자기책임의 원리는 헌법 제10조에서 파생되는 자기결정권의 한계논리로서 책임부담의 근거로 기능하는 동시에 자기가 결정하지 않은 것이나 결정할 수 없는 것에 대해서는 책임을 지지 않고 책임부담 범위도 스스로 결정한 결과나 그와 상관관계가 있는 부분에 국한됨을 의미하는 책임의 한정원리로 기능한다. 이러한 자기책임의 원리는 인간의 자유와 유책성 그리고 인간의 존엄성을 진지하게 반영한 원리로서 그것이 비단 민사법이나 형사법에 국한된 원리라기보다는 근대법의 기본이념으로서 법치국가원리에 당연히 내재하는 원리이고, 헌법 제13조 제3항은 이를 표현한 것으로서 자기책임의 원리에 어긋나는 제재는 그 자체로서 헌법에 위반된다(헌재 2004. 6. 24. 2002헌가27).

(4) 이중처벌금지원칙

이중처벌금지원칙은 법적 안정성과 신뢰 보호를 위해서 판결이 확정되어 기판력이 발생하면, 같은 사건에 대해서 거듭 심판하는 것이 허용되지 아니한다는 원칙이다(헌법 제13조 제1항 후단). 따라서 무죄판결을 받았거나 이미 처벌받은 행위에 대해서 다시 형사책임을 물을 수 없다(형사소송법 제326조 제1호). 이중처벌금지원칙은 처벌이나 제재가 '동일한 행위'를 대상으로 할 때 적용될 수 있고, 그 대상이 동일한 행위인지는 기본적 사실관계가 동일한지에 따라서 가려야 한다(헌재 1994. 6. 30. 92헌바38). 일단 유죄 판결이 확정판결로 내려진 사건에 대한 재심은 그 선고를 받은 사람의 이익을 위해서만 가능하다(형사소송법 제420조).

이중처벌이 금지될 때 '처벌'은 국가가 하는 모든 제재나 불이익처분을 뜻하지는 않는다(헌재 1994. 6. 30. 92헌바38). 헌법재판소는 행정질서벌로서 과태료는 행정상 의무위반에 대해서 국가가 일반 통치권에 따라서 과하는 제재로서 형벌(특히 행정형벌)과 목적 · 기능이 중복되는 면이 없지 않으므로, 동일한 행위를 대상으로 하여 형벌을 부과하면서 아울러 행정질서벌로서 과태료까지 부과한다면 그것은 이중처벌금지의 기본정신에 배치되어 국가형벌권 남용으로 인정될 여지가 있음을 부정하지 않았다. 그러나 과태료는 무허가 건축행위와 별개인 시정명령 위반에 대해서 부과하는 것이고, 형사처벌과는 별도로 고유의 목적과 기능이 있으며, 시정명령 위반행위가 무허가 건축행위의 불가벌적 사후행위가 아니므로 무허가건축행위로 말미암아 형사처벌을 받은 자에게 시정명령 위반에 대한 과태료를 부과하는 것은 이중처벌에 해당하지 않는다고 하였다(헌재 1994. 6. 30. 92헌바38). 그리고 헌법재판소는 보호감호와 형벌은 비록 다 같이 신체의 자유를 박탈하는 수용처분이라는 점에서 집행상 뚜렷한 구분이 되지 않더라도 그 본질, 추구하는 목적과 기능이 전혀 다른 별개 제도이므로 형벌과 보호감호를 서로 병과하여 선고하여도 이중처벌금지원칙에 위반되지 않는다고 하였다(헌재 1989. 7. 14. 88헌가5등). 또한, 누범(헌재 1995. 2. 23. 93헌바43)이나 상습범(헌재 1995. 3. 23. 93헌바59)을 가중하는 것도 일사부재리에 반하지 않는다고 하였다. 대법원은 검사가 일차 무혐의결정을 하였다가 다시 공소를 제기한 것이 일사부재리원칙에 위배되는 것이 아니고(대법원 1988. 3. 22. 선고 87도2678 판결), 외국 판결은 한국에서 기판력이 없으므로 외국 판결에는 일사부재리가 적용되지 않는다고 하였다(대법원 1983. 10. 25. 선고 83도2366 판결). 그리고 행형법상 징벌은 수형자의 교도소 안 준수사항 위반에 대해서 과하는 행정상 질서벌의 일종으로서 형법법령에 위반한 행위에 대한 형사책임과는 그 목적, 성격을 달리하는 것이므로 징벌을 받은 뒤에 형사처벌을 한다고 하여 일사부재리원칙에 반하는 것은 아니라고 하였다(대법원 2000. 10. 27. 선고 2000도3874 판결).

이중처벌금지원칙은 판결의 기판력 때문에 재심판을 금지하려는 것이지만, 영미법상 이중위험금지원칙은 공판절차가 일정단계에 이르면 다시 그 절차 부담을 되풀이할 수 없다는 절차상 원칙이다. 이중처벌금지원칙은 일단 판결이 확정되어야만 효력이 발생하지만, 이중위험금지원칙은 심판절차가 일정단계에 이르면 효력이 발생한다는 차이가 있다.

(5) 적법절차원칙

헌법 제12조 제1항 후문과 같은 조 제3항은 적법절차원칙을 규정한다. 이는 영미법계 국가에서 국민의 인권을 보장하려는 기본원리의 하나로 발달되어 온 적법절차원칙을 1987년 10월 29일 제9차 개정 때 헌법에 도입하여 명문화한 것이다(헌재 1992. 12. 24. 92헌가8). 적법절차는 입법 · 집행 · 사법 등 모든 국가작용은 정당한 법률을 근거로 하고 정당한 절차에 따라 발동되어야 한다는 헌법원리를 말한다(헌재 1996. 12. 26. 94헌바1). 적법절차원칙은 법치국가원리의 구체적 실현원리로서 헌법 제12조의 신체의 자유뿐 아니라 모든 기본권 보장과 관련이 있다(헌재 1992. 11. 12. 91헌가2).

미국에서는 원래 적법절차규정에서 인권을 제약하는 절차가 합법적이기만 하면 적법절차조항에 위반되지 않는 것으로 보았다. 그러다가 19세기 말에 와서 절차만이 아니라 법률의 실체적 내용까지도 공정성, 합리성, 정당성 등에 어긋나서는 안 된다는 미국 연방대법원 판례가 확립되었다. 즉 법의 절차만 적정하면 되는 것이 아니라 법도 적정하여야 한다는 것이다. 그리고 적법절차조항은 입법, 집행, 사법의 모든 분야에 광범하게 적용된다(헌재 2016. 3. 31. 2013헌바190). 헌법재판소는 전투경찰순경의 인신구금을 그 내용으로 하는 영창처분에도 적법절차원칙이 적용된다고 한다(헌재 2016. 3. 31. 2013헌바190).

적법절차원칙은 독자적인 헌법원리의 하나로 수용되고, 이는 형식적인 절차뿐 아니라 실체적 법률내용이 합리성과 정당성을 갖춘 것이어야 한다는 실질적 의미로 확대해석하여야 한다(헌재 1992. 12. 24. 92헌가8). ① 적법한 절차에서 '적'은 적정한(정당한)이라는 뜻이다. 다만, 현행 헌법에서 적법한 절차는 적정한 법정절차로 이해하여야 하므로 이때의 적법한 절차는 절차의 적법성뿐 아니라 절차의 적정성이나 정당성(합정의성)까지 요구하는 것으로 해석하여야 한다. ② 적법한 절차에서 '법'은 실정법만을 의미하는 것이 아니라 넓은 뜻의 법규범을 뜻한다. 따라서 이때의 법은 형식적 의미의 법률은 물론이고 명령이나 조례 · 규칙을 포함하고, 심지어 법의 실질이나 이념이라고 할 수 있는 정의 · 윤리 · 사회상규까지 포함하는 개념이다. ③ 적법한 절차에서 '절차'는 원래 권리의 실질적 내용을 실현하기 위해서 채택하여야 할 수단적 · 기술적 순서나 방법을 말한다. 하지만 여기서는 특히 고지 · 청문 · 변명 등 방어기회의 제공절차를 말한다. 특히 형사절차에서는 당사자에게 혐의사실이나 소 개시를 적정한 시기에 고지하여야 할 뿐 아니라 공정한 청문절차, 즉 충분한 구술기회, 반대신문 등의 절차가 진행되어야 하고, 변호인의 도움을 받을 권리, 신속한 공개재판을 받을 권리 등이 보장되어야 한다. 헌법재판소는 적법절차원칙에서 도출할 수 있는 중요한 절차적 요청은 당사자에게 적절한 고지를 할 것, 당사자에게 의견 및 자료 제출 기회를 부여할 것을 들 수 있겠으나, 이 원칙이 구체적으로 어떠한 절차를 어느 정도로 요구하는지는 규율되는 사항의 성질, 관련 당사자의 사익, 절차 이행으로 제고될 가치, 국가작용의 효율성, 절차에 소요되는 비용, 불복 기회 등 다양한 요소를 형량하여 개별적으로 판단할 수밖에 없다고 한다(헌재 2019. 6. 28. 2017헌바135). ④ 형사절차에서 시작된 적법절차는 점차 행정절차에도 적용되어 적정한 고지와 공정한 청문(청문에서는 진술이나 자료 · 증거 제출 기회, 반대신문 기회가 주어진다)은 행정절차에서도 필수적으로 요청되었다. 따라서 행정작용이 기본권을 침해하면 이를 사법적으로 구제하는 것은 적법절차의 당연한 내용으로 이해되었다. 적법절차는 더 나아가 입법을 포함한 모든 절차의 적정성으로 이해되었고, 공권력은 자유나 재산과 관련하여 적정하게 행사되어야 할 뿐 아니라 그 내용, 방식, 목적 등이 적정성을 가져야 한다는 것으로 이해되었다. 적법절차는 이상의 절차적 적법절차 차원을 넘어 실체적 적법절차로 발전하게 되었다. 즉 절차의 적정성만이 아니라 (실체)법의 내용까지 적정성이 있어야 한다는 것이다. 대법원은 '적정'하다 함은 공정하고 합리적이며 상당성이 있어 정의 관념에 합치하는 것을 말한다고 한다(대법원 1998. 1. 16. 선고 88초60 판결). ⑤ 국민은 국가공권력의 단순한 대상이 아니라 절차의 주체로서, 자신의 권리와 관계되는 결정에 앞서서 자신의 견해를 진술할 수 있어야만 객관적이고 공정한 절차가 보장될 수 있고 당사자 사이의 절차적 지위 대등성이 실현될 수 있다. 그러나 국가기관이 국민과 맺는 관계에서 공권력을 행사할 때 준수하여야 할 법원칙으로서 형성된 적법절차원칙을 국가기관에 대하여 헌법을 수호하고자 하는 탄핵소추절차에는 직접 적용할 수 없다(헌재 2004. 5. 14. 2004헌나1).

적법절차를 법률이 정한 절차와 그 실체적인 내용이 합리성과 정당성을 갖춘 적정한 것이어야 한다는 것으로 이해한다면, 그 법률이 기본권의 제한입법에 해당하는 한 헌법 제37조 제2항 일반적 법률유보조항의 해석상 요구되는 기본권제한법률의 정당성 요건과 개념상 중복된다(헌재 1992. 12. 24. 92헌가8). 헌법재판소는 적법절차원칙이 법률의 위헌 여부에 관한 심사기준으로 작용하면, 특히 형사소송절차에서는 법률에 따른 형벌권 행사라도 신체의 자유의 본질적인 내용을 침해하지 않아야 할 뿐 아니라 비례성원칙이나 과잉입법금지원칙에 어긋나지 아니하는 한도 안에서만 그 적정성과 합헌성이 인정된다는 의미가 있으므로, 결국 적법절차원칙 위반 여부는 비례성원칙이나 과잉입법금지원칙에 위반되는지에 따라 결정된다고 한다(헌재 2004. 9. 23. 2002헌가17등).

헌법 제12조 제1항은 처벌, 보안처분, 강제노역 등과, 제12조 제3항은 영장원칙과 관련하여 각각 적법절차원칙을 규정한다. 하지만 이는 그 대상을 한정적으로 열거하는 것이 아니라 그 적용대상을 예시한 것에 불과하다. 적법절차원칙은 법률의 위헌 여부에 관한 심사기준으로서 그 적용대상을 형사소송절차에 국한하지 않고 모든 국가작용, 특히 입법작용 전반에서 문제가 된 법률의 실체적 내용이 합리성과 정당성이 있는지를 판단하는 기준으로 적용된다(헌재 1992. 12. 24. 92헌가8). 법률제정절차와 관련한 적법절차는 이른바 청문절차로서 국민은 자신의 이해관계와 관련하여 그 법적 지위를 확보하기 위해서 국가적인 재편계획에 관하여 입장을 표명할 기회를 주어야 한다는 것이다. 즉 국민이 국가적 활동의 단순한 객체로 전락하여서는 안 된다는 것이다(헌재 1994. 12. 29. 94헌마201). 행정처분을 통한 국민의 자유와 권리 침해가 증대되는 현실을 고려하면 행정절차에도 적법절차원리가 적용되어야 한다. 형사소송법은 형사절차 중 증거 판단과 사실 인정에 관해서 헌법상 적법절차를 구현하려고 자유심증주의를 원칙으로 규정한다(제308조). 법관의 올바른 자유심증을 위해서는 당사자가 절차의 주체가 되어 자유롭게 각자에게 유리한 모든 증거를 제출하여 활발한 입증활동을 하는 가운데 법관도 객관적인 입장에서 증거를 자유롭게 평가할 여건이 갖추어질 것을 전제한다(헌재 1996. 12. 26. 94헌바1).

(6) 영장제도[(사전)영장원칙]

영장제도란 체포 · 구속 · 압수 등의 강제처분[헌법재판소는 법무부 장관의 출국금지결정은 형사재판에 계속 중인 국민의 출국의 자유를 제한하는 행정처분일 뿐이고, 영장원칙이 적용되는 신체에 직접 물리적 강제력을 수반하는 강제처분이 아니라고 한다(헌재 2015. 9. 24. 2012헌바302)]을 할 때 사법권 독립에 따라서 그 신분이 보장되는 법관이 발부한 영장을 통하지 않으면 아니 된다는 것이다. 따라서 헌법상 영장원칙의 본질은 체포 · 구속 · 압수 · 수색 등 기본권을 제한하는 강제처분을 할 때 중립적인 법관의 구체적 판단을 거쳐야 한다는 데 있다(헌재 2018. 6. 28. 2012헌마538). 영장제도는 적법절차의 한 요소로서 범죄수사에서 부당한 인권 침해와 신체의 자유 침해를 막으려는 제도이다. 신체의 자유를 심각하게 침해하는 체포 · 구속 · 압수나 수색은 공정하고 독립적인 지위가 있는 법관의 판단에 따라 발부한 영장을 사전에 제시하고서만 하게 함으로써 수사기관의 불법적인 체포 · 구속 · 압수나 수색의 남용을 방지하려는 데 영장제도의 의의가 있다.

신체의 자유를 심각하게 침해하는 체포 · 구속은 먼저 그에 관한 필요성 유무를 법관이 판단하도록 하고 그가 발부한 영장을 통해서만 가능하도록 함으로써 수사기관의 불법적인 체포 · 구속의 남용을 방지하려는 것이다. 영장 발부는 법관의 체포 · 구속 허가이므로 체포 · 구속에 대한 사법적 억제가 가능하게 되고, 이로써 신체의 자유를 그만큼 보호하게 된다. 특히 현행 형사소송법이 구속 전 피의자심문제도(영장실질심사제도)를 규정함으로써 인신구속에 대한 실질적인 사법적 억제가 가능하게 되었다. 영장원칙은 구속 개시 시점에 한하지 않고 구속영장의 효력을 계속 유지할 것인지 아니면 취소나 실효시킬 것인지도 사법권독립의 원칙에 따라서 신분이 보장되는 법관의 판단을 통해서만 결정하여야 한다는 것을 뜻한다(헌재 1992. 12. 24. 92헌가8). 그 밖에 검사나 다른 국가기관의 의견에 따라서 좌우되도록 하는 것은 헌법상 적법절차원칙에 어긋난다(헌재 1992. 12. 24. 92헌가8). 기지국 수사를 허용하는 통신사실 확인자료 제공 요청은 법원의 허가를 받으면, 해당 가입자의 동의나 승낙을 얻지 아니하고도 제3자인 전기통신사업자에게 해당 가입자에 관한 통신사실 확인자료 제공을 요청할 수 있도록 하는 수사방법으로, 통신비밀보호법이 규정하는 강제처분에 해당하므로 헌법상 영장원칙이 적용된다(헌재 2018. 6. 28. 2012헌마538등). 그러나 수사기관이 공사단체 등에 범죄수사에 관련된 사실을 조회하는 행위는 강제력이 개입되지 아니한 임의수사에 해당하므로, 이에 응하여 이루어진 국민건강보험공단의 개인정보제공행위에는 영장원칙이 적용되지 않는다(헌재 2018. 8. 30. 2016헌마483). 각급 선거관리위원회 위원 · 직원의 선거범죄 조사에서 피조사자에게 자료 제출을 요구하는 것은 행정조사의 성격이 있는 것으로서 피조사자에게 직접적으로 어떠한 물리적 강제력을 행사하는 강제처분을 수반하는 것이 아니라서 영장원칙이 적용되지 않는다(헌재 2019. 9. 26. 2016헌바381).

현행 헌법 제12조 제3항 중 '검사의 신청'이라는 부분의 취지는 모든 영장 발부에 검사의 신청이 필요하다는 것이 아니라 수사단계에서 영장 발부를 신청할 수 있는 사람을 검사로 한정한 것이다. 즉 수사 단계에서 영장을 신청할 때 반드시 법률전문가인 검사를 거치도록 함으로써 다른 수사기관의 무분별한 영장 신청을 막아 국민의 기본권을 침해할 가능성을 줄이려는 데 그 취지가 있다. 헌법 제12조 제3항의 규정 취지를 공판 단계에서 영장 발부에도 검사 신청이 필요한 것으로 해석하는 것은 신체의 자유를 보장하기 위한 사법적 억제 대상인 수사기관이 사법적 억제 주체인 법관을 통제하는 결과를 낳아 오히려 영장원칙의 본질에 어긋난다(헌재 1997. 3. 27. 96헌바28등). 영장신청권자로서 '검사'는 '검찰권을 행사하는 국가기관'인 검사로서 공익의 대표자이자 인권옹호기관의 지위에서 그에 부합하는 직무를 수행하는 사람을 뜻하는 것이지, 검찰청법상 검사만을 가리키는 것은 아니다(헌재 2021. 1. 28. 2020헌마264등).

형사소송법은 인신구속 남용을 막기 위하여 구속영장에는 구체적 사항을 명시하도록 규정함으로써 구체적 사항이 명시되지 않은 이른바 일반영장을 금지한다. 즉 법원의 피고인 구속에서 구속영장에는 "피고인의 성명, 주거, 죄명, 공소사실의 요지, 인치구금할 장소, 발부년월일, 그 유효기간과 그 기간을 경과하면 집행에 착수하지 못하며 영장을 반환하여야 할 취지를 기재"하여야 한다(형사소송법 제75조). 검사나 사법경찰관의 피의자 구속에서는 이러한 규정이 준용되지만, 공소사실 요지 대신에 피의사실 요지를 기재하여야 한다(형사소송법 제209조).

수사기관의 피의자에 대한 강제처분에 관한 법률을 제정할 때 입법자는 헌법적 특별규정인 헌법 제12조 제3항을 준수하는 범위 안에서 우리 사회의 법현실, 수사관행, 수사기관과 국민의 법의식수준 등을 종합적으로 검토한 다음 구체적 사정에 따라서 다양한 정책적인 선택을 할 수 있다(헌재 1995. 6. 29. 93헌바45).

헌법재판소를 따르면 입법자는 수사기관의 피의자에 대한 강제처분에 관한 법률을 제정할 때 헌법적 특별규정인 영장원칙을 준수하는 범위 안에서 우리 사회의 법현실, 수사관행, 수사기관과 국민의 법의식수준 등을 종합적으로 검토하고 나서, 구체적 사정에 따라서 다양한 정책적인 선택을 할 수 있다. 먼저 형식적으로 영장원칙에 위배되는 법률은 곧바로 헌법에 위반된다. 나아가 형식적으로는 영장원칙을 준수하였더라도 실질적인 측면에서 입법자가 합리적인 선택범위를 일탈하는 것 등 그 입법형성권을 남용하였다면 그러한 법률은 자의금지원칙에 위배되어 헌법에 위반된다(헌재 2012. 12. 27. 2011헌가5).

과거 임의동행 형식을 빌려 보호실 유치를 하는 식의 불법적 관행이 있었다. 이에 대해서 대법원은 강제력을 행사한 임의동행은 불법구금이라고 하고, 적법절차에 따르지 아니한 보호실유치는 불법이라고 하였다(대법원 1994. 3. 11. 선고 93도958 판결). 이러한 문제점을 해결하고, 불구속 수사와 불구속재판 원칙(구속수사 · 재판은 예외)을 확립하여 영장 발부에서 요구되는 적법절차를 강화하려고 영장실질심사제도를 도입하였다(형사소송법 제201조의2). 이는 구속영장이 청구되면 법관이 직접 피의자를 심문하여 영장발부 여부를 결정하는 법관에 의한 구속 전 피의자심문제도이다. 체포나 긴급체포 또는 현행범인으로 체포된 피의자에 대해서 구속영장을 청구받은 판사는 즉시 피의자를 심문하되, 특별한 사정이 없으면 구속영장이 청구된 날의 다음날까지 심문하여야 한다(형사소송법 제201조의2 제1항). 체포되지 않은 그 밖의 피의자에 대해서 구속영장을 청구받은 판사는 피의자가 죄를 범하였다고 의심할 만한 이유가 있으면 구인을 위한 구속영장을 발부하여 피의자를 구인하고 나서 심문하여야 한다(형사소송법 제201조의2 제2항). 심문할 피의자에게 변호인이 없으면 지방법원판사는 직권으로 변호인을 선정하여야 한다(형사소송법 제201조의2 제8항).

별건체포 · 구속은 수사기관이 본래 수사하고자 하는 사건(본건)에 대해서는 구속요건이 구비되지 않았으므로, 본건 수사에 이용할 목적으로 구속요건이 구비된 별건으로 체포나 구속하는 것을 말한다. ① 별건체포 · 구속은 본건(중대사건)에 관해서 법관의 사전심사가 회피되어 영장제도의 존재 의의를 상실하므로 헌법 제12조 제3항에 위반되고,

② 체포 · 구속이유 고지가 본건에 관해서 보장되지 아니하므로 헌법 제12조 제5항에 위반되며, ③ 그것이 자백을 얻기 위한 부당한 수단으로 이용되면 헌법 제12조 제2항에 위반되고, ④ 전체적으로 그 절차가 적정하지 못하므로 헌법 제12조 제1항 제2문의 적법절차에 위반된다. 그러나 구속 중인 피의자에 대한 여죄수사까지 금지되는 것은 아니다. 즉 ① 피의자가 스스로 자백한 때, ② 여죄가 경미한 때, ③ 영장기재사항과 동종사항이거나 관련 있는 때는 여죄수사가 허용된다.

압수나 수색할 때도 적법한 절차에 따라 발부된 영장이 필요하다(헌법 제12조 제3항). 그러나 체포 · 구속, 긴급체포와 현행범인 체포에 따라서 피의자나 피고인을 체포 · 구속하면 체포 · 구속장소에서 압수 · 수색을 할 수 있다(형사소송법 제216조 제1항 제2호, 제2항). 범행 중 또는 범행 직후의 범죄 장소에서 긴급을 요하여 법원판사의 영장을 받을 수 없으면 영장 없이 압수 · 수색을 할 수 있다. 이때 사후에 즉시 영장을 받아야 한다(형사소송법 제216조 제3항). 검사나 사법경찰관은 긴급체포된 사람의 소유, 소지 또는 보관하는 물건에 대해서는 긴급히 압수할 필요가 있으면 체포한 때부터 24시간 이내에 한하여 영장 없이 압수 · 수색을 할 수 있다(형사소송법 제217조 제1항). 그리고 검사, 사법경찰관은 피의자 기타인의 유류한 물건이나 소유자, 소지자 또는 보관자가 임의로 제출한 물건을 영장 없이 압수할 수 있다(형사소송법 제218조). 또한, 공판 안에서 하는 압수 · 수색은 영장이 필요 없다(형사소송법 제113조). 압수 · 수색할 때 반드시 영장을 제시하여야 한다. 영장 사본을 팩스로 송부하였을 뿐이고 영장 원본을 제시하지 않았다면. 영장을 제시한 것으로 볼 수 없다(대법원 2017. 9. 7. 선고 2015도10648 판결). 압수 · 수색영장은 현장에서 피압수자가 여러 명이면 그들 모두에게 개별적으로 영장을 제시하여야 하는 것이 원칙이라서, 수사기관이 압수 · 수색에 착수하면서 그 장소의 관리책임자에게 영장을 제시하였더라도 물건을 소지한 다른 사람에게서 이를 압수하고자 하면 그 사람에게 따로 영장을 제시하여야 한다(대법원 2017. 9. 21. 선고 2015도12400 판결). 압수 · 수색영장을 집행할 때 피압수 · 수색자가 그 내용을 충분히 알지 못한 상태에서 영장을 뺏는 것은 헌법상 적법절차원칙에 어긋난다. 이때 설사 영장 집행 절차 지연 등을 예방하려고 구두로 설명하였더라도 영장 제시 제도의 취지상 적법하지 않다(18진정0124600 사건 2018. 11. 29. 국가인권위원회 침해구제제1위원회 결정).

행정상 즉시강제는 목전에 급박한 행정상 장해를 제거할 필요가 있거나 미리 의무를 명할 시간적 여유가 없을 때 또는 성질상 의무를 명하여서는 목적 달성이 곤란하면 즉시 국민의 신체나 재산에 실력을 가하여 행정상 필요한 상태를 실현하는 작용이다. 행정상 즉시강제에 절차적 한계로서 사전영장원칙이 적용되는지와 관련하여 헌법상 영장제도는 형사작용에만 적용되는 것이지 행정작용에는 적용되지 않는다는 영장불요설과 헌법 제12조 제3항에는 체포 · 구금 · 압수 · 수색을 할 때는 영장원칙이 적용된다고 규정된 바, 영장제도는 형사작용인지 행정작용인지를 불문하고 적용된다는 영장필요설 그리고 원칙적으로 국민의 기본권 보장이라는 관점에서 영장이 필요한 것이긴 하나, 행정상 즉시강제 중에서 행정목적 달성을 위해서 불가피하다고 인정할 만한 합리적인 이유가 있으면 사전영장 없이도 강제조치를 할 수 있다는 절충설이 대립한다. 헌법재판소는 불법게임물 수거 · 폐기라는 행정상 즉시강제는 그 본질상 급박성을 요건으로 하여 법관의 영장을 기다려서는 그 목적을 달성할 수 없으므로 원칙적으로 영장원칙이 적용되지 않는다고 한다(헌재 2002. 10. 31. 2000헌가12). 대법원은 사전영장원칙은 인신 보호를 위한 헌법상 기속원리이므로 인신의 자유를 제한하는 모든 국가작용 영역에서 존중되어야 하지만, 헌법 제12조 제3항 단서도 사전영장원칙 예외를 인정하는 것처럼 사전영장원칙을 고수하다가는 도저히 행정목적을 달성할 수 없는 지극히 예외적인 때에는 형사절차처럼 예외가 인정되므로, 구 사회안전법 제11조 소정의 동행보호규정은 재범 위험성이 현저한 사람을 상대로 긴급히 보호할 필요가 있는 때만 단기간의 동행보호를 허용한 것으로서 그 요건을 엄격히 해석하는 한, 동 규정 자체가 사전영장원칙을 규정한 헌법규정에 어긋난다고 볼 수는 없다고 한다(대법원 1997. 6. 13. 선고 96다56115 판결). 헌법 제12조 제3항과 제16조의 영장제도에 관한 규정은 연혁적으로는 형사사법작용을 염두에 둔 규정이기는 하다. 하지만 영장제도는 국가작용의 종류와 상관없이 국민의 신체의 자유를 보장하는 데 그 취지가 있으므로 행정작용에 적용되지 아니한다는 견해는 타당하지 않다. 따라서 헌법상 영장제도에 관한 규정은 원칙적으로 형사사법작용뿐 아니라 행정상 즉시강제에도 적용되는 것으로 보아야 한다. 다만, 행정상 즉시강제의 성질상 행정목적 달성을 위해서 불가피하다고 인정할 만한 합리적인 이유가 있는 특수한 때만 영장원칙 적용이 배제될 수도 있다. 그러나 그러한 예외는 국민의 기본권 보장 취지에 입각하여 엄격하게 해석되어야 한다.

(7) 체포 · 구속 적부 심사제

헌법 제12조 제6항은 체포 · 구속 적부 심사제를 규정하고, 형사소송법 제214조의2는 이를 구체화한다. 다만, 신체의 자유는 수사기관뿐 아니라 일반 행정기관을 비롯한 다른 국가기관도 직접 제한할 수 있으므로, 모든 형태의 공권력행사기관이 체포나 구속의 방법으로 신체의 자유를 제한하는 사안에도 헌법 제12조 제6항은 적용된다(헌재 2004. 3. 25. 2002헌바104). 한국에는 1948년 미군정령 제176호 제17조 제5항에 따라서 구속 적부 심사제도로 도입되었고, 1948년 헌법이 제9조 제3항에 규정하였다. 1972년 헌법에서 삭제되어 1973년 2월 1일에 시행된 형사소송법중개정법률에 따라서 폐지되었다. 1980년 헌법 제11조 제5항에서 법률유보조항을 두고 제한적으로 부활하였다가 현행 헌법에서 법률유보조항이 삭제되어 모든 피구속자에게 구속 적부 심사 청구를 가능하게 하였고 심사대상 제한을 받지 않도록 하였다.

영장원칙(체포영장, 구속영장 청구 시 피의자신문, 구속영장)은 수사기관의 불법체포 · 구속을 방지하려는 사전예방책이지만, 체포 · 구속 적부 심사제도, 형법상 불법체포 · 감금죄, 형사보상은 수사기관의 불법체포 · 구속을 방지하려는 사후구제책이다.

헌법 제12조 제6항은 '누구든지' 체포나 구속을 당하면 적부 심사를 법원에 청구할 수 있다고 규정하고, 같은 조 제3항은 체포와 구속에도 적법절차 준수와 영장을 요구한다. 형사소송법에는 체포 · 구속 적부 심사를 청구할 수 있는 사람이 체포나 구속된 피의자, 그 변호인, 법정대리인, 배우자, 직계친족, 형제자매나 가족, 동거인 또는 고용주로 규정되어 피고인이 배제된다(형사소송법 제214조의2 제1항). 체포영장에 따라서 체포된 피의자뿐 아니라 긴급체포되거나 현행범으로 체포된 피의자, 위법하게 체포된 피의자도 체포 적부 심사 청구가 가능하다(대법원 1997. 8. 27.자 97모21 결정). 체포 · 구속 적부 심사 이유에는 제한이 없다. 즉 모든 범죄에 대해서 청구가 가능하다(형사소송법 제214조의2). 체포 · 구속 적부 심사 청구사건은 지방법원 합의부 또는 단독판사가 심사한다. 체포영장이나 구속영장을 발부한 법관은 체포 · 구속 적부 심사의 심문 · 조사 · 결정에 관여하지 못한다. 다만, 체포영장이나 구속영장을 발부한 법관 외에는 심문 · 조사 · 결정을 할 판사가 없으면 그러하지 아니하다(형사소송법 제214조의2 제12항). 체포영장이나 구속영장을 발부한 법관의 예단을 배제하려는 취지이다.

체포 · 구속 적부 심사를 청구받은 법원은 청구서가 접수된 때부터 48시간 이내에 체포 또는 구속된 피의자를 심문하고 수사 관계 서류와 증거물을 조사하여 청구가 이유 없다고 인정하면 결정으로 이를 기각하고, 이유 있다고 인정하면 결정으로 석방을 명하여야 한다(형사소송법 제214조의2 제4항). 그러나 ① 청구권자가 아닌 사람이 청구하거나 같은 구속영장 발부에 대해서 재청구한 때, ② 공범이나 공동피의자의 순차청구가 수사 방해 목적임이 명백한 때에는 심문하지 않고 법원은 결정으로 청구를 기각할 수 있다(형사소송법 제214조의2 제3항). 검사 · 변호인 · 청구인은 심사기일에 출석하여 의견을 진술할 수 있다(형사소송법 제214조의2 제9항). 구속된 피의자에게 미성년자, 심신장애, 빈곤 등의 사유로 변호인이 없으면 국선변호인을 선정하여야 한다(형사소송법 제214조의2 제10항). ① 죄증을 인멸할 염려가 있다고 믿을만한 충분한 이유가 있는 때와 ② 피해자, 해당 사건의 재판에 필요한 사실을 안다고 인정되는 사람이나 그 친족의 생명 · 신체나 재산에 해를 가하거나 가할 염려가 있다고 믿을만한 충분한 이유가 있는 때가 아니면, 법원은 구속된 피의자에 대해서 피의자 출석을 보증할 만한 보증금 납입을 조건으로 결정으로 구속된 피의자 석방을 명할 수 있다(보증금납입조건부 피의자석방제도: 형사소송법 제214조의2 제5항).

체포 · 구속 적부 심사는 영장 발부의 요식과 절차에 관한 형식적 사항뿐 아니라 구속 사유의 타당성과 적법성에 관한 실질사항도 그 대상으로 한다. 체포 · 구속 적부의 판단 시기는 구속영장 집행 시를 기준으로 할 것이 아니라 적부 심사 시를 기준으로 하는 타당하다. 그래야만 구속 후의 사정변경을 고려할 수 있기 때문이다. 법원의 체포 · 구속 적부 심사 결정에 대해서는 검사나 피의자 모두가 항고할 수 없다(형사소송법 제214조의2 제8항). 이는 구속 적부 심사 자체가 영장 발부에 대한 항고적 성격이 있기 때문이다. 구속 적부 심사에 따라 일단 석방된 피의자는 도망하거나 죄증을 인멸하는 때를 제외하고는 같은 범죄사실에 관하여 재차 체포나 구속하지 못한다(형사소송법 제214조의3 제1항). 체포 적부 심사에 관한 결정이 있기 전에 구속영장이 청구되면 체포 적부 심사 담당재판부가 구속영장 청구 사건 담당 판사에게 체포 적부 심사 사건을 송부하고, 동 판사가 함께 결정한다.

체포 또는 구속 적부 심사를 청구한 뒤 법원이 석방결정을 하려 하거나 석방결정을 내렸지만, 그 결정서 등본이 검찰청에 송달되어 효력이 발생하기 직전에 검사가 전격적으로 공소제기하여 피의자 신분을 피고인으로 바꾸더라도 법원은 석방결정을 할 수 있고, 이미 한 석방결정은 그 효력을 유지한다(형사소송법 제214조의2 제4항 제2문). 헌법재판소는 전격 기소가 헌법상 보장된 법관에게서 심사를 받고자 하는 청구인의 절차적 기회를 일방적으로 박탈한다고 하였다(헌재 2004. 3. 25. 2002헌바104).

(8) 체포 · 구속 시 이유고지 및 가족에 대한 통지제도

형사소송법이 구속이유 등 고지제도를 이미 규정하였다. 그러나 이것이 잘 지켜지지 않았고 불법적인 인신구속으로 말미암은 인권 침해가 빈발하였다. 따라서 이를 1987년 헌법에 규정하였다. 체포나 구속을 당할 때 그 이유를 알지 못하거나 변호인의 도움을 받을 권리가 있음을 알지 못한다면, 변명 기회나 방어수단을 가질 수 없을 뿐 아니라 그러한 때에 불법구금과 고문 등 심각한 인권 침해 행위가 자행될 가능성도 생긴다. 그리고 피의자가족도 체포나 구속의 이유, 일시, 장소 등을 알지 못하면 그 불안함은 말할 것도 없고 피의자를 도울 수도 없다. 따라서 이들에게도 이런 사실을 통지하여야 할 필요가 있다. 고지제도의 의의는 피의자와 피의자가족에게 체포나 구속의 이유, 일시, 장소, 변호인의 도움을 받을 권리가 있음을 고지함으로써 이들의 인권을 보호하려는 데 있다.

체포나 구속이란 영장을 발부받아 체포나 구속하는 때만이 아니라 현행범인 등을 검사나 사법경찰관리가 체포 · 구속하는 긴급구속하는 때와 현행범인을 인도받은 때가 포함된다(형사소송법 제213조의2). '고지받을 자'는 체포나 구속을 당하는 사람이다. '통지받을 자'는 가족 등 법률이 정하는 사람이다. 즉 변호인이 있으면 변호인, 변호인이 없으면 피의자의 법정대리인, 배우자, 직계가족과 형제자매 중 피의자가 지정하는 사람이다(형사소송법 제87조, 제30조 제2항). 형사피의자는 ① 체포나 구속의 이유, ② 변호인의 도움을 받을 권리가 있다는 사실을 고지받을 권리가 있다. 형사피의자의 가족은 ① 체포나 구속의 이유, ② 체포나 구속의 일시, ③ 체포나 구속의 장소, ④ 변호인의 도움을 받을 권리가 있다는 사실을 고지받을 권리가 있다. 고지 시기는 헌법이나 형사소송법에 명문 규정이 없으나, 사리상 체포나 구속 당시로 보아야 한다. 통지는 즉시 하여야 한다(형사소송법 제87조 제2항). 고지 방식에 관해서는 명문 규정이 없고, 통지 방식은 서면으로 하여야 한다(형사소송법 제72조, 제87조 제2항, 제213조의2). 형사피의자와 그 가족 등에게 고지나 통지하는 것은 수사기관의 의무이다(헌법 제12조 제5항, 형사소송법 제87조, 제88조). 수사기관이 이러한 고지나 통지를 이행하지 않으면 직권남용에 따른 불법행위로 간주되어 형사처벌을 받게 된다(대법원 1995. 5. 9. 선고 94도3016 판결).

현행범인을 체포하거나 긴급체포하는 때도 이유를 고지하여야 한다. 이러한 고지는 체포를 위한 실력 행사에 들어가기 이전에 미리 하여야 하는 것이 원칙이다. 그러나 달아나는 피의자를 쫓아가 붙들거나 폭력으로 대항하는 피의자를 실력으로 제압하면 붙들거나 제압하는 과정에서 하거나 그것이 여의치 않은 때라도 일단 붙들거나 제압하고 나서 즉시 하여야 한다(대법원 2000. 7. 4. 선고 99도4341 판결).

(9) 무죄추정원칙

헌법 제27조 제4항의 무죄추정원칙은 불리한 처지에 놓인 피의자 · 피고인의 지위를 보호하여 형사절차에서 그들의 불이익을 필요최소한에 그치게 하자는 것으로서 인간의 존엄성 존중을 궁극의 목표로 하는 헌법이념에서 나온다(헌재 1995. 7. 21. 92헌마144). 형사소송법 제275조의2는 무죄추정원칙을 확인한다.

① 무죄추정원칙은 누구라도 유죄 판결이 확정될 때까지는 무죄로 추정된다는 원칙, 즉 형사절차와 관련하여 아직 공소 제기가 없는 피의자는 물론이고 공소가 제기된 피고인까지도 유죄 판결이 확정될 때까지는 원칙적으로 무죄인으로 다루어야 한다는 것을 말한다(헌재 2011. 4. 28. 2010헌마474). 여기서 유죄판결이란 실형 판결, 형 면제, 선고유예, 집행유예를 모두 포함하나, 실체적인 문제에 관한 판단 없이 재판의 형식적 종결인 면소판결은 제외된다. 그리고 유죄의 확정판결이 있기까지는 불이익을 입혀서는 안 된다고 할 것인데, 설사 불이익을 입혀도 필요한 최소한도에 그치도록 비례성원칙을 준수하여야 한다. 여기서 불이익은 형사절차상 처분뿐 아니라 그 밖의 기본권 제한과 같은 처분도 포함한다. 헌법재판소는 형사사건으로 공소제기가 되었다는 사실만으로 변호사에 대하여 업무정지명령을 내리거나 교원 혹은 공무원에 대하여 무조건적인 직위해제처분을 하도록 한 것은 아직 유무죄가 가려지지 아니한 상태에서 유죄로 추정하는 것이 되며 이를 전제로 한 불이익한 처분이라고 판시한 바 있다(헌재 1990. 11. 19. 90헌가48). 그리고 헌법재판소는 공정거래위원회 고발조치 등으로 장차 형사절차 안에서 진술을 하여야 할 행위자에게 사전에 법위반사실 공표를 하게 하는 것은 형사절차 안에서 법위반사실을 부인하고자 하는 행위자를 모순에 빠뜨려 소송수행을 심리적으로 위축시키거나, 법원에 공정거래위원회 조사결과의 신뢰성 여부에 관한 불합리한 예단을 촉발할 소지가

있고 이는 장차 진행될 형사절차에도 영향을 미칠 수 있으므로, 법위반사실 공표명령은 공소제기조차 되지 아니하고 단지 고발만 이루어진 수사의 초기 단계에서 아직 법원의 유무죄에 관한 판단이 가려지지 아니하였는데도 관련 행위자를 유죄로 추정하는 불이익한 처분이라고 한다(헌재 2002. 1. 31. 2001헌바43). 따라서 도피 우려가 있거나 증거를 인멸할 우려가 있는 때를 제외하고는 무죄추정원칙에 따라 불구속수사 · 불구속재판을 하여야 한다. 그리고 유죄판결이 있기 전에 피의자나 피고인을 범죄인과 같은 처우를 하는 것은 허용되지 않는다. ② 조문에는 형사피고인이라고 규정하나, 용의자나 피의자도 당연히 무죄추정을 받는다(물론해석)(헌재 1992. 1. 28. 91헌마111). ③ 범죄사실 증명책임은 기소자 측에 있고 피고인 스스로가 무죄를 적극적으로 입증할 필요가 없다. 유죄에 관한 입증이 없으면 의심스러울 때는 피고인의 이익으로의 원칙에 따라 무죄를 선고하여야 한다. ④ 무죄추정원칙은 유죄 예단 아래 무리한 진실 추구를 하지 말 것을 요청한다. 따라서 허용되지 아니하는 강제조치에 대해서 시정 · 배제를 요구할 수 있다. ⑤ 무죄추정원칙으로 말미암아 불구속수사, 불구속재판을 원칙으로 하고, 예외적으로 피의자나 피고인이 도망할 우려가 있거나 증거를 인멸할 우려가 있는 때만 구속수사나 구속재판이 인정된다(헌재 1992. 1. 28. 91헌마111). ⑥ 징계혐의사실 인정은 형사재판의 유죄 확정 여부와는 무관하므로, 형사재판 절차에서 유죄의 확정판결을 받기 전이라도 징계혐의사실은 인정될 수 있고, 그러한 징계혐의사실 인정은 무죄추정에 관한 헌법 제26조 제4항이나 형사소송법 제275조의2에 어긋나지 않는다(대법원 1986. 6. 10. 선고 85누407 판결).

⑽ 자백의 증거능력과 증명력 제한

헌법 제12조 제7항은 자백의 증거능력과 증명력을 제한한다. 이는 고문 등에서 피고인을 보호하고 고문 등을 통해서 조작된 허위(자백)를 배제하여 진실을 보장하려는 것이다. 자백은 자기 범죄사실의 전부나 일부를 시인하는 진술이다. 증거능력은 어떤 증거가 엄격한 증명 자료로 사용될 수 있는 법률상 자격을 말하고, 증명력은 범죄사실을 입증할 증거의 실질적 가치를 말한다. 사실 인정은 증거에 따라서(형사소송법 제307조: 증거재판주의), 증거의 증명력은 법관의 자유판단에 따른다(형사소송법 제308조: 자유심증주의)(대법원 1990. 9. 28. 선고 90도1562 판결). 자백의 증거능력과 증명력 제한에 관한 규정은 1962년 헌법에서 처음 채택되었다가 1972년 헌법에서 삭제되었다. 그후 1980년 헌법에서 부활하여 현재에 이른다.

임의성 없는 자백은 유죄 증거로 하지 못한다(형사소송법 제309조). 자백의 임의성은 증거 수집 과정에서 고문 · 폭행 · 협박 · 구속의 부당한 장기화나 사기 등과 같은 위법성이 없는 것을 말한다. 따라서 변호인에 대한 접견교통권이 위법하게 제한된 상태에서 얻어진 피의자의 자백(대법원 1990. 9. 25. 선고 90도1586 판결)이나 밤샘수사 과정에서 얻어진 자백(대법원 1999. 1. 29. 선고 98도3584 판결)은 증거능력이 부인된다. 임의성 없는 자백의 증거능력을 부정하는 취지는 허위진술을 유발하거나 강요할 위험성이 있는 상태 아래에서 한 자백은 그 자체가 실체적 진실에 부합하지 아니하여 오판 소지가 있을 뿐 아니라 그 진위 여부를 떠나서 자백을 얻기 위해서 피의자의 기본적 인권을 침해하는 위법부당한 압박이 가하여지는 것을 사전에 막으려는 것이다. 따라서 그 임의성에 다툼이 있으면 그 임의성을 의심할 만한 합리적이고, 구체적인 사실을 피고인이 입증할 것이 아니고 검사가 그 임의성의 의문점을 해소하는 입증을 하여야 한다(대법원 2006. 11. 23. 선고 2004도7900 판결).

보강증거가 없는 피고인의 불리한 유일한 자백은 유죄 증거로 삼지 못한다(형사소송법 제310조). 법관이 자백으로써 충분한 유죄 심증을 얻더라도 그 자백이 유일한 증거이면 범죄사실을 인정할 수 없다. 자백에 대한 보강증거는 증거능력이 있는 독립된 증거이어야만 하고, 전문증거는 원칙적으로 보강증거가 될 수 없다. 자백에 대한 보강증거는 범죄사실의 전부나 중요부분을 인정할 수 있는 정도가 되지 아니하더라도 자백이 가공적인 것이 아닌 진실한 것임을 인정할 수 있는 정도가 되면 족하고 직접증거가 아닌 간접증거나 정황증거도 보강증거가 될 수 있다(대법원 1995. 7. 25. 선고 95도1148 판결). 공범인 공동피고인들의 각 진술은 서로 간에 서로 보강증거가 될 수 있다(대법원 1990. 10. 30. 선고 90도1939 판결). 즉결심판 등 약식재판에서는 자백만으로도 유죄를 선고할 수 있는데('즉결심판에 관한 절차법' 제10조), 이는 정식재판을 청구할 길이 열려 있는 한('즉결심판에 관한 절차법' 제14조) 위헌이 아니다.

(11) 고문을 받지 아니할 권리

고문이란 자백을 얻기 위해서 가하는 폭력을 말한다. 자백은 유죄를 인정하는 중요한 증거이므로, 이를 얻으려고 과거에는 야만적인 폭력을 자행하였다. 이는 오늘날에도 근절되지 않고 부분적으로 한다. 한국 헌법은 제12조 제2항에서 국민의 고문을 받지 아니할 권리를 규정하고, 같은 조 제7항에서 고문으로 얻은 피고인 자백의 증거능력을 배제한다. 그리고 고문은 인간의 존엄성을 침해하므로, 헌법 제10조의 인간의 존엄성에도 어긋난다.

형법은 고문을 범죄행위로 보고 고문을 한 공무원을 처벌한다(제125조, '특정범죄 가중처벌 등에 관한 법률' 제4조의2). 대법원은 경찰관의 고문에 의한 인권 침해에 대한 기소유예처분의 위헌성을 인정하였다(대법원 1998. 1. 29. 선고 86모58 판결). 그리고 그러한 공무원의 불법행위에 대해서는 국가가 배상책임을 진다. 고문을 당한 사람은 고문을 한 공무원의 불법행위에 대해서 국가에 대하여 국가배상을 청구할 수 있다(헌법 제29조 제1항).

⑿ 불리한 진술을 거부할 권리(진술거부권)

헌법 제12조 제2항은 진술거부권을 규정하고, 형사소송법 제244조의3과 제284조의2가 이를 구체화한다. 묵비권은 보통 피의자나 피고인이 수사절차나 공판절차에서 수사기관이나 법원의 신문에 대해서 진술을 거부할 권리를 말한다. 이때 '진술'이란 언어적 표출, 즉 생각이나 지식, 경험사실을 정신작용의 하나인 언어로 표출하는 것을 말한다(헌재 1997. 3. 27. 96헌가11). 구술뿐 아니라 서면을 통한 표출도 진술에 해당한다. 성명, 주소, 직업에 대한 진술거부권은 인정되지 않는다. 지문 채취, 음주 측정(헌재 1997. 3. 27. 96헌가11)과 같이 신체의 물리적 · 사실적 상태를 그대로 드러내는 것은 진술에 해당하지 않는다. 이 권리는 형사상 유죄판결의 기초가 되는 사실이나 양형상 불리한 사실 등의 진술을 거부할 수 있다는 말이고, 단순히 자기의 명예나 성실성이 훼손될 염려가 있거나 행정상 처분을 받을 우려가 있다는 사실에 관해서는 진술을 거부할 수 없다. 묵비권은 행정절차에서나 국회에서 이루어지는 심문절차에서도 인정되고, 증인이나 감정인도 이 권리가 있다. 그리고 현재 형사피의자나 피고인이 될 가능성이 있는 사람에게도 그 진술내용이 자기 형사책임과 관련되는 것이면, 그 진술을 강요받지 않을 자기부죄 거절의 권리가 보장된다. 진술거부권은 고문 등 폭행에 의한 강요는 물론 법률로서도 진술을 강요당하지 아니함을 뜻한다(헌재 1990. 8. 27. 89헌가118).

수사기관인 검사나 사법경찰관은 피의자에게서 진술을 듣기 전에 피의자에게 불리한 진술거부권이 있음을 알려야 한다(형사소송법 제244조의3 제1항). 따라서 피의자를 구속영장 없이 현행범으로 체포하려면 체포 당시에 피의자에게 범죄사실 요지, 체포 이유와 변호인을 선임할 수 있음을 말하고 변명할 기회를 주고 나서가 아니면 체포할 수 없다. 이러한 절차를 밟지 아니한 채 실력으로 연행하려 하였다면 적법한 공무 집행으로 볼 수 없다(대법원 1995. 5. 9. 선고 94도3016 판결). 피고인은 진술하지 아니하거나 개개 질문에 대해서 진술을 거부할 수 있고, 재판장은 피고인에게 진술을 거부할 수 있음을 고지하여야 한다(형사소송법 제283조의2). 그러나 형사소송절차에서 피고인이 범죄사실에 대해서 진술을 거부하거나 거짓진술을 하면, 피고인의 그러한 태도나 행위를 가중적 양형 조건으로 참작할 수는 있다(대법원 2001. 3. 9. 선고 2001도192 판결). 헌법재판소는 교통사고를 일으킨 운전자에게 신고의무를 부담시키는 도로교통법 제50조 제2항은 피해자의 구호 및 교통질서의 회복을 위한 조치가 필요한 범위 안에서 교통사고의 객관적 내용만을 신고하도록 한 것으로 해석하고, 형사책임과 관련되는 사항에는 적용되지 않는 것으로 헌법에 위반되지 아니한다고 하였다(헌재 1990. 8. 27. 89헌가118).

⒀ 변호인의 도움(조력)을 받을 권리

헌법 제12조 제4항은 변호인의 도움(조력)을 받을 권리를 규정한다. 변호인의 도움을 받을 권리는 구속된 사람의 인권 보장과 방어 준비를 위해서 필요불가결한 권리이다. 변호인의 도움을 받을 권리는 무죄추정을 받는 피의자(피내사자 포함), 피고인에 대해서 신체구속 상황에서 생기는 여러 가지 폐해를 제거하고 구속이 그 목적의 한도를 초과하여 이용되거나 적용하지 않게끔 보장하기 위한 것이다.

1948년 헌법 이래 한국 헌법은 신체의 자유를 보장하는 규정을 두었는데, 원래 '구금'이라는 용어를 사용해 오다가 현행 헌법 개정 시에 이를 '구속'이라는 용어로 바꾸었다. 현행 헌법 개정 시에 종전의 '구금'을 '구속'으로 바꾼 이유를 정확히 확인할 수 있는 자료를 찾기는 어렵다. 다만, '국민의 신체와 생명에 대한 보호를 강화'하는 것이 현행 헌법의 주요 개정이유임을 고려하면, 현행 헌법이 종래의 '구금'을 '구속'으로 바꾼 것은 헌법 제12조에 규정된 신체의 자유 보장 범위를 구금된 사람뿐 아니라 구인된 사람에게까지 넓히기 위한 것으로 해석하는 것이 타당하다(헌재 2018. 5. 31. 2014헌마346).

헌법 제12조 제4항 본문의 문언과 헌법 제12조의 조문 체계, 변호인 조력권의 속성, 헌법이 신체의 자유를 보장하는 취지를 종합하여 보면 헌법 제12조 제4항 본문에 규정된 '구속'은 사법절차에서 이루어진 구속뿐 아니라 행정절차에서 이루어진 구속까지 포함하는 개념이다. 따라서 헌법 제12조 제4항 본문에 규정된 변호인의 도움을 받을 권리는 행정절차에서 구속을 당한 사람에게도 즉시 보장된다(헌재 2018. 5. 31. 2014헌마346). 형사절차가 종료되어 교정시설에 수용 중인 수형자는 원칙적으로 변호인의 도움을 받을 권리의 주체가 될 수 없다(헌재 1998. 8. 27. 96헌마398). 변호인의 도움을 받을 권리는 성질상 인간의 권리에 해당되므로 외국인도 주체이다. 따라서 인천공항 송환대기실에 수용된 난민에게도 변호인의 도움을 받을 권리가 인정된다(헌재 2018. 5. 31. 2014헌마346).

변호인의 도움을 받을 권리는 먼저 변호인을 선임할 수 있는 권리를 뜻한다. 체포 · 구속된 피의자 · 피고인은 방어권 행사를 위해서 자신이 원하는 사람을 변호인으로 선임할 수 있다.

변호인을 선임하였으나 변호인과 자유롭게 접견하고 협의할 수 없다면 변호인의 도움을 받을 권리는 의미가 없다. 따라서 변호인과 언제든지 자유롭게 협의할 수 있는 변호인에 대한 접견 · 교통권은 보장되어야 한다. 변호인에 대한 자유로운 접견은 신체구속을 당한 사람에게 보장된 변호인의 도움을 받을 권리의 가장 중요한 내용이어서 국가안전보장 · 질서유지 · 공공복리 등 어떠한 명분으로도 제한될 수 있는 성질의 것이 아니다(헌재 1992. 1. 28. 91헌마111). 변호인에 대한 접견교통권은 법령에 제한이 없는 한, 수사기관의 처분이나 법원의 결정으로도 제한할 수 없다(대법원 1990. 2. 13.자 89모37 결정). 구속피의자에 대한 접견이 접견신청일에서 상당한 기간이 지나도록 허용되지 않는 것은 접견불허처분권과 동일시할 것으로 이는 곧 기본권 침해가 된다(헌재 1991. 7. 8. 89헌마181). 헌법 제12조 제4항 본문은 변호인의 도움을 받을 권리를 보장하므로, 미결수용자의 서신 중 변호인에 대한 서신은 다른 서신과 비교해서 특별한 보호를 받아야 한다(헌재 1995. 7. 21. 92헌마144). 헌법재판소는 수형자와 소송대리인인 변호사의 접견을 일반접견에 포함하여 시간은 30분 이내로, 횟수는 월 4회로 제한한 것은 수형자의 재판청구권을 침해한다는 이유로 헌법불합치결정을 내렸고(헌재 2015. 11. 26. 2012헌마858), 소송사건의 대리인인 변호사가 수형자를 접견하고자 할 때 소송계속 사실을 소명할 수 있는 자료를 제출하도록 한 것은 변호사인 청구인의 직업수행의 자유를 침해한다고 하였다(헌재 2021. 10. 28. 2018헌마60).

구속된 사람과 변호인의 대화내용에 관해서 비밀이 보장되어야 한다. 변호인과 자유로운 접견은 구속된 사람과 변호인의 접견에 교도관이나 수사관 등 관계 공무원 참여가 없어야 가능하다(헌재 1992. 1. 28. 91헌마111). 그 밖에 변호인이 소송기록을 자유롭게 열람할 수 있어야 하는 것 등의 자유로운 변호활동이 보장되어야 한다(형사소송법 제34조)(헌재 1997. 11. 27. 94헌마60).

헌법 제12조 제4항 단서에 따라 형사피고인이 경제상 이유 등으로 스스로 변호인을 선임할 수 없을 때를 대비하여 국선변호인제도가 마련된다. 국선변호인이란 피고인의 이익을 위해서 법원이 직권으로 선임한 변호인을 말한다. 형사소송법상 법원이 직권으로 변호인을 선임하여야 하는 때는 ① 구속 적부 심사에서 구속된 피의자에게 변호인이 없는 때(형사소송법 제214조의2 제10항, 군사법원법 제62조 제1항), ② 피고인이 (i) 구속된 때, (ii) 미성년자인 때, (iii) 70세 이상인 때, (iv) 농아자인 때, (v) 심신장애 의심이 있는 때, (vi) 사형, 무기 또는 단기 3년 이상의 징역이나 금고에 해당하는 사건으로 기소된 때, (vii) 빈곤, 그 밖의 사유로 변호인을 선임할 수 없는 때(이때는 피고인 청구가 있는 때에 한함), (viii) 연령 · 지능 및 교육 정도 등을 참작하여 권리 보호를 위해서 필요하다고 인정하는 때(이때는 피고인의 명시적 의사에 어긋나지 아니하는 범위 안에서 변호인을 선정하여야 한다)(형사소송법 제33조) 등이다. 국선변호인은 원칙적으로 변호사 중에서 선임하여야 한다. 국선변호인제도의 효율성을 높이고 신체의 자유를 더 실효성 있게 보장하려면 국선변호인 보수의 현실화와 함께 형사피의자도 국선변호인제도의 혜택을 받을 수 있게 하여야 한다.

피의자와 피고인의 변호인의 도움을 받을 권리는 그들과 변호인 사이의 상호관계에서 구체적으로 실현될 수 있다. 피의자와 피고인의 변호인의 도움을 받을 권리는 그들을 조력할 변호인의 권리가 보장됨으로써 공고해질 수 있지만, 변호인의 권리가 보장되지 않으면 유명무실하게 될 수 있다. 피의자와 피고인을 조력할 변호인의 권리 중 그것이 보장되지 않으면 그들이 변호인의 도움을 받는다는 것이 유명무실하게 되는 핵심적인 부분은 헌법상 기본권인 피의자와 피고인의 변호인의 도움을 받을 권리와 표리의 관계에 있다. 따라서 피의자와 피고인의 변호인의 도움을 받을 권리가 실질적으로 확보되려면, 피의자와 피고인에 대한 변호인의 도움할 권리의 핵심적인 부분(변호인의 변호권)은 헌법상 기본권으로서 보호되어야 한다(헌재 2003. 3. 27. 2000헌마474). 헌법상 기본권으로 인정되는 피의자와 피고인의 변호인의 도움을 받을 권리에서 '변호인의 도움'이란 변호인의 충분한 조력을 뜻한다(헌재 1992. 1. 28. 91헌마111). 피의자신문 결과는 수사 방향을 결정하고, 피의자의 기소 및 유죄 입증에 중요한 증거자료로 사용될 수 있다. 따라서 그것은 형사절차에서 매우 중요한 의미가 있다. 변호인이 피의자신문에 자유롭게 참여할 수 없다면, 변호인은 피의자가 조언과 상담을 요청할 때 이를 시의적절하게 제공할 수 없다. 나아가 피의자는 자신의 판단에 따라 의견을 진술하거나 수사기관의 부당한 신문방법 등에 대하여 이의를 제기할 수 없게 된다. 그 결과 피의자는 형사절차에서 매우 중요한 의미가 있는 피의자신문의 시기에 변호인에게서 충분한 조력을 받을 수 없게 되어 피의자의 변호인의 도움을 받을 권리가 형해화할 수 있다. 따라서 변호인이 피의자신문에 자유롭게 참여할 권리는 피의자의 변호인의 도움을 받을 권리를 실현하는 수단이므로 헌법상 기본권인 변호인의 변호권으로서 보호되어야 한다(헌재 2017. 11. 30. 2016헌마503). 헌법재판소는 검찰수사관인 피청구인이 피의자신문에 참여한 변호인인 청구인에게 피의자 후방에 앉으라고 요구한 행위는 변호인의 변호권을 침해한다고 하였다(헌재 2017. 11. 30. 2016헌마503).

변호인 선임을 위해서 피의자 등이 가지는 '변호인이 되려는 자'와의 접권교통권도 헌법상 기본권으로 보호되어야 한다. '변호인이 되려는 자'의 접견교통권은 피의자 등이 변호인을 선임하여 그에게서 도움을 받을 권리를 공고히 하려는 것으로서, 그것이 보장되지 않으면 피의자 등이 변호인 선임을 통하여 변호인에게서 충분한 조력을 받는다는 것이 유명무실하게 될 수밖에 없다. 따라서 '변호인이 되려는 자'의 접견교통권은 피의자 등을 조력하기 위한 핵심적인 부분으로서, 피의자 등의 헌법상 기본권인 '변호인이 되려는 자'와의 접견교통권과 표리 관계에 있다. 따라서 '변호인이 되려는 자'의 접견교통권은 피의자 등을 조력하기 위한 핵심적인 권리로서, 피의자 등의 '변호인이 되려는 자의 도움을 받을 권리'를 실질적으로 확보하려면 이를 헌법상 기본권으로 보장하여야 한다(헌재 2019. 2. 28. 2015헌마1204).

Ⅳ. 거주 · 이전의 자유

1. 의의

거주 · 이전의 자유는 국가기관과 그 밖의 다른 사람의 간섭을 받지 않고 자신이 원하는 곳에 머물 수 있고 자신이 원하는 다른 곳으로 옮겨갈 수 있는 자유를 말한다. 헌법재판소는 거주 · 이전의 자유는 국가의 간섭 없이 자유롭게 거주와 체류지를 정할 수 있는 자유라고 한다(헌재 2015. 9. 24. 2012헌바302).

거주 · 이전의 자유는 개인 자신의 신체를 이동하는 것과 관련 있는 자유이므로 인신에 관한 기본권의 성격이 있다. 신체의 자유도 인신에 관한 기본권이기는 하지만 거주 · 이전의 자유는 어느 정도 체재를 요구한다는 점에서 신체의 자유와 구별된다. 거주 · 이전의 자유는 자유롭게 사회 · 경제적 생활을 선택할 수 있는 전제가 된다는 점에서 경제활동과 밀접한 관련이 있다. 거주 · 이전의 자유는 사람과 재화의 자유로운 이동이 자본주의 체제의 전제가 된다는 점에서 경제적 기본권의 성격이 있다.

2. 주체

거주 · 이전의 자유는 자연인만이 아니라 법인과 그 밖의 단체(헌재 2000. 6. 1. 99헌마553)도 주체가 된다. 미성년자도 주체가 되지만 의사능력이 옹글지(완벽하지) 않아서 행사에 제한을 받는다. 이에 따라 민법은 미성년자인 사람(민법 제909조 제1항)은 친권자가 지정한 장소에 거주하여야 한다고 규정한다(민법 914조). 북한 주민이나 탈북 주민도 대한민국 국민인 이상 거주 · 이전의 자유의 주체가 될 수 있으나 본인이 이를 주장할 때 비로소 문제가 된다.

① 대한민국은 대한민국 국민이 아닌 외국인을 대한민국 영역에 받아들여야 할 의무가 없다. 그리고 국제법상 논의되는 '최소한의 국제기준'에 따르더라도 외국인의 입국의 자유는 이러한 외국인이 누려야 할 최소기준에 따라서 보호받을 수 있는 권리 범주에 속하지 않는다. 따라서 입국 · 체류는 성질상 외국인에게 인정하기 곤란하다. 헌법재판소도

입국의 자유에 관한 외국인의 기본권주체성을 인정하지 않는다(헌재 2014. 6. 26. 2011헌마502). 다만, 헌법 제6조 제2항의 상호주의에 따라 외국인도 입국 · 체류의 자유의 주체가 될 수는 있다. 외국인의 입국과 체류는 법무부 장관 허가를 받아야 한다(출입국관리법 제7조~제13조, 제17조~제27조). 그리고 외국인이 입국한 날부터 90일을 초과하여 대한민국에 체류하게 되면 입국한 날부터 90일 이내에 체류지를 관할하는 사무소장이나 출장소장에게 외국인등록을 하여야 한다(출입국관리법 제31조~제38조). 그리고 사무소장 · 출장소장이나 외국인보호소장은 출입국관리법의 절차에 따라 일정한 외국인을 대한민국 밖으로 강제퇴거시킬 수 있다(출입국관리법 제46조~제68조). 헌법재판소는 강제퇴거명령을 받은 사람을 즉시 대한민국 밖으로 송환할 수 없으면 송환할 수 있을 때까지 보호시설에 보호할 수 있도록 규정한 출입국관리법 제63조 제1항은 과잉금지원칙에 위반하여 신체의 자유를 침해하지 않고 헌법상 적법절차원칙에도 위배되지 않는다고 하였다(헌재 2018. 2. 22. 2017헌가29). ② 입국 · 체류가 허가되면 국내 거주 · 이전은 거주 · 이전의 자유로 보장된다. 다만, 국가는 외국인의 입국 · 체류를 허가한 취지에 비추어 제한을 할 수 있다. 출입국관리법은 외국인이 체류지를 변경할 때 전입신고를 하도록 한다(제36조). ③ 입국 허부와 관계없이 출국의 자유는 특별한 사정(예를 들어 범죄자)이 없는 한 성질상 허용된다. 출입국관리법은 예외적인 때만 외국인의 출국을 정지할 수 있다고 규정한다(제29조와 제29조의2). ④ 체류기간 안에 출국하여 동 기간 안에 재입국하는 것은 일시적 해외여행으로 인정하여 원칙적으로 거주 · 이전의 자유로 보장된다. 다만, 출국 시의 사유나 사정 변화로 계속적인 체류를 인정할 수 없으면 거주 · 이전의 자유로 보장되지 않는다. 출입국관리법은 법무부 장관은 외국인이 그의 체류기간 안에 출국하였다가 재입국하고자 하면 그의 신청에 따라서 재입국을 허가할 수 있다고 규정한다(출입국관리법 제30조). 이는 강제퇴거와 같은 정도로 운용되는 한 헌법에 합치된다.

3. 내용

거주 · 이전의 자유는 국내에서 거주지와 체류지를 자유롭게 정할 수 있는 자유와 출 · 입국, 해외여행 및 국외이주의 자유 그리고 대한민국 국적을 이탈할 수 있는 국적변경의 자유를 보장하고 그 밖에 소극적 거주 · 이전의 자유도 그 내용으로 한다. 헌법재판소는 거주 · 이전의 자유는 공권력 간섭을 받지 아니하고 일시적으로 머물 체류지와 생활의 근거되는 거주지를 자유롭게 정하고 체류지와 거주지를 변경할 목적으로 자유롭게 이동할 수 있는 자유를 내용으로 한다고 한다(헌재 1996. 6. 26. 96헌마200). 거주 · 이전의 자유는 거주지나 체류지라고 볼 만한 정도로 생활과 밀접한 연관이 있는 장소를 선택하고 변경하는 행위를 보호하는 기본권이라서 생활의 근거지에 이르지 못하는 일시적인 이동을 위한 장소의 선택과 변경까지 그 보호영역에 포함되지 않는다. 서울광장은 생활형성의 중심지인 거주지나 체류지에 해당하지 않고, 서울광장에 출입하고 통행하는 행위가 그 장소를 중심으로 생활을 형성해 나가는 행위에 속한다고 볼 수도 없어서 경찰청장이 경찰버스들로 서울광장을 둘러싸 통행을 제지한 행위는 서울광장을 통행하려는 사람들의 거주 · 이전의 자유를 제약하지 않는다(헌재 2011. 6. 30. 2009헌마406).

(1) 거주지를 정할 자유

① 대한민국 영역 안 어디든 주소(· 거소)를 정할 수 있다. 이때의 주소는 일시적으로 머물 의사가 아니라 그 장소를 자신의 생활 중심으로 하려는 의사로써 체류하는 것을 말한다(민법 제18조 제1항, 제19조). 이러한 주소(· 거소)의 창설, 이전, 폐지는 자유롭다. 그리고 주소를 복수로 창설할 수도 있다(복수주의: 민법 제18조 제2항). ② 헌법 제3조는 대한민국 영토는 한반도와 그 부속도서라고 하여 군사분계선 이북지역도 포함한다. 하지만 국가안보상 군사분계선 이북지역은 주소(· 거소)로 정할 수 없다[국가보안법상 잠입탈출죄(제6조 제1항)]. 다만, 통일부 장관이 발급한 증명서를 소지하면 예외적으로 왕래가 가능하다('남북교류협력에 관한 법률' 제9조 제1항). 대법원은 국가보안법 제6조 제2항의 법문에 그 행위주체가 내국인으로 제한되지 아니한 이상 외국인도 '탈출'행위의 주체가 된다고 한다(대법원 1997. 11. 20. 선고 97도2021 판결).

(2) 일시적으로 체류할 장소를 정할 자유

대한민국 영역 안 어디든 체류지로 정할 수 있다. 이때 체류지란 한 장소에 일시적으로 머무는 것을 말한다. 짧은 기간 체류는 신체의 자유와 겹치므로 체류는 장소 변경과 어느 정도의 시간적 계속성을 요구한다. 군사분계선 이북지역을 체류지로 정하는 것은 국가안보상 제한된다.

(3) 이전(이사)할 자유

주소 · 거소는 그와 관련한 이동(이전 · 이사)의 출발점이며 종착점이다. 거주 · 이전의 자유의 보호영역은 주거지(체류지) 변경 목적의 이동을 포함하지만, 일정한 길과 일정한 이동수단을 포함하지 않는다. 오로지 목적지 도달 가능성, 즉 원하는 주거지(체류지)까지 기대할 수 있는 길의 존재, 기대할 수 있는 이동수단 이용만 보장한다. 따라서 일정한 장소에 접근하는 것, 그 자체를 금지하지 않는 한 교통 통제를 내용으로 하는 교통법규 · 도로법규의 규정이 거주 · 이전의 자유의 보호영역을 침해하는 것은 아니다. 즉 거동의 자유를 방해하는 것으로서 ① 일정한 목적지에 도달하는 것을 방해하는 것이면 거주 · 이전의 자유를 침해하지만, ② 물리적인 강제가 가해지면 신체를 온전하게 보존할 권리를 침해하고, ③ 그 밖에는 일반적 행동자유권을 침해한다(예를 들어 도로교통 통제, 교통신호 등). 대한민국 영역 안에서 이동하는 것이 보장되므로 지방자치단체 사이의 이동이 보호될 뿐 아니라 지방자치단체 안에서 이동하는 것도 당연히 보호된다. 누구든지 주민등록 여부와 무관하게 거주지를 자유롭게 이전할 수 있으므로 주민등록 여부가 거주 · 이전의 자유와 직접적인 관계가 없고, 영내 기거하는 현역병은 병역법으로 말미암아 거주 · 이전의 자유를 제한받으므로 영내에 기거하는 군인에게 그가 속한 세대의 거주지에 주민등록을 하도록 하는 것은 영내 기거 현역병의 거주 · 이전의 자유를 제한하지 않는다(헌재 2011. 6. 30. 2009헌마59).

(4) 소극적 거주 · 이전의 자유

주거지(체류지)변경을 할 자유뿐 아니라 주거지(체류지) 변경을 하지 않을 자유도 보장된다. 이전의 권리는 자기가 선택한 장소에 머무를 자유를 통해서 비로소 의미가 있다. 따라서 대한민국 국민을 외국으로 추방하거나 인도하는 것은 허용되지 않는다.

(5) 입국과 국내이주의 자유

거주 · 이전의 자유는 입국과 국내이주의 자유를 보장한다. 입국의 자유는 출국의 자유에 전제된다. 입국은 체류 목적으로 대한민국 영역 안으로 들어오는 것을 말하고, 국내이주는 영주 목적으로 대한민국 영역 안으로 들어오는 것을 말한다. 다만, 국민이 입국할 때는 입국심사를 받아야 한다(출입국관리법 제6조). 북한 지역 주민이 북한 지역에서 남한 영역 안으로 들어오는 것은 대한민국 영역 안에서 이동하는 것이므로 이전의 자유을 통해서 보호되고, 제3국을 거쳐 남한 영역으로 들어오는 것은 외국에서 국내로 들어오는 것이므로 입국과 국내이주의 자유를 통해서 보호된다고 보아야 한다. 북한 지역 주민이 남한 통치지역으로 들어오는 것은 '북한이탈주민의 보호 및 정착지원에 관한 법률'에 따라서 보장된다.

(6) 출국과 국외이주(이민)의 자유

거주 · 이전의 자유는 국외로 출국할 수 있는 자유를 보장한다. 이때 출국이란 주소 포기 없이 대한민국 영역에서 일시적으로(잠정적으로) 떨어지는 것을 말한다. 이를 보장하려고 '재외동포의 출입국과 법적 지위에 관한 법률'에서 특별한 규정을 둔다(제10조 제1항 내지 제3항). 출국할 때는 유효한 여권이나 선원신분증명서를 가지고 출국하는 출입국항에서 출입국관리공무원의 출국심사를 받아야 한다(출입국관리법 제3조 제1항). 그리고 법무부 장관은 ① 형사재판에 계속 중인 사람, ② 징역형이나 금고형 집행이 끝나지 아니한 사람, ③ 대통령령으로 정하는 금액 이상의 벌금이나 추징금을 내지 아니한 사람, ④ 대통령령으로 정하는 금액 이상의 국세 · 관세 또는 지방세를 정당한 사유 없이 그 납부기한까지 내지 아니한 사람, ⑤ 그 밖에 ①부터 ④에 준하는 사람으로서 대한민국의 이익이나 공공의 안전 또는 경제질서를 해칠 우려가 있어 그 출국이 적당하지 아니하다고 법무부령으로 정하는 사람에 대해서는 6개월 이내의 기간을 정하여 출국을 금지할 수 있다(출입국관리법 제4조 제1항). 헌법재판소는 형사재판에 계속 중인 사람에 대하여 출국을 금지할 수 있다고 규정한 출입국관리법 제4조 제1항 제1호는 출국의 자유를 침해하지 않는다고 하였다(헌재 2015. 9. 24. 2012헌바302). 그리고 법무부 장관은 범죄 수사를 위해서 출국이 적당하지 아니하다고 인정되는 사람에 대해서는 1개월 이내의 기간을 정하여 출국을 금지할 수 있다. 다만, 소재를 알 수 없어 기소중지결정이 된 사람이나 도주 등 특별한 사유가 있어 수사 진행이 어려운 사람은 3개월 이내, 기소중지결정이 된 때로서 체포영장이나 구속영장이 발부된 사람은 영장 유효기간 이내의 기간을 정하여 출국을 금지할 수 있다(출입국관리법 제4조 제2항). 출국의 자유는 가고자 하는 국가의 비자(입국허가)발급 방식으로 제한될 수 있다.

거주 · 이전의 자유는 국외이주의 자유를 보장한다(헌재 1993. 12. 23. 89헌마189). 국외이주(이민)는 영구히 또는 오랜 기간 외국에 주소를 설정할 의도로 대한민국 영역을 떠나는 것을 말한다. 다만, ① 병역을 기피하고 있는 사람과 ② 금고 이상의 형을 선고 받고 그 집행이 끝나지 아니하거나 그 집행을 받지 아니하기로 확정되지 아니한 사람은 해외이주를 할 수 없다(해외이주법 제3조). 그리고 연고이주나 무연고이주를 하고자 하는 사람과 현지이주를 한 사람은 외교부 장관에게 신고하여야 한다(해외이주법 제6조). 이는 이주자 보호를 위한 것이고 이민업무의 효율적 관리라는 행정상 필요가 있는 한 적법한 제한이 된다. 세계인권선언 제13조 제2항과 국제인권규약 제12조 제1항 b는 자국을 포함한 모든 국가에서 퇴거할 자유를 규정한다.

여권은 외국에 여행하는 국민의 신분을 증명하고 여행국 관계자에게 국민에 대한 편의 제공과 적절한 보호를 요청하는 문서이다. 외국에 여행하고자 하는 국민은 여권을 소지하여야 하고(여권법 제2조) 일정한 경우 외교부 장관은 여권의 발급이나 재발급을 거부할 수 있어(여권법 제12조 제1항) 여권제도는 국민의 거주 · 이전의 자유를 제한하는 면이 있기는 하다. 하지만 이는 부수적인 것이고 주된 목적은 자국민 보호에 있으므로 단순한 출국신고의 성격으로 운영되는 한 거주 · 이전에 대한 침해로 볼 수 없다. 그러나 이것이 출국허가제도 형식으로 운영되고, 여권 발급이 원칙이 아닌 예외로 취급되며, 불특정한 법률개념이 여권 발급의 제한사유로 악용되는 때 등에는 거주 · 이전의 자유를 침해한다. 아프가니스탄 등 전쟁이나 테러위험이 있는 해외 위난지역에서 여권 사용을 제한하거나 방문 또는 체류를 금지한 외교통상부 고시는 거주 · 이전의 자유를 침해하지 않는다(헌재 2008. 6. 26. 2007헌마1366).

병역의무자는 국가안보상 병력자원을 확보하고 병역기피를 방지하려고 거주지를 이동하면 전입신고를 하게 하거나 국외여행을 할 때 병무청장의 허가를 받게 한다(병역법 제69조 제1항, 제70조 제2항). 대법원은 병역의무자에 대한 해외여행허가제도와 귀국보증제도는 헌법과 병역법이 정하는 병역의무를 성실히 이행하게 위한 불가피한 병역법상 조치라고 한다(대법원 1990. 6. 22. 선고 90마310 판결).

(7) 개인재산을 지참할 수 있는 자유

주소(· 거소) 설정을 위해서든 단지 짧은 체류 목적이든 자기가 있는 장소를 변경할 때 자기 재산을 지참할 권리가 포함된다. 즉 거주 · 이전 시 개인은 자기 재산을 지참할 수 있다. 해외이주자는 외국환거래법 등 관련 법률에서 정하는 바에 따라서 그 재산을 반출할 수 있다(해외이주법 제8조). 그러나 모든 재산을 다 지참하는 것은 인격의 자유로운 발현에 따라서 요청되는 것도 아니고 거주 · 이전의 자유를 통해서 보호되지도 않는다. 즉 일정한 한계를 설정할 수 있다. 따라서 누구든지 국내에 있는 재산을 도피시킬 목적으로 외국이나 군사분계선 이북 지역으로 재산을 이동하거나 이동하는 결과를 생기게 하는 행위를 할 수 없다('국내재산 도피 방지법' 제1조). 다만, ① 정부가 허가한 때, ② 정부 필요에 따라서 재산을 이동하거나 그 이동의 결과를 생기게 하는 행위를 하는 때, ③ 여행이나 일시 체재에 필요한 일상수요품을 이동하는 때는 그러하지 아니하다('국내재산 도피 방지법' 제3조).

(8) 국적변경(국적이탈)을 할 수 있는 자유

거주 · 이전의 자유는 국적변경의 자유를 보장한다. 국적변경의 자유는 대한민국 국적을 버리고 다른 국적을 취득할 자유를 말한다. 대법원은 자유의사에 따라서 국적을 이탈할 수 있는 국적이탈의 자유는 헌법상 인정되는 거주 · 이전의 자유의 하나에 해당되어 법률로써만 제한이 가능하다고 한다(대법원 2000. 12. 22. 선고 99두2826 판결). 헌법재판소도 국적을 이탈하거나 변경하는 것은 헌법 제14조가 보장하는 거주 · 이전의 자유에 포함된다고 한다(헌재 2006. 11. 30. 2005헌마739). 그러나 헌법재판소는 일반적으로 외국인이 특정한 국가의 국적을 선택할 권리가 자연권으로서 또는 헌법상 당연히 인정될 수는 없는 것이어서 외국인이 복수국적을 누릴 자유가 헌법상 행복추구권에 따라서 보호되는 기본권이라고 보기 어렵다고 한다(헌재 2014. 6. 26. 2011헌마502). 대한민국 국민으로서 자진하여 외국 국적을 취득한 사람은 그 외국 국적을 취득한 때에 대한민국 국적을 상실하고(국적법 제15조), 복수국적자로서 외국 국적을 선택하고자 하는 사람으로서 국적이탈 신고를 한 사람은 그 신고를 수리한 때에 대한민국 국적을 상실한다(국적법 제14조 제2항). 헌법상 기본권이 범죄 목적으로 악용되어서는 아니 되므로 탈세 목적이나 병역기피 목적으로 국적을 변경하는 것은 거주 · 이전의 자유를 통해서 보호받을 수 없다. 따라서 병역을 기피할 목적으로 대한민국 국적을 상실하였거나 이탈한 사람에 대해서는 법무부 장관의 국적회복 허가가 불가능하다(국적법 제9조 제2항 제3호).

국적변경의 자유가 무국적의 자유까지 보장하지는 않는다. 국적법이 무국적자 발생을 방지하기 위한 입법목적이 있고, 무국적자는 그 개인의 이익을 보호하기 어려울 뿐 아니라 국가 사이의 관계에서도 그 처리가 어려운 문제가 발생하기 때문이다. 세계인권선언 제15조도 "모든 인간은 국적을 가질 권리가 있다."라고 규정한다.

4. 제한

(1) 제한 가능성

거주 · 이전의 자유는 국가안전보장 · 질서유지 또는 공공복리를 위해서 필요한 경우에 제한될 수 있다. 다만, 거주 · 이전의 자유를 제한할 때도 그 자유의 본질적 내용은 침해할 수 없다(헌법 제37조 제2항). 거주 · 이전을 직접적으로 침해하는, 즉 그 제한을 목표로 하는 국가적 행위만 거주 · 이전의 자유 침해로서 문제 되고, 간접적 · 사실적으로 부담을 주는 것은 침해로 볼 수 없다. 헌법재판소는 한약업사의 한지적인 허가조항(헌재 1991. 9. 16. 89헌마231), 거주지를 기준으로 한 중고등학교입학제한 교육법시행령규정(헌재 1995. 2. 23. 91헌마204), 강제해직공무원의 보상에 관한 특별조치법에서 이민기간을 보상에서 제외한 규정(헌재 1993. 12. 23. 89헌마189) 그리고 지방자치단체장의 피선거권 자격요건으로서 90일 이상 관할구역 안에 주민등록이 되어 있을 것을 요구하는 구 공직선거및선거부정방지법 조항(헌재 1996. 6. 26. 96헌마200)에 대해서 각각 합헌결정을 내렸다.

부부의 동거의무(민법 제826조 제1항), 친권자의 거소지정권(민법 제909조 제1항, 제914조) 그리고 재소자, 군인, 공무원 등의 거주 · 이전 제한 등이 적법한 거주 · 이전 제약인지에 관해서 논의가 있다. 그러나 부부의 동거의무는 결혼에 따른 부부생활 목적을 달성하기 위해서 정당한 이유가 있는 한 그리고 친권자의 거소지정권은 친권자는 보호 · 양육의 목적을 위해서 각각 정당성이 인정된다. 그리고 재소자, 군인, 공무원 등의 거주 · 이전을 제한하는 것은 그 관계의 목적과 특성이 그러한 제한을 요구하고 헌법 제37조 제2항의 요건을 갖춘 때만 정당한 제약이 된다.

(2) 조건, 허가, 증명 등에 거주 · 이전이 종속

거주 · 이전이 조건, 허가, 증명 등에 종속될 때 침해가 성립한다. 예를 들어 주택증명서, 숙박증명서, 활동증명서 등을 요구하는 때를 말한다.

(3) 주소지를 직업에 의존하게 하는 정주의무

주소지를 직장에 종속시키는 정주의무는 거주 · 이전의 자유 침해가 된다. 그러나 직업활동(수행)이 일정한 주소지에 단지 사실상으로만 의존하면 침해가 성립하지 않는다. 이때 직업의 자유(나 공무담임권) 제한 문제가 문제 될 뿐이다. 헌법재판소도 직업에 관한 규정이나 공직취임의 자격에 관한 제한규정이 그 직업이나 공직을 선택하거나 행사하려는 사람의 거주 · 이전의 자유를 간접적으로 어렵게 하거나 불가능하게 하거나 원하지 않는 지역으로 이주할 것을 강요하게 될 수 있더라도, 그러한 조치가 특정한 직업이나 공직의 선택 또는 행사에서 필요와 관련되는 것인 한, 그러한 조치에 따라서 직업의 자유나 공무담임권이 제한될 수는 있어도 거주 · 이전의 자유가 제한되었다고 볼 수는 없다고 한다(헌재 1996. 6. 26. 96헌마200).

(4) 주거지 변경에 연결된 공과금의 경우

주거지 변경에 연결된 공과금은 그것이 이사(그 자체)를 이유로 한 것이면 주거 · 이전의 자유가 제약되지만, 이사가 계기가 된 것에 불과하면 제약이 아니다.

(5) 도회지로 인구가 집중되는 것을 막기 위한 법률상 제한

도회지로 인구가 집중되는 것을 막기 위한 법률상 제한은 구체적인 입법내용을 살펴 비례성원칙에 합치하는 범위 안에서 허용된다. 대법원은 대도시의 인구집중을 억제하고 공해를 방지하기 위해서 등록세를 중과세하는 지방세법 제138조의 규정이 기업활동의 자유와 주거이동의 자유를 보장한 헌법과 국제인권선언에 위배된다고 볼 수 없다고 하였다(대법원 1985. 5. 14. 선고 85누1 판결). 헌법재판소는 지방세법 제138조 제1항은 인구와 경제력의 대도시집중을 억제함으로써 대도시 주민의 생활환경을 보존개선하고 지역 사이의 균형발전이나 지역경제를 활성화하려는 복지국가적 정책목표에 이바지하는 규정이라고 하였다(헌재 1996. 3. 28. 94헌바42).

(6) 사회보장의 하나로 내린 수용처분

사회보장의 하나로 내린 수용처분은 그것이 사회보장청구인을 일정한 장소에 묶어 다른 장소에서 격리할 목적이 있으면 주거 · 이전의 자유 침해가 된다.

V. 주거의 자유

1. 의의

주거의 자유는 자기 주거를 공권력이나 제3자에게서 침해당하지 않는 권리를 말한다. 주거의 불가침을 보장하는 것은 개인에게 기초적인 생활공간을 보장해 주는 것이다. 즉 평온함 속에 있을 권리를 보장하려는 것이다. 따라서 이때의 주거는 공간적 사적 영역을 가리킨다. 사생활 공간에 대한 보호가 선행되지 않으면 사생활 내용에 대한 보호는 기대하기 어렵다. 따라서 주거의 자유는 사생활의 비밀과 자유를 지키기 위한 기초가 된다.

2. 주체

주거의 자유는 내국인만이 아니라 외국인에게도 인정되는 인간의 권리이다. 주거에 수인이 거주하면 거주자 모두가 주거의 자유 주체가 된다. 따라서 가족의 모든 구성원은 주거의 자유 주체가 되고, 같은 방에서 하숙하는 수인도 모두 주거의 자유 주체가 된다. '인식할 수 있는 주거의사로 공간을 직접 점유하는 사람'만 주체가 되므로 간접점유자는 주체가 될 수 없다. 인식할 수 있는 거주의사 없이, 일시적으로 공간에 체류하는 사람은 주체가 될 수 없다. 예를 들어 시간급 청소원, 가정용품 수리자, 우편배달원 등이 그렇다.

주거의 자유는 원칙적으로 직접적인 권한이 있는 소유자를 보호한다. 그러나 주거의 자유 보호대상은 주거소유권이 아니라 주거의 사적 영역이므로 재산관계와 무관하다. 따라서 주거 안에 세입자나 임차인이 거주하는 때와 호텔 객실의 투숙객 같이 점유할 권한이 있는 사람들은 주거의 자유 보호를 받는다. 그러나 주거침입절도범은 주거의 자유를 주장할 수 없다. 다만, ① 빈 집을 점거하여 생활하는 사람이라도 집주인의 수인의사가 있을 때, ② 이미 계약이 해지된 임차인은 주거의 자유의 보호를 받는다. 주거가 부분 또는 공동소유이면, 즉 소유관계가 복잡하면 민법적인 소유 서열이 아니라 사실상 거주관계가 주거의 자유 주체 인정을 위한 결정적인 기준이 된다. 대법원은 점유할 권원이 없는 사람이 점유한 건물이더라도 법적 절차를 따르지 않고 소유자가 들어가면 주거침입죄를 인정하였다(대법원 1962. 6. 21. 선고 62아3 판결).

법인은 주거의 자유 주체가 될 수 없다는 견해가 있으나, 주거 개념이 사업장까지 확장되고 법인과 그 밖의 단체도 각기 고유한 사적인 생활공간을 확보하므로 사법인이나 권리능력 없는 단체도 주체가 된다. 국립대학교나 공영방송국과 같은 공법인도 때에 따라 주거의 자유 주체가 될 수 있다. 다만, 법인과 그 밖의 단체의 주거의 자유를 행사하는 사람은 원칙적으로 법인과 그 밖의 단체의 대표자가 될 것이다. 그러나 주거의 자유를 침해당하면 법인과 그 밖의 단체 구성원 중 누구나 주거의 자유 침해를 주장할 수는 있다. 이때 주거에 들어온 사람이 대표자 허락을 받으면 법인과 그 밖의 단체 구성원이 주거의 자유 침해를 주장할 수 없다.

3. 내용

(1) 주거: 공간적으로 외부와 구획이 된 모든 사적 생활 공간

주거는 현재 거주 여부와 사용을 위한 시간 장단을 불문하고 인간의 체류(거주)와 활동을 위한 장소로 만들어진, 누구에게나 출입할 수 있도록 개방되지 않은 모든 사적 공간을 말한다. 주거인지를 판단하는 기준은 주관적 요소인 주거 목적과 객관적 요소인 특정 가능성 그리고 사회적 승인을 들 수 있다. 따라서 여기서 말하는 주거는 체류나 작업의 용도로 이용하는 모든 공간을 뜻하므로 좁은 뜻의 주택을 넘는 개념이다. 즉 권리자가 자신의 사적 생활장소로 규정하여 일반의 접근을 배제하는 모든 장소를 말한다. 일정한 개인의, 외적으로 인식할 수 있는 의지를 따를 때 일정한 공간이나 장소에 오로지 사적 접근만 허용되는 때를 말한다. 거주용 주택은 물론이고 광, 차고, 호텔 객실, 천막, 가정용 보트, 기숙사 방, 임차주택, 캠핑용 자동차, 선박 객실, 병원 입원실 등도 모두 주거에 해당한다. 그러나 전화부스, 엘리베이터 등은 폐쇄되지 않은 공간으로 공공 사용에 제공된 장소이므로 주거에 해당되지 않는다. 지하실, 차고, 다락방, 계단 등과 같은 부속공간과 이에 접속하여 둘러싸는 난간 등은 물론 구조물로 되어 있지 않은 부속 공간(예를 들어 베란다, 정원 등)도 주거에 포함된다. 그러나 주거와 관련성이 없는 초지, 논밭은 주거에 해당되지 않는다. 교도소 감방은 상시적인 감독이 허용되는 공간이므로 주거에 포함되지 않는다. 그러나 이때도 모든 사생활이 허용되지 않는 전면적인 감시는 인간의 존엄을 침해한다. 군인, 경찰, 양로원, 학생기숙사 등의 공동숙소는 주거에 해당하는지가 불명확하므로 개별적 · 구체적 상황에 따라 판단하여야 한다. 난민수용소에 수용된 난민에게는 난민수용소가 주거로 인정될 수 있다.

(2) 특히 공장, 작업장, 사무실, 영업장소

노동, 직업, 영업이 자기실현에 중요성이 있으면 주거에 포함된다. 공공이 접근할 수 없는 장소에 국한하여 주거로 인정한다. 대법원은 대학강의실은 일반인에게 공개되어 누구나 자유롭게 출입할 수 있는 곳은 아니라면서 일반인이 대학강의실을 출입할 때 주거침입죄를 인정하였다(대법원 1992. 9. 25. 선고 92도1520 판결). 모든 사람에게 입장이 개방되는 영업공간, 특히 상점, 전시장 등은 공중이 드나드는 시간 동안은 헌법 제16조의 주거로 보기 어렵다. 다만, 이런 장소에 관리자의 명시적인 출입금지의사에 어긋나게 무리하게 입장하면 주거의 자유 침해가 될 수 있다. 그리고 통상적인 출입방법이 아닌 방법으로 출입하거나 개방되는 시간이 아닌 때에 출입하면 주거의 자유 침해가 될 수 있다. 그러나 이러한 장소에 드나들 수 있는 것은 일정한 목적을 전제로 허용한 것은 아니므로 범죄목적으로 이러한 장소에 들어갔다고 하여 주거의 자유를 침해한다고 볼 수는 없다. 그러나 대법원은 이러한 때에 주거침입죄를 인정한다(대법원 1967. 12. 19. 선고 67도1281 판결).

(3) 불가침성

주거의 불가침성은 주거의 자유 주체의 동의나 승낙이 없으면 누구도 주거에 들어오는 것을 금지하는 것을 말한다. 이때 승낙 권한이 있는 사람은 주거의 자유 주체나 그 대리인이다. 거주자 승낙은 명시적인 것은 물론 묵시적인 것(예를 들어 손님이 상점에 들어가는 것)도 포함된다. 외부인이 공동주거자 일부가 부재중에 현재하는 거주자의 현실적인 승낙을 받아 통상적인 출입 방법에 따라 공동주거에 들어가면, 부재중인 다른 거주자의 추정적 의사에 어긋나도 주거침입죄가 성립하지 않는다(대법원 2021. 9. 9. 선고 2020도12630 전원합의체 판결).

4. 제한

(1) 주거의 자유 제한 가능성

주거의 자유는 헌법 제16조 제2문에 따라 제한될 수 있고, 헌법 제37조 제2항에 따라서 제한될 수도 있다. 다만, 이때도 본질적인 내용은 침해되지 않는다(헌법 제37조 제2항).

(2) 영장을 통한 주거에 대한 압수 · 수색

압수는 일정한 물건 점유를 강제적으로 취득하기 위한 수사상 강제처분을 말하고, 수색은 주거권자가 비밀로 하고자 하는 인물이나 물건을 발견할 목적으로 주거에 신체적으로 들어가 뒤지는 것을 말한다. 이는 형사절차뿐 아니라 경찰 · 행정절차, 강제집행절차, 세법상 압류를 위한 수색 등을 통해서 이루어진다. 이는 주거의 자유에 대한 가장 강력한 침해에 해당한다.

주거가 범죄와 관련하여 사람이나 물건의 은닉장소가 될 수 있으므로 주거에 대한 제한은 필요하다. 주거를 압수 · 수색을 하려면 적법절차에 따라서 발부된 영장이 필요하다(헌법 제16조 제2문, 형사소송법 제113조, 제215조). 영장은 법관이 수사기관의 주거에 대한 침입과 물건의 압수 · 수색을 허가한다는 뜻을 기재한 서면으로 범죄의 객관적 혐의가 있고, 압수 · 수색 필요성과 대상물 존재 개연성이 있는 때 발부된다. 그리고 영장은 법관이 발부한 것이어야 하고, 영장에는 압수할 물건과 수색할 장소 등이 명시되어야 한다(헌법 제16조 제2문, 형사소송법 제114조). 따라서 그 대상을 포괄적으로 기재하는 일반영장은 금지된다. 압수 · 수색이 긴급성을 요구하여 영장을 받아 이를 시행할 시간적 여유가 없으면 합리적인 범위에서 사전영장원칙 예외를 인정할 수 있다(예를 들어 형사소송법 제216조).

헌법 제12조 제3항은 "체포 · 구속 · 압수 또는 수색을 할 때에는 적법한 절차에 따라 검사의 신청에 의하여 법관이 발부한 영장을 제시하여야 한다. 다만, 현행범인인 경우와 장기 3년 이상의 형에 해당하는 죄를 범하고 도피 또는 증거인멸의 염려가 있을 때에는 사후에 영장을 청구할 수 있다."라고 규정함으로써, 체포 · 구속에 관한 사전영장원칙에 대한 예외를 명문으로 인정한다. 이와 달리 헌법 제16조 제2문은 "주거에 대한 압수나 수색을 할 때에는 검사의 신청에 의하여 법관이 발부한 영장을 제시하여야 한다."라고 규정할 뿐이지 영장원칙에 대한 예외를 명문화하지 않는다. 그러나 헌법 제16조에서 영장원칙에 대한 예외를 마련하지 아니하였다고 하여, 주거에 대한 압수나 수색에서 영장원칙이 예외 없이 반드시 관철되어야 함을 뜻하는 것은 아닌 점, 인간의 존엄성 실현과 인격의 자유로운 발현을 위한 핵심적 자유 영역에 속하는 기본권인 신체의 자유에 대해서도 헌법 제12조 제3항에서 영장원칙의 예외를 인정하는데, 이러한 신체의 자유와 비교하여 주거의 자유는 그 기본권 제한 여지가 크므로, 형사사법 및 공권력 작용의 기능적 효율성을 함께 고려하여 본다면, 헌법 제16조의 영장원칙에 대해서도 일정한 요건 아래 그 예외를 인정할 필요가 있는 점, 주거공간에 대한 압수 · 수색은 그 장소에 혐의사실 입증에 이바지할 자료나 피의자가 있을 개연성이 충분히 소명되어야 그 필요성을 인정할 수 있는 점, 헌법 제12조 제3항 단서에서 현행범인 체포나 긴급체포에 사전영장원칙의 예외를 둔 것은 그 체포의 긴급성에 비추어 사전에 압수 · 수색 · 검증영장을 발부받을 것을 기대하기 어렵기 때문이며, 체포영장 발부 이후 혐의사실 입증에 이바지할 자료나 피의자가 있을 개연성이 충분히 소명되어 압수 · 수색영장을 발부받아도 그 자료나 피의자가 계속 그 장소에 있지 않는 한 그 집행의 실효성을 기대할 수 없게 되므로, 체포영장이 발부된 때도 영장 없이 그 장소에 대한 압수 · 수색을 하여야 할 긴급한 상황은 충분히 발생할 수 있는 점, 헌법 제16조가 주거의 자유와 관련하여 영장원칙을 선언하는 이상, 그 예외는 매우 엄격한 요건 아래에서만 인정되어야 하는 점 등을 종합하면, 헌법 제16조의 영장원칙에 대해서도 그 예외를 인정하되, 이는 ① 그 장소에 범죄혐의 등을 입증할 자료나 피의자가 있을 개연성이 소명되고, ② 사전에 영장을 발부받기 어려운 긴급한 사정이 있을 때만 제한적으로 허용될 수 있다(헌재 2018. 4. 26. 2015헌바370등).

먼저 현행범인이 수사기관의 추격을 피하여 다른 사람의 주거 등에 들어가면 이를 확인한 수사기관으로서는 현행범인을 체포하려고 그 장소에 들어가 피의자 수색을 할 수 있어야 한다. 이때 현행범인이 다른 사람의 주거 등에 소재할 개연성과 수색에 앞서 수색영장을 받기 어려운 긴급한 사정이 충분히 인정된다. 따라서 현행범인을 체포할 때 헌법 제16조 영장원칙의 예외를 인정할 수 있다. 다음으로 긴급체포에서 '긴급을 요한다' 함은 피의자를 우연히 발견한 때 등과 같이 체포영장을 받을 시간적 여유가 없는 때를 말한다. 피의자가 긴급체포를 피하려고 다른 사람의 주거 등에 들어가면 이를 확인한 수사기관으로서는 피의자 체포를 위해서 그 장소에 바로 들어가 피의자 수색을 할 수 있어야 한다. 이때도 피의자가 다른 사람의 주거 등에 소재할 개연성과 수색에 앞서 수색영장을 발부받기 어려운 긴급한 사정이 충분히 인정된다. 따라서 긴급체포도 헌법 제16조 영장원칙의 예외를 인정할 수 있다. 끝으로 피의자에 대해서 체포영장이 발부되면 수사기관으로서는 헌법 제16조, 형사소송법 제215조에 따라 법원에서 사전에 수색영장을 발부받는 것이 원칙이다. 그러나 체포영장에 따른 체포에서도 수색영장 없이 피의자 수색을 하여야 할 긴급한 상황은 충분히 발생할 수 있는 점, 이때도 별도의 수색영장을 발부받아야 한다면, 검사가 영장을 신청하고 법관이 영장을 발부하는 데 통상적으로 소요되는 시간 등에 비추어 체포영장 집행 자체가 사실상 불가능할 수도 있는 점, 수색영장을 발부받을 수 있는 시간적 여유가 있어도 영장 없이 다른 사람의 주거 등에 대한 수색을 허용한다면, 수색장소 특정과 이에 관한 법관의 심사절차가 생략되므로, 일반영장에 따른 포괄적 강제수사를 허용하는 셈이 되는 점 등을 종합하면, 체포영장에 따른 체포에는 체포영장이 발부된 피의자가 다른 사람의 주거 등에 소재할 개연성이 소명되고, 그 장소를 수색하기에 앞서 별도로 수색영장을 발부받기 어려운 긴급한 사정이 있는 때만 현행범인 체포, 긴급체포와 마찬가지로 영장원칙의 예외를 인정할 수 있다(헌재 2018. 4. 26. 2015헌바370등).

민사소송법상 강제집행절차에 따라 집행관이 강제집행을 실시하고 집행관이 그의 강제력사용권(민사집행법 제5조)으로 주거에 대한 압수나 수색을 하면 집행판결이나 집행문에 이미 주거에 대한 압수나 수색을 허용하는 법관의 의사가 포함되므로 영장원칙 위배가 아니다.

Ⅵ. 사생활의 비밀과 자유

1. 의의

사생활의 비밀이란 자기의사에 어긋나게 사생활 내용을 공개당하지 아니할 권리를 말한다. 그리고 사생활의 자유란 사생활의 자유로운 형성과 전개를 방해받지 아니할 권리, 즉 자신의 사생활을 스스로 결정할 인격적 자율의 권리를 말한다. 주거의 자유와 사생활의 비밀과 자유는 사생활 영역에 관한 기본권이라는 점에서 공통된다. 하지만 주거의 자유는 사생활 영역을 '공간적'으로 보호하기 위한 것이지만, 사생활의 비밀과 자유는 사생활 영역을 '내용적'으로 보호하려는 것이라는 점에서 구별된다.

2. 주체

사생활의 비밀과 자유 주체는 원칙적으로 자연인이다. 이것이 인격의 자율성을 보장하여 인격의 자유로운 발현과 인간의 존엄성을 보장하는 데 목적이 있으므로 내국인뿐 아니라 외국인에게도 인정되는 인간의 권리이다. 사자가 주체가 될 수 있는지와 관련하여 사생활의 비밀과 자유는 인격권 보호를 목적으로 하므로 사자도 때에 따라 주체가 될 수 있다는 견해와 사생활의 비밀과 자유는 인간의 존엄성 존중을 궁극의 목표로 하고 인격적 가치가 훼손됨으로써 정신적 고통을 받으면, 이를 구제하는 것을 법익으로 하는 까닭에 원칙적으로 생존하는 자연인만 누릴 수 있고, 사자는 정신적 고통을 받을 수 없고, 권리는 사망과 더불어 소멸하므로 사자는 그 주체가 될 수 없다는 견해가 대립한다. 사자는 독자적인 사생활이 없고, 단지 사자가 생존 당시 이미 형성한 사적 정보 보호가 문제 된다. 그리고 사자의 명예는 일반적 인격권을 통해서 보호된다. 따라서 사자는 사생활의 비밀과 자유 주체가 될 수 없다. '개인정보 보호법'도 '살아 있는 개인에 관한 정보'만을 보호대상으로 한다(제2조 제1호).

법인과 그 밖의 단체도 명예의 주체가 될 수 있어 그 명예가 훼손되거나 명칭 · 상호 등을 다른 사람이 영리 목적으로 이용하면 권리 침해를 인정할 수 있고, 그러한 범위에서 제한적으로 법인에게도 주체성이 인정되어야 한다는 견해와 사생활의 비밀과 자유는 기본적으로 인격권 보호를 그 목적으로 하므로 법인과 그 밖의 단체에는 이것이 적용될 수 없고, 법인의 명칭이나 상표 등을 다른 사람이 영업적으로 이용하면 해당 법률을 통해서 보호될 문제라는 견해 그리고 사생활의 비밀과 자유는 인간의 존엄성을 전제로 한 것이므로 법인은 원칙적으로 주체가 될 수 없다는 견해가 있다. 대법원은 법인의 명예가 훼손되면 법인의 주체성을 인정한 바 있다(대법원 1990. 2. 27. 선고 89다카12775 판결). 법인과 그 밖의 단체에는 순수한 사생활이 없다. 그러나 법인과 그 밖의 단체의 정보에 대한 침해 방지와 통제 · 관리가 필요하다. 따라서 이러한 범위에서는 법인과 그 밖의 단체도 사생활의 비밀과 자유 주체가 될 수 있다. 다만, 명예권은 사생활의 비밀과 자유 보호영역이 아니라 (일반적) 인격권의 보호영역에 속한다.

3. 내용

(1) 사생활 영역의 의미

무엇이 사생활 영역인지와 관련하여 ① 인간의 생활 영역을 일정한 단계로 구분하여 그에 상응하는 보호를 부여하여야 한다는 영역이론, ② 그때그때의 개개인이 맡는 역할 (예를 들어 국민으로서, 정당원으로서, 직장인으로서, 친구로서 등)에 따라 각기 특유하게 전개되는 의사소통과 정보 분배에 기준을 두어야 한다는 역할이론, ③ 사적인 결정의 자유를 강조하면서 그러한 자기결정을 외부로 표현하고 주변에 영향을 미치는 것까지 사생활 영역으로 포섭하는 자율적 자기표현이론, ④ 인간의 사회적 생활과 인격 형성의 포괄적 조건으로서 의사소통의 불가침과 이러한 의사소통에 대한 다른 사람의 원하지 않는 참여 금지로 보는 의사소통이론이 대립한다. 그러나 어느 이론에 따라서도 명확한 구별이 어려우므로 구체적인 때에 사생활 영역에 포함되는지는 이러한 여러 이론을 종합적으로 고려하는 가운데 개별적으로 검토 · 판단하여야 한다. 이때 기준이 되는 사생활은 일단 다른 사람이나 외부에서 차단되어 비밀로 두고자 하는 개인의 내밀한 생활영역으로 정의할 수 있다. 사생활의 핵심요소는 차단성, 내밀성, 비공개성이다. 사적 영역과 공적 · 사회적 영역은 늘 명확하게 구별되는 것이 아니고 중첩될 수도 있다. 그리고 공적 · 사회적 공간 안에서도 사생활 보호가 문제 될 수 있다.

(2) 사생활의 비밀에 대한 불가침

사생활의 비밀에 대한 불가침은 사생활이 본인의 의사에 어긋나게 파악되는 것과 파악된 사생활 내용이 공개되는 것을 금지하는 것을 포함한다. 사생활의 비밀이란 (보통의 감수성이 있는) 일반인 감정에 비추어 공개되면 곤란한, 아직 일반인에게 알려지지 않은 사적인 사항에 관한 것으로 본인이 공개를 원하지 않는 것을 말한다.

① 사사(私事)에 대한 침입 금지

본인의 의사에 어긋나게 감시, 도청, 도취 등으로 사생활의 비밀을 탐지하거나 교란하는 행위 또는 사생활의 평온을 적극적으로 방해 또는 침해하는 행위는 사생활의 비밀을 침해한다. 그러나 개인의 사사에 대한 사소한 침입까지 금지되는 것은 아니다. 즉 금지되는 것은 (ⅰ) 사적 사항이나 사적 영역을 대상으로 하여 (ⅱ) 통상인의 수인 한계를 넘을 정도로 감정을 해하는 것이다.

② 사사(私事)의 공개 금지

개인의 난처한 사적 사항은 본인의 의사에 어긋나게 무단으로 공개되는 것은 사생활의 비밀을 침해한다. 여기서 난처한 사적 사항은 개인이 비밀로 하고자 하는 사항을 말한다. 그러나 모든 사적 사항 공개가 금지되는 것이 아니라 (ⅰ) 사적 사항이 공공연하게 공표되어야 하고, (ⅱ) 공개된 사실이 아직 공표되지 않은 사적 사항이며, (ⅲ) 공개된 사실이 통상인의 감수성을 기준으로 판단하면 심리적 부담이나 불안을 주는 것이고, (ⅳ) 공개된 사적 사항이 자신에 관한 것이라는 증명, 즉 동일성이 입증된 때만 (ⅴ) 공개사항의 진실성이나 공개자의 악의 유무와 관계없이 금지된다. 이때 '공공연하게'란 '불특정 또는 다수인이 인식할 수 있게'란 뜻이고, 공표는 사적 사항을 구체적으로 사회적인 외부세계에 표시 · 주장 · 발설 · 전달하는 모든 행위로 그 방법은 구두, 문서, 도화, 그 밖의 무엇이든 상관이 없다. 그리고 '공개'란 '공표로 말미암아 불특정 또는 다수인이 인식할 수 있는 상태'를 말한다.

(3) 사생활을 자유롭게 형성하고 전개할 수 있는 권리

사생활의 자유로운 형성과 전개는 사생활의 자율을 방해 또는 간섭받지 아니하는 권리를 말한다. 이에는 평온한 사생활 유지, 자신이 원하는 방식의 사생활을 적극적으로 전개하는 것, 사생활의 자율성을 방해 또는 간섭받지 않을 것 등을 포함한다.

(4) 개인정보자기결정권

개인정보자기결정권(자기정보통제관리권)은 자신에 관한 정보의 공개와 유통을 스스로 결정하고 통제할 수 있는 권리를 말한다. 개인정보자기결정권을 사생활의 비밀과 자유의 하나로 보장되는 권리라고 하여 헌법 제17조에서 찾는 견해와 사생활의 비밀과 자유는 소극적 권리이므로 자기정보통제권은 헌법 제10조에서 보장된다는 견해가 있다. 헌법재판소는 개인정보자기결정권은 인간의 존엄과 가치, 행복추구권을 규정한 헌법 제10조 제1문에서 도출되는 일반적 인격권 및 헌법 제17조의 사생활의 비밀과 자유를 통해서 보장된다고 한다(헌재 2005. 7. 21. 2003헌마282등). 개인정보자기결정권은 사생활의 비밀 보장과 밀접한 권리이고 사생활의 비밀과 자유를 소극적으로만 보아야 할 이유가 없으므로 개인정보자기결정권을 사생활의 비밀과 자유 일부로 보아야 한다.

개인정보자기결정권의 보호대상이 되는 개인정보는 개인의 신체, 신념, 사회적 지위, 신분 등과 같이 개인의 인격주체성을 특징짓는 사항으로서 그 개인의 동일성을 식별할 수 있게 하는 모든 정보이다. 반드시 개인의 내밀한 영역이나 사사(私事)의 영역에 속하는 정보에 국한되지 않고, 공적 생활에서 형성되었거나 이미 공개된 개인정보까지 포함한다. 그리고 그러한 개인정보를 대상으로 한 조사 · 수집 · 보관 · 처리 · 이용 등의 행위는 모두 원칙적으로 개인정보자기결정권 제약에 해당한다(헌재 2005. 7. 21. 2003헌마282등).

개인정보자기결정권은 자신의 개인정보를 원칙적으로 자기 의사에 따라 수집 · 이용 · 제공 등이 되도록 하려는 것이다. 따라서 정보주체는 자신의 개인정보를 자발적으로 다른 사람에게 알리거나 이용하게 할 수도 있고, 자신이 원하면 그 정보에 대해서 다른 사람이 접근하거나 이용하지 못하게 할 수 있다. 즉 정보주체는 자기 정보에 대한 처분권이 있다. 이러한 처분권은 먼저 동의권을 통해서 보장된다. 정보주체 동의 없이 개인정보를 처리하는 공권력 작용은 개인정보자기결정권 제약에 해당하여 반드시 법률상 근거가 있어야 한다. 다만, 민간부문에서 개인정보의 수집 · 이용 · 제공 등을 위해서 반드시 정보주체 동의를 얻어야 하는지는 입법정책적 결정사항이다. 이미 공개된 개인정보를 정보주체 동의가 있었다고 객관적으로 인정되는 범위 안에서 수집 · 이용 · 제공 등 처리를 할 때 정보주체의 별도 동의는 필요하지 않다(대법원 2016. 8. 17. 선고 2014다235080 판결). 개인정보를 처리하는 데 요구되는 동의는 정보주체의 자유로운 결정에 기초하여야 한다. 정보주체 동의가 개인정보에 대한 진정한 통제권 행사로 인정되려면 사전에 개인정보의 수집 · 처리 등에 관한 정보가 충분히 제공되어야 한다. 그리고 동의의 실질적 진정성을 담보할 장치가 마련되어야 한다.

정보주체는 개인정보보유기관에 대해서 자신에 관한 정보의 열람을 청구할 수 있고,

정보보유기관은 정당한 이유가 없는 한 열람을 허용하여야 한다. 정보열람청구권은 알 권리의 하나로 정보공개청구권으로 보장되기도 한다(헌재 1991. 5. 13. 90헌마133). 정보주체는 자신에 관한 정보를 열람한 결과 정보내용이 부정확하거나 불완전한 것이면 정정을 요구할 수 있고, 정보보유기관은 그 부분을 정정하여 정보주체에게 그 사실을 통보하여야 한다. ⓐ 정보보유기관이 법이 규정한 의무를 위반하거나 법의 취지에 어긋나게 개인정보를 부당하게 이용하거나 ⓑ 개인정보 보유가 허용되지 않거나 정보보유자의 직무수행에 해당 개인정보가 더는 필요하지 않거나 ⓒ 수집 당시 예정한 보유기간이 지나거나 원래 목적 이외 용도로 개인정보가 이용되거나 ⓓ 개인정보 처리가 자신이나 다른 사람에게 부당하고 실질적인 손해나 고통을 주면, 정보주체는 자기정보의 무단공표 · 이용금지나 사용 중지 또는 삭제를 요구할 수 있다.

주민등록번호는 표준식별번호로 기능함으로써 개인정보를 통합하는 연결자로 사용되고 있어, 불법 유출이나 오 · 남용되면 개인의 사생활뿐 아니라 생명 · 신체 · 재산까지 침해될 소지가 크므로 이를 관리하는 국가는 이러한 사례가 발생하지 않도록 철저히 관리하여야 하고, 이러한 문제가 발생하면 그로 말미암은 피해를 최소화하도록 제도를 정비하고 보완하여야 할 의무가 있다. 그런데도 주민등록번호 유출이나 오 · 남용으로 말미암아 발생할 수 있는 피해 등에 대한 아무런 고려 없이 주민등록번호 변경을 일체 허용하지 않는 것은 그 자체로 개인정보자기결정권에 대한 과도한 침해가 될 수 있다(헌재 2015. 12. 23. 2013헌바68등).

4. 제한

사생활의 비밀과 자유는 제한될 수 있으나 이때도 본질적인 내용은 침해되지 않는다(헌법 제37조 제2항). 사생활의 비밀과 자유 침해는 사생활 침해 의도와 어느 정도 객관적인 침해의 진지성을 전제로 하므로 사생활 침해 의도가 없는 가벼운 생활 침해의 결과는 수인하여야 한다. 예를 들어 수사기관이 어떤 사건의 수사 과정에서 우연히 그 사건과 무관한 제3자의 사생활을 알게 되어도 수사기관이 그것을 다른 목적에 이용하거나 공개하지 않는 한 사생활의 비밀 침해는 없다. 그리고 사람의 동태를 살펴보는 공권력작용이더라도 그것이 계속적인 추적 · 감시가 아니고 개별적인 사항에 국한된 일시적인 관찰

정도에 그친다면, 그 관찰로 말미암아 설령 감시받는 사람에게 불쾌감을 주어도 사생활의 자유 침해라고 볼 수는 없다.

Ⅶ. 통신의 비밀

1. 의의

통신의 비밀이란 의사나 정보를 우편물이나 전기통신 등의 수단을 통해서 전달 또는 교환할 때 그 내용이 본인 의사에 어긋나게 공개되지 아니할 자유를 말한다. 통신의 비밀과 통신의 자유는 구별되어야 한다. 통신의 비밀은 사생활의 비밀과 자유의 일부를 지칭하는 것이고, 통신의 자유는 언론 · 출판의 수단인 통신수단을 자유롭게 이용할 수 있는 자유를 가리키는 것으로서 언론 · 출판의 자유로 보호되기 때문이다.

헌법 제18조 통신의 비밀은 헌법 제17조 사생활의 비밀과 자유를 통신 측면에서 특별히 보호하는 것이므로 양자는 일반-특별관계에 놓인다. 따라서 헌법 제18조를 헌법 제17조의 특별조항으로 볼 수 있다. 사생활의 비밀과 자유에 포섭될 수 있는 사적 영역에 속하는 통신의 비밀을 헌법이 별개 조항을 통해서 기본권으로 보장하는 이유는 우편이나 전기통신의 운영이 전통적으로 국가 독점에서 출발하여 개인 사이의 의사소통을 전제로 하는 통신은 국가의 침해 가능성이 여타의 사적 영역보다 크기 때문이다(헌재 2001. 3. 21. 2000헌바25).

2. 주체

통신의 비밀 주체는 먼저 모든 자연인이다. 통신의 비밀은 내국인만이 아니라 외국인에게도 인정되는 인간의 권리이다. 미성년자도 주체가 된다. 통신의 비밀은 법인과 그 밖의 단체에도 주체성이 인정된다.

3. 내용

(1) 통신의 비밀의 의의

종래 통신은 서신(편지, 엽서)을 비롯한 전화, 전신, 그 밖의 모든 방법을 통한 격지자 사이의 의사 전달과 물품 수수라고 하여 개념에 장소적 요소를 포함하였다. 이러한 견해를 따르면 대면하는 당사자 사이 대화의 비밀은 헌법 제17조 사생활의 비밀과 자유를 통해서 보호된다. 헌법상 통신의 개념이 사전적 의미와 반드시 일치하여야 하는 것은 아니고 헌법규정 취지에 비추어 그 의미가 좁아지거나 넓어질 수 있다. 헌법 제18조의 취지가 개인이 다른 사람과 의사소통할 때 그에 관한 비밀을 보호하는 것이라면 그것은 통신수단 사용 여부는 중요하지 않다. 그리고 대면하는 당사자 사이 대화 비밀의 헌법적 근거를 헌법 제17조로 보면 공적 영역에서 이루어지는 대화는 보호받지 못한다. 이러한 점에 비추어 개인의 의사소통을 충실하게 보호하려면 통신의 개념을 사적 영역과 공적 영역을 아우르는 모든 영역에서 이루어지는 당사자 사이의 의사전달과 물품수수라고 보아야 한다. 통신은 특정한 상대방이 있음을 전제로 의사와 물품을 전달한다는 점에서 상대방이 없어도 보장되는 각종 표현과 다르다(상대방의 특정성). 상대방이 특정되면 발신자의 통신 내용을 수신자가 수신하는 것에 동의하지 않아도 발신자의 통신의 비밀은 보장된다. 통신은 쌍방향적일 수도 있지만, 일방향적일 수도 있다. 그리고 통신은 합법성 여부는 문제가 되지 않는다. 따라서 허가 없이 이루어지는 무선통신도 통신의 비밀은 보호되어야 한다. 통신의 보호범위에는 내용, 형태, 당사자(발신자, 수신자), 전달방법 모두가 포함된다. 자유로운 의사소통은 통신내용의 비밀을 보장하는 것만으로는 충분하지 아니하고 구체적인 통신관계 발생으로 야기된 모든 사실관계, 특히 통신관여자의 인적 동일성 · 통신장소 · 통신횟수 · 통신시간 등 통신의 외형을 구성하는 통신이용 전반적 상황의 비밀까지도 보장한다(헌재 2018. 6. 28. 2012헌마191등).

비밀의 불가침이란 발신자와 수신자 사이의 의사나 정보의 전달 또는 교환이 당사자의 의사에 어긋나게 제3자가 인지하여서는 안 된다는 것이다. 구체적으로 통신 내용을 알기 위해서 통신물을 열거나 읽거나 도청하는 것 등의 모든 행위를 금지하는 것을 말한다(예를 들어 통신비밀보호법 제3조, 제14조). 다만, 누리망(internet) 게시판 등 공개를 전제로 하는 통신방식을 통하여 특정인에게 의사를 전달하면 비밀의 불가침이 문제 되지 않는다.

(2) 보호유형

① 사적 통신의 비밀

사적 통신은 서면을 통한 전달이긴 하지만 우편을 통해서 매개되는 영역 밖에서 이루어지는 전달과 교환을 말한다. 즉 우편을 통해서가 아니라 개인이 휴대하거나 대기업체의 운반인이 전달하는 문서 등과 우체국에 도달하기 전과 배달 후의 문서 등을 말한다. 사적 통신의 비밀이란 발신자와 수신자 이외의 제3자, 특히 공권력이 사적 통신 내용을 인지하려는 것에 대한 보호를 말한다. 사적 통신의 비밀 보호 범위에는 봉함된 편지, 엽서, 전보, 인쇄물, 대량의 (선전용) 인쇄우편물 등이 포함되나, 신문, 서적, 소포 등은 제외된다. 따라서 국가기관이 서신을 개피하거나(열거나) 그 밖의 방법으로 [예를 들어 엑스(X)선 투시를 통해서] 그 내용을 인지하는 때는 물론 다른 사람이 개피하거나 봉함이 스스로 열린 이후에 인지하는 때도 사적 통신의 비밀은 침해된다.

② 우편의 비밀

우편의 비밀에는 우편을 통해서 매개되는 모든 발송물의 왕래가 포함된다. 서면부터 상품 견본이나 우편환에 이르기까지 우체국에 넘겨지는 모든 우편물이 대상이다. 이때 우체국에 제시되는 순간부터 수신자에게 접수될 때까지 전 과정이 우편의 비밀 보호를 받는다. 즉 우편의 비밀 보호 범위에는 발송물의 내용뿐 아니라 우편왕래의 모든 자료가 포함된다. 예를 들어 우편의 이용사실 자체, 송 · 수신자, 운송의 종류와 방법, 이용의 장소와 시간, 특정 발송물의 발신회수 등이 보호범위에 포함된다. 따라서 체신관서, 그 밖의 국가기관이 자신이나 제3자에게 우편물의 내용을 인지하게 하거나 제3자에게 우편교환 정보를 통지하는 때와 체신관서 외의 국가기관이 체신관서가 우편물의 내용을 알리게 하거나 우편교환 정보를 주게 하면 우편의 비밀은 침해된다. 따라서 우편물 검열(통신비밀보호법 제2조 제6호)은 원칙적으로 허용되지 않는다. 그러나 우편교환의 원활한 소통을 위해서 업무상 하는 처분, 예를 들어 수취인에게 배달할 수 없거나, 수취인이 기재되지 않은 우편물을 개피하는 때는 우편배달업무상 불가피한 처분이므로 우편의 비밀에 대한 침해가 아니다[예를 들어 환부우편물 처리(통신비밀보호법 제3조 제1호)]. 그리고 인쇄물로 표시된 우편물의 내용을 검사하는 것은 이것이 비밀이 될 수 없으므로 허용된다.

③ 전(기통)신의 비밀

전신에는 유 · 무선전자파를 매개로 한 모든 개인적 연락을 포함한다. 즉 유선 · 무선 · 광선 및 그 밖의 전자적 방식을 통해서 모든 종류의 음향 · 문언 · 부호나 영상을 송신하거나 수신하는 것을 말하는데(통신비밀보호법 제2조 제3호), 예를 들어 전화, 전보, 호출기, 휴대전화, 피씨(PC)통신, 누리망(internet), 텔렉스, 텔레텍스트(문자다중방송), 텔레팍스, 인터넷팩스, 스마트폰, 화상송수신기, 코드분할다중접속(CDMA: code division multiple access) 등이 있다. 전신의 비밀은 특히 도청을 통해서 침해된다. 전기통신업무상 불가피한 처분은 침해가 아니다[예를 들어 혼신제거 등을 위한 전파감시(통신비밀보호법 제3조 제5호)]. 주거에 도청장치를 하여 통신내용을 도청하면 통신의 비밀 침해가 되나, 도청장치를 하여 주거 안 대화를 엿듣는 행위는 주거의 자유 침해이지 통신의 비밀을 침해하는 것이 아니다.

4. 제한

통신의 비밀은 사생활의 보호와 더 나아가 인간의 존엄과 인격권을 보호하는 데 중요하다. 하지만 통신의 비밀도 국가안전보장이나 헌법질서를 침해하고 범죄 수단으로 이용하는 것은 허용될 수 없다. 따라서 통신의 비밀도 국가안전보장 · 질서유지 또는 공공복리를 위해서 필요하면 법률로 제한이 가능하고, 다만 본질적인 내용은 침해될 수 없다(헌법 제37조 제2항). 그리고 통신의 비밀을 제한하는 우편물의 검열 · 압수나 전기통신 감청에는 영장원칙이 적용된다(통신비밀보호법 제5조, 제6조, 제7조). 그리고 불법검열을 통해서 취득한 우편물이나 그 내용 및 불법감청을 통해서 지득 또는 채록된 전기통신 내용은 재판이나 징계절차에서 증거로 사용할 수 없다(통신비밀보호법 제4조, 제14조 제2항).

3절

정신적 자유

Ⅰ. 양심의 자유

1. 의의

양심의 의미에 관해서는 ① 종교적 확신과 같은 것으로 파악하는 종교적 신앙설, ② 도덕적 의무 자각이나 도덕적 · 윤리적 판단으로 인식하는 도덕적 윤리설, ③ 세계관 · 인생관과 같은 일반적 신조로 이해하는 일반적 신조설 등이 대립한다. 헌법재판소는 양심을 세계관 · 인생관 · 주의 · 신조 등은 물론 개인의 인격 형성에 관계되는 내심의 가치적 · 윤리적 판단도 포함하는 것으로 넓게 이해한다(헌재 1991. 4. 1. 89헌마160). 종교적 신앙설은 양심이 종교에 국한되는 것이 아니라는 점에서 문제가 있고, 일반적 신조설은 양심이 사상과 구별되고 구체적 양심을 뜻한다는 점에서 타당하지 않다. 따라서 도덕적 윤리설이 타당하다.

양심이란 인간 내면에 있는 옳고 그름에 대한 확신과 이것 때문에 특정한 행위를 하거나 하지 못하도록 하는 심리적 과정 · 상태의 표현이다. 즉 양심은 한 인간의 인격적 정체성 일부를 형성하고, 그에게 개별적 · 구체적인 상황에서 일정한 행위를 '선한 것으로서'나 '정당한 것으로서' 하라고 하거나 '악한 것으로서'나 '부정당한 것으로서' 하지 말라고 주관적으로 구속력 있게 지시하는 도덕적 태도이다. 양심은 윤리적 확신을 필수요소로 하는데, 이러한 윤리적 확신은 종교적인 동기뿐 아니라 여러 가지(세계관적이나 비종교적) 동기에서 비롯할 수 있다. 헌법이 보호하는 양심은 구체적인 양심이지 막연하고 추상적인 양심이 아니다. 즉 양심의 자유는 일상 생활에서 일어나는 구체적인 상황에 즈음해서 어떻게 행동하는 것이 옳은 것인지를 말해주는 것을 보호한다. '아름다움과 추함', '참과 거짓'의 판단은 양심적 결정에 해당하지 않는다(헌재 2018. 6. 28. 2011헌바379등).

양심은 종교적 동기에서도 비롯할 수 있으므로 양심과 신앙은 구별하기 어렵다. 양심의 자유가 오랫동안 신앙의 자유와 함께 규정되어 온 것은 이러한 이유 때문이다. 그러나 양심이 윤리적 확신을 나타내는 것이라면 신앙은 종교적 확신을 나타낸다는 점에서 양자는 구별된다.

양심이 윤리적 차원의 사고라면, 세계관적 확신을 의미하는 사상은 논리적 차원의 사고라는 점에서 구별된다. 양심의 자유는 사상의 내면화를 뜻하므로 양심의 개념은 사상을 포괄하는 것으로 보아야 한다는 견해가 있으나, 사상은 구체적 양심을 형성하는 바탕이 될 수는 있지만 양심 그 자체와는 구별된다. 양심의 자유에 사상의 자유까지 포함하는 것은 헌법조항의 문언적 한계를 넘는 것이고, 헌법 제37조 제1항의 포괄적 권리규정이 있다는 점에서 사상의 자유를 무리하게 양심의 자유에서 찾을 필요가 없다. 따라서 사상의 자유의 헌법적 근거는 양심의 자유와 분리하여 헌법 제37조 제1항과 (내용적 표지인) 제10조의 행복추구권에서 찾아야 할 것이다. 헌법재판소도 사상의 자유는 양심의 자유에 포함되지 않는 것으로 본다(헌재 1991. 4. 1. 89헌마160).

2. 주체

양심의 자유 주체는 모든 자연인이다. 즉 국민만이 아니라 외국인도 주체가 되는 인간의 권리이다. 미성년자도 주체가 되지만 그 행사능력을 언제부터 인정할 것인지가 문제이다. 태아의 양심은 설사 있더라도 확인할 수 없을 뿐 아니라 태아 스스로 이를 행사할 수도 없으므로 주체가 될 수 없다. 미성년자는 스스로 양심을 형성할 수 있다고 인정할 수 있다면 양심의 자유 주체가 될 수 있다. 양심 형성능력은 주로 외부적 요소를 바탕으로 객관적으로 판단하여야 할 것인데, 당사자의 주관적 표현도 주요한 인정표지가 되어야 한다. 양심의 자유는 지극히 개인적인 권리이므로 법인과 그 밖의 단체는 주체가 될 수 없다. 헌법재판소는 양심의 자유와 관련하여 "우리 헌법이 보호하고자 하는 정신적 기본권의 하나인 양심의 자유의 제약(법인의 경우라면 그 대표자에게 양심표명의 강제를 요구하는 결과가 된다)이라고 보지 않을 수 없다."라고 하여 법인이 양심의 자유를 누릴 수 있다고도 해석할 수 있는 애매한 표현을 쓴 적이 있다(헌재 1991. 4. 1. 89헌마160). 하지만 헌법재판소가 대표자를 언급한 점에 비추어 대표자의 양심의 자유를 말한 것으로 보아야지 법인에게 양심의 자유를 인정하였다고 보기 어렵다.

3. 내용

헌법상 양심의 자유는 양심 형성의 자유와 양심 실현의 자유를 그 내용으로 한다. 구체적으로 양심의 자유 보호범위는 ① 양심 형성의 자유, ② 양심을 표명하도록 강제 당하지 아니할 자유(예를 들어 양심 추지 금지, 충성선서 문제), ③ 양심에 반하는 행동을 강제 당하지 아니할 자유, ④ 양심을 표명할 자유, ⑤ 양심에 따라 행동할 자유로 나눌 수 있다. 양심을 표명할 자유와 양심에 따라 행동할 자유는 적극적 양심 실현의 자유에 해당하고, 양심을 표명하도록 강제 당하지 아니할 자유와 양심에 반하는 행동을 강제 당하지 아니할 자유는 소극적 양심 실현의 자유에 해당한다.

양심의 자유 보호범위와 관련하여 크게 (적극적 · 소극적) 양심 실현의 자유를 모두 인정하는 견해와 양심상 결정을 적극적으로 실현하는 데서 다른 법익과 충돌 및 다른 사람 권리 침해가 발생하고 양심 실현은 다른 기본권을 통해서 보호되는 영역과 중첩되므로 소극적 양심 실현의 자유, 즉 양심을 강제로 표명 당하지 아니할 자유와 양심에 반하는 행위를 강요당하지 아니할 자유만을 인정하고 적극적 양심 실현의 자유를 배제하는 견해로 나뉜다. 인간의 양심은 외부와 구체적인 접촉 과정에서 형성되고 대개 외부로 실현되는 것을 전제로 하며 그 실현에 주된 의미가 있다는 점, 양심 실현의 자유와 다른 법익의 충돌은 법익 사이의 형량, 실제적 조화의 원칙으로써 대부분 해결할 수 있다는 점에서 양심의 자유 보호범위에 양심 실현의 자유를 포함하는 것이 타당하다. 헌법재판소도 양심의 자유에는 널리 사물의 시시비비나 선악과 같은 윤리적 판단을 국가권력을 통해서 외부에 표명하도록 강제 받지 아니할 자유까지 포괄하며(헌재 1991. 4. 1. 89헌마160) 나아가 양심 실현의 자유도 포함한다고 하여(헌재 1998. 7. 16. 96헌바35) 양심의 자유의 보호범위를 넓게 인정한다. 그러나 대법원은 적극적 양심 실현의 자유를 양심의 자유에 포함하지 않는 것으로 보인다(대법원 2004. 7. 15. 선고 2004도2965 전원합의체 판결).

4. 제한

양심의 자유 보호영역 중 내심 영역, 즉 양심 형성의 자유는 다른 사람에 대한 침해 가능성이 없으므로 헌법 제37조 제2항에 따른 제한이 불가능하다. 그러나 양심의 자유 보호영역 중 외부 영역, 즉 양심 실현의 자유는 제한될 수 있다. 헌법재판소는 "내심적 자유, 즉 양심 실현의 자유와 양심적 결정의 자유는 내심에 머무르는 한 절대적 자유라고 할 수 있지만, 양심 실현의 자유는 타인의 기본권이나 다른 헌법적 질서와 저촉되는 경우 헌법 제37조 제2항에 따라 국가안전보장 · 질서유지 또는 공공복리를 위하여 법률에 의하여 제한될 수 있는 상대적 자유라고 할 수 있다."라고 하였다(헌재 1998. 7. 16. 96헌바35). 대법원은 "헌법이 보장한 양심의 자유는 정신적인 자유로서 어떠한 사상, 감정을 가지고 있더라도 그것이 내심에 머무르는 한 절대적인 자유이므로 제한할 수 없"다고 하면서(대법원 1984. 1. 24. 선고 82누163 판결) "양심의 자유, … 등은 헌법이 보장하는 기본적 권리이긴 하나 무제한한 것이 아니라 헌법 제37조 제2항에 의하여 국가안전보장, 질서유지 또는 공공복리를 위하여 필요한 경우에는 그 자유와 권리의 본질적 내용을 침해하지 않는 한도 내에서 제한할 수 있는 것"이라고 하였다(대법원 1993. 9. 28. 선고 93도1730 판결).

Ⅱ. 종교의 자유

1. 의의

종교의 자유는 신앙과 그에 입각한 종교적 행위를 선택 · 결정하고 할 수 있는 자유를 말한다. 종교는 유한한 능력이 있는 데 불과한 인간을 지탱시켜주는 무한의 절대적 · 초월적 존재에 대한 내적 확신과 관련된 영역이다. 보통 신이라는 절대적 존재를 전제로 하지만, 유교, 불교, 도교 등에서 보듯이 종교에 신 관념이 반드시 있어야 하는 것은 아니므로 종교를 신과 인간의 관계로 단정하기는 어렵다. 피안의 세계가 종교의 내용이라는 견해도 있으나, 내세관이 없는 종교도 있으므로 이를 따를 수 없다.

2. 주체

종교의 자유는 국민은 물론 외국인도 주체가 되는 인간의 권리이다. 미성년자도 종교의 자유 주체가 되는데, 언제부터 부모의 친권에서 독립하여 종교의 자유를 스스로 행사할 능력이 인정되는지가 문제 된다. 종교 관련 행동은 법률행위적 행동이 아닌 자연적 행동의 범주에 속한다. 따라서 미성년자라는 이유만으로 종교의 자유 행사능력이 없다고 단정할 수 없다. 미성년자가 종교의 의미를 이해하고 이에 관해서 결정할 수 있는 정신적 · 육체적 성숙도가 있는지에 따라 미성년자의 행사능력 유무를 판단하여야 한다. 법인과 그 밖의 단체는 성질상 신앙의 자유 주체가 될 수는 없지만 종교적 행위 주체는 될 수 있다.

3. 내용

(1) 적극적 종교의 자유

적극적 종교의 자유에는 신앙의 자유와 신앙에 따라 행동할 수 있는 자유가 있다. 신앙의 자유는 신앙을 형성하거나 가질 수 있는 자유를 말한다. 신앙을 형성할 때 어떤 형태의 (간접적이거나 사실적인) 국가 영향력 행사도 금지된다. 신앙의 자유에는 신앙을 선택할 수 있는 자유, 신앙을 변경할 수 있는 자유(개종의 자유), 신앙을 포기할 수 있는 자유가 포함된다. 신앙에 따른 행동을 할 자유에는 종교적 행위의 자유, 선교 · 전도의 자유, 종교교육의 자유가 있다. 사립학교에서 종교교육을 하고 종교지도자를 육성하는 것은 종교의 자유로서 보장되므로 교육기관이 학교설립인가를 받아도 종교의 지도자 양성을 위한 종교교육을 할 수 있다(대법원 1989. 9. 26. 선고 87도519 판결). 그러나 국가나 지방자치단체가 국 · 공립학교에서 특정 종교교육을 실시하는 것은 정교분리원칙에 위반되어 허용되지 아니한다(교육법 제6조 제2항). 국 · 공립대학에 종교학과를 두어 종교학을 강의하고 연구하거나 교양과목으로 일반종교학을 두어 가르치는 것은 특정 종교교육과 다르므로 종교의 자유를 침해하지 아니한다. 종교교육과 종교지도자 양성은 헌법 제20조에 규정된 종교의 자유의 한 내용으로 보장되지만, 그것이 학교라는 교육기관 형태를 취하면 헌법 제31조 제1항, 제6항과 이에 근거한 교육법상 규정에 따른 규제를 받게 된다(대법원 1992. 12. 22. 선고 92도1742 판결).

종교의 자유에는 다른 종교를 비판하거나 다른 종교의 신자에 대해서 개종을 권고하는 자유도 포함된다. 이때 다른 종교 등을 비판할 권리는 최대한 보장받지만, 그로 말미암아 다른 사람의 명예 등을 침해하면 종교의 자유 보장과 개인의 명예 보호라는 두 법익의 조정은 그 비판이 훼손하거나 훼손할 수 있는 다른 사람 명예의 침해 정도를 비교하고 고려하여 결정하여야 한다(대법원 1996. 9. 6. 선고 96다19246 판결). 국기에 대한 경례는 종교적 표현과 무관한 애국심의 표현이라서 설사 국기에 대한 경례를 강요한다고 하여 종교의 자유가 침해된다고 보기 어렵다. 대법원은 국기에 대한 경례를 우상숭배라고 하여 거부한 학칙위반학생에 대한 제적처분을 정당하다고 하였다(대법원 1976. 4. 27. 선고 75누249 판결). 그러나 학교는 학생을 계속적으로 교육할 책임이 있다는 점에서 국기에 대한 경례 거부에 대해서 제적처분이라는 극단적 방법으로 대응한 것은 비례성원칙을 적절히 적용한 것으로 보이지는 않는다. 헌법재판소는 일요일을 휴일로 정한 것은 특정 종교인들의 종교적 편의를 위한 것이 아니고, 사법시험 1차시험과 같이 대규모 응시생들이 응시하는 시험의 시행일을 일요일로 잡은 것은 다수 국민의 편의를 위한 것으로 일부 응시생의 종교의 자유를 어느 정도 제한하더라도 이는 공공복리를 위해서 부득이한 제한으로 보아야 할 것이라고 하였다(헌재 2001. 9. 27. 2000헌마159). 그리고 헌법재판소는 간호조무사 국가시험이 어느 요일에 실시되는지에 따라 일부 수험생들은 시험 응시에 어느 정도 지장이나 불편을 감내할 수밖에 없으므로 시험 요일은 피해를 최소화할 수 있는 방안으로 결정하여야 하고, 시험일을 평일로 정하면 시험장 확보와 전국적인 시험 관리에 어려움이 발생하고, 직장인이거나 재학 중인 수험생의 시험 응시가 어렵게 되며, 시험일을 일요일로 정하면 제칠일안식일예수재림교를 믿는 청구인의 종교의 자유에 대한 제한은 없을 것이나, 일요일에 종교적 의미를 부여하는 응시자의 종교의 자유를 제한하게 되므로, 종교의 자유 제한 문제는 기본권주체만을 달리하여 그대로 존속하고, 지방자치단체 대부분에서 시험장소 임차와 인력 동원 등의 이유로 일요일 시험 실시가 불가하거나 어려워, 현재로서는 일요일에 시험을 시행하는 것도 현실적으로 어려운 상황이어서 연 2회 실시하는 2021년도 간호조무사 국가시험의 시행일시를 모두 토요일 일몰 전으로 정하더라도 과잉금지원칙에 어긋나 제칠일안식일예수재림교를 믿는 청구인의 종교의 자유를 침해하지 않는다고 하였다(헌재 2023. 6. 29. 2021헌마171).

(2) 소극적 종교의 자유

종교의 자유는 종교를 믿지 않거나(신앙을 갖지 않거나: 무신앙 · 무종교의 자유) 특정 종교를 고백하지 아니하거나(침묵하거나: 종교적 확신에 관한 침묵의 자유) 신앙에 따른 행동을 하지 아니하거나(신앙에 따른 행동을 하지 아니할 자유) 종교적 확신의 과시(진술)에 빠져 나올 수 없도록 내맡겨지지 아니할 자유도 보장한다. 따라서 국가, 그 밖의 제3자가 신앙을 강요하거나 종교적 확신을 표현하도록 강제하거나 신앙에 따른 행동을 강요하면 종교의 자유가 침해된다. 헌법재판소는 육군훈련소 안에서 훈련병에게 종교행사 참석을 강제하는 것이 정교분리원칙과 과잉금지원칙에 위배되어 훈령병의 종교의 자유를 침해한다고 하였다(헌재 2022. 11. 24. 2019헌마941).

(3) 집단적 종교의 자유

종교공동체의 활동은 그 공동체가 취하는 법적 형태와 무관하게 헌법 제20조의 보호를 받는다. 이러한 종교공동체는 교회, 사찰과 같은 정형적인 종교단체 형태는 물론 독립적인 단체인 종교계통 병원, 종교적 교육시설, 종교 관련 청소년단체 등도 포괄한다. 종교적 집회의 자유는 종교적 목적으로 같은 신앙이 있는 사람들이 일시적인 모임을 자유롭게 가질 수 있는 자유를 말하고, 종교적 결사의 자유는 종교적 목적으로 같은 신앙이 있는 사람들이 자유롭게 결합하여 단체를 결성할 수 있는 자유를 말한다. 종교적 집회 · 결사의 자유는 일반적 집회 · 결사의 자유(헌법 제21조)에 대해서 특별규정에 해당한다. 따라서 일반적 집회 · 결사보다 종교적 집회 · 결사가 특별한 보호를 받는다. 종교의 자유는 큰 규모의 종교공동체이든 작은 규모의 종교공동체이든 상관없이 같이 보장된다. 따라서 소수종교나 신흥종교도 종교의 자유를 원용할 수 있다. 종교단체의 순수한 경제적 활동(예를 들어 기념품 판매행위)은 종교의 본질과 직결되는 것이 아니므로 종교의 자유로서 보호되지 아니하고 영업활동의 자유로서 보호된다.

4. 제한

종교의 자유는 내심 영역에 머물면 제한할 수 없는 절대적 자유이다. 그러나 종교의 자유가 내심 영역을 벗어나 밖으로 표출되면 다른 법익과 충돌할 수 있으므로 제한이 불가피하다. 따라서 내심 영역을 벗어난 종교의 자유는 헌법 제37조 제2항에 따라서 제한될 수 있다. 대법원도 종교의 자유는 인간의 정신세계에 기초를 둔 것으로서 인간의 내적 자유인 신앙의 자유를 뜻하는 한도 안에서는 밖으로 표현되지 아니한 양심의 자유와 같이 제한할 수 없지만 그것이 종교적 행위로 표출되면 대외적 행위의 자유이므로 질서유지를 위해서 당연히 제한을 받아야 하며 공공복리를 위해서는 법률로 이를 제한할 수 있다고 한다(대법원 1982. 7. 13. 선고 82도1219 판결). 그리고 종교의식이라는 명목 아래 하는 간음행위나 인간제물은 종교의 자유로 보장할 수 없다. 또한, 공무원이나 근로자에 대해서 업무시간 중의 종교적 행위가 업무를 명백히 방해하는 범위 안에서 금지하는 것은 허용될 수 있다.

5. 국교 부인과 정교분리원칙

(1) 의의

국교를 인정한다 함은 국가가 특정 종교를 지정하여 특별히 보호하고 각종의 특권과 특혜를 부여하는 것을 말한다. 국가가 특정 종교를 국교로 지정하는 것은 헌법 제20조 제2항 국교 부인에 따라 금지된다. 헌법 제20조 제2항 정교분리원칙은 국가(정치)와 종교의 상호간섭을 금지하는 것을 말한다.

정교분리원칙은 국가의 종교에 대한 불간섭과 종교의 정치(국가)에 대한 불간섭을 내용으로 한다. 국교 부인과 정교분리원칙이 종교의 자유에 당연히 포함된다는 것은 헌법 제20조 제2항의 독자적 의미를 간과한 해석이고, 제도적 보장이라든지 객관적 가치질서를 강조하는 견해도 기본권의 다원성을 인정하는 견지에서 보면 결국 종교의 자유에 대한 부연에 그치는 해석론에 불과하다. 헌법 제20조 제2항의 국교 부인과 정교분리원칙은 같은 조 제1항의 종교의 자유 내용을 확인하는 것에 그치는 것이 아니라 종교의 자유를 보장하되 국교를 인정하는 식의 제도화를 불가능하게 하는 규정으로 해석하여야 독자적 규정취지가 살아난다. 그리고 종교와 정치는 엄격하게 분리되어야 하고 그 예외는 엄격한 기준에 따라서 인정되어야 한다.

종교의 자유는 종교에 관한 개인의 자발성을 존중하는 데 주된 목적이 있고, 국교 부인과 정교분리원칙은 국가의 종교단체에 대한 중립성에 중점이 있다. 따라서 종교의 자유는 개인의 주관적 권리 보장에, 국교 부인과 정교분리원칙은 제도보장에 무게가 있다. 제도로서 국교 부인과 정교분리원칙은 객관적 법규범으로서 국가가 존중하여야 함은 물론 개인이나 법인과 그 밖의 단체도 여기에 구속되어 자신의 종교를 국교로 지정하여줄 것을 청구할 수도 없고 원칙적으로 종교인이나 종교단체의 지위에서 정치에 관여할 수도 없다.

(2) 내용

① 국가의 종교 간섭 금지(국가의 종교적 중립성 의무)

국가의 종교 간섭 금지는 국가와 종교가 아무런 관계도 있어서는 안 된다는 것이다. 즉 국가는 종교에 대해서 중립을 지켜야 한다는 것이다. 따라서 국가는 특정 종교와 국가를 일체화하는 여하한 행위도 할 수 없다. 즉 (ⅰ) 국교 지정 금지, (ⅱ) 국가의 종교교육과 종교활동 금지, (ⅲ) 공무원 임용 · 재직 조건으로 종교의 가입 · 탈퇴, 그 밖의 종교적 행동 요구 금지, (ⅳ) 공무원 임용 시 종교적 의식에 따른 선서 요구 금지, (ⅴ) 종교 사이 차별 취급 금지, 예를 들어 종교단체에 대한 차별적 지원 금지 등을 뜻한다. 특히 교육기본법 제6조 제2항은 "국가와 지방자치단체가 설립한 학교에서는 특정한 종교를 위한 종교교육을 하여서는 아니 된다."라고 규정하여 국가의 종교교육 금지를 명시한다.

② 종교의 국가(정치) 간섭 금지

국가가 종교에 간섭하지 못하는 것처럼 종교도 정치(국가)에 간섭하지 못한다. 종교는 국가정치를 지배하려고 시도하여서는 안 된다. 특정 종교 교리를 국가정치에 반영할 목적으로 종교단체 소속 아래 정당을 창설하거나 국가유사적 조직을 구성하여서는 안 된다. 즉 과거 국교제도나 제정일치제처럼 종교가 정치에 간섭하고 관여하는 것은 종교단체가 단체의 존립목적과는 달리 모든 정치적 문제에 관여하는 것도 금지된다. 따라서 종교의식에서 정치활동은 제한된다(대법원 1973. 5. 22. 선고 73도525 판결). 그러나 종교는 선교를 통해서 세속을 교화하는 활동을 하는 것이므로 교리에 입각하여 국가정치를 비판하는 수준의 일반적인 활동은 정치에 대한 간섭으로 볼 수 없다. 즉 종교단체가 모든 이익단체나 사회단체와 마찬가지로 정치의사 형성 과정에 참여하는 것 자체가 금지되는 것은 아니다. 그리고 종교단체는 종교적 이해관계에 관련되는 문제나 국민적 관심사에 관해서 정치의사 형성 과정에 참여할 수 있다. 이러한 활동은 오늘날의 민주국가에서 오히려 요청되는데 이는 정치적 자유권을 통해서 보장된다. 그리고 종교인이 개인적 차원에서 정치활동을 하는 것은 두말할 나위도 없이 허용된다.

Ⅲ. 학문의 자유

1. 의의

학문의 자유는 진리를 탐구하고 그를 통해서 진리로 파악된 것을 주장할 수 있는 자유이다. ① 학문은 먼저 참된 인식, 즉 진리를 추구하는 정신적 활동이다. 진리를 탐구하고 그를 통해서 진리로 파악된 것을 주장하여 그에 관한 의사소통을 하는 것이 학문이다. 진리 탐구는 기존 인식을 꾸준히 다시 비판적으로 문제 삼는 것을 말한다. 여기서 진리는 '진리'라는 개념목록에 포섭될 수 있다면 그 내용을 가리지 않는다. 그러나 진리를 추구하는 모든 활동이 학문에 해당하지는 않는다. ② 학문은 일정한 수준에 기초하여야 한다. 이러한 수준은 일의적으로 확정하기 어렵다. 그렇지만 최소한 학문공동체별로는 어떠한 활동이 학문적 활동으로 인정받으려면 '전제되어야 하는 지식'이라든지 '적용하는 방법'이라든지에 관한 최소한의 수준을 객관적으로 합의할 수는 있다. 독일 판례에서 말하는 진지성과 계획성은 물론 체계성, 논리일관성, 통일성, 반복적 검증 가능성 등 학문이론상 주장되는 여러 기준이 고려될 수 있다. 다만, 특정한 '학문 개념', 특정한 '학문 이론'이 독점적으로 기준역할을 하여서 아니 된다. 이러한 점에 비추어 학문은 일정한 수준 이상에서 이루어지는 참된 인식, 즉 진리를 추구하는 활동이라고 정의할 수 있다. 헌법재판소는 "학문의 자유에서 말하는 '학문'이란 일정한 지식수준을 기반으로 방법론적으로 정돈된 비판적인 성찰을 함으로써 진리를 탐구하는 활동을 말한다."(헌재 2003. 9. 25. 2001헌마814등)라고 한다. 대법원은 "학문의 연구는 기존의 사상 및 가치에 대하여 의문을 제기하고 비판을 가함으로써 이를 개선하거나 새로운 것을 창출하려는 노력이므로 연구의 자료가 그 사회에서 현재 받아들여지고 있는 기존의 사상 및 가치체계와 상반되거나 저촉되는 것이라고 하여도 용인되어야 할 것이"(대법원 1982. 5. 25. 선고 82도716 판결)라고 한다.

2. 주체

학문연구활동은 인간의 정신적 활동으로서 '누구든지' 할 수 있다. 따라서 그러한 활동을 보호하는 학문의 자유는 1차적으로 자유권의 성격이 있는 인간의 권리에 해당되어 국적, 신분 등과 상관없이 학문적으로 활동하거나 하려는 사람이면 누구나 누릴 수 있다. 역사적으로 학문 연구를 목적으로 설립된 것이 대학교이고, 거기서 연구활동에 종사하는 사람이 교수이므로 대학교수를 중심으로 학문의 자유 주체 문제를 다루는 것이 보통이다. 따라서 대학교수를 비롯하여 조교, 대학생이 학문의 자유의 주된 주체가 되고 대학의 비학술적 종사자들은 배제된다. 하지만 어떤 활동이든 학문연구의 실질을 갖추면 학문연구활동으로 인정하여야 한다. 그러므로 이러한 활동을 하는 사람은 그 지위와 관계없이 (교수, 조교, 학생은 물론 연구소나 연구재단, 회사의 연구원, 국가기관에 소속된 연구자, 개인 연구자 등도 포함하여) 누구나 학문연구활동의 주체가 될 수 있다.

개인(자연인)만이 아니라 학문연구활동을 하는 인적 단체, 나아가 대학교와 같은 연구기관에도 학문의 자유가 인정된다. 이들에 대해서 사법상 권리능력(법인격)이 요구되지도 아니한다. 학술연구기관이면 대학교이든, 산업체부설 연구기관이든 묻지 아니한다. 다만, 정부 산하 연구기관이나 특히 국 · 공립대학교는 문제가 될 수 있다. 그러나 그 조직이 국가에서 독립하고 주된 활동이 학문적 연구를 지향하는 한도 안에서 학문의 자유를 누린다. 따라서 일부 대학교를 제외하고는 국립대학교 자체는 공법상 영조물이지만 학문의 자유의 기본권주체성이 인정된다. 헌법재판소도 "국립대학인 서울대학교는 다른 국가기관 내지 행정기관과는 달리 공권력의 행사자의 지위와 함께 기본권의 주체라는 점도 중요하게 다루어져야 한다."라고 하여 같은 견해이다(헌재 1992. 10. 1. 92헌마68등).

여기서 개인연구자가 독립하여 학문연구활동을 하는 (오히려 예외적인) 때를 제외하면, 그가 소속한 대학교나 그 밖의 연구기관과 국가의 사이에 3각관계가 성립한다. 개인연구자와 연구기관은 국가에 대해서 학문연구활동에 대한 침해를 하지 말 것을 요구할 방어권이 있다. 그런데 연구기관은 다시 개인연구자의 연구를 침해할 수 있으므로, 개인연구자는 연구기관에 대해서도 학문의 자유를 주장할 수 있다. 국립대학교가 전형적인데, 국가에 대해서는 학문의 자유를 주장하면서, 교내 교수들에 대해서는 학문의 자유를 제한하는 이중적인 모습으로 나타난다.

일반교양을 전수하는 학교에서 하는 수업은 학문연구의 자유 보호영역 밖에 있다. 고학년을 대상으로 하고 학술적 특징이 강하여도 마찬가지이다. 이는 헌법 제31조 교육을 받을 권리가 특별규정으로 적용되어야 할 영역이다. 헌법재판소도 수업의 자유는 대학에서 교수의 자유와 같을 수 없다고 하면서 대학에서는 교수의 자유가 더욱 보장되어야 하지만, 초 · 중 · 고교에서 수업의 자유는 제약이 있을 수 있다고 한다(헌재 1992. 11. 12. 89헌마88).

3. 내용

(1) 연구할 자유(연구의 자유)

연구자는 연구대상(영역) 결정, 연구주제 선정, 문제 제기나 가설 정립, 적용방법, 연구과정 등을 자유롭게 결정할 수 있다. 따라서 연구와 관련한 모든 과정에 대한 국가의 개입과 간섭, 영향은 허용되지 않는다. 연구는 방법론의 타당성이나 연구결과의 진리 부합성과 상관없이 보호된다. 따라서 소수견해라고 해서 보호받지 못하는 것이 아니고, 잘못되거나 문제가 있는 학문적 시도로 드러나도 연구할 자유로 보호된다.

(2) 연구결과를 발표할 자유(연구결과발표의 자유)

연구를 통해서 얻은 결과는 교수 이외의 방법으로 외부에 자유롭게 발표할 수 있다. 연구결과가 발표되어야 학문으로서 보호되는 것은 아니라서 연구결과를 발표하지 않을 자유도 보호된다. 따라서 발표를 목적으로 하지 않은 연구나 발표하지 않은 연구결과도 학문의 자유로서 보호된다. 저서 출판, 논문 발표, 학술강연, 학술대회에서 하는 발표와 토론을 비롯한 자기 책임 아래 발표하는 모든 형태가 연구결과를 발표할 자유로서 보호된다. 대학 강의실에서 발표하는 것은 가르칠 자유로 보호된다. 연구결과를 발표할 자유는 언론 · 출판의 자유보다 더 강하게 보장된다. 그러나 진리와 가치를 탐구하려고 실험을 하고 그 결과를 발표하는 것이 학문의 자유에 속하더라도 그 실험결과가 잘못되었는데도 이를 사회에 알려서 선의의 제3자를 해치면 학문의 자유 보호영역을 벗어난다(대법원 1967. 12. 26. 선고 67다591 판결).

(3) 가르칠 자유(교수의 자유, 강학의 자유)

연구자는 자신의 학문적 인식을 방해 없이 자유로이 전수할 수 있다. 교수의 대상, 형식, 내용, 방법, 시간, 장소에 관해서 자유롭게 결정할 수 있다. 구두로 강의하는 것은 물론 개개 학생에 대한 교수, 대학 안팎에서 교과서나 강의안을 통한 교수, 출판물이나 방송 혹은 누리망(internet)을 통한 강의도 교수에 속한다. 교수는 연구결과를 전달하는 행위이면서 그 자체가 하나의 연구가 된다. 교수 자체가 수강자와 함께 진리를 탐구하는 학술활동이기 때문이다. 따라서 가르칠 자유는 연구할 자유의 연장선상에 있다. 이러한 점에서 가르칠 자유는 지식 전달에 중점을 두는 교육의 권리와 다르다. 가르칠 자유는 연구할 자유와 밀접한 관련이 있어서 자신의 연구를 토대로 이루어지는 교수만 가르칠 자유로서 보호된다. 가르칠 자유를 누리는 사람은 그의 강의시간 동안 그가 교수하는 장소에 대한 가택권이 있고, 그러한 가르칠 자유는 공권력이나 (강좌를 방해할 목적으로 들어온) 제3자는 물론 수강자나 청강자에 대해서도 보호된다. 방해자에 대한 경찰 투입은 그 때그때의 사정을 고려하여 대학의 장에게 유보되어야 한다. 궁극적으로 국가는 교수가 방해받지 아니하도록 경찰력과 형법상 수단을 사용할 수 있다.

(4) 학문적 집회 · 결사의 자유

학문 연구나 발표를 위해서 모이거나 단체를 형성할 수 있다. 이러한 학문적 집회 · 결사의 자유는 일반적 집회 · 결사의 자유보다 강하게 보장된다. 따라서 학문에 관한 집회에는 신고제와 장소 제한이 적용되지 않는다('집회 및 시위에 관한 법률' 제15조).

(5) 대학 자치

대학 자치는 제도로서 대학이 '학문(기능)에 맞게' 조직되어야 한다는 요청이다. 이는 학문의 자유의 실효성을 확보하려는 수단으로서 대학 운영에 관한 모든 사항의 자주적 결정권이 대학에 있음을 뜻한다. 즉 대학 자치는 대학 운영에 관한 모든 사항을 외부의 간섭과 개입 없이 자율적으로 결정하는 것을 말한다. 대학 자치 없이 자유로운 연구와 교수라는 대학 임무를 수행할 수 없고 학문의 자유가 실현될 수 없으므로 대학 자치는 그 제도 자체로서 보장된다. 이러한 점에서 학문연구소, 학술연구지원단체, 사설학술연구재단과 같은 대학 이외의 모든 학문적 기능을 하는 제도나 기관도 자치를 누린다. 헌법재판소는 대학의 자율성은 법률의 목적에 따라서 대학이 수행하여야 할 과제 범위 안에서만 인정된다고 하였다(헌재 2001. 2. 22. 99헌마613). 따라서 대학의 자율성은 그 보호영역이 원칙적으로 해당 대학 자체의 계속적 존립에까지 미치는 것은 아니라고 하였다.

대학 자치는 학문의 자유의 중요한 내용으로서 연구와 교수의 자유를 보장하기 위한 전제이다. 대학 자치는 대학의 자율적인 결정권이 제도적으로 보장된다는 것을 뜻하는 것으로 '대학자치제'를 제도로서 보장하여 그 (제도의) 본질적 내용을 보장하는 것에 중점이 있다. 따라서 대학 자치는 제도보장으로서 보호된다. 하지만 학문의 중심인 대학과 그 구성원이 학문의 자유를 제대로 누리려면 대학과 그 구성원이 외부의 간섭과 개입에서 벗어나 독립적으로 활동할 수 있어야 한다. 따라서 대학과 그 구성원들이 외부의 간섭과 개입에 대해서 방어할 수 있어야 한다. 이러한 점에서 대학 자치는 단순한 제도보장에 그치는 것이 아니라 외부의 간섭에 대한 방어권으로서 주관적 권리 측면도 인정되어야 한다. 헌법재판소는 대학의 자치권은 대학에 부여된 헌법상 기본권이라고 판시한 바 있다(헌재 1992. 10. 1. 92헌마68등).

대학 자치의 헌법적 근거와 관련하여 ① 대학 자치는 헌법 제22조 제1항의 학문의 자유가 보장하며 헌법 제31조 제4항은 이를 재확인한 것에 불과하다는 견해, ② 대학의 자유는 헌법 제22조 제1항이 보장하지만 헌법 제31조 제4항도 대학자치의 보완규정이라는 견해, ③ 헌법상 대학자치의 근거규정을 헌법 제31조 제4항에서 찾는 견해, ④ 헌법 제22조 제1항을 전통적인 자유권적 기본권 보장으로, 헌법 제31조 제4항은 대학의 자율성을 확보하기 위해 필요한 국가적 지원과 급부를 보장하는 문화적 기본권(적극적인 급부요청권)으로 이해하는 견해, ⑤ 대학 자치는 1차적으로는 헌법 제21조 제2항 학문의 자유에서 제도보장으로 간주되나, 헌법 제31조 제4항이 2차적 근거라는 견해가 있다. 헌법재판소는 헌법 제31조 제4항을 대학 자치의 근거조항으로 본다(헌재 1992. 10. 1. 92헌마68등).

대학 자치의 주체를 기본적으로 대학이라고 하더라도 교수나 교수회의 주체성이 부정되지 않는다. 특히 대학 자치는 연구와 교수라는 대학 기능을 수행하는 데 필요한 사항을 자주적으로 결정한다는 것이므로 먼저 교수가 주체가 된다. 따라서 문제 되는 때에 따라서 대학, 교수, 교수회 모두가 단독 혹은 중첩적으로 주체가 될 수 있다(헌재 2006. 4. 27. 2005헌마1047등). 그러나 학생이 단지 대학이 제공하는 역무의 이용자나 소비자에 불과한 것은 아니다. 학생은 연구에 참여할 수 있을 뿐 아니라 학생이 참여하지 않는 교수의 연구는 있을 수 없고 학생은 성장도상에 있는 학자라는 점에서 학생도 '학문성'이라는 테두리 안에서 대학 자치 주체가 될 수 있다. 이때 학생은 학생회 활동과 그 밖의 자치활동 범위 안에서 대학 자치 주체로서 인정될 수 있다. 특히 학생 자치는 대학 자치의 중심인 교수회 자치를 침해하지 않는 범위에서 인정된다. 대법원은 학문의 자유 주체인 교원들이 그 중심이 되지만, 공권력 등 외부세력의 간섭을 배제하고 대학을 자주적으로 운영한다는 측면에서는 교원뿐 아니라 대학 구성원인 직원, 학생 등도 원칙적으로 대학 자치의 주체가 될 수 있다고 한다(대법원 2015. 7. 23. 선고 2012두19496, 19502 판결).

그런데 대학의 자율성을 보장하는 취지는 대학 구성원들이 학문의 연구와 교육이라는 대학의 기능을 달성하는 데 필요한 사항을 자주적으로 결정하도록 제도적으로 보장하는 것이고, 연구와 교육에 관한 중요한 의사결정 과정에 대학 구성원들이 참여할 수 있도록 하는 것이다. 이에 따라 학문의 자유를 향유하는 대학 교원은 대학 자치의 주체로서 어느 정도 대학 운영에 적극적으로 참여할 수 있는 길이 보장되어 있다. 그러나 임금, 근무조건, 후생복지 등 교원의 경제적 · 사회적 지위 향상에 대해서까지 대학 구성원들이 대학의 자율성을 근거로 그 의사결정 과정에 참여할 수 있다고 보기는 어렵다(헌재 2018. 8. 30. 2015헌가38).

4. 제한

헌법의 기본권제한체계 아래에서는 학문연구의 자유도 당연히 법률적 제한 대상이 될 수 있고, 법률적 제한을 구체적으로 시도하는 입법에 대해서 헌법 제37조 제2항의 요건(이나 한계)을 충족하는지를 심사하여 그 중 하나의 요건이라도 위반하면 기본권을 침해하여 헌법을 어긋난 법률로 판단하여야 한다. 특히 학문연구의 자유가 (법률적) 제한에 부적합하다는 특성은 일반적 요건 심사를 더 엄격하게 만들어 강도 높은 심사를 요구한다.

Ⅳ. 예술의 자유

1. 의의

예술의 자유는 아름다움(美) 추구라는 목적 아래 내면 세계를 바탕으로 자유롭게 창작하거나 표현하는 자유를 말한다. 예술은 언제나 새로운 것을 만들고자 시도하고, 때에 따라서는 기존의 것을 부정하고 예술과 예술이 아닌 것의 경계를 무너뜨리기도 하여서, 나아가 당대에 인정받지 못하고 후대에 예술로서 인정받기도 하여서 예술이 무엇인지를 정의하는 것은 대단히 어렵다. 그러나 예술이 헌법을 통해서 보호받으려면 그것이 무엇인지를 명확하게 밝혀야 한다. 그렇지 않으면 보호범위를 확정하고 침해 여부를 판단하는 것이 불가능하기 때문이다. 따라서 예술에 대한 헌법적 정의는 반드시 필요하다. 예술 개념에 관해서는 어떤 고정관념을 넘어서 개방적으로 생각하여야 한다. 이러한 점에서 '아름다움을 추구하는 내면 세계의 표현'이라고 예술 개념을 추상적이나마 일단 정의할 수 있다. 구체적으로 특정 활동을 예술활동으로 볼 것인지의 문제와 관련하여서는 전해 내려온 형태의 어느 것에 속하는 것인지를 검토하고, 그 내용 · 실질에 비추어 판단해 보고 나서, 통상적인 예술활동이 아니더라도 다양한 해석 가능성을 담아서 인간의 창의성이 발현된 것이라면 예술활동으로 인정하여야 한다. 특히 예술은 형식과 내용의 통일체이므로 예술작품이 말하고자 하는 핵심과 표현의 외관을 분리하여 각각 별도 기준으로 판단하여서는 아니 된다.

2. 주체

예술의 자유 주체는 예술적으로 활동하거나 활동하려는 모든 사람이다. 예술의 자유는 국민이든 외국인이나 무국적자이든 상관없이 예술적으로 활동하는 모든 사람에게 인정되는 인간의 권리이다. 예술창작활동을 직접 하는 예술가뿐 아니라 예술가와 대중(관객) 사이의 불가결한 중개자기능을 하는 사람들(예를 들어 예술품 보급을 직업으로 하는 출판사나 음반제작사 그리고 서적상, 극장장, 박물관장, 화랑주인)도 예술의 자유 보호 아래에 있다(헌재 1993. 5. 13. 91헌바17). 그러나 예술품을 경제적으로 활용하는 예술작품경매자 등은 직업의 자유나 재산권을 통해서 보호된다. 예술의 자유가 예술가적 능력이 있는 예술가 집단에만 주어진 신분상 특권이 아니라 모든 인간에게 주어진 것이라는 점과 예술창작 소질을 타고 태어나지 아니하였더라도 예술을 누릴 능력은 누구에게나 (최소한 부분적으로는) 내재한다는 점에 비추어 예술의 자유를 예술을 매개로 한 인간의 의사소통으로 넓게 이해하여야 한다. 그러므로 창작 영역 외에 또 하나의 예술의 자유 영역인 예술작품의 간행 · 전시 · 전파 영역에서 불가결한 예술단체인 서적출판사, 미술관, 박물관, 극장, 그 밖의 공연장도 영리활동 영역이 아니라 예술품의 간행 · 전시 · 전파 · 공연 등에 관한 활동과 관련하여서는, 예술의 자유를 주장할 수 있다. 나아가 공법인도 주체가 될 수 있다. 주체에 따라 예술활동의 의미가 달라지지 않기 때문이다.

3. 내용

(1) 예술창작의 자유

예술창작의 자유는 예술창작활동을 할 수 있는 자유로서 창작소재, 창작형태와 창작과정 등에 관한 임의적인 결정권을 포함한 모든 예술창작활동의 자유를 그 내용으로 한다(헌재 1993. 5. 13. 91헌바17). 나아가 이러한 예술창작활동을 위한 준비나 연습과정도 예술창작의 자유에 포섭된다. 예술창작의 자유는 창작된 예술작품도 보호한다. 이때 고도의 예술성이 있는 것으로 인정된 예술작품뿐 아니라 실패한 작품도 보호된다. 즉 예술작품은 질이나 수준과 관계없이 보호된다. 그리고 예술작품을 만들려는 의도 없이 만들어진 것도 예술로서 가치를 인정받으면 보호받는다. 또한, 예술의 자유를 보장하는 이유는 예술창작을 통한 인격의 자유로운 발현이므로, 예술창작의 자유는 전문예술인뿐 아니라 모든 사람에게도 부여된다. 그러나 예술창작은 자기실현적인 정신적 · 문화적 활동이므로 요리나 수공업과 같이 단순한 기능적인 능력 발휘에 불과한 작업활동은 원칙적으로 예술창작의 자유의 보호범위 밖에 있다. 예술은 그 자체가 목적이기는 하지만, 다른 임의적인 목적과 결합하여 나타날 수도 있다. 즉 전달 목적과 예술적 표현이 균형을 이루는 한 예술성이 부정되지 않는다. 그러나 예술에 내포된 강한 자기목적성 때문에 예술이 목적이 아닌 수단이나 도구로서 사용되는 상업광고물은 비록 그것이 예술 형태를 갖추더라도 예술의 자유를 통해서 보호되지 않는다. 즉 주로 다른 목적을 달성하기 위한 예술적 활동은 예술의 자유로서 보호되지 않는다. 예술적 활동을 하는 기회에 오로지 그 예술활동과 외관상으로만 결합하여 이루어진 것은 구별하여야 한다.

(2) 예술표현의 자유

예술표현의 자유는 창작한 예술품을 일반 대중에게 전시 · 공연 · 보급할 수 있는 자유이다(헌재 1993. 5. 13. 91헌바17). 예술은 단순히 창작에만 그치는 것이 아니다. 예술은 내면 표출일 뿐 아니라 다른 사람과 나누는 의사소통이다. 예술창작과 예술표현은 불가분의 관계로서 양자 구별이 분명하지 않은 때가 잦다. 예술표현이 곧 예술창작일 때도 적지 않고, 예술표현이 또 다른 예술창작의 원동력이나 발원이 되기도 하기 때문이다. 그리고 예술창작 없이는 예술표현이 불가능하고, 예술표현이 없는 예술창작은 의미가 없다. 따라서 예술의 자유는 예술 창작만이 아니라 창작된 예술작품을 예술가의 의사에 따라 다른 사람에게 표현하거나 전파하는 것도 보호한다. 이런 의미에서 예술작품이 전시, 연주, 공연, 상영, 출판, 제작 등의 방법으로 일반 대중에게 전달되는 과정도 예술의 자유로서 보장된다. 이러한 예술표현은 예술의 특성에 비추어 일반적 표현의 자유와는 다른 특별한 보호가 필요하다. 예술작품에 대한 선전(광고)까지도 예술표현의 자유에 포함된다. 예술작품에 대한 비평은 그 자체가 예술이 아니므로 예술의 자유 보호대상이라고 보기보다는 언론의 자유가 보장한다는 견해가 있다. 그러나 예술비평도 예술의 한 분야로서 인정받고, 학문의 한 부분으로 다루어지는 점에 비추어 예술작품에 대한 비평을 언론의 자유가 보장한다는 것은 의문이 있다. 따라서 예술비평이 예술로서 인정되는 범위에서는 언론의 자유가 아닌 예술의 자유로서 보장된다.

(3) 예술적 집회 및 결사의 자유

예술적 집회 및 결사의 자유는 예술활동을 위해서 집회를 개최하고 결사를 조직할 자유를 말한다. 예술활동을 위한 집회나 결사는 일반적 집회나 결사보다 강한 보장을 받는다. 이는 예술활동에 요구되는 고도의 자율성이 예술활동을 위한 집회나 결사에도 미치기 때문이다. '집회 및 시위에 관한 법률'은 예술적 집회에 대해서 각종 규제를 완화한다(제15조).

4. 제한

예술의 자유는 정신생활 영역을 보호하는 매우 중요한 기본권이다. 하지만 예술의 자유가 무제한의 기본권은 아니다. 따라서 예술의 자유도 헌법 제37조 제2항에 따라서 제한될 수 있다. 다만, 예술로서 인정받지 못하는 사이비예술에서는 예술의 자유가 문제 되지 않는다. 사이비예술과 관련하여 예술과 외설의 구별이 문제 된다. 예술과 외설 중 어디에 해당하는지가 중요한 것이 아니라 그 작품이 어떠한 헌법적 법익을 침해하는지가 중요하다. 따라서 작품의 음란성이 문제 되면 그 작품의 예술성을 검토할 것이 아니라 그 작품이 일반 성인이나 청소년의 어떠한 구체적 법익을 침해하는지를 먼저 살펴보아야 한다. 예술작품이 공개되지 않으면 예술의 자유가 제한될 수 없지만, 표현을 전제로 하지 않는 창작은 있을 수 없어서 예술창작의 자유도 제한될 수 있다. 예술표현은 예술창작을 전제하고 예술창작에 봉사하므로 예술표현의 자유가 예술창작의 자유보다 더 많이 제한될 수 있다.

V. 언론 · 출판의 자유

1. 의의

언론 · 출판의 자유는 자기의 사상이나 지식을 언어나 문자 등으로 불특정 다수인에게 표현하는 자유를 말한다. 언론 · 출판의 자유는 의사 발표의 자유나 표현의 자유(헌재

1989. 9. 4. 88헌마22)라고도 부른다. 언론 · 출판의 자유는 종교의 자유, 양심의 자유, 학문의 자유 그리고 예술의 자유와 같은 정신적 자유권과 표리관계에 있다. 즉 언론 · 출판의 자유는 이러한 정신적 자유권을 외부로 표현하는 자유가 언론 · 출판의 자유이다(헌재 1992. 11. 12. 89헌마88). 그리고 언론 · 출판의 자유는 개별적인 표현행위를, 집회 · 결사의 자유는 집단적인 의사 표시 및 형성행위를 보호한다. 또한, 언론 · 출판의 자유는 특별한 생활영역에서 의사 표현을 보호하는 다른 기본권(예를 들어 근로3권이나 정당의 자유)과 일반법-특별법 관계에 있다. 따라서 노동조합과 정당은 1차적으로 헌법 제33조 제1항과 제8조를 통해서 그 활동이 보장되지만, 보충적으로는 언론 · 출판의 자유가 적용되어 단체 고유 목적 이외의 활동도 보장된다.

2. 법적 성격

언론 · 출판의 자유는 먼저 국가권력의 방해를 받지 않고 자유로이 의사를 표현할 수 있는 권리로서 대국가적 방어권이다. 그리고 언론 · 출판의 자유는 의사 표현-정보 유통-여론 형성-정치적 의사 형성의 과정을 통해서 민주적 정치질서의 형성과 유지에 이바지하는 객관적 가치질서로서도 기능한다. 또한, 역사적 · 전통적으로 형성된 언론제도를 헌법적으로 보장하는 제도보장도 언론 · 출판의 자유는 포함한다.

3. 주체

언론 · 출판의 자유 주체는 그 개별 내용에 따라 다르다. 의사를 표현하고 전파할 자유와 알 권리의 주체는 모든 인간이다. 즉 내국인만이 아니라 외국인과 무국적자도 그 주체가 된다. 그리고 법인뿐 아니라 권리능력 없는 단체와 정당도 그 주체가 된다. 특히 공법인인 언론매체도 주체가 된다. 보도의 자유 주체는 언론매체에 종사하는 모든 사람과 법인 그 자체이다. 즉 발행인, 편집인, 언론인, 제작인, 보급인 등 어떤 형태로든 언론매체와 관련이 있고 거기에 종사하는 모든 사람은 주체가 된다. 그러나 종사자의 범위를 아무리 넓게 인정하여도 독자는 그 주체가 아니다.

4. 내용

(1) 보장범위

언론은 구두에 의한 표현을 의미하고, 출판은 인쇄물에 의한 표현을 뜻한다. 좁은 뜻(고전적 의미)의 언론 · 출판의 자유는 표현의 자유, 즉 의사 표현 · 전파의 자유를 가리킨다. 그러나 넓은 뜻(현대적 의미)의 언론 · 출판의 자유는 단순히 의사 표현의 자유뿐 아니라 의사 소통 전 과정을 보호한다. 따라서 넓은 뜻의 언론 · 출판의 자유는 사상이나 의견을 발표하는 자유와 정보수령자의 자유, 정보매개자의 자유, 즉 알 권리(정보의 자유), 언론기관에 대한 접근 · 이용권[액세스권(right of access to mass media)], 반론권, 보도의 자유 등까지 보호한다.

의사 표현이나 전달의 매개체는 어떠한 형태이건 가능하며 제한이 없다. 누리망(internet) 게시판은 누리망(internet)에서 의사를 형성 · 전파하는 매개체로서 의사 표현 형식에 속한다(헌재 2010. 2. 25. 2008헌마324등). 헌법재판소도 "일반적으로 헌법상의 언론 · 출판의 자유의 내용으로서는, 의사 표현 · 전파의 자유, 정보의 자유, 신문의 자유 및 방송 · 방영의 자유 등을 들고 있다. 이러한 언론 · 출판의 자유의 내용 중 의사 표현 · 전파의 자유에서 의사 표현 또는 전파의 매개체는 어떠한 형태이건 가능하며 그 제한이 없다. 즉 담화 · 연설 · 토론 · 연극 · 방송 · 음악 · 영화 · 가요 등과 문서 · 소설 · 시가 · 도화 · 사진 · 조각 · 서화 등 모든 형상의 의사 표현 또는 의사 전파의 매개체를 포함한다."라고 한다(헌재 1993. 5. 13. 91헌바17). 언론 · 출판은 불특정 다수인을 대상으로 하므로, 개인 사이의 회화나 편지 등은 언론 · 출판에 속하지 않는다.

광고가 단순히 상업적인 상품이나 서비스에 관한 사실을 알리더라도 그 내용에 공익이 포함되면 언론 · 출판의 자유에 따라서 보호된다(헌재 2002. 12. 18. 2000헌마764). 광고물도 사상 · 지식 · 정보 등을 불특정 다수인에게 전파하므로 언론 · 출판의 자유를 통한 보호를 받는다(헌재 1998. 2. 27. 96헌바2). 상업적 광고표현도 언론 · 표현의 자유의 보호를 받는 대상이다(헌재 2000. 3. 30. 99헌마143). 다만, 상업광고는 주로 정보를 전달하는 행위이므로 사상이나 지식에 관한 표현과 비교해서 그 제한에서 완화한 기준이 적용된다(헌재 2005. 10. 27. 2003헌가3).

정치적 표현의 자유는 선거 과정에서 선거운동을 통해서 국민이 정치적 의견을 자유로이 발표하고 교환함으로써 비로소 실현되므로, 선거운동의 자유도 언론 · 출판의 자유로서 보호된다(헌재 2001. 8. 30. 99헌바92등)[헌법재판소는 초 · 중등교원과 사회복무요원이 정당이 아닌 그 밖의 정치단체 결성에 관여하거나 이에 가입하는 행위를 금지하는 것(헌재 2020. 4. 23. 2018헌마551)과 사회복무요원이 정당이 아닌 그 밖의 정치단체에 가입하는 것 등 정치적 목적을 지닌 행위를 금지하는 것은 명확성원칙을 충족하지 못하여 정치적 표현의 자유와 결사의 자유를 침해한다고 한다(헌재 2021. 11. 25. 2019헌마534)]. 의사 전달 속성이 있는 한 의사의 가치와 중요성 등은 보호 여부에 영향을 주지 않는다. 개인의 의사는 다른 사람과 다를 뿐이지 절대 옳고 그름이 헌법 보호 여부를 결정하는 기준이 아니기 때문이다. 그러나 의사 표현의 주된 목적이 다른 사람의 인격을 폄하하는 것이면 이러한 의사 표현은 언론 · 출판의 자유 보호영역 밖에 있다. 하지만 언론 · 출판의 자유를 충실하게 보호하려면 그 보호영역을 가능한 한 넓게 확정하고 그 실질적 보호 여부는 제약의 정당성을 심사하는 과정에서 판단하여야 한다. 헌법재판소는 '다른 사람의 명예나 권리를 침해하는 모욕적 표현'(헌재 2013. 6. 27. 2012헌바37)과 '공연한 사실의 적시를 통한 명예훼손적 표현'(헌재 2021. 2. 25. 2017헌마1113등)도 언론 · 출판의 자유 보호영역에 넣는다.

헌법재판소는 음란은 인간의 존엄이나 인간성을 왜곡하는 노골적이고 적나라한 성 표현으로서 오로지 성적 흥미에만 호소할 뿐이지 전체적으로 보아 하등의 문학적 · 예술적 · 과학적 또는 정치적 가치가 없는 표현을 말하고, 이러한 점에서 '음란'은 이러한 정도에 이르지 않은 '저속'과 구별된다고 한다(헌재 1998. 4. 30. 95헌가16). 초기에 헌법재판소는 음란물을 언론 · 출판의 자유 보호범위에서 배제하는 결정을 하였으나(헌재 1998. 4. 30. 95헌가16), 이후 판례를 변경하여 언론 · 출판의 자유 보호범위에 포함되고, 다만 헌법 제37조 제2항에 따라서 제한될 수 있다는 견해를 밝혔다(헌재 2002. 4. 25. 2001헌가27). 차별적 언사나 행동, 혐오적 표현도 언론 · 출판의 자유 보호영역에는 해당하지만, 헌법 제37조 제2항에 따라 제한될 수 있다(헌재 2012. 11. 29. 2011헌바137).

(2) 정보 유통 과정의 모든 단계에 대응되는 기본권적 보호내용

정보 유통 과정의 모든 단계에 따라서 보호되는 언론 · 출판의 자유 내용을 보면, 먼저 정보자료 출처인 정보원에서 정보를 캐는 정보 수집 단계에서는 언론기관의 취재의 자유와 정보공개청구권 그리고 알 권리가 문제 된다. 다음으로 정보를 선택하고 재구성하는 정보 처리 단계에서는 언론기관의 내부적 자유, 즉 편집 · 편성권이 보호되어야 한다. 끝으로 정보 전파 단계에서는 언론기관의 독과점에 대항하는 언론기관에 대한 접근 · 이용권(액세스권)과 반론권이 부각된다.

(3) 의사를 표현하고 전파할 자유(고전적 · 전통적 언론 · 출판의 자유)

언론 · 출판의 자유는 먼저 의사를 표현하고 전파할 자유(의사 표현 · 전파의 자유)를 포함한다. 언론 · 출판의 자유는 전통적으로 의사의 표현과 전파의 자유를 뜻한다. 헌법재판소도 언론 · 출판의 자유는 전통적으로 사상이나 의견의 자유로운 표명(발표의 자유)과 그것을 전파할 자유(전달의 자유)를 뜻한다고 한다(헌재 1989. 9. 4. 88헌마22). 의사를 표현하고 전파할 자유는 누구나 자신의 의사를 자유롭게 드러내고 널리 알릴 수 있는 권리를 뜻한다.

① 의사인지를 결정할 때 태도 표명이라는 요소가 중요하지, 진술의 가치, 올바름, 합리성은 문제가 되지 아니한다. 즉 가치평가적 의견(견해)이 의사로서 보호된다. ② 의사는 가치 판단을 내용으로 하지만, 그것이 어떤 것을 대상으로 하는지는 중요하지 않다. 사실 · 행동 · 상황에 관한 가치 판단뿐 아니라 가치 판단에 대한 가치 판단도 의사에 포함된다. ③ 의사인지를 결정할 때 가치 판단 내용도 중요하지 않다. 의사는 정치적일 수도 비정치적일 수도 있다. 사적인 사안이거나 공적인 사안이거나 문제가 되지 않는다. 사실(에 관한)정보는 의사 형성에 필수적이다. 사실 통지도 그것이 의사 형성의 전제이므로 그 한도 안에서 의사를 표현하고 전파할 자유를 통해서 보호된다(대법원 2002. 6. 14. 선고 2000도4595 판결). 다만, 가치 판단과 불가분적으로 연결되지 아니하고 의사 형성과도 무관한 사실 통지는 보호영역 밖에 있다. 의사가 객관적으로 올바른 것이거나 진실에 부합할 필요까지는 없으나 진술자 자신의 확신을 반영하는 것이어야 한다. 고의로 진실과 다른 견해를 표명하는 것은 보호가치가 없다. 헌법재판소는 허위사실 표현도 언론 · 출판의 보호범위에 속한다고 한다(헌재 2010. 12. 28. 2008헌바157등).

표현은 자기 의사를 드러내는 것이고, 전파는 다른 사람의 의사를 전해주는 것이라고 일단 구별할 수 있다. 그러나 표현과 전파는 서로 밀접하게 붙어 있어서 구별하기 어렵고 그 실익도 거의 없다. 언론 · 출판에서 표현과 전파의 매개체에는 제한이 없다. 즉 의사를 표현하고 전파하는 모든 형식이 언론 · 출판의 자유를 통해서 보호된다. 따라서 연설, 담화, 토론, 방송, 연극, 영화, 동영상, 음악 등은 물론 도서, 문서, 서화, 사진, 조각, 유인물 등 의사를 표현하고 전파할 수 있는 모든 방법이 언론 · 출판의 자유 보호 아래에 있다(헌재 1993. 5. 13. 91헌바17). 노랑 리본을 다는 것과 같은 상징적 표현도 의사를 전달하려는 것이고 제3자가 이를 의사 전달로 인식할 수 있다면 이에 해당한다. 자신의 신원을 누구에게도 밝히지 아니한 채 익명이나 가명으로 자신의 사상이나 견해를 표명하고 전파할 익명표현의 자유도 의사를 표현하고 전파할 자유 보호영역에 포함된다(헌재 2010. 2. 25. 2008헌마324등). 구체적인 전달이나 전파 상대방이 없는 집필행위도 문자를 통한 의사 표현의 시작이라는 점에서 표현으로 보호되어야 한다(헌재 2005. 2. 24. 2003헌마289).

헌법재판소는 정치적 표현의 자유는 단순히 개인의 자유에 그치는 것이 아니고 통치권자를 비판함으로써 피치자가 스스로 지배기구에 참가하는 자치정체(自治政體)의 이념을 근간으로 하고, 정치적 표현의 자유는 자유민주적 기본질서의 구성요소로서 현대 자유민주주의의 존립과 발전에 필수불가결한 기본권이므로 정치적 표현의 자유가 억압당하면 국민주권과 민주주의 정치원리는 공허한 메아리에 지나지 않게 될 것이라고 하면서, 정치적 표현의 자유를 제한하더라도 입법목적 달성과 관련성이 구체적이고 명백한 범위 안에서 가장 최소한의 제한에 그치는 수단을 선택하여야 하고, 정치적 표현에 대해서는 '자유를 원칙으로, 금지를 예외로' 하여야 하고, '금지를 원칙으로, 허용을 예외로' 해서는 안 된다는 점은 자명하므로 정치적 표현의 자유 침해 여부를 판단할 때는 엄격한 심사기준을 적용하여야 한다고 한다(헌재 2022. 7. 21. 2017헌가1등).

의사를 표현하고 전파할 자유는 적극적 자유뿐 아니라 소극적 자유도 보장한다. 의사를 표현하고 전파할 자유는 소극적 자유로서 먼저 자기 의사를 표현하지 않거나 전파하지 않을 권리를 보호한다. 그리고 다른 사람의 의사를 자기 의사로서 표현하거나 전파하지 않을 권리도 보호한다. 따라서 국민은 국가가 계획 · 조직한 환영행사에 참가할 의무가 없다.

(4) 알 권리

의사 표현은 이를 보고 듣고 알려는 것을 전제하므로, 알 권리(정보의 자유)는 의사를 표현하고 전파할 자유와 짝을 이룬다. 알 권리는 일반적으로 접근할 수 있는 정보원에 접근하여 의사 형성에 필요한 정보를 수집하고 수집된 정보를 처리(취사 · 선택)할 권리를 말한다. 여기서 '일반적'은 신문 · 잡지 · 방송 등 불특정한 여러 사람에게 개방된 것을 말하고, '정보'는 양심 · 사상 · 의견 등 형성과 관련이 있는 모든 자료를 말한다. 알 필요가 있고 알아야 할 가치가 있는 모든 것이 정보가 된다. 그러나 흥미나 오락 차원의 정보까지 알 권리 대상은 아니다. 의사이건 사실이건, 공적 사항이건 사적 사항이건 가리지 않는다. 정보원은 정보를 담은 모든 것을 말하고, 정보 그 자체도 대상이 된다. 그리고 정보원은 일반적으로 접근할 수 있어야 한다. 일반에게, 즉 개별적으로 특정할 수 없는 인적 범위에 전달하기에 기술적으로 적합하고 그렇게 규정된 정보원이 알 권리 대상이다. 사적 편지와 같이 배달되는 신문도 그 편지와는 달리 일반적으로 접근할 수 있는 정보원이다. 각종 출판물, 방송, 텔레비전, 영화 등의 대중매체는 원칙적으로 일반적으로 접근할 수 있다. 그러나 경찰의 무선연락을 도청하는 것은 알 권리로 보호될 수 없다. 관청의 공문서와 (상급관청이 하급관청에 발한) 행정규칙은 일반적으로 접근할 수 있는 정보원이 아니다.

먼저 ① 정보 수집은 사람들이 자신의 의견이나 사상을 자유로이 표명하거나 전달하기 이전 단계에서 의사 형성을 위해서 반드시 필요한 전제이므로 헌법 제21조 제1항 언론 · 출판의 자유에 근거하고, 다음으로 ② 알 권리는 민주주의 정치체제 아래에서 주권자인 국민의 여론 형성과 국정 참여를 위해서 필요하므로 헌법 제1조 국민주권원칙에 근거하기도 하며, 끝으로 ③ 알 권리는 지식축적과 인격도야를 통한 인격의 자유로운 발현과 인간다운 생활을 확보하기 위해서도 필요하므로 헌법 제10조 인간의 존엄성 존중과 행복추구권, 헌법 제34조 제1항의 인간다운 생활을 할 권리에서도 그 근거를 찾을 수 있다(헌재 1989. 9. 4. 88헌마22).

헌법재판소는 알 권리는 자유권적 성질과 청구권적 성질을 공유하는데, 자유권적 성질은 일반적으로 정보에 접근하고 수집 · 처리할 때 국가권력 방해를 받지 아니한다는 것이고, 청구권적 성질은 의사 형성이나 여론 형성에 필요한 정보를 적극적으로 수집하고 수집을 방해하는 방해제거를 청구할 수 있는 것을 뜻하는 것으로, 이는 정보수집권이나 정보공개청구권으로 나타나며, 나아가 현대 사회가 고도의 정보화사회로 이행해감에 따라 생활권적 성질까지도 획득해 나간다고 한다(헌재 1991. 5. 13. 90헌마133).

알 권리는 정보에 대한 접근 · 수집 · 처리의 자유로서 적극적 측면에서 일반적으로 접근할 수 있는 정보원에서 정보를 받는 것을 보호한다. 여기서 ① 국민이 일반적으로 접근할 수 있는 정보원에서 정보를 수집(하거나 언론 · 출판사가 취재활동을)할 때 공권력의 방해나 간섭을 받지 않는다는 방어권적 내용(정보수집의 자유)과 ② 공공기관이 보유하는 모든 정보에 대해서 일반 국민(이나 언론 · 출판사)이 공개를 요구할 수 있다는 급부청구권적 내용(정보공개청구권)이 도출된다. 정보공개청구권은 공권력이 보유하는 모든 정보에 대해서 일반 국민(이나 언론 · 출판사)이 공개를 요구할 권리인 일반적 정보공개청구권(대법원 1999. 9. 21. 선고 97누5114 판결)과 공권력이 보유하는 특정 정보에 대해서 이해관계가 있는 특정 개인이 공개를 요구할 권리인 개별적 정보공개청구권으로 나뉜다. 그리고 정보수집수단으로는 보고, 듣고, 읽는 것은 물론 그 밖의 모든 방법을 포함하므로, 알 권리는 볼 권리, 들을 권리, 읽을 권리 등을 뜻하기도 한다.

알 권리도 헌법유보(제21조 제4항)와 일반적 법률유보(제37조 제2항)에 따라서 제한될 수 있고, 알 권리는 아무에게도 달리 보호되는 법익을 침해할 권리를 부여하지 않는다. 따라서 여러 가지 특별법에 알 권리를 제한하는 규정이 있으나, 그 제한은 본질적 내용을 침해하지 않은 범위 안에서 최소한도에 그쳐야 한다. 아울러 국가안전보장, 질서유지, 공공복리 등 개념이 넓은 기준에서 일보 전진하여 구체적 기준을 정립하여야 하고, 제한에서 오는 이익과 알 권리 침해라는 해악을 비교 · 형량하여 그 제한의 한계를 설정하여야 한다. 알 권리에 대한 제한 정도는 당사자에게 이해관계가 있고 공익에 장애가 되지 않는다면 널리 인정하여야 하고, 적어도 직접 이해관계가 있는 사람에게는 의무적으로 공개하여야 한다(헌재 1989. 9. 4. 88헌마22). 그리고 알 권리도 다른 기본권이나 국가 · 사회적 법익과 충돌하거나 마찰을 일으키면, 즉 타인의 명예나 권리(개인적 법익), 공중도덕이나 사회윤리(사회적 법익), 국가의 안전보장이나 치안질서(국가적 법익)를 침해하면 보호받지 못한다(헌법 제21조 제4항)(헌재 1992. 2. 25. 89헌가104). 헌법재판소는 구 국가보안법 제4조 제1항 제2호 중단 소정의 '국가기밀' 개념과 관련하여 국가기밀 의미를 자의적으로 확대해석하면 알 권리를 침해할 소지가 있다고 하면서, 국가기밀을 일반인에게 알려지지 아니한 것으로서 그 내용이 누설되면 국가의 안전에 명백한 위험을 초래한다고 볼 만큼의 실질가치가 있는 사실, 물건이나 지식이라고 한정해석하여야 한다고 하였다(헌재 1997. 1. 16. 89헌마240).

(5) 언론기관에 대한 접근 · 이용권

언론기관에 대한 접근 · 이용권(언론매체이용권, 언론기관접근권)은 언론매체에 접근하여서 이를 이용할 수 있는 권리를 말한다. 언론기관에 대한 접근 · 이용권은 보통 액세스(Access)권이라고 한다. 언론기관에 대한 접근 · 이용권은 국민 대 국가의 관계가 아니라 국민 대 언론 · 출판사의 관계에서 문제가 된다는 점이 특징이다. 언론기관에 대한 접근 · 이용권은 원칙적으로 사인이 언론기관을 운영하지만 사회구성원이 언론을 자유롭게 이용하여야 하고, 이때 비로소 사회의 다양한 의견을 수렴하고 균형 있는 여론을 독자에게 제공할 수 있다는 이념에서 파생한다. 그러나 지면과 시간이 제한될 뿐 아니라 언론사 자신의 언론 · 출판의 자유도 존중되어야 하므로 언론기관을 일반적으로 이용할 권리는 보장되지 않는다.

넓은 뜻의 언론기관에 대한 접근 · 이용권은 자신의 의사를 표현하려고 언론매체에 접근하여 이를 이용할 수 있는 권리이다. 좁은 뜻의 언론기관에 대한 접근 · 이용권은 반론권으로서 자기와 관련되는 언론보도에 대해서 해명이나 반론할 기회를 해당 보도를 한 언론 · 출판사에 요구할 수 있는 권리이다. 좁은 뜻의 반론권은 반론보도청구권이다. 넓은 뜻의 언론기관에 대한 접근 · 이용권은 오늘날 거대해진 언론매체가 다수 국민 참여(접근)를 배제한 채 일방적으로 정보를 제공하기만 하는 데 대해서 모든 국민에게 민주적 여론 형성에 참여할 기회를 제공하고 국민의 지위를 강화하려는 적극적 의의가 있지만, 좁은 뜻의 언론기관에 대한 접근 · 이용권은 구체적으로 침해된 권리를 구제하여 기본권을 보호하려는 소극적 의의가 있다.

언론기관 보도 때문에 개인의 인격이 침해되면 이를 구제하는 방법으로서 언론기관에 대한 접근 · 이용권을 이해하면, 피해를 받은 개인은 언론기관에 대한 접근 · 이용권을 통해서 비로소 신속 · 적절하고 대등한 방어수단을 행사할 수 있고, 특히 언론기관 자체를 통해서 방어주장을 하는 것이 적절하고 형평에 부합하고, 이를 통해서 독자는 언론기관의 정보뿐 아니라 상대방의 반대주장까지 들을 수 있어, 진실 발견과 올바른 여론 형성을 할 수 있으므로, 당사자의 청구권으로 이해하여야 한다. '언론중재 및 피해구제 등에 관한 법률'은 이러한 청구권으로 (사실적 주장에 관한 언론보도로 말미암아 피해를 입은 사람이 언론사의 고의 · 과실이나 위법 그리고 보도내용의 진실 여부와 무관하게 그 보도내용에 관한 반론보도를 언론사에 청구할 수 있는) 반론보도청구권과 (사후적 정정보도를 청구하는 권리,

즉 언론에 범죄 혐의가 있거나 형사조치를 받았다고 보도된 사람이 그에 관한 형사절차가 무죄판결이나 이와 동등한 형태로 종결되면 언론사에 청구할 수 있는) 추후보도청구권 그리고 (사실적 주장에 관한 언론보도가 진실하지 아니함으로 말미암아 피해를 입은 사람이 허위보도와 관련하여 해당 언론사의 고의나 과실이 없더라도 그 보도내용에 관한 정정보도를 언론사에 청구할 수 있는) 정정보도청구권을 보장한다. 넓은 뜻의 언론기관에 대한 접근 · 이용권은 헌법 제21조 제1항의 언론 · 출판의 자유에 근거를 둔다. 반론권은 헌법 제21조 제4항에 근거를 둔다.

(6) 출판물을 통한 표현의 자유(보도의 자유)

출판물은 전파에 적합하고 그렇게 규정된 모든 인쇄물을 말하는 데 전파하기로 되어 있을 것과 인쇄술 그 밖의 대량복제기술을 사용하여 제작되는 것을 개념 요소로 한다. 정기적으로 발행되는 인쇄물(신문, 잡지 등)뿐 아니라 1회성으로 인쇄되는 책, 전단, 팜플렛, 부착물과 포스터 등도 인쇄물에 속한다. 그 밖에 녹음테이프, 비디오테이프, 음향 및 화상 레코드처럼 방송 · 방영의 개념에 속하지 않지만, 정보가 포함된 것들도 인쇄물에 포함된다. 헌법재판소는 음반과 비디오물의 제작도 언론 · 출판의 자유를 통해서 보호된다고 한다(헌재 1993. 5. 13. 91헌바17). 출판물을 통한 표현의 자유 주체는 출판에 종사하는 모든 사람과 기업이다. 발행인, 편집인, 기자뿐 아니라 출판사 내부의 회계직원, 광고부의 전문직원도 포함한다.

정보 획득부터 뉴스와 견해(논평)의 전파에 이르기까지 보호된다. 언론 · 출판에 중요한 보조활동도 보호된다. 즉 취재의 자유, 보도의 자유, 논평의 자유, 보급의 자유, 출간시기의 결정 · 편집활동 등 보조적 활동의 자유도 보호된다. 출판물을 통한 표현의 자유에서는 국민이 다양한 정보를 제공받고 이를 바탕으로 자기 의견을 형성할 수 있도록 하는 것이 중요하다.

(7) 방송을 통한 표현의 자유

방송은 물리적인 수단, 특히 전파를 통해서 정보를 불특정 다수인에게 전달하는 것이다. 유선인지 무선인지는 중요하지 않다. 텔레비전 방송, 라디오 방송, 데이터 방송, 이동멀티미디어 방송, 케이블 방송 등이 이에 속한다. 그러나 사적인 전화대화는 불특정 다수인에게 한 것이 아니므로 방송에 속하지 않고, 통신의 비밀로서 보호된다. 방송에서 여론 형성에 도움이 되는 것은 모두 언론 · 출판의 자유로서 보호되고, 음악, 연예, 영화, 다큐멘타리 등은 때에 따라 학문과 예술의 자유로 보호받는다. 방송을 통한 표현의 자유 혹은 방송의 자유는 방송 설립의 자유, 방송 운영의 자유, 방송 편성의 자유(프로그램의 자유) 등을 보호영역으로 하는데, 그 중 방송 편성의 자유가 핵심이다. 방송 편성의 자유는 방송주체가 외부의 압력이나 영향에서 벗어나 자유롭게 자신의 언론적 과제나 방식, 즉 방송프로그램의 선정, 내용 및 형식을 결정할 수 있는 자유이다. 방송법상으로는 방송되는 사항의 종류 · 내용 · 분량 · 시각 · 배열을 자유롭게 정하는 것을 가리킨다(방송법 제2조 제15호 참조). 공정성의 원칙과 다양성의 원칙이 방송 편성기준의 원칙으로 인정된다(헌재 2021. 8. 31. 2019헌바439).

방송을 통한 표현의 자유(보도의 자유, 방송 · 방영의 자유)는 출판물을 통한 표현의 자유에 준하여 보호받는다. 다만, 방송은 전파매체의 특성을 고려하여 특별한 조치를 취할 필요가 있다. 예를 들어 전파매체는 그 기술적 · 경제적 특성을 고려하여야 한다. 즉 제한된 주파수와 시설에 들어가는 막대한 비용 때문에 제한된 수의 전파매체를 두는 것은 불가피하다. 따라서 설립의 자유는 제한될 수밖에 없다. 그리고 전파매체는 그 신속성, 용이성, 광역성, 효과의 직접성과 강력성 등으로 말미암아 신문보다 더 크게 제한될 수도 있다.

(8) 언론 · 출판사 설립의 자유와 그 특권

언론 · 출판사 설립의 자유는 언론 · 출판의 자유 일부이다. 많은 언론 · 출판사가 있어야 다양한 정보가 제공될 수 있고, 이러한 다양한 정보를 바탕으로 의사를 형성하여야 자유로운 민주적 의사 형성이 가능하다. 그리고 언론 · 출판사가 다원화하면 이들 사이에 경쟁이 일어나 상호 견제가 이루어지고 언론 · 출판사의 횡포를 막을 수 있다. 따라서 언론 · 출판사 설립은 자유로워야 한다. 그러나 부실한 언론 · 출판사 출현으로 말미암은 폐단을 예방하고, 언론 · 출판사의 독과점이나 집중을 막기 위해서 일정한 제한은 불가피하다. 헌법 제21조 제3항은 "통신 · 방송의 시설기준…은 법률로 정한다."라고 규정하여 시설기준법정주의를 채택한다. 따라서 정기간행물을 발행하려는 사람에게 등록의무를 부여하는 것(헌재 1997. 8. 21. 93헌바51)과 정기간행물 발행에 필요한 시설기준을 등록하게 하는 것은 언론 · 출판의 자유를 침해하지 않는다. 그러나 국가가 지나치게 엄격하게 언론기관 설립 요건을 제시하는 것은 언론 · 출판의 자유를 침해한다(헌재 1992. 6. 26.

90헌가23).

언론도 하나의 기업이므로 경쟁이 불가피하고 경쟁 결과에 따라서는 독과점이나 집중화 현상이 나타날 수 있다. 언론의 독과점이나 집중은 다양한 의사나 정보 제공을 불가능하게 하고 일방적인 보도와 정보 제공으로 여론 형성 왜곡과 조작을 가져올 수 있다. 즉 자유로운 의사 형성을 불가능하게 한다. 이로써 언론의 독과점이나 집중은 언론·출판의 자유 핵심을 침해한다. 다양한 의사와 정보가 제공되지 못하고 자유로운 의사 형성이 어려우면 독과점으로 볼 수 있다. 이러한 독과점이나 집중을 막으려고 국가는 어떤 조치를 취하는 것이 불가피하다.

출판물을 통한 표현의 자유는 개인의 명예와 관한 권리와 긴장관계에 있다. 국민의 정보에 대한 욕구는 개인의 인격 형성과 자기실현을 위해서 그리고 정치적 의사 형성 과정에 참여하기 위해서 보장되어야 한다. 따라서 신속한 보도 과정에서 허위인식을 못하고 한 명예훼손적 표현, 사소한 부분에 대한 허위보도에 대해서는 형사제재가 면제된다(대법원 1996. 8. 23. 선고 94도3191 판결). 특히 해당 표현에 따른 피해자가 공적 인물이고, 그 표현이 공적인 관심 사안에 관한 것이라면 이에 대한 명예훼손적 표현에 대한 헌법적 심사는 완화한다(대법원 2011. 9. 2. 선고 2010도17237 판결). 그러나 고의의 허위보도, 진실 여부 판단에 중대한 과실을 범한 허위보도, 진실 여부 판단 없이 한 허위보도는 형사상 면책이 불가능하다. 경미한 과실에 기인한 허위보도, 특히 신문 제작 과정에서 시간 부족으로 진실과 다른 보도가 나가게 되면 형사상 책임이 면책될 수 있다. 다만, 정정보도나 손해배상책임은 별론이다.

취재원묵비권(취재원비닉권)은 언론매체의 종사자로서 일정한 정보를 수집한 사람이 자신이 수집한 정보 출처(정보 기초가 되는 내용이나 정보제공자의 성명 등)를 비밀로 할 수 있는 권리나 검찰의 수사 과정이나 법원의 재판 과정에서 이에 관한 증언을 요구받았을 때 이를 거부할 수 있는 권리를 말한다. 취재원묵비권을 인정하면 재판의 공정성 확보라는 헌법적 가치와 충돌할 수 있고, 때에 따라서 남용 위험이 있다는 것을 부정하기 어렵다. 그러나 취재원묵비권은 정보제공자를 보호하는 것이고, 이를 인정하지 않으면 정보제공자는 자신의 신분이 노출될 때 예상되는 일정한 보복이나 불이익을 말미암아 정보제공을 기피하게 되어 정보제공자 자체를 구하기 어려워질 것이다. 따라서 취재활동이 개인정보원에 대한 의존을 포기하지 않는 한, 취재원묵비권 부정은 취재의 자유 침해로 나타날 것이다. 결국, 취재원묵비권의 전면적 허용이나 부정 모두 적절하지 않아서 재판에서 증거의 중요성과 취재의 자유를 포함한 보도의 자유를 비교 · 형량하여 취재원묵비권 인정 여부를 결정하여야 한다. 취재원묵비권이 인정되면 정보제공자에 관련되는 편집의 비밀이 미치는 범위에서는 방의 수색이나 서류 압수도 금지되어야 한다.

5. 제한

(1) 언론 · 출판의 자유에 대한 제한의 가중요건규정: 헌법 제21조 제4항의 해석론

헌법재판소는 헌법 제21조 제4항을 언론 · 출판의 자유를 제한하는 근거로서 (개별적) 헌법유보로 본다(헌재 1998. 4. 30. 95헌가16). 헌법재판소는 헌법 제21조 제4항이 표현의 자유 한계를 설정한 것이라고 표현하나, 이것이 내재적 한계에 관한 것인지에 관하여서는 명시적인 견해 표현은 없고, 헌법상 보호영역에 속하지 않는 표현에 대해서는 제1차적인 규제가 허용된다고 한다. 그러나 보호영역에 속하는 표현에 대해서도 모든 사전적인 규제가 금지되는 것은 아니고 검열 형태로 한 규제가 금지될 뿐이다. 따라서 헌법 제21조 제4항은 내재적 한계라거나 개별적 헌법유보로 보아 보호영역 획정기준으로 이해할 수는 없고, 이는 헌법 제37조 제2항의 일반적 법률유보에 대해서 특별가중요건을 규정한 것으로 이해할 수 있다.

(2) 제한과 그 한계

① 허가 금지

헌법 제21조 제2항에서는 언론 · 출판에 허가를 금지한다. 여기서 허가는 자연적 자유에 속하는 언론 · 출판을 일반적으로 금지하고 나서 특정한 때만 그 금지를 해제하여 주는 행정처분을 말한다. 언론 · 출판에 대한 허가 금지 취지는 정부가 표현의 내용에 관한 가치 판단에 근거하여 특정 표현의 자유로운 공개와 유통을 사전 봉쇄하는 것을 금지하는 데 있으므로, 내용 규제 그 자체가 아니거나 내용 규제 효과를 초래하는 것이 아니라면 헌법이 금지하는 '허가'에는 해당되지 않는다(헌재 2016. 10. 27. 2015헌마1206등).

② 검열 금지

헌법이 제21조 제2항에서 검열금지원칙을 규정한 것은 헌법 제37조 제2항에 따라 법률로 언론 · 출판의 자유를 제한하여도 검열을 수단으로 한 제한만은 허용되지 않는다는 뜻이다. 헌법재판소도 사전검열은 절대적으로 금지되고(헌재 1996. 10. 31. 94헌가6), 여기서 절대적이라 함은 언론 · 출판의 자유 보호를 받는 표현에 사전검열금지원칙이 예외 없이 적용된다는 뜻이다(헌재 2015. 12. 23. 2015헌바75). 다만, 예외적으로 국가비상사태 때 비상계엄이 선포되면 헌법 제77조 제3항에 따라서 언론 · 출판의 자유에 대해서 검열을 할 수 있다. 이때도 법치국가의 일반원리인 비례성원칙은 준수되어야 한다. 헌법재판소는 상업광고와 같이 사상이나 지식에 관한 정치적 및 시민적 표현행위와 관련이 없으면 엄격한 사전검열금지원칙이 적용되지 않고, 과잉금지원칙이 주된 심사기준으로 적용된다고 하였다(헌재 2010. 7. 29. 2006헌바75). 그러나 상업광고가 언론 · 출판의 자유 보호범위에 속하는 한 이를 사전검열 금지와 관련하여 일반적인 의사 표현행위보다 완화할 수는 없다. 헌법재판소도 견해를 바꿔 의료광고와 같은 상업광고에도 사전검열은 금지된다고 한다(헌재 2015. 12. 23. 2015헌바75).

헌법이 금지하는 검열은 사상 · 의견 등이 발표되기 전에 국가기관이 그 내용을 심사 · 선별하여 일정한 사상 · 의견의 발표를 사전에 저지하는 제도, 즉 사전검열을 뜻한다. 따라서 사후검열은 허용된다. 이렇게 헌법이 사전검열을 금지하는 이유는 국가기관이 사전에 표현내용을 심사하여 집권자에게 불리한 내용의 표현을 사전에 억제하여 표현 자체를 불가능하게 함으로써 해당 표현 자체에 대한 일반 대중의 평가 기회를 봉쇄해버리고, 나아가 자유로운 사상 시장 조성을 원천적으로 방해하여 이른바 관제의견이나 지배자에 무해한 세론만이 허용되는 결과를 막기 위해서이다. 헌법재판소도 검열의 의미에 대해 (ⅰ) 행정권이 주체가 되어 (ⅱ) 사상이나 의견 등이 발표되기 이전에 예방적 조치로서 그 내용을 심사, 선별하여 발표를 사전에 억제하는, 즉 (ⅲ) 허가받지 아니한 것의 발표를 금지하는 제도라고 판시한다(헌재 1996. 10. 4. 93헌가13등).

검열로 판단되려면 먼저 (ⅰ) 허가를 받기 위한 표현물의 제출의무가 있어야 한다. 따라서 표현물의 제출의무 없이 예를 들어 형법상 음란물이라는 이유로 법관이 발부한 영장에 따라서 이루어지는 출판물에 대한 압수는 검열 개념에 포함되지 않는다. 이미 발행한 정기간행물의 납본제도는 그 내용을 심사하여 발행 여부를 결정하는 것이 아니므로 검열에 해당하지 않는다(헌재 1992. 6. 26. 90헌바26). 행정청의 사전심사가 있어도 사전심사가 출판 허용 여부를 결정하려는 것이 아니라 해당 출판물을 교과서로 쓸 수 있는지를 결정하려는 것이면 검열에 해당하지 않는다(헌재 1992. 11. 12. 89헌마88). 그리고 옥외광고물을 설치하면 광고물의 종류 · 모양 · 크기 · 색깔, 표시나 설치 방법 및 기간 등을 규제하려고 제출하도록 하는 규정은 의견내용을 사전에 통제하는 목적이 없으므로 검열에 해당하지 않는다(헌재 1998. 2. 27. 96헌바2). 다음으로 (ii) 행정주체가 주체가 된 사전심사절차가 예정되어야 한다. 법원의 방영금지가처분은 비록 제작 또는 방영되기 이전, 즉 사전에 그 내용을 심사하여 금지하기는 하나, 이는 행정권의 사전심사나 금지처분이 아니라 개별 당사자 사이의 분쟁에 관하여 사법부가 사법절차에 따라서 심리 · 결정하는 것이므로, 헌법에서 금지하는 사전검열에 해당하지 않는다(헌재 2001. 8. 30. 2000헌바36). 심사주체가 행정기관인지는 기관 형식이 아니라 그 실질에 따라 판단하여야 한다. 독립적인 위원회에서 검열하여도 행정권이 주체가 되어 검열절차를 형성하고 검열기관 구성에 지속적인 영향을 미칠 수 있으면 실질적으로 행정기관에 해당한다. 이러한 기준에 따라 헌법재판소는 구 영화진흥법상 영상물등급위원회를 행정기관으로 판단하였다(헌재 2001. 8. 30. 2000헌가9). 그리고 (iii) 허가를 받지 않은 의사 표현이 금지되어야 한다. 따라서 심의기관에서 허가절차를 통해서 발표 여부를 최종적으로 결정하면 이는 검열이다. 그러나 등급 심사를 받지 않은 영화 상영을 금지하고 그 위반에 대해서 행정적 제재를 가하지만, 상영 금지는 심의 결과가 아니고 등급 심사를 관철하기 위한 조치이므로, '영화 및 비디오물의 진흥에 관한 법률'상 영화 등급을 심사하는 것은 사전검열이 아니다(제29조)(헌재 1996. 10. 4. 93헌가13등). 이에 반해서 등급 분류 보류 결정은 그 횟수 제한이 없고, 그 결과 무한정 등급 분류가 보류될 수 있다. 이는 비록 형식적으로는 '등급 분류 보류'이지만, 실질적으로는 영상물등급위원회 허가가 없으면 영화를 통한 의사 표현이 금지되므로 검열에 해당한다(헌재 2001. 8. 30. 2000헌가9). 끝으로 (iv) 심사를 관철할 수 있는 강제수단이 있어야 한다. 영화와 관련하여 보면 예를 들어 등급 분류를 받지 않은 영화 상영을 금지하고, 상영을 강행하면 과태료를 부과하며, 상영금지 혹은 정지명령을 내리거나 이에 위반하면 형벌을 부과하는 것 등이 강제수단에 해당한다.

③ 일반적 법률유보(헌법 제37조 제2항)

언론 · 출판의 자유도 헌법 제37조 제2항에 따라서 제한될 수 있다. 언론 · 출판의 자유를 제한하는 법률은 그 내용이 명확하여야 한다. 불명확한 규범에 따른 규제는 언론 · 출판의 자유를 위축하기 때문이다. 언론 · 출판의 자유에 대한 사후제한에서도 언론 · 출판의 자유가 갖는 개인의 자아 실현과 공동체 형성의 기능을 중시하여 다른 경제적 영역에 적용되는 기본권과 비교해서 엄격한 기준이 적용된다. 즉 언론 · 출판의 자유는 이를 누림으로써 국가안전보장 · 질서유지 그리고 공공복리에 위해를 주는 것이 명백하고 그 위해가 현존하는 때만 제한될 수 있다. 해당 표현의 실체적 내용에 대한 제한이면 심사를 강화한다. 이때 개인의 의사 표현 그 자체가 제한되고, 그 결과 균형 있는 여론 형성 가능성도 차단되기 때문이다. 그에 반해서 내용중립적인 제한에 대한 심사는 완화한다. 이때 의사 표현 그 자체가 제한되는 것이 아니라 표현의 시기, 장소, 형식 등에 관한 규제가 이루어지기 때문이다. 의사가 표현되고 나서는 그 내용에 대해서 국가기관이 사후검열을 할 수 있다.

④ 긴급명령을 통한 제한(헌법 제76조 제2항)

대통령은 제76조에 따라 법률의 효력이 있는 긴급명령을 발할 수 있고, 이 긴급명령을 통해서 언론 · 출판의 자유를 제한할 수 있다. 그러나 긴급명령을 통해서도 사전검열제는 도입할 수 없다.

⑤ 비상계엄 선포 시의 특별조치(헌법 제77조 제3항)

헌법 제77조 제3항에 따라서 비상계엄이 선포되면 법률이 정하는 바에 따라서 언론 · 출판의 자유에 관해서 특별한 조치를 할 수 있다. 특별한 조치 내용에 관해서는 계엄법이 특별히 규율하지 않는다. 비상계엄 아래에서 이루어지는 특별한 조치는 헌법 제37조 제2항에 따른 통상적인 제한과는 다른 내용이 있다. 따라서 비상계엄 아래에서는 헌법이 통상적인 때에 금지하는 허가나 사전검열의 방법을 통해서 언론 · 출판의 자유를 제한할 수 있다. 다만, 이러한 조치들은 사법심사 대상이 되고, 특히 과잉금지원칙이 심사기준으로 적용된다.

Ⅵ. 집회의 자유

1. 의의

집회의 자유는 다수의 자연인이나 법인이 공동 목적을 위해서 자발적 · 일시적 모임을 할 수 있는 자유를 말한다. 집회는 공동 목적이 있는 다수인의 자발적인 일시적 모임을 말한다. 대법원도 "집회및시위에관한법률 제3조의 집회란 특정 또는 불특정 다수인이 특정한 목적 아래 일시적으로 일정한 장소에 모이는 것을 말하고 그 모이는 장소나 사람의 다과에 제한이 있을 수 없다."라고 하여 같은 견해이다(대법원 1983. 11. 22. 선고 83도2528 판결). 집회가 성립하려면 2명 이상 모임이어야 한다(대법원 2012. 5. 24. 선고 2010도11381 판결). 따라서 이른바 1인 시위는 헌법과 '집회 및 시위에 관한 법률'상 시위가 아니다. 1인 시위는 언론 · 출판의 자유 보호대상이다. 공동 목적은 공적 사안에 한정되지 않는다. 따라서 정치적 혹은 그 밖의 공적인 목적의 집회뿐 아니라 사적 목적을 추구하는 집회도 집회의 자유를 통해서 보호된다. 순수한 친목모임도 집회에 해당한다. 그리고 집회는 의견의 형성과 표현을 필수적인 요소로 하지 않는다. 다수인이 공동 목적을 달성하기 위한 내적 유대가 있는 것으로 충분하다(헌재 2009. 5. 28. 2007헌바22).

시위는 다수인이 공개적인 장소에서 일반 대중의 이목을 끄는 방법으로 공동으로 의견을 표명하고 이로써 다른 사람의 의사 형성에 영향을 미치려는 옥외집회의 하나이다. 따라서 시위도 옥외집회의 변종인 이동하는 옥외집회로서 집회에 속한다. 이때 시위는 일정한 공동 목적이 있고 어떤 사항에 관해서 공중에 영향을 줄 의도로 하였을 때 성립한다(예를 들어 선전을 위한 서커스 행렬, 축제 행렬, 장례 행렬 등. 그러나 학생들 소풍은 해당되지 않는다). 시위는 교통 등으로 말미암은 잠시 정지가 있어도 성질이 변하지 않는다. 그러나 목적지에서 행사를 하면 시위가 아니라 본래 의미의 집회가 된다.

행진은 불특정 다수인의 의견에 영향을 주거나 제압을 가할 의도가 없는 다수인의 움직임을 말한다. 행진은 집회와 시위가 금지되는 일부 장소에서도 허용될 수 있고, 교통소통을 위해서 필요하다고 인정하여 집회와 시위가 금지나 제한되어도 허용될 수 있다('집회 및 시위에 관한 법률' 제11조 제3호 단서, 제12조 제2항).

다수인의 공동목적이 있을 때는 사전에 계획된 집회뿐 아니라 긴급히 조직된 집회도 있다(긴급집회). 그리고 즉석에서 동기가 부여되어 우발적으로 이루어지는 집회(우발적인 집회)도 보호된다. '집회 및 시위에 관한 법률'은 이러한 집회들을 충분히 고려하지 않는다. 그러나 법원은 계획된 시위를 저지하는 경찰 조치에 대해서 항의하는 집회에서와 같이 우발적인 집회를 주도한 사람은 사전신고의무가 있는 집회개최인이 될 수 없어서, 이때 사전신고의무를 위반하였다는 이유로 처벌할 수 없다고 한다(대법원 1991. 4. 9. 선고 90도2435 판결).

2. 주체

집회의 자유는 정치적 의사 형성과 표현을 집단으로 행사하는 자유이므로, 즉 집회의 자유는 주로 정치적 자유로서 국가 형성에 참여하게 되므로 내국인만 주체가 된다. 외국인이나 무국적자는 집회의 자유 주체가 아니다. 그렇다고 그들이 집회를 개최하거나 참가할 자유가 전혀 없다는 것은 아니다. 이들의 집회는 헌법적 (기본권적) 차원이 아니라 법치국가적 테두리 안에서 법적 보호를 받는다. 미성년자도 집회의 자유 주체이다. 물론 미성년자는 일정한 정신적 성숙단계에 이르러야 행사능력이 있다. 법인과 그 밖의 단체는 집회의 주체나 참가 형식으로 주체가 될 수 있으나, 주관자나 질서유지인은 자연인만 할 수 있다.

3. 내용

집회의 자유는 집회를 주최 · 주관 · 진행하고 참가할 적극적 자유와 집회를 주최하지 않고 참가하지 않을 수 있는 소극적 자유를 포함한다. 즉 집회의 적극적 자유에 따라서 집회를 조직 · 준비(초청장 발송, 선전)하여 이를 주최 · 주관 · 진행할 수 있고 이에 참가하여 연설하고 토론할 수 있다. 그리고 소극적 집회의 자유에 따라서 누구도 집회 참가와 형성을 강요당하지 아니한다. 집회의 자유는 집회의 시간, 장소, 방법과 목적을 스스로 결정하는 것을 보장한다. 구체적으로 보호되는 주요 행위는 집회의 준비와 조직, 지휘, 참가, 집회장소 · 시간의 선택이다(헌재 2016. 9. 29. 2014헌가3등).

집회는 장소에 따라 옥내집회와 옥외집회로 나눈다. 옥내집회는 천정이 덮혀 있고 사방이 폐쇄될 수 있는 장소에서 하는 집회를 말하고, 옥외집회는 천정이 없거나 사방이 폐쇄되지 않은 장소에서 하는 집회('집회 및 시위에 관한 법률' 제2조 제1항)이다. 옥내집회는 비무장이고 평화적이면 아무런 법적 절차 없이 보장된다. 이때 옥내집회 주최자는 옥외 참가를 유발하는 행위를 하여서는 아니 된다('집회 및 시위에 관한 법률' 제14조 제5항). 옥외집회만 신고의무 적용대상이다('집회 및 시위에 관한 법률' 제6조). 무장 여부에 따라 무장집회와 비무장집회로 나뉜다. 무장집회는 금지된다('집회 및 시위에 관한 법률' 제16조 제4항 제1호).

집회의 자유는 본질적으로 평화로운 집단적 의사 표현을 보호한다(헌재 2003. 10. 30. 2000헌바67등). 따라서 민주주의를 부인하는 내용의 그리고 폭력적인 집회는 보호되지 않는다. 즉 비평화적 집회는 금지된다('집회 및 시위에 관한 법률' 제5조 제1항 제2호, 제16조 제4항 제2호). 공공도로상 연좌시위는 교통소통을 방해함으로써 법적 평화를 침해하고 교통수단을 이용하려는 많은 통행인에게 심리적인 폭력을 가하는 것이라서 평화적이라고 보지 않을 수도 있다(심리적 폭력설). 그러나 사람이나 물건에 대한 물리적 폭력이 없는 한 평화적이라고 보아야 한다(물리적 폭력설). 일정한 장소 출입을 봉쇄하는 연좌시위는 형법상 폭력에 해당한다. 하지만 집회의 자유가 불허하는 폭력은 적극적이고 공격적인 것으로 수동적 저항에 그치는 연좌시위는 평화적 시위로 보아야 한다.

집회의 자유를 통해서 집회의 모든 과정이 보장된다(헌재 2003. 10. 30. 2000헌바67등). 즉 집회의 조직과 준비(초청장 발송, 선전), 집회의 주최 · 주관 · 사회 · 진행, 집회 참가가 모두 집회의 자유를 통해서 보호된다. 집회에 참가하려고 집회장소로 자유롭게 이동하는 것도 보호된다(헌재 2003. 10. 30. 2000헌바67등). 집회의 자유는 집회의 시간, 장소, 방법과 목적을 자유롭게 결정할 권리를 포함한다. 그리고 집회는 집단적 의사 형성이나 표현의 수단이므로 집회에서 하는 연설이나 토론 등은 집회의 자유의 당연한 내용이지 언론 · 출판의 자유 문제가 아니다. 소극적 집회의 자유도 보호된다. 즉 누구도 집회의 참가와 형성을 강요당하지 아니한다. 정부를 비판하는 정치집회나 사회적 · 문화적 소수자의 집회는 익명성이 보호되어야 위축효과 없이 충실히 보호될 수 있으므로 익명집회도 보호된다. 따라서 집회에서 복면을 착용하거나 복면을 통한 표현을 할 자유도 집회의 자유로서 보호된다.

4. 침해

(1) 허가(의무)제 금지: 헌법 제21조 제2항

집회 · 시위 자체가 처음부터 금지되고, 허가처분이 있어야 비로소 그 일반적 금지가 해제되는 허가(의무)제는 집회의 자유의 헌법적 보장과 양립할 수 없다. 즉 집회에 대한 허가는 금지된다(헌법 제21조 제2항). 여기서 허가는 '행정청이 주체가 되어 집회 허용 여부를 사전에 결정하는 것'으로서 행정청에 의한 사전허가는 헌법상 금지되지만, 입법자가 법률로써 일반적으로 집회를 제한하는 것은 헌법상 '사전허가금지'에 해당하지 않는다(헌재 2014. 4. 24. 2011헌가29). 집회의 내용뿐 아니라 시간, 장소에 대한 사전심사도 허가제에 속한다(헌재 2009. 9. 24. 2008헌가25). ① 행정법상 허가는 특정한 행위를 일반적으로 금지하고, 특별한 경우에 공익에 어긋나지 않는 한 금지대상인 행위를 해제하는 행정행위이다. 집회는 일반적으로 허용되어야 하므로 예외적으로 허용되는 형태로 보장되어서는 아니 된다. ② 허가제를 따르면 필연적으로 허가하는 과정에서 행정청의 실질적인 심사가 이루어진다. 따라서 허가제가 금지된다는 것은 집회의 허용 여부나 금지 통고 결정에서 행정청은 실질적인 심사를 자제하고, 형식적인 심사에 국한하여야 한다는 뜻이다.

(2) 신고(의무)제

집회 · 시위 자체는 처음부터 자유이나, 집회 · 시위에 내재한 사회학적-심리적, 물리적 측면의 특별한 위험성을 고려하여 행정기관이 질서유지를 위해서 개별적인 경우에 맞는 예방대책을 강구할 수 있도록 집회의 주최자와 행정기관 사이의 협력 요청 아래 신고(의무)제가 허용된다. 이때 신고(의무)는 헌법이 보장한 집회를 행정기관에 알림으로써 행정기관이 이에 대비할 수 있도록 하는 일종의 협조(협력)의무이다.

(3) 국가의 집회감시조치

집회에 참가하겠다는 내적인 결심의 자유가 보호되어야 하므로, 국가적 감시에 대한 두려움이 차라리 기본권 행사를 포기하게끔 하면 집회의 자유는 침해된다. 따라서 과도한 관찰 · 기록은 침해에 해당한다.

5. 제한

집회의 자유는 언론 · 출판의 자유와는 달리 다수인의 집단행동에 관한 것이므로 집단행동의 속성상 의사 표현 수단으로서 개인적인 행동보다 공공의 안녕질서나 법적 평화와 마찰을 빚을 가능성이 커서 국가안전보장, 질서유지, 공공복리 등 기본권 제한입법의 목적원리에 따른 제한 필요성이 그만큼 더 요구된다(헌재 1994. 4. 28. 91헌바14). 그러나 집회의 자유를 제한하는 근거는 명확성 요건을 충족하여야 한다.

집회 금지는 원칙적으로 공공의 안녕질서에 대한 직접적 위협이 명백하게 있는 때만 허용될 수 있는 것으로서, 집회의 자유를 더 적게 제한하는 다른 수단, 즉 집회 참가자 수의 제한, 집회 대상과 거리 제한, 집회 방법 · 시기 · 소요 시간의 제한 등과 같은 조건을 붙여 집회를 허용하는 가능성을 모두 검토한 후에 비로소 고려될 수 있는 수단이다(헌재 2022. 12. 22. 2018헌바48등). 여기서 직접적 위협은 구체적 위험으로서 해당 집회로 말미암아 보호법익에 대한 손해가 발생할 높은 개연성이 있는 상황을 가리킨다. 직접적 위협은 법익 침해가 발생할 것이라는 단순한 추측만이 아니라 집회와 위험 사이에 '충분히 구체화한 인과관계'가 있어야 인정된다. 즉 개별 사안에서 특정한 집회가 개최되어 그대로 진행되면 법적으로 보호받는 이익에 대한 손해가 발생할 고도의 개연성이 있어야 집회를 금지하거나 제한할 수 있다. 집회의 자유의 민주주의에 대한 밀접한 관련성에 비추어 직접적 위협은 경찰법상 구체적 위험보다 강화된 요건이 적용되어 손해 발생에 대한 시간적 근접성을 요구하고, 손해 발생의 개연성도 높아야 한다.

(1) 절대적으로 금지되는 집회 · 시위

① 헌법재판소 결정에 따라서 해산된 정당의 목적을 달성하기 위한 집회나 시위, ② 집단적인 폭행 · 협박 · 손괴 · 방화 등으로 공공의 안녕질서에 직접적인 위협을 가할 것이 명백한 집회나 시위는 누구든지 주최하여서는 아니 된다. 누구든지 이렇게 금지된 집회나 시위를 할 것을 선전하거나 선동하여서는 아니 된다('집회 및 시위에 관한 법률' 제5조).

(2) 옥외집회 · 시위의 시간적 금지–야간집회의 원칙적 금지

'집회 및 시위에 관한 법률' 제10조는 누구든지 해가 뜨기 전이나 해가 지고 나서는 옥외집회나 시위를 하여서는 아니 되고, 다만 집회의 성격상 부득이하여 주최자가 질서 유지인을 두고 미리 신고하면 관할경찰관서장은 질서 유지를 위한 조건을 붙여 해가 뜨기 전이나 해가 지고 나서도 옥외집회를 허용할 수 있다고 규정한다. 야간집회가 주간집회보다 해산 사유가 발생하였을 때 해산이 쉽지 않고, 폭력화할 가능성이 높다고 볼 수 있다. 그러나 이러한 사유가 있다고 야간집회를 원칙적으로 금지하는 것은 헌법적 정당성이 없다. ① 야간집회가 주간집회보다 반드시 공공질서와 충돌할 가능성이 크다고 할 수 없고, ② 이미 다른 규정을 통해서 문제가 있는 야간옥외집회는 금지될 뿐 아니라 ③ 집회에 일반 국민이 참여할 수 있도록 퇴근 후 야간에 개최되는 것이 일반적이라서 이를 원칙적으로 금지하면 집회의 자유의 의미가 상실되기 때문이다. 헌법재판소도 이중 '옥외집회' 부분은 헌법에 합치되지 아니한다고 하면서 2010년 6월 30일을 시한으로 입법자가 개정할 때까지 계속 적용된다고 결정하였고(헌재 2009. 9. 24. 2008헌가25), '시위'에 관한 부분은 '해가 진 후부터 같은 날 24시까지의 시위'에 적용하는 한 헌법에 위반된다고 하였다(헌재 2014. 3. 27. 2010헌가2등).

(3) 옥외집회 · 시위의 장소적 금지

집회 장소는 일반적으로 집회의 목적 · 내용과 밀접한 내적 연관관계가 있을 수 있고, 집회는 특별한 상징적 의미나 집회와 특별한 연관성이 있는 장소, 예를 들면, 집회를 통해 반대하고자 하는 대상물이 위치하거나 집회의 계기를 제공한 사건이 발생한 장소 등에서 하여야 이를 통해 다수가 의견을 효과적으로 표명할 수 있어서, 집회 장소 선택은 집회 성과를 결정짓는 주요 요인이 될 수 있으므로, 집회 장소를 선택할 자유는 집회의 자유 보장의 핵심적 내용이다(헌재 2022. 12. 22. 2018헌바48등).

헌법재판소는 외교기관 주변 100미터 이내에서 집회와 시위를 금지하는 규정에 대해서 위헌결정을 내렸고(헌재 2003. 10. 30. 2000헌바67등), 누구든지 국회의사당(헌재 2018. 5. 31. 2013헌바322등)과 국무총리 공관(헌재 2018. 6. 28. 2015헌가28등) 그리고 각급 법원(헌재 2018. 7. 26. 2018헌바137)의 경계지점에서 100미터 이내의 장소에서 옥외집회나 시위를 하면 형사처벌한다는 규정에 대해서 헌법불합치결정을 내렸다. 이에 따라 '집회 및 시위에 관한 법률' 제11조가 2020년 6월 9일 개정되었다. 그래서 국회의사당(국회 활동을 방해할 우려가 없거나 대규모 집회 또는 시위로 확산될 우려가 없고 국회의 기능이나 안녕을 침해할 우려가 없다고 인정되는 때 제외), 각급 법원과 헌법재판소(법관이나 재판관의 직무상 독립이나 구체적 사건의 재판에 영향을 미칠 우려가 없거나 대규모 집회나 시위로 확산될 우려가 없고, 각급 법원과 헌법재판소의 기능이나 안녕을 침해할 우려가 없다고 인정되는 때 제외), 대통령 관저[헌법재판소는 대통령 관저의 경계 지점에서 100미터 이내의 장소에서는 옥외집회 또는 시위를 금지하고 위반 시 형사처벌을 하는 것은 집회의 자유를 침해한다고 하였다(헌재 2022. 12. 22. 2018헌바48등)] 국회의장 공관[헌법재판소는 국회의장 공관의 경계 지점에서 100미터 이내의 장소에서 옥외집회 또는 시위를 금지하고 위반 시 형사처벌하는 것은 집회의 자유를 침해한다고 하였다(헌재 2023. 3. 23. 2021헌가1)], 대법원장 공관, 헌법재판소 공관, 국무총리 공관(국무총리를 대상으로 하지 아니하거나 대규모 집회나 시위로 확산될 우려가 없고 국무총리 공관의 기능이나 안녕을 침해할 우려가 없다고 인정되는 때 제외), 국내 주재 외국의 외교기관이나 외교사절 숙소(해당 외교기관이나 외교사절의 숙소를 대상으로 하지 아니하거나 대규모 집회나 시위로 확산될 우려가 없거나 외교기관 업무가 없는 휴일에 개최하고 외교기관이나 외교사절 숙소의 기능이나 안녕을 침해할 우려가 없는 때 제외)[국내 주재 외국의 외교기관 인근의 옥외집회나 시위를 예외적으로 허용하는 것에 관해서 헌법재판소는 죄형법정주의의 명확성원칙과 헌법 제21조 제2항 허가제 금지에 위배되지 않고, 과잉금지원칙에 위반하여 집회의 자유를 침해하지 않는다고 하였다(헌재 2023. 7. 20. 2020헌바131)]의 경계 지점에서 100미터 이내의 장소에서 옥외집회나 시위가 금지된다('집회 및 시위에 관한 법률' 제11조).

관할 경찰관서장은 대통령령으로 정하는 주요 도시의 주요 도로에서 하는 집회나 시위에 대해서 교통 소통을 위해서 필요하다고 인정하면 이를 금지하거나 교통질서 유지를 위한 조건을 붙여 제한할 수 있다('집회 및 시위에 관한 법률' 제12조 제1항). 집회나 시위의 주최자가 질서유지인을 두고 도로를 행진하면 이러한 금지를 할 수 없다. 다만, 해당 도로와 주변 도로의 교통 소통에 장애를 발생시켜 심각한 교통 불편을 줄 우려가 있으면 이러한 금지를 할 수 있다('집회 및 시위에 관한 법률' 제12조 제2항).

(4) 집회의 신고의무제

옥외집회나 시위에 대해서 현행 '집회 및 시위에 관한 법률'은 집회개최 전에 신고의무를 부과한다. 옥외집회나 시위를 주최하려는 사람은 옥외집회나 시위의 72시간 전부터 48시간 전에 관할 경찰서장에게 신고서를 제출하여야 한다('집회 및 시위에 관한 법률' 제6조 제1항). 특정 집단이 한 장소에서 장기간 독점적으로 집회와 시위를 하는 폐단을 제한하고 다른 집회가 개최되는 것을 저지하려고 같은 장소에서 장기간 집회신고를 하고 실제 집회를 개최하지 않는 이른바 허위집회를 방지하려는 목적에서 종기뿐 아니라 시기도 함께 규정하였다. 집회주최자가 제출한 신고서의 기재사항을 검토하여 객관적으로 명백하게 금지된 집회에 해당되지 않으면 집회에 대한 실질심사 없이 신고서를 수리하여야 한다. 실질적 심사로 말미암은 신고제의 허가제화는 금지된다. 우발적인 집회는 집회 목적이 정당한 것이고, 집회 방법도 허용되는 것이며, 그 목적과 방법 사이에 합리적인 비례관계가 성립하는 한 사전신고가 없었더라도 신고된 때와 마찬가지로 보호되어야 한다. 집회나 시위 장소가 중복되는 2개 이상의 신고가 있고, 이들 집회 목적 등이 상반되므로 충돌 우려가 있다는 이유로 두 개의 집회에 대해서 모두 금지 통고를 하는 것은 헌법에 위반된다(헌재 2008. 5. 29. 2007헌마712). 이러한 맥락에서 집회나 시위의 시간과 장소가 중복되는 신고가 있고 집회나 시위 사이에 방해 위험이 있으면 관할 경찰서장은 시간을 나누거나 장소를 분할하여 개최하도록 권유하는 것 등의 방법으로 집회나 시위가 서로 방해받지 않고 개최 · 진행될 수 있도록 노력하여야 한다. 이러한 권유가 받아들여지지 않으면 뒤에 접수된 집회나 시위에 대해서 금지를 통고할 수 있다('집회 및 시위에 관한 법률' 제8조 제2항과 제3항).

집회 해산의 실질적인 상황, 즉 다른 사람의 법익이나 공공의 안녕질서에 직접적인 위험이 없는데도 사전신고가 없는 집회라는 이유로 곧 해산명령 사유가 되지는 않는다. 그렇지 않다면 사전신고는 허가를 구하는 신청의 성격이 있을 수 있기 때문이다(대법원 2012. 4. 19. 선고 2010도6388 전원합의체 판결). 좀 더 근본적으로 보면 외형상 옥외집회에 해당하더라도 외부질서와 맺는 관련성이 제한적이면 사전신고의무를 엄격하게 적용하여서는 아니 된다. 집회의 목적, 방법과 형태 그리고 참가자의 인원과 구성 등에 비추어 보면 제3자와 법익이 충돌하거나 공공질서에 대한 위해성이 없고, 일반적인 사회생활질서 범위 안에서 이루어지는 집회는 외형상 옥외집회에 해당하여도 사전신고의무를 위반하였다는 이유로 처벌할 수 없다(대법원 2012. 4. 26. 선고 2011도6294 판결).

(5) 시간적 · 장소적 제한, 신고의무제 적용이 배제되는 집회

학문 · 예술 · 체육 · 종교 · 의식 · 친목 · 오락 · 관혼상제 · 국경행사에 관한 집회에는 '집회 및 시위에 관한 법률' 제6조부터 제12조까지의 제한이 적용되지 않는다('집회 및 시위에 관한 법률' 제15조).

(6) 집회에 대한 경찰관 출입

경찰관은 집회나 시위의 주최자에게 알리고 그 집회나 시위의 장소에 정복을 입고 출입할 수 있다. 다만, 옥내집회 장소에 출입하는 것은 직무 집행을 위해서 긴급한 때만 할 수 있다('집회 및 시위에 관한 법률' 제19조 제1항). 집회나 시위의 주최자, 질서유지인이나 장소관리자는 질서를 유지하기 위한 경찰관 직무 집행에 협조하여야 한다('집회 및 시위에 관한 법률' 제19조 제2항).

(7) 최루액 혼합살수행위

살수차는 국민의 생명과 신체에 심각한 위험을 초래할 수 있어 그 구체적 운용 방법과 절차 등에 관한 기본적 사항은 법률이나 대통령령에 규정되어야 하는데도, 그동안 살수차의 구체적 사용 요건이나 기준을 법령에서 구체적으로 정하지 않고 경찰청 내부 지침에만 맡겨둔 결과, 최루액 혼합살수행위와 같이 부적절한 살수차 운용으로 집회나 시위 참가자가 사망하거나 다치는 사고가 계속 발생하였다. 이에 헌법재판소는 법령의 구체적 위임 없이 혼합살수방법을 규정하는 살수차 운용지침은 법률유보원칙에 위배되고, 이 지침만을 근거로 한 혼합살수행위는 신체의 자유와 집회의 자유를 침해한 공권력 행사로 헌법에 위반된다고 선언하였다(헌재 2018. 5. 31. 2015헌마476).

(8) 직사살수행위

살수차를 이용하여 물줄기가 일직선 형태로 집회참가자에게 도달되도록 살수하는 행위는 다른 사람의 법익이나 공공의 안녕질서에 대한 직접적인 위험이 명백히 초래되었고, 다른 방법으로는 그 위험을 제거할 수 없는 때만 불법 집회로 말미암아 발생할 수 있는 다른 사람이나 경찰관의 생명 · 신체의 위해와 재산 · 공공시설의 위험을 억제하려는 목적 범위 안에서만 허용되고, 부득이 직사살수하는 때도 구체적인 현장 상황을 면밀히 살펴보아 거리, 수압 및 물줄기의 방향 등을 필요한 최소한의 범위 안으로 조절하여야 하고, 혹시라도 시위대의 가슴 윗부분을 맞추는 일이 없도록 세심한 주의를 기울여야 한다(헌재 2020. 4. 23. 2015헌마1149).

(9) 경찰의 집회참가자 촬영행위

경찰의 촬영행위는 기본권 제한을 수반하므로 수사를 위한 것이더라도 필요최소한에 그쳐야 한다. 경찰은 새로 '집회 및 시위에 관한 법률'을 위반한 사람을 발견 · 확보하고 증거를 수집 · 보전하기 위해서는 미신고 옥외집회 · 시위나 신고범위를 넘는 집회 · 시위의 단순 참자자들에 대해서도 촬영할 필요가 있다. 최근 기술 발달로 조망촬영과 근접촬영 사이에 기본권 침해라는 결과에서 차이가 없으므로, 경찰이 이러한 집회 · 시위에 대해 조망촬영이 아닌 근접촬영을 하였다는 이유만으로 헌법에 위반되는 것은 아니다(헌재 2018. 8. 30. 2014헌마843).

Ⅶ. 결사의 자유

1. 의의

결사의 자유는 다수의 자연인이나 법인이 공동 목적을 위해서 자발적이고 계속적인 단체를 결성 · 유지할 수 있는 자유를 말한다. 결사는 다수의 자연인이나 법인이 장기간에 걸쳐 공동 목적을 위해서 임의로(자발적으로) 결합되고 조직적으로 의사 형성이 이루어지는 결사체를 말한다(헌재 2017. 5. 25. 2015헌바260). 헌법 제21조 제1항이 보장하는 결사의 자유가 보호하는 '결사' 개념에는 법이 특별한 공공목적에 의하여 구성원 자격을 정하는 특수단체의 조직활동까지 그에 해당하는 것으로 볼 수 없다(헌재 1994. 2. 24. 92헌바43). 헌법재판소는 자연인이나 법인의 다수가 상당한 기간 동안 공동목적을 위해서 자유의사에 기하여 결합하고 조직화한 의사 형성이 가능한 단체라고 한다(헌재 1996. 4. 25. 92헌바47). 여기서 목적은 공동목적이라면 원칙적으로 개방된다. 그 법형식은 어느 것이든 상관없다. 즉 민법상 법인, 사단 등 모든 단체가 결사에 속한다. 결사에서 다수인은 최소 2명이면 충분하다. 2명 이상의 결합이라는 점에서 재단은 결사의 자유에서 말하는 결사가 될 수는 없다.

결합은 자발적으로 이루어져야 하므로, 강제결사체는 헌법 제21조 결사의 자유의 기본권적 보호를 누리지 못한다. 공법적 결사체도 헌법 제21조 결사의 자유의 기본권적 보호를 누리지 못한다(헌재 1996. 4. 25. 92헌바47). 그들은 국가적 고권적 행위를 통해서만, 즉 특별법으로서 국가에 유보되는 공법에 근거하여 설립될 수 있을 뿐이지, 사인이 임의로 공법적 결사체로 결합할 수는 없다. 결사의 목적에는 제한이 없다. 공동목적은 옹글게(완벽히) 자유롭게 결정될 수 있다(스포츠 · 예술 · 정치 · 친목 기타). 구성원 사이에 주목적이 합의되면 부차적 목적에 관해서 서로 의견이 갈릴 수 있다. 원래 목적이 아닌 활동의 자유도 보장된다. 결사의 목적이 고정되어야 하는 것도 아니다. 결사는 어느 정도의 조직적 고정성이 있어야 한다. 따라서 아주 느슨한 형태로나마 조직적으로 이루어지는 공동의 의사 형성이 있어야 한다. 결사는 상당한 기간 계속성이 있어야 하는데, 이러한 점에서 집회와 구별된다. 잠정적 목적을 위한 결합도 상관없다. 결합은 외형상 결합을 전제하고 특정 형태는 불필요하다. 그러나 구성원이 제시될 수 있어야 하고 대체로 확정되어야 한다.

2. 주체

자연인뿐 아니라 법인도 결사의 자유 주체이다. 결사의 자유는 인간의 권리가 아니라서 국민만 주체가 될 수 있고, 외국인이나 무국적자는 주체가 될 수 없다. 다만, 외국인이나 무국적자는 헌법적 차원이 아니라 법치국가가 허용하는 범위 안에서 보장된다. 외국인과 공동으로 단체를 결성하면, 먼저 단체를 결성할 때까지는 각기 헌법적 또는 법률적(외국인) 보장을 받고, 일단 결성되고 나서는 그 단체를 누가 지배하는지에 따라 그 보장도 달라진다. 즉 내국인이 지배하면 결사의 자유에 따라서 보장된다. 미성년자도 그 주체가 된다는 데 의심의 여지가 없다. 다만, 그 행사능력이 언제부터 인정되는지가 문제 된다. 내국사법인은 결사의 자유 주체이지만, 외국법인이나 공법인은 결사의 자유 주체가 아니다. 권리능력 없는 사단도 주체가 될 수 있다.

3. 내용

결사의 자유는 크게 적극적 결사의 자유와 소극적 결사의 자유로 나눌 수 있다. 적극적 결사의 자유에는 단체 결성의 자유, 단체 존속의 자유, 단체 활동의 자유, 결사에 대한 가입 · 잔류의 자유[헌법재판소는 총사원 4분의 3 이상의 동의가 있으면 사단법인을 해산할 수 있도록 한 것은 결사에 잔류할 자유를 침해하지 않는다고 하였다(헌재 2017. 5. 25. 2015헌바260)]가, 소극적 결사의 자유에는 단체에서 탈퇴할 자유와 결사에 가입하지 아니할 자유가 포함된다(헌재 2012. 12. 27. 2011헌마562등). 공법상 결사에는 소극적 결사의 자유가 인정되지 않아서 가입 강제가 인정된다(헌재 1994. 2. 24. 92헌바43).

개별적 기본권으로서 결사의 자유는 적극적 결사의 자유로서 결사의 형성[다른 사람과 결합하여 결사를 결성할 개인적 권리로서 결정 시점, 목적, 법형식, 명칭, 회칙(정관), 소재지를 결정할 자유 포함], 기성결사에 대한 가입, 결사 안에서 혹은 결사를 통한 활동, 결사 안 잔류 등을 보호한다.

집단적 기본권으로서 결사의 자유는 결사(단체)의 존속과 기능을 보호하고, 내부적으로는 자기 조직, 그 의사 형성 절차, 그 사무 집행에 대한 자주적 결정권을 보호하며, 외부적으로는 결사(단체)의 활동을 보호한다.

4. 침해

(1) 결사의 허가(의무)제 금지: 헌법 제21조 제2항

결사 자체가 처음부터 금지되고, 허가처분이 있어야 비로소 그 일반적 금지가 해제되는 허가(의무)제는 결사의 자유의 헌법적 보장과 양립할 수 없다. 결사 창설에 관한 모든 예방적 통제는 금지되지만, 등록을 권리능력 취득의 요건으로 설정할 수는 있다. 권리능력 없는 사단의 형식적인 등록의무는 결사의 허가제 금지에 어긋나지 않는다. 노동조합을 설립할 때 행정관청에 설립신고서를 제출하게 하고 그 요건을 충족하지 못하면 설립신고서를 반려하도록 하는 것은 헌법상 금지된 단체 결성에 대한 허가제가 아니다(헌재 2012. 3. 29. 2011헌바53).

(2) 신고(의무)제

결사의 자유를 처음부터 보장하면서, 다만 행정기관이 결사의 성립 · 존속 · 활동에 관한 행정상 참고자료를 얻으려는 신고제는 인정된다. 이때 신고는 행정적 협조의무에 불과하다.

5. 제한

결사의 자유는 대통령의 긴급명령(헌법 제76조 제1항과 제2항)을 통해서나 비상계엄이 선포되면 제한될 수 있다. 무엇보다도 결사의 자유는 헌법 제37조 제2항에 따라서 국가안전보장 · 질서유지 또는 공공복리를 위해서 필요하면 법률로 제한될 수 있다(헌재 2002. 8. 29. 2000헌가5등).

4절

경제적 자유

Ⅰ. 직업의 자유

1. 의의

직업의 자유는 직업을 자유롭게 선택하고 행사할 수 있는 자유를 말한다. 직업의 자유에서 직업은 생활의 기본적 수요를 충족시키기 위한 계속적인 소득활동을 말한다. 직업의 요소로서 일반적으로 생활수단성(생활의 기본적 수요 충족), 계속성(계속적인 소득활동), 공공무해성(이나 사회적 유해성이 없을 것: 공공에 해가 되지 않는 성질의 것)을 열거한다. 헌법재판소는 생활의 기본적 수요를 충족시키기 위한 계속적인 소득활동인 한 그 종류나 성질을 불문한다고 한다고 하여, 생활수단성과 계속성만 갖추면 그 종류나 성질은 불문한다고 판시한다(헌재 1993. 5. 13. 92헌마80). 직업의 개념은 가능한 한 넓게 이해되어야 한다. 전통적으로 고정된 종류의 직업뿐 아니라 새로이 생겨나고 있거나 자유로이 개발된 활동도 직업(활동)에 포함하여야 한다(개방적 직업 개념). 공공무해성이나 허용성은 너무 모호하여 기준으로 적합하지 않고, 이러한 기준으로 배제할 수 있는 직업(예를 들어 살인청부업, 소매치기, 마약상, 포주, 밀수)은 제약의 정당성 판단 과정에서 충분히 걸러낼 수 있으므로 직업의 표지로 삼지 말아야 한다. 그리고 직업은 어느 정도의 기간에 걸친 것이어야 한다(계속성)(헌재 2003. 9. 25. 2002헌마519). 일시적이거나 우연한 것이 아니면 지속성이 인정된다. 그 일을 얼마나 지속했는지는 중요하지 않고, 주관적으로 활동주체가 지속적으로 영위할 의사가 있고, 객관적으로도 그러한 활동이 지속성을 띨 수 있는 것으로 충분하다. 또한, 생계의 획득과 유지에 봉사하는 활동이어야 한다(소득활동, 생활수단성)(헌재 2003. 9. 25. 2002헌마519). 부업도 포함된다. 이는 단순한 취미활동과는 달리 어쨌든 생계의 유지와 획득에 봉사하여야 한다. 그러나 해당 활동에 따른 수입으로 생활 수요를 모두 충족할 필요는 없다. 독립적 활동뿐 아니라 종속적 활동도 직업이 될 수 있다. 직업은 반드시 하나이어야 하는 것이 아니라 둘 이상일 수도 있다. 생활수단성과 계속성의 개념 표지를 결하여 오로지 일시적 · 일회적이거나 무상으로 가르치는 행위는 행복추구권에서 도출되는 일반적 행동자유권으로서 보호된다(헌재 2000. 4. 27. 98헌가16등).

2. 주체

직업의 자유 주체는 자연인만이 아니라 법인도 될 수 있다. 직업의 자유 주체는 내국인만 될 수 있고, 외국인이나 무국적자는 될 수 없다. 다만, 외국인이나 무국적자는 행복추구권을 근거로 직업의 자유를 간접적으로 주장할 수 있다. 현실적으로 외국인이나 무국적자의 직업의 자유는 법치국가가 허용하는 범위 안에서, 즉 법에 따라 보호된다. 미성년자도 직업의 자유 주체가 되며, 그 행사능력은 성년에 도달하기 전에도 인정되어야 한다. 내국사법인은 주체가 될 수 있다. 하지만 외국법인은 주체가 될 수 없고, 다만 외국인과 마찬가지로 법률적 차원에서 보호를 받을 뿐이다. 공법인은 원칙적으로 주체가 될 수 없다. 다만, 법인체로 형성된 공기업은 그 주체성을 인정할 수 있다.

3. 내용

헌법 제15조는 '직업 선택의 자유'라고 규정한다. 그러나 헌법 제15조가 보호하는 영역은 ① 일정한 직업을 선택할 자유뿐 아니라 ② 일정한 직업을 가질지를 결정하는 소극적 직업의 자유, ③ 직업에 종사할 수 있는 직업 행사(수행, 종사)의 자유, ④ 전직의 자유, ⑤ 일정한 직업을 포기하거나 모든 직업적 활동을 그만둘 수 있는 직업 종료의 자유 등을 포함한다. 직업 선택의 자유는 직업교육장 선택의 자유를 포함하고, 직업 행사의 자유는 직업활동장소나 직장 선택의 자유를 포함한다. 그리고 직업 행사의 자유에는 영업의 자유와 '기업의 설립과 경영의 자유를 의미하는' 기업의 자유(헌재 1998. 10. 29. 97헌마345)를 포함하고 이러한 영업과 기업의 자유를 근거로 원칙적으로 누구나 자유롭게 경쟁에 참여할 수 있는 경쟁의 자유(헌재 1996. 12. 26. 96헌가18)도 인정된다. 경쟁의 자유는 기본권주체가 직업의 자유를 실제로 행사하는 것에서 나오는 결과이므로, 직업의 자유를 통해서 보장되고, 다른 기업과 경쟁하여 국가의 간섭이나 방해를 받지 않고 기업활동을 할 수 있는 자유를 뜻한다. 여러 개의 직업을 선택하여 동시에 함께 행사할 수 있는 자유인 겸직의 자유(헌재 1997. 4. 24. 95헌마90)도 직업의 자유로 보호된다. 그러나 직업의 자유에 '해당 직업에 합당한 보수를 받을 권리'는 포함되지 않는다(헌재 2004. 2. 26. 2001헌마718).

직업 선택(직업 결정)의 자유는 개인(지망자)이 외부 영향을 받지 않고 원하는 직업을 자유롭게 선택할 자유를 말한다. 이때 선택은 내부적인 결심뿐 아니라 외부적으로 알아볼 수 있는 행위이어야 한다. 이 자유는 최초의 직업 선택뿐 아니라 제2의 직업이나 부업의 선택과 직업 변경 및 직업 포기를 포함하며 직업을 갖지 않는 선택도 포함한다. (비록 특정 직업교육을 받은 사람이 언제나 그 직업을 선택하는 것은 아니지만) 직업교육과 직업 선택은 서로 불가분의 관계에 있고 직업교육은 직업 선택의 전제가 되므로 직업교육장 선택의 자유는 직업 선택의 자유에 포함된다(헌재 2009. 2. 26. 2007헌마1262). 직업교육장 선택의 자유는 직업과 관련한 교육이나 훈련(기관)을 자유롭게 선택할 수 있는 자유를 말한다. 직업교육장은 일반적 (교양)교육이 아니라 직업에 도움이 되는 교육이나 훈련장소를 말한다. 여기에는 대학, 전문대학, 중 · 고등학교, 그 밖의 직업교육과 관련된 학원, 훈련장이나 실습장 등이 속한다.

직업 행사(수행, 종사)의 자유는 직업이나 영업활동상 모든 자유를 말한다. 이 자유는 활동의 장소, 기간, 형태, 수단 및 그 범위와 내용의 확정 등을 포함한다. 구체적으로 기업의 조직 및 법적 형태 선택의 자유, 직업적 처분의 자유(여기에는 투자의 자유, 생산품목 선택과 생산품 포장 선택의 자유, 판매의 자유와 자유로운 계약 및 가격 결정 등이 포함된다), 경쟁의 자유와 광고의 자유 및 자신의 이름이나 특정 직업 명칭의 사용과 같은 자유를 포함한다. 직업의 자유는 독립적 형태의 직업활동뿐 아니라 고용된 형태의 종속적인 직업활동도 보장하므로, 직업 행사의 자유는 직장 선택의 자유를 포함한다(헌재 2002. 11. 28. 2001헌바50). 직장 선택의 자유는 개인이 그가 선택한 직업을 구체적으로 수행하는 공간적 장소인 직장을 자유롭게 선택할 수 있는 자유를 말한다. 이 자유는 직장의 선택, 유지, 포기 및 변경을 모두 포함한다. 즉 직장 선택의 자유는 개인이 선택한 직업 분야에서 구체적인 취업의 기회를 가지거나 이미 형성된 근로관계를 계속 유지하거나 포기할 때 국가의 방해를 받지 않는 자유로운 선택 · 결정을 보호하는 것을 내용으로 한다. 그러나 직장 선택의 자유는 원하는 직장을 제공하여 줄 것을 청구하거나 한번 선택한 직장의 존속보호를 청구할 권리를 보장하지 않고, 사용자 처분에 따른 직장 상실에서 직접 보호하여 줄 것을 청구할 수도 없다(헌재 2002. 11. 28. 2001헌바50).

영업이란 개인생활의 기초를 이루는 계속적 · 독립적 · 수익적 활동이라고 할 수 있는데 '독립적' 활동이라는 점에서 직업보다 다소 좁은 개념이다. 헌법재판소는 "직업의 자유는 영업의 자유와 기업의 자유를 포함하고, 이러한 영업 및 기업의 자유를 근거로 원칙적으로 누구나가 자유롭게 경쟁에 참여할 수 있다."라고 하여 직업의 자유에 포함되는 것으로 본다(헌재 1993. 12. 26. 96헌가18). 영업의 자유는 ⓐ 개업의 자유, 영업의 유지 · 존속의 자유, 폐업의 자유 등을 포함하는 영업하는 자유와 ⓑ 자본과 상품의 생산 · 거래 · 처분의 자유를 말하는 영업활동의 자유를 내용으로 한다.

4. 제한

(1) 제한 근거: 헌법 제37조 제2항

직업의 자유는 다른 기본권과 마찬가지로 헌법 제37조 제2항 기본권 제한 입법의 한계 안에서 제한될 수 있다. 그 제한은 국가안전보장 · 질서유지 · 공공복리를 위하여 필요한 경우에 한하여 법률로써만 가능하고, 그 때도 기본권의 본질적 내용을 침해하여서는 아니 된다. 그리고 직업의 자유는 대통령의 긴급명령(헌법 제76조 제1항과 제2항)에 따라서나 비상계엄이 선포되면(헌법 제77조 제3항, 계엄법 제9조) 제한될 수 있다.

(2) 직업의 자유 제한에 관한 단계이론

단계이론은 독일 연방헌법재판소가 발전시킨 이론으로, 헌법재판소도 이른바 당구장 결정이나 부천시 담배자판기조례 결정(헌재 1993. 5. 13. 92헌마80) 등을 통해서 수용한 것으로 평가된다. 단계이론을 따르면, 직업의 자유를 제한할 때 ① 직업 행사의 자유 제한

(직업이 수행되는 조건, 그중에서도 직업 종사의 양태에 관한 규제), ② 주관적 사유에 따른 직업 선택의 자유 제한(직업희망자의 인성이나 능력, 학력, 시험합격 등을 직업 선택과 연관), ③ 객관적 사유에 따른 직업 선택의 자유 제한(해당 희망자가 영향을 미칠 수 없는, 본인의 자격조건과 무관한, 그런 의미에서 객관적인 기준을 충족시켜야 어떤 직업을 선택하여 가질 수 있는 것과 관련)의 순으로 제한하여야 한다. 즉 입법자는 제1단계 방법으로 목적을 달성할 수 없을 때만 제2단계 방법을, 제2단계 방법으로 목적을 달성할 수 없을 때만 제3단계 방법을 사용할 수 있다. 1단계에서 3단계로 나아갈수록 제약 강도가 증가하여 입법자의 입법 형성의 자유는 그 순서대로 감소하고 정당화 요구도 높아져서 단계별로 비례성원칙을 더욱 더 엄격하게 적용할 것을 요구한다. 단계이론은 독일 기본법상 직업의 자유 조항(제12조) 자체가 직업 '선택'에 관한 한 제한규정을 두지 않으면서(제1항 제1문), 직업 '행사'는 법률에 따라서 규율할 수 있다는 제한규정을 두어서(제1항 제2문) 직업 '선택'의 자유와 직업 '행사'의 자유 사이에는 제한 정도를 달리 하여야(입법자 의사에 부합하여야 하므로) 한다는 점에 착안한 것이다. 따라서 이러한 조항이 없는 한국 헌법상 독일 단계이론을 도입하는 것이 타당한 것인지는 의문이다. 헌법재판소도 많은 사건에서 실질적으로 단계이론을 적용하지 않고 비례성심사만으로 해결한다. 이러한 점에서 단계이론은 비례성원칙을 구체화하는 데 중요한 참고사항으로 활용하는 것이 타당하다.

Ⅱ. 재산권

1. 의의

헌법이 보호하는 재산권은 경제적 가치가 있는 모든 공법상 · 사법상 권리로서 일정 시점에 (공법과 사법을 불문하고) 개별법이 재산권으로 정의한 것이다. 헌법재판소는 헌법이 보장하는 재산권은 경제적 가치가 있는 모든 공법상 · 사법상 권리를 뜻한다고 한다(헌재 1992. 6. 26. 90헌바26). 이때 재산권은 처분하고 사용하고 수익할 자유뿐 아니라 자신의 채권에 근거하여 채무자에게 이행을 청구하고 급부를 수령 · 보유할 권리를 아우른다(헌재 1996. 8. 29. 95헌바36). 따라서 사법상 물권 · 채권뿐 아니라 특별법상 권리, 공법상 재산가치 있는 주관적 권리, 상속권 등도 이에 포함된다. 그러나 재산 그 자체, 단순한 기대이익, 반사적 이익, 재화 획득 기회 등은 재산권 보장 대상이 되지 않는다(헌재 1998. 7. 16. 96헌마246).

재산권으로 보호받으려면 두 가지 요건을 충족하여야 한다. 먼저 ① 개인이 자신의 노력이나 희생을 통해서 성취한 재산적 권리이어야 한다. 따라서 국가의 일방적인 급여는 재산권적 보호대상에서 제외된다. 예를 들어 국민기초생활보장법상 생계급여는 국가가 일방적으로 지급하는 급여이므로 재산권적 보호대상이 아니다(헌재 2012. 2. 23. 2009헌바47). 다음으로 ② 해당 재산적 권리에 대해서 개인의 사적인 유용성과 처분성이 인정되어야 한다. 헌법재판소는 헌법 제23조 제1항의 재산권 보장을 통해서 보호되는 재산권은 사적 유용성 및 그에 대한 원칙적 처분권을 내포하는 재산가치 있는 구체적 권리이라고 한다(헌재 1996. 8. 29. 95헌바36). 사적 유용성은 재산적 법익이 재산권 보유자에게 귀속되어 그의 수중에서 사적 활동과 개인적 이익의 기초로서 효용을 발휘할 수 있어야 한다는 것을 말한다. 처분권은 사적 유용성과 명확하게 구별되는 것은 아니지만 재산권의 객체를 변경 · 양도 · 포기할 수 있는 권능을 말한다. 구체적인 권리가 아닌 단순한 사실상 이익이나 재화 획득에 대한 기대는 아직 개인에게 귀속된 것이 아니므로 사적 유용성이 없다(헌재 1996. 8. 29. 95헌바36). 행정청 재량에 따른 급여는 개인이 처분할 수 있는 상태가 아니므로 재산권 보호대상에서 제외된다.

공법상 권리가 헌법상 재산권 보장의 보호를 받으려면 ① 공법상 권리가 권리주체에게 귀속되어 개인의 이익을 위해서 이용할 수 있어야 하고(사적 유용성), ② 국가의 일방적인 급부가 아니라 권리주체의 노동이나 투자, 특별한 희생을 통해서 획득되어 자신이 한 급부의 등가물에 해당하는 것이어야 하며(수급자의 상당한 자기기여), ③ 수급자 자신과 가족의 생활비를 충당하기 위한(헌재 1995. 7. 21. 94헌바27등) 혹은 수급자 생존 확보에 이바지하기 위한 경제적 가치가 있는 권리이어야 한다(헌재 2000. 6. 29. 99헌마289). 이러한 요건으로 말미암아 사회부조와 같이 국가의 일방적인 급부에 대한 권리는 재산권 보호대상에서 제외되고, 단지 사회법상 지위가 자신의 급부에 따른 등가물에 해당하는 때만 사법상 재산권과 비슷한 정도로 보호받아야 할 공법상 권리가 인정된다. 즉 공법상 법적 지위가 사법상 재산권과 비교될 정도로 강력하여 그에 대한 박탈이 법치국가원리에 어긋나는 때만 그러한 성격의 공법상 권리가 재산권 보호대상에 포함된다(헌재 2000.

6. 29. 99헌마289). 그리고 공법상 재산적 가치 있는 지위가 헌법상 재산권 보호를 받으려면 먼저 입법자가 수급요건, 수급자의 범위, 수급액 등 구체적인 사항을 법률에 규정함으로써 구체적인 법적 권리로 형성되어 개인의 주관적 권리 형태를 갖추어야 한다(헌재 2000. 6. 29. 99헌마289).

재산권적 보호대상인 급여에는 가입자의 보험료로 형성된 급여뿐 아니라 사용자의 부담금으로 형성된 급여도 포함되어야 한다. 헌법재판소는 사회보험급여가 진체적으로 재산권적 보호대상이지만, 사용자가 납부한 보험료로 형성된 부분에 대해서는 입법형성권이 넓다는 견해이다(헌재 1994. 6. 30. 92헌가9). 그리고 헌법재판소는 연금청구권이 사회보장수급권과 재산권의 성격이 동시에 있어서 순수한 재산권은 아니라는 이유로 입법적 형성 폭이 넓다고 한다(헌재 2009. 7. 30. 2008헌가1등).

헌법은 상속권을 명시적으로 헌법상 권리로 보호하지 않는다. 하지만 상속권은 재산권 처분 형태의 하나로 재산권에 포함된다. 헌법재판소도 상속권이 재산권을 통해서 보호되는 것으로 이해한다(헌재 1989. 12. 22. 88헌가13). 상속권에서는 재산권뿐 아니라 일반적인 행동의 자유로서 유언의 자유, 혼인과 가족 보호의 헌법적 요청 등을 함께 고려하여야 한다.

저작권, 특허권, 실용신안권, 의장권, 상표권, 예술공연권 등과 같은 무체재산권도 헌법상 재산권으로서 보호된다. 헌법 제22조 제2항에 따라 저작자 · 발명가 · 과학기술자와 예술가의 권리는 법률로 보장된다. 여기서 저작자 · 발명가 · 과학기술자와 예술가는 창작자를 예시한 것으로 지식과 정보를 처음으로 만드는 사람이면 누구나 창작자에 해당한다. 이는 국가가 정신적 · 문화적 · 기술적 창작자의 권리를 법률로 특히 보장함으로써 문화를 향상시키려는 데 그 의미가 있다(헌재 1993. 11. 25. 92헌마87). 단순한 경제적 목적으로 지적 재산권을 보호하려는 것이면 헌법 제23조 이외에 굳이 헌법 제22조 제2항을 별도로 규정할 필요도 없을 뿐 아니라 헌법 제22조 제2항을 헌법 제22조 제1항과 함께 규정할 이유도 없다는 점에 비추어 헌법 제22조 제2항은 학문과 예술, 과학 발달에 이바지하는 창작활동만 보호한다. 지적 재산권은 문학 · 예술 · 과학 · 기술 등 인간의 정신적 창작활동의 결과 생산되는 무형의 산물을 지배하고 사용할 수 있는 권리를 말한다. 지적 재산권은 (예술적 · 인문과학적 창작의 산물인 저작물에 대한 저작자의 일신전속적 권리인) 저작권과 (특허권 · 실용신안권 · 의장권 · 상표권 등 산업적 무체재산권을 총칭하는) 산업소유권 그리고 (현대정보화사회 출현에 따라 새로이 생성되는 컴퓨터소프트웨어 · 반도체칩 · 데이터베이스 · 영업비밀 등을 가리키는) 제3유형의 권리로 나뉜다.

설립되어 수행 중인 영업은 그 설비 및 권리의 총체로서 헌법상 보호되는 재산권에 속한다. 그러나 '단순히 위치상 유리한 점'이라든지 '미래의 기회 및 영리 획득 가능성'과 '영업 확장'은 (그것이 이미 생산적으로 작용하는 구성요소로서 영업 자체에 포함되지 아니하는 한) 재산권으로 보호되지 아니한다(헌재 1996. 8. 29. 95헌바36).

전체로서 재산 자체가 재산권 보장 범위에 속하는지가 문제 된다. 이 문제는 조세와 같은 공권력의 금전급부의무 부과가 재산권에 대한 침해를 뜻하는지와 관련된다. 헌법재판소는 위헌적 법률을 통한 조세 부과는 재산권을 침해한다고 하여(헌재 1992. 12. 24. 90헌바21) 비록 명시적으로 언급하지는 않으나 재산 자체가 재산권의 객체가 된다고 보는 것 같다.

2. 주체

재산권 주체는 자연인뿐 아니라 법인도 된다. 재산권은 인간의 권리이므로 외국인이나 무국적자도 주체가 된다. 그러나 이들의 재산권은 국민보다 더 많이 제한될 수 있다(예를 들어 '부동산 거래신고 등에 관한 법률' 제7조에 따라 외국인의 토지 취득이나 양도는 금지되거나 제한될 수 있다). 미성년자도 주체가 되지만 그 행사능력은 민법상 법률행위능력을 갖출 때 있다. 내국사법인은 주체가 될 수 있지만, 외국법인은 주체가 될 수 없다. 외국법인이 주체가 되지 못한다고 하여 재산권 보호를 받지 못하는 것은 아니다. 외국사법인의 재산권은 상호주의원칙에 따라서 보호받을 수 있고, 법치국가적 보호대상에서 제외되지 않는다. 내국공법인은 재산권보유자는 될 수 있으나 재산권 주체는 원칙적으로 될 수 없다. 권리능력 없는 내국사단도 주체가 될 수 있다.

3. 내용

① 재산권은 원칙적으로 재산권의 기존상태(현상태)를 보호대상으로 한다. 따라서 이익을 얻을 기회, 희망, 기대, 전망 등은 포함되지 아니한다(헌재 1996. 8. 29. 95헌바36). 즉

헌법 제23조는 상태를 보장하는 것이지 영리(소득)활동 등 재산권 획득 가능성까지 보장하는 것은 아니다. 재산권은 이미 획득한 것, 즉 활동 결과를 보호하며, 영리(소득)활동은 헌법 제15조의 직업의 자유에 따라서 보호된다. 헌법재판소도 "구체적인 권리가 아닌, 단순한 이익이나 재화의 획득에 관한 기회 등은 재산권 보장의 대상이 아니다. … 영리획득의 단순한 기회나 기업활동의 사실적 · 법적 여건은 그것이 기업에게는 중요한 의미를 갖는다고 하더라도 재산권보장의 대상은 아니다."라고 한다(헌재 1996. 8. 29. 95헌바36).

② 재산권 이용도 보호된다. 따라서 재산권을 보유하는 것뿐 아니라 이를 사용 · 수익 · 처분할 자유도 있다. 그리고 재산권을 이용하지 아니할 소극적 자유도 있다. 물론 일반적으로 금지된 행위에 재산권을 이용하는 것은 재산권 보장에 포함되지 않는다. 토지 소유자 스스로 그 소유의 토지를 일반 공중을 위한 용도로 제공하면(대표적으로 도로) 그 토지에 대한 소유자의 독점적이고 배타적인 사용 · 수익권 행사가 제한된다. 다만, 토지 소유자의 독점적이고 배타적인 사용 · 수익권 행사 제한 여부를 판단하려면 토지 소유자의 소유권 보장과 공공의 이익 사이의 비교형량을 하여야 하고, 원소유자의 독점적 · 배타적인 사용 · 수익권 행사가 제한될 때도 특별한 사정이 있다면 특정승계인의 독점적 · 배타적인 사용 · 수익권 행사가 허용될 수 있고, 토지 소유자의 독점적 · 배타적인 사용 · 수익권 행사가 제한되더라도 일정한 요건을 갖추면 사정변경원칙이 적용되어 소유자가 다시 독점적 · 배타적인 사용 · 수익권을 행사할 수 있다(대법원 2019. 1. 24. 선고 2016다264556 전원합의체 판결).

③ 행정절차라든지 법정절차에서 자신이 재산권자로서 가지는 이익을 유효하게 주장하고, 다른 사법주체에 대항하여 관철시킬 재산권자의 권리도 재산권을 통해서 보호된다.

④ 재산권 보장은 법제도로서 사유재산제도를 보장한다. 사유재산제도의 핵심은 생산수단의 사유이다. 법제도로서 사유재산제도를 헌법적으로 보장하는 것은 사유재산권의 객관적인 질서형성적 의의를 인정하고 보장하는 것이며, 입법자에게서 사유재산권의 존속과 기능을 가능하게 하고 규율하는 핵심적 규범을 보장하는 것이다. 따라서 재산권을 형성하는 입법자는 사유재산제도를 부인하거나 그 핵심적 내용을 부인하는 어떤 법도 제정하거나 개정할 수 없다. 그리고 사유재산제도는 어떠한 경제정책적 또는 사회정책적 형성을 통해서도 배제될 수 없다. 사유재산제도 보장은 개인적 자유권 보장에 이바지한다.

4. 침해

(1) (재산권)내용형성규정(내용과 한계 규정)

헌법 제23조 제1항 제2문에 따라 법률상 재산권의 내용과 한계를 규정하여 재산권을 확대할 수도 축소할 수도 있다. 재산권자의 권리 · 의무를 일반적 · 추상적으로 확정하면 내용 · 한계규정이 되나, 법률규정이 구법상 인정되어 온 재산권을 구체적 · 개별적으로 축소하면 공용제약(공용침해)이 된다.

(2) 공용제약(공용침해)

공익사업을 위해서 다른 사람의 특정한 재산권을 법률에 근거하여 강제적으로 취득하거나(공용수용), 다른 사람의 재산권에 대한 사용권을 취득하고 재산권주체에게 이를 수인할 의무를 지우거나(공용사용), 그 밖에 일정한 공법상 제한(예: 계획제한)을 가하는 것(공용제한)을 공용제약(공용침해)이라고 한다. 공용제약(공용침해)은 직접 법률을 통해서 할 수도 있고(입법수용), 법률에 근거한 행정처분을 통해서 할 수도 있다(행정수용).

재산권 제약이 공용제약(공용침해)이 되려면 먼저 ① 제약행위의 직접성이 있어야 한다. 즉 재산권 제약이 고권적으로 이루어진 원인(행위)의 직접 결과이거나 고권적으로 형성된 위험상황의 전형적인 결과이거나 고권적인 책임 범주 안에 귀속되는 것으로 평가되는 결과이어야 한다. 다음으로 ② 재산권 주체의 특별(한)희생이어야 한다. 즉 특정인이나 특정 집단의 희생이어야 한다(형식적 기준). 끝으로 ③ 제약 결과의 충분한 중대성이 있어야 한다. 즉 재산권의 박탈이나 수인을 기대할 수 없는 심각한 제약이어야 한다.

(3) 내용형성규정과 공용제약(공용침해)규정의 구별 (사회적 구속성의 한계점)

입법자는 헌법 제23조의 재산권 보장 영역 안에서 두 가지 다른 방식으로 재산권을 제한할 수 있다. 먼저 ① 입법자는 헌법 제23조 제1항 제2문에 따라서 재산권의 내용과 한계를 앞날을 향해서 새롭게 정할 수 있다. 이때 현재 재산관계법에 따라서 보장되는 재산권자의 권리를 축소할 수도 있다. 다음으로 ② 입법자는 헌법 제23조 제3항에 따라서 법률로써나 법률에 근거를 두고 그 위임에 따라 제정된 명령을 통해서 재산권을 제한할 수 있다.

종래 논의(이른바 경계이론)를 따르면 제23조 제1항 제2문과 제2항은 보상의무 없는 사회적 제약(사회적 기속성 안의 내용한계형성)으로, 제23조 제3항은 보상의무 있는 공용제약(공용침해)으로 이해하고, 법률이 제23조 제1항 제2문과 제2항의 범위 안에 있는 한 보상은 필요하지 않다. 그러한 무보상의 내용한계형성과 보상의무 있는 공용제약(공용침해) 사이에 경계를 획정하는 일이 결정적으로 중요하다. 구별기준에는 침해행위의 대상범위를 기준으로 하는 형식적 기준설[① 특정인 혹은 범위를 확정할 수 있는 특정 다수인의 재산권에 대해서 개별 행위를 통해서 특별한 손실을 가하면 보상을 요한다는 개별행위설(동일상황에 처한 사람들에게 동일한 손실을 가하면 사회적 기속의 한계 안이라고 본다)과 ② 이 이론을 발전시켜서 특정인 혹은 특정한 집단에 대해서 다른 개인이나 집단에게는 요구되지 아니하는 특별한 희생을 강요하면 보상을 요한다는 특별행위설(특별희생설)]과 재산권 제한의 성질이나 강도와 같은 실질적 기준으로 양자를 구분하는 실질적 기준설{① 제한의 강도나 중대성(심각성)을 바탕으로 그것이 수인가능한 것인지를 기준으로 한 수인한도설[재산권주체에게 수인을 기대할 수 없으면 공용제약(공용침해)]이나 중대성설[일정한 침해 강도를 넘는 침해행위는 공용제약(공용침해)], ② 재산권에 대한 역사적 고찰, 법의 취지 등에 비추어 보호할 만한 가치가 인정되는 것인지를 기준으로 한 보호가치설(역사적으로 보거나 일반적 법의식에 비추어 보거나 하여 보호가치가 있는 재산권으로 인정되면 그에 대한 침해는 공용제약(공용침해)이나 실체감소설[특정인의 재산권 전부가 박탈되거나 재산권의 실체적 내용 감소가 있으면 공용제약(공용침해)], ③ 재산권의 기능을 재산권의 사적 유용성(효용성)을 침해하는지를 기준으로 한 사적 유용성설, ④ 재산권에 대해서 본래 인정되어 온 객관적인 이용목적과 기능에서 유리되는지를 기준으로 한 목적위배설, ⑤ 해당 재산권이 처한 특수한 상황(지리적 여건 등)으로 볼 때 해당 제한이 사회적 의무로서 수반될 수 없는 것인지를 기준으로 한 상황구속성설}이 있다.

분리이론은 재산권에 관한 내용한계형성규정과 공용제약(공용침해)은 서로 연장선상에 있지 아니하고 각기 독립된 별개의 것으로 이해한다. 따라서 양 법률조항에 관한 사법심사기준도 서로 독립된 것으로 보고 양자의 구별기준으로서 종전 논의처럼 제약 강도가 아닌 제약의 형태나 목적을 중심으로 판단한다. 먼저 형태를 기준으로 보면 제약조치가 일반적 · 추상적이면 내용한계형성규정으로, 개별적 · 구체적이면 공용제약(공용침해)으로 본다. 다음으로 목적을 기준으로 보면 내용한계형성규정은 재산권자의 권리와 의무를 앞날을 향해서 객관법적으로 규율하는 것이 목적이고, 공용제약(공용침해)은 제약을 통해서 재산권자의 법적 지위를 옹글게(완벽하게) 혹은 부분적으로 박탈하거나 제한하는 것이 목적이다. 여기서 주의할 것은 내용한계형성규정으로 볼 수 있는 입법이더라도 보상이 전적으로 금지되는 것은 아니라는 점이다. 즉 동 입법의 한계인 비례성원칙을 준수하려고 보상할 수 있다(조정보상). 그러나 이러한 보상은 헌법 제23조 제3항에 근거한 것이 아니라 제23조 제1항 제2문과 제2항 및 법치국가원리에서 도출되는 비례성원칙의 한 내용이고, 제23조 제3항과 같이 반드시 금전 형태여야 하는 제약이 있는 것도 아니다. 비례성원칙을 준수하기 위한 방법 선택은 입법형성의 재량 영역 안에 있는 것으로 볼 수 있기 때문이다.

헌법재판소는 "입법자는 재산권의 내용을 구체적으로 형성함에 있어서 사적 재산권의 보장이라는 요청(헌법 제23조 제1항 제1문)과 재산권의 사회적 기속성에서 오는 요청(헌법 제23조 제2항)을 함께 고려하고 조정하여 양 법익이 조화와 균형을 이루도록 하여야 한다. 따라서 입법자는 중요한 공익상의 이유로 재산권을 제한하는 경우에도 비례원칙을 준수하여야 하며 본질적 내용인 사적 이용권과 원칙적인 처분권을 부인하여서는 안 된다. 재산권에 대한 제약이 비례원칙에 합치하는 것이라면 그 제약은 재산권자가 수인하여야 하는 사회적 제약의 범위 내에 있는 것이라 할 수 있으나, 재산권에 대한 제약이 비례원칙에 반하여 과잉된 것이라면 그 제약은 재산권자가 수인하여야 하는 사회적 제약의 한계를 넘는 것이므로, 입법자가 재산권을 비례의 원칙에 부합하게 합헌적으로 제한하기 위해서는 수인의 한계를 넘어 가혹한 부담이 발생하는 예외적인 경우에는 이를 완화하는 보상규정을 두어야 한다(헌재 2005. 9. 29. 2002헌바84등 참조). 다만, 이러한 조정적 보상은 입법자가 헌법 제23조 제1항 및 제2항에 의하여 재산권의 내용을 구체적으로 형성하고 공공의 이익을 위하여 재산권을 제한하는 과정에서 이를 합헌적으로 규율하기 위하여 두어야 하는 규정으로서, 헌법 제23조 제3항의 정당한 보상 내지 완전한 보상에까지 이를 필요는 없고, 합헌적으로 조정하는 방법도 반드시 직접적인 금전적 보상의 방법에 한정되지 아니하며, 금전보상에 갈음하거나 기타 손실을 완화할 수 있는 제도를 보완하는 등 여러 가지 다른 방법을 사용할 수 있다. 즉, 입법자에게는 헌법적으로 가혹한 부담의 조정이란 '목적'을 달성하기 위하여 이를 완화 · 조정할 수 있는 '방법'의 선택에 있어서는 광범위한 형성의 자유가 부여된다(헌재 2006. 1. 26. 2005헌바18 참조)."(헌재

2020. 4. 23. 2018헌가17)라고 하여 이른바 분리이론을 취한 것으로 보인다.

5. 제한

헌법 제23조에 따라서 재산권을 제한하는 형태에는, 제1항과 제2항에 근거하여 재산권의 내용과 한계를 정하는 것과 제3항에 따른 수용 · 사용 또는 제한하는 것의 두 가지 형태가 있다. 전자는 입법자가 앞날에 추상적이고 일반적인 형식으로 재산권의 내용을 형성하고 확정하는 것이고, 후자는 국가가 구체적인 공적 과제를 수행하려고 이미 형성된 구체적인 재산적 권리를 전면적 또는 부분적으로 박탈하거나 제한하는 것을 뜻한다(헌재 1999. 4. 29. 94헌바37등).

(1) (재산권)내용형성규정(내용 및 한계 규정)

입법자는 법률로써 헌법 제23조 제1항 제1문이 보장하는 재산권 내용이 무엇인지를 확정할 뿐 아니라 구체적으로 재산권을 형성할 권한이 있다. 이때 법률은 형식적 의미의 법률을 뜻한다. 그러나 법률의 위임에 근거한 하위법령을 통해서도 이러한 확정과 형성이 가능하다.

사회국가원리의 구체적 표현인 사회적 구속성은 먼저 재산권의 내용과 한계를 규정하는 입법자에게 향한다. 즉 입법자는 재산권을 구체적으로 형성할 때 한편으로는 재산권 보호를, 다른 한편으로는 재산권의 사회적 의무를 존중할 권한과 의무가 동시에 있다. 사회적 구속성은 단순한 강령이 아니라 직접적인 법적 구속력이 있는 규범이다. 즉 이 규정은 법률상 금지된 행위를 하지 말아야 할 소극적인 의무는 물론 적극적으로 공공복리에 적합하도록 재산권을 행사하여야 할 의무를 부과하고, 이는 법률 존부와 상관없이 있다. 재산권은 결국 그에 대한 사회적 구속이 미치지 아니하는 범위에서만 보장된다.

헌법 제23조 제2항은 나아가 재산권의 내용과 한계를 확정하는 입법자에게 구속력 있는 규준을 제시한다. 즉 입법자에 대한 재산권 형성 지침을 내포한다. 그 밖에 재산권의 사회적 구속성 조항은 재판이나 행정작용에 대해서는 재산권에 관련된 규정을 해석하는 지침으로서 의미가 있다. 재산권의 사회적 구속성 정도는 고정불변의 것이 아니고 사회 발전에 따라 변화하며 사회적 상황에 적응하여야 한다. 그러므로 현행 헌법상 재산권 보장의 실질적 내용은 궁극적으로 제23조 제2항의 사회적 구속성에 관한 조항을 통해서 구체화한다.

재산권의 사회적 구속성은 재산권의 내용과 한계 확정에서 규준이 된다. 따라서 헌법 제23조 제1항 제2문과 제23조 제2항 사이에는 논리적 및 헌법체계적 관련이 있다. 양 조항은 나아가 모두 재산권 행사의 자유 및 재산권의 제도적 보장과 불가분의 관계가 있다. 그리고 양 조항은 모두 사회국가원리 구현을 위한 중대한 수단이 된다. 그 밖에도 재산권의 내용과 한계를 확정하는 때와 재산권의 사회적 구속성을 구체화하는 때는 원칙적으로 보상의무가 따르지 않는다.

헌법 제23조 제2항을 기본의무로 이해할 때, 헌법 제23조 제2항의 공공복리를 헌법 제37조 제2항의 국가안전보장 · 질서유지 · 공공복리와 같거나 더 넓은 의미로 이해하면 재산권 제한 심사를 무력화하거나 잠탈할 위험성이 크고, 논리적으로 보호영역 확정 단계에서 기본권 제약의 정당성 심사 단계보다 더 넓은 제약이 가능하다고 볼 수 없으므로 헌법 제23조 제2항의 공공복리는 헌법 제37조 제2항의 국가안전보장 · 질서유지 · 공공복리 중에서 국가의 경제적 토대를 마련하고 유지하는 데 필수적인 것으로 좁혀서 이해하여야 한다.

(2) 공용제약(공용침해)

재산권의 공용수용 · 공용사용 · 공용제한을 아우르는 공용제약(공용침해)은 헌법 제23조 제1항 제2문에 따른 재산권의 내용과 한계 확정과는 달리 재산권에 대한 진정한 제약을 뜻한다. 공용수용은 재산권 박탈에 그치는 것이 아니라 공익사업주체의 재산권 취득까지 있어야 한다. 따라서 '가축전염병 예방법' 제20조에 따른 살처분 명령은 재산권 박탈만 있고 재산권 이전이 없어서 수용이 아니다. 재산권 수용 등의 행위가 재산권의 본질적 내용침해금지규정에 저촉되지 않고 재산권 보장과 양립할 수 있는 유일한 이유는 재산권적 지위의 가치가 보상을 통해서 유지되기 때문이다. 이때 재산권 보장은 가치 보장으로 전환된다. 즉 재산권 보장의 중점은 재산권 존립를 확보하는 데 있고 '합법적' 공용제약(공용침해)만 재산권 보장을 가치 보장으로 전환한다. 따라서 헌법 제23조 제3항의 요건을 충족하지 못하는 공용제약(공용침해)은 그로 말미암은 재산손실에 대하여 보상을 해준다고 하여서 합법적인 것이 되는 것은 아니다. 공용제약(공용침해)이 합법이 되려면 ① 공공필요, ② 법률 형식, ③ 정당한 보상의 요건을 갖추어야 한다.

수용(좁은 뜻의 공용수용, 고전적 의미의 공용수용)은 공공필요에 따라서 공권력 강제를 통하여 개인의 재산권이 국가 혹은 제3자에게 종국적 · 강제적으로 이전하는 것(공공필요에 따라서 재산권 전부에 대한 귀속주체를 변경하는 재산권박탈행위)을 말한다. 여기서 수용 동기는 개별 재산권에 내재한 고유한 사용가치 확보이지 교환가치 활용이 아니다. 헌법재판소는 재산권 수용은 공공필요에 따른 재산권의 공권력적 · 강제적 박탈을 뜻하고, 강제적 박탈은 국민의 재산권을 그 의사에 반하여 취득하는 것을 뜻한다고 한다(헌재 1998. 3. 26. 93헌바12). 사용은 재산권 주체를 그대로 유지하면서 사용권에 대한 일정한 제한을 가하는 것(재산권의 귀속주체 변경을 일으키지 아니하면서 공공필요를 충족하려고 재산권의 객체를 일시적 · 강제적으로 사용하는 행위, 즉 재산권 객체의 이용권을 일시적으로 박탈하는 조치)을 말한다. 그 밖의 모든 형태의 재산권에 대한 '제한'(재산권에서 나오는 가분적 · 독립적 권리를 공공필요에 따라서 박탈하는 행위)도 보상 원인이다. 공공필요에 따라 공권력이 행사될 때 발생하는 예상하지 못한 부수적 결과로서, 즉 간접적으로 재산권에 대한 제한이 가해지는 것을 수용적 제약(침해)이라고 한다. 수용은 법률에 근거한 행정처분을 통해서 이루어지지는 행정적 수용과 법률이 직접 제한하는 입법적 수용으로 나뉜다.

헌법 제23조 제2항은 개별적 법률유보이고, 헌법 제37조 제2항은 일반적 법률유보이다. 따라서 일반-특별의 법리에 따라 헌법 제23조 제3항이 헌법 제37조 제2항에 우선하여 적용된다. 따라서 공공필요 요건이 충족되면 일반조항의 국가안전보장 · 질서유지 · 공공복리의 요건과 분리되건 중첩되건 상관없이 법률상 제한이 허용된다. 그런데 헌법 제23조 제3항은 재산권 보장을 존속 보장이 아닌 가치 보장만 하는 것을 허용하는 예외적인 재산권제한규정이다. 따라서 공공필요는 국민의 재산권을 그 의사에 반하여 강제적으로 제약하여야 할 공익적 필요를 말하고, 이는 기본권 제한의 일반적인 사유인 공공복리보다는 좁은 개념으로 이해하여야 한다. 즉 공공필요는 '공익성'과 동시에 '필요성' 요건을 충족하여야 한다(헌재 1995. 2. 23. 92헌바14). 공익성 정도는 공용수용을 허용하는 개별법의 입법목적, 사업내용, 사업이 입법목적에 이바지하는 정도, 사업시설에 대한 대중의 이용 및 접근 가능성을 종합적으로 고려하여 판단된다. 필요성을 충족하려면 공용수용을 통해서 달성하려는 공익과 그로 말미암아 재산권을 침해당하는 사인의 이익 사이의 형량에서 사인의 재산권 제약을 정당화할 정도로 공익이 우월하여야 한다. 따라서 단순히 국가의 재정수입을 늘리기 위한 공용제약(공용침해)이나 재분배를 위한 공용제약(공용침해)은 허용되지 않는다.

공공필요가 없거나 공공필요와 비교해서 과도하게 재산권이 제약되면 재산권에 대한 제약행위는 위헌이므로 취소되어야 한다. 공공필요가 있어 수용되었으나 사후에 수용 목적인 공공사업이 수행되지 않거나 수용된 재산이 실제 이용되지 않으면 피수용자는 해당 재산에 대한 환매권이 있다(헌재 1994. 2. 24. 92헌가15등). 공공필요 요건을 갖추면 국가 외에 민간기업도 수용권 주체가 될 수 있다(헌재 2009. 9. 24. 2007헌바114). 다만, 민간기업이 사업시행자이면 그 사업 시행으로 획득할 수 있는 공익이 현저히 해태되지 않도록 보장하는 제도적 규율도 갖추어야 한다(헌재 2014. 10. 30. 2011헌바172등).

공용제약(공용침해)은 '법률로써' 하여야 한다. 이때 법률은 국회가 제정하는 이른바 형식적 의미의 법률을 말한다. 법률과 같은 효력이 있는 국회 동의가 필요한 조약, 법률대위명령, 법률의 효력이 있는 일반적으로 승인된 국제법규도 법률에 속한다. 법률'로써'라는 말은 '법률 자체에 의한' 공용제약(공용침해)이라기보다는 '법률에 근거를 두는' 공용제약(공용침해)을 뜻하는 것으로 새겨야 한다. 법률 자체가 직접 그 시행과 동시에 집행행위의 매개 없이 일반적 법률에 따라서 특정 인적 범위에 부여된 개인의 구체적 권리를 박탈하거나 제한할 수도 있지만, 그러한 입법공용제약(입법공용침해)은 개인의 권리 구제 가능성을 현저히 제약하는 부작용이 있으므로 예외적인 때만 허용될 수 있기 때문이다. 따라서 '법률로써'라는 말은 무엇보다도 행정권이 법률의 수권에 근거하여 개인의 구체적인 재산권을 박탈하거나 제한하는 공용제약(공용침해)의 통상적 경우인 행정공용제약(행정공용침해)을 가리킨다고 보아야 한다. 따라서 법률의 위임에 근거한 위임입법(법규명령이나 조례)에 따른 공용제약(공용침해)도 가능하다(헌재 1994. 6. 30. 92헌가18).

현행 헌법 제23조 제3항은 1962년 헌법 제20조 제3항과 달리 "공공필요에 의한 재산권의 수용 · 사용 또는 제한 및 그에 대한 보상은 법률로써 하되 정당한 보상을 지급하여야 한다."라고 규정하므로 헌법 제23조 제3항은 공용제약(공용침해)과 그 보상 사이에는 불가분의 관계가 있음을 확인하는 '불가분조항(결부조항, 부대조항)'으로 해석하여야 한다. 즉 공용제약(공용침해)의 근거와 그에 대한 보상의 기준 · 방법 · 범위가 같은 법률에서 상호 불가분적으로 규정되어야 한다. 이 불가분조항에 어긋나게 보상에 관한 규정 없이 공용제약(공용침해) 요건을 확정한 법률은 위헌이다. 불가분조항은 입법자가 공용제약

(공용침해)의 요건과 함께 보상의 종류와 범위를 동시에 규정하는 때만 공용제약(공용침해)을 수인할 의무를 개인에게 부과함으로써 개인의 재산권을 보호하는 한편, 입법자에 대한 경고적 기능을 수행한다. 즉 입법자가 법률을 제정할 때 자신이 규율하는 사태가 보상의무를 수반하는 공용제약(공용침해)인지를 사전에 면밀하게 검토하지 않을 수 없게 강제하고, 나아가 재산권의 내용과 한계를 확정한다는 미명 아래 공용제약(공용침해)을 규정하지 못하도록 예방한다.

구체적 보상입법이 없을 때 헌법 제23조 제3항을 근거로 보상청구할 수 있는지와 관련하여 ① 헌법 제23조 제3항은 보상 자체는 필수적인 것으로 하고, 다만 그 기준과 방법을 법률로 정하도록 하고, 제1항에서 사유재산제도 보장을 명백히 밝히므로 보상청구권은 헌법에서 직접 발생하고, 직접효력을 부여받는다는 직접효력설(국민에 대한 직접효력설), ② 헌법상 보상규정은 입법자 구속-보상규정이 결여된 공용제약(공용침해)법률은 위헌무효이고, 그러한 법률에 근거하여 이루어진 공용제약(공용침해)도 무효로서 효력을 발생하지 아니 한다고 하면서, 무효 확인, 원상회복, 손해배상 청구만 가능하다는 위헌무효설(입법자에 대한 직접효력설), ③ 공용제약(공용침해)법률에 보상규정이 없으면, 헌법 23조 제1항의 재산권 규정과 제11조의 평등권 규정을 근거로 제23조 제3항 관계 규정을 유추적용하여 보상을 청구할 수 있다는 유추적용설(간접효력설)이 대립한다. 헌법재판소는 보상에 관해서 아무런 입법조치를 취하지 않은 것이 입법부작위로서 위헌임을 확인한 바 있다(헌재 1994. 12. 29. 89헌마2). 이러한 점에 비추어 위헌무효설에 가까운 견해로 볼 수 있다.

정당한 보상은 완전보상을 뜻한다. 완전보상이란 해당 시장에서 재산권의 객관적 재산가치에 대한 보상을 말한다. 완전보상을 원칙으로 하되 합리적인 이유가 있으면 완전보상을 하회할 수 있다는 상당보상설이 주장되나, 1948년 헌법과 1960년 헌법에 상당한 보상으로 규정된 것이 1962년 헌법에서 정당한 보상으로 바뀌었다가 1972년 헌법의 입법에 따른 보상결정과 1980년 헌법의 이익형량보상을 거쳐 다시 현행 헌법에서 정당한 보상으로 바뀐 헌법사적 측면을 고려하고, 정당한 보상은 재산권 보장을 가치 보장으로 전환하는 근거라는 점에 비추어 정당한 보상을 상당보상으로 보기는 어렵다. 헌법재판소도 정당한 보상을 원칙적으로 완전보상으로 이해한다(헌재 1990. 6. 25. 89헌마107). 이때 보상금액뿐 아니라 보상의 시기와 방법에서도 제한이 없다. 따라서 보상을 반드시 금전보상으로 하여야 하는 것은 아니다.

5절

참정권

Ⅰ. 의의와 기능

1. 의의

좁은 뜻의 정치적 기본권인 참정권은 전통적 의미의 참정권으로서 국민이 국가기관 구성과 국가의사 형성에 직 · 간접으로 참여할 수 있는 권리이다. 이는 국민투표권, 선거권, 피선거권, 공직취임권을 아우른다. 넓은 뜻의 정치적 기본권은 참정권뿐 아니라 정치적 언론 · 출판의 자유, 집회와 결사의 자유, 정당 설립 · 활동의 자유와 같은 그 밖의 정치적 기본권도 포함한다. 참정권은 직접참정권과 간접참정권으로 나눌 수 있다. 직접참정권은 국가의사를 직접 결정하는 권리이고, 간접참정권은 국가기관 구성에 참여하는 권리이다. 직접참정권에는 헌법개정안에 대한 국민표결권(헌법 제130조 제2항), 국가안위에 관한 중요정책에 대한 국민표결권(헌법 제72조), 주민투표권(지방자치법 제18조)이 있다. 간접참여권에는 선거권(헌법 제24조) 및 피선거권과 공직취임권을 아우르는 공무담임권(헌법 제25조)이 있다.

2. 기능

참정권은 다양한 기능이 있다. 먼저 ① 참정권은 국가기관을 구성하여 국가권력을 창설한다. 정치적 통일체인 국가와 국가권력은 선존하는 것이 아니라 공동체 구성원의 정치적 통일 형성을 통해서 구성된다. 이러한 정치적 통일 형성은 참정권 행사를 통해서 가능하다. 다음으로 ② 참정권은 국가기관과 국가권력에 정당성을 부여한다. 국가기관과 국가권력이 구성되어도 국민이 그것을 정기적 · 반복적으로 정당화하여야 하고 그렇게 정당화하는 범위에서 존속한다. 이러한 정당화도 참정권 행사를 통해서 가능하다. 끝으로 ③ 참정권은 국가권력을 통제하는 기능이 있다. 특히 국민은 참정권 행사를 통해서 기존 국가권력 담당자에 대한 정당성 갱신을 거부하고 담당자를 교체함으로써 담당자의 책임을 묻는다.

Ⅱ. 특징

① 참정권은 국민이 능동적 지위에서 행사하는 (국가를 향한) 권리이다. 이러한 점에서 참정권은 국가형성적 성격이 있다. 국가를 향한 권리라는 점에서 국가에서 자유로움을 가리키는 자유권과 구별된다. 참정권은 국가를 전제로 보장되는 권리이므로 인권에 해당하지 않고 자연권적 성격도 없다. ② 참정권도 헌법이 보장하는 권리인 이상 의무가 아니라 법적 권리일 수밖에 없다. 참정권 행사를 통해서 국가와 국가권력이 구성되고 정당화하며 반복적 정당화를 통해서 정치적 통일이 유지되는 한에서만 민주국가가 존립할 수 있다. 그래서 민주국가는 참정권 행사를 통한 국민 참여가 필수적이다. 참정권 행사가 이처럼 중요하여도 참정권은 권리일 뿐이지 의무는 아니다. ③ 참정권을 능동적 지위에서 도출하면, 개인은 국가조직 자체 일부로서 국가 권한을 행사하므로 국가에 대해서 어떠한 요구도 할 수 없다. 그리고 참정권 행사가 주권 행사라면 주권자가 자신에게 권리를 주장하는 것은 모순으로 볼 수도 있다. 그러나 주권자인 국민이 정당화한 권력도 남용될 수 있으므로, 참정권은 주관적 권리의 성격도 아울러 있다고 보아야 한다. ④ 참정권은 국민에게만 인정되는 국민의 권리이다. 따라서 외국인이나 무국적자에게는 참정권의 기본권주체성이 부정된다. 그리고 참정권 주체는 자연인만 될 수 있고, 법인은 될 수 없다. 선거권과 피선거권 그리고 공직취임권에 대한 연령 제한은 일반적으로 기본권행사능력 제한으로 이해된다.

Ⅲ. 직접참정권-국민투표권

1. 의의와 유형

국민투표권은 국민이 특정 국정사안에 관해서 직접 결정할 권리이다. 즉 국민이 투표로써 국가의사 형성에 직접 참여하는 권리가 국민투표권이다. 국민투표권은 루소의 국민주권론("국민은 투표일에만 자유롭고 투표일만 지나면 노예가 되기 쉽다.")에 이념적 기초를 둔다. 국민투표권은 대의제의 결점을 보완하고 국민주권을 보호한다.

일반적으로 넓은 뜻의 국민투표는 국민표결과 국민발안, 신임투표, 국민소환 등을 아우른다고 한다. 국민표결은 국민이 중요한 정책이나 법안을 투표로써 직접 결정하는 것을 말하고, 국민발안은 국민이 중요한 정책이나 법안에 관한 투표 시행을 직접 제안할 수 있는 것을 말하며, 신임투표는 특정 공직자의 신임 여부를 투표로 정하는 것을 말하고, 국민소환은 국민 청원에 따라서 임기 중에 있는 선출직 공직자 해임 여부를 투표로 결정하는 것을 말한다.

2. 현행 헌법이 채택하는 직접참정권 – 국민투표권

대의제 민주주의(간접민주주의)를 원칙으로 채택하는 현행 헌법 아래에서 국민투표권은 예외적인 참정형식이다. 따라서 개별 헌법규정에 명시되어야 비로소 국민투표권이 인정된다. 즉 국민주권원칙에서 국민투표권이 직접 도출되지 않는다. 국민이 직접 결정할 권리를 확대하는 것은 헌법이 부여한 국가기관 권한을 축소하는 결과를 가져와 헌법적 권한질서를 바꾸기 때문이다.

(1) 헌법개정안에 대한 국민투표권

헌법개정안은 국회가 의결하고 나서 30일 이내에 국민투표에 붙여 국회의원 선거권자 과반수 투표와 투표자 과반수 찬성을 얻어야 한다(헌법 제130조 제2항). 헌법개정안은 국민투표로 확정되는데, 헌법개정안에 대한 국민투표는 국회를 통과한 헌법개정안을 인준하는 성격이 있다. 헌법개정안에 대한 국민투표는 필수적 국민표결이다.

(2) 국가안위에 관한 중요 정책에 대한 국민투표권

대통령은 필요하다고 인정하면 외교 · 국방 · 통일 기타 국가안위에 관한 중요 정책을 국민투표에 부칠 수 있다(헌법 제72조). 국가안위에 관한 중요 정책에 대한 국민투표는 대통령의 재량적 판단에 따른 임의적 국민표결이다. 헌법 제72조는 대통령의 국민투표부의권을 규정할 뿐이지 그 결과의 구속력에 관해서는 규정하지 않고, 헌법이 구체화하지 않은 구속력을 인정하는 것은 자유위임원칙과 같은 헌법상 원칙과 충돌된다는 점에서 이러한 국민투표 결과는 정치적 · 사실상 구속력이 있을 뿐이고 법적 구속력은 없다.

(3) 국민투표권 주체

19세 이상 국민은 국민투표권이 있다(국민투표법 제7조). 투표권자 연령은 국민투표일 현재로 산정한다(국민투표법 제8조). 투표일 현재 선거권이 없는 사람은 투표권이 없다(국민투표법 제9조). 재외국민은 관할 구역 안에 주민등록이 있거나 국내거소신고를 하여야 국민투표권을 행사할 수 있다(국민투표법 제14조 제1항). 대의기관 선출주체가 곧 대의기관의 의사 결정에 대한 승인주체가 되어야 하므로, 국민투표권자 범위는 대통령선거권자 · 국회의원선거권자와 일치되어야 한다(헌재 2014. 7. 24. 2009헌마256등). 이러한 점에서 국민투표법 제7조는 위헌 의심이 있다.

Ⅳ. 간접참정권

1. 선거권

(1) 의의

선거권은 국민이 선거인단 구성원으로서 공무원을 선출할 수 있는 권리를 말한다(헌법 제24조). 이는 대의제 민주주의, 즉 간접민주주의 아래에서 가장 중요한 참정권이다. 구체적으로 헌법은 대통령선거권(헌법 제67조 제1항, 공직선거법 제15조 제1항), 국회의원선거권(헌법 제41조 제1항, 공직선거법 제15조 제1항), 지방의회의원선거권(헌법 제118조, 공직선거법 제15조 제2항)을 규정한다. 지방자치단체장 선임방법 등에 관해서는 법률로 정하게 되어 있는데(헌법 제118조 제2항), 공직선거법은 지방자치단체장의 선거권을 규정한다(제15조 제2항). 따라서 지방자치단체장에 대한 선거권은 헌법상 권리가 아니라 법률상 권리로 볼 수 있다. 그러나 지방자치제도의 본질에 비추어 그 장을 선거를 통하지 않고 임명하기는 어려우므로 지방자치단체장에 대한 선거권도 헌법상 권리로 보아야 한다. 헌법재판소는 지방자치단체장에 대한 선거권을 법률상 권리로 보다가(헌재 2005. 12. 22. 2004헌마530) 견해를 바꾸어 지방자치단체장에 대한 선거권 자체가 헌법상 기본권임을 명확하게 밝혔다(헌재 2016. 10. 27. 2014헌마797). 그리고 교육감도 주민의 보통 · 평등 · 직접 · 비밀선거에 따라서 선출된다('지방교육자치에 관한 법률' 제43조). 선거권은 국민이 직접 정치의사 형성에 참여할 수단일 뿐 아니라 국가권력을 행사할 담당자를 결정하는 주권의 행사수단이기도 하다. 따라서 사법적인 성격이 있는 농협의 조합장선거에서 조합장을 선출하거나 조합장으로 선출될 권리, 조합장선거에서 선거운동을 하는 것은 선거권에 속하지 않는다(헌재 2012. 2. 23. 2011헌바154). 선거는 소수자가 다수자가 될 기회를 보장해 주면서 소수자를 보호하는 효과적인 제도이다. 그리고 무엇보다도 선거는 국가권력 담당자에게 민주적 정당성을 부여한다. 어떤 형태로든 선거만 치러지면 당연히 민주적 정당성이 부여되는 것이 아니라 민주적 선거원칙에 따른 질서 있고 공정한 선거를 통해서만 민주적 정당성이 확보될 수 있다. 그래서 헌법은 민주선거의 기본원칙으로 보통 · 평등 · 직접 · 비밀선거의 원칙을 명시적으로 규정한다(제41조 제1항과 제67조 제1항). 민주적 선거는 선거 준비에서 당선 확정까지 전체 과정에서 모든 구체적 사항이 이러한 원칙에 들어맞을 때 실현된다. 투표를 통해서 국민의 의사가 공정한 개표절차를 통해서 정확한 선거결과로 반영될 때만 선거권은 제대로 보장된다. 따라서 개표절차의 공정성 확보도 선거권의 내용에 속한다(헌재 2013. 8. 29. 2012헌마326). 나아가 선거행위부터 선거결과 확정까지 선거의 모든 본질적 단계(과정)는 공개적으로 검증할 수 있어야 한다. 이러한 점에서 조작 가능성을 배제할 수 없는 전자개표기 사용은 (수개표를 검증하는 수단으로 사용하는 것이 아니라면) 위헌 소지가 있다.

(2) 법적 성격

선거권은 국가를 전제로 인정되므로 자연권이 아니고, 헌법이 권리로서 국민에게 부여한 것이므로 국가의사 형성에 적극적으로 참여하는 주관적 권리로 보아야 한다. 그리고 선거는 국가 기능과 밀접한 관련이 있어서 공무적 성격이 있음을 부정할 수 없다. 따라서 선거권은 국가를 위한 기능 · 공무인 동시에 주관적 권리로 이해하여야 한다(2원설). 헌법재판소는 "헌법의 기본원리인 대의제 민주주의하에서 국회의원 선거권이란 것은 국회의원을 보통 · 평등 · 직접 · 비밀선거에 의하여 국민의 대표자인 국회의원을 선출하는 권리"(헌재 1998. 10. 29. 96헌마186)라고 하여 국회의원선거권의 주관적 권리성을 인정한다.

(3) 주체

선거권은 국민주권원칙에 비추어 대한민국 국적이 있는 국민에게만 인정된다. 따라서 외국인이나 무국적자는 선거권의 주체가 될 수 없다. 그리고 자연인만 선거권의 주체가 될 수 있고, 법인과 그 밖의 단체는 선거권의 주체가 될 수 없다.

국민주권과 민주국가원리에 따라서 국민이면 누구나 그가 어디에 거주하든지 간에 주권자로서 평등한 선거권을 누려야 하고, 국가는 이러한 평등한 선거권을 실현하기 위해서 최대한의 노력을 기울여야 할 의무가 있다(헌재 2022. 1. 27. 2020헌마895). 선거인명부에 기재되어 있으나, 선거일에 투표소에 가서 투표를 할 수 없으면 사전투표를 통해서 선거권을 행사할 수 있다. 사전투표소에서 투표할 수 없는 ① 법령에 따라 영내 또는 함정에 장기 기거하는 군인이나 경찰공무원 중 사전투표소 및 투표소에 가서 투표할 수 없을 정도로 멀리 떨어진 영내(營內) 또는 함정에 근무하는 사람, ② 병원 · 요양소 · 수용소 · 교도소 또는 구치소에 기거하는 사람, ③ 신체에 중대한 장애가 있어 거동할 수 없는 사람, ④ 사전투표소 및 투표소에 가기 어려운 멀리 떨어진 외딴 섬 중 중앙선거관리위원회규칙으로 정하는 섬에 거주하는 사람, ⑤ 사전투표소 및 투표소를 설치할 수 없는 지역에 장기 기거하는 사람으로서 중앙선거관리위원회규칙으로 정하는 사람은 거소에서 투표할 수 있고, 공직선거법 제38조 제2항에 해당하는 선원은 선상에서 투표할 수 있다(공직선거법 제38조 제4항). 주민등록이 되어 있는 사람으로서 사전투표기간 개시일 전 출국하여 선거일 후에 귀국이 예정된 사람이나 외국에 머물거나 거주하여 선거일까지 귀국하지 아니할 사람에 해당하여 외국에서 투표하려는 선거권자는 해당 선거의 선거일 전 150일부터 선거일 전 60일까지 국외부재자 신고를 하면 국외부재자신고인으로서 원칙적으로 대통령선거, 임기만료에 따른 국회의원선거에서 투표를 할 수 있고(공직선거법

제218조의4 제1항 참조), 주민등록이 되어 있지 않은 사람으로서 외국에서 투표하려는 선거권자는 해당 선거의 선거일 전 60일까지 재외선거인 등록 신청을 하면 재외선거인으로서 대통령선거와 임기만료에 따른 비례대표국회의원선거에서 투표를 할 수 있다(공직선거법 제218조의5 제1항 참조). 헌법재판소는 재외투표기간 개시일에 임박하여 또는 재외투표기간 중에 재외선거사무 중지결정이 있었고 그에 대한 재개결정이 없었던 예외적인 상황에서 재외투표기간 개시일 이후에 귀국한 재외선거인 및 국외부재자신고인이 국내에서 선거일에 투표할 수 있도록 하는 절차를 마련하지 아니한 공직선거법 제218조의16 제3항 중 '재외투표기간 개시일 전에 귀국한 재외선거인등'에 관한 부분은 청구인의 선거를 침해한다고 하면서 헌법불합치결정을 내렸다(헌재 2022. 1. 27. 2020헌마895).

(4) 제한

헌법이 보장하는 선거원칙으로는 보통 · 평등 · 직접 · 비밀 · 자유선거가 있다. 이 중 보통선거원칙은 국민이 성년자라면 누구라도 당연히 선거권이 있을 것을 요구한다. 특히 공직선거법 제15조 제1항은 18세 이상 국민이라면 누구나 선거권이 있다고 명시한다. 다만, 선거권도 절대적 기본권이 아닌 이상 헌법 제37조 제2항에 따라서 제한될 수 있다. 선거는 국민이 자신의 의사를 국가에 대해서 직접 표출할 수 있는 중요한 수단이므로 선거권에 대한 제한은 엄격한 기준이 적용되어야 한다.

① 연령상 제한

공직선거법은 선거일 현재 18세에 도달한 국민에게 선거권을 부여한다(제15조와 제17조). 선거 연령이 20세일 때 헌법재판소는 입법자가 공직선거및선거부정방지법에서 민법상 성년인 20세 이상으로 선거권 연령을 합의한 것은 미성년자의 정신적 · 신체적 자율성의 불충분 외에도 교육적 측면에서 예견되는 부작용과 일상 생활 여건상 독자적으로 정치적인 판단을 할 수 있는 능력에 관한 의문 등을 고려한 것이고, 선거권과 공무담임권의 연령을 어떻게 규정할 것인지는 입법자가 입법목적 달성을 위한 선택 문제이고 입법자가 선택한 수단이 현저하게 불합리하고 불공정한 것이 아닌 한 재량에 속하는 것인바, 선거권 연령을 공무담임권 연령인 18세와 달리 20세로 규정한 것은 입법부에 주어진 합리적인 재량 범위를 벗어난 것으로 볼 수 없다고 하였다(헌재 1997. 6. 26. 96헌마89). 그리고 헌법재판소는 18세에게 선거권을 부여하지 않은 것에 대해서 선거 연령을 정할 때 민법상 행위능력 유무가 중요한 기준이 될 수 있고, 19세 미만 미성년자의 정신적 · 신체적 자율성의 불충분과 교육적인 측면에서 예견되는 부작용과 일상 생활 여건상 독자적으로 정치적인 판단을 할 능력에 대한 의문 등을 종합적으로 고려하면 불합리한 것이라고 볼 수 없다고 하였다(헌재 2013. 7. 25. 2012헌마174). 정치적 판단능력을 이유로 한 헌법재판소의 합헌 논거에 관해서는 의미가 명확하게 정의되지 않은 정치적 판단능력(성숙성)이라는 기준을 선거권 행사 가능 여부를 판단하는 기준으로 적용하는 것은 적절하지 않다는 비판이 있다.

② 선거권 결격사유

선거일 현재 (ⅰ) 금치산선고를 받은 사람, (ⅱ) 1년 이상 징역이나 금고의 형 선고를 받고 그 집행이 종료되지 아니하거나 그 집행을 받지 아니하기로 확정되지 아니한 사람(다만, 그 형의 집행유예를 선고받고 유예기간에 있는 사람은 제외), (ⅲ) 선거범, 정치자금법 제45조(정치자금부정수수죄)와 제49조(선거비용 관련 위반행위에 관한 벌칙)에 규정된 죄를 범한 사람이나 대통령 · 국회의원 · 지방의회의원 · 지방자치단체장으로서 그 재임 중 직무와 관련하여 형법('특정범죄가중처벌 등에 관한 법률' 제2조에 따라서 가중처벌되는 때 포함) 제129조(수뢰, 사전수뢰) 내지 제132조(알선수뢰) · '특정범죄가중처벌 등에 관한 법률' 제3조(알선수재)에 규정된 죄를 범한 사람으로서, 100만 원 이상 벌금형 선고를 받고 그 형이 확정된 후 5년이나 형의 집행유예 선고를 받고 그 형이 확정된 후 10년을 지나지 아니하거나 징역형 선고를 받고 그 집행을 받지 아니하기로 확정된 후 또는 그 형의 집행이 종료되거나 면제된 후 10년을 지나지 아니한 사람(형이 실효된 자도 포함), (ⅳ) 법원 판결이나 다른 법률에 따라서 선거권이 정지되거나 상실된 사람은 선거권이 없다(공직선거법 제18조).

선거사범으로서 선거권을 제한하는 것은 별론으로 하고 형사책임과 주권 행사를 결부시켜서 선거권을 제한하는 것은 위헌이라는 의심이 있다. 그러나 헌법재판소는 수형자에게 선거권을 부여하지 않는 공직선거법 제18조 제1항 제2호에 대해서 합헌결정을 내렸다(헌재 2004. 3. 25. 2002헌마411).

③ 집행유예자와 수형자의 선거권 제한

헌법재판소는 집행유예자와 수형자에 대해서 전면적 · 획일적으로 선거권을 제한하는 구 공직선거법 제18조 제1항 제2호는 그 입법목적에 비추어 보더라도, 구체적인 범죄의 종류나 내용과 불법성의 정도 등과 관계없이 일률적으로 선거권을 제한하여야 할 필요성이 있다고 보기는 어렵고, 범죄자가 저지른 범죄의 경중을 전혀 고려하지 않고 수형자와 집행유예자 모두의 선거권을 제한하는 것은 침해의 최소성원칙에 어긋나며, 특히 집행유예자는 집행유예 선고가 실효되거나 취소되지 않는 한 교정시설에 구금되지 않고 일반인과 같은 사회생활을 하므로, 그들의 선거권을 제한하여야 할 필요성이 크지 않으므로, 집행유예자와 수형자의 선거권을 침해하고, 보통선거원칙을 위반하여 집행유예자와 수형자를 차별 취급하는 것으로 평등원칙에 어긋나서 위헌이라고 하면서, 집행유예자에게는 단순위헌결정을, 수형자에게는 계속 적용 헌법불합치결정을 내렸다(헌재 2014. 1. 28. 2012헌마409등). 그리고 헌법재판소는 1년 이상 징역형 선고를 받고 그 집행이 종료되지 아니한 사람의 선거권을 제한하는 공직선거법 제18조 제1항 제2호 본문 중 "1년 이상의 징역의 형의 선고를 받고 그 집행이 종료되지 아니한 사람"에 관한 부분은 선거권을 침해하지 않는다고 하였다(헌재 2017. 5. 25. 2016헌마292등).

④ 재외국민의 선거권 제한

기존 공직선거법(제15조 제2항 제1호, 제37조 제1항, 제38조 제1항)은 선거구나 투표구에 주민등록이 되어 있는 사람에 한하여 투표권을 인정하였다. 이에 외국에 거주하는 재외국민뿐 아니라 국내에 거주하는 재외국민에게도 선거권이 인정되지 않았고, 외국 거주 국민은 부재자투표 기회도 없었다. 헌법재판소는 이들 규정에 대해서 재외국민에게 원칙적으로 선거권이 보장되어야 하고, 외국에 거주하여서 선거관리상 어려움이 있다는 기술적인 이유로 참정권을 제한하는 것이 정당성이 없다고 하면서 계속 적용 헌법불합치결정을 내렸다(헌재 2007. 6. 28. 2004헌마644등). 그 후 공직선거법이 개정되어 재외국민에도 선거권을 부여한다. 다만, 재외국민 중 지역구 국회의원 선거권은 '재외동포의 출입국과 법적 지위에 관한 법률' 제6조 제1항에 따라 국내거소신고를 하고 국내거소신고인명부에 3개월 이상 계속하여 올라 있는 사람으로서 해당 국회의원지역선거구 안에 국내거소신고가 되어 있는 사람에게, 지방자치단체의 의회의원과 장의 선거권은 국내거소신고인명부에 3개월 이상 계속하여 올라 있는 국민으로서 해당 지방자치단체 관할구역에 국내거소신고가 된 사람만 인정된다(공직선거법 제15조 제1항 제2호와 제2항 제2호).

주민등록이 되어 있는 사람으로서 (ⅰ) 사전투표기간 개시일 전 출국하여 선거일 후에 귀국이 예정된 사람과 (ⅱ) 외국에 머물거나 거주하여 선거일까지 귀국하지 아니할 사람 중 하나에 해당하여 외국에서 투표하려는 선거권자는 대통령선거와 임기 만료에 따른 국회의원선거를 실시하는 때마다 선거일 전 150일부터 선거일 전 60일까지 서면 · 전자우편이나 중앙선거관리위원회 홈페이지를 통해서 관할 구 · 시 · 군의 장에게 국외부재자 신고를 하여야 한다. 이때 외국에 머물거나 거주하는 사람은 공관을 경유하여 신고하여야 한다(공직선거법 제218조의4 제1항). 주민등록이 되어 있지 아니하고 재외선거인명부에 올라 있지 아니한 사람으로서 외국에서 투표하려는 선거권자는 대통령선거와 임기 만료에 따른 비례대표 국회의원선거를 실시하는 때마다 해당 선거의 선거일 전 60일까지 중앙선거관리위원회에 재외선거인 등록신청을 하여야 한다(공직선거법 제218조의5 제1항). 헌법재판소는 주민등록이 되어 있지 않고 국내거소신고도 하지 않은 재외선거인에게 국회의원 재선거 선거권을 인정하지 않은 것은 재외선거인의 선거권을 침해하지 않는다고 한다(헌재 2014. 7. 24. 2009헌마256등).

⑤ 외국인의 선거권

출입국관리법상 영주의 체류자격 취득일 후 3년이 지난 18세 이상의 외국인은 해당 지방자치단체장이나 지방의회의원의 선거에서 선거권이 있다(공직선거법 제15조 제2항 제3호). 이러한 외국인의 지방선거 선거권은 헌법상 권리가 아니라 법률상 권리에 불과하다(헌재 2007. 6. 28. 2004헌마644등).

2. 공무담임권

(1) 의의

공무담임권은 선출직 공무원을 비롯한 모든 국가기관에 취임하여 공직을 수행할 수 있는 권리이다(헌법 제25조)(헌재 2002. 8. 29. 2001헌마788등). 공무담임권은 각종 선거에 입후보하여 당선될 수 있는 피선거권(선출직 공무원)과 공직에 임명될 수 있는 공직취임권(선출직 공무원 이외의 공무원)을 포괄하는 개념(헌재 1996. 6. 26. 96헌마200)으로서 국민 누구나가 국정 담당자가 될 수 있는 길을 열어 놓은 참정권이다(헌재 1996. 6. 26. 96헌마200). 공무담임권에서 공무는 입법과 집행, 사법은 물론 지방자치단체 등을 포함하는 모든 국가사무를 말한다. 공무담임권은 주권자인 국민 자신이 직접 국정을 담당할 기회를 보장한다.

(2) 법적 성격

공무담임권은 현실적 권리가 아니다. 즉 모든 국민에게 공무담임권을 보장한다고 하여 모든 국민이 곧바로 공무를 담당할 수 있는 것은 아니다. 공무담임권은 공무담임 기회를 보장할 뿐이다. 즉 공무담임권은 법적 지위를 보장하는 것에 그친다. 따라서 국민은 법률이 정하는 바에 따라 선거에서 당선되거나 임명에 필요한 자격을 갖추거나 선발시험 등에 합격하고 나서 공무를 담임할 수 있다. 이러한 선거나 자격 및 선발시험이 공정하게 치러질 것도 공무담임권 내용에 포함될 수 있다. 그러므로 직업공무원은 이러한 공직 취임 조건이 되는 자격과 선발시험은 임용희망자의 능력, 전문성, 적성, 품성을 기준으로 하는 이른바 능력주의나 성과주의를 바탕으로 하여야 할 것이 요구된다. 공무담임권이 공직에 평등하게 접근할 기회를 부여한다는 점에서 평등권의 특별한 형태로 볼 수 있다(헌재 2009. 7. 30. 2007헌마991).

(3) 주체

공무담임권은 국민주권원칙에 비추어 대한민국 국적이 있는 자연인인 국민에게만 인정된다. 따라서 외국인은 공무담임권의 주체가 될 수 없다. 다만, 필요에 따라 법률에 따라서 외국인을 공무원으로 임용할 수 있다. 국가공무원법 제26조의3 제1항과 지방공무원법 제25조의2 제1항에 따라서 국가기관의 장과 지방자치단체의 장은 국가안보 및 보안 · 기밀에 관계되는 분야를 제외하고 대통령령 등으로 정하는 바에 따라 외국인을 공무원으로 임용할 수 있다. 복수국적자도 대한민국 국민이므로 공무담임권이 원칙적으로 인정된다. 그러나 ① 국가 존립과 헌법 기본질서 유지를 위한 국가안보 분야, ② 내용이 누설되면 국가 이익을 해하게 되는 보안 · 기밀 분야, ③ 외교, 국가 간 이해관계와 관련된 정책결정 및 집행 등 복수국적자 임용이 부적합한 분야 중 하나로서 대통령령 등으로 정하는 분야에는 복수국적자 임용을 제한할 수 있다(국가공무원법 제26조의3 제2항, 지방공무원법 제25조의2 제2항).

(4) 내용

공무담임권은 선거에 후보자로 출마할 수 있는 자격인 피선거권과 선출직 이외의 공직에 취임할 수 있는 공직취임권을 아우른다. 그러나 공직에서 하는 활동(공무 수행)은 공권력 행사와 관련되는 것으로서 공무담임권 보호영역에 포함되지 않는다. 헌법재판소도 공무담임권은 피선거권과 공직 취임의 균등한 기회만을 보장할 뿐이지, 일단 당선이나 임명된 공직에서 그 활동이나 수행의 자유를 보장하는 것은 아니라고 한다(헌재 1999. 5. 27. 98헌마214). 다만, 기왕 공직에 있는 사람이 공직에서 배제되면 공무 담임에는 공직에 대한 진입(취임)뿐 아니라 공직에 계속 있을 권리와 공직에서 벗어날 권리도 포함된다(헌재 2002. 8. 29. 2001헌마788등). 따라서 공무담임권의 보호영역에는 공직 취임 기회의 자의적 배제뿐 아니라 공무원 신분의 부당한 박탈이나 권한(직무)의 부당한 정지도 포함된다. 그러나 공무원의 승진 가능성은 공무담임권으로서 보호되지 않는다(헌재 2010. 3. 25. 2009헌마538). 보직, 승진과 같이 공직 안에서 이루어지는 인사권 행사는 해당 공무원의 의사나 이익에 어긋나더라도 공무담임권 제약은 아니다(헌재 2010. 3. 25. 2009헌마538). 그리고 공무원이 특정 장소에서 근무하는 것이나 특정 보직을 받아 근무하는 것을 포함하는 일종의 '공무 수행의 자유'까지 그 보호영역에 포함되지 않는다(헌재 2008. 6. 26. 2005헌마1275).

(5) 제한

헌법은 모든 국민에게 공무담임권을 보장함으로써(헌법 제25조) 주권자인 국민에게 직접 국정 담당자로서 참정권을 행사할 길을 열어 놓는다. 하지만 공무담임권은 현실적인 권리가 아니고 기회보장적인 것이므로, 선거에서 당선, 공직채용시험 합격 등 주관적 전제조건, 즉 능력주의에 따라서 공무담임권이 제한되는 것은 당연한 제약이다. 이때도 헌법 제37조 제2항의 비례성원칙은 준수되어야 한다. 다만, 헌법의 기본원리나 특정조항에 비추어 능력주의에 대한 예외를 인정할 수 있다. 그러한 헌법원리로서는 헌법의 기본원리인 사회국가원리를 들 수 있고, 헌법조항으로는 헌법 제32조 제4항 내지 제6항, 헌법

제34조 제2항 내지 제5항을 들 수 있다.

① 피선거권 제한

피선거권은 선거권과 달리 직무에 따라 연령 제한을 둔다. 대통령 피선거권은 선거일 현재 40세 이상 국민에게 부여된다(헌법 제67조 제4항, 공직선거법 제16조 제1항). 국회의원 피선거권은 25세 이상 국민만 있다(헌법 제41조 제3항, 공직선거법 제16조 제2항). 지방의회의원과 지방자치단체장의 피선거권은 선거일 현재 25세 이상 국민에게 있다(공직선거법 제16조 제3항). 선출직이 아닌 공직 취임에 관해서는 각 해당 법률이 그 자격이나 임용요건과 절차 등에 관해서 상세히 규정한다.

선거일 현재 (i) 금치산선고를 받은 사람, (ii) 선거범, 정치자금법 제45조(정치자금부정수수죄)와 제49조(선거비용 관련 위반행위에 관한 벌칙)에 규정된 죄를 범한 사람이나 대통령 · 국회의원 · 지방의회의원 · 지방자치단체장으로서 그 재임 중의 직무와 관련하여 형법('특정범죄가중처벌 등에 관한 법률' 제2조에 따라서 가중처벌되는 때 포함) 제129조(수뢰, 사전수뢰) 내지 제132조(알선수뢰) · '특정범죄가중처벌 등에 관한 법률' 제3조(알선수재)에 규정된 죄를 범한 사람으로서, 100만 원 이상 벌금형 선고를 받고 그 형이 확정된 후 5년이나 형의 집행유예 선고를 받고 그 형이 확정된 후 10년을 지나지 아니하거나 징역형 선고를 받고 그 집행을 받지 아니하기로 확정된 후 또는 그 형의 집행이 종료되거나 면제된 후 10년을 지나지 아니한 사람(형이 실효된 자도 포함), (iii) 법원 판결이나 다른 법률에 따라서 선거권이 정지되거나 상실된 사람, (iv) 금고 이상의 형 선고를 받고 그 형이 실효되지 아니한 사람, (v) 법원 판결이나 다른 법률에 따라서 피선거권이 정지되거나 상실된 사람, (vi) 국회법 제166조(국회 회의 방해죄)의 죄를 범한 사람으로서 ⓐ 500만 원 이상의 벌금형 선고를 받고 그 형이 확정된 후 5년이 지나지 아니한 사람, ⓑ 형의 집행유예 선고를 받고 그 형이 확정된 후 10년이 지나지 아니한 사람, ⓒ 징역형 선고를 받고 그 집행을 받지 아니하기로 확정된 후 또는 그 형 집행이 종료되거나 면제된 후 10년이 지나지 아니한 사람의 어느 하나에 해당하는 사람(형이 실효된 자 포함), (vii) 공직선거법 제230조 제6항의 죄를 범한 사람으로서 벌금형 선고를 받고 그 형이 확정된 후 10년을 지나지 아니한 사람(형이 실효된 자도 포함)은 선거권이 없다(공직선거법 제19조).

선거일 현재 5년 이상 국내에 거주하여야(이때 공무로 외국에 파견된 기간과 국내에 주소를 두고 일정기간 외국에 체류한 기간은 국내거주기간으로 본다) 대통령 피선거권이 있다(공직선거법 제16조 제1항). 그리고 선거일 현재 60일 이상(공무로 외국에 파견되어 선거일 전 60일 후에 귀국한 사람은 선거인명부작성기준일부터 계속하여 선거일까지) 해당 지방자치단체 관할구역 안에 주민등록이 있어야 지방의회의원과 지방자치단체장의 피선거권이 있다(공직선거법 제16조 제3항). 헌법재판소는 지방자치단체의 피선거권에 거주요건을 요구하는 것은 헌법이 보장한 주민자치를 원리로 하는 지방자치제도에서 지연적 관계를 고려하여 해당 지역 사정을 잘 알거나 지역과 사회적 · 지리적 이해관계가 있어 해당 지역행정에 관한 관심과 애향심이 많은 사람에게 피선거권을 부여함으로써 지방자치행정의 민주성과 능률성을 도모함과 아울러 지방자치제도 정착을 위한 규정으로서, 그 내용이 공무담임권을 필요 이상으로 과잉제한하여 과잉금지원칙에 어긋나거나 공무담임권의 본질적인 내용을 침해하여 위헌적인 규정이라고는 볼 수 없다고 하였다(헌재 1996. 6. 26. 96헌마200). 그러나 헌법재판소는 지방선거 피선거권 부여에서 주민등록만을 기준으로 함으로써 주민등록이 불가능한 재외국민인 주민의 지방선거 피선거권을 부인하는 것은 헌법 제37조 제2항에 위반하여 국내 거주 재외국민의 공무담임권을 침해한다고 하였다(헌재 2007. 6. 28. 2004헌마644등).

국가공무원이나 지방공무원이 공직선거후보자가 되려면 선거일 전 90일까지 그 직을 사퇴하여야 한다(공직선거법 제53조 제1항 본문). 그러나 ⓐ 비례대표 국회의원선거나 비례대표 지방의원선거에 입후보하는 때, ⓑ 보궐선거 등에 입후보하는 때, ⓒ 국회의원이 지방자치단체의 장의 선거에 입후보하는 때, ⓓ 지방의회의원이 다른 지방자치단체의 의회의원이나 장의 선거에 입후보하는 때에는 선거일 전 30일까지 그 직을 그만두어야 한다(공직선거법 제53조 제2항). 다만, 대통령선거와 국회의원선거에서 국회의원이 그 직을 가지고 입후보하는 때와 지방의회의원선거 및 지방자치단체장의 선거에서 해당 지방자치단체의 의회의원이나 장이 그 직을 가지고 입후보하는 때는 그러하지 아니하다(공직선거법 제53조 제1항 단서). 그러나 비례대표 국회의원이 지역구 국회의원 보궐선거 등에 입후보하는 때와 비례대표 지방의회의원이 해당 지방자치단체의 지역구 지방의회의원 보궐선거 등에 입후보하는 때에는 후보자등록신청 전까지 그 직을 그만두어야 한다(공직선거법 제53조 제3항). 이와 관련하여 그 소속기관의 장이나 소속위원회에 사직원이 접수되면 그 직을 그만 둔 것으로 본다(공직선거법 제53조 제4항). 공무원이 공직선거의 후보자가 되려고 공직선거법 제53조 제1항에서 정한 기한 안에 소속기관의 장이나 소속 위원회에 사직원을 제출하였다면 공직선거법 제53조 제4항에 따라 그 수리 여부와 관계없이 사직원 접수 시점에 그 직을 그만둔 것으로 간주되므로, 그 이후로는 공무원이 해당 공직선거와 관련하여 정당 추천을 받으려고 정당에 가입하거나 후보자등록을 할 수 있고, 후보자등록 당시까지 사직원이 수리되지 않았더라도 그 후보자등록에 공직선거법 제52조 제1항 제5호, 제9호 또는 제10호를 위반한 등록무효사유가 있다고는 볼 수 없다(대법원 2021. 4. 29. 선고 2020수6304 판결). 지방자치단체장은 선거구역이 해당 지방자치단체의 관할구역과 같거나 겹치는 지역구 국회의원선거에 입후보하고자 하는 때는 해당 선거의 선거일전 120일까지 그 직을 그만두어야 한다. 헌법재판소는 지방자치단체장이 해당 지방자치단체의 관할구역과 같거나 겹치는 선거구역에서 실시되는 지역구 국회의원선거에 입후보하고자 할 때 해당 선거의 선거일 전 180일까지 그 직을 사퇴하도록 규정하는 구 공직선거및선거부정방지법 제53조 제3항은 공무담임권을 침해하여 위헌이라고 선언하였다(헌재 2003. 9. 25. 2003헌마106). 그러나 지방자치단체장이 해당 지방자치단체의 관할구역과 같거나 겹치는 선거구역에서 실시되는 지역구 국회의원선거에 입후보하고자 할 때 해당 선거의 '선거일 전 120일까지' 그 직을 사퇴하도록 규정한 구 공직선거및선거부정방지법 제53조 제3항은 공무담임권을 침해하지 않는다고 하였다(헌재 2006. 7. 27. 2003헌마758등). 다만, 그 지방자치단체장이 임기가 만료되고 나서 그 임기만료일부터 90일 후에 실시되는 지역구 국회의원선거에 입후보하려는 때는 그러하지 아니하다(공직선거법 제53조 제5항). 국회의원이 대통령선거와 국회의원선거에 입후보하는 때 그리고 지방의회의원선거와 지방자치단체장의 선거에서 해당 지방의회의원이나 지방자치단체장이 입후보하는 때도 이러한 제한이 적용되지 않는다. 지방자치단체장이 임기 중 사퇴할 때 공직 출마를 금지하는 것은 피선거권을 침해한다(헌재 1999. 5. 27. 98헌마214).

기탁금제도는 헌법 제25조와 제37조 제2항에 근거한다. 기탁금은 필요한 최소한도의 공영비용부담금에 성실성 담보와 과열 방지를 위한 약간의 금액이 가산된 범위에서만 헌법상 정당성이 인정될 수 있다(헌재 1996. 8. 29. 95헌마108). 기탁금 액수와 그 반환기준은 선거문화와 풍토, 정치문화와 풍토, 국민경제적 여건 그리고 국민의 법감정 등 여러 가지 요소를 종합적으로 고려하여 입법자가 정책적으로 결정할 사항이다(헌재 2003.

8. 21. 2001헌마687등). 헌법재판소는 국회의원선거의 기탁금반환기준을 유효투표 총수의 100분의 20 이상으로 규정한 것은 군소정당이나 신생정당의 정치 참여 기회를 제약하는 효과를 낳는다고 하여 위헌으로 선언하였다(헌재 2001. 7. 19. 2000헌마91등). 그러나 헌법재판소는 국회의원선거기탁금의 국가귀속기준을 유효투표 총수 100분의 5 이상으로 규정한 것(헌재 2003. 8. 21. 2001헌마687등)과 유효투표 총수의 100분의 15 이상을 득표하면 기탁금 전액을 반환하고, 유효투표 총수의 100분의 10 이상 100분의 15 미만을 득표하면 기탁금의 50%를 반환하도록 한 것(헌재 2011. 6. 30. 2010헌마542)은 합헌으로 판단하였다.

② 공직취임권 제한

(ⅰ) 피성년후견인이나 피한정후견인, (ⅱ) 파산선고를 받고 복권되지 아니한 사람, (ⅲ) 금고 이상의 실형을 선고받고 그 집행이 종료되거나 집행을 받지 아니하기로 확정된 후 5년이 지나지 아니한 사람, (ⅳ) 금고 이상의 형을 선고받고 그 집행유예 기간이 끝난 날부터 2년이 지나지 아니한 사람(금고 이상의 형을 받고 집행유예 기간이 완료된 후 2년을 지나지 않은 것을 국가공무원 결격사유로 한 것이 공무담임권 침해가 아니라는 판례로는 헌재 1997. 11. 27. 95헌바14등), (ⅴ) 금고 이상 형의 선고유예를 받았으면 그 선고유예 기간에 있는 사람[헌법재판소는 선고유예 판결 확정에 따른 당연 퇴직 사유를 규정할 때 직업의 자유에 대한 제한을 최소화하기 위해서는 입법목적을 달성하는 데 반드시 필요한 범죄의 유형, 내용 등으로 그 범위를 가급적 한정하여 규정하거나 적어도 공무원법에 마련된 징계 등 별도의 제도로써도 입법목적을 충분히 달성할 수 있는 것으로 판단되면 당연퇴직 사유에서 제외시켜 규정하여야 한다고 하면서, 지방공무원(헌재 2002. 8. 29. 2001헌마788등), 군무원(헌재 2003. 9. 25. 2003헌마293등), 국가공무원(헌재 2003. 10. 30. 2002헌마684등), 경찰공무원(헌재 2004. 9. 23. 2004헌가12), 향토예비군 지휘관(헌재 2005. 12. 22. 2004헌마947), 군무원(헌재 2007. 6. 28. 2007헌가3)이 선고유예를 받으면 당연히 그 직을 상실하도록 규정한 조항들에 대하여 과잉금지원칙에 반하여 공무담임권을 침해하였다는 이유로 위헌으로 결정하였다. 같은 이유로 청원경찰이 금고 이상 형의 선고유예를 받으면 그 직에서 당연 퇴직하도록 한 청원경찰법 제10조의5 제1호도 직업의 자유를 침해하여 위헌이라고 선언하였다(헌재 2018. 1. 25. 2017헌가26)], (ⅵ) 법원 판결이나 다른 법

률에 따라 자격이 상실되거나 정지된 사람, (vii) 공무원으로 재직하는 기간에 직무와 관련하여 형법 제355조와 제356조에 규정된 죄를 범한 사람으로서 300만 원 이상 벌금형을 선고받고 그 형이 확정된 후 2년이 지나지 아니한 사람, (viii) 형법 제303조나 '성폭력범죄의 처벌 등에 관한 특례법' 제10조에 규정된 죄를 범한 사람으로서 300만 원 이상의 벌금형을 선고받고 그 형이 확정된 후 2년이 지나지 아니한 사람, (ix) 징계로 파면처분을 받은 때부터 5년이 지나지 아니한 사람, (x) 징계로 해임처분을 받은 때부터 3년이 지나지 아니한 사람의 어느 하나에 해당하는 사람은 공무원으로 임용될 수 없다(국가공무원법 제33조, 지방공무원법 제31조).

헌법재판소는 검찰총장은 퇴직일부터 2년 이내에는 공직에 임명될 수 없다고 규정한 구 검찰청법 제12조 제4항은 검찰총장 퇴임 후 2년 이내에는 법무부 장관과 내무부 장관직뿐 아니라 모든 공직 임명을 금지하므로 심지어 국 · 공립대학교 총 · 학장, 교수 등 학교의 경영과 학문연구직 임명도 받을 수 없고, 검찰총장이 재임 중 다른 직위에 연연하지 않고 정치적 중립성을 지켜 국민 전체에 대한 봉사자로서 그 직무를 공정하게 수행하며 균형 잡힌 검찰권을 행사하게 함으로써 형사사법의 공정과 국민의 기본적 인권을 보장하려는 입법목적에 비추어 보면 그 제한은 필요 최소한의 범위를 크게 벗어나 공무담임권을 침해하는 것으로서 헌법상 허용될 수 없다고 하였다(헌재 1997. 7. 16. 97헌마26).

비선출직 공무원, 특히 직업공무원 임용에서는 적극적으로 능력 · 전문성 · 적성 · 품성 등에 따라 균등하게 공직취임권이 보장되어야 한다. 다만, 이러한 능력주의도 사회적 약자를 배려하려고 어느 정도 예외가 인정될 수 있다. 채용시험에서 각종 가산점제도가 이러한 예외에 해당한다. 여기서 특별평등권이라는 공무담임권의 특수성이 드러난다. 헌법재판소는 교육공무원법이 중등교사 임용시험에서 동일지역 사범대학을 졸업한, 교원경력이 없는 사람에게 가산점을 부여하는 것(동일지역 출신 가산점제)(헌재 2007. 12. 27. 2005헌가11)이나 복수전공과 부전공 교원자격증 소지자에게 가산점을 부여하는 것(복수전공과 부전공 가산점제)(헌재 2006. 6. 29. 2005헌가13)은 공무담임권 침해가 아니라고 하였다. 그러나 국 · 공립학교 채용시험에서 국가유공자 가족에까지 응시할 때 만점의 10%를 가산하도록 한 것은 합헌(헌재 2001. 2. 22. 2000헌마25)에서 위헌(헌재 2006. 2. 23. 2004헌마675등)으로 견해를 바꾸었다. 그리고 사범계 출신에 대한 가산점제도는 포괄적 위임금지에 어긋난다고 하였다(헌재 2004. 3. 25. 2001헌마882).

공무취임권의 연령을 어떻게 규정할 것인지는 입법자가 입법목적 달성을 위한 선택 문제이고 입법자가 선택한 수단이 현저하게 불합리하고 불공정한 것이 아닌 한 재량에 속한다(헌재 1997. 6. 26. 96헌마89). 그러나 그 상한연령을 지나치게 낮추는 것은 허용되지 않는다.

공무원 정년제도는 공무원에게 정년연령까지 근무 계속을 보장함으로써 그가 앞날에 대한 확실한 예측을 하고 생활설계를 할 수 있게 하여 안심하고 직무에 전념하게 하고, 공무원 교체를 계획적으로 수행하는 것을 통해서 연령 구성 고령화를 방지하고 조직을 활성화하여 공무능률을 유지 · 향상하려는 것이다(헌재 1997. 3. 27. 96헌바86). 공무원 정년제도는 공무원의 신분보장과 직업공무원제 보완을 위한 공익목적에서 마련된 것이므로 그로 말미암아 공무담임권과 직업 선택의 자유 및 행복추구권이 제한을 받더라도 그 제한은 목적에서 정당하고, 공무원 정년제도를 어떻게 구성할 것인지와 그 구체적인 정년연령은 몇 세로 할 것인지는 특별한 사정이 없으면 입법정책 문제로서 입법부에 광범위한 입법재량이나 형성의 자유가 인정되어야 할 사항이라서 입법권자로서는 정년제도의 목적, 국민의 평균수명과 실업률 등 사회경제적 여건과 공무원 조직의 신진대사 등 공직 내부 사정을 종합적으로 고려하여 합리적인 재량의 범위 안에서 이를 규정할 수 있다(헌재 1997. 3. 27. 96헌바86).

간선제 방식 아래에서 총장후보자에 지원하려는 사람에 접수 시 1,000만원의 기탁금을 납부하도록 하고, 지원서 접수 시 기탁금 납입 영수증을 제출하도록 한 것은 총장후보자 지원자들의 무분별한 난립을 방지하고 그 책임성과 성실성을 확보함으로써 선거 과열을 예방하기 위한 것이므로 목적의 정당성은 인정된다. 그리고 총장후보자 지원자들에게 1,000만 원의 기탁금을 납부하게 하는 것은 지원자가 무분별하게 총장후보자에 지원하는 것을 예방하는 데 이바지할 수 있으므로 수단의 적합성도 인정된다. 그러나 현행 간선제 방식 아래에서는 지원자들의 무분별한 난립과 선거 과열 문제가 발생할 여지가 적다. 총장후보자 지원자들이 난립하여 선거가 과열될 우려가 있다면 현행 총장후보자 선정규정보다 총장후보자의 자격요건을 강화하는 것 등 지원자 적격 여부를 더 엄정하게 심사하여 지원자들의 무분별한 난립을 막을 수 있다. 총장후보자 선정규정상 부정행위 금지 및 이에 대한 제재조항으로 선거의 과열을 방지할 수도 있다. 이러한 방법은 적절한 대체수단이 될 수 있다. 그리고 1,000만 원이라는 액수는 자력이 부족한 교원 등 학내 인사와 일반 국민이 총장후보자에 지원하려는 의사를 단념토록 할 수 있을 정도로 과다한 액수이다. 이러한 사정들을 종합하면 침해의 최소성에 반한다. 간선제 방식에서는 기탁금 강제를 통해서 달성하려는 공익은 제한적이지만, 이로 말미암아 기탁금을 납입할 자력이 없는 교원 등 학내 인사와 일반 국민은 총장후보자에 지원하는 것 자체를 단념하게 되므로, 이것이 제약하는 공무담임권 정도는 절대 과소평가될 수 없어서 기탁금 강제로 달성하려는 공익이 제한되는 공무담임권 정도보다 크다고 단정할 수 없어서 법익의 균형성에도 어긋난다. 따라서 총장후보자에 대한 기탁금 강제는 과잉금지원칙에 어긋나서 공무담임권을 침해한다(헌재 2018. 4. 26. 2014헌마274).

③ 공무담임권 제한의 심사강도

헌법재판소는 공무담임권 제한은 그 직무의 공익 실현이라는 특수성으로 말미암아 그 직무 본질에 어긋나지 아니하고 결과적으로 다른 기본권 침해를 일으키지 아니하는 한 상대적으로 강한 합헌성이 추정되므로, 주로 평등원칙이나 목적과 수단의 합리적인 연관성 여부가 심사대상이 되고, 법익형량에서도 상대적으로 다소 완화한 심사를 하게 될 것이라고 하였다(헌재 2002. 10. 31. 2001헌마557).

6절

청구권적 기본권

Ⅰ. 일반론

1. 의의

청구권적 기본권은 국가에 대해서 일정한 적극적 작위를 청구할 수 있는 권리를 말한다. 청구권적 기본권은 다른 기본권 보호를 위한 기본권이라서 '기본권을 보장하기 위한 기본권', '권리구제를 위한 기본권', '수단적 · 절차적 기본권' 등으로도 부른다.

2. 법적 성격

① 청구권적 기본권은 국가내적인 실정법상 권리이다. 즉 청구권적 기본권은 전국가적 혹은 초국가적인 천부적 자연권이 아니다. ② 청구권적 기본권은 국민이 국가에 대해서 적극적으로 일정한 행위를 청구할 수 있는 권리라는 점에서 자유권이나 참정권과 다르다. 즉 청구권적 기본권은 국민의 적극적 지위에서 비롯하는 것으로 소극적 · 방어적 권리인 자유권과 능동적 권리인 참정권과 구별된다. ③ 청구권적 기본권은 이를 구체화하는 법률이 없더라도 헌법규정에 따라 소송 등을 통해서 직접 그 권리를 주장할 수 있다. 따라서 법률을 통해서 구체적 권리 내용이 형성되는 사회권과 다르다. 청구권적 기본권은 기본권 보장을 위한 기본권이라는 점에서 절차적 권리이다. 즉 실체법적 기본권인

다른 기본권을 실현하기 위한 기본권이다.

3. 주체

청구권적 기본권의 주체는 원칙적으로 국민이다. 그러나 기본권에 대한 절차적 보장의 성격이 강하여 외국인과 법인과 그 밖의 단체, 특히 공법인에게도 청구권적 기본권의 주체성이 인정될 수 있다.

4. 법률유보의 성격

국민은 '법률이 정하는 바에 의하여' 청구권적 기본권이 있다. 이러한 법률유보는 기본권구체화적 법률유보 중 기본권실현적 법률유보에 해당한다. 따라서 청구권적 기본권은 헌법규정만으로 이미 현실적 · 구체적 권리로서 인정된다. 법률은 청구권적 기본권의 행사방법과 절차 등을 구체화할 뿐이다.

Ⅱ. 청원권

1. 의의

청원권은 국민이 일정한 관심사나 고충을 해결하려고 국가기관에 대해서 작위나 부작위를 요청할 수 있는 권리이다(헌재 1994. 2. 24. 93헌마213등). 청원은 요청한다는 뜻이므로 단순한 통지, 충고, 비난, 칭찬 등과 같은 단순한 의사 표현은 청원이 아니다. 그리고 정보 청구나 서류 열람 청구는 청원과 마찬가지로 요청을 포함하나, 이는 청원권이 아니라 알권리(정보의 자유)를 통해서 보장된다. 국가는 청원을 심사하여 처리하고 그 결과를 통지할 의무가 있다(헌법 제26조 제2항, 청원법 제9조).

2. 주체

청원권의 주체는 헌법 제26조 제1항은 국민이라고 규정하지만, 자연인은 누구나 주체가 될 수 있다. 즉 외국인이나 무국적자도 주체가 될 수 있다. 미성년자도 당연히 기본권향유능력이 있지만, 청원인이 자기 생각을 청원 형식으로 표현할 수 있는 한 인정된다. 법인도 청원권의 주체가 된다. 사법인은 내국사법인이든 국내에 있는 외국사법인이든 상관없이 모두 주체가 될 수 있다. 공법인은 원칙적으로 주체가 될 수 없다. 하지만 공법인이 예외적으로 기본권주체가 되면 청원권의 주체가 될 수 있다. 지방자치단체도 자치사항과 관련하여서 청원권의 주체가 될 수 있다. 청원권 행사는 자신이 직접 할 수도 있고, 제3자인 중개인이나 대리인을 통해서 할 수도 있다(헌재 2005. 11. 24. 2003헌바108).

3. 내용

① 모든 국민은 권리 침해 여부와 상관없이 청원을 할 수 있다. 청원법 제4조를 따르면 청원이 허용되는 사항으로는 (i) 피해 구제, (ii) 공무원의 위법 · 부당한 행위에 대한 시정이나 징계의 요구, (iii) 법률 · 명령 · 규칙의 제정 · 개정 또는 폐지, (iv) 공공 제도나 시설 운영, (v) 그 밖의 국가기관 등의 권한에 속하는 사항이다. 그러나 이 사항들은 예시적이므로, 공공기관 권한에 속하는 사항에 관해서는 널리 청원이 인정된다. 다만, (i) 감사 · 수사 · 재판 · 행정심판 · 조정 · 중재 등 다른 법령에 따른 조사 · 불복 또는 구제절차가 진행 중일 때, (ii) 허위 사실로 타인이 형사처분이나 징계처분을 받게 하거나 국가기관 등을 중상모략하는 사항일 때, (iii) 사인 사이의 권리관계나 개인의 사생활에 관한 사항일 때, (iv) 청원인의 성명 · 주소 등이 불분명하거나 청원내용이 불명확할 때, (v) 법령에 어긋나는 내용일 때는 이를 수리하지 않는다(청원법 제5조 제1항, 국회법 제123조 제3항, 지방자치법 제86조). 그리고 다른 사람을 모해할 목적으로 허위 사실을 적시한 청원은 할 수 없다(청원법 제11조). 재판에 간섭하거나 국가기관을 모독하는 내용의 청원은 접수하지 않는다(국회법 제123조 제3항). ② 청원법 제26조 제1항은 청원할 수 있는 대상기관을 국가기관이라고만 규정한다. 그러나 청원 대상기관은 국가기관뿐 아니라 지방자치단체와 그 소속기관 그리고 법령에 따라서 행정권한이 있거나 행정권한을 위임

또는 위탁받은 법인 · 단체 또는 그 기관이나 개인도 청원 대상기관이다(청원법 제3조, 지방자치법 제85조). ③ 청원은 청원인의 성명과 주소나 거소를 기재하고 서명한 문서로 하여야 한다(청원법 제6조 제1항). 따라서 익명의 청원은 인정되지 않는다. 전자정부법 제2조 제7호에 따른 전자문서로도 청원할 수 있다. 그리고 여러 사람이 공동으로 청원할 때는 그 처리결과를 통지받을 3명 이하의 대표자를 선임하여 이를 청원서에 표시하여야 한다(청원법 제6조 제2항). 청원서에는 청원의 이유와 취지를 밝히고 필요하면 참고자료를 첨부할 수 있다(청원법 제6조 제3항). ④ 청원서는 청원사항을 관장하는 기관에 제출하여야 한다(청원법 제7조 제1항). ⑤ 국가기관은 청원서를 접수하고 심사할 의무가 있다(헌법 제26조 제2항). ⑥ 청원서가 정부에 제출되거나 청원내용이 정부 정책과 관계되는 사항이면 그 청원 심사는 국무회의 심의사항이 된다(헌법 제89조 제15호). 의장은 청원을 접수하면 청원요지서를 작성하여 각 의원에게 인쇄하거나 전산망에 입력하는 방법으로 배부하는 동시에 그 청원서를 소관위원회에 넘겨 심사를 하게 한다(국회법 제124조 제1항). 소관위원회가 그 처리결과를 의장에게 보고하면 의장은 청원인에게 통지하여야 한다(청원법 제125조 제8항). 국회가 채택한 청원으로서 정부가 처리함이 적당하다고 인정되는 청원은 의견서를 첨부하여 정부에 이송한다. 정부는 이 청원을 처리하고 그 처리결과를 국회에 보고하여야 한다(국회법 제126조). ⑦ 누구든지 청원하였다는 이유로 차별대우를 받거나 불이익을 강요당하지 않는다(청원법 제12조: 소극적 효과).

Ⅲ. 재판청구권

1. 의의

재판청구권은 누구든지 국가에 재판을 청구할 수 있는 권리, 즉 누구든지 권리가 침해되거나 분쟁이 발생하면 독립이 보장된 법원에서 법률이 정한 자격을 갖춘 법관에 의해서 객관적 법률에 따라 공정하고 신속하게 공개재판을 받을 권리를 말한다(헌재 1995. 9. 28. 92헌가11등).

2. 법적 성격

헌법재판소는 재판청구권을 절차적 기본권으로 이해한다(헌재 2005. 5. 26. 2003헌가7). 재판청구권의 주된 내용은 국가에 재판을 청구하는 것이고, 소극적 측면은 이러한 내용을 보장하기 위한 보충적 권리에 불과하므로 재판청구권의 법적 성격은 청구권으로 이해하여야 한다.

3. 주체

모든 국민뿐 아니라 무국적자를 포함한 외국인도 재판청구권의 주체가 될 수 있다. 법인도 내 · 외국법인을 가리지 않고 재판청구권의 주체가 될 수 있다. 권리능력 없는 사단도 재판청구권을 행사할 수 있다. 국가기관은 원칙적으로 재판청구권의 주체가 될 수 없다. 다만, 개인이 제기한 소에서 국가기관이 재판의 당사자이면 재판절차에서 절차법적 지위가 있어서 개인과 국가를 달리 취급할 합리적 이유가 없으므로, 이때는 국가기관도 재판청구권의 주체가 될 수 있다. 그리고 재산권과 언론의 자유처럼 국가기관이 실체적 기본권의 주체가 될 때 이러한 기본권을 방어하고 실현하는 수단으로서 재판 청구가 필요하면 국가기관도 재판청구권의 주체가 될 수 있다.

4. 내용

(1) '재판'을 받을 권리

재판을 받을 권리는 적극적으로는 국가에 재판을 청구할 권리이고, 소극적으로는 '독립이 보장된 법원에서 법관에 의해 법률에 따른 재판'을 제외하고는 재판을 받지 않을 권리이다. 구체적으로 재판을 받을 권리는 사실관계와 법률관계에 관해서 최소한 한 번의 재판을 받을 기회가 제공될 것을 국가에 요구할 권리를 뜻한다(헌재 1992. 6. 26. 90헌바25). 그러나 대법원이 법관에 대한 징계처분 취소청구소송을 단심으로 재판할 때는 법률심인 상고심으로서 사실 확정에는 관여하지 않는 다른 재판과 달리 심리 범위에 관하여 아무런 제한이 없어 사실 확정도 대법원의 권한에 속하므로, 법관에 의한 사실 확정기회가 박탈되었다고 볼 수 없다(헌재 2012. 2. 23. 2009헌바34). 단지 법원에 제소할 수 있는 형식적인 권리나 이론적인 가능성만 제공할 뿐이지 권리구제 실효성이 보장되지 않는다면 이는 헌법상 재판청구권을 공허하게 만드는 것이므로 입법재량 한계를 일탈한 것이다(헌재 2002. 10. 31. 2001헌바40). 따라서 재판받을 기회에 접근하기 어렵게 제약이나 장벽을 쌓아서는 아니 된다(헌재 1992. 6. 26. 90헌바25). 여기서 재판은 권리가 침해되거나 분쟁이 발생하면 당사자 청구에 따라서 독립한 법관이 사법적 절차에 따라 구체적 사건에 관한 사실 확인과 그에 대한 법률의 해석 · 적용을 통해서 권위적 · 최종적으로 당사자가 주장하는 권리 · 의무의 존부를 확정하는 작용을 말한다. 헌법재판소는 "재판이라 함은 구체적 사건에 관하여 사실의 확정과 그에 대한 법률의 해석적용을 그 본질적인 내용으로 하는 일련의 과정이다."(헌재 1995. 9. 28. 92헌가11등)라고 한다. 재판 대상이 되려면 구체적이고 현실적인 권리 침해가 있거나 권리에 관한 분쟁이 있어야 한다(사건성이나 쟁송성). 재판을 청구하려면 자기의 권리나 이익이 현재 직접 침해되거나 관련되어야 하고(당사자적격이나 자기관련성), 그 재판을 통하여 당사자의 권리가 보호되는 이익이 있어야 한다(권리보호이익). 재판을 받을 권리에는 민사재판, 형사재판, 행정재판과 헌법재판을 받을 권리가 모두 포함된다(헌재 2013. 8. 29. 2011헌마122). 법원은 재판청구권에 근거하여 법령이 정한 국민의 정당한 재판 청구에 따라서만 재판을 할 의무를 지고, 법령이 규정하지 아니한 재판 청구에 대해서까지 헌법상 재판청구권에서 비롯한 재판을 할 작위의무는 없다(헌재 1994. 6. 30. 93헌마161). '피고인 스스로 치료감호를 청구할 수 있는 권리'뿐 아니라 '법원으로부터 직권으로 치료감호를 선고받을 수 있는 권리'는 피고인에게 권리를 더 효율적으로 보장하는 데 필요하지 않아서 헌법상 재판청구권의 보호범위에 포함되지 않는다(헌재 2021. 1. 28. 2019헌가24등).

하급심에서 잘못된 재판을 하였을 때 상소심을 통해서 이를 바로 잡게 하는 것은 재판청구권을 실질적으로 보장하는 방법이므로 심급제도는 재판청구권을 보장하기 위한 하나의 수단이다(헌재 1997. 10. 30. 97헌바37등). 상소권을 헌법 제27조 제1항 및 제101조 제1항과 제2항을 근거로 기본권으로 인정하는 견해와 심급제도는 제도보장에 불과하고 재판청구권 내용이 아니라는 견해가 대립한다. 헌법 제101조 제2항에 법원은 대법원과 각급 법원으로 조직되므로, 상소권도 재판청구권 내용으로 볼 수 있다. 다만, 상소권도 제한될 수 있으므로 단심제가 옹글게(완벽하게) 배제되는 것은 아니다.

헌법재판소는 헌법이 대법원을 최고법원으로 규정하였다고 하여 대법원이 곧바로 모든 사건을 상고심으로서 관할하여야 한다는 결론이 당연히 도출되는 것은 아니고, "헌법과 법률이 정하는 법관에 의하여 법률에 의한 재판을 받을 권리"가 사건의 경중을 가리지 않고 모든 사건에 대하여 대법원을 구성하는 법관에 의한 균등한 재판을 받을 권리를 의미하거나 상고심 재판을 받을 권리를 의미하는 것이라고 할 수는 없고, 심급제도는 사법에 의한 권리 보호에 관한 한정된 법 발견 자원의 합리적인 분배 문제인 동시에 재판의 적정과 신속이라는 상반되는 두 가지 요청을 어떻게 조화시키느냐의 문제로 돌아가므로 원칙적으로 입법자의 형성의 자유에 속하는 사항이라고 한다(헌재 1997. 10. 30. 97헌바37등). 헌법 제101조 제2항이 법원 조직을 대법원과 각급 법원으로 구성한다고 규정하므로, 국민의 재판을 받을 권리는 대법원과 각급 법원에서 재판을 받을 권리로 보아야 하고, 헌법 제110조 제4항이 예외적으로 비상계엄 아래 군사재판을 일정한 때만 단심으로 할 수 있게 하면서 사형을 선고할 때는 예외로 둔 것과 헌법 제110조 제2항이 특별법원인 군사법원의 상고심을 대법원으로 한 것은 원칙적으로 대법원에서 재판을 받을 권리가 있음을 전제한 것으로 볼 수 있다. 따라서 국민은 원칙적으로 대법원에서 재판을 받을 권리가 있다고 보아야 한다. 1948년 헌법 아래 헌법위원회는 대법원의 재판을 받을 권리를 재판청구권의 보호영역으로 인정하였다(1952. 9. 9. 4285헌위1; 1952. 9. 9. 4285헌위2).

일반 국민은 원칙적으로 군사법원의 재판을 받지 아니할 권리가 있다. 다만, 중대한 군사상 기밀 · 초병 · 초소 · 유독음식물공급 · 포로 · 군용물에 관한 죄 중 법률이 정한 때와 비상계엄이 선포된 때는 예외적으로 군사법원의 재판을 받는다(헌법 제27조 제2항).

(2) '헌법과 법률이 정한 법관'에 의한 재판을 받을 권리

헌법과 법률이 정한 법관에 의한 재판을 받을 권리는 직업법관에 의한 재판을 주된 내용으로 하므로, '국민참여재판을 받을 권리'는 헌법 제27조 제1항에서 규정한 재판을 받을 권리의 보호범위에 속하지 않는다(헌재 2015. 7. 30. 2014헌바447). 헌법과 법률이 정한 법관에 의하여 재판을 받을 권리는 헌법과 법률이 정한 자격과 절차에 따라서 임명되고(헌법 제104조, 법원조직법 제41조 내지 제43조) 물적 독립(헌법 제103조)과 인적 독립(헌법 제106조, 법원조직법 제46조)이 보장된 법관에 의한 재판을 받을 권리이다(헌재 1992. 6. 26.

90헌바25). '헌법과 법률이 정한 법관'은 ① 헌법과 법률이 정한 자격을 갖추고(헌법 제101조 제3항에 따라 제정된 법원조직법 제42조 참조), ② 적법한 절차에 따라 임명되었으며(임명절차에 관해서는 헌법 제104조와 법원조직법 제41조 참조), ③ 임기 · 정년 및 신분이 보장된 법관일 뿐 아니라(헌법 제105조와 제106조 참조) ④ 직무상 독립이 보장되고(헌법 제103조 참조), ⑤ 제척 그 밖의 사유로 법률상 그 재판에 관여하는 것이 금지되지 아니한 법관을 말한다. 국민은 이러한 자격과 신분이 보장되지 아니한 사람에 의한 재판을 받지 않을 권리가 있다.

군인이나 군무원에 대한 군사법원의 '재판관'에 의한 재판은 헌법이 특별법원으로서 군사법원을 인정하고(제110조 제1항) 군사법원의 조직 · 권한 및 재판관의 자격을 법률로써 규정하도록 할 뿐 아니라 헌법 제27조 제2항은 군사법원의 예외적 재판을 허용하고 군사법원에 의한 재판의 상고심은 원칙적으로 대법원 관할이므로 '헌법과 법률이 정한 법관'에 어긋난다고 할 수 없다(헌재 1996. 10. 31. 93헌바25).

종래 배심원이 사실심에만 관여하고 법률심에 관여하지 않으면 헌법 제27조 제1항에 어긋나지 않으나, 참심원이 사실만이 아니라 법률심까지 관여하는 참심제는 헌법 제27조 제1항에 어긋난다고 하였다. '국민의 형사재판 참여에 관한 법률'을 따르면 같은 법 제5조가 규정한 사건에 대한 형사재판에서 피고인이 원하면(제8조) 만 20세 이상의 대한민국 국민(제16조)이 배심원으로 형사재판에 참여할 수 있게 되었다. 헌법재판소는 국민참여재판제도의 취지와 배심원의 권한 및 의무 등 여러 가지 사정을 종합적으로 고려하여 만 20세에 이르기까지 교육과 경험을 쌓은 사람이 배심원의 책무를 담당하도록 정한 것은 입법형성권 한계 안의 것으로 자의적인 차별이 아니라고 한다(헌재 2021. 5. 27. 2019헌가19). 이 법에 따라 국민은 일정한 범죄와 관련한 형사재판에서 배심재판을 요구할 수 있고, 배심원으로 형사재판에 참여할 권리와 의무가 있다. 배심원단은 사건 유형에 따라 5명, 7명, 9명으로 구성된다(제13조). 배심원단은 피고인의 유무죄에 관한 평결을 내릴 수 있고, 유죄 판단을 하면 양형에 관한 의견을 제시할 수 있다(제46조 제1항~제4항). 배심원단의 유무죄에 관한 평결과 양형에 관한 의견은 법원을 구속하지 않는다(제46조 제5항). 다만, 법원이 배심원단의 평결과 다른 재판을 할 때는 판결서에 그 이유를 기재하여야 하므로(제49조) 법원이 정당한 사유 없이 배심원단의 평결과 다른 재판을 할 수 없다.

지방법원, 지원, 시 · 군법원의 판사는 '즉결심판에 관한 절차법'에 따라서 피고인에게

20만 원 이하의 벌금, 구류 또는 과료에 처할 수 있다(제2조). 이 즉결심판은 '헌법과 법률이 정한 법관'에 의한 재판일 뿐 아니라 이 즉결심판에 대해서는 7일 이내에 정식재판을 청구할 수 있으므로(제11조 제1항) 위헌이 아니다. 가정법원의 가사심판, 지방법원 소년부, 가정법원 소년부의 소년보호처분도 헌법과 법률이 정한 법관에 의한 재판이다.

약식절차는 지방법원 관할에 속하는 사건으로서 벌금 · 과료 또는 몰수를 할 때만 서면심리로서 재판하여 형을 과하는 간이형사특별절차이다(형사소송법 제448조 이하). 약식명령을 받으면 이에 불복하는 검사나 피고인은 7일 이내에 정식재판을 청구할 수 있으므로(형사소송법 제453조) 재판을 받을 권리를 침해하지 않는다.

행정심판 결정이나 그 밖의 각종 행정적 결정 또는 사전재정은 준사법적 절차이지만 행정기관이 한다. 그러나 이는 재판의 전심절차로서 행정심판을 할 수 있는 헌법적 근거가 있고(제107조 제3항), 행정심판은 임의적 전치주의이며, 법원에 의한 정식재판이 가능하므로 헌법에 위반되지 않는다(헌재 2000. 6. 1. 98헌바8).

법관이 아닌 사법보좌관이 소송비용액 확정결정절차를 처리하도록 한 것은 동일 심급 안에서 법관에게서 다시 재판을 받을 수 있는 권리가 보장되므로, 헌법 제27조 제1항의 재판청구권을 침해하지 않는다(헌재 2009. 2. 26. 2007헌바8등).

재정범에 대해서 국세청장, 세무서장, 세관장, 전매청장 등이 부과하는 벌금, 과료 또는 몰수 등의 통고처분과 교통사범에 대한 경찰서장의 통고처분 등은 법관이 아닌 행정공무원의 처분이지만, 그 처분을 받은 당사자의 임의적 승복을 발효요건으로 하고 불응하면 정식재판 절차가 보장되므로 재판을 받을 권리를 침해하지 않는다. 헌법재판소는 통고처분은 상대방의 임의 승복을 그 발효요건으로 하므로 그 자체만으로는 통고 이행을 강제하거나 상대방에게 아무런 권리의무를 형성하지 않아서 행정심판이나 행정소송의 대상으로서 처분성을 부여할 수 없고, 통고처분에 대해서 이의가 있으면 통고내용을 이행하지 않음으로써 고발되어 형사재판절차에서 통고처분의 위법 · 부당함을 얼마든지 다툴 수 있어서 법관에 의한 재판받을 권리를 침해하지 않는다고 한다(헌재 1998. 5. 28. 96헌바4).

헌법과 법률이 정한 법관에 의하여 재판을 받을 권리는 구체적으로 개별 사건을 담당하는 법관이 법규범에 따라 사전에 정해져야 함을 뜻하고, 외부 세력이나 법원 내부의 압력 등에 따라 임의로 구성되는 것을 방지함을 가리킨다. 따라서 개별 사건의 담당법관

선정은 법원조직법, 소송법상 재판관할규정과 보완적 지침으로서 법원의 직무분담계획표에 따라서 사전에 일반적 · 추상적으로 예측할 수 있어야 한다. 그리고 법관의 사건에 관한 이해관계나 편파 우려 등으로 말미암아 재판의 공정성을 보장할 수 없을 때 국민이 그러한 법관을 배제할 수 있도록 하여 임의적 법원 구성을 실질적으로 예방하여야 한다.

(3) '법률에 의한' 재판을 받을 권리

법률에 의한 재판은 합헌적인 실체법과 절차법에 따라 하는 재판을 뜻한다(헌재 1995. 10. 26. 94헌바28). '법률에 의한' 재판은 헌법과 법률이 정한 법관이라도 자의적인 재판을 하여서는 아니 된다는 뜻이다(헌재 1992. 6. 26. 90헌바25). 따라서 재판절차를 규율하는 법률과 재판에서 적용될 실체적 법률이 모두 합헌적이어야 한다. 재판의 전제가 되는 법률이 위헌이면 그것은 국민의 재판청구권을 침해하는 것이 된다. 여기서 법률은 법률로서 원용할 수 있는 전체 법질서를 말하는 것으로 재판 유형에 따라 의미가 다르다. 형사재판에서 죄형법정원칙(죄형법정주의) 때문에 형식적 의미의 법률(헌법 제76조의 대통령의 긴급명령 · 긴급재정경제명령 포함)을 가리킨다. 그러나 민사재판과 행정재판에서는 형식적 의미의 법률뿐 아니라 관습법과 조리 등을 포함한 불문법도 아우른다. 모든 재판에서 절차법은 국회가 제정한 법률에 따라야 한다. 다만, 헌법 제108조에 따라 소송절차에 관해서 정하는 대법원규칙과 헌법 제113조 제2항에 따라 심판절차에 관해서 정하는 헌법재판소규칙은 예외이다. 헌법 제27조 제1항이 규정하는 '법률에 의한' 재판을 받을 권리를 보장하려면 입법자의 재판청구권의 구체적인 형성이 필요하지만, 이는 상당한 정도로 권리구제의 실효성이 보장되도록 하는 것이어야 한다(헌재 2001. 2. 22. 2000헌가1). 따라서 현대 사회의 복잡다단한 소송에서 법률전문가의 증대되는 역할, 민사법상 무기 대등의 원칙 실현, 헌법소송의 변호사강제주의 적용 등을 고려하면 교정시설 안 수용자와 변호사 사이의 접견교통권(변호사의 도움을 받을 권리) 보장은 헌법상 보장되는 재판청구권의 한 내용이나 거기서 파생하는 권리로 볼 수 있다(헌재 2004. 12. 16. 2002헌마478).

(4) '공정한' 재판을 받을 권리

공정한 재판은 헌법과 법률이 정한 자격이 있고, 헌법 제104조 내지 제106조에 정한 절차에 따라 임명되고 신분이 보장되어 독립하여 심판하는 법관에게서 헌법과 법률에 의하여 그 양심에 따라 적법절차에 따라서 이루어지는 재판을 가리킨다. 여기서 공개된 법정의 법관 앞에서 모든 증거자료가 조사 · 진술되고, 이에 대해서 검사와 피고인이 서로 공격 · 방어할 공평한 기회가 보장되는 재판을 받을 권리도 파생된다(헌재 2001. 8. 30. 99헌마496). 이에 비추어 공정한 재판을 받을 권리는 공정한 심리를 받을 권리를 뜻한다. 공정한 심리를 위해서 관할권이 있는 법원은 당사자주의와 구두변론주의에 입각하여 공개법정에서 당사자의 토론과 공격 · 방어를 충분히 전개할 권리를 보장하여야 한다(헌재 1996. 12. 26. 94헌바1). 권리 · 의무 확정을 다투는 소송사건에서는 이러한 대심구조가 실체적 진실 발견과 공정한 재판에 필수적이다. 그러나 실체적 권리 · 의무가 있음을 전제로 하여 법원이 후견적 · 감독적 입장과 합목적성의 견지에서 재량권을 행사하여 사인 사이의 법률관계 내용을 형성하는 절차를 뜻하는 비송사건절차 · 가사소송절차 · 파산절차 등에서는 비공개와 대심이 아닌 임의적 구두변론주의를 채택하더라도 그것은 공정한 재판을 받을 권리를 침해하지 않는다. 민사재판에서 법관이 당사자의 복장에 따라 불리한 심증을 갖거나 불공정한 재판 진행을 하게 되는 것이 아니므로, 민사재판의 당사자로 출석하는 수형자에 대해서 사복 착용을 불허하는 것이 공정한 재판을 받을 권리가 침해하는 것은 아니다(헌재 2015. 12. 23. 2013헌마712). 그리고 공정한 재판을 받을 권리에 외국에 나가 증거를 수집할 권리는 포함되지 않는다(헌재 2015. 9. 24. 2012헌바302).

(5) '신속한 공개재판'을 받을 권리

모든 국민은 신속한 재판을 받을 권리가 있다(헌법 제27조 제3항 제1문). 신속한 공개재판을 요청하는 것도 권리구제 실효성을 위한 것이다. 지연된 재판은 결과적으로 재판을 통한 권리구제 실효성을 현저하게 감소시키므로, 재판의 신속성은 재판의 생명으로까지 평가된다. 재판 지연은 아무리 공정한 재판일지라도 당사자에게는 무용지물이 될 수 있어서 재판 거부와 다를 바 없다. 재판 지연 여부는 구체적 사건에 따라 달리 판단하여야 하며 지연 기간, 지연 원인, 심리 곤란 여부, 피고인에 대한 불리한 영향을 포함한 지연으로 말미암은 모든 이익의 침해 정도 등을 종합하여 판단하여야 한다. 다만, 재판의 신속만을 강조하여 재판의 공정성이 훼손되거나 재판 당사자 참여를 지나치게 제한할 수 없으므로 신속한 재판은 공정하고 적정한 재판을 하는 데 필요한 기간을 넘어 부당하게 지연됨이 없는 재판을 가리킨다.

신속한 재판을 받을 권리는 먼저 시간적 요소가 사법적 권리구제를 실효적이지 못하게 만들 때 침해된다. 구체적으로 ① 청구기간을 지나치게 짧게 설정하여 기간 안에 실질적인 권리구제 청구를 기대할 수 없을 때(그래서 재판 거부나 마찬가지일 때)(대법원 1966. 3. 29. 선고 65누169 판결), ② 권리구제 청구에 관한 실질적 심사를 부당하게 지연시키는 때(예를 들어 법원 아닌 기관에 의한 필요적 전심절차를 두면서 시간상 제한을 정하지 않아 사법적 권리구제를 장기간 지체하게 하는 때)(헌재 1992. 4. 14. 90헌마82), ③ 권리구제절차 자체, 즉 재판절차의 장기화이다.

형사피고인은 상당한 이유가 없는 한 바로 공개재판을 받을 권리가 있다(헌법 제27조 제3항 제2문). 공개재판은 재판의 공정성을 확보하기 위해서 재판의 심리와 판결을 제3자에게도 공개하는 것을 말한다. 재판의 공개는 재판의 객관성과 공정성을 확보하는 중요한 요소가 된다. 비밀재판을 배제하고 일반 국민 감시 아래에서 심리와 판결을 받음으로써 공정한 재판을 받을 수 있다. 헌법 제27조 제3항 제2문은 피고인만을 주체로 규정하나, 헌법 제109조는 "재판의 심리와 판결을 공개한다."라고 규정하므로 공개재판을 받을 권리는 모든 국민에게 인정된다. 다만, 심리는 국가의 안전보장이나 안녕질서를 방해하거나 선량한 풍속을 해할 염려가 있으면 법원의 결정으로 공개하지 아니할 수 있다(헌법 제109조 단서). 그러나 판결(선고)은 반드시 공개하여야 한다. 법원이 법정의 규모 · 질서의 유지 · 심리의 원활한 진행 등을 고려하여 방청을 희망하는 피고인들의 가족 · 친지, 그 밖의 일반 국민에게 미리 방청권을 발행하게 하고 그 소지자만 방청을 허용하는 것 등의 방법으로 방청인 수를 제한하는 조치를 취하는 것은 공개재판 취지에 어긋나지 않는다(대법원 1990. 6. 8. 선고 90도646 판결).

(6) 형사피해자의 재판절차진술권

형사피해자의 재판절차진술권은 모든 종류의 형사범죄로 말미암은 피해자가 해당 사건의 재판절차에 (증인으로) 출석하여 자신이 입은 피해의 상황과 내용 및 해당 사건에 관해서 의견을 진술할 수 있는 권리이다(헌법 제27조 제5항)(헌재 1997. 2. 20. 96헌마76). 이 권리는 피해자 자신의 증언을 청취하여 진실을 밝히고 피해 상황 등을 확인함으로써 유 · 무죄와 형량을 객관적으로 판단하려는 것이다. 헌법재판소가 이 권리를 인정한 취지는 법관이 형사재판을 할 때 피해자의 진술을 청취하여 적절하고 공평한 재판을 하여야 한다는 것을 뜻할 뿐 아니라 이에 더 나아가 형사피해자에게 법관이 적절한 형벌권을 행사하여 줄 것을 청구할 수 있는 사법절차적 기본권을 보장해 준 적극적 입장에 있는 것이라고 한다(헌재 1989. 4. 17. 88헌마3). 법원은 범죄로 말미암은 피해자의 신청이 있으면 그를 증인으로 신문하여야 한다(형사소송법 제294조의2). 재판절차진술권 주체인 형사피해자는 헌법 제30조 범죄피해자구조청구권의 범죄피해자보다 넓은 개념이다. 범죄피해자구조청구권의 범죄피해자는 생명과 신체에 중장해를 입은 사람에 한정되지만, 재판절차진술권의 형사피해자는 모든 범죄행위로 말미암은 피해자를 뜻하기 때문이다. 형사피해자 개념은 재판절차진술권을 독립한 기본권으로 인정한 취지에 비추어 넓게 해석하여야 한다. 반드시 형사실체법상 보호법익을 기준으로 한 피해자 개념에 의존하여 결정할 필요는 없다. 즉 형사실체법상 직접적인 보호법익 주체로 해석되지 않는 사람이라도 문제 되는 범죄 때문에 법률상 불이익을 받게 되는 사람이면 헌법상 형사피해자의 재판절차진술권 주체가 될 수 있다(헌재 1992. 2. 25. 90헌마91). 형사피해자를 약식명령 고지 대상자와 정식재판청구권자에서 제외하는 것은 형사피해자의 재판절차진술권을 침해하지 않는다(헌재 2019. 9. 26. 2018헌마1015).

5. 제한

군인이나 군무원에 대해서는 헌법 제110조 제1항에 규정된 특별법원인 군사법원에 의한 재판을 받도록 하고, 일반 국민도 중대한 군사상 기밀 · 초병 · 초소 · 유독음식물 공급 · 포로 · 군용물에 관한 죄 중 법률이 정한 때와 비상계엄이 선포된 때는 예외적으로 군사법원의 재판을 받는다(헌법 제27조 제2항). 그리고 법원을 최고법원인 대법원과 각급 법원으로 조직하고(헌법 제101조 제2항), 군사법원의 상고심을 대법원으로 하면서도(헌법 제110조 제2항), 비상계엄 아래 군사재판은 군인 · 군무원의 범죄나 군사에 관한 간첩죄와 초병 · 초소 · 유독음식물 공급 · 포로에 관한 죄 중 법률이 정한 때는 단심으로 할 수 있다. 다만, 사형을 선고하면 그러하지 아니하다(헌법 제110조 제4항). 또한, 국회에서 한 의원에 대한 자격심사와 징계 및 제명의 처분의 대해서는 국회의 자율권을 존중하는 취지에서 법원에 제소할 수 없다(헌법 제64조 제4항).

Ⅳ. 형사보상청구권

1. 의의

형사보상청구권은 형사피의자로서 구금되었던 사람이 불기소처분을 받거나 형사피고인으로 구금되었던 사람이 무죄판결을 받으면 잘못된 형사사법작용으로 말미암아 발생한 물질적 · 정신적 손실에 대해서 국가에 보상을 청구할 수 있는 권리이다. 형사보상청구권을 통해서 형사사법 잘못으로 입은 피해를 국가가 사후적으로 보상한다고 하여 침해된 기본권이 옹글게(완벽하게) 회복될 수는 없다. 하지만 보상을 통해서 기본권을 보장하려는 것은 기본권 보장 차원에서 중요한 의미가 있다. 그리고 형사보상청구권을 인정한다는 것은 공권력 남용에 대해서 경고하는 의미도 있다.

2. 형사보상의 본질

형사보상의 본질과 관련하여 ① 형사보상은 객관적으로(고의 · 과실 결여) 위법한 행위에 대한 국가의 배상책임으로서 공무원의 불법행위에 따른 국가의 손해배상책임과 다를 바 없다는 손해배상설, ② 형사보상은 적법한 형사사법작용에 따른 손실의 공평부담으로서 무과실손실보상책임이라는 손실보상설, ③ 형사보상을 오판에 대한 보상과 피의자 구금에 대한 보상으로 나누어, 오판에 대한 보상은 손해배상이지만, 피의자 구금에 대한 보상은 손실보상이라는 2분설이 주장된다. 국가배상제도와 별도로 형사보상제도를 헌법이 규정하고, 고의 · 과실을 요건으로 하는 국가배상과 달리 형사보상은 고의 · 과실을 요건으로 하지 않으므로, 형사보상은 인신 구속으로 말미암은 손실 발생에 대해서 결과책임인 무과실손실보상책임을 인정한 것으로 보아야 한다.

3. 주체

형사보상청구권의 주체는 구금되었던 형사피고인과 형사피의자이다. 형사피의자는 범죄 혐의가 있어 수사 대상이 되었으나 공소제기 대상이 되지 않은 사람이고, 형사피고인은 공소제기된 사람이다. 하지만 본인이 청구하지 못하고 사망하면 상속인이 청구할 수 있다('형사보상 및 명예회복에 관한 법률' 제3조 제1항). 형법이 외국인에게도 적용될 수 있으므로 외국인도 내국인과 마찬가지로 형사보상청구권 주체가 될 수 있다. 그러나 법인과 그 밖의 단체는 구금 대상이 될 수 없으므로 성질상 주체가 될 수 없다.

4. 내용

① 형사보상청구권은 '형사피의자'로서 '구금되었던 자'가 법률이 정하는 '불기소처분'을 받거나(피의자보상) '형사피고인'으로서 '구금되었던 자'가 '무죄판결'을 받은 때(피고인보상)에 성립한다. ② 형사보상 청구는 형사피의자는 검사에게서 공소를 제기하지 아니하는 처분의 고지나 통지를 받은 날부터 3년 이내('형사보상 및 명예회복에 관한 법률' 제28조 제3항), 형사피고인은 무죄재판이 확정된 사실을 안 날부터 3년, 무죄재판이 확정된 때부터 5년 이내에('형사보상 및 명예회복에 관한 법률' 제8조) 하여야 한다. ③ 형사피의자는 공소를 제기하지 아니하는 처분을 한 검사가 소속된 지방검찰청(지방검찰청 지청 검사가 그러한 처분을 하면 그 지청이 속하는 지방검찰청)의 심의회에 보상을 청구하여야 한다('형사보상 및 명예회복에 관한 법률' 제28조 제1항). 형사피고인은 무죄재판을 한 법원에 보상을 청구하여야 한다('형사보상 및 명예회복에 관한 법률' 제7조). ④ 형사피의자는 보상청구서에 공소를 제기하지 아니하는 처분을 받은 사실을 증명하는 서류를 첨부하여 제출하여야 한다('형사보상 및 명예회복에 관한 법률' 제28조 제2항). 형사피고인은 보상청구서에 재판서의 등본과 그 재판의 확정증명서를 첨부하여 법원에 제출하여야 한다('형사보상 및 명예회복에 관한 법률' 제9조 제1항). 보상청구서에는 청구자의 등록기준지, 주소, 성명, 생년월일과 청구 원인이 된 사실과 청구액을 기재하여야 한다('형사보상 및 명예회복에 관한 법률' 제9조 제2항). ⑤ 헌법 제28조는 '정당한 보상'을 규정한다. '정당한 보상'은 형사보상청구권자가 입은 손실액의 옹근(완벽한) 보상을 뜻한다. 재산적 손해, 정신적 고통 같은 구금 중에 받은 적극적 손해는 물론 구금되지 않았다면 얻을 수 있는 이익 상실과 같은 소극적 손해 모두 보상되어야 한다. ⑥ 형사보상에 대한 청구가 있으면 형사피의자는 지방검찰청의 보상심의회가 심사 · 결정하고, 이 심의회는 법무부 장관의 지휘 · 감독을 받는다('형사보상 및 명예회복에 관한 법률' 제27조 제3항과 제4항). 형사피고인의 배상 청구는 법원

합의부에서 재판한다('형사보상 및 명예회복에 관한 법률' 제14조 제1항). 보상결정에 관해서 이의가 있으면 피의자보상 청구에 대한 보상심의회 결정에 대해서는 행정심판을 청구하거나 행정소송을 제기할 수 있다('형사보상 및 명예회복에 관한 법률' 제28조 제4항). 형사피고인은 보상결정에 대해서는 1주일 이내에 즉시항고 할 수 있고, 청구기각 결정에 대해서는 즉시항고를 할 수 있다('형사보상 및 명예회복에 관한 법률' 제20조). ⑦ 보상결정이 확정되면 법원은 2주일 안에 보상결정 요지를 관보에 게재하여 공시하여야 한다. 이때 보상을 받은 사람의 신청이 있으면 그 결정 요지를 신청인이 선택하는 두 종류 이상의 일간신문에 각각 한 번씩 공시하여야 하고, 그 공시는 신청일부터 30일 이내에 하여야 한다('형사보상 및 명예회복에 관한 법률' 제25조 제1항). ⑧ 형사보상법 규정은 군사법원에서 무죄재판을 받아 확정된 사람이나 군사법원에서 '형사보상 및 명예회복에 관한 법률' 제26조 제1항 각 호에 해당하는 재판을 받은 사람이나 군검찰부 군검사에게서 공소를 제기하지 아니하는 처분을 받은 사람에 대한 보상에 이를 준용한다('형사보상 및 명예회복에 관한 법률' 제29조 제2항).

V. 국가배상청구권

1. 의의

국가배상청구권은 공무원의 직무상 불법행위로 손해를 입은 국민이 국가 · 공공단체에 그 배상을 청구할 수 있는 권리이다. 국가배상청구권은 법치국가의 한 요소로서 국가책임 추궁을 위한 절차적 기본권이다. 즉 국가배상청구권을 법치국가원리를 최종적으로 담보하는 수단이다. 국가가 불법행위를 하여 개인의 권리를 침해하면 먼저 개인은 행정소송을 통해서 이러한 불법 제거를 요구하고 행정소송으로 제거할 수 없는 국가불법 결과가 있다면 국가배상 청구를 통해서 그 궁극적인 제거를 요구한다.

2. 법적 성격

헌법 제29조의 "법률이 정하는 바에 의하여"를 어떻게 해석할 것인지와 관련하여 헌법 제29조가 "법률이 정하는 바에 의하여"라고 규정함을 강조하여, 이러한 법률유보로 말미암아 헌법에 따라서 추상적 권리만 발생하고 구체적인 권리는 법률에 따라서 비로소 생긴다는 입법방침규정설과 "법률이 정하는 바에 의하여"라는 국가배상청구권을 기본권으로 인정한다는 전제 아래 국가배상청구권의 행사절차나 구체적인 기준 또는 방법을 법률로 구체화한다는 의미라는 직접효력규정설이 대립한다. 대법원은 국가배상청구권의 구체적 권리성을 인정한다(대법원 1971. 6. 22. 선고 70다1010 전원합의체 판결).

국가배상청구권의 실질적 성격과 관련하여 국가배상청구권을 헌법 제23조 제1항이 규정하는 재산권의 한 내용으로 보는 재산권설도 주장되지만, 국가배상청구권이 재산가치 있는 권리이기는 하지만(국가배상법 제8조 참조), 헌법이 재산권 규정(제23조)과 별도로 규정한 점과 국가배상청구권의 기능상 중점이 권리구제수단임에 있다는 점에서 재산권과 구별하여야 하므로 청구권설이 타당하다. 헌법재판소는 국가배상청구권은 재산권적 성격과 청구권적 성격이 아울러 있다고 한다(헌재 1997. 2. 20. 96헌바24).

국가배상청구권의 실행방법과 관련하여 국가배상청구권이 헌법규정에 따라서 직접효력이 있는 권리이고, 그 성질이 일반적인 사권과 달리 특정한 때는 양도나 압류의 대상이 되지 않으며(국가배상법 제4조), 그 주체가 외국인이면 상호주의에 입각한 제한이 있음(국가배상법 제7조)을 근거로 하는 공권설과 국가배상청구권이 국가가 사적인 사용자의 지위에서 지는 책임이고, 공권으로 이해하면 많은 제약이 따른다는 점을 근거로 하는 사권설이 다투어진다. 대법원은 공무원의 직무상 불법행위로 손해를 받은 국민이 국가나 공공단체에 배상을 청구할 때 국가나 공공단체에 그의 불법행위를 이유로 손해배상을 구함은 국가배상법이 정한 바에 따른다고 하여도 이는 민사상 손해배상 책임을 특별법인 국가배상법이 정한 데 불과하다고 하여(대법원 1972. 10. 10. 선고 69다701 판결) 사권설을 취한 것으로 볼 수 있다.

3. 주체

국가배상청구권의 주체는 모든 국민이다. 즉 위법한 공무집행으로 손해를 입은 국민은 모두 그 주체가 되고, 이때 자연인과 법인을 구별하지 않는다. 다만, 군인 · 군무원 · 경찰공무원 기타 법률이 정하는 자가 전투 · 훈련 등 직무 집행과 관련하여 받은 손해에 대해서는 법률이 정하는 보상 외에 국가나 공공단체에 공무원의 직무상 불법행위로 말미암은 배상을 청구할 수 없다(헌법 제29조 제2항). 외국인이나 외국법인에 대해서는 상호주의 원칙에 따라 상호 보증이 있는 때만 국가배상법이 적용된다(국가배상법 제7조). 한국에 주둔하는 미국 군대의 구성원, 고용원이나 한국증원부대 구성원(KATUSA)의 공무 집행 중 행위에 대해서도 국가배상법 절차에 따라서 한국 정부에 배상을 청구할 수 있다(한미행정협정 제23조 제5항).

4. 국가배상책임 성립요건

헌법 제29조 제1항과 국가배상법 제2조 제1항 본문을 따르면 국가나 지방자치단체는 공무원이 그 직무를 집행할 때 고의 또는 과실로 법령을 위반하여 타인에게 손해를 입히면 국가는 손해배상을 해주어야 한다. 따라서 국가배상청구권이 성립하려면 ① 공무원, ② 직무집행행위, ③ 불법행위, ④ 타인에게 손해 발생의 요건이 충족되어야 한다.

(1) 공무원

여기서 공무원은 실질적으로 공무를 수행하는 사람을 가리킨다. 따라서 공무원 신분이 있는 사람에 국한되지 않는다. 따라서 공무원은 국가공무원법과 지방공무원법상 공무원뿐 아니라 사실상 공무를 위탁받아 실질적으로 공무를 수행하는 모든 사람을 말한다. 공무원의 임용행위상 무효사유가 사후에 발견되더라도 그 이전까지의 행위에 대해서는 이른바 사실상 공무원으로서 이 사람의 행위에 대한 손해배상책임이 인정된다. 공무원은 기관구성원인 자연인을 뜻하지만, 기관 그 자체가 포함될 수도 있다. 그러나 외국공관원은 국가기관이 아니므로 국가는 외국공관원의 불법행위에 대해서 책임을 지지 않는다(대법원 1997. 4. 25. 선고 96다16940 판결).

(2) 직무집행행위

직무집행행위 범위와 관련하여 ① 행정작용 중 권력작용만 포함하는 견해(협의설), ② 권력작용과 관리작용만 포함하는 견해(광의설), ③ 권력작용과 관리작용 및 사경제작용을 포함하는 견해(최광의설)가 대립한다. 공무원의 직무집행행위에는 권력작용과 관리작용 및 사경제작용이 모두 포함되지만, 국가배상청구권의 성질을 공권으로 이해하면 사경제작용으로 말미암은 손해는 여기서 제외하여 민사상 배상책임으로 해결하는 것이 타당하다(대법원 1970. 11. 24. 선고 70다1148 판결). 즉 국가배상청구권에서 직무집행행위는 권력작용과 관리작용에 국한하여야 한다.

직무 집행의 의미와 관련하여 해당 공무원의 주관적 의도와 목적으로 판단하여야 한다는 주관설과 직무 집행으로서 외형으로 판단하여야 한다는 객관설이 대립한다. 국가배상청구권의 인정 취지에 비추어 직무 집행으로서 외형을 갖추는 모든 행위가 직무 집행으로 보아야 한다(대법원 1969. 3. 22. 선고 66다117 판결).

(3) 불법행위

불법행위는 고의나 과실로 법령을 위반한 행위를 말한다. 불법행위는 작위나 부작위에 의해서 발생할 수 있다. 고의나 과실을 요구한다는 점에서 고의나 과실을 요건으로 하지 않는 형사보상청구권이나 영조물의 설치나 관리상 하자로 말미암은 손해에 대한 배상청구권과 구별된다. 불법행위의 증명책임은 피해자에게 있다. 가해자 특정 자체는 요건이 아니라서 누구의 행위인지가 판명되지 않더라도 공무원의 행위에 의한 것인 이상 국가는 배상책임을 진다. 법령은 법률과 명령, 규칙, 조례 등의 성문법은 물론 관습법과 같은 불문법도 아우른다. 법령을 위반한 행위 내용은 넓게 해석되며 신의성실원칙 등 법일반원칙 위반일 때도 법령을 위반한 것으로 해석되나 행정규칙 위반의 행정행위에 따른 손해 발생에 대해서는 행정규칙의 법규성 인정 여하에 따라 위법성 인정 여부가 결정된다.

(4) 타인에게 손해 발생

타인은 가해공무원과 위법한 직무행위 가담자 이외의 모든 사람을 가리킨다. 손해는 위법한 직무행위로 피해자가 입은 모든 불이익으로서 재산적 손해, 비재산적 손해, 적극적 손해, 소극적 손해(기대이익)를 불문한다. 위법한 직무행위와 손해 발생 사이에는 상당인과관계가 있어야 한다.

5. 국가배상책임의 본질과 선택적 청구 인부

(1) 배상책임자

배상책임자를 헌법 제29조는 '국가 또는 공공단체', 국가배상법 제2조는 '국가 또는 지방자치단체'로 서로 다르게 규정한다. 따라서 공공단체로서 지방자치단체가 아닌 공공기관(예를 들어 공공조합, 영조물법인)은 민법 규정에 따라서 배상책임 의무를 진다(국가배상법 제8조 참조). 공무원 선임 · 감독자와 비용부담자가 서로 다르면(국가배상법 제6조 제1항) 비용부담자도 손해배상 책임이 있다. 따라서 이때 피해자는 선임 · 감독자와 비용부담자 어느 쪽에 대해서도 배상청구를 할 수 있다. 고의나 과실 요구는 가해자인 공무원을 기준으로 검토하는 것이라서 이들 배상책임자가 지는 책임은 무과실책임이다. 이러한 점에서 국가배상법이 배상책임자를 축소한 것은 위헌 의심이 있다. 민법상 사용자책임은 사용자가 선임 · 감독에서 주의의무를 다하면 면제되어서(민법 제756조 제1항) 피해자 보호 측면에서 문제가 생길 수 있기 때문이다.

(2) 구상권 행사

국가나 지방자치단체가 피해자가 손해를 배상할 때 가해공무원에게 고의나 중대한 과실이 있으면 국가나 지방자치단체는 가해공무원에게 구상권을 행사할 수 있다(국가배상법 제2조 제2항). 여기서 공무원의 중과실은 공무원에게 통상 요구되는 정도의 상당한 주의를 하지 않더라도 약간의 주의를 한다면 손쉽게 위법 · 유해한 결과를 예견할 수 있는데도 만연히 이를 간과함과 같은 거의 고의에 가까운 현저한 주의를 결여한 상태를 말한다(대법원 2003. 2. 11. 선고 2002다65929 판결). 경과실이 있는 가해공무원에게는 구상권을 행사할 수 없다. 이는 공무원이 직무 집행에서 소극적이거나 사기가 저하될 것을 우려한 정책적 배려이다. 가해공무원을 선임 · 감독한 자와 비용을 부담하는 자가 같지 않으면 손해를 배상한 자가 내부관계에서 손해를 배상할 책임이 있는 자에게 구상권을 행사할 수 있다(국가배상법 제6조 제2항). 내부관계에서 손해를 배상할 책임이 있는 자는 가해공무원을 선임 · 감독한 자이다.

(3) 국가배상책임의 본질

배상책임자가 지는 책임, 즉 국가배상책임의 본질과 관련하여 국가 등의 배상책임은 피해자를 보호하려고 가해공무원을 대신하여 지는 일종의 사용자책임이라는 대위책임설, 국가배상책임은 자기 행위에 스스로 책임지는 것이라는 자기책임설, 가해공무원에 대한 국가의 구상권 존재 여부를 기준으로, 공무원의 고의나 중과실로 말미암은 행위는 국가의 구상권이 인정되므로 대위책임이나, 경과실로 말미암은 행위는 구상권이 인정되지 않으므로 국가 스스로 책임지는 자기책임으로 이해하는 절충설이 대립한다. 대법원은 절충설을 따르는 것으로 보인다(대법원 1996. 2. 15. 선고 95다38677 판결).

(4) 공무원 개인에 대한 선택적 청구 가능성(공무원 개인의 외부적 책임)

먼저 피해자가 빈틈없이 손해배상을 받을 수 있고, 헌법 제29조 제1항 단서는 명시적으로 가해공무원의 책임을 인정한다는 점을 근거로 피해자인 개인은 국가와 공무원을 상대로 선택적으로 손해배상 청구가 가능하다는 견해가 있는데, 선택 청구 긍정설에는 경과실, 중과실, 고의를 따지지 않고 공무원 개인의 외부적 책임을 인정하는 전면긍정설과 고의나 중과실만 공무원 개인의 외부적 책임을 인정하는 제한적 긍정설이 있다. 경제적 부담능력이 있는 국가가 손해배상을 하면 피해자 구제는 완벽하게 이루어지고, 공무원의 직무 집행을 보호하여야 한다는 것을 근거로 선택적 청구를 부정하는 견해도 있다. 대법원은 공무원이 경과실이면 선택적 청구를 부정하면서 공무원이 고의 · 중과실이면 선택적 청구를 긍정한다(대법원 1996. 2. 15. 선고 95다38677 판결).

6. 배상청구절차와 배상 범위(배상액)

(1) 배상청구절차

국가나 지방자치단체에 대한 배상신청사건을 심의하기 위해서 법무부에 본부심의회를 둔다. 다만, 군인이나 군무원이 다른 사람에게 입힌 손해에 대한 배상신청사건을 심의하기 위해서 국방부에 특별심의회를 둔다(국가배상법 제10조 제1항). 본부심의회와 특별심의회는 대통령령으로 정하는 바에 따라 지구심의회를 둔다. 당사자는 배상심의회에 배상 신청을 하여 그 결과에 불복하면 소를 제기할 수도 있고, 배상 신청을 하지 아니하고 바로 법원에 소를 제기할 수도 있다(국가배상법 제9조).

배상심의회 결정에 불복하거나 배상심의회에 배상 신청을 하지 않고 바로 소를 제기하면 일반적인 재판절차를 거치게 된다. 이때 국가배상 청구 자체를 소송대상으로 하는 일반절차와 다른 소 제기에 배상청구소송을 병합하는 특별절차의 방법이 있다. 일반절차를 따르면 국가배상청구권의 성질에 따라 소송유형이 달라진다. 이를 공권으로 보면 행정소송으로서 공법상 당사자소송, 이를 사권으로 보면 민사소송을 따르게 된다. 재판실무는 민사소송으로 처리한다. 특별절차를 따르면 취소소송과 병합하여 처리하게 된다(행정소송법 제10조 제1항).

(2) 배상 범위

손해배상은 정당한 배상으로서(헌법 제29조 제1항) 해당 불법행위와 상당인과관계가 있는 모든 손해가 배상이 되어야 한다. 이때 배상기준으로 국가배상법 제3조는 일정한 내용을 규정한다. 그러나 이는 그 성격상 기준에 불과한 것이고, 배상의 상한선을 제시하는 한정적인 의미가 없다(대법원 1970. 1. 29. 선고 69다1203 전원합의체 판결).

(3) 양도와 압류 금지

생명 · 신체의 침해로 말미암은 국가배상청구권은 양도하거나 압류하지 못한다(국가배상법 제4조).

7. 제한

(1) 기본권주체의 헌법직접적 제한

종래 헌법규정 자체에 대해서는 위헌심사가 불가능하다는 전제 아래 헌법 제29조 제2항이 있는 한 국가배상법 제2조 제1항 단서는 합헌으로 볼 수밖에 없다는 견해가 지배적이었다. 이러한 견해는 결국 헌법이나 국가배상법이 개정되어야 한다는 입법론으로 이어지곤 하였다. 이러한 전통적 견해에 대해서 헌법 제29조 제2항을 이른바 '위헌적 헌법규범'이라고 하면서 헌법규정에 대해서도 위헌심사가 가능하다는 적극적인 견해가 주장되어 확산하고 있다. 그러나 헌법재판소는 헌법규정에 대한 위헌심사는 불가능하므로 국가배상법 제2조 제1항 단서는 합헌이라는 전통적 견해를 견지한다(헌재 1996. 6. 13. 94헌마18).

(2) 일반적 법률유보에 따른 제한

국가배상청구권은 헌법 제37조 제2항에 따라 국가안전보장, 질서유지 또는 공공복리를 위해서 필요하면 법률로써 제한할 수 있다. 그리고 국가배상법 적용을 배제하는 특별법을 통해서 국가배상청구권이 제한될 수도 있다. 예를 들어 우편법(제5장 제38조 내지 제45조), 철도사업법(제24조), 전기통신사업법(제33조, 제55조) 등이 그러한 특별법이다. 이러한 행정작용은 국민에 대해서 일정한 급부를 대량으로 반복해서 제공하는 성질이 있는 것이므로 통상적인 행정작용과 구별되는 특성이 있다.

(3) 소멸시효

헌법재판소는 국가배상청구권에도 소멸시효에 관한 민법 규정을 따르도록 한 국가배상법 제8조, 국가에 대한 금전채권의 소멸시효기간을 5년으로 정한 구 예산회계법 제96조 제2항, 국가재정법 제96조 제2항, 피해자나 법정대리인이 손해 및 가해자를 안 날부터 3년 및 불법행위를 한 날로부터 10년을 불법행위로 말미암은 손해배상청구권의 소멸시효로 규정한 민법 제766조 제1항, 제2항에 대해서 합헌으로 결정한 바 있다(헌재 1997. 2. 20. 96헌바24). 그러나 헌법재판소는 '진실 · 화해를 위한 과거사정리 기본법' 제2조 제1항 제3호에 규정된 '민간인 집단 희생사건', 제4호에 규정된 '사망 · 상해 · 실종사건 그 밖에 중대한 인권침해사건과 조작의혹사건'의 특수성을 고려하지 아니한 채 민법 제166조 제1항, 제766조 제2항의 객관적 기산점이 그대로 적용되도록 규정하는 것은, 소멸시효제도를 통한 법적 안정성과 가해자 보호만을 지나치게 중시한 나머지 합리적 이유 없이 이러한 사건 유형에 관한 국가배상청구권의 보장 필요성을 외면한 것으로서 입법형성의 한계를 일탈하여 청구인들의 국가배상청구권을 침해하므로 헌법에 위반된다고 하였다(헌재 2018. 8. 30. 2014헌바148등).

VI. 범죄피해자구조청구권

1. 의의

범죄피해자구조청구권은 본인에게 귀책사유가 없는 다른 사람의 범죄로 말미암아 생명을 잃거나 신체상 피해를 본 국민이나 그 유족이 가해자에게서 충분한 보상을 받지 못할 때 국가에 구조(나 보상)를 청구할 수 있는 권리이다.

2. 범죄피해자구조의 본질

① 국가는 범죄 발생을 예방하고 진압할 책임이 있으므로 범죄로 말미암아 피해를 본 국민에게 배상책임을 져야 한다는 국가(배상)책임설, ② 범죄로 말미암은 피해를 피해자에게만 전담시키지 않고 국가가 그를 도와줌으로써 사회국가 이념을 실현하여야 한다는 사회보장설, ③ 범죄피해자구조는 세금을 통한 보험 형식으로 범죄로 말미암은 피해를 국가가 사회 구성원에게 분담시키는 것이라는 사회분담설 그리고 국가는 범죄의 예방과 진압책임이 있어서 살상 등 중대한 범죄피해가 발생하면 그 책임 일부를 국가가 부담하는 것은 당연하고(국가책임적 측면), 범죄자 대부분은 피해를 배상할 재력이 없으므로, 사회국가 이념에 비추어 사회보장적이나 사회보험적 사회정책의 하나로 범죄피해자 피해를 구조해 주어야 하며(사회보장적 측면) 범죄피해자구조제도는 사회보장적 성격과 국가책임적 성격이 아울러 있는 복합적 성격의 제도로 이해하여야 한다는 견해가 대립한다.

3. 법적 성격

① 범죄피해자구조청구권은 국가에서 '범죄피해의 구조'라는 일정한 행위를 요구할 수 있는 청구권적 기본권이라는 견해, ② 범죄피해자구조는 사회국가를 실현하는 하나의 방법으로 사회보장적 차원에서 인정된다는 견해, ③ 범죄피해자구조청구권은 국가책임의 성질과 사회보장적 성질에 근거를 둔 청구권적 기본권이라는 견해 그리고 ④ 범죄피해자구조제도는 국가배상적, 사회보장적 그리고 사회보험적 성격이 있으므로 범죄피

해자구조청구권은 국가배상청구권적 성격과 사회권적 성격이 모두 있고, 이렇게 볼 때 범죄피해자구조청구권은 국가배상적 사회보장청구권으로 볼 수 있다는 견해가 대립한다. 헌법재판소는 범죄피해자구조청구권을 생존권적 기본권으로서의 성격이 있는 청구권적 기본권이라고 한다(헌재 2011. 12. 29. 2009헌마354).

헌법 제30조 규정상 재해보상청구권을 규정한 것인지 사회국가적 입법의무를 규정한 것인지 명확하지 않다. 범죄피해자구조청구권을 국가배상청구권으로 보면 직접효력규정으로 볼 수 있으나, 이를 사회권의 하나로 보면 입법방침규정으로 볼 수도 있다. 이 규정을 복합적 성격의 국가배상적 사회보장청구권으로 보면 이를 직접효력규정이라고 볼 수 있다.

4. 주체

범죄피해자구조청구권 주체는 다른 사람의 범죄행위로 말미암아 중장해를 당한 사람이나 그 유족이다. 범죄피해 방지와 범죄피해자 구조 활동으로 피해를 본 사람도 범죄피해자에 속한다('범죄피해자 보호법' 제3조 제2항). 피해자가 사망하면 그 유족이 구조금을 청구하고, 중장해를 당하면 본인이 청구한다. 구조금을 받을 수 있는 유족은 피해자의 사망 당시 피해자 수입으로 생계를 유지하던 사람으로서 ① 배우자(사실상 혼인관계 포함)와 구조피해자 사망 당시 구조피해자 수입으로 생계를 유지하는 구조피해자 자녀, ② 구조피해자 사망 당시 구조피해자 수입으로 생계를 유지하는 구조피해자의 부모, 손자·손녀, 조부모와 형제자매, ③ ①과 ②에 해당하지 아니하는 구조피해자의 자녀, 부모, 손자·손녀, 조부모 및 형제자매이다('범죄피해자 보호법' 제18조 제1항). 유족 범위에서 태아는 구조피해자가 사망할 때 이미 출생한 것으로 본다('범죄피해자 보호법' 제18조 제2항). 외국인은 상호보증이 있는 때만 그 주체가 된다('범죄피해자 보호법' 제23조).

5. 내용

① 범죄피해자구조청구권은 '다른 사람의 범죄행위로 말미암아 생명·신체에 대한 피해'를 받은 사람이 '가해자의 불명이나 무자력'의 사유로 말미암아 피해의 전부나 일부

를 배상받지 못하거나 자기나 다른 사람의 형사사건 수사나 재판에서 고소 · 고발 등 수사단서를 제공하거나 진술, 증언 또는 자료 제출을 하다가 구조피해자가 된 때 성립한다('범죄피해자 보호법' 제16조). ② 구조금은 유족구조금 · 장해구조금 및 중상해구조금으로 구분한다('범죄피해자 보호법' 제17조 제1항). 유족구조금은 구조피해자가 사망하였을 때 맨 앞 순위인 유족(순위가 같은 유족이 2명 이상이면 똑같이 나누어 지급)에게 지급하고('범죄피해자 보호법' 제17조 제2항), 장해구조금과 중상해구조금은 해당 구조피해자에게 지급한다('범죄피해자 보호법' 제17조 제3항). ③ 구조피해자나 유족이 해당 구조대상 범죄피해를 원인으로 국가배상법이나 그 밖의 법령에 따른 급여 등을 받을 수 있으면 대통령령으로 정하는 바에 따라 구조금을 지급하지 아니한다('범죄피해자 보호법' 제20조). 그리고 국가는 구조피해자나 유족이 해당 구조대상 범죄피해를 원인으로 손해배상을 받았으면 그 범위에서 구조금을 지급하지 아니한다('범죄피해자 보호법' 제21조 제1항). 국가는 지급한 구조금 범위에서 해당 구조금을 받은 사람이 구조대상 범죄피해를 원인으로 가지는 손해배상청구권을 대위한다('범죄피해자 보호법' 제21조 제2항). 따라서 범죄피해자는 결과적으로 가해자가 불명하거나 자력이 없어서 피해의 전부나 일부를 배상받지 못할 때만 보충적으로 구조금을 받을 수 있다.

7절

사회권

Ⅰ. 일반론

1. 의의

사회권은 인간의 존엄과 가치가 실질적으로 보장되도록 국민이 인간다운 생활을 할 조건을 마련해 주도록 국가에 요구할 수 있는 권리이다. 사회권은 수익권, 생활권적 기본권, 생존권적 기본권, 생활권, 사회적 기본권, 사회국가적 기본권이라고도 부른다. 시민사회에서 기본권은 시민 계급의 생명, 자유, 재산을 보호하는 시민의 자유와 권리를 뜻하였다. 시민사회 형성에 따라 산업사회로 급속하게 발전하면서 수많은 무산노동대중이 발생하였고, 산업사회 근로대중에게 이러한 자유권 중심의 기본권은 공허한 구호에 지나지 않았다. 이들에게는 '생존 보장, 완전고용, 노동력 보존'과 같은 새로운 권리 보장이 필요하였다. 사회권은 경제적 · 사회적 약자와 소외계층, 특히 산업사회에서 대량으로 발생한 무산근로대중의 인간다운 생활을 보장하고, 정의로운 사회질서를 형성하려고 규정된 기본권이다. 경제적 · 사회적 약자와 소외계층을 보호하고 이들의 인간다운 생활을 보장함으로써 정의로운 사회질서를 형성하려는 데 사회권의 의의가 있다. 진정한(실질적) 자유는 생존에 필요한 최소한도의 물질적 보장 없이 있을 수 없다. 이러한 의미에서 사회권은 자유의 실질적 조건이며 기초이다.

2. 특성

(1) 국가의 적극적 활동 필요성

자유권은 국가권력 침해에 대한 소극적인 방어만으로 보호될 수 있지만, 사회권은 국가의 적극적 급부와 배려를 통해서 비로소 보장될 수 있다. 따라서 자유권은 국가권력의 개입이나 간섭을 배제하지만, 사회권은 국가의 개입과 간섭이 필수적이다.

(2) 내용의 불명확성

사회권 내용은 매우 불명확하다는 특성이 있다. 법규정의 불명확성이나 모호성은 사회권에 국한된 문제는 물론 아니다. 그러나 사회권은 그 구체적 내용과 구조를 확정하는 데 필요하고 충분한 기준을 내포하지 못한 특수성이 있다. 물론 헌법은 사회권의 내용을 구체적이고 분명하게 규정하여 개인에게 급부청구권을 부여해 줄 수 있다. 그러나 이때 그 내용이 방대해질 뿐 아니라 헌법 개정 곤란성 때문에 바뀌는 경제적 현실과 사회적 상황에 탄력적으로 대응하기 어렵다는 문제가 생긴다. 따라서 사회권을 헌법에 규정할 때 이를 불명확하게 규정할 수밖에 없다.

(3) 입법적 구체화 필요성

사회권 내용은 불확정적이므로 사회권을 실현하려면 법적 구체화가 필요하다. 즉 사회권은 입법자가 그 내용을 구체적으로 형성하고 이를 기초하여 행정 집행이 이루어져야 비로소 실현된다. 사회권은 법률이 구체화하지 않으면 그 자체로는 사법적 소구가 '원칙적으로' 불가능하다.

(4) 국가의 재정적 능력

사회권은 국가의 재정적 지원 없이는 실현될 수 없다. 따라서 사회권은 국가의 경제적 여건과 재정적 능력에 따라 실현 여부와 정도가 결정될 수밖에 없는 권리이다. 이러한 의미에서 모든 사회적 급부청구권은 가능성 유보 아래 있다.

(5) 다른 사람의 자유 침해 가능성

사회권 실현은 다른 사람의 자유 침해를 초래할 수 있다. 그리고 사회권 실현을 위한 비용은 다른 사람에게 부과한 조세에 의존할 수밖에 없다. 그뿐 아니라 사회권 실현은 다른 권리와 충돌할 수 있다.

3. 법적 성격

① 사회권은 정치적 강령(프로그램)에 불과한 것으로서 국가권력에 대한 법적 구속력과 주관적 권리성이 인정되지 않는다는 프로그램 규정설, ② 사회권에 어느 정도의 법적 구속력을 인정하나 주관적 권리성은 법률이 구체화할 때만 그 법률과 결합하여 구체적 권리로서 인정된다는 추상적 권리설, ③ 사회권은 원칙적으로 구체적 권리이지만 헌법이 불완전한 형식으로 권리를 보장한 것이므로 국가의 입법의무 수행에 따라서 구체적 내용이 규정된다는 불완전한 구체적 권리설, ④ 법규정에서 직접 구체적 권리가 도출된다고 보아 여타 다른 기본권과 같이 파악하는 구체적 권리설, ⑤ 모든 사회권은 일단 잠정적으로 개인에게 주관적 권리를 부여하지만, 이 권리는 형량을 거치고 나서야 비로소 확정적인 권리가 된다는 원칙모델에 따른 권리설, ⑥ 사회권규정을 국가목표규정이나 입법위임규정 등 객관법적 규정으로만 보아 법적 구속력은 인정하나 주관적 권리성은 인정하지 않는 객관설, ⑦ 권리가 보장하는 급부의 가능한 수준을 단계별로 나누어 그에 맞추어 법적 성격을 프로그램에서 구체적 권리까지 단계화하여 인정하자는 단계화설, ⑧ 사회권을 개별 기본권별로, 개별 기본권도 보장내용이나 보장수준별로 각각 법적 성격을 달리한다는 개별화설이 대립한다. 헌법재판소는 '최소한의 물질적 생활 유지'를 위한 때는 구체적 권리성을 인정할 수도 있지만, 그 수준을 넘어서면 구체적 입법이 요구되고, 이때 입법자에게는 광범위한 입법형성권이 인정된다고 한다(헌재 1997. 5. 29. 94헌마33).

4. 주체

사회권 주체는 국민이다. 자연인이 아닌 법인은 사회권 주체가 될 수 없다. 사회권은 개인이 생존에 필요한 급부를 국가에 대해서 청구할 수 있는 권리이기 때문이다. 외국인은 원칙적으로 사회권 주체가 될 수 없으나, 예외적으로 법률이 정하면 사회권 주체가 될 수 있다.

Ⅱ. 인간다운 생활을 할 권리

1. 헌법 제34조 규정체계

인간의 존엄과 가치는 기본권 보장의 최고이념이다. 이는 자유권과 사회권을 비롯한 개별 기본권을 통해서 실현된다. 존엄권이 자유권의 기초로서 자유권에서 절대 침해할 수 없는 최소한의 보호영역을 보장하는 것처럼 인간다운 생활을 할 권리는 인간적 생존의 최소한을 확보하게 한다. 따라서 헌법 제34조 제1항은 인간의 존엄과 가치를 실현하는 사회권을 규정하고, 이러한 사회권은 모든 사회권의 기초를 이룬다. 구체적으로 인간다운 생활을 할 권리는 그 자체로 구체적인 사회권이면서 다른 사회권의 목표와 해석방향 그리고 해석기준을 제시하는 이념적 성격도 있다. 인간다운 생활을 할 권리는 이념적 성격에서 ① 국가는 개인에게 감당할 수 없는 사회적 위험이 발생하여 소득을 상실하여서 기존의 정상적인 생활을 유지할 수 없는 상황일 때 개인을 보호하여야 하는데, 이를 위해서 사회적 위험 발생을 방지하고, 적어도 사회적 위험이 가져오는 경제적 파급효과를 최소화하여야 하며, ② 국가는 사회적 위험이 발생하였을 때 개인의 기존 생활수준을 어느 정도 유지할 수 있도록 보장하여야 하고, ③ 국가는 일정한 기준에 따라 개인이 평등하게 사회보장법적 보호를 받을 수 있어야 하며, ④ 국가는 모든 국민에게 인간다운 최저생활을 보장하여야 한다. 헌법 제34조 제1항이 규정하는 인간다운 생활을 할 권리는 생활무능력자의 최저한도 물질적 생활을 보장하려는 것이다. 이는 사회권 보장의 기초로서 법률로 제한할 수 없다. 헌법 제34조 제2항부터 제6항까지는 인간다운 생활을 할 권리의 보장범위와 관련하여 국가의 사회정책적 확대의무를 규정한다. 즉 이러한 조항들은 사회국가적 (정책)목표를 설정한다. 그리고 헌법 제34조 제1항이 규정하는 인간다운 생활을 할 권리는 다른 사회권에 관한 헌법규정의 이념으로서도 기능한다(헌재

1995. 7. 21. 93헌가14).

2. 개인의 인간다운 생활을 할 권리(헌법 제34조 제1항)

(1) 의의

인간다운 생활을 할 권리는 헌법 제34조 제1항이 보장하는 인간다운 생활을 할 권리는 인간의 존엄에 상응하는 최소한의 물질적인 생활 유지에 필요한 급부를 요구할 수 있는 권리이다(헌재 2020. 4. 23. 2017헌바244). 국가는 이에 상응하는 의무를 진다. 인간은 생존에 필요한 최소한의 물질적 수요를 확보하지 못하면 인간다운 생활이 불가능할 뿐 아니라 존엄성이 있는 인간으로서 인격을 자유롭게 발현할 수 없다. 국가가 모든 국민에게 물질적인 최저 생활을 보장해 줌으로써 모든 국민에게 자율적인 생활 형성의 바탕을 마련해 준다는 데 인간다운 생활을 할 권리의 의의가 있다. 헌법재판소는 인간다운 생활을 할 권리는 사회권적 기본권의 일종으로서 인간의 존엄에 상응하는 최소한의 물질적인 생활 유지에 필요한 급부를 요구할 수 있는 권리를 의미하는데, 이러한 권리는 국가가 재정형편 등 여러 가지 상황을 종합적으로 고려하여 법률을 통해서 구체화할 때 비로소 인정되는 법률적 권리라고 한다(헌재 1995. 7. 21. 93헌가14).

(2) 주체

인간다운 생활을 할 권리의 주체는 국민이다. 이때 국민에는 자연인만이 포함되고 법인은 포함되지 않는다. 외국인은 원칙적으로 그 주체가 될 수 없으나, 예외적으로 법률이 정하는 바에 따라 그 주체로 인정될 수 있다. 사회보장기본법 제8조를 따르면 국내에 거주하는 외국인에게 사회보장제도를 적용할 때는 상호주의원칙에 따르되, 관계 법령에서 정하는 바에 따른다.

(3) 내용

인간의 존엄성에 상응하는 최소한의 수준과 관련하여 ① 인간의 존엄성에 상응하는 건강하고 문화적인 생활이라는 견해, ② 물질적 궁핍에서 해방을 주내용으로 하는 물질적 최저생활권이라는 견해, ③ 인간의 존엄성은 인간의 개인으로서 물질적 생존뿐 아니라 최소한의 사회적 관련성을 유지하는 생존을 요청하므로 최저한의 물질적 보장 외에 최소한의 사회생활적 수요가 충족되어야 할 것이라는 견해가 대립한다. 헌법재판소는 인간다운 생활권의 보호 영역을 '최소한의 물질적인 생계 유지에 필요한 급부'와 그 이상의 급부로 파악하고 전자에 대해서만 구체적 권리성을 인정한다(헌재 1997. 5. 29. 94헌마33).

(4) 제한

인간다운 생활을 할 권리는 그 자체로서 권리의 성격이 있는 때를 제외하면 그 내용은 법률을 통해서 구체화하여야 비로소 구체적 · 현실적 권리가 된다. 법률로 일단 성립된 (기본권을 구체화한) 권리가 축소되거나 소멸하면 제한 문제가 발생한다. 따라서 인간다운 생활을 할 권리도 헌법 제37조 제2항에 따라서 제한될 수 있다. 헌법 제37조 제2항도 모든 자유와 권리라고 하여서 모든 기본권을 제한 대상으로 삼는다. 다만, 법률을 통한 보장범위가 인간의 존엄성에 상응하는 정도라면 제한은 허용될 수 없다. 그러나 헌법재판소는 명백성 심사를 하는 데 그친다(헌재 2020. 4. 23. 2017헌마103).

3. 국가의 사회보장적 (정책)의무(사회보장수급권, 사회보장권)

(1) 의의

헌법은 제34조 제2항부터 제6항까지에 걸쳐 제34조 제1항의 인간다운 생활의 구체화와 증진을 위한 국가의 의무를 규정한다. 즉 모든 국민의 인간다운 생활을 보장하기 위해서 국가에 사회보장과 사회복지의 증진에 노력할 의무(헌법 제34조 제2항)를 비롯하여 여자의 권익과 복지 향상을 위해서 노력할 의무(헌법 제34조 제3항), 노인과 청소년의 복지 향상을 위한 정책을 실시할 의무(헌법 제34조 제4항), 신체장애자 및 질병 · 노령 기타의 사유로 생활능력이 없는 국민을 보호할 의무(헌법 제34조 제5항), 재해 예방과 그 위험에서 국민을 보호하기 위해서 노력할 의무(헌법 제34조 제6항)를 부과한다. 그로 말미암아 국가는 사회보장제도를 확립하고 이를 실시할 의무를 진다. 사회보장은 모든 국민이 인간다운 생활을 할 수 있도록 최저생활을 보장하고 국민 개개인이 생활수준을 향상할 수 있도록 제도와 여건을 조성하여, 그 시행에서 형평과 효율의 조화를 기함으로써 복지

사회를 실현하는 것을 기본이념으로 한다(사회보장기본법 제2조).

(2) 내용

사회보장은 사회보장기본법 제3조 제1호를 따르면 출산, 양육, 실업, 노령, 장애, 질병, 빈곤 및 사망 등의 사회적 위험에서 모든 국민을 보호하고 국민 삶의 질을 향상하는 데 필요한 소득 · 서비스를 보장하는 사회보험, 공공부조, 사회서비스를 말한다. 국가가 헌법 제34조 제2항부터 제6항까지의 사회보장적 의무를 이행하여 법률을 만들면 국민은 사회보장수급권이 생긴다(헌재 2005. 7. 21. 2004헌바2).

(3) 국가 사회보장의 한계

국가의 사회보장은 자유의 조건을 마련하거나 자유를 증대하려는 것이어야지 오히려 자유를 감소시키고 자유의 대가로서 의미가 있게 되면 이미 사회국가 실현의 방법적 한계를 일탈한 것이다. 그리고 헌법국가에서 사회보장은 국민 스스로 인간다운 생활을 실현할 수 있도록 도와주는 것에 그쳐야지 국가가 국민을 대신하여 인간다운 생활을 실현하여서는 아니 된다(사회보장의 보충성).

Ⅲ. 교육을 받을 권리

1. 의의

교육을 받을 권리는 교육을 받을 수 있도록 국가의 적극적인 배려를 요구할 수 있는 권리이다. 넓은 뜻의 교육을 받을 권리는 개개인이 능력에 따라 균등하게 교육을 받을 수 있는 수학권(헌재 1992. 11. 12. 89헌마88)뿐 아니라 학부모가 그 자녀에게 적절한 교육기회를 제공하여 주도록 요구할 수 있는 교육기회제공청구권까지 아우른다. 부모의 자녀에 대한 교육권은 자녀의 교육받을 권리를 실질적으로 보장해준다는 의미에서 헌법 제31조 제1항에서 보장받는 기본권이다(헌재 1995. 2. 23. 91헌마204).

교육은 원래 부모가 자녀의 친권자로서 사적 시설에서 양육 및 보호 · 감독의 하나로 하는 사교육이었다. 그러나 근대사회의 정치 · 경제 · 사회 · 문화가 급진적으로 발달하고 다원화하면서 사교육만으로는 교육수요를 감당할 수 없게 되었다. 이에 공공의 교육전문시설에서 교육전문가가 조직적 · 계획적으로 교육을 할 필요성이 생겼다. 학교는 이러한 배경 아래 생겨난 공교육기관이다. 국가나 공공단체가 헌법이 보장한 국민의 수학권을 실질적으로 보장하려고 적극적 · 능동적으로 주도하고 관여하는 교육체계가 공교육제도이다(헌재 1992. 11. 12. 89헌마88). 교육을 받을 권리에서 교육은 기본적으로 공교육제도에서 이루어지는 교육이다.

학교교육에서 교사의 가르치는 권리를 수업권이라고 한다. 수업권은 자연법적으로 학부모에게 속하는 자녀에 대한 교육권을 신탁받은 것이고, 실정법상으로는 공교육 책임이 있는 국가 위임에 따른 것이다. 수업권은 교사 지위에서 생기는 학생에 대한 1차적인 교육상 직무권한(직권)이지만, 학생의 수학권 실현을 위해서 인정되는 것으로서 양자는 상호협력관계에 있다. 하지만 그것이 왜곡되지 않고 올바로 행사될 수 있게 하려는 범위 안에서 수업권도 어느 정도 범위 안에서 제약을 받지 않으면 안 된다. 초 · 중 · 고교의 학생은 대학생이나 사회의 일반 성인과는 달리 다양한 가치와 지식에 대해서 비판적으로 취사선택할 수 있는 독자적 능력이 부족하므로 지식과 사상 · 가치의 자유시장에서 주체적인 판단에 따라 스스로 책임지고 이를 선택하도록 만연히 내버려 둘 수 없기 때문이다(헌재 1992. 11. 12. 89헌마88).

2. 주체

교육을 받을 권리의 주체는 학령아동만이 아니라 중 · 고등학생, 대학생, 일반 시민을 포함하는 모든 국민이다. 외국인도 국내에서 교육을 받을 수 있으나 외국인은 교육을 받을 권리의 주체는 아니다. 교육을 받을 권리의 성격상 자연인만이 그 주체가 되며, 법인은 그 주체가 될 수 없다.

교육의 주체와 관련하여 국민 개개인은 그 자녀를 이상적으로 교육할 수 없으므로 개개의 국민은 국가에 자녀의 교육을 부탁할 수밖에 없어서, 국가는 교육내용에 관여할 수 있다고 하며 국가는 교육의 주체가 된다는 국가교육권(주체)설과 어린이가 앞날에 충분히 인간성을 계발할 수 있도록 스스로 학습하고 사물을 알며 이를 바탕으로 스스로 성장하게 하는 것을 어린이의 타고난 권리로 보고, 학부모를 중심으로 한 국민 전체는 자녀 교육의 의무를 지며 국민 전체가 교육의 주체가 된다는 국민교육권(주체)설이 갈린다.

아동과 청소년은 되도록 국가의 방해를 받지 아니하고 자신의 인격, 특히 성향이나 능력을 자유롭게 발현할 수 있는 권리가 있다. 아동과 청소년은 인격 발전을 위해서 어느 정도 부모와 학교의 교사 등 다른 사람의 결정을 필요로 하는 아직 성숙하지 못한 인격체이지만, 부모와 국가의 단순한 보호 대상이 아닌 독자적인 인격체이며, 그의 인격권은 성인과 마찬가지로 인간의 존엄성과 행복추구권을 보장하는 헌법 제10조에 따라서 보호된다. 따라서 헌법이 보장하는 인간의 존엄성과 행복추구권은 국가의 교육권한과 부모의 교육권의 범주 안에서 아동에게도 자신의 교육(환경)에 관하여 스스로 결정할 권리(즉 자유롭게 교육을 받을 권리) 그리고 자유롭게 문화를 향유할 권리를 부여한다(헌재 2000. 4. 27. 98헌가16등).

교육은 공교육과 사교육을 아우르므로 국민과 국가 모두 교육의 주체가 된다고 보아야 한다. 따라서 국가는 교육내용에 관해서 필요하고도 상당하다고 인정되는 범위 안에서 결정권이 있고, 부모의 교육의 자유, 사학교육에서 교사의 교육의 자유도 일정한 범위에서 인정된다고 보아야 한다. 헌법재판소는 "자녀의 양육과 교육에 있어서 부모의 교육권은 교육의 모든 영역에서 존중되어야 하며, 다만, 학교교육의 범주내에서는 국가의 교육권한이 헌법적으로 독자적인 지위를 부여받음으로써 부모의 교육권과 함께 자녀의 교육을 담당하지만, 학교 밖의 교육영역에서는 원칙적으로 부모의 교육권이 우위를 차지한다."라고 한다(헌재 2000. 4. 27. 98헌가16등).

3. 내용

(1) '능력에 따라'

능력에 따라 교육을 받을 권리에서 '능력'은 수학에 필요한 주관적 조건으로 요구되는 것으로서 정신적이거나 육체적인 일신전속적 능력이다. 성별 · 종교 · 경제력 · 사회적 지위 등 비전속적인 능력은 여기에 포함되지 않는다. 그러므로 능력에 따른 교육은 정신적 · 육체적 능력에 상응하는 적절한 교육을 말하고, 이러한 능력을 무시하고 균등한 교육을 받지 않는다는 것을 뜻한다. 교육과 관련하여 능력은 주로 지적 능력을 말하므로 입학에서 공개경쟁시험을 치르는 것은 능력에 따른 교육을 위한 하나의 방법이라고 할 수 있다. 대법원은 대학입학지원서가 모집정원에 미달하여도 대학이 정한 수학능력이 없는 사람에 대해 불합격처분을 한 것은 교육법 제111조 제1항에 위반되지 아니하여 무효라고 할 수 없다고 하였다(대법원 1983. 6. 28. 선고 83누193 판결). 정신지체인 등 능력이 떨어지는 사람은 그에 상응하는 교육을 받을 권리가 있으므로 이들의 교육을 경시하거나 무시하여서는 아니 된다. 그러나 학부모가 자녀의 수학능력에 따라 학교를 선택할 권리는 국가가 제공하는 현존하는 학교유형과 교육과정 중에서 자녀의 능력과 개성에 따라 학교를 선택할 권리일 뿐이지 수학능력이나 성적에 따라 맞춤형 교육을 받을 권리나 우수한 학생이 별도로 분리되어 교육받을 권리 혹은 동질적인 학습집단 안에서 질 높은 교육을 받을 권리를 그 내용으로 하지 않는다(헌재 2009. 4. 30. 2005헌마514).

(2) '균등하게'

'균등'하게 교육을 받을 권리가 있다고 할 때 '균등'은 먼저 능력에 따른 차별 이외에 성별 · 종교 · 경제력 · 사회적 지위 등에 따라서 교육을 받을 기회를 차별하지 않는다는 것을 뜻한다. 그러나 여기서 '균등'은 이러한 소극적 차별 금지에 그치지 않고, 더 나아가 국가가 모든 국민에게 균등한 교육을 받을 수 있도록 각종 교육시설을 설치 · 운영하고, 특히 능력은 있으나 경제적 사정이 어려운 사람들이 실질적인 평등교육을 받을 수 있도록 장학정책 등을 적극적으로 시행하여야 한다는 것이다(헌재 1994. 2. 24. 93헌마192).

균등하게 교육을 받을 권리는 구체적으로 먼저 취학기회 평등을 뜻한다. 따라서 능력 이외의 사유에 따른 취학기회 부여 차별은 금지된다. 그러나 중 · 고등학교를 남학교와 여학교로 나누고 합리적인 범위 안에서 교과목에 차이를 두는 것은 균등한 교육을 받을 권리에 어긋나지 않는다. 그리고 특수상황에 있는 사람(예를 들어 농 · 어촌학생, 독립유공자 자녀, 효행자, 재외국민과 외국인)의 예외적인 대학입학 허용도 균등한 교육을 받을 권리에 어긋나지 않는다. 다음으로 균등한 교육을 받을 권리는 수학기회(수학조건) 평등도 요구한다. 따라서 각 단계 교육에 참여하는 모든 사람에게 능력 이외의 사유에 따른 차별이 이루어지지 아니하도록 교육시설을 설치 · 운용할 것이 요구된다. 그래서 신체적 · 정신적 · 지적 장애 등으로 특별한 교육적 배려가 필요한 사람을 위한 교육(특수교육: 교육기본법 제18조)과 학문 · 예술이나 체육 등의 분야에서 재능이 특히 뛰어난 사람의 교육(영재

교육: 교육기본법 제19조)을 하여야 하고, 경제적 이유로 교육받기 곤란한 사람을 위한 장학제도와 학비보조제도를 수립 · 실시하여야 한다(교육기본법 제28조). 끝으로 균등한 교육을 받을 권리는 국가나 지방자치단체에 교육의 기회균등을 보장하도록 적극적 정책을 시행할 의무를 부과한다.

(3) '교육을 받을 권리'

교육을 받을 권리 대상이 되는 '교육'은 가정교육, 학교교육, 사회교육, 공민교육 등을 아우르는 넓은 뜻의 교육을 뜻한다. 그중에서도 교육체계가 제도적으로 갖춰진 학교교육이 가장 중요하다. 여기서 학교는 국 · 공립학교와 사립학교를 모두 포함한다. 학교 밖의 공교육은 평생교육(헌법 제31조 제5항)이나 (학교교육에 버금가는 수준의 교육이 담보된다면) 예외적으로 재택교육[홈스쿨링(homeschooling)]을 고려할 수 있다. 비인가 대안학교, 학원에서 받는 교육이나 교습, 그 밖의 공교육체계 밖의 사교육의 자유는 헌법 제10조와 제36조를 근거로 인정된다. 유아교육은 보육과 교육이 혼재되긴 하지만, 초기 교육의 중요성과 공공성에 비추어 교육에 포함된다.

5. 자녀가 의무교육을 받게 할 부모의 의무와 의무교육제도의 제도적 보장

의무교육은 모든 국민의 자녀가 국가에서 일정한 기간의 교육을 받게 하고 이에 필요한 시설을 설치 · 운영하도록 하는 국민기초교육을 말한다. 그러나 의무교육은 자녀를 반드시 공립학교에 취학하도록 요구하지는 않는다. 의무교육제도는 교육의 자주성 · 전문성 · 정치적 중립성 등을 지도원리로 하여 국민의 교육을 받을 권리를 뒷받침하기 위한, 헌법상 교육기본권에 부수되는 제도보장이다(헌재 1991. 2. 11. 90헌가27).

의무교육을 받을 권리 주체는 원래 취학연령에 있는 미성년자이다. 그런데 이들은 독립하여 생활할 수 없는 사람들이므로 의무교육을 받을 권리를 실효성 있게 행사할 수 있게 하려고 그 보호자에게 교육을 받게 할 의무를 부과한다(헌법 제31조 제2항). 교육의무의 주체는 교육을 받아야 할 자녀가 있는 국민, 즉 학령아동의 친권자나 후견인이다. 그 의무 내용은 학령아동을 일정한 학교, 즉 공립학교나 사립학교에 취학시킬 의무이다

(초 · 중등교육법 제13조 취학의무). 질병 · 발육 상태 등 부득이한 사유로 취학할 수 없는 의무교육대상자에 대해서는 취학 의무를 면제하거나 유예할 수 있다(초 · 중등교육법 제14조, 초 · 중등교육법 시행령 제28조). 국가는 의무교육을 하여야 하고, 이를 위한 시설을 확보하는 것 등 필요한 조치를 마련하여야 한다(초 · 중등교육법 제12조 제1항). 지방자치단체는 그 관할 구역의 의무교육대상자를 모두 취학시키는 데 필요한 초등학교, 중학교와 초등학교 · 중학교 과정을 교육하는 특수학교를 설립 · 경영하여야 한다(초 · 중등교육법 제12조 제2항). 의무교육은 공민교육이라서 학령아동을 보호하는 외국인은 교육의무의 주체가 아니다.

헌법 제31조 제2항에 따라 '초등교육과 법률이 정하는 교육'은 의무적이다. 모든 국민은 교육기본법 제8조에 따라 6년의 초등교육과 3년의 중등교육을 받을 권리뿐 아니라 의무도 있다. 헌법 제31조 제2항은 초등교육 이외에 어느 범위의 교육을 의무교육으로 할 것인지는 입법자에게 위임한다. 이러한 점에서 무상으로 실시되어야 할 의무교육 확대 문제는 국가의 재정사정과 국민의 소득수준 등을 고려하여 입법정책으로 해결하여야 할 문제이다(헌재 1991. 2. 11. 90헌가27).

의무교육은 무상이다(헌법 제31조 제3항). 의무교육의 무상성 때문에 개인은 입학금과 수업료 등을 면제받을 수 있는 헌법상 권리가 있다. 국가나 지방자치단체는 의무교육 시행을 위해서 필요한 학교의 설립과 운영 및 필요한 경비를 책임진다(초 · 중등교육법 제12조)(헌재 2005. 3. 31. 2003헌가20). 국 · 공립학교의 설립자 · 경영자와 의무교육대상자의 교육을 위탁받은 사립학교의 설립자 · 경영자는 의무교육을 받는 사람에게서 수업료와 학교운영지원비를 받을 수 없다(초 · 중등교육법 제12조 제4항). 학교용지 확보를 위하여 공동주택 수분양자들에게 학교용지부담금을 부과하는 것은 의무교육 무상원칙에 어긋난다(헌재 2005. 3. 31. 2003헌가20).

의무교육의 무상 범위와 관련하여 ① 무상 범위에 관해서는 법률이 정하는 바에 따른다는 무상범위법정설, ② 수업료 면제만을 뜻한다는 수업료무상설, ③ 수업료 이외에 교재 · 학용품 지급과 급식 무상까지 포함한다는 취학필수비무상설이 대립한다. 헌법재판소는 학교급식 비용과 관련된 입법에 관해서는 입법자에게 입법형성의 재량이 인정된다고 한다(헌재 2012. 4. 24. 2010헌바164). 국 · 공립학교가 수용능력이 있는데도 사립학교를 선택하면 무상 혜택을 포기한 것이라서 무상 혜택을 받을 수 없다. 그리고 학교급식은 의무교육의 실질적인 균등보장을 위한 본질적이고 핵심적인 부분은 아니라서 의무교육 대상인 학생의 학부모에게 급식 관련 비용 일부를 부담하도록 하는 것은 의무교육의 무상원칙에 어긋나지 않는다(헌재 2012. 4. 24. 2010헌바164).

6. 국가의 평생교육진흥의무

급속하게 전문화하고 바뀌는 현대사회에서 전통적인 청소년기의 정규학교교육이나 생활 속에서 개인이 습득하는 지식만으로는 적절하게 대응하기 어렵다. 그래서 정규학교교육 이외에 사회교육, 성인교육, 직업교육, 청소년교육 등이 평생에 걸쳐 요구된다. 체계적이고 조직적인 평생교육 실시는 국가를 통해서만 가능하다. 그러므로 헌법은 국가에 평생교육의 의무를 부과한다(헌법 제31조 제5항).

7. 교육제도의 제도보장 내용

(1) 교육의 자주성 · 전문성 · 정치적 중립성 보장

① 교육의 자주성은 교육이 타의 간섭 없이 그 전문성과 특수성에 비추어 독자적인 견지에서 교육 본래의 목적에 따라 운영 · 실시되는 것을 말한다. 교육의 자주성은 교육 본래의 기능을 충분히 이행하려면 교육 스스로가 방향을 잡고 존속 · 유지되어야 한다는 것이고, 국가권력에서 교육 독립을 그 핵심으로 한다. 그렇다고 교육의 자주성(과 정치적 독립성)이 국가 감독을 배제하는 것을 뜻하지 않는다. 오늘날 교육은 공교육을 중심으로 하며 공교육은 국가 감독을 받지 않을 수 없다. 다만, 국가 감독이 합리적이고 필요한 범위를 넘어 교육의 자주성을 침해하는 것이 되어서는 아니 된다. 교육의 자주성을 보장하려면 자주입법권, 자주재정권, 자주집행권이 보장되어야 한다. 특히 교사의 교육시설자 · 교육감독자에서 자유, 교육관리기구의 공선제 등이 중요하다.

② 교육의 전문성은 교육정책이나 그 집행은 될 수 있으면 교육전문가가 담당하거나 적어도 그들의 참여 아래 이루어져야 함을 말한다. 즉 교육은 특수한 자격을 갖춘 전문가가 운영하고, 교육정책의 수립과 집행에 이러한 교육전문가를 참여시킬 때 교육의 전문성은 보장될 수 있음을 말한다.

③ 교육의 정치적 중립성은 교육이 국가권력이나 정치적 세력에서 부당한 간섭을 받지 아니할 뿐 아니라 그 본연의 기능을 벗어나 정치 영역에 개입하지 않아야 한다는 것을 말한다. 정치적 세력뿐 아니라 사회적 · 종교적 세력 등도 교육의 중립성을 침해할 수 있다. 교육의 중립성을 보장하려면 교육내용의 중립, 교사의 중립, 교육행정(조직과 제도)의 중립성이 보장되어야 한다. 교육의 중립성을 확보하려고 교육기본법(제6조 제1항, 제14조 제4항)과 교육공무원법(제51조)은 교원의 정치적 활동을 금지한다. 헌법재판소는 초 · 중등학교의 교육공무원이 정치단체 결성에 관여하거나 이에 가입하는 행위를 금지한 국가공무원법 제65조 제1항 중 '국가공무원법 제2조 제2항 제2호의 교육공무원 가운데 초 · 중등교육법 제19조 제1항의 교원은 그 밖의 정치단체의 결성에 관여하거나 이에 가입할 수 없다.' 부분은 정치적 표현의 자유와 결사의 자유를 침해하여 헌법에 위반된다고 하였다(헌재 2020. 4. 23. 2018헌마551). 정당법 제6조는 대학교원의 정치활동을 예외적으로 허용한다.

(2) 대학의 자율성(대학 자치 보장)

대학의 자율성은 대학 운영에 관한 모든 사항을 외부 간섭 없이 자율적으로 결정할 수 있는 자유를 말한다. 대학의 자율성은 곧 대학 자치를 뜻한다. 대학 자치 없이 자유로운 연구와 교수라는 대학 본연의 임무는 실현될 수 없기 때문이다. 따라서 대학 자치는 그 제도 자체로서 보장된다. 대학 자치는 이미 헌법 제22조 제1항의 학문의 자유를 통해서 당연히 보장되는 내용이다. 헌법 제31조 제4항이 교육을 받을 권리를 규정하면서 대학의 자율성을 규정한 것은 학문의 자유의 내용인 대학의 자유, 즉 대학 자치를 재확인한 것이다. 다만, 대학 자치는 헌법 제22조 제1항에서는 자유권적 측면에서, 헌법 제31조 제4항에서는 사회권적 측면에서 보장된다는 차이가 있다.

(3) 교육제도 · 교육재정 · 교원지위 법정주의

헌법 제31조 제6항은 교육제도에 관한 기본적인 사항을 법률로 정하도록 한다. 이렇게 함으로써 교육을 일시적인 정치세력이 좌우하거나 집권자 마음대로 수시로 변경하는 것을 방지하고 일관성 있는 교육을 하기 위해서이다(헌재 1991. 2. 11. 90헌가27). 교육은 국가백년대계의 기초이기 때문이다. 교육제도의 기본적인 사항인 교육의 기본방침과 내용, 교육행정의 조직, 교육과 그 감독 등은 법적 규정 대상이다.

보통교육 과정에 있는 학생은 사물의 시비, 선악을 합리적으로 분별할 능력이 미숙하여서 가치편향적이거나 왜곡된 학문적 논리에 대해서 스스로 이를 비판하여 선별 수용할 것을 기대하기 어려우므로, 공교육 책임을 지는 국가가 어떤 형태로든 이에 관여하는 것은 불가피하다. 다만, 교과서제도에 관해서 국가가 어느 정도까지 관여할 수 있느냐 하는 정도와 한계의 문제는 초 · 중 · 고교 교육의 단계와 교과과목에 따라 달라질 수 있고, 국가가 관여할 때도 정부가 지방의 교육자치체제를 어느 정도로 허용하느냐에 따라 다양한 모습을 지닐 수 있다(헌재 1992. 11. 12. 89헌마88). 현재 초 · 중 · 고교에서는 국가가 저작권을 가지거나 교육부 장관이 검정하거나 인정한 교과용 도서를 사용하여야 한다(초 · 등교육법 제29조 제1항). 그러나 국정교과서제도는 국가의 교육과제를 통해서 정당화하기 어렵다. 국사 분야처럼 헌법질서 안에서 다양한 해석이 가능하면, 국가에 저작권이 있는 국정교과서는 피교육자에게 특정 역사관을 주입할 위험성이 있어서 헌법 제31조 제4항의 교육기본원칙에 합치하기 어렵다(헌재 1992. 11. 12. 89헌마88).

헌법은 교원지위에 관한 기본적인 사항, 즉 교원의 자격과 특별신분 보장에 관한 사항은 법률로 정하도록 한다(헌법 제31조 제6항). 헌법이 교육의 물적 기반인 교육제도 이외에 인적 기반인 교원지위를 특별히 국회가 제정하는 법률로 정하도록 한 것은 그에 관한 사항을 집행부 결정에 맡겨두거나(국 · 공립학교 교원) 전적으로 사적 자치 영역에만 귀속시킬 수(사립학교 교원) 없을 만큼, 교육을 담당하는 교원지위에 관한 문제가 교육 본연의 사명을 완수할 때 중요하기 때문이다(헌재 2003. 2. 27. 2000헌바26).

법률로 정하여야 하는 교원지위에 관한 '기본적인 사항'은 다른 직종 종사자의 지위와 비교해서 특별히 교원지위를 법률로 정하도록 한 헌법규정 취지나 교원이 수행하는 교육이라는 직무상 특성에 비추어 보면 교원이 자주적 · 전문적 · 중립적으로 학생을 교육하는 데 필요한 중요한 사항을 말한다. 그러므로 입법자가 법률로 정하여야 할 기본적인 사항에는 무엇보다도 교원 신분이 부당하게 박탈되지 않도록 하는 최소한의 보호의무에 관한 사항이 포함된다. 교원 신분이 공권력, 사립학교의 설립자나 그 밖의 임면권자의 자의적인 처분에 노출되면 교원이 피교육자인 학생을 교육할 때 임면권자의 영향을 물리치기 어렵고, 그렇게 되면 교육이 외부세력의 정치적 영향에서 벗어나 교육자나 교육전문가가 주도하고 관할하여야 한다는 헌법원칙(교육의 자주성 · 전문성 · 정치적 중립성)

에 어긋나는 결과를 초래할 수 있기 때문이다(헌재 2003. 2. 27. 2000헌바26). 헌법재판소는 교원지위 법정주의에 따라서 교원의 권리뿐 아니라 의무에 관한 사항도 정할 수 있다고 본다(헌재 1991. 7. 22. 89헌가106).

교원의 노동운동을 제한하는 법률의 합헌성과 관련하여 대법원(대법원 1990. 9. 11. 선고 90도1356 판결)과 헌법재판소(헌재 1991. 7. 22. 89헌가106)는 모두 합헌으로 판시하였다. 그러나 국회는 '교원의 노동조합 설립 및 운영 등에 관한 법률'을 제정하여 이러한 판결을 번복하고 초 · 중등교원의 단결권과 단체교섭권을 보장한다. 다만, 태업이나 파업 등 단체행동권은 금지한다. 최근 헌법재판소는 '교원의 노동조합 설립 및 운영 등에 관한 법률'의 적용대상을 초 · 중등교육법 제19조 제1항의 교원이라고 규정함으로써 고등교육법에서 규율하는 대학 교원의 단결권을 일절 인정하지 않는 '교원의 노동조합 설립 및 운영 등에 관한 법률' 제2조 본문이 대학 교원의 단결권을 침해한다는 이유로 헌법불합치결정을 내렸다(헌재 2018. 8. 30. 2015헌가38).

Ⅳ. 근로의 권리

1. 의의

근로의 권리는 인간이 자신의 의사와 능력에 따라 근로관계를 형성하고, 타인의 방해를 받음이 없이 근로관계를 계속 유지하며, 근로의 기회를 얻지 못하면 국가에 근로 기회를 제공하여 줄 것을 요구할 수 있는 권리이다(헌재 2007. 8. 30. 2004헌마670). 근로의 권리에는 '일할 자리에 관한 권리'뿐 아니라 '일할 환경에 관한 권리'도 포함되고, 일할 환경에 관한 권리는 인간의 존엄성에 대한 침해를 막으려는 권리로서 건강한 작업환경, 정당한 보수, 합리적 근로조건 보장 등을 요구할 수 있는 권리까지 포함한다(헌재 2007. 8. 30. 2004헌마670). 근로는 헌법 제32조 제1항에서 고용과 적정임금, 최저임금제 등을 통해서 사용자와 맺는 관계를 전제로 한다는 점에서 근로자가 사용자에게서 임금을 받는 대가로 제공하는 육체적 · 정신적 활동을 말한다. 따라서 생활에 필요한 소득(임금)을 위한 일(활동)이 아닌 단순한 취미로 하는 일은 근로의 개념에 포함되지 않는다.

2. 주체

근로의 권리 주체는 원칙적으로 모든 국민이다. 근로능력과 근로의사가 있는 국민의 권리이므로, 미성년자도 예외적으로 주체가 될 수 있다. 근로의 권리는 국가의 경제질서 형성과 밀접한 관련이 있으므로 외국인은 주체가 될 수 없다(대법원 1995. 7. 11. 선고 94도1814 판결). 그러나 헌법재판소는 근로의 권리에 포함된 일할 환경에 관한 권리에 대해서는 외국인의 기본권주체성이 인정될 수 있다고 한다(헌재 2007. 8. 30. 2004헌마670). 근로의 권리는 근로활동을 하는 개인을 대상으로 하므로 법인은 그 성질상 근로의 권리 주체가 될 수 없다. 헌법재판소는 근로의 권리는 근로자를 개인 차원에서 보호하기 위한 권리로서 개인인 근로자가 근로의 권리 주체가 되는 것이고, 노동조합은 그 주체가 될 수 없다고 한다(헌재 2009. 2. 26. 2007헌바27).

3. 내용

(1) 근로 기회 보장(일자리에 관한 권리)

근로의 권리는 먼저 근로의사와 근로능력이 있는데도 취업 기회를 얻지 못한 사람이 국가에 대해서 근로 기회를 제공하여 주도록 요구하는 것을 내용으로 한다. 그리고 개인이 자유로이 일할 기회를 가지는 것을 국가가 방해 · 제한하여서는 아니 된다는 것도 근로의 권리의 내용이다. 그러나 근로의 권리는 국가에 직접 일할 자리를 요구할 수 있는 청구권을 포함하지 않는다. 헌법재판소는 근로의 권리를 직접적인 일자리 청구권으로 이해하는 것은 사회주의적 통제경제를 배제하고, 사기업 주체의 경제상 자유를 보장하는 헌법의 경제질서나 기본권규정들과 조화될 수 없으므로, 근로의 권리는 국가에 대해서 직접 일자리(직장)를 청구하거나 일자리에 갈음하는 생계비지급청구권을 의미하는 것이 아니라 고용 증진을 위한 사회적 · 경제적 정책을 요구할 수 있는 권리에 그친다고 한다(헌재 2002. 11. 28. 2001헌바50).

(2) 합리적인 근로조건 형성 보장

근로의 권리는 합리적인 근로조건 형성도 보장한다. 근로조건은 임금과 그 지불방법,

근로시간과 휴식시간, 휴일, 안전시설과 위생시설, 재해보상 등 근로계약에 따라서 근로자가 근로를 제공하고 임금을 수령하는 것에 관한 조건들이다(헌재 2021. 8. 31. 2018헌마563). 그에 따라서 근로의 권리는 근로계약을 체결할 때 계약자유의 한계가 된다. ① 적정임금은 근로자와 그 가족이 인간의 존엄성에 상응하는 건강하고 문화적인 생활을 영위하는 데 필요한 정도의 임금수준을 말한다. 따라서 적정임금은 물질적인 최저한을 보장하는 최저임금과 다르고, 최저임금보다 고액이어야 한다. 임금은 사용자가 근로 대상으로 근로자에게 지급하는 모든 금품이므로 파업기간 중의 무노동에 대해서는 임금을 지급하지 않는 것이 논리적으로 당연하다. 이 무노동 · 무임금 원칙에 대해서 대법원은 과거 임금 내용을 교환적 부분과 생활보장적 부분으로 구별하여 근로 대가로 받는 교환적 부분은 무노동 · 무임금 원칙에 따르지만, 근로자 신분 때문에 받는 생활보장적 부분은 파업기간 중에도 지급하여야 한다는 견해를 취하였다(대법원 1992. 3. 27. 선고 91다36307 판결). 그러나 대법원은 이러한 무노동 · 부분임금에서 무노동 · 완전무임금으로 판례를 바꾸었다(대법원 1995. 12. 21. 선고 94다26721 전원합의체 판결). 헌법재판소는 근로기준법의 퇴직금무제한우선변제규정이 저당권 등의 본질적 내용을 침해할 소지가 있다고 보아 헌법불합치결정을 내렸다(헌재 1997. 8. 21. 94헌바19등). 이에 국회는 근로기준법을 개정하여 최종 3년의 퇴직금만 먼저 갚도록 하였다. ② 최저임금제는 국가가 임금의 최저한도를 정하고 사용자는 그 이하의 임금으로 근로자를 고용하지 못하도록 함으로써 열악한 지위에 있는 근로자의 물질적인 최저한의 생활을 보장하려는 제도를 말한다. 최저임금은 인간다운 생활을 영위하는 데 필요한 정도의 임금수준을 말한다. ③ 헌법 제32조 제3항은 근로조건 기준에 관한 법정주의를 채택하였고, 이에 기초하여 근로기준법이 제정되었다. 이로써 근로기준법이 적용되는 사업장의 사용자와 근로자는 근로기준법에 어긋나는 근로조건에 관해서 근로계약을 체결할 수 없고, 그러한 계약은 무효이다. ④ 여자의 근로는 신체조건 차이(예를 들어 생리적인 차이), 모성 보호 필요성 등 때문에 특별한 보호가 요청된다. 그리고 여자의 근로는 여성이라는 이유 때문에 고용 · 임금 및 근로조건에서 부당한 차별을 받지 아니한다. 이 내용은 헌법 제32조 제1항과 제3항 및 제11조 제1항(평등조항)을 통해서 보장되는데, 헌법 제32조 제4항이 또다시 규정하여 다시 한 번 강조한다. ⑤ 연소자 근로에 대해서 특별보호를 규정한 것(헌법 제32조 제5항)은 과거 연소자의 비인간적 근로조건 아래 장시간 노동, 임금 착취 등의 경험에서 비롯한다.

V. 근로3권(단결권 · 단체교섭권 · 단체행동권)

1. 의의

근로3권은 근로자가 근로조건의 유지 · 향상을 위해서 자주적으로 단체를 조직하고 단체의 이름으로 사용자와 교섭을 하며 그 교섭이 원만하게 이루어지지 못하면 자기주장을 관철할 목적으로 단체행동을 할 수 있는 권리이다. 근로자에게 근로3권을 인정하는 것은 노사 사이의 근로계약에서 근로자에게 단체교섭권을 인정함으로써 근로자의 지위를 향상하자는 데 있다. 그리고 단결권은 단체교섭권 행사를 위하여 필요하고 단체행동권은 실력 행사를 통한 단체교섭의 실효성 확보를 위해서 필요한 것이다. 그러므로 단결권이나 단체행동권은 단체교섭에서 노사의 대등관계를 실현하여 단체교섭을 유리하게 인도하기 위한 수단이라서 단결권이나 단체행동권은 단체교섭권을 떠나서는 아무런 의미도 없다. 이러한 점에서 근로3권은 단체교섭권을 중심으로 한 한 묶음의 권리로서 보장되어야만 비로소 온전한 권리로서 힘이 있게 된다. 따라서 근로3권은 단결권, 단체교섭권, 단체행동권 각각의 권리를 규정한 것이 아니라 경제적 약자인 근로자에게 사용자와 대등한 지위를 보장하기 위한 일체적인 근로기본권으로 파악하여야 한다(헌재 2009. 10. 29. 2007헌마1359).

2. 내용

(1) 단결권

① 단결권은 근로조건의 유지 · 개선을 위해서 사용자와 대등한 교섭력을 가질 목적으로 자주적으로 단체를 조직하고 이에 가입 · 활동할 권리를 말한다. 여기서 단체는 일시적인 쟁의단체도 포함하지만, 일반적으로 단결권은 노동조합을 조직하고 이에 가입할 권리를 뜻한다. 즉 단결권에서 단체는 목적성과 자주성을 갖추는 것으로 충분하고 계속성은 필요하지 않다. ② 단결권의 주체는 먼저 근로자 개개인과 그들의 집단이다. 근로자에는 현재 실업 중인 사람이나 구직 중인 사람도 근로3권을 보장할 필요성이 있으면 포함된다(대법원 2004. 2. 27. 선고 2001두8568 판결). 그리고 외국인 근로자나 취업자격이 없

는 근로자도 근로자에 포함된다(대법원 2015. 6. 25. 선고 2007두4995 전원합의체 판결). 공무원인 근로자는 법률이 정하는 사람만 단결권 · 단체교섭권 및 단체행동권이 있다(헌법 제33조 제2항). 자영업자(영세사업자)나 자유직업종사자는 경제적 약자일지라도 근로자가 아니다. 사용자는 단결권 주체가 아니라 단결권 주체의 상대방에 불과하다. 단결권 주체는 근로자 개개인만이 아니라 단결체 자체도 주체가 된다. 이때 단결체에는 법인격이 불필요하다. 사용자단체 결성은 헌법 제33조 제1항 단결권이 아니라 헌법 제21조 제1항 일반적 결사의 자유에 근거한다. ③ 단결권은 근로자가 단결체를 조직할 권리와 그에 가입하고 거기에 머무를 권리뿐 아니라 단결체 자체의 존립과 활동에 관한 권리도 포함하는 2중적 기본권이다. 따라서 단결권은 개인적 단결권과 집단적 단결권을 모두 아우른다. 개인적 단결권은 근로자 개인이 노동조합과 같은 단체의 조직 · 가입 · 탈퇴에서 국가나 사용자의 부당한 개입이나 간섭을 받지 아니할 권리를 말한다. 이러한 개인적 단결권은 무엇보다도 근로자가 노동조합을 조직할 수 있는 권리와 그가 원하는 기존 노동조합 중에서 선택하여 가입하고 그 조합에 머물면서 조합의 활동에 참여할 수 있는 권리를 말한다. 소극적 단결권은 근로자가 단결하지 않을 권리, 즉 단결체에 가입하지 않을 권리나 단결체에서 자유롭게 탈퇴할 권리를 말한다. 소극적 단결권은 원칙적으로 인정되어야 한다. 그러나 헌법재판소는 헌법 제33조 제1항에는 소극적 단결권이 포함되지 않는다고 한다(헌재 2005. 11. 24. 2002헌바95등). 집단적 단결권은 단체존속의 권리, 단체자치의 권리와 단체활동의 권리를 말한다. 단체존속의 권리는 단체의 존립, 유지, 발전, 확장 등을 할 수 있는 권리를 말하고, 단체자치의 권리는 근로자단체의 조직과 의사형성절차를 자주적으로 결정할 권리를 말한다. 단체활동의 권리는 근로조건의 유지와 향상을 위한 활동, 즉 단체교섭, 단체협약 체결, 단체행동, 단체의 선전과 단체 가입 권유 등을 할 권리를 말한다.

(2) 단체교섭권

① 단체교섭권은 근로조건의 유지 · 개선을 위해서 단체 이름으로 사용자나 사용자단체와 자주적으로 교섭하는 권리이다. 단체교섭권에는 단체협약체결권이 포함된다(헌재 1998. 2. 27. 94헌바13등). ② 단체교섭권은 근로자가 개별적으로 행사할 수 있는 권리가 아니라 단결체의 권리이다. 단체교섭 대상은 근로자 전체와 관련된 근로조건 전반에 관

한 사항이기 때문이다. 따라서 단체교섭에서 근로자 측의 주체는 근로자의 단결체이다. 즉 노동조합의 자격이 있는 근로자의 단결체는 모두 단체교섭을 요구할 수 있는 권리가 있다('노동조합 및 노동관계조정법' 제29조 제1항과 제30조 제2항 참조). ③ 단체교섭은 근로조건의 유지 · 개선을 위한 것이므로 근로조건과 무관한 사항은 단체교섭 대상에서 제외된다. 헌법재판소는 두 가지 예외를 제외하고 사용자가 노동조합의 운영비를 원조하는 행위를 부당노동행위로 금지하는 '노동조합 및 노동관계조정법' 제81조 제4호 중 '노동조합의 운영비를 원조하는 행위'에 관한 부분은 노동조합의 단체교섭권을 침해한다고 한다(헌재 2018. 5. 31. 2012헌바90). 그리고 단체교섭에서는 각 근로자의 개별 문제를 교섭 대상으로 하는 것이 아니라 근로자 전체와 관련된 근로조건 전반에 관한 사항만을 그 대상으로 한다. 그러나 사용자가 독점적으로 갖는 경영권 · 인사권 · 이윤취득권에 속하는 사항은 원칙적으로 단체교섭 대상이 될 수 없다. 다만, 근로자의 근로조건이나 지위와 직접 관련되거나 그것에 중대한 영향을 미치는 경영 · 인사사항은 그 한도 안에서 단체교섭 대상이 될 수 있다. 단체교섭은 노동조합의 본래적이고 핵심적인 기능이므로 단체교섭권은 헌법적으로 보장된다. 따라서 노동조합은 단체교섭을 요구할 수 있는 권리가 있고, 사용자는 이에 응할 의무가 있다. 단체교섭 권한이 있는 사람(노동조합 대표)은 사용자와 단체교섭을 할 때, 단순한 사실행위로서 단체교섭행위 외에 단체교섭 결과를 단체협약으로 체결할 권한도 있다('노동조합 및 노동관계조정법' 제29조와 제30조)(헌재 1998. 2. 27. 94헌바13등).

(3) 단체행동권

① 단체행동권은 노동쟁의가 발생할 때 쟁의행위를 할 수 있는 권리이다. 노동쟁의는 노동조합과 사용자나 사용자단체 사이에 임금 · 근로시간 · 복지 · 해고 기타 대우 등 근로조건 결정에 관한 주장의 불일치로 말미암아 발생한 분쟁상태를 말한다. 이때 주장 불일치는 당사자들이 합의를 위해 계속 노력을 하여도 더는 자주적 교섭에 따른 합의 여지가 없는 때를 말한다('노동조합 및 노동관계조정법' 제2조 제5호). 쟁의행위는 파업 · 태업 · 직장폐쇄 기타 노동관계 당사자가 그 주장을 관철할 목적으로 하는 행위와 이에 대항하는 행위로서 업무의 정상적인 운영을 저해하는 행위를 말한다('노동조합 및 노동관계조정법' 제2조 제6호). 단체행동권은 노동쟁의를 전제로 하여서만 허용되고 단체교섭을 성

공하게 하는 최후수단으로서 매우 중요한 권리이다. ② 단체행동권의 주체는 근로자 개개인이다. 그러나 근로자는 다른 근로자와 단결하여 쟁의행위를 하는 것이 일반적이므로, 실제로 단체행동권의 주체는 노동조합이나 근로자단체이다. 사용자는 '노동조합 및 노동관계조정법'에 따라 쟁의행위의 당사자가 된다. 하지만 사용자의 직장폐쇄는 근로자 측의 부당한 쟁의행위에 대항하는 수단으로서 노사균형론에서 인정되는 것에 불과하다. ③ 단체행동권은 단체교섭내용을 관철하기 위한 집단적인 실력 행사, 즉 쟁의행위를 그 내용으로 한다. 먼저 근로자 측의 집단적인 실력 행사의 구체적 방법으로는 파업, 태업, 불매운동(boycott), 감시행위(picketting), 생산관리 등이 있다. 그리고 사용자 측의 쟁의행위 수단으로는 직장폐쇄 이외에 임금을 공제하는 행위나 근로자의 위법한 쟁의행위에 대해서 책임을 추구하는 행위 등을 들 수 있다. ④ 정당한 쟁의행위는 민사상 · 형사상 책임을 발생시키지 않는다. 근로3권 행사에 대한 민사면책과 형사면책은 헌법 제33조의 근로3권에 당연히 포함되고, '노동조합 및 노동관계조정법'은 오로지 확인하는 의미만 있다. (ⅰ) 단체교섭 주체로 될 수 있는 사람이 (ⅱ) 근로조건 향상을 위해서 (ⅲ) 폭력적이거나 파괴적이 아닌 수단이나 방법으로 (ⅳ) 절차를 준수할 때 근로자의 단체행동은 정당하다(헌재 1996. 12. 26. 90헌바19등).

4. 제한

(1) 공무원의 근로3권 제한

헌법 제33조 제2항을 따르면 공무원인 근로자는 법률이 정하는 사람만 단결권 · 단체교섭권 및 단체행동권이 있다. 헌법재판소는 청원경찰 복무에 관해서 국가공무원법 제66조 제1항을 준용함으로써 노동운동을 금지하는 청원경찰법 제5조 제4항 중 국가공무원법 제66조 제1항 가운데 '노동운동' 부분을 준용하는 부분은 국가기관이나 지방자치단체 이외의 곳에서 근무하는 청원경찰의 근로3권을 침해한다고 하였다(헌재 2017. 9. 28. 2015헌마653). 헌법재판소는 사립학교 교원의 복무에 관해서는 국 · 공립학교 교원에 관한 규정을 준용하도록 규정하는 사립학교법 제55조와 정치운동이나 노동운동을 할 때 해당 교원을 면직할 수 있도록 규정하는 사립학교법 제58조 제1항 제4호에 관한 위헌심판에서 교육의 목적과 교원 직무의 특수성, 교원법제의 동질성, 교원의 근로관계 특수성 등을 이유로 합헌결정을 내렸다(헌재 1991. 7. 22. 89헌가106). 그러나 '교원의 노동조합 설립 및 운영 등에 관한 법률'을 따르면 초 · 중등교육법에서 규정하는 교원은 근로3권이 보장된다(제2조). 하지만 이 법에 따른 근로3권 보장 대상이 되는 노동조합과 그 조합원은 파업 · 태업 기타 업무의 정상적인 운영을 저해하는 모든 쟁의행위를 할 수 없다(제8조). 헌법재판소는 ① 국민의 봉사자라는 점, ② 직무의 공공성, ③ 공무원 처우 개선의 법률상 · 예산상 제한을 근거로 공무원의 근로3권 제한의 타당성을 인정한다(헌재 1992. 4. 28. 90헌바27등).

(2) 방위산업체근로자의 단체행동권 제한

헌법 제33조 제3항을 따르면 법률이 정하는 주요방위산업체에 종사하는 근로자의 단체행동권은 법률이 정하는 바에 의하여 이를 제한하거나 인정하지 않을 수 있다. 이에 따라 '노동조합 및 노동관계조정법' 제41조 제2항은 방위사업법이 지정한 주요방위산업체에 종사하는 근로자 중 전력, 용수 및 주로 방산물자를 생산하는 업무에 종사하는 사람은 쟁의행위를 할 수 없다고 규정한다. 주요방위산업체에 종사하는 근로자도 단결권과 단체교섭권은 제한되지 않는다. 단체행동권 제한도 '주요'방위산업체 근로자에 국한되고 주요방위산업체가 아니면 단체행동권이 제한되지 않는다.

Ⅵ. 환경권

1. 의의

환경권은 인간이 건강하고 쾌적한 생활을 유지하는 데 필요한 조건을 충족하는 환경을 누릴 수 있는 권리이다. 환경의 범위와 관련하여 ① 환경을 사람의 자연적 생활 근거에 한정하는 협의설, ② 자연환경을 기본으로 물리적 인공환경도 그 대상이 되지만, 사회적 · 문화적 환경은 그 대상이 되지 않는다는 광의설, ③ 환경을 협의, 광의의 것은 물론이고, 사회 · 문화 · 경제 제도 등을 포함하는 각종의 국가적 · 사회적 제도와 더불어 사람 개체를 둘러싼 외부적 조건 모두를 뜻한다고 보는 최광의설이 있다. 대법원은 교육적 환경(대법원 1995. 9. 15. 선고 95다23378 판결)과 종교적 환경(대법원 1997. 7. 22. 선고 96다56153 판결)도 환경권에 포함된다고 한다. 헌법재판소는 환경권의 보호대상이 되는 환경에는 자연환경뿐 아니라 인공적 환경과 같은 생활환경도 포함된다고 하였다(헌재 2008. 7. 31. 2006헌마711).

2. 법적 성격

대법원은 환경권에 관한 헌법 제35조의 규정이 개개의 국민에게 직접 구체적인 사법상 권리를 부여한 것이라고 보기는 어렵고, 사법상 권리인 환경권이 인정되려면 그에 관한 명문의 법률규정이 있거나 관계 법령의 규정 취지 및 조리에 비추어 권리의 주체, 대상, 내용, 행사방법 등이 구체적으로 정립될 수 있어야 한다고 함으로써 환경권을 사회권으로 보고, 그 법적 성격에 관해서는 추상적 권리설을 따르는 것으로 보인다(대법원 1995. 9. 15. 선고 95다23378 판결).

헌법재판소는 헌법 제35조 제1항 소정의 환경권은 개별 법령에 따라서 구체화하는 과정을 통해 실현될 수 있는 권리로서 국민 개개인이 헌법에 직접 근거하여 그 보호를 구할 수 있는 권리는 아니라고 하면서도(헌재 2003. 1. 30. 2001헌마579) "환경권의 내용과 행사는 법률에 의해 구체적으로 정해지는 것이기는 하나(헌법 제35조 제2항), 이 헌법조항의 취지는 특별히 명문으로 헌법에서 정한 환경권을 입법자가 그 취지에 부합하도록 법률로써 내용을 구체화하도록 한 것이지 환경권이 완전히 무의미하게 되는데도 그에 대한 입법을 전혀 하지 아니하거나, 어떠한 내용이든 법률로써 정하기만 하면 된다는 것은 아니다. 그러므로 일정한 요건이 충족될 때 환경권 보호를 위한 입법이 없거나 현저히 불충분하여 국민의 환경권을 과도하게 침해하고 있다면 헌법재판소에 그 구제를 구할 수 있다고 해야 할 것이다."라고 하였다(헌재 2008. 7. 31. 2006헌마711).

3. 주체

환경권의 주체는 자연인이다. 건강하고 쾌적한 환경에서 생활할 권리는 자연인만이 누릴 수 있기 때문이다. 국가가 미래세대를 보호할 의무를 진다는 것은 별론으로 하고, 아직 태어나지도 않은 미래세대가 환경보호권의 주체가 된다는 것은 현실적으로 불가능하므로 인정할 수 없다. 자연을 권리의 객체가 아니라 주체로 인정할 수 없다(대법원 2006. 6. 2.자 2004마1148, 1149 결정). 결국, 자연은 인간을 통해서 권리를 행사할 수밖에 없기 때문이다. 환경권은 성질상 법인에 적용될 수 없다. 즉 법인은 환경권 주체가 될 수 없다.

4. 내용

(1) 건강하고 쾌적한 환경에서 생활할 권리

건강하고 쾌적한 환경에서 생활할 권리는 먼저 국가 · 공공단체나 사인이 각종 개발 · 건설 · 사업 등을 시행할 때 공해가 발생하지 않도록 미리 예방하여 건강한 좋은 환경을 유지 · 보전하도록 국가에 대해서 청구할 수 있는 권리, 즉 환경침해예방청구권이나 환경보전청구권을 내용으로 한다. 다음으로 건강하고 쾌적한 환경에서 생활할 권리는 국가 · 공공단체나 사인이 수인한도를 초과하여 환경을 오염시키고 공해를 발생시키면 이를 배제하여 달라고 청구할 수 있는 권리, 즉 환경침해배제청구권이나 환경복구청구권을 내용으로 한다. 환경침해배제청구권은 먼저 국가의 환경오염이나 환경파괴행위에 대해서 이를 배제하여 줄 것을 요구할 수 있는 권리이다. 헌법재판소는 일상 생활에서 소음을 제거 · 방지하여 '정온한 환경에서 생활할 권리'가 환경권의 한 내용을 구성한다고 한다(헌재 2008. 7. 31. 2006헌마711).

(2) 쾌적한 주거생활권

헌법 제35조 제3항은 모든 국민이 쾌적한 주거생활을 할 수 있도록 국가에 주택개발정책 등의 의무를 부과한다. 주거의 권리는 원래 인간다운 생활을 위해 필수적인 주거를 국가에 대해서 요구할 수 있는 전형적인 사회권이다. 헌법 제35조 제3항을 함께 고려할 때 제35조 제 1 항의 환경권에 근거하여 국민은 국가에 대해서 ① 쾌적한 주거를 개발하고 공급할 주택정책 수립을 요구할 권리, ② 쾌적한 주거생활에 필수적인 '환경조성'을 요구할 권리, ③ '양질의 주택'에서 건강하고 문화적인 주거생활을 영위할 수 있도록 국가에 대해서 요구할 권리가 있다. 환경조성청구권은 국가에 대해서 건강하고 쾌적한 환경을 조성해 줄 것을 적극적으로 요구할 수 있는 권리를 말한다.

Ⅶ. 혼인 · 가족 · 모성에 관한 국가적 보호

1. 의의

헌법 제36조 제1항은 "혼인과 가족생활은 개인의 존엄과 양성의 평등을 기초로 성립되고 유지되어야 하며, 국가는 이를 보장한다."라고 규정하여 혼인 및 가족생활을 보호할 국가의 의무를 규정한다. 혼인과 이를 기초로 구성되는 가족은 인간의 기본적인 사적 생활공동체로서 국가공동체 기반을 이룬다. 혼인과 가족생활의 유지는 개인의 행복 추구에 이바지할 뿐 아니라 국가공동체를 형성하고 유지하는 데도 중요하다. 헌법 제36조 제1항은 혼인과 가족생활은 개인의 존엄과 양성의 평등을 기초로 하여야 한다고 함으로써, 가부장 중심으로 형성된 전통적 혼인과 가족을 거부하고, 독립적 인격으로 대우받지 못한 여성의 지위를 존중할 것을 명확하게 밝힌다.

2. 주체

혼인과 가족생활을 할 수 있는 주체는 자연인이므로 자연인만 주체가 되고, 법인과 그 밖의 단체는 주체가 될 수 없다. 국민이든 외국이든 무국적자이든 가리지 않고 모든 자연인은 주체가 된다.

3. 혼인과 가족의 보호

(1) 혼인 보호

혼인은 한 남자와 한 여자가 평생의 동거를 목표로, 포괄적이고 원칙적으로 해소할 수 없는 생활공동체를 형성하는 것이다(헌재 2014. 8. 28. 2013헌바119). 혼인은 ① 원칙적으로 해소할 수 없는 생활공동체로 남자와 여자가 결합한 사실적 상태(혼인공동체 실체)

가 있는 것을 바탕으로, ② 이에 대해서 국가의 법적 승인이 있을 때 인정된다. 두 요소 중 생활공동체라는 사실상태가 법적 승인 · 법적 상황보다 우선한다. 따라서 혼인이 성립하여도 생활공동체가 없으면(위장결혼) 헌법 제36조 제1항의 보호를 받지 못한다. 그리고 어느 순간부터 생활공동체가 더는 없으면(혼인 파탄) 이혼이 헌법상 허용된다.

① 남자와 여자, 즉 이성 사이의 동거라는 점에서 동성애적 동거나 결합은 헌법상 혼인으로 인정되지 않는다. 헌법재판소(헌재 2005. 2. 3. 2001헌가9등)와 대법원(대법원 2011. 9. 2. 자 2009스117 전원합의체 결정)도 헌법 제36조 제1항의 '양성'을 '남녀'로 이해한다. 그러나 이것이 동성혼을 금지한다는 뜻은 아니다. 따라서 법률로 동성혼을 혼인에 포함하는 것은 가능하다. ② 한 남자와 한 여자의 동거라는 점에서 일부일처제를 전제로 하며 일부다처제나 다처일부제, 다처다부제는 허용되지 않는다. ③ 혼인은 양 당사자 사이에 자유로운 의사 합치에 따른 생활공동체이어야 한다. 따라서 모든 국민은 스스로 혼인할 것인지 말 것인지를 결정할 수 있고, 혼인할 때도 그 시기는 물론 상대방을 자유로이 선택할 수 있다(헌재 1997. 7. 16. 95헌가6등). 국가를 비롯하여 부모 등 다른 사람의 혼인 강제는 허용되지 않는다. 그래서 인신매매적 혼인과 강제혼은 혼인이 아니다. 혼인하지 않은 생활공동체는 헌법상 혼인 보호를 받지 못한다. 그러나 이러한 공동체도 행복추구권을 통해서 보호받을 수 있다. 국가는 혼인하지 아니하고 공동생활할 자유를 간섭하지 못한다. 다만, 국가는 혼인을 장려할 수는 있다. ④ 평생 동거를 목표로 하므로(혼인 성립 시점에는 대체로 그래서) 해약고지권은 인정되지 않는다. 이혼은 별개 문제이다. ⑤ 혼인이 법적으로 승인된 생활공동체라는 점에서 혼인법이 전제된다. 입법자는 혼인법을 헌법에 맞게 형성할 권한과 의무가 있다. 민법이 채택하는 법률혼주의를 따르면 사실혼(헌재 2014. 8. 28. 2013헌바119), 종교혼 등은 혼인으로 인정되지 않는다.

헌법 제36조 제1항은 국가에 혼인과 가족의 특별한 보호를 명령한다. ① 방어권적 측면으로 혼인과 가족생활을 스스로 결정하고 형성할 수 있는 자유를 보장한다(헌재 2012. 5. 31. 2010헌바87). 혼인의 자유, 자녀를 낳고 양육할 자유, 자녀교육권이 여기에 속한다. 혼인과 가족생활을 스스로 결정하고 형성할 수 있는 자유는 입양과 관련하여서는 입양 당사자가 자신의 의사에 따라 입양 여부를 결정할 수 있는 자유로 나타난다. 이는 입양 당사자가 적극적으로 자신의 의사에 따라 입양을 하거나 입양될 자유뿐 아니라 입양 의사가 없으면 강제로 입양을 하거나 입양되는 것을 방지하여 원하지 않는 가족관계를 형성하지 아니할 자유도 모두 포함한다(헌재 2022. 11. 24. 2019헌바108). ② 제도보장적 측면으로 혼인과 가족의 헌법적 개념에서 나오는 본질적 요소(당사자의 자유의사 합치, 법적으로 승인된 결혼, 양성의 생활공동체, 일부일처제)를 입법자는 함부로 처분할 수 없다(헌재 2014. 7. 24. 2011헌바275). ③ 원칙규범으로서 혼인과 가족에 대한 차별을 특별히 금지한다(헌재 2002. 8. 29. 2001헌바82). ④ 급부청구권으로서 국가는 적절한 조치를 통해서 혼인과 가족을 지원할 과제를 부담한다(헌재 2008. 10. 30. 2005헌마1156).

① 헌법재판소는 8촌 이내의 혈족 사이에서는 혼인할 수 없도록 한 것(민법 제809조 제1항)은 과잉금지원칙에 위배되지 않아서 혼인의 자유를 침해하지 않지만, 이러한 혼인을 무효로 하는 것(민법 제815조 제2호)은 과잉금지원칙에 위배하여 혼인의 자유를 침해한다고 한다고 하였다(헌재 2022. 10. 27. 2018헌바115). ② 헌법 제36조 제1항은 혼인공동체나 가족공동체를 한국 안에서 통일적으로 유지하는 것을 보장하지 않는다. 그리고 헌법 제36조 제1항에서 배우자인 외국인의 체류권도 나오지 않고 오히려 전제한다. 따라서 한국인이나 국내 체류 자격이 있는 외국인과 결혼한 외국인의 입국을 불허하거나 강제추방할 수 있다. 국내든 외국이든 어디에서건 혼인 · 가족공동체를 구성할 수 있으면, 외국인 배우자 추방은 헌법 위반이 아니다. ③ 누구도 혼인을 하였다거나 가족이 있다는 이유로 부당하게 불이익한 처우를 받아서는 안 된다(국가의 보호의무의 소극적 측면). 그리고 기혼자가 같은 상황에서 미혼자보다 불이익한 처우를 받아서는 안 된다(불이익이 오로지 '혼인을 하였다는 징표'에 연결될 때 문제). 헌법재판소는 자산소득합산과세 대상이 되는 혼인한 부부에게 혼인하지 않은 부부나 독신자보다 더 많은 조세 부담을 지우는 것은 헌법상 정당하지 않다고 한다(헌재 2002. 8. 29. 2001헌바82). ④ 세액 산정 때 양 배우자의 소득을 단순히 합산할 것이 아니라 전체 세액이 양 배우자가 혼인하기 전에 개별적으로 산정된 액보다 높으면 안 된다. 혼인 여부(기혼이냐 미혼이냐)가 조세를 창설하거나 조세를 증가시켜서는 안 된다. 사회보장 혜택 감소도 혼인을 이유로 하여서는 안 된다. 차별이 혼인이 아닌 다른 이유에서라면 문제가 달라진다. ⑤ 부모가 자녀의 이름을 지어주는 것은 자녀의 양육과 가족생활을 위하여 필수적인 것이고, 가족생활의 핵심적 요소라 할 수 있으므로, '부모가 자녀의 이름을 지을 자유'는 혼인과 가족생활을 보장하는 헌법 제36조 제1항과 행복추구권을 보장하는 헌법 제10조에 따라서 보호받는다(헌재 2016. 7. 28. 2015헌마964). ⑥ 친양자 입양에도 헌법 제36조 제1항은 친양자로 될 자가 그의 의사

에 따라서 스스로 입양 대상이 될 것인지 말 것인지를 결정할 수 있는 자유, 나아가 친생부모가 사실상 부모로서 자격을 상실하였거나 양육 의지가 없으면 입양이라는 제도를 통해 열악한 양육환경에서 적극적으로 벗어나 양부모에 의해 양육받을 수 있는 자유를 보장하고, 국가는 그러한 개인의 자유가 최대한 보장되도록 입양제도를 형성할 의무가 있다(헌재 2012. 5. 31. 2010헌바87).

혼인 당사자가 생활공동체 존속을 더는 원하지 않으면 헌법 제36조 제1항의 혼인 보호는 다른 당사자의 의사에 반하여서까지 이루어질 수는 없다. 혼인의 개념요소인 '해소할 수 없음'은 객관적인 것이 아니라 주관적인 것으로 이해된다. 혼인을 해소할 때는 양 배우자 사이의 이익형량이 필요하다. 이혼희망 배우자의 개인적 사적 영역도 헌법 제36조 제1항에 따라서 보호된다. 혼인법은 혼인을 유지하는 요소를 포함하여야 한다. 다른 한편 원치 않는 혼인에 영구히 붙잡혀 있게 하는 것은 이혼희망자의 개인적 사적 영역에 대한 침해이다. 재혼 이상의 혼인도 헌법 제36조 제1항의 보호를 받는다. 해소된 혼인은 기본권적 보호가 필요하지 않다. 그러나 국가가 혼인이 해소되었음을 이유로 사후적으로 혼인에 간섭하거나 여전히 혼인상태에 있었더라면 처했을 상태보다 더 나쁜 상태로 만드는 것은 허용되지 않는다(예를 들어 혼인 해소 후 증언거부권을 소급하여 부인하는 것은 헌법상 허용되지 않는다). 혼인 종료 후 300일 이내에 출생한 자를 전남편의 친생자로 추정하는 것은 모의 가정생활과 신분관계에서 누려야 할 인격권 및 혼인과 가족생활에 관한 기본권을 침해한다(헌재 2015. 4. 30. 2013헌마623).

(2) 가족(생활) 보호

① 가족은 부모와 자녀의 포괄적 공동체로서 부모에게는 무엇보다도 자녀 양육과 교육의 권리와 의무가 부여되는 공동체이다. 가족은 먼저 부모와 자녀의 공동체를 말하고, 가족은 계자(의붓자식), 서자, 양자 등도 포함한다. 이렇게 보면 가족은 혼인 · 혈연이나 입양의 형태로 결합하여 동거하면서 서로 협동하는 비교적 영구적인 생활공동체를 말한다. ② 혼인은 양 당사자의 자유로운 결정에 기초하는 것과 비교해서 가족은 모든 참여당사자의 자유의사에 따른 공동체가 아니라는 사실이 결정적으로 다르다. 특히 자에게 가족 성립은 운명적인 것이다. 그러나 진실한 혈연관계에 부합하지 아니하고 당사자가 원하지도 아니하는 친자관계를 부인할 기회를 충분히 주지 아니하고, 친생부인권을 극

히 단기간 안에 상실하게 하고, 나아가서 자에 대한 부양의무를 비롯한 그 밖의 법적 지위를 계속 유지하도록 강요하는 것은 개인의 존엄과 양성의 평등에 기초한 혼인과 가족생활에 관한 기본권을 침해한다(헌재 1997. 3. 27. 95헌가14등). 헌법재판소는 출생등록의 의미와 출생등록을 위한 최소한의 자료를 갖추어야 할 필요성이 요구된다는 점을 고려할 때, 태어난 즉시 '출생등록될 권리'는 '출생 후 곧바로' 등록될 권리를 뜻하는 것이 아니라 '출생 후 아동이 보호를 받을 수 있을 최대한 빠른 시점'에 아동의 출생과 관련된 기본적인 정보를 국가가 관리할 수 있도록 등록할 권리로서, 아동이 사람으로서 인격을 자유로이 발현하고, 부모와 가족 등의 보호 아래 건강한 성장과 발달을 할 수 있도록 최소한의 보호장치를 마련하도록 요구할 수 있는 권리이고, 이는 헌법 제10조의 인간의 존엄과 가치 및 행복추구권에서 도출되는 일반적 인격권을 실현하기 위한 기본적인 전제로서 헌법 제10조뿐 아니라, 헌법 제34조 제1항의 인간다운 생활을 할 권리, 헌법 제36조 제1항의 가족생활의 보장, 헌법 제34조 제4항의 국가의 청소년 복지향상을 위한 정책실시의무 등에도 근거가 있다고 한다(헌재 2023. 3. 23. 2021헌마975). 헌법재판소는 '혼인 중 여자와 남편 아닌 남자 사이에서 출생한 자녀에 대한 생부의 출생신고'를 허용하도록 규정하지 아니한 '가족관계의 등록 등에 관한 법률' 제46조 제2항, '가족관계의 등록 등에 관한 법률' 제57조 제1항 및 제2항이 혼인 외 출생자인 청구인들의 태어난 즉시 '출생등록될 권리'를 침해한다고 한다(헌재 2023. 3. 23. 2021헌마975). ③ 부모의 자에 대한 부양 및 교육권은 부모의 2중적 지위에서 비롯한다. 즉 제3자에 대해서 자의 권리를 행사할 때 부모는 자의 법정대리인이지만, 자에 대해서 일정한 태도를 요구할 권리는 부모의 교육권에 근거한다. 다만, 부모는 신탁적 지위에 있는 것으로 자의 복지를 위해서 부양 및 교육권을 행사하여야 한다. 이에 대해서 국가의 감시가 필요하다. 이러한 점에서 혼인은 국가에서 자유로운 공동체이지만, 가족은 아동 관점에서 강제(로 성립된)공동체이다.

① 헌법 제36조 제1항은 먼저 혼인과 가족이라는 제도의 기본형태를 헌법적으로 보장한다. 입법자를 포함하는 어떤 국가권력도 이러한 기본형태를 변경할 수 없다. 이러한 혼인과 가족제도의 기본형태를 벗어나는 사실상 각종 생활공동체 등은 비록 금지되지는 않지만, 헌법 제36조 제1항의 보호를 받지 못한다. 그러나 이들은 행복추구권을 주장할 수는 있다. ② 헌법 제36조 제1항은 혼인과 가족제도라는 외적 기본형태를 규율하고 보호하지만, 그 내부영역은 사적 영역에 속하므로 자유로운 형성 영역으로 보호되어야 한

다. 그러나 헌법은 명시적으로 혼인과 가족생활은 개인의 존엄과 양성평등을 기초로 성립되고 유지되어야 한다고 규정하므로 혼인과 가족의 성립과 유지에서, 즉 사적 영역인 내부 영역에서도 개인의 존엄과 양성평등을 존중하여야 한다. (i) 개인의 존엄과 양성평등에 기초한 혼인은 당사자 사이의 자유롭고 순수한 합의에 따라서 혼인공동체가 성립되는 것을 말한다. 즉 혼인할 것인지나 혼인하지 않을 것인지 자체를 결정하는 것과 배우자 선택 그리고 혼인 시기를 선택할 자유는 개인적 결단의 문제이고 어떠한 형태로든 혼인을 강제할 수 없다. (ii) 가족생활의 내부 영역은 원칙적으로 사적인 영역으로서 자유로운 형성 영역에 속한다. 그러나 사적인 가족생활 영역에서도, 특히 개인의 존엄과 양성평등은 존중되어야 하고 규율 대상이 된다. 개인의 존엄과 양성평등은 먼저 부부 사이에 적용되어서 부부 사이의 상호 인격 존중과 평등을 뜻한다. 하지만 성립사적으로 보면 특히 여성의 인격을 존중하고 남성과 동등한 권리를 인정하여야 한다는 것을 가리킨다. 개인의 존엄과 양성평등은 부모와 자녀(그 밖의 가족 구성원) 사이의 관계에서 그리고 자녀 서로 간의 관계에서도 적용된다.

4. 모성 보호

① 헌법 제36조 제2항의 모성은 자녀가 있는 어머니뿐 아니라 어머니가 될 잠재성이 있는 모든 여성을 아우른다. 모성 보호는 곧 가족, 특히 자녀 보호를 뜻하는데, 자녀가 자라 다음 세대가 된다는 점에서 결국 다음 세대 국민을 위한 보호이다. 따라서 임신, 출산, 양육, 교육에 대한 국가적 배려가 필요하다. 모성 보호는 국가의 연속성을 보장하려는 것으로 국가공동체 존립과 발전에 필수적이라서 평등원칙에 벗어나면서까지 특별히 보호한다. ② 국가의 모성보호의무는 모성 편에서는 국가에 대해서 모성 보호를 요구할 수 있는 권리를 뜻한다. 국가의 모성보호의무는 국가의 모성 침해를 방어할 수 있는 권리이면서 국가에 대해서 모성 보호를 요구할 수 있는 사회권적 성격이 있다. ③ 헌법 제36조 제2항의 모성 보호는 모든 여성이 어머니가 될 권리가 있다는 것을 전제하므로, 모성 보호의 우선적 내용은 임신을 중절하고 어머니가 될 수 없도록 압력을 행사하는 것을 금지한다. 그리고 모성 보호는 모성의 건강을 보호하는 것뿐 아니라 모성을 경제적 · 사회적으로 보호하는 것을 포함한다. 구체적으로 (i) 모성의 건강은 특별히 보호되어야 한다.

여성 자신과 태아의 건강이 함께 보호되어야 한다. 이를 위해서 산모 진료, 출산 및 그에 따른 건강보호조치가 필요하다. 임신중절에 따른 건강 보호도 챙겨야 한다. (ii) 모성을 이유로 사회적 · 경제적 불이익이 있어서는 아니 된다. (iii) 모성은 적극적으로 특별히 보호되어야 한다. 모성 보호는 모성에 대한 차별 철폐에 그치는 것이 아니라 오히려 역차별을 통해서 적극적으로 보호하여야 한다. 특히 임신, 출산 및 요양기간과 관련하여 특별히 발생하는 모성 부담을 덜어주는 것이 중요하다.

Ⅷ. 보건권

1. 의의

보건권은 국민이 자기 건강을 보호받을 권리로서 자기 건강을 유지하는 데 필요한 국가의 배려와 급부를 요구할 수 있는 권리이다. 이를 건강권이라고도 한다.

2. 주체

보건권의 주체는 권리의 성질상 국민이다. 이때 국민은 자연인에 한하고, 법인과 그 밖의 단체는 제외된다. 외국인은 원칙적으로 보건권의 주체가 되지 못한다.

3. 내용

헌법재판소는 보건권이 국가가 국민의 건강을 소극적으로 침해하여서는 아니 될 의무를 질 뿐 아니라 나아가 적극적으로 국민의 보건을 위한 정책을 수립하고 시행하여야 할 의무를 진다는 것을 뜻한다고 한다(헌재 1995. 4. 20. 91헌바11). 그러나 신체를 훼손당하지 아니할 권리는 신체의 건강과 정신적 · 영적 건강도 보호한다. 그래서 보건권의 소극적 내용으로 주장되는 것은 신체를 훼손당하지 아니할 권리에 포함된다. 따라서 보건권에는 소극적 내용이 없다고 보는 것이 타당하다.

보건권은 국가가 적극적으로 국민보건을 위해서 필요하고 적절한 정책을 수립하고 이를 수행할 의무를 부과한다. 국가는 국민 건강을 보호하기 위해서 적극적으로 활동하여야 할 의무를 지고, 국민은 자기 건강 보호를 위해서 국가에 적극적인 배려와 급부를 요구할 권리가 있다. 물론 국가에 적극적인 배려와 급부를 요구할 국민의 권리는 가능성 유보 아래 있다. 보건문제는 모든 국민과 관련된 것으로서 일회성에 그치는 것이 아니라 반복하여 나타난다는 점에 비추어 보건권에서는 의료의 공공성이 반드시 고려되어야 한다.

3장 기본의무론

1절 기본의무 일반이론
2절 개별기본의무론

1절

기본의무 일반이론

Ⅰ. 기본의무의 의의

① 기본의무는 국민이 국가에 대해서 지는 의무이다. 기본의무는 국민 일부가 아니라 모든 국민이 지는 의무이다. 물론 실제로 모든 국민이 기본의무를 지는 것은 아니지만, 최소한 국민이 일정한 요건을 충족하면 동등하게 기본의무를 진다. 이는 기본의무는 평등한 자유를 누리는 국민이 공평하게 나누어지는 부담이고, 기본의무가 서로 다른 요구와 갈등을 조정하는 기능이 있기 때문이다. 다음으로 ② 기본의무는 기본권을 보장하는 국가공동체의 존립과 활동을 위해서 모든 국민이 마땅히 지는 것을 뜻한다. 따라서 기본의무 이행은 특별한 희생이 아니고, 기본의무 이행에 대해서는 반대급부가 없다. 기본의무와 관련된 헌법규정도 국민이 의무를 진다고만 규정할 뿐이지 어떠한 반대급부나 조건을 달지 않는다. 그래서 기본의무는 반대급부 없이 응당 지는 부담이다(헌재 1999. 12. 23. 98헌마363). 끝으로 ③ 기본의무는 헌법적 의무이다. 기본의무는 실제로 강제되어야 하므로, 정치적 및 윤리적 의무가 아니라 법적 의무이다. 법적 의무 중에서도 기본의무 부과는 헌법적 가치인 기본권에 한계를 설정하므로 기본의무는 헌법적 의무일 수밖에 없다. 따라서 국민 서로 간에 지는 의무와 국가기관의 의무 그리고 (개별 법률에서 기본의무라는 용어를 사용하더라도) 법률적 의무는 기본의무가 아니다. 그러나 헌법이 의무라고 명시하는 모든 것이 언제나 기본의무인 것도 아니다. 요컨대 기본의무는 '국가공동체의 존립과 활동을 위해서 국민이 국가에 대하여 반대급부 없이 지는 개별적 · 구체적인 헌

법적 부담'이라고 정의할 수 있다.

Ⅱ. 기본의무의 분류

1. 고전적 기본의무와 현대적 기본의무?

기본의무를 등장한 시기에 따라 고전적 기본의무와 현대적 기본의무로 나누는 것이 일반적인 분류방법이다. 그러나 이러한 구분은 등장시기 이외에 기본의무들 사이의 공통점을 명확하기 찾기 어렵다는 점에서 분류방법으로서 문제가 있다. 따라서 이러한 분류방법은 포기하여야 한다.

2. 국가유지적 기본의무와 기본권보완적 기본의무

기본의무는 그 기능에 따라서 국가유지적 기본의무와 기본권보완적 기본의무로 나눌 수 있다. 국가유지적 기본의무는 국가의 존속 · 유지에 '직접' 이바지하는 기본의무로서 납세의무와 국방의무가 이에 속한다. 기본권보완적 기본의무는 특정 기본권의 충실한 실현에 이바지하는 기본의무로서 재산권 행사의 공공복리적합의무, 보호자녀를 교육받게 할 의무, 근로의무가 여기에 포함된다. 기본권보완적 기본의무는 국가의 존속과 유지와 밀접한 관련이 있는 특정 기본권의 충실한 실현을 위해서 국가와 국민이 공동으로 헌법적 부담을 질 때가 있는데, 이때 국민이 지는 헌법적 부담이 기본권보완적 기본의무이다. 기본권보완적 기본의무의 목적은 헌법적으로 매우 중요한 것으로 결국 국가공동체의 존립 및 활동과 밀접한 관련을 맺는다. 따라서 기본권보완적 기본의무도 간접적으로는 (그러나 다른 의무나 부담보다는 더 밀접하게) 국가의 존속과 유지에 이바지한다. 국가유지적 기본의무는 자유권에 한계를 설정하는 역할을 하지만, 기본권보완적 기본의무는 사회권을 실질화하고 실현하는 역할을 한다.

Ⅲ. 기본의무 주체

기본의무 주체는 본래 국민이지만, (물론 헌법이나 법률이 직접 규정하는 때에 한하여) 외국인과 무국적자도 기본의무의 주체가 될 수 있다. 그리고 사법인도 기본권주체가 될 수 있고, 국가공동체의 일원으로서 국가활동의 한 축을 담당한다는 점에서 기본의무의 성질에 어긋나지 않는다면 사법인도 기본의무 주체가 될 수 있다.

Ⅳ. 기본의무를 구체화하는 법률의 위헌성 심사기준

헌법재판소 법정의견은 기본의무를 구체화하는 법률을 기본권을 제한하는 법률처럼 헌법 제37조 제2항의 비례성원칙에 따라 위헌심사를 하여야 한다는 것으로 보인다. 그러나 ① 오늘날 법치주의 헌법 아래에서 모든 국가작용은 국민의 기본권적 가치를 실현하기 위한 수단이라는 한계 안에서 발동되고 형성되어야 하고, 이러한 점에서는 국민의 의무 영역을 형성하는 국가작용도 예외가 될 수 없으므로, 헌법상 기본의무를 국가작용이 국민의 기본권을 제한하는 때는 헌법 제37조 제2항이 선언하는 비례성원칙을 준수하여야 한다는 소수의견이 있다(헌재 2010. 10. 28. 2008헌마638). ② 기본의무를 구체화하는 법률이 관련 기본권의 본질적 내용을 침해하는지만을 심사하여야 한다는 소수의견도 있다(헌재 2004. 8. 26. 2002헌가1). 그리고 ③ 기본의무를 구체화하는 법률의 위헌성을 자의금지원칙을 기준으로 심사하여야 한다는 소수의견이 있다(헌재 2004. 8. 26. 2002헌가1). 또한, ④ 기본의무를 구체화하는 법률의 위헌심사기준으로 (ⅰ) 국가의 유지 · 보존을 위한 필요성의 목적, (ⅱ) 부과내용의 합리성과 타당성, (ⅲ) 부과방법의 공평성을 제시하는 소수의견도 있다(헌재 2010. 10. 28. 2009헌바67).

2절

개별기본의무론

Ⅰ. 납세의무

1. 의의

납세의무는 국방의무와 더불어 근대헌법 이래 양대 기본의무이다. 납세의무는 국가가 존립하고 그 과제를 이행하는 데 필요한 비용을 충당하기 위해서 국가공동체 구성원이 부담하여야 하는 경제적인 기여의무이다. 납세는 조세 납부를 말한다. 여기서 조세는 국가나 지방자치단체 등 공권력 주체가 과세권에 기초하여 재정조달 목적으로 반대급부 없이 국가공동체 구성원에게 강제적으로 부과하는 경제적 부담을 말한다(헌재 1990. 9. 3. 89헌가95). 따라서 특정한 재화나 행정서비스 제공에 대한 반대급부에 해당하는 사용료, 수수료, 분담금 등은 조세가 아니다.

2. 주체

납세의무는 원칙적으로 국민이 진다. 여기서 국민은 자연인뿐 아니라 법인도 아우른다. 납세의무에 대응하는 과세권은 통치권 일부이므로, 외국인도 국내에 재산이 있거나 과세대상 행위를 하면 납세의무를 진다. 다만, 치외법권이 있거나 조약에 특별한 규정이 있으면 외국인은 납세의무를 지지 않는다.

3. 조세부과원칙

국가는 헌법 제38조와 제59조에 따라서 국회가 제정한 법률을 통해서만 조세를 부과할 수 있다[조세법률원칙(조세법률주의) – 조세의 합법률성 원칙]. 따라서 조세의 요건과 그 부과 · 징수절차는 국민의 대표기관인 국회가 제정한 법률에 따라서 규정되어야 하고, 나아가 그 법률 집행에서도 이것이 엄격하게 해석 · 적용되어야 하며, 행정편의적인 확장해석이나 유추는 허용되지 않는다(헌재 1990. 9. 3. 89헌가95). 그리고 평등원칙(헌법 제11조 제1항)의 세법적 구현으로서 조세의 부과와 징수를 납세자의 담세능력에 상응하여 공정하고 평등하게 하여야 하고 합리적인 이유 없이 특정 납세의무자를 불리하게 차별하거나 우대하는 것은 허용되지 않는다[조세평등원칙(조세평등주의) – 조세의 합형평성 원칙]. 헌법재판소는 조세 우대나 그 밖에 조세에 관한 특별조치가 과연 불합리한 차별대우로서 조세공평주의와 평등원칙에 위배되는지를 판단하려면 ① 그 조치를 통하여 달성하려고 하는 정책목표가 합리적인지 ② 그 목표를 달성하는 데 그러한 조치가 유효한지 ③ 그 조치로 말미암아 발생하는 차별 정도가 어느 정도로 중한지 등의 제반 요소를 모두 종합적으로 검토하여야 한다고 한다(헌재 1995. 6. 29. 94헌바39). 조세평등원칙이 요구하는 이러한 담세능력에 따른 과세원칙(능력에 따른 부담 원칙: 응능부담원칙)은 한편으로 같은 소득은 원칙적으로 같이 과세할 것을 요청하고(수평적 조세 정의), 다른 한편으로 소득이 다른 사람들 사이의 공평한 조세부담 배분을 요청한다(수직적 조세 정의). 그러나 이러한 담세능력에 따른 과세원칙이 예외 없이 절대적으로 관철되어야 하는 것은 아니라서 합리적 이유가 있으면 납세자 사이의 차별 취급도 예외적으로 허용될 수 있다. 세법 내용을 어떻게 정할 것인지는 입법자에게 광범위한 형성의 자유가 인정되고, 더욱이 오늘날 조세입법자는 조세 부과를 통해서 재정수입 확보라는 목적 이외에도 국민경제적 · 재정정책적 · 사회정책적 목적 달성을 위해서 여러 가지 관점을 고려할 수 있기 때문이다(헌재 1999. 11. 25. 98헌마55).

4. 국가의 과세와 재산권 보장의 관계

기본의무인 납세의무는 기본권, 구체적으로 재산권 제약을 전제하므로 납세의무를 구체화하는 법률은 재산권의 보호영역을 건드리는 재산권 제한이 아니라 헌법 제23조 제1항에 따라 납세자의 '재산권의 내용과 한계'를 정하는, 즉 재산권의 보호영역을 확정하는 것이다. 따라서 국가의 과세는 재산권 제한과 관련이 없다. 그러나 헌법재판소는 "조세의 부과 · 징수는 국민의 납세의무에 기초하는 것으로서 원칙으로 재산권의 침해가 되지 않는다고 하더라도 그로 인하여 납세의무자의 사유재산에 관한 이용, 수익, 처분권이 중대한 제한을 받게 되는 경우에는 그것도 재산권의 침해가 될 수 있"다고 한다(헌재 1997. 12. 24. 96헌가19등).

Ⅱ. 국방의무

1. 의의

국방의무는 외침에서 국가의 존립과 안전 및 영토 보존을 수호하여 국가의 정치적 독립성과 완전성을 수호하는 데 필요한 역무를 제공하거나 그 밖의 국방상 필요한 군사적 조치에 협력할 의무이다(헌재 1995. 12. 28. 91헌마80). 국방의무는 적극적으로는 국민이 주권자로서 국가를 외적에게서 방위한다는 적극적 성격과 자의적인 징집에 따른 신체의 자유 침해를 방지한다는 소극적 성격이 있다. 국방의무는 납세의무와 달리 다른 사람의 대체적 이행이 불가능한 일신전속적 성격이 있다. 민주국가에서 병역의무는 납세의무와 더불어 국가라는 정치적 공동체의 존립 · 유지를 위하여 국가 구성원인 국민에게 그 부담이 돌아갈 수밖에 없는 것으로서, 병역의무 부과를 통해서 국가방위를 도모하는 것은 국가공동체에 필연적으로 내재하는 헌법적 가치이다(헌재 2004. 8. 26. 2002헌바13).

2. 주체

국방의무의 주체는 원칙적으로 국민이다. 다만, 상황에 따라 외국인도 국방의무에 협력하고 동참하여야 할 때가 있다. 직접적인 병력제공의무는 남자만 진다(병역법 제3조 제1항 전문). 헌법재판소는 성별을 기준으로 병역의무자의 범위를 정한 것은 자의금지원칙에 위배하여 평등권을 침해하지 않는다고 하였다(헌재 2010. 11. 25. 2006헌마328). 여자는 지원을 통해서 현역과 예비역으로 복무할 수 있다(병역법 제3조 제1항 후문). 이중국적자인 남자는 제1국민역에 편입되기 이전(만 20세 전에 복수국적자가 되면 만 22세까지, 만 20세 이후에 복수국적자가 되면 2년 안, 제1국민역에 편입되면 3개월 이내)에 국적 선택을 하여야 한다(국적법 제12조 제1항과 제2항). 다만, 대한민국에서 외국 국적을 행사하지 않겠다고 법무부 장관에게 서약하면 그러하지 아니하다(국적법 제12조 제1항 단서). 복수국적자가 국적 선택을 하지 않으면, 법무부 장관은 복수국적자에게 국적 선택 명령을 할 수 있다(국적법 제14조의2).

3. 내용

국방의무의 내용은 법률을 통해서 구체화하여야 하지만, 국방에 필요한 병력을 직접적으로나 간접적으로 제공하여야 할 의무가 그 기본적 내용이다. 여기서 직접적인 병력형성의무는 군인으로서 징집연령에 달하면 징집에 따를 의무이고, 간접적인 병력형성의무는 그 밖의 국방상 필요한 군사적 조치에 협력할 의무(예를 들어 예비군복무의무, 민방위대소집 응소의무, 전시 군수품 지원을 위한 노력동원의무, 군작전상 불가피한 재산권의 수용 · 사용 · 제한, 거주 · 이전의 제한 등을 수인할 의무)이다. 병력 형성 이후 군작전명령에 복종하고 협력하여야 할 의무도 국방의무에 속한다(헌재 1995. 12. 28. 91헌마80). 병역법 제3조 제1항은 남자의 징병제와 여자의 지원병제를 규정한다. 예비군제도는 국방의무를 이중으로 강제한다고 볼 수 없다.

입법자는 국가의 안보상황, 재정능력 등의 여러 가지 사정을 고려하여 국가의 독립을 유지하고 영토를 보전하는 데 필요한 범위 안에서 법률로 국방의무를 구체적으로 형성할 수 있다. 국민에게 병역의무를 부과하면, 그 의무자의 기본권은 여러 가지 면에서(일반적 행동자유권, 신체의 자유, 거주 · 이전의 자유, 직업의 자유, 양심의 자유 등) 제약을 받는다. 그러므로 법률에 따른 병역의무 형성에도 헌법적 한계가 있으니 헌법의 일반원칙, 기본권 보장 정신에 따른 한계를 준수하여야 한다(헌재 1999. 2. 25. 97헌바3).

4. 병역의무 이행으로 말미암은 불이익한 처우 금지

누구든지 병역의무 이행으로 말미암아 불이익한 처우를 받지 아니한다(헌법 제39조 제2항). 그래서 병역의무 이행을 직접적 이유로 차별적 불이익을 가하거나 병역의무를 이행한 것이 결과적 · 간접적으로 그렇지 아니할 때보다 오히려 불이익을 받는 결과를 초래하여서는 아니 된다(헌재 1999. 2. 25. 97헌바3). 그러나 병역의무를 이행하면서 입은 불이익은 병역의무 이행으로 말미암은 불이익이 아니다(헌재 1999. 2. 25. 97헌바3). 헌법재판소는 국가정보원이 주관하는 공무원 경쟁시험에서 '남자는 병역을 필한 자'로 제한한 것이 군 미필자의 공무담임권을 침해한 것으로 볼 수 없고, 현역군인 신분자의 시험응시기회를 제한하나 이는 병역의무 그 자체를 이행하느라 받는 불이익으로서 병역의무 중에 입는 불이익에 해당할 뿐이지, 병역의무 이행을 이유로 한 불이익은 아니므로 헌법 제39조 제2항에서 금지하는 '불이익한 처우'라고 볼 수 없다고 하였다(헌재 2007. 5. 31. 2006헌마627). 불이익한 처우금지조항은 병역의무를 이행한 사람에게 보상조치를 취할 의무를 국가에 지우는 것이 아니라 병역의무 이행을 이유로 불이익한 처우를 금지한다. 헌법재판소는 제대군인가산점과 같은 고용상 적극적인 혜택은 헌법에 근거가 없다고 하였다(헌재 1999. 12. 23. 98헌바33). 여기서 불이익한 처우는 단순한 사실상 · 경제상 불이익을 모두 포함하는 것이 아니라 법적인 불이익을 말한다(헌재 1999. 12. 23. 98헌바33). 대법원은 군 복무로 말미암은 휴직 기간을 법무사시험의 공무원 근무경력에 넣지 않는 것은 병역의무 이행으로 말미암은 불이익처우금지에 위배되지 않는다고 하였다(대법원 2006. 6. 30. 선고 2004두4802 판결). 그리고 헌법재판소는 병역의무 이행을 위해서 군법무관으로 복무한 사람이 전역 후 변호사로 개업할 때 개업지 제한을 받는 것은 병역의무 이행으로 말미암은 불이익한 처우에 해당한다고 하였다(헌재 1989. 11. 20. 89헌가102). 그러나 헌법재판소는 현역병으로 입영한 사람을 전투경찰로 전환한 것(헌재 1995. 12. 28. 91헌마80)과 병역의무 이행으로 졸업연도가 늦어져 병역의무를 이행하지 않은 동급생들과 달리 교원임용에서 구제를 받지 못한 것(헌재 2006. 5. 25. 2005헌마715)은 병역의무 이행으로 말미암은 불이익이 아니라고 보았다. 그리고 전투경찰순경으로서 대간첩작전 수행도 넓은 뜻의 국방의무를 이행하는 것이라서 병역의무 이행으로 말미암은 불이익한 처우로 볼 수 없다고 하였다(헌재 1995. 12. 28. 91헌마80). 또한, 경찰대학 입학연령을 21

세 미만으로 제한하는 것(헌재 2009. 7. 30. 2007헌마991)과 영내에 거주하는 현역 군인이 그 소속부대가 소재한 지역에 주민등록을 하지 못하는 것(헌재 2011. 6. 30. 2009헌마59)도 불이익한 처우가 아니라고 하였다.

3편
헌법재판론

1장 헌법재판의 의의와 역사

1절

헌법재판의 의의

헌법재판은 독립한 기관이 헌법을 기준으로 사법적 절차를 통해서 일반 사법기관이 판단하기 어렵거나 곤란한 헌법구조상 중요한 헌법분쟁에 관하여 종국적으로 결정하는 것을 말한다. 좁은 뜻의 헌법재판은 위헌법률심판만을 말한다. 넓은 뜻의 헌법재판은 규범통제, 탄핵심판, 정당해산심판, 헌법소원심판, 권한쟁의심판, 선거소송, 국민투표소송을 포함한다. 한국에서 헌법재판이라고 하면 일반적으로 헌법재판소가 관할하는 위헌법률심판, 탄핵심판, 정당해산심판, 권한쟁의심판, 헌법소원심판을 말한다(헌법 제111조 제1항). 넓은 뜻의 헌법재판은 기본권 보호의 직접성 여부에 따라 직접적 기본권보호수단(기본권보호절차: 규범통제와 헌법소원심판)과 간접적 기본권보호수단(탄핵심판, 정당해산심판, 권한쟁의심판 그리고 선거소송과 국민투표소송)으로 나눌 수 있다.

헌법재판은 그 담당기관에 따라 일반법원형과 헌법재판소형 그리고 특별기관형(정치기관형)으로 나눈다. 그리고 헌법재판은 헌법재판권한의 집중 여부에 따라 집중형 사법심사제(집중적 위헌심사제)와 비집중형 사법심사제(부수적 위헌심사제)로 나뉜다. 한국 헌법을 따르면, 법원도 헌법재판을 일부 담당하기는 하지만, 헌법재판소가 헌법재판을 주로 담당하여 헌법재판권한이 집중되므로 헌법재판소형과 집중형 사법심사제에 해당한다.

헌법사적으로 한국 헌법은 가능한 모든 형태의 헌법재판을 경험하였다. 즉 1948년 헌법, 1972년 헌법, 1980년 헌법은 특별기관형, 1960년 헌법과 1987년 헌법은 헌법재판소형 그리고 1962년 헌법은 일반법원형을 채택하였다.

2절
헌법재판의 역사

Ⅰ. 대한민국 임시정부 시대(대일항쟁기)

대한민국 임시정부 헌법은 헌법재판제도를 본격적으로 도입하지 않았다. 하지만 대한민국 임시정부 헌법은 탄핵심판제도를 두었다. 심판기관은 임시의정원이었다. 임시의정원은 1925년 초대 임시대통령 이승만을, 1941년 임시의정원 의장 김붕준을 탄핵하여 그 직에서 물러나게 하였다.

Ⅱ. 정부수립준비기(이른바 미군정기)

1948년 8월 15일 대한민국 정부가 수립되기 이전에 미국 군정이 구성한 대법원은 1947년 9월 2일에 헌법이 없는 상황에서 앞으로 만들 헌법에 포함될 민주주의와 남녀평등을 근거로 처의 행위능력을 제한하는 의용민법 제14조 적용을 배제하였다(대법원 1947. 9. 2. 선고 1947민상88 판결).

Ⅲ. 문민독재헌정시기

1948년 헌법은 헌법재판과 관련하여 구체적 규범통제만 허용하였는데, 명령과 규칙에 대한 규범통제는 법원이 관할하였고(제81조 제1항), 법률에 대한 규범통제는 헌법위원회가 담당하였다(제81조 제2항). 명령과 규칙이 헌법과 법률에 위반되는지에 관해서는 최종적으로 대법원이 심판하였고, 명령과 규칙의 위헌이나 위법이 재판의 전제가 되면 그 사건은 필수적 상고사건에 해당하여 대법원의 심판을 받도록 하였다. 국회가 제정한 법률의 위헌 여부가 재판의 전제가 되면, 법원은 헌법위원회에 제청하여 그 결정에 따라서 재판을 진행하였다(1948년 헌법 제81조 제2항).

헌법위원회는 부통령을 위원장으로 하고, 대법관 5명과 국회의원 5명을 합하여 모두 11명으로 구성되었다(1948년 헌법 제81조 제3항). 헌법위원회에는 위원 이외에 국회의원 중에서 예비위원 5명, 대법관 중에서 예비위원 약간 명을 두어서, 소속을 같이 하는 위원이 사고로 말미암아 출석할 수 없으면 출석하여 위원 직무를 대행하도록 하였다(헌법위원회법 제2조). 대법관인 위원과 예비위원은 대법원장 추천에 따라서 대통령이 임명하였고(헌법위원회법 제3조), 국회의원인 위원과 예비위원은 국회에서 선출하였다(헌법위원회법 제4조 제1항). 헌법위원회는 위헌제청된 7건 중 2건을 병합하여 총 6건의 위헌법률심사를 하였다. 그중 2건의 위헌결정을 남겼다.

고위공직자에 대한 탄핵사건은 탄핵재판소에서 심판하였다. 탄핵재판소는 부통령을 재판장으로 하고 대법관 5명과 국회의원 5명이 심판관이 되어 모두 11명으로 구성되었다. 대통령과 부통령을 심판할 때는 대법원장이 재판장 직무를 수행하도록 하였다(1948년 헌법 제47조 제2항). 국회의원이나 참의원의원인 심판관은 국회나 참의원에서 선출하였다(탄핵재판소법 제5조 제1항). 대법관인 심판관은 대법관회의에서 선출하였다(탄핵재판소법 제4조 제1항). 탄핵재판소에도 예비심판관제도를 두어 심판관 사고 시에 그 직무를 대행하게 하였다(탄핵재판소법 제4조 제3항, 제5조 제2항).

Ⅳ. 일시적 문민민주헌정시기

4 · 19 혁명으로 탄생한 1960년 헌법은 제8장에 헌법재판을 담당할 독립기관으로 헌법재판소를 규정하였다. 헌법재판소는 대통령, 대법원, 참의원이 각 3명씩 선임하는 심판관 9명으로 구성되도록 하였다(1960년 헌법 제83조의4 제1항과 제2항). 심판관 임기는 6년이고, 2년마다 3명씩 바꾸어 임명하도록 하였다(1960년 헌법 제83조의4 제3항). 심판관은 법관 자격이 있는 사람 중에서 선임하여야 하였다(헌법재판소법 제2조 제1항). 심판관 9명은 대통령이 3명을 임명하고, 대법원은 대법관회의에서 재적대법관 과반수 득표로 선출한 3명을 선임하며, 참의원은 재적의원 과반수 찬성으로 3명을 선임하도록 하였다(헌법재판소법 제3조 제1항과 제2항). 헌법재판소장은 심판관 중에서 재적심판관 과반수 찬성으로 호선하여 대통령이 확인하고(헌법재판소법 제5조 제2항과 제3항), 헌법재판소장이 사고가 있으면 심판관 중에서 연장자가 그 직무를 대리하게 하였다(헌법재판소법 제5조 제5항). 구 헌법위원회와 달리 헌법재판소는 상설기구로 하였다.

헌법재판소는 ① 법률의 위헌 여부 심사, ② 헌법에 관한 최종적 해석, ③ 국가기관 사이의 권한쟁의, ④ 정당의 해산, ⑤ 탄핵심판, ⑥ 대통령 · 대법원장과 대법관의 선거에 관한 소송을 관할하였다(1960년 헌법 제83조의3). 법률의 위헌 여부 심사는 재판의 전제가 될 때 사건법원뿐 아니라 소송당사자도 신청할 수 있고, 법원의 재판과 관계 없이도 신청인 제한 없이 신청할 수 있었다(헌법재판소법 제10조 제2항). 헌법에 관한 최종적 해석은 법원에 계속 중인 사건에서 법원이나 소송당사자가 신청할 수 있고, 법원에 계속 중인 사건과 무관하게 신청권자 제한 없이 신청할 수 있었다. 권한쟁의심판 대상은 국가기관 사이의 권한쟁의로 한정하였다. 그러나 헌법재판소의 관장사항에는 헌법소원이 없었다. 그리고 명령과 규칙에 대한 위헌 · 위법심사는 여전히 법원이 담당하였다(1960년 헌법 제81조). 헌법재판소법이 공포된 지 한 달 만에 발생한 5 · 16 군사쿠데타로 말미암아 헌법재판소는 구성조차 하지 못하였다.

V. 군사독재헌정시기(제1기) - 박정희 군사독재 전기

1962년 헌법은 헌정사에서 처음으로 미국형 헌법재판제도를 도입하였다. 헌법재판에 속하는 사항 중 명령 · 규칙에 대한 위헌 · 위법심사는 물론 위헌법률심사와 정당해산심판 그리고 선거소송은 법원이, 탄핵심판은 탄핵심판위원회에서 담당하게 하였다. 그러나 권한쟁의심판제도는 두지 아니하였다. 대법원은 법률에 관한 위헌판결은 국가배상법 제2조 제1항 단서와 법원조직법 제58조 제1항 단서에 대해서 한 것 하나이다(대법원 1971. 6. 22. 선고 70다1010 전원합의체 판결).

대법원은 16명 이하의 법관으로 구성되었고(1962년 헌법 제97조 제2항), 대법원장은 법관추천회의 제청에 따라서 대통령이 국회 동의를 얻어 임명하였으며(1962년 헌법 제99조 제1항), 대법원 판사인 법관은 대법원장이 법관추천회의 동의를 얻어 제청하였고 대통령이 임명하였다(1962년 헌법 제99조 제2항). 대법원장 임기는 6년으로 연임할 수 없었다(1962년 헌법 제100조 제1항). 그러나 나머지 법관 임기는 10년으로 연임이 가능하였다(1962년 헌법 제100조 제2항).

탄핵심판위원회는 대법원장을 위원장으로 하고 대법원판사 3명과 국회의원 5명의 위원으로 구성하였다. 다만, 대법원장을 심판할 때는 국회의장이 위원장이 되었다(1962년 헌법 제62조 제1항과 제2항). 탄핵심판위원 중 대법원판사인 심판위원은 대법원판사회의에서, 국회의원인 심판위원은 국회에서 각각 선출하였다. 탄핵심판위원회에서 헌법이 정한 8명의 심판위원 이외에 8명의 예비심판위원을 두되 그중 3명은 대법원판사회의에서, 5명은 국회에서 각각 선출하였다. 심판위원과 예비심판위원의 임기는 대법원판사인 사람은 4년, 국회의원인 사람은 그 임기 중으로 하였다(탄핵심판법 제10조).

VI. 군사독재헌정시기(제1기) - 박정희 군사독재 후기

1972년 헌법은 헌법재판을 담당하는 기관으로 헌법위원회를 두었다(제8장). 헌법위원회는 위헌법률심사, 탄핵심판, 정당해산심판을 관할하였다(1972년 헌법 제109조 제1항). 명령 · 규칙에 대한 위헌 · 위법심사권은 법원 관장사항으로 인정하였다(1972년 헌법 제

105조 제2항). 헌법위원회는 9명의 위원으로 구성하였고 대통령이 임명하는데, 3명은 국회에서 선출하는 사람을, 3명은 대법원장이 지명하는 사람을 임명하도록 하였다(1972년 헌법 제109조 제2항과 제3항). 위원장은 위원 중에서 대통령이 임명하였다(1972년 헌법 제109조 제2항 내지 제4항). 헌법위원회 위원 임기는 6년이다(1972년 헌법 110조 제1항).

법률이 헌법에 위반되는지가 재판의 전제가 되면 담당 법관의 직권이나 사건당사자의 신청으로 사건이 계속 중인 법원의 합의부 결정으로 헌법위원회에 법률의 위헌 여부를 제청하였다(헌법위원회법 제12조). 하급법원의 위헌여부심판제청서는 반드시 대법원을 거치게 하였다. 그런데 대법원은 제청법률에 대한 1차적인 심사를 하고 제청이 불필요하다고 판단하면 헌법위원회에 제청서를 보내지 않을 수 있는 이른바 불송부결정권이 있었다(헌법위원회법 제15조 제3항). 헌법위원회는 위원 7명 이상 출석으로 심리하고, 법률의 위헌결정, 탄핵결정, 정당해산결정은 위원 6명 이상 찬성으로 하며(1972년 헌법 제111조 제1항), 그 이외 결정은 출석위원 과반수 찬성으로 하였다(헌법위원회법 제9조).

Ⅶ. 군사독재헌정시기(제2기) - 전두환 군사독재

1980년 헌법은 1972년 헌법 헌법위원회제도를 거의 그대로 계승하였다. 즉 헌법위원회를 구성하여 위헌법률심사권, 탄핵심판권, 정당해산심판권을 담당하게 하였다(1980년 헌법 제112조). 명령과 규칙에 대한 위헌 · 위법심사권은 종전과 같이 법원에 있었다. 헌법위원회는 대통령이 임명하는 9명의 위원으로 구성하였는데, 3명은 국회에서 선출하는 사람을, 3명은 대법원장이 지명하는 사람을 임명하여야 하였으며, 위원장은 위원 중에서 대통령이 임명하였다(1980년 헌법 제112조 제2항, 제3항, 제4항). 헌법위원회 위원 임기는 6년이고, 법률이 정하는 바에 따라서 연임할 수 있었다(1980년 헌법 제113조). 1980년 헌법 제108조 제1항은 대법원의 불송부결정권에 관한 헌법적 근거를 마련하였다.

Ⅷ. 문민민주헌정시기

1987년 6월 민주항쟁의 결과로 탄생한 1987년 헌법은 헌법재판소를 설치하여 위헌법률심판, 탄핵심판, 정당해산심판, 권한쟁의심판, 헌법소원심판을 관장하도록 하였다. 특히 헌법재판소는 헌정사에서 처음으로 헌법소원제도를 도입하여 국민의 기본권을 실효적으로 보장하고 헌법의 규범력을 실질화하였다.

2장 헌법재판의 본질과 한계

1절 헌법재판의 본질과 기능
2절 헌법재판의 한계

1절

헌법재판의 본질과 기능

Ⅰ. 헌법재판의 본질(법적 성격)

헌법재판의 본질과 관련하여 ① 헌법재판은 중립적 기관을 통해서 사법절차에 따라 이루어지므로 사법작용이라는 순수한 사법작용설, ② 헌법재판이 사법적 성격뿐 아니라 정치적 성격도 있다는 정치적 사법작용설, ③ 헌법재판을 입법 · 사법 · 행정 등 모든 공권력을 통제대상으로 하는 제4의 국가작용으로 이해하는 제4의 국가작용설이 대립한다. 헌법재판소는 자신을 사법기관의 일종으로 본다(헌재 1994. 8. 31. 92헌마126; 헌재 2004. 5. 14. 2004헌나1). 대법원은 헌법재판 기능을 담당하는 재판기관인 헌법재판소도 구체적인 사건에 대해 재판권을 행사하여 공권적 법률판단을 하고 의사를 표현하는 주체로서 소송법상 의미의 법원에 해당하고, 헌법재판은 헌법을 심사기준으로 삼아 헌법 실현을 목적으로 하는 재판이므로 헌법 제101조 제1항에서 법원에 부여한 포괄적인 사법권 행사에는 광의의 헌법재판도 포함된다고 하였다(대법원 2021. 8. 26. 선고 2020도12017 판결).

Ⅱ. 헌법재판의 기능

헌법재판은 국가권력의 기본권기속성과 국가권력 행사의 절차적 정당성을 확보함으로써 국민의 자유와 권리를 보호하는 기본권보장기능(주관적 기능)과 헌법의 규범적 효력을 관철함으로써 국가의 최고규범인 헌법을 보호하는 헌법수호기능(객관적 기능)이 있다.

2절
헌법재판의 한계

Ⅰ. 헌법 우위

헌법은 국가법질서 안에서 최상위의 법규범이다. 헌법재판은 헌법국가의 이념에서 도출되는 국가의 규범적 기본질서인 헌법의 법적 존재와 이러한 헌법의 규범적 우위에 근거한다. 따라서 헌법재판소는 헌법이 규정한 절차에 따라 헌법이 부여한 권한 범위 안에서 헌법을 기준으로 자기 과제를 수행할 수 있고, 수행하여야 한다. 이때 규범통제의 심사기준인 헌법은 헌법전에서 직접 도출될 수 있는 모든 법규범 내용을 포함한다. 한국 헌법은 헌법 우위를 직접 규정하지 않지만, 국민주권(헌법 제1조), 기본권보장의무(헌법 제10조 제2문), 법원의 명령 · 규칙에 대한 위헌 · 위법심사권(헌법 제107조 제2항), 법관의 헌법과 법률에 따른 심판(헌법 제103조), 헌법재판소의 위헌법률심판(헌법 제107조 제2항과 제111조 제1항 제1호), 법률개정절차보다 까다로운 헌법개정절차(헌법 제128조~제130조)에서 도출될 수 있다. 헌법재판의 핵심은 헌법의 보호 · 유지 · 보장이다. 성문헌법은 헌법재판의 심사기준을 형성하고, 헌법재판소 통제권한의 범위를 확정한다. 헌법재판소 다수의견은 헌법적으로 중요한 기본적 사항에 관해서 성립하는 관습법은 성문헌법과 동등한 효력이 있어서 헌법재판의 심사기준이 된다고 한다. 그러나 헌법재판소 소수의견은 성문헌법을 포함한 법체제에서 관습헌법에 성문헌법과 같거나 특정 성문헌법 조항을 무력화할 수 있는 효력이 없다고 하면서 헌법의 효력이 있는 관습법을 인정하지 않는다(헌재 2004. 10. 21. 2004헌마554).

Ⅱ. 법과 정치의 관계

헌법은 정치의 결과물이고 그 규율대상은 법정립을 포함한 정치이므로, 헌법은 정치성이 있다. 그래서 헌법을 정치적 법이라고 한다. 헌법재판은 정치에 대한 재판이다. 따라서 헌법재판소는 법의 실정성에 객관적으로 구속되어 결정하고, 헌법재판은 법적 추론이지 정치적 결정이 아니다. 법과 정치는 여러 방면에서 얽혀 있어서 법과 정치 사이를 분명하고 확실하게 구별한다는 것은 불가능하다. 그래서 행위 내용을 규율하는 헌법규정이 있다면, 그것이 정치적인지 아닌지와 상관없이 헌법재판소는 그 행위를 심사할 수 있다. 이러한 점에서 법과 정치에 관한 논의는 헌법재판의 한계 확정에 아무런 의미가 없어 불필요하다.

헌법재판소는 사법 자제를 근거로 헌법소원을 각하한 적이 있다(헌법 제2004. 4. 29. 2003헌마814). 그 견해를 따르면 고도의 정치적 결단을 필요로 하는 문제에 관한 대통령과 국회의 판단은 절차적 정당성이 확보되었다면 존중되어야 하고, 헌법재판소가 사법적 기준만으로 이것을 심판하는 것은 자제되어야 한다. 그리고 이것에 관해서 설혹 사법적 심사 회피로 자의적 결정이 방치될 수도 있다는 우려가 있을 수 있으나, 그러한 대통령과 국회의 판단은 궁극적으로는 선거를 통해서 국민의 평가와 심판을 받게 될 것이다. 그러나 사법 자제 명령은 헌법재판의 한계에 관한 어떠한 윤곽과 내용을 제시하지 못하고, 헌법재판소 재판관의 자제를 촉구할 뿐이라서 헌법재판소는 자제할 권한이 없다. 그리고 정치적 연관성이 있는 특정한 사안에서 재판을 거부하는 정치문제이론은 법적 안정성을 담보할 수 없고, 헌법재판의 대상이 정치라는 점에서 한국 법체계에 원용될 수 없다.

Ⅲ. 기능법적 한계

헌법에 대한 구속이 어느 정도 정확한 심사기준으로서 정치세력에 대한 헌법재판의 한계를 확정할 수 없다고 비판하면서, 많은 학자는 헌법재판의 한계를 '기능법적' 고찰 속에서 찾으려고 한다. 모든 기능법적 고찰은 헌법재판소가 법원이라는 것에서 출발한다. 그래서 헌법재판의 본질적인 기능법적 확정과 한계는 헌법재판의 법원형식성에서 발견된다. 그러나 행위규범으로서 국가기관에 의무를 부여하는 것은 헌법재판소에 기준적인 통제규범으로서 기능하여야 하므로, 행위규범과 통제규범의 구별은 설득력 있게 근거 지울 수 없다. 하지만 헌법재판소는 "헌법재판소와 입법자는 모두 헌법에 기속되나, 그 기속의 성질은 서로 다르다. 헌법은 입법자와 같이 적극적으로 형성적 활동을 하는 국가기관에는 행위의 지침이자 한계인 행위규범을 의미하나, 헌법재판소에는 다른 국가기관의 행위의 합헌성을 심사하는 기준으로서의 재판규범 즉 통제규범을 의미한다."라고 하였다(헌재 1997. 1. 16. 90헌마110). 헌법재판소의 기능은 헌법에서 도출되어 확정되고 구체화하며, 기능법적 사고의 구체적 내용은 오로지 개별 헌법규정의 해석에서 얻어질 수 있다. 따라서 실정법적 관점과 기능법적 관점을 거의 구별할 수 없다. 그러나 심사기준인 헌법을 해석할 때 통제자가 법원인 헌법재판소이고 통제대상이 어떤 기관인지를 함께 고려하여야 한다. 이러한 점에서 실체법적 한계는 본질적 한계이고, 기능법적 한계는 부차적 한계이다.

3장 헌법재판소의 지위와 정당성

1절 헌법재판소의 지위와 구성
2절 헌법재판소의 민주적 정당성

1절

헌법재판소의 지위와 구성

Ⅰ. 헌법재판소의 지위

헌법재판소는 사법적으로 헌법을 보호하는 독립한 (특별한) 법원이면서 헌법기관이다. 헌법기관은 그 지위와 주요권한을 헌법이 직접 창설하고 그 내부조직이 대체로 자유로우며, 다른 어떤 기관에도 종속되지 않으며 국가의 특별한 존재양식(본질)을 형성하는 기관이다. 헌법재판소도 그 자신을 헌법기관으로 본다(헌재 1993. 9. 27. 92헌마284).

Ⅱ. 헌법재판소 구성

헌법재판소는 법관 자격이 있는 9명의 재판관으로 구성되며, 재판관은 대통령이 임명한다(헌법 제111조 제2항, 헌법재판소법 제3조와 제6조 제1항 제1문). 재판관 중 3명은 국회에서 선출하는 사람을, 3명은 대법원장이 지명하는 사람을 임명한다(헌법 제111조 제3항, 헌법재판소법 제6조 제1항 제2문). 재판관은 ① 판사, 검사, 변호사, ② 변호사 자격이 있는 사람으로서 국가기관, 국영·공영 기업체, '공공기관의 운영에 관한 법률' 제4조에 따른 공공기관이나 그 밖의 법인에서 법률에 관한 사무에 종사한 사람, ③ 변호사 자격이 있는 사람으로서 공인된 대학의 법률학 조교수 이상의 직에 있던 사람 중 어느 하나에 해당하는 직에 15년 이상 있던 40세 이상인 사람 중에서 임명한다. 다만, 둘 이상의 직에 있던 사람의 재직기간은 합산한다(헌법재판소법 제5조 제1항). 그러나 ① 다른 법령에 따라 공무원으로 임용하지 못하는 사람, ② 금고 이상의 형을 선고받은 사람, ③ 탄핵에 의하여 파면된 후 5년이 지나지 아니한 사람, ④ 정당의 당원이나 당원 신분을 상실한 날부터 3년이 지나지 아니한 사람, ⑤ 선거에 후보자(예비후보자 포함)로 등록한 날부터 5년이 지나지 아니한 사람, ⑥ 대통령선거에서 후보자 당선을 위해서 자문이나 고문 역할을 한 날부터 3년이 지나지 아니한 사람은 재판관으로 임명할 수 없다(헌법재판소법 제5조 제2항).

재판관을 임명할 때는 국회 인사청문회를 거친다. 국회 동의가 필요한 헌법재판소장과 국회에서 선출하는 재판관의 인사청문은 인사청문특별위원회에서 실시한다(국회법 제46조의3 제1항 본문). 대통령이 임명하는 재판관과 대법원장이 지명하는 재판관에 대한 인사청문은 국회 소관 상임위원회, 즉 법제사법위원회에서 실시한다(국회법 제65조의2 제2항 제1호와 제3호). 재판관 후보자가 헌법재판소장 후보자를 겸하면 인사청문특별위원회에서 인사청문을 실시한다. 이때 소관 상임위원회 인사청문회를 겸하는 것으로 본다(국회법 제65조의2 제5항).

헌법재판소장은 재판관 중에서 국회 동의를 얻어 대통령이 임명한다(헌법 제111조 제4항, 헌법재판소법 제12조 제2항). 헌법재판소장은 헌법재판소를 대표하고, 헌법재판소 사무를 통리하며, 소속 공무원을 지휘 · 감독한다(헌법재판소법 제12조 제3항). 헌법재판소장이 궐위되거나 사고로 말미암아 직무를 수행할 수 없으면 다른 재판관이 헌법재판소규칙이 정하는 순서에 따라서 그 권한을 대행한다(헌법재판소법 제12조 제4항). 즉 헌법재판소장이 일시적인 사고로 말미암아 직무를 수행할 수 없으면 헌법재판소 재판관 중 임명일자 순으로 그 권한을 대행한다. 이때 임명일자가 같으면 연장자순으로 대행한다('헌법재판소장의 권한대행에 관한 규칙' 제2조). 그리고 헌법재판소장이 궐위되거나 1월 이상 사고로 말미암아 직무를 수행할 수 없다면 헌법재판소 재판관 중 재판관회의에서 재판관 7명 이상 출석과 출석인원 과반수 찬성으로 선출된 재판관이 그 권한을 대행한다('헌법재판소장의 권한대행에 관한 규칙' 제3조). 헌법은 헌법재판소장 임기를 규정하지 않는다. 헌법재판소장도 헌법재판소 재판관이므로 헌법재판소장 임기는 6년이다. 헌법재판소 재판관으로 재직하다가 헌법재판소장으로 임명되었다면 그 소장 임기는 재판관 잔여임기이다(헌법실무).

재판관 임기는 6년이며, 연임할 수 있다(헌법 제112조 제1항, 헌법재판소법 제7조 제1항).

연임 횟수에는 제한이 없다. 재판관 정년은 70세이다. 재판관 임기가 만료되거나 정년이 도래하면 임기만료일이나 정년도래일까지 후임자를 임명하여야 한다(헌법재판소법 제6조 제3항). 임기 중 재판관이 결원되면 결원된 날부터 30일 이내에 후임자를 임명하여야 한다(헌법재판소법 제6조 제4항). 그런데도 국회에서 선출한 재판관이 국회의 폐회나 휴회 중에 그 임기가 만료되거나 정년이 도래한 때 또는 결원된 때에 국회는 다음 집회가 개시되고 나서 30일 이내에 후임자를 선출하여야 한다(헌법재판소법 제6조 제5항). 재판관은 탄핵이나 금고 이상의 형 선고에 의하지 아니하고는 그 의사에 반하여 해임되지 아니한다(헌법 제112조 제3항, 헌법재판소법 제8조).

재판관회의는 재판관 전원으로 구성하며, 헌법재판소장이 의장이 된다(헌법재판소법 제16조 제1항). 재판관회의는 재판관 전원의 3분의 2를 초과하는 인원의 출석과 출석인원 과반수 찬성으로 의결한다(헌법재판소법 제16조 제2항). 의장은 의결에서 표결권이 있다(헌법재판소법 제16조 제3항). 재판관회의는 행정을 처리하는 기관으로서 재판권을 행사하는 재판부와 구별된다.

Ⅲ. 헌법재판소의 규칙제정권과 입법의견 제출

헌법재판소는 법률에 저촉되지 아니하는 범위 안에서 심판에 관한 절차, 내부규율과 사무처리에 관한 규칙을 제정할 수 있다(헌법 제113조 제2항). 헌법재판소규칙은 '규칙'이라는 용어와 상관없이 법규명령(대통령령)에 해당한다. 헌법재판소는 규칙 외에 내규를 만들 수 있는데, 이것은 행정규칙에 해당한다. 헌법재판소규칙의 제정과 개정은 재판관회의 의결사항이다(헌법재판소법 제16조 제4항 제1호). 재판관회의에서 의결된 규칙은 의결되고 나서 15일 이내에 사무처장이 공포절차를 취한다('헌법재판소규칙의 공포에 관한 규칙' 제4조 제1항). 헌법재판소규칙은 관보에 게재하여 공포한다(헌법재판소법 제10조 제2항, '헌법재판소규칙의 공포에 관한 규칙' 제4조 제2항). 헌법재판소규칙의 공포일은 그 규칙을 게재한 관보가 발행된 날이다('헌법재판소규칙의 공포에 관한 규칙' 제5조). 헌법재판소규칙은 특별한 규정이 없는 한 공포한 날부터 20일이 지나면 효력이 발생한다('헌법재판소규칙의 공포에 관한 규칙' 제6조).

헌법재판소장은 헌법재판소의 조직 · 인사 · 운영 · 심판절차 그 밖에 헌법재판소의 업무에 관련된 법률의 제정 또는 개정이 필요하다고 인정하면 국회에 서면으로 그 의견을 제출할 수 있다(헌법재판소법 제10조의2).

2절

헌법재판소의 민주적 정당성

헌법재판소는 약한 민주적 정당성이 있다는 비판을 받는다. 이로 말미암아 헌법재판소의 지위는 의심받고 헌법재판소 결정의 관철 가능성은 작아진다. 그러나 민주적 정당성은 비교기준이 아니라서 약하거나 강하다는 수식어가 붙을 수 없다. 그리고 민주적 정당성은 조직적-인적 민주적 정당성에 국한하는 것이 아니라 기능적-제도적 민주적 정당성, 조직적-인적 민주적 정당성, 실질적-내용적 민주적 정당성을 모두 아우른다. 그래서 헌법재판소의 민주적 정당성은 이 세 요소를 모두 검토하여 평가하여야 한다. 그런데 헌법재판소의 민주적 정당성에 대한 비판은 부족한 조직적-인적 민주적 정당성에 근거한다.

헌법(제6장)을 통해서 기능적-제도적 민주적 정당성을 확보함으로써 헌법재판소는 헌법재판권 보유와 행사 자체에 관한 모든 의심과 비판에서 벗어난다. 그리고 재판관 임명절차를 통해서 어느 정도 조직적-인적 민주적 정당성도 얻는다. 또한, 헌법과 법률에 대한 구속(헌법재판소법 제4조)을 통해서 헌법재판소는 실질적-내용적 민주적 정당성도 받는다. 게다가 재판관의 전문성, 구두변론 및 심판의 변론과 결정의 선고 공개, 종국결정에 대한 논증의무를 통해서 추가로 민주적 정당성을 확보한다. 이것들을 통해서 헌법재판소는 헌법재판권 행사에 필요한 민주적 정당성을 충분히 확보한다고 볼 수 있다. 물론 헌법재판소의 민주적 정당성은 부분적으로 부족하거나 보충하여야 할 부분이 있다. 그러나 이것이 헌법재판소의 민주적 정당성을 부정할 정도에 이르지는 않는다. 하지만 민주적 정당성은 고정된 것이 아니라 지속하여 확인하고 확보하여야 한다. 따라서 헌법재판소는 자기 결정을 통해서 자신의 민주적 정당성을 끊임없이 증명하여야 한다. 이러한 노력을 통해서 헌법재판소는 자신의 지위를 확고하게 다지고 헌법재판소 결정의 관철 가능성을 재고할 수 있다.

4장
헌법소송법의 일반이론

1절

일반심판절차

Ⅰ. 헌법소송과 헌법소송법의 의의

헌법재판을 담당하는 기관, 특히 헌법재판소가 일정한 법적 절차에 따라 재판을 하여 분쟁 종식이나 사건 해결을 지향하는 절차가 헌법소송이다. 헌법소송법은 좁은 뜻으로는 헌법재판소의 심판이나 재판을 지향하는 절차를 규율하는 모든 법규범을 말한다. 헌법재판소의 관할 사항, 심판청구권에 관한 법규범, 심판의 효과에 관한 규정 이외에 실체법인 헌법재판소의 조직이나 지위에 관한 규정을 아울러 넓은 뜻의 헌법소송법이라고 한다.

Ⅱ. 심판 주체

1. 전원재판부와 지정재판부

헌법재판소법에 특별한 규정이 없으면 심판은 재판관 전원으로 구성되는 (전원)재판부에서 관장하며, 재판부의 재판장은 헌법재판소장이 된다(헌법재판소법 제22조). 헌법재판소는 전원재판부에서 재판관 7명 이상 출석으로 사건을 심리하며(헌법재판소법 제23조 제1항), 재판부는 종국심리에 관여한 재판관 과반수 찬성으로 사건에 관한 결정을 하되,

법률의 위헌결정, 탄핵결정, 정당해산결정과 헌법소원의 인용결정 그리고 종전에 헌법재판소가 판시한 헌법이나 법률의 해석적용에 관한 의견을 변경할 때는 재판관 6명 이상 찬성이 있어야 한다(헌법 제113조 제1항, 헌법재판소법 제23조 제2항).

헌법재판소장은 헌법소원심판사건에서 재판관 3명으로 구성되는 지정재판부를 두어 사전심사를 담당하게 할 수 있다(헌법재판소법 제72조 제1항: 임의적 재판부). 지정재판부는 (헌법재판소법 제68조 제1항과 제2항에 따른) 헌법소원심판의 사전심사만 관장한다. 지정재판부는 소속 재판관 전원의 일치된 의견으로 헌법소원심판 청구를 각하할 수 있다(헌법재판소법 제72조 제3항).

2. 재판관의 제척 · 기피 · 회피

제척은 재판관이 구체적인 사건에 관해서 법률이 정하는 특수한 관계가 있으면 법률상 당연히 그 사건에 관한 직무 집행에서 제외되는 제도를 말한다. 제척 원인이 있으면 헌법재판소는 직권이나 당사자의 신청에 따라서 제척 결정을 한다(헌법재판소법 제24조 제2항). 제척 신청을 할 수 있는 당사자는 헌법재판의 당사자 개념과 같다. 다만, 보조참가인은 제외된다(기피 신청도 같음). 제척 신청에 대한 심판은 재판부에서 결정으로 한다(헌법재판소법 제24조 제6항, 민사소송법 제45조 제1항). 헌법소원사건의 지정재판부 소속 재판관에 대한 제척 신청에 관한 결정도 전원재판부에서 하여야 한다. 하지만 제척 신청 대상인 재판관이 소속되지 않은 지정재판부에서 본안사건이 각하되면 제척 신청도 이것을 유지할 이익이 없다는 이유로 같은 지정재판부에서 각하한 사례가 있다(헌재 2015. 7. 7. 2015헌사669).

기피는 특정한 재판관에게 제척사유 이외에 심판의 공정을 기대하기 어려운 사정이 있으면 당사자의 신청을 기다려 그 재판관을 직무 집행에서 제외하는 제도이다(헌법재판소법 제24조 제3항). 청구인이 제청법원이고 피청구인이 없는 위헌법률심판에서는 기피가 허용되지 않는다. 당사자는 같은 사건에서 2명 이상의 재판관을 기피할 수 없다(헌법재판소법 제24조 제4항). 헌법재판소는 재판관 2명에 대한 기피 신청은 동일한 사건에서 2명의 재판관에 대하여 기피한 것이라서 헌법재판소법 제24조 제4항에 위배되어 부적법하고, 그 흠결을 보정할 수 없다고 하면서 각하하였다(헌재 2003. 10. 31. 2003헌사520). 그리고 헌법재판소는 헌법재판소법 제24조 제4항이 당사자의 공정한 헌법재판을 받을 권리를 침해하지 않는다고 하였다(헌재 2016. 11. 24. 2015헌마902).

회피는 재판관이 스스로 제척이나 기피의 사유가 있다고 인정하여 특정 사건의 직무집행을 피하는 제도를 말한다(헌법재판소법 제24조 제5항). 이때는 별도의 심판을 필요로 하지 않으나, 재판장 허가를 받아야 한다.

헌법재판 감정인에게는 민사소송법의 기피제도가 준용된다(헌법재판소법 제40조, 민사소송법 제336조, 제337조). 헌법재판소법 제24조 제6항이 준용되는 민사소송법 조항을 특정하면서, 법관에 대한 제척 · 기피 · 회피제도를 법원사무관 등에게 준용하도록 하는 민사소송법 제50조를 제외하므로, 헌법재판소 사무관 등에는 제척 · 기피 · 회피제도는 준용되지 않는다. 그러나 헌법재판소는 지정재판부 사건에서 헌법재판소법 제40조 제1항에 따라서 민사소송법 제50조가 준용됨을 이유로 헌법재판소 사무관 등도 기피 신청 대상이 된다고 보았다(헌재 2003. 12. 2. 2003헌사536). 독자적으로 심판사건을 처리하는 지위에 있지 않은 헌법연구관도 재판관에 대한 제척 · 기피 · 회피제도가 준용되지 않는다.

Ⅲ. 헌법소송의 당사자

1. 헌법재판과 당사자의 지위

당사자에는 청구인과 피청구인이 있다. 청구인은 자기 이름으로 심판을 청구하는 사람이고, 피청구인은 그 상대방인 당사자이다.

(1) 위헌법률심판

위헌법률심판에서 제청법원은 제청서 제출로 위헌법률심판을 개시하게 하지만, 적극적으로 심판절차에 참여하지도 않고, 당사자의 권리 · 의무를 제청법원에 그대로 적용하기 어려워서 제청법원은 당사자가 아니라는 견해와 제청법원은 위헌제청에 독자적 이익이 있고, 헌법재판소법 제36조 제2항이 당사자를 종국결정의 기재사항으로 규정하면서 위헌법률심판에 관한 별도 규정을 두지 않으므로 제청법원도 당사자라는 견해가 대립한다. 위헌법률심판에서는 심판 대상인 법률의 위헌 여부와 관련하여 대립적인 분쟁이 없어서 상대방 당사자가 없다. 해당 사건의 당사자는 해당 법원을 통하지 않고 직접 위헌법률심판절차 개시를 청구할 권한이 없으므로 위헌법률심판의 당사자가 아니다. 헌법재판소는 제청법원은 제청서 제출로 위헌법률심판을 개시하게 하지만, 그 외에는 적극적으로 심판절차에 참여하는 것도 아니고, 법원은 분쟁 주체가 아니라 독립적으로 분쟁을 심판하는 지위에 있다는 점을 고려하면 소송당사자의 권리 · 의무를 제청법원에 그대로 적용하기는 어렵다고 한다(헌재 2020. 3. 26. 2016헌가17등).

(2) 헌법소원심판

위헌소원심판에서는 헌법소원심판청구인이 당사자가 되지만, 문제가 된 법률의 위헌 여부를 둘러싸고 대립적인 분쟁이 없어서 상대방 당사자가 없다. 법령에 대한 헌법소원심판절차에서도 문제가 된 법령의 위헌 여부를 둘러싸고 주장이 맞서는 당사자 사이의 헌법분쟁이 없으므로 헌법소원심판청구인만 당사자에 속하고 입법기관이 헌법소원심판청구인의 상대방 당사자가 되는 것은 아니다. 법령에 대한 헌법소원심판 이외의 헌법소원심판절차에서는 헌법소원심판청구인과 공권력의 행사나 불행사의 주체인 피청구인이 대립적 당사자이다.

(3) 탄핵심판, 정당해산심판 그리고 권한쟁의심판

탄핵심판절차와 정당해산심판절차 그리고 권한쟁의심판절차는 모두 대립적인 구조의 심판절차에 해당한다. 탄핵심판절차에서는 탄핵소추대상자가 피청구인임에는 의문이 없다(헌법재판소법 제48조). 탄핵심판에서는 국회 법제사법위원회 위원장이 소추위원이 되지만(헌법재판소법 제49조 제1항), 국회가 탄핵심판의 청구인이다. 정당해산심판절차에서는 정부와 피청구정당(헌법재판소법 제55조), 권한쟁의심판에서는 국가기관과 지방자치단체 중 청구기관과 피청구기관(헌법재판소법 제61조, 제62조)이 각각 심판절차의 당사자가 된다.

2. 피청구인 기재

위헌법률심판에서는 대립적인 소송절차구조를 상정한 것이 아니라서 피청구인 기재가 요구되지 않는다. 헌법소원심판에서는 피청구인 기재를 엄격히 요구하지 않는 것이 종전 실무였다(헌재 1993. 5. 13. 91헌마190; 헌재 2001. 7. 19. 2000헌마546). 그러나 '헌법재판소 심판 규칙'은 법령에 대한 헌법소원을 제외하고는 피청구인 기재를 반드시 요구하고(제68조 제1항 제2호), 그 기재가 누락되거나 명확하지 아니한데도 보정명령에 불응하면 심판 청구를 각하할 수 있도록 한다(제70조). 위헌소원심판에서는 위헌법률심판과 같이 피청구인 기재를 요구하지 않는다.

3. 당사자 변경 허용 여부

헌법재판소법 제40조에 따라 준용되는 민사소송법과 행정소송법이 원칙적으로 임의적 당사자 변경을 허용하지 않고, 당사자 변경을 자유로이 허용하면 심판절차 진행에 혼란을 초래하고 상대방의 방어권 행사에도 지장을 줄 우려가 있으므로 당사자의 동일성을 해치는 임의적 당사자 변경(특히 청구인 변경)은 헌법소원심판에서 원칙적으로 허용되지 않는다. 그러나 민사소송법과 행정소송법이 피고 경정을 허용하므로 청구인이 피청구인을 잘못 지정한 것이 분명하면 당사자 신청에 따라 결정으로 피청구인 경정을 허가할 수 있다(헌재 2005. 12. 22. 2004헌라3; 헌재 2007. 7. 26. 2005헌라8). 피청구인 경정이 허가되면 종전 피청구인에 대한 청구는 취하된 것으로 본다(헌법재판소법 제40조, 민사소송법 제260조와 제261조, 행정소송법 제14조). 나아가 헌법재판소는 피청구인 경정 절차를 거치지 않고 직권으로 피청구인을 변경할 수 있다(헌재 1999. 11. 25. 98헌마456; 헌재 2001. 7. 19. 2000헌마546). 당사자 표시가 잘못 기재되면 당사자의 동일성을 해하지 않는 범위에서 이것을 바로 잡는 당사자 표시 정정은 헌법재판에서도 허용된다(헌재 1994. 6. 30. 93헌마7). 청구인 추가는 당사자 표시 정정 범위를 넘을 뿐 아니라 이를 허용할 법률적 근거가 없고, 오히려 헌법재판소법 제40조 제1항에 따라서 준용되는 민사소송법을 따르면 그러한 형태의 임의적 당사자 변경은 허용되지 아니한다(헌재 2020. 4. 23. 2015헌마1149). 심판 청구 당시 청구인이라고 볼 수 없는 청구인 추가는 당사자 표시 정정 범위를 넘는 임의적 당사자 변경에 해당하고, 이는 심판절차 진행에 혼란을 초래하고 상대방의 방어권 행사에도 지장을 줄 우려가 있어 헌법소원심판절차에서 허용되지 않는다(헌재 2019. 5. 30. 2018헌마1208등). 그러나 헌법재판소는 헌법소원심판에서 그 목적이 청구인과 제3자에게 합일적으로 확정되어야 할 때 헌법재판소법 제40조 제1항에 따라서 준용되는 민사소송법 제83조 제1항에 따라 그 제3자는 공동청구인으로서 심판에 참가할 수 있고, 청구인 추가 신청이 공동심판참가 요건을 구비하면 적법한 공동심판참가 신청으로 선해한다(헌재 2008. 2. 28. 2005헌마872등). 이때 공동심판참가인은 별도의 헌법소원을 제기하는 대신에 계속 중인 심판에 공동청구인으로서 참가하는 것이라서 그 참가 신청은 헌법소원 청구기간 안에 이루어져야 한다(헌재 2009. 4. 30. 2007헌마106).

청구인 추가는 당사자 표시 정정 범위를 넘을 뿐 아니라 이를 허용할 법률적 근거가 없고, 오히려 헌법재판소법 제40조 제1항에 따라서 준용되는 민사소송법을 따르면 그러한 형태의 임의적 당사자 변경은 허용되지 아니한다(헌재 2020. 4. 23. 2015헌마1149). 그러나 헌법소원심판에서 그 목적이 청구인과 제3자에게 합일적으로 확정되어야 할 때 헌법재판소법 제40조 제1항에 따라서 준용되는 민사소송법 제83조 제1항에 따라 그 제3자는 공동청구인으로서 심판에 참가할 수 있고, 청구인 추가 신청이 공동심판참가 요건을 구비하면 적법한 공동심판참가 신청으로 선해한다(헌재 2020. 4. 23. 2015헌마1149).

4. 이해관계인과 참가인

헌법재판절차에서 이해관계인은 자기 이름으로 결정을 구하거나 재판을 청구하는 것이 아니므로 진정한 의미의 당사자는 아니다. 그러나 이해관계인은 재판에 참가하는 절차에서 의견서를 제출하고, 변론에 참여하는 것 등 당사자에 갈음하는 지위가 있으므로 종된 당사자라고 볼 수 있다.

헌법재판소 심판절차에 관해서 헌법재판소법에 특별한 규정이 있는 때를 제외하고는 민사소송에 관한 법령이 준용되므로 이해관계인은 보조참가 등 소송참가를 할 수 있다. 따라서 참가인은 청구 변경, 청구 취하와 같이 심판 대상을 처분 · 변경하는 행위나 피참가인의 행위와 어긋나는 행위를 제외하고는, 재판에 관해서 공격 · 방어 · 이의 등 모든 소송행위를 할 수 있다. 그리고 행정소송법이 먼저 준용되는 권한쟁의심판과 헌법소원심판(헌법재판소법 제40조 후문)에서는 제3자나 피청구인이 아닌 다른 행정청의 소송참가도 가능하다. 다만, 행정소송법 제16조는 소송 결과에 따라 권리 또는 이익의 침해를 받을 제3자가 관련 행정소송에 참가하는 것인데, 법령에 따라서 헌법상 보장된 기본권이 침해되었음을 이유로 헌법소원심판이 청구되면 기존 청구인과 법적 지위를 같이 하는 제3자의 입장에서는 헌법소원이 인용되면 기본권의 구제를 받고, 설령 헌법소원이 각하 · 기각되더라도 그로 말미암아 권리나 이익의 침해를 받는 것은 아니라고 할 것이므로 계속 중인 헌법소원심판에 청구인과 법적 지위를 같이 하는 제3자가 자기 이익을 옹호하려고 관여하면 행정소송법은 준용될 여지가 없고 민사소송법에 따라 소송참가를 할 수 있다(헌재 2008. 2. 28. 2005헌마872등). 그리고 소송 계속 중에 권리 · 의무의 전부나 일부를 승계한 제3자가 독립당사자참가 신청 규정에 따라 소송에 참가하는 승계참가(민사소송법 제81조)도 가능하다(헌재 2003. 4. 24. 2001헌마386). 또한, 법령에 대한 헌법소원심판에서 그 목적이 청구인과 제3자에게 합일적으로 확정되어야 하면 제3자는 공동청구인으로 심판에 참가할 수 있다(헌법재판소법 제40조 제1항, 민사소송법 제83조 제1항). 다만, 공동심판참가인은 별도로 헌법소원을 제기하는 대신에 계속 중인 심판에 참가하는 것이므로 그 참가 신청은 청구기간 안에 이루어져야 하고(헌재 1993. 9. 27. 89헌마248; 헌재 2009. 4. 30. 2007헌마106), 피참가인인 당사자와 마찬가지로 공동참가인도 당사자적격을 구비하여야 한다(헌재 1991. 9. 16. 89헌마163). 그러나 요건에 흠이 있는 공동심판참가 신청이 있더라도 보조참가 신청요건을 갖추었다면 이것을 보조참가 신청으로 취급하는 것이 국민의 기본권 보호를 목적으로 하는 헌법소원제도 취지에도 부합한다(헌재 2008. 2. 28. 2005헌마872).

Ⅳ. 대표자 · 대리인

각종 심판절차에서 정부가 당사자(참가인 포함)이면 법무부 장관이 이를 대표한다(헌법재판소법 제25조 제1항). 정부는 정당해산심판(헌법재판소법 제55조)과 권한쟁의심판(헌법재판소법 제62조)에서 당사자가 될 수 있다. 각종 심판절차에서 당사자인 국가기관이나 지방자치단체는 변호사나 변호사 자격이 있는 소속 직원을 대리인으로 선임하여 심판을 수행할 수 있다(헌법재판소법 제25조 제2항).

각종 심판절차에서 당사자인 사인은 변호사를 대리인으로 선임하지 아니하면 심판 청구를 하거나 심판 수행을 하지 못한다. 다만, 그가 변호사 자격이 있으면 그러하지 아니하다(헌법재판소법 제25조 제3항: 변호사강제주의). 헌법재판소는 헌법소원심판뿐 아니라 탄핵심판에도 변호사강제주의가 적용된다고 한다(헌재 1990. 9. 3. 89헌마120). 그러나 탄핵심판이나 정당해산심판의 피청구인은 사인의 지위가 아니라 공적 지위에서 심판절차의 당사자가 되는 것이므로 변호사강제주의가 적용된다고 보기 어렵다.

변호사 자격이 없는 사인인 청구인이 한 헌법소원심판 청구나 주장은 변호사인 대리인이 추인한 때만 적법한 헌법소원심판 청구와 심판 수행으로 효력이 있고 헌법소원심판 대상이 된다(헌재 1992. 6. 26. 89헌마132). 그러므로 변호사인 대리인이 제출한 심판청구서에 청구인이 한 심판 청구와 주장을 묵시적으로라도 추인한다고 볼 내용이 없다면, 대리인이 심판청구서에 기재되지 아니한 청구인의 그전 심판 청구 내용과 대리인의 심판 청구 이후에 청구인이 제출하여 추가된 별개의 심판 청구와 주장은 해당 사건의 심판 대상이 되지 않는다(헌재 1995. 2. 23. 94헌마105; 헌재 2010. 10. 28. 2009헌마438).

변호사인 대리인의 헌법소원심판 청구가 있었다면 그 이후 심리과정에서 대리인이 사임하고 다른 대리인을 선임하지 않았더라도 청구인이 그 후 자기에게 유리한 진술을 할 기회를 스스로 포기한 것에 불과할 뿐이고, 헌법소원심판 청구를 비롯하여 기왕의 대리인 소송행위가 무효로 되는 것은 아니다(헌재 1992. 4. 14. 91헌마156). 그리고 대리인 변호사가 적법하게 심판청구서를 제출하였고, 추가 제출한 청구이유서에서 사건의 핵심적인 쟁점사항에 관해서 상세히 주장하였으며, 피청구인 답변요지도 청구기각 의견 외에 별다른 주장이 없어 청구인의 주장과 소명 그 자체에 부족함이 없다면, 피청구인의 답변서 제출 전에 청구인의 대리인이 사임하더라도 구태여 다시 보정명령을 발해서 새로운 대리인을 선임하게 하고 그 대리인이 심판을 수행하게 할 필요는 없다(헌재 1996. 10. 4. 95헌마70). 다만, 이러한 판단은 대리인의 소송 수행이 충분히 이루어진 이후에나 가능하고, 청구인의 헌법소원심판 청구서가 제출되고 나서 선임된 대리인이 청구인의 헌법소원심판 청구에 관해서 추인하는 내용의 서면이나 새로운 심판청구서 등 심판 청구에 관한 아무런 서면을 제출하지 않고 대리인 지위를 사임하여 헌법재판소가 대리인 선임과 그 대리인 명의로 된 헌법소원심판 청구서 제출을 명하는 보정명령을 발하였는데도 보정기간 안에 보정하지 아니하였다면 그 심판 청구는 부적법하다(헌재 2004. 9. 23. 2003헌마16; 헌재 2004. 11. 25. 2003헌마788).

헌법소원심판을 청구하려는 사람이 변호사를 대리인으로 선임할 자력이 없으면 헌법재판소에 국선대리인을 선임하여 줄 것을 신청할 수 있다(헌법재판소법 제70조 제1항 본문). 이러한 신청에 따라 헌법재판소는 변호사 중에서 국선대리인을 선임한다. 그러나 이러한 기준을 충족하지 않아도 헌법재판소는 공익상 필요하다고 인정하면 국선대리인을 선임할 수 있다(헌법재판소법 제70조 제2항). 다만, 심판 청구가 부적법하거나 이유 없는 경우 또는 권리 남용이라고 인정되면 국선대리인을 선정하지 않을 수 있다(헌법재판소법 제70조 제3항 단서).

V. 심판 청구

1. 심판 청구 방식

헌법재판도 당사자 청구가 있어야 비로소 시작된다(소극성 – 신청주의). 헌법재판소법 제40조에 따라 민사소송법 제259조가 준용되므로 중복청구는 금지된다(헌재 2007. 6. 28. 2004헌마643). 그리고 하나의 헌법소원으로 헌법재판소법 제68조 제1항에 따른 청구와 헌법재판소법 제68조 제2항에 따른 청구를 함께 병합하여 제기할 수 있다(헌재 2010. 3. 25. 2007헌마933). 심판 청구는 "심판청구는 청구서를 헌법재판소에 제출함으로써 한다." 라는 헌법재판소법 제26조에 비추어 보면 심판청구서가 헌법재판소에 현실로 도달한 때에 있게 된다(도달주의).

2. 접수와 배당

청구서가 제출되면 헌법재판소는 이것을 사건으로 접수하여야 한다('헌법재판소 사건의 접수에 관한 규칙' 제4조 제1항). 접수된 사건을 특정하고 이것을 간략히 호칭하기 위하여 사건을 접수하면 사건마다 사건번호와 사건명을 부여한다('헌법재판소 사건의 접수에 관한 규칙' 제7조 제1항). 사건번호는 연도구분 · 사건부호 및 진행번호로 구성한다('헌법재판소 사건의 접수에 관한 규칙' 제8조 제1항). 연도구분은 사건이 접수된 해 서기연수의 아라비아숫자로 표시한다('헌법재판소 사건의 접수에 관한 규칙' 제8조 제2항). 위헌법률심판사건은 헌가, 탄핵심판사건은 헌나, 정당해산심판사건은 헌다, 권한쟁의심판사건은 헌라, 제1종 헌법소원심판사건(헌법재판소법 제68조 제1항에 따른 헌법소원심판사건)은 헌마, 제2종 헌법소원심판사건(헌법재판소법 제68조 제2항에 따른 헌법소원심판사건)은 헌바, 각종 신청사건은 헌사, 각종 특별사건은 헌아가 사건부호이다('헌법재판소 사건의 접수에 관한 규칙' 제8조 제3항). 진행번호는 그 연도 중에 사건을 접수한 순서에 따라 일련번호로 표시한다('헌법재판소 사건의 접수에 관한 규칙' 제8조 제4항). 사건이 접수되면 사건을 담당할 재판관을 정하려고 사건배당절차를 진행한다. '헌법재판소 사건의 배당에 관한 규칙'을 따르면 사건배당은 원칙적으로 전자배당시스템에 따른 무작위 전자추첨 방법으로 한다. 다만, 헌법재판소장이 사안의 중대성 · 난이도 등을 고려하여 주요사건으로 분류한 사건은 따로 배당 대상이 된다. 국선대리인 선임 신청 등 본안사건에 부수된 신청사건은 그 본안사건이 배당된 재판관에게 배당한다.

3. 심판 청구 효과

(1) 심판 청구는 헌법재판소가 사건을 심리하고 심판할 권한을 근거 지운다. 심판 청구를 통해서 법적으로 보면 사건이 헌법재판소에 계속된다. 이 사건 계속 효과는 송달과는 무관하게 발생한다.

(2) 그에 따라 같은 심판 대상에 관한 후소는 부적법하게 된다(중복청구 금지: 헌법재판소법 제40조, 민사소송법 제259조). 그러나 당사자와 심판 대상인 법률조항이 같더라도 심판유형이 다르면 중복제소에 해당하지 않는다(헌재 1994. 4. 28. 89헌마221).

(3) 청구 변경(청구 기초가 되는 사실관계 변경, 소송법상 청구 교체, 새로운 피청구인 지정)은 헌법재판소가 동의할 때 그리고 대심적 절차에서는 상대방이 동의할 때만 가능하다.

(4) 청구인은 심판 청구를 통해서 심판 대상을 특정한다.

(5) 심판 청구는 헌법재판소에 결정으로 응답할 법적 의무를 지운다.

(6) 청구가 심판 대상을 특정하는 효과로 말미암아 헌법재판소가 권리 보호 실효성을 확보하려고 청구를 해석하는 것을 막지 않는다. 그리고 심판 청구의 절차규제적 효과는 민사소송보다 크지 않다. 헌법재판소는 심판 청구보다 넓게 심판할 수도 있다(예를 들어 헌법재판소법 제45조 단서, 제75조 제6항).

4. 심판 청구 취하

청구 취하는 청구인이 헌법재판소에 대해서 한 심판 청구의 전부나 일부를 철회하는 의사 표시를 말한다. 사적 자치와 그 소송법적 표현인 처분권주의에 충실한 민사소송법의 소 취하 제도를 헌법재판에 그대로 적용할 수는 없다.

청구 취하는 서면으로 하여야 한다. 다만, 변론이나 변론준비기일에서는 말로 할 수 있다(헌법재판소법 제40조, 민사소송법 제266조 제3항). 청구 취하는 헌법재판소 종국결정이 있을 때까지, 즉 결정 선고 전까지 할 수 있다(헌법재판소법 제40조, 민사소송법 제266조 제1항). 청구 취하는 전부나 일부에 대해서 할 수 있다(헌법재판소법 제40조, 민사소송법 제266조 제1항). 청구서는 피청구인에게 송달한 뒤에는 청구취하서도 피청구인에게 송달하여야 한다(헌법재판소법 제40조, 민사소송법 제266조 제4항).

청구 취하는 단독적 소송행위이므로 사기, 강박, 착오를 이유로 청구 취하 철회나 취소를 주장할 수 없다(대법원 1997. 6. 27. 선고 97다6124 판결; 대법원 2004. 7. 9. 선고 2003다46758 판결). 청구 취하의 의사 표시가 타인의 강요나 폭행 등 범죄행위에 따라 이루어지면 민사소송법 제451조 제1항 제5호의 사유를 유추하여 무효나 취소를 주장할 수 있다(대법원 1985. 9. 24. 선고 82다카312 판결).

① 구체적 규범통제절차인 위헌법률심판절차의 본질과 성질에 비추어 제청 사유가 소멸되어 위헌 여부 판단 필요성이 객관적으로 소멸하면 그 사정을 잘 아는 위헌제청한 법원이 제청결정을 취소하여 위헌제청을 철회할 수 있다(예를 들어 해당 소송당사자의 소 취하 등으로 말미암아 해당 소송이 종료된 때). 위헌법률심판에서는 피청구인이 없어서 피청구인 동의는 문제 되지 않는다.

② 주관소송적 성격이 강한 헌법소원심판에서는 원칙적으로 심판 청구를 자유롭게 취하할 수 있다(헌재 1995. 12. 14. 95헌마221등). 헌법재판소법 제68조 제2항에 따른 헌

법소원심판도 개인의 권리구제를 위한 것이므로 청구인이 심판 청구를 자유롭게 취하할 수 있다. 심판 청구 취하는 피청구인이 취하에 동의하였거나 동의 간주가 되면 유효하고 이로 말미암아 심판절차는 종료된다(헌법재판소법 제40조, 민사소송법 제266조 제2항과 제6항). 헌법소원심판에서 유효하게 청구를 취하하면 헌법재판소는 심판절차종료선언을 한다. 헌법소원심판 청구가 취하되더라도 기본권 침해가 반복될 위험이 있거나 헌법 수호 · 유지를 위해서 헌법적으로 해명할 긴요한 사항으로서 그 해명이 헌법적으로 특히 중대한 의미가 있으면 헌법재판소는 심판절차종료선언을 하지 말아야 한다.

③ 헌법재판소법 제40조 제1항에 따라서 탄핵심판절차에는 형사소송에 관한 법령(형사소송법 제255조)이 준용되므로, 탄핵심판에서도 헌법재판소가 종국결정을 내릴 때까지 청구를 취하할 수 있다. 그런데 탄핵소추를 종료시킬 권한은 국회에 있다. 따라서 소추위원은 심판 청구를 취하할 재량권이 없다. 따라서 탄핵소추의결기관이 독임제관청이 아닌 합의제관청인 만큼 국회 의결을 거쳐야 한다. 피청구인도 탄핵심판 유지에 중대한 이해관계가 있으므로 형사소송법 제255조가 아닌 민사소송법 제266조 제2항을 준용하여 탄핵심판 청구 취하는 피청구인 동의를 받아야만 효력이 있다. 국회가 탄핵심판 청구를 취하하면 헌법 수호 · 유지를 위해서 헌법적으로 해명할 긴요한 사항으로서 그 해명이 헌법적으로 특히 중대한 의미가 있더라도 헌법재판소는 심판절차종료선언을 하여야 한다.

④ 정부가 심판 청구를 할 것인지에 관해서 정치적 재량이 있는 한, 심판 청구 이후 상황 변화 등을 이유로 정당해산심판 청구를 취하할 수 있다. 청구 취하에는 심판 청구를 할 때와 마찬가지로 국무회의 심의를 거쳐야 한다. 그리고 청구 취하에는 피청구인의 이해관계가 중대하게 걸려 있으므로 민사소송법을 준용하여 피청구인 동의가 필요하다(헌법재판소법 제40조, 민사소송법 제266조 제2항). 정부가 정당해산심판 청구를 취하하면 헌법 수호 · 유지를 위해서 헌법적으로 해명할 긴요한 사항으로서 그 해명이 헌법적으로 특히 중대한 의미가 있더라도 헌법재판소는 심판절차종료선언을 하여야 한다.

⑤ 권한쟁의심판은 대심적 구조를 갖춘 소송으로서 당사자처분권주의가 적용되어 청구 취하 가능성이 부인되지 않는다(헌재 2001. 5. 8. 2000헌라1). 피청구인이 동의하면 청구 취하는 유효하고 이로 말미암아 심판절차는 종료된다(헌법재판소법 제40조, 민사소송법 제266조 제2항과 제6항). 권한쟁의심판 청구가 취하되면 권한분쟁이 반복될 위험이 있거나 헌법 수호 · 유지를 위해서 헌법적으로 해명할 긴요한 사항으로서 그 해명이 헌법적

으로 특히 중대한 의미가 있더라도 헌법재판소는 심판절차종료선언을 하여야 한다(헌재 2001. 5. 8. 2000헌라1).

청구를 취하하면 소송 계속은 소급적으로 소멸하고(헌법재판소법 제40조, 민사소송법 제267조 제1항), 심판은 종료된다. 따라서 청구인은 원칙적으로 다시 같은 심판 청구를 할 수 있다. 그러나 헌법재판에서는 각종 심판절차의 특성상 같은 심판을 청구할 수 없는 때가 있다. 그리고 헌법재판의 각종 심판절차에서는 헌법재판이 갖는 성질과 해당 심판절차의 기능과 성질에 비추어 청구 취하가 허용되지 않거나 심판 청구 취하가 허용되더라도 그 효과가 제한되어 예외적으로 소송이 종료되지 않고 심판 이익이 있는 때가 있다.

Ⅵ. 심판절차 경과

심판절차 진행에는 소송절차 진행과 그 정리에 관한 주도권을 헌법재판소가 쥐는 직권진행주의가 적용된다. 헌법재판소가 청구서를 접수하면 곧바로 그 등본을 (직권으로) 피청구기관이나 피청구인에게 송달하여야 한다(헌법재판소법 제27조 제1항). 위헌법률심판 제청이 있으면 법무부 장관과 해당 소송사건의 당사자에게 그 제청서 등본을 송달한다(헌법재판소법 제27조 제2항). 이것은 헌법재판소법 제68조 제2항에 따른 헌법소원심판에도 준용한다(헌법재판소법 제74조 제2항). 탄핵심판에서는 국회의 소추의결서 정본이 청구서에 갈음하고(헌법재판소법 제26조 제1항 단서), 탄핵심판 청구는 소추위원이 탄핵소추의결서 정본을 제출하면 이루어지며(헌법재판소법 제49조 제2항), 국회의장이 탄핵소추의결서 정본을 법제사법위원장인 소추위원에게, 그 등본을 헌법재판소 · 피소추자와 그 소속기관의 장에게 송달한다(국회법 제134조 제1항). 따라서 헌법재판소가 탄핵심판 피청구인에게 따로 소추의결서 등본을 송달할 필요는 없다.

헌법재판소는 헌법소원심판 청구서의 필수 기재사항이 누락되거나 명확하지 아니하면 적당한 기간을 정하여 이것을 보정하도록 명할 수 있고, 이 보정기간까지 보정하지 아니하면 심판 청구를 각하할 수 있다('헌법재판소 심판 규칙' 제70조). 재판장의 보정 요구에 따른 보정이 있으면 처음부터 적법한 심판 청구가 있는 것으로 본다(헌법재판소법 제28조 제3항). 청구서나 보정서면을 송달받은 피청구인은 헌법재판소에 답변서를 제출할 수 있고, 답변서에는 심판 청구의 취지와 이유에 대응하는 답변을 기재하여야 한다(헌법재판소법 제29조).

Ⅶ. 심판 대상 확정

헌법재판은 단순히 제청신청인이나 청구인의 권리구제에만 목적이 있는 것이 아니라, 헌법질서 수호와 헌법문제 해명이라는 성격도 아울러 있다. 그리고 법적 명확성과 통일성 확보, 소송경제 관점에서 신청주의를 그대로 관철할 수는 없다. 따라서 헌법재판소는 헌법재판의 이러한 특수성을 반영하여 직권으로 심판 대상을 제한하거나 확장하며, 필요하면 이것을 변경하기도 한다.

① 제청법원이 단일 조문 전체를 위헌제청하고 그 조문 전체에 같은 심사척도가 적용되면 그 조문 전체에 대해서 심판 대상을 확장할 수 있다. 헌법재판소는 이와 관련하여 법률조항 중 해당 사건의 재판에서 적용되지 않는 내용이 들어 있는 때도 "제청법원이 단일 조문 전체를 위헌제청하고 그 조문 전체가 같은 심사척도가 적용될 위헌심사대상인 경우 그 조문 전체가 심판대상이 된다고 할 것이며", 관세법 제182조 제2항(…… 그 '예비를 한 자'와 '미수범'은 ……)과 같이 "병렬적으로 적용대상이 규정되어 있는 경우라도 그 내용이 서로 밀접한 관련이 있어 같은 심사척도가 적용될 위헌심사대상인 경우 그 내용을 분리하여 따로 판단하는 것이 적절하지 아니하다."라고 판시한 바 있다(헌재 1996. 11. 28. 96헌가13).

② 헌법재판소는 재판의 전제성이 있는 부분과 체계적으로 밀접한 관련이 있는 부분에 대해서도 심판 대상을 확장한다(헌재 1994. 4. 28. 92헌가3).

③ 헌법재판소는 심판 대상이 된 법률조항을 적용하기 위해서 전제가 되는 규정에 대해서도 심판 대상으로 확장한다(헌재 1994. 6. 30. 93헌가15등).

④ 위헌제청은 개정 전 법률조항에 대해서 이루어졌지만, 개정법률이나 다른 유사법률에 제청 신청된 법률과 마찬가지의 위헌성이 있으면 이에 대해서 심판 대상을 확장할 수 있는지가 문제 될 수 있다. 헌법재판소가 이에 대해서 부정적인 견해를 취하였다(헌재 2000. 6. 29. 99헌가9). 심지어 헌법재판소는 당사자가 개정법률에 대해서 청구취지 확장

청구를 하여도 받아들이지 않았다(헌재 2002. 10. 31. 99헌바76등). 그러나 최근에 헌법재판소는 개정법률에 대해서도 직권으로 심판 대상을 확장한다(헌재 2008. 7. 31. 2004헌마1010등; 헌재 2010. 7. 29. 2008헌가28).

⑤ 헌법재판소는 당사자가 청구취지 등에서 위헌 확인을 구하는 대상 법률조항에 대해서, 심판 청구 이유, 법원에서 진행된 위헌여부심판제청신청사건 경과, 해당 사건 재판과 맺는 관련성 정도, 이해관계기관 의견 등 여러 가지 사정을 종합하여, 직권으로 청구인이 구한 그 심판 대상을 변경하여 확정하는 때가 있다(헌재 1998. 3. 26. 93헌바12). 헌법재판소는 묵시적으로나마 청구인의 위헌제청 신청이 있었고 그에 대한 법원의 기각결정이 있었다고 보아 법원이 기각결정을 한 바 없는 법률조항도 심판 대상에 포함시켜 함께 판단한 적이 있다(헌재 2001. 1. 18. 2000헌바29).

⑥ 합헌으로 남는 어떤 법률조항이 위헌으로 선언되는 법률조항과 밀접한 관계가 있어서 그 조항만으로는 법적으로 독립한 의미가 없으면 예외적으로 그 법률조항에 대해서 위헌선언을 할 수 있다(부수적 위헌선언: 헌재 1989. 11. 20. 89헌가102).

Ⅷ. 심리

변론은 당사자가 사건에 관한 사실을 주장하고 증거를 제출하는 행위를 말한다. 탄핵심판 · 정당해산심판 · 권한쟁의심판은 구두변론에 의한다. 그리고 위헌법률심판과 헌법소원심판은 서면심리에 의하되 재판부가 필요하다고 인정하면 변론을 열 수 있다(헌법재판소법 제30조). 헌법재판소는 청구인의 심판청구서에 기재된 피청구인이나 청구취지에 구애됨이 없이 청구인의 주장요지를 종합적으로 직권 조사하여 판단하여야 한다(직권심리주의). 청구인이 주장하는 침해된 기본권과 침해 원인이 된 공권력을 직권으로 조사하여 피청구인과 심판 대상을 확정하여야 한다(헌법재판소법 제45조 단서, 제75조 제6항). 재판부는 결정으로 다른 국가기관이나 공공단체의 기관에 대해서 심판에 필요한 사실을 조회하거나, 기록 송부나 자료 제출을 요구할 수 있다. 다만, 재판 · 소추 또는 범죄수사가 진행 중인 사건의 기록에 대해서는 송부를 요구할 수 없다(헌법재판소법 제32조). 자료 제출 요구 등을 받은 국가기관이나 공공단체의 기관은 즉시 이것을 제출 · 송부하여야 한다.

Ⅸ. 평의

평의에서는 먼저 주심 재판관이 사건에 관한 검토내용을 요약하여 발표하고 평의를 진행하고 나서, 최종적으로 표결하는 '평결'을 하게 된다. 평결에서는 먼저 주심 재판관이 의견을 내고, 그다음은 후임 재판관부터 차례대로 의견을 내고 나서 재판장이 마지막으로 의견을 내는 것이 관례이다. 평결방식에는 쟁점별 평결방식과 주문별 평결방식이 있다. 쟁점별 평결방식은 적법요건이나 본안에 해당하는 문제를 개개 쟁점별로 각각 표결하여 결론을 도출하는 방식을 말한다. 주문별 평결방식은 적법요건이나 본안에 해당하는 문제를 개개 쟁점별로 표결하지 않고 결론에 초점을 맞추어 전체적으로 표결하여 주문을 결정하는 방식을 말한다. 헌법재판소 실무례는 기본적으로 주문별 평결방식에 입각하고, 적법요건과 본안을 분리하여 평결하지 않고 전체적으로 평결하여 결론을 도출하는 방식을 취한다. 헌법소송과 관련한 적법요건에 관한 문제를 먼저 표결하여 결정하고, 그다음에 본안에 관련한 문제를 별도로 표결하여 결정한다.

여러 의견이 대립하면 헌법재판소법 제40조 제1항에 따라 법원조직법 제66조 소정의 '합의에 관한 규정'을 준용할 수 있다. 법원조직법 제66조 제2항을 따르면 '수액'이나 '형량'에 관하여 3설 이상으로 나누어지고, 어느 견해도 그 자체로서는 과반수에 이르지 못하면 신청인(민사에서는 원고, 형사에서는 검사)에게 가장 유리한 견해를 가진 수에 차례로, 그다음으로 유리한 견해를 가진 수를 더하여 과반수에 이르게 된 때의 견해를 그 합의체 견해로 하도록 한다.

헌법재판소는 관여 재판관의 평의 결과가 ① 단순합헌의견 3명, 한정합헌의견 5명, 전부위헌의견 1명의 비율로 나타난 위헌법률심판사건에서, "한정합헌의견(5)은 질적인 일부위헌의견이기 때문에 전부위헌의견(1)도 일부위헌의견의 범위 내에서는 한정합헌의 의견과 견해를 같이한 것이라 할 것이므로 이를 합산하면 법 제23조 제2항 제1호 소정의 위헌결정 정족수에 도달하였다고 할 것이며, 그것이 주문의 의견이 되는 것"이라고 하여 한정합헌으로 결정하였고(헌재 1992. 2. 25. 89헌가104), ② 단순위헌의견 5명, 헌법불합치의견 2명, 합헌의견 2명이면, "단순위헌의견(5)이 다수의견이기는 하나 법 제23조 제2항 제1호에 규정된 '법률의 위헌결정'을 함에 필요한 심판정족수에 이르지 못하였으므로 헌법불합치의 결정을 선고하기로" 한다고 하였으며[헌재 1997. 7. 16. 95헌가6등. 단순위헌의견 5명, 헌법불합치의견 2명, 합헌의견 2명일 때 재판관 1명이 적용중지 의견을 내었으나 헌법재판소는 계속 적용 헌법불합치결정을 내린 적이 있다(헌재 2009. 9. 24. 2008헌가25)]. ③ 단순위헌의견 1명, 일부위헌의견 1명, 적용 중지 헌법불합치의견 2명, 계속 적용 헌법불합치의견 5명일 때 계속 적용 헌법불합치결정을 선고하였고(헌재 2007. 5. 31. 2005헌마1139), ④ 한정위헌의견 5명, 헌법불합치의견 1명, 합헌의견 3명일 때 한정위헌결정을 선고하였으며(헌재 2002. 8. 29. 2000헌가5등), ⑤ 전부 헌법불합치의견 5명, '일부 단순위헌, 일부 헌법불합치'의견 1명, 합헌의견 3명일 때 전부 헌법불합치결정을 선고하였다(헌재 2007. 3. 29. 2005헌바33). ⑥ 권한쟁의심판사건에서 각하의견 · 기각의견 · 인용의견이 각 재판관 3명씩으로 나뉘면, 인용의견이 권한쟁의심판의 인용결정정족수에 이르지 못하여 기각주문을 낸 사례가 있다[헌재 1997. 7. 16. 96헌라2; 각하의견 2명, 기각의견 4명, 인용의견 3명으로 나뉘어서 기각주문을 낸 예도 있다(헌재 2000. 2. 24. 99헌라1)]. 한편, ⑦ 각하의견과 본안인용의견(이나 법령의 위헌성을 인정하는 의견)으로 나뉜 결과 기각(이나 합헌) 주문을 낸 사례들도 있다. 즉 인용의견이 5명이고 각하의견이 4명이면 기각주문을 내었고(헌재 2000. 2. 24. 97헌마13등), ⑧ 각하의견 4명, 위헌의견 1명, 헌법불합치의견 4명이면 합헌주문을 내었다(헌재 2003. 4. 24. 99헌바110).

X. 가처분

가처분은 본안결정의 실효성을 확보하려고 잠정적으로 임시 지위를 정하는 것을 주된 내용으로 하는 가구제제도이다.

1. 명시적 가처분규정

① 정당해산심판 청구를 받으면 직권이나 청구인의 신청에 따라서 피청구인(정당)의 활동을 종국결정을 선고할 때까지 정지하는 결정(헌법재판소법 제57조)

② 권한쟁의심판 청구를 받으면 직권이나 청구인의 신청에 따라서 심판 대상인 피청구기관 처분의 효력을 종국결정을 선고할 때까지 정지하는 결정(헌법재판소법 제65조)

2. (절차 정지)가처분의 성질이 있는 규정

③ 법원 제청에 따른 위헌법률심판에서 헌법재판소의 위헌여부결정이 있을 때까지 제청법원의 해당 소송사건 재판 정지(헌법재판소법 제42조)

④ 탄핵심판에서 탄핵소추의결을 받은 사람에 대한 헌법재판소 심판이 있을 때까지의 권한 행사 정지(헌법재판소법 제50조)와 형사재판 정지(헌법재판소법 제51조)

3. 명문의 가처분규정이 없는 심판절차에서 가처분 허용 여부

대립당사자 구조와 구두변론원칙이 반드시 지켜지지 않는 헌법재판에는 민사소송법의 가처분규정이 준용될 수 없어 가처분이 인정되지 않는다는 견해와 헌법재판에도 가처분 필요성이 인정될 수 있고 가처분규정 준용을 부정할 이유가 없어 가처분이 허용된다는 견해가 대립한다. 헌법재판소는 헌법재판소법은 정당해산심판과 권한쟁의심판에 관해서만 가처분에 관한 규정을 두지만(제57조, 제65조), 헌법재판소법 제68조 제1항에 따른 헌법소원심판절차에서도 가처분 필요성은 있을 수 있고, 달리 가처분을 허용하지 아니할 상당한 이유를 찾아볼 수 없으므로 헌법소원심판청구사건에서도 가처분은 허용된다고 한다(헌재 2000. 12. 8. 2000헌사471). 그러나 헌법재판소는 위헌소원심판에서는 "이유가 없으므로 기각한다."라고 한 적도 있다(헌재 1993. 12. 20. 93헌사81).

당사자능력과 당사자적격이 있는 사람만 가처분 신청당사자가 될 수 있다. 다만, 국무총리서리 임명행위의 효력 정지 및 직무 집행 정지 가처분사건에서 보듯이 본안의 피청구인(대통령)과 가처분의 피신청인(자연인 김종필)이 다를 수도 있다(헌재 1998. 7. 14. 98헌사31). 여기의 신청권자에는 본안재판의 소송참가인은 포함되지만, 심판절차에서 의견진술권만 있는 이해관계인은 포함되지 아니한다. 가처분은 헌법재판소가 직권으로도 할 수 있다. 가처분은 본안심판에 부수하는 절차라서 본안심판에 변호사강제주의가 적용되면 당사자 신청에 따른 가처분에서도 변호사강제주의가 적용된다. 하지만 본안심판에 변호사강제주의가 적용되지 않으면 가처분 절차에도 변호사강제주의가 적용되지 않는다.

가처분을 하려면 본안사건이 헌법재판소 관할에 속하고 헌법재판소에 계속 중일 때 신청할 수 있음이 원칙이다. 하지만 본안심판이 계속되기 전이라도 신청할 수 있다(이때 본안심판 청구기간이 지나지 않아야 한다). 본안결정이 적시에 선고될 수 있으면 권리보호이익이 인정되지 않는다. 그리고 본안심판사건이 법적으로 아직 성숙하지 아니하였거나 다른 방법으로 가처분의 신청목적을 달성할 수 있는 때도 권리보호이익이 없다.

① 본안심판의 승소 가능성: 본안심판의 승소 가능성은 원칙적으로 고려대상이 되지 않는다. 그러나 본안심판이 명백히 부적법하거나 명백히 이유가 없으면 가처분을 명할 수 없다(헌재 1999. 3. 25. 98헌사98; 헌재 2000. 12. 8. 2000헌사471). ② 중대한(현저한) 불이익 방지와 긴급성: 헌법재판소는 권한쟁의심판의 가처분 요건으로서, "피청구기관의 처분 등이나 그 집행 또는 절차의 속행으로 인하여 생길 회복하기 어려운 손해를 예방할 필요가 있거나 기타 공공복리상의 중대한 사유가 있어야 하고 그 처분의 효력을 정지시켜야 할 긴급한 필요가 있는 경우"라고 판시하였다(헌재 1999. 3. 25. 98헌사98). 그리고 헌법소원심판의 가처분 요건으로, "헌법소원심판에서 다투어지는 '공권력의 행사 또는 불행사'의 현상을 그대로 유지시킴으로 인하여 생길 회복하기 어려운 손해를 예방할 필요가 있어야 하고 그 효력을 정지시켜야 할 긴급한 필요가 있어야 한다."라고 판시하였다(헌재 2000. 12. 8. 2000헌사471). ③ 공공복리에 중대한 영향을 미칠 우려가 없을 것: 헌법재판소는 헌법소원 사건에서 법령의 효력 정지를 구하는 가처분을 하려면, '공공복리에 중대한 영향을 미칠 우려'가 없어야 한다고 하였다(헌재 2002. 4. 25. 2002헌사129). 그러나 '중대한(현저한) 불이익 방지' 요건이 이미 공익적 요소를 포함할 뿐 아니라 이익형량을 하는 과정에서 공익의 존부와 정도를 고려한다는 점에서 '공공복리에 중대한 영향을 미칠 우려가 없을 것'을 독립한 요건으로 인정할 필요성은 없다. ④ 가처분의 필요성(이익형량): 가처분 결정을 위해서는 가처분 결정을 인용하고 나서 본안심판이 기각되면 발생하게 될 불이익과 가처분 신청을 기각하고 나서 본안심판이 인용되면 발생하게 될 불이익을 형량하여 그 불이익이 적은 쪽을 선택하여야 한다.

가처분 신청에 대해서도 재판관 7명 이상 출석으로 사건을 심리하고, 종국심리에 관여한 재판관 과반수 찬성으로 결정을 한다(헌법재판소법 제23조 제1항, 제2항). 그러나 헌법소원심판사건에서 지정재판부가 가처분 신청을 이유 없다고 기각한 사례가 있다(헌재 1997. 12. 16. 97헌사189; 헌재 1997. 12. 23. 97헌사200).

XI. 종국결정

1. 종국결정의 의의

헌법재판소 종국결정은 청구인의 심판 청구에 따라서 계속된 심판사건을 옹글게(완벽하게) 끝맺는 헌법재판소 판단을 말한다. 헌법재판소 재판부는 심리를 마치면 종국결정을 한다(헌법재판소법 제36조 제1항). 종국결정을 내릴 때는 ① 사건번호와 사건명, ② 당사자와 심판수행자 또는 대리인의 표시, ③ 주문, ④ 이유, ⑤ 결정일자를 기재한 결정서를 작성하고 심판에 관여한 재판관 전원이 이것에 서명 · 날인하여야 한다(헌법재판소법 제36조 제2항). 종국결정이 선고되면 서기는 바로 결정서 정본을 작성하여 이것을 당사자에게 보내야 한다(헌법재판소법 제36조 제4항). 법률의 위헌결정, 탄핵심판에 관한 결정, 정당해산심판에 관한 결정, 권한쟁의심판에 관한 본안결정, 헌법소원의 인용결정, 기타 헌법재판소가 필요하다고 인정한 결정은 관보에, 그 밖의 종국결정은 헌법재판소의 인터넷 홈페이지에 각 게재함으로써 공시한다(헌법재판소법 제36조 제5항, '헌법재판소 심판 규칙' 제49조의2 제1항). 관보에 게재함으로써 공시하는 종국결정은 헌법재판소의 인터넷 홈페이지에도 게재한다('헌법재판소 심판 규칙' 제49조의2 제2항).

2. 결정정족수

(1) 종다수결원칙

재판부는 종국심리에 관여한 재판관 과반수 찬성으로 사건에 관한 결정을 한다(헌법재판소법 제23조 제2항 본문).

(2) 절대다수결사항

법률의 위헌결정, 탄핵의 결정, 정당해산의 결정이나 헌법소원에 관한 인용결정을 할 때나 종전에 헌법재판소가 판시한 헌법이나 법률의 해석적용에 관한 의견을 변경할 때는 재판관 6명 이상 찬성이 있어야 한다(헌법 제113조 제1항, 헌법재판소법 제23조 2항 단서).

(3) 전원일치의결사항

헌법소원심판사건에 대한 지정재판부의 사전심사에서 지정재판부는 전원 의견으로 각하결정을 하지 아니하면 결정으로 헌법소원을 재판부 심판에 회부하여야 한다. 헌법소원심판 청구 후 30일이 경과할 때까지 각하결정이 없으면 심판에 회부하는 결정이 있는 것으로 본다(헌법재판소법 제72조 제4항).

3. 재판관의 의견 표시

심판에 관여한 재판관은 결정서에 의견을 표시하여야 한다(헌법재판소법 제36조 제3항). 따라서 소수의견을 피력한 재판관도 그 의견을 표시할 의무를 진다. 그래서 그 결정서의 주문과 이유에 관해서 다수의견과 다른 의견이 있는 재판관은 결정이유서에 그 반대 또는 보충의견을 표시할 수 있다.

XⅡ. 재심

재심은 확정된 종국결정에 중대한 흠이 있을 때 결정을 내린 헌법재판소에 그 결정의 취소와 사건의 재심판을 구하는 비상의 불복신청방법을 말한다. 헌법재판소법은 헌법재판소 결정에 대한 재심 허용 여부에 관하여 별도의 명문 규정을 두지 않는다. 헌법재판소는 재심 허용 가능성에 관해서 처음에는 재심불허원칙을 분명하게 밝혔다(헌재 1994. 12. 29. 92헌아1). 그 후 재심의 허용 여부와 정도는 심판절차 종류에 따라 개별적으로 판단할 수밖에 없다는 견해로 후퇴하였다(헌재 1995. 1. 20. 93헌아1). 헌법재판소는 위헌소원심판에서는 재심을 허용하지 않았으나(헌재 1992. 6. 26. 90헌아1), 헌법재판소법 제68조 제1항에 따른 헌법소원심판에서는 재심을 허용하였다(헌재 2001. 9. 27. 2001헌아3). 헌법재판소는 정당해산심판에서도 재심을 허용한다(헌재 2016. 5. 26. 2015헌아20).

2절

헌법재판소 결정의 유형과 효력

Ⅰ. 헌법재판소 결정의 의의와 종류

헌법재판소 결정은 헌법소송절차에 따라서 심리 · 평의하고 나서 헌법재판소가 최종적으로 확정하여 선고하는 종국판결이다. 종국결정을 할 때는 ① 사건번호와 사건명, ② 당사자와 심판수행자나 대리인의 표시, ③ 주문, ④ 이유, ⑤ 결정일자를 기재한 결정서를 작성하고 심판에 관여한 재판관 전원이 이것에 서명 · 날인하여야 한다(헌법재판소법 제36조 제2항). 이유는 사건 개요와 심판 대상, 청구인들의 주장과 이해관계기관의 의견, 적법요건에 관한 판단, 본안에 관한 판단, 결론, 소수의견(별도 · 별개의견, 보충의견, 반대의견)으로 구성된다. 헌법재판소 종국결정에는 일반 사법재판과 마찬가지로 크게 각하결정과 인용결정 그리고 기각결정의 세 가지로 나눌 수 있다. 각하결정은 청구가 적법하지 않을 때 내리는 결정으로 절차결정이다. 그에 반해서 인용결정과 기각결정은 적법한 심판 청구가 이유 있는지에 따라 내리는 것으로, 인용결정은 심판 청구가 이유 있을 때 그리고 기각결정은 심판 청구가 이유 없을 때 각각 내리는 본안결정이다.

(1) 위헌법률심판: 제청기각결정인 단순합헌결정과 제청인용결정인 단순위헌결정과 변형결정(한정합헌결정, 한정위헌결정, 헌법불합치결정)(헌법재판소법 제45조)이 있다.
(2) 위헌소원심판: 청구기각결정인 단순합헌결정과 청구인용결정인 단순위헌결정과 변형결정(한정합헌결정, 한정위헌결정, 헌법불합치결정)(헌법재판소법 제75조 제6항, 제45

조)이 있다.

(3) 헌법소원심판: 청구기각결정과 공권력 행사 취소 주문(때에 따라 부수적 위헌결정 포함)이나 공권력 불행사 위헌 확인 주문(때에 따라 부수적 위헌결정 포함)을 포함한 청구인용결정이 있다. 헌법소원심판에서 인용결정은 심판 대상이 법령일 때와 그 밖의 공권력일 때에 다르다. 법령에 대한 헌법소원심판이면 위헌법률심판과 마찬가지로 단순위헌결정과 변형결정(한정합헌결정, 한정위헌결정, 헌법불합치결정)으로 나타나고, 그 밖의 공권력에 대한 헌법소원심판이면 공권력 행사 취소 결정, 공권력 행사 위헌 확인 결정 그리고 공권력 불행사 위헌 확인 결정으로 나타난다. 법령에 대한 헌법소원심판일 때 기각결정은 단순합헌결정으로 나타난다. 그 밖에 청구인이 사망하고 소송 수계가 허용되지 않을 때(헌재 1999. 11. 25. 99헌마431)와 심판 청구가 취하되었을 때(헌재 1995. 12. 15. 95헌마221) 내리는 심판절차종료선언이라는 특별한 종국결정 유형이 있다.

(4) 탄핵심판: 탄핵심판 청구가 이유 없거나(헌재 2004. 5. 14. 2004헌나1) 피청구인이 결정 선고 전에 해당 공직에서 파면되면(헌법재판소법 제53조 제2항) 내리는 청구기각결정과 심판 청구가 이유 있을 때 피청구인을 해당 공직에서 파면한다는 주문을 포함한 탄핵결정(헌재 2017. 3. 10. 2016헌나1)(헌법재판소법 제53조 제1항)이 있다.

(5) 정당해산심판: 정당해산심판에서 심판 청구가 이유 있으면 헌법재판소는 피청구정당의 해산을 명하는 정당해산결정을 선고한다(헌법재판소법 제59조)(헌재 2014. 12. 19. 2013헌다1). 정당해산심판 청구가 이유 없으면 헌법재판소는 기각결정을 한다.

(6) 권한쟁의심판: 권한쟁의심판에서 헌법재판소는 권한의 존재 여부나 범위를 확인하는 결정을 내린다(헌법재판소법 제66조 제1항). 그리고 권한 침해 원인이 된 피청구인의 처분을 취소하거나 그 무효를 확인하는 결정을 내릴 수 있다(헌법재판소법 제66조 제2항). 일정한 권한사항의 소재가 청구인이나 피청구인 중 누구에게 귀속하는지를 다투는 것이 아니라 피청구인의 권한 행사가 헌법이나 법률에 위반되어 청구인의 권한을 침해되었는지가 문제 되면, 헌법재판소는 권한 존재를 확인하는 것 이외에 피청구인의 행위로 말미암아 청구인의 권한이 침해되었는지도 확

인한다. 이때 청구인의 권한 침해가 인정되지 않아서 심판 청구가 이유 없는 것으로 판명되면, 헌법재판소는 기각결정을 내린다(헌재 2000. 2. 24. 99헌라1). 그 밖에 심판 청구가 취하되면 헌법재판소는 심판절차종료선언을 한다(헌재 2001. 6. 28. 2000헌라1).

Ⅱ. 구체적 규범통제에서 헌법재판소 결정

1. 정형결정

정형결정은 심판 대상인 법률이나 법률조항의 위헌 여부를 단순하게 확인하는 헌법재판소 결정이다. 정형결정에는 단순합헌결정과 단순위헌결정이 있다.

단순합헌결정은 선고 시점에 해당 사건과 관련하여 심판 대상인 법률이나 법률조항을 심사한 범위 안에서 위헌성을 확인하지 못하였을 때 헌법재판소가 내리는 종국결정이다. 단순합헌결정은 해당 사건과 관련하여 심판 대상인 법률이나 법률조항의 위헌 의심만을 제거할 뿐이고, 심판 대상인 법률이나 법률조항에 아무것도 추가하지 않는다. 따라서 헌법재판소가 심판 대상인 법률이나 법률조항에 대해서 단순합헌결정을 내려도 심판 대상인 법률이나 법률조항의 위헌 의심이 모두 제거되어 절대적 합헌성이 확인되는 것은 아니다. 즉 단순합헌결정은 선고 시점에 구체적 사건과 관련하여 심사범위 안에서 (상대적) 합헌성을 확인하는 '잠정'결정에 불과하다.

단순위헌결정은 선고 시점에 해당 사건과 관련하여 심판 대상인 법률이나 법률조항을 심사하여 위헌성을 확인하였을 때 헌법재판소가 내리는 종국결정이다. 단순위헌결정은 심판 대상인 법률이나 법률조항의 위헌성을 확인하는 '확정'결정이다. 헌법재판소는 선존하는 법률이나 법률조항의 위헌성을 확인하는 것에 그치고 위헌성을 창조하지 않는다. 법률조항의 단순위헌결정으로 말미암아 해당 법률 전부를 시행할 수 없다고 인정되면 그 전부에 대해서 단순위헌결정을 내릴 수 있고(헌법재판소법 제45조 단서, 제75조 제6항: 법률전부위헌결정)(예를 들어 헌재 1994. 4. 29. 94헌바37등; 헌재 1996. 1. 25. 95헌가5), 심판 대상과 기능적 측면에서 불가분의 특별한 관계가 있는 법률조항에 대해서 위헌결정을 내릴 수도 있다(부수적 위헌결정)(예를 들어 헌재 2003. 9. 25. 2001헌가22). 대법원은 구법에 대해서 위헌결정이 내려지면 개정된 신법이 그 자구만 형식적으로 변경된 것에 불과하고 법률의 의미내용이 실질적으로 같으면 위헌결정의 주문에 신법이 표시되지 않더라도 구법에 대한 위헌결정의 효력에도 미친다고 한다(대법원 2014. 8. 28. 선고 2014도5433 판결). 심판 대상인 법률조항 일부에 대해서만 위헌결정을 내릴 수도 있다(양적 일부위헌결정).

2. 변형결정

변형결정은 단순합헌결정이나 단순위헌결정의 법적 효과를 주관적 · 객관적 또는 시간적 범위에서 바꾸는 결정유형으로 정의된다. 변형결정의 본질은 일반적으로 위헌결정이지만, 변형결정은 위헌결정에 국한되지 않는다. 헌법 제107조 제1항과 제111조 제1항 그리고 헌법재판소법 제45조와 제75조 제5항 및 제6항을 따르면 헌법재판소는 법률이나 법률조항의 위헌 여부만을 결정할 수 있다. 따라서 헌법재판소는 법률이나 법률조항의 위헌성을 확인하였을 때 단순위헌결정을 내리는 것이 원칙이다. 헌법재판소는 헌법재판소의 법률에 대한 위헌결정에는 단순위헌결정은 물론 한정합헌결정, 한정위헌결정과 헌법불합치결정도 포함된다고 하면서 결정유형을 다양화할 수 있다고 한다(헌재 1997. 12. 24. 96헌마172등).

(1) 한정합헌결정

한정합헌결정은 심판 대상이 된 법률이나 법률조항의 다양한 해석 가능성 중 일부의 합헌성을 확인하는 헌법재판소의 종국결정이다. 한정합헌결정은 심판 대상이 된 법률이나 법률조항의 다양한 해석 가능성 중에서 위헌인 해석 가능성을 배제하고 헌법과 조화를 이룰 수 있는 방향으로 축소 · 제한 해석하여 그 법률이나 법률조항의 효력을 유지하는 결정유형이다. 한정합헌결정은 합헌적 법률해석(헌법합치적 법률해석)의 결과물이다. 한정합헌으로 결정된 법률조항에 대해서 다시 위헌 여부를 문의하였을 때, 헌법재판소는 한정합헌결정을 하고 나서 그 결정의 논리적 또는 현실적 근거가 된 사실에 근본적인 변화가 있었다고 할 수 없고, 지금에 이르러 달리 판단하여야 할 다른 사정변경이 있다고 인정되지 않으므로, 전에 한정합헌으로 결정하였던 법률조항을 다시 한정합헌으로 결정하였다(헌재 1998. 8. 27. 97헌바85).

(2) 한정위헌결정

한정위헌결정은 규범통제 심판 대상이 된 법률이나 법률조항의 일부 해석 가능성이나 적용 가능성의 위헌성을 확인하는 헌법재판소의 종국결정이다. 한정위헌결정은 헌법재판소는 이미 있는 법률이나 법률조항의 위헌성을 확인하는 권한만 있을 뿐이고 법률이나 법률조항의 위헌성을 창조하는 것이 아니라는 점에서 비롯하는 필연적 결과이다.

한정위헌결정은 해석위헌결정과 적용위헌결정으로 나눌 수 있다. 해석위헌결정은 법률이나 법률조항의 일부 해석 가능성의 위헌성을 확인하는 한정위헌결정이고, 적용위헌결정은 법률이나 법률조항의 일부 적용 가능성의 위헌성을 확인하는 한정위헌결정이다. 한정위헌결정은 규범통제 심판 대상이 된 법률이나 법률조항에 여러 가지 해석 가능성이 있고, 그중 일부는 합헌으로 해석되고 다른 일부는 위헌으로 해석될 수 있다는 것이 확인되면, 헌법재판소가 그 법률이나 법률조항의 해석 · 적용에서 위헌으로 해석되는 의미부분을 확인하여 그 부분만을 해당 법률이나 법률조항의 의미에서 제거하려고 내리는 것이 보통이다(해석위헌결정). 법률 문언이 다의적이 아니라 일의적이지만, 그 의미내용 일부가 위헌일 때도 헌법재판소는 한정위헌결정(적용위헌결정)을 내릴 수 있다. 헌법재판소는 이러한 결정을 과거에 일부위헌결정이라고 하여 한정위헌결정과 구별하였다(예를 들어 헌재 1991. 4. 1. 89헌마160). 이후 헌법재판소는 일부위헌결정을 한정위헌결정과 구별하던 태도에서 벗어나 한정위헌의 주문으로 일원화하여 선고하였다. 그런데 최근 헌법재판소는 다시 일부위헌결정을 내렸다(헌재 2018. 8. 30. 2014헌바148등; 헌재 2018. 8. 30. 2014헌바180등).

헌법재판소는 법률의 위헌 여부가 심판 대상이 되었을 때, 재판의 전제가 된 사건과 맺는 관계에서 법률의 문언, 의미, 목적 등을 살펴 한편으로 보면 합헌으로, 다른 한편으로 보면 위헌으로 판단될 수 있는 것 등 다의적인 해석 가능성이 있으면 일반적인 해석 작용이 용인되는 범위 안에서 종국적으로 어느 쪽이 가장 헌법에 합치되는지를 가려, 한정축소 해석을 통해서 합헌적인 일정한 범위 안의 의미내용을 확정하여 이것이 그 법률의 본래 의미이며 그 의미 범위 안에서는 합헌이라고 결정할 수도 있고, 또 하나의 방법으로는 위와 같은 합헌적인 한정축소 해석이 타당한 영역 밖에까지 법률의 적용범위를 넓히는 것은 위헌이라는 취지로 법률의 문언 자체는 그대로 둔 채 위헌의 범위를 정하여 한정위헌결정을 선고할 수도 있다고 하면서, 이 두 가지 방법은 서로 표리관계에 있어서 실제적으로는 차이가 있는 것이 아니라고 한다. 합헌적인 한정축소해석은 위헌적인 해석 가능성과 그에 따른 법적용을 소극적으로 배제한 것이고, 적용범위 축소에 따른 한정적 위헌선언은 위헌적인 법적용 영역과 그에 상응하는 해석 가능성을 적극적으로 배제한다는 뜻에서 차이가 있을 뿐이고, 본질적으로는 다 같은 부분위헌결정이라고 한다(헌재 1994. 4. 28. 92헌가3; 헌재 1997. 12. 24. 96헌마172등). 그러나 한정합헌결정과 한정위헌결정은 요건과 효과가 구별되는 독자적 결정유형으로서 서로 대체관계에 있지 않다. 이러한 점에서 한정합헌결정과 한정위헌결정은 병존할 수도 있다. 즉 헌법재판소는 한 결정주문에서 일부 해석 가능성에 대해서는 위헌이라고 선언하고, 다른 일부 해석 가능성에 대해서는 합헌이라고 선언할 수도 있다(예를 들어 헌재 1989. 9. 30. 98헌가7등).

한정위헌청구는 법률이나 법률조항 자체의 위헌판단을 구하는 것이 아니라 법률이나 법률조항의 특정 해석 가능성이나 적용 가능성을 채택하거나 채택하지 아니하는 한 위헌이라는 취지의 청구를 말한다. 종래 헌법재판소 판례(헌재 1995. 7. 21. 92헌바40; 헌재 1997. 2. 20. 95헌바27 등)는 헌법재판소법 제41조 제1항의 위헌법률심판 제청 신청과 제68조 제2항에 따른 헌법소원심판 대상은 '법률'이지 '법률의 해석'이 아니므로, 법률조항 자체의 위헌판단을 구하는 것이 아니라 '법률조항을 …으로(이라고) 해석하는 한 위헌'이라고 청구하는 이른바 한정위헌청구는 원칙적으로 부적법하다고 하였다. 다만, 한정위헌청구의 취지를 법률조항 자체의 위헌성을 다투는 것으로 이해할 수 있으면 헌법재판소법 제68조 제2항에 따른 적법한 청구로 받아들여진다고 하였다. 그러나 헌법재판소는 판례를 변경하여 ① 한정위헌결정이 허용되므로 한정위헌청구도 사리상 합당하고, ② 한정위헌청구는 위헌의 범위와 그에 따른 기속력 범위를 제한적으로 정확하게 한정하며, ③ 한정위헌청구는 입법권에 대한 자제와 존중의 표현이라고 하면서 한정위헌청구도 원칙적으로 적법하다고 하였다. 다만, 재판소원을 금지하는 헌법재판소법 제68조 제1항의 취지에 비추어 한정위헌청구 형식을 취하면서도 실제로는 해당 사건 재판의 기초가 되는 사실관계의 인정이나 평가 또는 개별적 · 구체적 사건에서 법률조항의 단순한 포섭 · 적용에 관한 문제를 다투거나 의미 있는 헌법문제를 주장하지 않으면서 법원의 법률해석이나 재판결과를 다투는 한정위헌청구는 허용되지 않는다고 한다(헌재 2012.

12. 27. 2011헌바117).

(3) 헌법불합치결정

헌법불합치결정은 심판 대상이 된 법률이나 법률조항의 위헌성을 확인하지만, 입법자의 입법형성권을 존중하거나 법의 공백과 혼란을 방지하려고 그 법률에 대해서 단순위헌결정을 선고하지 아니하고 헌법에 합치하지 아니한다고 선언하여 헌법재판소법 제47조 제2항과 제3항(그리고 제75조 제5항과 제6항) 적용을 배제하는 결정유형이다. 그러나 헌법불합치결정은 헌법재판소법 제47조 제2항과 제3항 적용을 옹글게(완벽하게) 배제하지 않는다. 즉 헌법불합치결정은 위헌으로 결정된 법률의 효력 상실 시점에 관해서만 헌법재판소법 제47조 제2항과 제3항 적용을 배제한다. 헌법불합치결정은 원칙적으로 법률의 위헌성을 확인하되 그 형식적 존속을 유지하면서(효력 상실을 유보하면서), 입법자에게 법률의 위헌성을 제거할 의무를 부과하고 입법자가 법률을 개선할 때까지 국가기관이 위헌법률 적용을 중지하도록 함으로써 개선된 신법 적용을 명령하는 효력이 있다. 헌법재판소는 헌법불합치결정의 정당화 사유로 ① 수혜적 법률이 평등원칙에 위반될 때, ② 위헌결정을 통해서 법률조항을 제거하는 것이 법적 공백이나 혼란을 일으킬 우려가 있을 때, ③ 심판 대상인 법률조항의 합헌부분과 위헌부분의 경계가 불분명할 때를 제시한다.

형벌에 관한 법률조항에 대해서 헌법불합치결정을 내릴 수 있는지에 관해서는 다툼이 있으나, 헌법재판소는 새로운 근거를 제시하거나 특별한 설명을 하지 않은 채 형벌에 관한 법률조항에 대해서 헌법불합치결정을 내린다(예를 들어 헌재 2004. 5. 27. 2003헌가1 등). 대법원은 형벌조항에 대한 헌법불합치결정을 단순위헌결정으로 보고 적용 중지 헌법불합치결정이 내려진 법률조항(대법원 2009. 1. 15. 선고 2004도7111 판결)뿐 아니라 계속 적용 헌법불합치결정(대법원 2011. 6. 23. 선고 2008도7562 전원합의체 판결)이 내려진 법률조항도 해당 재판에 적용하지 않고 무죄판결을 내렸다.

헌법불합치결정은 법률이 즉시 효력을 상실함으로써 발생하는 입법자의 입법형성권 침해나 법적 공백과 혼란을 방지하기 위해서 법률의 효력 상실을 일정 기간 유보하면서 입법자에게 법률개선의무를 부여한다. 헌법불합치결정의 목적은 위헌법률의 단순한 존속이 아니라 개선을 위한 위헌법률 효력의 '임시'존속이다. 입법자가 상당한 기간 안에 또는 기한이 설정되면 그 기한 안에 헌법불합치로 결정된 법률을 개선하지 않으면, 그 효력 상실은 확정된다. 따라서 개선시한이 지나 법률을 개선하면서 개선된 법률을 소급하여 적용하는 것은 진정소급입법에 해당하므로 이러한 소급입법이 허용되는 예외에 해당하지 않는 한 소급입법금지원칙에 어긋난다(헌재 2013. 8. 29. 2010헌바354등). 헌법재판소는 기한 설정 없이 입법자가 개정할 때까지 계속 적용된다는 결정을 내리는 때(예를 들어 헌재 2002. 9. 19. 2000헌바84)가 있다.

헌법재판소는 "당재판소가 위 사건의 주문으로서 그 각 개별 조항에 대한 결정이유에서 밝힌 바대로 단순위헌선언 또는 개정입법촉구 등을 선고하지 아니하고, 굳이 헌법불합치라는 변형결정주문을 선택하여 위헌적 요소가 있는 조항들을 합헌적으로 개정 혹은 폐지하는 임무를 입법자의 형성재량에 맡긴 이상 그 당연한 논리적 결과로, 위 결정의 효력이 소급하여 미치는 소위 "당해 사건" 또는 "병행 사건"에 관하여는 위 결정 이후 입법자에 의하여 개정된 법률조항이 적용되어야 할 것인 바, 이는 헌법불합치결정이 의도하는 효력의 본질적인 부분의 하나이기도 하다."라고 하여 신법에서 명시적으로 소급효를 정하지 아니한 때도 당연히 신법이 소급 적용된다고 판시한 바 있다(헌재 1995. 7. 27. 93헌바1).

대법원은 "어떠한 법률조항에 대하여 헌법재판소가 헌법불합치결정을 하여 입법자에게 그 법률조항을 합헌적으로 개정 또는 폐지하는 임무를 입법자의 형성재량에 맡긴 이상 그 개선입법의 소급 적용 여부와 소급 적용의 범위는 원칙적으로 입법자의 재량에 달린 것이기는 하지만, 개정 전 민법 제1026조 제2호에 대한 위 헌법불합치결정의 취지나 위헌심판에서의 구체적 규범통제의 실효성 보장이라는 측면을 고려할 때 적어도 위 헌법불합치결정을 하게 된 당해사건 및 위 헌법불합치결정 당시에 개정 전 민법 제1026조 제2호의 위헌 여부가 쟁점이 되어 법원에 계속 중인 사건에 대하여는 위 헌법불합치결정의 소급효가 미친다고 하여야 할 것이므로 비록 개정 민법 부칙 제3항의 경과조치의 적용 범위에 이들 사건이 포함되어 있지 않더라도 이들 사건에 관하여는 종전의 법률조항을 그대로 적용할 수는 없고, 위헌성이 제거된 개정 민법의 규정이 적용되는 것으로 보아야 할 것이다."라고 하여 개선된 법률을 소급 적용하여야 한다고 본다(대법원 2002. 4. 2. 선고 99다3358 판결).

Ⅲ. 헌법재판소 결정의 효력

1. 확정력

헌법재판소 결정이 선고되면 결정 내용을 확정하고, 그에 따라서 향후 당사자와 법원에 대한 행위기준을 제시하며, 이에 바탕을 둔 헌법질서가 구축되게 할 필요성이 있다. 이러한 필요성을 충족시키기 위해서 헌법재판소 결정에는 확정력이 인정된다. 즉 확정력은 수범자 사이의 법적 평화를 회복하고 유지함으로써 법적 안정성을 확립하고 법원이 분쟁을 해결하기 위한 전제이다. 이러한 점에서 확정력은 명문 규정은 없지만, 법치국가원리를 기본원리로 수용하고 헌법재판제도를 도입한 헌법 자체에서 도출되는 헌법적 효력이다. 헌법재판소법은 확정력을 명시적으로 규율하지 않지만, 기판력의 본질적 작용인 일사부재리를 규정하고(제39조), 일반적으로 헌법재판소의 심판절차에 민사소송법령을 준용하도록 하므로(제40조 제1항 전문), 헌법재판소 결정에는 다른 사법판결처럼 확정력이 인정된다. 확정력은 불가변력과 불가쟁력 그리고 기판력으로 구성된다. 불가변력과 불가쟁력은 헌법재판소 결정의 최종성과 관련이 있고, 기판력은 당사자와 헌법재판소에 대한 헌법재판소 결정의 구속성과 규준성을 발생시킨다.

(1) 불가변력

불가변력(자기기속력 혹은 자박력)은 같은 절차 안에서 자기 결정에 대한 헌법재판소의 구속, 즉 철회 불가능성을 뜻한다. 헌법재판소 결정도 사법판결이므로 선고할 때부터 효력이 생긴다(헌법재판소법 제40조 제1항 전문, 민사소송법 제205조). 따라서 헌법재판소가 결정을 선고하면 자기 결정에 구속되어 같은 심판에서 자신이 내린 결정을 더는 바꾸거나 취소할 수 없다(헌재 1989. 7. 24. 89헌마141). 다만, 결정에 잘못된 계산이나 기재, 그 밖에 이와 비슷한 잘못이 있음이 분명하면 헌법재판소는 직권으로(헌재 2007. 7. 26. 2005헌사717) 또는 당사자의 신청에 따라(헌재 2000. 11. 23. 2000헌사464) 경정결정을 할 수 있다(헌법재판소법 제40조 제1항 전문, 민사소송법 제211조 제1항). 불가변력은 실체결정은 물론 절차결정에도 인정된다. 불가변력은 같은 절차 안에서만 미치므로 다른 절차에서 헌법재판소는 이전 결정과 다른 결정을 할 수 있다(헌법재판소법 제23조 제2항 제2호). 재심은 같은 절차가 아니므로 재심을 인정하는 것이 불가변력을 해치지 않는다.

(2) 불가쟁력

헌법재판은 단심이라서 헌법재판소에 대한 상급심이 없으므로 헌법재판소의 각종 심판은 최종적이다. 따라서 헌법재판소 결정이 선고되면 이 결정에 대해서 더는 누구도 통상의 소송절차를 통해서 불복하여 다툴 수 없다(헌재 1989. 7. 24. 89헌마141). 이러한 효력을 불가쟁력(형식적 확정력)이라고 한다. 불가쟁력은 기판력을 비롯한 헌법재판소 결정 효력(불가변력 제외)의 전제가 된다. 전원재판부 결정이든 지정재판부 결정이든 모두 불가쟁력이 있다. 전원재판부가 지정재판부의 상급심에 해당하지 않고, 지정재판부 결정도 전원재판부 결정과 같은 효력이 있다. 그러므로 지정재판부의 전원재판부에 대한 회부결정은 물론 전원합의에 따른 회부각하결정(헌재 1990. 10. 12. 90헌마170)에도 불가쟁력이 생긴다. 불가쟁력은 실체결정은 물론 절차결정에도 인정된다. 불가쟁력은 재심을 통해서 배제될 수 있다.

(3) 기판력

기판력(실질적 확정력)은 헌법재판소 결정에 불가쟁력이 생기면 당사자는 후행 심판절차에서 확정된 헌법재판소 결정과 어긋나는 주장을 하지 못하고, 헌법재판소도 확정된 헌법재판소 결정에 어긋나는 판단을 할 수 없다는 구속력을 뜻한다(대법원 1987. 6. 9. 선고 86다카2756 판결 참조). 헌법재판소법에는 기판력을 규율하는 직접적인 규정은 없지만, 일사부재리(헌법재판소법 제39조)와 민사소송에 관한 법령의 규정 준용(헌법재판소법 제40조 제1항 전문)에 관한 규정을 근거로 헌법재판소 결정의 기판력을 인정할 수 있다. 헌법재판소(헌재 1990. 6. 25. 90헌가11)와 대법원(대법원 1991. 6. 28. 선고 90누9346 판결)도 헌법재판소 결정의 기판력을 인정한다.

헌법재판소법 제39조와 제40조를 따라서 그 심판사건의 종류가 무엇인지, 그 결정주문 내용이 무엇인지를 불문하고 헌법재판소의 모든 종국결정에 기판력이 귀속된다. 실체결정은 물론 절차결정에도 기판력이 생긴다. 실체결정 중 일부결정에는 기판력이 미치지만, 중간결정은 아직 확정되지 않아서 기판력이 생기지 않는다. 전원재판부 결정이든 지정재판부 결정이든 모두 기판력이 있다. 위헌결정이나 위헌으로 결정된 법률을 선결관계나 전제로 하는 위헌법률심판이나 헌법소원심판이 있을 수 있고, 법률이 효력을 상실하는 전제인 위헌결정에 어긋나는 합헌결정이 나오면 법적 혼란을 피할 수 없으므로, 위헌결정에도 기판력은 인정되어야 한다. 변형결정(한정위헌결정, 한정합헌결정, 헌법불합치결정)도 본질은 위헌결정이고, 이에 대해서 다시 다툴 가능성이 있으므로 기판력은 이러한 결정에도 귀속되어야 한다.

기판력은 소송사건의 당사자[청구인, 피청구인, 참가인(보조참가인 제외)]와 그 소송승계인 그리고 헌법재판소 자신에게만 미친다(헌법재판소법 제40조 제1항 전문, 민사소송법 제218조 제1항). 청구인이나 피청구인이 다르면 기판력이 미치지 않는다(헌재 1997. 8. 21. 96헌마48). 소송 외의 제3자는 물론 이해관계인, 참고인, 소송에 관여하는 대리인이나 공동소송인에게도 기판력이 미치지 않는다. 기판력은 결정주문에만 인정된다(헌법재판소법 제40조 제1항 전문, 민사소송법 제216조 제1항). 심판 대상에 관한 판단에만 기판력이 생기므로(대법원 1970. 9. 29. 선고 70다1759 판결), 심판 대상이 아닌 사항에 관한 판단에는 결정주문에 포함되었더라도 기판력이 귀속되지 않는다. 기판력은 같은 심판 대상에만 미친다. 헌법재판소 결정의 기판력은 헌법재판소가 실제로 심사한 범위에만 미친다. 즉 헌법재판소 결정에서 기판력의 객관적 범위는 헌법재판소의 실질적 심사범위와 일치한다. 헌법재판소의 모든 결정은 선고 당시에 있거나 예측할 수 있는 사실관계와 법적 상황을 근거로 이루어진다. 그리고 당사자가 주장하지 않은 것에 관해서도 헌법재판소는 판단할 수 있다는 점에서 구두변론 여부와 관계없이 선고 시점에 기판력이 생긴다.

2. 기속력

일반 사법판결과 달리 헌법재판소 결정은 사법판결의 일반적인 효력을 넘어서 모든 국가기관을 기속한다(헌법재판소법 제47조 제1항, 제67조 제1항, 제75조 제1항과 제6항). 이러한 효력을 기속력이라고 한다. 확정력 있는 헌법재판소 결정이 기속력을 가질 수 있다. 헌법재판소 결정이 확정되어야 기속력의 내용과 범위가 밝혀질 수 있기 때문이다. 기속력은 절차결정이 아니고 단지 본안결정과 관련이 있다. 절차결정은 심판 대상에 관해서 결정하지 않기 때문이다. 기속력은 최종적 헌법 해석에 관한 헌법재판소의 과제와 권한에 근거하므로, 헌법재판소법 조항의 문언이나 의미에서 도출될 수 없을지라도 헌법재판소

결정 중에서 원칙적으로 사법적(司法的) 헌법 해석만 기속력이 있을 수 있다. 따라서 개별 하위법규범 해석은 그것이 결정주문의 필수적 전제조건이더라도 기속력이 없다.

규범통제에서 심판 대상은 구체적으로 문제가 된 법규범의 위헌성이다. 그리고 헌법소원심판이나 권한쟁의심판에서도 구체적인 국가기관 행위의 위헌성이나 위법성이 문제 된다. 따라서 확정력처럼 기속력도 구체적 심판 대상에 한정된다. 기속력 때문에 모든 국가기관은 앞날에 처분을 내릴 때 헌법재판소 결정을 준수하고 존중하여야 한다. 그러므로 모든 국가기관은 자신이 앞날에 처분을 내릴 때 헌법재판소 결정에 근거하여야 한다. 기속력은 다투어진 통제대상뿐 아니라 같은 상황에서 같은 근거로 같은 내용이 있는 공권력의 행사나 불행사도 금지한다(반복금지의무). 그리고 다른 모든 국가기관은 자신의 권한범위 안에서 개별 사건에서 선고된 구체적 헌법재판소 결정을 관철하는 데 필요한 모든 것을 하여야 한다(반응의무).

기속력은 법률의 위헌결정과 권한쟁의심판의 결정 그리고 헌법소원의 인용결정에서 생긴다(헌법재판소법 제47조 제1항, 제67조 제1항, 제75조 제1항과 제6항). 법률의 단순위헌결정뿐 아니라 변형결정에도 기속력이 인정된다. 하지만 대법원은 한정위헌결정의 기속력을 부정한다(대법원 1996. 4. 9. 선고 95누11405 판결). 대법원을 따르면 한정위헌결정은 헌법재판소 결정이 내려져도 법률이나 법률조항은 그 문언이 전혀 달라지지 않은 채 그냥 존속한다고 한다. 따라서 법률이나 법률조항의 문언이 변경되지 아니한 이상 이러한 한정위헌결정은 법률이나 법률조항의 의미, 내용과 적용범위를 정하는 법률해석이라고 한다. 그러나 구체적 사건에서 해당 법률이나 법률조항의 의미 · 내용과 적용범위가 어떠한 것인지를 정하는 권한, 곧 법령의 해석 · 적용 권한은 바로 사법권의 본질적 내용을 이루는 것으로서, 전적으로 대법원을 최고법원으로 하는 법원에 전속한다고 한다. 따라서 한정위헌결정에 표현되는 헌법재판소의 법률 해석에 관한 견해는 법률의 의미 · 내용과 그 적용범위에 관한 헌법재판소 견해를 일단 표명한 것에 불과하여 법원에 전속되는 법령의 해석 · 적용 권한에 대해서 어떠한 영향력을 미치거나 기속력도 가질 수 없다고 한다. 그러나 헌법재판소는 헌법재판소의 법률에 대한 위헌결정에는 단순위헌결정은 물론 한정합헌결정, 한정위헌결정과 헌법불합치결정도 포함되고 이들은 모두 당연히 기속력이 있고, 헌법재판소의 한정위헌결정은 절대 법률 해석에 대한 헌법재판소의 단순한 견해가 아니라, 헌법이 정한 권한에 속하는 법률에 대한 위헌심사의 한 유형이라고 한다

(헌재 1997. 12. 24. 96헌마172등).

기판력은 당사자, 즉 청구인, 피청구인 그리고 참가인(보조참가인 제외)과 관련되지만, 헌법재판소법 조항을 따르면 모든 국가기관은 그가 절차에 참여하였는지와 상관없이 헌법재판소 결정에 구속된다. 기속력은 헌법재판소 자신에게는 미치지 않는다. 이것은 헌법재판소가 심판 대상이 다르면 자기 결정에서 벗어날 수 있다는 것을 뜻한다(헌법재판소법 제23조 제2항 단서 제2호). 헌법재판소는 종전 위헌결정의 기초가 된 사실관계 등의 근본적인 변화에 따른 특별한 정당화 사유가 있으면 반복입법이 허용된다고 한다(헌재 2012. 12. 27. 2012헌바60). 기속력이 심판 대상에 관한 결정인 결정주문에 미친다는 것은 의문이 없다. 그리고 소수의견이나 결정요지가 기속력에 포섭되지 않는다는 것도 다툼이 없다. 그러나 기속력이 중요이유에도 미치는지는 논란이 있다. 헌법재판소는 "헌법재판소법 제47조에 정한 기속력을 명백히 하기 위하여는 어떠한 부분이 위헌인지 여부가 그 결정의 주문에 포함되어야 하므로, 이러한 내용을 결정의 이유에 설시하는 것만으로는 부족하고 결정의 주문에까지 등장시켜야 한다."라고 한 적이 있다(헌재 1994. 4. 28. 92헌가3). 그리고 헌법재판소는 결정이유에 기속력을 인정하더라도, 결정주문을 뒷받침하는 결정이유에 대해서 적어도 위헌결정 정족수인 재판관 6명 이상 찬성이 있을 때만 결정이유에 기속력이 인정된다고 하였다(헌재 2008. 10. 30. 2006헌마1098등). 헌법재판소 결정의 기속력은 언제나 헌법재판소 결정이 선고된 시점과 관련된다. 즉 헌법재판소는 심판 대상을 오로지 선고 당시의 사실관계와 법적 상황과 관련하여서만 심사한다.

3. 법률요건적 효력[혹은 법률적(법규적) 효력]

법률요건적 효력은 법률이 확정판결 존재를 구성요건으로 하여 일정한 실체법적 법률효과를 발생시키는 것을 말한다. 헌법재판소법 제47조 제2항과 제3항을 따르면 위헌으로 결정된 법률이나 법률조항은 효력을 상실한다. 헌법재판소법 제47조 제2항과 제3항은 법률의 위헌결정 존재를 해당 법률이나 법률조항 효력 상실의 요건으로 삼는다. 이것은 법률요건적 효력의 전형적인 모습이다.

그러나 독일 논의를 받아들여 이를 법률적 효력(혹은 법규적 효력)으로 보려는 견해가 있다. 이를 따르면 법률적 효력은 법규범에 대한 헌법재판소 결정이 일반적 구속력이 있고 일반 국민에게도 효력이 미친다는 것을 뜻한다. 따라서 헌법재판소 결정은 당사자를 수범자로 하는 기판력의 주관적 범위뿐 아니라 국가기관을 수범자로 하는 기속력의 주관적 범위를 넘어서 일반 사인에게도 그 효력이 미치는 일반적 구속성이 있다고 한다(대세적 효력). 그러나 헌법재판소 결정은 일반구속적인 법규성을 발생시키거나 포함하는 행위가 아니라, 오히려 현행법을 수정하지 않고 단지 현행법을 합헌이나 위헌으로 선언하는 것이라고 한다. 따라서 헌법재판소 결정은 형식적 · 실질적 의미의 법률이 아니고 단지 재판에 불과하다고 한다. 헌법재판소 결정은 법률유사성이 있을 뿐이라고 한다. 법률적 효력을 통해서 헌법재판소 결정은 헌법적 등급이 있는 것이 아니라 심판된 규범과 같은 등급이 있다고 한다. 즉 법률을 심판 대상으로 한 결정은 법률에 해당하는 등급을, 명령 · 규칙을 대상으로 한 결정은 그와 같은 등급을 부여받는다고 한다. 법률적 효력은 기판력의 주관적 확장으로서 헌법재판소 결정의 구속범위를 확대하기는 하지만, 구속 정도를 강화하는 것은 아니라고 한다. 헌법재판소는 원래 위헌결정 효과에는 법률 폐지의 법률적 효력이 따르는 것이라고 하였고(헌재 1993. 5. 13. 92헌가10등), 구 헌법재판소법 제47조 제2항과 헌법재판소법 제75조 제6항을 법률적 효력의 근거로 제시하였다(헌재 2012. 12. 27. 2012헌바60).

4. 위헌으로 결정된 법률의 효력 상실 시기

위헌으로 결정된 법률이나 법률조항은 그 결정이 있는 날부터 효력을 상실한다(헌법재판소법 제47조 제2항: 즉시효). 위헌결정이 있는 날 0시부터 효력을 상실한다. 따라서 헌법재판소의 위헌결정과 대법원 판결이 같은 날 선고되면 대법원 판결은 헌법재판소가 위헌으로 선언한 법률을 적용한 것이 된다. 형벌에 관한 법률이나 법률조항은 소급하여 효력을 상실한다. 다만, 해당 법률이나 법률조항에 대해서 종전에 합헌으로 결정한 사건이 있으면 그 결정이 있는 날의 다음 날로 소급하여 효력을 상실한다(헌법재판소법 제47조 제3항). 죄형법정원칙(죄형법정주의) 중 소급효금지원칙 때문에 위헌으로 결정된 형벌에 관한 법률이나 법률조항은 해당 법률 적용을 받는 자에게 유리한 때만 소급되고, 형사상 불이익한 결과를 가져오는 때는 소급되지 않는다(헌재 1997. 1. 16. 90헌마110등). 소급하여 효력이 상실되는 것은 '형벌'이라는 문언 표현에 비추어 범죄의 구성요건과 형벌 부과에 관한 형사실체법에 국한되고 형사절차법은 포함되지 않는다[헌재 1992. 12. 14. 92헌가8(재판관 한병채, 이시윤, 김문희의 보충의견); 대법원 1999. 8. 9.자 98모143 결정]. 그래서 형사절차법은 헌법재판소법 제47조 제3항 본문을 따라서 예외적으로 소급하여 적용되지 않는다. 보안처분도 형벌과 다름없는 결과를 낳으므로 보안처분에 관한 법률도 이러한 형사실체법에 속한다(대법원 1991. 7. 26. 선고 91재감도58 판결). 위헌으로 결정된 법률이나 법률조항에 근거한 유죄의 확정판결에 대해서는 재심을 청구할 수 있다(헌법재판소법 제47조 제4항). 그러나 소급효가 인정되어도 법원이 이미 선고한 유죄판결 자체를 무효로 만들거나(헌재 1993. 7. 29. 92헌바34등) 유죄확정판결 집행을 정지시키거나 진행 중인 형의 집행을 금지하는 것이 아니다.

헌법재판소법 제47조 제2항과 제3항의 해석과 관련하여 당연무효설과 폐지(무효)설 그리고 효력상실설이 대립한다.

① 당연무효설을 따르면 헌법에 어긋나는 법률은 처음부터, 별도의 조치 없이도 당연히 효력이 없다. 그러나 헌법재판소법 제47조 제2항과 제3항은 상실되는 효력이 이미 있다는 것을 전제하고, 헌법재판소법 제47조 제3항은 당연무효설과 어울릴 수 없는 '소급'이라는 용어를 사용하며, 당연무효설에 필수적인, 위헌 발생 시점부터 위헌 확인 시점까지 위헌법률을 바탕으로 형성된 법적 관계를 규율하는 규정을 헌법재판소법에서 찾을 수 없다는 점에서 헌법재판소법 제47조 제2항과 제3항의 해석틀로서 적합하지 않다.

② 폐지(무효)설은 헌법에 어긋나는 법률도 특별한 취소행위를 통해서 폐지될 때까지 유효하다고 한다. 폐지(무효)설을 따르는 견해는 헌법재판소법 제47조 제2항과 제3항의 '효력 상실'을 '폐지'로 이해한다. 그러나 폐지의 결과로서 효력이 상실되는 것은 당연하지만, 효력 상실이 폐지로 당연히 이어지지는 않는다. 따라서 폐지(무효)설의 출발점인 위헌법률이 폐지된다는 전제 자체에 의문이 제기된다. 그리고 한국의 입법례에서 효력 상실이 폐지의 뜻으로 사용되는 예를 찾을 수도 없다. 또한, 헌법재판소법 제47조 제2항과 제3항의 근거조항인 헌법 제107조 제1항이 명백히 요구하는, 해당 사건에서 위헌법률 적용이 배제되는 것은 폐지설에 따른 해석에서 이끌어낼 수 없다. 이러한 불합리를 폐지설에 따른 견해는 헌법 제107조 제1항을 근거로 예외적으로 해당 사건에는 위헌결정의 소급효를 인정하거나 헌법재판소법 제47조 제2항 및 제3항과 상관없이 당연히 인정되거나 전제되는 것으로 봄으로써 해결하려고 한다. 즉 헌법재판소는 (i) 법원의 제

청 · 헌법소원의 청구 등을 통하여 헌법재판소에 법률의 위헌결정을 위한 계기를 부여한 당해 사건, (ii) 위헌결정이 있기 전에 이와 동종의 위헌 여부에 관하여 헌법재판소에 위헌제청을 하였거나 법원에 위헌제청 신청을 한 경우의 당해 사건, (iii) 따로 위헌제청 신청을 하지 아니하였지만 당해 법률 또는 법률의 조항이 재판의 전제가 되어 법원에 계속 중인 사건, (iv) 당사자의 권리구제를 위한 구체적 타당성의 요청이 현저하지만 소급효를 인정하여도 법적 안정성을 침해할 우려가 없고 나아가 구법에 의하여 형성된 기득권자의 이득이 침해될 사안이 아닌 경우로서 소급효의 부인이 오히려 정의와 형평 등 헌법적 이념에 심히 배치되는 때에 예외적으로 소급효를 인정한다(헌재 1993. 5. 13. 92헌가10등; 헌재 2000. 8. 31. 2000헌바6). 대법원은 (i) 헌법재판소 위헌결정의 효력은 위헌제청을 한 당해 사건, (ii) 위헌결정이 있기 전에 이와 동종의 위헌 여부에 관하여 헌법재판소에 위헌여부심판 제청을 하였거나 법원에 위헌여부심판 제청 신청을 한 경우의 당해 사건과 (iii) 따로 위헌제청 신청은 아니 하였지만 당해 법률 또는 법률의 조항이 재판의 전제가 되어 법원에 계속 중인 사건뿐 아니라(대법원 1991. 6. 11. 선고 90다5450 판결 참조) (iv) 위헌결정 이후에 위와 같은 이유로 제소된 일반사건에도 미친다고 할 것이나(대법원 1993. 1. 15. 선고 92다12377 판결 등), 그 미치는 범위가 무한정일 수는 없고 법원이 위헌으로 결정된 법률 또는 법률의 조항을 적용하지는 않더라도 다른 법리에 의하여 그 소급효를 제한하는 것까지 부정되는 것은 아니라 할 것이며, 법적 안정성의 유지나 당사자의 신뢰보호를 위하여 불가피한 경우에 위헌결정의 소급효를 제한하는 것은 오히려 법치주의의 원칙상 요청되는 것이라고 한다(대법원 1994. 10. 25. 선고 93다42740 판결).

③ 효력상실설은 위헌으로 결정된 법률이나 법률조항은 무효이거나 폐지된다고 볼 수 없고 조항의 문언대로 단지 그 효력을 상실하며 법전에서 제거되지 않는다고 한다. 즉 법률의 껍데기, 즉 형식적 외관은 여전히 존재하고 단지 법률의 알맹이인 효력만 사라진다고 한다. 이러한 형식적 외관을 제거할 수 있는 것은 입법자인 국회뿐이다. 실무에서도 위헌으로 결정된 법률은 법전에서 제거되지 않는다.

5. 위헌법률에 근거한 행정처분의 효력

(1) 위헌결정에 따른 위헌법률의 효력 상실과 그 위헌법률에 근거한 행정처분의 효력

판례나 통설은 행정처분이 당연무효인지는 그 행정처분의 하자가 중대하고 명백한지에 따라 결정된다고 보는데, 행정처분의 근거가 되는 법규범이 상위법규범에 위반되어 무효인지는 그것이 헌법재판소나 대법원이 유권적으로 확정하기 전에는 누구에게도 명백한 것이라고 할 수 없어서 원칙적으로 당연무효사유에는 해당할 수 없다고 한다.

그러나 헌법재판소는 행정처분 자체의 효력이 제소기간이 지나고 나서도 존속 중인 때, 특히 그 처분이 위헌법률에 근거하여 내려진 것이고 그 행정처분의 목적을 달성하려면 후행 행정처분이 필요한데 후행 행정처분은 아직 이루어지지 않은 때, 그 행정처분을 무효로 하더라도 법적 안정성을 크게 해치지 않지만, 그 하자가 중대하여 그 구제가 필요하면 그 예외를 인정하여 이를 당연무효사유로 보아서 제소기간이 지나고 나서도 무효 확인을 구할 수 있는 것이라고 보아야 할 것이라고 한다(헌재 1994. 6. 30. 92헌바23; 헌재 2001. 9. 27. 2001헌바38).

대법원은 법률에 근거하여 행정처분이 내려지고 나서 그 행정처분의 근거가 된 법률을 헌법재판소가 위헌으로 결정하였다면, 결과적으로 행정처분은 법률의 근거가 없이 내려진 것과 마찬가지가 되어 하자 있는 것이 되나, 하자 있는 행정처분이 당연무효가 되려면 하자가 중대할 뿐 아니라 명백한 것이어야 하는데, 일반적으로 법률이 헌법에 위반된다는 사정은 헌법재판소가 위헌결정을 내리기 전에는 객관적으로 명백한 것이라고는 할 수 없어서, 헌법재판소의 위헌결정 전에 행정처분의 근거가 되는 해당 법률이 헌법에 위반된다는 사유는 특별한 사정이 없으면 그 행정처분 취소를 구하는 소의 전제가 될 수 있을 뿐이고 당연무효사유는 아니라고 보는 것이 타당하다고 한다. 만일 이와는 달리 위헌인 법률에 근거한 행정처분이 일반적으로 당연무효라고 한다면 이것은 법적 안정성을 크게 위협하는 결과를 초래하여서 법치국가원리에 비추어 보더라도 부당하다고 하지 않을 수 없다고 한다(대법원 1994. 10. 28. 선고 92누9463 판결).

(2) 위헌법률에 근거한 행정처분과 재판의 전제성

헌법재판소는 행정처분의 근거법률이 헌법에 위반된다는 사정은 헌법재판소의 위헌결정이 있기 전에는 객관적으로 명백한 것이라고 할 수는 없으므로, 특별한 사정이 없으면 그러한 하자는 행정처분의 취소사유에 해당할 뿐이지 당연무효사유는 아니라고 전제하고 나서, 제소기간이 지난 뒤에는 행정처분의 근거법률이 위헌임을 이유로 무효 확인의 소 등을 제기하더라도 행정처분의 효력에는 영향이 없음이 원칙이므로, 행정처분의 근거가 된 법률조항의 위헌 여부에 따라 해당 행정처분의 무효 확인을 구하는 해당 사건 재판의 주문이 달라지거나 재판의 내용과 효력에 관한 법률적 의미가 달라지는 것은 아니라서 재판의 전제성이 인정되지 아니한다고 하였다(헌재 2001. 9. 27. 2001헌바38). 다만, 헌법재판소는 행정처분의 근거가 된 법률을 통해서 침해되는 기본권이 중요하고 그 법률에 대한 헌법적 해명이 긴요히 필요하면 근거법률에 대한 위헌결정이 행정처분의 효력에 영향을 미칠 여지가 없는 때도 헌법질서의 수호자로서 사명을 다하기 위하여 예외적으로 본안 판단에 나아갈 수 있다고 하였다(헌재 2014. 1. 28. 2010헌바251).

대법원은 위헌인 법률에 근거한 행정처분이 당연무효인지는 위헌결정의 소급효와는 별개의 문제로서, 위헌결정의 소급효가 인정된다고 하여 위헌인 법률에 근거한 행정처분이 당연무효가 된다고는 할 수 없고, 오히려 이미 취소의 소 제기기간이 지나서 확정력이 발생한 행정처분에는 위헌결정의 소급효가 미치지 않는다고 보아야 할 것이므로, 어느 행정처분에 대해서 그 행정처분의 근거가 된 법률이 위헌이라는 이유로 무효확인청구의 소가 제기되면 다른 특별한 사정이 없으면 법원으로서는 그 법률이 위헌인지에 관해서는 판단할 필요 없이 위 무효 확인 청구를 기각하여야 할 것이라고 하였다(대법원 1994. 10. 28. 선고 92누9463 판결).

5장 직접적 기본권보호수단

1절

구체적 규범통제

Ⅰ. 구체적 규범통제의 의의

규범통제는 법규범이 상위법규범에 위반되는지를 심사하여 상위법규범에 어긋나는 하위법규범 적용을 배제하는 것을 말한다. 규범통제는 다양한 규범서열을 전제한다. 즉 효력을 기준으로 법규범을 여러 단계로 나누어 서열화하는 법단계설이 인정될 때만 규범통제를 할 수 있다. 규범통제가 심판 대상인지에 따라 본원적(주위적) 규범통제와 부수적 규범통제로 나눈다. 본원적(주위적) 규범통제는 법규범의 상위법규범 위반 여부를 심판 대상으로 삼는다. 부수적 규범통제는 구체적 사건 해결과 관련하여 재판의 전제가 되는 법규범의 상위법규범 위반 여부를 심사하는 것이다. 규범통제의 시기와 계기에 따라 예방적 규범통제(사전적 위헌심사) 그리고 추상적 규범통제와 구체적 규범통제로 나눈다. 예방적 규범통제(사전적 위헌심사)는 법규범이 공포 · 시행되기 전에 법규범안이 상위법규범에 위반되는지를 심사하여 상위법규범에 위반되는 법규범안의 입법화를 막는 제도를 말한다. 추상적 규범통제는 법규범이 공포 · 시행되고 나서 법규범이 적용되는 구체적 사건이 없어도 그 법규범이 상위법규범에 위반되는지에 관한 의문이나 다툼이 생기면 그 법규범이 상위법규범에 위반되는지를 심사하는 것을 말한다. 추상적 규범통제에서는 재판의 전제성을 요구하지 않는다. 구체적 규범통제는 법규범이 적용되는 구체적 사건이 있을 때 당사자 신청이나 법원 직권으로 그 법규범이 상위법규범에 위반하는지를 심사하는 것이다. 구체적 규범통제에서는 재판의 전제성을 요구한다.

Ⅱ. 법원 제청에 따른 법률의 위헌여부심판 (위헌법률심판)

1. 제청권자

(1) 제청(할 수 있는)법원

위헌여부심판의 제청권자는 해당 사건을 담당하는 법원이다. 대법원뿐 아니라 지방법원의 단독판사이든 군사법원이든 불문하고 어느 하급법원이라도 고유한 권한으로 위헌제청을 할 수 있다. 파기환송심 법원도 위헌제청할 수 있다(헌재 2016. 2. 25. 2013헌바175등). 법원은 '직권이나 당사자 신청에 따른 결정'으로 위헌제청할 수 있다. 즉 헌법소원심판이 아닌 위헌법률심판은 구체적 사건에서 법률의 위헌 여부가 재판의 전제가 되어 법원 제청이 있는 때만 할 수 있고, 개인의 제소나 심판 청구만으로는 위헌법률심판을 할 수 없다(헌재 1994. 6. 30. 94헌아5).

해당 사건 당사자는 사건을 담당하는 법원에 위헌제청 신청을 할 수 있을 뿐이고, 직접 헌법재판소에 위헌법률심판을 청구할 수는 없다. 해당 사건의 보조참가인도 피참가인의 소송행위와 저촉되지 아니하는 한 모든 소송행위를 할 수 있으므로 헌법재판소법에 따른 위헌제청 신청을 할 수 있는 '당사자'에 해당한다(헌재 2003. 5. 15. 2001헌바98). 위헌여부심판 제청에 관한 결정에 대해서는 그것이 기각결정이든 각하결정이든 항고할 수 없다(헌법재판소법 제41조 제4항). 다만, 헌법재판소법 제68조 제2항에 따른 헌법소원심판을 헌법재판소에 청구할 수 있을 따름이다.

수소법원은 물론 집행법원도 제청권한이 있고, 비송사건 담당법관도 재판사건과 마찬가지로 제청권이 있다. 그리고 민사조정위원회(민사조정법 제8조 이하)와 가사조정위원회(가사소송법 제49조 이하)는 사법적 분쟁해결절차의 한 종류로서 법관이 아닌 조정위원이 참여하기는 하나 법관이 주도하는 이상 법원의 성격을 잃지 않으므로, 제청권이 있는 법원으로 보아야 한다는 주장이 있을 수 있다. 그러나 헌법 제107조 제3항과 행정심판법 등에 근거를 두고 설치되어 행정심판을 담당하는 각종 행정심판기관은 제청권이 있는 법원이라고 볼 수 없다. 그렇지만 헌법상 특별법원으로 예외적으로 인정된(헌법 제110조 제1항) 군사법원에는 제청권이 있다(헌법재판소법 제41조 제1항). 헌법재판소는 제청권이 있는 법원이 아니다.

제청권자인 법원은 사법행정상 관청인 법원이 아니라 개개의 소송사건에 관해서 재판권을 행사하는 재판기관인 법원을 말한다. 따라서 단독판사 관할사건에서 해당 소송의 담당법관 개인이 여기서 말하는 '법원'으로서 제청권이 있고, 합의부 관할사건에서는 합의부가 원칙적으로 제청권 있는 '법원'이지만 예외적으로 소송법상 문제의 재판을 단독으로 할 수 있으면 그 재판할 권한이 있는 법관 개인도 '법원'에 해당한다.

(2) 법률의 위헌성에 대한 의심 정도

법원은 재판에 적용할 법률의 위헌 여부에 관한 심사권이 있고, 그 법률에 위헌 의심이 있으면 스스로 위헌 여부를 판단하는 대신에 헌법재판소에 위헌제청을 하여 그 판단에 따라 재판을 하여야 한다. 헌법 제107조 제1항과 헌법재판소법 제41조, 제43조 등의 각 규정 취지에 비추어 법원은 문제가 되는 법률조항이 담당법관 자신의 법적 견해에 따라서 단순한 의심을 넘어선 합리적인 위헌 의심이 있으면 위헌여부심판을 제청하여야 한다(헌재 1993. 12. 23. 93헌가2). 따라서 제청법원은 제청결정에서 오로지 위헌 의심만을 진술하는 것으로는 부족하고, 법률이 위헌이라는 합리적인 의심을 헌법재판소에 설득력 있게 논증하여야 한다. 그렇지 않으면 위헌제청은 부적법한 것으로 각하될 수 있다.

(3) 직권에 따른 위헌법률심판 가능성

헌법재판소법은 헌법소원심판절차에 관한 제75조 제5항에서 공권력의 행사나 불행사가 위헌인 법률이나 법률조항에 기인한 것이라고 인정되면 인용결정에서 해당 법률이나 법률조항이 위헌임을 선고할 수 있도록 규정한다. 이것을 부수적 위헌선언이라고 한다. 그 취지는 구체적인 공권력의 행사나 불행사와 관련한 헌법문제의 일관적 해명, 반복되는 기본권 침해 사전 예방, 소송경제의 관점을 고려한 것이다.

부수적 위헌선언과 다른 심판절차에서 전제문제로서 법률의 위헌 여부를 판단하는 것은 서로 구조적인 차이는 있지만, 모두 헌법적 분쟁의 일괄적 해결과 사전예방적인 기본권 보장, 소송경제 측면에서 심판 대상 외의 관련 법률이나 법률조항의 위헌 여부를 심리 · 판단한다는 점에서 그 본질이 같다. 이러한 관계를 고려할 때 헌법재판소가 심판사건을 심리하면서 관련 법률이나 법률조항의 위헌 여부가 선결문제가 되면, 헌법과 법률에 따라서 헌법재판소에 부여된 심판권한을 제대로 수행하기 위해서 불가피하게 그 법률이나 법률조항의 위헌 여부를 판단할 수밖에 없다. 그렇게 하지 않으면 사법작용으로서 헌법재판소 판단이 헌법적 분쟁을 해결하는 데 무용할 뿐 아니라 선결문제인 법률이나 법률조항의 위헌성 판단을 도외시함으로써 사건의 본질을 왜곡할 수도 있고, 이 문제를 법원 등 다른 국가기관에 맡기면 헌법 제107조 제1항에 어긋나는 결과를 초래할 수도 있기 때문이다(헌재 1995. 7. 21. 95헌마8등; 헌재 2008. 1. 17. 2007헌마700; 헌재 2008. 5. 29. 2005헌라3).

2. 제청절차

일반 법원에서 재판 계속 중 해당 사건에 적용된 특정한 법률이나 법률조항이 헌법에 위반된다고 주장하는 당사자는 해당 사건을 담당하는 법원에 위헌제청을 신청할 수 있다. 제청 신청 주체는 해당 사건의 당사자이지만, 보조참가인도 피참가인의 소송행위와 저촉되지 않는 한 모든 소송행위를 할 수 있으므로 제청 신청의 당사자에 해당한다(헌재 2003. 5. 15. 2001헌바98). 당사자의 신청은 ① 사건 및 당사자의 표시, ② 위헌이라고 해석되는 법률이나 법률조항, ③ 위헌이라고 해석되는 이유(헌법재판소법 제43조 제2호부터 제4호)를 적은 서면으로 한다(헌법재판소법 제41조 제2항). 그러나 위헌제청신청서에는 인지를 첨부하지 않는다('위헌법률심판제청사건의 처리에 관한 예규' 제3조). 제청신청서가 헌법재판소법 제41조 제2항에 따른 기재사항을 제대로 적지 않으면 재판장은 상당한 기간을 정하고, 그 기간 안에 흠을 보정하도록 명령하여야 한다. 재판장은 법원사무관 등이 이러한 보정명령을 하게 할 수 있다(헌법재판소법 제41조 제3항, 민사소송법 제254조 제1항). 이러한 보정기간은 재정기간으로 법정기간 가운데 기간을 늘이거나 줄일 수 없는 불변기간(민사소송법 제172조 제1항)이 아니다(대법원 1978. 9. 5.자 78마233 결정). 따라서 당사자는 보정기간 안에 보정이 어려우면 그 연장 신청을 할 수 있다. 이에 대한 허락 여부는 재판장의 재량에 속한다(대법원 1969. 12. 19.자 69마500 결정).

당사자가 제청신청서를 보정하면 제청신청서를 제출한 때로 소급하여 적법하게 제청신청서를 제출한 것으로 취급한다. 당사자가 보정기간 안에 흠을 보정하지 않으면 재판장은 명령으로 제청신청서를 각하하여야 한다(헌법재판소법 제41조 제3항, 민사소송법 제

254조 제2항). 제청신청서 각하명령은 제청신청서를 수리할 수 없다고 반환하는 취지이므로, 제청신청서를 접수하고 나서 제청 신청이 부적법하다고 각하하는 판결과는 다르다. 이러한 제청신청서 각하명령에 대해서는 즉시항고를 할 수 있다(헌법재판소법 제41조 제3항, 민사소송법 제254조 제3항). 재판장은 소장을 심사하면서 필요하다고 인정하면 당사자에게 제청을 신청하는 이유에 대응하는 증거방법을 구체적으로 적어 내도록 명령할 수 있고, 당사자가 제청신청서에 인용한 서증의 등본이나 사본을 붙이지 않으면 이를 제출하도록 명령할 수 있다(헌법재판소법 제41조 제3항, 민사소송법 제254조 제4항). 제청 신청에 대응하는 증거방법 기재 · 제출과 제청신청서에 인용한 서증 등본이나 사본 제출명령에 불응하여도 소장 전체가 부적법하다고 보기 어렵다. 따라서 이를 이유로 소장을 각하할 수는 없다.

모든 법원이 직접 독자적인 결정으로 위헌여부심판을 제청할 고유권한이 있다. 헌법 제111조 제1항 제1호와 제107조 제1항, 헌법재판소법 제41조와 제45조를 따르면 대법원과 각급 법원은 법률의 합헌성 · 위헌성의 심사권을 가지고 재판하지만, 그 법률에 대해서 합헌이나 위헌이라고 규범적 효력을 확정하는 합헌성 여부에 대한 최종적인 결정권은 헌법재판소의 배타적 전속권한이다. 대법원 이외의 법원이 위헌제청결정을 하면 대법원을 거쳐야 한다(헌법재판소법 제41조 제5항). 그러므로 해당 법원은 위헌제청결정서 정본을 법원행정처장에게 법원장이나 지원장 명의로 송부하게 된다('위헌법률심판제청사건의 처리에 관한 예규' 제8조). 이때 대법원은 각급 법원의 위헌법률심판 제청을 심사할 권한이 없다. 위헌제청 신청을 기각하는 결정에 관해서는 항고나 재항고를 할 수 없다(헌법재판소법 제41조 제4항). 그뿐 아니라 재판의 전제가 되는 어떤 법률이 위헌인지는 재판을 담당한 법원이 직권으로 심리하여야 한다.

위헌법률심판 제청이 있으면 법무부 장관과 해당 소송사건 당사자에게 그 제청서 등본을 송달한다(헌법재판소법 제27조 제2항). 해당 소송사건의 당사자, 참가인 및 법무부 장관은 헌법재판소에 법률이나 법률조항의 위헌 여부에 대한 의견서를 제출할 수 있다(헌법재판소법 제44조, '헌법재판소 심판 규칙' 제56조). 재판부는 결정으로 다른 국가기관이나 공공단체의 기관에 심판에 필요한 사실을 조회하거나 기록 송부나 자료 제출을 요구할 수 있다(헌법재판소법 제32조 본문). 그리고 제청법원은 위헌법률심판을 제청한 후에도 심판에 필요한 자료 등을 헌법재판소에 제출할 수 있다('헌법재판소 심판 규칙' 제55조).

법원이 위헌제청결정을 하고 나서 헌법재판소가 다른 사건에서 해당 법률을 위헌이라고 결정하거나 그 법률이 폐지되거나 당사자의 소송 종료를 초래하는 행위(소 · 항소 · 상고 등의 취하, 화해, 청구 포기, 인낙 등)가 있거나 소송수계가 불가능한 사건에서 당사자가 사망하는 것 등의 사유로 위헌제청 사유가 소멸하면 위헌제청법원은 위헌제청결정을 취소하고 그 취소결정 정본을 헌법재판소에 송부함으로써 위헌여부심판 제청을 철회한다('위헌법률심판제청사건의 처리에 관한 예규' 제7조 제4항). 당사자의 위헌제청 신청 취하는 이것으로 재판의 전제성도 소멸하지 않고 법원은 직권으로 위헌제청을 할 수 있으므로 법원이 직권으로 철회사유가 인정된다고 판단할 때만 제청을 철회할 수 있다. 위헌제청 철회에 관해서 헌법재판소는 예외적으로 헌법적 해명을 위해서 본안 판단을 하는 때가 아닌 한 별다른 절차 없이 위헌법률심판절차가 종료된 것으로 처리한다. 그러나 이러한 제한적인 사유에 해당하지 않는 한 위헌 여부에 관한 견해 변경 등으로 법원이 임의로 제청 신청을 철회하는 것은 허용되지 않는다. 철회 사유가 있는데도 법원이 제청을 철회하지 않으면 헌법재판소는 재판의 전제성 소멸을 이유로 그 위헌제청을 각하한다(헌재 1989. 4. 17. 88헌가4). 다만, 예외적으로 해당 법률의 위헌 여부에 대한 헌법적 해명이 필요하면 헌법재판소는 심리를 진행하여 본안 판단을 할 수 있다.

규범통제절차인 헌법재판소법 제41조 제1항에 따른 위헌법률심판 사건에서 민사소송과 유사한 대립당사자 개념을 상정하기 어렵고, 법규범에 대한 헌법재판소 위헌결정은 국가기관 이외의 일반 사인에게도 그 효력이 미쳐서 민사재판에서 보조참가인에게 재판의 효력이 미치도록 하는 참가적 효력이 위헌법률심판에서 의미가 없으며, 보조참가신청인의 보조참가를 허용되지 않아도 이해관계인으로서 위헌법률심판에 참여할 법적인 기회가 부여되므로, 보조참가를 규정하는 민사소송법 제71조는 위헌법률심판의 성질상 준용하기 어렵다. 따라서 위헌법률심판에서 보조참가신청인의 보조참가 신청은 허용되지 아니한다(헌재 2020. 3. 26. 2016헌가17등).

3. 제청대상: '법률'

① 국회에서 제정한 (형식적) '법률': 원칙적으로 국회가 헌법과 법률이 정한 입법절차에 따라 의결을 거쳐 제정한 이른바 '형식적 (의미의) 법률'만 법원의 위헌제청 대상이 될

수 있는 법률에 해당한다(헌재 1996. 6. 13. 94헌바20). 그리고 여기서 법률은 대한민국 국회가 제정한 법률만을 말한다. 위헌법률심판은 최고규범인 헌법 해석을 통해서 헌법에 어긋나는 법률의 효력을 상실시키는 것이므로, 특별한 사정이 없는 한 현재 시행 중이거나 과거에 시행되었던 것이어야 하고 제청 당시에 공포는 되었으나 시행되지 않은 법률은 위헌여부심판의 대상법률에서 제외된다(헌재 1997. 9. 25. 97헌가4). 위헌제청 대상이 될 수 있는 법률은 헌법재판소가 위헌법률심판을 할 때 '유효한 법률'이어야 함이 원칙이다. 그러므로 헌법재판소에서 이미 위헌결정이 선고된 법률조항에 대한 위헌법률심판은 부적법하다(헌재 1989. 9. 29. 89헌가86). 그러나 헌법재판소가 위헌으로 선언한 법률과 같거나 비슷한 내용을 담은 새로운 법률을 국회가 제정하면, 새로운 법률은 위헌으로 선언된 법률과 형식상 다른 법률이므로 위헌법률심판 대상이 된다. 헌법재판소가 위헌으로 선언한 법률로 개정하기 이전 법률도 형식상 다른 법률이므로 위헌법률심판 대상이 된다.

② 입법부작위: 위헌법률심판제도는 국회가 제정한 법률이 헌법에 위반되는지를 심사하는 것이므로 국회의 입법부작위는 위헌여부심판 제청 대상이 될 수 없다. 다만, 법률이 불완전 · 불충분하게 제정된 이른바 '부진정입법부작위'는 입법부작위로 다룰 것이 아니라 불완전한 법률조항 자체를 대상으로 위헌여부심판을 제청하여야 한다(헌재 1996. 3. 28. 93헌바27).

③ 위헌제청 당시 없었던 신법의 경과규정: 위헌제청 당시 없었던 신법의 경과규정에 대해서도 그에 대한 단순위헌결정이나 헌법불합치결정과 그에 따른 법률 개선으로 권리구제가 가능하다고 하면서, 이러한 경과규정도 위헌여부심판을 해주는 것이 법질서의 정합성과 소송경제 측면에서도 바람직하므로 이를 심판대상에 포함한 판례도 있다(헌재 2000. 8. 31. 97헌가12).

④ 법률대위명령: 법률대위명령은 법률의 효력이 있는 법규범이므로 실질적 법률이고, 위헌법률심판 대상이 된다. 1972년 헌법에 근거한 대통령 긴급조치의 위헌 여부와 관련하여 대법원은 헌법재판소의 위헌심사 대상이 되는 '법률'은 '국회의 의결을 거친 이른바 형식적 의미의 법률'을 뜻하고, 위헌심사 대상이 되는 규범이 형식적 의미의 법률이 아니면 그러한 효력이 있는데 국회의 승인이나 동의가 필요한 것 등 국회의 입법권 행사라고 평가할 실질을 갖추어야 하는데, 긴급조치는 사전적으로는 물론 사후적으로도 그

효력을 발생하거나 유지하는 데 국회의 동의나 승인 등을 얻지 않으므로, 긴급조치는 국회의 입법권 행사라는 실질이 전혀 없는 것으로서 헌법재판소의 위헌법률심판 대상이 되는 '법률'에 해당하지 않고, 긴급조치의 위헌 여부에 대한 심사권은 최종적으로 대법원에 속한다고 하면서 긴급조치 제1호가 헌법에 위배되어 무효라고 하였다(대법원 2010. 12. 16. 선고 2010도5986 전원합의체 판결). 그러나 헌법재판소는 헌법 제107조 제1항과 제2항은 법원의 재판에 적용되는 규범의 위헌 여부를 심사할 때, '법률'의 위헌 여부는 헌법재판소가, 법률의 하위 규범인 '명령 · 규칙 또는 처분' 등의 위헌이나 위법 여부는 대법원이 그 심사권한을 갖는 것으로 권한을 분배하는데, 이 조항에 규정된 '법률'인지는 그 제정 형식이나 명칭이 아니라 규범의 효력을 기준으로 판단하여야 하고, '법률'에는 국회 의결을 거친 이른바 형식적 의미의 법률은 물론이고 그 밖에 조약 등 '형식적 의미의 법률과 동일한 효력'이 있는 규범들도 모두 포함되므로, 최소한 법률과 같은 효력이 있는 긴급조치의 위헌 여부 심사권한도 헌법재판소에 전속한다고 하면서, 대통령긴급조치 제1호와 제2호 그리고 '국가안전과 공공질서의 수호를 위한 대통령긴급조치'는 위헌이라고 선언하였다(헌재 2013. 3. 21. 2010헌바132등).

⑤ 조약과 일반적으로 승인된 국제법규: 조약도 국내법적 효력이 있는 이상 그 위헌성에 관한 사법심사는 가능하다고 보아야 한다(헌재 2013. 3. 21. 2010헌바132등). 즉 헌법은 조약에 대해서 우월적 효력이 있고, 조약은 헌법에 따라서 체결 · 공포되므로, 조약이 헌법에 합치하는지가 의심스러우면 사법심사 대상이 된다고 보아야 한다(헌재 1995. 12. 28. 95헌바3). 일반적으로 승인된 국제법규도 국내법적 효력이 있으므로 다른 국내법과 마찬가지로 그 위헌성에 대한 사법심사도 가능하다고 보아야 한다(헌재 2013. 3. 21. 2010헌바132등).

⑥ 관습법: 법률의 규범서열이 있는 관습법이 당사자의 기본권을 직접 그리고 현재 침해하여 헌법소원이 허용되면 헌법재판소가 그에 대한 위헌 여부를 심사할 수 있다. 헌법재판소도 위헌법률심판 대상인 '법률'은 국회 의결을 거친 이른바 형식적 의미의 법률뿐 아니라 법률과 같은 효력이 있는 조약 등도 포함되는데, 법률과 동일한 효력이 있는 조약 등을 위헌법률심판 대상으로 삼음으로써 헌법을 최고규범으로 하는 법질서의 통일성과 법적 안정성을 확보할 수 있을 뿐 아니라, 합헌적인 법률에 따른 재판을 가능하게 하여 궁극적으로는 국민의 기본권 보장에 이바지할 수 있다고 하면서, 법률과 같은 효력

이 있는 관습법도 당연히 헌법소원심판 대상이 되고, 단지 형식적인 의미의 법률이 아니라는 이유로 그 예외가 될 수는 없다고 하였다(헌재 2013. 2. 28. 2009헌바129). 그러나 대법원은 헌법 제111조 제1항 제1호와 헌법재판소법 제41조 제1항에서 규정하는 위헌심사 대상이 되는 법률은 국회 의결을 거친 이른바 형식적 의미의 법률을 의미하고, 민사에 관한 관습법은 법원이 발견하고 성문 법률에 반하지 아니하는 때만 보충적인 법원이 되는 것에 불과하여(민법 제1조) 관습법이 헌법에 위반되면 법원이 그 관습법의 효력을 부인할 수 있으므로, 결국 관습법은 헌법재판소의 위헌법률심판 대상이 아니라고 하면서, 관습법에 대한 위헌제청 신청이 부적법하다고 각하하였다(대법원 2009. 5. 28.자 2007카기134 결정).

⑦ 헌법(규정): 헌법재판소는 "헌법 제111조 제1항 제1호, 제5호 및 헌법재판소법 제41조 제1항, 제68조 제2항은 위헌심사의 대상이 되는 규범을 '법률'로 명시하며, 여기서 '법률'이라 함은 국회의 의결을 거쳐 제정된 이른바 형식적 의미의 법률을 의미한다. 따라서 위와 같은 형식적 의미의 법률과 같은 효력을 갖는 조약 등이 위헌심사의 대상이 포함되는 것은 별론으로 하고 헌법의 개별규정 자체가 위헌심사의 대상이 될 수 없음은 위 각 규정의 문언에 의하여 명백하다."라고 한다(헌재 1996. 6. 13. 94헌바20).

⑧ 법규명령: (ⅰ) 법규명령만을 심판 대상으로 위헌법률심판을 제청하면 법규명령은 법률이 아니므로 헌법재판소는 부적법 각하결정을 내려야 한다(헌재 1996. 10. 4. 96헌가6). 법규명령이 헌법에 위반되는지가 재판의 전제가 되면 대법원이 최종적으로 심사할 권한이 있으므로(헌법 제107조 제2항), 법원 스스로 이것을 판단할 수 있다. (ⅱ) 법률과 시행령 · 규칙 등이 결합하여 전체로서 하나의 완결된 법적 효력을 발휘하면 법률 위임에 따른 시행령 · 규칙 등 하위법규범이 부수적으로 법률 내용을 판단하는 자료가 될 수 있다(헌재 1992. 6. 26. 90헌가23). 이때 법률과 하위법규범을 따로 심사하면 법률에 대해서는 위임의 형식과 내용을, 하위법규범에 대해서는 위임 범위 준수 여부를 각각 심사하게 되어 규율내용 전체의 의미 있는 판단이 어려울 수 있기 때문이다.

⑨ 조례: 헌법 제117조 제1항은 지방자치단체는 "법령의 범위 안에서 자치에 관한 규정을 제정할 수 있다."라고 규정하여, 법률과 조례는 성질과 효력에서 구별될 뿐 아니라 조례는 상위의 법률과 명령에 구속되어 법률과 동위의 성격이 없다. 따라서 지방의회가 제정한 조례는 위헌법률심판 대상이 될 수 없다(헌재 1998. 10. 15. 96헌바77).

⑩ 폐지된 법률(실효된 법률 포함): 폐지되어 이미 효력을 상실한 법률에 대해서 헌법재판소가 위헌결정을 통하여 다시 효력을 상실시킬 실익이 없다. 위헌으로 결정된 법률이나 법률조항은 그 결정이 있는 날부터 효력을 상실한다(헌법재판소법 제47조 제2항). 따라서 이러한 법률이나 법률조항은 위헌법률심판 대상이 될 수 없다(헌재 1989. 9. 29. 89헌가86). 법률이 폐지되어도 그 법률 시행 당시에 발생한 구체적 사건에서 국민의 기본권이 침해되고 그 침해상태가 계속되면 (법률의 성질상 더는 적용될 수 없거나 특별한 구제절차 규정이 없는 한) 폐지된 법률에 따라서 재판이 진행될 수밖에 없다. 이때 폐지된 법률의 위헌 여부가 문제로 제기될 수밖에 없고, 그 위헌여부심판은 헌법재판소가 할 수밖에 없다. 만약 이것을 거부하거나 회피하면 구체적 사건에 대한 법적 분쟁을 해결하여야 하는 법원으로서는 법률에 대한 위헌결정권이 없다는 것을 이유로 위헌문제가 제기된 법률을 그대로 적용할 수밖에 없는 불합리한 결과가 생긴다(헌재 1989. 12. 18. 89헌마32).

⑪ 공포되고 나서 시행된 적 없이 폐지된 법률: 위헌인 법률의 효력을 상실시키는 위헌법률심판 제도의 기능 속성상 법률의 위헌여부심판의 제청대상 법률은 특별한 사정이 없는 한 현재 시행중이거나 과거에 시행되었던 것이어야 한다. 따라서 제청 당시에 공포는 되었으나 시행되지 않았고 결정 당시에는 이미 폐지되어 효력이 상실된 법률은 위헌여부심판의 대상법률에서 제외된다(헌재 1997. 9. 25. 97헌가4). 예를 들어 보호감호처분에 대해서는 소급입법이 금지되므로 비록 구법이 개정되어 신법이 소급 적용되도록 규정되었더라도 실체적인 규정에 관한 한 오로지 구법이 합헌적이어서 유효하였다는 것을 전제로 하고 다시 신법이 더 유리하게 변경되었을 때만 신법이 소급 적용될 것이므로 폐지된 구법에 대한 위헌 여부 문제는 신법이 소급 적용될 수 있기 위한 전제문제로서 판단 이익이 있어 위헌제청은 적법하고(헌재 1989. 7. 14. 88헌가5등), 비록 조합 구역 안에 같은 업종의 조합을 2개 이상 설립할 수 없도록 한 구 축산업협동조합법 제99조 제2항이 축산업협동조합법 개정으로 삭제되기는 하였으나 농림수산부 장관 조합설립인가처분의 위법 · 부당 여부는 특별한 사정이 없는 한 위 처분 시의 법규에 비추어 판단하여야 할 것이고, 위 처분 당시 유효한 법률조항이었던 이 사건 심판 대상 조항의 재판 전제성이 인정되므로 심판 청구 이익이 인정된다(헌재 1996. 4. 25. 92헌바47). 한편, 국적법 제2조 제1항 제1호 위헌제청 사건에서는 심판계속 중 제청대상 법률조항이 개정되어 해당 사건에 신법을 적용하게 되었으므로 재판의 전제성을 상실하였다는 이유로 각하결정이

내려졌다(헌재 2000. 8. 31. 97헌가12).

법률이 폐지되거나 개정되었더라도 부칙규정에 따라 계속 적용되면 위헌법률심판 대상이 될 수 있다(헌재 1996. 8. 29. 94헌바15). 특정한 법률을 폐지하거나 개정할 때 그 법률 대신 폐지법률이나 개정법률을 제정할 수도 있는데, 이때도 재판의 전제성이 인정되면 그 폐지법률이나 개정법률도 위헌법률심판 대상이 된다(헌재 2001. 1. 18. 2000헌바7). 헌법재판소가 위헌결정을 내리기 전에 해당 법률이 개정되면 개정되기 전의 법률은 위헌으로 결정된 법률이 아니라서 해당 사건에 적용되면 위헌법률심판 대상이 된다.

⑫ 1948년 헌법 이전의 법령: 1948년 헌법이 제정되기 전에도 미국 군정청이 발한 법령과 대일항쟁기(이른바 일본강점기) 조선총독이 발한 법령처럼 시행되던 법령이 있었다. 이러한 법령들은 대한민국이 제정한 것이 아닐뿐더러 절차적 · 형식적으로 법률로 보기 어려운 때가 잦다. 그러나 이러한 법령들도 1948년 헌법 시행 후에는 "현행법령은 이 헌법에 저촉되지 아니하는 한 효력을 가진다."라고 규정한 1948년 헌법 제100조에 따라서 대한민국 법령으로서 효력이 부여되었다. 이러한 법령들이 위헌법률심판 대상이 되는지가 문제 된다. 이러한 법령이 법률과 같은 기능을 수행하는 한 위헌법률심판 대상으로 인정하여야 할 것이다. 헌법재판소는 당시 과도기적 상황에서 법체계가 정비되지 않았던 점을 고려하여 형식과 명칭보다는 입법사항을 규정하면 위헌법률심판 대상이 된다고 하였다(헌재 2001. 4. 26. 98헌바79등).

4. 제청요건(적법요건)

제청요건은 청구가 적법한 취급을 받으려면 갖추어야 하는 소송요건을 말한다. 제청요건이 흠결되면 부적법 각하하여야 하고, 본안심리 중에 흠결이 드러나면 심리를 중단하고 부적법 각하하여야 한다.

(1) 재판의 전제성

재판의 전제성은 원칙적으로 ① 구체적인 사건이 법원에 계속 중이어야 하고, ② 위헌 여부가 문제 되는 법률이 해당 소송사건 재판에 적용되는 것이어야 하며, ③ 그 법률이 헌법에 위반되는지에 따라 해당 사건을 담당하는 법원이 다른 내용의 재판을 하게 되는 때를 말한다(헌재 1993. 12. 23. 93헌가2).

① 사건의 법원계속성: 구체적인 사건이 법원에 계속 중일 것

'구체적인 사건이 계속 중이어야' 한다는 것은 헌법재판소법 제41조 소정의 위헌법률심판제청사건에서 위헌제청결정 당시는 물론이고 헌법재판소가 결정을 내릴 때까지 구체적 사건이 법원에 계속 중이어야 한다는 뜻이다. 해당 사건이 법원에 원칙적으로 '적법'하게 계속되어야 한다. 그러므로 해당 사건이 부적법한 것이어서 법률의 위헌 여부를 따져 볼 필요조차 없이 각하를 면할 수 없으면 위헌여부심판 제청 신청을 적법요건인 '재판의 전제성' 흠결을 이유로 각하하여야 한다(헌재 1992. 8. 19. 92헌바36). 해당 소송사건이 법원에 일단 적법하게 계속되었더라도 위헌제청 이후 헌법재판소 심리기간 중의 사후적인 사정변경, 예를 들어 해당 사건이 소 취하(취하 간주 포함)로 말미암아 종료되면(민사소송법 제267조 제1항 참조) 재판의 전제성이 인정되지 않는다.

② 법률의 사건관련성: 위헌 여부가 문제 되는 법률이 해당 소송사건의 재판에 적용될 것

어떤 법률 규정이 위헌 의심이 있더라도 그것이 해당 사건에 적용될 것이 아니라면, 재판의 전제성 요건은 충족되지 않는다(헌재 1995. 7. 21. 93헌바46). 해당 사건에 적용된다는 것은 법률이 해당 사건을 해결하는 기준이 된다는 것으로 법률이 해당 사건을 직접 규율대상으로 하는 때는 물론 해당 사건을 직접 규율대상으로 하지 않아도 유추를 통해서 규율하는 때도 포함한다. 형사소송법은 재심 절차를 재심 청구에 대한 심판과 본안사건에 대한 심판으로 구분한다. 따라서 해당 재심사건에서 아직 재심 개시 결정이 확정되지 않았을 때 위헌법률심판 제청이 적법하려면 심판 대상 법률조항의 위헌 여부가 본안사건에 대한 심판에 앞서 재심 청구에 대한 심판의 전제가 되어야 한다(헌재 1993. 11. 25. 92헌바39).

심판 대상이 되는 법률은 법원의 해당 사건에 직접 적용되는 법률인 때가 대부분이겠지만, 해당 재판에 적용되는 법률이라면 반드시 직접 적용되는 법률이어야 하는 것은 아니고, 제청이나 청구된 법률조항이 법원의 해당 사건 재판에 직접 적용되지는 않더라도 그 위헌 여부에 따라 해당 사건의 재판에 직접 적용되는 법률조항의 위헌 여부가 결

정되거나 해당 재판의 결과가 좌우되는 때와 같이 양 규범 사이에 내적 관련이 있으면 간접 적용되는 법률 규정에 대해서도 재판의 전제성이 인정될 수 있다(헌재 2001. 10. 25. 2000헌바5). 재판에 직접 적용되는 시행령 위헌 여부가 위임규정 위헌 여부에 달렸다면 위임규정을 심판 대상으로 삼는 때도 여기에 포함할 수 있다(헌재 1994. 6. 30. 92헌가18). 그리고 해당 법률 규정의 해석기준이 되거나 해석방향을 지시하는 때도 여기에 포함할 수 있다.

③ 심판 필요성: 그 법률이 헌법에 위반되는지에 따라 해당 사건을 담당하는 법원이 다른 내용의 재판을 하게 되는 때일 것

다른 내용의 재판을 하게 되는 때는 원칙적으로 법원이 심리 중인 해당 사건 재판의 결론이나 주문에 어떤 영향을 주는 때뿐 아니라 문제가 된 법률의 위헌 여부가 비록 재판 주문 자체에는 아무런 영향을 주지 않더라도 재판의 결론을 이끌어 내는 이유를 달리하는 데 관련되거나 재판의 내용과 효력에 관한 법률적 의미가 달라지는 때도 포함된다(헌재 1993. 12. 23. 93헌가2). 판결 주문이 달라지는 때는 해당 법률이 위헌일 때는 합헌일 때와 다른 판단을 할 수밖에 없는 때를 말한다(헌재 1989. 12. 18. 89헌마32등). 헌법재판소는 치료감호에 대한 재판과 피고사건에 대한 재판은 별개의 재판이지만, 양자는 서로 긴밀하게 연관되므로, 피고사건을 선고할 때 치료감호사건에 대하여도 고려를 할 수밖에 없어서 해당 법률조항들은 해당 사건에서 재판의 전제성이 인정된다고 하였다(헌재 2021. 1. 28. 2019헌가24등). 그러나 최근에 헌법재판소는 법률의 위헌 여부가 재판의 전제가 된다고 하려면, 그 법률이 법원의 재판에 적용되고, 그 위헌 여부에 따라 해당 사건 재판의 주문이 달라지거나 재판의 내용과 효력에 관한 법률적 의미가 달라져야 한다고 하여(헌재 2016. 3. 31. 2013헌바190) '재판의 결론을 이끌어 내는 이유를 달리하는 데 관련되거나'를 언급하지 않는다.

④ 평등원칙 위반과 재판의 전제성

해당 소송의 원고를 평등원칙에 어긋나게 특정한 급부 수혜대상에서 제외하는 법률 규정에서는 그 법률 규정이 합헌으로 선언되는 때뿐 아니라 그 법률 규정이 위헌이나 헌법불합치로 선언되는 때도 해당 소송의 원고는 아무것도 요구할 수 없다. 이처럼 법률

규정이 평등원칙에 위반된다는 의심이 있으면 재판의 전제성이 있다고 볼 수 있는지에 관해서 헌법재판소는 처음에 재판의 전제성이 없다고 하기도 하였다. 즉 '1980년 해직 공무원의 보상 등에 관한 특별조치법' 제2조와 제5조에 대한 헌법소원에서 5명의 재판관이 재판의 전제성을 인정하여 본안 판단을 하였으나(헌재 1993. 5. 13. 90헌바22등), 동 법률에 대한 유사한 유형의 다른 사건에서는 재판관 6명이 재판의 전제성을 부인하여 각하한 바 있다(헌재 1993. 11. 25. 90헌바47등). 그러나 그 후 이러한 유형의 사건에서 평등원칙 위반 의심을 받는 법률에 대해서 재판의 전제성을 인정한다(헌재 1999. 7. 22. 98헌바14).

수혜적 · 수익적 법률의 피적용자가 법원에 제소한 사건에서 그 법률이 제소자를 포함한 특정집단에만 적용되는 것은 헌법에 위반된다는 이유로 법원이 직권으로 위헌제청을 할 수 있는지가 문제 된다. 이러한 위헌상태를 제거하는 방법이 다른 집단에 대해서도 그 법률이 적용되도록 개정하는 것밖에 없다면 재판의 전제성은 부정하여야 할 것이다. 하지만 위헌상태를 제거하는 방법으로 제소자를 포함하는 수혜집단에 대해서까지 법률 적용을 배제하는, 즉 해당 법률을 폐지하는 것을 생각할 수 있다면 재판의 전제성은 인정될 수 있다.

⑤ 제청법원 견해 존중

법원의 위헌여부심판 제청에서 위헌 여부가 문제 되는 법률이나 법률조항이 재판의 전제성 요건을 갖추는지는 되도록 이것에 관한 제청법원의 법률적 견해를 존중함이 원칙이다(헌재 1996. 10. 4. 96헌가6). 제청 기초가 되는 법률 해석에서 그 이유가 일부 명시되지 않은 점이 있더라도 먼저 나서서 법률해석을 확정하여 제청법원 판단을 명백히 불합리하여 유지될 수 없는 것이라고 단정하기보다는 제청법원의 제청취지를 존중하여 재판의 전제성을 긍정하여야 할 것이다(헌재 2007. 4. 26. 2004헌가29). 재판의 전제성 요건 판단에는 문제가 되는 법률조항이 해당 사건에 적용되는지, 그 위헌 여부에 따라 담당법원이 다른 내용의 재판을 하게 되는지가 검토되어야 하는데, 이것은 해당 사건에서 법률의 해석 · 적용 권한이 있는 법원의 1차적 권한이기 때문이다.

헌법재판소는 재판의 전제성에 관한 제청법원의 법률적 견해가 명백히 유지될 수 없으면 이것을 직권으로 조사할 수 있다(헌재 1993. 5. 13. 92헌가10등). 그 결과 전제성이 없다고 판단되면 그 제청을 각하할 수 있다. 재판에 적용되는 법률에 대한 해석 · 적용의 문제를 넘어 헌법문제가 선결문제가 되는 때나 헌법재판소가 그 판례를 통해서 구체화한 헌법 규정 내용이 해당 사건에서 적용되면 그러한 범위에서 헌법재판소는 제청법원 견해에 구속되지 아니한다. 따라서 헌법재판소는 이 문제들에 관한 제청법원 판단을 전면적으로 심사할 수 있다. 즉 재판의 전제성 유무가 헌법과 헌법재판소법이 정한 헌법소송의 기능 · 본질 및 효력 등 헌법재판제도에 관한 헌법적 선결문제 해명에 따라 전적으로 좌우되면 헌법재판소는 법원의 법률적 견해에 구애받지 아니하고 법원의 위헌법률심판 제청이 적법한 것인지를 독자적으로 결정한다. 실체법에 관한 것이든 절차법에 관한 것이든 헌법이나 헌법재판제도 문제에 관한 해명은 헌법재판소의 독자적 판단사항이기 때문이다(헌재 1994. 6. 30. 92헌가18).

⑥ '재판'의 의미

재판이란 인적 · 물적으로 독립한 제3자인 법원이 법률이 정한 절차에 따라 구체적인 분쟁이나 법위반 여부를 법규범을 기준으로 하여 유권적으로 판단하는 작용이다. 따라서 법원이 하는 사법행정은 재판이 아니다. 헌법재판소법 제41조 제1항에서 말하는 '재판'은 원칙적으로 그 형식 여하와 본안에 관한 재판이거나 소송절차에 관한 것인지를 불문한다. 판결과 결정 그리고 명령이 여기에 포함된다. 심급을 종국적으로 종결시키는 종국재판뿐 아니라 중간재판도 이것에 포함된다. 법률이 위헌으로 심판되는지가 법원이 앞으로 진행될 소송절차와 관련한 중요한 문제점을 선행결정하여야 하는지에 관한 판단에 영향을 주는 때도 헌법재판소법 제41조 제1항에서 요구하는 '재판'의 전제성이 있다고 보아야 한다(헌재 1994. 2. 24. 91헌가3).

(i) 체포 · 구속 · 압수 · 수색영장, 구속 적부 심사 청구, 보석허가에 관한 재판도 여기서 말하는 재판의 개념에 포함한다. (ii) 본안에 관한 재판뿐 아니라 소송비용이나 가집행에 관해서도 그리고 종국재판이 아니라 중간재판에서도 위헌제청이 가능하다. (iii) 해당 사건이 재심사건일 때 재판의 전제성이 인정되려면, '재심 청구에 관한 심판'에 적용되는 법률조항이거나 재심 사유가 있으면 '본안사건에 관한 재심심판'에 적용되는 법률조항이어야 한다(헌재 1993. 11. 25. 92헌바39). (iv) 형사소송법은 재심 절차를 '재심 청구에 대한 심판'과 '본안사건에 대한 심판'이라는 두 단계 절차로 구별한다. 따라서 확정

된 유죄판결에서 처벌 근거가 된 법률조항은 원칙적으로 '재심 청구에 대한 심판', 즉 재심의 개시 여부를 결정하는 재판에서는 재판의 전제성이 인정되지 않고, 재심의 개시 결정 이후의 '본안사건에 대한 심판'에서만 재판의 전제성이 인정된다(헌재 2018. 3. 29. 2016헌바99).

⑦ 전제성 판단 기준 시점과 사정변경

재판의 전제성은 법원이 위헌법률심판을 제청할 때뿐 아니라 헌법재판소의 위헌법률심판 시점에도 충족되어야 함이 원칙이다(위헌법률심판의 제청 · 존속 · 결정요건)(헌재 1993. 12. 23. 93헌가2).

해당 사건 당사자는 해당 법원에 계속된 소송 종료를 가져오는 소송행위(소 · 항소 · 상고 등의 취하, 화해, 인낙 등)를 함으로써 해당 소송절차를 종료시킬 수 있다. 이때 법원에 계속된 구체적 사건 존재를 전제로 하는 그 '구체적' 규범통제절차로서 본질상 헌법재판소에 계속된 위헌법률심판절차도 의미가 없어진다. 따라서 제청법원은 이때 그 위헌제청을 철회하여야 한다. 비슷한 문제는 제청법원이 위헌제청 이후에 새롭게 발생하거나 확인된 사실, 법률 개정, 법률 위헌 여부에 대한 헌법재판소 결정에 따라 헌법재판소법 제41조 제1항의 위헌제청 요건이 더는 충족되지 않는다는 판단에 이른 때도 발생한다. 가령 제청법원은 위헌제청 이후에 해당 소송의 당사자가 사망하거나 법률이 개정 · 폐지되면 제청요건이 아직도 존재하는지를 검토하여야 하고, 만일 그 요건이 더는 존재하지 않으면 그 위헌제청을 철회하여야 한다. 실무상으로는 제청법원이 그 위헌제청을 철회하면 헌법재판소는 예외적으로 헌법적 해명을 위해서 본안 판단을 하는 때가 아닌 한 별다른 재판 없이 위헌법률심판절차가 종료된 것으로 처리한다. 만일 제청법원이 재판의 전제성이 제청 이후의 사정변경으로 소멸하였는데도 그 제청을 철회하지 않으면 헌법재판소가 그 위헌제청을 전제성이 없어 부적법한 것으로 각하하여야 할 것이다(헌재 1989. 4. 17. 판례집 1).

(2) 일사부재리원칙

헌법재판소법 제39조는 "헌법재판소는 이미 심판을 거친 동일한 사건에 대하여는 다시 심판할 수 없다."라고 규정하여 헌법재판소 결정에 대한 일사부재리원칙을 명문으로 규정한다. 따라서 같은 법원이 같은 법률이나 법률조항에 대해서 사정변경이 없는데도 다시 헌법재판소에 위헌제청하는 것은 허용되지 아니한다. 그리고 법적 안정성과 소송경제에 비추어 동일한 사건이라면 심급을 달리하더라도 일사부재리가 적용된다. 따라서 하급심법원이 위헌제청한 사건에 대해서 상급심법원에서 다시 위헌제청을 할 수 없다.

(3) 제청결정기간

위헌제청 신청에 대한 법적인 결정의무나 어느 정도 기간 안에 제청여부결정을 내려야 하는지에 관한 명문 규정은 없다. 따라서 법원은 제청 여부뿐 아니라 언제 제청 여부를 결정할 것인지를 재판 선고를 하기 전까지 자유롭게 결정할 수 있다.

(4) 위헌제청에 따른 재판 정지

법원이 위헌법률심판을 제청하면 해당 소송사건 재판은 헌법재판소의 위헌여부심판 결정이 있을 때까지 정지된다. 다만, 법원이 긴급하다고 인정하면 종국재판 외의 소송절차를 진행할 수 있다(헌법재판소법 제42조 제1항). 그리고 당사자의 소송 종료를 초래하는 행위가 있으면 제청 철회가 가능하다. 그런데 이러한 소송행위가 절차적으로 허용되어야 비로소 제청 철회가 가능하다. 따라서 제청결정이 있어도 당사자의 소송 종료를 초래하는 행위(소 · 항소 · 상고 등 취하, 화해, 포기, 인낙 등)와 위헌제청결정 취소는 가능하다('위헌법률심판제청사건의 처리에 관한 예규' 제4조 제4호와 제7조 제4항). 재판정지기간 기산점은 법원이 헌법재판소에 제청한 때이고, 만료점은 헌법재판소의 위헌 여부 결정이 있는 때이다. 법원은 재판정지기간의 기산점을 법원이 위헌제청결정을 한 때로, 그 만료점을 헌법재판소의 위헌여부결정서 정본이 위헌제청법원에 송달된 때로 보고, 위헌제청결정에 대한 취소결정을 하면 재판정지기간이 만료된 것으로 본다('위헌법률심판제청사건의 처리에 관한 예규' 제9조의2). 재판정지기간은 형사소송절차에서 구속기간(형사소송법 제92조 제1항과 제2항, 군사법원법 제132조 제1항과 제2항)과 민사소송절차에서 종국판결 선고기간(민사소송법 제199조)에 이를 산입하지 아니한다(헌법재판소법 제42조 제2항).

Ⅲ. 헌법재판소법 제68조 제2항에 따른 헌법소원(위헌소원)

1. 법적 성격

헌법재판소법 제68조 제2항에 따른 헌법소원심판은 법원이 위헌법률심판 제청 신청을 기각한 때의 구제수단으로서 법원이 위헌법률심판을 무력화하는 것을 방지하기 위한 것이다. 따라서 그 본질은 위헌법률심판으로 보아야 한다. 헌법재판소도 헌법재판소법 제68조 제2항에 따른 헌법소원심판의 본질을 위헌법률심판으로 본다(헌재 1997. 7. 16. 96헌바36등).

2. 위헌소원(심판청구)권자

위헌소원(심판청구)권자는 일반 법원의 재판절차에서 재판의 전제가 되는 법률에 대해서 위헌여부심판 제청 신청을 하였다가 법원에서 이러한 신청이 이유 없다고 하여 기각결정을 받은 (소송)당사자이다. 그런데 해당 법원이 실질적으로 헌법문제에 관한 판단을 하였으므로 제청 신청을 기각하여야 하는데도 각하결정이라는 재판형식으로 배척한 때도 당사자는 위헌소원심판을 청구할 수 있다(헌재 1989. 12. 18. 89헌마32등). 청구인이 해당 소송법원에 위헌여부심판 제청 신청을 하지 않아서 법원의 기각결정도 없는 부분에 대한 심판 청구는 그 요건을 갖추지 못하여 적법하지 않다(헌재 1997. 8. 21. 93헌바51). 해당 사건의 보조참가인은 피참가인의 소송행위와 저촉되지 아니하는 한 소송에 관해서 공격 · 방어 · 이의 · 상소, 그 밖의 소송행위를 할 수 있으므로 위헌소원심판을 청구할 수 있다(헌법재판소법 제40조, 민사소송법 제76조 제1항 본문)(헌재 2003. 5. 15. 2001헌바98). 이때 청구인은 사인에 한정되지 않는다. 행정처분 주체인 행정청도 해당 사건의 당사자나 보조참가인으로서 위헌여부심판 제청 신청을 할 수 있고, 그 신청이 기각되면 위헌소원심판을 청구할 수 있다(헌재 2008. 4. 24. 2004헌바44).

3. 위헌소원절차

위헌제청신청기각결정을 받은 당사자가 (대리인 변호사를 선임하여) 직접 헌법재판소에 헌법소원심판을 청구한다(헌법재판소법 제68조 제2항). 헌법소원심판을 청구하려면 청구서를 헌법재판소에 제출하여야 한다(헌법재판소법 제26조 제1항). 전자문서로도 청구서를 제출할 수 있다(헌법재판소법 제76조). 심판청구서 기재사항은 법원이 헌법재판소에 제출하는 제청서와 같다. 이때 '제청법원의 표시'는 청구인 및 '대리인의 표시'로 본다(헌법재판소법 제71조 제2항, 제43조). 다만, '헌법재판소 심판 규칙' 제68조 제2항은 위헌소원의 특성에 비추어 몇 가지 사항을 추가한다. 결국, 위헌소원의 심판청구서에는 ① 청구인과 대리인의 표시, ② 사건과 당사자의 표시, ③ 위헌이라고 해석되는 법률이나 법률조항, ④ 위헌이라고 해석되는 이유, ⑤ 법률이나 법률조항의 위헌 여부가 재판의 전제가 되는 이유, ⑥ 청구기간 준수에 관한 사항을 기재하여야 한다. 그리고 청구서를 제출할 때 ① 위헌법률심판제청신청서 사본, ② 위헌법률심판제청신청 기각결정서 사본, ③ 위헌법률심판제청신청 기각결정서 송달증명원, ④ 당해사건의 재판서를 송달받으면 그 재판서 사본도 함께 제출하여야 한다('헌법재판소 심판 규칙' 제69조 제2항).

4. 위헌소원 대상

위헌법률심판 대상과 같다. 위헌소원은 '법률'의 위헌성을 적극적으로 다투는 제도이므로, '법률의 부존재' 즉, 입법부작위를 다투는 것은 그 자체로 허용되지 아니한다(헌재 2001. 1. 27. 98헌바12). 다만, 법률이 불완전 · 불충분하게 규정되었음을 근거로 법률 자체의 위헌성을 다투는 취지로 이해되면 그 법률이 해당 사건의 재판 전제가 된다는 것을 요건으로 허용될 수 있다(헌재 2004. 1. 29. 2002헌바36). 헌법재판소가 불완전 · 불충분한 법률을 위헌성을 확인하여 그 적용을 배제하더라도 그 법률을 적용하였을 때와 다른 내용의 재판을 하기 어려울 때도 있기 때문이다.

5. 위헌소원요건

(1) 위헌제청 신청

헌법재판소법 제68조 제2항에 따른 헌법소원심판은 위헌법률심판 제청 신청을 하였다가 기각당한 당사자가 청구할 수 있다. 헌법재판소법 제40조에 따라 준용되는 민사소송법을 따르면 보조참가인은 피참가인의 소송행위와 저촉되지 아니하는 한 소송에 관하여 공격 · 방어 · 이의 · 상소, 그 밖의 소송행위를 할 수 있으므로 제청 신청을 하였다가 기각되면 헌법소원심판을 청구할 수 있다(헌재 2003. 5. 15. 2001헌바98). 이때 청구인은 사인(私人)에 한정되지 않는다. 따라서 공권력 행사 주체인 행정청도 법원 재판의 당사자인 이상 제청 신청을 할 수 있고, 신청이 기각되면 헌법재판소법 제68조 제2항에 따른 헌법소원심판을 청구할 수 있다(헌재 2008. 4. 24. 2004헌바44). 행정처분 주체인 행정청도 해당 사건의 당사자나 보조참가인으로서 위헌여부심판 제청 신청을 할 수 있고, 그 신청이 기각되면 헌법재판소법 제68조 제2항에 따른 헌법소원을 제기할 수 있다(헌재 2008. 4. 24. 2004헌바44). 이것은 헌법재판소법 제68조 제1항에 따른 헌법소원에서는 기본권주체로서 일반 사인만이 헌법소원심판을 청구할 수 있고, 국가기관이나 지방자치단체 또는 공법인은 원칙적으로 청구인이 될 수 없는 것과 다르다. 헌법재판소는 법원이 실질적으로 제청 신청된 법률조항의 위헌 여부에 관해서 판단한 결과인 기각결정에 대해서만 적법한 청구로 받아들이는 것이 아니라, 기각결정인지 각하결정인지의 형식에 구애됨이 없이 해당 청구의 적법성을 직권으로 심사하여 청구의 적법성이 인정되면 재판의 전제성 등 적법요건을 갖춘 것으로 보고 본안 판단으로 나아간다.

헌법재판소법 제68조 제2항에 따른 헌법소원은 위헌여부심판 제청 신청을 하여 그 신청이 기각된 때만 청구할 수 있다. 따라서 청구인이 해당 소송법원에 위헌여부심판 제청 신청을 하지 않아서 법원의 기각결정도 없었던 부분에 대한 심판 청구는 그 심판청구요건을 갖추지 못하여 부적법하다(헌재 1994. 4. 28. 89헌마221). 그러나 당사자가 위헌법률심판 제청 신청 대상으로 삼지 않았고 법원이 기각결정 대상으로도 삼지 않았음이 명백한 법률조항이더라도, 예외적으로 위헌제청 신청을 기각이나 각하한 법원이 해당 조항을 실질적으로 판단하였거나 해당 조항이 명시적으로 위헌제청 신청을 한 조항과 필연적 연관관계를 맺어서 법원이 이러한 조항을 묵시적으로 위헌제청 신청 대상으로 판단한 것으로 볼 수 있으면 이러한 법률조항에 대한 심판 청구도 적법하다(헌재 1998. 3. 26. 93헌바12).

(2) 기각결정

헌법재판소법 제68조 제2항에 따른 헌법소원은 해당 사건에 적용되는 법률의 위헌 여부에 관한 법원의 1차적 위헌심사에 대해서 당사자가 불복하는 것이다. 따라서 헌법재판소법 제68조 제2항에 따른 헌법소원은 당사자의 위헌제청을 법원이 거부하였을 것을 요건으로 한다. 기각결정이 아직 내려지지 않았다면 제청 여부 결정이 지연되더라도 바로 헌법재판소법 제68조 제2항에 따른 헌법소원심판을 청구할 수 없다(헌재 1999. 4. 29. 98헌바29등). 복수의 법률조항에 대한 헌법소원심판 청구가 있으면 제청 신청이나 기각결정 대상이 되지 않았던 법률에 대한 청구 부분은 부적법하다(예를 들어 헌재 1997. 11. 27. 96헌바12). 다만, 명시적으로 기각결정 대상에 포함되지 않은 법률조항이라도 법원이 그에 대해서 실질적 · 묵시적으로 위헌 여부에 관해서 판단하였다면 그 조항에 대한 헌법소원심판 청구는 적법하다(헌재 1998. 3. 26. 93헌바12).

기각결정에는 문제가 된 법률의 위헌 여부에 관한 법원의 실체적 판단뿐 아니라 제청 신청이 적법한 것인지에 관한 판단도 포함한다. 그리고 법원의 재판형식이 기각인지 각하인지도 중요하지 않다(헌재 1989. 12. 18. 89헌마32등). 따라서 법원이 헌법소원심판 대상적격이 없다거나 재판의 전제성이 없거나 한정위헌청구라는 이유로 제청 신청이 부적법하다고 결정하여도 당사자는 헌법소원심판을 청구할 수 있다. 이렇게 청구된 헌법소원심판을 (법원과 같은 이유로 혹은 법원과 다른 이유로) 헌법재판소가 각하할 수도 있지만, 법원 판단과 달리 적법요건을 갖춘 것으로 보아 본안 판단을 할 수도 있다(예를 들어 헌재 1989. 12. 18. 89헌마3등).

(3) 재판의 전제성

헌법재판소법 제68조 제2항에 따른 헌법소원은 실질이 위헌법률심판제도이므로, 여기서도 구체적인 사건에 적용될 법률의 위헌 여부가 재판의 전제가 되어야 한다(헌재 1995. 7. 21. 93헌바46). 여기서 재판의 전제성은 위헌법률심판의 재판 전제성과 같다. 다만, 재판의 전제성 요건 중 '구체적인 사건이 법원에 계속 중일 것'은 부분적으로 적용되지 않을 수 있다. 판결이 확정되어도 재판의 전제성이 소멸한다고 볼 수 없다(헌재 1998. 7. 16. 96헌바33등). 즉 헌법재판소법 제68조 제2항에 따른 헌법소원에서 재판의 전제성은 최소한 당사자가 위헌제청을 신청할 때 구체적 사건이 법원에 계속 중이어야 함을 뜻한다(헌재 1995. 2. 23. 92헌바18). 헌법재판소법 제68조 제2항에 따른 헌법소원에서는 해당 소송사건이 헌법소원 제기로 정지되지 않으므로 헌법소원심판의 종국결정 이전에 해당 소송사건이 확정되어 종료될 수 있다. 그러나 헌법소원이 인용되면 해당 사건이 이미 확정된 때라도 당사자는 재심을 청구할 수 있으므로(헌법재판소법 제75조 제7항), 판결이 확정되었더라도 재판의 전제성이 소멸되지 않는다(헌재 1998. 7. 16. 96헌바33등). 따라서 1심 법원에 소송 계속 중에 위헌제청 신청을 하였으나 상소를 하지 않아 해당 사건의 재판이 확정되고 나서 헌법재판소법 제68조 제2항에 따른 헌법소원을 제기하여도 재판의 전제성이 인정된다(헌재 2002. 7. 18. 2000헌바57). 이와 달리 항소심에서 유죄판결을 선고받고 나서 위헌법률심판 제청 신청을 하였으나 상고를 하지 않아 위 유죄판결이 확정되었고, 그 이후 제청 신청이 각하되자 헌법소원심판을 청구한 사건에서 헌법재판소는 재판의 전제성이 없어 부적법하다고 하였다(헌재 2000. 6. 1. 99헌바73). 대법원 판결까지 선고되고 나서 법원에 위헌여부심판 제청 신청을 하였다면 재판의 전제성이 없다(헌재 1996. 5. 16. 96헌바23). 위헌소원심판 청구 후 법원의 해당 소송에서 청구인의 승소가 확정되면 헌법재판소가 위헌결정을 내리더라도 이미 청구인 승소로 확정된 해당 사건 재판의 결론이나 주문에 영향을 미칠 수 없어서 재판의 전제성은 소멸한다(헌재 2000. 7. 20. 99헌바61).

(4) 동일한 사유를 이유로 한 재청 재신청 금지(반복제청신청 금지)

위헌여부심판 제청을 신청하였으나 그 신청을 법원이 기각하면 해당 사건의 소송절차에서 동일한 사유를 이유로 한 위헌여부심판 제청 신청을 할 수 없다(헌법재판소법 제68조 제2항 후문). 여기서 해당 사건의 소송절차에는 상소심 소송절차(헌재 2007. 7. 26. 2006헌바40)는 물론 파기환송되기 전후의 소송절차(헌재 2008. 5. 6. 2008헌바29)도 포함된다. 따라서 같은 심급뿐 아니라 다른 심급에서도 다시 동일한 사유로 위헌여부심판 제청 신청을 하는 것은 허용되지 않는다. 대법원(대법원 2000. 4. 11.자 98카기137 결정)과 헌법재판소(헌재 2007. 7. 26. 2006헌바40)도 같은 견해이다. 그러나 제청 신청이 기각되고 나서 사정변경으로 말미암아 이전 제청 때와 상황이 달라지면 다시 제청 신청하는 것이 허용된다. 이러한 반복제청신청에는 ① 반복된 두 개의 위헌소원심판이 계속 중일 때 동일한 사건이 전 · 후 양 심판으로 반복 청구되고 나서 어느 청구에 대해서도 아직 종국결정이 내려지지 않은 때(중복제소 금지와 겹치는 영역), ② 반복청구된 위헌소원심판의 선행청구와 후행청구 중 어느 청구에 대해서 헌법재판소가 종국결정을 내렸을 때(일사부재리와 겹치는 영역), ③ 위헌제청 신청을 하였다가 기각결정을 받았지만, 위헌소원심판을 청구하지 않았던 당사자가 해당 사건 소송절차에서 다시 동일한 사유로 위헌제청 신청을 하였다고 기각결정을 받고 나서 위헌소원심판을 청구한 때(고유영역)를 아우른다. 헌법재판소법 제68조 제2항 후문은 오로지 위헌소원심판에만 적용되는 특별규정이므로, 중복제소 금지와 일사부재리에 우선한다. 따라서 중복제소 금지나 일사부재리와 겹치는 영역에서도 헌법재판소는 반복제청신청 금지를 이유로 해당 청구에 대해서 각하결정을 내려야 한다. 이처럼 중복제소 금지와 일사부재리를 아우르는 반복제청신청 금지 때문에 일사부재리를 규정하는 헌법재판소법 제39조는 위헌소원심판에 적용되지 않을 뿐 아니라 중복제소를 규정하는 민사소송법 제259조를 준용할 필요는 없다. 이러한 점에서 이미 계속 중인 헌법소원심판사건에 대해서 당사자가 다시 동일한 헌법소원심판을 청구하는 것은 중복제소로서 허용되지 아니한다고 하면서 헌법재판소법 제68조 제2항이 아니라 헌법재판소법 제40조 제1항과 민사소송법 제259조를 근거로 드는 헌법재판소 결정(헌재 2006. 7. 27. 2005헌바58)은 문제가 있다. 반복제청신청금지는 법원의 위헌제청권을 제한하지 않는다. 즉 하급심 판단에 기속되지 않고 독자적으로 위헌제청권이 있는 상급심 법원은 하급심법원이 위헌제청을 하지 않거나 당사자의 위헌제청 신청을 기각하더라도 직권으로 제청을 신청할 수 있다.

6. 청구기간

위헌소원심판은 위헌여부심판 제청 신청을 기각하는 결정을 통지받은 날부터 30일 이내에 청구하여야 한다(헌법재판소법 제69조 제2항). 여기서 '통지'는 상당하다고 인정되는 방법으로 상대방에게 알리는 것을 뜻하고, 반드시 문서에 의할 것을 요하지 않는다. 따라서 형사사건 공판정에 형사사건 판결서에 포함된 피고인인 위헌법률심판 제청신청인이 출석한 가운데 형사사건 판결서에 포함된 위헌법률심판 제청 신청을 기각하는 취지의 주문을 낭독하는 방법으로 이루어지면 충분하다(헌재 2021. 5. 27. 2019헌바227). 이때 기각된 날은 특별한 사정이 없는 한 제청 신청에 대한 기각결정을 송달받은 날이다(헌재 1989. 7. 21. 89헌마38). 이 기간은 불변기간이 아니어서 기간 준수에 관한 소송행위 추후 보완이 허용되지 않는다(헌재 2001. 4. 26. 99헌바96). 그러나 헌법재판소는 형사소송법 제42조 전문은 "재판의 선고 또는 고지는 공판정에서는 재판서에 의하여야" 한다고 규정하므로, 공판정에서 위헌법률심판 제청 신청에 대한 기각 결정을 형사사건에 대한 판결과 동시에 선고할 때 이를 별도의 재판서가 아닌 하나의 판결문으로도 가능하고, 이때 그 통지는 형사사건에 대한 판결과 마찬가지로 위헌법률심판 제청 신청에 대한 기각 취지의 주문을 낭독하는 방법으로 하여야 한다고 하면서(형사소송법 제43조), 공판정에서 청구인이 출석한 가운데 재판서에 따라서 위헌법률심판 제청 신청을 기각하는 취지의 주문을 낭독하는 방법으로 재판 선고를 하였다면, 청구인은 이를 통해서 위헌법률심판 제청 신청에 대한 기각 결정을 통지받은 것이라고 한다(헌재 2018. 8. 30. 2016헌바316). 결정을 통지받은 날부터 30일이 지나서 청구된 심판 청구는 부적법하다. 다만, 헌법소원심판을 청구하려는 사람이 국선대리인 선임 신청을 하면, 그 신청이 있는 날을 기준으로 청구기간을 정하므로(헌법재판소법 제70조 제1항), 국선대리인 선임 신청이 있으면 비록 헌법소원심판 청구가 청구인에 대한 제청 신청 기각결정을 통지받은 날부터 30일이 경과한 후에 이루어졌더라도 청구인이 그 결정을 통지받은 날부터 30일 이내에 국선대리인 선임 신청을 하였다면 청구기간은 준수된 것이다(헌재 1994. 12. 29. 92헌바31). 국선대리인 선임 신청이 기각되면 신청인이 선임 신청을 한 날부터 기각통지를 받은 날까지의 기간은 헌법재판소법 제69조의 청구기간에 이것을 산입하지 않는다(헌법재판소법 제70조 제4항).

법률의 위헌여부심판 제청 신청절차는 해당 소송사건과 전혀 다른 별개의 절차라기보다는 해당 사건에서 부수 · 파생하는 절차로 보아야 할 것이어서 해당 소송사건의 공동소송대리인은 특별한 사정이 없는 한 위헌여부심판 제청 신청에 관해서도 소송대리권이 있으므로, 이들 중 1명에게 한 위헌제청 신청 기각결정 송달은 적법하게 송달된 것으로 본다(헌재 1993. 7. 29. 91헌마150). 한편, 헌법재판소법 제68조 제2항에 따라 법률조항의 위헌 확인을 구하는 헌법소원심판을 청구하였다가 이후 청구취지 변경을 통해서 심판 대상 조항을 추가하면 청구기간 준수 여부를 헌법재판소법 제40조 제1항과 민사소송법 제265조에 따라 추가된 청구서가 제출된 시점을 기준으로 하여 판단한다(헌재 2008. 10. 30. 2007헌바109등).

헌법소원심판이 비록 청구기간을 지나 청구된 것이라도 정당한 사유가 있으면 이것을 허용하는 것이 헌법재판소법 제40조에 따라 준용되는 행정소송법 제20조 제2항 단서에 부합하는 해석이다. 여기서 '정당한 사유'는 청구기간 도과 원인 등 여러 가지 사정을 종합하여 지연된 심판 청구를 허용하는 것이 사회통념상 상당한 경우를 뜻한다. 헌법재판소는 청구인이 위헌제청 신청 기각결정의 송달을 알지 못한 점에 과실이 없다는 점을 들어 정당한 사유가 있다고 주장한 것에 대하여, 같은 날 송달된 본안사건에 대해서는 항소기간을 준수하여 항소를 제기하면서 통상 본안판결과 같이 송달되는 위헌제청 신청 기각결정 정본을 챙겨보지 않은 것은 쉽사리 납득하기 어렵다고 하여 정당한 사유에 해당하지 않는다고 하였다(헌재 1993. 3. 11. 91헌바22). 그리고 위헌법률심판 제청 신청에 대한 각하결정에 대상조항이 재판의 전제가 되지 못한다는 이유가 제시되어 있어 이것을 믿고 헌법소원을 제기하지 않다가 해당 사건의 상고심 판결에서 비로소 재판의 전제가 됨이 확인되어 심판 청구에 이르러도, 헌법재판소법 제69조 제2항에 대해서는 이것을 불변기간이라고 규정하는 법규정이 없어서 그 기간 준수에 대하여 추후보완이 허용되지 않을 뿐 아니라, 불변기간이더라도 이때는 당사자가 책임질 수 없는 사유가 사라진 후 2주일 안에 해태된 소송행위를 추후보완하여야 하는데, 대법원 판결을 송달받은 날부터 2주일이 지나 헌법소원심판 청구를 한 것은 부적법하다고 하였다(헌재 2001. 4. 26. 99헌바96).

7. 변호사강제주의

위헌소원심판에서는 당사자가 사인이므로 그가 변호사 자격이 없으면 변호사를 대리인으로 선임하여야 한다(헌법재판소법 제25조 제3항).

8. 사전심사

헌법재판소법 제68조 제2항에 따른 헌법소원심판이 청구되면 헌법재판소법 제68조

제1항에 따른 헌법소원심판과 마찬가지로 지정재판부의 사전심사절차가 진행된다. 사전심사 결과 해당 헌법소원심판이 재판부의 심판에 회부되면, 그 사실은 법무부 장관과 청구인이 아닌 해당 사건의 당사자에게 즉시 통지되고(헌법재판소법 제73조 제2항 제2호), 법무부 장관과 해당 사건의 당사자에게 청구서 등본이 송달된다(헌법재판소법 제74조 제2항, 제27조 제2항).

9. 해당 소송사건의 재판 부정지

위헌소원심판에는 헌법재판소법 제42조가 준용되지 않는다(헌법재판소법 제75조 제6항). 따라서 위헌소원심판이 청구되어도 해당 소송사건의 재판은 정지되지 않는다.

10. 재심

위헌소원심판이 청구되어도 해당 소송사건의 재판이 정지되지 않으므로, 위헌소원이 인용된 때에 해당 헌법소원과 관련된 소송사건이 이미 확정되면 당사자는 재심을 청구할 수 있다(헌법재판소법 제75조 제7항). 헌법재판소법 제68조 제2항에 따른 헌법소원심판을 청구하여 인용결정을 받은 당사자만 재심을 청구할 수 있다(헌재 2000. 6. 29. 99헌바66). 그래서 헌법재판소는 헌법재판소법 제68조 제2항에 따른 헌법소원 계속 중 심판 대상이 된 법률조항이 이미 다른 사건에서 위헌으로 결정된 사안에서, 청구인의 권리 구제를 도모하려는 의도에서 위헌확인결정을 한 적이 있다(헌재 1999. 6. 24. 96헌바67). '해당 헌법소원과 관련된 소송사건'은 해당 헌법소원의 전제가 된 해당 소송사건만을 가리킨다(헌재 2000. 6. 29. 99헌바66등). 그리고 '헌법소원이 인용된 경우'는 단순위헌결정은 물론 헌법불합치결정과 한정위헌결정도 포함한다. 그러나 대법원은 '헌법소원이 인용된 경우'는 법원에 기속력이 있는 위헌결정이 선고된 경우인데 한정위헌결정이 내려지면 재심을 청구할 수 없다고 한다(대법원 2001. 4. 27. 선고 95재다14 판결). 이러한 재심에서 형사사건에 대해서는 형사소송법 규정을, 그 외의 사건에 대해서는 민사소송법 규정을 준용한다(헌법재판소법 제75조 제8항).

2절

헌법소원심판

Ⅰ. 헌법소원제도 일반론

헌법소원은 모든 국가작용의 기본권 합치성을 확보하기 위해서 국민에게 주어진 특별한(예외적인) 법적 권리구제수단이다. 헌법재판소법을 따르면 헌법소원은 공권력의 행사나 불행사로 말미암아 헌법이 보장한 기본권이 침해되면 헌법재판소에 심판을 청구하여 그 침해 원인이 된 공권력 행사를 취소하거나 그 불행사가 위헌임을 확인받는 법적 권리구제방법이다(제68조 제1항, 제75조 제3항). 헌법재판소법 제68조 제1항에 따른 헌법소원과 헌법재판소법 제68조 제2항에 따른 헌법소원은 별개의 심판유형이다. 그래서 헌법재판소는 하나의 헌법소원으로 헌법재판소법 제68조 제1항에 따른 청구와 헌법재판소법 제68조 제2항에 따른 청구를 병합하여 청구할 수 있다고 한다(헌재 2010. 3. 25. 2007헌마933).

헌법소원제도는 개인이 직접 헌법재판소에 공권력이 침해한, 헌법이 보장한 자신의 권리(기본권) 구제를 청구할 수 있는 권리구제제도이다. 헌법소원은 주관적 권리구제 기능 이외에도 객관적 헌법을 수호하고 그것의 해석과 형성에 봉사하는 기능이 있다(헌재 1992. 1. 28. 91헌마111).

Ⅱ. 헌법소원(심판 청구)요건

1. 헌법소원심판 대상 - 공권력의 행사나 불행사

(1) 공권력의 개념

공권력은 헌법이 창설한 모든 권력을 말한다. 여기에는 입법 · 집행 · 사법작용이 모두 포함된다. 헌법재판소는 헌법소원심판 대상이 되는 공권력을 입법권 · 행정권 · 사법권을 행사하는 모든 국가기관 · 공공단체 등의 고권적 작용을 말하고, 그 행사나 불행사로 국민의 권리와 의무에 대해서 직접적인 법률효과를 발생시켜 청구인의 법률관계 내지 법적 지위를 불리하게 변화시키는 것이라고 한다(헌재 2008. 1. 17. 2007헌마700). 행사는 작위를, 불행사는 부작위를 뜻한다. 공권력의 행사(헌재 2017. 11. 30. 2016헌마503)나 불행사(헌재 2013. 8. 29. 2012헌마886) 사실이 없으면 그 헌법소원심판 청구는 부적법하고, 이미 있는 선행 공권력 행사의 확인적 의미만 있는 공권력 행사는 헌법재판소법 제68조 제1항의 공권력 행사가 아니다(헌재 2019. 11. 28. 2016헌마40).

헌법소원심판 대상이 되는 공권력의 행사나 불행사는 헌법소원의 본질에 비추어 대한민국 국가기관의 공권력작용을 가리키고, 외국이나 국제기구의 공권력작용은 헌법소원심판을 청구할 수 있는 공권력에서 제외된다(헌재 1997. 9. 25. 96헌마159). 공권력에는 간접적인 국가행정(공법상 사단, 재단, 국립대학교와 같은 영조물, 공무수탁사인)도 포함된다(헌재 1992. 10. 1. 92헌마68등). 따라서 공권력 행사 주체가 반드시 국가기관이어야 하는 것은 아니다.

(2) 입법작용

① 헌법 개정: 헌법개정권력은 헌법제정권력과 달리 헌법이 창설하고 조직하는 권력이고 국가내적인 권력으로서 이것을 행사하는 국민을 일종의 국가기관으로 볼 수 있으므로 헌법 개정을 공권력 행사로 볼 수 있다. 따라서 헌법 규정도 헌법소원심판 대상이 될 수 있다. 그러나 헌법재판소는 "헌법은 그 전체로서 주권자인 국민의 결단 내지 국민적 합의의 결과라고 보아야 할 것으로, 헌법의 개별규정을 헌법재판소법 제68조 제1항 소정의 공권력 행사의 결과라고 볼 수도 없다."(헌재 1996. 6. 13. 94헌바20)라고 하여 부정

하는 견해에 서 있다.

② 법률(국회가 제정한 형식적 법률): 모든 법률이 헌법소원심판 대상이 되는 것이 아니다. 헌법소원심판 대상인 법률은 별도의 구체적 집행행위를 기다리지 않고 직접 그리고 현재 헌법이 보장한 기본권을 침해하는 것에 한정됨을 원칙으로 한다. 헌법재판소법 제68조 제1항 단서는 다른 법률에 구제절차가 있으면 그 절차를 모두 거치고 나서가 아니면 헌법소원심판을 청구할 수 없도록 규정한다. 그러나 법률 자체의 기본권 침해가 문제가 되면 그 법률 자체의 효력을 직접 다투는 것을 소송물로 하여 일반 법원에 소를 제기할 길이 없어 구제절차가 있는 때에 해당하지 않아서 다른 구제절차를 거치지 아니하고 곧바로 헌법소원심판을 청구할 수 있다(헌재 1990. 6. 25. 89헌마220). 집행행위가 있어도 그 집행행위를 대상으로 하는 구제절차가 없거나 구제절차가 있다고 하더라도 권리구제 기대 가능성이 없는 것 등 해당 법률에 대한 전제 관련성이 확실하다고 인정되면 그 법률에 대해서 헌법소원심판을 청구할 수 있다. 법률안은 대통령이 거부권을 행사하지 않는 한 정부에 이송되고 나서 15일 안에 공포하여야 하고 만일 공포하지 않는다면 법률로서 확정되는 바(헌법 제53조 제5항), 법률안이 거부권 행사로 최종적으로 폐기되었다면 모르되, 그렇지 아니하고 공포되었다면 법률안은 그 동일성을 유지하여 법률로 확정되는 것이라고 보아야 한다고 하면서 헌법재판소는 헌법소원심판 대상성을 인정한 바 있다(헌재 2001. 11. 29. 99헌마494).

③ 입법부작위: 진정입법부작위는 입법자가 헌법상 입법의무가 있는 어떤 사항에 관해서 전혀 입법하지 아니함으로써 '입법행위 흠결이 있는 때'(즉 입법권 불행사)이다(헌재 1996. 10. 31. 94헌마108). 언제 어떠한 입법을 할 것인지 말 것인지의 판단은 원칙적으로 국회 재량에 속한다. 입법하지 않은 채 방치되는 진정입법부작위가 헌법소원심판 대상이 되려면 (i) 헌법에서 기본권 보장을 위해서 명시적인 입법위임을 하였는데도 입법자가 이것을 이행하지 않은 명시적 입법위임이나 (ii) 헌법해석상 특정인에게 구체적인 기본권이 생겨 이것을 보장하기 위한 국가의 작위의무나 보호의무가 발생하였음이 명백한데도 입법자가 아무런 입법조치를 취하지 않은 묵시적 입법위임이어야 한다(헌재 1989. 3. 17. 88헌마1). 입법자가 입법의무를 진다고 하여서 그 불이행 모두가 헌법 위반인 것은 아니다. 즉 입법자에게는 형성의 자유나 입법재량이 인정되므로 입법 시기도 원칙적으로 입법자가 자유롭게 결정할 수 있다. 그러나 입법자는 헌법이 구체적으로 위임한 입법

을 거부하거나 자의적으로 입법을 지연시킬 수는 없다. 따라서 입법자가 입법을 하지 않기로 결의하거나 상당한 기간 안에 입법을 하지 않으면 입법재량 한계를 넘어 이러한 입법부작위는 위헌이 된다(헌재 1994. 12. 29. 89헌마2). 부진정입법부작위는 입법자가 어떤 사항에 관해서 입법은 하였으나, 그 입법의 내용 · 범위 · 절차 등이 해당 사항을 불완전, 불충분 또는 불공정하게 규율함으로써 '입법행위에 결함이 있는 때'이다(헌재 1996. 10. 31. 94헌마108). 부진정입법부작위에서는 그 불완전한 법규범 자체를 대상으로 하여 그것이 헌법 위반이라는 적극적인 헌법소원은 별론으로 하고, 부진정입법부작위는 입법부작위로서 헌법소원심판 대상으로 삼을 수는 없다(헌재 1987. 7. 28. 89헌마1등).

④ 법률대위명령: 법률의 효력이 있는 명령인 대통령의 긴급명령(헌법 제76조 제2항)과 긴급재정경제명령(헌법 제76조 제1항)의 제정행위는 공권력 행사에 해당하여 헌법소원심판 대상이 된다. 헌법재판소도 대통령의 긴급재정경제명령을 헌법소원심판 대상으로 인정하였다(헌재 1996. 2. 29. 93헌마186).

⑤ 조약과 일반적으로 승인된 국제법규: 헌법 제6조 제1항에 따라 국내법과 같은 효력이 있는 조약의 체결행위는 고권적 행위로서 공권력 행사에 해당하여 헌법소원심판 대상이 된다(헌재 2001. 3. 21. 99헌마139등). 조약에는 자기집행적 조약과 비자기집행적 조약이 있다. 자기집행성은 별도 국내입법 없이도 조약 그 자체로 국내법적 효력이 발생하는 것을 가리킨다. 자기집행적 조약이든 비자기집행적 조약이든 헌법 제6조 제1항에 따라 국내법적 효력이 있다면 헌법소원심판 대상이 된다. 다만, 비자기집행적 조약은 국내이행 입법이 있어야 비로소 국내법 일부가 되므로 직접성이 인정되지 않는다. 일반적으로 승인된 국제법규도 국내법과 같은 효력이 있다(헌법 제6조 제1항). 일반적으로 승인된 국제법규는 국제법의 법원(法源) 중에서 세계의 의미 있는 다수국가가 승인한 국제법규를 말한다. 여기서 '승인된'이란 말은 한국 승인과 상관없이 일반적으로 승인된 때를 말한다. 일반적으로 승인된 국제법규의 성립과 효력 발생에는 한국 공권력 작용이 전혀 개입하지 않는다는 점에 비추어, 일반적으로 승인된 국제법규는 공권력 행사가 아니므로 헌법소원심판 대상이 되지 않는다는 견해가 있으나, 일반적으로 승인된 국제법규가 국내에 적용되려면 한국 공권력이 매개되어야 하므로 일반적으로 승인된 국제법규도 헌법소원심판 대상이 된다.

⑥ 법규명령: 법규명령은 위임에 따라 또는 법률을 집행하기 위해서 성립되고 법률

과 같은 법규적 구속력이 있는 실질적 의미의 법률에 속하는 법규이다. 이것에는 대통령령(헌법 제75조), 총리령 · 부령(헌법 제95조), 국회규칙(헌법 제64조 제1항), 대법원규칙(헌법 제108조), 헌법재판소규칙(헌법 제113조 제2항), 중앙선거관리위원회규칙(헌법 제114조 제6항)이 속한다.

헌법재판소는 "헌법 제107조 제2항이 규정한 명령 · 규칙에 대한 대법원의 최종심사권이란 구체적인 소송사건에서 명령 · 규칙의 위헌 여부가 재판의 전제가 되었을 경우 법률의 경우와는 달리 헌법재판소에 제청할 것 없이 대법원이 최종적으로 심사할 수 있다는 의미이며, 명령 · 규칙 그 자체에 의하여 직접 기본권이 침해되었음을 이유로 하여 헌법소원심판을 청구하는 것은 위 헌법 규정과는 아무런 상관이 없는 문제이다. 따라서 입법부 · 행정부 · 사법부에서 제정한 규칙이 별도의 집행행위를 기다리지 않고 직접 기본권을 침해하는 것일 때에는 모두 헌법소원심판의 대상이 될 수 있는 것이"라고 한다(헌재 2008. 12. 26. 2006헌마384). 대법원 판례 중에는 "원래 대통령령은 법령의 효력을 가진 것으로서 행정처분이라 할 수 없으므로 행정소송의 대상이 되지 아니한다 할 것이나, 법령의 효력을 가진 명령이라도 그 효력이 다른 행정행위를 기다릴 것이 없이 직접적으로 또 현실적으로 그 자체로서 국민의 권리훼손 기타 이익침해의 효과를 발생케 하는 성질의 것이라면 행정소송법상 처분이라고 보아야 할 것이고, 따라서 그에 관한 이해관계자는 그 구체적 관계사실과 이유를 주장하여 그 명령의 취소를 법원에 구할 수 있을 것이다."라고 한 것이 있다(대법원 1954. 8. 19. 선고 4286행상37 판결). 법규명령이 별도의 집행행위를 기다리지 않고 직접 기본권을 침해할 때 명령과 규칙에 대한 헌법소원을 부정하면 이것에 대한 구제수단이 없고, 헌법 제107조 제2항에서 최종성은 일반 법원 안에서 등장하는 최종성이므로 명령과 규칙에 대한 헌법소원은 인정되어야 한다.

⑦ 행정입법부작위: 3권분립원칙과 법치행정원칙을 당연한 전제로 하는 한국 헌법에서 행정권의 행정입법 등 법집행의무는 헌법적 의무이다. 행정입법 자체가 위법이 되어 그에 대한 법적 통제가 가능하려면 (i) 행정청에 시행명령을 제정(개정)할 법적 의무가 있어야 하고, (ii) 상당한 기간이 지났는데도, (iii) 명령제정(개정)권이 행사되지 않아야 한다(헌재 1998. 7. 16. 96헌마246). 따라서 행정입법의무가 인정되지 않는 단순한 행정입법 부존재는 헌법소원심판 대상이 되지 않는다(헌재 2003. 7. 24. 2002헌마378). 행정청의 입법의무는 헌법에서 직접 도출되는 의무뿐 아니라 법률 규정에 따라서 인정되는 행

정입법의무도 포함한다. 법률 위임에 따라 행정규칙이나 조례를 제정할 의무가 있는데도 행정규칙이나 조례를 제정하지 않는 것도 행정입법부작위에 해당한다(헌재 2002. 7. 18. 2000헌마707). 상위법령에서 하위 행정입법 제정을 예정하였더라도 그 행정입법의 제정·시행이 필수불가결한 것이 아니라서 상위법령만으로도 법집행을 할 수 있으면 행정입법을 하여야 할 헌법적 작위의무가 인정되지 않는다(헌재 2005. 12. 22. 2004헌마66). 행정입법부작위에서도 그것이 부진정입법부작위에 해당하면 불완전한 행정입법에 대해서 적극적으로 헌법소원을 제기하여야 한다(헌재 1998. 11. 26. 97헌마310). 헌법에서 유래하는 행정입법의무를 이행하지 않았다고 하여서 바로 행정입법부작위가 위헌인 것은 아니다. 행정입법부작위에 정당한 이유가 있으면 합헌이 될 수도 있다. 정당한 이유가 인정되려면 그 위임입법 자체가 헌법에 위반된다는 것이 누가 보아도 명백하거나, 위임입법에 따른 행정입법의 제정이나 개정이 당시 실시되는 전체적인 법질서 체계와 조화되지 아니하여 그 위임입법에 따른 행정입법의무 이행이 오히려 헌법질서를 파괴하는 결과를 가져올 것이 명백할 정도가 되어야 한다(헌재 2004. 2. 26. 2001헌마718).

⑧ 조례와 규칙: 조례는 지방자치단체가 그 자치입법권에 근거하여 자주적으로 지방의회 의결을 거쳐 제정한 법규이다. 그러므로 조례 자체로 말미암아 직접 그리고 현재 자기의 기본권을 침해받은 사람은 그 권리구제 수단으로서 조례에 대한 헌법소원심판을 청구할 수 있다(헌재 1995. 4. 20. 92헌마264등). 이에 대해서 대법원은 조례가 집행행위 개입 없이 그 자체로서 직접 국민의 구체적인 권리의무나 법적 이익에 영향을 미치는 것 등의 법률상 효과를 발생하면 그 조례는 항고소송 대상이 되는 행정처분에 해당한다고 판시한 바 있다(대법원 1996. 9. 20. 선고 95누8003 판결). 상위 법령에서 일정한 사항을 조례에 위임하면 지방자치단체는 해당 조례를 제정할 헌법상 의무를 부담하므로 지방공무원법이 '사실상 노무에 종사하는 공무원의 범위'를 조례에 위임하는데도 지방자치단체가 그러한 공무원의 구체적인 범위를 조례로 제정하지 않은 부작위에 대해서는 헌법소원심판을 청구할 수 있다(헌재 2009. 7. 30. 2006헌마358). 지방자치단체장은 법령이나 조례가 위임한 범위에서 그 권한에 속하는 사무에 관하여 규칙을 제정할 수 있다(지방자치법 제29조). 이러한 규칙이 기본권을 제한하면 헌법소원심판 대상이 된다(헌재 2009. 10. 29. 2009헌마127).

⑨ 행정규칙(행정명령): 고시의 법적 성질은 일률적으로 판단할 것이 아니라 고시에

담겨진 내용에 따라 구체적인 경우마다 달리 결정된다. 즉 고시가 일반 · 추상적인 성격이 있으면 법규명령이나 행정규칙에 해당하지만, 고시가 구체적인 규율 성격이 있으면 행정처분에 해당한다(헌재 1998. 4. 30. 97헌마141). 이른바 행정규칙은 일반적으로 행정조직 내부에서만 효력이 있고 대외적인 구속력이 있는 것이 아니어서 원칙적으로 헌법소원심판 대상이 아니다(헌재 1991. 7. 8. 91헌마42). 그러나 법령의 직접적인 위임에 따라 수임행정기관이 그 법령을 시행하는 데 필요한 구체적 사항을 정한 것이면(이른바 법률보충적 행정규칙), 그 제정형식은 비록 법규명령이 아닌 고시 · 훈령 · 예규 등과 같은 행정규칙이더라도 그것이 상위법령의 위임한계를 벗어나지 아니하는 한, 상위법령과 결합하여 대외적인 구속력이 있는 법규명령으로 기능하므로, 청구인이 법령과 예규의 관계규정으로 말미암아 직접 기본권 침해를 받았다면, 이에 대해서 바로 헌법소원심판을 청구할 수 있다(헌재 1990. 9. 3. 90헌마13). 그리고 행정규칙이 재량권 행사의 준칙으로서 그 정한 바에 따라 되풀이 시행되어 행정관행을 이루게 되어 평등원칙이나 신뢰보호원칙에 따라 행정기관이 그 상대방에 대한 관계에서 그 규칙에 따라야 할 자기구속을 당하면 대외적인 구속력이 있게 되어 헌법소원심판 대상이 된다(헌재 1990. 9. 3. 90헌마13). 그런데 대법원은 어떠한 고시가 일반적 · 추상적 성격이 있으면 법규명령이나 행정규칙에 해당하지만, 다른 집행행위 매개 없이 그 자체로서 직접 국민의 구체적인 권리의무나 법률관계를 규율하는 성격이 있으면 항고소송 대상이 되는 행정처분에 해당한다고 한다(대법원 2003. 10. 9.자 2003무232 결정). 그런데도 헌법재판소는 고시에 대한 헌법소원심판 청구를 허용한다(헌재 2009. 9. 24. 2007헌마1092).

⑩ 예산: 예산도 법규범에 해당하고, 법률과 마찬가지로 국회 의결을 거쳐 제정된다. 하지만 예산은 법률과 달리 국가기관만을 구속하고 일반 국민을 구속하지 않는다. 따라서 국회가 의결한 예산이나 국회의 예산안 의결은 헌법소원심판 대상이 아니다(헌재 2006. 4. 25. 2006헌마409).

⑪ 입법절차 하자: 헌법재판소는 법률의 입법절차가 헌법이나 국회법에 어긋나더라도 그러한 사유만으로는 해당 법률로 말미암아 청구인이 현재 · 직접 기본권을 침해받은 것으로 볼 수 없다고 하여 입법절차 하자를 다투는 헌법소원 가능성을 부정한다(헌재 1998. 8. 27. 97헌마8등).

(3) 집행작용

① 정치문제(이른바 통치행위): 정치문제(이른바 통치행위)를 포함하여 모든 국가작용은 국민의 기본권적 가치를 실현하기 위한 수단이라는 한계를 반드시 지켜야 한다. 그리고 헌법재판소는 헌법의 수호와 국민의 기본권 보장을 사명으로 하는 국가기관이다. 그러므로 비록 고도의 정치적 결단에 따라 하는 국가작용이라도 그것이 국민의 기본권 침해와 직접 관련되면 당연히 헌법재판소 심판 대상이 될 수 있다. 대통령의 긴급재정경제명령은 국가긴급권의 일종으로서 고도의 정치적 결단을 통해서 발동되는 행위이고 그 결단을 존중하여야 할 필요성이 있는 행위라는 의미에서 정치문제(이른바 통치행위)에 속한다고 할 수 있다(헌재 1996. 2. 29. 93헌마186). 다만, 헌법재판소는 대통령과 국회의 외국에 대한 국군 파병결정은 고도의 정치적 결단이 요구되는 사안이므로 될 수 있으면 존중되어야 하고 헌법재판소가 사법적 기준만으로 이것을 심판하는 것은 자제하여야 한다고 하였다(헌재 2004. 4. 29. 2003헌마814).

② 검사 처분

(ⅰ) 범죄피해자인 고소인이 청구하는 헌법소원심판: 고소인은 불기소처분 대상이 된 범죄에 대해서 재정 신청을 할 수 있다. 따라서 이것을 거치지 않은 헌법소원심판 청구는 보충성원칙(헌법재판소법 제68조 제1항 단서) 위반으로 부적법하다(헌재 2008. 8. 12. 2008헌마508). 그리고 재정 신청을 거쳐 기각결정을 받고 나서 헌법소원심판을 청구하더라도 법원의 재판을 거친 행정처분으로서 역시 부적법하다. 결국 범죄피해자인 고소인의 불기소처분에 대한 헌법소원심판 청구 가능성은 사라졌다. 고소인의 재정 신청은 검사에게서 공소를 제기하지 아니한다는 통지를 받은 때에 할 수 있다. 그러므로 검찰사건사무규칙상 협의의 불기소처분뿐 아니라 검사의 공소제기가 없는 기소중지, 참고인중지, 공소보류, 공람종결 처분도 재정 신청이 가능하고, 이에 대한 헌법소원심판 청구는 인정되지 않는다. 다만, 범죄피해자가 구체적으로 범죄사실을 적시하여 고소하였고, 그 고소가 부적법하다고 볼 만한 특별한 사정이 없는데도 적법한 절차에 따라 고소사건으로 처리하지 아니하고 진정사건으로 공람종결처분을 하면 이에 대해서 헌법소원심판을 청구할 수 있다(헌재 1999. 1. 28. 98헌마85).

(ⅱ) 고소하지 않은 범죄피해자가 청구하는 헌법소원심판: 범죄피해자는 그가 고소를 제기한 바 없어도 헌법상 재판절차진술권과 평등권의 주체로서 검사의 불기소처분에 대

해서 헌법소원심판을 청구할 자격이 있고, 고소인이 아니어서 불기소처분에 대한 검찰법상 항고, 재항고나 형사소송법상 재정 신청 절차에 따른 구제를 받을 방법이 없으므로 헌법소원심판을 청구할 수 있다(헌재 1992. 1. 28. 90헌마227). 형사소송법 개정으로 재정 신청 대상이 확대되었지만, 그러한 절차로 보호되지 않으면 헌법소원심판 청구가 제한되지 않는다.

(iii) 피의자가 청구하는 헌법소원심판: 피의자는 재정 신청을 할 수 없다. 따라서 피의자는 여전히 기소유예처분이나 기소중지처분 등에 대해서 헌법소원심판을 청구할 수 있다. ⓐ 기소유예처분은 공소를 제기할 충분한 혐의가 있고 소송조건이 구비되었는데도 검찰관이나 검사가 제반사항을 고려하여 공소를 제기하지 않는다는 내용의 처분이다. 범죄혐의가 없음이 명백한 사안을 놓고 자의적이고 타협적으로 기소유예처분을 하였다면 헌법이 금하는 차별적인 공권력 행사가 되어 그 처분을 받은 사람은 평등권 침해를 이유로 헌법소원심판을 청구할 수 있다(헌재 1989. 10. 27. 89헌마56). 검사의 재량권 행사에는 스스로 합리적인 한계가 있어야 한다. 따라서 기소하여 법원의 심판을 받도록 함이 마땅한 사안을 자의적으로 기소유예처분을 내리는 것은 형사피해자의 재판절차진술권과 평등권을 침해한다고 볼 수 있다(헌재 1999. 3. 25. 98헌마303). ⓑ 기소중지처분은 검사가 피의자의 소재불명 등을 이유로 수사를 종결할 수 없으면 그 사유가 해소될 때까지 수사를 일시 중지하는 처분으로 이 처분 역시 재정 신청 대상이 되지 아니하고 다른 법률에 그 구제절차가 마련되어 있지 않아서 피의자는 헌법소원심판을 청구할 수 있다(헌재 1997. 2. 20. 95헌마362). 그러나 ⓒ '공소권 없음' 처분과 '죄가 안 됨' 처분은 피의자에게 범죄혐의가 있음을 확정하는 것이 아니어서 검사가 청구인(피의자)에게 '공소권 없음'이나 '죄가 안 됨' 처분을 내렸더라도 이것을 가리켜 피의자인 청구인의 헌법상 기본권을 침해하는 공권력 행사라고 할 수 없다. 따라서 이러한 처분을 대상으로 한 헌법소원심판 청구는 부적법하다(헌재 1996. 11. 28. 93헌마229).

(iv) 고발인이 청구하는 헌법소원심판: 고발인은 불기소처분에 대해서 검찰청법 제10조에 따른 항고 · 재항고를 할 수 있다. 그러나 고발인은 재정 신청을 할 수는 없다. 그러므로 고발인이 항고 · 재항고를 거쳐 헌법소원심판을 청구하였다면 이것은 적법하다(헌재 2011. 12. 29. 2011헌마2). 그리고 고소인의 지위에 있지 아니한 사람, 즉 형사피해자가 아닌 사람의 고소는 고발과 다르지 않다. 따라서 피해자가 아닌 고소인은 자신에 대한

불기소처분이더라도 항고, 재항고를 거쳐 헌법소원심판을 청구할 수 있다(헌재 2014. 3. 27. 2013헌마750).

(ⅴ) 기소처분: 검사의 공소 제기가 청구인(피고인)의 기본권을 침해하였는지는 해당 형사재판절차를 통해서 권리구제가 가능하다. 그러므로 형사재판을 위한 사전준비행위로서 기소처분은 독립하여 헌법소원심판 대상이 될 수 없다(헌재 1992. 12. 24. 90헌마158). 검사의 약식명령 청구도 공소제기의 일종이다. 따라서 검사의 약식명령 청구에 대한 헌법소원심판 청구도 부적법하다(헌재 1993. 6. 2. 93헌마104).

③ 행정지도: 행정지도는 행정기관이 그 소관 사무 범위에서 일정한 행정목적을 실현하려고 특정인에게 일정한 행위를 하거나 하지 아니하도록 지도, 권고, 조언 등을 하는 행정작용을 말한다(행정절차법 제2조 제3호)(헌재 2008. 10. 30. 2006헌마1401등). 행정지도라도 그에 따르지 않으면 일정한 불이익조치를 예정하는 것 등 단순한 행정지도로서 가지는 한계를 넘어 규제적 · 구속적 성격이 있으면 헌법소원심판 대상이 되는 공권력 행사에 해당한다(헌재 2003. 6. 26. 2002헌마337등).

④ 권력적 사실행위: 행정상 사실행위는 법적 효과 발생을 의도하는 행위가 아니라 단순히 사실상 결과 실현을 목적으로 하는 모든 행위형식이다. 행정상 사실행위는 경고, 권고, 시사와 같은 정보제공행위나 단순한 지식표시행위인 행정지도와 같이 대외적 구속력이 없는 '비권력적 사실행위'와 행정청이 우월적 지위에서 일방적으로 강제하는 '권력적 사실행위'로 나눌 수 있다. 이 중에서 권력적 사실행위는 헌법소원심판 대상이 되는 공권력 행사에 해당한다(헌재 1994. 5. 6. 89헌마35). 권력적 사실행위는 공권력 행사 중, 행정주체의 행정행위 그 밖의 일정한 법적 효과 발생을 목적으로 하는 행위가 아니라 직접적으로 일정한 사실상 결과 발생만을 목적으로 하는 행정상 사실행위이다(헌재 1994. 5. 6. 89헌마35). 일반적으로 어떤 행정행위가 헌법소원심판 대상이 되는 권력적 사실행위에 해당하는지는 해당 행정주체와 상대방의 관계, 그 사실행위에 대한 상대방의 의사 · 관여 정도 · 태도, 그 사실행위의 목적 · 경위, 법령에 따른 명령 · 강제수단 발동 가부 등 그 행위를 할 당시의 구체적 사정을 종합적으로 고려하여 개별적으로 판단하여야 한다(헌재 1994. 5. 6. 89헌마35).

⑤ 행정부작위: 행정청의 부작위는 헌법재판소법 제68조 제1항에 따라서 헌법소원심판 대상이 된다. 공권력 주체에 헌법에서 유래하는 작위의무가 특별히 구체적으로 규

정되어 이에 따라서 기본권주체가 행정행위를 청구할 수 있는데도 공권력 주체가 그 의무를 해태하면 허용된다(헌재 1996. 6. 13. 94헌마118등). 여기서 작위의무는 (ⅰ) 헌법상 명문으로 공권력 주체의 작위의무가 규정되어 있을 때뿐 아니라 (ⅱ) 헌법의 해석상 공권력 주체의 작위의무가 도출되거나 (ⅲ) 공권력 주체의 작위의무가 법령에 구체적으로 규정되어 있을 때도 포함한다(헌재 2004. 10. 28. 2003헌마898). 그러므로 기본권 침해가 없는 행정청의 단순한 부작위는 헌법소원심판 대상이 될 수 없다(헌재 1991. 9. 16. 89헌마163). 다만, 행정청의 권한 행사에 재량이 인정되더라도 그것을 행사하여야 할 필요성(피해 발생, 공익 달성 등)이 압도적이면 권한 행사 의무가 발생할 수 있다(이러한 취지가 담긴 대표적 사례로는 헌재 1995. 7. 21. 94헌마136). 그런데 법원은 당사자의 법규상 또는 조리상 권리에 따른 신청에 대해서 행정청이 상당한 기간 안에 일정한 처분을 하여야 할 법규상 또는 조리상 의무가 있는데도, 그 신청을 인용하는 적극적 처분이나 기각하는 소극적 처분 등을 하지 않으면 행정소송 대상이 되는 부작위가 성립한다고 한다(대법원 1990. 9. 25. 선고 89누4758 판결). 따라서 일반 국민 신청에 따른 것으로서 이러한 요건에 해당하는 부작위는 헌법소원의 보충성 요건에 따라 사실상 헌법소원심판 대상에서 배제될 것이다. 그러나 신청에 따르지 않은 행정부작위는 부작위위법확인소송 대상이 될 수 없어서 헌법재판소는 헌법에서 유래하는 작위의무 존부를 심사하고 나서 이것이 긍정되면 본안 판단에 나갈 수 있다. 국가가 공권력을 행사하였더라면 사인(私人)에 의한 기본권 침해 상태가 제거될 수 있었는데도 이를 행사하지 아니하여 사인에 의한 기본권 침해 상태가 계속되는 것도 공권력의 불행사로 말미암은 기본권 침해에 해당한다(헌재 1997. 3. 27. 94헌마277). 작위의무 이외에 행정청에 특정한 행위를 요구할 수 있는 별도의 청구권 존재는 행정부작위 헌법소원의 적법요건이 아니다. 헌법재판소가 제시하는 '행정행위 내지 공권력의 행사를 청구할 수 있음에도'는 청구인의 기본권을 침해하는 행정청의 구체적 작위의무 위반을 특정할 수 있는 주장을 하여야 한다는 뜻으로 새겨야 한다. 전체적으로 보면 청구인의 기본권적 상황을 개선하거나 청구인에게 도움이 되는 유리한 공권력 행사가 있어도 헌법상 인정된 바로 그 작위의무를 이행한 것으로 볼 수 없다면 해당 작위의무는 불이행된 것으로 보아야 한다.

⑥ 행정청의 사법상 행위: 행정기관 행위라도 사법상 행위는 헌법소원심판 대상이 되지 아니한다. 따라서 '공공용지의 취득 및 손실보상에 관한 특례법'에 따른 토지 등의 협

의취득에 따르는 보상금 지급행위(헌재 1992. 11. 12. 90헌마160)와 폐천부지 교환행위(헌재 1992. 11. 12. 90헌마160)는 헌법소원심판 대상이 되는 공권력 행사라고 볼 수 없다. 그리고 헌법재판소는 특별한 공법적 규제 없이 한국방송공사 자율에 맡긴 셈이 되는 한국방송공사 직원 채용관계는 사법적인 관계에 해당한다고 봄이 상당하고 그러한 채용에 필수적으로 따르는 사전절차로서 채용시험의 응시자격을 정한 공고도 사법적인 성격이 있으므로 공권력 행사에 해당하지 않는다고 보았다(헌재 2006. 11. 30. 2005헌마855).

⑦ 행정계획: 행정계획이란 행정에 관한 전문적 · 기술적 판단을 기초로 특정한 행정목표를 달성하려고 서로 관련되는 행정수단을 종합 · 조정함으로써 앞날의 일정한 시점에 일정한 질서를 실현하기 위한 활동기준으로 설정된 것을 말한다(대법원 1996. 11. 29. 선고 96누8567 판결). 이러한 행정계획이 헌법소원심판 대상이 되는 공권력 행사에 해당하는지는 일률적으로 말할 수 없다. 대외적 구속력이 있는 행정계획은 공권력 행사로 볼 수 있다. 하지만 구속력이 없고 사실상 준비행위나 사전안내 또는 행정기관 내부 지침에 지나지 않는 행정계획은 원칙적으로 헌법소원심판 대상이 되는 공권력 행사라고 할 수 없다. 다만, 비구속적 행정행위라도 국민의 기본권에 직접적으로 영향을 끼치고, 앞으로 법령의 뒷받침으로 그대로 실시될 것이 틀림없을 것으로 예상되면, 공권력 행사로서 헌법소원심판 대상이 된다(헌재 2000. 6. 1. 99헌마538등).

⑧ 공고: 공고는 일반적으로 특정 사실을 불특정 다수에게 알리는 행위로서 그것이 어떠한 법률효과가 있는지는 일률적으로 말할 수 없고, 개별 공고 내용과 관련 법령 규정에 따라 구체적으로 판단하여야 한다(헌재 2000. 1. 27. 99헌마123). 공고가 법령에 근거하여 법령 내용을 구체적으로 보충하거나 세부적인 것을 확정하면 공권력 행사에 해당한다(헌재 1996. 4. 25. 94헌마119). 그러나 공고가 법령에 정해지거나 이미 다른 공권력 행사를 통해서 결정된 사항을 단순히 알리는 것 혹은 대외적 구속력이 없는 행정관청 내부의 해석지침에 불과하면 공권력 행사에 해당하지 않는다(헌재 1997. 7. 16. 97헌마70). 헌법재판소는 해당 공고가 기존 법령 내용을 단순히 알리는 것에 지나지 않으면 공권력 행사성을 부정하여 헌법소원심판 대상성을 인정하지 않고, 공고를 통해서 세부 내용이 비로소 확정되면 헌법소원심판 대상이 된다고 본다(헌재 2000. 1. 27. 99헌마123). 해당 공고가 확인적 의미만 있을 뿐이고, 청구인의 법적 지위에 아무런 영향을 미치지 않으면 헌법소원심판 대상성이 부정된다.

⑨ 단순한 사실 고지: 행정청이 한 행위라도 그것이 단순한 사실 고지에 불과하면 공권력 행사에 해당하지 않는다. 따라서 행정안전부 장관이 사법시험 제1차 시험의 불합격처분을 직권으로 취소하면서 추가 합격한 사람에게 그가 부여받게 되는 사법시험 제2차 시험 응시자격 범위를 통보한 것은, 대법원 판결에 따라 관련 규정을 해석하고 이것을 근거로 청구인들에게 제1차 시험의 불합격처분을 취소하고 추가 합격조치를 하였음과 추후 치러질 제2차 시험에 응시할 자격이 부여되었음을 알려준 단순한 사실 고지에 불과하여 기본권을 침해하는 공권력 행사로는 볼 수 없다(헌재 1999. 11. 30. 99헌마625).

⑩ 각종 위원회 결정: 각종 위원회 결정은 그것이 법상 부여받은 권한에 근거하여 공권력 행사로 하였다면 행정소송으로 다툴 수 있다. 다만, 그 여부가 불분명하거나 다툴 수 없으면 헌법소원심판을 청구할 수 있다. 공정거래위원회 심사불개시결정은 공권력 행사에 해당하고, 그 결정이 자의적이면 '독점규제 및 공정거래에 관한 법률' 위반 행위로 말미암아 피해자(신고인)의 평등권을 침해할 수 있어서 헌법소원심판 대상이 되고(헌재 2004. 3. 25. 2003헌마404), 공정거래위원회 무혐의처분도 헌법소원심판 대상이 된다(헌재 2002. 6. 27. 2001헌마381). 그리고 부패방지법(제40조)상 국민감사청구제도는 일정한 요건을 갖춘 국민이 감사 청구를 하면 감사원장이 감사청구권 사항에 대해서 감사 실시 여부를 결정하고 그 결과를 감사청구인에게 통보하도록 의무를 지우므로(부패방지법 제42조와 제43조), 이러한 국민감사 청구에 대한 기각결정은 공권력 주체의 고권적 처분이라는 점에서 헌법소원심판 대상이 될 수 있는 공권력 행사라고 보아야 할 것이다(헌재 2006. 2. 23. 2004헌마414). 그런데 헌법재판소는 국가인권위원회의 진정 각하 결정(헌재 2004. 4. 29. 2003헌마538)과 진정 기각 결정(헌재 2010. 12. 28. 2010헌마101)이 헌법소원심판 대상이 되고 보충성 예외에 해당한다고 하였다가, 이들 결정이 항고소송 대상이 되는 행정처분에 해당하므로 행정소송을 거쳐야 한다고 판례를 변경하였다(헌재 2015. 3. 26. 2013헌마214등).

⑪ 간접적인 국가행정: 헌법소원심판 대상이 되는 공권력은 입법 · 집행 · 사법 등의 모든 국가기관뿐 아니라 간접적인 국가행정, 예를 들어 공법상 사단, 재단 등의 공법인, 국립대학교와 같은 영조물 등의 작용도 포함된다. 따라서 대통령선거방송위원회는 공직선거법 규정에 따라 설립되고 같은 법에 따른 법적 업무를 수행하는 공권력 주체이므로, 대통령선거방송토론위원회가 공영방송과 일체가 되어 대통령후보자를 초청하여 합동

방송토론회를 개최하기로 정한 결정과 그 공표행위는 헌법소원심판 대상이 되는 공권력 행사이다(헌재 1998. 8. 27. 97헌마372등).

⑫ 행정청의 거부행위: 국민 신청에 대한 행정청의 거부행위가 헌법소원심판 대상인 공권력 행사가 되려면 국민이 행정청에 대해서 신청에 따른 행위를 해 달라고 요구할 권리가 있어야 한다(헌재 1999. 6. 24. 97헌마315). 그런데 법원은 행정청의 거부행위가 거부처분이 되려면 국민이 행정청에 그 신청에 따른 처분을 해 줄 것을 요구할 법규상 또는 조리상 권리가 있어야 한다고 한다(대법원 1990. 9. 28. 선고 89누8101 판결). 따라서 신청권에 근거한 신청에 대한 거부행위는 거부처분으로서 행정소송 대상이 되므로 그에 대한 헌법소원은 보충성 요건 흠결로 부적법하다(헌재 2007. 10. 25. 2003헌마95). 결국, 법원에서는 거부처분에 해당하지 않는다고 보지만, 헌법재판소는 공권력 행사에 해당한다고 보는 거부행위만 헌법소원심판 대상이 될 수 있다(헌재 2000. 2. 24. 97헌마13등).

⑬ 행정기관 서로 간의 내부적 의사결정: 행정기관의 내부적 의사결정에 불과하여 직접 국민의 권리의무에 어떠한 영향을 미치지 않으면 헌법소원심판 대상이 되는 행정관청의 처분으로 볼 수 없어서, 결국 헌법소원심판 대상이 되지 아니한다. 그러나 헌법재판소는 세무대학장이 인사위원회 동의를 얻어 재무부 장관에게 청구인의 재임용을 추천하였다가 청구인이 전국교직원노동조합 활동을 하고 그 탈퇴약속을 지키지 아니하였다고 하여 이것을 일방적으로 철회하고 청구인의 재임용추천을 하지 아니한 '재임용추천거부행위'와 같은 총 · 학장의 임용 제청이나 그 철회는 행정기관 서로 간의 내부적인 의사결정과정일 뿐이고 행정소송 대상이 되는 행정처분이라고 볼 수 없다는 것이 대법원의 일관된 판례임을 확인한 뒤, 세무대학장이 청구인의 조교수 재임용 추천을 하지 아니한 공권력 불행사가 헌법소원심판 대상이 됨을 전제로 본안 판단을 하였다(헌재 1993. 5. 13. 91헌마190).

⑭ 내부적 행위: 헌법재판소는 정부의 법률안 제출권 행사는 공권력성이 있으나, 제출된 법률안이 법률로서 확정되려면 국회 의결과 대통령의 공포절차를 거쳐야 하므로, 법률안 제출은 국가기관 서로 간의 내부적 행위에 불과하고 국민에 대해서 직접적인 법률효과를 발생시키는 행위가 아니라서 공권력 불행사에 해당하지 않는다고 판시하였다(헌재 1994. 8. 31. 92헌마174). 그리고 헌법재판소는 예산편성 행위는 국무회의 심의, 대통령 승인과 국회의 예산안 심의 · 확정을 위한 전 단계 행위로서 국가기관 사이의 내부적

행위에 불과하므로, 헌법소원심판 대상이 되는 '공권력 행사'에 해당하지 않는다고 하였다(헌재 2017. 5. 25. 2016헌마383).

⑮ 법원의 재판을 거친 원행정처분(원처분소원의 허용 가능성): 헌법재판소는 원행정처분에 대해서 법원에 행정소송을 제기하여 패소판결을 받고 그 판결이 확정되면 당사자는 그 판결의 기판력에 따른 기속을 받게 되므로, 별도 절차에 따라서 이러한 판결의 기판력이 제거되지 않는 한, 행정처분의 위법성을 주장하는 것은 확정판결의 기판력에 어긋나므로 원행정처분은 헌법소원심판 대상이 되지 않는다고 판시한 바 있다(헌재 1998. 5. 28. 91헌마98등). 다만, 예외적으로 원행정처분을 심판 대상으로 삼았던 법원의 재판이 헌법소원심판 대상이 되어 그 재판이 취소되면 원행정처분에 대한 헌법소원심판 청구를 받아들여 이것을 취소할 수 있다고 하였다(헌재 1997. 12. 24. 96헌마172등).

⑯ 정부투자기관에 대한 감독작용: 헌법재판소는 경제기획원 장관이 정부투자기관에 통보한 1993년도 정부투자기관예산편성공통지침은 각 정부투자기관의 출자자인 정부가 정부투자기업의 경영 합리화와 정부출자의 효율적인 관리를 도모하려고 예산편성에 관한 일반적 기준을 제시하여 출자자로서 의견을 개진하는 것에 지나지 아니한다고 할 것이고, 이러한 예산편성공통지침의 통보행위는 성질상 정부의 그 투자기관에 대한 내부적 감독작용에 해당할 뿐이고 국민에 대해서 구체적으로 어떠한 권리를 설정하거나 의무를 명하는 법률적 규제작용으로서 공권력작용에 해당한다고 볼 수 없으며 나아가 이러한 예산편성지침에 임금에 관한 부분이 포함되더라도 이것은 사용자 측이라고 할 수 있는 정부가 그 투자기관에 대해서 내부적 지표로서 임금에 관한 예산편성의 공통지침을 시달하여 임금협상에 관한 유도적 기준을 제시한 것이지 단체교섭에 직접 개입하거나 이를 강제하는 것이 아니므로 헌법소원심판 대상이 되는 공권력 행사라고 볼 수 없다고 하였다(헌재 1993. 11. 25. 92헌마293). 이와 비슷한 결정으로, 기획예산처 장관의 정부투자기관에 대한 예산편성지침 통보행위와 예산배정유보방침 통보행위가 헌법소원심판 대상이 되는 공권력 행사에 해당하지 않는다고 한 사례가 있다(헌재 2002. 1. 31. 2001헌마228).

⑱ 국회의 국회의원에 대한 징계권 행사: 헌법 제64조 제4항은 '법원'에 제소할 수 없다고 규정하였을 뿐이고 '헌법재판소'에 대한 제소 여부에 관해서는 아무런 언급이 없다. 헌법 제64조 제4항의 문구해석에 충실하면 헌법이 헌법재판소에 대한 제소를 명문으

로 금지하지 않으므로 헌법재판소에 헌법소원심판을 청구할 수 있다고 볼 수 있다. 그러나 헌법 제64조 제4항의 입법취지를 고려하면 국회의 자율성과 자주성을 강화한다는 측면에서 헌법재판소에 대한 심판 청구도 부정된다고 볼 여지가 있다. 즉 헌법이 국회의원 신분에 관한 국회의 자율적 결정에 관해서는 다른 국가기관을 통한 다툼을 더는 허용하지 않고 존중하자고 하여 스스로 예외규정을 둔 입법취지를 고려하면, 사법심사 가능성을 (그것이 법원이든 헌법재판소든 불문하고) 배제하는 쪽으로 해석할 수 있다.

(4) 사법작용

① 법원의 재판: 헌법 제111조 제1항 제5호는 '법률이 정하는 헌법소원'이라고 하여 헌법소원의 구체화를 입법에 포괄적으로 위임하고, 헌법재판소법 제68조 제1항은 법원의 재판을 헌법소원심판 대상에서 제외한다. 헌법재판소법 제68조 제1항이 규정하는 '법원의 재판'은 소송사건을 해결하려고 법원이 내리는 종국적 판단 표시인 종국결정과 같은 의미로 사용되기도 하나, 소송법상으로는 법원이 하는 공권적 법판단이나 의사표현을 지칭하는 것이고, 이러한 의미에서는 사건을 종국적으로 해결하기 위한 종국판결 외에 본안전 종국판결과 중간판결이 모두 포함되고 그 밖에 소송절차의 파생적 · 부수적인 사항에 대한 공권력 판단도 포함한다고 봄이 일반적이다(헌재 1992. 12. 24. 90헌마158). 일반 법원의 재판뿐 아니라 군사법원의 재판도 포함한다(헌재 2008. 4. 15. 2008헌마267).

헌법재판소는 원칙적으로 재판소원을 인정하지 않으면서도, "헌법재판소법 제68조 제1항의 '법원의 재판'에 헌법재판소가 위헌으로 결정하여 그 효력을 상실한 법률을 적용함으로써 국민의 기본권을 침해하는 재판도 포함되는 것으로 해석하는 한도 안에서 헌법재판소법 제68조 제1항은 헌법에 위반된다."라는 한정위헌결정을 내림으로써 예외적으로 재판소원을 인정하였다(헌재 1997. 12. 24. 96헌마172등). 그러다가 최근에 헌법재판소는 헌법의 최고규범성을 수호하고 헌법이 헌법재판소에 부여한 법률에 대한 위헌심사권을 회복하기 위하여 '법률에 대한 위헌결정의 기속력에 반하는 재판'에 대해 예외적으로 헌법소원심판을 허용하여야 한다고 한다(헌재 2022. 6. 30. 2014헌마760등). 하지만 위헌결정 이전에 확정된 법원의 판결과 법원의 재판을 거쳐서 확정된 행정처분은 헌법소원 대상이 되지 않는다고 한다(헌재 2022. 7. 21. 2013헌마242). 최근 소수의견은 예외적으로 헌법소원심판 대상이 되는 법원의 재판은 '헌법재판소가 위헌으로 결정한 법령을 적용한 재판'에만 한정되는 것이 아니며, 헌법재판소가 위헌결정에 이르게 된 핵심적인 논증, 즉 헌법재판소의 위헌이라는 결론을 뒷받침하는 핵심적인 이유의 논리를 부인하는 법원의 재판도 여기에 포함되어야 한다고 한다(헌재 2018. 8. 30. 2015헌마861등 재판관 김이수, 재판관 안창호의 이 사건 대법원 판결들에 대한 반대의견; 헌재 2019. 2. 28. 2016헌마56 재판관 이석태, 재판관 김기영의 반대의견). 그리고 국가가 권력을 남용해 국민의 자유와 권리를 '의도적이고 적극적으로' 침해하는 '총체적' 불법행위를 자행한 사안에 대해서도 법원이 국가의 불법행위를 부임함으로써 도저히 묵과할 수 없는 부정의한 결과가 발생하면 이러한 판결도 국가와 헌법이 상정해 둔 사법의 본질에 비추어 재판소원 금지에 관한 또 다른 예외가 되어야 한다는 소수의견도 있다(헌재 2019. 2. 28. 2016헌마56 재판관 이석태, 재판관 김기영의 반대의견). 헌법재판소의 법률에 대한 위헌결정(한정합헌결정, 한정위헌결정, 헌법불합치결정 포함)에 어긋나는 법원의 재판에 대해서는 헌법소원심판을 청구할 수 있으나, 위헌으로 결정된 법률조항은 그 결정이 있는 날부터 효력을 상실하므로(헌법재판소법 제47조 제2항), 원칙적으로 동 위헌결정일 이후의 재판이 이에 해당할 것이다(헌재 1998. 4. 30. 92헌마239). 그리고 헌법재판소가 위헌이라고 결정한 법령에 따른 행정처분이 당연무효가 아니라 취소할 수 있는 행정행위에 불과하다고 판단한 법원의 재판은 헌법소원심판 대상이 되는 재판에 해당하지 아니한다(헌재 1998. 4. 30. 95헌마93등).

② 재판장의 소송지휘 또는 재판진행: 재판장의 소송지휘권 행사에 관한 사항은 그 자체가 명령으로서 법원의 재판에 해당하거나 재판형식이 아닌 권력적 사실행위로 하였더라도 종국판결이 선고되고 나서는 종국판결에 흡수 · 포함되어 그 불복방법은 그 판결에 대한 상소를 통해서만 가능하므로 재판장이 변론지휘권을 부당하게 행사한 것을 대상으로 하는 헌법소원심판 청구나 재판장의 소송지휘 또는 재판진행에 관한 헌법소원심판 청구는 결국 법원의 재판을 직접 그 대상으로 하여 청구한 때에 해당하므로 적법하지 않다(헌재 1992. 6. 26. 89헌마271).

③ 재판부작위(재판 지연): 헌법소원심판 대상에서 제외되는 '법원의 재판'에는 재판 자체뿐 아니라 '재판절차에 관한 법원의 판단'도 포함되므로, '재판 지연'은 결국 법원의 재판절차에 관한 것이라서 헌법소원심판 대상이 아니다(헌재 1998. 5. 28. 96헌마46).

④ 법원행정처장의 법령 질의에 대한 회신: 법원행정처장의 민원인에 대한 법령 질의

회신은 법규나 행정처분과 같은 법적 구속력이 있는 것이 아니므로 이에 대한 헌법소원심판 청구는 적법하지 않다(헌재 1992. 6. 26. 89헌마132).

⑤ 헌법재판소 결정: 헌법재판소 결정은 그 결정의 자기기속력이나 법적 안정성 때문에 이것을 취소 · 변경할 수 없으므로 헌법소원심판 대상으로는 적합하지 않다(헌재 1989. 7. 24. 89헌마141).

2. 헌법상 보장된 기본권을 침해받은 자

(1) 헌법상 보장된 기본권

헌법상 보장된 기본권이란 '헌법이 직접 국민에게 부여한 주관적 권리, 즉 국민의 국가에 대한 헌법적 권리'이다(헌재 2001. 3. 21. 99헌마139등). 이 기본권은 주로 국민의 권리와 의무에 관한 제2장에 포함될 것이지만, 거기에만 국한된 것은 아니다. 예를 들면 헌법 제8조의 정당조항, 제116조의 평등한 선거운동, 공영선거원칙도 기본권의 근거가 될 수 있다. 그러므로 어떤 헌법규범이 개인의 기본권을 보장하는지는 결국 개별 헌법 규정 해석을 통해서 밝혀야 할 것이다(헌재 2001. 3. 21. 99헌마139등). 헌법재판소는 "제도적 보장은 객관적 제도를 헌법에 규정하여 당해 제도의 본질을 유지하려는 것으로서 헌법제정권자가 특히 중요하고도 가치가 있다고 인정되고 헌법적으로도 보장할 필요가 있다고 생각하는 국가제도를 헌법에 규정함으로써 장래의 법발전, 법형성의 방침과 범주를 미리 규율하려는 데 있다. 이러한 제도적 보장은 주관적 권리가 아닌 객관적 법규범이라는 점에서 기본권과 구별된다."라고 하였다(헌재 1997. 4. 24. 95헌바48). 물론 문제가 된 제도적 보장이 보호하는 주관적 권리인 기본권 침해를 주장하여 헌법소원을 제기할 수 있으나, 이것은 별개 문제이다. 나아가 '헌법에 의해 직접 보장된' 개인의 주관적 권리만을 뜻한다. 여기서 '직접' 보장된다는 것은 헌법에서 명문 규정으로 보장한 것만을 가리키는 것이 아니라 헌법에서 도출된 것도 포함한다.

침해된 권리를 특정하지 않은 채 청구한 헌법소원심판은 부적법하다(헌재 1992. 12. 24. 90헌마158). 여러 사람이 공동으로 헌법소원심판을 청구하면 그들은 각자 독립된 지위가 있어서, 헌법소원심판 대상인 공권력의 행사나 불행사가 특정되었는지는 청구인별로 개별적으로 판단하여야 한다(헌재 2007. 11. 29. 2005헌마347). 다만, 침해된 권리 기재는 헌법재판소가 헌법상 침해된 기본권 침해가 있다는 주장을 인식할 정도의 표시로 충분하고, 헌법재판소는 그 표시된 권리에 구애되지 않고 청구인이 주장하는 침해된 기본권 침해와 침해 원인이 되는 공권력 행사를 직권으로 조사하여 판단할 수 있다(헌재 1997. 1. 16. 90헌마110등).

(2) 헌법소원심판 청구인능력

헌법소원심판은 헌법이 보장한 기본권을 '침해받은 자'가 청구할 수 있다. 그러므로 기본권주체가 될 수 있는 사람이 헌법소원심판청구인이 될 수 있다. 즉 기본권능력이 있는 사람만 헌법소원심판을 청구할 수 있다.

① 자연인: 대한민국 국적이 있는 모든 자연인은 기본권주체가 된다. 따라서 대한민국 국적이 있는 모든 국민이 헌법소원심판을 청구할 수 있다(헌재 1994. 12. 29. 93헌마120). 아동이나 미성년자도 청구인능력이 있다. 다만, 이들은 원칙적으로 소송능력이 없어서(헌법재판소법 제40조, 민사소송법 제51조, 제55조), 이들의 헌법소원심판 청구는 친권자 등의 법정대리인이 수행한다. 대통령도 국민의 한 사람으로서 제한적으로나마 기본권주체가 될 수 있으므로, 그러한 범위에서 헌법소원심판을 청구할 수 있다(헌재 2008. 1. 17. 2007헌마700). 외국인이나 무국적자는 기본권의 성질에 따라 기본권주체가 될 수 있는 때만 헌법소원심판을 청구할 수 있다(헌재 2001. 11. 29. 99헌마494).

자연인은 원칙적으로 살아 있는 동안에 기본권주체이다. 태아도 기본권의 성질에 비추어 기본권주체가 될 수 있으면 대리인을 통해서 헌법소원심판을 청구할 수 있다. 헌법재판소는 생명권에 관해서 태아의 기본권능력을 인정하였으나(헌재 2008. 7. 31. 2004헌바81), 수정 후 14일이 지나서 원시선이 나타나기 전의 수정란 상태, 즉 일반적인 임신이면 수정란이 모체에 착상되어 원시선이 나타나는 그 시점의 배아 상태에 이르지 않은 배아, 즉 초기배아의 청구인능력은 인정하지 않았다(헌재 2010. 5. 27. 2005헌마346). 사망으로 심판청구인이 될 능력도 소멸하는 것이 원칙이다. 따라서 헌법소원심판청구인이 사망하면 기본권은 일반적으로 일신전속적이므로 보통 헌법재판소에 계속된 헌법소원은 종료된다(헌재 1992. 11. 12. 90헌마33). 그러나 재산권과 같이, 일신전속성이 상대적으로 약한 기본권에서는 심판청구인 사망 이후에도 그 상속인의 헌법소원심판절차 수계가 가능하다(헌재 1993. 7. 29. 92헌마234). 헌법재판소는 "수계할 당사자가 없거나 수계의사가 없는 때에는 청구인의 사망에 의하여 헌법소원심판절차는 원칙적으로 종료된다고 할 것이고, 다만, 수계의사 표시가 없는 때에도 이미 결정을 할 수 있을 정도로 사건이 성숙되어 있고, 그 결정에 의하여 유죄판결을 받은 자의 이익을 위하여 결정의 필요성이 있다고 판단되는 때에 한하여 종국결정을 할 수 있다."라고 판시하였다(헌재 1994. 12. 29. 90헌바13). 그리고 헌법재판소는 인격권과 관련하여 사자의 기본권능력을 인정하는 듯한 견해를 보인 적이 있다(헌재 2010. 10. 28. 2007헌가23).

② 단체: 법인격이 있는 사법상 사단이나 재단이 성질상 기본권주체가 될 수 있는 범위 안에서 청구인능력이 있다. 헌법재판소는 '사단법인 한국영화인협회'는 민법상 비영리 사단법인으로서 성질상 법인이 누릴 수 있는 기본권에 관한 한 그 이름으로 헌법소원심판을 청구할 수 있다고 하였다(헌재 1991. 6. 3. 90헌마56). 법인 아닌 사단 · 재단이라도 대표자의 정함이 있고 독립된 사회적 조직체로서 활동하면 성질상 법인이 누릴 수 있는 기본권을 침해당할 때 그의 이름으로 헌법소원심판을 청구할 수 있다(헌재 1991. 6. 3. 90헌마56). 헌법재판소는 노동조합은 법인 아닌 사단으로서 기본권능력이 인정되고, 특히 헌법 제33조가 정하는 바에 따라 기본권주체성이 인정되므로, 그 범위에서는 헌법소원심판을 청구할 수 있다고 하였고(헌재 1999. 11. 25. 95헌마154), 권리능력 없는 사단의 일종인 정당에 대해서 심판청구능력을 인정하였으며(헌재 1991. 3. 11. 91헌마21), 대한예수교장로회 총회신학연구원 이사회에 대해서도 장로회총회의 단순한 내부기구가 아니라 그와는 별개의 비법인 재단에 해당한다고 하여 심판청구능력을 인정하였다(헌재 2000. 3. 30. 99헌바14). 그러나 한국영화인협회 감독위원회는 영화인협회에서 독립된 별개의 단체가 아니고, 영화인협회 내부에 설치된 8개의 분과위원회 가운데 하나에 지나지 아니하며, 달리 단체로서 실체를 갖추어 당사자능력이 인정되는 법인 아닌 사단으로 볼 자료가 없으므로 헌법소원심판의 청구능력이 있다고 할 수 없다고 하여 단체의 부분기관에는 청구인능력을 부인하였다(헌재 1991. 6. 3. 90헌마56).

기본권 보장 규정인 헌법 제2장의 제목이 '국민의 권리와 의무'이고 그 제10조 내지 제39조에서 "모든 국민은 …… 권리를 가진다."라고 규정하므로 이러한 기본권 보장에 관한 각 헌법 규정 해석상 국민만 기본권주체라고 할 것이고, 공권력 행사자인 국가, 지방자치단체나 그 기관 또는 국가조직 일부나 공법인은 기본권의 '수범자'이지 기본권주체가 아니고 오히려 국민의 기본권을 보호하거나 실현하여야 할 '책임'과 '의무'를 지닐 뿐이다(헌재 1994. 12. 29. 93헌마120). 헌법재판소는 이러한 견지에서 국회의 노동위원회(헌재 1994. 12. 29. 93헌마120), 국회의원(헌재 1995. 2. 23. 90헌마125), 공법인인 지방자치단체의 장(헌재 1997. 12. 24. 96헌마365)이나 의결기관(헌재 1998. 3. 26. 96헌마345)은 기본권주체가 될 수 없다고 하여 헌법소원심판 청구능력을 부인하였다. 그리고 교육위원은 기본권주체가 아니라 공법인인 지방자치단체의 합의체기관인 교육위원회 구성원으로서 공법상 권한을 행사하는 공권력 행사의 주체일 뿐이라고 하여 청구인능력을 부인하였고(헌재 1995. 9. 28. 92헌마23등), 농지개량조합에 대해서도 공익적 목적을 위해서 설립되어 활동하는 공법인이라고 봄이 상당하다고 하여 헌법소원심판 청구능력을 부인하였다(헌재 2000. 11. 30. 99헌마190). 공권력 주체라고 할지라도 국 · 공립대학이나 공영방송국과 같이 국가에 대해서 독립성이 있는 독자적인 기구로서 해당 기본권 영역에서 개인의 기본권 실현에도 이바지하면 예외적으로 기본권주체가 될 수 있으므로, 헌법소원심판을 청구할 수 있다. 헌법재판소는 공법인이나 이에 준하는 지위를 가진 자라 하더라도 공무를 수행하거나 고권적 행위를 하는 경우가 아닌 사경제 주체로서 활동하는 경우나 조직법상 국가로부터 독립한 고유 업무를 수행하는 경우 그리고 다른 공권력 주체와의 관계에서 지배복종관계가 성립되어 일반 사인처럼 그 지배하에 있는 경우 등에는 기본권 주체가 될 수 있다고 한다(헌재 2013. 9. 26. 2012헌마271). 그래서 헌법재판소는 영조물인 국립서울대학교에 대해서 학문의 자유 및 대학의 자치와 관련한 기본권주체성을 인정한 적이 있다(헌재 1992. 10. 1. 92헌마68등). 그리고 축산업협동조합중앙회는 회원의 임의탈퇴나 임의해산이 불가능한 점 등 공법인적 특성이 많이 있지만, 그 존립목적과 설립형식에서 드러나는 자주적 성격에 비추어 사법인성도 겸유한 특수한 법인으로서 기본권주체가 된다고 인정하였고, 다만 예외적으로 공법인적 성질이 있는 법인이 기본권주체가 되어도 그 공법인적 성격으로 말미암아 제한을 받지 않을 수 없다고 하였다(헌재 2000. 6. 1. 99헌마553). 그리고 헌법재판소는 정부와 민간이 함께 주주로서 참여하는 주식회사 형태의 공사혼합기업인 한국전력공사는 그 과제 수행을 행정 방식이 아닌 영업 방식에 의하고 그 과제 수행방식과 비용부담의 문제를 결정하는 것은 영업의 자유 등 기본권 문제이므로 기본권주체성이 인정된다고 하였다(헌재 2005. 2. 24. 2001헌바71).

(3) 기본권 침해 가능성

기본권 침해란 공권력 주체가 기본권규범이 보장한 기본권의 내용이나 보호영역에 가하는 위법한 제약을 말한다. 그러므로 원칙적으로 기본권규범의 수범자가 아닌 사인, 즉 기본권의 구속을 당하지 아니하는 사인은 기본권적 보호법익에 사실적 제약을 가할 수는 있으나, '침해'할 수 없다. 여기서 유의할 것은 적법요건으로서 헌법재판소법 제68조 제1항의 '헌법상 보장된 기본권을 침해받은 자'는 '헌법상 보장된 기본권을 침해받았다고 주장하는 자'로 해석하여야 하며, 심판청구인은 자기 기본권에 대한 공권력 주체의 제약행위가 위헌임을 어느 정도 구체적으로 주장하여야 한다. 그러므로 심판청구인이 기본권 침해 가능성을 확인할 정도의 구체적 주장을 하지 않고 막연한 주장만 하면 그 심판 청구는 부적법한 것이 될 것이다(헌재 2005. 2. 3. 2003헌마544). 헌법소원심판이 청구되면 헌법재판소는 청구인 주장에 얽매여 판단을 한정하지 않고 가능한 한 모든 범위에서 헌법상 기본권 침해 여부를 직권으로 심사한다(헌재 1989. 9. 4. 88헌마22). 그리고 헌법재판소법 제68조 제1항 본문은 "공권력의 행사 또는 불행사로 인하여 헌법상 보장된 기본권을 침해받은 자는 …… 헌법재판소에 헌법소원심판을 청구할 수 있다."라고 규정하는바, 이것은 공권력의 행사나 불행사로 말미암아 헌법상 보장된 자신의 기본권을 현재 직접 침해당한 사람만 헌법소원심판을 청구할 수 있다는 뜻이다. 따라서 공권력 행사로 말미암아 헌법소원심판을 청구하고자 하는 사람의 법적 지위에 아무런 영향이 미치지 않는다면 기본권 침해의 가능성이나 위험성이 없으므로 그 공권력 행사를 대상으로 헌법소원심판을 청구하는 것은 허용되지 아니한다(헌재 1999. 5. 27. 97헌마368).

(4) 헌법소원심판 청구인적격(법적 관련성)

헌법재판소법 제68조 제1항을 따르면 헌법소원은 공권력의 행사나 불행사로 말미암아 헌법상 보장된 기본권을 침해받은 사람이 그 심판을 구하는 제도로서, 이때 심판을 구하는 사람은 심판 대상인 공권력의 행사나 불행사로 말미암아 자기 기본권이 현재 그리고 직접 침해받는 사람이어야 한다(헌재 1992. 9. 4. 92헌마175).

① 자기관련성

청구인은 공권력 작용에 자기 스스로 법적으로 관련되어야 한다. 원칙적으로 기본권을 침해당하는 사람만 헌법소원심판을 청구할 수 있고, 제3자는 특별한 사정이 없는 한 기본권 침해에 직접 관련되었다고 볼 수 없다(헌재 1997. 3. 27. 94헌마277). 자기관련성은 헌법소원제도가 민중소송 형태로 흐르는 것을 차단하려는 방편이다(헌재 1994. 6. 30. 91헌마162). 법률에 따른 기본권 침해에서 어떠한 때에 제3자인 청구인의 자기관련성을 인정할 수 있는지의 문제는 무엇보다도 법의 목적과 실질적인 규율대상, 법규정의 제한이나 금지가 제3자에게 미치는 효과나 진지함의 정도 등을 종합적으로 고려하여 판단하여야 한다(헌재 1997. 9. 25. 96헌마133). 공권력작용이 단지 간접적, 사실적 또는 경제적인 이해관계로만 관련되는 제3자, 나아가 반사적으로 불이익을 받은 사람에게는 자기관련성이 인정되지 않는다(헌재 1993. 3. 11. 91헌마233). 그러나 공권력 작용이 제3자의 기본권을 직접적이고 법적으로 침해하면 제3자에게도 자기관련성이 인정된다(헌재 1993. 3. 11. 91헌마233).

법률에 대한 헌법소원심판 청구는 해당 법률이 청구인 자신의 기본권을 침해할 가능성이 없는 때, 즉 자기관련성이 없는 때는 허용되지 않는다. 하지만 평등권 침해를 주장하는 헌법소원사건에서는 비교집단에 혜택을 부여하는 법규정이 위헌이라고 선고되어 그러한 혜택이 제거된다면 비교집단과 맺는 관계에서 청구인의 법적 지위가 상대적으로 향상된다고 볼 여지가 있으면 청구인이 그 법규정의 직접적인 적용을 받는 사람이 아니더라도 그의 자기관련성을 인정할 수 있다(헌재 2001. 11. 29. 2000헌마84). 헌법재판소는 일반 법원과는 달리 일반 법률해석이나 사실 인정의 문제를 다루는 기관이 아니라 사실문제에 깊이 관여할 수 없는 헌법해석기관이고, 헌법소원에는 주관적 기본권 보장기능과 객관적 헌법 보장기능이 함께 있으므로, 권리귀속에 대한 소명만으로써 자기관련성 구비 여부를 판단할 수 있다(헌재 1994. 12. 29. 89헌마2). 헌법재판소는 단체가 단체구성원을 위해서 자신의 이름으로 헌법소원심판을 청구한 것을 부적법한 것으로 각하하였다(헌재 1991. 6. 3. 90헌마56).

② 현재(관련)성

청구인은 현재 기본권이 침해되어야 한다. 법률에 대한 헌법소원심판 청구가 적법하려면 청구인에게 해당 법률에 해당되는 사유가 발생함으로써 그 법률이 청구인의 기본권을 명백히 구체적으로 현재 침해하였거나 침해가 확실히 예상되는 경우에 한정된다

(헌재 1994. 6. 30. 91헌마162). 다만, 기본권 침해가 앞날에 발생하더라도 그 침해가 틀림없을 것으로 현재 확실히 예측된다면 기본권구제 실효성을 위해서 침해의 현재성이 인정된다(헌재 1992. 10. 1. 92헌마68등). 법률이 헌법소원심판 대상이 되려면 현재 시행 중인 유효한 법률이어야 함이 원칙이다. 그러나 법률이 일반적 효력을 발생하기 전이라도 공포되고, 그로 말미암아 사실상 위험성이 이미 발생하면 예외적으로 침해의 현재성을 인정하여, 이에 대해서 곧 헌법소원심판을 청구할 수 있다. 그렇게 보지 않고 법률이 시행된 다음에야 비로소 헌법소원심판을 청구할 수 있다면, 장기간의 구제절차 등으로 말미암아 기본권을 침해받는 사람에게 회복불능이거나 중대한 손해를 강요하는 결과가 될 수도 있기 때문이다(헌재 1994. 12. 29. 94헌마2). 지난날에 기본권 침해가 있었더라도 그 침해가 청구 당시에도 계속 유지되면 현재성이 인정된다. 헌법재판소는 심판 청구 시점을 기준으로 아직 발생하지 않은 기본권 침해를 현재성 흠결로 각하할 것인지 아니면 확실한 예측 가능성을 이유로 예외적으로 현재성 충족을 인정할 것인지만을 현재성과 관련하여 심사하고, 심판을 청구하고 나서 기본권 침해가 종료한 사안은 현재성이 아닌 권리보호이익과 관련하여 심사한다(예를 들어 헌재 2001. 6. 28. 2000헌마111).

③ 직접(관련)성

청구인은 공권력 작용으로 말미암아 직접 기본권이 침해되어야 한다. 이 직접성 요건은 법령에 대한 헌법소원에서는 특히 중요한 의미가 있다. 즉 법령에 따른 구체적인 집행행위를 기다리지 아니하고 직접 · 현재 · 자기의 기본권을 침해받아야 하는 것을 요건으로 한다. 여기서 말하는 기본권 침해의 직접성이란 집행행위를 통하지 아니하고 법령 자체가 직접 자유 제한, 의무 부과, 권리나 법적 지위 박탈을 일으킨다는 것을 뜻한다(헌재 1992. 11. 12. 91헌마192). 정의규정 · 선언규정과 같이 그 법령 조항 자체로 기본권 침해가 발생할 수 없거나 법령이 구체적인 집행행위를 예정하면 직접성 요건이 결여된다. 그러므로 법률에 따라서 기본권을 침해받으면 법률에 따라서 자신의 기본권을 직접 침해당하는 사람만 헌법소원심판을 청구할 수 있고, 법률의 직접적인 규율당사자가 아닌 제3자는 기본권 침해에 직접 관련되었다고 볼 수 없어서 헌법소원심판을 청구할 수 없다(헌재 1997. 3. 27. 94헌마277). 법령에 대한 헌법소원에서 '기본권 침해의 직접성'을 요구하는 이유는 법령은 일반적으로 구체적인 집행행위를 매개로 비로소 기본권을 침해하므로 기본권 침해를 받은 개인은 먼저 일반쟁송의 방법으로 집행행위를 대상으로 기본권 침해에 대한 구제절차를 밟는 것이 헌법소원의 성격상 요청되기 때문이다(헌재 1998. 4. 30. 97헌마141).

법률이나 법률조항이 구체적 집행행위를 예정하면 직접성 요건이 결여된다. 그러나 국민에게 행위의무나 금지의무를 부과하고 나서 그 위반행위에 대한 제재로서 형벌이나 행정벌 등을 부과할 것을 정하면 그 형벌이나 행정벌 부과는 의무 위반에 대한 제재로서 실효성을 확보하기 위한 강제수단에 불과하여 집행행위가 아니다. 국민은 별도의 집행행위를 기다릴 필요 없이 제재 근거가 되는 법률 시행 자체로 행위의무나 금지의무를 직접 부담하기 때문이다(헌재 1996. 2. 29. 94헌마213). 그러나 최근에 헌법재판소는 형벌조항을 위반하여 기소되고 나서는 재판과정에서 구체적 규범절차를 통해서 구제받을 수 있다는 이유로 구성요건규정의 직접성을 인정하지 않았다(헌재 2016. 11. 24. 2013헌마403). 집행행위에는 입법행위도 포함하므로 법령이 그 규정의 구체화를 위해서 하위규범 시행을 예정하면 해당 법령의 직접성은 부인된다(헌재 1996. 2. 29. 94헌마213). 하위규범에는 명령과 규칙뿐 아니라 행정규칙(헌재 2013. 6. 27. 2011헌마475)과 조례(헌재 2001. 1. 18. 2000헌마66)도 포함된다. 그러나 하위규범 시행을 예정하더라도 권리 제한 · 의무 부과가 법률 자체에서 직접 이루어지면 기본권 침해의 직접성은 인정된다(헌재 2004. 1. 29. 2001헌마894). 법률이 하위법령에 구체적인 사항을 위임하더라도 헌법 위반이 그 법령조항 때문에 시원적으로 발생하고 그 위헌성이 위임받은 하위법령에 영향을 미치는 것에 불과하면 그 법률조항도 직접성이 인정된다(헌재 2012. 11. 29. 2011헌마827). 어떤 법률 규정이 하위 법령에 그 규정의 구체화를 위하여 내용 일부를 위임하더라도 수권 조항과 시행령 조항이 서로 불가분의 관계를 이루면서 전체적으로 하나의 규율 내용을 형성하고, 수권 조항과 시행령 조항을 서로 분리하여서는 규율 내용 전체를 파악하기 어려우면 수권 조항과 시행령 조항 모두에 대해 불가분의 일체로서 기본권 침해의 직접성이 인정된다(헌재 2008. 11. 27. 2006헌마352). 집행행위는 공권력 행사로서 집행행위를 뜻하므로 사인의 행위는 집행행위가 아니다(헌재 1996. 4. 25. 95헌마331).

구체적 집행행위가 있다고 언제나 반드시 법률 자체에 대한 헌법소원심판 청구의 직접성이 부정되는 것은 아니다. 즉 (ⅰ) 집행행위가 있어도 그 집행행위를 대상으로 하는 구제절차가 없거나 구제절차가 있더라도 권리구제의 기대 가능성이 없고, 다만 기본권 침해를 당한 청구인에게 불필요한 우회절차를 강요하는 것밖에 되지 않으면 해당 법률을 직접 헌법소원심판 대상으로 삼을 수 있다(헌재 1992. 4. 14. 90헌마82). 그러나 명령이나 규칙을 합헌으로 판단하는 대법원 판례가 형성되어서 행정소송절차를 밟더라도 기각될 것이 뻔한 때에 곧바로 처분의 근거인 법령에 대하여 헌법소원을 제기하면 부적법 각하된다. 명령이나 규칙에 따른 구체적인 집행행위가 있고 그 집행행위를 통해서 비로소 기본권 침해가 현실적으로 발생하면 헌법재판소가 명령이나 규칙의 위헌성을 판단할 수 있는 때에 해당하지 않아서 해당 명령이나 규칙에 대해서는 직접성이나 보충성 요건의 예외를 인정할 여지가 없기 때문이다(헌재 1998. 5. 28. 96헌마151). 그리고 (ii) 법규범이 집행행위를 예정하더라도 법규범 내용이 집행행위 이전에 이미 국민의 권리관계를 직접 변동시키거나 국민의 법적 지위를 결정적으로 정하는 것이어서 국민의 권리관계가 집행행위의 유무나 내용에 따라서 좌우될 수 없을 정도로 확정된 상태라면 그 법규범의 권리침해 직접성이 인정된다(헌재 1997. 7. 16. 97헌마38). 그러나 최근에는 일의적으로 명백한 법률 규정일지라도 법규범이 집행행위를 법률사실로 규정하는 한 그 법규범의 직접성을 부인하는 헌법재판소 결정이 있었다(헌재 2006. 4. 27. 2004헌마562; 헌재 2013. 7. 25. 2012헌마934). 또한, (iii) 법령에 근거한 집행행위가 행정청의 재량에 맡겨지면 법령은 집행기관에 기본권 침해 가능성만 부여할 뿐이고, 집행기관이 재량권을 행사하여야 비로소 기본권이 현실적으로 침해될 수 있어서 그 법령은 직접성이 없다(헌재 2018. 5. 31. 2015헌마476). 그러나 헌법소원심판 대상이 되는 법령은 그 법령에 따른 다른 집행행위를 기다리지 않고 직접 국민의 기본권을 침해하는 법령이어야 하지만, 예외적으로 법령이 일의적이고 명백한 것이어서 집행기관이 심사와 재량의 여지없이 그 법령에 따라 일정한 집행행위를 하여야 하면 해당 법령을 헌법소원심판의 직접대상으로 삼을 수 있다(헌재 1995. 2. 23. 90헌마214). 다만, 집행행위가 법령이 정한 요건이 충족되면 집행기관의 '재량' 없이 이루어지는 기속행위라는 것과 집행기관이 법령이 정한 요건 충족 여부를 '심사'할 여지도 없이 일의적이라는 것은 구분되어야 한다. 즉 집행행위가 조세의 부과처분 등과 같이 집행기관의 재량이 없는 기속행위라고 하더라도 집행기관에 적극적 · 소극적 과세요건의 충족 여부에 관한 심사가 예정되어 있으면 해당 법령의 직접성을 인정할 수 없다(헌재 2020. 10. 20. 2017헌마498). 통상 법률조항이 정관에 위임할 때 그 조항 자체가 기본권을 침해하는 것으로 볼 수 없지만, 청구인이 그 조항의 규정 형식 자체를 문제 삼고,

입법부가 정관에 기본권 관련 사항을 위임할 수 있는지는 특수한 헌법적 성격이 있어서, 헌법소원의 직접성 요건을 인정할 수 있다(헌재 2001. 4. 26. 2000헌마122). 직접성 요건을 충족시키는 규정과 직접성 요건이 결여된 규정이 그 내용상 서로 내적인 연관관계에 있으면서 통일적인 청구취지를 구성하여서, 후자 규정 내용을 고려하지 않고서는 전자 규정의 위헌 여부를 판단할 수 없으면 후자 규정이 직접성 요건을 충족시키는지와 상관없이 후자의 위헌 여부도 판단할 수 있다(헌재 2000. 6. 29. 99헌마289). 직접성 요건 불비는 사후에 치유될 수 없다(헌재 2009. 9. 24. 2006헌마1298).

집행행위는 공권력 행사를 가리키므로 법령을 집행하는 주체가 사인이면 그 사인의 행위는 집행행위에 포함하지 않아서 그 근거법령은 직접성이 있다. 예를 들어 법령이 사인의 행위를 매개로 일정한 법적 의무를 부과함으로써 기본권을 제한하면 그 법령은 직접성이 있다(헌재 2020. 11. 26. 2016헌마275등).

3. 보충성

헌법소원은 다른 법률에 구제절차가 있으면 그 절차를 모두 거치고 나서 심판을 청구하여야 한다(헌법재판소법 제68조 제1항 단서). 이것을 헌법소원의 보충성이라고 한다. 헌법재판소법 제68조 제1항 단서의 뜻은 헌법소원이 그 본질상 헌법상 보장된 기본권 침해에 대한 예비적이고 보충적인 최후의 구제수단이므로 공권력 작용으로 말미암아 기본권 침해가 있으면 먼저 다른 법률이 정한 절차에 따라 침해된 기본권의 구제를 받기 위한 모든 수단을 다하였는데도 그 구제를 받지 못한 때에 비로소 헌법소원심판을 청구할 수 있다는 것을 밝힌 것이다(헌재 1993. 12. 23. 92헌마247). 다만, 먼저 헌법소원을 제기하고 나서 종국결정 전에 권리구제절차를 거쳤다면 사전에 구제절차를 거치지 않은 하자가 치유될 수 있다(헌재 1996. 3. 28. 95헌마211). 그러나 여기서 말하는 권리구제절차는 공권력의 행사나 불행사를 직접 대상으로 하여 그 효력을 다툴 수 있는 권리구제절차를 의미하는 것이지, 사후적 · 보충적 구제수단인 손해배상청구나 손실보상청구를 뜻하는 것은 아니다(헌재 1989. 4. 17. 88헌마3). 청원제도(헌재 1998. 10. 29. 98헌마4)나 진정서 · 탄원서 제출(헌재 1992. 11. 12. 91헌마146)도 사전권리구제절차에 해당하지 않는다. 위헌법률심판절차 및 헌법재판소법 제68조 제2항에 따른 헌법소원심판절차와 같은 다른 헌법재판절차는 헌법에 따라 헌법재판소법이 구체화한 구제절차로서 '다른' 법률에 따른 구제절차가 아니다. 그리고 '다른 법률에 의한 구제절차를 거친 후'란 다른 법률에 따른 구제절차를 '적법하게' 거친 때를 말하므로, 과세처분 취소를 구하는 행정소송을 제기하였다가 그 소송을 취하하였거나 취하간주하면 그 과세처분 취소를 구하는 헌법소원심판 청구는 다른 법률에 따른 적법한 구제절차를 거쳤다고 볼 수 없어 부적법하다(헌재 1999. 9. 16. 98헌마265).

법령 자체의 직접적인 기본권 침해가 문제 되면 그 법령 자체의 효력을 다투는 것을 소송물로 하여 일반 법원에 소송을 제기하는 길이 없어(대법원 1994. 4. 26.자 93부32 결정), 구제절차가 있는 때가 아니므로 바로 헌법소원심판을 청구할 수 있다(헌재 1996. 10. 4. 94헌마68등). 그러나 대법원은 조례가 집행행위 개입 없이 그 자체로서 직접 국민의 구체적인 권리의무나 법적 이익에 영향을 미치는 것 등의 법률상 효과를 발생시키면 그 조례는 항고소송 대상이 되는 행정처분에 해당한다고 판시한 바 있다(대법원 1996. 9. 20. 선고 95누8003 판결). 그리고 헌법재판소는 고시가 행정규칙 형식의 법규명령으로서 일반적 · 추상적인 성격이어서 처분성이 결여된 법규명령이라면 법령 자체에 의한 직접적인 기본권 침해가 문제 될 때 그 법령 자체의 효력을 직접 다투는 것을 소송물로 하여 일반 법원에 그 소송을 제기하는 길이 없어 구제절차가 있는 때가 아니므로, 다른 구제절차를 거치지 아니한 채로 바로 헌법소원심판을 청구할 수 있다고 한다(헌재 2010. 9. 30. 2008헌마758). 그러나 대법원은 고시가 일반적 · 추상적 성격이 있으면 법규명령이나 행정규칙에 해당하지만, 다른 집행행위 매개 없이 그 자체로서 직접 국민의 구체적인 권리의무나 법률관계를 규율하는 성격이 있으면 항고소송 대상이 되는 행정처분에 해당한다고 보았다(대법원 2003. 10. 9.자 2003무23 결정). 진정입법부작위에 대해서는 법률상 다른 구제절차가 없다. 따라서 진정입법부작위에 대한 헌법소원에서 보충성원칙은 문제 되지 않는다.

① 헌법소원심판청구인이 그의 불이익으로 돌릴 수 없는 정당한 이유 있는 착오로 전심절차를 밟지 않은 때, ② 전심절차로 권리가 구제될 가능성이 거의 없거나 ③ 권리구제절차가 허용되는지가 객관적으로 불확실하여 전심절차 이행 가능성이 없을 때는 보충성의 예외로서 바로 헌법소원을 제기할 수 있다(헌재 1995. 12. 28. 91헌마80).

4. 청구기간

(1) 청구기간의 의의

청구기간이란 법정기간으로서 해당 기간 안에 특정한 심판 청구를 하여야 하는 것으로 정한 행위기간이다. 청구기간의 입법목적은 법률이 정한 기간 안에 헌법재판을 신속하고 명확하게 처리함으로써 개인의 권리구제와 더불어 법적 안정성을 신속히 확보하자는 것이다(헌재 2001. 9. 27. 2001헌마152). 청구인이 청구기간 중에 소정의 소송행위를 하지 않고 그 기간이 지나면 청구인은 심판청구권을 상실한다.

(2) 청구기간 계산

기간 계산에 관한 법의 일반원칙에 따른다(헌법재판소법 제40조 제1항, 민사소송법 제170조). 기간이 오전 0시부터 시작하는 때를 제외하고는 일로 정한 기간은 초일을 산입하지 아니하므로, 송달을 받으면 그 다음 날부터 기간이 진행된다(민법 제157조). 기간 말일 종료로 청구기간이 만료된다(민법 제159조). 그리고 1년의 청구기간을 계산할 때는 역에 따라서 계산한다(민법 제160조). 기간 말일이 토요일이나 공휴일이면 청구기간은 그 다음 날로 만료된다(민법 제161조). 국가 변란 등 부득이한 사태로 심판청구서 제출이 늦어지면 그 기간은 제출할 수 있는 날까지 연장된다고 보아야 한다.

헌법소원심판 청구기간은 헌법이나 헌법재판소법에 특별한 규정이 없는 이상 일반원칙인 도달주의에 따라 헌법재판소에 심판청구서가 접수된 날부터 기산하여야 하고, 예외적으로 법률에 규정이 있을 때 인정되는 발신주의에 따라 심판청구서 발송일을 기준으로 할 것은 아니다(헌재 1990. 5. 21. 90헌마78). 그러므로 청구인이 심판청구서를 발송한 시점을 기준으로 하면 청구기간 안이더라도 동 심판청구서가 헌법재판소에 도달한 시점에 이미 청구기간이 지나면 부적법한 청구이다(헌재 1990. 4. 10. 90헌마50). 그러나 기본권 침해가 헌법재판소 발족하기 이전의 일이면 그 청구기간 기산점은 헌법재판소가 구성된 1988년 9월 19일이라는 것이 헌법재판소의 확립된 판례이다(헌재 1991. 9. 16. 89헌마151).

헌법재판소에 국선대리인 선임을 신청할 때는 국선대리인 선임 신청이 있는 날을 기준으로 청구기간을 계산한다(헌법재판소법 제70조 제1항 후문)(헌재 1998. 7. 16. 96헌마268).

심판청구서를 제출하기 전에 먼저 국선대리인 선임 신청을 할 때 헌법재판소가 국선대리인을 선정하지 아니한다는 결정을 하면 신청인이 선임 신청을 한 날부터 이러한 결정 통지를 받은 날까지의 기간은 청구기간에 산입하지 않는다(헌법재판소법 제70조 제4항). 그리고 대리인 선임 없이 심판청구서가 먼저 제출되거나 국선대리인신청서와 함께 제출되면 청구기간은 심판청구서가 접수된 날을 기준으로 한다. 청구기간 안에 청구인 본인 명의로 헌법소원심판을 청구하여 대리인을 선임하라는 보정명령을 받고 대리인을 선임하여 그 대리인 명의의 심판청구서가 청구기간이 지나고 나서 다시 제출되면 그 사건 심판 청구가 청구기간 안에 적법하게 청구된 것으로 본다.

(3) 다른 법률에 따른 구제절차가 있을 때의 청구기간

다른 법률에 따른 구제절차(예를 들어 불기소처분에 대한 검찰청법상 항고 · 재항고)를 거치면 헌법소원심판은 그 최종결정을 통지받은 날부터 30일 이내에 청구하여야 한다(헌법재판소법 제69조 제1항 단서)(헌재 1992. 7. 23. 92헌마103). '다른 법률에 따른 구제절차'는 적법한 구제절차이어야 한다. 그렇게 보지 않으면 청구인이 일부러 부적법한 구제절차를 거침으로써 부당하게 청구기간을 연장할 수 있어서 청구기간 한정 취지가 몰각될 우려가 있기 때문이다(헌재 1993. 7. 29. 91헌마47). 따라서 행정소송 대상이 아닌 행정작용에 대해서 행정소송절차를 거치는 것은 무익한 절차를 거친 것에 불과하고, 그 청구기간은 헌법재판소법 제69조 제1항 단서가 아닌 본문에 따라서 산정된다(헌재 2003. 9. 25. 2002헌마789). 통지가 있었는지는 통지에 관한 법령 규정에 따라서 판단한다. 문서로 된 최종결정을 송달받았다면 송달받은 날이 통지를 받은 날이다. 따라서 최종결정을 송달받은 다음 날부터 기간을 계산한다. 불기소처분은 검사의 수사종결처분으로서 재판이 아니므로 불복기간이 지나더라도 확정력이 발생하지 않는다. 따라서 형사피해자라고 주장하는 사람이 고소를 제기하였다가 혐의 없음의 불기소처분이 있고 나서 바로 검찰청법에 따른 항고를 제기하지 아니하고 그 항고기간이 지나고 나서 다시 고소를 제기하여 다시 내려진 불기소처분을 대상으로 검찰 항고를 거쳐 헌법소원심판을 청구하였더라도 헌법재판소법 제69조가 정한 청구기간 제한의 입법목적에 어긋나는 부적법한 심판 청구라고 보기는 어렵다(헌재 1993. 3. 11. 92헌마142).

(4) 다른 법률에 따른 구제절차가 없는 때의 청구기간

다른 법률에 따른 구제절차가 없거나 보충성 요건에 대한 예외가 인정되어 다른 법률에 따른 구제절차를 거칠 필요가 없으면 그 사유가 있음을 안 날부터 90일 이내에, 그 사유가 있은 날부터 1년 이내에 청구하여야 한다(헌법재판소법 제69조 본문). 그러므로 헌법소원심판 청구의 사유, 즉 기본권 침해가 있음을 안 날부터 90일이 지나거나 그 사유가 있은 날부터 1년이 지나면(즉 둘 중 어느 하나의 기간이 지나면) 그 심판 청구는 적법하지 않다(헌재 2004. 4. 29. 2004헌마93).

그 사유가 있음을 '안 날'은 적어도 공권력 행사에 따른 기본권 침해의 사실관계를 특정할 수 있을 정도로 현실적으로 인식하여 심판 청구가 가능해진 때를 뜻한다(헌재 1993. 7. 29. 89헌마31). 그리고 헌법소원심판 청구기간의 기산점인 '사유가 있음을 안 날'은 '법령의 제정 등 공권력 행사에 따른 기본권 침해의 사실관계를 안 날'을 뜻하는 것이지 법률적으로 평가하여 그 위헌성 때문에 헌법소원심판 대상이 됨을 안 날을 뜻하는 것이 아니므로, 헌법소원심판 대상이 됨을 안 날은 '청구기간을 도과한 헌법소원을 허용할 정당한 사유'의 평가자료로 참작됨은 별론으로 하고 청구기간 기산점과는 무관하다(헌재 1993. 11. 25. 89헌마36). 법률에 따라서 기본권 침해 사유가 발생하였음을 안 후 부적법한 구제절차를 거치면, 이러한 구제절차 이행은 법적으로 아무런 의미가 없으므로 그로 말미암아 '기본권 침해 사유가 발생하였음을 안 날'이 '부적법한 구제절차의 결과를 안 날'로 바뀌지 않는다(헌재 1993. 7. 29. 92헌마6).

그 사유가 '있은 날'은 공권력 행사를 통해서 기본권 침해가 발생한 날을 말한다. 예를 들면 법률이 정한 요건을 그 법률 시행 당시 이미 충족하여 그 법률로 말미암아 기본권을 침해받은 사람은 법률이 시행된 날, 법률이 시행된 뒤 비로소 동 법률이 정한 요건을 충족하게 되어 기본권을 침해받게 된 사람은 법정요건을 충족하게 된 날이나 기본권을 침해하는 권력적 사실행위를 실제로 한 날을 말한다.

청구인이 고소인이나 고발인이 아니어서 검사의 불기소처분에 대해서 다른 법률에 구제절차가 인정되지 아니한 때나 형사피의자로 입건되어 기소유예 처분이나 공소권 없음 처분을 받은 사람을 위한 법률상 구제절차는 없다. 그러므로 헌법재판소에 직접 제소하려면 그 불기소처분이 있은 사실을 안 날부터 90일 이내에, 늦어도 검사가 불기소처분을 한 날부터 1년 이내에 헌법소원심판을 청구하여야 한다(헌재 1998. 8. 27. 97헌마79).

그리고 기소유예 처분의 결과통지를 받아 그 처분이 있은 사실을 알았다면 그날부터 90일 이내에 헌법소원심판을 청구하여야 한다(헌재 1993. 7. 29. 92헌마217).

(5) 부작위에 대한 헌법소원심판의 청구기간

공권력 불행사로 말미암은 기본권 침해는 그 불행사가 계속되는 한 기본권 침해의 부작위가 계속된다. 그러므로 가령 입법권 불행사, 즉 진정입법부작위에 대한 헌법소원심판은 그 불행사가 계속되는 한 기간 제약 없이 적법하게 청구할 수 있고, 이것은 행정입법부작위도 마찬가지이다(헌재 1994. 12. 29. 89헌마2). 그러나 부진정입법부작위, 즉 결함이 있는 입법권 행사를 다툴 때는 입법부작위 위헌 확인의 심판 청구가 아니라 그 불완전한 입법규정 자체가 헌법 위반이라는 적극적인 헌법소원을 제기하여야 하고, 이때는 헌법재판소법 제69조 제1항의 적용을 받는다(헌재 1996. 10. 31. 94헌마204).

(6) 일정 기간 계속되는 공권력 행사에 대한 헌법소원심판의 청구기간

일반적으로 헌법재판소는 기본권 침해 상태가 계속되면 최초 기본권 침해가 발생한 때를 청구기간 기산점으로 삼는다(예를 들어 헌재 2010. 10. 28. 2009헌마438). 다만, 경찰청장이 주민등록증발급신청서에 날인된 지문정보를 보관 · 전산화하고 보관일 무렵부터 이것을 범죄수사 목적에 이용한 행위와 관련하여서는, 이러한 경찰청장 행위는 보관 또는 전산화한 날 이후 헌법소원심판 청구 시점까지 계속되었다고 할 것이므로, 이러한 계속되는 권력적 사실행위를 대상으로 하는 심판 청구의 청구기간 도과 문제는 발생하지 않는다고 한 바 있다(헌재 2005. 5. 26. 99헌마513등).

(7) 기본권 침해가 계속되거나 주기적으로 반복되는 때

헌법재판소는 청구기간 기산점이 되는 '법령에 해당하는 사유가 발생한 날'이란 법령의 규율을 구체적이고 현실적으로 적용받게 된 최초의 날을 뜻하는 것으로 보아, 일단 '법령에 해당하는 사유가 발생'하면 그 때부터 해당 법령에 대한 헌법소원심판 청구기간이 진행되고, 그 이후에 새로이 '법령에 해당하는 사유가 발생'하더라도 새로운 청구기간 진행이 개시된다고 볼 수는 없다고 판단한다(헌재 2004. 4. 29. 2003헌마484). 일정 기간을 두고 주기적으로 반복되는 공직선거와 관련하여서는 사안에 따라 청구기간 기산일이 다르다. 예를 들어 대한민국에 주민등록이 되어 있지 아니한 국외거주자는 부재자 투표권을 행사할 수 없도록 한 '공직선거 및 선거부정 방지법'에 대한 헌법소원 사건에서는, 국회의원선거가 이미 실시되었고 그로부터 90일이 지나고 나서 심판이 청구되었지만, 주기적으로 반복되는 선거에서는 매번 새로운 후보자들이 입후보하고 매번 새로운 범위의 선거권자들이 투표를 할 뿐 아니라 선거 효과도 차기 선거에 따른 효과가 발생할 때까지로 한정되므로 매 선거는 새로운 선거에 해당하고, 헌법소원의 진정한 취지도 앞날에 실시될 선거에서 발생할 수 있는 기본권 침해를 문제 삼는 것으로 볼 수 있으므로 청구기간 도과 문제가 발생할 여지가 없다고 하였다(헌재 2007. 6. 28. 2004헌마644등). 그런데 이와는 달리 선거가 주기적으로 이루어지는 행위인데도 형이 확정된 사람에 대한 선거권이나 피선거권 제한과 관련하여서는 형이 확정된 때를 기본권 침해 사유가 발생한 날로 본 때도 있고(헌재 2004. 1. 6. 2003헌마915), 형 확정 후 처음 실시되는 선거일에 기본권 침해 사유가 발생하는 것으로 본 때도 있다(헌재 2009. 10. 29. 2007헌마1462).

(8) 법령에 대한 헌법소원심판의 청구기간

헌법재판소는 법령에 대한 헌법소원심판의 청구기간을 해석을 통해서 법령 시행과 동시에 기본권을 침해받는 때와 법령이 시행된 때로 나누어 기산함으로써, 결과적으로 법령에 대한 헌법소원심판의 청구기간을 확장한다. 즉 법령에 대한 헌법소원심판의 청구기간은 그 법률 시행과 동시에 기본권 침해를 받게 되면 그 법률이 시행된 사실을 안 날부터 90일 이내에, 법률이 시행된 날부터 1년 이내에 헌법소원을 제기하여야 한다(헌재 1999. 4. 29. 96헌마352등). 법률이 시행되고 나서 비로소 그 법률에 해당하는 사유가 발생하여 기본권 침해를 받게 되면 그 사유가 발생하였음을 안 날부터 90일 이내에(헌재 1996. 8. 29. 94헌마113), 그 사유가 발생한 날부터 1년 이내에(헌재 1998. 7. 16. 95헌바19등) 헌법소원심판을 청구하여야 한다.

법령에 대한 헌법소원에서 청구기간의 기산점이 되는 '법령에 해당하는 사유가 발생한 날'은 '법령의 규율을 구체적이고 현실적으로 적용받게 된 날'을 가리킨다. 법령 시행 후 어느 시점에 청구인의 기본권이 구체적으로 침해받거나 그 침해가 확실히 예상되었다고 볼 수 있는지에 관하여 기록상 이것을 인정할 명백한 자료가 없으면, 권리구제 및 헌법질서의 수호 · 유지라는 헌법소원제도 기능에 비추어 가능한 한 청구인에게 유리하게 해석하여야 할 것이다(헌재 2001. 6. 28. 2000헌마111). 한편, 심판 대상 조항이 그 자구만 수정되었을 뿐이지 이전의 조항과 비교하여 실질적인 내용에 변화가 없어 청구인이 기본권을 침해당하고 있다고 주장하는 내용에 전혀 영향을 주지 않는다면, 법령조항이 일부 개정되었더라도 청구기간 기산은 이전 법령을 기준으로 한다(헌재 2011. 11. 24. 2009헌마415). 다만, 법령조항 개정 전부터 청구인의 기본권이 침해되었는지를 판단할 자료가 충분하지 않다면 가능한 한 청구인에게 유리한 해석을 하여야 할 것이다. 그러나 개정을 통해서 규제 실질에 변화가 있다면 청구기간 기산은 이전 법령으로 소급하지 않고, 문제가 된 법령을 기준으로 한다(헌재 2007. 2. 22. 2003헌마428등).

'법령에 해당하는 사유가 발생'하여 청구기간 진행이 개시되고 나서 다시 '법령에 해당하는 사유'가 발생하면 새로이 청구기간 진행이 개시되는지와 관련하여 헌법재판소는 법령에 대한 헌법소원심판에서 청구기간 기산점이 되는 '법령에 해당하는 사유가 발생한 날'이란 법령의 규율을 구체적이고 현실적으로 적용받게 된 최초의 날을 뜻하는 것으로 보는 것이 상당하다고 보아, 일단 '법령에 해당하는 사유가 발생'하면 그때부터 해당 법령에 대한 헌법소원심판의 청구기간이 진행되기 시작하여 그 이후에 새로이 '법령에 해당하는 사유가 발생'한다고 하여서 일단 개시된 청구기간 진행이 정지되고 새로운 청구기간 진행이 개시된다고 볼 수 없다고 판단하였다(헌재 2004. 4. 29. 2003헌마484).

여기의 사유가 발생한 날이란 해당 법률이 청구인의 기본권을 명백히 구체적이고 현실로 침해한 때를 말한다. 헌법재판소는 초기에 상황성숙이론에 따라 상황성숙 시점이 마치 청구기간 기산점이 되는 것으로 보는 듯한 결정을 내린 바 있다(헌재 1990. 6. 25. 89헌마220). 그러나 이러한 판례를 따르면 청구기간 기산점이 앞당겨지므로 청구기간이 단축되는 부작용이 발생한다. 이에 헌법재판소는 이러한 오해를 불식시키려고 상황성숙이론과 청구기간의 기산점을 분리하는 방향으로 판례를 변경하였다(헌재 1996. 3. 28. 93헌마198). 그래서 아직 기본권 침해가 없으나 앞날에 확실히 기본권 침해가 예측되어서 미리 앞당겨 현재성을 인정하여도 청구기간 도과 문제가 발생할 여지가 없다(헌재 1999. 12. 23. 98헌마363). 그러나 헌법재판소는 기본권 침해가 앞날에 예정되어도 이미 법령 적용을 받아 자신의 지위가 변동하면 법령 시행일이 청구기간 기산점이 되는 것으로 본다(헌재 2002. 1. 31. 2000헌마274).

헌법재판소는 개정된 법령이 종전에 허용하던 영업을 금지하는 규정을 신설하면서 부칙에서 유예기간을 두면 그 법령 시행 전부터 영업해오던 사람은 그 법령 시행일에 이미 유예기간 이후부터는 영업할 수 없도록 기간을 제한받는 것이므로, 부칙에 따른 유예기간과 관련 없이 그 법령 시행일에 기본권 침해를 받은 것으로 보았다(헌재 1996. 3. 28. 93헌마198). 그러나 헌법재판소는 시행유예기간에는 청구인이 기본권 행사에서 어떠한 구체적 · 현실적 제약도 받지 않으므로 이러한 해석은 지나치게 관념적일 뿐 아니라, 시행유예기간을 두지 않은 법령은 기본권 행사에 구체적이고 현실적인 제약을 받는 시점이 청구기간 기산점이 되는 것과 차별이 생기고, 나아가 시행유예기간이 아니라 시행일을 청구기간 기산점으로 본다면 시행유예기간이 지나 정작 기본권 침해가 실제로 발생할 때는 이미 청구기간이 지나버려 위헌성을 다툴 기회가 부여되지 않는 불합리한 결과가 초래될 위험이 있는 점, 일반 국민에 대해 법규정 개폐에 적시에 대처할 것을 기대하기가 사실상 어렵고, 헌법소원의 본질은 국민의 기본권을 충실히 보장하는 데 있으므로 법적 안정성을 해하지 않는 범위 안에서 청구기간에 관한 규정을 기본권 보장이 강화되는 방향으로 해석하는 것이 바람직한 점을 종합해 보면, 시행유예기간 적용 대상인 청구인에 대해서도 청구기간 기산점은 시행일인 것으로 해석하는 것은 헌법소원심판청구권을 보장하는 취지에 어긋날 뿐 아니라, 시행유예기간 경과일을 청구기간 기산점으로 보더라도 청구기간이 무한히 확장되는 것이 아니라 시행유예기간 경과일부터 1년이 지나면 헌법소원심판을 청구할 수 없으므로 법적 안정성을 확보할 수 있는 점, 시행유예기간에도 현재성 요건의 예외에 따라 적법하게 헌법소원심판을 청구할 수 있고, 이러한 시행유예기간에 헌법소원심판 청구를 허용하더라도 아직 법령의 효력이 발생하기 전인 이상 그로 말미암아 헌법소원심판 청구 대상이 된 법령의 법적 안정성이 곧바로 저해되지는 않는 점을 아울러 고려하면, 시행유예기간 경과일을 청구기간 기산점으로 해석함으로써 헌법소원심판청구권 보장과 법적 안정성 확보 사이의 균형을 달성할 수 있다고 하여 선례를 변경하였다(헌재 2020. 4. 23. 2017헌마479).

(9) 처벌조항과 청구기간

헌법재판소는, 처벌조항에 따른 기본권 침해 사유가 발생한 시점은 청구인의 행위로 형사처벌을 받을 가능성이 발생하는 시점, 즉 해당 법령 위반을 이유로 검사가 공소를 제기한 시점이고, 공소장에는 반드시 적용 법조를 기재하여야 하고(형사소송법 제254조 제3

항 제4호) 법원은 공소 제기가 있으면 즉시 공소장 부본을 피고인이나 변호인에게 송달하여야 한다는 점에서(형사소송법 제266조) 기본권 침해 사유가 발생하였음을 안 날이란 공소장 부본을 송달받은 날을 해당 법령에 따라서 기본권 침해 사유가 발생하였음을 안 날이라고 본다(헌재 2011. 7. 28. 2010헌마432). 그리고 청구인에게 적용될 법률이 공소장 변경으로 바뀌면 공소장 변경 시점이 청구기간 기산점이 된다(헌재 2007. 10. 4. 2005헌마1148). 다만, 헌법재판소는 해당 법령 위반 시를 기준으로 청구기간을 계산한 때도 있는데, 무면허의료행위 처벌과 관련해서는 그 위반행위를 한 때를(헌재 2010. 7. 29. 2008헌마664등), 모의총포 소지와 관련하여서는 모의총포를 구입함으로써 소지한 때를(헌재 2009. 9. 24. 2007헌마949) 기본권 침해사유가 발생한 날로 보았다. 한편, 처벌규정과 관련하여 기본권 침해 사유가 발생하였음을 안 날을 기준으로 청구기간을 계산한 결정 중에는 해당 처벌조항 위반으로 유죄판결을 선고받았을 때(헌재 1999. 9. 16. 99헌마275)나 1심 유죄판결에 대한 항소제기일(헌재 2011. 3. 31. 2008헌마738)을 기준으로 한 때도 있다.

⑽ 당연퇴직 조항과 청구기간

공무원이 형사처벌을 받으면 그 직에서 당연퇴직하도록 정하는 법령에서 청구기간 기산점인 법률에 해당하는 '사유가 있는 날'은 당연퇴직 사유로서 확정판결을 받은 날을 말하고, '사유가 있음을 안 날'은 그 확정판결이 있음을 안 날이다(헌재 1998. 4. 30. 96헌마7). 당연퇴직 조항과 관련한 청구기간 계산은 판결확정일이 기준이 된다.

⑾ '정당한 사유가 있는' 청구기간 도과

정당한 사유가 있으면 제소기간이 지난 행정소송을 허용하는 행정소송법 제20조 제2항 단서가 헌법소원심판에도 준용된다. 따라서 '정당한 사유'가 있으면 청구기간이 지나도 헌법소원심판 청구는 적법하다고 해석하여야 할 것이다. 여기의 '정당한 사유'는 청구기간 경과의 원인 등 여러 가지 사정을 종합하여 지연된 심판 청구를 허용하는 것이 사회통념상으로 보아 상당한 때를 뜻한다(헌재 1993. 7. 29. 89헌마31). 헌법재판소는 사후통지를 받을 수 있는 방법이 마련되지 않아서 청구인이 기본권 침해 사유가 발생하였음을 인지하지 못한 것에 책임이 없으면 기본권 침해 사유가 발생한 날부터 1년이 지난 이후에 심판 청구를 하였더라도 이에는 정당한 사유가 있다고 하였다(헌재 2022. 7. 21.

2016헌마388등). 다만, 기본권을 침해받은 사람이 어떤 경위로든 기본권 침해 사유가 있었음을 알았거나 쉽게 알 수 있었던 때라면 청구기간 도과에 대해서 정당한 사유를 주장하기 어렵다(헌재 2001. 7. 19. 2001헌마335).

⑿ 청구취지 변경과 청구기간

헌법소원심판 청구에 대한 청구취지 변경(추가적 또는 교환적 변경 모두 포함)이 이루어지면 청구기간 준수 여부는 헌법재판소법 제40조 제1항과 민사소송법 제265조에 따라서 추가 또는 변경된 청구서 등이 제출된 시점을 기준으로 판단한다(헌재 1992. 6. 26. 91헌마134). 다만, 청구취지 변경 등 청구서 내용이 기존 청구를 유지하면서 내용을 보충하는 것이면 기존 청구 시가 청구기간 기산점이 된다.

5. (일반적) 권리보호이익

헌법소원제도는 국민의 기본권 침해를 구제하는 제도이다. 그러므로 그 제도의 목적상 권리보호이익이 있을 때 비로소 헌법소원을 제기할 수 있다. 즉 권리보호이익이 없는 헌법소원심판 청구는 부적법하여 각하를 면할 수 없다(헌재 1997. 1. 16. 90헌마110). 권리보호이익은 심판 청구 당시는 물론 헌법재판소 결정 당시에도 있어야 한다(헌재 1999. 11. 25. 95헌마154). 그러므로 헌법소원심판 청구 당시 권리보호이익이 인정되더라도 심판 계속 중에 사실관계나 법률관계 변동으로 말미암아 청구인이 주장하는 기본권 침해가 종료되면 원칙적으로 권리보호이익이 없다(헌재 1997. 3. 27. 93헌마251). 청구인이 비록 심판절차 계속 중에 사망하였더라도 헌법재판소가 헌법소원을 인용하였다면 형사소송법상 그 배우자나 직계친족 등은 확정된 유죄판결에 대해서 재심을 청구할 수 있으므로 권리보호이익이 있다(헌재 1997. 1. 16. 89헌마240). 침해행위가 이미 종료되어서 이것을 취소할 여지가 없으므로 헌법소원이 주관적 권리구제에 별 도움이 안 되는 때라도 그러한 침해행위가 앞으로도 반복될 위험이 있거나 해당 분쟁 해결이 헌법질서의 수호 · 유지를 위해서 긴요한 사항이어서 그 해명이 헌법적으로 중대한 의미가 있으면 헌법소원 이익을 인정하여야 할 것이다(헌재 1992. 1. 28. 91헌마111). 여기서 침해반복 위험성이란 단순히 추상적 · 이론적인 가능성이 아닌 구체적 · 실제적이어야 하고, 이 점은 청구인이 입증할 책임이 있다(헌재 1991. 7. 8. 89헌마181).

6. 변호사강제주의

헌법소원심판에서 청구인은 변호사를 대리인으로 선임하지 아니하면 심판 청구를 하거나 심판 수행을 하지 못한다(헌법재판소법 제25조 제3항). 대리인 선임 없이 헌법소원심판이 청구되면 헌법재판소는 지정재판부의 사전심사 단계에서 상당한 기간(7-10일)을 정하여 대리인을 선임하도록 보정명령을 발한다. 변호사 자격이 없는 사인인 청구인이 한 헌법소원심판 청구나 주장 등 심판수행은 변호사인 대리인이 추인하면 적법한 헌법소원심판 청구와 심판수행으로서 효력이 있고 헌법소원심판 대상이 된다.

7. 일사부재리

헌법재판소는 이미 심판을 거친 같은 사건에 대해서는 다시 심판할 수 없다(헌법재판소법 제39조). 헌법재판소가 이미 한 결정에 대해서는 자기기속력 때문에 이것을 취소 · 변경할 수 없다. 이것은 법적 안정성을 위해서 불가피한 일이기 때문이다. 헌법재판소 결정에 대해서는 상급심이 없으므로 불복신청도 허용될 수 없을 뿐 아니라 즉시항고는 헌법재판소법상 인정되지 아니한다. 불복신청이 허용되지 아니하므로 당사자는 확정된 해당 심판은 물론이고, 후행 심판에서 같은 사항에 대해서 다시 심판을 청구할 수 없다(헌재 2005. 12. 22. 2005헌마330). 헌법재판소가 심판한 사건에 대해서 다시 헌법소송을 제기하거나 헌법재판소 결정에 대해 불복을 하는 헌법소송을 제기하게 되면, 이것은 헌법소송 요건을 갖추지 못한 것으로서 부적법하여 각하된다(헌재 2005. 12. 22. 2005헌마330 참조). 헌법소원심판 청구가 부적법하다고 하여 헌법재판소가 각하결정을 하였다면, 그 각하결정에서 판시한 요건 흠결을 보정할 수 있을 때 그 요건 흠결을 보정하여 다시 심판 청구를 하는 것은 모르되, 그러한 요건 흠결을 보완하지 아니한 채로 같은 내용의 심판 청구를 되풀이하는 것은 허용될 수 없다(헌재 1995. 2. 23. 94헌마105).

일사부재리에 해당하여 부적법한 청구가 되려면 이미 심판을 거친 사건과 계속 중인 사건의 헌법소원을 제기하게 된 기초사실관계와 당사자, 심판 대상, 쟁점 등이 모두 같아야 한다(헌재 2001. 6. 28. 98헌마485). 헌법재판소는 이미 심판을 거친 사건과 계속 중인 사건의 청구원인이 기본적으로 같더라도, 심판을 거친 사건은 헌법재판소법 제68조 제2항에 따른 헌법소원이고, 계속 중인 사건은 제68조 제1항에 따른 헌법소원이라면 동일한 사건이라고 볼 수 없고(헌재 1994. 4. 28. 89헌마221), 두 사건의 심판 대상이 중복되더라도 종전 사건에서 판단한 바 없고, 청구인들이 동일하지 않다면 동일한 사건이라고 볼 수 없다고(헌재 1997. 8. 21. 96헌마48) 판시한 바 있다.

8. 공탁금

헌법재판소는 헌법소원심판청구인에 대해서 헌법재판소규칙으로 정하는 공탁금 납부를 명할 수 있다(헌법재판소법 제37조 제2항). 그러나 현재 해당 헌법재판소규칙이 제정되지 않아서 실무적으로 운용되지 않는다.

Ⅲ. 헌법소원심판절차

1. 헌법소원심판청구서

헌법소원심판청구서에는 ① 청구인과 대리인의 표시, ② 침해된 권리, ③ 침해 원인이 되는 공권력의 행사나 불행사, ④ 청구 이유, ⑤ 그 밖에 필요한 사항을 기재하여야 한다(헌법재판소법 제71조 제1항). 헌법소원심판청구서에는 대리인 선임을 증명하는 서류나 국선대리인선임통지서를 첨부하여야 한다(헌법재판소법 제71조 제3항).

2. 지정재판부 사전심사

헌법재판소장은 헌법재판소에 재판관 3명으로 구성되는 지정재판부를 두어 헌법소원심판 사전심사를 담당하게 할 수 있다(헌법재판소법 제72조 제1항). 지정재판부 사전심사는 남소를 방지하기 위한 것이다. 지정재판부 사전심사에서는 심판청구요건(적법요건)

구비 여부만을 심사하고 본안 판단은 하지 않는다. 지정재판부는 ① 다른 법률에 따른 구제절차가 있는데도 그 절차를 모두 거치지 않거나 법원의 재판에 대해서 헌법소원심판이 청구된 때, ② 청구기간이 지나고 나서 헌법소원심판이 청구된 때, ③ 대리인 선임 없이 청구된 때, ④ 그 밖에 헌법소원심판 청구가 부적법하고 그 흠결을 보정할 수 없는 때에 지정재판부 재판관 전원의 일치된 의견에 따른 결정으로 헌법소원심판 청구를 각하한다(헌법재판소법 제72조 제3항)(헌재 2004. 4. 29. 2003헌마783). 다만, 헌법재판소법 제23조 제2항 단서 제2호 때문에 이러한 각하결정이 선례에 어긋나면, 지정재판부 재판관 전원의 일치된 의견이라도 각하결정을 내릴 수 없다. 즉 판례 변경이 필요하면 언제나 전원재판부에서 심판하여야 한다. 재판장은 심판 청구가 부적법하나 보정할 수 있다고 인정하면 상당한 기간을 정하여 보정을 요구하여야 한다(헌법재판소법 제72조 제5항, 제28조). 명시적인 규정은 없으나, 가처분은 본안재판에 부수적인 성격이 있으므로 사전심사에서 헌법소원을 각하할 때 가처분 신청을 받아들이지 않는 결정도 함께 할 수 있다. 지정재판부에서 헌법소원을 각하하는데도 가처분 신청만 따로 떼어 전원재판부에서 재판하도록 하는 것은 사전심사제도의 취지나 가처분의 효율적 처리에 어긋난다.

재판장은 심판 청구가 부적법하나 보정할 수 있다고 인정하면 상당한 기간을 정하여 보정을 요구하여야 한다(헌법재판소법 제72조 제5항, 제28조). 지정재판부는 전원의 일치된 의견으로 각하결정을 하지 아니하면 결정으로 헌법소원을 재판부 심판에 회부하여야 한다. 헌법소원심판 청구 이후 30일이 지날 때까지 각하결정이 없으면 심판에 회부하는 결정이 있는 것으로 본다(헌법재판소법 제72조 제4항). 다만, 지정재판부 재판장이 심판 청구 보정을 요구하면서 정한 보정기간은 헌법재판소법 제72조 제5항에 따라 지정재판부 심리에도 준용되는 헌법재판소법 제28조에 따라 헌법재판소법 제72조 제4항이 정한 지정재판부 사전심사기간에서 제외되고, 헌법재판소법 제24조 제6항에 따라 기피 신청에 관해서는 민사소송법 제44조가 준용되어 기피 신청에 대한 결정이 있을 때까지 심판절차가 정지되므로 재판부 기피 신청으로 말미암아 심판절차가 정지된 기간도 지정재판부 사전심사기간에 산입하지 아니한다(헌재 1993. 10. 29. 93헌마222). 지정재판부는 헌법소원을 각하하거나 심판회부결정을 하면 그 결정일부터 14일 이내에 청구인이나 그 대리인과 피청구인에게 그 사실을 통지하여야 한다. 헌법재판소법 제72조 제4항 후단의 심판회부결정이 있는 것으로 간주한 때도 같다. 헌법재판소장은 헌법재판소법 제72조 제4

항의 규정에 따라서 재판부 심판에 회부되면 법무부 장관에게 즉시 그 사실을 통지하여야 한다(헌법재판소법 第73조).

3. 심리절차

재판부는 재판관 7명 이상 출석으로 사건을 심리한다(헌법재판소법 제23조 제1항). 헌법소원에 관한 심판은 서면심리에 의한다. 다만, 재판부는 필요하다고 인정하면 변론을 열어 당사자, 이해관계인, 그 밖의 참고인의 진술을 들을 수 있다(헌법재판소법 제30조 제2항). 재판부는 사건 심리를 위해서 필요하다고 인정하면 당사자의 신청이나 직권으로 ① 당사자나 증인을 신문하는 일, ② 당사자나 관계인이 소지하는 문서 · 장부 · 물건이나 그 밖의 증거자료 제출을 요구하고 이것을 영치하는 일, ③ 특별한 학식과 경험이 있는 사람에게 감정을 명하는 일, ④ 필요한 물건 · 사람 · 장소나 그 밖의 사물의 성상이나 상황을 검증하는 일의 증거조사를 할 수 있다. 재판장은 필요하다고 인정하면 재판관 중 1명을 지정하여 이러한 증거조사를 하게 할 수 있다(헌법재판소법 제31조).

재판부는 결정으로 다른 국가기관이나 공공단체의 기관에 심판에 필요한 사실을 조회하거나 기록 송부나 자료 제출을 요구할 수 있다. 다만, 재판 · 소추나 범죄수사가 진행 중인 사건의 기록에 대해서는 송부를 요구할 수 없다(헌법재판소법 제32조). 심판의 변론과 종국결정 선고는 심판정에서 한다. 다만, 헌법재판소장이 필요하다고 인정하면 심판정 외의 장소에서 이것을 할 수 있다(헌법재판소법 제33조). 심판의 변론과 결정 선고는 공개하지만, 서면심리와 평의는 공개하지 아니한다(헌법재판소법 제34조 제1항). 다만, 심리는 국가의 안전보장 · 안녕질서 또는 선량한 풍속을 해할 우려가 있으면 결정으로 이것을 공개하지 않을 수 있다. 이러한 결정은 이유를 개시하여 선고한다. 이러한 결정을 한 때도 재판장은 적당하다고 인정되는 사람의 재정을 허가할 수 있다(헌법재판소법 제34조 제2항, 법원조직법 제57조 제1항 단서, 제2항과 제3항). 헌법재판소는 헌법소원심판 절차에서도 가처분 필요성은 있을 수 있고, 달리 가처분을 허용하지 아니할 상당한 이유를 찾아볼 수 없으므로 가처분이 허용된다고 한다(헌재 2000. 12. 8. 2000헌사471).

4. 종국결정

재판부가 심리를 마치면 종국결정을 한다. 종국결정은 종국심리에 관여한 재판관 과반수 찬성으로 성립된다. 다만, 헌법소원에 대한 인용결정을 하는 때와 종전에 헌법재판소가 판시한 헌법이나 법률의 해석적용에 관한 의견을 변경하는 때는 재판관 6명 이상 찬성이 있어야 한다(헌법재판소법 제23조 제2항). 따라서 헌법재판소는 재판관 5명이 인용의견이어도 나머지 재판관이 기각 또는 각하의견을 내면 '기각'주문을 내어야 한다. 이러한 주문례로는 인용의견 5명, 기각의견 4명인 때 기각주문을 낸 것(헌재 1999. 1. 28. 98헌마85)과 인용의견이 5명이고 각하의견이 4명인 때 기각주문을 낸 것(헌재 2000. 2. 24. 97헌마13등)이 있다. 종국결정에는 ① 심판 청구가 부적법한 때 내리는 각하결정, ② 심판 청구가 이유 없는 때 내리는 기각결정, ③ 심판 청구가 이유 있는 때 내리는 인용결정 그리고 ④ 심판절차종료선언의 4가지가 있다.

헌법소원에서 헌법재판소가 인용결정을 내리는 때는 인용결정서 주문에서 침해된 기본권과 침해 원인이 된 공권력의 행사나 불행사를 특정하여야 한다(헌법재판소법 제75조 제2항). 그러나 헌법소원 중 법령소원을 인용하는 때는 주문에 침해된 기본권을 표시하지 않는다. 헌법소원을 인용할 때 헌법재판소는 기본권 침해 원인이 된 공권력 행사를 취소하거나 그 불행사가 위헌임을 확인할 수 있다(헌법재판소법 제75조 제3항). 헌법소원을 인용할 때 공권력의 행사나 불행사가 위헌인 법률에 기인한 것이라고 인정되면 인용결정에서 해당 법률이 위헌임을 선고할 수 있는데(헌법재판소법 제75조 제5항), 이러한 때를 이른바 '부수적 규범통제'라고 부른다. 헌법소원의 인용결정은 모든 국가기관과 지방자치단체를 기속한다(헌법재판소법 제75조 제1항). 헌법재판소가 공권력의 불행사에 대한 헌법소원을 인용하는 결정을 하면 피청구인은 결정취지에 따라 새로운 처분을 하여야 한다(헌법재판소법 제75조 제4항).

5. 심판비용

헌법재판소 심판비용은 국가부담으로 한다. 다만, 당사자 신청에 따른 증거조사 비용은 헌법재판소규칙이 정하는 바에 따라 그 신청인에게 부담시킬 수 있다(헌법재판소법 제

37조 제1항).

6. 준용법령

헌법소원심판절차에 관해서는 헌법재판소법에 특별한 규정이 있는 때를 제외하고는 헌법재판의 성질에 어긋나지 아니하는 한도 안에서 민사소송에 관한 법령과 행정소송법을 함께 준용한다. 행정소송법이 민사소송에 관한 법령과 저촉되면 민사소송에 관한 법령은 준용하지 아니한다(헌법재판소법 제40조).

6장 간접적 기본권보호수단

1절
탄핵심판

Ⅰ. 탄핵심판의 의의 : 헌법수호(헌법보호, 헌법보장)의 제도적 수단

탄핵제도는 일반 사법절차를 따라 책임을 추궁하거나 행정상 징계절차를 따라 징계하기 곤란한 고위공직자나 헌법상 독립한 기관의 신분이 보장된 공직자가 직무집행에서 헌법과 법률을 위반하면, 의회가 이들을 소추하여 법적 추궁을 하는 제도이다(헌재 1996. 2. 29. 93헌마186). 탄핵제도는 의회를 통한 국민주권 실현으로서 의회의 탄핵소추 의결은 탄핵대상자에 대한 대의적 책임추궁으로 볼 수 있다. 현행 헌법상 탄핵제도는 탄핵소추와 탄핵심판의 두 절차로 구성되어, 탄핵소추는 국회 권한이고(헌법 제65조), 탄핵심판은 헌법재판소 권한이다(헌법 제111조 제1항). 탄핵제도는 헌법과 법률의 우위를 고위직 공직자나 신분이 보장된 공직자에게도 관철하려는 권력통제수단이다. 탄핵제도는 파면을 하는 데 그쳐서 형사처벌도 아니고 직무수행상 무능이나 정치적 실패 혹은 정치적 이유에 따른 책임을 지우는 것이 아니다. 탄핵심판도 징계적 처벌(징계처분)의 성질이 있는 것으로서 형사재판이 아니다(헌법 제65조 제4항, 헌법재판소법 제54조 제1항)(헌재 2017. 3. 10. 2016헌나1).

Ⅱ. 국회의 탄핵소추

1. 탄핵대상이 되는 공직자

헌법은 탄핵소추를 국회 권한으로 하며, 탄핵소추 대상자로 ① 대통령, 국무총리, 국무위원과 행정 각부의 장, ② 헌법재판소 재판관, 법관과 중앙선거관리위원회 위원, ③ 감사원장과 감사위원, ④ 그 밖에 법률에서 정한 공무원을 든다(헌법 제65조 제1항, 헌법재판소법 제48조). 7명 이상의 헌법재판소 심리정족수 때문에 헌법재판소 재판관이 탄핵대상이 될 때 재판관 3명 이상을 동시에 소추할 수 없다(헌법재판소법 제23조 제1항, 제50조). '그 밖에 법률에서 정한 공무원'은 탄핵제도 취지에 비추어 일반 사법절차나 징계절차에 따른 소추나 징계처분이 곤란한 고위직이나 특정직 공무원을 뜻한다. '그 밖에 법률에서 정한 공무원'에는 '국가경찰과 자치경찰의 조직 및 운영에 관한 법률' 제14조 제5항에 규정된 경찰청장과 '국가경찰과 자치경찰의 조직 및 운영에 관한 법률' 제6조 제5항에 규정된 국가수사본부장, '방송통신위원회의 설치 및 운영에 관한 법률' 제6조 제5항의 방송통신위원회 위원장, '원자력안전위원회의 설치 및 운영에 관한 법률' 제6조 제5항의 원자력안전위원회 위원장이 있다. 그 밖에 현행법상 검찰청법 제37조, 선거관리위원회법 제9조 제2호, '특별검사의 임명 등에 관한 법률' 제16조를 따라 검사와 각급 선거관리위원회 위원, 특별검사 및 특별검사보, '고위공직자범죄수사처 설치 및 운영에 관한 법률' 제14조를 따라 고위공직자범죄수사처 처장, 차장, 수사처검사가 탄핵대상이고, 그 밖에 탄핵제도 취지를 고려하면 일반 사법절차에 따른 소추나 징계절차에 따른 징계처분이 곤란한 고위직 공무원이 여기에 속한다.

대통령은 전형적인 탄핵대상자이다. 그러나 대통령 취임 전의 대통령당선인은 탄핵대상자가 아니다. 국무총리와 국무위원 그리고 행정 각부의 장도 탄핵대상자이다. 대통령과 별개로 이들 스스로 위법행위를 저질러 그 책임을 추궁할 필요가 있는데도 대통령이 이들을 비호하고 그 법적 책임을 추궁하지 않을 때 이들에 대한 탄핵은 고유한 의미가 있다.

국회의원은 탄핵대상자가 아니다. 하지만 국회의원이 국무총리나 국무위원을 겸직하면, 그 국회의원은 해당 공직의 보유자로서 당연히 탄핵대상이 된다. 비록 같은 사람이 국회의원과 국무총리나 국무위원을 겸하더라도 직책이 구별되는 만큼 국회의원으로서 한 직무행위를 이유로 탄핵소추를 할 수 없다. 겸직한 국회의원에 대한 탄핵결정이 있어도 국회의원직은 탄핵절차에서 문제 삼는 직이 아니라서 파면되는 '해당 공직'에 속하지 않는다. 따라서 탄핵결정을 받은 해당 국회의원은 의원직을 박탈당하지 않는다. 그런데 탄핵결정에 따라 파면된 사람은 결정 선고가 있은 날부터 5년이 지나지 않으면 공무원이 될 수 없다(헌법재판소법 제54조 제2항). 이때 공무원은 선거직 공무원도 포함한다. 따라서 해당 공무원은 피선거권이 없게 된다. 결국, 해당 국회의원은 탄핵결정이 선고된 날에 국회의원직에서 퇴직한다(국회법 제136조 제2항).

법관에는 법원조직법상 대법원장, 대법관, 판사가 속한다. 그러나 군사법원법상 군판사는 군사법원의 재판관일 뿐이지 탄핵대상인 '법관'은 아니다. 따라서 군판사는 헌법 제65조 제1항의 법관이 아니고 '그 밖에 법률에서 정한 공무원'에 해당될 수 있을 뿐이다.

탄핵대상자의 권한대행자나 직무대리자는 원래 대상자와 같은 지위에서 같은 직무를 수행하므로 탄핵대상이 된다. 물론 권한대행자나 직무대리자는 자신의 본래 직무집행 중의 위법행위에 대해서는 본래 신분으로서 탄핵대상이 된다. 국무총리나 국무위원이 대통령 권한대행을 하면(헌법 제71조), 이들은 대통령 권한대행자의 지위가 있어서 탄핵소추 및 심판결정 정족수는 대통령에 준하여 판단하여야 한다는 견해가 있으나, 대통령 권한대행자는 권한만 대행할 뿐이지 대통령 지위가 있는 것은 아니므로 그에 대한 탄핵소추 및 심판결정 정족수는 본래 지위에 따라야 한다. 권한대행자나 직무대리자가 탄핵결정을 받으면 결정 선고가 있은 날부터 5년이 지나지 않으면 공무원이 될 수 없으므로(헌법재판소법 제54조 제2항), 본래 직도 상실한다.

2. 탄핵사유: 그 직무 집행에서 헌법이나 법률을 위반한 때

(1) 직무 집행

직무는 법제상 소관 직무의 고유업무와 통념상 이와 관련된 업무를 말한다(헌재 2004. 5. 14. 2004헌나1). 직무는 법령에 근거한 행위뿐 아니라 해당 지위에서 국정 수행과 관련하여 하는 모든 행위를 포괄한다(헌재 2017. 3. 10. 2016헌나1). 직무 집행은 소관 직무로 말미암은 의사결정 · 집행 · 통제행위를 포괄하여 법령에 규정된 추상적 직무에 근거하여 구체적으로 외부에 표출되고 현실화하는 작용을 말한다. 따라서 순수한 직무행위 그 자체만을 뜻하는 것은 아니고 객관적으로 직무행위 외형을 갖춘 행위까지도 포함한다. 결과적으로 직무 집행과 관계가 없는 행위는 탄핵사유가 될 수 없다. 그리고 직무 집행은 자기 소관 아래의 모든 직무, 감독행위를 말하고, 현직 중의 행위에 국한한다. 따라서 직무 집행과 무관한 사생활이나 취임 전이나 퇴임 후의 행위뿐 아니라 겸직하는 직에 관한 직무행위도 여기에 포함되지 않는다. 공직 사퇴와 동시에 탄핵사유는 소멸한다. 대통령이 탄핵대상자이면 당선하고 나서 취임할 때까지의 기간에 이루어진 행위는 탄핵사유가 될 수 없다(헌재 2004. 5. 14. 2004헌나1). 피소추자의 행위는 자기책임이라서 다른 공직자에게 행위를 지시하거나 다른 공직자와 공범관계에 있지 않는 한 다른 공직자의 행위는 탄핵사유가 되지 않는다.

탄핵대상자가 다른 공직을 거쳐 현 공직에 취임할 때 전직과 현직 모두 소추대상 직이면 전직 때의 위법행위는 탄핵사유에 포함된다. 임명에 국회 동의가 필요한 공직자가 동의를 받기 전 서리 신분으로 한 직무집행행위는 탄핵대상 행위에 포함된다. 그리고 탄핵소추절차가 개시되고 나서 탄핵소추를 면하게 하려고 임명권자가 피소추자를 전직시키면 전직 이전 행위는 현직 중의 행위로 볼 수 있다. 이때 탄핵결정을 받으면 현직에서 파면된다. 그러나 다른 탄핵대상 공직에 있다가 대통령이 된 사람을 다른 탄핵대상 공직 시의 행위로 탄핵할 수는 없다. 선거로 선출되는 대통령은 다른 탄핵대상 공직자와 취임 정당성이 다르고, 탄핵소추의 발의 · 의결 정족수도 다를 뿐 아니라 '파면할만한 탄핵사유' 존부 판단에서도 차별이 있을 수 있기 때문이다.

(2) '헌법이나 법률을 위배한 때'

헌법은 명문의 헌법 규정뿐 아니라 헌법재판소 결정에 따라서 형성되어 확립된 불문헌법도 포함된다(헌재 2004. 5. 14. 2004헌나1). 법률에는 형식적 법률뿐 아니라 법률과 동등한 효력이 있는 조약, 일반적으로 승인된 국제법규 그리고 긴급명령 · 긴급재정경제명령도 포함된다(헌재 2004. 5. 14. 2004헌나1). 그리고 법률의 규범서열이 있는 관습법도 법률에 속한다. 그러나 법률 하위의 명령 · 규칙은 포함되지 않는다. 추상적 · 지침적 법규 위반은 탄핵사유가 될 수 없다. 헌법이나 법률을 위배한 때에 국한되므로 위법 차원이 아닌 부당한 정책결정행위나 정치적 무능력으로 말미암아 일어나는 행위 등은 탄핵사유가 되지 않는다. 그리고 단순한 부도덕이나 정책결정상 과오도 탄핵사유가 될 수 없다. 헌법과 법률을 위배하였다는 것은 주로 직무 집행에서 헌법과 법률상 권한을 유월하거나 작위 · 부작위의무를 이행하지 않는 것을 뜻한다. 헌법이나 법률을 위배한 위법행위에는 고의나 과실을 반드시 요하지 않는다. 따라서 법의 무지로 말미암은 행위도 포함한다.

(3) 위법행위의 명백하고 중대함 필요 여부

탄핵심판은 일반 재판작용과 달리 헌법 보호 기능을 더 중시한다. 따라서 탄핵사유를 헌법과 법률에 대한 '중대한' 위배로 제한하여 해석하는 것이 바람직하고, 특히 대통령에 대한 탄핵에서는 더욱 그렇다. 대통령에 대한 탄핵소추에 가중된 정족수가 요구된다는 사실이 이것을 보여준다. 여기서 위배의 중대성은 위배의 고의나 과실과 같은 주관적 · 정신적 요소 유무가 아니라 위배 결과로 나타난 국민의 기본권, 국가안전, 헌법질서 등에 끼친 해악 정도를 기준으로 객관적으로 판단하여야 한다. 헌법재판소는 '탄핵심판청구가 이유 있는 때'란 공직자의 파면을 정당화할 정도로 '중대한' 법위반이 있는 때를 말하고, '법위반의 중대성'이란 한편으로는 법위반이 어느 정도로 헌법질서에 부정적 영향이나 해악을 미치는지의 관점과 다른 한편으로는 피청구인을 파면할 때 발생하는 효과를 서로 형량하여 결정하여야 한다고 한다(헌재 2004. 5. 14. 2004헌나1).

3. 탄핵소추절차

(1) 탄핵소추기관: 국회

탄핵의 소추기관은 대의기관인 국회이다. 따라서 국회가 하는 탄핵소추 의결은 탄핵대상자에 대한 대의적 책임추궁 의미도 함께 있다.

(2) 탄핵소추 발의

탄핵소추는 국회 재적의원 3분의 1 이상 발의로 한다. 다만, 대통령에 대한 탄핵소추 발의만은 국회 재적의원 과반수 발의가 있어야 한다(헌법 제65조 제2항). 탄핵소추 발의 여부는 국회의 재량적 판단사항이다. 탄핵소추 발의에는 피소추자의 성명 · 지위와 탄핵소추의 사유 · 증거, 그 밖에 조사상 참고가 될 만한 자료를 제시하여야 한다(국회법 제

130조 제3항). 이때 증거와 그 밖의 참조자료를 첨부하지 않은 발의서는 명문 규정이 없으나 헌법과 법률을 위배한 공직자를 징계하려는 탄핵절차는 적법하여야 하므로, 부적법한 것으로 보아 국회의장이 이것을 보정하도록 요구하여야 한다. 탄핵소추 발의가 있으면 국회의장은 즉시 본회의에 보고하고 본회의는 의결로 법제사법위원회에 회부하여 조사하게 할 수 있다(국회법 제130조 제1항). 법제사법위원회가 탄핵소추 발의를 회부받았다면 즉시 조사 · 보고하여야 하고, 그 조사에서는 '국정감사 및 조사에 관한 법률'이 규정하는 조사의 방법과 조사상 주의의무규정이 준용된다(국회법 제131조 제1항, 제2항). 국회의원이 탄핵소추사건을 조사할 때 주의의무규정을 위반하면 국회 의결로 징계를 받게 된다(국회법 제155조 제2항 제6호). 조사를 받은 국가기관은 그 조사를 신속히 완료시키기 위해서 충분한 협조를 하여야 한다(국회법 제132조).

국회는 탄핵대상자가 공직에 있는 한 언제든지 탄핵소추를 발의할 수 있다. 그러나 이미 헌법재판소에서 탄핵심판을 받은 사건은 일사부재리원칙(헌법재판소법 제39조)에 따라서 국회에서 다시 소추발의 대상이 될 수 없다. 탄핵심판절차에는 국가기관이 국민에 대해서 공권력을 행사할 때 준수하여야 하는 법원칙으로 형성된 적법절차원칙은 국가기관에 대해서 헌법을 수호하고자 하는 탄핵소추절차에 직접 적용되지 않는다고 한다(헌재 2017. 3. 10. 2016헌나1). 그러나 적법절차원칙은 헌법상 원칙으로서 국민과 국가기관의 관계는 물론 국가기관 사이의 관계에서도 적용되어야 한다. 그리고 적법절차원칙은 피소추자의 방어권 보장에 필수적인 내용을 담고 있다. 따라서 탄핵소추절차에도 적법절차원칙은 적용되어야 한다.

(3) 탄핵소추 의결

탄핵소추 의결은 국회 재적의원 과반수 찬성이 있어야 한다. 다만, 대통령에 대한 탄핵소추 의결만은 국회 재적의원 3분의 2 이상 찬성이 있어야 한다(헌법 제65조 제2항). 국회 본회의가 조사를 위해서 법제사법위원회에 회부하기로 의결하지 않으면 본회의에 보고된 때부터 24시간 이후 72시간 이내에 탄핵소추 여부를 무기명투표로 표결한다. 이 기간 안에 표결하지 아니하면 그 탄핵소추안은 폐기된 것으로 본다(국회법 제130조 제2항). 24시간은 숙고기간이므로 24시간 이내에 한 표결은 효력이 없다. 폐기도 부결에 해당하므로 폐기된 탄핵소추안은 같은 회기 중에 다시 제출하지 못한다(국회법 제92조). 그러나 사유가 다른 별도의 탄핵소추안은 동일회기에 제출할 수 있고, 다음 회기에 같은 내용의 탄핵소추안을 제출할 수 있다. 법제사법위원회에 회부하지 않은 탄핵소추안에 관해서 질의와 토론마저 생략하고 표결하면 국회의사결정의 정당성을 담보할 최소한의 요건도 갖출 수 없게 된다. 따라서 법제사법위원회에 회부하지 않은 탄핵소추안에 대한 질의와 토론을 생략할 수 없다. 그러나 헌법재판소는 법제사법위원회에 회부하지 않은 탄핵소추안에 대해서도 질의 · 토론 없이 표결할 수 있다고 한다(헌재 2004. 5. 14. 2004헌나1).

국회가 탄핵소추를 하기 전에 소추사유에 관하여 충분한 조사를 하는 것이 바람직하다는 것은 의문의 여지가 없다. 그러나 국회 의사절차에 헌법이나 법률을 명백히 위반한 흠이 있는 때가 아니면 국회 의사절차의 자율권은 권력분립원칙상 존중되어야 하고, 국회법 제130조 제1항은 탄핵소추 발의가 있을 때 그 사유 등에 대한 조사 여부를 국회 재량으로 규정한다. 따라서 국회가 탄핵소추사유에 대하여 별도 조사를 하지 않았다거나 국정조사 결과나 특별검사의 수사 결과를 기다리지 않고 탄핵소추안을 의결하였다고 하여 그 의결이 헌법이나 법률을 위반한 것이라고 볼 수 없다(헌재 2004. 5. 14. 2004헌나1).

본회의의 탄핵소추 의결은 피소추자의 성명 · 직위와 탄핵소추의 사유를 표시한 문서(소추의결서)로 하여야 한다(국회법 제133조). 탄핵소추 의결은 개별 사유별로 이루어지는 것이 국회의원의 표결권을 제대로 보장하기 위해서 바람직하다. 그러나 국회법상 이에 관한 명문 규정이 없다. 그러므로 여러 소추사유를 하나의 안건으로 표결할 것인지는 기본적으로 표결한 안건의 제목설정권이 있는 국회의장에 달렸다(헌재 2004. 5. 14. 2004헌나1). 탄핵소추 의결이 있으면 국회의장은 즉시 소추의결서 정본을 소추위원인 법제사법위원장에게 송달하고, 그 등본을 헌법재판소 · 피소추자와 그 소속기관의 장에게 송달한다(국회법 제134조 제1항).

헌법이 국회의 탄핵소추 의결이 국회의 재량행위임을 명문으로 밝혔고, 헌법해석상으로도 국정통제를 위해서 헌법상 국회에 인정된 다양한 권한 중 어떠한 것을 행사하는 것이 적절한 것인지에 관한 판단권은 오로지 국회에 있다. 나아가 청구인에게 국회의 탄핵소추 의결을 청구할 권리에 관해서도 아무런 규정이 없고 헌법해석상으로도 그러한 권리를 인정할 수 없다. 그러므로 대통령의 헌법 등 위배행위가 있을 때 탄핵소추 의결을 하여야 할 헌법상 작위의무가 국회에 없다(헌재 1996. 2. 29. 93헌마186).

4. 탄핵소추 효과

탄핵소추가 의결된 피소추자는 소추의결서가 본인에게 송달된 때부터 헌법재판소의 탄핵심판이 있을 때까지 권한 행사가 정지된다(헌법 제65조 제3항, 헌법재판소법 제50조, 국회법 제134조 제2항). 따라서 권한 행사가 정지되는 시점은 국회의 탄핵소추 의결 시점이 아니라 소추의결서가 피소추자에게 송달된 때이다. 그러나 권한 행사 정지의 효력이 종료하는 시점은 헌법재판소의 탄핵심판에 대한 종국결정이 송달된 때가 아니라 선고된 때로 보아야 할 것이다. 권한 행사 정지 기간 중에 한 피소추자의 직무행위는 위헌이라서 무효이다.

소추의결서가 송달되면 임명권자는 피소추자의 사직원을 접수하거나 해임할 수 없다(국회법 제134조 제2항). 이것에 위반한 사직원 접수나 해임은 무효이다. 그러나 국회법 제134조 제2항을 반대로 해석하면 소추의결서가 송달되기 전에는 피소추자가 사직하거나 피소추자를 해임할 수 있다. 탄핵소추를 받은 사람이 결정 선고 이전에 파면되면 탄핵 목적이 달성된 것이므로, 탄핵심판 청구를 기각하여야 한다(헌법재판소법 제53조 제2항).

피소추자가 탄핵소추 의결 이후에 사망하면 피소추자가 방어권을 행사할 수 없을 뿐 아니라 파면에 따른 효과가 의미가 없으므로, 피소추자 사망으로 탄핵심판절차는 종료된다. 탄핵소추를 의결한 국회 입법기가 종료하거나 탄핵대상자 임기가 만료되어도 탄핵심판절차는 영향을 받지 않는다.

Ⅲ. 헌법재판소의 탄핵심판

1. 탄핵심판기관

1948년 헌법은 탄핵재판소를 탄핵심판기관으로 하였다. 탄핵재판소는 부통령을 소장으로 하여 대법관 5명과 국회의원 5명으로 구성되었다. 탄핵대상이 대통령이나 부통령이면 부통령 대신 대법원장이 소장이 되었다. 1960년 헌법에서는 헌법재판소, 1962년 헌법에서는 대법원장을 위원장으로 하여 대법원판사 3명과 국회의원 5명으로 구성되는 탄핵심판위원회, 1972년 헌법과 1980년 헌법은 헌법위원회를 각각 탄핵심판기관으로 하였다. 그리고 현행 헌법은 헌법재판소를 탄핵심판기관으로 한다.

2. 탄핵심판절차

탄핵심판사건은 헌법재판소 재판관 전원으로 구성되는 전원재판부에서 관장한다. 재판부는 재판관 7명 이상 출석으로 사건을 심리한다. 재판관 6명 이상 찬성으로 탄핵의 결정을 한다(헌법 제113조 제1항, 헌법재판소법 제23조 제1항, 제2항 제1호). 탄핵소추가 의결되면 헌법 제65조 제3항에 따라 피소추자의 권한 행사가 정지되고, 탄핵 결정을 하기 위해서는 재판관 6명 이상 찬성이 있어야 하는데 결원 상태인 1명의 재판관은 사실상 탄핵에 찬성하지 않는 의견을 표명한 것과 같은 결과를 가져 오므로, 재판관 결원 상태가 오히려 피청구인에게 유리하게 작용할 것이라는 점에서 재판관이 결원된 상태에서 심판절차를 진행하는 것은 피청구인의 공정한 재판받을 권리가 침해된다고 보기도 어렵다(헌재 2017. 3. 10. 2016헌나1).

(1) 심판 청구

탄핵심판은 국회 법제사법위원장이 소추위원이 되어 소추의결서 정본을 헌법재판소에 제출함으로써 개시된다(헌법재판소법 제49조). 즉 소추의결서 정본이 탄핵심판청구서로 갈음된다. 이때 필요한 증거서류나 참고자료를 첨부할 수 있다(헌법재판소법 제26조). 소추위원은 변호사를 대리인으로 선임하여 탄핵심판을 수행하게 할 수 있다('헌법재판소 심판 규칙' 제57조).

탄핵소추사유는 '그 직무집행에 있어서 헌법이나 법률을 위배한' 사실이고, 여기서 법률은 형사법에 한정되지 아니한다. 그런데 헌법은 물론 형사법이 아닌 법률 규정이 형사법과 같은 구체성과 명확성이 없는 때가 잦으므로, 탄핵소추사유를 형사소송법상 공소사실과 같이 특정하도록 요구할 수 없고, 소추의결서에는 피청구인이 방어권을 행사할 수 있고 헌법재판소가 심판 대상을 확정할 수 있을 정도로 사실관계를 구체적으로 기재하면 된다(헌재 2017. 3. 10. 2016헌나1).

헌법재판소는 원칙적으로 국회의 소추의결서에 기재된 소추사유에 구속을 받고, 소추의결서에 기재되지 아니한 소추사유를 판단 대상으로 삼을 수 없다. 그러나 소추의결서에서 그 위반을 주장하는 '법규정의 판단'에 관하여 헌법재판소는 원칙적으로 구속을 받지 않는다. 그러므로 청구인이 그 위반을 주장한 법규정 외에 다른 관련 법규정에 근거하여 탄핵 원인이 된 사실관계를 판단할 수 있다. 그리고 헌법재판소는 소추사유를 판단할 때 국회의 소추의결서에서 분류된 소추사유 체계에 구속되지 않는다. 따라서 소추사유를 어떤 연관관계에서 법적으로 고려할 것인지는 전적으로 헌법재판소 판단에 달려 있다(헌재 2017. 3. 10. 2016헌나1).

헌법재판소가 소추의결서를 접수하면 즉시 그 등본을 피소추자에게 송달한다(헌법재판소법 제27조 제1항). 송달을 받은 피소추자는 헌법재판소에 답변서를 제출할 수 있다(헌법재판소법 제29조). 탄핵심판이 청구되고 나서 국회 입법기가 종료하고 선거에 따라 새로운 국회가 구성되었더라도 기존 탄핵심판 청구는 그대로 유효하다. 소추위원인 국회 법제사법위원장이 그 자격을 잃으면 탄핵심판절차는 중단된다. 이때 새로 국회 법제사법위원장이 된 사람이 심판절차를 수계하여야 한다. 다만, 소추위원의 대리인이 있으면 탄핵심판을 중단되지 아니한다('헌법재판소 심판 규칙' 제58조).

탄핵심판이 청구되고 나서도 국회는 탄핵심판 변론종결 전에는 원래의 탄핵소추 발의 · 의결과 같은 절차와 방식을 거쳐서 탄핵소추사유를 추가 · 철회 및 변경할 수 있다. 다만, 기존 소추사유와 기본적 사실관계의 동일성이 인정되는 범위에서 형사소송법 제298조를 준용하여 소추위원은 별도의 국회절차 없이 소추사유를 추가할 수 있다(헌재 2004. 5. 14. 2004헌나1). 소추위원은 소추사유의 추가 · 철회 및 변경을 서면으로 신청하여야 한다(헌법재판소법 제40조, 형사소송법 제298조, 형사소송규칙 제142조). 소추사유는 직무 집행에서 헌법 · 법률 위배가 되는 구체적 사실과 그에 적용되는 법조문을 통일적으로 가리킨다. 동일사실에 적용되는 법조문을 단순히 추가 · 철회 또는 변경하는 것은 소추사유의 추가 · 철회 · 변경에 해당하지 않는다. 소추사유 추가는 기존 소추사유에 새로운 헌법이나 법률 위반 사실을 소추사유로 덧붙이는 것을 말한다. 소추사유 철회는 단일의 소추사실에서 그 부분사실에 대한 소추의사를 거두는 것을 말한다. 여러 소추사실의 전부나 일부를 철회하거나 부분사실 없는 단일의 소추사실을 온전히 철회하여 탄핵심판 계속을 전부나 일부 종료시키는 것은 소추사유 철회가 아닌 소추의 전부나 일부 취하에 해당한다. 소추사유 변경은 소추사실의 추가와 철회를 함께 하는 것이다.

제1심 판결 선고 전까지 공소를 취소할 수 있다는 민사소송법이나 형사소송법을 준용하여서 헌법재판소 결정 선고 이전까지 국회는 탄핵심판 청구를 취하할 수 있다(헌법재판소법 제40조 제1항, 민사소송법 제266조, 형사소송법 제255조). 탄핵심판 청구 취하는 탄핵심판 청구에 대응하는 반대행위이므로 탄핵소추 의결 정족수 규정을 유추적용한다. 취하는 탄핵심판 결정 선고 전까지 할 수 있다. 국회의 탄핵소추철회의결서 정본을 소추위원이 헌법재판소에 제출함으로써 탄핵심판 청구를 취하한다(헌법재판소법 제40조, 민사소송법 제266조 제2항, 헌법재판소법 제49조 제2항).

탄핵심판 청구 취하는 피청구인 동의를 받아야만 효력이 있다. 탄핵심판 청구 취하서면이 송달된 날부터 2주 이내에 피청구인이 이의를 제기하지 않으면 취하에 동의한 것으로 본다(헌법재판소법 제40조, 민사소송법 제266조 제6항). 적법한 취하가 있으면 탄핵심판 청구는 처음부터 계속되지 않은 것으로 본다(헌법재판소법 제40조, 민사소송법 제267조 제1항). 탄핵심판 청구 철회에 피청구인 동의를 요구하여 피소추자를 보호하므로, 국회는 탄핵심판을 취하하고 나서 같은 피소추자에 대해서 다시 탄핵심판 청구를 할 수 있다.

탄핵심판절차는 피소추자의 파면 여부를 결정하는 대단히 주관적인 성격의 재판이면서 고도의 정치적 색채가 있으므로, 피청구인이 취하에 동의함으로써 당사자 사이의 분쟁이 종결되었는데도 헌법재판소가 그 분쟁 당부를 다시 판단할 필요는 없어서 탄핵심판 청구가 취하되면 객관적 권리보호이익을 이유로 헌법재판소가 본안결정을 할 수 없다.

탄핵심판 청구의 적법요건으로서 탄핵심판 이익은 헌법 제65조 제4항 전문과 헌법재판소법 제53조 제1항에서 규정한 바와 같이 '탄핵심판 청구가 이유 있을 때 피청구인을 해당 공직에서 파면하는 결정을 선고'할 수 있는 가능성을 상정하여 탄핵심판의 본안심리에 들어가서 그 심리를 계속할 이익이다. 이것은 본안 판단에 나아가는 것이 탄핵심판절차의 제도적 목적에 이바지할 수 있는지에 관한 문제로서 본안 판단에서 상정할 수 있는 결정의 내용과 효력을 고려하여 판단되는 탄핵심판의 적법요건이다. 탄핵심판 이익은 헌법재판소가 탄핵심판 청구가 이유 있다는 점에 대한 헌법재판소법 제23조 제2항 제1호 소정의 탄핵결정 정족수를 갖추어 파면결정을 선고하기 위한 전제조건으로서, 탄핵심판 청구 당시는 물론이고 탄핵심판에 따른 결정 선고 시까지 계속하여 있어야 한다. 이것은 무익한 탄핵심판절차 진행을 통제하고 탄핵심판권 행사의 범위와 한계를 설정하는 기능을 수행한다. 헌법재판에서 심판 이익은 '그 심판 목적을 달성하기 위해 심리를 계속할 이익'인데, 탄핵심판은 탄핵심판 청구가 이유 있으면 '피청구인을 해당 공직에서 파면하는 결정을 선고'함으로써 헌법의 규범력을 확보하는 것을 목적으로 하고, 탄핵심판절차는 그 목적 달성을 위한 수단에 해당하므로, 만약 파면을 할 수 없어 이러한 목적을 달성할 수 없으면 탄핵심판 이익도 소멸한다(헌재 2021. 10. 28. 2021헌나1 재판관 이선애, 재판관 이은애, 재판관 이종석, 재판관 이영진의 각하의견). 헌법재판소는 헌법과 헌법재판소법 등 규정의 문언과 취지에 비추어 보면, 탄핵심판 청구가 이유 있을 때 헌법재판소가 피청구인을 해당 공직에서 파면하는 결정을 선고하도록 되어 있는데, 이를 위해서는 탄핵결정 선고 당시 피청구인이 해당 공직을 보유하는 것이 반드시 요구된다는 점에서 명백히 확인된다고 하면서, 피청구인이 임기 만료 퇴직으로 법관직을 상실함에 따라 본안 심리를 마친다고 하여도 파면결정이 불가능하여졌으므로, 공직 박탈 관점에서 심판이익을 인정할 수 없고, 임기 만료라는 일상적 수단으로 민주적 정당성이 상실되었으므로, 민주적 정당성 박탈 관점에서도 탄핵심판 이익이 인정되지 않는다고 한다(헌재 2021. 10. 28. 2021헌나1 재판관 이선애, 재판관 이은애, 재판관 이종석, 재판관 이영진의 각하의견).

(2) 구두변론과 증거조사

탄핵사건 심판은 구두변론에 의한다(헌법재판소법 제30조 제1항). 탄핵심판의 구두변론은 공개한다(헌법재판소법 제34조). 재판부가 변론을 열 때는 기일을 정하고 당사자와 관계인에게 출석을 요구하여야 한다(헌법재판소법 제30조 제3항). 당사자가 변론기일에 출석하지 아니하면 다시 기일을 정하여야 한다. 다시 정한 기일에도 당사자가 출석하지 아니하면 그 출석 없이 심리할 수 있다(헌법재판소법 제52조 제1항, 제2항). 소추위원은 심판 변론에서 피청구인을 신문할 수 있다(헌법재판소법 제49조 제2항).

변론기일은 사건과 당사자의 이름을 부름으로써 시작한다('헌법재판소 심판 규칙' 제59조). 소추위원은 먼저 소추의결서를 낭독하여야 하는데, 재판장은 원활한 심리를 위해서 필요하다고 인정하면 소추사실 요지만을 진술하게 할 수 있다('헌법재판소 심판 규칙' 제60조 제2항). 재판장은 피청구인에게 소추에 대한 의견을 진술할 기회를 주어야 한다('헌법재판소 심판 규칙' 제61조).

재판부는 탄핵심판 심리를 위해서 필요하다고 인정하면 당사자의 신청이나 직권으로 증거조사를 할 수 있다(헌법재판소법 제31조). 소추위원이나 피청구인은 증거로 제출된 서류를 증거로 하는 것에 동의하는지에 관한 의견을 진술하여야 한다('헌법재판소 심판 규칙' 제62조). 소추위원은 탄핵소추에 관해서 최종 의견을 진술할 수 있고, 소추위원이 출석하지 아니하면 소추의결서 정본의 기재사항에 따라서 의견을 진술한 것으로 본다('헌법재판소 심판 규칙' 제63조 제1항). 재판장은 피청구인에게 최종 의견을 진술할 기회를 주어야 한다('헌법재판소 심판 규칙' 제63조 제2항). 재판장은 심리의 적절한 진행을 위해서 필요하면 소추위원과 피청구인의 의견진술 시간을 제한할 수 있다('헌법재판소 심판 규칙' 제63조 제3항). 재판부는 다른 국가기관이나 공공단체의 기관에 대해서 심판에 필요한 사실을 조회하거나 기록 송부나 자료 제출을 요구할 수 있다. 다만, 재판 · 소추 또는 범죄수사가 진행 중인 사건의 기록에 대해서는 송부를 요구할 수 없다(헌법재판소법 제32조). 이것은 탄핵심판으로 말미암은 재판 · 소추나 범죄수사에 방해나 지장을 주지 않게 하는 데 있으므로, 그러한 위험이 없다면 헌법재판소는 탄핵심판에 필요한 기록 송부를 검찰과 특검, 법원에 요구할 수 있다.

탄핵심판절차에는 헌법재판소법에 특별규정이 있는 때를 제외하고는 헌법재판의 성질에 어긋나지 아니하는 한도에서 민사소송에 관한 규정과 형사소송에 관한 규정이 준용된다. 이때 형사소송에 관한 법령이 민사소송에 관한 법령에 저촉되면 민사소송에 관한 법령은 준용되지 아니한다(헌법재판소법 제40조). 따라서 민사소송에 관한 법령보다 형사소송에 관한 법령이 먼저 준용된다. 다만, 형사소송에 관한 법령 준용은 피청구인의 방어권을 형사소송에 버금가게 보장하려는 취지이므로 그러한 목적 달성을 위해서만 형사소송에 관한 법령이 준용된다.

(3) 심판절차 정지

피청구인에 대한 탄핵심판 청구와 동일한 사유로 형사소송이 진행되면 재판부는 심판절차를 정지할 수 있다(헌법재판소법 제51조). 여기서 동일한 사유는 피청구인과 피고인이 같고, 소추사유와 공소사실의 기본적 사실관계가 같은 것을 뜻한다. 따라서 공범의 형사소송이 진행되어도 피청구인에 대한 탄핵심판절차는 정지되지 않는다. 그리고 소추사유 일부에 대한 형사소송이 진행되면 형사소송과 관련된 소추사유에 관한 심판절차만 정지될 수 있다. 대통령은 내란이나 외환의 죄가 아니면 소추할 수 없으므로 내란이나 외환의 죄로 기소되지 않는 한 대통령 탄핵사건에서 피청구인과 피고인이 같은 때는 없어서 형사소송 진행을 이유로 심판절차를 정지할 수 없다. 특히 탄핵심판절차는 피청구인의 권한 행사가 정지되어서 신속하게 진행될 필요가 있으므로 그 정지는 불가피한 때로 한정하여야 한다. 따라서 형사소송이 조만간 종결될 가능성이 없다면 어차피 탄핵심판절차와 형사소송절차는 별개이므로 탄핵심판절차는 정지되어서는 아니 된다.

3. 탄핵심판 결정

(1) 탄핵의 결정과 주문형식

헌법재판소는 재판관 6명 이상 찬성으로 탄핵의 결정을 할 수 있다(헌법 제113조 제1항, 헌법재판소법 제23조 제2항 단서 제1호). 탄핵심판 청구가 이유 있으면 헌법재판소는 피청구인을 해당 공직에서 파면하는 결정을 선고한다(헌법재판소법 제53조 제1항). 탄핵결정 주문은 예를 들어 "피청구인을 파면한다." 또는 "피청구인 '공직명' ○○○을(를) 파면한다."라는 형식을 취한다. 탄핵심판 청구가 이유 없으면 "이 사건 심판 청구를 기각한다."라는 주문형태를 취한다. 그리고 피청구인이 결정을 선고하기 전에 해당 공직에서 파면되면 심판 청구를 기각하여야 한다(헌법재판소법 제53조 제2항). 탄핵심판 청구 취하로 말미암은 심판절차종료선언은 "이 사건 탄핵심판절차는 ○. ○. ○. 청구인의 심판 청구 취하로 종료되었다.", 피고인 사망에 따른 심판절차종료선언은 "이 사건 탄핵심판절차는 ○. ○. ○. 피청구인의 사망으로 종료되었다."라는 주문형태를 취한다.

당사자가 출석하지 아니하여도 종국결정을 선고할 수 있다('헌법재판소 심판 규칙' 제64조). 소추사유 모두를 심리하지 않아도 심리한 일부 소추사유만으로 피청구인을 파면하기에 충분하다면 헌법재판소는 탄핵결정을 내릴 수 있다. 물론 탄핵기각결정을 내릴려면 소추사유를 모두 심리하여야 한다.

(2) 탄핵심판결정의 효력

탄핵심판에는 별도의 이의절차가 없어서 결정이 선고되면 바로 결정이 확정되므로 결정이 선고된 때부터 효력이 발생한다. 탄핵심판 결정이 선고되면 헌법재판소 서기는 즉시 결정서 정본을 작성하여 당사자에게 송달하여야 한다(헌법재판소법 제36조 제4항). 그리고 이것을 관보에 게재하여 공시하여야 한다(헌법재판소법 제36조 제5항).

① 공직자 파면

피청구인은 탄핵결정 선고를 통해서 그 공직에서 파면된다. 그러나 탄핵의 결정으로 민사상 책임이나 형사상 책임이 면제되는 것은 아니다(헌법 제65조 제4항, 헌법재판소법 제54조 제1항). 징계적 처벌에 해당하는 탄핵결정과 민 · 형사재판 사이에는 일사부재리원칙이 적용되지 않는다. 따라서 탄핵결정이 있고 나서 별도로 민사소송이나 형사소송이 제기될 수 있다. 형사상 책임 불면제는 대통령에게 특별한 의미가 있다. 대통령은 그 형사상 특권(헌법 제84조)으로 말미암아 내란 · 외환의 죄를 제외하고는 재직 중 형사상 소추를 받지 않으므로 파면결정으로 대통령 신분이 상실되면 곧바로 그에 대한 형사소추를 할 수 있기 때문이다. 대통령이 탄핵으로 말미암아 파면되면 필요한 기간의 경호와 경비 외에는 전직대통령 예우를 받을 수 없다('전직 대통령 예우에 관한 법률' 제7조 제2항 제1호). 탄핵당한 피청구인의 퇴직급여는 5년 미만 근무자이면 1/4, 5년 이상 근무자이면 1/2이 감액되고, 퇴직수당은 1/2이 감액된다(공무원연금법 제64조 제1항 제2호, '공무원법 시행령' 제55조 제1항 제1호).

② 공직 취임 금지

헌법재판소법 제54조 제2항은 "탄핵결정에 의하여 파면된 자는 결정선고가 있은 날부터 5년이 지나지 아니하면 공무원이 될 수 없다."라고 하여 일정 기간의 공직 취임을 금지한다. 될 수 없는 공무원에는 제한이 없으므로 여기에는 선거직 공무원도 포함된다. 나아가 파면된 자는 특정 전문직업 보유에서 일정 기간 제한을 받는다[변호사법 제5조 제4호(5년), 변리사법 제4조 제5호 가목(기간 제한 없음), 세무사법 제4조 제4호(3년), 공인회계사법 제4조 제6호(5년), 공증인법 제13조 제7호(5년)]. 헌법재판소는 '탄핵심판 계속 중 피청구인이 해당 공직의 임기만료로 퇴직한 경우'에도 헌법재판소법 제54조 제2항이 정한 공직 취임 제한이 적용되도록 헌법재판소법 제53조 제1항과 제54조 제2항을 유추하는 것은, 헌법 제25조가 보장하는 공무담임권을 침해하는 해석에 해당하므로 허용되지 않는다고 한다(헌재 2021. 10. 28. 2021헌나1 재판관 이선애, 재판관 이은애, 재판관 이종석, 재판관 이영진의 각하의견).

③ 사면 금지

대통령의 사면권 행사는 탄핵제도를 유명무실하게 할 가능성이 있으므로 (탄핵제도의 본질상) 허용되지 않는다.

2절
정당해산심판

Ⅰ. 의의와 연혁

위헌정당해산제도는 정당의 목적이나 활동이 자유민주적 기본질서에 위배되면 이러한 정당을 헌법소송절차에 따라 해산시킴으로써 정당 형식으로 조직된 헌법의 적에게서 헌법 침해를 방지하기 위한 헌법내재적 헌법보호수단이다. 헌법 제8조 제4항은 정당해산에 엄격한 요건과 절차를 요구함으로써 정당에 다른 일반 결사보다 강력한 존속을 가능케 하는 이른바 존립특권을 보장함과 동시에, 정당의 의무와 정당활동 자유의 한계를 명시함으로써 정당 형식으로 조직된 민주주의의 적에게서 자유민주적 기본질서를 수호한다. 따라서 헌법 제8조 제4항의 위헌정당 해산은 헌법수호 수단으로서 방어적 민주주의(이나 전투적 민주주의)를 선언한 것으로 이해된다. 위헌정당해산제도는 민주주의 방어를 위한 비민주적 수단으로서 '양날의 칼'과 같은 제도이다. 즉 이 제도가 오 · 남용되면 본래 취지와는 반대로 민주주의를 위협할 수 있는 지극히 위험한 제도이다. 따라서 ① 그 행사에 가장 엄격한 요건을 요구하여 엄격한 해석을 하여야 한다. 그리고 ② 요건이 충족되더라도 이것을 행사할 때 최대한 자제하고 신중을 기하여야 한다.

1960년 헌법은 정당의 목적이나 활동이 헌법의 민주적 기본질서에 어긋나면 정부가 대통령 승인을 얻어 소추하고 헌법재판소가 판결로써 그 정당의 해산을 명하도록 규정하여(제13조 제2항 단서, 제83조의3 제4호) 위헌정당해산제도를 처음 도입하였다. 이것은 과거 진보당에 대한 탄압과 민주혁신당에 대한 정당 등록 거부 등처럼 집행부가 지나치게 야당을 탄압하였던 사실에 대한 반성의 결과이었다. 특히 이른바 '진보당사건'에서는 당수인 조봉암이 간첩죄로 사형선고를 받아 처형되었고(대법원 1959. 2. 27. 선고 4291형상 559 판결), 이에 앞서 1958년 2월 25일 진보당은 정부의 공보실이 등록을 취소하여 해체되었다. 즉 행정조치로 정당이 해산되었다.

Ⅱ. 정당 해산 요건

1. 실질적 요건

(1) 정당

해산 대상은 헌법적 의미의 정당이다. 정당법 제4조에서 요구하는 등록을 마친 기성 정당은 물론이고 헌법상 정당의 개념 표지를 충족하는 모든 정치적 결사도 정당해산심판 대상이다. 정당 하부조직은 정당 구성요소에 불과하고 정당의 방계조직과 위장조직은 정당 조직이 아니라서 정당 해산 대상이 아니고, 대체정당은 헌법 제9조의 보호 대상이 아니라서 정당 개념에서 제외된다. 정당의 방계조직, 위장조직, 대체정당 등은 정당 개념에서 제외된다. 이들은 일반 결사에 해당하므로 헌법 제21조가 적용된다. 정당법을 따르면 정당은 형식상으로는 정당법 제17조(법정시 · 도당수)와 제18조(시 · 도당의 법정당원수)의 요건을 갖추어 중앙선거관리위원회에 등록한 결사체를 일컫는다(정당법 제4조)(헌재 1991. 3. 11. 91헌마21). 헌법 제8조의 정당은 지속해서 또는 비교적 장기간 대한민국 영역 안에서 국민의 정치적 의사 형성에 영향을 미치고 대의기관에 관여하려는 목적이 있으며, 그 사실적 상태, 특히 조직의 범위와 공고성, 구성원의 수, 대중 앞에 출현하는 빈도, 국민의 인지도 등을 종합하면, 자신의 정치적 목적에 대한 진지성을 충분히 보증할 수 있는 국민의 자발적인 정치적 결사를 말한다. 헌법재판소는 헌법과 정당법상 정당의 개념적 징표로서 ① 국가와 자유민주주의나 헌법질서를 긍정할 것, ② 공익 실현에 노력할 것, ③ 선거에 참여할 것, ④ 정강이나 정책이 있을 것, ⑤ 국민의 정치적 의사 형성에 참여할 것, ⑥ 계속적이고 공고한 조직을 구비할 것, ⑦ 구성원들이 당원이 될 수 있는 자격을 구비할 것 등을 든다(헌재 2006. 3. 30. 2004헌마246).

(2) 목적이나 활동

헌법재판소는 정당의 목적이나 활동 중 어느 하나라도 민주적 기본질서에 어긋나면 정당 해산 사유가 될 수 있다고 한다(헌재 2014. 12. 19. 2013헌다1). 그러나 목적이 민주적 기본질서에 어긋나도 그를 위한 구체적 활동이 없으면 구체적 위험이 있다고 볼 수 없고, 민주적 기본질서를 침해할 목적 없이 이루어진 개별 활동이 결과적으로 민주적 기본질서에 어긋났다면 이러한 개별 활동에 개별적 책임을 지우는 것은 몰라도 그 정당 자체를 해산하는 것은 정당 보호를 1차적 목적으로 하는 위헌정당해산제도의 취지에 들어맞지 않는다. 따라서 목적과 활동은 서로 분리할 수 없고 함께 고려하여 민주적 기본질서 위반 여부를 판단하여야 한다.

① 목적

정당의 목적은 어떤 정당이 추구하는 정치적 방향이나 지향점 혹은 현실 속에서 구현하고자 하는 정치적 계획 등을 통칭한다(헌재 2014. 12. 19. 2013헌다1). 정당의 목적은 정당의 공식적인 강령, 기본적인 정책과 당헌 · 당규, 당수와 당간부의 연설, 당기관지, 당의 출판물, 선전자료, 그 밖의 당원 태도 등을 종합하여 판단할 수 있다. 만약 정당의 진정한 목적이 숨겨진 상태라면 공식 강령은 이른바 허울이나 장식에 불과할 것이다. 이러한 때는 강령 이외의 자료를 통해서 진정한 목적을 파악하여야 한다(헌재 2014. 12. 19. 2013헌다1).

② 활동

정당의 활동은 정당 기관의 행위나 주요 정당관계자, 당원 등의 행위로서 그 정당에게 귀속시킬 수 있는 활동 일반을 뜻한다(헌재 2014. 12. 19. 2013헌다1). 정당의 활동에는 당수와 당간부의 활동뿐 아니라 당의 막후 실세, 나아가 평당원의 활동도 포함된다. 다만, 평당원의 활동은 개인적인 동기에 따른 활동이 아니라 당명에 따른 활동과 같이 정당의 활동으로 간주할 수 있는 범위 안의 것만 검토 대상이 될 수 있다. 정당의 활동은 당원뿐 아니라 대외적으로 명백하게 그 정당을 지지하고 옹호하는 추종자를 통해서도 추정될 수 있다. 다만, 추종자임을 자처하는 사람의 소행이라는 이유로 당연히 검토 대상이 되는 것은 아니고 그의 행위가 정당이나 정당원의 목적 및 활동과 일정한 관련이 인정되는 때로 제한할 필요가 있다(헌재 2014. 12. 19. 2013헌다1).

(3) 민주적 기본질서 위배

헌법이 규정하는 '민주적 기본질서에 위배'라는 정당해산사유는 엄격하게 해석하여야 한다. 그렇지 않으면 위헌정당해산제도가 야당 탄압 수단으로 악용될 위험이 있고, 민주주의를 지키기 위한 제도가 오히려 민주주의를 파괴하는 제도로 역기능할 수 있기 때문이다. 정당 해산 사유가 엄격하게 제한되는 것은 국민의 정치적 의사 형성에 참여하는 것을 목적으로 하는 정당의 특수한 성격에 비추어 정당을 일반 결사와는 달리 그 존립을 헌법적으로 보호하려는 것이다. 여기서 위배는 헌법질서를 자유민주적이게 하는 헌법의 기초적 원리를 정당이 폐지하려는 의도를 가지고 배척함을 말한다. 그러나 정당의 목적이나 활동이 민주적 기본질서에 위배된다는 것을 정당 스스로 인식하여야 하는 것은 아니다. 정당에 대한 해산결정은 민주국가원리와 정당의 존립과 활동에 대한 중대한 제약이다. 따라서 정당의 목적과 활동에 관련된 모든 사소한 위헌성까지도 문제 삼아 정당을 해산하는 것은 적절하지 않다. 이러한 점에서 위배 정도는 적어도 민주적 기본질서의 전부나 일부를 제거할 수도 있는 구체적 위험이 있어야 한다. 그러나 그러한 위험은 구체적 위험이 임박한 것으로 충분하고, 민주적 기본질서의 전부나 일부를 제거할 명백한 가능성이 있어야 하는 것은 아니다(헌재 2014. 12. 19. 2013헌다1).

자유민주적 기본질서라는 개념은 독일 기본법상 '자유롭고 민주적인 기본질서[Freiheitliche demokratische Grundordnung(독일 기본법)이나 Freiheitlich-demokratische Grundordnung]'에서 비롯한다. 자유민주적 기본질서는 사회민주주의와 대립하는 개념인 자유민주주의와 다르다. 오히려 자유민주적 기본질서는 자유로운 기본질서와 민주적인 기본질서의 결합으로 이해되어야 한다. 여기서 자유로운 기본질서란 자유가 보장되는, 즉 기본적 인권이 보장되는 기본질서를 말한다. 이때의 기본질서는 헌법질서를 가리킨다. 따라서 자유민주적 기본질서란 기본적 인권이 보장되는 민주주의 헌법질서를 뜻한다. 이러한 점에서 자유민주적 기본질서는 사회민주주의가 아니라 국민의 기본적 인권을 보장하지 아니하고, 민주적 정당성도 확보되지 아니하는 전체주의(특히 파시즘과 나치즘, 인민민주주의)와 대립한다. 요컨대 기본적 인권 보장이 법치국가원리의 핵심내용인 점에 비추어 자유민주적 기본질서는 민주주의와 법치국가의 결합, 즉 법치국가적 민주주의를 가리킨다. 이러한 내용은 헌법의 핵심사항이므로, 자유민주적 기본질서를 '요약한 헌법'이라고 부를 수도 있다.

헌법재판소는 "자유민주적 기본질서에 위해를 준다 함은 모든 폭력적 지배와 자의적 지배 즉 반국가단체의 일인독재 내지 일당독재를 배제하고 다수의사에 의한 국민의 자치, 자유 · 평등의 기본원칙에 의한 법치주의적 통치질서의 유지를 어렵게 만드는 것이고, 이를 보다 구체적으로 말하면 기본적 인권의 존중, 권력분립, 의회제도, 복수정당제도, 선거제도, 사유재산과 시장경제를 골간으로 한 경제질서 및 사법권의 독립 등 우리의 내부체제를 파괴 · 변혁시키려는 것으로 풀이할 수 있을 것이다."(헌재 1990. 4. 2. 89헌가113)라고 판시하여 자유민주적 기본질서의 적극적 내용을 독일 연방헌법재판소와는 다소 다르게 구성하였다. 특히 사유재산과 시장경제를 골간으로 한 경제질서를 포함한 점이 특이하다. 자유민주적 기본질서는 정치질서를 가리킬 뿐 아니라 경제질서는 양 극단 사이에서 다양한 형태가 있어서 그 자체로 불명확한 개념이라는 점에서 자유민주적 기본질서에 경제질서를 포함시키는 것은 타당하지 않다. 헌법재판소도 헌재 2004. 5. 14. 2004헌나1 결정에서 "구체적으로, 탄핵심판절차를 통하여 궁극적으로 보장하고자 하는 헌법질서, 즉 '자유민주적 기본질서'의 본질적 내용은 법치국가원리의 기본요소인 '기본적 인권의 존중, 권력분립, 사법권의 독립'과 민주주의원리의 기본요소인 '의회제도, 복수정당제도, 선거제도' 등으로 구성되어 있다…(헌재 1990. 4. 2. 89헌가113, 판례집 2, 49, 64),"(헌재 2004. 5. 14. 2004헌나1)라고 하여 자유민주적 기본질서를 법치국가원리의 기본요소와 민주주의원리의 기본요소로 나누어 이전 선례에서 언급한 요소들을 모두 그대로 반복하면서도, 두 기본요소 어디에도 포함하기 곤란한 '사유재산과 시장경제질서를 골간으로 하는 경제질서'만 빼버렸다. 헌재 2014. 12. 19. 2013헌다1 결정에서는 "입헌적 민주주의의 원리, 민주 사회에 있어서의 정당의 기능, 정당해산심판제도의 의의 등을 종합해 볼 때, 우리 헌법 제8조 제4항이 의미하는 민주적 기본질서는, 개인의 자율적 이성을 신뢰하고 모든 정치적 견해들이 각각 상대적 진리성과 합리성을 지닌다고 전제하는 다원적 세계관에 입각한 것으로서, 모든 폭력적 · 자의적 지배를 배제하고, 다수를 존중하면서도 소수를 배려하는 민주적 의사결정과 자유 · 평등을 기본원리로 하여 구성되고 운영되는 정치적 질서를 말하며, 구체적으로는 국민주권의 원리, 기본적 인권의 존중, 권력분립제도, 복수정당제도 등이 현행 헌법상 주요한 요소라고 볼 수 있다."라고 하여(헌재

2014. 12. 19. 2013헌다1) 국민주권의 원리를 추가하면서 '사유재산과 시장경제질서를 골간으로 하는 경제질서'뿐 아니라 의회제도와 선거제도까지 제외하였다.

민주적 기본질서를 부정하지 않는 한 정당은 각자가 옳다고 믿는 다양한 이념적 지향을 자유롭게 추구할 수 있다. 오늘날 정당은 자유민주주의 이념을 추구하는 정당부터 공산주의 이념을 추구하는 정당에 이르기까지 그 이념적 지향점이 매우 다양하다. 그러므로 어떤 정당이 특정 이념을 표방하더라도 그 정당의 목적이나 활동이 민주적 기본질서의 내용을 침해하는 것이 아닌 한 그 특정 이념의 표방 그 자체만으로 곧바로 위헌적인 정당으로 볼 수는 없다(헌재 2014. 12. 19. 2013헌다1).

(4) 헌법 제37조 제2항의 보충적 적용 가능성

헌법재판소는 정당해산심판제도에서는 헌법재판소 정당해산결정이 정당의 자유를 침해할 수 있는 국가권력에 해당하므로 헌법재판소가 정당해산결정을 내리려면 그 해산결정이 비례성원칙에 부합하는지를 고려하여야 한다고 한다. 이때 비례성원칙 준수 여부는 그것이 통상적으로 기능하는 위헌심사 척도가 아니라 헌법재판소 정당해산결정이 충족하여야 할 일종의 헌법적 요건 혹은 헌법적 정당화 사유에 해당한다고 한다. 따라서 헌법 제8조 제4항의 명문 규정상 요건이 구비되어도 해당 정당의 위헌적 문제성을 해결할 수 있는 다른 대안적 수단이 없고, 정당해산결정을 통해서 얻을 사회적 이익이 정당해산결정으로 초래되는 정당의 정당활동 자유 제한으로 말미암은 불이익과 민주주의 사회에 대한 중대한 제약이라는 사회적 불이익을 초과할 정도로 큰 때에 한하여 정당해산결정을 헌법적으로 정당화할 수 있다고 한다(헌재 2014. 12. 19. 2013헌다1).

2. 절차적 요건

(1) 정부 제소

① 제소권자

정부는 정당의 목적이나 활동이 민주적 기본질서에 위배되면 국무회의 심의를 거쳐 헌법재판소에 그 해산을 제소할 수 있다(헌법 제8조 제4항, 헌법재판소법 제55조). 현행 헌법은 제소권자를 정부로 규정한다. 여기서 정부는 대한민국이라는 국가가 아니라, 입법부 · 사법부와 대등한 지위에 있는 정부를 뜻한다. 정당 해산 제소는 국무회의의 필요적 심의사항인데, 국무회의는 심의기관에 불과하므로 여기서 정부는 실질적 측면에서 대통령으로 보아야 한다.

정부의 정당 해산 제소는 국무회의의 필수적 심의사항이라서(헌법 제89조 제14호), 국무회의의 심의를 거치지 않은 정당해산심판 청구는 부적법하다. 다만, 대통령이 사고로 직무를 수행할 수 없으면 국무총리가 그 직무를 대행하므로, 대통령이 해외순방 중인 때와 같이 일시적으로 직무를 수행할 수 없으면(직무대리규정 제2조 제4호 참조), 국무총리가 주재한 국무회의에서 한 정당해산심판청구서 제출안 의결도 적법하다(헌재 2014. 12. 19. 2013헌다1).

② 제소 여부와 그 시기 결정

정부에 위헌정당해산 제소권을 부여한 결과, 특정정당에 대한 위헌 여부의 1차적 판단은 정부의 권한이고 의무라는 견해가 있으나, (ⅰ) 헌법 제8조 제4항이 제소'할 수 있다'고 규정하고, (ⅱ) 강제해산보다는 민주적인 공개경쟁을 통해서 해당 정당의 지지층이나 사회적 기반을 붕괴시키는 것이 민주주의 보호에 더 효과적일 것이며, (ⅲ) 정당해산제도는 민주적 기본질서를 지키는 다양한 수단 중 하나에 불과하고, (ⅳ) 헌법적대적 정당의 강제해산이 헌법 보호를 오히려 더 어렵게 할 수도 있으며, (ⅴ) 위헌정당해산 이익과 그 정당의 계속적 존재 이익 등을 형량하여 해산심판 청구 여부를 결정할 여지가 있으므로 정부는 해산 제소 여부에 관한 정치적 재량이 있다.

(2) 심판 청구 절차

국무회의가 위헌정당 제소를 의결하면 법무부 장관이 정부를 대표하여 정당 해산의 심판청구서를 헌법재판소에 제출하여야 한다(헌법재판소법 제25조 제1항). 심판청구서에는 해산을 요구하는 정당을 표시하여야 하고 청구 이유를 기재하여야 한다(헌법재판소법 제56조). 정당해산심판의 청구서에는 정당 해산 제소에 관해서 국무회의 의결을 거쳤음을 증명하는 서류를 붙여야 하고, 중앙당등록대장 등본 등 피청구인이 정당해산심판 대상이 되는 정당임을 증명할 수 있는 자료를 붙여야 한다(헌법재판소 심판 규칙 제65조). 청구사유가 있는 한 정부는 언제든지 심판 청구를 할 수 있다. 지난날의 위헌적 활동은 원칙적으로 청구사유가 될 수 없다. 다만, 지난날의 위헌적 활동은 현재 그 정당의 목적과 활동이 위헌성을 띠는지를 판단할 때 참고자료가 될 수는 있다.

(3) 헌법재판소 결정

재판부는 재판관 7명 이상 출석으로 사건을 심리한다(헌법재판소법 제23조 제1항). 헌법재판소에서 정당해산결정을 내리려면 재판관 6명 이상 찬성이 있어야 한다(헌법 제113조 제1항, 헌법재판소법 제23조 제2항 단서 제1호). 헌법재판소가 일단 위헌이 아니라고 결정하면, 정부는 동일정당에 대해서 같은 사유로 제소할 수 없다(헌법재판소법 제39조). 이때의 동일성은 정당 명칭과 같은 외관이 아니라 구성원이나 추진하는 정강정책 등의 실질에 변경이 있는지를 기준으로 판단하여야 한다. 그러한 변경이 인정되면 다시 적법하게 제소할 수 있다. 같은 정당에 대해서 '새로운 사실'에 근거하여 거듭 정당해산심판 청구를 하는 것은 허용된다. 새로운 사실은 헌법재판소가 구두변론 종결 시까지 없어서 정당해산 여부를 결정할 때 고려할 수 없었던 사실이다.

Ⅲ. 정당해산심판 절차

1. 사건 통지

헌법재판소가 정당해산심판 청구를 받으면 그 청구서 등본을 피청구인에게 송달하여야 한다(헌법재판소법 제27조). 송달받은 피청구인은 헌법재판소에 답변서를 제출할 수 있다(헌법재판소법 제29조). 정당해산심판의 청구나 청구 취하가 있으면 헌법재판소장은 국회와 중앙선거관리위원회에 청구서 부본이나 취하서 부본을 붙여 그 사실을 통지하여야 한다(헌법재판소법 제58조 제1항, '헌법재판소 심판 규칙' 제66조 제1항).

2. 청구 취하

정부가 심판 청구 행사 여부에 관해서 정치적 재량이 있다고 보는 한, 정부는 원칙적으로 심판 청구 이후의 상황 변화 등을 이유로 헌법재판소가 결정을 선고하기 전까지는 청구를 취하할 수 있다. 청구를 취하할 때는 민사소송법의 관련 규정이 준용된다(헌법재판소법 제40조 제1항 제1문). 청구는 헌법재판소가 결정을 내릴 때까지 그 전부나 일부를 취하할 수 있다(민사소송법 제266조 제1항). 청구 취하는 서면으로 하여야 하지만, 변론이나 변론준비기일에 말로 할 수도 있다(민사소송법 제266조 제3항). 심판청구서가 송달된 뒤에는 취하 서면을 피청구인 정당에 송달하여야 한다(민사소송법 제266조 제4항). 피청구인 정당이 변론이나 변론준비기일에 출석하지 아니한 때에 청구인인 정부가 구두로 심판 청구를 취하하면 그 기일의 조서 등본을 피청구인인 정당에 송달하여야 한다(민사소송법 제266조 제5항). 조건부 취하는 허용되지 아니하고, 취하의 취소나 철회도 원칙적으로 허용되지 않는다. 유효한 취하가 있으면 소송 계속은 소급적으로 소멸한다.

제소권자가 정부이고, 정당해산심판 청구가 국무회의의 필수적 심의사항이므로 그 청구를 취하할 때도 국무회의 심의를 거쳐야 한다. 따라서 정부를 대표하는 법무부 장관이 단독으로 심판 청구 취하 여부를 결정할 수 없다. 피청구인 정당이 본안에 관해서 답변서를 제출하거나 변론준비기일에서 진술하거나 변론을 하고 나서는 피청구인 정당의 동의를 받아야 취하의 효력이 있다(헌법재판소법 제40조, 민사소송법 제266조 제2항). 심판 청구 취하의 서면이 피청구정당에 송달된 날부터 2주 이내에 그 정당이 이의를 제기하지 아니하면 정부의 청구 취하에 동의한 것으로 간주된다(헌법재판소법 제40조, 민사소송법 제266조 제6항). 청구가 취하되면 헌법재판소는 심판절차종료선언을 하는 것이 원칙이다. 그러나 심판청구권자인 정부가 구두변론을 거쳐 실체적 심리가 (거의) 종결되어 종국결정 선고를 앞둔 상황에서 (정부 청구가 기각될 것이라고 예상되는 가운데) 심판 청구를 취하하고 피청구인인 정당도 이해할 수 없는 이유로 취하에 동의한 때처럼 정부가 취하권을 남용하였다고 판단할 수 있으면 예외적으로 절차를 속행할 수 있다고 볼 수도 있다. 하지만 이때도 헌법재판이 불고불리원칙을 내용으로 하는 사법의 본질을 유지하여야 한다는 원칙상 심판절차를 종료하여야 할 것이다.

3. 가처분

헌법재판소는 정당해산심판 청구를 받으면 청구인의 신청이나 직권으로 종국결정을 선고할 때까지 피청구인의 활동을 정지하는 가처분 결정을 할 수 있다(헌법재판소법 제57조). 다만, 가처분 인용결정을 하려면 정당해산 요건이 소명되었는지 등에 관한 엄격한 심사가 이루어져야 하고, 인용 범위도 가처분의 목적인 종국결정의 실효성을 확보하고 헌법질서를 보호하기 위해서 필요한 범위로 한정하여야 한다(헌재 2014. 2. 27. 2014헌마7). 가처분 결정을 하면 헌법재판소장은 가처분 결정서 등본을 붙여 그 사실을 국회와 중앙선거관리위원회에 통지하여야 한다(헌법재판소법 제58조 제1항, '헌법재판소 심판 규칙' 제66조 제1항). 헌법재판소법 제57조의 법문은 가장 대표적인 가처분 결정 내용을 예시한 것으로 해석된다. 그러므로 헌법재판소는 피청구인의 활동을 정지하는 가처분이 아닌 다른 내용의 가처분도 할 수 있다.

4. 소송 계속 중 자진해산과 분당 · 합당의 가능성

정당해산심판이 청구되고 나서도 피청구인인 정당은 자진해산을 할 수는 있다. 그러나 정당해산결정의 효력에 내포된 정당의 위헌성 확인 효과가 예외적으로 위헌사유가 발생한 시점까지 소급하면 정당해산제도의 실효성을 효과적으로 확보하기 위해서 자진해산한 정당에 대하여 해산결정을 하는 실익이 있어서 유효한 자진해산이 있더라도 헌법재판소는 절차를 속행할 수 있다. 그리고 헌법이나 법률에 정당해산심판절차의 실효성을 확보하려고 소송 계속 중 분당과 합당을 금지하는 명문 규정이 없는 한, 정당활동의 자유에 비추어 아직 위헌이 확인되지 아니한 정당은 특별한 사정이 없다면 분당이나 합당을 자유롭게 할 수 있다. 다만, 헌법재판소는 가처분을 통해서 이러한 정당활동을 정지시킬 수는 있다.

5. 정당해산심판 심리

정당해산심판 심리는 구두변론에 의한다(헌법재판소법 제30조 제1항). 당사자는 정부가 청구인이 되고 제소된 정당이 피청구인이 된다. 재판부가 변론을 열면 기일을 정하고 당사자와 관계인에게 출석을 요구하여야 하고(헌법재판소법 제30조 제3항), 변론은 공개한다(헌법재판소법 제34조 제1항). 재판부는 정당해산심판 심리를 위해서 필요하다고 인정하면 당사자의 신청이나 직권으로 증거조사를 할 수 있다(헌법재판소법 제31조). 그리고 재판부는 다른 국가기관이나 공공단체의 기관에 심판에 필요한 사실을 조회하거나 기록 송부나 자료 제출을 요구할 수 있다(헌법재판소법 제32조).

6. 민사소송에 관한 법령 준용

정당해산심판 심리에 관해서 헌법재판소법에 특별한 규정이 있는 때를 제외하고는 헌법재판의 성질에 반하지 아니하는 한도 안에서 민사소송에 관한 법령 규정이 준용된다(헌법재판소법 제40조). 여기서 '헌법재판의 성질에 반하지 않는' 때란 다른 절차법 준용이 헌법재판의 고유한 성질을 훼손하지 않는 때로 해석할 수 있다. 이때 헌법재판의 성질, 특히 정당해산심판의 성질에 반하는지는, 정당의 법적 성격 · 정당 보호와 헌법 보호라는 이중적 의미가 있는 정당해산심판의 성질 · 준용절차 및 준용대상의 성격 등을 종합적으로 고려하여 헌법재판소가 구체적 · 개별적으로 판단할 수밖에 없다. 구체적인 절차에서 특정한 법령 준용 여부가 헌법재판의 성질에 반하는지에 관한 판단은 헌법에 따라 정당 해산에 관한 독자적인 심판권을 부여받은 헌법재판소 고유 권한에 속한다(헌재 2014. 2. 27. 2014헌마7).

Ⅳ. 정당 해산 효과

1. 주문형식

정당해산심판 청구가 이유 있으면 헌법재판소는 피청구정당 해산을 명하는 결정을 선고한다(헌법재판소법 제59조). 해산결정은 예를 들어 "피청구인 ○○정당을 해산한다." 라는 형식을 취한다. 정당해산심판 청구가 이유 없으면 기각결정을 한다. 결정 선고 전에 스스로 해산하면 헌법재판소는 기각결정을 내린다.

2. 헌법재판소 결정의 창설적 효력

헌법재판소가 정당 해산을 명하는 결정을 선고하면 그 정당은 해산된다(헌법재판소법 제59조). 중앙당뿐 아니라 정당 일부를 이루는 시 · 도당도 함께 해산된다. 헌법재판소의 정당해산결정은 창설적 효력이 있다. 즉 이러한 정당 해산 효과는 헌법재판소 결정에 따라서 비로소 발생하고, 중앙선거관리위원회가 헌법재판소 통지를 받고 정당법 제47조에 따라 그 정당 등록을 말소하고 이것을 공고하는 행위는 단순한 사후적 행정조치에 불과하다. 즉 중앙선거관리위원회 해산 공고는 선언적 · 확인적 효력이 있을 뿐이다. 해산결정이 확정된 정당은 그때부터 불법결사가 되므로 행정청이 행정처분으로 그 정당의 존립과 활동을 금지할 수 있다. 정당조직 일부를 구성하는 부분조직이나 정당의 부분으로서 특수한 과제를 담당하는 특별조직도 해산되는 정당과 운명을 같이한다. 시 · 도당별로 창당절차를 거치는 것(정당법 제9조와 제13조 참조) 등 시 · 도당의 독자성을 인정할 수 있고, 정당해산결정에도 비례성원칙이 적용되므로 정당의 가분적 일부에 대한 해산결정도 헌법재판소는 내릴 수 있다. 정당 해산 효과는 해산결정이 있는 날부터 앞날을 향해서 발생한다. 이 날부터 해당 정당은 법적으로 존속하지 않는다.

3. 잔여재산 국고 귀속

헌법재판소의 해산결정에 따라서 해산된 정당의 잔여재산은 국고에 귀속된다(정당법 제48조 제2항). 이것은 위헌정당의 물적 기반을 소멸시켜 위헌정당 해산의 실효성을 확보하기 위한 것이다. 이때 잔여재산은 정당 명의의 재산에 국한한다. 따라서 정당재산이 사유재산으로 명의전환되었다면 원칙적으로 몰수 대상이 아니다. 이러한 명의전환을 막기 위한 헌법재판소의 가처분이 필요하다.

4. 대체정당 금지

정당이 헌법재판소 결정으로 해산되면 그 정당의 대표자와 간부는 해산된 정당의 강령(기본정책)과 같거나 비슷한 것으로 정당을 창설하지 못한다(정당법 제40조). 대체정당

여부는 강령(기본정책), 대표자 · 간부 등 인적 조직, 명칭의 동일 · 유사성 등을 기준으로 전체적으로 파악하여 종합적으로 판정한다. 대체정당으로 인정되면 그 정당은 정당특권이 인정되지 않으므로 행정처분으로 해산할 수 있다. 중앙선거관리위원회는 대체정당이라고 판단하면 정당 등록을 거부하여야 하고, 등록 후에 대체정당임이 판명되면 등록을 취소하여야 할 것이다(헌법재판소법 제60조, 정당법 제40조 참조). 중앙선거관리위원회가 이러한 조치를 취하지 않으면 정부가 대체정당에 대해서 정당해산심판을 청구할 수 있다.

5. 동일명칭 사용 금지

헌법재판소 결정에 따라서 해산된 정당 명칭과 같은 명칭은 정당 명칭으로 다시 사용하지 못한다(정당법 제41조 제2항). 이때 동일한 명칭인지는 형식적 일치 여부에 따른다. 따라서 해산된 정당 명칭과 옹글게(완벽하게) 같은 명칭만 사용할 수 없고, 비슷한 명칭이나 단어 배열 순서가 다른 명칭은 사용할 수 있다.

6. 소속 국회의원의 의원직 상실 여부?

헌법재판소는 정당 해산이 이루어지는 상황에서는 국회의원의 국민대표성이 부득이 희생될 수밖에 없고, 헌법재판소 해산결정으로 해산되는 정당 소속 국회의원의 의원직 상실은 정당해산심판제도의 본질에서 인정되는 기본적 효력이므로, 지역구에서 당선된 국회의원이든 비례대표로 당선된 국회의원이든 모두 명문 규정 없이도 의원직을 상실시킬 수 있다고 하였다(헌재 2014. 12. 19. 2013헌다1). 이 결정에 대해서 위헌정당을 해산한다고 선언하면서 해당 정당 소속 국회의원의 의원직을 상실시키는 결정은 소속 국회의원은 정당해산심판에서 청구인도 피청구인도 아니라서 당사자가 아니므로 그에게 효력이 없고, 정당해산결정은 형성판결이라서 그에 관한 법률 규정이 필요한데 정당해산결정에 관한 규정에는 위헌정당 소속 국회의원의 의원직 상실에 관한 내용이 없어서 헌법재판소가 내릴 수 없다는 비판이 있다. 대법원은 정당해산심판제도는 민주적 기본질서를 수호하려고 위헌적인 정당을 국민의 정치적 의사형성과정에서 미리 배제하는 것을 본질로 하고, 특히 국회의원은 정당이 민주적 기본질서와 직결된 국민의 정치적 의사 형성에 참여하는 데 핵심적인 역할을 담당하므로, 정당해산심판 결정의 효과로 그 정당의 추천 등으로 당선되거나 임명된 공무원 등의 지위를 상실시킬지는 헌법이나 법률로 명확하게 규정하는 것이 더 바람직하나, 그러한 명문 규정이 없더라도 위헌정당 해산결정에 따른 효과로 위헌정당 소속 국회의원은 국회의원직을 상실한다고 하였다(대법원 2021. 4. 29. 선고 2016두39856 판결).

7. 소속 비례대표 지방의회의원의 의원직 상실 여부?

중앙선거관리위원회는 공직선거법 제192조 제4항의 해산은 자진해산을 뜻하므로 헌법재판소 정당해산결정으로 해산된 정당 소속 비례대표 지방의회의원은 해산결정이 선고된 때부터 그 직에서 퇴직한다고 결정하였다. 그러나 대법원은 지방의회의원은 국회의원과 그 역할, 헌법 · 법률상 지위 등에서 본질적인 차이가 있고, 비례대표 지방의회의원의 의원직 상실이 헌법재판소의 정당해산결정 취지에서 곧바로 도출된다고 할 수 없는 점, '해산'의 문언적 의미, 정당 해산에 관한 정당법과 공직선거법의 규정 체계, 공직선거법 제192조 제4항의 입법 연혁 등에 비추어, 공직선거법 제192조 제4항은 소속 정당이 헌법재판소의 위헌정당 해산결정에 따라 해산될 때 비례대표 지방의회의원의 퇴직을 규정하는 조항이라고 할 수 없다고 하였다(대법원 2021. 4. 29. 선고 2016두39825 판결).

8. 해산된 정당의 목적 달성을 위한 집회나 시위의 주최, 선전, 선동 금지

헌법재판소 결정에 따라서 해산된 정당의 목적을 달성하기 위한 집회나 시위는 누구도 주최할 수 없다('집회 및 시위에 관한 법률' 제5조 제1항 제1호). 이를 위반하면 2년 이하의 징역 또는 200만 원 이하의 벌금에 처해진다('집회 및 시위에 관한 법률' 제22조 제2항). 관할 경찰서장은 헌법재판소 결정에 따라서 해산된 정당의 목적을 달성하기 위한 집회나 시위에 대해서 상당한 시간 안에 자진 해산하라고 요청하고 이에 따르지 아니하면 해산을 명할 수 있다('집회 및 시위에 관한 법률' 제20조 제1항 제1호). 누구든지 헌법재판소 결정에 따라서 해산된 정당의 목적을 달성하기 위한 집회나 시위를 선전하거나 선동하여서는 아니 된다('집회 및 시위에 관한 법률' 제5조 제2항). 이를 위반하면 1년 이하의 징역 또는 100만 원 이하의 벌금에 처해진다('집회 및 시위에 관한 법률' 제22조 제3항).

9. 결정서 송달과 결정 집행

정당해산심판에서 종국결정이 선고되면 헌법재판소는 즉시 결정서 정본을 당사자에게 송달하여야 한다(헌법재판소법 제36조 제4항). 당사자 외에도 국회와 중앙선거관리위원회에 종국결정 등본을 붙여 그 사실을 통지하여야 한다(헌법재판소법 제58조 제1항, '헌법재판소 심판 규칙' 제66조 제1항). 헌법재판소가 정당 해산을 명하는 결정을 하면 그 결정서를 피청구인 외에 정부, 국회와 중앙선거관리위원회에 송달하여야 한다(헌법재판소법 제58조 제2항). 정당해산을 명하는 결정서를 정부에 송달할 때는 법무부 장관에게 송달하여야 한다('헌법재판소 심판 규칙' 제66조 제2항). 따라서 법무부 장관과 피청구인에게는 결정서 정본을 송달하고 국회의장과 중앙선거관리위원회에는 결정서 등본을 송달하여야 한다. 정당 해산을 명하는 헌법재판소 결정은 중앙선거관리위원회가 정당법 규정에 따라서 이것을 집행한다(헌법재판소법 제60조).

3절
권한쟁의심판

Ⅰ. 권한쟁의심판의 의의

1. 개념

권한쟁의심판은 국가기관 등 서로 간에 헌법과 법률이 정한 권한의 유무나 범위에 관한 다툼이 발생하면 이것을 제3의 독립기관(헌법재판소)이 유권적으로 심판함으로써 그(권한)분쟁을 해결하는 제도이다. 권한쟁의심판제도는 국가기관 사이나 국가기관과 지방자치단체 사이 또는 지방자치단체 사이에 권한의 유무나 범위에 관해서 다툼이 발생하면 헌법재판소가 이것을 심판함으로써 각 기관의 권한을 보호함과 동시에 객관적 권한질서 유지를 통해서 국가기능 수행을 원활하게 하고, 수평적 및 수직적 권력 서로 간의 견제와 균형을 유지하려는 것에 그 제도적 의의가 있다(헌재 1995. 2. 23. 90헌라1). 국가기관 상호간의 권한쟁의에 관한 심판은 국가라는 권리주체의 대내적 관계에서 발생하는 분쟁을 원인으로 하는 자기소송이지만, 국가기관과 지방자치단체 사이의 권한쟁의와 지방자치단체 상호간의 권한쟁의에 관한 심판은 권리주체 서로 간의 분쟁, 즉 대외적 관계에 관한 분쟁이다.

2. 역사

1960년 헌법은 제8장에서 헌법재판소를 규정하면서 국가기관 사이의 권한쟁의를 헌법재판소 관장사항으로 하였다. 이후 1961년 4월 17일 헌법재판소법이 공포되었으나, 5 · 16 국가재건비상조치법 부칙 제5조에서 효력이 정지되었다가 1964년 12월 30일 헌법재판소법폐지에관한법률에 따라서 폐지되었다. 현행 헌법과 헌법재판소법의 권한쟁의는 1960년 헌법의 권한쟁의보다 확대된 것이다. 이것은 지방자치단체의 지위와 권한을 확보해 주려는 것이다.

3. 기능

권한쟁의제도는 헌법이 각 국가기관이나 지방자치단체에 배분한 권한이 서로 충돌하지 않고 행사되도록 하여 국가의 기능과 작용이 원활하게 이루어지게 하고, 국가권력의 수평적 통제와 수직적 통제를 통한 권력분립을 실현하고, 소수 보호를 통해서 민주주의를 실질화하여 헌법질서를 유지하는 기능을 수행한다.

4. 성격: 객관적 쟁송

권한쟁의심판에서 다투는 권한은 직무상 권한이므로 개인의 주관적 권리와 구별하여야 한다. 국가기관이나 지방자치단체는 국민의 기본권을 보장하고 공동체 존속을 유지하려고 부과된 행위의무를 질 뿐이고 개인과 같이 행위의 자유가 없다. 따라서 국가기관이나 지방자치단체가 권한쟁의심판절차에서 당사자 지위가 있어도 주관적 쟁송에서 사인이 행위의 자유 주체로서 가지는 주관적 권리능력을 갖출 수 없다.

기관의 권한이 주관적인 권리로 의제된 부분은 해당 기관이 자기 권한을 스스로 행사할 수 있다는 것과 해당 기관 권한을 다른 기관이 행사할 수 없다는 의미에 한정된다. 국가기관이나 지방자치단체의 권한과 그 행사는 그 자신의 이익이나 문제에 국한되는 것이 아니라 국가 전체의 기능과 활동을 위한 것이고, 이에 관한 분쟁도 해당 국가기관이나 지방자치단체의 이익이나 문제에 그치는 것이 아니라 공동체나 국가 전체의 이익이나 문제에 관한 것이다. 국가기관이나 지방자치단체 권한의 이러한 성질로 말미암아 국가기관이나 지방자치단체는 자기 권한을 포기하거나 양도할 수 없다. 이러한 점에서 권한쟁의심판은 기본적으로 객관적 쟁송의 성격이 있다. 즉 권한쟁의심판은 객관적 법질서의 적정한 집행을 소송 목적으로 하는 객관적 쟁송이다.

5. 한국 헌법상 권한쟁의심판제도의 특징

(1) 원칙적 · 포괄적 관할 범위

헌법재판소가 관장하는 권한쟁의심판에는 국가기관 사이의 권한쟁의뿐 아니라 서로 다른 법주체인 국가기관과 지방자치단체 사이 및 지방자치단체 서로 간의 권한쟁의도 포함된다(헌법재판소법 제111조 제1항 제4호). 그리고 권한쟁의심판 대상이 되는 법적 분쟁은 헌법상 분쟁뿐 아니라 법률상 분쟁도 포함된다(헌법재판소법 제61조 제2항). 따라서 헌법재판소의 권한쟁의심판권은 일반 법원의 행정소송 관할권과 중복될 가능성이 있다.

(2) 헌법재판소의 원칙적 관할

권한쟁의심판은 헌법재판소의 원칙적 관할이다(헌법 제111조 제1항 제4호, 헌법재판소법 제2조 제4호). 법원의 1차적 권리구제를 요구하여 보충성 요건을 설정한 헌법소원제도와는 달리, 권한쟁의심판사항과 중첩될 여지가 많은 기관소송에 관해서 헌법재판소의 관장사항인 소송을 기관소송사항에서 제외함으로써 권한쟁의에 관한 한 헌법재판소에 원칙적이고 포괄적인 관할권을 인정한다(행정소송법 제3조 제4호).

(3) 주관적인 것으로 의제된 권한

권한쟁의심판에서 '권한(Kompetenz)'은 주관적 권리가 아니다(헌재 2010. 12. 28. 2009헌라2). 권한은 국가나 지방자치단체 등 공법인이나 그 기관에 헌법이나 법률에 따라서 부여되어 법적으로 유효한 행위를 할 능력이나 그 범위이다. 권한의 귀속주체라도 권한을 마음대로 처분하거나 포기할 수 없다. 권한은 적극적 권능으로서 능력을 뜻하기도 하지만, 직무상 의무와 범위를 가리키기도 한다. 이러한 권한은 권력분립에 따른 견제와 균형을 도모하면서 국가의 기능질서를 지키려고 각 국가기관에 나누어 준 독자적인 활동과 결정영역을 뜻한다. 이러한 분배는 객관적 법규범에 따라서 이루어진다. 따라서 권한쟁의심판은 객관소송이라는 특징이 있다. 이러한 특징은 권한쟁의심판의 청구요건이나 이익을 판단할 때 중요하다. 헌법재판소법은 '권한의 유무 또는 범위에 관하여 다툼이 있을 때'(제61조 제1항)와 '헌법 및 법률에 의하여 부여받은 권한이 침해되었을 때'(제61조 제2항)에 권한쟁의심판 청구를 허용한다. 하지만 객관소송에서 주장되는 권한 침해는 소송을 위해서 주관적인 것으로 의제된 권한일 뿐이다.

Ⅱ. 권한쟁의심판의 종류와 당사자능력(청구인능력)

당사자능력(청구인능력)은 권한쟁의심판을 청구할 일반적인 자격을 뜻한다.

1. 국가기관 서로 간의 권한쟁의심판

(1) '국가기관'의 인정기준과 범위

헌법재판소법 제62조 제1항 제1호는 권한쟁의의 당사자가 될 수 있는 국가기관으로서 '국회, 정부, 법원 및 중앙선거관리위원회'만을 규정한다. 헌법재판소는 헌법재판소법 제62조 제1항 제1호를 한정적 · 열거적인 조항이 아니라 예시적인 조항으로 해석하는 것이 헌법에 합치된다고 판시함으로써 당사자 범위를 크게 확대하였다. 즉 헌법재판소는 "헌법 제111조 제1항 제4호에서 헌법재판소의 관장사항의 하나로 "국가기관 상호간, 국가기관과 지방자치단체간 및 지방자치단체 상호간의 권한쟁의에 관한 심판"이라고 규정하고 있을 뿐 권한쟁의심판의 당사자가 될 수 있는 국가기관의 종류나 범위에 관해서는 아무런 규정을 두고 있지 않고, 이에 관해서 특별히 법률로 정하도록 위임하고 있지도 않다. 따라서 입법자인 국회는 권한쟁의심판의 종류나 당사자를 제한할 입법형성의 자유가 있다고 할 수 없고, 헌법 제111조 제1항 제4호에서 말하는 국가기관의 의미와 권한쟁의심판의 당사자가 될 수 있는 국가기관의 범위는 결국 헌법해석을 통해서 확정하여야 할 문제이다. 그렇다면 헌법재판소법 제62조 제1항 제1호가 비록 국가기관 상호간의 권한쟁의심판을 "국회, 정부, 법원 및 중앙선거관리위원회 상호간의 권한쟁의심판"이라고 규정하고 있다고 할지라도 이 법률조항의 문언에 얽매여 곧바로 이들 기관 외에는 권한쟁의심판의 당사자가 될 수 없다고 단정할 수는 없다."(헌재 1997. 7. 16. 96헌라2)라고 하면서, "헌법 제111조 제1항 제4호 소정의 '국가기관'에 해당하는지 아닌지를 판별함에 있어서는 그 국가기관이 헌법에 의하여 설치되고 헌법과 법률에 의하여 독자적인 권한을 부여받고 있는지 여부, 헌법에 의하여 설치된 국가기관 상호간의 권한쟁의를 해결할 수 있는 적당한 기관이나 방법이 있는지 여부 등을 종합적으로 고려하여" 판단하여야 한다고 그 기준을 제시한다(헌재 1997. 7. 16. 96헌라2). 이것을 따르면 국회나 정부와 같은 전체기관뿐 아니라 그 부분기관이라도 상대 당사자와 맺는 관계에서 독자적인 지위를 인정해 줄 필요가 있으면 당사자능력이 인정될 수 있다. 다만, 보조기관에 불과하거나 독자적 지위가 인정될 수 없으면 당사자능력이 부인된다.

먼저 국회에서는 전체기관으로서 국회(헌재 2005. 12. 22. 2004헌라3)뿐 아니라 국회의장(헌법 제48조)[국회부의장이 국회의장에게서 의사 진행을 위임받거나 국회의장을 대리하여 법률안 가결선포를 하면 국회의장이 당사자이고 국회부의장은 당사자가 될 수 없다(헌재 1997. 7. 16. 96헌라2)], 국회의원(헌법 제41조 제1항)[국회의원의 상임위원장 등의 선출과 관련된 심의 및 투표권은 성질상 일신전속적인 것으로서 국회의원직을 상실하면 승계되거나 상속될 수 있는 것이 아니어서 관련 권한쟁의심판절차도 수계될 수 없으므로, 해당 권한쟁의심판 청구는 국회의원직 상실과 동시에 당연히 그 심판절차가 종료된다(헌재 2023. 9. 26. 2020헌라2)], 국회의 각 위원회(헌법 제62조), 국회 상임위원회 위원장[예를 들어 외교통상통일위원회 위원장(헌재 2010. 12. 28. 2008헌라7등)] 등이 독립한 헌법기관으로서 당사자능력을 갖출 수 있다[국회의장과 국회의원이 당사자가 된 사건으로는 헌재 1997. 7. 16. 96헌라2]]. 그러나 국회법 제57조를 설치근거로 하고, 그 설치 · 폐지 및 권한이 원칙적으로 위원회 의결에 따라 결정될 뿐인 소위원회는 위원회의 부분기관에 불과하여 헌법에 의하여 설치된 국가기관에 해당한다고 볼 수 없다. 따라서 소위원회가 설치된 뒤에야 비로소 있을 수 있는 그 소위원회 위원장도 헌법에 의하여 설치된 국가기관에 해당한다고 볼 수 없다(헌재 2020. 5. 27. 2019헌라4). 그리고 국회는 교섭단체와 같이 국회의 내부 조직을 자율적으로 구성하고 그에 일정한 권한을 부여할 수 있으나, 헌법은 국회의원들이 교섭단체를 구성하여 활동하는 것까지 예정하고 있지 아니하고, 교섭단체 권한은 원활한 국회 의사 진행을 위하여 국회법에서 인정하는 권한일 뿐이며, 교섭단체 권한 침해는 교섭단체에 속한 국회의원 개개인의 심의 · 표결권 등 권한 침해로 이어질 가능성이 높은바, 교섭단체와 국회의장 등 사이에 분쟁이 발생하더라도 국회의원과 국회의장 등 사이의 권한쟁의심판으로 해결할 수 있어서 이러한 분쟁을 해결할 적당한 기관이나 방법이 없다고 할 수 없으므로 교섭단체는 그 권한 침해를 이유로 권한쟁의심판을 청구할 수 없다(헌재 2020. 5. 27. 2019헌라6등). 또한, 헌법은 국회의원들이 교섭단체 대표의원을 정하여 이를 통해 일정한 권한을 행사할 것을 예정하지 않고, 교섭단체 대표위원의 국회법상 권한이 국회의원 권한과 구분되는 독자적인 권한도 아니어서 교섭단체 대표위원은 권한쟁의심판 당사자능력이 없다(헌재 2023.9.26. 2020헌라2).

정부에서는 전체로서 정부(헌재 2005. 12. 22. 2004헌라3)[정부가 당사자이면 법무부장관이 정부를 대표한다(헌법재판소법 제25조 제1항)]뿐 아니라 대통령(헌법 제66조), 국무총리(헌법 제86조), 국무위원(헌법 제87조), 행정 각부의 장(헌법 제94조), 감사원(헌법 제97조) 등이 헌법과 정부조직법에 따라서 독자적인 권한을 부여받은 독립한 헌법기관으로서 당사자능력을 갖출 수 있다. 다만, 이러한 정부 안 기관들 사이의 권한분쟁이 위계적 행정조직의 상명하복관계에 따라 상급 기관을 통해서 조정되거나 최종적으로 국무회의나 대통령을 통해서 자체적으로 해결될 수 있으면 권한쟁의가 허용될 수 없다. 중앙행정기관이 다른 부처와 갈등이 생길 우려가 있으면 대통령의 명을 받아 행정 각부를 통할하는 국무총리나 대통령을 통해서 분쟁이 해결될 수 있고, 국무회의에 출석하여 국무위원들과 토론을 통해서 문제를 해결할 수도 있다(헌재 2010. 10. 28. 2009헌라6). 그러므로 이들 기관이 권한쟁의를 제기할 수 있는 때란 주로 그들이 국회나 지방자치단체 등과 맺는 대외적 관계에서 권한 다툼이 있는 때가 일반적이다.

헌법재판소법 제62조 제1항 제1호를 따르면 법원과 중앙선거관리위원회가 당사자가 될 수 있음은 분명하다. 헌법재판소는 각급 구 · 시 · 군 선거관리위원회도 권한쟁의심판 당사자능력을 인정한다(헌재 2008. 6. 26. 2005헌라7). 법관은 독립하여 심판하는 헌법기관으로서(헌법 제103조), 이론적으로는 대법원을 비롯한 각급 법원뿐 아니라 법원으로서 개별 법관(단독판사)도 모두 당사자가 될 수 있다(국회의원이 서울남부지방법원 제51민사부를 피청구인으로 하여 권한쟁의심판을 청구한 사례로는 헌재 2010. 7. 29. 2010헌라1). 그러나 심급제도라든지 사법행정적 위계질서에 따라서 해결할 수 있으면 법원조직 내부의 권한분쟁은 권한쟁의심판 대상이 될 수 없다.

오로지 법률에만 설치근거가 있는 국가기관은 국회의 입법행위에 따라서 존폐와 권한범위가 결정될 수 있다. 따라서 이러한 국가기관은 '헌법에 의하여 설치되고 헌법과 법률에 의하여 독자적인 권한을 부여받은 국가기관'이 아니다. 그러므로 국가인권위원회법에 따라서 비로소 설립된 국가인권위원회는 헌법 제111조 제1항 제4호 소정의 국가기관에 해당하지 않는다(헌재 2010. 10. 28. 2009헌라6). 헌법이 아닌 '원자력안전위원회의 설치 및 운영에 관한 법률'에 설치 근거를 두는 원자력위원회도 권한쟁의심판의 당사자능력이 없다(헌재 2020. 5. 27. 2019헌사1121). 국민권익위원회(대법원 2013. 7. 25. 선고 2011두1214 판결)와 국가경찰위원회(헌재 2022. 12. 22. 2022헌라5), 문화재청 및 문화재청장(헌재 2023. 12. 21. 2023헌라1)도 오로지 법률에 그 설치 근거를 두어서 권한쟁의심판의 당사자능력이 없다.

(2) 정당의 헌법상 지위와 권한쟁의심판의 당사자능력?

헌법재판소는 정당은 국민의 자발적 조직으로, 그 법적 성격은 일반적으로 사적 · 정치적 결사 혹은 법인격 없는 사단으로서 비록 헌법이 특별히 정당설립의 자유와 복수정당제를 보장하고, 정당 해산을 엄격한 요건 아래 인정하는 것 등 정당을 특별히 보호하나, 이는 정당이 공권력의 행사 주체로서 국가기관의 지위가 있다는 뜻이 아니고 사인이 자유로이 설립될 수 있다는 것을 가리키므로 정당은 특별한 사정이 없는 한 권한쟁의심판절차의 당사자가 될 수는 없다고 한다(헌재 2020. 5. 27. 2019헌라6등).

(3) 국민이나 선거민 – 특히 투표인단, 선거인단

국민이나 선거민을 국가최고기관의 일종으로 보더라도 전체를 하나의 당사자로 조직한다는 것은 기술상 불가능하고 남용 가능성이 있으므로, 국민이나 선거민의 당사자능력을 인정하기 어렵다. 헌법재판소도 '국민'인 청구인은 그 자체로는 헌법에 의하여 설치되고 헌법과 법률에 의하여 독자적인 권한을 부여받은 기관이라고 할 수 없어서 권한쟁의심판의 당사자가 되는 '국가기관'이 아니라고 한다(헌재 2017. 5. 25. 2016헌라2).

(4) 헌법재판소 자신?

헌법재판소는 헌법재판소법 제62조 제1항 제1호의 권한쟁의심판 당사자를 한정적 · 열거적인 것으로 보아 스스로 권한쟁의심판 당사자가 될 수 없다고 판시한 바 있다(헌재 1995. 2. 23. 90헌라1). 그러나 이후 헌법재판소법 제62조 제1항 제1호의 권한쟁의심판 당사자를 예시적인 것으로 해석하는 판례 변경(헌재 1997. 7. 16. 96헌라2)을 하였으므로 이러한 견해를 그대로 유지하는지는 명확하지 않다.

2. 국가기관과 지방자치단체 사이의 권한쟁의심판

헌법은 권한쟁의의 한 종류로서 국가기관과 지방자치단체 사이의 권한쟁의를 든다. 이것은 상호 독립한 법인격체로서 국가와 지방자치단체 사이의 수직적 권력분립관계에서 헌법상 제도적으로 보장되는 지방자치권을 보장한다는 측면 이외에 통일적 국가사무 수행에서 국가기관과 지방자치단체 사이의 권한분배에 관한 다툼을 조정하는 의미가 있다. 헌법재판소법 제62조 제1항 제2호는 국가기관과 지방자치단체 사이의 권한쟁의를 "정부와 특별시 · 광역시 · 특별자치시 · 도 또는 특별자치도 간의 권한쟁의, 정부와 시 · 군 또는 지방자치단체인 구 간의 권한쟁의"로 규정한다.

지방자치단체의 자치권을 침해하는 것은 정부뿐이 아니므로, 여기서 '정부'도 예시적인 것으로 보아야 한다. 그렇다면 정부뿐 아니라 그 부분기관, 국회와 법원 등 그 밖의 국가기관도 당사자가 될 수 있다(헌재 2008. 6. 26. 2005헌라7). 그리고 그 범위는 국가기관 서로 간의 권한쟁의심판과 크게 다르지 않다(헌재 2008. 3. 27. 2006헌라1). 헌법재판소는 대통령(헌재 2002. 10. 31. 2001헌라1), 행정자치부 장관(이나 행정안전부 장관)(헌재 2002. 10. 31. 2002헌라2), 건설교통부 장관(헌재 2006. 3. 30. 2003헌라2), 해양수산부 장관(헌재 2008. 3. 27. 2006헌라1), 교육부 장관(헌재 2013. 9. 26. 2012헌라1)을 정부의 부분기관으로서 당사자로 인정한다. 지방자치단체장이 행정심판의 재결청 지위에서 한 처분이 관할구역 안에 있는 하급 지방자치단체의 권한을 침해한 것인지에 관한 권한쟁의 사건에서, 그 재결청인 지방자치단체장은 국가기관의 지위에 있다고 보아 그 권한쟁의를 국가기관과 지방자치단체 사이의 권한쟁의로 본 판례가 있다(헌재 1999. 7. 22. 98헌라4).

국회도 국가기관으로서 지방자치단체와 사이에서 권한쟁의심판 당사자가 될 수 있고(헌재 2008. 6. 26. 2005헌라7), 감사원도 마찬가지로 지방자치단체와 사이에서 권한쟁의심판 당사자가 될 수 있다(헌재 2008. 5. 29. 2005헌라3). 강남구선거관리위원회도 헌법

제114조 제7항에 근거를 두고 헌법 제115조, 제116조, 공직선거법 등에 따른 독자적인 권한을 부여받은 당사자이므로 지방자치단체와 사이에서 권한쟁의심판 당사자가 될 수 있다(헌재 2008. 6. 26. 2005헌라7). 그러나 부산지방해양수산청은 해양수산부장관의 일부 사무를 관장할 뿐이지 독자적인 권한이 없어서 권한쟁의심판 당사자가 될 수 없다(헌재 2008. 3. 27. 2006헌라1). 그리고 헌법재판소는 지방자치단체장인 경기도지사가 재결청의 지위에서 한 처분을 둘러싸고 관할구역 안에 있는 하급 지방자치단체인 성남시가 청구한 권한쟁의 사건에서 이때 지방자치단체 장은 국가기관 지위에 있으므로 이 사건 권한쟁의는 국가기관과 지방자치단체 사이의 권한쟁의에 해당한다고 보았다(헌재 1999. 7. 22. 98헌라4).

3. 지방자치단체 서로 간의 권한쟁의심판

헌법재판소법 제62조 제1항 제3호는 지방자치단체 서로 간의 권한쟁의심판을 특별시, 광역시 · 특별자치시 · 도나 특별자치도 서로 간의 권한쟁의심판, 시 · 군이나 자치구 서로 간의 권한쟁의심판, 특별시, 광역시 · 특별자치시 · 도나 특별자치도와 시 · 군이나 자치구 사이의 권한쟁의심판으로 규정한다. 따라서 지방자치단체 서로 간의 권한쟁의에서 당사자는 특별시, 광역시, 특별자치시, 도, 특별자치도, 시, 군, 자치구이다. 각 지방자치단체장이 대표한다(지방자치법 제114조).

헌법은 '국가기관'과는 달리 '지방자치단체'는 그 종류를 법률로 정하도록 규정하고(헌법 제117조 제2항), 지방자치법은 이러한 헌법 위임에 따라 지방자치단체의 종류를 정하며(지방자치법 제2조 제1항), 헌법재판소법은 지방자치법이 규정하는 지방자치단체의 종류를 감안하여 권한쟁의심판 종류를 정하므로 헌법재판소가 해석을 통해서 권한쟁의심판 당사자가 될 지방자치단체의 범위를 새로이 확정하여야 할 필요성이 적다. 따라서 헌법재판소는 지방자치단체 서로 간의 권한쟁의심판을 규정하는 헌법재판소법 제62조 제1항 제3호는 이것을 예시적으로 해석할 필요성과 법적 근거가 없다고 판시하였다(헌재 2010. 4. 29. 2009헌라11). 하지만 현실적으로 지방자치법 제2조 제3항이 설치 가능성을 예정하는 '특별지방자치단체'는 헌법재판소법 제62조 제1항 제3호를 예시적으로 보거나 이에 대한 입법 흠결로 보아 당사자능력을 인정할 필요성이 있다.

국가사무가 아닌 지방자치단체의 권한에 속하는 사항에 관해서 지방자치단체장은 원칙적으로 당사자가 될 수 없다(헌재 2006. 8. 31. 2003헌라1). 헌법재판소법 제62조 제2항은 권한쟁의가 '지방교육 자치에 관한 법률' 제2조에 따른 교육 · 학예에 관한 지방자치단체의 사무에 관한 것이면 교육감이 당사자가 된다고 규정한다. 하지만 그 의미는 교육감이 지방자치단체를 대표한다는 취지이다. 헌법재판소는 청구인 또는 피청구인을 '지방자치단체, 대표자 교육감'으로 표시한다(헌재 2011. 8. 30. 2010헌라4).

헌법 제111조 제1항 제4호는 지방자치단체 '상호간'의 권한쟁의에 관해서 규정하고, 헌법재판소법 제62조 제1항 제3호도 명시적으로 지방자치단체 '상호간'의 권한쟁의에 관한 심판을 규정하므로 여기서 '상호간'은 '서로 상이한 권리주체 간'을 뜻한다(헌재 2010. 4. 29. 2009헌라11). 따라서 지방자치단체의 의결기관을 구성을 하는 지방의회 의원과 그 기관의 대표자인 지방의회 의장 사이의 권한쟁의심판 청구는 지방자치단체 상호간의 권한쟁의심판에 해당하지 않는다(헌재 2010. 4. 29. 2009헌라11). 그리고 지방자치단체의 의결기관인 지방의회와 지방자치단체의 집행기관인 지방자치단체장 사이의 내부적 분쟁은 헌법재판소법에 따른 헌법재판소가 관장하는 지방자치단체 상호간의 권한쟁의심판 범위에 속하지 않고, 헌법재판소법 제62조 제1항 제1호 국가기관 상호간의 권한쟁의심판이나 같은 법 제62조 제1항 제2호 국가기관과 지방자치단체 간의 권한쟁의심판에도 해당하지 않는다(헌재 2018. 7. 26. 2018헌라1). 교육감은 지방자치단체 그 자체라거나 지방자치단체와 독립한 권리 주체로 볼 수 없어서 교육감과 지방자치단체 사이의 권한쟁의심판 청구도 지방자치단체 상호간의 권한쟁의심판으로 볼 수 없다(헌재 2016. 6. 30. 2014헌라1).

지방자치단체장은 기관위임사무의 집행권한과 관련된 범위에서 그 사무를 위임한 국가기관의 지위에 서게 되는 때(헌재 1999. 7. 22. 98헌라4)를 제외하고는 지방자치단체 사무의 집행기관에 불과하므로 지방자치단체 기관의 권한쟁의심판 청구를 허용하지 않는 현행법에서는 당사자능력이 없다(헌재 2006. 8. 31. 2003헌라1).

Ⅲ. 권한쟁의심판권의 범위

1. 소극적 권한쟁의심판

적극적 권한쟁의심판은 특정 사안에 대해서 자신에게 권한이 있음을 전제로 상대방이 자신의 권한을 침해하였음을 다투는 권한쟁의심판이다. 소극적 권한쟁의심판은 특정 사안에 대해서 서로 자신에게 권한이 없음을 다투는 권한쟁의심판이다.

헌법재판소는 어업면허의 유효기간연장 불허가처분에 따른 손실보상금 지급사무에 대한 권한이 청구인(포항시)이나 피청구인(정부) 중 누구에게 속하는지를 확정해 달라고 청구한 권한쟁의사건에서, 문제가 되는 다툼은 "유효기간연장의 불허가처분으로 인한 손실보상금 지급권한의 존부 및 범위 자체에 관한 청구인과 피청구인 사이의 직접적인 다툼이 아니라, 그 손실보상금 채무를 둘러싸고 어업권자와 청구인, 어업권자와 피청구인 사이의 단순한 채권채무관계에 불과한 것으로 보인다."라고 판시하여 각하한 바 있다(헌재 1998. 6. 25. 94헌라1).

그리고 도로에 연접된 국유의 경사지 암반이 무너져 청구인(서울시 은평구)이 통행 안전 등을 위해서 긴급복구와 안전시설공사를 시행하고 피청구인(기획재정부장관)에게 그 비용 상당의 예산 배정을 요청하였으나 거부당하자 권한쟁의심판을 청구한 사건에서도, 이러한 국유지 관리비용 부담을 둘러싼 다툼은 청구인과 피청구인 사이의 단순한 채권채무관계에 관한 다툼에 불과하고, 이러한 토지에 관한 관리권한이나 자치재정권 등 권한의 존부나 범위에 관한 다툼이라고 할 수 없다는 이유로 각하결정을 내렸다(헌재 2010. 12. 28. 2009헌라2).

또한 시화공업단지 안 공공시설의 관리권자가 누구인지를 둘러싸고 시흥시가 청구한 사건에서, 시흥시는 시화공업단지 안 공공시설의 관리권자는 정부임을 전제로 정부가 공공시설을 관리하지 아니함으로 말미암아 시흥시의 지방자치권(자치재정권)을 침해하였다고 주장하였다. 이것에 관해서 헌법재판소는 정부가 아니라 청구인인 시흥시가 공공시설 관리자이므로 권한이 침해되지 않았고, 설사 정부가 관리권자라고 하더라도 청구인으로서는 공공시설을 관리하지 않으면 그뿐이며, 정부의 부작위로 청구인의 권한이 침해될 여지가 없다고 하면서, 심판 청구를 기각하였다(헌재 1998. 8. 27. 96헌라1).

2. 헌법재판소의 권한쟁의심판권과 법원의 행정재판 관할권

(1) 권한쟁의심판에 관한 헌법재판소의 전속적 · 배타적 관할

헌법 제111조 제1항이 규정한 헌법재판소 관할권은 법원과 맺는 관계에서 전속적 · 배타적이다. 따라서 권한쟁의심판권만 달리 볼 이유가 없고, 따로 설치한 헌법재판소에 권한쟁의심판권을 부여한 헌법제정권자가 권한쟁의심판 관할권을 법원에도 이중으로 인정한다는 것은 국가의 기능질서에 들어맞지 않는다. 그리고 행정소송법 제3조 제4호 단서는 헌법재판소의 관장사항은 기관소송 대상에서 제외한다. 그러므로 권한쟁의심판은 법원의 재판권을 배제하는 헌법재판소의 전속적 · 배타적 관할이다.

(2) 권한쟁의심판과 기관소송

권한쟁의심판은 국가기관과 지방자치단체가 당사자이지만, 기관소송은 국가기관과 공공단체의 기관이 당사자이다. 그리고 권한쟁의심판은 권력 서로 간 견제와 균형을 유지하여 헌법의 규범력을 확보하는 것을 목적으로 한다. 하지만 기관소송은 행정감독이나 행정조직의 민주화로 말미암은 기관독립성을 확보하는 것을 목적으로 한다. 또한, 권한쟁의심판은 권한의 유무나 범위에 관한 다툼을, 기관소송은 권한의 존부나 그 행사를 심사범위로 한다.

행정소송법 제3조 제4호는 국가나 공공단체의 기관 서로 간에 권한의 존부나 그 행사에 관한 다툼이 있을 때 제기하는 소송(기관소송)에 관해서 법원 관할을 인정한다. 기관소송은 법률이 특히 인정하는 때에 한하여, 법률이 개별적으로 인정한 사항에 대해서, 법률이 정하는 사람만 제기할 수 있다(행정소송법 제45조). 그러나 헌법과 헌법재판소법상 국가기관 서로 간의 권한쟁의는 헌법재판소가 관할하고 헌법재판소의 관장사항으로 되는 것은 법원의 기관소송 대상에서 제외된다(행정소송법 제3조 제4호 단서). 그러므로 행정소송법 제3조 제4호에 따른 기관소송은 공공단체 기관 서로 간의 권한분쟁에서 문제가 된다. 따라서 국가기관 서로 간의 권한쟁의심판과 행정소송법상 기관소송은 관할충돌 문제가 발생하지 않는다. 현행법을 따르면 공공단체인 지방자치단체 안에서 지방자치단체의 장(교육감 포함)과 지방의회 사이의 기관소송(지방자치법 제120조 제3항과 제192조 제4항, '지방교육 자치에 관한 법률' 제28조 제3항)이 인정된다.

(3) 권한쟁의심판과 지방자치법상 소송

① 지방자치법 제188조의 소송(위법 · 부당한 명령 · 처분의 취소)

지방자치단체 사무에 관한 그 장의 명령이나 처분이 법령에 위반되거나 현저히 부당하여 공익을 해친다고 인정되면, 시 · 도에 대해서는 주무부 장관이, 시 · 군 및 자치구에 대해서는 시 · 도지사가 기간을 정하여 서면으로 시정할 것을 명하고, 그 기간에 이행하지 아니하면 이것을 취소하거나 정지할 수 있다(지방자치법 제188조 제1항). 주무부 장관은 지방자치단체의 사무에 관한 시장 · 군수 및 자치구의 구청장의 명령이나 처분이 법령에 위반되거나 현저히 부당하여 공익을 해치는데도 시 · 도지사가 시정명령을 하지 아니하면 시 · 도지사에게 기간을 정하여 시정명령을 하도록 명할 수 있다(지방자치법 제188조 제2항). 주무부 장관은 시 · 도지사가 정한 기간에 시정명령을 하지 아니하면 정한 기간이 지난 날부터 7일 이내에 직접 시장 · 군수 및 자치구의 구청장에게 기간을 정하여 서면으로 시정할 것을 명하고, 그 기간에 이행하지 아니하면 주무부 장관이 시장 · 군수 및 자치구의 구청장의 명령이나 처분을 취소하거나 정지할 수 있다(지방자치법 제188조 제3항). 주무부 장관은 시 · 도지사가 시장 · 군수 및 자치구의 구청장에게 시정명령을 하였으나 이를 이행하지 아니한 데 따른 취소 · 정지를 하지 아니하면 시 · 도지사에게 기간을 정하여 시장 · 군수 및 자치구의 구청장의 명령이나 처분을 취소하거나 정지할 것을 명하고, 그 기간에 이행하지 아니하면 주무부 장관이 이를 직접 취소하거나 정지할 수 있다(지방자치법 제188조 제4항). 이러한 자치사무에 관한 명령이나 처분에 대한 주무부 장관 또는 시 · 도지사의 시정명령, 취소 또는 정지는 법령을 위반한 것에 한정한다(지방자치법 제188조 제5항). 지방자치단체장은 이러한 자치사무에 관한 명령이나 처분의 취소 또는 정지에 대하여 이의가 있으면 그 취소처분 또는 정지처분을 통보받은 날부터 15일 이내에 대법원에 소를 제기할 수 있다(지방자치법 제188조 제6항). 이러한 소송은 국가기관인 주무부 장관이나 상급 자치단체가 주어진 권한 범위를 넘어 행위를 하여 지방자치단체의 자치권을 침해하였는지를 다투는 것이다. 그리고 이때 지방자치단체장은 지방자치단체의 일개 기관으로서 지방자치단체장의 고유한 지위를 다투는 것이 아니라 지방자치단체 대표로서 지방자치단체의 이익을 다투는 것이다. 따라서 이러한 소송은 권한쟁의심판의 요건을 충족한다. 그래서 지방자치단체는 대법원에 제소하는 것과는 별도로 헌법재판소에 권한쟁의심판을 청구할 수 있다. 따라서 대법원과 헌법재판소 사이에 관할권 경합이 발생할 수 있다. 이때 지방자치법 제188조 제6항이 헌법재판소의 권한쟁의 심판을 배제하는 취지라면 이것은 헌법 제111조 제1항 제4호에 어긋난다.

② 지방자치법 제189조의 소송(지방자치단체장에 대한 직무명령)

지방자치단체장이 법령에 따라 그 의무에 속하는 국가위임사무나 시 · 도위임사무의 관리와 집행을 명백히 게을리한다고 인정되면, 시 · 도에 대해서는 주무부 장관이, 시 · 군 및 자치구에 대해서는 시 · 도지사가 기간을 정하여 서면으로 이행할 사항을 명령할 수 있다(지방자치법 제189조 제1항). 주무부 장관이나 시 · 도지사는 해당 지방자치단체장이 정한 기간에 이행명령을 이행하지 아니하면 그 지방자치단체의 비용부담으로 대집행 또는 행정상 · 재정상 필요한 조치를 할 수 있다(지방자치법 제189조 제2항). 주무부 장관은 시장 · 군수 및 자치구의 구청장이 법령에 따라 그 의무에 속하는 국가위임사무의 관리와 집행을 명백히 게을리하고 있다고 인정되는데도 시 · 도지사가 이행명령을 하지 아니하면 시 · 도지사에게 기간을 정하여 이행명령을 하도록 명할 수 있다(지방자치법 제189조 제3항). 주무부 장관은 시 · 도지사가 정한 기간에 이행명령을 하지 아니하면 정한 기간이 지난 날부터 7일 이내에 직접 시장 · 군수 및 자치구의 구청장에게 기간을 정하여 이행명령을 하고, 그 기간에 이행하지 아니하면 주무부 장관이 직접 대집행 또는 행정상 · 재정상 필요한 조치를 할 수 있다(지방자치법 제189조 제4항). 주무부 장관은 시 · 도지사가 시장 · 군수 및 자치구의 구청장에게 이행명령을 하였으나 이를 이행하지 아니한데 따른 대집행 또는 행정상 · 재정상 필요한 조치를 하지 아니하면 시 · 도지사에게 기간을 정하여 대집행 또는 행정상 · 재정상 필요한 조치를 하도록 명하고, 그 기간에 대집행 또는 행정상 · 재정상 필요한 조치를 하지 아니하면 주무부 장관이 직접 대집행 또는 행정상 · 재정상 필요한 조치를 할 수 있다(지방자치법 제189조 제5항). 지방자치단체장은 이러한 이행명령에 이의가 있으면 이행명령서를 접수한 날부터 15일 이내에 대법원에 소를 제기할 수 있다. 이때 지방자치단체장은 이행명령 집행을 정지하게 하는 집행정지결정을 신청할 수 있다(지방자치법 제189조 제6항). 이러한 소는 지방자치단체의 고유 권한을 다투는 것이 아니라 지방자치단체장이 하위 기관의 지위에서 상급 감독기관을 상대로 제기하므로 기관소송의 성격이 있다. 헌법재판소는 국가사무로서 지방자치단체장에게 위임된 '기관위임사무'는 지방자치단체의 권한에 속하지 않으므로 지방자치단체가 그 집행권한의 유무와 범위에 관해서 다투는 권한쟁의심판 청구는 부적법하다고 한다(헌재 1999. 7. 22. 98헌라4).

③ 지방자치법 제5조 제9항의 소송

공유수면 매립지와 지적공부 등록 누락지 귀속 여부는 행정안전부 장관이 결정한다(지방자치법 제5조 제4항). 관계 지방자치단체장은 이러한 행정안전부 장관의 결정에 이의가 있으면 그 결과를 통보받은 날부터 15일 이내에 대법원에 소를 제기할 수 있다(지방자치법 제5조 제9항). 지방자치법 제5조 제9항의 명시적 규정이 있어도 공유수면 매립지와 지적공부 등록 누락지 귀속 문제는 지방자치단체의 관할구역에 관한 문제로서 이에 관한 행정안전부 장관 결정이나 다른 지방자치단체의 관할권 행사가 다른 지방자치단체의 자치권을 침해할 수 있다. 그리고 해상 어업면허나 공유수면 해상경계 등을 둘러싼 지방자치단체 사이의 분쟁은 여전히 헌법상이나 법률상 권한 문제에 해당한다. 따라서 지방자치단체의 관할 구역 결정을 둘러싼 이러한 다툼은 국가와 지방자치단체 사이의 권한쟁의로서 권한쟁의심판 대상이 된다. 그래서 지방자치법 제5조 제9항도 제169조 제2항과 같은 위헌 문제가 제기될 수 있다.

④ 지방자치법 제192조의 소송

지방의회 의결이 법령에 위반되거나 공익을 현저히 해친다고 판단되면 시 · 도에 대해서는 주무부 장관이, 시 · 군 및 자치구에 대해서는 시 · 도지사가 재의를 요구하게 할 수 있고, 재의 요구를 받은 지방자치단체장은 의결사항을 이송받은 날부터 20일 이내에 지방의회에 이유를 붙여 재의를 요구하여야 한다(지방자치법 제192조 제1항). 시 · 군 및 자치구의회의 의결이 법령에 위반된다고 판단되는데도 시 · 도지사가 재의를 요구하게 하지 아니하면 주무부 장관이 직접 시장 · 군수 및 자치구의 구청장에게 재의를 요구하게 할 수 있고, 재의 요구 지시를 받은 시장 · 군수 및 자치구의 구청장은 의결사항을 이송 받은 날부터 20일 이내에 지방의회에 이유를 붙여 재의를 요구하여야 한다(지방자치법 제192조 제2항). 이러한 요구에 대해서 재의한 결과 재적의원 과반수 출석과 출석의원 3분의 2 이상 찬성으로 전과 같은 의결을 하면 그 의결사항은 확정된다(지방자치법 제192조 제3항). 지방자치단체장은 이렇게 재의결된 사항이 법령에 위반된다고 판단되면 재의결된 날부터 20일 이내에 대법원에 소를 제기할 수 있다. 이때 필요하다고 인정되면 그 의결 집행을 정지하게 하는 집행정지결정을 신청할 수 있다(지방자치법 제192조 제4항). 주무부 장관이나 시 · 도지사는 재의결된 사항이 법령에 위반된다고 판단되는데도 해당 지방자치단체장이 소를 제기하지 아니하면 시 · 도에 대해서는 주무부 장관이, 시 · 군 및 자치구에 대해서는 시 · 도지사가 그 지방자치단체장에게 제소를 지시하거나 직접 제소 및 집행정지결정을 신청할 수 있다(지방자치법 제192조 제5항). 이러한 제소 지시는 재의결된 날부터 20일이 지난 날부터 7일 이내에 하고, 해당 지방자치단체장은 제소 지시를 받은 날부터 7일 이내에 제소하여야 한다(지방자치법 제192조 제6항). 주무부 장관이나 시 · 도지사는 이러한 기간이 지난 날부터 7일 이내에 직접 제소 및 집행정지결정을 신청할 수 있다(지방자치법 제192조 제7항). 지방의회 의결이 법령에 위반된다고 판단되어 주무부 장관이나 시 · 도지사에게서 재의 요구 지시를 받은 해당 지방자치단체장이 재의를 요구하지 아니하면(법령에 위반되는 지방의회 의결사항이 조례안인 때로서 재의 요구 지시를 받기 전에 그 조례안을 공포한 때 포함) 주무부 장관이나 시 · 도지사는 의결사항을 이송 받은 날부터 20일이 지난 날부터 7일 이내에 대법원에 직접 제소 및 집행정지 결정을 신청할 수 있다(지방자치법 제192조 제8항). 지방의회 의결이나 재의결된 사항이 둘 이상의 부처와 관련되거나 주무부 장관이 불분명하면 행정안전부 장관이 재의 요구 또는 제소를 지시하거나 직접 제소 및 집행정지 결정을 신청할 수 있다(지방자치법 제192조 제9항).

지방자치단체장이 대법원에 소를 제기하면, 지방의회 의결을 둘러싼 지방의회와 지방자치단체장 사이의 분쟁은 형식적으로 지방자치단체라는 같은 법주체 내부기관 사이의 기관소송으로 볼 수 있다. 그러나 여기서 지방자치단체장은 주무부 장관이나 시 · 도지사의 하급 기관 지위에서 주무부 장관이나 시 · 도지사를 위해서 활동한다. 여기서 분쟁은 지방의회에 대한 주무부 장관이나 시 · 도지사의 감독행위 범주 안에서 발생하므로 실질적으로 지방의회와 주무부 장관이나 시 · 도지사 사이의 다툼으로 볼 수 있다. 지방자치단체장이 소를 제기하지 않으면 주무부 장관이나 시 · 도지사가 직접 제소할 수 있으므로 이러한 점은 명확하게 드러난다. 그러나 지방의회는 지방자치단체가 아니라 지방자치단체의 기관에 불과하고, 지방자치단체의 기관을 일방 당사자로 하는 권한쟁의심판은 허용되지 않는다. 따라서 지방자치법 제192조의 소송과 권한쟁의심판 사이에는 관할 중복이 없다.

(4) 권한쟁의심판과 행정소송법상 항고소송 및 당사자 소송

헌법 제111조 제1항 제4호를 따라 헌법재판소가 관장하는 권한쟁의는 헌법뿐 아니라 법률이 부여한 권한 다툼도 포함된다(헌법재판소법 제62조 제1항 제2호). 현행 행정소송법상 법원은 항고소송과 당사자소송을 통해서 국가나 지방자치단체를 둘러싸고 발생하는 공법적 분쟁에 관해서 행정재판 관할권을 행사한다. 따라서 이러한 공법적 분쟁에 관해서는 헌법재판소의 권한쟁의심판권과 일반 법원의 행정재판권이 경합할 수 있고, 이때 양자의 판단이 상충할 수 있다.

Ⅳ. 권한쟁의심판절차

1. 심판 청구의 적법요건

(1) 당사자

① 당사자적격

'헌법과 법률에 따라서 부여받은 권한'이 있는 자만 그 권한의 침해를 다투며 권한쟁의심판을 청구할 수 있다. 침해당하였다고 주장하는 권한과 적절한 관련성이 있는 기관만 청구인적격이 있는 것으로서, 이것은 마치 헌법소원심판에서 기본권 침해의 자기관련성이 있는 사람만이 적법한 청구권자가 되는 것과 흡사하다. 처분이나 부작위를 한 기관으로서 법적 책임이 있는 기관만 피청구인적격이 있으므로, 심판 청구는 이 기관을 상대로 하여야 한다. 이러한 권한 관련성이 인정되는지는 청구인이 주장하는 바와 같은 권한이 헌법과 법률을 따를 때 과연 당사자에게 부여되는지 혹은 부여된 권한 범위 안에 포함되는지에 따라 판단하여야 할 것이다. 다만, 적법성 심사단계 판단이므로 추상적 권한질서의 틀에 비추어 보아 개연성이 있다고 인정되면 충분하다. 그리고 본안 판단과는 달리 권한의 유무나 범위에 관해서 구체적 · 종국적으로 판단할 필요는 없다.

지방자치단체에 위임된 기관위임사무는 국가사무이지, 지방자치단체의 권한에 속하지 아니하므로 지방자치단체가 그러한 사무에 관한 권한 침해를 다투는 심판 청구는 적법하지 않다(헌재 1999. 7. 22. 98헌라4). 그리고 조약의 체결 · 비준에 대한 동의권은 국회에 속하므로 국회의 조약 체결 · 비준에 대한 동의권이 침해되었음을 다투는 권한쟁의심판 청구에서 국회의원은 청구인적격이 없고(헌재 2007. 7. 26. 2005헌라8), '예산 외에 국가의 부담이 될 계약' 체결에 대한 동의권도 국회 권한이므로 국회의원은 청구인적격이 없다(헌재 2008. 1. 17. 2005헌라10). 또한, 지방자치단체의 의결기관인 지방의회를 구성하는 지방의회의원과 그 지방의회 대표자인 지방의회 의장 사이의 권한쟁의심판은 헌법재판소가 관장하는 지방자치단체 서로 간의 권한쟁의심판 범위에 속한다고 볼 수 없으므로 이들은 권한쟁의심판 사건의 당사자가 될 수 없음은 물론이고 당사자적격도 없고(헌재 2010. 4. 29. 2009헌라1), 부산지방해양수산청장은 해양수산부 장관 명을 받아 소관 사무를 통할하고 소속 공무원을 지휘 · 감독하는 자로서 항만에 관한 독자적인 권한이 없으므로 항만구역 명칭 결정에 관한 권한쟁의심판 당사자가 될 수 없고 당사자적격도 인정되지 않는다(헌재 2008. 3. 27. 2006헌라1). 한편, 국회부의장은 국회의장 직무를 대리하여 법률안을 가결선포할 수 있을 뿐이고, 법률안 가결선포행위에 따른 법적 책임을 지는 주체가 될 수 없으므로 피청구인적격이 인정되지 아니하고(헌재 2009. 10. 29. 2009헌라8등), 국회 상임위원회가 그 소관에 속하는 의안, 청원 등을 심사하는 권한은 법률이 부여한 위원회의 고유한 권한이므로, 국회 상임위원회 위원장이 위원회를 대표해서 의안을 심사하는 권한이 국회의장에게서 위임된 것임을 전제로 한 국회 상임위원회 의원들의 국회의장에 대한 권한쟁의심판 청구는 피청구인적격이 없는 자를 상대로 한 청구로서 부적법하다(헌재 2010. 12. 29. 2008헌라6등).

② 제3자 소송담당

교섭단체를 구성하지 못한 정당 소속의 국회의원 전원인 청구인들이 국회를 위해서 국회의 조약에 대한 체결 · 비준동의권한의 침해를 다투는 권한쟁의심판을 청구할 수 있는지가 문제 되는 사안에서 헌법재판소는 다수결의 원리와 의회주의의 본질, 남용 가능성을 들어 제3자 소송담당은 예외적으로 법률 규정이 있는 때만 인정된다고 보아 청구인적격을 부인하였다(헌재 2007. 7. 26. 2005헌라8). 이에 대해서는 제3자 소송담당은 의회 안 다수파의 정략적 묵인으로 대정부 견제라는 의회주의 본질이 훼손되는 상황에서 이것을 회복하려고 강구되는 것이므로 오히려 의회주의를 강화하는 수단이고, 권한쟁의심판은 헌법소원과 같이 일반 국민이 아니라 국민 대표자로서 헌법기관인 국회의원이나 이들로 구성되는 국회의 부분기관만 청구할 수 있는 소송유형일 뿐 아니라 제3자 소송담당 자격을 교섭단체나 그에 준하는 정도의 실체가 있는 의원 집단에 한해서 인정하면 더욱 남용 우려가 없다는 비판이 있다.

(2) 피청구인의 처분이나 부작위 존재

① 처분

권한쟁의심판 청구 대상인 '처분'은 법적 중요성을 지녀야 하고, 청구인의 법적 지위에 구체적으로 영향을 미칠 가능성이 있어야 한다. 그래서 청구인의 법적 지위에 구체적으로 영향을 미칠 가능성이 없는 행위는 권한쟁의심판 청구 대상이 되는 '처분'이라고 할 수 없다(헌재 2005. 12. 22. 2004헌라3). 단순한 업무협조 요청이나 견해 표명, 상호 협력 차원에서 조언 · 권고한 것은 법적 구속력이 없어서 권한쟁의심판 대상이 되는 처분이 아니다(헌재 2018. 7. 26. 2015헌라4). 권한쟁의심판 대상이 되는 처분은 입법행위와 같은 법률 제정과 관련한 권한 존부와 행사상 다툼, 행정처분은 물론 행정입법과 같은 모든 행정작용 그리고 법원의 재판과 사법행정작용 등을 아우르는 넓은 뜻의 공권력 처분을 가리킨다(헌재 2006. 5. 25. 2005헌라4).

'처분'에는 개별적 행위뿐 아니라 일반적 규범 정립까지도 포함된다. 입법 영역에서 처분은 법률 제정과 관련된 행위[예를 들어 국회의장의 법률안가결선포행위(헌재 1997. 7. 16. 96헌라2)], 법률제 · 개정행위(헌재 2005. 12. 22. 2004헌라3), 국회의장의 국회상임위원 사 · 보임 결재행위(헌재 2003. 10. 30. 2002헌라1), 국회 상임위원회 위원장이 자유무역협정 비준동의안을 상임위원회 전체회의에 상정한 행위와 이 동의안을 법안심사소위원회에 회부한 행위(헌재 2010. 12. 28. 2008헌라7등) 등을 포함한다. 행정 영역에서 처분은 행정소송법에서 정하는 처분 개념보다 넓어 법규제 · 개정행위(대통령령 제정행위에 대한 헌재 2002. 10. 31. 2001헌라1; 조례개정행위에 대한 헌재 2004. 9. 23. 2003헌라3)와 개별적 행정행위를 포함한다. 사실행위나 내부적인 행위도 청구인의 권한에 부정적인 영향을 주어 법적으로 문제가 되면 권한쟁의심판 대상이 되는 처분에 해당한다(헌재 2006. 3. 30. 2003헌라2). 건설교통부 장관의 고속철도역 명칭 결정행위(헌재 2006. 3. 30. 2003헌라2), 감사원의 지방자치단체를 상대로 한 감사행위(헌재 2008. 5. 29. 2005헌라3) 등은 이러한 처분에 해당한다. 그러나 정부의 법률안 제출행위(헌재 2005. 12. 22. 2004헌라3), 행정자치부 장관이 지방자치단체에 한 단순한 업무협조 요청, 업무연락, 견해표명행위(헌재 2006. 3. 30. 2005헌라1), 지방선거관리위원회의 지방의회에 대한 지방선거 비용 예산 편성 통보행위(헌재 2008. 6. 26. 2005헌라7) 등은 '처분'이라고 할 수 없다.

장래처분을 대상으로 하는 심판 청구는 원칙적으로 허용되지 않는다. 그러나 헌법재판소는 장래처분이 확실히 예정되고, 장래처분이 권한을 침해할 위험성이 있어서 사전에 보호해 주어야 할 필요성이 매우 큰 예외적인 때에는 장래처분에 대해서도 권한쟁의심판을 청구할 수 있다고 한다(헌재 2004. 9. 23. 2000헌라2).

처분 개념을 넓게 보아서 법률 내용을 다투는 권한쟁의심판을 인정하여야 한다. 법률의 제 · 개정절차에는 국회뿐 아니라 정부와 대통령이 관여한다. 그러나 심의 · 의결이 법률 제 · 개정절차의 핵심이고, 대통령의 공포는 형식적 확인절차에 불과하며 대통령의 재의 요구는 국회의 최종 의결 앞에 무력하다는 점에서 법률 내용을 다투는 권한쟁의심판에서 피청구인은 국회이다. 위헌법률심판 및 법률에 대한 헌법소원심판과 구별할 필요가 있고, 피청구인을 국회로 보는 점에 비추어 법률 내용을 다투는 권한쟁의심판에서 심판 대상은 법률 자체가 아니라 법률 제 · 개정행위이다(헌재 2006. 5. 25. 2005헌라4).

② 부작위

부작위는 단순한 사실상 부작위가 아니고 헌법상 또는 법률상 작위의무가 있는데도 이것을 이행하지 아니하는 것을 말한다(헌재 1998. 7. 14. 98헌라3). 따라서 지방자치단체의 관할구역을 정하는 법률 제정으로 관할이 변경되었는데도 변경 전 지방자치단체가 관할이 변경된 지역에 관한 사무 및 재산의 인계를 하지 아니한 부작위는 권한쟁의심판 청구 대상이 된다(헌재 2006. 8. 31. 2004헌라2). 그러나 국회의장이 국회의 자율권 범위 안이라고 보이는 국무총리 임명동의안에 대한 국회의원들의 투표결과를 선포하지 아니한 부작위(헌재 1998. 7. 14. 98헌라3)와 국회 상임위원회 의안 심사와 관련하여 국회의장이 회의의 원만한 진행을 위한 질서유지조치를 취하지 않은 부작위(헌재 2010. 12. 28. 2008헌라6등)는 작위의무가 인정되지 않아 권한쟁의심판 대상이 되지 않는다.

(3) '권한의 침해 또는 현저한 침해위험'의 가능성

권한쟁의심판에서 다툼 대상이 되는 '권한'이란 헌법이나 법률이 특정한 국가기관(지방자치단체 포함)에 부여한 독자적인 권능을 뜻한다. 따라서 국가기관 행위라도 헌법과 법률에 따라서 그 국가기관에 부여된 독자적인 권능을 행사하는 때가 아니면, 비록 국가기관 행위가 제한을 받더라도 권한쟁의심판에서 말하는 권한이 침해될 가능성은 없다(헌재 2010. 7. 29. 2010헌라1). 그리고 일반적인 권한이 있더라도 권한을 행사할 기간이 정해져 있다면 그 권한은 기간 경과 후 소멸하므로, 그 기간 경과 이후에는 해당 권한에 대한 침해가 발생할 수 없다(헌재 2013. 9. 26. 2012헌라1).

'침해'란 피청구인의 위헌 또는 위법한 행위(작위나 부작위)로 말미암아 청구인의 권한이 박탈당하거나 권한 일부가 잠식당하거나 권한 행사에 중대한 장애가 발생하는 것 등 청구인의 권한법질서상 지위가 불리해지는 때를 말한다. '권한의 침해'는 과거에 발생하였거나 현재까지 지속하는 때를 말한다. '현저한 침해위험'은 매우 급하게 조만간 권한침해에 이르게 될 개연성이 현저히 높은 상황을 이른다(헌재 2006. 5. 25. 2005헌라4). 국가기관의 부작위에서는 권한 침해 위험이 일어나지 않음이 원칙이다.

국가기관의 '헌법상 권한'은 헌법이 직접 부여한 권한이므로, 국회의 입법행위를 비롯한 다양한 국가기관의 작위 또는 부작위로 침해될 수 있다. 그러나 국가기관의 '법률상 권한'은, 다양한 국가기관의 작위 또는 부작위로 침해될 가능성이 있음은 별론으로 하고, 국회 입법행위로는 침해될 수 없다. 국가기관의 헌법상 권한이 아닌 법률상 권한은, 헌법이 부여한 권한이 아니라 국회의 구체적인 입법행위로 비로소 그 내용과 범위가 형성되어 부여되는 것이기 때문이다(헌재 2023. 3. 23. 2022헌라4).

적법요건 단계에서 '침해' 요건은 청구인의 권한이 구체적으로 관련되어 침해 가능성이 있다고 인정되면 충족된다. 권한 침해가 실제로 있고 위헌이거나 위법인지는 본안결정에서 판단한다(헌재 2006. 5. 25. 2005헌라4).

법률안은 국회 의결로 성립하였다고 침해의 현저한 위험이 있는 것이 아니라 대통령이 공포하고 나서 비로소 침해 관련성이 인정된다. 그리고 피청구인의 행위가 청구인을 직접 대상으로 이루어지지 않았더라도 청구인 고유의 법적 지위가 영향을 받으면 침해 관련성이 인정된다.

국가기관 서로 간에 권한의 침해나 그 위험이 있는 때로는 헌법상 또는 법률상 수권규정과는 달리, 한 국가기관이 월권함으로써 다른 국가기관의 권한을 침범하여 잠식하는 때, 한 국가기관이 다른 국가기관의 정당한 권한 행사를 방해하는 때, 입법을 통해서 집행부나 법원의 권한 일부를 삭제하는 때처럼 국가기관의 권한 행사로 말미암아 다른 국가기관의 권한이 박탈당하는 때 등이 있을 수 있다.

헌법재판소는, 국가정책에 참고하기 위해서 행정안전부 장관 요구에 따라 실시되는 주민투표법 제8조의 주민투표 실시와 관련하여 이것을 요구받지 않은 지방자치단체에는 주민투표 실시에 관한 권한이 발생하였다고 볼 수 없으므로 그 권한 침해 여지가 없고(헌재 2005. 12. 12. 2005헌라5), 국회의원의 심의 · 표결권은 국회의 대내적인 관계에서 행사되고 침해될 수 있을 뿐이지 다른 국가기관과 맺는 대외적인 관계에서는 침해될 수 없는 것이므로, 대통령이 국회 동의 없이 조약을 체결 · 비준하였더라도 국회의원인 청구인들의 심의 · 표결권이 침해될 가능성은 없다고 하였다(헌재 2007. 7. 26. 2005헌라8). 그리고 특정한 정보를 인터넷 홈페이지에 게시하거나 언론에 알리는 것과 같은 행위는 헌법과 법률이 특별히 국회의원에게 부여한 독자적인 권능이라고 할 수 없으므로 법원이 국회의원인 청구인에게 교원노조에 가입한 교원들 명단을 인터넷 등에 공개하여서는 안 된다는 가처분 결정과 그 위반에 대한 간접강제 결정을 하였더라도 이것이 국회의원 권한을 침해할 가능성이 있다고 볼 수 없고(헌재 2010. 7. 29. 2010헌라1), 교육과학기술부 장관의 수도권 사립대학 정원규제도 지방자치단체 사무가 아닌 국가사무이므로 지방자치단체 권한을 침해하거나 침해할 현저한 위험이 있다고 볼 수 없다고 하였다(헌재 2012. 7. 26. 2010헌라3). 그러나 헌법재판소는 종래 지방세에 속하던 부동산 보유세를 국세로 전환하는 내용의 법률제정행위에 대해서, 이러한 행위는 지방자치단체의 자치재정권을 침해할 가능성이 있으므로 권한 침해 가능성 요건이 충족되었다고 보았다(헌재 2006. 5. 25. 2005헌라4).

(4) 청구기간

권한쟁의심판은 그 사유가 있음을 '안 날'부터 60일 이내, 그 사유가 '있은 날'부터 180일 이내에 청구하여야 한다(헌법재판소법 제63조 제1항). 권한쟁의심판에서 '그 사유가 있음을 안 날'은 다른 국가기관 등의 처분을 통해서 자신의 권한이 침해되었다는 사실을 특정할 수 있을 정도로 현실적으로 인식하고 이것에 대해서 심판 청구를 할 수 있게 된 때를 말하고, 그 처분 내용이 확정적으로 변경될 수 없게 된 것까지를 필요로 하는 것은 아니다(헌재 2007. 3. 29. 2006헌라7). 권한 침해 사유가 '있은 날'은 다른 국가기관 등의 처분 등에 따라서 권한 침해가 발생한 날을 말한다.

헌법재판소는 중앙행정기관이 지방자치단체에 '업무처리요령'을 일방적으로 통보함으로써 자치권한 침해 여부가 다투어진 사건에서, 통보받은 무렵부터 권한 침해 사유가 있음을 알았다고 보았다(헌재 2001. 10. 25. 2000헌라3). 이와는 달리 감사원의 지방자치단체에 대한 감사가 문제 된 사안에서는, 권한쟁의심판 청구의 적법요건 단계에서 요구되는 권한 침해 요건은 청구인의 권한이 구체적으로 관련되어 이에 대한 침해 가능성이 있으면 충족되는 것이라는 이유를 들어 감사 통보의 날이 아니라 실제 감사가 이루어진 날을 기준으로 청구기간을 계산한 바 있다(헌재 2009. 5. 28. 2006헌라6). 한편, 국회의 법률 제정행위에 대한 권한쟁의심판 청구기간 기산점은 법률이 공포되거나 이와 유사한 방법으로 일반에게 알려진 것으로 간주된 때를 기준으로 한다(헌재 2006. 5. 25. 2005헌라4). 그리고 시행령 개정이 지방자치단체의 권한을 둘러싼 분쟁의 계기가 되었다면 개정된 시행령의 시행일을 기준으로 청구기간을 계산한다. 헌법재판소는 지방자치단체의 관할구역 변경에 관한 시행령 개정행위를 다투는 권한쟁의 사건에서 개정 시행령이 시행된 날부터 청구기간을 계산하였다(헌재 2010. 6. 24. 2005헌라9등). 법률 개정행위와 관련하여 수차례 개정이 있었던 때는 실제 청구인에게 적용된 법률 개정을 기준으로 청구기간을 계산한다. 예를 들어 지방자치권을 침해할 가능성이 있는 공직선거법 조항이 수차례 개정되었다면 청구기간 기산점은 실제 청구인에게 적용된 공직선거법 개정이 기준이 된다(헌재 2008. 6. 26. 2005헌라7). 법령이 시행되고 나서 비로소 권한 침해가 발생하면 권한 침해가 발생한 시점을 기산점으로 청구기간을 계산한다.

처분에서는 처분행위가 있으면 권한침해행위는 종료하고 그 위법상태가 계속될 수 있다. 하지만 부작위에서는 부작위가 계속되는 한 권한 침해가 계속된다. 따라서 부작위에 대한 권한쟁의심판은 그 부작위가 계속되는 한 기간 제약 없이 적법하게 청구할 수 있다(헌재 2006. 8. 31. 2004헌라2). 장래처분에 따른 권한 침해를 다투는 심판 청구가 예외적으로 허용되면 장래처분이 내려지지 않은 상태이므로 청구기간 제한이 없다(헌재 2004. 9. 23. 2000헌라2).

청구기간은 불변기간이므로(헌법재판소법 제63조 제2항), 헌법재판소는 이것을 늘이거나 줄일 수 없다. 그러나 주소나 거소가 멀리 떨어진 곳에 있는 사람을 위해서 부가기간을 정할 수 있다(헌법재판소법 제40조, 민사소송법 제172조 제1항 단서, 제2항). 청구인이 책임질 수 없는 사유로 말미암아 불변기간을 지킬 수 없으면 그 사유가 없어진 날부터 2주일 안에 게을리 한 소송행위를 보완할 수 있다(헌법재판소법 제40조, 민사소송법 제173조 제1항). 불변기간 준수 여부는 헌법재판소의 직권조사사항에 해당한다.

권한쟁의심판 청구 후 청구취지 변경이 이루어지면 청구기간 준수 여부는 청구취지 변경 신청서가 제출된 시점을 기준으로 판단한다(헌재 2010. 6. 24. 2005헌라9등). 권한쟁의심판 사건에서도 청구기간 도과에 정당한 사유가 있으면 청구기간 도과 후 심판 청구가 이루어지더라도 적법한 청구로 받아들여질 것이다. '정당한 사유'는 청구기간이 경과된 원인 등 여러 가지 사정을 종합하여 지연된 심판 청구를 허용하는 것이 사회통념상 상당한 경우를 뜻한다(헌재 2007. 3. 29. 2006헌라7).

(5) 심판 청구 이익

권한쟁의심판은 비록 객관소송이더라도 국가기관과 지방자치단체 사이의 권한쟁의로써 해결하여야 할 구체적인 보호이익이 있어야 하고, 그 청구인에 대한 권한 침해 상태가 이미 종료되면 심판 청구 이익이 없으므로 이에 관한 권한쟁의심판 청구는 부적법하다(헌재 2011. 8. 30. 2010헌라4). 그리고 청구인이 심판 청구를 통해서 구하고자 하는 권한 보호 목적을 헌법재판소의 심판절차 없이도 달성할 수 있으면 예외적으로 심판 청구 이익은 부정될 수 있다. 다만, 청구인에 대한 권한 침해 상태가 이미 종료하여 심판 청구 이익을 인정할 수 없더라도, 같은 유형의 침해행위가 앞으로도 계속 반복될 위험이 있고, 헌법질서의 수호 · 유지를 위해서 그에 대한 헌법적 해명이 긴요한 사항에 대해서는 심판 청구 이익을 인정할 수 있다(헌재 2003. 10. 30. 2002헌라1).

헌법재판소는 국회 상임위원회 위원에 대한 국회의장의 사 · 보임행위와 관련하여 국회의원이 청구한 권한쟁의심판 사건에서, 청구인이 권한쟁의심판 청구를 통해서 달성하고자 하는 목적은 이미 이루었지만, 상임위원회 위원의 개선행위를 국회법의 근거 아래 국회관행상 빈번하게 하고, 그 과정에서 해당 위원 의사에 반하는 사 · 보임이 이루어지는 때도 얼마든지 예상할 수 있으므로 이는 청구인에게뿐 아니라 일반적으로도 다시 반복될 수 있는 사안이어서 헌법적 해명 필요성이 있다고 한 바 있다(헌재 2003. 10. 30. 2002헌라1). 그리고 행정안전부 장관의 서울시에 대한 합동감사 실시와 관련하여서도, 합동감사는 이미 끝나 권한 침해 상태가 종료되었지만, 같은 유형의 침해행위가 앞으로도 반복될 위험이 있고 중앙행정기관장의 자치단체에 대한 자치사무 감사권 존부, 감사범위, 감사 방법 등에 관하여는 헌법적 해명이 긴요하다고 하여 심판 청구 이익을 인정한 바 있다(헌재 2009. 5. 28. 2006헌라6). 다만, 전라북도교육감의 자율형사립고 지정 · 고시 처분 취소에 대해서 교육과학기술부 장관이 이를 취소하라는 취지의 시정명령을 한 것에 관한 권한 다툼에서는, 학교법인이 전라북도교육감을 상대로 제기한 소에서 자율형사립고 지정 등 취소처분 취소를 명하는 판결이 확정되어 지정 등 취소처분의 효력이 소멸되었으므로 이를 시정대상으로 하던 교육과학기술부 장관의 시정명령도 그 효력을 상실하였다고 할 것인바, 그 권한 침해 상태는 이미 종료되었고, 이 사건과 같은 경우가 반복될 것이라고 예상하기는 어렵다는 이유로 심판 청구 이익을 인정하지 않았다(헌재 2011. 8. 30. 2010헌라4).

2. 심판청구서

(1) 심판청구서 제출

권한쟁의심판청구서는 헌법재판소에 직접 지참하여 제출하거나 우송의 방법으로 제출할 수 있다(헌법재판소법 제26조 제1항). 청구서는 전자문서로도 제출할 수 있다(헌법재판소법 제76조). 다만, 우송에서는 청구기간을 계산할 때 실제로 헌법재판소에 도달될 날짜를 기준으로 한다. 헌법재판소에 청구서를 제출할 때는 9통의 심판용 부본을 함께 제출하여야 하고, 이때 송달용 부본은 따로 제출하여야 한다('헌법재판소 심판 규칙' 제9조).

(2) 심판청구서 기재사항

헌법재판소에 권한쟁의심판을 청구할 때 심판청구서에는 다음과 같은 사항을 기재하여야 한다(헌법재판소법 제64조).

① 청구인이나 청구인이 속한 기관과 심판수행자나 대리인 표시

청구인이나 청구인이 속한 기관 표시란 청구인이나 청구인이 속한 기관의 명칭, 대표자 성명 등의 기재를 뜻한다. 심판수행자나 대리인 표시란 헌법재판소법 제25조 제2항을 따라 선임된 변호사인 대리인의 성명, 주소(사무소) 기재를 뜻하고, 변호사 자격이 있

는 소속 직원이 심판을 수행하면 그 성명, 직위 기재를 뜻한다. 이때 대리인 선임을 증명하는 위임장을 첨부하여야 한다.

② 피청구인 표시

청구인의 상대방인 피청구인의 명칭, 대표자 성명 등을 표시하여야 한다. 청구인이 피청구인을 잘못 지정하면 청구인 신청에 따라서 결정으로써 피청구인 경정을 허가할 수 있다(헌법재판소법 제40조 제1항, 행정소송법 제14조). 헌법재판소는 피청구인 '정부'를 '정부 및 국회'로(헌재 2005. 12. 22. 2004헌라3), 피청구인 '대한민국 정부'를 '대통령'으로(헌재 2007. 7. 26. 2005헌라8), 피청구인 '대한민국 정부'를 '1. 해양수산부장관, 2. 부산지방해양수산청장'으로(헌재 2008. 3. 27. 2006헌라1) 경정을 허가한 바 있다.

③ 심판 대상이 되는 피청구인의 처분이나 부작위

피청구인의 처분이나 부작위의 내용 등을 특정하여 기재하여야 한다.

④ 청구 이유

'청구 이유'에서는 청구인과 피청구인의 권한분배를 다루는 헌법과 법률의 규정을 들어 권한의 소재와 범위를 설명하고, 문제가 되는 권한의 유무나 범위에 관한 다툼이 발생하게 된 경위와 피청구인의 처분이나 부작위를 통하여 헌법과 법률에 따라서 청구인에게 부여된 특정한 권한이 침해받았거나 침해받을 현저한 위험이 있다는 이유와 함께 피청구인의 처분 등이 헌법이나 법률에 위배되어 취소나 무효 확인을 구하는 이유를 기재한다.

⑤ 청구취지

헌법재판소법 제64조는 청구취지를 필요적 기재사항으로 규정하지 않는다. 하지만 실무상으로는 권한쟁의심판을 통해서 달성하려는 목적을 압축적으로 표현하는 청구취지를 기재하는 것이 통상적이다. 청구취지는 권한쟁의심판 대상을 특정하는 의미가 있다. 그리고 청구취지는 인용결정 주문에 대응하는 형태로 기재된다.

(ⅰ) 권한의 유무나 범위 확인

심판 대상이 된 국가기관이나 지방자치단체의 권한의 유무나 범위 확인을 구하는 것이 기본적인 청구취지로 된다(헌법재판소법 제66조 제1항). 실무상으로는 피청구인의 처분이나 부작위를 통해서 청구인의 권한이 침해되었음의 확인을 구하는 사례가 많은데(예를 들어 헌재 1997. 7. 16. 96헌라2), 이러한 청구에서도 '권한의 유무나 범위'에 대한 확인을 구하는 청구취지가 내포된다고 볼 것이다. 한편, 여기 '권한의 유무 또는 범위'의 의미를 '권한 행사'와 구별할 수도 있다. 그러나 권한 행사를 배제할 특별한 이유가 없어서 피청구인의 권한 행사가 권한 침해임을 다투는 권한쟁의심판 청구도 가능하다.

(ⅱ) 처분의 취소나 무효 확인

청구인의 권한이 이미 침해되면 나아가 피청구인 처분의 취소나 무효 확인을 구할 수 있다(헌법재판소법 제66조 제2항). 예를 들어 지방자치단체의 관할구역을 정하는 법률 제정으로 경상남도 진해시 일부 지역이 부산광역시 강서구 관할로 변경되었는데도, 진해시가 해당 지역에 관한 사무와 재산 인계를 하지 아니하고 오히려 이 지역 도로를 점용하는 청구외인에게 도로점용료를 부과한 것에 대해서, 강서구가 진해시를 상대로 관할구역 변경에 따른 사무 등 인계를 하지 않은 부작위의 위법 확인과 점용료 부과처분 취소를 구하는 권한쟁의심판을 청구한 사례가 있다(헌재 2006. 8. 31. 2004헌라2). 그리고 법률안 등의 상정에서 심의 · 의결에 이르기까지 국회의장이 한 일련의 행위가 국회의원의 심의 · 표결권을 침해함과 아울러 이러한 권한 침해를 통해서 이루어진 법률안 가결선포행위는 무효임을 구하는 권한쟁의심판 사건도 있었다(헌재 2009. 10. 29. 2009헌라8등).

⑥ 그 밖에 필요한 사항

그 밖에 필요한 사항에는 청구기간 준수 여부 등을 기재한다. 권한쟁의심판서에는 필요한 증거서류나 참고서류를 첨부할 수 있다(헌법재판소법 제26조 제2항).

3. 권한쟁의심판 청구 통지

권한쟁의심판이 청구되면 헌법재판소장은 법무부 장관, 지방자치단체를 당사자로 하면 행정안전부 장관(다만, 헌법재판소법 제62조 제2항에 따른 교육 · 학예에 관한 지방자치단체의 사무에 관한 것이면 행정안전부 장관과 교육부 장관), 시 · 군 · 자치구를 당사자로 하면 그 지방자치단체가 소속된 특별시 · 광역시나 도(특별자치도 포함), 그 밖에 권한쟁의심판에 이해관계가 있다고 인정되는 국가기관이나 지방자치단체에 그 사실을 바로 통지하여야 한다('헌법재판소 심판 규칙' 제67조).

4. 변론주의

헌법재판소는 권한쟁의사건을 심리하려면 구두변론을 거쳐야 한다(헌법재판소법 제30조 제1항). 재판부가 변론을 열면 기일을 정하고 당사자와 관계인을 소환(출석 요구)하여야 한다(헌법재판소법 제30조 제3항). 부적법한 권한쟁의심판 청구로서 그 흠을 보정할 수 없으면 민사소송법 제219조의 규정을 준용하여 변론 없이 결정으로 심판 청구를 각하할 수 있다(헌법재판소법 제40조)(헌재 2010. 4. 29. 2009헌라11).

5. 소송참가

권한쟁의심판은 청구인과 피청구인이 대립하는 대심적 구조를 취한다. 하지만 그에 대한 헌법재판소 결정은 그 절차 당사자 사이의 권한관계뿐 아니라 헌법상 권한질서 전반에 영향을 미칠 수 있고, 모든 국가기관과 지방자치단체를 기속하는 효력이 있다. 그러므로 다른 이해관계 있는 국가기관이나 지방자치단체가 그 절차에 참여할 기회를 마련할 필요가 있다(헌재 2009. 10. 29. 2009헌라8등). 이때 헌법재판소의 권한쟁의심판절차에 참가할 수 있는 자는 그 결과에 따른 권한관계 확정으로 영향을 받게 될 국가기관 등이 될 것이다. 그러나 제3자는 쟁의당사자 일방(피참가인)을 위해서만 소송참가할 수 있고, 쟁의절차에 참가한 제3자는 독립한 당사자가 되는 것은 아니다. 현행법상 헌법재판소의 권한쟁의심판에 소송참가를 할 수 있는지와 그 구체적 절차에 관해서는 행정소송법과 민사소송법이 준용된다(헌법재판소법 제40조 제1항, 행정소송법 제17조). 헌법재판소는 다른 국가기관이나 공법인을 소송에 참가시킬 필요가 있다고 인정하면 당사자의 신청이나 직권에 따른 결정으로 그 제3자를 권한쟁의심판에 참가시킬 수 있다(행정소송법 제17조 제1항). 헌법재판소는 권한쟁의사건이 접수되면 이러한 소송참가 기회를 부여하기 위해서 참가할 이익이 있다고 생각되는 국가기관이나 지방자치단체에 권한쟁의심판이 청구된 사실을 알려줄 수 있다. 헌법재판소가 참가 허락 여부에 관한 결정을 하고자 하면 당사자 의견을 들어야 한다(행정소송법 제17조 제2항). 헌법재판소 결정에 따라 권한쟁의심판에 참가한 자는 심판에 관해서 공격, 방어, 이의, 그 밖의 모든 소송행위를 할 수 있다. 다만, 참가할 때의 소송 진행 정도에 따라 할 수 없는 소송행위는 그러하지 아니하다. 참가인의 소송행위가 피참가인의 소송행위에 어긋나면 그 참가인의 소송행위는 효력이 없다(행정소송법 제17조 제3항, 민사소송법 제76조).

6. 가처분

헌법재판소는 직권이나 청구인 신청에 따라서 종국결정을 선고할 때까지 심판 대상이 된 피청구기관 처분의 효력을 정지하는 결정을 할 수 있다(헌법재판소법 제65조). 가처분 결정을 할 때 행정소송법이나 민사소송법의 가처분 관련 규정이 준용되므로 권한쟁의심판에서 가처분 결정은 피청구기관의 처분 등이나 그 집행 또는 절차의 속행으로 말미암아 생길 회복하기 어려운 손해를 예방할 필요가 있거나 그 밖에 공공복리상 중대한 사유가 있어야 하고, 그 처분의 효력을 정지시켜야 할 긴급한 필요가 있어야 한다(헌재 1999. 3. 25. 98헌사98).

헌법재판소는 성남시와 경기도 사이의 권한쟁의사건에서 피청구인 경기도지사 처분의 효력을 정지하는 가처분 결정을 내린 바 있다(헌재 1999. 3. 25. 98헌사98). 한편, 헌법재판소가 처분의 효력을 정지하는 결정만을 할 수 있다고 하여서는 가처분제도의 실효성을 발휘할 수 없다. 헌법재판소법 제65조는 가장 대표적인 가처분 결정의 내용을 예시한 것으로 해석하여야 하여 가처분 신청 목적을 달성하는 데 필요한 그 밖의 다른 내용의 결정도 할 수 있다고 보아야 한다. 헌법재판소법 제40조를 따라서 행정소송법상 집행정지제도와 민사소송의 가처분제도가 준용될 수 있기 때문이다.

V. 권한쟁의심판의 결정과 그 효력

1. 심판결정정족수

헌법재판소는 권한쟁의심판사건을 9명 재판관으로 구성되는 재판부(헌법재판소법 제22조 제1항)에서 재판관 7명 이상 출석으로 심리한다(헌법재판소법 제23조 제1항). 재판부는 종국심리에 관여한 재판관 과반수 찬성으로 권한쟁의심판사건에 관한 결정을 한다(헌법재판소법 제23조 제2항).

2. 결정의 내용과 결정주문

헌법재판소는 심판 대상이 된 국가기관이나 지방자치단체의 권한의 유무나 범위를 판단하고(헌법재판소법 제66조 제1항), 나아가 권한 침해 원인이 된 피청구인의 처분을 취소하거나 그 무효를 확인할 수 있고, 헌법재판소가 부작위에 대한 심판 청구를 인용하는 결정을 하면 피청구인은 결정취지에 따른 처분을 하여야 한다(헌법재판소법 제66조 제2항). 이처럼 권한쟁의심판에서는 2단계의 판단과 그에 따른 결정을 할 수 있다.

(1) 권한의 유무나 범위 확인

헌법재판소법 제66조 제1항에 따라서 헌법재판소는 심판 대상이 된 국가기관이나 지방자치단체 권한의 유무나 범위를 판단한다. 여기서 헌법재판소는 관련된 헌법이나 법률을 해석하여 관련 기관에 권한이 있는지와 그 권한의 범위를 확정한다. 이 부분은 권한쟁의심판에서 핵심을 이루는 심판 대상인 동시에 결정의 필수적 주문 부분을 이루게 된다. 이 부분 헌법재판소 판단은 객관소송의 특성 때문에 청구인의 청구취지에 구애됨 없이 객관적 권한질서에 따라 다투는 권한이 청구인과 피청구인 어디에 소재하는지를 판단하게 된다. 헌법재판소법 제66조 제1항 문언에 충실하자면 주문은 "○○에 관한 권한은 청구인(피청구인)에게 존재한다(또는 존재하지 아니한다)."와 같은 형태로 표시될 것이다.

헌법재판소는 제방, 도로 등의 관할권한 귀속에 관해서 지방자치단체 서로 간에 권한분쟁이 발생하여 청구된 사건을 인용하면서 문제가 된 관할권한이 청구인에게 있음을 직접 확인하는 결정을 하였다(헌재 2004. 9. 23. 2000헌라2). 예를 들어 "동경 126° 38', 북위 33° 55'에 위치한 섬에 대한 관할권한이 청구인에게 있음을 확인한다."(헌재 2008. 12. 26. 2005헌라11)나 "부산 신항만 내……조성된 공유수면 매립지 ○○㎡ 중……의 각 점을 순차 연결한 △△에 대한 관할권한은 청구인에 있고, □□에 대한 관할권한은 피청구인에 있음을 확인한다."(헌재 2010. 6. 24. 2005헌라9등)와 같은 주문형태이다.

그러나 권한쟁의심판사건에서는 주로, 일정한 권한사항 소재가 청구인이나 피청구인 중의 누구에게 귀속하는지에 관한 다툼이 아니라 청구인이나 피청구인의 권한 그 자체에 관해서는 다툼이 없고 단지 피청구인의 권한 행사가 헌법이나 법률에 위반되므로 청구인의 권한이 침해되었는지가 쟁점이 될 것이다. 이때 심판 청구가 이유 있는 것으로 인정된다면, 결정 주문은 결국 '청구인에게는 헌법(또는 법률)에 따라서 부여된 ○○권한이 있다.'라는 내용과 '청구인의 이러한 권한이 피청구인의 행위로 말미암아 침해되었다.'라는 내용을 결합하여 "피청구인의 처분(또는 부작위)이 헌법(또는 법률)에 따라서 부여된 청구인의 ○○권한을 침해한 것이다."라는 형태로 표시하게 된다.

헌법재판소는 피청구인이 1996. 12. 26. 06:00경 제182회 임시회 제1차 본회의를 개의하고 국가안전기획부법중개정법률안……을 상정하여 가결선포한 것은 청구인들의 법률안 심의 · 표결의 권한을 침해한 것이라는 주문을 낸 바 있고(헌재 1997. 7. 16. 96헌라2), 피청구인이 1998. 4. 16. 경기도고시 제1998-142호로 행한 ……에 대한 도시계획사업시행자지정처분은 도시계획법 제23조 제5항에 의한 청구인의 권한을 침해한 것이라는 주문을 낸 바 있다(헌재 1999. 7. 22. 98헌라4). 그리고 피청구인이 2006. 9. 14.부터 2006. 9. 29.까지 청구인의 자치사무에 대해서 실시한 정부합동감사는 헌법 및 지방자치법에 따라서 부여된 청구인의 지방자치권을 침해한 것이라든지(헌재 2009. 5. 28. 2006헌라6), 피청구인 국회 외교통상통일위원회 위원장이 외교통상통일위원회 회의실 출입문을 폐쇄한 상태로 외교통상통일위원회 전체회의를 개의하여 '대한민국과 미합중국 간의 자유무역협정' 비준동의안을 상정한 행위 및 위 비준동의안을 법안심사소위원회로 회부한 행위는 청구인들의 위 비준동의안 심의권을 침해한 것이다(헌재 2010. 12. 28. 2008헌라6등)와 같은 형태의 주문도 있다. 한편 청구인의 권한 침해가 인정되지 않아 심판 청구가 이유 없는 것으로 판명된다면, "이 사건 심판 청구를 기각한다."라는 일반적 주문형태를 취하게 된다(헌재 1998. 8. 27. 96헌라1).

(2) 처분의 취소나 무효 확인

헌법재판소는 권한 침해 원인이 된 피청구인의 처분을 취소하는 결정이나 처분의 무효를 확인하는 결정을 내릴 수 있다(헌법재판소법 제66조 제2항). '권한의 유무나 범위'에 관해서는 헌법재판소법 제66조 제1항을 따라서 헌법재판소가 필수적으로 판단하여야 한다. 하지만 같은 조 제2항은 헌법재판소에 재량을 부여하므로, 재판부 재량에 따라 부가적으로 처분의 취소나 무효 확인을 할 수 있다. 이러한 취소나 무효 확인 결정은 청구인 청구나 헌법재판소 직권으로 내릴 수 있다. 처분의 취소나 무효 확인 결정을 할 때는 "피청구인의 처분을 취소한다." 또는 "피청구인의 처분이 무효임을 확인한다."라고 결정 주문을 낸다(무효 확인을 한 것으로는 헌재 1999. 7. 22. 98헌라4. 취소한 것으로는 헌재 2006. 8. 31. 2004헌라2). 권한쟁의심판의 취소결정은 행정소송상 취소판결의 형성력과 마찬가지로 성질상 소급효가 있을 수 없는 때를 제외하고는 원칙적으로 소급효가 있다. 헌법재판소법 제67조 제2항은 이러한 소급효를 전제한다. 무효확인결정은 해당 처분이 처음부터 처분으로서 아무런 효력이 발생하지 않았음을 확인한다.

무효확인결정과 관련하여 몇 가지 문제가 있다. 먼저 무효등확인소송에는 취소소송에 적용되는 제한 규정(행정소송법 제20조)을 준용하지 않아서(행정소송법 제38조) 제소기간에 제한이 없는데, 권한쟁의심판에는 청구기간 제한이 있다(헌법재판소법 제63조). 무효확인심판과 관련하여 청구기간 제한이 없다고 보면 이것은 헌법재판소법 제63조 위반이다. 이것은 법적 안정성을 확보하기 위해서 무효등확인소송과 달리 권한쟁의심판에서 특별히 청구기간 제한을 둔 것으로 보아야 한다. 다음으로 무효사유와 취소사유를 어떻게 구분할 수 있는지가 문제 된다. 헌법재판소는 중대명백설을 이러한 기준으로 채택한 적이 있다(헌재 1999. 7. 22. 98헌라4).

한편, 헌법재판소는 피청구인의 처분 등이 권한 침해임을 확인하면서도 해당 처분 등의 무효 확인 청구에 대해서는 기각결정을 할 수도 있다. 예를 들어 국회의장의 신문법안, 방송법안 가결선포행위는 국회의원의 심의 · 표결권을 침해한다고 보면서도 그 가결선포행위의 무효 확인 청구에 대해서는 이를 기각한 바 있고(헌재 2009. 10. 29. 2009헌라8등), 국회 상임위원회 위원장이 자유무역협정 비준동의안을 상임위원회 전체회의에 상정한 행위 등이 회의에 참석하지 못한 소수당 소속 상임위원회 위원들의 조약비준동의안에 대한 심의권을 침해하였음을 확인하면서도 조약비준동의안 상정행위 등에 대한 무효 확인 청구는 기각하였으며(헌재 2010. 12. 28. 2008헌라7), 국회의장이 절차를 위반하여 법률안에 대한 표결절차를 진행하고 법률안을 가결선포한 행위에 대해서는 국회의원의 법률안 심의 · 표결권을 침해하는 것임을 확인하였으나, 그 법률안 가결선포행위에 대한 무효 확인 청구는 기각한 바 있다(헌재 2011. 8. 30. 2009헌라7).

부작위에서는 헌법재판소법 제66조 제1항에 따라서 부작위의 위헌이나 위법을 확인하는 내용으로 결정하면 피청구인은 결정취지에 따른 처분을 하여야 한다(헌법재판소법 제66조 제2항).

(3) 심판절차종료선언

청구인은 심판 청구를 취하할 수 있다. 이때 원칙적으로 소의 취하에 관한 민사소송법 규정이 준용된다. 권한쟁의심판에서 심판 청구 취하로 말미암아 심판절차종료선언을 한 예가 있다. 심판 청구 취하로 말미암은 심판절차종료선언 주문은 "이 사건 권한쟁의 심판절차는 청구인의 심판 청구 취하로 ○○년 ○○월 ○○일 종료되었다."와 같이 표시한다.

한편, 청구인이 사망하여도 심판절차는 종료될 수 있다. 헌법재판소는 국회의원의 법률안 심의 · 표결권은 성질상 일신전속적인 것으로서 당사자가 사망하면 승계되거나 상속될 수 없으므로 그와 관련된 권한쟁의심판절차도 수계될 수 없고, 결국 청구인(국회의원)의 사망과 동시에 그 심판절차는 종료된다고 하였다(헌재 2010. 11. 25. 2009헌라12). 이때 주문은 "이 사건 권한쟁의심판절차는 ○○년 ○○월 ○○일 청구인의 사망으로 종료되었다."로 표시한다.

3. 결정의 효력

헌법재판소법 제67조는 결정의 효력에 관해서 제1항에서 "헌법재판소의 권한쟁의 심판의 결정은 모든 국가기관과 지방자치단체를 기속한다."라고 규정하여 결정에 기속력을 명문으로 부여한다. 헌법소원에서는 인용결정만 다른 국가기관에 대해서 기속력이 있지만(헌법재판소법 제75조 제1항), 권한쟁의심판에서는 모든 결정에 기속력이 있다. 권한에 관한 아무런 실체적 판단이 없는 각하결정에는 별다른 의미가 없다. 권한쟁의심판의 본안결정이 내려지면 그것이 인용결정이든 기각결정이든, 그것이 헌법재판소법 제66조 제1항에 따른 확인결정이든, 같은 조 제2항에 따른 취소결정이든, 다른 국가기관은 이에 관한 헌법재판소 판단에 저촉되는 다른 판단이나 행위를 할 수 없고, 헌법재판소 결정 내용을 자기 판단과 조치의 기초로 삼아야 한다. 피청구인은 위헌 · 위법성이 확인된 행위를 반복하여서는 아니 될 뿐 아니라 나아가 자신이 일으킨 기존 위헌 · 위법상태를 제거하여 합헌 · 합법적 상태를 회복할 의무를 부담한다. 헌법재판소가 부작위에 대한 심판 청구를 인용하는 결정을 하면 피청구인은 결정취지에 따른 처분을 하여야 한다(헌법재판소법 제66조 제2항).

그러나 헌법재판소는 국회의장의 법률안 가결선포행위가 국회의원들의 법률안 심의 · 표결권을 침해한 것임을 확인한 권한침해확인결정의 기속력 내용에는 국회의장이 구체적으로 특정한 조치를 취할 작위의무가 포함된다고 볼 수 없다는 것 등의 이유로 권한침해확인결정 이후 국회의장의 부작위가 국회의원들의 법률안 심의 · 표결권을 침해한다며 제기된 권한쟁의심판 청구를 1(기각):4(각하):4(인용)로 기각하였다(헌재 2010. 11. 25. 2009헌라12). 인용의견에서는, 헌법재판소가 청구인들의 심의 · 표결권이 침해되었음을 확인하였는데도 국회가 그 위법성을 바로잡고 침해된 청구인들의 권한을 회복시켜 줄 의무를 이행하지 않는 것은 헌법재판소 종전 결정의 기속력을 무시하고 청구인들의 권한 침해상태를 계속 존속시키는 것이므로 그 청구를 받아들여야 한다고 보았다(헌재 2010. 11. 25. 2009헌라12).

헌법재판소가 국가기관이나 지방자치단체의 처분을 취소하는 결정을 하더라도 그 처분 상대방에 대해서 이미 생긴 효력에는 영향을 미치지 아니한다(헌법재판소법 제67조 제2항). 이 조항은 처분의 유효성을 믿은 제3자의 법적 안정성이나 법적 지위를 보호하기 위해서 처분 상대방에 대한 관계에서는 취소결정의 소급효를 제한하기 위한 것이다. 즉 청구인, 피청구인, 제3자의 3각관계가 형성되면 청구인과 피청구인 사이의 권한분쟁으로 말미암아 선의의 제3자에게 손해를 끼치게 할 수 없다는 고려를 반영한 것이다. 그래서 처분 상대방이 곧 청구인이어서 제3자의 법적 지위에 대한 영향이 있을 수 없으면 이 조항이 적용되지 않는다. 이 조항이 적용되면 처분 상대방에 대해서 이미 생긴 효력에 영향을 미치지 아니한다. '이미' 생긴 효력만 그대로 인정할 뿐이고 취소결정 이후 앞날까지 그 효력을 계속 주장할 수 있다는 것은 아니다. 무효확인결정은 이러한 효력상 제한을 받지 않는다.

4. 입법 관련 처분에 대한 인용결정의 효력

(1) 입법절차 관련 처분에 대한 인용결정의 효력

입법절차 관련 처분이 헌법이나 법률에 위배된다는 점이 권한쟁의심판 인용결정을 통해서 인정되고 해당 법률이 아직 공포 · 시행되기 전이면 해당 법률의 입법절차는 문제가 된 개별 절차부터 다시 진행하면 된다.

입법절차 하자로 말미암은 청구인의 권한 침해를 확인하는 결정은 확인결정으로서 그 자체로 피청구인의 행위를 직접 소멸시키는 형성력이 없다. 그러므로 이러한 인용결정의 기속력은 피청구인이 확인된 위헌 · 위법성을 제거하여 합헌적 권한질서를 회복할 법적 의무(재입법의무)를 부과한다. 재입법을 할 때까지 법률의 효력은 지속한다. 국회가 상당한 기간이 지나도록 재입법의무를 이행하지 않으면 청구인은 국회의 부작위(재입법의무 불이행)로 말미암은 권한 침해를 다투는 심판을 새롭게 청구하여야 한다.

전체 입법절차 일부를 이루는 행위라도 그것이 입법절차의 본질적이거나 중요한 요소를 이루면 법률의 효력에 영향을 미친다. 따라서 이러한 행위에 대한 취소나 무효확인결정이 있으면 이로 말미암아 해당 법률의 효력에 영향을 미친다. 즉 헌법을 통해서는 법률을 형식적으로만 정의할 수 있어서 법률이 성립하려면 반드시 형식적 요건을 모두 갖추어야 한다. 그런데 입법절차 중 일부가 취소되거나 무효로 확인되면 해당 법률은 성립이 되지 않아 존재하지 않게 된다. 따라서 해당 법률은 당연히 효력이 없다. 인용결정의 기속력이 미치는 법원과 그 밖의 국가기관은 해당 법률을 더는 적용할 수 없다. 이러한 점에서 헌법재판소는 이러한 행위에 대한 취소나 무효확인결정을 내리면서 해당 주문에 해당 법률이 부존재함을 명확하게 밝히는 것이 바람직하다. 법률의 효력 상실을 초래하는 취소나 무효확인결정이라도 이것은 권한쟁의심판 인용결정의 하나라서 헌법 제113조 제1항에서 말하는 '법률의 위헌결정'에 해당하지 않으므로 관여 재판관 과반수 정족수로 충분하다. 입법절차의 중요한 요소가 취소되거나 무효가 확인되면 해당 법률은 적법하게 성립하지 않은 것이므로 처음부터 해당 법률은 효력이 없게 된다.

(2) 법률 내용을 다투는 권한쟁의심판 인용결정의 효력

법률 내용을 다투는 권한쟁의심판에서는 해당 법률이 청구인의 권한을 침해하는 것이 확인되면 해당 법률이 제거되어야 비로소 청구인이 구제를 받을 수 있다. 그런데 해당 법률이 제거되려면 그 위헌성을 확인하여 그 효력을 상실시켜야 한다. 이것은 위헌법률심판을 통해서만 가능하다. 따라서 헌법재판소는 권한쟁의심판을 하기 전에 선결문제로서 해당 법률의 위헌성을 직권으로 심사하여야 한다. 물론 이때 법률의 위헌성은 재판관 6명 이상 찬성으로 확인된다(헌법 제113조 제1항, 헌법재판소법 제23조 제2항 단서 제1호). 법률의 위헌성이 확인되면 헌법재판소는 당연히 권한쟁의심판 인용결정을 내려야 한다. 이때 헌법재판소는 해당 법률의 위헌결정을 내리면서 그와 함께 권한쟁의심판 인용결정을 내려야 한다. 이러한 결정에는 당연히 헌법재판소법 제47조가 적용된다. 법률의 위헌성이 확인되지 않으면 (설사 위헌의견이 재판관 5명이라도) 헌법재판소는 권한쟁의심판 기각결정을 내릴 수밖에 없다.

간추린 헌법

초판 1쇄 인쇄 2024년 1월 23일
초판 1쇄 발행 2024년 1월 29일

지은이 허완중
펴낸이 김재광
펴낸곳 솔과학
편 집 다락방
영 업 최회선
디자인 miro1970@hanmail.net
등 록 제02-140호 1997년 9월 22일
주 소 서울특별시 마포구 독막로 295번지 302호(염리동 삼부골든타워)
전 화 02)714-8655
팩 스 02)711-4656
E-mail solkwahak@hanmail.net

ISBN 979-11-92404-63-9 93360

값 60,000원